Schulreform in Sachsen 1918-1923
Eine vergessene Tradition deutscher Schulgeschichte

STUDIEN ZUR BILDUNGSREFORM

Herausgegeben von Wolfgang Keim
Universität – Gesamthochschule – Paderborn

BAND 20

PETER LANG
Frankfurt am Main · Berlin · Bern · New York · Paris · Wien

Burkhard Poste

Schulreform in Sachsen 1918-1923

Eine vergessene Tradition deutscher Schulgeschichte

PETER LANG
Frankfurt am Main · Berlin · Bern · New York · Paris · Wien

Die Deutsche Bibliothek - CIP-Einheitsaufnahme

Poste, Burkhard:

Schulreform in Sachsen 1918 - 1923 : eine vergessene Tradition deutscher Schulgeschichte / Burkhard Poste. - Frankfurt am Main ; Berlin ; Bern ; New York ; Paris ; Wien : Lang, 1993
 (Studien zur Bildungsreform ; Bd. 20)
 Zugl.: Paderborn, Univ., Diss., 1992
 ISBN 3-631-45593-3

NE: GT

D 466
ISSN 0721-4154
ISBN 3-631-45593-3
© Verlag Peter Lang GmbH, Frankfurt am Main 1993
Alle Rechte vorbehalten.

Das Werk einschließlich aller seiner Teile ist urheberrechtlich geschützt. Jede Verwertung außerhalb der engen Grenzen des Urheberrechtsgesetzes ist ohne Zustimmung des Verlages unzulässig und strafbar. Das gilt insbesondere für Vervielfältigungen, Übersetzungen, Mikroverfilmungen und die Einspeicherung und Verarbeitung in elektronischen Systemen.

Printed in Germany 1 3 4 5 6 7

*Meiner Frau
Heidi
gewidmet*

VORWORT DES HERAUSGEBERS

Anfangs- und Endphase der Weimarer Republik haben die Historische Pädagogik seit den siebziger Jahren in besonderer Weise beschäftigt; die Anfangsphase vor allem aufgrund der dort erfolgten bzw. verhinderten Weichenstellungen für eine Demokratisierung des Bildungswesens, die Endphase als Vorgeschichte der faschistischen Machteroberung. Bezüglich der Anfangsphase herrscht in den einschlägigen Gesamtdarstellungen bis heute die Auffassung vor, daß bereits mit der Rücknahme der preußischen Novembererlasse Anfang 1919 das Scheitern einer konsequenten Schulreformpolitik programmiert war, was in der Tat - auf Preußen und das Reich bezogen - richtig ist. Bekanntlich mußte die SPD schon in den Verhandlungen der Verfassunggebenden Nationalversammlung, vor allem hinsichtlich ihrer Forderung nach der Weltlichen Einheitsschule, weitgehende Zugeständnisse an das Zentrum machen und hat auch später von ihren vor und nach 1918 artikulierten bildungspolitischen und pädagogischen Zielen kaum viel mehr als die allgemeine obligatorische Grundschule durchsetzen können. Daß es in einigen Ländern, insbesondere in den Stadtstaaten Hamburg und Bremen, aber auch in Braunschweig, Thüringen, Sachsen sowie in der preußischen und Reichshauptstadt Berlin weitergehende Bestrebungen und Ansätze für eine Demokratisierung und pädagogische Gestaltung des Bildungswesens gab, daß dort auch die meisten und zugleich interessantesten reformpädagogischen Modellschulen angesiedelt waren, ist ebenfalls bekannt, weniger wissen wir dagegen über die Bedingungen, unter denen sich solche Ansätze entfalten bzw. unter denen sie schließlich weitgehend abgeblockt oder marginalisiert werden konnten.

Dies gilt insbesondere für Sachsen, wo die parlamentarischen Mehrheitsverhältnisse zwischen 1920 und 1923 - wie in Thüringen - die Bildung rein sozialistischer Regierungen zuließen. Anders als in Preußen hat die SPD hier, und zwar in enger Zusammenarbeit oder doch mit Unterstützung, zumindest mit Duldung der anderen sozialistischen Parteien, eine konsequente Schul- und Bildungsreformpolitik verfolgt, die Teil einer umfassenden gesellschaftlichen Erneuerung sein sollte. Wäre diese Politik nicht durch die berühmt-berüchtigte Reichsexekution vom Oktober 1923 gewaltsam abgebrochen worden, hätte Sachsen zweifellos zu einem Modellfall demokratisch-sozialistischer Reformen werden und damit - ähnlich wie das Rote Wien - den Nachweis erbringen können, daß Demokratie und Sozialismus sich nicht auszuschließen brauchen, sondern sich im Gegenteil wechselseitig bedingen. Solche Überlegungen erhalten durch vorliegende, im Fachbereich Erziehungswissenschaft der Universität-Gesamthochschule Paderborn als Dissertation entstandene Untersuchung von Burkhard Poste zumindest ein hohes Maß an Plausibilität.

Es ist das Verdienst vorliegender Arbeit, daß künftig weder über die Reformträger in Sachsen und deren Ziele, noch über die bereits realisierten bzw. in Vorbereitung befindlichen Reformmaßnahmen der damaligen sächsischen Regierungen, noch über Absichten und Strategien der Reformgegner spekuliert zu werden braucht, vielmehr dazu nun eine auf breitestem Quellenfundament beruhende und ausgesprochen differenzierte Analyse vorliegt, die begründete Urteile zuläßt. Wie schon die Untersuchungen von Paul Mitzenheim über die "Greilsche Schulreform in Thüringen" (Jena 1966), von Hildegard Milberg zur Schulreform in Hamburg ("Schulpolitik in der pluralistischen Gesellschaft", Hamburg 1970) und von Dirk Hagener zu den "Schulpolitischen Kämpfen in Bremen vor dem Ersten Weltkrieg und in der Entstehungsphase der Weimarer Republik" ("Radikale Schulreform zwischen Programmatik und Realität", Bremen 1973) trägt die hier vorgestellte Publikation damit zur Erweiterung unserer Kenntnis Weimarer Bildungsgeschichte bei und korrigiert zugleich deren bislang weithin Preußen-zentrierte Sichtweise. Im folgenden weise ich auf einige Aspekte dieser Veröffentlichung hin, die mir für die weitere wissenschaftliche Diskussion besonders interessant erscheinen.

Beginnen möchte ich dabei mit dem methodischen Ansatz, der das gesellschaftsgeschichtliche Forschungskonzept des Bielefelder Sozialhistorikers Hans-Ulrich Wehler für die Erziehungsgeschichtsschreibung rezipiert. Das bedeutet, daß pädagogische Reformkonzepte, -kontroversen und -maßnahmen auf dem Hintergrund spezifischer sozialgeschichtlicher Konstellationen entwickelt bzw. die Möglichkeiten und Grenzen von Reformen im Bildungswesen im Zusammenhang mit gesamtgesellschaftlichen Interessen analysiert werden. Entsprechend den von Wehler für das Kaiserreich nachgewiesenen "schweren Hemmnissen, die der Entwicklung zu einer Gesellschaft mündiger, verantwortlicher Staatsbürger entgegengestellt worden sind - oder sich ihr entgegengestellt haben", "dem zielstrebigen und nur zu erfolgreichen Widerstand erst gegen eine liberale, dann gegen eine demokratische Gesellschaft", und zwar - wie Wehler feststellt - "mit fatalen Folgen" ("Das Deutsche Kaiserreich 1871 - 1918", Göttingen 1973, Seite 11 f.), bildet für Postes Untersuchung die Frage nach der Rolle des Bildungswesens im "System sozialer Ungleichheit" (Wehler) in Sachsen einen zentralen Ausgangspunkt seiner Analysen. Sein Erkenntnisinteresse richtet sich dabei zunächst auf die Frage, inwieweit es den sozialistischen Regierungen in Sachsen gelungen ist, die herkömmliche Funktion der Schule innerhalb dieses Systems entscheidend zu verändern, dann aber auch darauf, welche Kräfte dies letztendlich aus welchen Motiven und mit welchen Mitteln zu verhindern gesucht haben.

Vom sozialgeschichtlichen Anspruch her folgerichtig geht Poste von der interessanten Frage aus, warum es in Sachsen - im Unterschied zu den meisten anderen Ländern des Weimarer Staates - überhaupt zu einem derart breiten Bündnis reformorientierter Kräfte, aber auch zu entsprechenden parlamentarischen Mehrheitsverhältnissen gekommen ist. Dabei verweist er auf den Zusammenhang von früher Industrialisierung, ausgeprägter Arbeiterbewegung und langer Tradition "fortschrittlicher" Schulreformpolitik - Faktoren, die in Sachsen ganz offensichtlich zu einer sehr viel stärkeren gesellschaftspolitischen Orientierung der organisierten Volksschullehrerschaft geführt haben als in den meisten anderen Ländern, vor allem jedoch zu einem breiten Zusammenschluß von Volksschullehrerschaft und Arbeiterparteien in Fragen der Schulreform. Erst die basisnahe Unterstützung durch große Teile der Volksschullehrerschaft erklärt die entsprechenden Aktivitäten und - zumindest bis zum Herbst 1923 - auch Erfolge der damaligen sächsischen Regierungen. Das gesellschaftspolitische Engagement der sächsischen Volksschullehrerschaft reichte im übrigen bis in deren Arbeitsschul- und Versuchsschulkonzepte hinein, in denen über das Nur-Pädagogische hinaus die Wechselbeziehung von Erziehung und Gesellschaft mit reflektiert und zu berücksichtigen versucht worden ist. Sächsische Arbeitsschul- und Versuchsschulkonzepte stellen damit Beispiele einer gesellschaftskritischen Reformpädagogik dar, wie sie in der Bundesrepublik bis heute erfolgreich verdrängt, in den gängigen Darstellungen zur Reformpädagogik noch nicht einmal erwähnt werden, obwohl diese Reformmodelle bezüglich ihrer pädagogischen Substanz und ihres innovativen pädagogischen Potentials den Vergleich nicht zu scheuen brauchen, wie die ausführliche Analyse ausgewählter sächsischer Versuchsschulen in vorliegender Arbeit nachdrücklich belegt.

Zum Erklärungsansatz der spezifischen Reformtradition und -konstellation in Sachsen nach dem Ersten Weltkrieg gehört auch die Analyse der spezifischen Bedingungen, unter denen Kinder und Jugendliche der breiten Mehrheit der Bevölkerung damals aufgewachsen bzw. zur (Volks-)Schule gegangen sind. Auf der Grundlage von Statistiken, Enquêten, Untersuchungsergebnissen der Schulärzte, Jahresberichten der Bezirksschulräte der großen Städte wie auch entsprechender Auswertungen ländlicher Bezirke belegt der Verfasser, daß Sachsen in den Anfangsjahren der Weimarer Republik aufgrund seines hohen Industrialisierungsgrades und damit besonders hoher Arbeitslosenquoten an der Spitze von Unterernährung und Gesundheitsschäden bei Kindern und Jugendlichen lag, zugleich, daß die Schulverhältnisse in Form von Raummangel, unzureichenden sanitären Verhältnissen oder Brennstoffknappheit besonders schlecht waren. Ähnliches gilt für die in Sachsen - im Vergleich zu anderen Regionen - hohe Quote von Kinderarbeit, die das Zahlenmaterial aus unterschiedlichen Beschäftigungs- und Tätigkeitsfeldern ausweist. Die sächsische Reformpolitik ist - so betrachtet - nicht bloß Ausdruck eines spezifischen Wollens der damaligen Volksschullehrer- und Arbeiterschaft, sondern vor allem auch Reaktion auf extrem ungünstige soziale Verhältnisse gewesen.

Für besonders geglückt in vorliegender Arbeit halte ich die systematische Gegenüberstellung von Reformträgern und -gegnern vor dem Hintergrund ihrer besonderen gesellschaftlichen Voraussetzungen und bildungspolitischen Interessen sowie im Zusammenhang mit ihren spezifischen Strategien zur Unterstützung bzw. Verhinderung von Schulreformmaßnahmen der sächsischen Regierungen. Dabei erweist sich als vorteilhaft, daß Träger und Gegner der Reform bezüglich ihrer Positionen und Aktionen bis weit in die Vorkriegszeit zurück bzw. über den Untersuchungszeitraum hinaus bis zur faschistischen Machteroberung hin weiter verfolgt werden. Auf diesem Wege läßt sich z. B. zeigen, daß die zwischen 1918 und 1923 besonders aktiven Lehrer zu den ersten gehört haben, die 1933 von den Nazis amtsenthoben, verfolgt, zur Emigration gezwungen, teilweise in Gefängnisse und Konzentrationslager verschleppt worden sind, und es umgekehrt dieselben, um ihren Einfluß und um ihre Privilegien fürchtenden Interessengruppen waren, die zwischen 1918 und 1923 die Schulreformpolitik der sächsischen Arbeiterparteien und ihrer Verbündeten zu Fall gebracht **und** wenige Jahre später den Nazis mit in den Sattel verholfen haben - dies ein deutlicher Beleg für die Kontinuität der Politik konservativer Eliten vom Kaiserreich bis zum Faschismus.

Was die einzelnen "Bereiche der Schulreform" anbelangt, steht aufgrund ihrer zentralen Bedeutung innerhalb der sächsischen Reformpolitik zu Recht die Volksschule im Mittelpunkt der Untersuchung. Was im ersten Teil für die sächsische Reform insgesamt gezeigt wird, nämlich daß sie **besonderen**, von denen im übrigen Reich grundlegend verschiedenen Bedingungen unterlegen hat, wird am Beispiel der Volksschule konkretisiert, wobei sich bereits die Ausgangsbedingungen mit einem Nebeneinander von einfacher, mittlerer und höherer Volksschule deutlich von denen fast aller übrigen Länder unterschieden haben. Die Ziele der sächsischen Reformer: Allgemeine Volksschule, Arbeitsschule, Weltliche und Selbstverwaltete Schule, entsprechen zwar generell den Zielen der damaligen Schulreformdiskussion, doch auch hier gibt es auffallende Besonderheiten, wie die sehr viel weitergehenden Forderungen bezüglich einer Trennung von Schule und Kirche bzw. nach Selbstverwaltung der Schule, vor allem jedoch - wie bereits angedeutet - einen sehr viel engeren Zusammenhang zwischen pädagogischen und gesellschaftspolitischen Reformintentionen.

Interessanterweise haben die sozialistischen Regierungen Sachsens auf das Höhere Schulwesen zu keinem Zeitpunkt einen nur in etwa vergleichbaren Einfluß wie auf die Volksschule gewinnen können. Deshalb sind ihnen hier auch keine wirklichen Reformen gelungen, wenn man "Reform" auf gesellschaftspolitische Kategorien wie Chancengleichheit und Partizipation bzw. auf pädagogische Leitziele wie Erziehung zur Demokratie und Mündigkeit bezieht; Poste macht dafür vor allem den starken Einfluß konservativer Interessengruppen, insbesondere des Philologenverbandes, verantwortlich. Daß den - auch in Sachsen - relativ kleinen Gruppen reformaufgeschlossener Philologen aufgrund der politischen Mehrheitsverhältnisse zwischen 1920 und 1923 zumindest Einbrüche in der Phalanx der Reformgegner gelungen sind, zeigen ein zur Erprobung freigegebener, vom Bund Entschiedener Schulreformer vorgelegter Lehrplan für Geschichte und Staatsbürgerkunde mit demokratischer Ausrichtung, die Einrichtung einer als "fortschrittlich" zu bezeichnenden staatlichen Höheren Versuchsschule in Dresden ("Dürerschule"), vor allem aber die an der Basis der Volksschullehrerschaft entwickelten und mit dem Volksbildungsministerium bereits abgestimmten Konzepte für eine Einheitsschule bis zur achten Klasse, die Ende 1923 bereits konkrete Gestalt angenommen hatte.

Ein besonderes Verdienst vorliegender Arbeit besteht darin, daß sie neben Volksschule und Höherer Schule auch Berufsschule und Volkschullehrer(innen)ausbildung mit einbezieht und auf entsprechende Reformen hin analysiert. Handelt es sich dabei doch um zumeist vergessene Bereiche, die sich gerade deshalb als Gradmesser für die Beurteilung von Reformen im Bildungswesen eignen. In der Tat haben den Ergebnissen dieser Untersuchung zufolge in Sachsen während der Reformära sowohl die Berufsschule als auch die Volksschullehrer(innen)ausbildung eine wichtige Rolle gespielt und sind hier weitergehende Reformen gelungen als in den meisten anderen Ländern des Weimarer Staates wie etwa die Ausdehnung der Berufsbildungsschulpflicht auf Mädchen oder die Akademisierung und Eingliederung der Volksschullehrer(innen)ausbildung in die Universitäten.

Fragt sich noch, wie aus dem Abstand von fast siebzig Jahren die Reichsexekution gegen Sachsen vom Oktober 1923 zu beurteilen ist. Ganz offensichtlich bestand damals kaum eine "kommunistische Gefahr". Daß die Reformmaßnahmen der sozialistischen Regierungen bereits mit einer solchen "Gefahr" identifiziert werden konnten, zeigt, wie demokratiefern das Bewußtsein der herrschenden Eliten weithin noch war. Würden wir doch die nach dem Ersten Weltkrieg in Sachsen verfolgte Gesellschafts- und Bildungspolitik heute viel eher als sozial-liberal denn als sozialistisch bezeichnen, etwa die Liberalisierung des § 218, die Humanisierung des Strafvollzugs und natürlich die äußere und innere Schulreform - Vorhaben, die im übrigen bis heute immer noch auf Realisierung warten.

Die Ergebnisse vorliegender Untersuchung - dies sei abschließend festgestellt - haben durch die Veränderungen in Deutschland seit dem Oktober 1989 besondere Aktualität gewonnen. Nicht nur ist Sachsen damit wieder ins Rampenlicht gesamt-deutscher Politik, einschließlich Bildungspolitik, geraten, sondern stellt derzeit - im Unterschied zur Weimarer Republik - eine Hochburg konservativer parlamentarischer Mehrheiten dar. Die Erinnerung an die sächsische Reformzeit der frühen zwanziger Jahre macht deutlich, welche Chancen nach 1945 in der ehemaligen DDR zum Schaden der dort lebenden Menschen vertan worden sind, bildet zugleich jedoch auch ein kritisches Korrektiv zur gegenwärtigen restaurativen, an Baden-Württemberg orientierten Schulpolitik des ehemaligen Freistaates.

Paderborn, Juni 1992   Wolfgang Keim

DANKSAGUNG

Die vorliegende Arbeit zur Schulreform in Sachsen ist von Prof. Dr. Wolfgang Keim angeregt worden. Ihm vor allem möchte ich für die kritischen Diskussionen und Hilfestellungen, besonders aber auch für die persönlichen Gespräche und Ratschläge danken.

Darüber hinaus danke ich Prof. Dr. Dieter Jütting, der den Arbeitsprozeß begleitet hat und als Zweitgutachter tätig war.

Dank sagen möchte ich für ihre Unterstützung weiterhin den Mitarbeiterinnen und Mitarbeitern der Stadtarchive in Dresden und Leipzig, des Staatsarchivs in Dresden sowie denjenigen der Bibliothek der Universität-Gesamthochschule-Paderborn.

Dank gebührt auch der Friedrich-Ebert-Stiftung, die diese Arbeit durch ein Stipendium wesentlich gefördert hat.

Für die langwierigen Schreib- und Korrekturarbeiten spreche ich Carin Messina, Regine Jäger und Bärbel Eggemann meinen herzlichen Dank aus.

Mein ganz besonderer Dank gilt schließlich meiner Frau Heidi, die die großen, oft kaum zumutbaren persönlichen und familiären Belastungen, die mit der Erstellung vorliegender Arbeit verbunden waren, mitgetragen und mich darüber hinaus gerade in den kritischen Phasen des Arbeitsprozesses mit ihrem Rat immer wieder unterstützt und neuen Mut zugesprochen hat.

Die vorliegende Studie wurde vom Fachbereich 2 (Erziehungswissenschaft/Psychologie/Sportwissenschaft) der Universität-Gesamthochschule Paderborn im Sommersemester 1992 als Dissertation angenommen.

INHALT

	Seite
VORWORT DES HERAUSGEBERS	7
DANKSAGUNG	15
INHALTSVERZEICHNIS	17
EINLEITUNG	21

A. Sozialgeschichtliche Grundlagen der sächsischen Schulreform 1918 - 1923 ... 35

I. Zur Vorgeschichte: Das "rote Königreich" 35

II. Die politischen und gesellschaftlichen Verhältnisse in Sachsen von der Novemberrevolution 1918/19 bis zur Reichsexekution 1923 unter besonderer Berücksichtigung der Reformphase 1920-1923 45

III. Die ökonomischen und sozialen Ausgangsbedingungen der Schulreform 87

IV. Die Arbeiterparteien als Träger der Schulreform 115

V. Der Sächsische Lehrerverein und sein Bündnis mit den Arbeiterparteien in der Schulreformpolitik 129

VI. Der sächsische Landesverband des Bundes Entschiedener Schulreformer und seine Bedeutung für die Schulreform 167

VII. Die bürgerlich-konservativen Gegner der Reform 179

    1. Die bürgerlichen Parteien (DNVP und DVP) 180

    2. Die Evangelisch-lutherische Kirche und ihre Hilfsorganisationen 186

    3. Der Sächsische Philologenverein 210

    4. Der Verein Sächsischer Schuldirektoren und der Neue Sächsische Lehrerverein 221

                                                                    Seite
      5. Die höheren Beamten 229
VIII. Ausblick: Sachsen unter bürgerlicher Herrschaft und das
      Ende der Schulreform (1924-1933) 235

B. Bereiche der Schulreform 259

I. Volksschule 259

    1. Die Volksschule im Kaiserreich 259
    2. Das Reformprogramm des Sächsischen Lehrervereins:
       Allgemeine Volksschule - Einheitsschule - Weltliche
       Schule - Arbeitsschule 281
    3. Ansätze zur Realisierung des Reformprogramms 323
       a. Allgemeine Volksschule 324
       b. Arbeitsschule 340
       c. Weltliche Schule 344
       d. Selbstverwaltete Schule 356
    4. Die Versuchsschulen 372
       a. Die 54. Volksschule in Leipzig-Connewitz 374
       b. Die "Humboldtschule-Versuchsschule" in
          Chemnitz 384

II. Höheres Schulwesen 395

    1. Organisatorische Reformansätze 398
       a. Reformansätze im Gymnasium, Realgymnasium
          und in der Oberrealschule 398
       b. Die höheren Schulen für Mädchen 404
       c. Deutsche Oberschule und Aufbauschule 408
    2. Pädagogische Reformansätze 425
       a. Die Neuordnung der Lehrpläne an den höheren
          Schulen unter besonderer Berücksichtigung des
          Geschichts- und Staatsbürgerkundelehrplans 425
       b. Die "Dürerschule" - staatliche höhere Ver-
          suchsschule in Dresden 433

Seite

III. Einheitsschule 453

    1. Der Einheitsschulplan des Sächsischen Lehrervereins 453

    2. Die Einheitsschulvorstellungen der Sächsischen Landesverbände des Bundes Entschiedener Schulreformer und des Bundes der freien Schulgesellschaften Deutschlands 463

    3. Der Einheitsschulplan des sächsischen Volksbildungsministeriums 466

IV. Berufliches Schulwesen 479

    1. Die Gründung von Fortbildungsschulen im 19. Jahrhundert und ihre Entwicklung bis zur Novemberrevolution 1918/19 483

    2. Die Fortbildungs-/Berufsschule nach 1918/19 490

        a. Die Reform der Fortbildungsschule durch das "Übergangsgesetz für das Volksschulwesen" vom 22. Juli 1919 490

        b. Die Entwicklung der Fortbildungsschule zur Berufsschule 495

        c. Die Berufsschule im Rahmen von Einheitsschulkonzepten 499

V. Volksschullehrer(innen)ausbildung 505

    1. Die Volksschullehrer(innen)ausbildung in Sachsen bis 1918/19 507

    2. Die Forderung des Sächsischen Lehrervereins nach akademischer Ausbildung vor dem Ersten Weltkrieg 522

    3. Die Diskussionen über die akademische Volksschullehrer(innen)ausbildung nach der Novemberrevolution 1918/19 530

    4. Die Einführung der akademischen Volksschullehrer(innen)ausbildung 1923 539

Seite

5. Ausbau und weitere Entwicklung der akademischen
   Volksschullehrer(innen)ausbildung nach 1923 555
   a. Das Studium der Volksschullehrer(innen) 556
   b. Die Bestrebungen gegen die akademische
      Volksschullehrer(innen)ausbildung 575

SCHLUßBETRACHTUNG 583

DOKUMENTE 591

ABKÜRZUNGEN 603

QUELLEN- UND LITERATURVERZEICHNIS 605

NAMENSREGISTER 643

EINLEITUNG

Die Schulreformdiskussion hat in den letzten Jahren neuen Auftrieb erhalten. Zumindest sind die Stimmen von Erziehungswissenschaftler(inne)n wie Pädagog(inn)en wieder deutlicher zu vernehmen, die für die pädagogische und strukturelle Erneuerung des Schulwesens eintreten: Abbau der hierarchischen Schulstruktur zugunsten integrativer Bildungsgänge und damit größere Chancengleichheit, mehr Mitwirkungs- und Mitbestimmungsrechte der am Schulwesen beteiligten Gruppen, Öffnung der Schule in das gesellschaftliche Umfeld hinein sowie Entwicklung qualifizierter pädagogischer Konzepte lauten die wesentlichen Forderungen, die sich in der Kurzformel "demokratische, kindgerechte und humane Schule" zusammenfassen lassen.

Spätestens seit den politischen Umwälzungen in der ehemaligen DDR im Herbst 1989 und der Vereinigung beider deutscher Staaten sind solche Forderungen wie überhaupt Fragen von Erziehung und Bildung zugleich zum Gegenstand heftiger gesellschaftspolitischer Kontroversen geworden. Dabei läßt sich an den gegensätzlichen Entwicklungen in den neuen Bundesländern studieren, was in puncto Schulreform, vor allem in bezug auf die Gesamtschule, möglich und durchsetzbar ist, wenn die auf demokratische Reformen drängenden Kräfte über entsprechende parlamentarische Mehrheiten verfügen, umgekehrt aber auch, wie groß nach wie vor der Widerstand konservativer Parteien und Interessengruppen gegen solche Bestrebungen ist. Kontroversen wie diese lassen erkennen, in welch hohem Maße soziale und gesellschaftliche Interessen auf die Gestaltung des Schul- und Bildungswesens einwirken und wie Reform und Gegenreform ganz entscheidend von den politischen Rahmenbedingungen und d. h. den jeweiligen Machtverhältnissen abhängig sind. Von dieser Grundhypothese ausgehend, ist es das Ziel vorliegender Arbeit, dem Zusammenhang von Schulreform und sozialen Interessen bzw. gesellschaftlichen (Macht-)Verhältnissen an einem historischen Beispiel konkret nachzugehen. Die dabei gewonnenen Erkenntnisse könnten einen Beitrag zur "Selbstaufklärung der gegenwärtigen Gesellschaft" (KOCKA, 1977, S. 69 f.) leisten, d.h. zur besseren Einschätzung heutiger Schulreformbemühungen und der ihnen entgegengebrachten Widerstände beitragen, vielleicht sogar ein Stück Selbstvergewisserung und Orientierungshilfe für diejenigen ermöglichen, die sich auch fernerhin einer demokratischen Schulreform verpflichtet fühlen.

Sachsen bietet sich für eine solche Untersuchung nicht nur deshalb an, weil es bislang noch wenig erforscht ist, sondern vor allem auch, weil es eine äußerst interessante geschichtliche Tradition hat. Verbindet sich doch hier wie in kaum einem anderen Land seit dem 19. Jahrhundert die Industrialisierung aufs engste mit den Emanzipationsbestrebungen der Arbeiterschaft. Auf diese Tradition war schließlich jene parlamentarische Mehrheit der Arbeiterparteien im Landtag zwischen 1919 und 1923 zurückzuführen, die einen vergleichsweise großen Handlungsspielraum für gesellschafts- und damit auch schulreformerische Initiativen eröffnete. Vergleichbare Handlungsspielräume gab es damals auch in Thüringen, Braunschweig, Hamburg und Bremen, also überall dort, wo die sozialistischen Parteien ihre Hochburgen besaßen und dementsprechend gesellschaftspolitischen Einfluß nehmen konnten bzw. über parlamentarische Mehrheiten verfügten und damit sogar sozialistische Regierungen bilden konnten. Letzteres galt damals insbesondere für Sachsen, so daß hier die Chancen für eine durchgreifende demokratische Schulreform besser waren als in den meisten anderen Ländern des Deutschen Reiches. Wie wir sehen werden, wurden diese Chancen in Sachsen zwischen 1918 und 1923, also bis zur gewaltsamen Amtsenthebung der damaligen sozialistischen Regierung, ansatzweise auch genutzt.

Ausgangshypothese und Zielsetzung der Arbeit erfordern die Beantwortung der Frage, wie die ökonomischen, sozialen und politisch-gesellschaftlichen Verhältnisse und Strukturen in Sachsen im Untersuchungszeitraum konkret beschaffen waren. Erst auf dieser Basis lassen sich die Schulreformansätze der damaligen sächsischen Regierung verstehen und analysieren. Dazu bedarf es eines methodischen Vorgehens, das die bildungspolitischen und pädagogischen Aspekte der Schulreform mit ihren sozialgeschichtlichen Voraussetzungen verknüpft. Die Schwierigkeiten, die sich dabei ergeben, liegen vor allem darin, daß entsprechende Methoden von der Historischen Bildungsforschung in Deutschland kaum entwickelt worden sind, weil es - so ist zu vermuten - ein Interesse an entsprechenden Fragestellungen bis vor kurzem kaum gegeben hat. Dies verdeutlicht ein kurzer

Überblick über die Forschungsentwicklung zur Weimarer Schulgeschichte, der die hier behandelte Thematik zuzuordnen ist.

Noch 1970 bezeichnete Christoph Führ in seiner Studie "Zur Schulpolitik der Weimarer Republik" (1970) die Geschichte der Schulpolitik und somit auch der Schulreform dieses Zeitraumes für die Alt-Bundesrepublik ausdrücklich als "Stiefkind der Forschung" (S. 12) und bezog sich dabei insbesondere auf die Bildungspolitik des Reichstages, der einzelnen Landtage bzw. Länder, der Parteien sowie der entsprechenden Bestrebungen außerparlamentarischer Gruppen (Kirchen und Lehrervereine) (ebd. S. 383 f.). Erst seit den siebziger Jahren kam die Forschung zur Geschichte der Schulreform wie zur Bildungsgeschichte der Weimarer Republik insgesamt stärker in Gang. Indizien dafür waren die von Manfred Heinemann im Auftrag der Historischen Kommission der Deutschen Gesellschaft für Erziehungswissenschaft herausgegebenen Bände "Sozialisation und Bildungswesen in der Weimarer Republik" (1976) und "Der Lehrer und seine Organisation" (1977) wie auch eine größere Zahl veröffentlichter Monographien.[1] Nachdem die Zahl entsprechender Veröffentlichungen in der ersten Hälfte der achtziger Jahre eher wieder rückläufig war, hat sie gerade in den letzten Jahren erneut zugenommen[2]; inzwischen liegen auch erste Überblicks- bzw. bilanzierende Gesamtdarstellungen vor.[3]

---

[1] Hierzu gehören vor allem Veröffentlichungen zu den verschiedenen Lehrerorganisationen: zum Philologenverband (HAMBURGER 1974), zum Deutschen Lehrerverein (BÖLLING 1978, KRAUSE-VILMAR 1978 u. BREYVOGEL 1979), zu den katholischen Lehrerverbänden (CLOER 1975), zur ersten Lehrergewerkschaft (STÖHR 1978), zur Hilfsschullehrerschaft (ELLGER-RÜTTGARDT 1980) oder zum Bund Entschiedener Schulreformer (NEUNER 1980); weiterhin Untersuchungen zu einzelnen (vergessenen) Pädagogen, wie Fritz Karsen (RADDE 1973) oder Paul Oestreich (BOEHM 1973), zur Reform des höheren Schulwesens (MÜLLER 1977 u. MARGIES 1972), zu den Elternräten (WAGNER-WINTERHAGER 1979), zur SPD-Schulpolitik (WITTWER 1980) oder zu den politischen Optionen von Pädagogik-Hochschullehrern (WEBER 1979).

[2] Vgl. etwa die Arbeit von Helmut Heiland und Karl-Heinz Sahmel zum "Schulleben" in der Weimarer Republik (HEILAND/SAHMEL 1985), Klaus Rödlers "Vergessene Alternativschulen. Geschichte und Praxis der Hamburger Gemeinschaftsschulen 1919-1933" (RÖDLER 1987), die beiden Sammelbände "Der Traum von der freien Schule. Schule und Schulpolitik in Hamburg während der Weimarer Republik" (DE LORENT/ULLRICH 1988) und "Hamburg - Stadt der Schulreformen" (DASCHNER/LEHBERGER 1990) sowie Sabine Jungks Untersuchung über "Volksschulreform und Volksschullehrerfortbildung 1918-1933" (JUNGK 1991).

[3] Vgl. die von Hans-Georg HERRLITZ, Wulf HOPF und Hartmut TITZE konzipierte "Einführung" in die "Deutsche Schulgeschichte von 1800 bis zur Gegenwart" (1981), den von Ulrich HERRMANN herausgegebenen Sammelband "'Neue Erziehung' 'Neue Menschen'. Ansätze zur Erziehungs- und Bildungsreform in Deutsch-

Regional gesehen stand die Weimarer Schul(reform)geschichtsschreibung zunächst ganz im Zeichen Preußens. Ebenfalls erst seit den siebziger Jahren wurden auch andere Regionen des damaligen Deutschen Reiches wie Hamburg (MILBERG 1970), Bremen (HAGENER 1973), Bayern (MORO 1977) und Baden (WIELANDT 1976) ansatzweise zu erschließen begonnen. Bis heute vor allem vergessen blieben vor allem die Länder, in denen - zumindest zeitweise - demokratisch-sozialistische Regierungen die Politik bestimmten, wie Thüringen, Braunschweig und Sachsen.

Unter methodologischen Gesichtspunkten betrachtet stand die Erforschung der Weimarer Schulgeschichte lange Zeit in der Tradition Geisteswissenschaftlicher Pädagogik. Als Ideen- und Institutionengeschichte geschrieben, wurde Schulreform weitgehend auf die sog. "Reformpädagogische Bewegung" reduziert und als von den konkreten sozial-ökonomischen und politischen Faktoren der Gesellschaft losgelöstes Phänomen angesehen, zumindest nicht in Zusammenhang etwa mit gesellschaftlichen Interessen und sozialen Strukturen gebracht. Dieses Paradigma durchzieht die weitverbreiteten und in vielen Auflagen erschienenen Pädagogikgeschichten Albert Rebles (1951, ^{13}1981) und Fritz Blättners (1951, ^{14}1973), die bis heute immer wieder aufgelegten Standardwerke zur Reformpädagogik von Wolfgang Scheibe (1969, ^{9}1984) und Hermann Röhrs (1980, ^{3}1991), die Quellensammlung zur Reformpädagogik von Wilhelm Flitner und Gerhard Kudritzki (1961/62, ^{3}1982 u. ^{2}1982) bis hin zu dem von Klaßen/Skiera/Wächter 1991 herausgegebenen "Handbuch der reformpädagogischen und alternativen Schulen in Europa". In den ausgehenden sechziger Jahren geriet die Geisteswissenschaftliche Pädagogik zunehmend in die Kritik. Ihre theoretisch-methodologischen Grundlagen wurden in Frage gestellt, ihre Forschungsergebnisse relativiert und ihre durchweg politisch-konservativen Implikationen problematisiert.[4]

---

land zwischen Kaiserreich und Diktatur" (1987), Heinz-Elmar TENORTHS "Geschichte der Erziehung" (1988), Ludwig v. FRIEDEBURGS "Bildungsreform in Deutschland. Geschichte und gesellschaftlicher Widerspruch" (1989) sowie schließlich das "Handbuch der deutschen Bildungsgeschichte, V: 1918-1945, hrsg. von Dieter LANGEWIESCHE und Heinz-Elmar TENORTH" (1989).

4   So schrieb Carl-Ludwig Furck 1968: " Die geschichtlichen Analysen der Erziehungssysteme hatten häufig die Funktion, zum Verstehen des Bestehenden beizutragen und es zugleich zu rechtfertigen. Hierdurch wurde die historische Dimension der Erziehungswissenschaft zum stabilisierenden Faktor" (FURCK 1968, S. 215). Vgl. zu der Kritik geisteswissenschaftlicher Pädagogik Klafki 1971; HAGENER 1973, S. 1 ff.; LENHART 1977; letzterer mit zugleich weiterführenden Diskussio-

Neue Impulse erhielt die Historische Pädagogik in den siebziger Jahren durch die Kritische Theorie (ADORNO, HORKHEIMER, HABERMAS). Dementsprechend lassen sich in einer Reihe von Untersuchungen ideologiekritische Fragestellungen nachweisen. Die Rekonstruktion der Vergangenheit geschah nun nicht mehr im Sinne der traditionellen, auf Dilthey zurückgehenden Hermeneutik, nämlich als ein objektives, einfühlendes "Verstehen" der historischen Tradition (HABERMAS 1973, S. 204 - 233), sondern als kritisches Verstehen gegen sie (ebd. S. 323 - 364). "Das Interesse an einem solchen Verstehen", so faßte Albrecht Wellmer den emanzipatorischen Anspruch dieser Theorie zusammen, "ist nicht einfach das Interesse an Verständigung überhaupt, sondern das fundamentalere Interesse an Emanzipation von Gewaltverhältnissen, die als Versagung und Entfremdung erfahren werden und als historisch überflüssig kritisiert werden können. Ein solches Verstehen der Überlieferung **gegen** die Überlieferung ist daher selbst ein Stück Emanzipation **von** der Überlieferung, insofern diese ein Zwangszusammenhang ist, und zugleich Vorbedingung einer praktischen Emanzipation" (WELLMER 1977, S. 52 f.).[5]

In bewußter Abgrenzung gegenüber einem solchen emanzipatorischen Erkenntnisinteresse hat sich seit den achtziger Jahren im Rahmen Historischer Pädagogik eine systemtheoretisch begründete Sozialgeschichtsschreibung etabliert. Sie versucht, die bereits von der Geisteswissenschaftlichen Pädagogik der zwanziger Jahre (NOHL u.a.) vertretene Auffassung von der relativen Autonomie der Pädagogik wieder zu reaktivieren (so TENORTH 1985, 1988 u. 1990; OELKERS/TENORTH 1987). Auf die mangelnde Tauglichkeit systemtheoretischer Entwürfe als Grundlage historischer Forschung ist allerdings bereits Anfang der siebziger Jahre von seiten der Geschichtswissenschaft hingewiesen worden (WEHLER [3]1980, S. 30 f.).[6]

---

nen zu methoddologischen Fragen der Erziehungsgeschichtsschreibung; vgl. den Forschungsbericht von ELLGER-RÜTTGARDT 1985 u. BÖHME/TENORTH 1990.

[5] Wie kontrovers über die methodologischen Zugänge zur Erziehungs- und Bildungsgeschichte damals diskutiert wurde, zeigen exemplarisch die von Manfred Heinemann im Auftrag der Historischen Kommission der Deutschen Gesellschaft für Erziehungswissenschaft herausgegebenen Bände. Wilhelm Roeßler (Band I, S. 11 ff.) und Georg Rückriem (Band II, S. 18 ff.) weisen in ihren jeweiligen Einleitungen auf die gegensätzlichen und kaum zu vereinbarenden methodologischen Ansätze der einzelnen Beiträge und die Kontroversen darüber ausdrücklich hin.

[6] Wehler kritisierte 1973, daß die Systemtheorien dynamische Prozesse einfrieren würden und die historischen Zeiten aus ihr verbannt seien. "(...) sie kann nach ihrem Kunstgriff: aus methodischen Gründen die Geschichte erst einmal stillgelegt zu

Auch innerhalb der Historischen Pädagogik sind entsprechende Ansätze auf entschiedene Kritik und Ablehnung gestoßen, ihre Problematik vor allem im Streit der Erziehungswissenschaft über die Rolle der Disziplin im Nationalsozialismus deutlich zu Tage getreten.[7]

Anders als in der westdeutschen Erziehungsgeschichtsschreibung hat in der Historischen Pädagogik der ehemaligen DDR von Beginn an das Verhältnis von Schulgeschichte bzw. Schulreform zu den mit ihnen verknüpften sozio-ökonomischen und politischen Verhältnissen eine zentrale Rolle gespielt. Dies war die Konsequenz des historisch-materialistischen Ansatzes. So wurde beispielsweise in dem Standardwerk der DDR zur "Geschichte der Erziehung" von der ersten Auflage (1957; [15]1987) an, die Weimarer Schulgeschichte und Schulreform in den Kontext von Kapitalismus, Imperialismus und bürgerlicher Gesellschaft hineingestellt und damit ein Raster entwickelt, das zumindest einen Erklärungsansatz sozialgeschichtlicher Zusammenhänge der Schulreform bot. Die Problematik dieser Art Sozialgeschichtsschreibung bestand allerdings darin, daß sie relativ schematisch, teilweise dogmatisch ausgerichtet war, insbesondere in ihren Bewertungen den damaligen Klassenstandpunkt der KPD zugrundelegte. Die in der letzten Auflage durchaus erkennbare differenziertere Betrachtungsweise beispielsweise hinsichtlich bürgerlich-demokratischer oder sozialdemokratischer Traditionen änderte daran prinzipiell nichts. Von daher kommt auch die DDR-marxistische Erziehungsgeschichtsschreibung heute kaum als zureichende Grundlage für entsprechende Untersuchungen in Frage.

---

haben, diese aller bisherigen Erfahrungen nach nicht wieder als Bewegung erfassen. Überdies bietet sie sich als technokratisches Herrschaftswissen zur 'Systemsteuerung' geradezu an ..." (WEHLER [3]1980, S. 30 f.).

[7] In der Auseinandersetzung mit H.-E. Tenorth problematisiert Karl Christoph Lingelbach vor allem zweierlei: 1. werde die kritische Potenz von Nohls Begriff der "relativen Autonomie" der Erziehung im Vollzug seiner "sozialwissenschaftlichen" Reformulierung destruiert. Zum Verständnis der Pädagogen im Nationalsozialismus, zur Analyse ihrer Mentalitäten und Handlungen bleibe aber die Rezeption gerade der kritischen Implikate des zeitgenössischen Autonomiebegriffs unverzichtbar; 2. werde ausgerechnet das in der geisteswissenschaftlichen Pädagogik der Weimarer Republik vorherrschende unkritische Gesellschaftsbild fortgeschrieben. "Nachweisbar war es aber gerade das kulturphilosophisch begründete Gesellschaftsmodell mit seiner Verlagerung gesamtgesellschaftlicher Konflikte aus der Realität sozialer Interessenwidersprüche in die Fiktion von Wechselbeziehungen relativ autonomer 'Kulturmächte', das wissenschaftlichen Pädagogen während der Zeit des 'Umbruchs' eine realistische Einschätzung der Hitlerbewegung erschwerte" (LINGELBACH 1990, S. 127 f.). Kritisch zu Tenorth auch KEIM 1988, S. 31 f. u. 1990(a), S. 17 f.

Ganz offensichtlich sind die im Rahmen der Historischen Pädagogik in Ost und West bislang vorgelegten methodologischen Ansatzpunkte zur Untersuchung sozialgeschichtlicher Zusammenhänge des Bildungswesens noch relativ unterentwickelt. So bietet es sich an, entsprechende Diskussionen in der Geschichtswissenschaft zu rezipieren. Besonders interessant und ergiebig erscheinen dabei Überlegungen, wie sie seit den ausgehenden sechziger Jahren vor allem Hans-Ulrich Wehler angestellt und in einer Reihe konkreter Forschungen erprobt hat. Wehler definierte dabei Geschichtswissenschaft als "Historische Sozialwissenschaft", die als eine "kritische Gesellschaftswissenschaft" "bewußt zur Schärfung eines freieren kritischen Gesellschaftsbewußtseins beitragen" sollte (WEHLER ^{4}1980, S. 12). Als zentrale Aufgabe einer solchen Historischen Sozialwissenschaft galt es, ökonomische, soziale, politische, kulturelle und ideologische Faktoren miteinander zu verknüpfen und in ihrem wechselseitigen Zusammenhang zu analysieren. Die Frage, von welchem dieser Faktoren der Zugriff auf den jeweiligen Forschungsgegenstand auszugehen habe, erschien Wehler nicht von entscheidender Bedeutung, "solange nur die Anstrengung darauf gerichtet" blieb, "der Verschränkung dieser Faktoren gerecht zu werden" (WEHLER ^{3}1980, S. 28). Da er allerdings von der Voraussetzung ausging, "daß das Schicksal der modernen Welt ... in einem fundamentalen Sinn durch die Industrialisierung, jene tiefste Zäsur der Menschheitsgeschichte seit dem Neolithikum mitbestimmt wird" (WEHLER 1969, S. 16), sah er es als gerechtfertigt an, in seinen Untersuchungen von der "Industriellen Revolution" als Basisprozeß auszugehen. In "Bismarck und der Imperialismus" (1969) und "Das Deutsche Kaiserreich" (1973, ^{4}1980) hat Wehler - ohne einen monokausalen Zusammenhang zu unterstellen - gezeigt, welch weiterführende Einsichten und Erklärungen möglich sind, wenn Politik, Gesellschaft und deren leitende Ideen stärker von den sozial-ökonomischen Strukturen und Prozessen her analysiert werden.[8]

---

8 Die von Wehler, Kocka u.a. etablierte Sozial- oder Gesellschaftsgeschichte ist inzwischen, wie einige ihrer Vertreter jüngst anmerkten, längst zu einer "Normalwissenschaft" (HETTLING u.a. 1991, S. 9) geworden mit einer kaum noch übersehbaren Fülle sich ausdifferenzierender theoretisch-methodologischer Positionen, Themen und Aspekte, so daß Jürgen Kocka wohl zurecht davon spricht, daß der Begriff der Sozialgeschichte wie ein Chamäleon schillere (KOCKA 1989, S. 1). Auch Wehler selbst hat seine frühere dezidierte Position inzwischen ein Stück weit relativiert, worauf er in der Einleitung seiner jüngst vorgelegten "Deutschen Gesellschaftsgeschichte" ausdrücklich eingeht (WEHLER 1987, Bd. I, S. 8). Im Gegensatz zu den siebziger Jahren betont er nun stärker die Gleichberechtigung und

Inwiefern könnte sich nun dieser, von der Historischen Pädagogik bislang kaum rezipierte Ansatz für die hier zu untersuchende Frage nach dem Zusammenhang von Schulreform und gesamtgesellschaftlichen Verhältnissen in Sachsen als fruchtbar erweisen? Insbesondere scheinen mir mit Hilfe eines solchen Ansatzes die folgenden Problemstellungen bearbeitbar zu werden:

- **erstens** die Frage nach dem Einfluß der gesellschaftlichen Macht- und Interessengruppen auf die Schulreform: Wer waren die Träger der Schulreform, wer ihre Gegner? Wie sahen ihre jeweiligen gesellschafts- und bildungspolitischen Vorstellungen aus, welche Interessen lagen ihnen zugrunde, welche Ziele verfolgten sie und mit welchen Mitteln? Weisen diese Vorstellungen Charakteristika auf, die auf die landesspezifischen sozialen und politisch-gesellschaftlichen Gegebenheiten zurückzuführen sind?;
- **zweitens** die Frage nach den Strukturmerkmalen des sächsischen Schulsystems vor dem Ersten Weltkrieg und seiner Funktionen innerhalb der damaligen Gesellschaft: Welche (Herrschafts-)Interessen waren damit verbunden?;
- **drittens** die Frage nach den Schwerpunkten der Reform zwischen 1918 und 1923 bzw. nach dem Stellenwert, den sie im Rahmen der Landespolitik einnahmen;
- **viertens** die Frage nach der Umsetzung der Reformdiskussionen und -gesetze in die Schulpraxis: Welche Schwierigkeiten ergaben sich dabei und worin lagen sie begründet? Haben beispielsweise die wirtschaftlichen und sozialen Verhältnisse der Nachkriegszeit die Entwicklung des Schulwesens und die Realisierung von Reformvorhaben beeinträchtigt und wenn ja, in welcher Weise? Sind evtl. Folgen bei der unmittelbar beteiligten Lehrer- und Schülerschaft feststellbar?; schließlich
- **fünftens** die Frage nach den Auswirkungen der veränderten politisch-gesellschaftlichen Machtverhältnisse ab 1924 auf die Sicherung und Fortführung der Schulreform.

Gleichrangigkeit der drei Bereiche politische Herrschaft, Wirtschaft und Kultur und als vierten, eigens von ihm hinzugefügten, das "System der sozialen Ungleichheit" (ebd. S. 11). Kritische Einwände gegen Wehlers Gesellschaftsgeschichte vom Standpunkt einer marxistisch orientierten Geschichtsauffassung bei Scholz 1990, S. 87-113. Den Diskussionsstand zur neueren Sozialgeschichte in der ehemaligen Bundesrepublik faßt zusammen Ritter 1989, S. 19-88.

Ließen sich mit vorliegender Untersuchung Konturen einer Sozialgeschichte der Schulreform in Sachsen zur Zeit der Weimarer Republik herausarbeiten, wäre ein wesentliches Anliegen erreicht.

Den skizzierten Intentionen entsprechend sollen in einem ersten Teil der Untersuchung (A) die sozialgeschichtlichen Grundlagen der sächsischen Reform entwickelt und dann erst auf dieser Basis die Reformvorschläge und -ansatzpunkte für einzelne institutionelle Bereiche des Bildungswesens analysiert werden (B). In Teil A richtet sich der Blick zunächst auf die Vorgeschichte im 19. Jahrhundert (Kap. I), bevor daran anschließend die politischen und gesellschaftlichen Verhältnisse in Sachsen im Untersuchungszeitraum (Kap. II) sowie die ökonomischen und sozialen Ausgangsbedingungen der Schulreform geklärt werden (Kap. III). Die folgenden Kapitel befassen sich mit den gesellschaftlichen Macht- und Interessengruppen, d. h. sowohl mit den verschiedenen Trägern der Schulreform (Kap. IV - VI) als auch ihren bürgerlich-konservativen Gegnern (Kap. VII). Ein Ausblick auf die sich im Zuge der Reichsexekution in Sachsen verändernden politisch-gesellschaftlichen Verhältnisse ab 1924 und die daraus entstehenden Konsequenzen für die Schulreform schließt den ersten Teil A ab (Kap. VIII).

In Teil B stehen die einzelnen Bereiche der Schulreform im Mittelpunkt; voran die Volksschule (Kap. I), einschließlich der Versuchsschulen in Leipzig-Connewitz und Chemnitz, sowie das Höhere Schulwesen (Kap. II). Es folgt die Darstellung des Versuchs, darüber hinaus zu einer Einheitsschule zu gelangen (Kap. III). Die beiden letzten Kapitel sind dem beruflichen Schulwesen (Kap. IV) und der Ausbildung der Volksschullehrerinnen und -lehrer gewidmet (Kap. V). Eine Schlußbetrachtung schließt die Arbeit ab.

Der sozialgeschichtliche Untersuchungsansatz erfordert die Einbeziehung eines breiten gedruckten und ungedruckten Materials. Dazu zählen zunächst einmal die Darstellungen zur sächsischen Bildungsgeschichte, speziell zu Aspekten der Schulreform in der Weimarer Republik. Sie sind ganz überwiegend Forschungsergebnisse der Historischen Pädagogik der ehemaligen DDR. Im Mittelpunkt des Interesses stand dabei vielfach die sächsische Volksschullehrerschaft und deren Interessenvertretung, der Sächsische Lehrerverein. So bei Klement (1975) und Mebus (1987), die sich mit dem weltanschaulich-politischen Selbstverständnis sowie den pädagogischen und bildungspolitischen Bestrebungen des SLV befaßt haben. Wie politisch linksstehende sächsische Lehrerinnen und Lehrer ab 1933 von den Faschisten gemaßregelt und verfolgt wurden, läßt sich bei Schultze (1986) nachlesen. Daß der Leipziger Lehrerverein die Avantgarde der sächsischen Volksschullehrerschaft gewesen ist und einen besonderen Einfluß auf Programmatik und Selbstverständnis des SLV genommen hat, geht aus einer Aufsatzreihe "Zur Geschichte des Leipziger Lehrervereins" hervor (NAUMANN u.a. 1987; FEHLING u.a. 1987; NAUMANN/PEHNKE 1987; PEHNKE/STÖßEL 1987 u. ULM 1987). Mit den darin vorgelegten Ergebnissen wird die bereits aus dem Jahre 1961 stammende Arbeit von Gebler über den Leipziger Lehrerverein teils ergänzt, teils korrigiert, vor allem was dessen Bewertungen anbetrifft. Über die Geschichte der sächsischen Volksschullehrerschaft hinaus beschäftigen sich die genannten Arbeiten mit verschiedenen Reformansätzen, insbesondere im Rahmen der Volksschule. Besondere Aufmerksamkeit haben dabei die sächsischen Versuchsschulen gefunden, denen Ertl (1988) eine eigene Untersuchung gewidmet hat. Zu den bildungspolitischen Auseinandersetzungen über die Reform der sächsischen Volksschule vor dem Ersten Weltkrieg liegt darüber hinaus die Arbeit von Idel (1968) vor.

Haben die genannten Darstellungen die Aufarbeitung der sächsischen Schulreformgeschichte einerseits zweifellos ein Stück weit vorangebracht, so bleiben sie andererseits aus grundsätzlichen methodologischen Gründen (s.o.) wie auch aufgrund ihrer zumeist recht schmalen Literatur- und Quellenbasis unbefriedigend. Auf die in vorliegender Untersuchung aufgeworfene Fragestellung vermögen sie kaum befriedigende Antworten zu geben.

Letzteres gilt aus anderen Gründen auch für die Historische Pädagogik Westdeutschlands, wo überhaupt nur wenige kleinere Beiträge zur Schulgeschichte Sachsens entstanden sind: Beispielsweise finden sich in der Untersuchung von Stöhr (1978) über "Lehrer und Arbeiterbewegung" knappe Hinweise zur Schulreformpolitik Sachsens nach der Novemberrevolution, Wacker (1978) ist in einem Aufsatz vor allem dem Selbstverständnis des SLV als Gewerkschaft nachgegangen und schließlich hat Keim (1987, S. 216-228) im Rahmen eines Sammelbandes zum Kursunterricht den Einheitsschulplan der sächsischen Volksschullehrerschaft wieder zugänglich gemacht. Die Reform der Volksschullehrerausbildung hat Paul (1985) im Rahmen eines Ländervergleichs beleuchtet.

Ganz ähnlich wie die Schul(reform)geschichte ist auch die politische Geschichte Sachsens bislang kaum hinreichend aufgearbeitet worden. So verwundert es nicht, daß bis vor wenigen Jahren die gründlichste und informativste Darstellung noch aus der Weimarer Zeit stammte. Walter Fabian, selbst in der sozialistischen Arbeiterbewegung engagiert, hatte sie bereits 1930 (^{2}1972), noch unter dem Eindruck der gescheiterten Gesellschaftsreformpolitik in Sachsen, als eine erste selbstkritische Bilanz der Politik der (sächsischen) Arbeiterbewegung veröffentlicht. Soweit der Freistaat Sachsen in historischen Darstellungen zur Weimarer Republik später überhaupt Berücksichtigung erfuhr, wurde die Landespolitik zumeist einseitig aus der Perspektive der Reichspolitik betrachtet. Unter einem solchen Blickwinkel schrumpft die sächsische Landespolitik in diesem Zeitabschnitt leicht zu einem reinen Verfassungsproblem, zur "sächsischen Frage", bei der es darum geht, ob die Reichsregierung im Oktober 1923 innenpolitisch berechtigt und gezwungen war, die damalige sozialistische Regierung aus SPD und KPD abzusetzen oder nicht (WINKLER ^{2}1985, S. 605-669 u. HOHLFELD 1964).[9] Bislang die einzige Untersuchung, die sich mit der damaligen linkssozialistischen Landespolitik in Sachsen wirklich auseinandersetzt, ist die Arbeit von Klenke (1983) über die "SPD - Linke in der Weimarer Republik".[10] Was Klenkes Arbeit so interessant macht, sind vor allem seine Ausführungen zur sächsischen Volksschullehrerschaft. Er sieht in ihr nicht nur die Hauptträger sozialdemokratischer Kulturpolitik, sondern

---

[9] Während Winkler sich in seiner grundlegenden Studie "Von der Revolution zur Stabilisierung. Arbeiter und Arbeiterbewegung in der Weimarer Republik 1918 bis 1924" mit der Reichsexekution, insbesondere im Vergleich zu den politischen Vorgängen in Bayern im Herbst 1923, noch sehr differenziert auseinandersetzt, stellt Schulze in seinem Buch "Weimar. Deutschland 1917 - 1933" die sächsische und bayerische Entwicklung politisch letztlich auf eine Stufe. Einerseits spricht er zwar in bezug auf die Politik der bayerischen Regierung gegenüber dem Reich von "Hochverrat", während der sächsischen (und thüringischen) Regierung lediglich "Ungeschicklichkeit und Maßlosigkeit" bescheinigt (SCHULZE 1982, S. 266), andererseits urteilt er aber apodiktisch: "Die Extremismen schaukelten sich gegenseitig auf; nach dem Grundsatz der kommunizierenden Röhren stieg mit dem Anwachsen der rechten Verfassungsfeinde auch die Gefahr durch die linken. Was Bayern auf dem rechten Spektrumsende war, waren die Staaten Sachsen und Thüringen auf dem linken" (ebd., S. 264 f.).

[10] Erwähnt werden muß in diesem Zusammenhang die 1987 bei Hans Mommsen in Bochum verfaßte Staatsarbeit von Karsten Rudolph über "Chancen und Risiken des Linksprojektes in Sachsen von 1918-1923", die zeitgleich mit vorliegender Untersuchung im Rahmen einer Dissertation fortgeführt wird.

auch eine wesentliche Verursachungsquelle des Linkskurses der sächsischen SPD.

Angesichts der noch sehr schmalen Quellenbasis der bereits erschienenen Literatur zu unserer Thematik mußte in vorliegender Untersuchung zunächst einmal versucht werden, diese Basis zu erweitern. Dazu wurde zunächst einmal vielfältiges gedrucktes Quellenmaterial zur Schul(reform)geschichte und zur allgemeinen Geschichte Sachsens herangezogen. Als zentrale und besonders ergiebige Quelle für die Schulreform erwiesen sich die verschiedenen Zeitschriften, insbesondere die beiden reformorientierten Organe der sächsischen Volksschullehrerschaft, die "Sächsische Schulzeitung" und die "Leipziger Lehrerzeitung". Sie waren das wichtigste öffentliche Diskussionsforum des SLV. Jedes ihrer Mitglieder war verpflichtet, eine der Zeitschriften zu abonnieren. Alle programmatischen Debatten pädagogisch-bildungspolitischer, wirtschaftlich-sozialer sowie gesellschaftspolitischer Art wurden darin ausgetragen und lassen sich somit nachvollziehen. Außerdem enthielten sie beispielsweise Berichte über die Vertreterversammlungen sowie zum Teil die Jahresberichte des SLV. Darüber hinaus findet sich in diesen Zeitschriften umfangreiches, anderweitig nicht oder nur schwierig zugängliches Material zu den bildungspolitischen Auseinandersetzungen im Untersuchungszeitraum. Auch für eine erste Annäherung an die alltägliche Schulpraxis stellen sie eine unverzichtbare Grundlage dar. Weitere reformorientierte Zeitschriften wurden ergänzend hinzugezogen. So das Verbandsorgan des Bundes Entschiedener Schulreformer, "Die Neue Erziehung", die in ihren "Mitteilungen" regelmäßig aus den einzelnen Landesverbänden berichtet hat, und die Zeitschrift des Bundes der Freien Schulgesellschaften Deutschlands, "Die freie weltliche Schule". Von seiten der führenden Schulreformgegner wurden die Zeitschriften des Sächsischen Philologenvereins, die "höhere Schule im Freistaat Sachsen", und des Landesverbandes der christlichen Elternvereine Sachsens, "Die christliche Schule", ausgewertet. Sie vermittelten erste grundlegende Erkenntnisse über Denken und Handeln bürgerlich-konservativer Reformgegner. Die parlamentarischen Verhandlungen zur Schulreformpolitik konnten anhand der Protokolle des Sächsischen Landtags verfolgt werden. Darüber hinaus sind die damals im Rahmen der kontroversen pädagogischen Diskussionen und bildungspolitischen Entwicklungen zahlreich veröffentlichten Bücher, Schriften und Broschüren von Lehrervereinen, Parteien, Kirchen und Interessenverbänden bzw. deren Repräsentanten sowie schließlich Chroniken und Festschriften der sächsischen Volksschullehrerschaft einbezogen worden.

Zur Geschichte Sachsens sind berücksichtigt worden: die Statistischen Jahrbücher des Freistaates Sachsen und zeitgenössische wissenschaftliche Abhandlungen zur wirtschaftlichen, politisch-gesellschaftlichen und verfassungsrechtlichen Entwicklung Sachsens. Daneben Protokolle und Berichte der Landesparteitage der beiden führenden Regierungsparteien im Untersuchungszeitraum, der SPD bzw. USPD, sowie Handbücher, Schriften und Broschüren von Parteien, Kirchen, sonstigen Interessengruppen sowie Einzelpersonen zu politischen und gesellschaftlichen Fragen und Vorgängen.

Die gedruckten Quellen bedurften der Ergänzung durch Archivmaterial. Nur so ließen sich die mit Hilfe der gedruckten Materialien gewonnenen Ergebnisse überprüfen und weiter absichern. Ferner waren bestimmte Fragestellungen hinreichend nur über entsprechende Archivmaterialien zu bearbeiten. Bei den Archivalien handelt es sich in erster Linie um die Akten des sächsischen Volksbildungsministeriums. Die darin enthaltenen Jahresberichte der Bezirksschulräte geben beispielsweise Auskunft über die materiellen Bedingungen der Volksschularbeit, über die wirtschaftliche und soziale Situation der Volksschülerschaft und gewähren Einblick, inwieweit die reformpädagogischen Diskussionen tatsächlich Eingang in die alltägliche Unterrichtspraxis gefunden haben. Im übrigen beherbergen die Akten des Volksbildungsministeriums zu allen untersuchten Bereichen der Schulreform bislang weitgehend unbekannte Materialien, so auch zur Einheitsschulreform, zu Versuchsschulen sowie zu den einzelnen Lehrervereinen und verschiedenen gesellschaftlichen Interessengruppen, die versucht haben, auf die Schulreform Einfluß zu nehmen.

Weiterhin ist der Nachlaß des ehemaligen Kultusministers und Reformpädagogen Richard Seyfert einbezogen worden. Dieser erwies sich insbesondere für die Untersuchung der Volksschullehrer(innen)ausbildung als bedeutsam, da Seyfert einer ihrer maßgeblichen Initiatoren und Förderer gewesen ist. Sowohl dieser Nachlaß als auch die Akten des Volksbildungsministeriums befinden sich im Staatsarchiv Dresden.

Darüber hinaus sind zur Versuchsschule in Leipzig-Connewitz sowie zum Bereich der "weltlichen Volksschule" die Akten des Schulamtes der

Stadt Leipzig ausgewertet worden. Sie befinden sich im Stadtarchiv von Leipzig.

Nicht alle von mir eingesehenen Archivmaterialien konnten für die vorliegende Untersuchung ausgewertet werden. So mußte beispielsweise ein Teil der Quellen zu den Versuchsschulen, auf die ich im Staats- bzw. Stadtarchiv in Dresden gestoßen war, unberücksichtigt bleiben. Eine Untersuchung aller sächsischen Versuchsschulen, so bedeutsam und interessant sie auch gewesen sind, hätte den Rahmen dieser Arbeit bei weitem überschritten. Das Ziel, dem komplexen Zusammenhang von Schulreform und sozialen Interessen bzw. gesellschaftlichen (Macht-)Verhältnissen nachzugehen, setzte der vorliegenden Untersuchung Grenzen. So bleiben weitere Detailstudien zur sächsischen Schulreformgeschichte in der Weimarer Republik notwendig, beispielsweise zu einzelnen Versuchsschulen, zum beruflichen Schulwesen, zu den Hilfsschulen oder zu den heute weitgehend vergessenen sächsischen Reformpädagog(inn)en. Vielleicht kann diese Arbeit dazu anregen.

A. SOZIALGESCHICHTLICHE GRUNDLAGEN DER SÄCHSISCHEN SCHULREFORM 1918 - 1923

I. Zur Vorgeschichte: Das "rote Königreich"

Fragt man nach den sozial-ökonomischen und politisch-gesellschaftlichen Verhältnissen und Strukturen Sachsens nach 1918, stößt man auf zwei zentrale, bis weit ins 19. Jahrhundert zurückweisende Ausgangsbedingungen: erstens die fortgeschrittene ökonomische Entwicklung und zweitens die frühe Etablierung einer starken Arbeiterbewegung, die Sachsen zu Beginn dieses Jahrhunderts den Ruf eines "roten Königreichs" einbrachte. Was den ersten Punkt anbelangt, ist davon auszugehen, daß Sachsen schon vor der eigentlichen Industrialisierung "die fortgeschrittenste Gewerberegion" gewesen ist (WEHLER 1987, Bd. I, S. 106). Grundlage dieser Entwicklung war der Bergbau, genau genommen der Erzbergbau (vor allem Silber-, Zinn- und Eisenerze) (KIESEWETTER ²1991, S. 29). Er wurde bereits seit dem 12. Jahrhundert im Freiberger Revier betrieben, vom 15. bis 17. Jahrhundert auf das ganze Erzgebirge ausgedehnt und führte schon früh zur Ansiedlung eines umfasseneren metallverarbeitenden Gewerbes. Als der Erzbergbau in einigen Revieren zum Teil schon seit dem ausgehenden 16. Jahrhundert zurückging, entstanden Ersatzgewerbe wie Holzverarbeitung (u.a. Spielwaren), Flachsspinnerei, Woll- und Baumwollspinnerei und -weberei, Klöppelei, Glasbläserei, Uhrmacherei und Musikinstrumentenbau, um nur einige zu nennen. Diese Entwicklung setzte sich - wenn auch in den verschiedenen Revieren zeitlich sehr unterschiedlich - in den nächsten drei Jahrhunderten fort. Neben Erz wurde in Sachsen auch Braun- und Steinkohle abgebaut, letztere seit Mitte des 14. Jahrhunderts in Zwickau, seit dem 16. Jahrhundert im Plauenschen Grunde westlich von Dresden und seit Mitte des 19. Jahrhunderts dann im Revier von Lugau-Ölsnitz im nordwestlichen Erzgebirge. Die Förderung von Steinkohle schuf die Voraussetzung für die Entstehung der sächsischen Schwerindustrie im 19. Jahrhundert, die jedoch aufgrund der insgesamt schmalen Rohstoffbasis Sachsens im Vergleich zu anderen Industriezweigen keine größere Bedeutung erlangte (DIETRICH 1979, S. 225-229; informativ auch RÖLLIG 1928, S. 56-109).

Die wirtschaftlich hervorgehobene Stellung Sachsens als fortgeschrittenste Gewerberegion fand ihre Fortsetzung im Prozeß der Industrialisierung im 19. Jahrhundert. Es ist unbestritten, daß Sachsen allen anderen deutschen Staaten in bezug auf Beginn, Tempo und Grad der Industrialisierung vorausging. Rudolf Forberger, der wohl beste Kenner der sächsischen Industriegeschichte, datiert den Beginn der "Industriellen Revolution" in Sachsen auf den Anfang des 19. Jahrhunderts, exakt auf das Jahr 1800 (FORBERGER 1977, S. 474; vgl. auch Ders. 1982, S. 34 f.).[1] Zu diesem Zeitpunkt habe die Manufaktur aufgehört, "die fortschrittlichste Betriebsorganisation für die Herstellung von Textilien in Sachsen zu sein" (FORBERGER 1977, S. 474). Sichtbarer Ausdruck hierfür ist für ihn die Gründung zunächst einer Schafwollmaschinenspinnerei im Jahre 1799, gefolgt von zwei Baumwollmaschinenspinnereien in Chemnitz im Jahre 1800, alle drei noch mit Wasserkraft betrieben (ebd.). Der Einsatz von Dampfmaschinen in der Textilindustrie läßt sich in Sachsen seit 1821 nachweisen (DIETRICH 1979, S. 235). Die Mechanisierung der sächsischen Baumwollspinnerei "war vom Jahrhundertbeginn an die stürmischste und zugleich quantitativ und qualitativ bedeutsamste aller deutschen Bundesländer (FORBERGER 1977, S. 473). Begünstigt durch die Kontinentalsperre kam es allein zwischen 1806 und 1812 insgesamt zu einer Verzanzigfachung der Zahl der Spindeln. In Chemnitz, dem Zentrum der Baumwollspinnerei, erhöhte sich die Zahl der Baumwollspinnereifabriken auf 40 und die Zahl der Spindeln von 1800 auf 73772. Kamen hier im Jahre 1806 auf 1000 Einwohner noch drei Spinnereiarbeiter, so waren es 1812 bereits 111 (KUCZYNSKI 1982, S. 25). In den dreißiger Jahren kam es auch in Sachsen zu einer Gründungswelle von Baumwollspinnereien. Betrug deren Anzahl im Jahre 1834 noch 91, so waren es 1837 schon 130 (MOTTEK 1973, S. 131). Im Jahre 1840 zählte man in Sachsen rund zwei Drittel aller im deutschen Zollvereinsgebiet vorhandenen Baumwollspindeln (FORBERGER 1977, S. 473). Begleitet wurde diese Ausdehnung der Produktion von dem unverkennbaren Trend zum Großbetrieb, wobei darunter Betriebe mit 51

---

[1] Nichtmarxistische Historiker sprechen bezüglich dieses Zeitpunktes eher von beginnender Industrialisierung oder Frühindustrialisierung und verwenden den Begriff der "Industriellen Revolution" zeitlich und inhaltlich enger; vgl. z. B. WEHLER ^{4}1980, S. 24 ff.

bis 300 Beschäftigten verstanden wurden. In Chemnitz zählten im Jahre 1831 drei Viertel aller Baumwollspinnereibetriebe zu dieser Kategorie, während zur selben Zeit kein einziger Kleinbetrieb (bis 5 Beschäftigte) mehr existierte. Aufgrund dieses erreichten Standes der industriellen Textilproduktion und der politischen Ereignisse in Sachsen 1830/31 infolge der Französischen Juli-Revolution datiert Forberger das Ende der ersten Phase der "Industriellen Revolution" in Sachsen auf das Jahr 1830 (ebd., S. 474 f.; FORBERGER 1982, S. 35).

Die Textilindustrie insgesamt blieb in Sachsen auch in den nächsten Jahrzehnten des 19. Jahrhunderts bis in die Weimarer Republik hinein eine der bedeutendsten Industriezweige. Arbeiteten in der sächsischen Textilindustrie bereits im Jahre 1882 25,8% aller im Deutschen Reich in der Textilindustrie Beschäftigten, so erhöhte sich dieser Anteil bis 1907 auf 30,3% und bis 1925 sogar auf 35,4%. Wichtig ist fernerhin festzuhalten, daß der Anteil von Heimarbeit relativ hoch war. Er lag zu Beginn der zweiten Hälfte der zwanziger Jahre bei 17,7% aller in der sächsischen Textilindustrie Beschäftigten, in absoluten Zahlen ausgedrückt waren dies 74.858 Personen (RÖLLIG 1928, S. 114 ff.). Die Textilindustrie brachte schon bald einen neuen Industriezweig hervor, den Textilmaschinenbau. In Chemnitz erfolgte im Jahre 1826 die Gründung der ersten Textilmaschinenfabrik. Auch für diesen Industriezweig sollte Chemnitz das bedeutendste Zentrum nicht nur für Sachsen, sondern aller deutschen Länder werden. Mitte der zwanziger Jahre arbeiteten hier 63,3% aller in der Weimarer Republik in diesem Industriezweig Beschäftigten (DIETRICH 1979, S. 235, RÖLLIG 1928, S. 91 f.).

Ein weiterer wichtiger Industriezweig wurde im 19. Jahrhundert der Schwermaschinenbau. Die erste Fabrik dieser Art war die schon gleich als Aktiengesellschaft gegründete "Actien-Maschinenbau-Gesellschaft zu Übigau" 1837, die die erste sächsische Lokomotive lieferte. Der Ausbau des Eisenbahnnetzes muß als ein wichtiger Faktor für die weitere Industrialisierung Sachsens im zweiten Drittel des 19. Jahrhunderts angesehen werden. Ende das Jahrhunderts galt das sächsische Eisenbahnnetz neben dem belgischen als das dichteste Europa.

Für den gesamten Maschinen-, Apparate- und Fahrzeugbau, der in der zweiten Hälfte der zwanziger Jahre dieses Jahrhunderts 8,3% aller in Sachsen erwerbstätigen Personen beschäftigte, muß neben den großen Städten allgemein wiederum Chemnitz als das bedeutendste Zentrum genannt werden. Vervollständigen wir die Aufzählung der im Industrialisierungsprozeß entstandenen Industrie, so sind insbesondere noch zu nennen die Optische und Feinmechanische Industrie, die Elektrotechnische Industrie, die Papierindustrie (Sachsen beherbergte rund 34% aller Betriebe und beschäftigte gut 27% aller Arbeiter der Papierindustrie des Reiches), die Pharmazeutische und die Chemische Industrie (DIETRICH 1979, S. 236- 243; RÖLLIG 1928, S. 88-109).

Insgesamt gesehen dominierte in Sachsen zur Zeit der Weimarer Republik eine differenzierte verarbeitende Industrie, die wegen fehlender Rohstoffbasis auf Einfuhren aus anderen Gebieten des Deutschen Reiches und aus dem Ausland angewiesen war. Von der Betriebsgröße her gesehen herrschten in dieser Fertigwarenindustrie Klein- und Mittelbetriebe vor, insbesondere wenn man vergleichend an das rheinisch-westfälische oder Berliner Industriegebiet mit Firmen wie Krupp, Stinnes, Mannesmann, Thyssen, Siemens, AEG oder Borsig denkt (RÜDIGER 1984, S. 141 ff.; DIETRICH 1979, S. 256 f.; RÖLLIG 1928, S. 49). Von ihrer Struktur her war die sächsische Industrie außerdem sehr stark exportabhängig und in hohem Maße auf qualifizierte Facharbeiter angewiesen. Ein weiteres charakteristisches Merkmal war ihre relativ gleichmäßige Verteilung über das ganze Land. Zwar lassen sich auch hier einzelne industrielle Ballungsgebiete ausmachen, wie etwa Chemnitz und Zwickau oder die Regionen um Dresden und Leipzig, aber daneben erfaßte die Industrialisierung auch ganze Landstriche mit kleineren Städten und Gemeinden (Industriedörfer), eine Entwicklung, die sich letztlich schon auf den Bergbau und die sich in der Folge ausbreitenden Gewerbe zurückführen läßt. Allgemein gilt, daß die Industrialisierungsdichte vom flacheren Norden mit den geringer industrialisierten Bezirken wie Dippoldiswalde, Oschatz, Großenhain und Kamenz zum gebirgigen Süden mit dem Erzgebirge und der Lausitz mit Zittau als Mittelpunkt zunahm, wobei der industrielle Schwerpunkt eindeutig im südwestlichen Sachsen lag (RÜDIGER 1984, S.141 ff.; DIETRICH 1979, S. 256 f.; RÖLLIG 1928 S. 52-55). Nach Ansicht des Historikers Bernd Rüdiger hatte Sachsen aber in der Weimarer Republik anders als noch im 19. Jahrhundert keine wirtschaftliche Führungsrolle mehr inne. Die sächsische Industrie habe sich in den zwanziger Jahren in einer Strukturkrise befunden (RÜDIGER 1984, S. 141 f.).

Sozialstrukturelle Folgen dieser recht gleichmäßig verteilten Industrialisierung waren eine besonders hohe Bevölkerungsdichte; in Sachsen kamen 1925 bei knapp 5 Millionen Einwohnern 333 Personen auf einen Quadratkilometer gegenüber nur 133 im Reichsdurchschnitt (RÖLLIG 1928, S. 46) und ein hoher Anteil von Beschäftigten in Industrie und Handwerk, der schon um 1848 bei über 50% aller Erwerbstätigen gelegen hatte und der nach der Volkszählung von 1925 61% betrug, während es im Reichsdurchschnitt nur 42% waren. Auch der Prozentsatz der Arbeiter und erwerbslosen Arbeiter an allen Erwerbstätigen lag mit 47% (Volkszählung 1933) deutlich über dem anderer Länder und dem Reichsdurchschnitt (FALTER u.a. 1986, S. 88; RUPIEPER 1978, S. 89 f.; NITZSCHE 1909, S. 180-184). Nach der konfessionellen Zugehörigkeit betrug der Anteil der evangelischen Bevölkerung 87% (Volkszählung 1933), der der katholischen dagegen nur 4% (FALTER 1986, S. 88), so daß der politische Katholizismus, anders als etwa in Preußen, Baden oder Bayern in Sachsen keine Bedeutung erlangen konnte. Unter dieser Voraussetzung und seiner führenden Stellung als industriellem Zentrum entsprechend entwickelte sich Sachsen im Verlauf des 19. Jahrhunderts zu einer der wohl bedeutendsten Hochburgen der sozialistischen Arbeiterbewegung. "Sachsen ist gleichsam die Wiege der sozialistischen Arbeiterbewegung" (DRECHSLER 1965, S. 6).

Innerhalb Sachsens wiederum muß besonders Leipzig, führende deutsche Messestadt und Zentrum des Ost-West-Handels, herausgestellt werden. Hartmut Zwahr hat in einer "Strukturuntersuchung über das Leipziger Proletariat während der industriellen Revolution" die ökonomische, soziale und politisch-ideologische Konstituierung des Leipziger Proletariats von 1830 bis in die sechziger Jahre hinein herausgearbeitet. Die in diesem Konstituierungsprozeß gemachten Erfahrungen sieht er als eine Hauptursache für die besondere Bedeutung Leipzigs und seines Proletariats für die entstehende sächsische und deutsche Arbeiterbewegung an (ZWAHR 1978). Stichwortartig sei nur daran erinnert, daß in Leipzig schon 1848 das Zentralkomitee der Arbeiterverbrüderung seinen Sitz nahm, sich 1862 ein Zentralkomitee zur Einberufung eines Allgemeinen Deutschen Arbeiterkongresses konstituierte und ein Jahr später daraus der Allgemeine Deutsche Arbeiterverein entstand.

Leipzig spielte auch für die Konkurrenzorganisation des Allgemeinen Deutschen Arbeitervereins, den Verband deutscher Arbeitervereine, der,

1863 gegründet, die Bestrebungen zur Arbeiterbildung zusammenfaßte, eine herausragende Rolle. Der Leipziger Arbeiterbildungsverein, dessen Vorsitzender August Bebel von 1865 bis 1872 war, kann als der "politisch aktivste" (BIRKER 1973, S. 171) deutsche Arbeiterbildungsverein jener Zeit gelten (auch KRETZEN 1931, S. 7ff. u. von RÜDEN 1979, S. 17ff.). Neben Bebel wirkte auch Wilhelm Liebknecht in Sachsen (zu Liebknecht und seiner Bildungsarbeit in Leipzig vgl. WENDORFF 1978, S. 43-55). Sowohl vom Leipziger Arbeiterbildungsverein als auch dem politischen Wirken Bebels und Liebknechts gingen entscheidende Impulse für den Anschluß des Verbandes Deutscher Arbeitervereine an die I. Internationale sowie für die 1869 in Eisenach folgende Gründung der Sozialdemokratischen Arbeiterpartei aus (BIRKER 1973, S. 171; ZEISE 1983, S.198 f.).

Auch für die entstehende Gewerkschaftsbewegung war Leipzig von großer Bedeutung. Schon 1865 schlossen sich hier unter maßgeblicher Beteiligung des Leipziger Zigarrenarbeitervereins die deutschen Zigarrenarbeiter zum Allgemeinen Deutschen Zigarrenarbeiterverband zusammen. Auch der Zusammenschluß der Buchdrucker ging maßgeblich von Leipzig aus und erfolgte hier im Jahre 1866. Im Zusammenhang mit der Eisenacher Parteigründung entstanden ab 1868/69 weitere gewerkschaftliche Dachverbände, die sog. Internationalen Gewerksgenossenschaften, für die August Bebel Musterstatuten entworfen hatte. So wurden in Leipzig u.a. gegründet die Internationale Werksgenossenschaft der Manufaktur-, Fabrik- und Handarbeiter beiderlei Geschlechts, der Internationale Verein für Buchbinder und verwandte Geschäftszweige, der auch in Leipzig seinen Sitz nahm, und die Internationale Gewerksgenossenschaft der Schuhmacher (MOTTEK 1973, S. 245-261; FRICKE 1976, S. 623-635; ZWAHR 1978, S. 284-318; BEBEL 1980, S. 164-175; ENGELHARDT 1977, Bd. I, S. 265-337).

Sachsen wurde rasch zum Zentrum der neugegründeten Sozialdemokratischen Arbeiterpartei. Hier lag der Schwerpunkt ihrer Organisation. Bereits 1870 bis 1872 hielt die sächsische Landespartei hier Landesversammlungen ab, von 1891 bis 1914 jährlich (FRICKE 1976, S. 32 f. u. 189 f.; Handbuch Sozialdemokratischer Landes-Parteitage von 1891-1914). Auch anhand des Wählerzuspruchs läßt sich Sachsen als Hochburg der Sozialdemokratie lokalisieren. Bei den Reichstagswahlen entfielen auf sie 1871 17,5% (Preußen; 2,6%) , 1877 38% (7,3%) , 1887 28,7% (8,7%) , 1893 45,7% (20,6%), 1903 58,8% (28,7%) und 1912 55% (32,1%) (FRICKE

1976, S. 543). Im Jahre 1877 zog erstmals ein sozialdemokratischer Abgeordneter in die Zweite Kammer[2] des Sächsischen Landtags ein. Bis 1895 hatte sich ihre Anzahl auf 14 (von 80) erhöht (ebd., S. 564-573).

Die Zunahme der sozialdemokratischen Abgeordneten und die Forderung der Partei nach Einführung des allgemeinen, gleichen, direkten und geheimen Landtagswahlrechts beantworteten die bürgerlichen Parteien einschließlich der linksliberalen Freisinnigen Volkspartei, mit der Einführung des Dreiklassenwahlrechts im Jahre 1896. Damit gelang es dem Bürgertum, die SPD aus der Zweiten Kammer des Landtags zu verdrängen. Waren durch das rollierende System, nach dem bei jeder Wahl nur ein Drittel der Abgeordneten neu gewählt wurde, zunächst noch einige Abgeordnete der Sozialdemokratie im Landtag verblieben, so schieden im Jahre 1901 die letzten aus. Bis 1909 war die SPD dann nicht oder - wie in den Jahren 1905 bis 1908 - mit nur einem Abgeordneten im Landtag vertreten. Daß dieser Zustand in diametralem Gegensatz zum politischen Willen der Mehrheit der Bevölkerung stand, zeigte sich nirgends eindrucksvoller als bei den Reichstagswahlen im Jahre 1903, als die SPD 22 der 23 sächsischen Reichstagswahlkreise gewinnen konnte und Sachsen in den Ruf des "roten Königreichs" kam. Wohl nicht zuletzt unter dem Eindruck dieses Wahlergebnisses setzten im Sächsischen Landtag unter den bürgerlichen Parteien Bemühungen zur Änderung des Wahlrechts ein, die schließlich 1909 zur Einführung des sog. Pluralwahlrechts führten (wörtlich bei NITZSCHE 1909, S. 190-210). Dieses recht komplizierte Wahlrecht, dessen Bestimmungen u.a. jedem männlichen Wahlberechtigten ab dem 25. Lebensjahr eine Grundstimme zugestanden und weitere ein bis drei Zusatzstimmen von Einkommen und Grundbesitz, höherer Schulbildung und Alter der Wahlberechtigten abhängig machte, entsprach zwar keineswegs demokratischen

---

2 Durch die Verfassung von 1831 wurde im Königreich Sachsen die bis dahin weitgehend absolutistische Herrschaft des Königs konstitutionell eingeschränkt und nach süddeutschem Vorbild eine Ständeversammlung mit einem Zweikammersystem eingeführt. In der Ersten Kammer saßen die königlichen Prinzen, 5 Vertreter der Kirchen und geistlichen Korporationen, 5 Vertreter von Standesherrschaften, 12 gewählte und 10 vom König ernannte Rittergutsbesitzer, 8 Vertreter von Stadtmagistraten und 1 Abgeordneter der Landesuniversität, insgesamt 42 Mitglieder. In der Zweiten Kammer waren vertreten 20 Rittergutsbesitzer, 25 Vertreter der Städte, 25 Vertreter des Bauernstandes und erstmals in einer deutschen Volksvertretung 5 Vertreter des Handels und der Industrie, insgesamt also 75 Mitglieder. Weitere Einzelheiten wie zum Wahlmodus der Ständevertreter der Zweiten Kammer oder zu den Rechten der Kammern etc. bei HUBER [3]1987, S. 81-83; SCHMIDT 1966, S. 138-144; DERS. 1977, S. 446-448.

Grundsätzen, ließ die Anzahl der SPD-Abgeordneten bei der Landtagswahl 1909 aber dennoch auf 25 steigen. Die Einführung des allgemeinen und gleichen Landtagswahlrechts blieb für die sächsische SPD eine zentrale Forderung bis 1918 (SCHMIDT 1977, S. 457-464; HUBER 1969, S. 404-411; KÖTZSCHKE/KRETSCHMER 1965; S. 377-383 und NITZSCHE 1903, S. 49- 64; 1905, S. 22-28; 1907, S. 14-37; 1909, S. 5-49)[3].

Zu Reformen im sächsischen Bildungswesen im 19. Jahrhundert ist es immer dann gekommen, wenn auch die gesamtgesellschaftlichen Rahmenbedingungen günstig waren. Beide sächsischen Volksschulgesetze von 1835 und 1873 und die kurz darauf folgenden gesetzlichen Neuregelungen der Volksschullehrerausbildung standen jeweils nicht isoliert für sich, vielmehr waren sie in den Kontext allgemeiner gesellschaftspolitischer Reformen eingebunden. Dies vor allem in Zeiten politischen Umbruchs, wenn sich die konservativen und reaktionären Kräfte zu Zugeständnissen an reformaufge-

---

[3] Das aufgeführte Buch von Kötzschke/Kretschmer: "Sächsische Geschichte. Werden und Wandlungen eines Deutschen Stammes und seiner Heimat im Rahmen der deutschen Geschichte" ist nur unter großen Vorbehalten verwendbar. Erst aus der Vorbemerkung erfährt man, daß es sich bei diesem Buch um einen fast unveränderten und nicht ergänzten Neudruck eines bereits 1935 (!) in Dresden erschienenen Werkes handelt. In der Vorbemerkung, in der Harald SCHICKEL die Herausgabe der Neuauflage begründet, liest man - kaum zu glauben - u.a. folgende Charakterisierung des Buches: "Die Juden, Freimaurer und Sozialdemokraten werden sachlich, zurückhaltend und ohne Polemik beurteilt. Das Heraufkommen und der endgültige Erfolg der 'Bewegung' werden nahezu kommentarlos registriert. So brauchten nur wenige Ausdrücke der damals herrschenden Terminologie getilgt zu werden. Der Band ist ein Musterbeispiel dafür, wie Geschichtsschreibung im 'Dritten Reiche' auch möglich war und wie sie allein hätte möglich sein dürfen" (S. 5). Die großen Vorbehalte, die dieses Zitat dem Buch gegenüber weckte, wurden bei eingehender Lektüre mehr als bestätigt. Die Abschnitte zum 19. und 20. Jahrhundert, von Hellmut Kretschmer verfaßt, tragen nicht nur über weite Strecken den Charakter einer apologetischen Hofgeschichtsschreibung, sondern weitaus schlimmer zeichnen sie sich aus durch einen unterschwelligen und unreflektierten Antisozialismus und - wenn auch weniger offen - Antisemitismus.So heißt es im Zusammenhang der wirtschaftlichen Verhältnisse der siebziger Jahre des 19. Jahrhunderts: "Immer offener klaffte der Gegensatz zwischen den sozialen und wirtschaftlichen Schichten. Immer widerstandsloser war der heimische Boden der Macht und Ohnmacht des Geldes und des Wuchers ausgeliefert. Hier lag der beste Nährboden für die verführerischen Irrlehren des Marxismus" (S. 370). Einige Seiten weiter heißt es dann: "So sehr nun der Staat in seiner Gewerbegesetzgebung den ehrlichen Gewerbefleiß seiner Untertanen zu fördern bestrebt war, so haben doch die vielberufenen 'Gründerjahre' an der Schwelle dieser Geschichtsepoche gestanden; ein unlauteres Spekulanten- und Unternehmertum versuchte sich breitzumachen; Warenhäuser verschiedensten Wertes an Wirtschaftsgesinnung und an Qualität der angebotenen Ware, billige Basare, die die urteilslose Menge zu unnötigen und volkswirtschaftlich eher schädlichen Geldausgaben anlockten, schlugen an den Großstadtstraßen ihre Läden unter schreierischer Werbung auf" (S. 373).

schlossenere Gruppen gezwungen sahen, oder in den kurzen Perioden eines politisch liberaleren Klimas, wenn der Einfluß konservativer Kräfte kurzfristig zurückgedrängt werden konnte. So war das Volksschulgesetz von 1835 letztlich eine Folge der politischen Umwälzungen in Sachsen, ausgelöst durch die Französische Julirevolution von 1830. In deren Folge erreichte das sächsische Bürgertum 1831 die Einführung einer konstitutionellen Verfassung, der u.a. eine Reform der Gemeindeverfassung, eine Agrarreform, Verwaltungsreform, Justizreform sowie eine Finanz- und Schulreform folgten (SCHMIDT 1966; SCHMIDT u.a. 1984, S. 185-187; HOHENDORF 1983 u. LEUSCHKE 1904, S. 42-53).

Die Verabschiedung des Volksschulgesetzes von 1873 erfolgte während der Zeit einer liberaleren Ära nach der Reaktionszeit Ende der sechziger, Anfang der siebziger Jahre. Durch eine Liberalisierung des Wahlrechts 1868 errangen Nationalliberale und Fortschrittspartei, die von 1871 bis 1873 vereinigt waren, eine knappe Mehrheit gegenüber den Konservativen in der Zweiten Kammer.

Neben dem Volksschulgesetz[4] und einer neuen Seminarordnung für die Volksschullehrerausbildung verabschiedete der Sächsische Landtag 1873 eine Reihe von Gesetzen zur Reorganisation der Verwaltung, wie z.B. die Revidierte Städteordnung und die Revidierte Landgemeindeordnung und die Städteordnung für mittlere und kleine Städte (HUBER 1969, S. 401-404; SCHMIDT 1977, S. 455-457; LEUSCHKE 1904, S. 110-133, insbes. S. 117-119).

Diesen kurzen reformfreundlichen Perioden standen solche gegenüber, in denen fortschrittliche Weichenstellungen für das Bildungswesen verhindert oder gar Rückschritte eingeleitet worden sind. Dazu zählen die fünfziger Jahre ebenso wie die letzten Jahre vor dem Ersten Weltkrieg. Die Schulgesetzgebung der fünfziger Jahre war Bestandteil einer umfassenden reaktionären Gesetzgebung. Was das Schulwesen betraf, wurde nicht nur

---

[4] Der liberalen Mehrheit der Zweiten Kammer war der Gesetzentwurf der Regierung nicht weit genug gegangen. Sie hatte daher eine gegenüber der Regierungsvorlage stark veränderte Fassung beschlossen. Die konservativ dominierte Erste Kammer stellte jedoch die Regierungsvorlage wieder her, die wiederum von der Zweiten Kammer mit einfacher Mehrheit abgelehnt wurde. Daraufhin konnte die Regierung nach § 92 der Sächsischen Verfassung von 1831 ihren ursprünglichen, nur von der Ersten Kammer gebilligten Gesetzentwurf in Kraft setzen, da für ein endgültiges Scheitern des Regierungsentwurfs eine Ablehnung durch die Zweite Kammer mit Zweidrittelmehrheit erforderlich gewesen wäre (HUBER 1969, S. 403, Anm. 17).

ein während der Revolution von 1848/49 ausgearbeiteter umfangreicher Schulgesetzentwurf, der eine erste Diskussionsgrundlage für die Neugestaltung des gesamten sächsischen Schulwesens enthielt, nach der Niederwerfung der Revolution in Dresden im Mai 1848 zurückgezogen und nicht weiter verfolgt, sondern darüber hinaus in der folgenden Reaktionszeit versucht, die Volksschullehrer politisch zu disziplinieren. Zunächst untersagte man ihnen 1851 per Gesetz, Mitglied einer politischen Organisation zu werden oder an politischen Versammlungen teilzunehmen, machte ihnen später einige finanzielle Zugeständnisse und erließ schließlich 1857 eine neue Seminarordnung, die den Stand der Volksschullehrer auf ein möglichst niedriges Niveau herunterschraubte und dazu geeignet war, die Lehrer zu gehorsamen und gottesfürchtigen Untertanen zu erziehen (HUBER 1970, S. 207 f.; LEUSCHKE 1904, S. 72-96).

Vor dem Ersten Weltkrieg in den Jahren 1907 bis 1912 haben die Konservativen im Landtag eine wirkliche Reform des 1873er Volksschulgesetzes verhindert. Bei den Verhandlungen zur Volksschulreform sahen sich die Konservativen ab 1909/10 einer reformwilligen Mehrheit aus Liberalen und Sozialdemokraten gegenüber. Diese Mehrheit hatte einen in entscheidenden Punkten, so z.B. in der Frage der Trennung von Schule und Kirche, über die Regierungsvorlage hinausgehenden Entwurf in der Zweiten Kammer verabschiedet. Als die Erste Kammer diesem Entwurf ihre Zustimmung versagte und stattdessen die Regierungsvorlage wiederherstellte, sah sich die Mehrheit der Zweiten Kammer nach erfolglosen Einigungsverhandlungen schließlich 1912 nicht in der Lage, dem ihrer Meinung nach unzureichenden Regierungsentwurf ihre Zustimmung zu geben und lehnte diesen stattdessen mit einer deutlichen Zweidrittelmehrheit ab, womit der Gesetzentwurf endgültig gescheitert war. Denn anders als noch 1873 konnte die Regierung ihren nur von der Ersten Kammer gebilligten Entwurf aufgrund der Zweidrittelablehnung der Zweiten Kammer nicht in Kraft treten lassen (HUBER 1969, S. 410 f.; siehe auch GÖHRE 1911, NITZSCHE 1912; UHLIG 1913; FLEIßNER 1913). So mußte die verhinderte Volksschulreform bei politisch günstigeren Rahmenbedingungen wieder auf der Tagesordnung der reformwilligen Gruppen und Parteien stehen. Diese günstigeren Rahmenbedingungen sollten sich mit dem Beginn der Novemberrevolution 1918/19 einstellen.

II. Die politischen und gesellschaftlichen Verhältnisse in Sachsen von der Novemberrevolution 1918/19 bis zur Reichsexekution 1923 unter besonderer Berücksichtigung der Reformphase 1920-1923

Unser Untersuchungszeitraum 1918 bis 1923 stellt für die Geschichte der Weimarer Republik insgesamt einen in vielerlei Hinsicht bedeutungsvollen Zeitabschnitt dar. In dieser ersten Phase der Republik, zwischen der Novemberrevolution 1918/19 mit der Ablösung der Monarchie durch die Republik und der Jahreswende 1923/24 mit dem Übergang von der Nachkriegskrise zur sogenannten Stabilisierung, wurden wichtige Weichenstellungen für die Gestaltung der ersten Demokratie in Deutschland vorgenommen. Die Erwartungen vor allem hinsichtlich sozialer und politischer Emanzipation, die große Teile der Industriearbeiterschaft mit dem Ende des Weltkrieges und dem Beginn der Revolution verbanden, waren sicher im hochindustrialisierten Sachsen mit seiner traditionell starken Arbeiterbewegung besonders hoch. Hans Mommsen zieht in seiner jüngst erschienenen Darstellung zur Geschichte der Weimarer Republik ("Die verspielte Freiheit" 1989) für diese erste Phase der Republik ein insgesamt eher kritisches Fazit, nicht nur was die oben angesprochenen Erwartungen der Industriearbeiterschaft anbelangt. Die Verfassung beispielsweise - im "vorparlamentarischen Raum festgelegt" - diente seiner Meinung nach dazu, eine umfassende gesellschaftliche Umwälzung zu verhindern (ebd., S. 99). Für die entscheidenden Träger der Demokratiegründung, die MSPD um Ebert, Scheidemann und Noske sowie die Gewerkschaftsführer, konstatiert er eine "grundsätzlich verfehlte Gesamtpolitik" (ebd., S. 100). Als ein Beispiel des Eingeständnisses dieser gescheiterten Politik der Mehrheitssozialdemokraten führt Mommsen die militärischen Maßnahmen zur Zerschlagung der Hochburgen der USPD u.a. in Berlin, Leipzig und Braunschweig im Frühjahr 1919 an. Die sozialdemokratische Führung habe sich viel zu sehr mit der letztlich etatistischen Tradition der SPD identifiziert, "als daß sie dazu fähig gewesen wäre, die in den Protestbewegungen verborgenen Impulse für größere demokratische Partizipation wahrzunehmen" (ebd., S. 61). Nach Mommsen basierte auch das mit der Weigerung der MSPD-Führung zu umfassenderen politischen Umgestaltungen während der

Revolution verbundene Argument, man dürfe der Entscheidung der Nationalversammlung nicht vorgreifen, "auf einem formalen, nicht auf einem partizipatorischen Demokratieverständnis" (ebd., S. 42). Durch die Politik von MSPD und ADGB insgesamt sahen sich laut Mommsen schon am Ende der Revolutionsphase im Mai 1919 die revolutionären Kräfte, vor allem also wesentliche Teile der Industriearbeiterschaft, "hoffnungslos isoliert und einer remilitarisierten bürgerlichen Gesellschaft gegenüber, die eindeutig klassenpolitische Züge trug" (ebd., S. 60). Die Folgen dieser Politik für das demokratisch-parlamentarische System lagen nun insbesondere darin, "daß ihm wichtige Teile der Industriearbeiterschaft frühzeitig mit Distanz und Fremdheit, wenn nicht mit Feindschaft begegneten" (ebd., S. 61).

Mommsen unterscheidet und gewichtet aber sehr genau zwischen den politischen Versäumnissen der demokratischen Kräfte bei der Etablierung der Republik einerseits und der Politik der alten Machteliten und ihrer Verbündeten in Parteien und Verbänden andererseits; letztere waren nämlich von Anfang an gegen die Republik und gegen die Ergebnisse und Folgen des Ersten Weltkrieges gerichtet und trugen damit die Hauptverantwortung für den wenig hoffnungsvollen Start der Republik sowie für ihr letztendliches Scheitern.

Mommsens kritisches Fazit zur politischen und gesellschaftlichen Entwicklung in den ersten Jahren der Republik gilt auch unter bildungspolitischem Aspekt. Die Hoffnungen und durchaus berechtigten Erwartungen der schulreformorientierten Kräfte innerhalb der Lehrervereine sowie der sozialistischen Arbeiterbewegung hinsichtlich grundlegender demokratischer Veränderungen des Bildungswesens in und nach der Novemberrevolution erfüllten sich trotz nicht zu bestreitender Fortschritte gegenüber der Vorkriegszeit insgesamt gesehen nicht. Der in der Verfassung von Zentrum und MSPD ausgehandelte Schulkompromiß begünstigte letztlich die konfessionelle Volksschule und ihre Anhänger, was den Sächsischen Lehrerverein veranlaßte, den 11. August 1919 als einen "Trauertag für die deutsche Schule und ihre Lehrer" zu bezeichnen ("Erklärung des Sächsischen Lehrervereins zur Reichsverfassung", in: SSZ 1919, Nr. 28, S. 377 f.). Die bedeutendste schulpolitische Errungenschaft war zweifellos die Einführung der vierjährigen allgemeinen Grundschule durch die Reichsverfassung und das Grundschulgesetz von 1920. Aber auch hierbei darf man nicht übersehen, daß bereits 1925 die konservativen Kräfte schon wieder Ausnahmeregelungen von der vierjährigen Grundschulpflicht erreichten und zwar dergestalt, daß besonders leistungsfähigen Schülerinnen und Schülern auf Antrag der Übertritt in eine höhere Schule schon nach drei Jahren ermöglicht werden sollte. Hinzu kam, daß der vollständige Abbau der privaten Vorschulen immer wieder hinausgeschoben und verzögert wurde (FÜHR 1970, S. 283 ff.). Mit Ausnahme des Grundschulbereichs schlugen ansonsten alle weiteren Bemühungen, das Schulwesen reichseinheitlich zu reformieren, fehl. Weder für die Volksschule noch für die Lehrerbildung kamen die von der Verfassung vorgesehenen Reichsschulgesetze zustande.

Aber auch in den meisten Ländern geriet die Schulreform schon nach ersten Ansätzen ins Stocken bzw. scheiterten weitergehende Bemühungen, noch bevor sie richtig begonnen hatten, an den politischen Machtverhältnissen.[1] In Preußen offenbarten sich die Grenzen der Schulreform am erfolgreichen Widerstand von katholischer Kirche und Zentrum gegen die von den Volksbeauftragten Hoffmann und Haenisch noch Ende November 1918 verfügten ersten Maßnahmen zur Zurückdrängung des kirchlichen Einflusses in der Schule (WITTWER 1980, S. 77-84). Deutlicher noch läßt sich das Scheitern der Schulreform in Preußen jedoch anhand der Tatsache veranschaulichen, daß es weder zu einer wirklich durchgreifenden Reform der Volksschule, noch zur Brechung des Bildungsprivilegs der Besitzenden gekommen ist, sieht man einmal von diesbezüglichen Schulreforminitiativen in Berlin ab (RADDE 1973; RICHTER 1981 und EBERT 1990).

Vor diesem Hintergrund einer größtenteils unzureichenden bzw. gescheiterten demokratischen Schulreformpolitik auf Reichs- und auch auf Landesebene soll im folgenden der Blick auf die politische und schulpolitische Entwicklung in Sachsen in den ersten Jahren der Weimarer Republik gelenkt werden. Es wird dabei vor allem zu zeigen sein, wie sich nach 1918, ausgehend von den besonderen ökonomischen und politischen Gegebenheiten des Landes in der Vorkriegszeit, im Landesparlament eine sozialistische Mehrheit etablieren konnte, die seit Ende 1920 zu Ansätzen einer im Vergleich zum Reich und zu Preußen alternativen Gesellschafts- und insbesondere Bildungsreformpolitik genutzt wurde; deren Ziel war eine demokratischere und sozialere Gesellschaft. Der besseren Übersichtlichkeit

---

1 Die Kulturhoheit lag auch in der Weimarer Republik wie schon vor 1918 bei den Ländern. Die Weimarer Reichsverfassung hatte jedoch erstmals dem Reich das Recht eingeräumt, auf dem Wege der Gesetzgebung Grundsätze für das Schul- und Hochschulwesen sowie das wissenschaftliche Büchereiwesen aufzustellen.

wegen sei eine kurze Phaseneinteilung des gesamten Untersuchungszeitraums vorangestellt:
1. Phase: Beginn der Novemberrevolution 1918 bis zu den sächsischen Volkskammerwahlen am 2. Februar 1919.
2. Phase: Wahlen zur Volkskammer bis zum Rücktritt der mehrheitssozialdemokratischen Regierung Gradnauer (28. Februar 1919) bzw. bis zu deren Ende als geschäftsführender Regierung am 13. März 1919.
3. Phase: MSPD-Minderheitsregierung vom 14. März 1919 bis 5. Oktober 1919.
4. Phase: MSPD/DDP-Koalitionsregierung vom 6. Oktober 1919 bis 8. Dezember 1920.
  a. Regierung Gradnauer (6. Oktober 1919 bis 3. Mai 1920)
  b. Regierung Buck (4. Mai bis 8. Dezember 1920)
5. Phase: Die sozialistischen Minderheitsregierungen vom 9. Dezember 1920 bis 9. Oktober 1923.
  a. Regierung Buck (9. Dezember 1920 bis 5. Dezember 1922)
  b. neue Regierung Buck (5. Dezember 1922 bis 21. März 1923)
  c. Regierung Zeigner (21. März 1923 bis 9. Oktober 1923)
6. Phase: SPD/KPD-Koalition (10. bis 29. Oktober 1923)
(HUBER 1978, S. 1033-1037, Band VI, 1981, S. 803-807 u. REICHELT 1928, S. 73 f.)

Erste Phase: Beginn der Novemberrevolution 1918 bis zu den sächsischen Volkskammerwahlen am 2. Februar 1919

In den großen Städten Sachsens setzte die Revolution am 8. bzw. 9. November 1918 mit Demonstrationen und der Konstituierung von Arbeiter- und Soldatenräten ein; so in Leipzig am 8. November, als Soldaten nach einem Demonstrationszug vom Hauptbahnhof zum Volkshaus zogen und dort aus ihrer Mitte einen Soldatenrat wählten (BEUTEL 1957/58, S. 388; PUCHTA 1957/58, 2, S 363; GORSKI 1958, S. 62). In der USPD-Hochburg Leipzig, wo nach dem Gründungsparteitag der USPD 1917 in Gotha fast die gesamte Parteiorganisation der SPD zur USPD übergetreten war

(PUCHTA 1957/58, S. 363, Anm. 2; ENGELMANN 1979, S. 134), hatte sich neben diesem Soldatenrat etwa gleichzeitig ein provisorischer Arbeiterrat aus führenden Funktionären der USPD gebildet. Beide Räte vereinigten sich noch am selben Tag zum Arbeiter- und Soldatenrat, der die Arbeiter für den 9. November zur Wahl von Arbeiterräten und zum Generalstreik aufforderte. Noch am Abend des 9. Novembers versammelten sich 600 gewählte Arbeiter- und Soldatenräte, aus deren Mitte ein engerer Ausschuß, ausschließlich aus USPD-Mitgliedern bestehend, gebildet wurde (PUCHTA 1957/58, S. 364 f.). Den Vorsitz im Arbeiter- und Soldatenrat übernahmen Richard Lipinski (Arbeiter) und Erich Geschwandtner (Soldaten). Die MSPD hatte in Leipzig mit rund 250 Mitgliedern keinerlei Bedeutung und keinen Einfluß auf den Gang der revolutionären Ereignisse. Zu den ersten Maßnahmen des Arbeiter- und Soldatenrates zählten u.a. die Entwaffnung kaiserlicher Truppenverbände, die Übernahme des Generalkommandos des 19. Armeecorps, die Aufhebung der alten Kriegsgerichte, die Aufstellung einer Sicherheitstruppe zum Schutz der Revolution, die Entwaffnung der Schutzpolizei und Auflösung der politischen Polizei und die Beseitigung des Leipziger Stadtverordnetenkollegiums. Der gesamte Verwaltungsapparat der Stadt Leipzig sowie der Kreis- und Amtshauptmannschaft Leipzigs blieben dagegen weitgehend unbehelligt, sieht man von der Überwachung durch einen "Volkskommissar" einmal ab (ebd., S. 365 f.).

Im Gegensatz zu Leipzig dominierte in Chemnitz die MSPD. Die USPD war hier quasi identisch mit der Spartakusgruppe und ging später fast vollständig in der KPD auf. Geleitet wurde sie von Fritz Heckert, dem späteren KPD-Wirtschaftsminister in der Koalition mit der SPD. Hatten beide Parteien am 8. November 1918 zunächst Aktionskommitees gegründet, die am Abend die Republik ausriefen, so konstituierte sich später in der Nacht vom 8. auf den 9. November der Arbeiter- und Soldatenrat für die Stadt Chemnitz, bestehend aus je 10 SPD- und USPD-Mitgliedern sowie 10 Soldatenvertretern. Verfügte die MSPD schon in diesem Arbeiter- und Soldatenrat über eine knappe Mehrheit, so konnte sie diese endgültig durch die Wahlen zum Chemnitzer Arbeiter- und Soldatenrat am 9. Dezember 1918 festigen und die entscheidenden politischen Weichenstellungen in ihrem Sinne in Chemnitz einleiten. Als am 12. Januar 1919 die Wahlen zum Chemnitzer Stadtverordnetenkollegium stattfanden, errang die MSPD 34 und die gerade gegründete KPD, die sich hier an den Wahlen beteiligt hatte,

3 Sitze (BECKERT 1969, S. 193-268; HORTZSCHENSKY u.a. 1978, S. 133 f.).

Besondere Bedeutung für den Verlauf der Revolution in Sachsen mußte den Ereignissen in der Hauptstadt Dresden, dem Sitz der zentralen Landesbehörden, zukommen (FABIAN 1930, S. 28). Am 8./9. November existierten in Dresden zunächst drei Arbeiter- und Soldatenräte, darunter je einer von MSPD und USPD. Letzterer brachte sich durch Übernahme der Stadtverwaltung, der Polizeidirektion und des Generalkommandos in den Besitz der öffentlichen Gewalt, bevor es noch am selben Tag, am 9. November 1918, zu einer Einigung zwischen MSPD und USPD kam und beide Arbeiter- und Soldatenräte zum "Vereinigten Revolutionären Arbeiter- und Soldatenrat" verschmolzen wurden. An seine Spitze traten für die USPD Otto Rühle und für die MSPD Albert Schwarz (LORENZ 1922, S. 47 ff.; MÜLLER 1924, S. 68; Fabian 1930, S. 28; DÖRRER 1961, S. 120 ff.). Diese Einigung war jedoch nur von kurzer Dauer. Die unterschiedlichen politischen Vorstellungen innerhalb der Arbeiterbewegung führten dazu, daß sich zunächst Otto Rühle und einige andere von der USPD trennten und am 17. November aus dem Vereinigten Arbeiter- und Soldatenrat austraten. Kurz nach den Wahlen zum Dresdner Arbeiterrat am 24. November, bei denen die MSPD 47 und die USPD lediglich 3 der insgesamt 50 Sitze erhielten, schieden dann auch diese drei USPD-Vertreter aus dem Arbeiterrat aus (LORENZ 1922, S. 50 f.). Dresden war damit ebenso wie Chemnitz schon bald nach dem 8. November 1918 fest in der Hand der MSPD. Die Arbeiter- und Soldatenräte beider Städte forderten am 10. bzw. 12. Dezember 1918 die baldige Einberufung einer deutschen Nationalversammlung und einer sächsischen Landesversammlung (HUBER 1978, S. 1035).

Knapp eine Woche nach Ausbruch der Revolution, am 14. November 1918, kam es zu einer gemeinsamen Tagung von Beauftragten der Arbeiter- und Soldatenräte von Dresden, Leipzig und Chemnitz. Die Beauftragten wandten sich in einem Aufruf mit noch deutlich revolutionär-sozialistischer Perspektive "An das sächsische Volk!"[2]. Außer der Forderung nach Tren-

---

[2] Das Ziel des revolutionären Proletariats sei die "sozialistische Republik" hieß es in diesem Aufruf. Verwirklichung des Sozialismus heiße: "Verwandlung der kapitalistischen Produktion in gesellschaftliche; Enteignung des Privateigentums an Grund und Boden, Berg- und Hüttenwerken, Rohstoffen, Banken, Maschinen, Verkehrsmitteln usw.; Umwandlung der Warenproduktion in sozialistische; Übernahme der Produktion durch das Proletariat." Aufgabe der sozialistischen Regierung sei es, "die Revolution fortzusetzen und zu steigern bis zur völligen Überwindung der herr-

nung von Kirche und Staat fanden sich keine weiteren, das Bildungswesen betreffende Aussagen. Konkrete Forderungen enthielt erst das Regierungsprogramm der Volksbeauftragten. Diese hatten am 15. November das seit Ende Oktober 1918 amtierende "Neuordnungsministerium" (SCHMIDT 1977, S. 464) unter dem Nationalliberalen Dr. Rudolf Heinze, dem auch die beiden Mehrheitssozialdemokraten Max Heldt und Karl Julius Fräßdorf als Minister angehörten, abgelöst. Die Regierung der Volksbeauftragten bestand aus je drei Vertretern von USPD (Richard Lipinski: Innen- und Außenminister und Vorsitz im Gesamtministerium; Friedrich Geyer: Finanzminister; Hermann Fleißner: Militärminister) und MSPD (Georg Gradnauer: Justizminister; Albert Schwarz: Arbeitsminister; Wilhelm Buck: Kultusminister) (HUBER 1978, S. 1032 ff.; KITTEL 1968, S. 73 f.; FABIAN 1930, S. 32).

Das Regierungsprogramm der sechs Volksbeauftragten vom 18. November, das sich ebenfalls an das sächsische Volk wandte und gemäßigter als der Aufruf vom 14. November ausfiel, kündigte ein neues Zeitalter an, in dem sich der Übergang von der kapitalistischen in die sozialistische Gesellschaftsordnung vollziehe. Die Aufgabe der neuen Regierung gehe dahin, "das Land über die großen Schwierigkeiten der gegenwärtigen Lage hinwegzuführen, die demokratischen Errungenschaften sicherzustellen und wirtschaftliche Umgestaltungen nach sozialistischen Grundsätzen zu verwirklichen" (zit. n. BUCK 1919/20, S. 18). Auf erste soziale und politische Reformen wurde verwiesen: Gewährleistung des Vereins- und Versammlungsrechtes, Herstellung der Pressefreiheit, Aufhebung der Gesindeordnung, Wiedereinführung der zu Beginn des Krieges aufgehobenen Arbeiterschutzbestimmungen. Weitere Reformen wurden angekündigt: achtstündiger Maximalarbeitstag ab 1. Dezember 1918, verstärkte Bemühungen um Arbeitsbeschaffung, Sicherstellung der Volksernährung durch Kampf gegen unberechtigte Zurückhaltung von Lebensmitteln, gegen Wucher und gewerbsmäßigen Schleichhandel, Beseitigung der Wohnungsnot durch Bau neuer Wohnungen, Überwindung der Kriegsschäden in Landwirtschaft und Industrie, Modernisierung und Demokratisierung der Rechtspflege, weitge-

---

schenden bürgerlichen Klasse." Verwirklichung der Republik heiße: "absolute Herrschaft des Willens der Arbeiterklasse, Beseitigung der Knechtschaft in jeder Form, allgemeine Volksbewaffnung zum Schutze der Errungenschaften der Revolution, Abschaffung aller Arten des Arbeitsloseneinkommens, Trennung von Kirche und Staat, Abschaffung aller bürgerlichen Gerichte" (zit. n. MÜLLER 1924, S. 69).

hende Amnestie für Personen, die aus Not gegen Gesetze und Verordnungen verstoßen haben, Vergesellschaftung der dazu geeigneten kapitalistischen Unternehmen in Landwirtschaft, Industrie, Handel und Verkehr sowie Demokratisierung von Verwaltungs- und Gemeindestrukturen (BUCK 1919/20, S. 18 f.; MÜLLER 1924, S. 244 ff.). Innerhalb dieses Reformkatalogs hieß es zum Bildungswesen: "Die Trennung der Kirche vom Staat ist durchzuführen. Den Religionsgemeinschaften wird volle Freiheit gewährt. Die Schule ist von politischer und kirchlicher Bevormundung zu befreien. Die Volksschule ist unter fachmännischer Aufsicht zur Einheitsschule auszugestalten. Bildungs- und Kunstinstitute sollen gefördert werden. Krongut ist für staatliche Zwecke, insbesondere für Volksbildung und Volksgesundheitswesen zur Verfügung zu stellen" (zit. n. BUCK 1919/20, S. 19).

In den wenigen Wochen bis zur Wahl der Sächsischen Volkskammer wurden erste konkrete Schritte zur Verwirklichung dieses Regierungsprogramms unternommen; u.a. auch für das Bildungswesen. Im Dezember 1918 ergingen mehrere Verordnungen, die erste entscheidende und dauerhafte Weichenstellungen für die Trennung von Kirche und Schule vornahmen (Teil B, 3.c.) und eine Verordnung, die die für alle Kinder gemeinsame Grundschule einführte (Teil B, 3.a.). Dies war nach dem gescheiterten Versuch von 1912 der Auftakt einer Schulreform, die in den nächsten Monaten und Jahren bis Oktober 1923 ihre Fortsetzung finden sollte.

Die Arbeit der Volksbeauftragten wurde nicht nur durch die schwierige wirtschaftliche und politische Gesamtsituaton erschwert, sondern auch durch die zunehmende - schließlich auch gewaltsame - Konfrontation zwischen den Arbeiterparteien, insbesondere zwischen MSPD und KPD, was schließlich im April 1919 zur Verhängung des Belagerungszustandes über Sachsen durch den Reichspräsidenten Ebert und im Mai 1919 zur Besetzung Leipzigs durch Reichswehrtruppen unter General Maercker führte (BEUTEL 1957/58, S. 407 ff.; DERS. 1958, S. 113 ff., KITTEL 1968, S. 74). Aufgrund dieser Auseinandersetzungen erklärten die drei USPD-Minister am 16. Januar 1919 ihren Austritt aus der Regierung. Der Landes-Arbeiter- und Soldatenrat, dem die Regierungsbildung oblag, bildete nur wenige Tage später eine rein mehrheitssozialdemokratische Regierung, der nun Georg Gradnauer als Außen- und Innenminister vorstand. Wilhelm Buck behielt das Kultusministerium und Albert Schwarz blieb als Wirtschaftsminister in der Regierung. Neu hinzu kamen Rudolf Harnisch als Justizminister, Max Heldt als Arbeitsminister, Emil Nietzsche als Finanzminister und Gustav Neuring als Militärminister (HUBER 1978, S. 1035 f.; FABIAN 1930, S. 44 ff.).

Noch vor dieser Regierungsbildung im Dezember 1918 hatten Landes-Arbeiter- und Soldatenrat (Landesrat) und Volksbeauftragte wichtige politische Entscheidungen grundsätzlicher Art getroffen. Der erstmals am 3. Dezember 1918 tagende Landesrat, in dem die MSPD über die Mehrheit verfügte, schränkte die Befugnisse der lokalen Arbeiter- und Soldatenräte auf eine Kontrollfunktion der weiterbestehenden staatlichen Verwaltungsorgane ein, soweit eine solche Kontrolle durch die Arbeiterschaft nicht aufgrund demokratisch durchgeführter Wahlen gewährleistet sei. Eingriffe der Arbeiter- und Soldatenräte in die Verwaltung wurden ausdrücklich untersagt. Ende Dezember 1918 fiel im Landesrat und in der Regierung der Volksbeauftragten auch die endgültige Entscheidung über die Wahl zur Sächsischen Volkskammer, die am 2. Februar 1919 stattfinden sollte (HUBER 1978, S. 1035 f.; FABIAN 1930, S. 39 f.).

2. Phase: Wahlen zur Volkskammer bis zum Rücktritt der mehrheitssozialdemokratischen Regierung Gradnauer (28. Februar 1919) bzw. bis zu deren Ende als geschäftsführender Regierung am 13. März 1919

Bei den Wahlen zur Sächsischen Volkskammer konnten die beiden sozialdemokratischen Parteien zusammen mit knapp 58% der Stimmen und 57 der 96 Sitze eine deutliche Mehrheit erringen. Auf die SPD entfielen dabei 41,6% der Stimmen (42 Mandate) und auf die USPD 16,3% (15 Mandate). Die KPD hatte sich an diesen Wahlen nicht beteiligt. Von den bürgerlichen Parteien erzielte die DDP mit 22,9% und 22 Mandaten den mit Abstand größten Erfolg, gefolgt von der DNVP mit 14,3% (13 Mandate) und der DVP mit 3,9% (4 Mandate). Dem Zentrum gelang mit 1,0% der Einzug in die Volkskammer nicht (Falter u.a. 1986, S. 108; Statistisches Jahrbuch für den Freistaat Sachsen 1918/20, S. 424 f.).

Die Regierung der Volksbeauftragten blieb auch nach diesen Wahlen zunächst im Amt. Ihr Vorsitzender, Dr. Gradnauer, erklärte in seiner Ansprache beim ersten Zusammentritt der Volkskammer am 25. Februar 1919, daß die Regierung nach Verabschiedung einer vorläufigen Verfassung - der ersten Aufgabe, die der Volkskammer gestellt sei - ihre Ämter zur Verfügung stellen werde (Verhandlungen der Sächsischen Volkskammer im Jahre 1919, Erster Band, S. 4). Das Wahlergebnis wertete Gradnauer in seiner Ansprache als Zeichen dafür, "daß das sächsische Volk seinen Staat auf der Bahn der Demokratie und des Sozialismus weitergeführt wissen will" (ebd., S. 2). Damit sei der Volkskammer die Aufgabe gestellt, Mittel und Wege zu finden, um die demokratischen und sozialen Errungenschaften der Revolution zu sichern, zu festigen und fortzuführen. Auf allen Gebieten des ökonomischen, kulturellen und geistigen Lebens müsse Neues aufgebaut werden. Was Gradnauer dabei an konkreten Reformen nannte, etwa Wiederaufbau der Wirtschaft, einschließlich möglicher Sozialisierungen, Erneuerung der Gemeindevertretungen, Reform der Bezirks- und Kreisversammlungen, Steuerreform, Wohnungsbau, Wohlfahrtspflege und Schulreform, lag zwar insgesamt auf der Linie der Regierungserklärung der Volksbeauftragten vom 18. November 1918, gleichwohl war der Gesamttenor der Aussagen deutlich vorsichtiger und zurückhaltender als noch im November (ebd., S. 3 ff.).

Zur konsequenten Durchsetzung eines solchen gesellschaftspolitischen Reformprogramms, dessen konzeptionelle Stringenz und sozialistische Perspektive hier nicht untersucht werden können, wäre die Zusammenarbeit zwischen den beiden sozialistischen Parteien in der Volkskammer notwendig gewesen. Aber bereits im Januar 1919 war ja nach nur kurzer Zeit eine solche politische Zusammenarbeit gescheitert, das Regierungsbündnis aus USPD und MSPD zerbrochen. Während der Beratungen des vorläufigen Grundgesetzes traten die politischen Differenzen zwischen den beiden sozialistischen Parteien deutlich hervor. Sie zeigten sich nicht an der im Regierungsentwurf eines vorläufigen Grundgesetzes vorgesehenen Institutionalisierung eines Staatspräsidenten, dessen Verankerung in der Verfassung gemeinsam von USPD, MSPD und auch DDP abgelehnt wurde (Verhandlungen ... 1919, Erster Band, S. 16-28), und auch nicht in der Frage der Sozialisierung, in der sich USPD und MSPD sogar auf eine gemeinsame Resolution einigten, die mit der Verfassung zusammen verabschiedet wurde (ebd., S. 62f.).[3] Die Differenzen offenbarten sich vielmehr in der Frage der Arbeiter- und Soldatenräte und ihrer Funktion beim Aufbau des Sozialismus sowie damit zusammenhängend der Rolle, die dabei dem Freistaat Sachsen im Rahmen der Reichsentwicklung zukommen sollte. Nach den Vorstellungen der MSPD war die Zeit der Arbeiter- und Soldatenräte abgelaufen, sie mußten - so der Volksbeauftragte Dr. Gradnauer schon in seiner ersten Ansprache - ihre Tätigkeit nun an die vom ganzen Volk gewählte Volkskammer, die den souveränen und demokratischen Willen des ganzen Volkes verkörpere, übergeben (ebd., S. 4). Im Gegensatz dazu sah die USPD in den Arbeiter- und Soldatenräten auch weiterhin einen Garanten für die Weiterentwicklung der Revolution, ein wichtiges Instrument, um über die bürgerliche Demokratie hinaus zum Sozialismus zu gelangen. Die beiden Fraktionsvorsitzenden der USPD, Hermann Fleißner und Richard Lipinski, forderten deshalb die Verankerung der Arbeiter- und Soldatenräte in der Verfassung (ebd., S. 27 u. S. 48-51). Die Nichterfüllung dieser Forderung führte schließlich bei der Schlußabstimmung zur Ablehnung der Verfassung durch die USPD. Während die USPD weiterhin der Meinung war, Sachsen müsse mit seiner gesellschaftlichen und politischen Entwicklung dem Reich vorangehen, das Reich sozusagen politisch vorwärtsdrängen, so u.a. Fleißner während der Verfassungsberatungen (ebd., S. 28), wollte die Regierung Gradnauer sich im Gegenteil an den Richtlinien orientieren, die die Reichspolitik vorgab, insbesondere sollte alles vermieden werden, was Sachsen in Gegensatz zu der zu erwartenden Reichsverfassung bringen konnte. Diese abwartende, zögernde Haltung der Regierung zeigte sich auch auf dem Gebiet der Schulpolitik, auf dem USPD und MSPD trotz grundsätzlicher politischer Differenzen schon einige Wochen nach Verabschiedung der sächsischen Verfassung zu einer Zusammenarbeit fanden und damit bewiesen, daß ein gemeinsames Handeln beider Parteien nicht gänzlich ausgeschlossen war.

---

3   Die Resolution lautet: "Die Volkskammer erklärt, daß die Politik Sachsens nach folgenden Grundsätzen zu führen ist: Sachsen ist ein demokratisch-sozialistischer Freistaat im Rahmen des Deutschen Reiches. Die Sozialisierung der Wirtschaft ist nach dem Stande der Entwicklung herbeizuführen. Die dazu reifen Wirtschaftsgebiete und die Schätze des Bodens sind in gesellschaftliches Eigentum überzuführen und unter staatliche Aufsicht zu stellen. Auch hierbei ist der Zusammenhang Sachsens mit dem Reiche zu beachten und zu wahren. Die Produktion ist planmäßig

Dritte Phase: MSPD-Minderheitsregierung vom 14. März 1919 bis 5. Oktober 1919

Zunächst stand jedoch erstmals nach der neuen Verfassung die Wahl eines Ministerpräsidenten durch die Volkskammer auf der Tagesordnung. Zum ersten Ministerpräsidenten des Freistaates Sachsen wurde am 14. März 1919 der bisherige Vorsitzende der Volksbeauftragten, Dr. Gradnauer, gewählt (Verhandlungen ... Volkskammer 1919, Erster Band, S. 434). Aus seiner Regierungserklärung vom 20. März ging hervor, daß ihm eine gemeinsame Regierung aus MSPD, USPD und DDP am liebsten gewesen wäre. Die USPD habe es aber von vornherein abgelehnt, in eine solche Koalition einzutreten, und auch die Verhandlungen über eine MSPD/USPD-Regierung seien an unüberbrückbaren Gegensätzen gescheitert. Daß es nicht schon zu diesem Zeitpunkt, im März 1919, nach den gescheiterten Verhandlungen mit der USPD, zu einer MSPD/DDP-Koalition gekommen war, lag einzig und allein am Widerstand der mehrheitssozialdemokratischen Fraktion, die ein solches Bündnis mit einer bürgerlichen Partei als unvereinbar mit dem Wählerwillen bezeichnet hatte. Nach Gradnauer sei der MSPD dann nur noch die Bildung einer Minderheitsregierung möglich gewesen. Der Ministerpräsident machte allerdings keinen Hehl daraus, daß er im Gegensatz zu seiner Fraktion eine andere Entwicklung für wünschenswert gehalten hätte (ebd., S. 438).

In Gegensatz zueinander gerieten Fraktion und Regierung auch bei Beratung und Verabschiedung eines neuen Volksschulgesetzes, des "Übergangsgesetzes für das Volksschulwesen". Nach der Regierungserklärung samt Aussprache stand als nächstes schon die Schulreform im Mittelpunkt der Verhandlungen. Am 27. März 1919 begründete der Volksschullehrer und spätere Bezirksschulrat Arthur Arzt für die MSPD deren Antrag an die Regierung, der Volkskammer ein Übergangsgesetz für das Schulwesen vorzulegen, und stellte gleichzeitig Richtlinien für ein solches Gesetz zur Diskussion, das die seit der Novemberrevolution ergangenen Verordnungen zum Schulwesen zusammenfassen und weitere Reformen festlegen sollte, bis später ein endgültiges Gesetz für das gesamte Bildungswesen von

---

nach sozialistischen Grundsätzen zu gestalten, die Verteilung der Verbrauchsgüter dementsprechend zu regeln" (zit. n. FABIAN 1930, S. 51).

der Volksschule bis zur Universität erlassen würde (Verhandlungen ... Volkskammer 1919, Erster Band, S. 596 ff.). Im Juli 1919, also noch vor Inkrafttreten der Weimarer Reichsverfassung, verabschiedeten MSPD und USPD nicht nur gemeinsam ein solches "Übergangsgesetz für das Volksschulwesen" gegen die Stimmen aller bürgerlichen Parteien (lediglich ein Abgeordneter der DDP stimmte bei der Schlußabstimmung dem gesamten Gesetz zu), sondern darüber hinaus hatten sie entscheidende Stellen der Gesetzesvorlage der Regierung im Sinne der bei den Vorberatungen von der Volkskammer angenommenen Richtlinien korrigiert und so z.b. gegen den ausdrücklichen Wunsch des Ministerpräsidenten Gradnauer und des Kultusministers Buck den Religionsunterricht aus der Volksschule entfernt (Teil B, I, 3.c.). Vom Ergebnis her betrachtet bedeutete das Übergangsschulgesetz die konsequente Fortsetzung der von der Regierung der Volksbeauftragten eingeleiteten Schulreform, auch wenn die frühzeitig ergriffene Initiative für dieses Gesetz letztlich nicht von der Regierung selbst, sondern von einzelnen Abgeordneten der mehrheitssozialdemokratischen Fraktion ausgegangen war.

Neben diesem Volksschulgesetz verabschiedete die Volkskammer ein neues Kirchenaustrittsgesetz, das jedem Einwohner Sachsens ab dem 14. Lebensjahr den Austritt aus einer staatlich anerkannten Religionsgemeinschaft gestattete. Für Kinder bis zum 14. Lebensjahr lag das Recht der Austrittserklärung beim Vater (FABIAN 1930, S. 64). Zwei andere Gesetze galten einer weiteren Durchsetzung parlamentarisch-demokratischer Strukturen. Das "Gesetz über die Wahlen für die Gemeindeverwaltung" sah die Wahlen der Bürgermeister, Stadträte, Gemeindevorsteher und gemischten Ausschüsse nach demokratischen Grundsätzen vor. In entsprechender Weise regelte ein zweites Gesetz die Wahlen zu den Bezirksversammlungen, Bezirksausschüssen und Kreisausschüssen sowie innerhalb dieser Körperschaften (ebd., S. 59). Dieser Demokratisierungsprozeß war nicht zuletzt auch für eine fortschrittliche Entwicklung des Schulwesens von Bedeutung. Hatten doch Städte und Gemeinden, besonders nachdem die Rechte der alten konfessionellen Schulgemeinden 1921 auf die politischen Gemeinden übergegangen waren, entscheidenden Einfluß auf die Gestaltung ihres Schulwesens. Mit Blick auf das Bildungswesen und die Fortführung der Schulreform kann man für die nur kurze Zeit der mehrheitssozialdemokratischen Minderheitsregierungen (Mitte März bis Anfang Oktober 1919) noch zu einer positiven Einschätzung gelangen.

Was eine Gesamteinschätzung der Politik dieses Zeitraumes anbetrifft, so wird man wohl eher zu einer kritischeren Sicht kommen, zumal wenn man sie an der eigenen demokratisch-sozialistischen Perspektive und der damit verbundenen Sozialisierungsfrage mißt. Die insgesamt zögernde und unzulängliche Reformpolitik des Ministerpräsidenten Gradnauer und seiner Regierung löste schließlich selbst bei der MSPD zunehmend Unzufriedenheit aus und stieß mehr und mehr auf Kritik. Es sollte aber bis zum April 1920 dauern, ehe Gradnauer als Ministerpräsident zurücktrat. Zuvor kam es aber doch noch zu der von Gradnauer gewünschten Koalition mit der Demokratischen Partei, die wiederholt die ihrer Meinung nach einseitige Zusammensetzung der Regierung mit ausschließlich sozialdemokratischen Ministern kritisiert und eine Beteiligung an der Regierung gefordert hatte.

Im August und September 1919 hielten USPD und MSPD Landesversammlungen ab, um über die politische Lage und mögliche Koalitionen zu beraten. Die Landesversammlung der MSPD beschloß mit deutlicher Mehrheit, zunächst noch einmal mit der USPD zu verhandeln. Erst nach dem Scheitern dieser Verhandlungen durfte es nach dem Willen der Delegierten zu Gesprächen mit der DDP kommen. Sollte eine Zusammenarbeit mit der DDP nur unter Verzicht auf demokratisch-sozialistische Wirtschaftsgrundsätze möglich sein, so sah ein letzter Ausweg Neuwahlen vor (FABIAN 1930, S. 71 f.). Auf der außerordentlichen Landesversammlung der Unabhängigen im August 1919 hatten sich mit Lipinski die Kräfte durchgesetzt, die ein Regierungsbündnis mit der MSPD nicht grundsätzlich ablehnten, ein solches Bündnis aber von der Anerkennung einer Reihe von Forderungen abhängig machten, u.a. der Beseitigung des Belagerungszustandes, der paritätischen Besetzung der Ministerämter, der Errichtung einer Volkswehr und der "gesetzlichen Regelung der Funktionen der Arbeiterräte als Organe der Selbstverwaltung der Gemeinden und der Betriebsräte als Hilfsmittel der Vergesellschaftung der Produktion und des Warenaustausches" (Protokoll über die Verhandlungen der außerordentlichen Landesversammlung der Unabhängigen Sozialdemokratischen Partei Sachsens 1919, S. 68-116, Zitat S. 116). Auf der Basis dieser Forderungen kam es zu keiner Einigung zwischen USPD und MSPD. Die daraufhin eingeleiteten Gespräche mit der DDP führten rasch zu einer Einigung über eine gemeinsame Regierung.

Vierte Phase: MSPD/DDP-Koalitionsregierung vom 6. Oktober 1919 bis 8. Dezember 1920

Am 6. Oktober 1919 gab Ministerpräsident Gradnauer in der Volkskammer den Eintritt der Demokraten in die Regierung bekannt. Finanzminister wurde für den Sozialdemokraten Nietzsche der Demokrat Nitzschke, das Kultusministerium übernahm von Buck der liberale Reformpädagoge und Bildungspolitiker Richard Seyfert. Gradnauer gab weiter bekannt, daß die Richtlinien der Politik, die er in seiner Regierungserklärung vom 20. März dargelegt habe, im wesentlichen von der DDP anerkannt worden seien (Verhandlungen ... Volkskammer 1919/20, Dritter Band, S. 2043 ff.). Die Koalitionsregierung aus MSPD und DDP bestand 14 Monate bis Anfang Dezember 1920. Nach dem gescheiterten Kapp-Putsch stellte sich allerdings im April/Mai 1920 noch einmal die Frage der Regierungsbildung. Insbesondere Ministerpräsident Gradnauer und Innenminister Uhlig sahen sich aufgrund geringer bzw. fehlender Aktivitäten der Regierung der zunehmenden Kritik ihrer Partei ausgesetzt. Schließlich forderte die MSPD-Fraktion die Rücktritte von Gradnauer und Uhlig. Gradnauer reichte daraufhin am 22. April 1920 seinen Rücktritt ein (FABIAN 1930, S. 80 f.). Da die USPD so kurz vor den Reichstagswahlen nicht bereit war, mit der MSPD eine Regierung zu bilden (Protokoll ... der außerordentlichen Landesversammlung der U.S.P. Sachsens ... am 23. April 1920), blieb die MSPD/DDP-Koalition erhalten. Zum Ministerpräsidenten wurde am 4. Mai 1920 der ehemalige Kultusminister Buck gewählt (Verhandlungen ... Volkskammer 1920, Vierter Band, S.3603). Das Innenministerium übernahm der MSPD-Abgeordnete Kühn, die übrigen Minister verblieben in ihren Ämtern. Zu den auffälligsten Ergebnissen der Regierungs- und Volkskammerarbeit in den nächsten Monaten zählte die Verabschiedung eines Landeswahlgesetzes und einer endgültigen Verfassung. Bei den Verfassungsberatungen traten wiederum deutliche Gegensätze zwischen Regierung und den sie tragenden Fraktionen hervor. Während der Regierungsentwurf die Machtverteilung zwischen dem zukünftigen Landtag und der Regierung zu Gunsten letzterer festschreiben wollte, änderten die beiden sozialdemokratischen Fraktionen mit Unterstützung der Demokraten den Entwurf so, daß der Landtag in seiner Stellung zur Regierung erheblich gestärkt wurde. Sowohl das Landeswahlgesetz als auch die Verfassung wurden schließlich von allen Parteien einstimmig verabschiedet. Die Verfassung trat am 1. November 1920 in Kraft (FABIAN 1930, S. 82 ff.; vgl. REICHELT 1928 u. HUBER 1981, S. 803 f.).[4]

In die Zeit der Verfassungsberatungen fiel auch die endgültige Beseitigung der letzten Reste der Rätebewegung. Am 19. Juni 1920 hatte der Vollzugsausschuß des Landesarbeiterrates seine Auflösung beschlossen, und zwei Tage später am 21. Juni setzte das Gesamtministerium alle Bestimmungen über die Arbeiterräte außer Kraft (FABIAN 1930, S. 87 f.).

Ebenso wie schon auf verfassungspolitischem Gebiet kamen auch in der Bildungspolitik die Vorstellungen von Regierung und den beiden sozialdemokratischen Fraktionen nicht zur Deckung. Kultusminister Seyfert versuchte in der Volkskammer vergeblich, eine Änderung des § 2, Abs. 2 des Übergangsschulgesetzes zu erreichen. Dieser umstrittenste Paragraph des ganzes Gesetzes hatte ja bestimmt, daß zukünftig Religionsunterricht in der allgemeinen Volksschule nicht mehr erteilt wird. Seyferts Vorschlag, von diesem, seiner Meinung nach mit der Reichsverfassung nicht zu vereinbarenden Paragraphen keinen Gebrauch zu machen und sich stattdessen auf die Gemeinschaftsschule mit obligatorischem Religionsunterricht zu einigen, scheiterte im Oktober 1920 am gemeinsamen Widerstand von MSPD und USPD in der Volkskammer (Verhandlungen ... Volkskammer 1920, Vierter Band, S. 3693-3702 und Fünfter Band, S. 4781-4801 u. 4806).

In der Frage der weltlichen Volksschule kam es so zu der ungewöhnlichen Konstellation, daß die MSPD-Fraktion nicht gemeinsam mit ihrem bürgerlichen Koalitionspartner der DDP stimmte, sondern mit der in Opposition stehenden USPD. Dieser Vorgang zeigt ebenso wie die gesamte Gesetzgebungsarbeit der Volkskammer 1919/20 nicht nur die politischen Differenzen und die wenig konstruktive Zusammenarbeit zwischen den jeweiligen, von der MSPD geführten Regierungen und der MSPD-Fraktion, son-

---

[4] Vgl. Wortlaut der Verfassung in: Landesabteilung Sachsen der Reichszentrale für Heimatdienst (Hrsg.): Verfassung des Freistaates Sachsen mit Gesetz über Volksbegehren und Volksentscheid. Dresden 1921.

dern er macht darüber hinaus vor allem deutlich, daß die zunächst einmal ja nur rein rechnerisch gegebene Mehrheit der beiden sozialistischen Parteien in der Volkskammer, ungeachtet ihrer unterschiedlichen Stellung als Regierungs- bzw. Oppositionsfraktion, zumindest in der Bildungspolitik zum gemeinsamen politischen Handeln auch genutzt wurde und daß diese sozialistische Mehrheit einer der Garanten für die Fortführung einer demokratischen Schulreform in den ersten beiden Jahren nach der Novemberrevolution war.

Die Volkskammer tagte zum letzten Mal am 28. Oktober 1920. Auf der Grundlage der neuen Verfassung und des neuen Landeswahlgesetzes fanden am 14. November die Wahlen zum ersten Sächsischen Landtag statt.

Fünfte Phase: Sozialistische Minderheitsregierungen vom 9. Dezember 1920 bis 9. Oktober 1923

Gegenüber den Volkskammerwahlen schrumpfte die Mehrheit der Arbeiterparteien bei den Wahlen zum ersten Sächsischen Landtag deutlich. Dies lag in erster Linie am schlechten Abschneiden der SPD. Sie fiel von 41,6 auf 28,3% und errang statt bisher 42 nur noch 27 Sitze. Der kurz vor den Landtagswahlen im Oktober 1920 vollzogene Anschluß der USPD an die III. Internationale (KRAUSE 1975, S. 207 ff.)[5] und die damit verbundene Parteispaltung hatte zur Folge, daß neben der USPD noch eine USPD-Linke zur Wahl antrat, die sich allerdings schon im Dezember 1920 mit der KPD Sachsens vereinigte. Die USPD-Linke erreichte 2,9% und 3 Sitze, die USPD 13,9%und 13 Sitze. Die erstmals auf Landesebene kandidierende

---

[5] Auf der ordentlichen Landesversammlung der USPD Sachsens am 12./13. September 1920 erklärten sich 45 Delegierte gegen und nur 28 Delegierte für einen unmittelbaren Anschluß an die III. Internationale (Protokoll ... der ordentlichen Landesversammlung der U.S.P. Sachsens ... 1920, S. 60 f.). Auf dem Parteitag in Halle stimmten dann von den sächsischen Delegierten 49 gegen und 23 für den Anschluß an Moskau. Die Mehrheit des Parteitags entschied sich allerdings für einen Anschluß. Der nach diesem Anschluß allgemein zu beobachtende rapide Mitgliederverlust der USPD fiel in Sachsen nicht so hoch aus wie in anderen Teilen des Reiches. Die sächsische USPD konnte von 1920 auf 1921 von den gut 90.000 Mitgliedern fast 80.000 halten und trotz der Parteispaltung ihr Gewicht als politische Kraft weitgehend stabilisieren (dazu die Einleitung von Hartfried Krause (1979) zu den Protokollen der Landesversammlungen der Unabhängigen Sozialdemokratischen Partei Sachsen 1919-1922, S. IXX ff.).

KPD kam auf 5,7% und 6 Sitze. Zusammen errangen die Arbeiterparteien also nur noch 50,8% (49 Sitze) gegenüber 58% (57 Sitze) bei den Volkskammerwahlen. Die bürgerlichen Parteien insgesamt brachten es auf 48,4% und 47 Sitze. Innerhalb des bürgerlichen Lagers gab es eine deutliche Rechtsverschiebung. Eindeutiger Verlierer war der bisherige Koalitionspartner der SPD, die DDP. Sie verlor über 15% der Stimmen und kam nur noch auf 7,7% und 8 Sitze. Eindeutige Gewinner der Wahl waren die rechtsbürgerlichen Parteien DVP und DNVP. Die Deutsche Volkspartei steigerte ihren Anteil von 3,9 auf 18,6% (18 Sitze), die Deutschnationalen von 14,3 auf 21% (20 Sitze). Das erste und einzige Mal zog bei dieser Wahl auch ein Abgeordneter des Zentrums in den Landtag ein (FALTER u.a. 1986, S. 108; Statistisches Jahrbuch für den Freistaat Sachsen 1918/1920, S. 427).

Nach diesen Landtagswahlen verfügten SPD und DDP zusammen nicht mehr über die notwendige Mehrheit, um ihre bisherige Koalition fortzusetzen. So gab es zwei Möglichkeiten der Regierungsbildung. SPD und DDP konnten die DVP direkt an der Regierung beteiligen bzw. sie bemühten sich wenigstens um eine Tolerierung (durch die DVP). Für eine solche Koalition gab es aber innerhalb der SPD keine Mehrheit. Vielmehr läßt sich seit dieser Landtagswahl eine zunehmende Linksentwicklung der sächsischen SPD feststellen, die u.a. ihren Ausdruck in dem ständigen Bemühen fand, die gegebene sozialistische Landtagsmehrheit auch zu nutzen und in entsprechende Politik umzusetzen (KLENKE 1983, Bd. I, S. 370 f.).[6] Diese Alternative einer Zusammenarbeit von SPD, USPD und KPD hat sich durchgesetzt und bestand - wenn auch unter Schwierigkeiten und Brüchen - bis zum Oktober 1923.

Die ordentliche Landesversammlung der sächsischen USPD im September 1920 und der Hallenser Parteitag der USPD mit ihrem Anschluß an die III. Internationale und der damit verbundenen Parteispaltung stellte die ersten Weichen für eine zukünftige gemeinsame Arbeit von SPD und USPD. Hatte sich nämlich schon auf der Landesversammlung eine Mehr-

---

[6] Das Bemühen, die "Einheitsfront des Proletariats" herzustellen bzw. zu erhalten und die damit einhergehende Absage an eine Koalition mit der DVP, kam in entsprechenden Entschließungen der SPD auf ihren Landesparteitagen in Leipzig 1921 und Chemnitz 1922 deutlich zum Ausdruck. Vgl. "Die Landeskonferenz der Rechtssozialisten", in: LVZ v. 4. Juli 1921, 2. Beilage zu Nr. 153 und v. 5. Juli Nr. 154 und "Landesversammlung der SPD Sachsens", in: LVZ v. 10. Juli 1922 Nr. 158.

heit von Delegierten gegen einen Anschluß an die III. Internationale ausgesprochen, so stimmten auf dem Parteitag in Halle 49 der sächsischen Delegierten gegen und nur 23 für den Anschluß (Protokoll ... der ordentlichen Landesversammlung der U.S.P. Sachsens ... 1920, S. 60 f.; vgl. auch Einleitung zu den Protokollen von Hartfried Krause 1979, S. IXX). Unmittelbar nach der Landtagswahl faßte die erweiterte Landesvorstandssitzung der USPD eine Entschließung, in der sie sich aufgrund der politischen Situation mit der ihrer Meinung nach drohenden Konterrevolution bereit erklärte "1. an der Bildung einer Regierung aus allen sozialistischen Parteien teilzunehmen, 2. auch dann die Regierung mit zu übernehmen, wenn eine der sozialistischen Parteien eine Beteiligung ablehnen sollte" (Protokoll ... der ordentlichen Landesversammlung der USP Sachsens ... 1921, S. 7). Auf der Grundlage eines von der USPD aufgestellten "Minimalprogramms" einigten sich die beiden sozialdemokratischen Parteien über eine Regierungsbildung (ebd., S. 8 ff.). Die KPD war auf Anfrage der SPD zwar nicht willens, in diese Regierung einzutreten, erklärte sich aber zur Verhinderung eines bürgerlichen Ministerpräsidenten bereit, den Kandidaten der sozialdemokratischen Parteien mit zu wählen. Weitere Zugeständnisse für eine Unterstützung der Regierung machte sie nicht (ebd., S. 9). So konstituierte sich am 9. Dezember 1920 mit der Wahl Wilhelm Bucks zum Ministerpräsidenten eine sozialistische Minderheitsregierung, die auf die Unterstützung der KPD angewiesen war. Für die SPD gehörten neben dem Ministerpräsidenten weiter der Regierung an: Justizminister Rudolf Harnisch, Finanzminister Max Heldt und Wirtschaftsminister Albert Schwarz. Von seiten der USPD traten Richard Lipinski als Innenminister, Hermann Fleißner als Kultusminister und Hermann Jäckel als Arbeitsminister, der jedoch schon bald von Paul Ristau abgelöst wurde, in die Regierung ein (HUBER 1981, S. 804).

Am 14. Dezember 1920 gab Ministerpräsident Buck seine Regierungserklärung ab. Dabei wies er auf die Pflicht der Regierung hin, "die Errungenschaften der Revolution zu sichern und weiter auszubauen" (Verhandlungen des Sächsischen Landtages im Jahre 1920/21, Erster Band, S. 21). Buck ging anschließend zunächst auf notwendige Wirtschafts- und Sozialreformen ein. Er nannte in diesem Zusammenhang u.a. die Vergesellschaftung der Bodenschätze, er stellte in Aussicht, daß die bislang noch verpachteten Kammergüter und Domänen wieder vom Staat übernommen und zu Musterbetrieben ausgebaut würden, er betonte das Interesse und Bemühen der Regierung, die Versorgungslage zu verbessern und gegen Wucher und erwerbsmäßigen Schleichhandel mit Nachdruck vorzugehen; nicht zuletzt versprach er, daß die Regierung weitere Anstrengungen unternehme, um die Arbeitslosigkeit zu mildern. Das Wirtschaftsministerium werde sich weiterhin bei der Reichsregierung bemühen, der Textil-, Metall- und Holzindustrie weitere Aufträge zuzuführen. Alle Bemühungen, der sächsischen Exportindustrie Aufträge zu verschaffen, würden unterstützt werden. Zur Linderung der ärgsten Not kündigte Buck an, daß die gesetzlichen Bestimmungen der Erwerbslosenunterstützung großzügig Anwendung finden sollten und daß gemäß eines Volkskammerbeschlusses noch vor Ende des Jahres an die bedürftigen Arbeiterrentenempfänger eine besondere Winterbeihilfe ausgezahlt werde. Sachsen wolle auch seine Anstrengungen zur laufenden Aufbesserung der Renten aus der Sozialversicherung fortsetzen. Den Gemeinden stellte er bei weiteren Überweisungen von Reichssteuereinnahmen an das Land finanzielle Hilfen zur Erfüllung ihrer Aufgaben in Aussicht. Die Beseitigung der Wohnungsnot bezeichnete Buck ebenso als wichtige Aufgabe der Regierung, wie den Kampf gegen alle konterrevolutionären Organisationen und Einrichtungen, die Neuorganisation des Polizeiwesens und die Gemeindereform, für die schon ein Gesetzentwurf ausgearbeitet werde.

Was nun die Fragen von Bildung und Erziehung anbetraf, so bezeichnete er die Fortsetzung und den Ausbau der Ende 1918 begonnenen und bislang gradlinig weitergeführten Schulreform als die hauptsächlichste Aufgabe des neuen Kultusministers, dessen Wirken allerdings durch die Weimarer Reichsverfassung eingegrenzt sei. Nach Buck sollten Schule und Jugenderziehung dadurch der gebührende Anteil am Wiederaufbau des Volkes gesichert werden (Verhandlungen des Sächsischen Landtages 1920/21, Erster Band, S. 21 ff.).

In der Aussprache zur Regierungserklärung konkretisierte der neue Kultusminister Fleißner die Vorhaben zur Fortführung der Schulreform. Er stellte nicht weniger als zehn wichtige Gesetzentwürfe in Aussicht, von der Auflösung der konfessionellen Schulgemeinden und der Übernahme der persönlichen Volksschullasten auf den Staat, über die Einführung der Deutschen Oberschule, der Berufsschule und die Reform der Lehrerbildung bis hin zur weiteren Durchsetzung der Trennung von Staat und Kirche bzw.

von Schule und Kirche. Diese letzte Aufgabe nannte Fleißner eine der dringendsten Aufgaben (ebd., S. 119 ff.).

Die Vertreter der bürgerlichen Parteien bekundeten in scharfer Form ihre ablehnende Haltung der Regierung und deren angekündigter Politik gegenüber. Insbesondere DVP und DDP beklagten ihre Nichtbeteiligung an der Regierung. Die Ausschaltung des Bürgertums von der Regierungsverantwortung, so der ehemalige Kultusminister und neue Fraktionsvorsitzende der DDP, Richard Seyfert, sei mit dem Anspruch, daß Sachsen eine demokratische Republik sein solle, nicht vereinbar (ebd., S. 89). Und der zweite Fraktionsvorsitzende Beutler von der republik- und demokratiefeindlichen DNVP bezeichnete die Regierung gar als einen Hohn auf die Grundsätze der Demokratie (ebd., S. 36). Seine Ausführungen ließen keinen Zweifel daran, daß zumindest Teile des Bürgertums den baldigen Sturz der sozialistischen Minderheitsregierung nicht nur erhofften, sondern auch aktiv betreiben wollten. Die Arbeit der sozialistischen Minderheitsregierung fand also von Beginn an unter äußerst schwierigen Bedingungen statt. Ganz abgesehen von den immensen wirtschaftlichen und sozialen Problemen sah sie sich der geschlossenen Front des Bürgertums gegenüber und konnte sich nur auf eine hauchdünne Mehrheit stützen, die noch dazu nur mit Hilfe der KPD, die ihr Verhalten der neuen Regierung gegenüber weitgehend offengelassen hatte, gesichert war. Unter diesen Bedingungen ist es nicht weiter verwunderlich, daß die sozialistische Minderheitsregierung sich nicht einmal zwei Jahre bis zum September 1922 behaupten konnte und daß ihre Arbeit dann durch die von den bürgerlichen Parteien eingeleitete und schließlich mit Unterstützung der KPD durchgesetzte Landtagsauflösung zunächst unterbrochen bzw. verzögert wurde.

Dennoch gelang es der SPD/USPD-Regierung in dieser Zeit, ihr angekündigtes gesellschaftspolitisches Reformprogramm einzuleiten und ein Stück weit auch durchzusetzen. Drei größere Bereiche lassen sich dabei ausmachen: Wirtschaft und Soziales, Demokratisierung von Staat und Gesellschaft und Bildungsreform. In einem derart stark industriell geprägten Land wie Sachsen mit seiner zum Reichsdurchschnitt vergleichsweise hohen Arbeitslosigkeit mußte der Behebung der wirtschaftlichen und sozialen Not besondere Bedeutung zukommen. Die sächsische Regierung versuchte sowohl die Arbeitslosigkeit abzubauen als auch in ihren Auswirkungen zu mildern. So erreichte es das Arbeitsministerium, daß das Erzgebirge und das Vogtland vom Reich zu Notstandsgebieten erklärt wurden, was eine Erhöhung der Unterstützung zur Folge hatte. Die Regierung versuchte u.a. durch sog. "Notstandsarbeiten" besonders dort Arbeitsplätze zu schaffen, wo die Arbeitslosigkeit besonders hoch war. Das Wirtschaftsministerium beschaffte dringend benötigte Rohstoffe und vermittelte der Industrie Aufträge vom Reich und aus dem Ausland, wie insgesamt versucht wurde, der stark exportabhängigen sächsischen Industrie durch Widerauflahme der durch den Krieg unterbrochenen Kontakte mit dem Ausland zu helfen. Das Arbeitsministerium versuchte weiterhin, durch Verordnung die Überstunden in den Betrieben abzubauen. Berufsberatung und Arbeitsvermittlung wurden verbessert. Durch das Staatswirtschaftsgesetz vom Frühjahr 1922, das genaue Vorschriften zum Staatshaushaltsplan enthielt, sollte auch die Wirtschaftlichkeit der in Staatsbesitz befindlichen Unternehmen dadurch gewährleistet werden, daß sie nach kaufmännischen Grundsätzen zu führen waren. In diesem Zusammenhang mußten für alle staatlichen Unternehmen Beiräte gebildet werden, deren Mitglieder sowohl vom Landtag als auch von den Arbeitern und Angestellten der Unternehmen gewählt, teils auch vom Ministerium ernannt wurden. Ein bedeutsames Lenkungsinstrument in finanzpolitischer Hinsicht schuf sich die Regierung durch eine Neuorganisation der sächsischen Staatsbank. Zur Deckung des durch die Reformpolitik erhöhten Finanzbedarfs wurden neue Steuerquellen erschlossen durch die Neuordnung der Grundsteuer und die Einführung einer Gewerbesteuer. Die Gemeinden beteiligte man an beiden Steuern mit der Hälfte der Erträge und gewährte ihnen darüber hinaus noch ein Zuschlagsrecht bis zu 25% (FABIAN 1930, S. 120 ff.).

Von großer wirtschafts- und sozialpolitischer Bedeutung war die Behebung der großen Wohnungsnot. Zur Lösung dieses Problems förderte man u.a. die sog. "Siedlungsbewegung". Die Siedlungsgesellschaft "Sächsisches Heim", in der die zahlreichen Siedlungsgenossenschaften zusammengeschlossen wurden, wurde mit staatlichen Mitteln ausgestattet. Auch beim Wohnungsneubau verfuhr man sehr stark nach gemeinwirtschaftlichen Grundsätzen. So durften die gewährten öffentlichen Mittel vorrangig nur an die Gemeinden vergeben werden, wodurch der Anteil der Gemeinden am Wohnungsbau im Zeitraum 1919 bis 1924 von 37 auf 56% stieg. Insgesamt wurden in Sachsen bis Ende 1924 aus öffentlichen Mitteln 26.759 Wohnungen gebaut (LIPINSKI 1926, S. 28 f.).

Ein ausgeprägtes sozialpolitisches Verantwortungsbewußtsein wird man in der Begnadigungspraxis des Justizministeriums sehen dürfen. Diese Begnadigungspraxis sollte u.a. einen Ausgleich für das teils veraltete, nicht mehr zeitgemäß empfundene Strafrecht schaffen und in Einzelfällen auch als Korrektiv für zweifelhafte und umstrittene Rechtsprechungen dienen. Der Gedanke der Zurückdrängung der Freiheitsstrafe und der Resozialisierung war dabei von großer Bedeutung. Von Januar 1921 bis Juli 1922 wurden von 770.000 Gnadengesuchen 19.900 positiv entschieden, d.h. zum Beispiel Bewährungsfristen bewilligt oder Freiheits- in Geldstrafen umgewandelt (FABIAN 1930, S. 118 ff.). Der seit August 1921 amtierende Justizminister Dr. Erich Zeigner hat sich auf diesem Gebiet ebenso Verdienste erworben wie auf dem des Strafvollzugs, dessen Reform er sich widmete. Die Schließung alter unbrauchbarer Gefängnisse, die Verbesserung der Verpflegung und ärztlichen Betreuung, der Ausbau von Beschäftigungsmöglichkeiten, die Entfernung von Büchern reaktionären Inhalts aus den Gefängnisbüchereien bei gleichzeitigen Neuanschaffungen und die Überwachung des Strafvollzugs durch örtliche Beiräte zählten zu den Maßnahmen, die den Strafvollzug insgesamt humaner und sozialer gestalten sollten (ebd., S. 115 f.; LIPINSKI 1926, S. 21 f.).

Der zweite größere Reformkomplex betraf eine weitere Demokratisierung von Staat und Gesellschaft. Einen wichtigen Vorstoß in dieser Richtung stellte auf kommunaler Ebene das Gesetz über die Eingemeindung selbständiger Gutsbezirke dar. Dieses Gesetz präzisierte eine Verordnung vom Dezember 1918 und bestimmte, daß die bewohnten Gebäude ehemals selbständiger Gutsbezirke mit der Nachbargemeinde zu vereinigen seien, deren bewohnter Ortsteil ihnen am nächsten liege. Diese Bestimmung sollte ein weiteres Unterlaufen der Eingemeindungspraxis durch die Gutsbesitzer verhindern und den Bewohnern der ehemals selbständigen Gutsbezirke nun auch wirklich die politische Teilnahme am Leben ihrer neuen Gemeinde ermöglichen.

Als besonders reformbedürftiger Bereich aus der Sicht einer sozialistischen Regierung mußte auch das Polizeiwesen gelten. War doch die Polizei im vorrevolutionären Klassenstaat als ein wichtiges Instrument zur Unterdrückung der Arbeiterschaft eingesetzt worden. So versuchte die sächsische Regierung die alten obrigkeitsstaatlichen und militärischen Strukturen im Polizeiwesen abzubauen und durch Reformen in Organisation und Ausbildung zu demokratisieren. So wurde z.B. die militärische Spitze der Landespolizei (Bereitschaftspolizei) beseitigt und ihre Unterstellung unter zivile Verwaltung verfügt. Die Landespolizei wurde auf die Städte verteilt und Polizeidirektoren unterstellt. Die Polizei wurde außerdem - soweit möglich und noch nicht geschehen - verstaatlicht und ihre einzelnen Teilbereiche wie Staatspolizei, Landespolizei, Kriminalpolizei und Gendarmerie in einem Landespolizeiamt zusammengefaßt. Der Polizeinachwuchs rekrutierte sich nun nicht mehr aus ausgedienten Soldaten, sondern erhielt seine Ausbildung an der 1922 in Meißen gegründeten Polizeischule. Eine besonders wichtige vom Bürgertum heftig bekämpfte Institution waren die sog. politischen Kommissare, die bei den jeweiligen Kreishauptmannschaften angesiedelt waren und ohne deren Zustimmung die Landespolizei etwa bei "Unruhen" nicht in geschlossenen Verbänden eingesetzt werden durfte. Nach Ansicht des damals zuständigen Innenministers Lipinski haben diese Kommissare "viel dazu beigetragen, Sachsen über schwierige Situationen schnell hinweg zu helfen" (LIPINSKI 1926, S. 26; vgl. auch FABIAN 1930., S. 107 ff.).

Reformpolitik im Justizbereich unter demokratischer Perspektive bedeutete in erster Linie Personalpolitik. Zur Überwindung oder wenigstens Zurückdrängung der alten Klassenjustiz war eine konsequente Demokratisierung des Beamtenapparates notwendig. In dieser Hinsicht war in den ersten Jahren der Weimarer Republik so gut wie nichts geschehen. Justizminister Dr. Zeigner versuchte nun, eine demokratisch und sozial eingestellte Richter- und Staatsanwaltschaft heranzubilden und freiwerdende Stellen mit Republikanern zu besetzen. Ein Altersgrenzengesetz für Richter, das einer reichsgesetzlichen Regelung vorausging, schickte diese mit Vollendung des 65. Lebensjahres in den Ruhestand. So wurden 1922/23 34 und 1923/24 nochmals 15 leitende Stellen an den verschiedensten Gerichten verfügbar, auf deren Besetzung das Justizministerium nun in seinem Sinne Einfluß nehmen konnte. Auch um die Ausbildung der angehenden Juristen kümmerte der Justizminister sich sehr intensiv. Er übernahm selbst den Vorsitz des Prüfungsausschusses, nahm an den mündlichen Prüfungen teil und sicherte sich persönlich Einblick in die Examensarbeiten. Weitere fortschrittliche Juristen wurden Mitglieder des Prüfungsausschusses. Unter dem Gesichtspunkt der sozialen Rekrutierung verdient die Tatsache Erwähnung, daß Sachsen als einziger deutscher Staat seinen Referendaren eine Vergütung zahlte. Außerdem förderte Zeigner den im Dezember 1921 gegründeten Republikanischen Richterbund (FABIAN 1930., S. 116 f.).

Ebenso wie im Justizbereich setzte nun auch in der Verwaltung insgesamt eine stärkere Demokratisierung des Beamtenapparates ein. Diese Demokratisierungsbemühungen betrafen in erster Linie die politisch entscheidenden Stellen innerhalb der Ministerialbürokratie und an der Spitze der kommunalen Verwaltungsbezirke (Kreishaupt- und Amtshauptleute). Es gelang der sächsischen Regierung in den folgenden Jahren, einige dieser Stellen mit überzeugten Republikanern, unter ihnen auch einige Sozialdemokraten, zu besetzen. In diesem Zusammenhang war einer der spektakulärsten Vorgänge die Amtsenthebung des Ministerialdirektors Dr. Schmitt, der die I. Abteilung für Personalangelegenheiten im Innenministerium leitete. Er wurde im Herbst 1921, da er die Politik des Ministers sabotiert hatte, beurlaubt und durch den Sozialdemokraten Dr. Lempe ersetzt. Nicht nur in diesem Fall, sondern bei ihrer Beamtenpolitik insgesamt stieß die sozialistische Regierung auf scharfen Widerspruch und Widerstand von seiten der höheren Beamten und der bürgerlichen, insbesondere rechtsbürgerlichen Parteien (FABIAN 1930, S. 110 ff.; LIPINSKI 1926, S. 32-42; vgl. auch Regierung gegen Beamte im Freistaat Sachsen o.J.; FENSKE 1973).

Ein mehr symbolisches Zeichen für die Errungenschaften der Revolution von allerdings kaum zu unterschätzender psychologischer Bedeutung für die Arbeiterschaft setzte die sozialistische Regierung mit der Einführung des 1. Mai und des 9. November als staatlich anerkannte Feiertage bei gleichzeitiger Aufhebung zweier kirchlicher Feiertage. Das dazu notwendige Gesetz verabschiedete der Landtag im April 1922 gegen den Widerstand aller bürgerlichen Parteien (FABIAN 1930, S. 113 f.; LIPINSKI 1926, S. 21).

Die wohl konsequenteste und weitestgehende Reformpolitik lag im Bereich des Bildungswesens. Den Gründen dafür wird im weiteren Verlauf dieses ersten Teils der Arbeit noch nachzugehen sein. Halten wir an dieser Stelle zunächst fest, daß die von Kultusminister Fleißner (USPD) angekündigten vielfältigen Vorhaben zur Fortführung der Schulreform, soweit dies unter Berücksichtigung einer nur zweijährigen Regierungszeit, der geschilderten parlamentarischen Mehrheitsverhältnisse und unter den Bedingungen der Weimarer Reichsverfassung möglich war, auch in entsprechende Verordnungen und Gesetze umgesetzt worden sind.

An wichtigen Reformgesetzen sind verabschiedet worden:
1. Am 31. Mai 1921 das "Gesetz über die Trennung des Kirchen- und Schuldienstes" (Verhandlungen des Sächsischen Landtages ... 1920/21, Zweiter Band, S. 1672);
2. Am 30. Juni 1921 das "Gesetz über die Aufhebung der Schulgemeinden" ("Schulbezirksgesetz") (Verhandlungen ... 1920/21, Dritter Band, S. 2055 ff.);
3. Am 23. März 1922 das "Gesetz über die Umwandlung der Lehrerseminare und Lehrerinnenseminare" (Verhandlungen ... 1921/22, Vierter Band, S. 3529 ff.) und
4. Am 5. Juli 1922 das "Schulbedarfsgesetz" (Verhandlungen ... 1922, Fünfter Band, S. 4334 ff.).

Während die beiden ersten Gesetze zusammen mit weiteren ministeriellen Verordnungen dem angestrebten Ziel einer Trennung von Schule und Kirche dienen sollten, bedeutete das dritte Gesetz über die Umwandlung der Lehrerseminare den Einstieg in die akademische Volksschullehrerausbildung. Durch das Schulbedarfsgesetz wurde der Staat zum Träger der persönlichen Schullasten, d.h. er übernahm die Besoldung der Volks-, Hilfs- und Fortbildungsschullehrer und entlastete damit die Gemeinden finanziell. Außerdem setzte das Gesetz die wöchentliche Pflichtstundenzahl der Volksschullehrer um zwei auf 28 herab, erhöhte im Durchschnitt die Mindeststundenzahlen für die einzelnen Jahrgangsklassen und begrenzte die Schülerhöchstzahl auf 35 pro Klasse. Umfaßte eine Klasse mehrere Jahrgänge, so durfte die Schülerzahl nicht mehr als 30 betragen. Die fortschrittliche Tendenz des ganzen Gesetzes drückt sich nicht zuletzt in der Tatsache aus, daß es jegliche körperliche Züchtigung der Schüler für unzulässig erklärte (Gesetze und Verordnungen über das Schulwesen im Freistaate Sachsen seit 1919, S. 56-94). Der USPD-Landtagsabgeordnete Kurt Weckel bezeichnete das Gesetz als "ein Ruhmesblatt in der Geschichte der sozialistischen Regierungstätigkeit in Sachsen" (Landesversammlung der Unabhängigen Sozialdemokratischen Partei Sachsens ... 1922, S. 35). Insgesamt schuf dieses Gesetz wichtige Voraussetzungen für eine Weiterentwicklung des Volksschulwesens in organisatorischer wie pädagogischer Hinsicht.

Diese Schulreformpolitik der sozialistischen Minderheitsregierung unterstützte auch die KPD. Ohne diese Unterstützung wäre die Schulreform wie die Reformpolitik insgesamt - zumindest in der vorliegenden Form -

nicht durchsetzbar gewesen und am Widerstand der bürgerlichen Parteien gescheitert. Nicht unerwähnt darf dabei allerdings bleiben, daß von bürgerlichen Parteien die DDP noch am ehesten bereit war, **Teile** der Schulreformpolitik mitzutragen. Für die KPD gilt: Ungeachtet der grundsätzlichen Überzeugung, daß eine umfassende und grundlegende Schulreform erst nach der Eroberung der politischen Macht durch das Proletariat im Sozialismus möglich sei, erkannte die sächsische KPD die - wenn auch ihrer Meinung nach unzureichenden - Fortschritte in der Schulpolitik an und ermöglichte mit einer pragmatisch-zustimmenden Haltung deren Durchsetzung im Landtag. Wie wenig der KPD diese Reformpolitik aber letztendlich bedeutete und wie schnell sie bereit war, mitgetragene Fortschritte aufs Spiel zu setzen, zeigte sich im Sommer 1922, als die Kommunistische Partei wohl aufgrund der Einschätzung, durch die allgemeine politische Situation nach dem Rathenau-Mord Stimmengewinne bei vorgezogenen Landtagswahlen erzielen zu können, die eingeleiteten Bemühungen der bürgerlichen Parteien für eine Landtagsauflösung schließlich unterstützte und damit zum Erfolg führte. Daraufhin kam es am 5. November 1922 zu Neuwahlen zum Sächsischen Landtag.

Vom Gesamtergebnis her gesehen konnten die Arbeiterparteien ihre Mehrheit den bürgerlichen Parteien gegenüber behaupten, ja sogar um einen Sitz ausbauen. Insgesamt verfügten die Arbeiterparteien im neuen Landtag nun über 50 (52,3%), die bürgerlichen Parteien über 46 Sitze (46,1%). Die Verschiebungen bei den einzelnen Parteien waren minimal. So erreichte die inzwischen wiedervereinigte Sozialdemokratie jene 40 Sitze (41,8%), die USPD und SPD zusammen auch im ersten Landtag innehatten. Die KPD gewann einen Sitz hinzu und konnte nunmehr 10 Abgeordnete (10,5%) in den Landtag entsenden. Die DDP behielt wie bisher ihre 8 Sitze (8,4%), die DVP errang einen Sitz mehr und verfügte nun über 19 Abgeordnete (18,7%), während die Deutschnationalen einen Sitz verloren und ebenfalls noch 19 Abgeordnete (19%) zählten. Das Zentrum (0,9%) war im neuen Landtag nicht mehr vertreten (FALTER u.a. 1986, S. 108; Statistisches Jahrbuch für den Freistaat Sachsen 1921/1923, S. 405).

Auch im neuen Landtag war also eine mehrheitsfähige Linksregierung auf die KPD angewiesen. Die sächsische SPD entschied sich auch diesmal für eine Zusammenarbeit mit der KPD, die jedoch aufgrund unüberbrückbarer politischer Gegensätze ein weiteres Mal den Eintritt in die Regierung ablehnte. Sie ermöglichte allerdings wie schon 1920 die Wahl von Wilhelm Buck zum Ministerpräsidenten am 5. Dezember 1922 (HUBER 1981, S. 805; Sozialdemokratische Landtagsfraktion 1926, S. 7 f.). Die bisherigen Minister Fellisch, Fleißner, Heldt, Lipinski, Ristau und Dr. Zeigner verblieben in ihren Ämtern. Dieser Regierung, die nach der Regierungserklärung von Ministerpräsident Buck ihr bisheriges Regierungsprogramm fortführen wollte und auf bildungspolitischem Gebiet nun auch das höhere Schulwesen einer zeitgemäßen Reform entgegenzuführen gedachte und in diesem Zusammenhang ein alle Schularten umfassendes Einheitsschulgesetz in Aussicht stellte, war nur eine kurze Regierungszeit von zwei Monaten beschert (Verhandlungen des Sächsischen Landtages 1922/23, Erster Band, S. 16). Schon im Januar 1923 wurde Innenminister Lipinski durch einen Mißtrauensantrag der KPD, der von den bürgerlichen Parteien unterstützt wurde, gestürzt. Daraufhin trat die gesamte Regierung zurück (HUBER 1981, S. 806). Im Februar 1923 scheiterte zunächst die Wahl eines neuen Ministerpräsidenten. Innerhalb der sächsischen SPD gab es unterschiedliche Vorstellungen über die Bildung einer neuen Regierung. Während ein Teil der Partei den Ausweg aus der Regierungskrise in einer Koalition mit der DDP suchte, eine Position, die im übrigen auch vom Parteivorstand der Gesamtpartei gebilligt und nachdrücklich unterstützt wurde, sprach sich die Mehrheit für eine weitere Zusammenarbeit mit der KPD aus, so geschehen auf dem Landesparteitag am 4./5. März 1923. Für die erforderlichen Verhandlungen mit den Kommunisten wurde ein siebenköpfiger Ausschuß gewählt, dem auch der Volksschullehrer Arthur Arzt angehörte. Die Verhandlungen führten zu einer Einigung auf der Grundlage von vier, von der zukünftigen Regierung durchzuführenden Vereinbarungen. Erstens sollte ein Amnestiegesetz für Not- und Abtreibungsdelikte erlassen werden, zweitens Kontrollausschüsse zur Bekämpfung des Wuchers gebildet, drittens ein Arbeiterkammergesetz verabschiedet und viertens gemeinsame proletarische Abwehrorganisationen (proletarische Hundertschaften) zum Kampf gegen die Konterrevolution gegründet werden (FABIAN 1930, S. 131 ff.; Sozialdemokratische Landtagsfraktion 1926, S. 8 ff.; BÖTTCHER 1923, S. 3 ff.). Auf der Grundlage dieser Vereinbarungen war die KPD bereit, eine sozialdemokratische Minderheitsregierung zu unterstützen. Da der bisherige Ministerpräsident Buck für eine solche Zusammenarbeit mit den Kommunisten nicht mehr zur Verfügung stand, trat an seine Stelle Justizminister Dr.

Zeigner. Er wurde am 21. März 1923 mit den Stimmen von SPD und KPD zum Ministerpräsidenten gewählt (Verhandlungen des Sächsischen Landtages 1922/23, Erster Band, S. 656 f.). Fleißner (Kultusminister), Heldt (Finanzminister) und Fellisch (Wirtschaftsminister) verblieben in ihren Ämtern. Neuer Innenminister und stellvertretender Ministerpräsident wurde Hermann Liebmann[7], das Justizressort blieb zunächst in den Händen von Zeigner selbst, bevor er es im August 1923 an Alfred Neu übergab.

Am 10. April 1923 gab Zeigner seine Regierungserklärung vor dem Landtag ab. Er berief sich dabei auf die von der letzten Regierung Buck im Dezember 1922 angekündigten Reformen und nahm anschließend zu einigen Fragen und Problemen Stellung, deren Lösung die Regierung für den wirtschaftlichen, sozialen und kulturellen Wiederaufbau für notwendig hielt. Zur Kultur- bzw. Bildungspolitik führte Zeigner aus, daß sie als Regierung eines demokratischen Staates "auf die Pflege einer allgemeinen und neuzeitlichen **Volksbildung** den größten Wert legen (müsse)" (Verhandlungen ... 1922/23, Erster Band, S. 719). Zeigner weiter: "Dabei wird es sich zunächst darum handeln, die allgemeine Schule auf ein möglichst hohes Maß der Leistungsfähigkeit zu bringen, damit niemandem die Voraussetzungen mangeln, sich mit den Hauptfragen und Hauptforderungen des eigenen und öffentlichen Lebens auseinanderzusetzen" (ebd.). Zur Erreichung dieses Ziels sollte nach Möglishkeit das Schulbedarfsgesetz durchgeführt und die Reform der Lehrerbildung zielbewußt gefördert werden. Keine Verbesserung der allgemeinen Volksbildung ohne eine Reform der Volksschullehrerausbildung, so Zeigners Überzeugung. Weiterhin bekräftigte Zeigner die schon von seinem Vorgänger Buck ausgesprochene Absicht, das gesamte Schulwesen über die Grundschule hinaus zu vereinheitlichen. Dazu hieß es in der Regierungserklärung:

"Die über die Volksschule hinausführenden Schulgattungen werden, gemäß Art. 146 Abs. 1 der Reichsverfassung, mit der Grundschule einerseits, andererseits auch unter sich in jenes gegenseitige organische Verhältnis gebracht werden müssen, das einen einheitlichen und gesunden Aufbau von der Volks- bis zur Hochschule ermöglicht und denjenigen Schülern, die beabsichtigen, von einer Schulgattung in die andere zu wechseln, oder erst in höherem Alter eine weitergehende Ausbildung verlangen, diese Bestrebungen denkbarst erleichtert" (ebd., S. 719).

---

[7]   Zu Hermann Liebmann vgl. KLENKE, Dietmar: Hermann Liebmann (1882-1935). Vom Architekten der "proletarischen Mehrheit" in Sachsen zum "Tolerierungs"-Politiker der Ära Brüning, in: LÖSCHE, Peter u.a. (Hrsg.): Vor dem Vergessen bewahren. Lebenswege Weimarer Sozialdemokraten. Berlin 1988, S. 193-222.

Zeigner sah den "Einheitsschulgedanken" und den "allgemeinen Schulfortschritt" bedroht durch den im Reichstag eingebrachten Reichsschulgesetzentwurf, den er für verfassungswidrig hielt und gegen den die sächsische Regierung an maßgebender Stelle Protest eingelegt habe (ebd.). Zeigners Rede insgesamt ließ keinen Zweifel daran, daß die Regierung sich bei ihrer Politik ganz besonders als das "Vertrauensorgan der besitzlosen Massen" fühle (ebd., S. 717). Bedroht sah Zeigner die Reformpolitik durch jene reaktionären und faschistischen Kreise, deren Ziel die Beseitigung der Republik sei. Diese Republik, das hatte Zeigner klargestellt, "ist aber für den weitaus größten Teil des deutschen Volkes die einzige Staatsform, die einen Weg dafür eröffnet, daß in einem Jahre dauernden, mühseligen Prozeß schrittweise diejenige Umstellung des Rechts und der wirtschaftlichen Machtverhältnisse erfolgt, die notwendig ist, um den Massen staatsbürgerliche Freiheit, (Abg. BEUTLER: Wo ist denn die Freiheit?) Anteil an den Kulturgütern der Nation und eine auskömmliche Existenz zu sichern" (ebd., S. 719). Ganz offenbar, so Zeigner, stünden hinter den republikfeindlichen Kreisen sehr "kapitalkräftige Schichten" (ebd.). Er beklagte auch die weitgehende Indifferenz der Reichsregierungen diesen Kreisen gegenüber und stellte fest, "daß (auch) die **Reichswehr** sich nicht frei gehalten hat von engen Beziehungen zu diesen reaktionären, faschistischen Organisationen. (Sehr richtig! links.) Sie, die der Republik dienen, sie schützen sollte, die gedacht ist als ein Machtinstrument der **Republik**, hat sich mehr und mehr zu einer **Bedrohung der Republik** entwickelt" (ebd., S. 719). Davon ausgehend, verteidigte Zeigner nachdrücklich die geplanten proletarischen Abwehrorganisationen zum Schutze der Arbeiterbewegung und im Bedarfsfalle unter der Leitung der Polizei auch gegen alle gewalttätigen und ungesetzlichen Angriffe auf die Republik. Der prolatarische Ordnungsdienst sei aber weder bewaffnet noch stünden ihm Exekutivbefugnisse zu. Das Reich selbst habe es in der Hand, diese Abwehrorganisationen überflüssig zu machen, indem es endlich gegen die faschistischen Organisationen eingreife (ebd., S. 720).

Die Regierung Zeigner knüpfte verständlicherweise zunächst einmal an die Reformpolitik der vorangegangenen sozialistischen Minderheitsregierungen an. Für zentrale Reformbereiche wie Justiz und Bildungswesen wurde dies schon allein aufgrund der personellen Kontinuitäten durch Zeigner und Fleißner gewährleistet. Die Notwendigkeit einer Fortführung der

Reformpolitik ergab sich andererseits aber auch aus der Tatsache, das wichtige Reformprojekte von der letzten Regierung Buck zwar begonnen, aufgrund der oben geschilderten politischen Umstände aber noch nicht abgeschlossen werden konnten. Dazu zählte etwa die neue Gemeindeordnung ebenso wie das "Gesetz über die Pflichten der Beamten und Lehrer und über Abänderungen des Dienststrafrechts". Beide Vorhaben wurden im Juli 1923 vom Landtag gegen die Stimmen aller bürgerlichen Parteien verabschiedet. Mit dem "Gesetz über die Pflichten der Beamten und Lehrer ..." sollte eine Rechtsgrundlage zum Vorgehen gegen reaktionäre Beamte geschaffen werden. Das Gesetz bot neben Bestimmungen, die von Staatsbeamten, Lehrern, Universitätsprofessoren etc. in und außerhalb des Dienstes Loyalität gegenüber Republik und Verfassung verlangten, die Möglichkeit, leitende nicht-richterliche Beamte, die politische Entscheidungen zu treffen hatten oder mit Aufgaben zum Schutz der Republik betraut waren und für deren Erneuerung das Gesamtministerium zuständig war, jederzeit in den einstweiligen Ruhestand zu versetzen. Diese letzte Bestimmung fand auch auf Bezirksschulräte und Oberstudiendirektoren Anwendung (FABIAN 1930, S. 142 ff.; Sozialdemokratische Landtagsfraktion 1926, S. 12 u. 14 ff.).

Konsequenter als die sozialistischen Minderheitsregierungen vor ihm verfolgte Zeigner bezüglich der höheren Beamtenschaft eine Personalpolitik, die den Einfluß monarchistisch gesinnter, reaktionärer und reformfeindlicher höherer Beamter begrenzen bzw. ausschalten sollte und stattdessen reformaufgeschlossene Republikaner und Demokraten förderte. Daß dabei keineswegs nur Sozialdemokraten in entsprechende Positionen berufen wurden, geht aus einer Statistik hervor, die die Regierung im November 1923 aufgrund der heftigen Angriffe gegen ihre Personalpolitik von seiten der höheren Beamtenschaft wie des gesamten Bürgertums veröffentlichte. Nach dieser Statistik gab es in der sächsischen Staatsverwaltung 15 Ministerialdirektoren. Davon waren 3 Sozialdemokraten, u.a. einer im Ministerium für Volksbildung, wie das Kultusministerium offiziell seit August 1923 genannt wurde (Verordnungsblatt des Sächsischen Ministeriums für Volksbildung vom Jahre 1923, S. 127). Unter den 75 Ministerialräten waren 7 Sozialdemokraten und ein Demokrat. Von den in der gesamten inneren Verwaltung tätigen 60 Oberregierungsräten waren 10 von der Regierung Zeigner ernannt worden, darunter 4 Sozialdemokraten und ein Demokrat

(DDP). Von den 182 Regierungsräten hatte die Regierung Zeigner 25 berufen, darunter 8 Sozialdemokraten und 3 Demokraten. Von 50 Regierungsamtmännern berief die Regierung Zeigner 14, darunter 4 Sozialdemokraten und 2 Demokraten. Von 76 Polizeihauptleuten ernannte die Regierung Zeigner 4, darunter 2 Sozialdemokraten, einen Demokraten und einen Kommunisten. Drei der fünf Kreishauptleute waren Sozialdemokraten. Davon hatte die Regierung Zeigner einen ernannt. Unter den 29 Amtshauptleuten befanden sich 8 Sozialdemokraten, davon waren 4 von der Regierung Zeigner ernannt worden, 4 gehörten der DDP an (Sozialdemokratische Landtagsfraktion 1926, S. 13; vgl. auch LLZ 1923, Nr. 39, S. 595). Betrachtet man ausschließlich die sächsischen Ministerien, so gab es dort Anfang 1924 insgesamt 223 höhere Beamte, davon waren 30 Sozialdemokraten, also gut 13% (FENSKE 1973, S. 131).

Die neue Gemeindeordnung, schon 1922 im Landtag eingebracht, endgültig aber erst am 12. Juli 1923 gemeinsam von SPD und KPD gegen den geschlossenen Widerstand der bürgerlichen Parteien verabschiedet, dürfte wohl zu den bedeutendsten Reformgesetzen insgesamt zu zählen sein, auch wenn sie in der verabschiedeten Form aufgrund der veränderten politischen Verhältnisse ab 1924 nicht mehr praktisch wirksam geworden ist. Sie sah für die Städte und Gemeinden nicht nur weitestgehende Selbstverwaltungsrechte vor, sondern noch wichtiger, beseitigte sie das alte vorrepublikanische Zweikammersystem, das aus Stadtrat und Stadtverordnetenkollegium als beschließenden Körperschaften bestand, und setzte an seine Stelle das Einkammersystem, bei dem nun nur noch das demokratisch gewählte Stadtverordnetenkollegium die alleinbeschließende Körperschaft war, während der Stadtrat ausschließlich als vorbereitendes und ausführendes Organ fungierte. Nach Walter Fabian war diese Gemeindeordnung die damals fortschrittlichste aller deutschen Bundesstaaten (FABIAN 1930, S. 139 ff.; vgl. auch LIPINSKI 1926, S. 24 f.).

Das "Gesetz über eine Amnestie für Not- und Abtreibungsdelikte", ebenfalls im Juli 1923 verabschiedet, gehörte zu jenen Vereinbarungen, auf die SPD und KPD sich bei ihren Verhandlungen geeinigt hatten. Es erließ Strafen wegen Verfehlungen, die aus einer Notlage heraus begangen worden waren, "wenn sie von sächsischen Gerichten bis einschließlich 1. Juli 1923 rechtskräftig erkannt worden sind und die erkannte Strafe nur in Festung oder Gefängnis von **höchstens einem Jahr** oder in Geldstrafe von höchstens 80.000 Mark, allein oder in Verbindung miteinander oder mit Nebenstrafen, bestehen" (§ 1, zit. n. FABIAN 1930, S. 141). Auch anhängige Strafverfahren sollten niedergeschlagen werden, wenn das oben genannte Strafmaß voraussichtlich nicht überschritten wurde. Paragraph 3 regelte den Erlaß von Strafen bei Abtreibung. Er lautete: "**Strafen wegen Abtreibung werden erlassen**, wenn sie von sächsischen Gerichten bis einschließlich 1. Juli 1923 rechtskräftig erkannt worden sind. Der Erlaß trifft **nicht** Personen, die die Schwangeren gröblich ausgebeutet oder auszubeuten versucht haben, die wider den Willen der Schwangeren gehandelt haben oder die durch gröbliche Außerachtlassung der gebotenen Vorsicht die Gesundheit der Schwangeren schwer gefährdet oder geschädigt haben. Strafverfahren wegen Abtreibungen werden niedergeschlagen, wenn sie bei sächsischen Behörden bis einschließlich 1. Juli 1923 anhängig geworden sind und eine Ausnahme im obengenannten Sinne nicht vorliegt" (ebd.). Verweigerten die Behörden der Strafvollstreckung oder Strafverfolgung die Amnestierung, so behielt sich das Justizministerium selbst die letzte Entscheidung vor (§ 4). In keinem anderen Bundesstaat hat es wohl ein derart weitgehendes Amnestiegesetz gegeben.

Im Bereich des Bildungswesens wurde mit dem "Gesetz über die Ausbildung der Volksschullehrer" endgültig der Weg der akademischen Volksschullehrerausbildung beschritten. Das Gesetz wurde - da lange vorbereitet - nur zwei Tage nach der Wahl Zeigners zum Ministerpräsidenten, am 23. März 1923, vom Landtag einstimmig verabschiedet (Verhandlungen ... 1922/23, Erster Band, S. 714). Seit dem Frühjahr 1923 arbeitete das Kultusministerium nun auch verstärkt an einer Strukturreform des höheren Schulwesens. Im Herbst ging aus dieser Arbeit ein Referentenentwurf hervor, der deutlich die Grundzüge einer Einheitsschule erkennen ließ und dessen Verwirklichung den bis dahin konsequentesten Schritt vom ständisch gegliederten Schulwesen zu einer demokratischen Einheits-/Gesamtschule bedeutet und die bis zu diesem Zeitpunkt vorangebrachte Schulreform vervollständigt hätte. Die Reichsexekution gegen Sachsen hat jedoch diesem und anderen Reformprojekten das Ende bereitet.

Die sozialistischen Minderheitsregierungen insgesamt, besonders aber die Regierung Zeigner, hatten sich durch ihre Reformpolitik und wiederholte öffentliche Kritik an der Reichspolitik mächtige und einflußreiche Feinde innerhalb des konservativen Bürgertums, der (sächsischen) Industrie und der Reichswehr gemacht. Diese Gruppen, seit November 1918 von der direkten Einflußnahme auf die sächsische Landespolitik ausgeschaltet und somit wichtiger politischer Gestaltungsmöglichkeiten beraubt, haben daher schon sehr frühzeitig seit 1919, verstärkt aber seit 1923 versucht, die sächsische Reformpolitik auf Reichsebene zu diskreditieren, in Teilen ihrer Verfassungsmäßigkeit in Frage zu stellen und die Reichsregierung wiederholt zum Eingreifen in Sachsen zu bewegen, um so mit Hilfe des Reiches doch noch den Sturz der sozialistischen Minderheitsregierungen zu erreichen. In der sich zuspitzenden ökonomischen Krise des Jahres 1923 mit ihren gesellschaftlichen und sozialen Begleiterscheinungen (Streiks, Hungerrevolten etc.) war es allen voran der "Verband Sächsischer Industrieller", der, anläßlich einer Besprechung mit dem Reichsinnen- und Reichsjustizminister im Juli 1923 "über die Zustände in Sachsen", die Reichsregierung zu einem aktiven Vorgehen gegen Sachsen bewegen wollte.[8] Unter der Delegation des Verbandes befand sich auch der Vorsitzende der DVP-Landtagsfraktion und spätere Volksbildungsminister Dr. Kaiser (HOHLFELD 1964, S. 58 f.; SCHULZ 1963, S. 435 f.; vgl. auch WAGNER 1957, S. 149 ff. u. ders. 1956, S. 248 ff.). Auch später waren es vor allem die in der DVP vertretenen sächsischen Unternehmer, die den seit August 1923 amtierenden Reichskanzler Stresemann, ebenfalls DVP, zum Vorgehen gegen Sachsen drängten und dabei "Horrorgemälde von den Übergriffen der Kontrollausschüsse und der Proletarischen Hundertschaften entwarfen" (MOMMSEN 1989, S. 160; vgl. auch WINKLER [2]1985, S. 667).

Bekannt ist weiterhin, daß der deutsche Industrie- und Handelstag Ende August bei der Reichsregierung anfragte, welche Schritte sie gegen Ausschreitungen von Arbeitnehmern in den sächsischen Industriegebieten

---

[8] Der "Verband Sächsischer Industrieller" hat diese "Zustände" aus seiner Sicht dokumentiert. Vgl. "Demonstrations-Terror gegen Sachsens industrielle Produktion. Eingabe des Verbandes Sächsischer Industrieller an das Wirtschaftsministerium im Freistaat Sachsen August 1922" (Veröffentlichungen des Verbandes Sächsischer Industrieller, Heft XXXVI). Dresden 1922.
"Sachsens industrielle Produktion unter sozialistisch-kommunistischem Terror. Denkschrift des Verbandes Sächsischer Industrieller über Ausschreitungen gegen Industrielle, Angestellte und Arbeiter im Jahre 1923" (Veröffentlichungen ... Heft XXXIX). Dresden 1923.
"Sachsens industrielle Produktion unter sozialistisch-kommunistischem Terror. 3. Heft. Die Tätigkeit der Regierungskommissare und die Notwendigkeit ihrer völligen Beseitigung" (Veröffentlichungen ..., Heft XL). Dresden 1924. Auch diese Veröffentlichungen zeigen, daß der Verband sich für ein Eingreifen des Reiches gegen Sachsen eingesetzt hat (besonders Heft XXXIX, S. 16).

zu unternehmen beabsichtigte und daß auch die Großindustriellen der DVP-Reichstagsfraktion Leutheuser, Brüninghaus und Stinnes versucht haben, ihren Parteifreund Stresemann zum Eingreifen in Sachsen zu bewegen (HOHLFELD 1964, S. 73 Anm. 3 u. S. 75). Aber auch die DNVP hat insbesondere seit dem Regierungsantritt Erich Zeigners vom Forum des Reichstages aus immer wieder versucht, die Reichsregierung gegen Sachsen zu mobilisieren (PHILIPP 1924, S. 6-10).

Nicht zuletzt gehörte auch Reichswehrminister Geßler zu den Befürwortern einer Reichsexekution gegen Sachsen. Am 6. Oktober auf einer Sitzung der Reichsregierung verlangte er, daß eine geplante Aussprache im sächsischen Landtag über Angelegenheiten der Reichswehr verhindert werden müsse. In diesem Zusammenhang forderte er die Absetzung der sächsischen Regierung und die Einsetzung eines Reichskommissars (SCHULZ 1963, S. 436 Anm. 67, Hohlfeld 1964, S. 79). Diese Bestrebungen gegen die sächsische Regierung zielten in letzter Konsequenz gegen die sozialistische Arbeiterbewegung insgesamt, gegen die sozialen, gesellschaftlichen und politischen Errungenschaften der Novemberrevolution, was ja auch die reaktionären Diktaturpläne führender Unternehmer und Militärs auf Reichsebene beweisen.

Sechste Phase: SPD/KPD-Koalition (10. - 29. Oktober 1923)

Die Bereitschaft der KPD, in die sächsische (und thüringische) Regierung einzutreten, ging letztlich auf entsprechende Anweisungen des Exekutivkomitees der Kommunistischen Internationale (EKKI) zurück, das durch Meldungen über die politischen Entwicklungen in Deutschland zu der Überzeugung gekommen war, die Zeit für eine revolutionäre Erhebung der Arbeiterschaft unter Leitung der KPD sei gekommen und im September 1923 daranging, entsprechende Pläne für einen bewaffneten Aufstand auszuarbeiten. Die Regierungseintritte in Sachsen und Thüringen sollten von der KPD u.a. zur Bewaffnung der Arbeiterschaft genutzt werden, von Sachsen und Thüringen vor allem sollten die militärischen Aktionen ihren Ausgang nehmen (WINKLER [2]1985, S. 622 ff.; FLECHTHEIM 1976, S. 182 ff.). Daß für diese Vorstellungen und Pläne keine Mehrheit innerhalb der Arbeiterschaft vorhanden war, hatte sich spätestens auf der Arbeiterkonferenz in Chemnitz am 21. Oktober 1923 gezeigt, als die KPD mit ihrem Vorschlag zur Ausrufung eines Generalstreiks als Auftakt für den bewaffneten Kampf scheiterte und daraufhin ihre Pläne für den gewaltsamen Umsturz erst einmal fallenließ (WINKLER ^{2}1985, S. 652 f.; vgl. auch THALHEIMER 1931, S. 26 f.). Der Vorsitzende der KPD, Heinrich Brandler, der die Forderung nach dem Generalstreik in der Chemnitzer Konferenz erhoben hatte, hatte sowieso gegenüber den Plänen des EKKI zunächst eine vorsichtigere Haltung eingenommen. Seiner Meinung nach war ein Eintritt in die sächsische Regierung noch nicht ratsam. Erst müßte die Arbeiterschaft auf die Revolution vorbereitet werden. Diese abwartende Position gab Brandler dann aber wohl unter dem Druck der russischen Kommunisten und der "Linken" in seiner eigenen Partei auf (WINKLER ^{2}1985, S. 624; FLECHTHEIM 1976, S. 185 f.).

Nachdem die große Koalition unter Stresemann, seit Mitte August 1923 im Amt, den passiven Widerstand gegen die französische Besatzungsmacht an Rhein und Ruhr aufgegeben hatte, die bayerische Regierung daraufhin den Ausnahmezustand verhängt und einen Generalstaatskommissar ernannt hatte, verfügte die Reichsregierung nun ihrerseits am 27. September 1923 den militärischen Ausnahmezustand für das ganze Reich mit der Konsequenz, daß eine Reihe von Grundrechten außer Kraft gesetzt wurden und die vollziehende Gewalt auf den Reichswehrminister überging, der sie seinerseits für Sachsen auf den Oberbefehlshaber der dort stationierten Reichswehrtruppen, General Müller, übertrug. Diese politischen Entwicklungen auf Reichsebene und vor allem in Bayern führten Ende September 1923 zu konkreten Verhandlungen zwischen SPD und KPD, die schon recht bald, am 9./10. Oktober, eine Einigung über den Eintritt der KPD in die Regierung brachten (LIPINSKI 1926, S. 68 ff.). Am 12. Oktober gab Ministerpräsident Zeigner die Umbildung der Regierung im Landtag bekannt. Die neue Regierung aus SPD und KPD war somit legal zustande gekommen und konnte sich auf eine Mehrheit im Landtag stützen. Für die sozialdemokratischen Minister Heldt und Fellisch traten die Kommunisten Paul Böttcher als Finanz- und Fritz Heckert als Wirtschaftsminister in das Kabinett ein (Verhandlungen des Sächsischen Landtages 1923, Zweiter Band, S. 1578). Heinrich Brandler übernahm als Ministerialdirektor die Leitung der Staatskanzlei (HUBER 1981, S. 807). Zeigner bezeichnete in seiner Erklärung vor dem Landtag die neugebildete Regierung als "die Regierung der republikanischen und proletarischen Verteidigung" (Verhandlungen ... ebd., S. 1578). Die werktätigen Schichten ganz Deutschlands seien auf das Schwerste bedroht, fuhr Zeigner fort. Mit Blick auf die bayerischen Vorgänge nannte er in diesem Zusammenhang den Generalstaatskommissar v. Kahr und den Grafen Westarp. Mit ihrer Losung "Nieder mit dem Marxismus" hätten sie nicht nur dem Sozialismus und der Arbeiterschaft, sondern allen proletarischen und republikanischen Schichten den Kampf angesagt. Die Kreise hinter Kahr und Westarp verschleierten "kaum noch ihre wirtschaftlichen und militärischen Vorbereitungen für die Niederschlagung der werktätigen Bevölkerung", so Zeigner. Es entsprach den politischen Gegebenheiten, wenn Zeigner feststellte: "Das Großkapital in Industrie, Finanz- und Landwirtschaft ist zur Offensive übergegangen" (ebd.). Er verwies z.B. auf schwerindustrielle Kreise des Ruhrgebietes, die den Zehnstundentag diktierten. Gegenüber diesen Kreisen und ihrer Politik erklärte Zeigner für die sächsische Regierung:

> *"Sie wird sich jederzeit als die Regierung der gesamten werktätigen Bevölkerung fühlen und betätigen. Ihre besondere Sorge soll dem Ärmsten gelten, all den proletarisierten Schichten, die ohne staatlichen Schutz überhaupt zugrunde gehen müssen. Gestützt auf die Arbeiter und Angestellten, die Beamten, die Angehörigen der freien Berufe, Kleinbauern (Aha! bei den Deutschnationalen) und die sinkenden Mittelschichten, will sie die Gefahr einer großkapitalistischen Militärdiktatur bannen, die greifbar vor uns steht. Sie wird dabei alles versuchen, um eine solche Diktatur zu verhindern und den Bürgerkrieg zu vermeiden. Das kann aber nur gelingen, wenn die Bevölkerung sich, trotz der Einschränkungen der Pressefreiheit, nicht irreführen läßt (Lachen rechts), wenn sie einig ist in der entschlossenen Abwehr aller Diktaturgelüste (Sehr richtig! links und bei den Demokraten.)" (ebd., S. 1578).*

Um diesen Abwehrkampf führen zu können, kündigte Zeigner eine weitere energische Säuberung des Staatsapparates von all den Beamten an, "die für die verfassungswidrige Diktatur des Großkapitals offen oder versteckt tätig sind" (ebd.). Die Regierung Zeigner beabsichtigte bei ihrem Kampf gegen ihre erklärten Feinde der Republik nicht nur auf die staatlichen Machtmittel zu setzen, sondern sie erwartete "die opferbereite Mitarbeit aller proletarischen Schichten und ihrer Organisationen" (ebd., S. 1578). Zu den sehr knapp umrissenen wirtschafts-, finanz- und sozialpolitischen Vorstellungen der Regierung zählte u.a. die Erhaltung des Achtstundentages und der Versuch, die Rechte der Betriebsräte und der Gewerkschaften insgesamt zu schützen und zu erweitern. Im Hinblick auf den kommenden Winter und die katastrophale Ernährungslage sollte weiter versucht werden, die Lebensmittelversorgung durch Beschaffung von Brotgetreide und Kartoffeln aus anderen Ländern sicherzustellen (ebd.). Gut vierzehn Tage sollte die Einheitsfrontregierung aus SPD und KPD nach dieser Erklärung noch im Amt bleiben, bis sie abgesetzt und die Minister mit militärischer Gewalt aus ihren Amtsräumen entfernt wurden. Eine nennenswerte Tätigkeit konnte sie in dieser kurzen Zeit nicht mehr entfalten, zumal die eigentliche Macht seit Verhängung des Ausnahmezustandes über das Reich bei den militärischen Dienststellen lag und diese versuchten, den Einflußbereich der Regierung konsequent einzuengen.

Am 27. September 1923 erschien zunächst eine Verordnung des Befehlshabers des Wehrkreiskommandos IV, General Müller, in der er mitteilte, daß die vollziehende Gewalt auf ihn übergegangen sei, Regierung und Behörden aber in Wirksamkeit blieben. Offizieren und Offiziersdiensttuenden der Reichswehr verlieh er die Rechte von Polizeibeamten und Hilfsbeamten der Staatsanwaltschaft. Druck und Vertrieb von Flugblättern politischen Inhalts bedurften ab sofort ebenso seiner Genehmigung wie das Erscheinen neuer Zeitungen und Zeitschriften. Umzüge unter freiem Himmel wurden untersagt. Politische Versammlungen in geschlossenen Räumen bedurften ebenfalls der Genehmigung Müllers. Punkt 5 der Verordnung brachte eine weitgehende Aufhebung des Streikrechts (Verordnung abgedruckt bei WAGNER 1957, S. 174 f. u. FABIAN 1930, S. 162 f.). Diese Verordnung wie die folgenden Maßnahmen General Müllers richteten sich nicht nur gegen die sächsische Regierung, sondern ganz gezielt gegen die sozialistische Arbeiterbewegung, ihre Organisationen und Repräsentanten insgesamt. Schon am 28. September wurden die Kontrollausschüsse, die zur Bekämpfung des Preiswuchers gebildet worden waren, verboten. Anfang Oktober erging ein Verbot der KPD-Presse. Am 13. Oktober verbot Müller die proletarischen Hundertschaften, und am 16. Oktober unterstellte er die gesamte Polizei seinem unmittelbaren Befehl (WAGNER 1957, S. 176; FABIAN 1930, S. 167 ff.; Sozialdemokratische Landtagsfraktion 1926, S. 24). Seit Verhängung des Ausnahmezustandes hatte sich das ohnehin angespannte Verhältnis zwischen der sächsischen Regierung und vor allem Ministerpräsident Zeigner einerseits, der Reichswehr in Sachsen unter General Müller andererseits weiter verschlechtert. Zeigner versuchte, sich gegen die teils provozierenden und anmaßenden Machtdemontrationen des Militärbefehlshabers zur Wehr zu setzen und den ohnehin immer kleiner werdenden Handlungsspielraum der Regierung zu sichern. Einen neuen Höhepunkt erreichten diese Auseinandersetzungen Mitte Oktober, als General Müller von Zeigner ultimativ verlangte, sich von einer Rede seines Ministers Böttcher (KPD), in der dieser u.a. zur Bewaffnung der proletarischen Hundertschaften aufgerufen hatte, zu distanzieren und in der Presse eine Art Unterwerfungserklärung dem Militärbefehlshaber gegenüber zu veröffentlichen.[9] Ministerpräsident Zeigner erklärte daraufhin vor dem Landtag, daß die Regierung dem Wehrkreiskommandeur weder für amtliche noch für private Äußerungen von Regierungsmitgliedern Rechenschaft schuldig sei. Noch habe man nicht die Militärdiktatur, noch sei Sachsen ein parlamentarisch regierter Staat, in dem die Regierung nur dem Landtag gegenüber Rede und Antwort schuldig sei. Deshalb lehne es die Regierung ab, General Müller überhaupt eine Antwort zu geben (FABIAN 1930, S. 169 f.). Müller seinerseits teilte Zeigner nach dieser Erklärung mit, daß er die gesamte Angelegenheit dem Reichswehrminister unterbreitet habe (ebd.). Wenige Tage nach dieser Auseinandersetzung und einen Tag nach der oben erwähnten Arbeiterkonferenz in Chemnitz, am 22. Oktober 1923, rückten Reichswehrtruppen in Sachsen ein, um, so Stresemann, Einwirkungen rechtsradikaler Kreise auf Sachsen zu begegnen und gleichzeitig die Rechtssicherheit in Sachsen wiederherzustellen (WINKLER [2]1985, S. 655). Abgesehen von der Frage, ob und inwieweit die Rechtssicherheit in Sachsen tatsächlich bedroht war, bedarf doch die Tatsache besonderer Aufmerksamkeit, daß gerade die Reichswehr mit der Wiederherstellung der Rechtssicherheit bzw. verfassungsmäßiger und geordneter Verhältnisse, wie General Müller es ausdrückte, beauftragt wurde. Eine Reichswehr, deren Verbindungen zu geheimen rechtsradikalen Organisationen bewiesen waren, die zumindest in Teilen mehrfach ihre Verfassungsfeindlichkeit deutlich unter Beweis gestellt hatte und dessen führender Repräsentant, der Chef der Heeresleitung, Seeckt, nur auf einen günstigen Augenblick wartete, die Republik durch eine Rechtsdiktatur zu ersetzen.

Bei der Besetzung Sachsens ging die Reichswehr mit großer Rücksichtslosigkeit und Brutalität vor. Zahlreiche Tote, Verletzte und Mißhandelte säumten ihren Weg. Hinzu kamen Verhaftungen, Hausdurchsuchun-

---

[9] Brief General Müllers an Ministerpräsident Zeigner auszugsweise bei FABIAN 1930, S. 169.

gen und die Belegung von Schulen und Turnhallen als Quartiere für die einrückenden Truppen (FABIAN 1930, S. 171 f.; Sozialdemokratische Landtagsfraktion ebd., S. 25 ff.). Selbst die Lehrerzeitungen des Sächsischen Lehrervereins, die "Sächsische Schulzeitung" und die "Leipziger Lehrerzeitung" berichteten ausführlich über die Fälle, in denen Volksschullehrer - nicht selten durch Denunziationen - Opfer von Verhaftungen, Amtsenthebungen und Mißhandlungen geworden waren. Auch der Vorstand des Sächsischen Lehrervereins befaßte sich in seiner Sitzung vom 18.11.1923 mit diesen Vorgängen.[10]

Mit der militärischen Besetzung Sachsens war keineswegs der Höhepunkt im Konflikt zwischen der sächsischen Regierung und der Reichsregierung erreicht. Die bürgerlichen Koalitionspartner der großen Koalition unter Stresemann drängten auf die sofortige Absetzung der sächsischen SPD/KPD-Regierung. Die sozialdemokratischen Reichsminister wollten zunächst den freiwilligen Rücktritt der Regierung Zeigner erreichen.[11] Schließlich einigte man sich auf den Vorschlag des Reichspräsidenten Ebert, der vor einer möglichen Reichsexekution eine ultimative Rücktrittsforderung an die sächsische Regierung gestellt sehen wollte. Am 27. Oktober erging dieses Ultimatum von Stresemann an Zeigner, der die Rücktrittsforderung am 28. Oktober als nach der Reichsverfassung unzulässig ablehnte.[12] Einen Tag später setzte dann die Reichsexekution gegen Sach-

---

[10] Vgl. dazu die Artikel: "Die Lage in Sachsen", in: LLZ 1923, Nr. 34, S. 515-517; "Festnahme und Mißhandlung von Lehrern durch die Reichswehr in Sachsen", ebd., Nr. 39, S. 585-589 und "Lehrer und Ausnahmezustand", in: SSZ 1923, Nr. 37, S. 548, Nr. 38, S. 564 f. u. Nr. 39, S. 573-576. Einer der von Amtsenthebung betroffenen Volksschullehrer war der KPD-Landtagsabgeordnete Ernst Schneller. Ministerpräsident Zeigner wies u.a. auf diesen Fall am 25. Oktober 1923 im sächsischen Landtag hin. Danach hatte das Wehrkreiskommando dem Volksbildungsministerium folgendes mitgeteilt: "Ich habe den Bezirksschulrat in Schwarzenberg angewiesen, den dortigen Volksschullehrer Schneller vom Amte zu entheben und gegen ihn ein Dienststrafverfahren einzuleiten, weil er am 3. Oktober entgegen meinem Verbot in Johanngeorgenstadt eine Versammlung von Hundertschaften unter freiem Himmel geleitet und dabei eine aufreizende Rede gehalten hat. Ein solches Verhalten ist mit der Stellung eines Volksschullehrers unvereinbar" (Verhandlungen des Sächsischen Landtages 1923, Zweiter Band, S. 1833).

[11] Zu den entsprechenden Diskussionen und Entscheidungsprozessen der SPD-Reichstagsfraktion vor und nach der Reichsexekution vgl. zusammenfassend WINKLER ²1985, S. 655-669.

[12] Zeigner selbst hatte bereits am 26. Oktober die Absicht geäußert, die SPD/KPD-Koalition aufzulösen und selbst vom Amt des Ministerpräsidenten zurückzutreten. Das Ultimatum von Stresemann hat dann dazu geführt, daß die Landtagsfraktion der sächsischen Sozialdemokraten die Aufkündigung der Koalition mit der KPD ab-

sen ein, indem der Reichspräsident aufgrund des Artikels 48 der Reichsverfassung den Reichskanzler ermächtigte, "Mitglieder der sächsischen Landesregierung und der sächsischen Landes- und Gemeindebehörden ihrer Stellung zu entheben und andre Personen mit der Führung der Dienstgeschäfte zu betrauen" (zit. n. Sozialdemokratische Landtagsfraktion 1926, S. 37). Der frühere Reichsjustizminister und DVP-Reichstagsabgeordnete Karl Rudolf Heinze wurde zum Reichskommissar für Sachsen ernannt. Noch am selben Tag, also am 29. Oktober 1923, wurden die sächsischen Minister von Reichswehrtruppen gezwungen, ihre Amtsräume zu verlassen. Am 30. Oktober erklärte Ministerpräsident Zeigner offiziell seinen Rücktritt, und schon einen Tag später konstituierte sich eine sozialdemokratische Minderheitsregierung, als der frühere Wirtschaftsminister Alfred Fellisch (SPD) gemeinsam von SPD und DDP im Sächsischen Landtag zum neuen Ministerpräsidenten gewählt wurde. Mit diesem Tag endete gleichzeitig das Mandat Heinzes als Reichskommissar (WINKLER ^{2}1985., S. 655 ff.). Diese letzte sozialdemokratische Minderheitsregierung konnte sich aber nur bis Mitte Dezember 1923 halten. Nach einem Mißtrauensantrag der Demokraten gegen die Regierung erklärte Fellisch seinen Rücktritt. So ging mit dem Jahr 1923 die seit Dezember 1920 andauernde Ära der sozialistischen Alleinregierungen zu Ende.

Die Reichsexekution gegen Sachsen im Oktober 1923 hatte in mehrfacher Hinsicht weitreichende Folgen für die politische Entwicklung in der Weimarer Republik. Sie führte nicht nur zum Ausscheiden der SPD aus der Reichsregierung, in der sie bis 1928 dann nicht mehr vertreten sein sollte, sie war auch der Ausgangspunkt für schwerwiegende Konflikte innerhalb der sächsischen Sozialdemokratie, die schließlich zur Parteispaltung führten, und sie markierte insbesondere eine tiefe Zäsur im Hinblick auf die demokratische Gesellschafts- und Schulreform in Sachsen (dazu Teil A, Kap. VIII). Gerade hinsichtlich dieser letzten Konsequenz erscheint es sinnvoll, zum Schluß dieses Abschnitts wenigstens kurz die Frage nach den Ursachen für die Reichsexekution aufzuwerfen. Hier kann nicht in allen Einzelheiten auf die Argumente pro und contra Reichsexekution eingegangen werden. Dazu muß auf die bislang vorliegende einschlägige Literatur ver-

---

lehnte. Stresemann hat von diesen Absichten Zeigners erst nach der Absendung seines Ultimatums erfahren (WINKLER ^{2}1985, S. 665; BÖTTCHER 1926, S. 13 f.).

wiesen werden.[13] An dieser Stelle soll lediglich ein Aspekt herausgestellt werden, der bislang eher vernachlässigt bzw. dem zu wenig Gewicht beigemessen wurde. Zu den tieferen Ursachen der Reichsexekution gegen Sachsen wird man nämlich nur dann vorstoßen, wenn man die fast einzigartigen parteipolitischen Kräfteverhältnisse im Sächsischen Landtag mit ihrer sozialistischen Mehrheit und dem Ausschluß der bürgerlichen Parteien von jeglicher Regierungsverantwortung seit Dezember 1920 berücksichtigt und die daraus resultierende konkrete Reformpolitik der sozialistischen Minderheitsregierungen mit in den Blick nimmt. Denn gerade diese Reformpolitik, ob in der Justiz, im Polizeiwesen, bei der Gemeindereform oder im Bildungswesen, war es, die vom konservativen Bürgertum, insbesondere vertreten durch die DVP und DNVP, und ihren Presseorganen vehement bekämpft und in Verruf zu bringen versucht wurde - nicht zuletzt weil wichtige Machtpositionen und Privilegien auf dem Spiel standen - und die diese Kräfte immer wieder veranlaßten, sich an die Reichsregierung mit Eingaben, Anfragen und Hilferufen zu wenden, um sie zum Eingreifen gegen die sozialistischen Minderheitsregierungen und deren Politik zu bewegen. So wird man durchaus auch der Einschätzung der Leipziger Lehrerzeitung folgen können, die nach der Reichsexekution schrieb, die seit Jahr und Tag anhaltende "Verleumdungsarbeit" gegenüber den sächsischen Verhältnissen habe schließlich auch in Berlin ihre Wirkung getan (LLZ 1923, Nr. 34, S. 515). Walter Fabian zielte in dieselbe Richtung, als er 1930 feststellte, daß der militärischen Aktion gegen Sachsen die "moralische Einkreisung" vorausgegangen sei (FABIAN 1930, S. 177).

---

[13] Vgl. WINKLER [2]1985, S. 605-669 mit weiteren Literaturhinweisen; HUBER 1984, S. 324-327 u. 376-383; HOHLFELD 1964.

III. Die ökonomischen und sozialen Ausgangsbedingungen der Schulreform

Die bedrückenden Lebensverhältnisse der breiten Masse der Volksschülerschaft in den Jahren nach dem Ersten Weltkrieg finden in den meisten Darstellungen zur Bil-dungs- und Schulgeschichte der Weimarer Republik kaum eine gebührende Berücksichtigung. Das ist umso erstaunlicher, als dieses "Kinderelend" nicht nur in ganz entscheidender und vielfältiger Weise die alltägliche Volksschulpraxis beeinflußte, ja prägte, sondern auch einen wesentlichen Bestandteil jenes sozialen Kontextes ausmacht, in dem die Schulreformdiskussionen damals stattfanden und der eine wichtige Grundlage darstellt, um diese Diskussionen verstehen und pädagogisch und politisch analysieren und einordnen zu können. Hinzu kommt, daß diese bedrückenden Lebensverhältnisse bei jeder Reform der Volksschule unter bildungsdemokratischer Perspektive in die Überlegungen mit einzubeziehen waren, also Schul- und Gesellschaftsreform zusammengehen mußten. Inwieweit dies von den schulreformorientierten Kräften reflektiert worden ist und gegebenenfalls in welcher Weise, ist neben der Untersuchung des Kinderelends selbst die zentrale Fragestellung des folgenden Kapitels. Dieser Frage nachzugehen ist deshalb wichtig, weil ihre Beantwortung Rückschlüsse auf das Problembewußtsein der sächsischen Volksschullehrerschaft gesellschaftspolitischen Vorgängen gegenüber zuläßt und zu einer besseren Einschätzung ihres politischen und damit auch ihres pädagogischen Standorts beitragen kann.

Wie unterentwickelt das Problembewußtsein hinsichtlich der sozialen Bedingungen, unter denen ein Großteil der Volksschülerschaft damals lebte, bis zum heutigen Tag ist, verdeutlicht der Band V des "Handbuchs der deutschen Bildungsgeschichte" (LANGEWIESCHE/TENORTH 1989). In dem von Adelheid Gräfin zu Castell Rüdenhausen bearbeiteten Kapitel über "Familie und Kindheit" erfährt man so gut wie nichts über das Kinderelend in der Weimarer Republik, stattdessen stößt man auf Tendenzen der Verharmlosung gesellschaftlicher Mißstände.[1] Die Autorin unterstellt z.B., daß

---

[1] Positiv hebt sich davon allerdings der Beitrag von Jürgen Reulecke ab, der im Handbuch für das Kapitel "Jugend und 'Junge Generation' in der Gesellschaft der

Kinderarbeit nur auf dem Lande noch häufiger anzutreffen gewesen sei. Die in diesem Zusammenhang angeführten Zahlenangaben für das Jahr 1925 lassen darüber hinaus nur den Schluß zu, daß es sich dabei dann auch noch fast ausschließlich um die Arbeit von Kindern in den elterlichen Betrieben gehandelt habe. Demgegenüber wird für Sachsen festzustellen sein, daß Mitte der zwanziger Jahre der Schwerpunkt der Kinderarbeit im Bereich Handel und Gewerbe lag. Die Autorin fährt in ihrem Artikel dann fort:

> *"Während kindliche Erwerbsarbeit und außerhäusliche Sozialisationsanforderungen abnahmen, gewann die Familie zunehmend an Bedeutung für die kindliche Erziehung. Das Kind erhielt ein Recht auf Gesundheit, einen eigenen Lebensraum und eine eigenständige intellektuelle und psychosoziale Entwicklung zugeschrieben. Dadurch wurde die Familie als primäre Sozialisationsinstanz aufgewertet und unter diesem Gesichtspunkt, nach dem 'Verlust' der Produktionsfunktion, in der industriellen Gesellschaft ideologisch neu verankert. Die neuen Anforderungen an die familiären Erziehungsleistungen riefen zunächst Kritik am proletarischen Milieu hervor. Gerade in proletarischen Familien fehlten häufig die wirtschaftlichen und sozialen Ressourcen, um den pädagogischen Anforderungen zu entsprechen. Unzureichend waren insbesondere die Wohnverhältnisse"* (ebd., S. 80).

Es ist zumindest zu bezweifeln, daß sich mit solchen allgemeinen Aussagen, die ja längerfristige Entwicklungen und Trends verdeutlichen sollen, noch die konkrete historische Situation der Arbeiterschaft und ihrer Kinder in der Weimarer Klassengesellschaft adäquat erfassen läßt.[2] Mit solchen Beschreibungen geht vielmehr die Gefahr einer, die gesellschaftlichen Verhältnisse, einschließlich ihrer Konflikte und Ursachen, eher zu nivellieren, denn über sie aufzuklären.

Deshalb soll im folgenden zunächst versucht werden, am Beispiel Sachsens jene Faktoren zu erfassen und möglichst konkret zu beschreiben, die die realen Lebensverhältnisse eine Großteils der Volksschulkinder in ganz elementarer Weise bestimmt haben. Für den hier untersuchten Zeitraum können diese insgesamt nur als katastrophal bezeichnet werden. Gekennzeichnet waren sie vor allem durch eine völlig ungenügende Ernährungslage mit epidemisch auftretender Unterernährung samt Folgeerkran-

---

Zwischenkriegszeit" verantwortlich zeichnet. Er konstatiert deutlich, daß sich bei Betrachtung der materiellen Lebensperspektiven der Jugendlichen in den zwanziger und dreißiger Jahren (Arbeitslosigkeit) ein weitgehend negatives Bild ergibt (S. 89). Auch über die berufliche Existenzperspektive hinaus sieht er die sonstigen Lebensverhältnisse (Gesundheitszustand, Wohnverhältnisse etc.) für viele Jugendliche in der Zwischenkriegszeit als vielfältig eingeschränkt und belastet an (S. 90).

[2] Zur Lage der Arbeiterkinder in der Weimarer Republik vgl. Brandecker, Ferdinand: Notizen zur Sozialisation des Arbeiterkindes in der Weimarer Republik, in: Heinemann, Manfred: Sozialisation und Bildungswesen in der Weimarer Republik. Stuttgart 1976, S. 39-56.

kungen wie Tuberkulose, Blutarmut etc., unzureichender Bekleidung und fehlendem Schuhwerk, insbesondere für die Wintermonate, einem kaum vorstellbaren Wohnungselend und nicht zuletzt durch eine immer noch relativ weitverbreitete Kinderarbeit. Den Hintergrund dieses Kinderelends bildete die wirtschaftliche und soziale Nachkriegskrise, die in der Hyperinflation der Jahre 1922/23 ihren Höhepunkt erreichte. Der dichtbevölkerte, stark exportabhängige und auf Lebensmitteleinfuhren angewiesene Freistaat Sachsen war im Vergleich zu vielen anderen Ländern von diesen Krisenerscheinungen besonders hart betroffen.

So betrug am 15. November 1920 die Zahl der Erwerbslosen, einschließlich der unterstützungsberechtigten Angehörigen, in Sachsen fast das Dreieinhalbfache des Reichsdurchschnitts (Protokoll ... der ordentlichen Landesversammlung der USP Sachsens 1921, S. 89). Und im Februar 1921 z.B. erhielten in Sachsen 47,9 Einwohner von Tausend eine Erwerbslosenunterstützung, während es in Preußen 13,2 und in Bayern gar nur 10 pro Tausend waren (FELDMAN 1984, S. 14). Einen Überblick über die konjunkturellen Schwankungen sowie eine Vorstellung vom Ausmaß der Arbeitslosigkeit vermittelt auch die folgende Übersicht der unterstützten Erwerbslosen einschließlich Kurzarbeiter von Ende Dezember 1918 bis Mitte September 1923 in Sachsen.

Tag der Erhebung	unterstützte Erwerbslose
29.12.1918	72.961[3]
Juni 1919	151.193[3]
15.1.1920	215.885
15.4.1920	116.605
1.9.1920	222.566
1.11.1920	179.769
1.2.1921	250.500
1.6.1921	167.663
1.12.1921	50.941
1.3.1922	80.713
1.4.1922	36.036
1.9.1922	3.537
1.5.1923	216.558
1.8.1923	87.887
15.9.1923	511.277

Zum Vergleich: Mitte Juni 1925 betrug die Gesamtzahl der Erwerbstätigen in Sachsen 2.651.485 (Eigene Zusammenstellung nach: Statistisches Jahrbuch für den Freistaat Sachsen 1921/1923, S. 232).

Das ganze Ausmaß der Arbeitslosigkeit wird natürlich erst dann voll sichtbar, wenn man die absoluten Zahlen der unterstützten Erwerbslosen in Beziehung zur Gesamtzahl der Erwerbstätigen setzt und berücksichtigt, daß längst nicht alle Erwerbslosen in dieser Statistik erfaßt sind. Für die Zeit zwischen 1918 und 1923 ließ sich die Gesamtzahl der Erwerbstätigen nicht ermitteln. Als Anhaltspunkt muß daher die Gesamtzahl der Erwerbstätigen am 16. Juni 1925 dienen, die 2.691.485 betrug (RÖLLIG 1928, S. 46). Legt man diese Zahl zugrunde, dann waren Mitte September 1923 19 Prozent aller Erwerbstätigen in Sachsen von Arbeitslosigkeit oder Kurzarbeit betroffen. Wohlgemerkt sind damit nur diejenigen Arbeitslosen erfaßt, die auch eine Unterstützung erhielten. Die Folgen waren hier wie anderswo im Reich soziale Unruhen, die sich in Demonstrationen, Streiks und schließlich auch in Diebstählen und gewaltsamen Plünderungen äußerten. Letzteres vor allem dann, wenn hungernde und verzweifelte Menschen die Gewißheit oder auch nur die Vermutung hatten, daß Bauern Getreide oder andere Nahrungsmittel absichtlich zurückhielten (FELDMAN 1984, S. 14 f. u. S. 34; HOHLFELD 1964, S. 72). Eine der gravierendsten Folgeerscheinungen der wirtschaftlichen Not bestand in der völlig mangelhaften Ernährungslage weiter Bevölkerungskreise. Jürgen Kuczynski hat darum auch neben dem Wohnungselend die Hungersnot zu den alles andere überwältigenden Fakto-

---

[3] Diese Zahlen erfassen nur die Hauptunterstützungsempfänger einer Familie und sind daher nicht vollständig.

ren des Kinderelends in den Jahren 1919 bis 1923 gezählt (KUCZYNSKI 1968, S. 238).

Von den Auswirkungen auf den Gesundheitszustand der sächsischen Volksschülerschaft legen die Berichte aus den Volksschulen und die Untersuchungen von Schulärzten ein bedrückendes Zeugnis ab. So heißt es im Jahresbericht 1920 des Bezirksschulrates für Chemnitz I:

"Der Gesundheitszustand unserer Schulkinder ist sehr schlecht und gibt zu den ernstesten Besorgnissen Anlaß. Die Schüler sind im Berichtsjahre von den vier Chemnitzer Schulärzten - zum Teil in Rücksicht auf die Quäkerspeisung - mehrfach sehr eingehend untersucht worden. Ich kann aus dem reichen statistischen Material der schulärztlichen Berichte nur einige wenige Angaben hervorheben: Nur 7,6% unserer Volksschüler waren im Schuljahre 1919/20 normal genährt (Ernährungszustand I), 24,8% leicht unterernährt (Ernährungszustand II), 54,13% unterernährt (Ernährungszustand III) und 13,3% schwer unterernährt (Ernährungszustand IV)" (StAD, Min. f. Vb. Nr. 13567, Bl. 112).

Ganz ähnliche Ergebnisse brachten auch ärztliche Untersuchungen Leipziger Schulkinder im Herbst 1920. Danach wiesen 10,4% aller Kinder einen vorzüglichen Gesundheitszustand auf, jeweils 34,8% der Kinder wurden als leicht unterernährt bzw. ausgesprochen unterernährt und erheblich zurückgeblieben eingestuft und 17,6% galten schließlich als schwer unterernährt (Leipziger Lehrerverein Jahresbericht 1930/1931, S. 55 f.). So schrieb dann auch der Bezirksschulrat für den Aufsichtsbezirk Leipzig II 1920, daß durch ärztliche Untersuchungen eine "zum Teil erschreckende **Unterernährung** der Schulkinder festgestellt worden" sei. "Am schlimmsten tritt die Unterernährung in den großen Vororten von Leipzig mit Industriebevölkerung und Beamten auf" (StAD, Min. f. Vb. Nr. 13567, Bl. 331).[4]

Der entsprechende Bericht aus Bautzen sprach ebenfalls von einem bedrückenden Bild, das der Ernährungszustand der Schuljugend in vielen Gemeinden biete, "vor allem in dem industriellen Südteil des Bezirks" (StAD, Min. f. Vb. Nr. 13567, Bl. 83). Auch der dem weit nordöstlich gelegenen

---

[4] Auf dem Höhepunkt der wirtschaftlichen Krise im Herbst 1923 veranstaltete der LLV eine Umfrage in den Leipziger Volksschulen. Sie erfaßte 64.986 Kinder in 2133 Klassen. Nach dieser Umfrage waren 7392 "Ernährer" arbeitslos und 15.880 Kurzarbeiter. 2998 Kinder kamen in die Schule ohne etwas gegessen zu haben, 4875 konnte von den Eltern kein Frühstück mit zur Schule gegeben werden. 2324 Kinder erhielten weder am Mittag noch am Abend ein warmes Essen, und 634 Kinder wurden von ihren Eltern nicht zur Schule geschickt mit der Begründung, ihre Kinder nicht hungrig zur Schule schicken zu können (Jahresbericht des LLV 1930/31, S. 56).

Bautzen entgegengesetzte Aufsichtsbezirk Oelsnitz im äußersten Südwesten Sachsens meldete an das Kultusministerium "schlimme Ergebnisse" der Schulkinderuntersuchungen, und der etwas weiter nördlich von Oelsnitz gelegene Aufsichtsbezirk Plauen bezeichnete in seinem Bericht 1920 den Gesundheitszustand der Jugend als beklagenswert und zitierte aus dem Untersuchungsbericht des Plauener Stadtschularztes, in dem es u.a. hieß:

*"In einer von mir im Herbst dieses Jahres - zum Leidwesen vieler Mütter - absichtlich **unangemeldet** vorgenommenen Untersuchung unserer Plauener Schulkinder hatte ich abermals Einblick in unsere große Kindernot. In einzelnen Klassen trugen die Kinder bis zu einem Drittel ihre Kleider - wenn man sie teilweise noch so nennen wollte - auf **bloßem Leibe**; Hemden und Unterhosen oder Unterkleider kennt ein Teil dieser Kinder schon seit Jahr und Tag nicht mehr; und ihre Fußbekleidung verdiente nicht mehr den Namen Stiefel oder Schuhe. (...)*
In dieser Untersuchung wurden von etwa 20.000 Schulkindern im Alter von 6 bis 14 Jahren über 5.100 stark unterernährte Kinder festgestellt. Dazu kommen noch 7.000 bis 8.000 nicht voll ernährte, bei denen vom ärztlichen Standpunkt aus eine Zusatznahrung erwünscht wäre. Ferner wurden ungefähr 2.300 Kinder gefunden, die 'erholungsbedürftig' sind ..." (StAD, Min. f. Vb. Nr. 13567, Bl. 443).

Die hier dargelegten Befunde aus Chemnitz, Leipzig, Bautzen, Oelsnitz und Plauen sind nicht etwa atypische Einzelbeispiele von den Verhältnissen in den Großstädten bzw. den stärker industrialisierten Gebieten, sondern sie können als durchaus allgemeingültig für den Gesundheits- und Ernährungszustand der sächsischen Volksschüler(innen) für die Jahre 1919/20 insgesamt gelten, also auch für die stärker ländlich geprägten Regionen. So erfährt man etwa aus dem Bericht des Bezirks Dippoldiswalde, daß ca. 70% der Volksschulkinder mehr oder weniger unterernäht waren (StAD, Min. f. VB. Nr. 13567, Bl. 169) und daß auch in dem ebenfalls weniger industrialisierten Bezirk Kamenz Quäkerspeisungen erforderlich waren und stattgefunden haben (StAD, Min. f. Vb. Nr. 13568, Bl. 17). Und der Bezirksschulrat von Zittau kam auch für die Schulkinder der Landschulen zu nicht weniger deprimierenden Ergebnissen als seine Kollegen aus Leipzig oder Chemnitz:

"Von 10.623 untersuchten Schulkindern in den <u>Landschulen</u> wurden eingruppiert nach Klasse I (mit ausreichend oder noch ausreichend gesundheitlichem Zustand) 2.333 (= 22%), nach Klasse II (unterernährte Kinder, bei denen eine Zusatzernährung erwünscht, aber nicht dringend erforderlich ist) 4.040 (= 38%), nach Klasse III (ausgesprochen unterernährte, insbesondere in der körperlichen Entwicklung nach Gewicht und Länge zurückgebliebene, skrofulose, spätrachitische oder stark blutarme Kinder) 3.599 (= 34%) und nach

Klasse IV (schwer unterernährte, chronisch kranke und insbesondere tuberkulöse Kinder) 651 (= 6%)" (StAD, Min. f. Vb Nr. 13567, Bl. 505).

Nach diesen Untersuchungsergebnissen gab es also in den Landschulen des Bezirks Zittau insgesamt fast 80% unterernährte Volksschulkinder. Einschränkend muß man aber auch erwähnen, daß es einzelne Berichte gab, die hinsichtlich des Ernährungs- und allgemeinen Gesundheitszustandes von einem Stadt-Land-Gefälle sprachen bzw. die größeren Ernährungs- und Gesundheitsprobleme in den stärker industriell geprägten Regionen ausmachten. Für das Jahr 1921 wurde in den Berichten der Bezirksschulräte durchgängig eine leichte Besserung des Ernährungs- und Gesundheitszustandes der Volksschulkinder konstatiert, für die man hauptsächlich die in vielen Gebieten durchgeführten Quäkerspeisungen verantwortlich machte. Dennoch gestand man weiterhin erhebliche Probleme ein. Stellvertretend für die vielen Berichte dieser Art soll aus dem des Aufsichtsbezirks Bad Schandau in der "Sächsischen Schweiz" zitiert werden. Dort hieß es:

"Im allgemeinen Gesundheitszustande unserer Schulkinder ist zwar im Vergleiche mit dem des Vorjahres eine kleine Besserung zu verzeichnen, doch läßt er nach den Ergebnissen der schulärztlichen Untersuchungen immer noch viel zu wünschen übrig. Die Wirkungen der schlechten Ernährung während der Kriegszeit sind noch nicht überwunden. Viele der älteren Knaben und Mädchen sind im Wachstum zurückgeblieben und selbst in den luft- und waldreichen Gegenden des Bezirks sind Blutarmut, Muskelschwäche und Brustkorbverengung bei der reiferen Jugend keine Seltenheit. So sind z.B. in Cunnersdorf bei Königstein, einem ländlichen Ort in gesunder Gebirgslage, immer noch 30% der Schulkinder unterernährt, desgl. in Schönbach bei Sebnitz, Postelnitz, Hertigswalde und Hohnstein. In den Städten ist der Prozentsatz der schlecht genährten Knaben und Mädchen ein noch höherer, so in Sebnitz, wo der Ernährungszustand in 10 Klassen als wenig befriedigend, in 4 Klassen als nicht gut und in 5 Klassen als schlecht bezeichnet wird, und in Neustadt, wo in einer erst kürzlich stattgefundenen schulärztlichen Untersuchung immer noch 19,5% aller Schulkinder als stark unterernährt erklärt werden mußten. Der allgemeine Gesundheitszustand wäre indes ein noch viel ungünstigerer, wenn nicht in den meisten Orten des Bezirks Schulspeisungen stattgefunden hätten, von denen besonders die der Quäker rühmend hervorzuheben ist" (StAD, Min. f. Vb. Nr. 13568, Bl. 29).

Die leichte Verbesserung des Ernährungs- und Gesundheitszustandes war nicht von langer Dauer. In den Berichten für 1922/23 überwiegen wieder ganz eindeutig die Negativmeldungen über mangelhafte Ernährung und gesundheitliche Schädigung.

"Die Hoffnung, daß die im vorigen Bericht festgestellte Besserung in den gesundheitlichen Verhältnissen der Schuljugend anhalten würde, hat sich nicht erfüllt. Wenn auch der Gesundheitszustand der Schuljugend in den ländlichen Schulbezirken durchgängig als gut bezeichnet wird, so steht diesen gün-

stigen Meldungen doch die Tatsache gegenüber, daß in der gesamten Lösnitz, in Radeberg und in den größeren Orten mit industrieller Bevölkerung in weitem Umgang eine Unterernährung besteht, die in ihren Folgen für die Gesundheit der Kinder gar nicht abzusehen ist" (StAD, Min. f. Vb. Nr. 13569, Bl. 23 ff.).

Dies schrieb der Bezirksschulrat des Aufsichtsbezirks Dresden II an das sächsische Kultusministerium. Und in dem Bericht aus Glauchau hieß es, daß die Zahl der unterernährten Kinder in der zweiten Hälfte des Berichtsjahres infolge der ungeheuren Teuerung und der gleichzeitig verminderten Erwerbsmöglichkeiten eine wesentliche Steigerung erfahren habe (StAD, Min. f. Vb. Nr. 13569, Bl. 26 ff.). Der Bezirksschulrat von Leipzig II verwies in seinem Bericht ebenfalls auf den Zusammenhang zwischen der allgemeinen wirtschaftlichen Entwicklung und dem Gesundheitszustand der Schulkinder. Dies erkenne man aus der Tatsache,

"daß der Gesundheitszustand der Schuljugend sich im ersten Teile des Berichtsjahres in aufsteigender, im letzten Fünftel (umfaßt die Zeit Ende 1922, Anfang 1923, B.P.) aber wieder in rasch absteigender Linie bewegte" (StAD, Min. f. Vb. Nr. 13569, Bl 31 ff.).

Was sich hier zusammenfassend bereits aus den Einzelberichten der Bezirksschulräte ergibt, daß nämlich die sächsische Volksschülerschaft in den hier untersuchten Jahren 1919 bis 1922/23 in hohem Maße von Unterernährung und Folgeerkrankungen betroffen war, finden wir bestätigt durch Angaben in Jürgen Kuczynskis "Geschichte des Alltags des deutschen Volkes" (Band 5 1982), nach denen aufgrund zeitgenössischer Untersuchungen in Sachsen von etwas über 600.000 Schulkindern insgesamt 50,3% stark unterernährt waren (ebd., S. 268). Zum Vergleich: In 37 deutschen Städten mit knapp 2,5 Millionen Schulkindern wurde bei eben diesen Untersuchungen bei mehr als 35,5% eine folgenschwere Unterernährung festgestellt, und in den fünf größten Städten Badens mußten von rund 89.000 Kindern 42,2% als schwer unterernährt eingestuft werden (ebd.). Legen wir diese Durchschnittswerte zugrunde und vergleichen das Ausmaß von Unterernährung der Volksschülerschaft der sächsischen Großstädte Leipzig (87,2%) und Chemnitz (92,4%) im Jahre 1920 mit den Verhältnissen in Berlin, wo sich das entsprechende Ausmaß von Unterernährung zwischen 80 und 90% bewegt haben dürfte ("Kinderelend - Schulelend", in: Sozialistischer Erzieher 1922 Nr. 19/20, S. 283-287, besonders S. 284 u. KUCZYNSKI 1982, S. 368 f.) oder Frankfurt mit 70-80% Unterernährten (WOLTER-BRANDECKER 1989, S. 254), so darf man begründet vermuten, daß wohl in keinem Land (für die Stadtstaaten Hamburg und Bremen müßte man dies genauer untersuchen) die Probleme hinsichtlich Ernährungslage und Unterernährung von Volksschulkindern größer gewesen sind als im Freistaat Sachsen. Für diese Vermutung spricht auch die besondere Wirtschaftsstruktur des Landes und die vergleichsweise hohe Arbeitslosigkeit.

Noch Schlimmeres verhütet haben insbesondere die Schulspeisungen, deren Finanzierung zunächst von zahlreichen Hilfsorganisationen vor allem des Auslands (Quäker) übernommen wurde. Zunehmend stellten aber auch Gemeinden, Städte und das Land finanzielle Mittel für Schülerspeisungen zur Verfügung.[5] Da die finanziellen Mittel oder Lebensmittellieferungen nie ausreichend waren, kamen nicht alle unterernährten Kinder in den Genuß dieser Schulspeisungen, sondern vielfach nur die schwer unterernährten und am meisten von Not und Elend betroffenen Kinder. Auch dies ergibt sich aus den Berichten der Bezirksschulräte. In welcher Weise die Finanzierung erfolgte und wie groß das Ausmaß der Schulspeisungen war, soll abschließend am Beispiel Leipzigs gezeigt werden.

---

[5] Zum Beispiel befaßte sich der Sächsische Landtag von Januar bis März 1923 mit Anträgen der KPD zur Behebung des Kinderelends in Sachsen. Ihre weitgehenden Anträge, etwa Mittel zur Ausstattung der Schulabgänger mit Kleidern und Wäsche bereitzustellen, wurden abgelehnt. Ergebnis der Antragsberatungen war schließlich, daß die Regierung beauftragt wurde, "als Maßnahme zur Behebung des Kinderelends unverzüglich höhere Mittel bereitzustellen, um unentgeltliche Schulkinderspeisungen in größerem Umfange durchzuführen" (Verhandlungen des Sächsischen Landtages 1922/23, Erster Band, S. 252-264 u. 644 -651, Zitat S. 651)

Finanzierung der Kinderspeisung in Leipzig 1924-1932

Rechnungsjahr	in den Haushaltplan eingesetzt	Rechnung	Höhe des Elternbeitrages pro Woche	Solleinnahme aus den Elternbeiträgen	wirkliche Einnahme aus den Elternbeiträgen	Zuschuß der Stadt	geldspend. u. sonst. Einnahmen(die Zahlen i.( ) sind Lebensmittel spenden)	unter den gespeisten Kindern waren Nichtzahler
	Reichsmark	Reichsmark	Reichsmark	Reichsmark	Reichsmark	Reichsmark	Reichsmark	
1924	225.000	89.624	0.15	85.209	53.075	89.624	8.086 (214.230)	37,7%
1925	350.000	320.310	0.15	100.565	56.212	305.350	4.868 (38.777)	44,1%
1926	425.000	425.820	0.20 0.30	219.206	82.547	372.836	39.688	62,3%
1927	600.000	582.751	0.30	240.592	84.857	415.446	892	64,4%
1928	600.000	594.287	0.30	241.558	81.172	414.337	597	66,4%
1929	600.000	727.069	0.30	308.758	120.892	466.990	40.778	61,0%
1930	599.200	489.442	0.60	381.468	63.484	293.093	7.466	83,4%
1931	400.000		0.60	344.100	38.187	211.240	10.332	85,0%
1932	300.000		0.15					

(Quelle: Jahresbericht des Leipziger Lehrervereins 1930/1931, S. 61)

Aufbau und Abbau der Speisung seit 1923 in Leipzig

Jahr	Zahl der Schulen, die an der Frühstücksspeisung	zahl der Kinder d. Schulen im Volksschulpfl. Alter	durchschnittl. aßen tgl. mit	das sind von der Gesamt-Schülerzahl	von den gespeist. Kindern besuchten höhere Schulen	Zahl der Speisetage	Gesamtsumme der ausgegebenen Mahlzeiten	Tagesgabe	Bemerkungen
1923	82	81540	20984	31,0%	7,6%	188	3994928	1/3 l Essen u.e. Brötchen	
1924	78	67253	18275	27,0%	7,5%	178	3252903	1/3 l Suppe oder Getränk und ein Brötchen	
1925	73	62868	18648	31,0%	5,1%	204	3804282	1/3 l Suppe oder Milch und ein Brötchen	
1926	73	60560	20768	34,3%	4,3%	220	4569033	1/3 l Suppe, Kakao oder Milch u.e. Gebäckstück	
1927	73	61024	21318	34,9%	3,4%	213	4540810	1/3 l Suppe, Kakao o. 1/4 l Milch u.e. Gebäckstück	12 Speisetage fielen durch d. Schließung der Schulen wg. d. spinalen Kinderlähmung aus
1928	73	60602	20778	34,3%	2,3%	217	4509013	1/3 l Suppe o. Kakao. 1/4 l Vollmilch m. Gebäck od. Butterbrot mit Obst oder Wurst	
1929	74	59657	25439	42,6%	2,6%	229	5825689	1/3 l Suppe o. Kakao, o. 1/4 l Milch m. Gebäck o. Butterbrot m. Obst oder Wurst	
1930	74	69785	19988	32,8%	1,9%	207	4137534	1/3 l Suppe o. Kakao. 1/4 l Vollmilch, seit 19.5.1930 1/2 Brötchen	vom 7.7.1930 - 6.10.1930 wurde nur an 3 Tagen der Woche Essen geliefert, sonst an 6 Tagen ab August 1931 Frühstücksspeisung nur noch an 4 Wochentagen, ab 25.4.1932 nur noch an 3 Wochentagen
1931	72	62004	20261	32,6%	1,4%	171	3464726	1/4 l Vollmilch, o. 1/3 l Kakao, Trinkschokol. o. Suppe mit kleinem Gebäckstück	
1932								1/4 l Vollmilch m. Gebäckstück, letzteres kam ab 21.4.1932 in Wegfall	

(Quelle:Jahresbericht des Leipziger Lehrervereins 1930/1931, S. 60)

Stammten in Leipzig im Jahre 1923/24 noch 5/6 der Lebensmittel aus Spenden, so wurden die Kosten für die Schulspeisungen von 1925 an im wesentlichen aus Mitteln der Stadt und Elternbeiträgen bestritten. Die Eltern hatten sich mit ihren Beiträgen lediglich an den Herstellungskosten der ausgegebenen Mahlzeiten zu beteiligen. Erwerbslose, Kurzarbeiter, Fürsorgeempfänger und Kriegsbeschädigte waren seit Ende 1923 grundsätzlich von der Beitragszahlung befreit.

Wie aus der ersten Tabelle ersichtlich, wurden die Schulspeisungen bis 1929 kontinuierlich ausgebaut. Die städtischen Mittel erhöhten sich bis 1927 und blieben anschließend bis 1929/30 konstant. Auch im jährlich steigenden Rechnungsbetrag für die ausgegebenen Speisen findet der Ausbau seinen Niederschlag. Er erreichte 1929 mit 727.069 Mark seinen höchsten Stand. Im Zuge der Weltwirtschaftskrise erfolgte von Ostern 1930 an ein Abbau der Schulspeisungen. Die Eltern mußten von nun an den vollen Wert des Essens bezahlen. Auch anhand der zweiten Tabelle läßt sich der Aus- und Abbau der Schulspeisungen ablesen. Der Anteil der teilnehmenden Schülerinnen und Schüler blieb zwar nahezu konstant bei etwa einem Drittel der Gesamtschülerschaft der beteiligten Schulen (Ausnahme 1929: 42,6%), aber seit 1930 sank die Gesamtzahl der Tage an denen Speisungen stattfanden ebenso wie die Summe der ausgegebenen Mahlzeiten und der Umfang der abgegebenen Rationen. Von den 1923/24 an der Speisung teilnehmenden 82 Schulen waren 17 höhere. Von diesen schied in den nächsten beiden Jahren ein Teil freiwillig aus (Jahresbericht der LLV 1930/31, S. 57 f.). Auffällig auch die Tatsache, daß der Anteil der an den Speisungen teilnehmenden Kinder höherer Schulen deutlich niedriger lag als der von Volksschulkindern.

Zu den hier dargestellten Ernährungs- und Gesundheitsverhältnissen der Volksschulkinder, dem Mangel an Kleidung und Schuhwerk[6] und den katastrophalen Wohnbedingungen insbesondere in den industriellen Ballungsgebieten trat als weiterer wesentlicher sogenannter Belastungsfaktor für die Volksschüler(innen) die Ausbeutung durch Arbeit sowohl in Form gesetzlich erlaubter wie auch unerlaubter Kinderarbeit. Im Vergleich zum letzten Drittel des 19. und beginnenden 20. Jahrhunderts war die Kinderar-

---

[6] In Crimmitschau wurden sogar auf städtische Kosten Holzpantoffeln angeschafft und ausgeliehen, um den Schulbesuch zu ermöglichen (Sächsischer Lehrerverein 1925, S. 17).

beit in der Weimarer Republik rückläufig.[7] Dies gilt, wie wir sehen werden, auch für Sachsen. Trotz dieses insgesamt positiven Trends wäre es verfehlt, das Problem der Kinderarbeit bereits für die Zeit der Weimarer Republik als eine Marginalie zu betrachten. Die Schwerpunkte der Kinderarbeit lagen, bezogen auf das Deutsche Reich insgesamt, in der Landwirtschaft und in der Heimindustrie (KYCZINSKI 1968, S. 245-259). In Sachsen rangierte davon abweichend Mitte der zwanziger Jahre die Beschäftigung von Schulkindern im Bereich Handel und Gewerbe an erster Stelle. Erst von diesem Zeitpunkt an liegen mir auch offizielle Statistiken zum Ausmaß der Kinderarbeit in Sachsen vor. Für den vorangehenden Zeitraum bin ich auf die insgesamt leider recht spärlichen Hinweise in den Berichten der Bezirksschulräte angewiesen. Darin finden sich hauptsächlich Belege dafür, daß Kinder in der Landwirtschaft und in der in Sachsen weit verbreiteten Heimindustrie eingesetzt wurden. Im Jahre 1919 meldete u.a. der Bezirksschulrat für Chemnitz II, daß wegen der verspäteten Kartoffelernte und des früh einsetzenden Winters Schulkinder zur Hilfeleistung beim Kartoffelausnehmen auf verschiedenen Rittergütern beurlaubt worden seien (StAD, Min. f. Vb. Nr. 13566 Bl. 112). Mehrere Bezirksschulräte beklagten den unregelmäßigen Schulbesuch und den Unterrichtsausall durch landwirtschaftliche Kinderarbeit. Im Bericht des Aufsichtsbezirks Döbeln hieß es: "Der Vorsatz des Bezirksschulrates, zu landwirtschaftlichen Arbeiten keinen Urlaub oder keine Verlängerung der Sommer- oder Herbstferien zu gewähren, erwies sich als undurchführbar!" (StAD, Min. f. Vb. Nr. 13566 Bl. 198). Und auch der Bezirksschulrat von Rochlitz mußte schreiben: "Häufig ist Urlaub zur Verrichtung landwirtschaftlicher Arbeiten erteilt worden" (ebd., Bl. 442). Der Schulaufsichtsbezirk Glauchau meldete, daß der Unterricht empfindliche Störungen durch die Kartoffelernte erlitten habe. Klassen in landwirtschaftlichen Gegenden seien nur sehr schwach besucht gewesen. Viele Schüler hätten von den Sommerferien bis Ende Oktober nicht mehr am Unterricht teilgenommen (StAD, Min. f. Vb. Nr. 13569 Bl. 26 ff.). Zum Einsatz der Kinder in der Heimindustrie äußerten sich vor allem die Berichte der erzgebirgischen Schulaufsichtsbezirke Marienberg und Schwarzenberg und daneben der Bezirk Bad Schandau. In dem Marienberger Bericht von 1919 stand:

---

7 Zur Kinderarbeit im neunzehnten Jahrhundert und in der Vorkriegszeit vgl. KUCZYNSKI 1968, S. 121-200; JOHANSEN 1978; FLECKEN 1981, S. 89-116.

*"Die überhand nehmende **Heimarbeit** der Kinder, das Knöpfehäkeln, dem sie oft bis tief in die Nacht obliegen, musste vielfach, da die Kinder im Unterricht versagten, zum Anlass genommen werden, über die gesundheitlichen Schädigungen aufzuklären, die durch Übertreibung dieser Tätigkeit herbeigeführt werden" (StAD, Min. f. Vb. Nr. 13566 Bl. 369).*

Der Bezirksschulrat von Schwarzenberg machte ebenfalls die "gewerbliche Ausbeutung (Bürstenfabrikation)" für den schlechten gesundheitlichen Zustand vieler Kinder mit verantwortlich (ebd., Bl. 449). Besonders ausführlich befaßte sich der Bad Schandauer Bezirksschulrat mit der Heimarbeit. 1921 schrieb er:

"Unbedingt notwendig ist es, den Gesundheitszustand unserer Schulkinder auch weiterhin mit größter Aufmerksamkeit zu verfolgen. Vor allem ist auch die Verständnislosigkeit mancher Arbeitgeber und Eltern zu bekämpfen, welche die Kinder mit gewerblichen Arbeiten oft bis tief in die späten Abendstunden beschäftigen und dadurch die so notwendige Bewegung der Jugend in frischer Luft verhindern."

Und an anderer Stelle fuhr er fort:

*"Beeinträchtigt wurde der regelmäßige Schulbesuch wie der Schulbetrieb überhaupt infolge der starken Inanspruchnahme unserer Schulkinder durch die **gewerbliche Arbeit im Hause**. Die Blumenindustrie im nördlichen Teile des Bezirks, die im letzten Jahre viele Auslandsaufträge erhielt, hat Tausende von Schulkindern in ihren Dienst gestellt. Fast allgemein wird in den Schulberichten darüber geklagt, daß infolgedessen die Anfertigung der Schulaufgaben im Hause sehr zu wünschen übrig lasse und auch öfters Beurlaubungen zur Ablieferung der Arbeit erforderlich seien" (StAD, Min. f. Vb. Nr. 13568 Bl. 29).*

Auch im folgenden Jahr 1922 beschäftigte der Bad Schandauer Bezirksschulrat sich noch mit demselben Problem, dessen Lösung er sich inzwischen zur Aufgabe gestellt hatte: "Eine energische Bekämpfung erfuhr im Berichtsjahr die Ausnutzung der Schulkinder durch übermäßige gewerbliche Arbeit im Hause. (...) Da die Klagen über Vernachlässigung der häuslichen Schulaufgaben, über Mattigkeit und Unlust der Kinder im Unterrichte häufiger wurden, veranlaßte der Berichterstatter eine Beratung über Abhilfe dieses Übelstandes im Bezirkslehrerausschuß mit dem Erfolge, daß die zuständige Gewerbeaufsichtsbeamtin von der Amtshauptmannschaft ersucht wurde, der Heimarbeit der Kinder in unserem Bezirke besondere Aufmerksamkeit zuzuwenden. Es wurde ihr auf Antrag gestattet, in den einzelnen Schulen Erkundigungen anzustellen, um Arbeitszeit und Verdienst der Kinder festzustellen" (StAD, Min. f. Vb. Nr. 13569 Bl. 43 ff.). Daß staatliche Stellen dem Problem der Kinderarbeit zunehmende Aufmerksamkeit widmeten, zeigt zumindest die Tatsache, daß Schulen und Gewerbeaufsichtsämter in den zwanziger Jahren in Sachsen gemeinsam darangingen, die Kinderarbeit systematisch zu erfassen und insbesondere den Fällen nachzugehen, in denen der Verdacht der verbotenen Kinderarbeit bestand. In welchem Jahr diese systematische Erhebung durch die Befragung der Schulkinder, die Aufstellung entsprechender Schullisten und die anschließende Auswertung und Veröffentlichung in den Jahresberichten der Sächsischen Gewerbeaufsichtsbeamten erstmalig vorgenommen wurde, ließ sich leider nicht ermitteln. Die erste mir vorliegende Erhebung in den Jahresberichten stammt aus dem Jahr 1925 und ist auszugsweise in der Leipziger Lehrerzeitung 33(1926), S. 463 wiedergegeben. Dieser Erhebung zufolge verteilte sich die Kinderarbeit wie folgt:

Handel und Gewerbe

Regierungs-bezirk	Zahl der Fälle	Zahl der Kinder				Zahl der anscheinend (nach dem Kinderarbeitsgesetz) verbotswidrig beschäftigten Kinder		
		eigene	fremde	Knaben	Mädchen	zusammen	eigene	fremde	zusammen
Bautzen	1104	157	947	858	246	1104	6	100	106
Chemnitz	13898	7496	6402	7920	5978	13898	748	2213	2961
Dresden	7524	3348	4271	5206	2413	7619	573	1112	1685
Leipzig	5817	1868	3896	4205	1559	5764	508	1321	1829
Zwickau	8972	3785	5022	5887	2920	8807	873	1730	2603
Zusammen	37315	16654	20538	24076	13116	73192	2708	6476	9184

Hauswirtschaft

Regierungs-bezirk	Zahl der Fälle	Zahl der Kinder				
		eigene	fremde	Knaben	Mädchen	zusammen
Bautzen	1884	201	1683	489	1395	1884
Chemnitz	5081	848	4233	513	4568	5081
Dresden	4932	738	4235	435	4538	4973
Leipzig	5847	816	4956	610	5162	5772
Zwickau	4684	859	3768	346	4281	4627
Zusammen	22428	3462	18875	2393	19944	22337

Forst- und Landwirtschaft

Regierungs-bezirk	Zahl der Fälle	Zahl der Kinder				
		eigene	fremde	Knaben	Mädchen	zusammen
Bautzen	3669	971	2698	2408	1261	3669
Chemnitz	4255	1948	2307	3112	1143	4255
Dresden	9141	3053	6593	6504	3142	9646
Leipzig	9989	1620	8308	5639	4289	9928
Zwickau	4685	2121	2581	3460	1242	4702
Zusammen	31739	9713	22487	21123	11077	32200

Nicht in die vorhergehenden Spalten gehörende Fälle:

Regierungs-bezirk	eigene	Zahl der Kinder fremde	Knaben	Mädchen	zusammen
Bautzen	1115	115	327	903	1230
Chemnitz	13	37	27	23	50
Dresden	12	234	158	88	246
Leipzig	59	577	485	151	636
Zwickau	20	25	37	8	45
Zusammen	1219	988	1034	1173	2207

(Quelle: Leipziger Lehrerzeitung 1926 Nr. 23, S. 463)

Von insgesamt 510.219 Volksschulkindern waren 1925 nach dieser Aufstellung 93.936 oder 18,4% erwerbstätig. Zum Vergleich: 1898 betrug die gewerbliche Kinderarbeit in Sachsen einer offiziellen Statistik zufolge 22,8%, während es im Reichsdurchschnitt nur 6,53% waren. Damit lag Sachsen mit Abstand an der Spitze aller Länder des Deutschen Reiches (LEXIS 1904, S. 50). Entsprechend den wirtschaftlichen und sozialen Strukturen des Landes lag der Schwerpunkt der Kinderarbeit im Bereich Handel und Gewerbe (37.315 oder 39,7%) und hier wiederum in den Regierungsbezirken Chemnitz und Zwickau, die ja bereits als die industriellen Ballungsgebiete im südwestlichen Sachsen charakterisiert worden sind. In der Land- und Forstwirtschaft arbeiteten 34,3 und in der Heimindustrie (Hauswirtschaft) 23,8% der erwerbstätigen Schulkinder.

Durch die Schulerhebungen kam man mehr als bisher auch den Fällen gesetzwidriger Kinderarbeit auf die Spur. Ob es sich - um nur einige Beispiele zu nennen - um verbotene Beschäftigungen beim Verpacken von Schnupftabak und beim Zigarrenmachen handelte, um extreme Ausnutzung der kindlichen Arbeitskraft in der textilen Heimarbeit oder um unerlaubte Beschäftigungen in den Blechwarenfabriken des Erzgebirges, in denen bereits achtjährige Kinder bei der Arbeit an den verschiedensten Maschinen angetroffen worden waren ("Kinderarbeit und Schule", in: LLZ 1923, Nr. 23, S. 463 ff.), immer wurden elementare Rechte und Schutzbedürfnisse der Kinder mißachtet; von den Unternehmern aus Profitinteressen, von den Eltern, die aufgrund ihrer wirtschaftlichen Notlage auf die Mitarbeit ihrer noch schulpflichtigen Kinder existentiell angewiesen waren. Aber nicht die Extremfälle von Ausbeutung der kindlichen Arbeitskraft sind hier das Entscheidende, sondern vielmehr die weite Verbreitung der Kinderarbeit insgesamt vor allem, wenn man dann noch berücksichtigt, daß das Mindestalter für eine Beschäftigung bei nur zwölf (!) Jahren für fremde und bei zehn Jahren für eigene Kinder lag.

Wie sich die Kinderarbeit in Sachsen in den Jahren 1927 bis 1930 - für 1926 konnten keine Zahlen ermittelt werden - entwickelte, verdeutlichen die folgenden Übersichten, die den Jahresberichten der Sächsischen Gewerbeaufsichtsbeamten entnommen sind.

Kinderarbeit in Sachsen 1927:

Schulkinder insgesamt	erwerbstätige Schulkinder insges.	erwerbstätig v.H.
507.234	61.040	12,0

Kinderarbeit in Sachsen 1928:

Regierungsbezirk	Schulkinder insgesamt	erwerbstätige Schulkinder insgesamt	erwerbstätig v.H.
Bautzen	48916	5588	11,4
Chemnitz	110969	13762	12,4
Dresden	141024	12098	8,6
Leipzig	129437	10628	8,2
Zwickau	91150	12151	13,3
Zusammen	521496	54227	10,4

Kinderarbeit in Sachsen 1929:

Regierungsbezirk	Schulkinder insgesamt	erwerbstätige Schulkinder insgesamt	erwerbstätig v.H.
Bautzen	47914	3786	7,9
Chemnitz	109603	9902	9,0
Dresden	139875	8530	6,1
Leipzig	125112	8117	6,5
Zwickau	91155	10227	11,2
Zusammen	513659	40562	7,9

Kinderarbeit in Sachsen 1930:

Regierungs-bezirk	Schulkinder insgesamt	erwerbstätige Schulkinder insgesamt	erwerbstätig v.H.
Bautzen	53696	4281	8,0
Chemnitz	116069	8930	7,7
Dresden	139303	7770	5,6
Leipzig	125842	8067	6,4
Zwickau	94927	5255	5,5
Zusammen	529837	34303	6,5

(aus: StAD, Kreishauptmannschaft Zwickau Nr. 1692, Bl. 114, 142, 179C)

Die kontinuierliche Abnahme der Kinderarbeit in der zweiten Hälfte der zwanziger Jahre (1927 12%; 1928 10,4%; 1929 7,9% und 1930 6,5%) wird in den Jahresberichten der Gewerbeaufsichtsbeamten mit dem Geburtenrückgang während des Ersten Weltkrieges erklärt. Die Gesamtvolksschülerschaft nahm zwischen 1927 und 1930 zwar insgesamt noch zu, gleichzeitig ging aber - durch den Geburtenrückgang des Ersten Weltkriegs bedingt - der Anteil der hauptsächlich von Kinderarbeit betroffenen Altersgruppe der Zwölf- bis Dreizehnjährigen zurück. So heißt es in dem Bericht für 1929:

"Die jetzt Zwölf- und Dreizehnjährigen, die normalerweise den stärksten Teil der erwerbstätigen Kinder bilden, sind nach den Schulbögen stark zurückgegangen" (StAD, Kreishauptmannschaft Zwickau Nr. 1692, Bl. 142).

Befaßt man sich mit den sozialen Ausgangsbedingungen der Schulreform, vor allem der Volksschulreform, dann wird man an der wirtschaftlichen Notlage der Volksschullehrer in den ersten Jahren der Weimarer Republik, insbesondere während der Inflation, nicht vorbeigehen können. Die große Bedeutung, die die Volksschullehrer ihrer eigenen wirtschaftlichen Lage, aber auch den sich daraus ergebenden Konsequenzen für die Schule beimaßen, kann man schon an den zahlreichen Veröffentlichungen in der Lehrervereinspresse ablesen. Im Jahresbericht des SLV (1.10.1920 bis 30.9. 1921) hieß es dann auch:

"Wie in den Vorjahren, standen auch in dem zu Ende gehenden Vereinsjahr die zahlreichen Fragen, die ihre Zusammenfassung in dem Begriff **'Wirtschaftliche Lage der Volksschullehrer'** *finden, im Mittelpunkt des Interesses und beanspruchten in umfangreichem Maße Zeit und Kraft des Vorstandes und der Leitung, und so die Dinge leider liegen, wird die Besserung der wirtschaftlichen Lage der Lehrerschaft auch noch auf Jahre hinaus die Hauptaufgabe der gesamten Lehrervereinsarbeit bilden müssen. Denn zweifelsohne sind die wirtschaftlichen Fragen von grundlegender und ausschlaggebender Bedeutung für die weitere Entwicklung des Lehrerstandes und dar-*

über hinaus für das Wohl und Wehe des Schul- und Volksbildungswesens überhaupt" (Jahresbericht des SLV 1920/21, Nr. 36, S. 684).

Dreh- und Angelpunkt des Kampfes um wirtschaftliche Besserstellung war natürlich die Besoldungsordnung. Die sächsische Besoldungsordnung von 1921, deren Grundlage das Reichsbesoldungsgesetz vom April 1920 darstellte, brachte für die sächsischen Volksschullehrer(innen) zwar nicht die Erfüllung ihrer Maximalforderung, nämlich Einstufung der seminaristisch ausgebildeten Lehrer eine Gehaltsstufe unter der der akademisch ausgebildeten Lehrer an höheren Schulen, aber zunächst immerhin eine Regelung, die eine günstigere Einstufung der sächsischen im Vergleich zu den preußischen Volksschullehrern vorsah. Ähnlich günstige Regelungen gab es sonst nur noch in Hamburg und Bremen (BÖLLING 1983, S. 116 ff.). Die sächsische Besoldungsordnung scheiterte aber am Einspruch des Reichsfinanzministeriums, und in der Folge mußten die Volksschullehrer(innen) zusehen, wie selbst ihre minimalsten Forderungen unerfüllt blieben. Ein verheirateter Volksschullehrer verdiente beispielsweise Ende 1924 zwischen 2454 und 3576 Reichsmark. Dies waren 59% oder drei Fünftel des Grundgehalts eines Studienrates. Nach der Besoldungsordnung von April 1920 hatten die Volksschullehrer vorübergehend schon einmal 74% erreichen können (ebd., Tabelle 9, S. 118). Den akademisch ausgebildeten Volksschullehrern zahlte Sachsen 1928 dann rund 87% des durchschnittlichen Grundgehalts der Studienräte (ca. 4000-7500 Reichsmark; zum Vergleich: Thüringen und Hamburg zahlten ca. 80%; ebd., S. 121).

Neben den Auseinandersetzungen um die Besoldung sahen sich viele Volksschullehrer durch die Inflation zunehmend in ihrer wirtschaftlichen Lage bedroht. In seinem Jahresbericht 1919 schrieb der Bezirksschulrat für Leipzig II:

"Die Lehrerschaft befand sich dauernd in Erregung infolge der wirtschaftlichen Notlage und der Tatsache, daß sie die Teuerungszulagen und Beschaffungsbeihilfen vielfach erst erbetteln mußten. (...) An einigen Orten drohten die Lehrer mit Streik und stellten der Gemeinde ein Ultimatum. (...) Dieser fortwährende Kampf zwischen Lehrerschaft und Gemeinde schafft auf beiden Seiten dauernde Erregung und Erbitterung, wodurch die Schularbeit und auch das Familienleben der Lehrer sehr zu leiden haben. Es ist höchste Zeit, daß der Staat diese persönlichen Schullasten übernimmt" (StAD, Min. f. VB. Nr. 13566 Bl. 356).

Wie bereits erwähnt, berichtete die Lehrervereinspresse kontinuierlich über die wirtschaftliche Notlage vieler Volksschullehrer. Hier nur zwei von vielen Beispielen aus der Sächsischen Schulzeitung. Im April 1921 schrieb sie unter der Überschrift "Not":

"Aus unzähligen Lehrer- und Beamtenhäusern steigen die Notschreie wieder auf. Und alle klagen zusammen in dem einen Schrei: Es geht nicht mehr! Unsere Wirtschaftslage, schon bisher kaum zu ertragen, wird katastrophal. (...) Es geht jetzt - buchstäblich - ums Brot" (SSZ 1921, Nr. 26, S. 467).

Und im August 1922 begann ein Artikel ("Not und Unrecht") mit den Sätzen:

"Die letzten Wochen und vor allem die letzten Tage haben uns in eine Notlage gestürzt, wie nie zuvor. Dem rasenden Sturze der Mark stürzen wir nach - trotz aller Teuerungszulagen, die uns hinterher hinuntergereicht werden, die uns etwas aufhalten, die uns aber nicht helfen."

Zwei Absätze weiter folgte die Feststellung:

"Unsere Lebenshaltung sinkt fast wieder auf den Zustand des schlimmsten Kriegswinters. Schon erheben die Ärzte ihre Stimme und weisen auf die Zunahme der Unterernährungs- und Stoffwechselkrankheiten hin. Wir denken an unsere Familien, an unsere Kinder, an die Witwen und Alten - furchtbare Not" (SSZ 1922, Nr. 25, S. 467).

Vom schlechten Gesundheitszustand vieler Volksschullehrer, von Invalidität, von zahlreichen Beurlaubungen wegen Krankheit, zum Teil auch als Folgeerscheinungen ihrer Kriegsteilnahme, und von den dadurch hervorgerufenen Schwierigkeiten für den Schulbetrieb (Unterrichtsausfall) berichten auch einige Bezirksschulräte vor allem für die Jahre 1919/20 (StAD, Min. f. Vb. Nr. 13566 Bl. 117, 183, 212, 225 u. Nr. 13567 Bl. 274). Betroffen waren die Volksschullehrer schließlich auch von dem 1923/24 verordneten Beamtenabbau, dem 1289 sächsische Volksschullehrer(innen) (= 9,9%) zum Opfer fielen (Landeslehrerbuch des Freistaates Sachsen 1924, S. 157; Sächsischer Lehrerverein 1926, S. 15 f.).

Untersucht man die sozialen Rahmenbedingungen der Volksschulreform bzw. der Volksschularbeit insgesamt, so ist es notwendig, auch die objektiv gegebenen institutionell-organisatorischen Verhältnisse der Volksschulen einzubeziehen, die sich ja nicht nur als fördernd oder hemmend für die schulreformerische Praxis erweisen mußten, sondern z.B. auch beträchtliche Auswirkungen auf das soziale Klima an den Schulen haben mußte. Zu diesen Verhältnissen zählte vor allem die ungeheure Raumnot der Volksschulen, über die fast alle Bezirksschulräte in den ersten Jahren nach 1918 klagten. Der Bezirksschulrat von Chemnitz II bezeichnete die

Schulgebäude deshalb auch als die schwächste Stelle der ganzen Schulorganisation und wies auf die Konsequenzen für die praktische Umsetzung der sächsischen Schulgesetzgebung hin:

> "An ihrer Unzulänglichkeit scheitert im Bezirke fast ausnahmslos die volle Durchführung der Forderungen des Übergangsgesetzes. (...) Der ideale Zustand: für jede Klasse ein Zimmer - ist nirgends auch nur annähernd vorhanden" (StAD, Min. f. Vb. Nr. 13567 Bl. 138 f.).

Der Bezirksschulrat von Rochlitz stellte 1922 fest:

> "Alle die wohlgemeinten gesetzlichen Bestimmungen, wie sie sich im Übergangs- und Schulbedarfsgesetz finden, können mangels geeigneter Räume in der größten Zahl der Schulen gar nicht oder nicht in dem gewünschten Maße durchgeführt werden" (StAD, Min. f. Vb. Nr. 13569 Bl. 40 ff.).-

Mit welchen Hemmnissen die Volksschulen sonst noch zu kämpfen hatten und wie man versuchte diesen entgegenzuwirken, kann man dem Bericht des Chemnitzer Bezirksschulrates (Aufsichtsbezirk Chemnitz I) für das Jahr 1919 entnehmen:

> "Wenn Optimisten gehofft hatten, mit Beendigung des Krieges würden die häufigen Störungen des Unterrichts aufhören, und damit wieder ein geregelter Schulbetrieb einsetzen, so haben sie sich gründlich getäuscht. Schon im ersten Viertel des Berichtsjahres mußten die Schulen des Kohlenmangels wegen zusammengelegt, und weder die Klassen noch die Lehrer konnten mit der vollen Stundenzahl eingesetzt werden. Von Ostern an wurde der Friedensstundenplan wieder eingeführt, aber er blieb nicht lange in Kraft. Ende August, nach den bekannten Unruhen, besetzte die Reichswehr fast alle Schulen des Stadtgebietes. Der Unterricht mußte deshalb auf etwa 2-3 Wochen ausfallen, und vom 16.-30. November noch einmal wegen Heizstoffknappheit. Vom 2. Dezember an wurden dann die Schulen wieder zusammengelegt und nur etwa die Hälfte der Schulgebäude benutzt. Um den Ausfall einzelner Fächer zu vermeiden, führten wir den durchgehenden Unterricht von früh 8 bis nachmittags 4 Uhr und Kurzstunden von je 40 Minuten Dauer ein, so daß wenigstens die Zahl der Lektionen nicht wesentlich gekürzt zu werden brauchte" (StAD, Min. f. Vb. Nr. 13566 Bl. 92).

Mit Ausnahme der erwähnten Belegung der Chemnitzer Schulen durch Reichswehrtruppen gibt dieser Bericht ein repräsentatives Bild von Einschränkungen, denen der Unterricht der Volksschulen in Sachsen nicht nur 1919, sondern auch noch in den nächsten Jahren ausgesetzt war. Mehrwöchiger Unterrichtsausfall durch Brennstoffmangel im Winter, Zusammenlegung von Schulen und/oder Klassen und Nachmittagsunterricht waren typische Erscheinungen der sächsischen Volksschulwirklichkeit in den ersten Jahren der Weimarer Republik. Daß es auch um die sanitären Verhältnisse zumindest einer Reihe von Volksschulen nicht zum Besten stand, ergibt sich aus dem Bericht des Löbauer Bezirksschulrates Dr. Wünsche für das Jahr 1921. Darin weist er auf eine Untersuchung des Bezirksschulamtes vom Januar 1922 hin, in der die sanitären Verhältnisse sämtlicher Schulen untersucht wurden, und stellt dann fest:

> *"Das Ergebnis ist sehr ungünstig ausgefallen. Es bestehen in bezug auf Oefen, die Ventilation, die Reinigung, die Schulbänke und die Aborte vielfach geradezu unglaubliche Zustände. 4 Schulen sind ohne Trinkwasser"* *(StAD, Min. f. Vb. Nr. 13568 Bl. 20).*

Der Schulreformer und Bezirksschulrat Wünsche nannte auch gleich die seiner Meinung nach für diese Zustände Verantwortlichen:

> *"In zahlreichen Orten haben die früheren Schulvorstände in der rücksichtslosesten Weise jede Ausgabe für Besserung der Schulverhältnisse abgelehnt, und in einigen Schulbezirksverwaltungen herrscht heute noch derselbe Geist"* *(ebd.).*

Mit seiner Kritik an der nicht mit Sparsamkeit zu verwechselnden Ausgabenfeindlichkeit, ja Schulfeindlichkeit vieler Schulvorstände in den Schulgemeinden stand Wünsche keineswegs allein da. Auch andere Bezirksschulräte teilten diese Kritik vor allem in bezug auf die ländlichen Schulgemeinden. Aus Rochlitz hieß es 1919, nachdem der Unterrichtsausfall wegen Kohlenmangels beklagt worden war:

> *"Im allgemeinen muss festgestellt werden, dass die armen Industriegemeinden (um Burgstädt und Penig) williger und erfolgreicher waren, Mittel und Wege zur Kohlenbeschaffung und damit zur Aufrechterhaltung des Unterrichts zu finden, als die begüterten Bauerndörfer, denen Schulschluß und Unterrichtsausfall oft recht gelegen zu kommen schien"* *(StAD, Min.f. Vb. Nr. 13566 Bl. 441).*

Und in dem Bericht des Bezirksschulrates für Dresden II von 1920 hieß es:

> *"Von der Lehrerschaft vorwiegend landwirtschaftlicher Gemeinden wurde bei dem Berichterstatter mehrfach darüber geklagt, daß die dortigen Schulvorstände sehr schwer dazu zu bewegen seien, für die Zwecke der Schule die erforderlichen Mittel in derjenigen Höhe zu bewilligen, die dem so tief gesunkenen Geldwerte auch nur einigermaßen entspricht"* *(StAD, Min. f. Vb. Nr. 13567 Bl. 213).*

Daß viele ländliche Schulgemeinden an einer Verbesserung der Schulbildung für die breite Masse des Volkes nicht interessiert waren, daß die dort tonangebenden Bauern und Rittergutsbesitzer in ihr viel eher ein Hindernis für eine weitestgehende Ausbeutung der Arbeitskraft sahen, zeigte sich auch an dem breiten Widerstand, der aus diesen ländlichen Schulgemeinden gegen die im Übergangsgesetz für das Volksschulwesen von 1919 vorgesehene Erhöhung der Unterrichtsstundenzahl an den Fortbildungsschulen für Jungen und gegen die Einführung der Fortbildungsschulpflicht für Mädchen kam. Von diesem Widerstand zeugen die zahlreichen Petitionen, die in dieser Angelegenheit bei der Sächsischen Volkskammer eingingen ebenso wie die Berichte der Bezirksschulräte (dazu Teil B, Kap. IV).

Zum Schluß dieses Kapitels wollen wir der Frage nachgehen, wie die sächsischen Volksschullehrer(innen) auf die wirtschaftliche und soziale Krise der Nachkriegszeit reagierten, die für sie vielfach ja nicht nur in der eigenen materiellen Not ganz unmittelbar fühlbar wurde, sondern deren Auswirkungen sie ja auch in dem beschriebenen Kinderelend täglich vor Augen hatten und dessen vielfältige Konsequenzen wiederum direkt auf ihre Arbeit in der Schule einwirkten. Insgesamt also alles unmittelbar erlebbare oder wahrnehmbare soziale Mißstände, die geradezu zu deutlichen Stellungnahmen und (sozial)politischem Handeln herausfordern mußten. Die Reaktion der Volksschullehrer(innen) ließ sich hier - soweit nicht durch konkrete Aktivitäten nachzuweisen - nur insoweit feststellen, als sie ihren Ausdruck in veröffentlichten Stellungnahmen in der Lehrervereinspresse fand. Solche Stellungnahmen, meist von exponierten Vertretern bzw. Funktionären des SLV abgegeben, dürfen sicher nicht zu der vorschnellen Annahme verleiten, sie entsprächen der Meinung aller sächsischen Volksschullehrer(innen). Dennoch wird man eine gewisse Repräsentativität zumindest für eine Mehrheit der Volksschullehrer(innen) annehmen dürfen, da die gewählten Repräsentanten des SLV und der Diskussionsstand, wie er sich in Vereinspresse, Jahresberichten etc. niederschlägt, doch begründete Rückschlüsse auf politische und weltanschauliche Positionen der sächsischen Volksschullehrerschaft insgesamt zuläßt.

Die Reaktion der Volksschullehrerschaft auf das Kinderelend drückte sich am deutlichsten sichtbar zunächst einmal in dem Versuch aus, durch die Organisation konkreter Hilfsmaßnahmen die akute Not der Kinder zu lindern. Vor allem die Bezirkslehrervereine der Großstädte hatten "Kinderhilfen" eingerichtet und sich an die Öffentlichkeit mit der Bitte um Unterstützung gewandt. Mit Hilfe dieser Unterstützung gelang es, Kinder mit Kleidung und Schuhwerk auszurüsten, Schulspeisungen einzurichten und gesundheitlich schwer Gefährdete in Genesungsstätten unterzubringen (Jahresbericht des SLV 1923, S. 167).

Publizistisch reagierten die LLZ und SSZ mit verschiedenen Artikeln auf diesen ganzen Problemkomplex. "Die Verelendung unserer Schulkinder" (LLZ 1920 Nr. 43, S. 805 ff.), "Kindernot und Hilfe" (SSZ 1920 Nr.

33, S. 501 f.), "Zwang der Not" (SSZ 1922 Nr. 37, S. 693 ff.), "Das Gespenst des Hungers" (LLZ 1923, Nr. 20, S. 281 f.) und "Hungernde Schulkinder" (LLZ 1923 Nr. 35, S 533 f.) lauteten einige entsprechende Überschriften.[8]

Die Verfasser der genannten Artikel waren sich darin einig, daß das Kinderelend nicht allein durch die als notwendig erkannte Wohltätigkeit, durch Einrichtungen der Wohlfahrtspflege behoben werden kann, sondern daß dazu letztlich grundlegende wirtschafts- und gesellschaftspolitische Reformen notwendig sind. In dem Artikel "Zwang der Not", der wahrscheinlich vom Schriftleiter der SSZ, Erich Viehweg, stammte, wird dazu ermutigt, aus der wirtschaftlichen Notsituation eine Tugend und die Armut zum Ausgangspunkt für eine "Lebensreform" zu machen. Der Armut nicht mehr ausweichen,

"sondern sie als unser Schicksal männlich fassen und nun suchen nach dem Stil unserer Zeit, nach einer Lebensreform, die arm ist an äußeren Gütern, aber reich an Gehalt und Würde, an Arbeit und Freude des Schaffens, am Bewußtsein unerhörten Erlebens"

forderte Viehweg (SSZ 1922, Nr. 37, S. 693). Diese zunächst an den einzelnen gerichtete Forderung, von der man sagen kann, daß sie an den Lebensrealitäten und Problemen der großen Mehrheit der Bevölkerung wohl vorbeiging und sehr stark von einer ethisch-idealistisch überhöhten Sichtweise geprägt war, wurde von Viehweg selbst insoweit stark relativiert, als die Reform der Gesellschaft keineswegs allein den einzelnen Individuen überlassen bleiben sollte, sondern vielmehr als Aufgabe kollektiver Interessenvertretungen verstanden wurde. Für Viehweg, ab 1923 Mitglied der SPD, war die Arbeiterbewegung die Kraft, von der er sich die "neuen Formen des Lebens", die notwendigen wirtschafts- und gesellschaftspolitischen Reformen der Gesellschaft versprach. Denn diese Reformen sollten ihren Ausdruck finden

"in einem neuen Bodenrecht, in planvoller Wirtschaft, in geregelter Produktion und Preisbildung, in Organisation der Arbeit, durch geregelten Ausgleich zwischen Besitz und Armut - durch ein neues Gemeinschaftsleben, das seinen Ausdruck auch finden muß in einer neuen Organisation unseres Schulwesens" (ebd., S. 693).

---

[8] Im Juni 1923 gipfelte die Berichterstattung und Hilfstätigkeit in einen Aufruf des Vorstandes des SLV: "Helft der Jugend aus Not, Elend und Verderben!" (LLZ 1923 Nr. 21, S. 297).

An anderer Stelle schrieb Viehweg:

> *"Es ist nicht unsere Aufgabe, dem Volkswirtschaftler ins Handwerk zu pfuschen und Wege zu zeigen, die aus dem Elend einer planlosen Profitwirtschaft herausführen ... - Aber was wir wollen ist das, daß wir sehen lernen: sehen den Unsinn des Systems, sehen die Ursache des Elends, sehen die wahren Feinde, sehen das Ziel einer sinnvollen Wirtschaft und sozialen Gemeinschaft. Unsere Aufgabe ist, zu fordern und zu drängen, alte Torheit und alten Klassendünkel auch im letzten Rest auszutilgen und uns zu denen zu finden, die die neue Gesellschaft wollen" (ebd., S. 694).*

Viehweg versucht hier nichts anderes, als die Volksschullehrer stärker für wirtschafts- und gesellschaftspolitische Zusammenhänge, Probleme und Reformen zu sensibilisieren, und zum Schluß forderte er sie - mit Rücksicht auf die vom SLV vertretene parteipolitische Neutralität in indirekter Weise - auf, ihre Vorurteile (gegenüber der Arbeiterbewegung) zu überwinden und zu denen zu finden, die die neue Gesellschaft wollen, was aus dem gesamten Kontext heraus nichts anderes heißen konnte, als sich mit der sozialistischen Arbeiterbewegung zu verbünden.

Die Berichte der LLZ und SSZ über das Kinderelend verblieben also nicht nur auf der Ebene der bloßen Beschreibung und der Aufforderung, Hilfe für die notleidende Jugend zu leisten, sondern sie suchten auch nach den tieferen Ursachen dieses Elends und diskutierten Lösungen in größeren wirtschafts- und gesellschaftspolitischen Zusammenhängen.[9]

Unübersehbar orientierten sie sich dabei auch an Vorstellungen, wie sie vom freigewerkschaftlichen und politischen Teil der Arbeiterbewegung vertreten wurden. Diese weltanschauliche Nähe zur sozialistischen Arbeiterbewegung, auf die ausführlicher im Rahmen des Kapitels über den SLV eingegangen werden soll, wird auch deutlich, wenn man sich die auf dem Höhepunkt der wirtschaftlichen, sozialen und politischen Krise 1923 ver-

---

[9] Dies ergibt sich auch aus Aktivitäten der 75 Bezirkslehrervereine des SLV. Im Jahresbericht des SLV für 1923 hieß es hinsichtlich der Reaktionen der Bezirkslehrervereine auf die wirtschaftliche Notlage: "Aber man sieht nicht tatenlos und resigniert zu. Von sich selbst aus gehen die Vereine daran, die Ursachen des wirtschaftlichen Elends zu suchen und Grundsätzliches zur Besserung der Wirtschaft mit herbeizuschaffen. Schon vor Freiberg, nach der Freiberger Versammlung aber ganz besonders, setzte die Beschäftigung mit Wirtschaftsfragen und wirtschaftlichen Problemen ein. Wirtschaftspolitische Ausschüsse werden selbst in vielen kleinen Vereinen gegründet, nachdem die Großstädte vorangegangen sind. Allgemeine Wirtschaftsfragen, einige Hauptprobleme der Wirtschaft, besonders die Bedarfsdeckungswirtschaft, Gemeinwirtschaft, die Grundlagen der gegenwärtigen Wirtschaftsverhältnisse, wichtige Probleme der Volkswirtschaft, die Bodenreformfrage u.a.m. kommen wiederholt und ausgiebig zur Erörterung ..." (LLZ 1924 Nr. 10, S. 166).

faßten Artikel zu den wirtschaftlichen und gesellschaftlichen Verhältnissen anschaut. Es ließen sich leicht eine Fülle von Berichten und Stellungnahmen nennen und zitieren, die Zeugnis ablegten vom demokratischen Geist, der gewerkschaftlichen Orientierung und dem unablässigen Eintreten für eine sozialere und gerechtere Gesellschaftsordnung des SLV und die zeigten, mit welcher Offenheit und welch hohem Grad an analytischer Schärfe er sozioökonomische und politische Zusammenhänge offenzulegen vermochte und dabei schärfste Kritik an den wirtschaftlichen Machteliten und deren politischem Einfluß übte. Zwei Stellungnahmen aus der LLZ mögen das illustrieren. In ihrer Ausgabe vom 7. November 1923 begann ein Artikel bezugnehmend auf die Überschrift "Monopolmacht und Volksnot":

"In diesem Gegensatz liegt die tiefere Ursache zu den erbitterten Kämpfen im heutigen Wirtschaftsleben. Ein ganzes Volk unter der Diktatur der Syndikate und Kartelle, unter dem Machtgebot einer verschwindend kleinen Wirtschaftsgruppe - soll das ein Zustand für alle Zeiten werden? Seit Jahren wird der ungleiche Kampf der beiden Lager mit aller Schärfe geführt. Er hat unsere Wirtschaft an den Rand des Abgrundes gebracht, er hat das Volk dem Elend und Verderben preisgegeben. Ist das, was wir jetzt von Tag zu Tag erleben, ein letztes Ringen um die wirtschaftliche Macht - oder ist bereits die Entscheidung zugunsten der Monopolstellung kleiner Wirtschaftsgruppen endgültig und unabänderlich gefallen? Vom Ausgange des Kampfes, in den wir alle hineingezogen sind, wird es abhängen, welchen Weg die innere Entwicklung unseres Volkslebens gehen wird" (LLZ 1923 Nr. 35, S. 530).

An anderer Stelle hieß es bezüglich der wirtschaftlichen Machtkonzentration:

"Aber über dem Monopol der Warenproduktion und der Warenzirkulation erhob sich in den letzten Jahren die gewaltige Monopolmacht des Großkapitals. Große Inflationsgewinnler haben in der tiefsten Not des Staates und des Volkes ein Stück des deutschen Volksvermögens nach dem anderen in ihren Eigenbesitz gebracht und ihrem Machtstreben unterstellt. Mit Valutagewinnen und Monopolgewinnen und mit geschenktem Kredit erweiterten sie ihre Unternehmungen täglich und kauften auf, was ihnen irgend nur erreichbar war. Kohlengruben und Eisenwerke, Schiffe und Maschinenfabriken, Hotels und Landgüter, Zeitungen und Wälder gingen in den Besitz der Riesenspekulanten über. Und dieser Reichtum, an einzelnen Stellen zusammenfloß, verband sich mit der goldenen Internationale des Kapitals, die niederhält, was kulturellen, politischen, volkswirtschaftlichen und sozialen Fortschritt bedeutet" (ebd.).

Vierzehn Tage später, am 21. November schrieb die LLZ, diesmal unter der Überschrift: "Unter der Diktatur des Kapitals":

"Der Kampf geht zu Ende. Das gewaltige Ringen zwischen Arbeit und Kapital, das seit Jahren unsere Volkswirtschaft zerwühlt, hat zu einem unbestrittenen Erfolge der Schwerindustrie und des Großkapitals geführt. Die unheilvolle Inflation, die Großindustrie und Agrarkapital durch ihre Börsengeschäfte ins Unermeßliche gesteigert haben, hat den Widerstand der Arbeit-

nehmerschaft gebrochen. Kaltlächelnd und rücksichtslos stehen die Sieger heute da und pochen auf ihre Macht" (LLZ 1923 Nr. 37, S. 558 f.).

Der Bericht geht im weiteren dann u.a. darauf ein wie die Kapitalseite versucht, den politisch Verantwortlichen ihre Vorstellungen zu diktieren, Arbeitnehmerrechte zu ignorieren und abzubauen und knüpft daran dann die Feststellung: "Herr Stresemann nimmt dies ruhig, ja man ist versucht zu sagen, gehorsam entgegen. Das Parlament wird vertagt, die private Wirtschaft diktiert" (ebd. , S. 559).[10] Zum Schluß des Artikels wird selbstbewußt zum politischen Handeln aufgefordert:

> *"In einer solchen Lage wäre jedoch nichts törichter, als den Kleinmütigen, Verzagten zu spielen. Hier heißt es, zur Selbsterhaltung auch die letzten Kräfte aufzubieten, um dem reißenden Strome einen festen Damm entgegenzusetzen. Wir zweifeln nicht daran, daß es der Arbeitnehmer- und Verbraucherschaft gelingen müßte, die schlimmsten Gefahren abzuwenden, wenn sie auf dem Posten ist. Freilich genügen nicht schöne Reden, es hilft auch nicht die einträchtigste Versammlungsstimmung. Was uns retten kann, ist klares Schauen und festes Handeln. Wir **dürfen** nicht unterliegen. Wo sind die Millionen Arbeitnehmer, um deren Schicksal es geht? Haben sie alle ihre Organisationen zum Abwehrkampfe gestärkt; sind sie alle eingetreten für das Zustandekommen einer geschlossenen Arbeitnehmer- und Verbraucherfront? Hat jeder einzelne in der Öffentlichkeit, wo es ihm möglich war, an seinem Teile seine Pflicht getan? Wer heute nicht sieht, was er zu tun hat, wer willenlos hinnimmt was ihm die gegnerische Selbstsucht diktiert, verdient sein Schicksal mit Recht. Die Gesamtheit aber reißt er mit hinunter in den Strudel des Verderbens" (LLZ 1923 Nr. 37, S. 559).*

---

[10] Schon Mitte Oktober hatte die SSZ in ähnlicher Weise, vor allem im Hinblick auf die Diktaturpläne von Rechts, geschrieben: "Das **Reich** ist durch eine schwere Krise gegangen. Nicht genug, daß ein zweiter Krieg verloren war, die Regierung, die aus dieser Niederlage herausführen sollte, wurde in frivolster Weise ins Wanken gebracht. Die Männer der Wirtschaft waren am Werk. Das Geld drängte. Die Konservativen trieben, und einer von der Partei des Kanzlers selbst führte den Stoß. Gegen Marxismus und Achtstundentag war das Geschrei, in Wirklichkeit ging es darum, daß wieder der Besitz in seinem Interesse regierte, wie einst, wie noch bis vor fünf Jahren, wie eigentlich immer. Die im November 1918 so schnell und lautlos verschwanden - sie wußten warum - die glaubten ihre Zeit wieder gekommen. Sie haßten den Staat, es war nicht ihr Staat. Sie gaben ihm nichts, es war bei ihm zuviel von Freiheit und Volk die Rede. Von Erzberger über Rathenau bis zu den letzten Ereignissen ist es eine einzige große Linie gegen die Republik. Bayern hatte die Wege geebnet, und der Belagerungszustand mit der Herrschaft des Militärs war günstig. Jetzt erfahren wir, daß die Vorbereitungen zum Rechtsputsch viel größer gewesen sind als bekannt geworden ist" (SSZ 1923 Nr. 32, S. 473).

IV. Die Arbeiterparteien als Träger der Schulreform

Wichtigster Garant für die fortschrittliche Schulreform in Sachsen zwischen 1918/19 und 1923 war die parlamentarische Mehrheit der Arbeiterparteien zunächst in der Sächsischen Volkskammer, später im Landtag. Hinzu kam, daß im protestantisch geprägten Sachsen das Zentrum als politische Kraft parlamentarisch keine Bedeutung erlangen konnte und somit - anders als in Preußen und im Reich - als möglicher Koalitionspartner der SPD und Hemmschuh einer fortschrittlichen Schulreformpolitik ausfiel.

Schon in der Volkskammer 1919/20 hatten SPD und USPD, die in Sachsen eine ihrer Hochburgen besaß, - ungeachtet aller politischen Differenzen - in der Schulpolitik zusammengearbeitet und so die gegebenen Mehrheitsverhältnisse genutzt. Das im Juli 1919 verabschiedete "Übergangsgesetz für das Volksschulwesen" war ein erstes sichtbares Ergebnis dieser partiellen Zusammenarbeit, die selbst dann noch aufrechterhalten wurde, als die SPD seit Oktober 1919 eine Koalition mit der DDP einging.

Die sozialistische Mehrheit in der Volkskammer wurde also schon sehr früh, nämlich im Sommer 1919 zu einem zeitweisen Zusammengehen von SPD und USPD in der Schulpolitik genutzt, auch wenn es zunächst noch zu keinem festen Regierungsbündnis beider Parteien kam. Spätestens seit der Landtagswahl vom November 1920, die sowohl der SPD, als auch besonders ihrem bürgerlichen Koalitionspartner, der DDP, erhebliche Stimmenverluste gebracht hatte, war die Mehrheitssozialdemokratie dann bei der Regierungsbildung mehr denn je auf die USPD und auch die erstmalig in das sächsische Landesparlament gewählte KPD angewiesen, wollte sie die bisherige Koalition mit der DDP nicht nach rechts um die DVP erweitern, wofür es allerdings innerhalb der sächsischen SPD ohnehin keine Mehrheit gab. Tatsächlich ist es dann ja, wie bereits beschrieben, zu einer sozialistischen Minderheitsregierung aus SPD und USDP gekommen, die von der KPD mit Unterbrechungen bis zum Oktober 1923 toleriert wurde. Das Zustandekommen einer tragfähigen Regierung und damit der Ausschluß aller bürgerlichen Parteien von der Regierungsverantwortung sind eine weitere zentrale Voraussetzung für das ansatzweise Gelingen einer umfassenden

Schulreformpolitik in Sachsen zwischen 1918 und 1923 gewesen. Mit diesen Ausgangsbedingungen unterschieden sich die bildungspolitischen Voraussetzungen in Sachsen grundlegend von denen der meisten anderen Länder, nicht zuletzt von denen der beiden Stadtstaaten Bremen und Hamburg, die zwar traditionell ebenfalls zu den Hochburgen der Arbeiterbewegung zählten, in denen es aber - aus hier nicht näher zu erörternden Gründen - nach der Novemberrevolution nicht zu einer tragfähigen Zusammenarbeit der Arbeiterparteien gekommen war. Lediglich für Braunschweig und Thüringen lassen sich ähnliche Verhältnisse wie für Sachsen nachweisen. Beide Länder waren ebenfalls protestantisch geprägt und ohne starkes katholisches Zentrum, in beiden Ländern gab es eine starke Arbeiterbewegung und insbesondere eine starke USPD, was hier - wie auch in Sachsen - 1920 bzw. 1921 zu SPD/USPD-Koalitionsregierungen und in der Folge auch zu demokratischen Schulreformansätzen führte.[1] So wichtig die von den Arbeiterparteien politisch genutzte sozialistische Mehrheit im sächsischen Landesparlament als Voraussetzung für die Schulreform in Sachsen war, gab es weitere Faktoren zu deren Erklärung. Einen in seiner Bedeutung nicht zu unterschätzenden Faktor wird man in den Erfahrungen sehen können, die die sächsische SPD in den schulpolitischen Auseinandersetzungen der Vorkriegszeit, vor allem in den Jahren 1910 bis 1912, als es um die grundlegende Reform des alten 1873er Volksschulgesetzes ging, sammelte. Der Anstoß für die damalige Reform ging zwar von den Nationalliberalen und den Freisinnigen aus, die beide Ende 1907/Anfang 1908 entsprechende Anträge im Sächsischen Landtag eingebracht hatten (GÖHRE 1910, S. 22 f.),

---

[1] Schon vor der Gründung des Landes Thüringen im Jahre 1920 hatte es in den damals noch selbständigen Einzelstaaten Gera-Reuß, vor allem aber in der USPD-Hochburg Sachsen-Gotha unter der dortigen USPD-Regierung Ansätze einer demokratischen Schulreformpolitik gegeben. Der Leiter des Schulwesens Hugo Jacobi (USPD, später KPD) hatte z.B. die Schulverwaltung neu geordnet und die Aufsicht über das Schulwesen der juristischen Bürokratie des Innenministeriums und den Landräten entzogen und einem neu geschaffenen Landesbildungsamt unterstellt, dessen Leitung er selbst übernahm. Neue Bezirksschulämter wurden errichtet und mit Fachleuten (u.a. Arbeitsschulpädagogen) besetzt. Außerdem wurde eine Aufbauschule und eine Arbeiterhochschule gegründet, die von Hermann Duncker geleitet wurde. Diese und andere Maßnahmen (Religionserlaß) wurden von der sich nach dem Kapp-Putsch etablierenden bürgerlichen Regierung samt und sonders rückgängig gemacht. Jacobi wurde entlassen. Lehrer, die sich zur USPD oder zum Verband sozialistischer Lehrer bekannten, wurden von der neuen bürgerlichen Regierung unter Otto Liebetrau (DDP) unter Androhung dienstlicher Konsequenzen unter Druck gesetzt (STÖHR 1978, Band 1, S. 387 f.; MITZENHEIM 1964, S. 42 ff.; zahlreiche Artikel zur "Schulrevolution in Gotha" in der Thüringer Lehrerzeitung, Jahrgänge 1919 und 1920).

zu einer Zeit also, da die Sozialdemokratie aufgrund des bestehenden Wahlrechts mit nur einem Abgeordneten in der Zweiten Kammer vertreten war. In den folgenden Jahren hat sich dann aber keine Partei innerhalb und außerhalb des sächsischen Parlaments - seit der Landtagswahl 1909 war die SPD aufgrund des neuen Pluralwahlrechts wieder mit 25 Abgeordneten in der Zweiten Kammer vertreten - so konsequent und intensiv für eine umfassende Volksschulreform und für die Belange der Volksschullehrerschaft eingesetzt bzw. die Frage der Volksschulreform so zu ihrer ureigensten Sache erklärt wie die sächsische Sozialdemokratie (FLEIßNER 1913, S. 795).[2]

Der Einsatz der sächsischen SPD für eine Reform der Volksschule nahm seinen Ausgang von deren Landesversammlung vom 4.-6. September 1910 in Leipzig. Dieser Landesparteitag war einzig und allein der Volksschulreform gewidmet, die als einziger Verhandlungspunkt auf der Tagesordnung stand. Heinrich Schulz, einer der führenden Schulpolitiker der SPD, hielt das Hauptreferat. Die Landesversammlung nahm schließlich einstimmig eine Resolution an, in der es nach einigen allgemeinen Ausführungen zur Funktion der Volksschule in den kapitalistischen Staaten und zu den Aufgaben und Zielen der Erziehung im Sozialismus hieß:

"Um die klassenstaatliche Volksschule im Sinne des sozialistischen Erziehungszieles vorwärts zu entwickeln, stellt die Landesversammlung der sozialdemokratischen Partei Sachsens zunächst die folgenden Forderungen auf:
1. Schaffung eines Reichsschulgesetzes auf der Grundlage der Einheitlichkeit und Weltlichkeit des gesamten Schulwesens.
2. Organische Angliederung der höheren Bildungsanstalten an die allgemeine Volksschule. Unentgeltlichkeit des Unterrichts, der Lehr- und Lernmittel und der Verpflegung in den öffentlichen Schulen. Beihilfe des Staates für die Weiterbildung befähigter aber unbemittelter Schüler ohne Beeinträchtigung der bürgerlichen Rechte der Eltern. Gemeinsame Erziehung von Knaben und Mädchen.
Errichtung von Fach- und Fortbildungsanstalten für die schulentlassene Jugend ohne Unterschied des Geschlechtes. Obligatorischer Besuch während der Tageszeit bis zum vollendeten achtzehnten Lebensjahr.
Errichtung von Erziehungs- und Verpflegungsanstalten für das vorschulpflichtige Alter (Kindergärten) weltlichen Charakters. Errichtung von Schulheimen, in denen die Kinder in den unterrichtsfreien Tagesstunden leibliche und geistige Fürsorge finden.
Errichtung von besonderen Klassen und Schulen für abnorme Kinder (schwachbegabte, blinde, taubstumme, epileptische). Gründung von Sanatorien für schwächliche und kränkliche Kinder. Ueberwachung des Gesundheitszustandes der Kinder durch Schulärzte. Schaffung von Ferienkolonien. Errichtung von Bädern und Schwimmhallen in den Schulen. Bau

---

[2] Ein Urteil, das sich insgesamt auch mit den Ergebnissen der Dissertation von Horst Idel: "Der Kampf um das sächsische Volksschulgesetz vor dem Ersten Weltkrieg unter Berücksichtigung der Rolle der SPD" (1968) deckt.

und Ausgestaltung der Schulgebäude nach den Forderungen der Schulhygiene.
3. *Organisation und Durchführung des inneren Schulbetriebes, Festsetzung der Schülerzahl für die einzelnen Klassen, Auswahl der Unterrichtsstoffe, Aufstellung des Lehrplans erfolgen ausschließlich nach pädagogischen Grundsätzen und unter Mitwirkung der Lehrer und Lehrerinnen. Abschaffung des Religionsunterrichts. Einführung des Arbeitsunterrichts in allen Schulen. Errichtung von Lehrwerkstätten. Pflege der künstlerischen Bildung.*
4. *Uebernahme der Schullasten auf den Staat. Mitwirkung der Eltern und der Lehrerschaft bei der Schulverwaltung. Gleichberechtigung beider Geschlechter. Verminderung der Aufsichtsorgane. Fachschulaufsicht.*
5. *Materielle und soziale Hebung der Lage der Lehrer und Lehrerinnen entsprechend der Bedeutung ihrer Aufgabe und zur Erzielung der höchsten persönlichen Leistungsfähigkeit. Universitätsbildung für sämtliche Lehrer und Lehrerinnen an öffentlichen Volksschulen. Gleichberechtigung beider Geschlechter in der Lehrtätigkeit und in der Besoldung. Schaffung eines Landesschulbeirats zur Unterstützung der Landesschulbehörde, zusammengesetzt aus den frei gewählten Vertretern der gesamten Lehrerschaft des Landes. Beseitigung aller besonderen Disziplinarbestimmungen für Lehrer und Lehrerinnen.*
6. *Errichtung von Volksbibliotheken, Lesehallen und anderen Einrichtungen für Volksbelehrung und -unterhaltung (Volkskonzerte, Volksvorstellungen, Volksvorlesungen)."*
(Handbuch sozialdemokratischer Landes-Parteitage in Sachsen 1914, S. 97 f.).

Dieser Forderungskatalog entsprach im wesentlichen dem dritten Abschnitt der von Heinrich Schulz und Clara Zetkin dem Mannheimer Parteitag von 1906 vorgelegten Leitsätzen zum Thema "Volkserziehung und Sozialdemokratie", die seinerzeit allerdings aufgrund einer Erkrankung von Clara Zetkin nicht zur Besprechung und Abstimmung gekommen waren (SCHULZ 1911, S. 259 ff.).

Auch in den folgenden Jahren blieb die Schulreform ein vorherrschendes Thema innerhalb der sächsischen Sozialdemokratie, nicht zuletzt, weil die entscheidenden parlamentarischen Beratungen zur Volksschulreform noch bevorstanden. In der Erkenntnis, daß eine erfolgreiche Volksschulreform entscheidend auch vom Willen der Bevölkerung abhängig ist[3], entfaltete die SPD seit Anfang 1911 eine rege außerparlamentarische Aufklärungsarbeit. Mit Hilfe von Flugblättern und zahlreichen Versammlungen versuchte sie, die Bevölkerung mit ihrem Schulprogramm bekannt zu machen und von der Notwendigkeit einer grundlegenden Reform der Volksschule zu überzeugen. Die SPD schrieb sich in einem Flugblatt, das sie kurze Zeit nach dem Scheitern der Volksschulreform im Landtag im Februar 1913 veröffentlichte, selbst das Verdienst zu, "durch rege Agitation

---

3 So in einem Flugblatt des Zentralkomitees der sächsischen SPD vom Januar 1911 "Volk und Volksschule". Abschriftlich bei IDEL 1968 Anlage 4, S. XII-XX.

weiteste Kreise für die Volksschulreform interessiert, die Geister durch Flugblätter, unzählige Versammlungen und andere Kundgebungen aufgeschüttelt (sic!) zu haben. Seit den Wahlrechtskämpfen ist das sächsische Volk in einer landespolitischen Frage nicht wieder so in Bewegung gewesen, wie in der Frage der Schulreform."[4] In diesen Jahren hat sich die sächsische Sozialdemokratie als **die** Partei des Schulfortschritts profiliert, hat das hohe Engagement für die Volksschulreform ganz sicher mit dazu beigetragen, den Stellenwert von Schul- und Bildungsfragen innerhalb der Sozialdemokratischen Partei Sachsens zu erhöhen und ihr Selbstverständnis als Kulturpartei zu festigen; ein Selbstverständnis, das seinen sichtbarsten Ausdruck 1907 mit der Gründung einer der wohl bedeutendsten Kulturinstitutionen der Sozialdemokratie vor dem Ersten Weltkrieg überhaupt, dem Arbeiterbildungsinstitut in Leipzig, gefunden hatte.[5]

Weniger erfolgreich aus der Sicht der SPD verliefen die Verhandlungen zur gesetzlichen Neuregelung des Volksschulwesens in den beiden Kammern des Sächsischen Landtages vor dem Weltkrieg. Wohl arbeitete die SPD konstruktiv an der Verbesserung des von der Regierung eingebrachten Volksschulgesetzentwurfes mit und versuchte wenigstens einige ihrer Vorstellungen in den Entwurf einzubringen. Alle Vorstellungen einer fortschrittlichen Ausgestaltung des Volksschulwesens scheiterten letztendlich aber an der reaktionären Mehrheit der Ersten Kammer. Der von dieser im Laufe des Gesetzgebungsverfahrens überarbeitete Entwurf wurde schließlich gemeinsam von Sozialdemokraten, Nationalliberalen und Freisinnigen mit deutlicher Zweidrittelmehrheit in der Zweiten Kammer abgelehnt, so daß die Volksschulreform damals endgültig scheiterte, und zwar an den politischen Machtverhältnissen, deren Veränderung erst auch die notwendige Volksschulreform wieder stärker in den Mittelpunkt des politi-

---

[4] Vgl. Flugblatt der sächsischen SPD **"Schulreform und Sozialdemokratie"** vom Februar 1913. Abschriftlich bei IDEL 1968, S. XXIVXXXI, Zitat S. XXV. Auch der Sozialdemokrat Göhre schrieb schon im März 1911: "Seit Ende Januar 1911, nach Beendigung der diesjährigen Gemeinderatswahlen, in die die Schulfrage natürlich auch schon hineinspielte, ist sie (die SPD, B.P.) sodann allerorten in eine Agitationsbewegung eingetreten, die über Erwarten lebendig bisher verlaufen ist. Ein Flugblatt ist vorbereitet worden, zahlreiche Versammlungen finden im ganzen Lande statt. Das Interesse der Arbeiterbevölkerung daran ist in erfreulichstem Umfang rege; die Versammlungen sind glänzend besucht" (GÖHRE 1911, Sp. 327).

[5] Zum Arbeiterbildungsinstitut in Leipzig vgl. HEIDENREICH 1983; Hinweise zum Selbstverständnis der sächsischen SPD als Kulturpartei bei Klenke 1983, insbes. Band I, S. 366-445; Band II, S. 703-722 u. 834-845.

schen Geschehens rücken konnte. Der Zeitpunkt dieser Veränderung war mit dem Beginn der Novemberrevolution gekommen. Nun konnte die SPD auf den Fundus ihrer Erfahrungen aus den Volksschulreformkämpfen der Jahre 1910 bis 1912 zurückgreifen. Ihre im Jahre 1910 aufgestellten und dann im Landtag 1911/12 vertretenen Forderungen waren ja keineswegs überholt, sondern im Gegenteil nach wie vor von großer Aktualität und konnten nun zumindest für eine erste Phase der Schulreform durchaus einen brauchbaren Leitfaden darstellen.

Die Schulreform nach 1918 begünstigt hat sicherlich auch die Tatsache, daß mit Emil Nitzsche (1869-1931), Otto Uhlig (1872- 1950) und Hermann Fleißner (1865-1939) drei Politiker für die SPD bzw. USPD in der 1919 gewählten Volkskammer saßen, die schon 1911/ 1912 im damaligen Sächsischen Landtag schulpolitisch hervorgetreten waren. Fleißner und Uhlig gehörten zum Beispiel jener Deputation an, deren Aufgabe in der Überarbeitung des 1912 von der Regierung eingereichten Volksschulgesetzentwurfes bestand (IDEL 1968, S. 107). Uhlig war außerdem der Verfasser eines vom Landesvorstand der Sozialdemokratischen Partei Sachsens 1913 herausgegebenen, fast vierhundert Seiten umfassenden Buches "Die Volksschule. Eine Materialsammlung zur Schulreform". Alle drei Genannten hatten nach 1918, wenn auch zu unterschiedlichen Zeiten, Ministerposten inne. Nitzsche war Finanz-, Uhlig Innenminister und Fleißner leitete sogar von Ende 1920 bis Ende 1923 das Kultus- bzw. Volksbildungsministerium. Unter diesem personalen Aspekt ist weiterhin zunächst nur andeutungsweise darauf hinzuweisen, daß auch Volksschullehrer, die schon vor dem Ersten Weltkrieg in der Volksschulreformbewegung aktiv gewesen waren, nach 1918 für die Arbeiterparteien im Sächsischen Landtag saßen bzw. ins Kultusministerium berufen wurden. So zum Beispiel Arthur Arzt, der zum Bezirksvorsitzenden der SPD avancierte und maßgeblichen Anteil am Zustandekommen des Übergangsgesetzes für das Volksschulwesen hatte, oder Kurt Weckel, der zunächst für die USPD, seit der Landtagswahl 1922 dann auch für die SPD dem Landtag angehörte, später dessen Präsident wurde und der zeitweise als Lehrer an der Versuchsschule am Georgplatz in Dresden tätig war.[6] Auf diesen Einfluß sozialistischer oder sozialistisch

---

6   Arzt und Weckel haben gemeinsam vor dem Ersten Weltkrieg, im Jahre 1911, das Buch: "Die Arbeitsschule eine Notwendigkeit unserer Zeit" veröffentlicht, in dem sie schon deutlich ihre Sympathie und ihre Solidarität mit der Arbeiterschaft zum Ausdruck brachten.

orientierter Volksschullehrer auf die Schulreform wird vor allem im nächsten Kapitel noch näher einzugehen sein.

Bleibt an dieser Stelle festzuhalten, daß die Sozialdemokratische Partei Sachsens mit ihrem im Jahre 1910 verabschiedeten Schulprogramm, mit ihren Erfahrungen aus den schulpolitischen Auseinandersetzungen um die Volksschulreform in den Jahren 1911/12 und - stärker vielleicht als andere sozialdemokratische Landesverbände - aufgrund ihres Selbstverständnisses als Kultur- und Bildungspartei zum Zeitpunkt der Novemberrevolution über ein beträchtliches Maß an schulreformerischer Kompetenz und sicher auch über den notwendigen Veränderungswillen verfügte. Faktoren, die - zusammen mit weiteren die Schulreforn begünstigenden Umständen - erklären können, warum die Schulreform zum zentralen Schwerpunkt der sächsischen Landespolitik zwischen 1918 und 1923 werden sollte.

Nun ist die These von der schulreformerischen Kompetenz allerdings insofern zu relativieren bzw. einzuschränken, als sie sich zunächst einmal auf den Bereich der Volksschule und die damals noch eng mit ihr verbundene Fortbildungsschule (Berufsschule) bezieht. Für das höhere Schulwesen und die Lehrerausbildung trifft das sicher nicht in demselben Maße zu. Dies zeigt allein schon ein Blick auf die diesbezüglichen Passagen des Schulprogramms von 1910, die sich im wesentlichen in den Forderungen nach organischer Angliederung des höheren Schulwesens an die allgemeine Volksschule, nach Unentgeltlichkeit des Unterrichts, der Lehr- und Lernmittel und nach Beihilfen des Staates für die Weiterbildung befähigter aber unbemittelter Schüler erschöpft. Nicht zu bestreiten ist aber auch, daß die Reform der Volksschule durchaus eine gewisse Priorität beanspruchen durfte. Sie war schließlich das Fundament des gesamten Bildungswesens. Zusammen mit der Fortbildungsschule war sie für die Masse der Schüler(innen) die einzige und entscheidende schulische Sozialisationsinstanz. Aber auch die Schüler, die auf eine höhere Schule gehen konnten, mußten zunächst einige Jahre die Volksschule besuchen, da es in Sachsen - im Gegensatz etwa zu Preußen - keine besonderen Vorschulen zur Vorbereitung auf die höheren Schulen gab. Allerdings waren die sächsischen Volksschulen weitgehend klassenspezifisch unterteilt in einfache, mittlere und höhere, die sich nicht nur hinsichtlich der Höhe des zu entrichtenden Schulgeldes, sondern auch bezüglich des Lehrplanes voneinander unterschieden. Daß die Sozialdemokratie nach 1918 ihr Augenmerk zunächst fast ausschließlich auf die

Volksschulen und deren Reform richtete, erscheint unter den genannten Aspekten durchaus plausibel. Es erklärt u.a. auch, warum in Sachsen die Reform des höheren Schulwesens erst so spät, nämlich Ende 1922/Anfang 1923, in Angriff genommen wurde. Für diese, gerade unter dem Gesichtspunkt der Demokratisierung des gesamten Schulwesens ebenfalls dringend notwendige Reform wäre natürlich ein durchdachtes pädagogisches und organisatorisches Gesamtkonzept hilfreich, ja unverzichtbar gewesen. Dies hat es - soweit ersichtlich - für den hier untersuchten Zeitraum aber ebensowenig gegeben wie es zu einer Weiterentwicklung des Landesschulprogramms von 1910 insgesamt gekommen ist. Wie und unter welchen Umständen die Reform des höheren Schulwesens sich vollzog, wird ausführlicher in Teil B, Kap II behandelt.

Wenn festgestellt wurde, daß die sächsische Sozialdemokratie aufgrund ihrer schulpolitischen Erfahrungen der Vorkriegszeit recht gut vorbereitet war auf die sich durch die Novemberrevolution plötzlich eröffnenden Möglichkeiten einer Reform des Schulwesens, so trifft diese Feststellung ohne jede Einschränkung natürlich auch auf die sächsische USPD zu, die sich ja erst im Verlauf des Ersten Weltkriegs von der SPD abgspalten hat. Betrachtet man die Verhältnisse auf Reichsebene, so war die USPD diejenige der beiden sozialdemokratischen Parteien, die am schnellsten nach 1918 mit neuen programmatischen Aussagen zum Bildungswesen hervortrat. Während die SPD ihr neues (Schul-) Programm auf dem Görlitzer Parteitag 1921 verabschiedete, kam die USPD bereits auf ihren beiden außerordentlichen Parteitagen im Jahre 1919 in Berlin und Leipzig zur Aufstellung entsprechender Grundsätze. Das Aktionsprogramm des Leipziger Parteitages forderte in schulpolitischer Hinsicht die "Vergesellschaftung aller öffentlichen Erziehungs- und Bildungseinrichtungen" und die "Öffentliche Einheitsschule mit weltlichem Charakter." Die Schule sollte nach "sozialistisch-pädagogischen Grundsätzen" ausgestaltet, "die Erziehung mit der materiellen Produktion" verbunden werden (zit. n. MICHAEL/SCHEPP 1974, S. 113). Ein zweiter Abschnitt bezog sich dann noch auf die Trennung von Kirche und Staat.[7] Die sächsische USPD befaßte sich im

---

[7] Einer vom Zentralkomitee eingesetzten Bildungskommission sollte es vorbehalten bleiben, einen ausführlicheren Entwurf eines Schulprogramms vorzulegen. Dieser wurde 1920 veröffentlicht. Vgl. Schulprogramm. Ein Entwurf der vom Zentralkomitee der Unabhängigen Sozialdemokratischen Partei eingesetzten Kommission für das Erziehungs- und Bildungswesen. Mit einem Vorwort von Georg Ledebour.

gust 1919 auf ihrem Landesparteitag in Leipzig mit Fragen von Erziehung und Bildung, denen sie bei der Verwirklichung des Sozialismus einen insgesamt recht hohen Stellenwert beimaß. So erforderten nach Richard Lipinski, der den Bericht des Landesvorstands abgab, die neuen politischen Aufgaben, die der USPD bevorstünden und die nicht mit einem Schlage zu lösen seien, sondern sich auf Kleinarbeit aufbauten, entsprechend geschulte Kräfte und im Sinne sozialistischer Erkenntnis aufgeklärte Arbeiter. Daher mahnte Lipinski eine erhöhte Aufmerksamkeit für die Jugend- und Bildungsarbeit der Partei an. So habe man z.B. nach dem neuen Übergangsschulgesetz die Möglichkeit, auf die Zusammensetzung der Schulausschüsse einzuwirken und somit Einfluß zu nehmen auf die Jugendpflege. Aber auch der ganze Komplex einer von der Partei mehr oder weniger selbständigen Jugendorganisation wurde von Lipinski angesprochen. Als Beispiel zur Förderung der Bildungsarbeit unter den Arbeitern wies er auf das in Leipzig bestehende Bildungssekretariat der Partei hin. Erhöhte Aufmerksamkeit forderte Lipinski auch für die Volkshochschulbewegung, deren Gefahren er in einer ideologischen Beeinflussung der Arbeiterschaft im Sinne der bürgerlichen Ideologie sah. Der Landesvorstand legte dem Parteitag deshalb Leitsätze zur Volkshochschulbewegung vor (Protokoll ... der außerordentlichen Landesversammlung der Unabhängigen Sozialdemokratischen Partei Sachsens ... 1919, S. 37 ff.).[8] In den Ausführungen Lipinskis ging es also mehr um Schulungs- und Bildungsarbeit der Partei und um Jugendarbeit und Arbeiterbildung als um Probleme des staatlichen Bildungswesens. Auf den folgenden Parteitagen (Landesversammlungen) bis 1922 wurde die

---

Berlin 1920. Zum Einfluß von Mitgliedern des Verbandes sozialistischer Lehrer auf dieses Schulprogramm vgl. STÖHR 1978, Band I, S. 342 ff.

[8] Diese Leitsätze lauten: "Es ist notwendig, daß die Unabhängige Sozialdemokratische Partei Sachsens der Volkshochschulbewegung, die sich auch in Sachsen allerorts ausbreitet, eine prüfende Beobachtung entgegenbringt. In einer Reihe mittlerer Städte bestehen bereits vorbereitende Ausschüsse für Volkshochschulkurse. Zum Teil ist die Arbeiterschaft nicht oder nur in geringem Maße hinzugezogen worden. Werden solche Ausschüsse ins Leben gerufen, so muß die Arbeiterschaft ihrer Stärke gemäß vertreten sein. Sie muß Anspruch darauf erheben, bei Auswahl der Lehrgebiete und der Lehrkräfte entscheidend mitzuwirken. Unsere Genossen müssen ihre Mitarbeit davon abhängig machen, daß die Unternehmungen der Volkshochschulbewegung nicht im antisozialistischen Geist erfolgen. Vor allen Dingen aber ist zu verlangen, daß die außerschulische öffentliche Bildungsarbeit durch ein staatliches Landesbildungsamt gefördert wird. Die Regierung ist aufzufordern, ein solches Bildungsamt für Sachsen einzurichten" (Protokoll ... der außerordentlichen Landesversammlung der Unabhängigen Sozialdemokratischen Partei Sachsens ... 1919, S. 38).

Schulpolitik nur in den Berichten der Landtagsfraktion thematisiert. Der Bericht der Landtagsfraktion auf der Landesversammlung vom Juli 1922 in Plauen i.V. und die sich daran anschließende Diskussion sind deshalb von besonderem Interesse, weil sie einen entscheidenden Einschnitt in der Schulreformpolitik signalisierten. Denn neben einer positiven Bilanzierung der bisherigen Schulreformpolitik wurde nun auch der Forderung nach der bislang vernachlässigten Reform des höheren Schulwesens, wie auch nach einer grundlegenden Strukturreform des gesamten Schulwesens stärkerer Ausdruck verliehen. Dies, so der Berichterstatter Hermann Müller (Leipzig), werde die dringende Aufgabe des neuen Landtages sein (Landesversammlung der Unabhängigen Sozialdemokratischen Partei Sachsens ... 1922, S. 35). Kultusminister Fleißner erkannte die Notwendigkeit eines neuen umfassenden Schulgesetzes in dieser Hinsicht uneingeschränkt an. Leider sei man "infolge des Ansturmes auf die sozialistische Regierung über die vorbereitenden Arbeiten nicht hinaus gekommen" (ebd., S. 37). Diesen Hinweis auf die Versuche der bürgerlichen Parteien, die sozialistische Minderheitsregierung zu stürzen, verband Fleißner gleichzeitig mit einer Kritik an der "Unverantwortlichkeit der kommunistischen Landtagspolitik" (ebd.). Man arbeite jedoch weiter auf das große Ziel eines neuen Schulgesetzes hin, zuvor müßten aber bei der Vielgestaltigkeit des sächsischen Schulwesens noch eine Anzahl von Einzelfragen gelöst werden (ebd.).

Die Protokolle der Landesversammlungen zeigen im übrigen, daß auch die sächsische USPD nach 1918 kein spezielles Landesschulprogramm diskutiert und entwickelt hat. Dennoch hatte sie in Sachsen seit der Novemberrevolution bis zu ihrer Wiedervereinigung mit der SPD einen entscheidenden Anteil an der Verwirklichung der Schulreform. Dies gilt schon für die Zeit der sozialdemokratischen Minderheitsregierung bis Oktober 1919 und die folgende SPD/DDP-Koalition. Während dieser knapp zwei Jahre unterstützte die USPD aus der Opposition heraus nicht nur die Schulpolitik der SPD weitgehend, sondern erwies sich auch als eine mitentscheidende und prägende Kraft. Das gilt in der frühen Phase in ganz besonderer Weise für den gesamten Komplex der weltlichen Schule, deren Einführung bzw. gesetzliche Verankerung im "Übergangsgesetz für das Volksschulwesen" letztlich auf die kompromißlose und konsequente Haltung der USPD-Volkskammerfraktion zurückzuführen war. Seit Dezember 1920 stellte zudem die

USPD mit dem schon in den schulpolitischen Auseinandersetzungen der Vorkriegszeit hervorgetretenen und bereits mehrfach erwähnten Hermann Fleißner den Kultusminister. Auch in dieser personellen Hinsicht ergeben sich auffällige Parallelen zu den Schulreformländern Braunschweig und Thüringen, in denen nämlich 1920 bzw. 1921 mit Hans Sievers bzw. später Otto Grotewohl (Braunschweig) und Max Greil (Thüringen) ebenfalls USPD-Mitglieder an die Spitze der jeweiligen Kultus- bzw. Volksbildungsministerien rückten.

Die sächsische KPD hat die Schulreformpolitik der sozialistischen Minderheitsregierungen durch ihre Unterstützung mit getragen und somit überhaupt erst ermöglicht. Ohne diese Unterstützung wäre sie aufgrund des Widerstandes der bürgerlichen Parteien nicht durchsetzbar gewesen. Diese Unterstützung geschah ungeachtet des prinzipiellen Standpunktes, daß ein sozialistisches Schulprogramm sich nicht innerhalb der kapitalistischen Gesellschaft verwirklichen lasse, daß die notwendige grundlegende Umgestaltung des Schulwesens die Eroberung der politischen Macht durch das Proletariat zur Voraussetzung habe, daß allerdings schon unter den Bedingungen des Kapitalismus die Schule einbezogen werden solle in den Kampf der Arbeiterklasse um die politische Macht.[9]

Im Sächsischen Landtag war es vor allem der schulpolitische Sprecher der KPD-Fraktion, der Volksschullehrer Ernst Schneller, der in seinen Reden einerseits zwar diesen prinzipiellen Standpunkt seiner Partei in den Debatten des Landtags vortrug und auch mit scharfer Kritik an Teilen der Schulreformpolitik der sozialistischen Minderheitsregierungen nicht sparte, der andererseits aber trotzdem die wichtigen Gesetzesvorlagen als Fortschritt für das sächsische Schulwesen anerkannte und die konstruktive Mit-

---

[9] Diese Gedanken finden sich zum Beispiel schon im Vorwort Edwin Hoernles zum Schulprogramm der "Freien Sozialistischen Jugend" (FSJ) vom Sommer 1919, dem ersten von mehreren inoffiziellen Bildungsprogrammen der KPD nach 1918. Hoernle vertrat in diesem Vorwort u.a. die Meinung, das Programm der FSJ solle "ein Mittel sein neben anderen, die kapitalistische Diktatur zu bekämpfen, die Köpfe des Proletariats zu revolutionieren, den Kampf, den wir in den Betrieben, auf der Straße, in den politischen Körperschaften führen, auch auf die Schule auszudehnen. Die Eroberung der Schule ist wie die Eroberung der Betriebe nur eine Seite, nur eine besondere Aufgabe in dem Gesamtprozeß der Eroberung der politischen Macht" (zit. n. GÜNTHER u.a. 1980, S. 434). Das Programm "Die kommunistische Schule" samt Vorwort ist auch abgedruckt bei v. WERDER/WOLFF 1970, S. 83-103. Hier auch weitere Dokumente zum "Schulkampf" der KPD. Zu den bildungspolitischen Programmen der KPD insgesamt GÜNTHER u.a. 1987, S. 557 ff. u. 602 ff.

arbeit und Unterstützung der KPD zusicherte. Zwei Beispiele aus den Reden Schnellers mögen dies exemplarisch belegen. So führte er etwa anläßlich der Beratungen des Gesetzentwurfes zur Umwandlung der Lehrer- und Lehrerinnenseminare im Februar 1922 im Landtag u.a. aus:

"Wir begrüßen den Entwurf, der uns vom Gesamtministerium vorgelegt ist, weil er ... einen Schritt vorwärts auf dem Wege der Gesamtreform des höheren Schulwesens bedeutet. (...) Wir erkennen dabei an, daß eine gründlichere Reform in der Kürze der Zeit nicht möglich ist, und werden deshalb auch bei der Beratung dieses Entwurfs weniger Wert darauf legen, unsere Wünsche für diese neue gründliche Reform vorzubringen, als darauf, daß dieser Gesetzentwurf möglichst bald verabschiedet wird" (SCHNELLER 1962, S. 268).

Einen Monat später im März 1922 bei der ersten Beratung des Schulbedarfsgesetzes sagte Schneller am Schluß seiner Rede, in der er den Gesetzentwurf einer detaillierteren Kritik unterzogen und Abänderungen verlangt hatte:

"Wir sind also bereit, an diesem Entwurfe sehr eifrig mitzuarbeiten, und wir hoffen, daß man sich nicht begnügen wird, bloß Kleinigkeiten zu ändern, sondern daß man im großen tiefgehende Beschlüsse faßt, damit wirklich das Schulwesen vorwärts kommt. Wir wissen dabei, daß ein endgültiges Vorwärtskommen nur möglich ist, wenn nicht mehr der Finanziminister die Majestät darstellt, von deren Gnaden der Unterrichtsminister auftreten kann, wenn also die Finanzfragen mehr in den Hintergrund treten können, d.h., wenn wir ein Staatsgebilde, eine Gesellschaftsform haben, wo die Kultur im Vordergrund und im Mittelpunkt steht und nicht alle möglichen Herrschaftszwecke zu Erhaltung einer bestimmten Gesellschaftsform, in diesem Falle der kapitalistischen Wirtschaftsform. Und wir sind der Meinung, daß die Reaktion erst dann besiegt sein wird, wenn der Kapitalismus endgültig besiegt ist" (ebd., S. 281).

Bei der zweiten Beratung des Schulbedarfsgesetzes im Juli 1922 beendete Schneller seine Rede schließlich mit einer positiven Gesamteinschätzung des Gesetzes und bekundete die Zustimmung der KPD:

"Wenn mit aller Energie an der Durchführung des Gesetzes gearbeitet wird, meinen wir, daß dieses Schulbedarfsgesetz einen ganz wesentlichen Fortschritt im Volksschulwesen bedeutet, und deshalb stimmen wir dem Gesetz zu" (ebd., S. 299).

Liest man die schulpolitischen Reden Ernst Schnellers, so wird man ihm wohl nicht Unrecht tun, wenn man feststellt, daß aus ihnen nicht nur der Kommunist, sondern nicht minder auch der "Entschiedene Schulreformer" und Vertreter der sächsischen Volksschullehrerschaft spricht.[10]

---

10 Ein besonders auffälliges Beispiel dafür ist Schnellers Position zu den Elternräten, die sich in auffallendem Gegensatz zur offiziellen Position der KPD befand. Wäh-

Wie schnell die konstruktive Haltung der sächsischen Kommunisten auf schulpolitischem Gebiet aber an die Grenzen ihrer revolutionären Zielperspektive stieß, wie gering sie die Schulreformpolitik letztendlich doch schätzten und wie schnell sie bereit waren, eben noch mitgetragene Fortschritte aufs Spiel zu setzen, zeigte sich u.a. sehr deutlich im Sommer 1922, als sie aufgrund von Fehleinschätzungen der politischen Stimmungslage im Land nach dem Rathenau-Mord zusammen mit den bürgerlichen Parteien die Landtagsauflösung durchsetzten und damit den möglichen Verlust der sozialistischen Landtagsmehrheit in Kauf nahmen. Trotz solcher Unberechenbarkeiten der KPD hielt die Zusammenarbeit mit den verschiedenen sozialistischen Minderheitsregierungen letztlich fast drei Jahre bis zum Oktober 1923.

---

rend die "Leitsätze für die Arbeit in den Elternbeiräten", die auf dem Vereinigungsparteitag von USPD und KPD im Dezember 1920 vorgelegt wurden, für die proletarischen Elternbeiräte ja gerade allumfassende Rechte und insbesondere Kontrollfunktionen auch bezüglich des gesamten inneren Schulbetriebes gefordert hatten, bis hin zu Mitbestimmungsrechten bei der Auswahl des Lehrstoffes, der Aufstellung der Lehrpläne und sogar der Aufstellung und Entlassung von Lehrkräften (die Leitsätze bei Günther u.a. 1980, S. 445 ff.), lehnte Schneller solche extensiven Mitwirkungs- und Kontrollrechte von Elternräten entschieden ab. In einer Debatte über die Wahldauer der Elternräte im Sächsischen Landtag am 24.5.1921 sah Schneller die Elternräte zwar keineswegs als eine unpolitische Instanz, stellte aber dennoch fest: "Ganz entschieden müssen wir uns dagegen wenden, wenn hier versucht werden sollte, den Elternrat hinzustellen als eine Aufsichtsinstanz (...) Es ist gar nicht seine Aufgabe, in der Schule zu spitzeln durch die Kinder, was die einzelnen Lehrer tun, und dann etwa in der Elternratssitzung oder in der Öffentlichkeit über die Lehrer herzufallen. Dazu sind die staatlichen Aufsichtsorgane und die Selbstverwaltungsorgane der Lehrerschaft da. Dort sind die Klagen anzubringen, aber keinesfalls beim Elternrat; denn sonst bekommen wir, nachdem die Schulaufsicht am Orte aufgehoben worden ist, eine viel schlimmere Schulaufsicht hinzu, nämlich die Schulaufsicht aller Gehässigkeit und aller Bliemchen Kaffeestuben und was dergleichen mehr ist, und da wären wir wirklich aus dem Regen in die Traufe geraten. Dann könnte sich kein Lehrer mehr retten, wenn wir das den Elternräten zubilligen wollten" (SCHNELLER 1962, S. 254). Mit diesen Ausführungen zu den Elternräten befand Schneller sich ganz auf der Linie des Sächsischen Lehrervereins.

V. Der Sächsische Lehrerverein und sein Bündnis mit den Arbeiterparteien in der Schulreformpolitik

Wurde die Schulreform in Sachsen überhaupt erst ermöglicht durch die sozialistische Mehrheit im Parlament, so erhielt sie ihre besondere Dynamik und Ausprägung durch das (schul-)politische und pädagogische Engagement der Volksschullehrerschaft. Denn in Sachsen wurde die gesamte Schulreform vom Sächsischen Lehrerverein (SLV) nicht nur nahezu vorbehaltlos verbal begrüßt und unterstützt, sondern auch produktiv begleitet, mitgetragen und mitgestaltet. Diese aktive Unterstützung und Einflußnahme von der Basis der Volksschullehrerschaft aus zählt ganz gewiß mit zu jenen Faktoren, die die sächsische Schulreform begünstigt und so in den Mittelpunkt des gesellschaftspolitischen Reformprogramms der sozialistischen Minderheitsregierungen gerückt haben.[1] Insofern ist es notwendig, sich in diesem Kontext näher mit dem Sächsischen Lehrerverein zu befassen. Nach einer kurzen Skizze der Vereinsgeschichte bis zur Novemberrevolution 1918/19 geht es im weiteren vor allem darum, Klarheit über grundsätzliche weltanschaulich-politische Positionen des SLV zu gewinnen, um auf dieser Grundlage erstens zu klären, warum es zu dem Bündnis mit den Arbeiterparteien in der Schulreformpolitik gekommen ist, und zweitens die spezifischen bildungspolitischen und pädagogischen Zielvorstellungen des SLV in den Blick zu nehmen.

---

[1] Interessant an dieser Stelle ist auch wieder der vergleichende Blick nach Braunschweig und Thüringen. Im Gegensatz zu Sachsen standen in diesen Ländern die Landeslehrervereine den dort eingeleiteten Schulreformen distanziert bis ablehnend gegenüber. In Braunschweig und Thüringen wurde die Schulreform aktiv unterstützt von der in diesen Ländern stark vertretenen Freien Lehrergewerkschaft Deutschlands (FLGD). Der Braunschweiger Volksbildungsminister Sievers und sein Thüringer Kollege Greil waren aktive Mitglieder in der FLGD. Bei der beschriebenen Haltung der Landeslehrervereine von Braunschweig und Thüringen ist es nicht weiter verwunderlich, daß Max Greil kaum Vertreter des Thüringer Lehrerbundes in führende Stellungen der Schulverwaltung berief, dafür aber einige sächsische Schulreformer, insbesondere aus Leipzig. So wurde z.B. Rudolf Bär zum Kreisschulrat von Arnstadt-Süd ernannt, Walther Kluge zum Kreisschulrat von Altenberg und der Leiter der Versuchsschule in Leipzig-Connewitz, Richard Wicke, ebenfalls zum Kreisschulrat von Saalfeld (LLZ 1922, Nr. 28, S. 535). Schließlich wechselte auch der bekannte Arbeitsschulpädagoge Karl Rößger nach Thüringen; er wirkte als Schulrat in Gotha (MITZENHEIM 1965, S. 50).

Die Gründung des SLV bzw. des "Allgemeinen Sächsischen Lehrervereins", wie er sich zunächst nannte, fiel - sicher nicht zufällig - in das Revolutionsjahr 1848. Auf der zweiten Allgemeinen Sächsischen Lehrerversammlung, die vom 3. bis 6. August 1848 in Dresden tagte - die erste hatte am 25. April in Leipzig stattgefunden - und an der nicht nur Volksschullehrer, sondern z.B. auch Seminar-, Gymnasial- und Universitätslehrer teilnahmen, wurden sowohl der Allgemeine Sächsische als auch der Allgemeine Deutsche Lehrerverein ins Leben gerufen. Es waren in der Hauptsache sächsische Lehrer an der Konstituierung des Deutschen Lehrervereins beteiligt. Dresden wurde als "Vorort" des Vorstandes bestimmt, dessen Mitglieder in der Mehrzahl dann auch von hier oder aus anderen Teilen Sachsens kamen (LEUSCHKE 1899, S. 15 ff.; PRETZEL 1921, S. 42 ff.; HIEMANN 1923, S. 133; ZIEGER 1932, S. 215-254). Das Scheitern der 1848er Revolution und die folgende Reaktionszeit hatten natürlich auch negative Auswirkungen auf den gerade erst neu entstandenen organisatorischen Zusammenschluß der Lehrerschaft und die von ihm in der Revolutionszeit erhobenen Forderungen für eine Reform des Schulwesens. So wurde den Volksschullehrern, denen die Herrschenden eine große Mitverantwortung am Ausbruch der Revolution anlasteten, mit Hilfe eines 1851 eigens verabschiedeten Gesetzes die Teilnahme an politischen Vereinen und der Besuch politischer Versammlungen bei Androhung der Entlassung untersagt. Das Vereinsleben der sächsischen Lehrerschaft, kaum richtig begonnen, kam denn auch in den fünfziger Jahren fast zum Erliegen. Zwar fanden auch in diesen Jahren weitere allgemeine sächsische Lehrerversammlungen statt, strittige und aktuelle Schulreformfragen, wie die schon 1848 geforderte Trennung von Schule und Kirche, standen aber nun nicht mehr auf der Tagesordnung (LEUSCHKE 1899, S. 31 ff.; ZIEGER 1932 S. 253f.).

Erst etwa Mitte der sechziger Jahre im Zuge einer Liberalisierung des politischen Lebens setzte auch wieder ein spürbarer Aufschwung in der Tätigkeit des SLV ein (LEUSCHKE 1899, S. 52 ff.; HIEMANN 1923, S. 134). Waren die Hauptaktivitäten in den dreißiger und vierziger Jahren von der Dresdner Lehrerschaft ausgegangen, so übernahmen nun die Chemnitzer und Leipziger Lehrer die Führung der sächsischen Volksschullehrerschaft.² Die nun aufkommenden Diskussionen innerhalb des SLV drehten sich in erster Linie um eine Reform des sächsischen Volksschulwesens, das zuletzt 1835 gesetzlich neu geregelt worden war. Im Jahre 1867 legte der Pädagogische Verein zu Chemnitz seine diesbezüglichen Forderungen und Wünsche in den sog. "Chemnitzer Thesen" vor und sandte sie als Denkschrift an den Landtag. Es folgte die 14. Allgemeine Sächsische Lehrerversammlung 1869 in Meerane mit ihren verabschiedeten Grundsätzen für eine Reform des Volksschulgesetzes. Sie verlangten Leitung und Beaufsichtigung der Volksschule nur durch Pädagogen, Teilnahme der Lehrerschaft an allen Angelegenheiten der Schule, insbesondere Mitwirkungsrechte im Schulvorstand, und Errichtung einer Landeslehrersynode, Verbesserung der Lehrerausbildung und der Besoldung und die staatsbürgerliche Gleichstellung der Volksschullehrer mit allen anderen Staatsbürgern (LEUSCHKE 1899, S. 59 f.; HIEMANN 1923, S. 134). Diese Grundsätze, in den folgenden Jahrzehnten teils modifiziert teils ergänzt, behielten bis zur Novemberrevolution ihre Gültigkeit. Mit seinen schulpolitischen Initiativen der sechziger Jahre konnte der SLV erste bescheidene Erfolge erzielen, als mit Unterstützung und Hilfe einer reformwilligen liberalen Mehrheit in der Zweiten Kammer des Sächsischen Landtages 1873 ein neues Volksschulgesetz verabschiedet wurde. Nachdem die schulpolitischen Diskussionen und Bemühungen somit vorerst einen gewissen Abschluß gefunden hatten, ging der SLV nun an eine Reorganisation des Vereins, der auf eine breitere Basis von Mitgliedern gestellt werden sollte. Bis in die siebziger Jahre hinein war der SLV, wie Alfred Leuschke, seit 1899 Vorsitzender des SLV und einer ihrer bedeutendsten Vereinsgeschichtsschreiber, schrieb, "ein Verein ohne Mitglieder" (LEUSCHKE 1899, S. 66), ihm fehlte unterhalb der Ebene des Landesvereins der organisatorische Unterbau und der für eine einflußreiche Interessenvertretung notwendige hohe Organisationsgrad der Volksschullehrer. Die neue Satzung, die der SLV sich im Jahre 1874 gab, sah aus diesem Grunde die Gliederung in Bezirks- und unterhalb dieser eine

---

2   Der Chemnitzer Lehrerverein wurde als einer der ersten Lehrervereine, als Pädagogischer Verein zu Chemnitz, bereits im Jahre 1831 gegründet (Fiedler 1931). Die Gründung des Pädagogischen Vereins zu Dresden erfolgte zwei Jahre später 1833 ("Hundert Jahre Dresdener Lehrerverein", in: LLZ 1933, Nr. 5, S. 139-146; "Hundert Jahre Dresdner Lehrerverein, eine Chronik", in: SSZ 1933, Nr. 5, S. 118-127). Der dritte große und bedeutende Lehrerverein in Leipzig wurde 1846 anläßlich einer Festveranstaltung zum 100. Geburtstag Pestalozzis gegründet (HERTEL 1921; STROBEL 1931; GEBLER 1961, S. 27 ff.; UHLIG 1983; NAUMANN u.a. 1987; PEHNKE/UHLIG 1988).

nochmalige Unterteilung in Zweigvereine (Ortsvereine) vor (§ 4 der Satzung, vgl. LEUSCHKE 1899, S. 69 f.).

Diesen Jahren des schulpolitischen Aufbruchs und der organisatorischen Stärkung des Vereins folgten solche größerer Ruhe und Beschaulichkeit. Vor allem in den neunziger Jahren, so Ernst Beyer in seiner Geschichte des Sächsischen Lehrervereins (1923), habe der Vorsitzende Friedrich Schumann (Dresden) den Verein "im Geiste der Beharrung" geführt (BEYER 1923, S. 9). Er sei "jedem ernsthaften Kampfe gegen die Reaktion aus dem Wege" gegangen (ebd., S. 7). Auch die Sächsische Schulzeitung[3], so Beyer, "hielt sich sorgfältig vom schulpolitischen Kampfe fern; sie mied die Erörterung aller aktuellen Fragen und führte so ein harmloses Dasein abseits von allen schulpolitischen und pädagogischen Kämpfen" (ebd.). Die Opposition gegen diesen Stillstand formierte sich vom Leipziger Lehrerverein aus, der sich zur Propagierung seiner schulpolitischen und pädagogischen Ziele im Jahre 1893 mit der Herausgabe der Leipziger Lehrerzeitung ein eigenes Organ schuf, das zusammen mit der Sächsischen Schulzeitung in der Weimarer Republik "zu den progressivsten Elementen in der deutschen Lehrerpresse" zählte (BÖLLING 1978, S. 76). Daß diese Oppositionsbewegung von der Leipziger Volksschullehrerschaft, die im übrigen auch in den folgenden Jahren und Jahrzehnten immer zu den politisch bewußtesten und programmatisch einflußreichsten Teilen der sächsischen Lehrerschaft zählte, ihren Ausgang nahm, wird man mit den besonderen geistig-kulturellen und vor allem politischen Gegebenheiten dieser bedeutenden Industrie-, Handels- und Universitätsstadt in Zusammenhang bringen können. Daneben dürfte auch die soziale Herkunft der Leipziger Volksschullehrer eine gewisse Rolle gespielt haben. Immerhin waren im Jahre 1903 allein 14% von ihnen Arbeitersöhne, ein Anteil, der beispielsweise weitaus höher lag als in den preußischen Lehrerseminaren (BÖLLING 1983, S. 79). Der schulpolitischen Arbeit des LLV war es in der Hauptsache zu verdanken, daß sich vor allem nach der Jahrhundertwende im SLV insgesamt wieder stärker fortschrittliche pädagogische und schulpolitische

---

[3] Die Sächsische Schulzeitung erschien zum ersten Mal 1833 als "Schul- und Ephoral-Bote aus Sachsen, Wochenblatt für vaterländisches Kirchen- und Schulwesen und Archiv für Mitteilungen Sächsischer Schulvorstände in Stadt und Land" (LEUSCHKE 1899, S. 104; "Hundert Jahre Sächsische Schulzeitung", in: LLZ 1933, Nr. 1, S. 3 f. u. KLOTZ, Georg: Hundert Jahre Sächsische Schulzeitung, in: SSZ 1933, Nr. 1, S. 2-8.).

Positionen durchsetzten. Sichtbarer Ausdruck dieser Entwicklung waren die Diskussionen um die Reform des Religionsunterrichts, die im Jahre 1908 mit der Verabschiedung der "Zwickauer Thesen" einen vorläufigen Abschluß fanden und mit denen der SLV sich die erbitterte Feindschaft der Evangelisch-lutherischen Kirche zuzog, und das in den folgenden Jahren während der Beratungen und Auseinandersetzungen um ein neues Volksschulgesetz erarbeitete Schulreformprogramm, mit dem sich die Vertreterversammlung in Dresden 1910 ausführlich befaßt hatte und das 1911 unter dem Titel "Wünsche der sächsischen Lehrerschaft zu der Neugestaltung des Volksschulgesetzes" veröffentlicht und der Regierung übergeben wurde. Der SLV forderte in diesem Schulprogramm u.a. die Beseitigung der dreigeteilten sächsischen Volksschule und stattdessen die Einführung eines mindestens vierjährigen, für alle Kinder gemeinsamen Volksschulbesuches, die innere Ausgestaltung der Volksschulen nach reformpädagogischen Grundsätzen (Gesamtunterricht, Förderung der Selbsttätigkeit der Schüler(innen), Prinzip des heimatkundlichen Unterrichts, Errichtung von Schulgärten), die Einrichtung von Versuchsklassen und -schulen, die Befreiung des Religionsunterrichts von kirchlicher Aufsicht, die Schaffung interkonfessioneller Schulgemeinden, die Aufhebung jeglicher Ortsschulaufsicht, sei sie durch Direktoren oder Geistliche ausgeübt, die Trennung von Schul- und Kirchendienst, weitgehende Selbstverwaltungsrechte für die Lehrerschaft, Beteiligung von interessierten Laien an der Schulverwaltung, die Bildung von Bezirksschulbeiräten und einem Landesschulbeirat, die Verbesserung der Schulhygiene, einschließlich der Bestellung von Schulärzten, die Schaffung von Einrichtungen für das vorschulpflichtige Alter, die Erweiterung der Fortbildungsschulpflicht (Berufsschulpflicht) auch auf Mädchen, die Schaffung von Weiterbildungsmöglichkeiten über das fortbildungsschulpflichtige Alter hinaus, die Verbesserung der Volksschullehrer(innen)ausbildung und der Besoldung und nicht zuletzt die Gewährung voller staatsbürgerlicher Rechte für die Lehrer und die Verringerung der Pflichtstundenzahl auf 24 Stunden (Wünsche der sächsischen Lehrerschaft ... 1911).

Dieses umfassende Schulreformprogramm, mit dessen Grundforderungen der SLV auch in die bildungspolitischen Auseinandersetzungen in und nach der Novemberrevolution 1918/19 eingriff, dokumentierte schon vor dem Ersten Weltkrieg die im Vergleich zum DLV fortschrittliche Position des SLV und seine Zugehörigkeit zum linken Flügel der organisierten deutschen Volksschullehrerschaft. Mit dieser bildungspolitischen Standortbestimmung, die ja auch eine recht starke antiklerikale Komponente enthielt, und seinem Engagement für eine umfassende organisatorische wie pädagogische Volksschulreform geriet der SLV denn auch sogleich in Konflikt mit den herrschenden konservativen Interessengruppen und der teilweise eng mit diesen verbundenen Evangelisch-lutherischen Kirche (BEYER 1923, S. 25-45). Höhepunkt dieses Konflikts waren die disziplinarischen Bestrafungen einer ganzen Reihe von Volksschullehrern, die sog. Lehrermaßregelungen, während der Volksschulreformdebatte in den Jahren 1911/12, die man in ihrer Gesamttendenz als politisch motivierte Einschüchterungsversuche der Volksschullehrerschaft bewerten darf.[4] Betroffen von diesen Maßregelungen waren auch Lehrer, die an sozialdemokratischen Versammlungen teilgenommen und teils dort auch in die Diskussion eingegriffen hatten (Die Lehrermassregelungen ... 1911/12, S. 4 u. 9; UHLIG 1913, S. 282 ff.; IDEL 1968, S. 65).[5] Zu ihnen zählte u.a. der Dresdner Lehrer Arthur Arzt, der sich in der Novemberrevolution der SPD anschloß, und der Leipziger Lehrer Dr. Alwin Wünsche, der 1919 zum Bezirksschulrat von Löbau und 1923 ins sächsische Kultusministerium berufen wurde (Die Lehrermassre-

---

[4] Diese Einschätzung ergibt sich aus der zu großen Teilen auf Aktengrundlage erstellten Dokumentation dieser Disziplinarverfahren durch den SLV. Vgl. "Die Lehrermassregelungen in Sachsen in den Jahren 1911/12 aktenmäßig dargestellt (Als Manuskript gedruckt) o.O. u. J. (1913). Die politische Motivation der Maßregelungen betonte auch Winkler, G.: "Jahre des Schulkampfes", in: SSZ 1923, Nr. 11, S. 118-120.

[5] Diesen Lehrern wurde vorgeworfen, daß sie weder den Ausführungen der sozialdemokratischen Redner noch der verabschiedeten Resolution mit der erforderlichen Entschiedenheit und Deutlichkeit entgegengetreten seien (Die Lehrermassregelungen ..., S. 9). Bei anderen Maßregelungen wurde als erschwerend gewertet, wenn kritische Stellungnahmen von Bezirkslehrervereinen zum Volksschulgesetzentwurf auch in sozialdemokratischen Zeitungen veröffentlicht wurden. So schrieb die Königliche Bezirksschulinspektion bei dem Disziplinarverfahren gegen 11 Vorstandsmitglieder des Lehrervereins Plauen i. V. in ihrem Beschluß: "Die Ungehörigkeit dieses Verhaltens wird noch dadurch gesteigert, daß der erwähnte Aufruf auf Veranlassung des Vereins auch in dem Sächsischen Volksblatte abgedruckt ist, dem Organe einer Partei, die sich offen als Gegnerin jedes Religionsunterrichts in der Schule, als Gegnerin der Monarchie und überhaupt der jetzigen Staatsordnung bekennt" (Die Lehrermassregelungen ..., S. 51). Auch das Kultusministerium wertete in einem ähnlich gelagerten Disziplinarverfahren gegen den Vorsitzenden und vier Lehrer des Zwickauer Lehrervereins als erschwerend, "daß der Aufruf **auf Veranlassung des Lehrervereins** auch in dem dortigen Volksblatte abgedruckt worden ist, dem Organe einer Partei, die sich als Gegnerin jedes Religionsunterrichts in der Volksschule sowie als Gegnerin der Monarchie und überhaupt der jetzigen Staatsordnung bekannt hat" (ebd., S. 48).

gelungen ... 1911/12, S. 11; UHLIG 1913, S. 286 f.; HERTEL 1921, S. 65).

Diese Lehrermaßregelungen zeigen, daß es in den Volksschulreformauseinandersetzungen der Jahre 1911/12 zu engeren Kontakten zwischen Volksschullehrern und der Sozialdemokratie gekommen ist. Man kann die Maßregelungen zu einem großen Teil auch als Antwort des Obrigkeitsstaates auf eben diese Kontakte interpretieren.[6]

Der sächsischen Volksschullehrerschaft mußten diese Einschüchterungsversuche zusammen mit dem für sie insgesamt konfliktreichen Verlauf des schließlich gescheiterten Reformversuchs der Volksschule einmal mehr die Einsicht vermitteln, daß von den konservativen Interessengruppen, insbesondere der in Sachsen maßgebenden Konservativen Partei, aber auch von der einflußreichen Evangelisch-lutherischen Kirche, keine wirklich durchgreifende Reform des Volksschulwesens wie auch keine Verbesserung ihrer beruflichen Qualifikation, ihrer wirtschaftlichen Verhältnisse sowie ihrer sozialen und staatsbürgerlichen Stellung zu erwarten war.

Demgegenüber zeigten sich im Verlauf der bildungspolitischen Auseinandersetzungen über die Reform der Volksschule vor dem Ersten Weltkrieg eine doch weitgehende Übereinstimmung zwischen den bildungspolitischen Forderungen des SLV und der Bildungsprogrammatik der sächsischen Sozialdemokratie, und es war für die Volksschullehrer(innen) auch nicht zu übersehen, daß die SPD in dieser Zeit am konsequentesten die pädagogischen und bildungspolitischen Zielvorstellungen, aber auch die sozialen und wirtschaftlichen Interessen der Volksschullehrerschaft in und au-

---

[6] Vorwürfe von konservativer Seite, daß sich ein Teil der Volksschullehrerschaft, vor allem die im LLV organisierten, nicht genügend von der Sozialdemokratie distanzierten, gab es schon seit Beginn des Jahrhunderts (HERTEL 1921, S. 19 f.). Ende 1910, kurz vor Beginn der Lehrermaßregelungen, verfaßte der Konservative Landesverein eine Resolution, in der nach Hertel "festgestellt wurde, daß einzelne Lehrer sozialdemokratische Versammlungen besucht und mehr oder minder ihre Zustimmung zu Äußerungen sozialdemokratischer Redner gegeben hätten, daß andere wieder öffentlich die Hoffnung ausgesprochen hätten, die Sozialdemokratie möchte die Forderungen des Sächsischen Lehrervereins unterstützen; in der Lehrerpresse fänden sich weiter Äußerungen, die ein fatales Liebäugeln mit der Sozialdemokratie erkennen ließen und deren Bestrebungen nicht entfernt so beurteilten, wie dies für königs- und vaterlandstreue Männer selbstverständlich sei. **Es wird erwartet, daß den geschilderten Vorgängen und den wider die Autorität des Schulregiments gerichteten Bestrebungen gegenüber die maßgebenden Instanzen ungesäumt diejenigen Vorkehrungen träfen, die zur Aufrechterhaltung der Disziplin in einem monarchischen Staate unbedingt nötig wären**" (ebd., S. 63; Hervorhebungen B.P.).

ßerhalb des Parlaments vertrat. So kam es in diesen Jahren vor dem Ersten Weltkrieg nachweisbar zu gewissen, sicher noch sehr begrenzten Annäherungsversuchen von besonders schulreformbewußten und -willigen Teilen der sächsischen Volksschullehrerschaft an die Sozialdemokratie. Diese Annäherungsversuche, begünstigt durch das eher distanzierte Verhältnis eines beträchtlichen Teils der sächsischen Volksschullehrerschaft zur Evangelisch-lutherischen Kirche, sollten sich ab 1918/19 dann zu einem engeren Bündnis zwischen SLV und den Arbeiterparteien in der Bildungsreformpolitik entwickeln.

Die Vorkriegserfahrungen der sächsischen Volksschullehrerschaft mit dem monarchischen Obrigkeitsstaat einschließlich seiner wichtigsten ideologischen Stütze, der Evangelisch-lutherischen Kirche Sachsens, machen verständlich, warum der SLV im November 1918 der beseitigten Monarchie, dem alten "Polizei- und Obrigkeitsstaat", wie ihn die LLZ im Oktober 1918 nannte (LLZ 1918, Nr. 34, S. 367), nicht nachtrauerte, sondern die revolutionären Ereignisse auch als eine Befreiung der Volksschule und der Lehrerschaft ausdrücklich begrüßte.[7] Ganz in diesem Sinne nahm dann auch der Vorstand des SLV am 17. November 1918 in einer Erklärung Stellung zur "Neuordnung des Staates":

"Der Sächsische Lehrerverein stellt sich auf den Boden der neuen Verhältnisse in der Erwartung, daß alle im Volke vorhandenen Kräfte mit gleichem Rechte am Neubau unserer staatlichen Zukunft beteiligt sein werden. Der alte Staat, aufgebaut auf Klassenvorrechten, hat vor allem auch auf dem Gebiete der Volksbildung versagt. Im Volksstaate mit seiner Gleichberechtigung aller Staatsbürger soll endlich die Voraussetzung zur Verwirklichung aller der Forderungen werden, die von den größten Menschenfreunden wie Comenius und Pestalozzi, von den größten Denkern wie Kant und Wundt und von den bedeutendsten Schulpolitikern der neueren Zeit Diesterweg und Dittes, aufgestellt und begründet worden sind. Im Geiste dieser wahrhaft demokratischen Männer kämpft die organisierte Lehrerschaft seit 1848 für die unbeschränkte staatsbürgerliche Freiheit der Lehrer und für den Aufbau der Schule auf rein wissenschaftlicher Grundlage, also für restlose Trennung der Schule von der Kirche, für die Einheitsschule, für die Selbstverwaltung auf demokratisch-parlamentarischer Grundlage unter ausreichender Beteiligung der Lehrerschaft und für die gerechte Bewertung ihrer Kulturarbeit. Die sächsische Volksschullehrerschaft erklärt sich bereit, in diesem Sinne an der Neuordnung der staatlichen Verhältnisse gern und freudig mitzuarbeiten. Sie stellt ihre Kräfte schon in der schwierigen Zeit des Überganges zum Volksstaat der Regierung zur Verfügung" (SSZ 1918, Nr. 40, S. 379 u. LLZ 1918, Nr. 37, S. 406).

---

7   So z.B. in dem Artikel "Die politische Lage und die Lehrerschaft", in: LLZ 1918, Nr. 37, S. 406.

Daß dieses Bekenntnis zur Demokratie und die Bereitschaft zur Mitarbeit an der staatlichen Neuordnung keineswegs allein den Hoffnungen standespolitischer Vorteile entsprang und daß es sich bei dieser Erklärung nicht um eine kurzfristige opportunistische Anpassung an die veränderten gesellschaftlichen Verhältnisse handelte, sondern daß sie vielmehr Ausdruck eines von den besonderen ökonomischen, politischen und sozialstrukturellen Verhältnissen des Landes begünstigten und auf historischen Erfahrungen beruhenden fest verankerten demokratischen Bewußtseins zumindest eines bedeutenden Teils der sächsischen Volksschullehrerschaft war, zeigte sich auch an der weiteren Entwicklung, die der SLV in der Weimarer Republik nahm. Am Bekenntnis zur demokratisch-parlamentarisch verfaßten Republik - soviel sei an dieser Stelle schon vorweggenommen - hielt er bis zur letzten Stunde der Weimarer Republik, bis zur Machtübertragung an die Nationalsozialisten, unverrückbar fest.

Mit Beginn der Novemberrevolution setzte im SLV eine intensivere Diskussion über den weltanschaulich-politischen Standort des Vereins ein. Dabei ging es zunächst um das Verhältnis zu den einzelnen Parteien, vor allem auch um das zur Sozialdemokratie, in der nun erstmals auch eine Mitgliedschaft für die Volksschullehrer möglich war. Unstrittig war die vom SLV ganz allgemein angestrebte Politisierung seiner Mitglieder mit der Aufforderung, in die politischen Parteien einzutreten. So hieß es am 13. November 1918 in der LLZ, nachdem die Abdankung des deutschen Kaisers bekanntgegeben worden war zum Schluß: "Von der Lehrerschaft erwarten wir, daß sie in ihrer Gesamtheit aus der politischen Lethargie erwacht und bewußt an der Neubildung des Staates teilnimmt. Spätaufsteher haben überall das Nachsehen" (LLZ 1918, Nr. 36, S. 393). Über die allgemein angestrebte politische Mobilisierung der Volksschullehrerschaft hinaus läßt sich - trotz der immer wieder betonten parteipolitischen Neutralität - eine doch deutliche politische Orientierung des SLV hin zur DDP und SPD bei gleichzeitiger scharfer Abgrenzung zu den rechtsbürgerlichen Parteien DVP und DNVP erkennen.[8] In welcher der beiden bevorzugten

---

[8] Diese Abgrenzung bekam auch der 1. Vorsitzende des SLV Sättler zu spüren. Er mußte im Februar 1919 im Zusammenhang mit seiner Kandidatur zur Nationalversammlung für die DVP vom Vorsitz zurücktreten. Schon vorher war seine Isolierung innerhalb des Vorstandes deutlich geworden. Er bekam innerhalb dieses Gremiums so wenige Stimmen, daß er nicht auf die Vorschlagsliste des Vereins zur Besetzung einer schultechnischen Hilfsarbeiterstelle im Kultusministerium gesetzt werden konnte (SSZ 1919, Nr. 1, S. 7; Nr. 2, S. 19 u. Nr. 3, S. 89) . Die politi-

Parteien die Volksschullehrerschaft sich engagieren sollte, darüber gingen die Meinungen natürlich auseinander.⁹ Auch wenn als gesichert gelten kann, daß die überwiegende Mehrzahl der sächsischen Volksschullehrerschaft sich keiner Partei angeschlossen hat und daß von den parteipolitisch organisierten der überwiegende Teil der DDP beigetreten sein dürfte¹⁰, so

---

sche Orientierung des SLV nach 1918/19 wurde (polemisch) kritisiert von "Wahrmund" (Pseudonym): Die Katastrophenpolitik des Sächsischen Lehrervereins. Eine Streitschrift zur Lehre und Besserung. Annaberg i. E. 1921.

9 So entspann sich zum Beispiel auf der Wochenversammlung des LLV am 5. Dezember 1918 im Anschluß an einen Vortrag des bekannten Rechtsanwaltes des Vereins, Dr. Schiller, zu den bevorstehenden Stadtverordnetenwahlen eine lebhafte Diskussion zum Verhältnis der Volksschullehrerschaft zur Sozialdemokratie und zur DDP. Dr. Schiller hatte in seinem Vortrag ein eher negatives Bild der Sozialdemokratie gezeichnet und die Mitgliedschaft in der DDP als einzige Möglichkeit für die Volksschullehrer genannt, ja er hatte sogar gefordert, daß die Standes- und Berufsorganisationen "ihren Mitgliedern offizielle Richtlinien für den Beitritt zu einer bestimmten Partei geben und zur Hebung ihres Einflusses innerhalb der Partei möglichst körperschaftlich mit allen ihren Mitgliedern einer bestimmten Parteiorganisation (in diesem Fall der DDP, B.P.) beitreten" sollten (LLZ 1918, Nr. 40, S. 450). Diese Vorstellungen blieben in der Diskussion nicht unwidersprochen. Mehrfach traten Teilnehmer den Ausführungen Schillers über die SPD entgegen. Die SPD habe sich am restlosesten auf den Boden der Weltanschauung der Volksschullehrerschaft und ihres schulpolitischen Programms gestellt. Die liberalen Parteien in der Weltanschauungsfrage aber gerade nicht. Außerdem sei das Programm der DDP noch nicht bekannt. Mehrfach wurde auch bedauert, daß der rechte Flügel der Nationalliberalen Partei in die DDP aufgenommen worden sei. Die DDP müsse einen scharfen Trennungsstrich nach rechts ziehen. Außerdem wurde betont, daß der Lehrerverein nicht für eine bestimmte Partei, sondern nur für die Politisierung seiner Mitglieder werben wolle (ebd.). Trotz dieses Bekenntnisses gab der LLV bei den bevorstehenden Leipziger Stadtverordnetenwahlen eine Wahlempfehlung für die DDP unter Hinweis, daß der Kandidat der DDP Mitglied des Lehrervereins und die Mehrheit der LLV-Mitglieder ja bereits schon der DDP beigetreten seien (LLZ 1918, Nr. 41, S. 462).

10 Ottomar Fröhlich (SPD), der Schulleiter der Humboldt-Versuchsschule in Chemnitz, hielt es noch im Jahre 1922 für notwendig, sich in einem Leitartikel in der LLZ "An die Unpolitischen" zu wenden und die Volksschullehrerschaft ("... die Pädagogen müssen sich politisieren") zu einem größeren politischen Engagement und zum Eintritt in die politischen Parteien zu bewegen. Dabei warb er offen für die sozialistischen Parteien und eingeschränkt auch für die DDP (SSZ 1922, Nr. 33, S. 625 ff.). Zum Verhältnis der DDP zur Volksschullehrerschaft schrieb die LLZ im Jahre 1919: "Die Deutsche Demokratische Partei wendet sich in Dorf und Stadt an die Lehrerschaft mit der Bitte um Parteiarbeit, viele Amtsgenossen haben solche auch bereits übernommen" (LLZ 1919, Nr. 3, S. 32). In einem anderen Artikel der LLZ vom Dezember 1918 ("Organisation und politische Parteien") kam der Verfasser hinsichtlich des parteipolitischen Engagements der Volksschullehrerschaft zu folgender Einschätzung: "Die Tatsache, daß es früher den Beamten praktisch ganz unmöglich gemacht wurde, überhaupt einer sozialdemokratischen Parteigruppierung beizutreten, hat schon an und für sich die Neigung zum Übertritt nach der radikalen Seite verstärkt. Und so werden - dessen sind wir sicher - schon aus diesem Grunde eine größere Zahl von Lehrern die bürgerlichen Parteien verlassen, ganz abgesehen von jenen, die im Programm der Sozialdemokratie ihre Wünsche

ist doch ebenso unbestreitbar, daß die sozialistisch, vor allem sozialdemokratisch orientierten Teile der Volksschullehrerschaft nach 1918/19 einen beachtlichen Einfluß im SLV gewinnen konnten (KLEMENT 1975, S. 160 ff.). Diese der Arbeiterbewegung eng verbundenen oder mit ihr sympathisierenden Kräfte konnten ihre pädagogischen und bildungspolitischen Anschauungen, einschließlich ihrer Überzeugung von deren gesellschaftlicher Bedingtheit, aber auch ihr sozialdemokratisches bzw. sozialistisches Gedankengut über die Vereinspresse verbreiten. Das im SLV vorherrschende Sozialismus-Verständnis war das eines ethischen Sozialismus oder Kultursozialismus, eine vom Neukantianismus beeinflußte Richtung innerhalb der sozialistischen Bewegung. Dies belegen diesbezügliche Äußerungen von führenden Repräsentanten des SLV. So schrieb beispielsweise Ottomar Fröhlich 1922 in der SSZ in seinem Aufsatz "Die Bedeutung des Wirtschaftsproblems für unsere Schul- und Standesfragen" u.a.:

"Der Gedanke der Menschheit, des Menschentums ist es wieder, der laut seine Stimme erhebt, von neuem werden die Menschenrechte erklärt. Auch über der heutigen Bewegung steht Kants Satz, der für die Ewigkeit geschrieben ist: Der Mensch darf niemals bloß als Zweck, sondern immer zugleich auch als Mittel gebraucht werden. Aber während Kant als Kind seiner Zeit bloß liberale Folgerungen aus seiner Ethik zu ziehen vermochte, weil das nach Freiheit ringende Bürgertum das uneingeschränkte freie Spiel der Kräfte brauchte, um die Fesseln des Feudalismus sprengen zu können, muß der Kantsche Menschheitssatz in unseren Tagen eine sozialistische Ausdeutung erfahren. (Sozialismus nicht als eine Klassenlehre, sondern als eine allgemeine Theorie der Kulturentwicklung, als eine Menschheitsbewegung aufgefaßt, die durchaus nicht auf eine politische Partei beschränkt zu werden braucht.)" (SSZ 1922, Nr. 3, S. 43 ff., Zitat S. 43).[11]

---

verwirklicht sehen. Ein anderer - und wie wir glauben - größerer Teil der Lehrerschaft wird zurückbleiben und in den Neuformationen der bürgerlichen Gruppen aufgehen, von denen eigentlich nur die neugegründete demokratische Partei in Betracht kommt, weil sie die am weitesten links stehende aller dieser Parteien ist" (LLZ 1918, Nr. 40, S. 446 f., Zitat S. 446).

[11] Aus der Fülle der Beispiele seien hier noch zwei weitere angeführt. Max Brethfeld, der Schriftleiter der Sächsischen Schulzeitung, schrieb im November 1918: "Unsere Zeit ist eine Zeit des **Überganges** zu neuen Daseinsformen. Die Zukunft gehört dem ethischen Sozialismus. Der Kapitalismus wird sich nach dieser Seite hin umformen müssen, wenn er nicht durch kommunistische Ideen aus den Angeln gehoben werden will" (SSZ 1918, Nr. 39, S. 362). Ebenfalls in der SSZ hieß es 1923: "Was wir auf dem Gebiete der Schule wollen, das ist das, was man allgemein und auf anderen Gebieten als Sozialismus bezeichnet. Sozialismus nicht gesehen als Eigentümlichkeit nur einer Partei, auch nicht gesehen als die Gesinnung, die dort, wo sie der Partei den Namen gegeben hat, auch überall rein vorhanden sei. Sozialismus aber als eine Gesinnung, abzuweichen von dem Geiste, der heute unsere Wirtschaft und unser ganzes Leben vorzugsweise erfüllt. Sozialismus als der Wille zu einer sittlichen Gestaltung der Verhältnisse, zu einem Zustande, der den andern, den

Diese sozialistisch orientierten Kräfte nahmen darüber hinaus entscheidenden Einfluß auf die Programmatik des Vereins und bestimmten somit in hohem Maße dessen Politik. Außerdem waren sie wichtige Verbindungsglieder zur sozialistischen Regierung in Sachsen. Hier einige Beispiele: Auf den Dresdner Versuchsschullehrer Kurt Weckel, der zunächst die USPD, später dann die SPD im Sächsischen Landtag vertrat und auf Arthur Arzt, Mitinitiator des Übergangsschulgesetzes und ebenfalls Mitglied der SPD-Landtagsfraktion, ist schon hingewiesen worden. Arzt wurde 1923 auch zum Bezirksschulrat nach Dresden berufen. Zwei weitere Namen, die genannt werden können, sind Paul Häntzschel und Dr. Alwin Wünsche. Häntzschel, Schriftführer und Mitglied des geschäftsführenden Ausschusses des SLV, war sozusagen als Vertrauensmann der sächsischen Volksschullehrerschaft im Januar 1919 als "schultechnischer Hilfsarbeiter" im Range eines Regierungsrates ins Kultusministerium berufen worden. Es ließ sich zwar nicht ermitteln, ob Häntzschel Mitglied der SPD war, einiges spricht jedoch dafür, daß er der Sozialdemokratie zumindest nahestand. Sonst wäre er wohl kaum von Kultusminister Buck (SPD) als einer von drei Kandidaten, die der SLV in Vorschlag gebracht hatte, ausgewählt worden. Außerdem wurde Häntzschel 1933 von den Nationalsozialisten aufgrund von § 4 des "Gesetzes zur Wiederherstellung des Berufsbeamtentums" aus dem Staatsdienst entlassen. Alwin Wünsche war in der Revolution 1918/19 der SPD beigetreten. Er hatte sich als Lehrer schon in den schulpolitischen Auseinandersetzungen der Vorkriegszeit engagiert und war dafür von der damaligen Regierung gemaßregelt worden. Anfang 1919 zum Vorsitzenden des LLV gewählt, wurde er noch im selben Jahr zum Bezirksschulrat nach Löbau berufen. Wünsche gehörte darüber hinaus dem Vorstand des 1919 konstituierten Landesverbandes der AsL an. Im Jahre 1923 wurde er schließlich als Ministerialrat ins Kultusministerium berufen und war dort während seiner nur wenige Monate währenden Tätigkeit mit der Erarbeitung eines Einheitsschulgesetzes befaßt.

Neben dem ohnehin im SLV traditionell vorhandenen demokratischen, linksliberalen Potential war es in der Hauptsache dem Einfluß des linken Flügels des Vereins zu verdanken, daß es nach 1918/19 zu einer Annähe-

---

Schwachen, den Guten oder wie man ihn nennen will, auch zu seinem Rechte kommen läßt" ("Grundlagen des Schulprogramms" in: SSZ 1923, Nr. 22, S. 297 ff., Zitat S. 298).

rung größerer Teile der sächsischen Volksschullehrerschaft an die Arbeiterbewegung kam. Erleichtert und gefestigt wurde diese Annäherung durch die konkrete Bildungsreformpolitik der sozialistischen Regierungen bis 1923, die, vom SLV initiiert und mitgetragen, für alle erkennbar die Erfüllung einer ganzen Reihe von wichtigen Forderungen der sächsischen Volksschullehrerschaft gebracht hatte (weitgehende Trennung von Schule und Kirche, Selbstverwaltung, einheitliche Volksschule, akademische Ausbildung etc.), sowie durch die dazu in scharfem Kontrast stehenden negativen Erfahrungen mit der von den konservativen Kräften verantworteten Bildungspolitik nach 1923. Der SLV hat, daraus seine Konsequenzen ziehend, dann auch in eindeutigen Aufrufen Stellung zu den jeweiligen Landtags- oder Reichstagswahlen genommen. Zur Landtagswahl im November 1920 veröffentlichte der Landesausschuß für Schulpolitik im SLV eine Erklärung, in der auf die Bedeutung der Wahl "für die Zukunft der Volksbildung in Sachsen, für die Stellung des Lehrers in der Schule und im Staate" hingewiesen wurde (SSZ 1920, Nr. 37, S. 580). Kein Lehrer könne darüber im Zweifel sein, nach welcher Richtung er sich zu entscheiden habe, wenn er wolle, daß ihm die eben gewonnene, aber schon wieder gefährdete pädagogische und staatsbürgerliche Freiheit erhalten bleibe, wenn er den Einfluß der Kirche auf die Schule völlig ausgeschaltet wissen wolle, wenn er ein Schulgesetz wünsche, das die Fortschritte des Übergangsschulgesetzes festige und ausbaue, und wenn er den durch dieses Gesetz erlangten Einfluß der Lehrerschaft auf die Schulverwaltung erhalten wissen wolle. Zum Schluß hieß es in der Erklärung: "Sollen wir noch Ratschläge geben, auf welcher Seite die Freunde der Schule und der Bildung zu suchen sind? Wir sehen es nicht als unsere Aufgabe an, für einzelne Parteien zu werben, aber das muß gesagt werden, daß die Parteien der rechten Seite, die heute die Zeiten der 'gottgewollten Abhängigkeit' wieder herbeiführen wollen, schon früher nichts für die Schule übrig hatten, trotz Geldüberflusses, daß sie die Lehrer zu Staatsbürgern zweiter und dritter Klasse erniedrigten, daß sie die Schule als ein hervorragendes Mittel gebrauchten, sich den ausschlaggebenden Einfluß im Staate zu sichern. In deiner eigenen Hand liegt die Entscheidung über die Zukunft der Schule und über die deine als Lehrer des Volkes" (ebd.).

In der entsprechenden Erklärung zur Landtagswahl 1922 wurde diese sogar als "Schicksalstag für den Freistaat Sachsen und für die sächsische

Schule und ihre Lehrer" bezeichnet (SSZ 1922, Nr. 34, S. 650). Wer die umfangreiche Schulgesetzgebung seit der Novemberrevolution berücksichtige, die die Volksschule auf eine entschieden fortschrittliche Grundlage gestellt habe und die größtenteils ablehnende Haltung der Rechtsparteien (DNVP und DVP) dieser Gesetzgebung gegenüber bedenke, für den könne es keinen Zweifel geben, wie er sich am Wahltage zu entscheiden habe. "Jede rechtsgerichtete Landtagsmehrheit ist gleichbedeutend mit einer Vernichtung der bisherigen Errungenschaften auf dem Gebiete des freiheitlichen Volksbildungswesens" (ebd.).

An der Tendenz der Wahlaufrufe änderte sich auch nach der Reichsexekution und den dadurch veränderten politischen Verhältnissen nichts. Zur Landtagswahl 1926 warb der Vorstand des SLV in einem auch optisch hervorgehobenen Aufruf in der Vereinspresse für einen "volks- und bildungsfreundlichen Landtag" mit der Aufforderung: "Jede Stimme dem Schulfortschritt, keine Stimme der Schulreaktion!" (LLZ 1926, Nr. 33, S. 655). Und 1929 forderte der Vorstand die Volksschullehrerschaft auf, nur den Parteien die Stimme zu geben, die "die fortschrittliche sächsische Schulgesetzgebung erhalten und weiter bilden wollen" (LLZ 1929, Nr. 16, S. 439). Die Linksentwicklung des SLV war nur möglich, weil die sozialistisch orientierten Teile der Volksschullehrerschaft sich in Sachsen in der Novemberrevolution zwar auch in Arbeitsgemeinschaften sozialistischer Lehrer zusammengeschlossen hatten[12], aufgrund der fortschrittlichen Tradition des SLV diesen aber nicht verlassen haben und den Weg in die Freie

---

[12] So wurde in Leipzig die "Arbeitsgemeinschaft sozialistischer Lehrer von Leipzig und Umgegend" gegründet. Vorsitzender war hier Johannes Lang (LLZ 1919, Nr. 7, S. 87). In Dresden konstituierte sich eine "Arbeitsgemeinschaft sozialistischer Lehrer und Lehrerinnen aus Dresden-Stadt und -Land". Vorsitzender wurde hier Oskar Schulze (SSZ 1919, Nr. 12, S. 136). In Pirna bildete sich aus Mitgliedern der SPD, USPD und KPD eine "Arbeitsgemeinschaft sozialistischer Lehrer in Prina". Vorsitzender war hier J. Scheinfuß (SSZ 1919, Nr. 18, S. 221 f.). Ende 1919 kam es während einer Tagung der SPD-Lehrer Sachsens, zu der "Hunderte von Kollegen" zusammengekommen waren, auf Antrag der Dresdner Arbeitsgemeinschaft zum Zusammenschluß aller SPD-Lehrer zur "Landesgruppe Sachsen der Arbeitsgemeinschaft sozialdemokratischer Lehrer Deutschlands" (AsL). Der Anschluß an die AsL war unter den Teilnehmern umstritten, die Befürworter konnten sich aber schließlich durchsetzen. In den Vorstand wurden gewählt: Oskar Schulze, Arthur Arzt und Dr. Schumann (sämtlich aus Dresden), Dr. Alwin Wünsche (Löbau), Lässig (Zwickau), Robert Müller (Chemnitz) und Hertzsch (Lösnitz i. E.). Den Vorsitz übernahm Oskar Schulze (SSZ 1920, Nr. 4, S. 60 f.) . Zu den Arbeitsgemeinschaften sozialistischer Lehrer und zur AsL in Sachsen vgl. STÖHR 1978, S. 177 f. u. WACKER 1978, S. 106 f.

Lehrergewerkschaft Deutschlands (FLGD) gegangen sind, sondern in der überwiegenden Mehrzahl innerhalb des SLV gewirkt haben.[13]

Dietmar Klenke hat in seiner Untersuchung über "Die SPD-Linke in der Weimarer Repulblik" (2 Bde. 1983) sicher nicht zu Unrecht auf die Bedeutung der sächsischen Volksschullehrerschaft, insbesondere natürlich der sozialistisch orientierten, für den Linkskurs der sächsischen SPD hingewiesen. Seiner Meinung nach rührten nämlich wesentliche Impulse für diese Linksentwicklung aus der Kultur- und Bildungspolitik her (KLENKE 1983,

---

[13] Erst im Jahre 1929 konstituierte sich ein Landesverband Sachsen der Freien Lehrergewerkschaft Deutschlands (LLZ 1929, Nr. 35, S. 926 f.), seit 1.4.1929 nannte sie sich Allgemeine Freie Lehrergemeinschaft Deutschlands (AFLD). Zur AFLD sowie deren Vorläufern, der Gewerkschaft Deutscher Volkslehrer (GDV) und der FLGD vgl. FEIDEL-MERTZ/SCHNORBACH 1981, S. 37-50 und SCHNORBACH 1989, S. 49 f. Zu dieser Gründung kam es durch den um die Jahreswende 1928/29 gemeinsam vollzogenen Austritt der drei SPD-Landtagsabgeordneten Kurt Weckel, Erwin Hartzsch und Kurt Vogel aus dem SLV (WECKEL, K.: Wie es zu einer Freien Lehrergewerkschaft in Sachsen kam, in: Der Volkslehrer 1930, Nr. 8, S. 95 u. HARTSCH, E.: Zur Gewerkschaftsfrage in Sachsen, in: Der Volkslehrer 1930, Nr. 11, S. 131 f.). In der folgenden Zeit diskutierte die AsL Sachsens das Verhältnis der sozialistischen Lehrer zur Freien Lehrergewerkschaft und zum SLV. Im Februar 1930 faßte die Vertreterversammlung der AsL Sachsens mit 19 zu 16 Stimmen folgenden Beschluß: "Die Gedanken der Solidarität aller Arbeiter, Angestellten und Beamten finden im Zusammenwirken des Allgemeinen Deutschen Gewerkschaftsbundes, des Afabundes und des Allgemeinen Deutschen Beamtenbundes mit ihren angeschlossenen Verbänden ihren lebendigen Ausdruck. Diese Entwicklung sollte jeder Sozialdemokrat durch Zugehörigkeit zu einer Freien Gewerkschaft fördern. Aufgabe der Parteiorganisationen und der Parteipresse ist es, die freien Gewerkschaften in ihrer Tätigkeit zu unterstützen" (LLZ 1930, Nr. 5, S. 115) . Die ursprünglich in dem Beschluß ausgesprochene Erwartung "daß sich die parteigenössischen Lehrer freigewerkschaftlich organisieren", fand dagegen keine Mehrheit. Daß in Sachsen nicht allzu viel sozialistische Lehrer der Freien Lehrergewerkschaft beigetreten sind und zu den dafür maßgeblichen Gründen führt Kurt Weckel aus: "Wenn zur Zeit viele sozialistische Lehrer diesen Schritt noch nicht getan haben, so ist das zu verstehen aus der Kampfgemeinschaft, die sie noch mit dem Sächsischen Lehrerverein verbindet. Sozialdemokratische Mitglieder dieses Vereins sind es ja gewesen, die innerhalb des sächsischen Landtages und innerhalb des Sächsischen Lehrervereins hervorragenden Anteil an der Schulgesetzgebung und an den Schulkämpfen gehabt haben. Die wichtigsten Schulgesetze Sachsens sind von sozialdemokratischen Ministern vorgelegt und von sozialdemokratischen Lehrerabgeordneten im Landtage vertreten worden. Die Demokraten haben seinerzeit sogar das Übergangsschulgesetz abgelehnt. Auf den Tagungen des Sächsischen Lehrervereins sind es zum größten Teile wieder Sozialdemokraten gewesen, die einen energischen Kampf gegen den Deutschen Beamtenbund geführt, den Verein zur Annahme geharnischter Resolutionen und sogar zur Annahme eines recht fortschrittlichen Wirtschaftsprogramms veranlaßt haben. Die Hoffnung vieler Kollegen, daß sie mit dem Sächsischen Lehrerverein noch weiter vorstoßen und am Ende auch wirkliche Erfolge erreichen könnten ist verständlich" (Der Volkslehrer 1930, Nr. 8, S. 95). Vgl. auch die Stellungnahme der LLZ zur Gründung der Freien Lehrergewerkschaft "Gewerkschaft und Partei", in: LLZ 1930, Nr. 6, S. 133 ff.

Bd. I, S. 411-419; Bd. II, S. 756-761 u. 834-845). Gerade der Volksschullehrerschaft war es in der Tat hauptsächlich zu verdanken, daß die Kultur- und Bildungspolitik so stark ins Blickfeld der Landespartei und ins Zentrum der Reformbestrebungen der sozialistischen Regierungen rückte und sich so zum Kennzeichen linkssozialdemokratischer Landespolitik entwickelte, was wiederum entscheidend mit zu der scharfen Frontstellung gegen die bürgerlichen Parteien und Interessengruppen beitrug.

Festgehalten zu werden verdient in diesem Zusammenhang weiter, daß die nach 1918 sich zur Sozialdemokratie bekennenden Volksschullehrer auch ganz wesentlich die Kultur- und Bildungsarbeit der Partei getragen haben. Vor allem für Leipzig, deren herausgehobene Stellung für die sozialistische Arbeiterbildung und Arbeiterkultur in den zwanziger Jahren unbestritten ist, hat Klenke dies anhand der Aktivitäten der dortigen AsL belegen können (ebd., S. 757ff.).

Der Einfluß der linken Kräfte innerhalb des SLV sowie seine im Vergleich zur organisierten Gesamtvolksschullehrerschaft des Deutschen Reiches fortschrittliche Ausrichtung zeigte sich auch an der Haltung zur Gewerkschaftsfrage, am Verhältnis zur Republik und zum aufkommenden Nationalsozialismus.[14] Den ersten Schritt von der reinen Standesorganisation zur Lehrergewerkschaft ging der SLV bereits auf seiner außerordentlichen Vertreterversammlung am 29./30. März 1919 in Dresden. Im Zusammenhang mit den Besoldungsforderungen wurde einstimmig eine Entschließung angenommen, in der der Vorstand aufgefordert wurde, zur Durchsetzung der Lohnforderungen nötigenfalls "die Lehrerschaft zum gemeinsamen Vorgehen aufzurufen und dabei die im Lohnstreit andrer Berufe erprobten Kampfmittel zur Anwendung zu bringen."[15] Gegen eine "etwas größere Minderheit" wurde als neues Kampfmittel auch der Streik als letzte Möglichkeit angenommen. Ende Dezember 1919, auf der 40. ordentlichen Vertreterversammlung des SLV, entschieden die Delegierten sich dann mit großer Mehrheit endgültig für die Umbildung des SLV in einen Gewerk-

---

14   Zur Gewerkschaftsdebatte im SLV liegt bereits ein Aufsatz von Uli Wacker vor: "Der Versuch des Sächsischen Lehrervereins, den Deutschen Lehrerverein in eine Gewerkschaft zu transformieren (1918-1928). Ein Beitrag zur Geschichte der Linken im Deutschen Lehrerverein" (1978). Neben Vereinspresse, Jahresberichten etc. beziehe ich mich im folgenden auf diesen Aufsatz.
15   Vgl. Bericht über die außerordentliche Vertreterversammlung des Sächsischen Lehrervereins am 29. u. 30. März 1919 in Dresden, in: SSZ 1919, Nr. 14, S. 157-162, Zitat S. 160.

schaftsbund Sächsischer Lehrer.[16] Nach Wacker setzte dann im Jahre 1923 wieder eine intensive Gewerkschaftsdiskussion, einschließlich einer Debatte zum Verhältnis des Lehrervereins zu den beiden konkurrierenden Beamtendachorganisationen Allgemeiner Deutscher Beamtenbund (ADB) und Deutscher Beamtenbund (DBB)[17] und zu den Freigewerkschaftlichen Interessenvertretungen der Arbeiter und Angestellten ein (WACKER 1978, S. 118 ff.). Im Kapitel über die sozialen Ausgangsbedingungen der Schulreform ist bereits darauf hingewiesen worden, daß der SLV in den Jahren 1922 und 1923 zunehmend dazu überging, seine eigene wirtschaftliche und soziale Lage, aber auch die Not weiter Bevölkerungskreise in größeren wirtschafts- und gesellschaftspolitischen Zusammenhängen zu diskutieren, wie sich die kapitalismuskritischen Aussagen dabei in der Vereinspresse häuften und die geäußerten wirtschafts- und gesellschaftspolitischen Reformvorstellungen sich deutlicher denn je an Positionen der Arbeiterbewegung orientierten.[18] Diese Debatten und Diskussionen im SLV, die ihre Aktualität auch durch die bevorstehenden Programmbeschlüsse des DBB und ADB erhielten, fanden ihren Niederschlag in entsprechenden Beschlüssen der 48. ordentlichen Vertreterversammlung im März 1923 in Freiberg. Die dort tagende Vertreterversammlung nahm den vollständigen Programmentwurf des ADB

---

[16] Vgl. Bericht über die 40. Vertreterversammlung des Sächsischen Lehrervereins, in: SSZ 1920, Nr. 1, S. 3-8 u. Nr. 2, S. 18-22.

[17] Der DBB war im Dezember 1918 durch den Zusammenschluß mehrerer Standesorganisationen der unteren und mittleren Beamtenschaft entstanden. Der ADB war eine Abspaltung, entstanden aufgrund von Auseinandersetzungen im DBB um das Streikrecht der Beamten beim Eisenbahnerstreik 1922. Neben den unterschiedlichen Auffassungen zum Streikrecht und zur Wirtschaftspolitik hielt der ADB - im Gegensatz zum DBB - programmatisch am Bündnis mit dem ADGB und dem Allgemeinen freien Angestelltenbund (AfA) fest. Der SLV strebte über den DLV eine Wiedervereinigung der beiden Beamtenorganisationen auf der Grundlage des ADB-Programms an.

[18] Neben den bereits in anderem Zusammenhang genannten Artikeln "Monopolmacht und Volksnot" (LLZ 1923, Nr. 35, S. 530), "Unter der Diktatur des Kapitals" (LLZ 1923, Nr.)7, S. 558 f.) sind hier vor allem weiter zu nennen die Artikel"Was uns fehlt. Eine wirtschaftspolitische Betrachtung", in: SSZ 1922, Nr. 11, S. 197ff., FRÖHLICH, Ottomar: "Arbeiter und Beamte in ihrem Verhältnis zum Wirtschaftsproblem", in: SSZ 1922, Nr. 17, S. 312ff., "Vaterlandsliebe" (LLZ 1923, Nr. 19, S. 265 f.) , "Schicksalsstunde" (LLZ 1923, Nr. 27, S. 397 f.), "Und wir?" (LLZ 1923, Nr. 32, S. 477 f.), "Das Reich als Arbeitgeber" (LLZ 1923, Nr. 40, S. 597 f.), "Von Wirtschaft, Schule, Republik und ähnlichem" (SSZ 1923, Nr. 33, S. 485 ff .) , "Die Macht" (SSZ 1923, Nr. 34, S. 497 f.), "Entscheidung" (SSZ 1923, Nr. 35, S. 513 f.) "Es ist wieder einmal an der Zeit ..." (SSZ 1923, Nr. 36, S. 525 f.), "Gegen den Parlamentarismus!" (SSZ 1923, Nr. 37, S. 543 ff.), "Das Unrecht wächst" (SSZ 1923, Nr. 39, S. 576 ff.) "Neuordnung der Dinge" (SSZ 1923, Nr. 40, S. 585 f.).

an. Damit hatte der SLV sich für eine "Bedarfsdeckungswirtschaft" als grundlegendes Wirtschaftsprinzip im Gegensatz zur "kapitalistischen Profitwirtschaft" entschieden und sich erneut zum Streikrecht auch für Beamte bekannt. Zur Durchsetzung der im Programm aufgestellten Forderungen sollte auf Beschluß der Vertreterversammlung eine Vereinbarung mit dem ADGB und AfA abgeschlossen werden (WACKER 1978, S. 124 ff.; vgl. auch Jahrbuch der DLV 1923/24, S. 182 f.). Programmatisch hatte der SLV somit die Bündnisfrage zugunsten der freigewerkschaftlichen Richtung der Arbeiterbewegung entschieden.[19] Auch wenn im SLV nach dieser Vertreterversammlung kontrovers darüber diskutiert wurde, ob der Verein mit diesen Beschlüssen seine parteipolitische Neutralität aufgegeben habe, behielten sie dennoch weiterhin ihre Gültigkeit, verloren allerdings im Gegensatz zu den wirtschaftlichen Krisenjahren 1922/23 ab 1924 doch erheblich an Aktualität und blieben in ihren unmittelbaren Folgen für die Vereinspolitik von insgesamt geringerer Bedeutung.

Erst Anfang der dreißiger Jahre im Zuge der Weltwirtschaftskrise rückten wirtschaftspolitische Aspekte wieder verstärkt in den Vordergrund der Vereinspolitik. Dabei zeigte sich, daß von den in Freiberg getroffenen Grundsatzentscheidungen hinsichtlich der wirtschaftspolitischen Ordnungsvorstellungen und der Bündnisorientierung zu den freigewerkschaftlichen Arbeitnehmerorganisationen auch am Ende der Weimarer Republik nichts preisgegeben worden war. Der Ende 1931 vom Vorstand des SLV vorgelegte Entwurf eines Wirtschaftsprogramms, der auf der 57. Vertreterversammlung im März 1932 in Zwickau in seinen allgemeinen Grundsätzen angenommen und in seinen "Gegenwartsforderungen" als Material für die

---

[19] Entscheidend an der Durchsetzung dieser Bündniskonzeption beteiligt war der Dresdner Lehrerverein bzw. dessen wirtschaftspolitischer Ausschuß. Dieser hatte ein Aktionsprogramm aufgestellt, in dem es hieß: "(...) 2. Der SLV tritt an die Landesorganisationen des ADGB, des AfA und des ADB heran mit dem Ersuchen, eine gemeinsame Kampfesfront in Sachsen zu bilden. 3. Die BLV (Bezirkslehrervereine, B.P.) des SLV versuchen in den Orten ihres Bezirkes mit den Ortskartellen des ADGB und des ADB zu einem Zusammenschluß zu kommen. 4. Als Grundlage für die Einigungsverhandlungen wird vorgeschlagen:
a) Kampf zum Schutze der freiheitlichen republikanischen Verfassung,
b) Kampf für den Achtstunden-Arbeitstag (Beamtenabbau),
c) Kampf für die Freiheit der Arbeit (Betriebsrätegesetz, Beamtenrätegesetz),
d) Kampf für eine gerechte Entlohnung der Arbeit (Goldlöhne),
e) Kampf für die Erfassung der Sachwerte,
f) Kampf für die Umgestaltung der Wirtschaftsordnung (Bedarfsdeckungswirtschaft)" (Jahresbericht des SLV 1923, S. 166).
Zahlreiche Bezirkslehrervereine schlossen sich diesem Aktionsprogramm an.

Weiterarbeit ebenfalls angenommen wurde, ist der sichtbarste Beweis für diese Tatsache. Die allgemeinen Grundsätze lauteten:

> *"1. Ziel aller wirtschaftlichen Betätigung ist das Gesamtwohl der menschlichen Gesellschaft, in der jedem ein menschenwürdiges Dasein gewährleistet sein muß.*
> *2. Die privatkapitalistische Profitwirtschaft ist durch planvolle Gemeinwirtschaft zu ersetzen. Sie ist von den Staaten zu organisieren und zu leiten und hat sich auf alle Völker zu erstrecken."*[20]

Zu den "Gegenwartsforderungen" zählten u.a.: Einschränkung aller Rüstungsausgaben, Abbau hoher Gehälter und Pensionen, keine Bereitstellung von Geldern für Staatsverträge mit Kirchen und Abfindungen von Fürsten und Standesherren, verschärfte Progression der Einkommensteuer bei Einkommen über 12.000 Reichsmark, verschärfte Vermögens- und Erbschaftssteuer, stärkere Besteuerung des Luxusverbrauchs, Beseitigung der Sondersteuervergünstigungen für Landwirte, Aktienbesitzer etc., Preiskontrolle, Kartellkontrolle, Mietsenkung und Mieterschutz, Bankenkontrolle durch den Staat, Reform des Aktienrechts, Ausbau des Tariflohnwesens und Schlichtungsverfahrens, Verhinderung von Bodenspekulation, Enteignung unrentablen Großgrundbesitzes und Förderung des genossenschaftlichen und öffentlichen Wohnungs- und Siedlungswesens (SSZ 1932, Nr. 11, S. 248). Dieses sehr stark an wirtschaftsdemokratischen Vorstellungen des ADGB[21] orientierte Wirtschaftsprogramm wie die wirtschaftspolitischen Debatten allgemein blieben auch nach der Vertreterversammlung weiter in der Diskussion. Im April 1932 bekundete die LLZ ihre Übereinstimmung mit den Freien Gewerkschaften auch in der Frage der Arbeitsbeschaffung: "Der Anstoß zum Handeln geht in diesen Tagen von den Freien Gewerkschaften aus. Sie haben noch einmal mit großem Ernst und ehrlichem Willen auf einem Krisenkongreß die Frage der Arbeitsbeschaffung behandelt. Ihr Vorgehen eröffnet einige hoffnungsvolle Ausblicke in eine bessere wirtschaftliche Zukunft, es kommt in ihm aber auch der Wille zu gerechter staatlicher und sozialer Ordnung entschieden zum Ausdruck."[22] Diese bessere wirtschaftliche Zukunft war nach Ansicht der LLZ aber nur zu errei-

---

[20] Vgl. Die 57. Vertreterversammlung des Sächsischen Lehrervereins am 21. und 22. März, in: SSZ 1932, Nr. 11, S. 237-251, Zitat S. 248.
[21] Vgl. "Richtlinien der freien Gewerkschaften für den Umbau der Wirtschaft", in: LLZ 1932, Nr. 23, S. 554 f.; GRIMMER, H.: "Wirtschaftsdemokratie. Werden, Wesen und Ziel", in: LLZ 1932, Nr. 30, S. 743-747 und Nr. 31, S. 769-773.
[22] Vgl. "Das Kernproblem: Schafft Abeit!", in: LLZ 1932, Nr. 13, S. 305 f., Zitat S. 305.

chen, wenn der Einfluß des Staates auf die Wirtschaft ausgebaut und gestärkt werde und Elemente planmäßiger Gemeinwirtschaft in die Wirtschaft eingebaut würden.[23] Unterstützt wurden die wirtschaftspolitischen Diskussionen innerhalb des SLV auch durch eine Reihe von Artikeln und Buchbesprechungen zur "Planwirtschaft", die im Verlauf des Jahres 1932 in der SSZ erschienen. Die Mehrzahl der Artikel stammte von Paul Hermberg (SPD), der von 1924 bis 1929 Leiter der Leipziger Volkshochschule gewesen war und seit 1929 als Professor für Statistik an der Universität Jena wirkte.[24] Er hatte auch auf der Zwickauer Vertreterversammlung das wirtschaftspolitische Referat ("Wirtschaftskrise und Planwirtschaft") gehalten. Noch Anfang Januar 1933 veranstaltete der SLV dann in Leipzig eine dreitägige wirtschaftspolitische Tagung zum Thema: "Planwirtschaft: Notwendigkeit - Möglichkeit - Grenzen" (LLZ 1933, Nr. 1, S. 15-22).

Bleibt an dieser Stelle zunächst festzuhalten, daß der SLV an seinen 1923 getroffenen wirtschaftspolitischen Grundsatzentscheidungen und der damit zusammenhängenden Bündniskonzeption auch am Ende der Weimarer Republik festhielt. In der Weltwirtschaftskrise stand der SLV mit seinen Vorstellungen zur Milderung der Arbeitslosigkeit, mit seiner längerfristigen wirtschaftsdemokratischen Zielperspektive einer "planvollen Gemeinwirtschaft", die allen Arbeit bringen und ein menschenwürdiges Dasein ermöglichen sollte, eng an der Seite der Freien Gewerkschaften. Eine Position, mit der der SLV sich deutlich nicht nur von der in den meisten anderen Landesverbänden, sondern auch von der im DLV offiziell vertretenen Politik unterschied.[25] Das Eintreten des SLV für eine demokratische und sozial gerechtere Wirtschaftsordnung fand seine Entsprechung auf politischem

---

[23] Einen entscheidenden Schritt zur Gemeinwirtschaft sah man in einer Banken- und Kreditkontrolle. So schrieb die LLZ im Februar 1932: "Die Beamtenschaft, die mit den übrigen Arbeitnehmern die bitteren Folgen der ungeheueren Wirtschaftskrise auszukosten hat, kann das heutige privatkapitalistische Wirtschaftssystem nicht mehr als die Wirtschaftsform der Zukunft anerkennen. Sie ist der Auffassung, daß Wirtschaften kein Treibenlassen, sondern planmäßiges Gestalten ist, daß man Krisen ausschalten oder doch auf ein Minimum herabdrücken kann. Sie erstrebt eine sozial gerichtete, die Ausbeutung der wirtschaftlich schwachen Volksschichten ausschließende Wirtschaft. Einer der Wege, die nach diesem Ziel führen, ist die Banken- und Kreditkontrolle" ("Durch Bankenkontrolle zur Gemeinwirtschaft", in: LLZ 1932, Nr. 7, S. 152 f., Zitat S. 153).
[24] Vgl. Hermberg, P.: "Planwirtschaft und Wirtschaftskrise", in: SSZ 1932, Nr. 10, S. 218 ff., ders.: "Die Verteilung in der Planwirtschaft", in: SSZ 1932, Nr. 30, S. 706-709; ders.: "Wege zur Planwirtschaft", in: SSZ 1932, Nr. 33, S. 798-801.
[25] Zum Deutschen Lehrerverein in der Weltwirtschaftskrise vgl. BÖLLING 1978, S. 188 ff.; CASPAR 1978, S. 145-211.

Gebiet im offensiv vertretenen Bekenntnis zur demokratisch-parlamentarischen Staatsform und zur Republik von Weimar sowie damit verbunden in den Forderungen nach gesellschaftspolitischen Reformen zur Festigung und Weiterentwicklung der parlamentarischen Demokratie. Ungeachtet aller wirtschaftlichen und politischen Krisen der Republik bekannte der SLV sich zu den politischen Errungenschaften der Weimarer Reichsverfassung. Beispiele dieses demokratischen Selbstverständnisses sind bereits genannt worden, etwa die Stellung des SLV zu den politischen Parteien und die Aufrufe des Vereins zu den Landtagswahlen. Aber auch andere Stellungnahmen und Entschließungen zu politischen Vorgängen, die gesamten bildungspolitischen und pädagogischen Diskussionen, einschließlich ihrer Behandlung und jeweiligen Beschlußfassung auf den Vertreterversammlungen des Vereins, die beiden Zeitschriften sowie die zahlreichen Veröffentlichungen des Vereins, ob als Denk-, Fest- oder Streit- und Aufklärungsschriften, dokumentieren die demokratische Grundeinstellung des SLV und der in ihm organisierten sächsischen Volksschullehrerschaft.

Dieser skizzierte politische Standort des SLV soll hier zunächst exemplarisch konkretisiert und belegt werden anhand dessen Reaktionen auf den Kapp-Lüttwitz-Putsch 1920, auf die wirtschaftlichen und politischen Krisen des Jahres 1923 und auf die Weltwirtschaftskrise der dreißiger Jahre.

Der Versuch reaktionärer Kräfte, im März 1920 die noch junge Weimarer Demokratie zu beseitigen, wurde vom SLV eindeutig und entschieden verurteilt. Die LLZ bezeichnete in ihrem Artikel "Die Iden des März 1920", in dem sie zu den Vorgängen Stellung nahm, den 13. März als einen deutschen Unglückstag. Der Angriff gegen die Republik sei Dank der Entschlossenheit der gesamten Arbeiterschaft und Dank der Einsicht des freiheitlich gesinnten Teils des Bürgertums abgeschlagen, die Freiheit sei gerettet. Aber, so warnte die LLZ, noch lebe die Reaktion, man werde bald spüren, daß sie trotz dieses Mißerfolgs ihre Ziele nicht aufgebe. Die LLZ machte zudem deutlich, daß auch der Lehrerschaft diese politischen Vorgänge nicht gleichgültig sein könnten. "Was ist Einheitsschule, Reichsschulkonferenz, Religionsunterricht und Besoldungsreform, wenn das Staatswesen in seinen Grundlagen bedroht ist?" (LLZ 1920, Nr. 11/12, S. 197) . Die Volksschullehrerschaft habe gewußt - so die LLZ weiter -,

"daß in den Kämpfen um die demokratische Staatsform auch das Schicksal der Schule und des Lehrerstandes entschieden werde. Wehe der Volksschule

und wehe der Volksschullehrerschaft, wenn der alte Militär- und Obrigkeitsstaat zurückgekehrt wäre. So schlagen unsere Herzen denen, die für Nationalversammlung und Verfassung, für Freiheit und Recht kämpften" (ebd.).

Auch der Vorstand des SLV verurteilte auf seiner Sitzung vom 13.-15. März diesen militärischen Putsch. Mit all den Staatsbürgern, die politisches Verständnis besäßen, erwachse der Lehrerschaft die Pflicht, alles zu unterstützen, was geeignet sei, das Wirtschaftsleben wieder in geordnete Bahnen zu bringen und die demokratischen Errungenschaften für das Staatsleben und besonders auch für Schule und Lehrer zu erhalten (SSZ 1920, Nr. 12, S. 189).

Auf dem Höhepunkt der wirtschaftlichen, sozialen und politischen Krisen 1923, von denen ja auch die Volksschullehrerschaft - wie bereits dargelegt - in starkem Maße betroffen war, stand der SLV nach wie vor unverändert zu den Prinzipien des Parlamentarismus und der Demokratie. Die vor allem in der zweiten Jahreshälfte 1923 vermehrt auftretenden Artikel zu den wirtschafts- und gesellschaftspolitischen Verhältnissen vermittelten der Volksschullehrerschaft nicht nur Einsichten in die Zusammenhänge von Wirtschaft und Politik, sie enthielten darüber hinaus immer wiederkehrende Bekenntnisse zur Republik, wie schon beim Kapp-Putsch, Hinweise auf die Bedeutung, die ihrem Erhalt sowohl für eine fortschrittliche gesellschaftliche Entwicklung im allgemeinen als auch für eine fortschrittliche Schulentwicklung im besonderen zukam, Warnungen vor dem Abbau sozialer und politischer Rechte, vor dem Erstarken reaktionärer Kräfte und ihren Versuchen, die Republik durch die Diktatur zu ersetzen und Hinweise auf die Diskrepanz zwischen Verfassungsanspruch und -wirklichkeit. Nicht Weimar herrsche, sondern Berlin befehle, schrieb die SSZ Anfang November 1923 im Hinblick auf die Reichsexekution gegen Sachsen. Den Geist der Verfassung habe man lebendig machen wollen durch den staatsbürgerlichen Unterricht und nun wolle man verfassungsmäßige Zustände durchsetzen mit Tanks und Maschinengewehren, mit Minenwerfern und Stacheldraht. Den abgehenden Schülern drücke man die Verfassung in die Hand, aber die Rechte des Volkes gälten nicht mehr.

"Ein General untersagte die Stimme des Landtags. Und er tat das in dem Ton von ehemals. Ein neues Volk sollte werden mit neuem Leben. Die Reaktion ist da mit ihren alten Mitteln" (SSZ 1923, Nr. 35, S. 513 f., Zitat S. 514).

Aber, so die SSZ mit Blick in die Zukunft, das Stück der Entwicklung zum Parlamentarismus und zur Demokratie, das das deutsche Volk zurückgelegt habe, könne zwar einmal versperrt werden, Parlamente könnten verboten, Selbstverwaltungskörper aufgehoben, Mehrheiten nicht beachtet werden. Aber all diese Unterbrechungen hielten die eingeschlagene Entwicklung nicht auf, sie bescheunigten diese eher, als daß sie sie aufhielten (ebd.). Mit Vehemenz wandte die SSZ sich auch gegen die ihrer Meinung nach in der Gesellschaft weit verbreitete Geringschätzung des Parlamentarismus. Am heftigsten werde dort kritisiert, wo die Unfähigkeit zu wirklicher Mitarbeit am größten sei. Gleichzeitig warnte die SSZ wiederum vor einer Ablösung der Demokratie durch die Diktatur mit den sich daraus ergebenden Konsequenzen für Schule und Lehrerschaft.

> *"Die Schule der Diktatur ist die des autoritativen Direktorats. Denn das System der Diktatur ist das, in dem immer von oben nach unten befohlen wird (...) Das Zeitalter der Diktatur wird, wie es schon einmal geschah in Deutschland, Schulhäuser so bauen, wie man auch Fabriken und wie man Kasernen baut. Die Schule wird Anstalt sein. Denn sie kann nicht Lebensstätte sein, wenn die Arbeitenden immer nach oben sehen müssen, nach dem diktatorischen Befehl."*[26]

Wer den Parlamentarismus verurteile, lehne auch solche für die Entwicklung der Schule wichtige Einrichtungen wie die Selbstverwaltung und die Schulgemeinde ab. Der Staat der Diktatur könne Lehrer- und Elternräte nicht verwenden.

> *"Die Diktatur ist die Ohnmacht der Masse. (...) Da ein Gesamtwille nicht werden konnte, soll die Macht eines einzelnen herrschen. Verstand und Wille schalten sich aus. Die Gewalt muß regieren. Die Schule wird zum Tode verurteilt. Wer das erkennt, was von der Schule und für die Schule im Volke gearbeitet worden ist, der muß jede Diktatur ablehnen" (SSZ 1923, Nr. 37, S. 544).*

Auch die gewerkschaftliche Arbeit des Vereins - so ein weiteres Argument - könne nur in der Demokratie bestehen.

> *"Eine Organisation, die sich durch parlamentarische Ordnung selbst regiert, die durch ihre parlamentarisch geleistete Arbeit mit dem Volke verbunden ist, eine Organisation, die ihrem Wesen und ihrem Ziele nach bedingt ist durch die Demokratie, muß sich gegen die Diktatur erklären" (ebd.).*

"Wer in der Schularbeit lebt", heißt es zum Schluß in der SSZ,

---

26 Vgl. "Gegen den Parlamentarismus!", in: SSZ 1923, Nr. 37, S. 543 ff., Zitat S. 544.

"kann nicht für die Diktatur sein. Die Diktatur ist gegen Selbstverwaltung. Die Diktatur ist gegen die Gemeinschaft. Die Diktatur ist gegen die Schule. Diktatur ist Lähmung, ist Stillstand. Schule ist Leben!" (ebd., S. 545).

Die Ablehnung autoritär verfaßter Regime, der Einsatz gegen den Abbau sozialer und demokratischer Rechte und die entschiedene Parteinahme für die politischen Errungenschaften der Novemberrevolution und der Weimarer Reichsverfassung blieben auch in der Weltwirtschaftskrise unter den Präsidialkabinetten Brüning, Papen und Schleicher auffällige Kennzeichen der Vereinspolitik des SLV. Ganz besonders sichtbar wurde der Wille zur Verteidigung der Republik in der Auseinandersetzung des SLV mit dem in diesen Jahren erstarkenden Nationalsozialismus. Die Berichterstattung der Vereinspresse zum Nationalsozialismus beabsichtigte ganz offensichtlich, der sächsischen Volksschullehrerschaft klar und deutlich vor Augen zu führen, was sie und die Schule im Falle einer nationalsozialistischen Machtübernahme erwarte. Dazu bediente man sich nicht nur einschlägiger Äußerungen nationalsozialistischer Funktionäre oder der Nationalsozialistischen Lehrerzeitung, aus der immer wieder Zitate abgedruckt wurden, sondern SSZ und LLZ berichteten aufklärend kontinuierlich auch über die (Schul-)Politik der Länder, in denen die Nationalsozialisten bereits vor 1933 an der Regierung beteiligt waren wie in Braunschweig, Thüringen, Oldenburg, Mecklenburg-Strelitz, Mecklenburg-Schwerin und Anhalt. Seit Ende 1930 erschienen daneben mehrere Artikel, die sich allgemein zunächst mit den kulturpolitischen, dann auch mit den wirtschaftspolitischen Vorstellungen der Nationalsozialisten beschäftigten.[27] Die Berichte zur Kulturpolitik versuchten, anhand des Parteiprogramms der NSDAP und Aussagen führender Repräsentanten des Nationalsozialismus Klarheit über die Kultur- und Bildungspolitik der Partei zu gewinnen. Ein immer wiederkehrender Kritikpunkt war die Widersprüchlichkeit in den schulpolitischen Verlautbarungen der Nationalsozialisten. Die geäußerte Kritik und die Vorbehalte ließen aber auch deutlich große Unsicherheiten und ein Stück Hilflosigkeit im Umgang mit dem Nationalsozialismus erkennen, vor allem in der ersten Phase der Auseinandersetzung zu Beginn der dreißiger Jahre. So hieß es beispiels-

---

[27] Vgl. "Die Kulturpolitik der Nationalsozialisten", in: SSZ 1930, Nr. 40, S. 886 ff.; "Das Schulprogramm der Nationalsozialisten", in: LLZ 1930, Nr. 40, S. 1070 ff.; "Nationalsozialistische Kulturpolitik", in: SSZ 1932, Nr. 4, S. 95 und Nr. 32, S. 772 f.; "Die Wirtschaftspolitik der Nationalsozialisten", in: SSZ 1932, Nr. 5, S. 119 f. und Nr. 7, S. 165; "Zur Wirtschaftspolitik der Nationalsozialisten", in: LLZ 1932, Nr. 7, S. 153 ff.

weise zum Schluß eines Artikels über "Das Schulprogramm der Nationalsozialisten":

"Wenn der deutsche Volksschullehrer zusammenfassend sich fragt, was der Nationalsozialismus der Schule und dem Stande zu bieten gedenkt, dann kann aus den bisher vorliegenden Äußerungen dazu nur herausgelesen werden: Gewiß manches Gute und Selbstverständliche - daneben aber viel Nebelhaftes, zweideutig Schillerndes - und mehr noch, was von unseren Grundforderungen polweit entfernt ist. Der Nationalsozialist denkt immer nur vom erträumten Staat und dessen Bedürfnissen aus; nie steht ihm das Kind und seine natürliche Entwicklung im Mittelpunkt. Die Schularbeit beuge sich unter das strenge Joch einseitiger, starrster Politik. Für den Pädagogen ist damit das Schulprogramm des Nationalsozialismus - soweit man von einem solchen überhaupt schon sprechen kann - gerichtet". (LLZ 1930, Nr. 40, S. 1074 f.).

In den nächsten Monaten, insbesondere im Verlauf des Jahres 1932, gewann die Auseinandersetzung mit dem Nationalsozialismus an Schärfe, wurde sehr viel deutlicher dessen menschenverachtender und gewalttätiger Charakter hervorgehoben. Ottomar Fröhlich, der Schulleiter der "Humboldtschule-Versuchsschule" in Chemnitz und einer der herausragenden schulpolitischen Köpfe des SLV, war der Meinung, daß das Ergebnis dieser Auseinandersetzung nicht in einer Synthese aus den Grundideen der organisierten Volksschullehrerschaft und des Nationalsozialismus bestehen könne, wie dies seiner Meinung nach vom DLV-Vorsitzenden Wolff für möglich und denkbar gehalten wurde, sondern daß es in dieser Auseinandersetzung "einzig und allein nur Kampf geben" könne. Was die nationalsozialistische "Bewegung" in ihrer ganzen Stellung zum Menschen und zur Kultur nämlich anzubieten habe, mache sie für den Lehrerverein indiskutabel. Während der Kulturbegriff der Lehrervereinsbewegung auf der Anerkennung der inneren Freiheit und Selbstverantwortlichkeit eines jeden Menschen und auf dem Begriff der Menschlichkeit, der Humanität beruhe, besage der Kulturbegriff jener "Bewegung" das genaue Gegenteil davon. "Ihre Führer und Theoretiker können sich nicht genug tun in der Verachtung dieses Prinzips, in der Verachtung der Menschlichkeit, der Humanität, des Geistes, in der Verachtung all dessen, was seit 1789 und 1848 den Geistigen Inhalt und Ziel der Kultur gewesen ist."[28]

Die Reichspräsidentenwahl von 1932 war für die LLZ ein erster offizieller politischer Anlaß, die ihrer Meinung nach große Bedeutung dieser

---

[28] Vgl. FRÖHLICH, O.: Die heutige Gesamtkrise und unsere Pädagogik und Schulpolitik, in: SSZ 1932, Nr. 8, S. 170-173 u. Nr. 9, S. 194 ff., Zitate S. 195.

Wahl zur Verhinderung eines faschistischen Gewaltregimes herauszustellen. In einem dieser Wahl gewidmeten Artikel "Gegen Faschismus und Diktatur, für Republik und Demokratie" konnte sie auf die breite Front der verschiedensten Gewerkschaften verweisen, die zur Verhinderung eines Reichspräsidenten Hitler zur Wahl Hindenburgs aufgerufen hatten. Die LLZ verglich das gemeinsame Vorgehen der Gewerkschaften mit den Tagen des Kapp-Putsches, als die "Gewerkschaften, Beamten und Arbeiter das Gewicht des politischen Wollens ihrer Massen in die Waagschale geworfen" hätten (LLZ 1932, Nr. 9, S. 213). Nach Ansicht der LLZ fiel mit der Wahl die große Entscheidung zwischen Volksstaat und Diktatur, zwischen Demokratie und Faschismus.

"In langer Reihe liegen vor uns die Drohungen, die Terror- und Gewaltmaßnahmen ankündigenden Äußerungen von nationalsozialistischer Seite. Sie lassen keinen Zweifel darüber, daß die Diktatur die Aufhebung der letzten Beamtenrechte bedeutet, daß sie im schroffsten Gegensatz steht zum Gedanken des sozialen Staates, daß reines Menschentum in solcher Atmosphäre sich nicht zu entfalten vermag" (ebd., S. 214).

Der SLV reihte sich damit ein in die Front der republikanischen Kräfte, die in der Wahl Hindenburgs den einzigen Weg zum Erhalt der Demokratie sahen. Die zwischen dem ersten und zweiten Wahlgang der Reichspräsidentenwahl liegende Vertreterversammlung in Zwickau Ende März 1932 nutzte der SLV zu einer scharfen Kritik am Verhalten des DLV und dessen Führung, die sich zu keinem entschiedenen öffentlichen Bekenntnis zur Republik entschließen konnte und sich sogar beim Gesamtvorstand des DBB mit einem Antrag durchsetzte, beim bevorstehenden entscheidenden zweiten Wahlgang des Reichspräsidenten keinen Wahlaufruf des Bundes zugunsten Hindenburgs herauszugeben.[29]

Aufgrund der angespannten allgemeinpolitischen Lage, des aktuellen Anlasses der Reichspräsidentenwahl mit der Entscheidung Hitler oder Hindenburg und des indifferenten Verhaltens des DLV-Vorstandes all diesen politischen Vorgängen gegenüber sah die Vertreterversammlung sich veranlaßt, ein deutliches Zeichen zu setzen durch ein öffentliches Bekenntnis

---

[29] Zu diesem Verhalten des DLV und zu der Kritik von seiten des SLV vgl. "Die Vertreterversammlung in Zwickau", in: LLZ 1932, Nr. 11, S. 253-270, besonders S. 253, 255 u. 261; "Zwölf Verbände des Deutsch. Beamtenbundes rufen zur Wahl Hindenburgs auf", in: LLZ 1932, Nr. 11, S. 274 f.; "Der Beamte unter der Diktatur", in: LLZ 1932, Nr. 15, S. 349 ff. u. Nr. 16, S. 374-378.

zu Republik und Demokratie, indem vom DLV und DBB auch ein konsequentes Engagement zu deren Erhalt gefordert wurde.[30]

Die gegen eine einzige Stimme verabschiedete Entschließung lautete:

"Der Sächsische Lehrerverein bekennt sich erneut zur Republik, in der die Grundsätze der Demokratie gelten. Auch in diesen Zeiten wirtschaftlicher Not und geistiger Wirrnis gilt seine Arbeit den alten Zielen: Erziehung zum selbstdenkenden Menschen im Geiste der Volksgemeinschaft und der Völkerversöhnung, Erziehung zu Mitverantwortung und staatsbürgerlicher Mündigkeit, Schutz der Vereinigungsfreiheit, Sicherung der geistigen Freiheit des Erzieherberufs. Der Sächsische Lehrerverein erhebt erneut seine warnende Stimme gegen jede politische und weltanschauliche Jugendverhetzung; er verwirft diktaturlüsterne Gewaltandrohung und schlagwortgebundene Ungeistigkeit. Nicht der Glaube an politische oder wirtschaftliche Wunder, nicht blinde Führeranbetung, nicht Drohung und Gewalt helfen aus der Not, sondern nüchternes Erkennen der Wirklichkeit, eigene Leistungen und soziale Verbundenheit. Der Deutsche Beamtenbund hat sich am 12. Oktober vorigen Jahres als Spitzenorganisation der deutschen Beamten- und Lehrerschaft mit den Gewerkschaftsvertretern aller Richtungen zusammengeschlossen zur Abwehr der sozialreaktionären Pläne der Harzburger Tagung. Der Sächsische Lehrerverein bekennt sich erneut zu der großen Kampfgemeinschaft für berufliche und persönliche Freiheit, für soziales Recht und staatsbürgerliche Gleichberechtigung. Der Deutsche Beamtenbund hat in den Zeiten des Kapp-Putsches und des Münchener November-Putsches klar und entschieden jeden Angriff auf die Deutsche Republik abgewehrt. Der Sächsische Lehrerverein erwartet von seinen Spitzenorganisationen, dem Deutschen Lehrerverein und dem Deutschen Beamtenbund, daß sie sich auch in den entscheidenden Auseinandersetzungen unserer Tage eindeutig und entschlossen im Sinne ihres Programms für Republik und Demokratie einsetzen" (SSZ 1932, Nr. 11, S. 249 und LLZ 1932, Nr. 11, S. 274).

---

[30] Daß der SLV sich mit dieser politischen Standortbestimmung innerhalb des DLV in einer Minderheitenposition befand, zeigte sich auch auf der Vertreterversammlung des DLV in Rostock im Mai 1932, als der Hamburger und Sächsische Lehrerverein mit seinen Bemühungen an der Mehrheit der Vertreter scheiterte, in die vom Hauptausschuß des DLV vorgelegte Entschließung zur Lage ein eindeutiges, unmißverständliches Bekenntnis zur Republik und zu deren demokratischen Grundlagen aufzunehmen. Die SSZ kritisierte in ihrem Bericht über "Die Tagung des Deutschen Lehrervereins in Rostock" den Vorsitzenden des DLV Wolff und dessen Rede, die den Erwartungen an das angekündigte Thema "Schule, Lehrerschaft und Deutscher Lehrerverein in der Gegenwart" leider nicht entsprochen habe. Deutlich wurden das Pathos und die rhetorischen Problemlösungsversuche von Wolff kritisiert. "Die Probleme, die z.B. durch die Begriffe Politik, Parteipolitik, Neutralität, Autonomie der Pädagogik, Liberalismus, geistige Freiheit usw. angedeutet werden, müssen, zumal in unserer Zeit, anders als vor allem rhetorisch 'gelöst' werden. Was man unter Volksgemeinschaft, Volkstum und gar Volksstaat versteht, das muß man heute erst einmal deutlich sagen, wenn man mit diesen schillernden, ausdeutungsträchtigen Begriffen operiert" (SSZ 1932, Nr. 17, S. 385). Tue man das nicht, dann fördere man nicht die Entscheidungen, sondern erzeuge eine imaginäre Einigkeit der Versammlung, weil jeder diese Begriffe so auslege, wie es ihm behage (ebd.).

Der SLV nahm auch in den nächsten Monaten nach der Zwickauer Vertreterversammlung entschieden Stellung zur politischen Lage und zu den Gefahren, die der Gesellschaft vom Faschismus drohten. Zwei dieser Stellungnahmen seien besonders hervorgehoben. Am 2. Juli 1932 verabschiedete der Vorstand des SLV nicht nur eine Entschließung gegen die Notverordnungspolitik der Reichsregierung von Papen, sondern gleichzeitig auch eine "Gegen Diktatur und Entrechtung, für Geistes- und Vereinigungsfreiheit". Darin wurde unter Hinweis auf einen Antrag der NSDAP-Fraktion im Preußischen Landtag auf Auflösung des Schrader-Verbandes der preußischen Polizeibeamten, eines Verbandes des DBB, und der Politik des nationalsozialistischen Ministers Klagges in Braunschweig die Bereitschaft bekundet, alle Versuche zur Beseitigung der Vereinigungsfreiheit, von welcher Seite sie auch ausgehen sollten, zu bekämpfen. Der SLV stehe fest in der Front der Gewerkschaften und Verbände, die bereit seien, "die staatsbürgerliche Mündigkeit, die Vereinigungsfreiheit und die Geistesfreiheit gegen alle Kräfte zu schützen, die durch die Knechtung der Meinungen und eine Entrechtung der Massen eine brutale, den Menschenwert vernichtende Diktatur aufzurichten gedenken" (SSZ 1932, Nr. 23, S. 537).

Die zweite offizielle Stellungnahme stammte vom LLV, abgegeben nach der Machtübertragung an die Nationalsozialisten. Die Versammlung des LLV in der ersten Februarwoche nahm zu diesem Vorgang eine Entschließung an, in der es hieß:

"Die Vorgänge bei der Neubildung der Reichsregierung und die Zusammensetzung des neuen Kabinetts müssen die gesamte Arbeiternehmer- und Beamtenschaft mit schwerer Sorge erfüllen. Es besteht die Gefahr, daß bei der künftigen Gestaltung der politischen, wirtschaftlichen und kulturellen Verhältnisse in Deutschland großkapitalistische und großagrarische Interessen allein den Ausschlag geben, und daß die in der Verfassung niedergelegten demokratischen Rechte und sozialen Sicherungen beseitigt werden" (LLZ 1933, Nr. 5, S. 137).

Der LLV wandte sich in dieser Entschließung

"mit aller Entschiedenheit gegen jeden Versuch, die Verfassung außer Kraft zu setzen und die darin festgelegten sozialen, arbeits- und beamtenrechtlichen Bestimmungen zu beseitigen (...), die Lasten der heutigen Wirtschaftskrise den unteren Volksschichten allein aufzubürden, während die der heutigen Reichsregierung nahestehenden Schichten bei den Hilfsmaßnahmen eine besondere Bevorzugung erfahren; und er wendet sich gegen alle Versuche, die heutige Notzeit zu benutzen, um kulturpolitisch-reaktionäre Pläne zu verwirklichen" (ebd., S. 138).

Die zum Schluß vom LLV aufgestellte Forderung, "daß der Deutsche Lehrerverein und der Deutsche Beamtenbund in Gemeinschaft mit den übrigen Gewerkschaften alle Maßnahmen treffen (sollten), um der Einheitsfront der politischen und sozialen Reaktion die Abwehrfront der Arbeitnehmer entgegenzustellen" (ebd.), ging allerdings an den gesellschaftlichen und politischen Realitäten und Möglichkeiten vorbei. Hatte der LLV und mit ihm große Teile der sächsischen Volksschullehrerschaft doch schon in den letzten Monaten erleben müssen, wie große Teile der im DLV organisierten Volksschullehrerschaft sich schon längst von der Weimarer Republik distanziert hatten, und erkennen können, daß es auch bei der Führung des DLV und DBB keine wirkliche Bereitschaft gegeben hatte, für den Erhalt der Republik zu kämpfen.[31]

Kurz zusammengefaßt läßt sich sagen: Mein Hauptinteresse galt zunächst einmal der Klärung grundsätzlicher weltanschaulich-politischer Positionen innerhalb des SLV, um verständlich zu machen, warum es nach 1918/19 zu einem Bündnis des SLV mit den Arbeiterparteien in der Schul-

---

[31] Ab März 1933 gab es dann auch innerhalb des SLV erste Anzeichen eines nachlassenden Widerstandes gegen den Nationalsozialismus. Die Reichstagswahl vom 5. März stellte dafür eine Art Wendepunkt dar. An die Stelle des verbal artikulierten Widerstandes schien nunmehr die Bereitschaft zum Arrangement mit den veränderten politischen Verhältnissen, mit den neuen Machthabern zu treten. Dieser Eindruck ergibt sich jedenfalls aus dem in der letzten Nummer der SSZ vor ihrem Verbot stehenden Artikel "Nach der Reichstagswahl" (SSZ 1933, Nr. 10, S. 253-256) . Die jahrelange kritische Auseinandersetzung mit dem Faschismus in der Vereinspresse, alle darin enthaltenen Warnungen vor einer faschistischen Machtübernahme und die der Volksschullehrerschaft immer wieder aufgezählten Konsequenzen, die der Faschismus an der Macht für die Gesellschaft insgesamt und somit auch für Schule und Lehrerschaft habe, schienen in dem Augenblick vergessen bzw. verloren ihre Bedeutung, als die Nationalsozialisten durch die Reichstagswahlen vom 5. März scheinbar demokratisch legitimiert und scheinbar gezähmt durch den Deutschnationalen Koalitionspartner regieren konnten. Aus dem einstigen Parteiagitator Adolf Hitler war nun mit einem Male der Staatsmann und Reichskanzler geworden, an dessen gutem Willen man nicht mehr zweifelte und in dessen Aussagen man jetzt sogar eigene Ideale widerzuerkennen glaubte. Die von den Faschisten benutzten Begriffe "national" und "sozialistisch" beispielsweise nahm die SSZ nun "als ein Bekenntnis der Regierung zur nationalen Zusammengehörigkeit, zum sozialen Staate und zum Umbau der Wirtschaft nach sozialen Gesichtspunkten ..." (ebd., S. 254). Die SSZ bedankte sich für Hitlers Friedens- und Freundschaftsbekenntnis mit der ganzen Welt und gab der Überzeugung Ausdruck, daß die neue Reichsregierung sich an die Verfassung halten werde, da sie im Reichstag über eine Mehrheit verfüge. "Wir glauben" - schrieb die SSZ wörtlich -, "daß dann auch die Grundrechte, die jedem Deutschen durch die Verfassung gewährleistet sind, wieder jene Gültigkeit haben werden, die heute manchem gefährdet erscheint" (ebd., S. 255). Wenige Tage später wurde die SSZ verboten und zahlreiche Mitglieder des SLV verhaftet.

reformpolitik gekommen ist. Es konnte gezeigt werden, daß der SLV die Beseitigung der Monarchie und Errichtung der Republik geradezu begeistert begrüßt hatte. Die Gründe dafür sind in den von besonderen ökonomischen, politischen und sozialstrukturellen Gegebenheiten des Landes begünstigten, demokratischen Traditionen des Vereins und in den damit zusammenhängenden konfliktreichen Vorkriegserfahrungen mit den konservativen Interessengruppen und der Evangelisch-lutherischen Kirche zu suchen.

Anhand der mit Beginn der Novemberrevolution im SLV einsetzenden intensiveren Diskussion über den weltanschaulich-politischen Standort des Vereins ließ sich deutlich die politische Orientierung des SLV zur DDP und zur SPD hin erkennen bei gleichzeitiger scharfer Abgrenzung zu den rechtsbürgerlichen Parteien DVP und DNVP. Insbesondere die sozialistisch, vor allem sozialdemokratisch orientierten Teile der Volksschullehrerschaft konnten nach 1918/19 einen beachtlichen Einfluß im SLV gewinnen. Sie nahmen entscheidenden Einfluß auf die Programmatik des Vereins, bestimmten in hohem Maße dessen Politik und waren auch mitverantwortlich dafür, daß es in der Weimarer Republik zu einer Annäherung größerer Teile der sächsischen Volksschullehrerschaft an die Arbeiterbewegung kam. Die von den sozialistischen Regierungen verantwortete Bildungspolitik bis 1923 war ein weiterer ganz entscheidender Faktor, der diese Annäherung erleichterte und festigte.

Der Einfluß der linken Kräfte innerhalb des SLV ließ sich besonders deutlich an der Haltung des Vereins zur Gewerkschaftsfrage, am Verhältnis zur Republik und zum aufkommenden Faschismus zeigen. Bereits Ende 1919 vollzog die Vertreterversammlung die Umwandlung des SLV in einen Gewerkschaftsbund sächsischer Lehrer und befürwortete ein Streikrecht auch für Beamte. Mit der Annahme des Programms des ADB 1923 bekannte der SLV sich zur "Bedarfsdeckungswirtschaft" und erneut zum Streikrecht für Beamte und entschied die Bündnisfrage zugunsten des ADGB und des AfA, also der freigewerkschaftlichen Richtung der Arbeiterbewegung. Allerdings blieben diese Entscheidungen in ihren unmittelbaren Folgen für die Vereinspolitik in den wirtschaftlich stabileren Jahren ab 1924 von geringer Bedeutung. Den 1923 einmal getroffenen Grundsatzentscheidungen hinsichtlich der wirtschaftspolitischen Ordnungsvorstellungen und der Bündniskonzeption blieb der SLV bis zum Ende der Weimarer Republik treu. Sein Wirtschaftsprogramm von 1932, sehr stark an wirtschaftsdemokratischen Vorstellungen des ADGB orientiert, enthielt eine klare Absage an die "Privatkapitalistische Profitwirtschaft", die durch eine "planvolle Gemeinwirtschaft" ersetzt werden sollte, und das Bekenntnis zu einer Gesellschaft, in der jedem Menschen ein menschenwürdiges Dasein gewährleistet war.

Dem Engagement für eine demokratische und sozial gerechtere Wirtschaftsordnung entsprachen auf politischem Gebiet das beharrliche Eintreten für die demokratisch-parlamentarisch verfaßte Republik sowie die Forderungen nach gesellschaftspolitischen Reformen, die den Einfluß der nach wie vor herrschenden alten Machteliten zurückdrängen und zu einer wirklich demokratischen Teilhabe aller Menschen an den gesellschaftlichen Angelegenheiten führen sollten. Damit stand der SLV (zumindest von seiner Programmatik her) auf der Seite der sozialistischen Minderheitsregierungen und ihres gesellschaftlichen Reformprogrammes in den Jahren 1920-23. Exemplarisch wurde diese soziale und demokratische Einstellung des SLV gezeigt anhand seiner Reaktionen auf den Kapp-Lüttwitz-Putsch, auf die wirtschaftlichen und politischen Krisen des Jahres 1923 und schließlich auf die Weltwirtschaftskrise mit ihren politischen Begleiterscheinungen. Dem in diesen Jahren erstarkenden Faschismus erteilte der SLV eine deutliche Absage. Was die Machtübernahme eines faschistischen Gewaltregimes für die Gesellschaft insgesamt, für die Lehrerschaft und die Schule im besonderen bedeutete, das versuchte der SLV seinen Mitgliedern über die Vereinspresse immer wieder zu vermitteln. "Gegen Faschismus und Diktatur, für Republik und Demokratie" kann man - eine Schlagzeile der LLZ aufgreifend - das politische Engagement des SLV in den dreißiger Jahren zusammenfassend charakterisieren.

Die Zielperspektive einer demokratischen und sozial gerechten Wirtschafts- und Gesellschaftsordnung mußte sich zwangsläufig auch in den bildungspolitischen und pädagogischen Vorstellungen niederschlagen. Mit diesen Vorstellungen werde ich mich im weiteren Verlauf der Arbeit noch eingehender befassen. Dennoch seien an dieser Stelle, anknüpfend an die Darstellung des politisch-weltanschaulichen Standorts des SLV, einige allgemeinere Bemerkungen zur bildungspolitischen und pädagogischen Programmatik des Vereins vorausgeschickt. Die über den eng begrenzten Kreis standespolitischer Fragen hinaus erörterten wirtschaftlichen, sozialen und politischen Probleme förderten zunächst einmal ganz allgemein die Bereitschaft und die Fähigkeit, Schule und Pädagogik in größere gesamtgesellschaftliche Zusammenhänge einzuordnen. Dafür sind in diesem Kapitel zahlreiche Beispiele genannt worden. Diese Fähigkeit bewahrte den SLV vor der Illusion, gesellschaftliche Probleme allein pädagogisch lösen bzw. die gewünschte demokratische Gesellschaftsentwicklung ausschließlich auf pädagogischem Wege herbeiführen zu können. Wohl war es aus der beruflichen Sicht des Pädagogen heraus allgemeine Überzeugung innerhalb des Vereins, daß Schule und Erziehung bei diesem gesellschaftlichen Demokratisierungsprozeß eine entscheidende, wenn nicht gar die entscheidende Bedeutung zukomme. Umgekehrt war dem SLV aber auch bewußt, daß seine bildungspolitischen Bestrebungen wie die pädagogische Arbeit seiner Mitglieder unbedingt angewiesen war auf Demokratie und Republik.

Was der SLV gesamtgesellschaftlich forderte, nämlich eine umfassende Demokratisierung, das übertrug er konsequent auch auf den Bereich des Bildungswesens. Demokratisierung des Bildungswesens bedeutete dabei vor allem dreierlei:

1. Demokratisierung der äußeren, organisatorischen Struktur des gesamten Schulwesens mit dem Ziel einer einheitlichen Schule für alle Kinder. Dieses Ziel verfocht der SLV über die gesamte Zeit der Weimarer Republik. Zunächst war es nur die Forderung nach der vierjährigen gemeinsamen Grundschule, daran anschließend Überlegungen für deren Verlängerung auf sechs bzw. acht Jahre, schließlich der Anfang 1924 vorgelegte Plan einer zehnjährigen Einheitsschule. Auch als in den folgenden Jahren die politische Durchsetzung einer solchen Einheitsschule in weite Ferne gerückt war, hielt der SLV konsequent an seinen Zielen fest. 1926 wurde ein Bildungsplan für die zehnjährige Volksschule vorgelegt, 1928 stand das Thema "Demokratisierung der Bildung" auf der Tagesordnung seiner 20. Allgemeinen Versammlung in Chemnitz, ein Jahr später 1929 diskutierte man die Erweiterung der Volksschulpflicht auf zehn Jahre und 1930 schließlich bildete die sogenannte "Mittelstufe" (heutige Sek. I) als Kernstück der Einheitsschule einen Schwerpunkt der programmatischen Diskussionen.
2. Demokratisierung des gesamten inneren Schulbetriebes (Selbstverwaltung) einschließlich des reformpädagogisch orientierten Unterrichtes.
3. Demokratisierung der Unterrichtsinhalte.

Dieses hier zunächst einmal nur angedeutete bildungspolitische Programm des SLV beharrte nicht nur auf dem Zusammenhang von äußerer und innerer Schulreform - schon das erwähnte Programm aus dem Jahre 1911 ist dafür ein deutlicher Beleg -, es diente darüber hinaus - zumindest von seinem Anspruch her - niemals der Aufrechterhaltung und Sicherung antidemokratischer Herrschaftsverhältnisse, sondern im Gegenteil zielte es stets auf deren Abbau und schließliche Überwindung.

Es kann deshalb nicht verwundern, daß die Nationalsozialisten ein besonderes Interesse an der möglichst schnellen Zerschlagung und Gleichschaltung gerade des SLV hatten. Bereits im Januar 1932 hatte die Nationalsozialistische Lehrerzeitung "Zwölf Fragen an die sächsische Lehrergewerkschaft" gestellt und gedroht: "Glauben die Leiter der Lehrergewerkschaftspresse, daß ihr Kampf gegen die Nationalsozialistische Partei nicht säuberlich registriert wird?" (zit. n. LLZ 1932, Nr. 5, S. 113). Wie ernst diese und weitere Drohungen zu nehmen waren, zeigte sich für den SLV dann im März 1933. Mit Einschüchterungsversuchen, Beurlaubungen vom Schuldienst, Terror- und Gewaltmaßnahmen gingen die Nationalsozialisten gegen den SLV und seine führenden Repräsentanten vor. Gut eine Woche nach den Reichstagswahlen am 13. März war das Vereinshaus des LLV Ziel einer polizeilichen Durchsuchungsaktion. Eine Reihe von Vorstandsmitgliedern des LLV wurde - ebenfalls nach Hausdurchsuchungen - vorübergehend verhaftet. Unter ihnen Arno Siemon (Erster Vorsitzender), Walter Hartig (Zweiter Vorsitzender), Johannes Lindner (Dritter Vorsitzender), Arno Portig (Zweiter Kassierer), Käte Herget (Erste Schriftführerin), Walter Reißmann (Zweiter Schriftführer) sowie die dem geschäftsführenden Ausschuß angehörenden Fritz Barth, der auch dem Vorstand des SLV angehörte, und Horst Grimmer.[32] Vorübergehend in "Schutzhaft" genommen wurden auch der Vorsitzende des SLV Karl Trinks, der Sekretär des Vereins Paul Fehlhaber, der Schriftleiter der SSZ Alfred Weller und das Vorstandsmitglied Georg Klemm (ADLZ 1933, Nr. 12, S. 225 u. Nr. 14, S. 260). Neben Trinks und Klemm wurden vom Dresdner Lehrerverein noch verhaftet Johannes Donath, Walter Sachse und Max Schmidt

---

[32] Die genannten Namen werden aufgeführt bei ULM 1987, S. 49. Ulm weist leider nicht auf die Tatsache hin, daß die genannten Lehrer und die eine Lehrerin Vorstandsmitglieder des LLV waren. Er spricht im Zusammenhang der aufgeführten Personen nur allgemein von Lehrern, die verhaftet worden seien.

(SCHULTZE 1986, S. 53).[33] Vom Chemnitzer Lehrerverein können Johannes Riesner und Max Uhlig (beide KPD) genannt werden. Uhlig war stellvertretender Leiter der Humboldt-Versuchsschule in Chemnitz (ebd., S. 50 ff .). Karin Schultze hat in ihrer Dissertation "Zur Maßregelung und Verfolgung progressiver sächsischer Lehrer 1933/34 ... " (1986) insgesamt 85 sächsische Volksschullehrer und -lehrerinnen namentlich ermittelt und aufgeführt, die "in faschistische Gefängnisse, Zuchthäuser und Konzentrationslager verschleppt wurden" (S. 54 f.).[34] Zeitgleich mit den Verhaftungen führender Vertreter des SLV gingen die Nationalsozialisten gegen die Vereinspresse vor. Einen Tag nach der Durchsuchung des Vereinshauses des LLV am 14. März wurde die LLZ vom Polizeipräsidium Leipzig für drei Monate verboten (LLZ 1933, Nr. 10, S. 272), am 18. März traf dieses Erscheinungsverbot auch die SSZ für vier Wochen (SSZ 1933, Nr. 11, S. 269).[35] Durch ihr gewaltsames Vorgehen gegen führende Repräsentanten des Vereins, gegen Vereinseinrichtungen und -presse erzwangen die Nationalsozialisten in den folgenden Tagen den Rücktritt sowohl des Vorstandes des SLV (19. März) als auch der Vorstände der größeren Bezirksvereine (ADLZ 1933, Nr. 13, S. 245). Leipzig-Stadt (22. März), Chemnitz-Stadt

---

[33] Georg Klemm leitete nach 1945 das Ressort Schulwesen in der sächsischen Landesregierung, Johannes Donath wurde Direktor der Staatsbank in Dresden, Walter Sachse bekleidete nach 1945 das Amt des Kreisschulrates für Dresden Stadt-West und Max Schmidt wurde Leiter der 41. Grundschule in Dresden (SCHULTZE 1986, S. 138, Anm. 128-131).

[34] Daß diese ermittelte Zahl nur eine Untergrenze darstellt, zeigt sich allein schon an der Tatsache, daß die von mir genannten Vorstandsmitglieder des LLV in dieser Aufstellung nicht enthalten sind. Zu den verhafteten sächsischen Volksschullehrern zählten auch die Reichstagsabgeordneten Arthur Arzt (SPD), Erwin Hartsch (SPD), Kurt Uhlig (SPD) und Ernst Schneller (KPD), sowie die Landtagsabgeordneten Robert Müller (SPD) und Kurt Vogel (SPD) (SCHULTZE 1986, S. 50ff.).

[35] Mit diesem Verbot war die vierzigjährige Geschichte der LLZ beendet. Sie erschien nicht mehr. Lediglich eine zweiseitige Sonderausgabe (Nr. 11 vom 7. April 1933) erschien noch zur Einladung zur Vertreterversammlung des SLV und zu einer anschließenden außerordentlichen allgemeinen Versammlung. Gleichzeitig wurde eingeladen zur Reichstagung des Nationalsozialistischen Lehrerbundes in Leipzig. Die SSZ erschien nach ihrem vorübergehenden Verbot zum ersten Mal wieder am 8. April 1933 als Nr. 1 des 101. Jahrgangs. Die Nationalsozialisten begannen nach der Gleichschaltung mit einer neuen Zählung der einzelnen Ausgaben. Mit der Nr. 2 - fortlaufend gezählt die Nr. 14 des 101. Jahrganges - war die SSZ in das Eigentum der Fachschaft Volksschule des Nationalsozialistischen Lehrerbundes, Gauverband Sachsen, übergegangen. Diese Nr. 2 erschien am 20. April 1933 als "Sonderausgabe anläßlich des Geburtstages des Kanzlers des Deutschen Reiches". Die SSZ existierte dann noch bis zur Nr. 11 des 102. Jahrganges 1934. Mit dieser Nummer stellte sie ihr Erscheinen endgültig ein. Ab Nr. 12 erschien sie unter dem

(22. März) und Dresden-Stadt (24. März) waren die ersten Bezirksvereine, die gleichgeschaltet wurden (SSZ 1933, Nr. 3/4, Fachschaft Volksschule, S. 27 ff.; ADLZ 1933, Nr. 14, S. 259 f.). Die Gleichschaltung des Gesamtvereins vollzog sich dann auf der 58. Vertreterversammlung am 10. April 1933 in Leipzig. Zum Ersten Vorsitzenden wurde der schon seit dem 4. April kommissarisch dieses Amt verwaltende Willy Potscher "gewählt" (SSZ 1933, Nr. 3/4, Fachschaft Volksschule, S. 23). Auf der sich anschließenden allgemeinen Versammlung wurde der SLV schließlich "als Fachschaft Volksschule in den NSLB, Gauverband Sachsen, überführt", wie es der angenommene "Überführungsparagraph" bestimmte (ADLZ 1933, Nr. 18, S. 327 f.).[36] Der SLV war damit der erste Landesverband des DLV, der diesen Schritt vollzog (ebd.). Die schnelle Gleichschaltung und Überführung des SLV in den NSLB ist wohl in erster Linie damit zu erklären, daß die Nationalsozialisten ein besonderes Interesse daran hatten, einen ihrer entschiedensten Gegner innerhalb der organisierten deutschen Volksschullehrerschaft möglichst schnell auszuschalten und unter ihren Einfluß und ihre Kontrolle zu bringen. War die Opposition der sächsischen Volksschullehrerschaft erst gebrochen, war der "linke" SLV erst einmal gleichgeschaltet, mußte das ja auch eine Signalwirkung auf die übrigen Landesverbände ausüben, zumal von den meisten ohnehin keine Opposition, sondern eher Bereitschaft zur Anpassung gegenüber dem Nationalsozialismus zu erwarten war.

Nach der ersten Gewalt- und Verhaftungswelle gegen bekannte und politisch exponierte Vertreter des SLV, häufig verbunden mit der sofortigen Beurlaubung vom Schuldienst, gingen die Nationalsozialisten ab Mai 1933

---

[36] Titel "Die Volksschule" als Beilage zu der Zeitschrift "Politische Erziehung" (Standort : Deutsche Bücherei Leipzig, Signatur ZB 28 626).
Vgl. auch "Das Werk Arthur Göpferts und die Gleichschaltung der sächsischen Lehrerschaft", in: SSZ 1933, Nr. 1 vom 8. April 1933, S. 276 f. In diesem Artikel in der ersten Nummer der SSZ nach ihrer Gleichschaltung hieß es zur Gründung des NSLB u.a.: "Daß die Idee des Nationalsozialistischen Lehrerbundes in Sachsen die heute vorliegende, alle umfassende Gestalt genommen hat, verdanken wir, wie oben gesagt, unserem Gauführer Göpfert. Der von ihm geschaffene Aufbau ist in seiner Art nach seiner glänzenden Bewährung von den anderen Ländern Deutschlands übernommen worden. Daß aber darüber hinaus die sächsische Volksschullehrerschaft, die in höchstem Grade liberalistisch oder auch marxistisch eingestellt war, trotz ihrer einst heftigsten Angriffe auf Göpfert sich nun doch von ihm überwinden und zu ihrem guten, alten geistigen Kern zurückführen ließ, ist für beide der schönste Sieg. Unser vordem vielgeschmähter Gauobmann ist zum inneren und äußeren Führer der gesamten sächsischen Lehrerschaft - vom Volksschullehrer bis zum Hochschullehrer - geworden" (ebd., S. 277).

auf der Grundlage des "Gesetzes zur Wiederherstellung des Berufsbeamtentums" daran, alle Beschäftigten im Zuständigkeitsbereich des Ministeriums für Volksbildung mit Hilfe von Fragebögen auf ihre politische Zuverlässigkeit und arische Abstammung hin zu überprüfen. Nach den Ermittlungen von Karin Schultze belief sich die Zahl der mit Hilfe dieses Gesetzes aus politischen oder rassischen Gründen entlassenen sächsischen Lehrer(innen) bis September 1933 auf 374 (SCHULTZE 1986, S. 46 ff. u. S. 55 ff.) und stieg bis zum Jahre 1938 auf insgesamt 845. Von diesen waren 472 Volksschullehrer(innen) bei einer Gesamtbeschäftigungszahl von 17471 (ebd., S. 66).[37] Besonders gravierend im Volksschulbereich waren die Entlassungen bzw. Versetzungen bei den Bezirksschulräten. Von den 1933 tätigen 44 Bezirksschulräten wurden 8 aus dem Dienst entlassen und 10 in ein anderes Amt versetzt, mithin 40% aller Bezirksschulräte ausgewechselt. Zu den 8 nach § 4 des "Gesetzes zur Wiederherstellung des Berufsbeamtentums" entlassenen Bezirksschulräten zählte u.a. Paul Häntzschel, ehemaliger Schriftführer des SLV, der zum 1. Januar 1919 aus einer vom SLV aufgestellten Vorschlagsliste vom damaligen Kultusminister Buck (SPD) als "schultechnischer Hilfsarbeiter" ins Kultusministerium berufen und 1932 vom Oberregierungsrat auf eine Bezirksoberschulratsstelle abgeschoben worden war (Verordnungsblatt ... 1932, Nr. 6 v. 15. April, S. 30). Weiterhin der Kamenzer Bezirksschulrat Johann August Schneider, zu Beginn der zwanziger Jahre Obmann des dortigen Bezirkslehrerausschusses und Vorsitzender des Bezirkslehrervereins Kamenz, dessen Berufung schon 1921 aufgrund seiner SPD-Mitgliedschaft vor allem von seiten der DNVP heftig kritisiert wurde und zu einer entsprechenden Anfrage im Sächsischen Landtag geführt hatte (Verhandlungen des Sächsischen Landtages ... 1920/21, Zweiter Band, S. 1605- 1624). Darüber hinaus zählte Otto Erler, der bekannte Schulreformer und Arbeitsschulpädagoge, ebenso zu den von den Nationalsozialisten entlassenen Bezirksschulräten wie Erich Viehweg,

---

[37] Von diesen 472 Volksschullehrer(innen) wurden entlassen nach § 2 und 2a des "Gesetzes zur Wiederherstellung des Berufsbeamtentums", also mit dem Vorwurf, sich im kommunistischen Sinne betätigt oder der KPD, ihren Hilfs- oder Ersatzorganisationen angehört zu haben: 93; nach § 3, der die Entlassung jüdischer Beamter regelte: 4; nach § 4, der sich gegen Beamte richtete, die der SPD oder pädagogischen Vereinen und Verbänden angehörten, deren Tätigkeit nicht vereinbar war mit der faschistischen Ideologie: 281; nach § 6, nach dem Beamte auch vor Erreichen der Altersgrenze in den Ruhestand versetzt werden konnten: 90 (SCHULTZE 1986, S. 66).

ehemaliger Schriftleiter der SSZ und bekannt insbesondere durch sein Engagement für die weltliche Schule.[38]

---

[38] Die übrigen vier waren Johannes Theodor Krahl, Otto Ernst Schurig, Paul Arthur Krug, Edwin Oskar Mobiltz (SCHULTZE 1986, S. 59; Verordnungsblatt des Sächsischen Ministeriums für Volksbildung 1933, Nr. 13 v. 12. Juli, S. 50). Zu diesen Bezirksschulräten konnten keine näheren Angaben ermittelt werden.

VI. Der sächsische Landesverband des Bundes Entschiedener Schulreformer und seine Bedeutung für die Schulreform

An der Seite des SLV unterstützte u.a. der Landesverband Sachsen des Bundes Entschiedener Schulreformer (BESch) den Schulreformprozeß. Sein diesbezüglicher Beitrag blieb allerdings aus verständlichen, noch zu erläuternden Gründen sehr begrenzt und beschränkte sich vornehmlich auf den Bereich des höheren Schulwesens. Dennoch lohnt eine Beschäftigung mit dem BESch in Sachsen. Einerseits erhellt sie ein Stück der bislang weniger bekannten Geschichte der Landesvereine des Bundes, andererseits zeigt sie eine weitere (bildungs)demokratische Gegenposition zum Sächsischen Philologenverein, der ebenfalls noch in die Untersuchung einbezogen wird. Gegründet wurde der BESch im September 1919 in Berlin.[1] Zu den Gründungsmitgliedern zählten u.a. Franz Hilker, Paul Oestreich[2], Fritz Karsen[3], Siegfried Kawerau und Hildegard Wegschneider-Ziegler. Oestreich, Karsen, Kawerau u.a. waren kurz vorher aus dem Philologenverband ausgetreten. Ihren Austritt und die Gründung eines eigenen Verbandes erklärten sie mit der Unzufriedenheit mit den reaktionären gesellschafts- und schulpolitischen Vorstellungen der Philologen (NEUNER 1980, S. 25 ff.). Der BESch verstand sich als parteipolitisch unabhängig. Führende Mitglieder wie Oestreich, Karsen, Kawerau, Wegschneider-Ziegler u.a. gehörten allerdings der SPD an und arbeiteten z.T. aktiv in der Partei mit.

Hatte der BESch bis Ende 1919 zunächst nur akademisch gebildete Lehrer als Mitglieder aufgenommen, so erweiterte er schon Anfang 1920 die Möglichkeit der Mitgliedschaft auf alle Lehrer, wenig später öffnete er

---

[1] Bei der folgenden allgemeinen Charakterisierung des BESch beziehe ich mich vor allem auf die Arbeit von NEUNER, Ingrid: Der Bund entschiedener Schulreformer 1919-1933. Bad Heilbrunn/ Obb. 1980; vgl. auch EIERDANZ, Jürgen: Auf der Suche nach der Neuen Erziehung - Politik und Pädagogik des Bundes Entschiedener Schulreformer (1919-1933) zwischen Anspruch und Wirklichkeit. Dissertation, Gießen 1985; REINTGES, Bernhard (Hrsg.): Paul Oestreich: Schulreform. Texte und Diskussionen. Rheinstetten 1975 und die zeitgenössische Darstellung von WEISE, Martin: Paul Oestreich und die Entschiedene Schulreform. Leipzig 1928.

[2] Zu Paul Oestreich vgl. die Arbeit von BÖHM, Winfried: Kulturpolitik und Pädagogik Paul Oestreichs. Bad Heilbrunn/Obb. 1973.

[3] Zu Fritz Karsen vgl. die Arbeit von RADDE, Gerd: Fritz Karsen. Ein Berliner Schulreformer der Weimarer Zeit. Berlin 1973.

sich dann für alle pädagogisch Interessierten (ebd., S. 104 f.). Mit dieser Öffnung des Bundes und dem damit verbundenen Wunsch, mehr Mitglieder zu gewinnen und die Arbeit des Bundes bekannter zu machen, beschloß man gleichzeitig, über Berlin und Preußen hinaus selbständig arbeitende Landes- und Ortsgruppen zu gründen. Im Herbst 1920 gab es in Hamburg, Bremen, Frankfurt/Main, Mainz, Stettin, Königsberg, Hameln, Hannover, Bayern und Sachsen Bundesgruppen. Etwa ein Jahr später, im Herbst 1921, verfügte der Bund nach Auskunft Oestreichs über etwa 30 Ortsgruppen mit rund zwei- bis dreitausend Mitgliedern, davon in Berlin allein etwa 635 (ebd., S. 121). Um die Mitglieder besser über die Bundesarbeit informieren zu können, wurde "Die Neue Erziehung", seit 1919 herausgegeben von M.H. Baege, ab 1920 Bundeszeitschrift.

Im Gegensatz zum Philologenverband verstand sich der BESch zu keiner Zeit als eine Vereinigung zur Durchsetzung von Standes- bzw. Berufsinteressen, sondern ganz im Gegenteil ausdrücklich als ein Bund zur Propagierung pädagogischer Forderungen und zur Mitarbeit an der "geistigen und sittlichen Erneuerung" der Gesellschaft. Ob sich diese Tätigkeit des Bundes auf reine Aufklärungsarbeit beschränken, oder ob durch (schul)politisches Engagement der Mitglieder die angestrebte Schul- und Gesellschaftsreform vorangetrieben werden sollte, war zwischen den führenden Mitgliedern des Bundes umstritten. Insbesondere der Vorsitzende des Bundes, Paul Oestreich, der die Arbeit des Bundes wie kein anderer prägte, war ein unnachgiebiger Verfechter der reinen Theorie und Aufklärungsarbeit.

Im Mittelpunkt der Bundesarbeit stand bis Mitte der zwanziger Jahre die Schulpolitik, d.h. zunächst bis 1923 vor allem die Ausarbeitung eines Einheitsschulkonzeptes ("elastische Einheitsschule als Lebens- und Produktionsschule"), 1924 beschäftigte man sich in erster Linie mit der Reform des Geschichtsunterrichts und 1925 mit einer neuen Lehrerbildung. Seit dieser Zeit etwa orientierte sich Paul Oestreich und damit die Bundesarbeit zunehmend weg von den konkreten schulpolitischen Fragen und stärker hin zu Fragen der allgemeinen Gesellschafts- und Kulturreform. In den sächsischen Ortsgruppen z.B. wurde nicht nur diskutiert, sondern auch gesungen; klassische Musik umrahmte nicht selten die Vorträge, die zunehmend Themen der allgemeinen Lebensreform zum Inhalt hatten. "Lebensreform auf allen Gebieten", nannte dann auch ein sächsisches Mitglied, einen

Oestreich-Vortrag interpretierend, das Ziel des Bundes (Neue Erziehung (NE), Mitteilungen 1927, Nr. 3, S. 231). Diese programmatische Erweiterung kam auch in der Namensänderung des Bundes zum Ausdruck. Seit 1925 nannte er sich "Volksbund für Neue Erziehung"; 1933 wurde er von den Nationalsozialisten verboten.

Über die organisatorische Entwicklung und bildungspolitische Arbeit der sächsischen Ortsgruppen und des sächsischen Landesverbandes bzw. die Frage nach deren Bedeutung für die Schulreform in Sachsen enthalten die "Mitteilungen des Bundes" am Ende eines jeden Heftes der "Neuen Erziehung" grundlegende Informationen. Schon im Mai 1920 läßt sich ein Landesverband des BESch in Sachsen nachweisen; am 25./26. Mai 1920 fand eine Pfingsttagung des Landesverbandes mit mehr als einhundert Teilnehmern statt (NE, Mitteilungen des Reichsbundes Entschiedener Schulreformer 1920, S. 10 f.); im Verlaufe des Jahres wurden Ortsgruppen auch in Dresden und Riesa gegründet. Im Frühjahr 1921 bestanden in Sachsen bereits sechs Ortsgruppen (Waldheim, Leipzig, Dresden, Freiberg, Riesa und Chemnitz) (NE, Mitteilungen des BESch 1921, Nr. 3, S. 18); bis Ende 1923 schwankte ihre Zahl zwischen fünf und neun. Auffallend ist, daß sich in den drei Großstädten Dresden, Leipzig und Chemnitz die Ortsgruppen als kaum lebensfähig erwiesen. Immer wieder mußten hier Versuche ihrer Reaktivierung gemacht werden, allerdings mit wenig Erfolg. Der zeitweilige Vorsitzende der Dresdner Ortsgruppe, Friedrich Lohmann, begründete diese Tatsache damit, daß der BESch gerade in den Großstädten in Konkurrenz zu anderen pädagogischen Vereinigungen (SLV, AsL) stehe, die in gleicher Richtung arbeiteten (Mitteilungen 1925, Nr. 6, S. 471 f.). Andererseits hat der BESch aber auch versucht, mit diesen gleichgesinnten Vereinen zusammenzuarbeiten. So strebte z.B. die Ortsgruppe Zwickau ein "Kulturkartell" an mit der "Liga für Menschenrechte", der "Deutschen Friedensgesellschaft"[4], dem "Reichsbanner Schwarz Rot Gold", dem Bezirksbildungsausschuß des SPD und der Kinderfreunde- und Arbeiterjugendbewegung (Mitteilungen 1926, Nr. 6, S. 474 f.). Außerdem war der Landesverband im Ortskartell Dresden der "Reichsarbeitsgemeinschaft frei-

---

4   Die Arbeitsgemeinschaft des BEsch mit der "Liga für Menschenrechte" und der "Deutschen Friedensgesellschaft" trat zum ersten Mal 1927 in Aktion und zwar bei der Durchführung einer Volksabstimmung gegen den Krieg. Gemeinsam wurden im Bezirk Zwickau Unterschriften gesammelt (Mitteilungen 1927, Nr. 11, S. 895).

geistiger Verbände"[5] vertreten, in der u.a. auch der Dresdner Lehrerverein und je ein Mitglied von SPD und KPD vertreten waren (Mitteilungen 1927, Nr. 5, S. 394 f.). Ebenfalls in einer Arbeitsgemeinschaft zusammengeschlossen waren der Landesverband des BESch und der Landesverband der freien Schulgesellschaften Deutschlands (Mitteilungen 1926, Nr. 6, S. 476 f.). Zu Beginn der dreißiger Jahre sind sogar einige Bezirksvereine des SLV dem Landesverband des BESch quasi als korporative Mitglieder beigetreten (Mitteilungen 1931, Nr. 3, S. 236 f.).

Über die Gesamtmitgliederzahl des sächsischen Landesverbandes, der sich neben den Ortsgruppen auch noch aus zahlreichen Einzelmitgliedern zusammensetzte, lassen sich für den Zeitraum bis 1923 nur sehr begrenzt Aussagen machen. Die spärlichen Angaben in den "Mitteilungen" des Bundes deuten insgesamt auf ca. 300 - 400 Mitglieder hin. Interessanter als diese reine Mitgliederzahl ist die Zusammensetzung der Mitgliedschaft. Philologen dürften wohl nur in sehr geringer Zahl im Landesverband vertreten gewesen sein. Das sächsische Kultusministerium ging 1922 von höchstens 50 Philologen aus, die Mitglied im BESch waren (SSZ 1922, Nr. 8, S. 147; vgl. dazu auch Anm. 6). Dabei handelte es sich vielfach auch noch um Doppelmitgliedschaften, d.h. einige Philologen waren sowohl Mitglied des SPhV als auch des BESch.[6] Dagegen dürfte der Anteil interessierter Laien wohl wesentlich höher gelegen haben. So meldete z.B. die Ortsgruppe Riesa Anfang 1924, daß von ihren ca. 90 Mitgliedern etwa die Hälfte aus der Arbeiterschaft kämen (Mitteilungen 1924, Nr. 3, S. 89). Im

---

[5] In der "Reichsarbeitsgemeinschaft freigeistiger Verbände" waren seit 1922 die proletarischen und die bürgerlichen Verbände der Freidenker, Monisten und Freireligiösen zusammengeschlossen (EICHBERG, Henning: Proletarische Freidenker, in: LINDEMANN, Walter u. Anna: Die proletarische Freidenkerbewegung. Münster 1980 (Reprint der 1. Auflage Leipzig-Lindenau 1926), S. 85-125.

[6] So gehörte sogar der erst Ostern 1923 zum Ersten Vorsitzenden des SPhV gewählte Studienrat Dr. Weicker dem BESch an. Weicker war nach internen Auseinandersetzungen über den schulpolitischen Kurs des SPhV, in deren Verlauf sich die reformorientierten Kräfte durchgesetzt hatten, auf der Vertreterversammlung des SPhV Ostern 1923 gewählt worden (Die höhere Schule ... 1923, Nr. 8, S. 67 f.). Wann genau Weicker dem BESch beigetreten ist, ließ sich nicht mehr ermitteln. Fest steht aber, daß er im Dezember 1924 seinen Austritt aus dem BESch erklärte, und zwar nach eigenen Angaben aufgrund eines Schreibens des BESch an das Ministerium für Volksbildung, das der Vorstand des SPhV als Kampfansage an den Philologenverein wertete. Eine weitere Folge dieses Schreibens war die, daß der Vorstand des SPhV Anfang 1925 einen Unvereinbarkeitsbeschluß faßte, d.h. die Mitgliedschaft im BESch für unvereinbar mit der im SPhV erklärte (LOHMANN, Friedrich: Schulreformer-Verfolgung in Sachsen. Bericht eines 'Betroffenen', in: Die Neue Erziehung 7(1925), S. 438-441).

Vorstand des Landesverbandes hat es in den ersten Jahren des öfteren Veränderungen gegeben.

Politisch besonders interessant erscheint die Zusammensetzung im Frühjahr 1923. Zu diesem Zeitpunkt gehörten dem Vorstand u.a. zwei führende Repräsentanten des SLV, Erich Viehweg (SPD) und Martin Weise (SPD), sowie der schulpolitische Sprecher der KPD-Landtagsfraktion, Ernst Schneller, an (Mitteilungen 1923, Nr. 7, S. 52 f.)[7] Diese Zusammensetzung zeigt auch unter personellem Aspekt noch einmal die engen Verbindungen zwischen SLV und BESch in Sachsen. Weiterhin belegt sie, daß Mitglieder von KPD und SPD zumindest zeitweise im Vorstand des sächsischen Landesverbandes zusammengearbeitet haben.

Insgesamt wird man für die Zeit bis 1923 sagen können, daß der Landesverband Sachsen sich organisatorisch noch in einer Art Aufbauphase befunden hat. Erst nach 1923, insbesondere ab Mitte der zwanziger Jahre, gelang es dem Landesverband, sich zu konsolidieren, d.h. die Anzahl der Mitglieder und Ortsgruppen zu erhöhen, so daß Ende 1925/Anfang 1926 sogar beschlossen wurde, den sächsischen Landesverband in vier Bezirke aufzuteilen (Mitteilungen 1925, Nr. 12, S. 969 und 1926, Nr. 1, S. 80). Zur Stärkung des Landesverbandes und zur Verbreitung seiner Ideen dürften nicht zuletzt die ab 1923 immer wieder veranstalteten "Sächsischen Kulturtage" beigetragen haben. Der erste große Kulturtag fand Anfang Februar 1923 in Riesa mit rund 770 Teilnehmern statt. Neben dem sächsischen Kultusminister Fleißner (SPD) sprach der Landtagsabgeordnete Ernst Schneller (KPD) über "Kulturpolitik im Freistaat Sachsen", Erich Viehweg über "Kulturprogrammatik des Sächsischen Lehrervereins" und Siegfried Kawerau über "Schule und Völkerversöhnung" (Mitteilungen 1923, Nr. 3, S. 20 ff.). Allein auf diesem Kulturtag gelang es, 120 neue Mitglieder für den BESch zu werben (Mitteilungen 1923, Nr. 5, S. 34). Weitere Kulturtage fanden 1924 in Zwickau, Dresden und Löbau statt. Diese verstärkte Werbung und die organisatorischen Veränderungen (Aufteilung des Landesverbandes in Bezirke) führten zu einer spürbaren Aufwärtsentwicklung des sächsischen Landesverbandes. Davon zeugen nicht zuletzt die Berichte aus den einzelnen Bezirken und Ortsgruppen (Mitteilungen 1926, Nr. 6, S.

---

[7] Viehweg und Schneller standen auch auf der Referentenliste des Bundes. Viehweg zu den Themen: Entschiedene Schulreform, Volksschullehrerschaft und Moralunterricht; Schneller zum Thema: Schulpolitik und Entschiedene Schulreform (Mitteilungen 1923, Nr. 10, S. 74 ff.).

474 ff.; Nr. 9, S. 717 ff.; 1927, Nr. 2, S. 153 f. und Nr. 5, S. 394 f.). Auf dem Höhepunkt der Entwicklung im Jahre 1927 zählten die drei Bezirke Nord-, Ost- und Westsachsen insgesamt 16 Ortsgruppen (Mitteilungen 1927, Nr. 7, S. 557). Die Mitgliederzahl dürfte zu dieser Zeit bei etwa 550 bis 600 gelegen haben. Der Bezirk Westsachsen z.B. umfaßte zwar nur drei Ortsgruppen, verfügte aber über ca. 350 Mitglieder, wobei allein die Ortsgruppe Zwickau rund 250 Mitglieder zählte und damit die größte überhaupt war (Mitteilungen 1927, Nr. 2, S. 154 ff.). Daß der Landesverband dennoch Schwierigkeiten gehabt hat, genügend aktive Mitglieder zu gewinnen, geht aus einem Vierteljahresbericht des Bezirks Ostsachsen hervor. Erich Viehweg berichtete dort:

> *"Die bisherige Arbeit der Ortsgruppen ist im allgemeinen fleißige Kleinarbeit und Erfassung der Lehrerschaft gewesen. Die Ortsgruppen Löbau und Bautzen ... kommen regelmäßig monatlich zusammen. Die Versammlungen sind gut besucht, auch Gäste sind immer anwesend. Ihr reges Interesse an den Fragen der Schulreform hat sich aber nur in seltenen Fällen zur Mitarbeit und Mitgliedschaft erhoben. Es gibt eben allerlei 'Hemmungen'"* (Mitteilungen 1927, Nr. 2, S. 154).

Wo lagen nun die Schwerpunkte der bildungspolitischen Arbeit des sächsischen Landesverbandes? Über ein ausgearbeitetes Schulprogramm, wie es etwa der SLV 1918/19 vorweisen konnte, verfügte der BESch aufgrund seiner erst kurzen Existenz natürlich noch nicht. Die relativ wenigen Mitglieder des Bundes haben etwa ab 1920 zunächst versucht, Einfluß zu nehmen auf die konkrete Gestaltung des (höheren) Schulwesens. Angestrebt wurde dabei dessen Umgestaltung in Richtung Einheitsschule. Diskussionen darüber hat es seit 1920 gegeben. Einen entsprechenden Plan hat der Landesvorstand Ende 1923/Anfang 1924 vorgelegt. Einen wichtigen Schritt auf dem Weg zur Einheitsschule sah man zunächst in der Gründung und Förderung von Versuchsschulen. Seit 1920 bemühte sich der Bund beim Kultusministerium um eine entsprechende Genehmigung. Trotzdem dauerte es bis 1922, ehe in Dresden die erste höhere staatliche Versuchsschule eröffnet wurde, an der auch Mitglieder des Bundes als Lehrer arbeiteten. Die Tätigkeit des sächsischen Landesverbandes war also von Anfang an sehr praxisorientiert, die Gründung dieser Versuchsschule sein wohl sichtbarster Erfolg.[8] Darüber hinaus hatte der Bund allerdings ebenfalls Anteil daran, daß

---

8   Die Praxisorientierung des sächsischen Landesverbandes war für Paul Oestreich im April 1923 Anlaß zur Kritik. Rückblickend auf den Rieser Kulturtag schrieb er in den "Mitteilungen" unter der Überschrift "'Sturm und Drang' oder 'Praktische Arbeit'?":

das sächsische Kultusministerium Ende 1923 nach langem Zögern doch noch einen kleinen Schritt in Richtung "kollegiale Schulleitung" an den höheren Schulen machte. Nicht zuletzt entwickelte der Bund Ende 1922/Anfang 1923 einen neuen Geschichtslehrplan als eine Art Gegenentwurf zu einem vom Sächsischen Philologenverein vorgelegten Plan mit antidemokratischer Ausrichtung. Das Kultusministerium stellte es daraufhin den höheren Schulen Sachsens frei, alternativ den Entwurf des SPhV oder des BESch zu erproben. Es darf allerdings daran gezweifelt werden, daß sehr viele Lehrer den Plan des BESch für ihren Geschichtsunterricht zugrunde gelegt haben.

Nach dem erzwungenen Ende der Reformperiode konnte die Devise für den BESch in Sachsen zunächst nur lauten, das wenige, was erreicht worden war, zu erhalten. Aber nicht einmal dies gelang in vollem Umfange. So wurden z.B. die ersten Ansätze der kollegialen Schulleitung, die erst Ende 1923 durch Verordnung eingeführt worden waren, von dem neuen Volksbildungsminister Kaiser (DVP) wieder zurückgenommen.[9] In

---

Auf dem Riesaer Kulturtag wirkte sich, immanent und explicite, diese Fragestellung aus. In Sachsen hat bisher die 'gemäßigte', 'praktische' Richtung die Tätigkeitslinie der 'entschiedenen Schulreformer' abgesteckt. Man kann nicht behaupten, daß dabei der Bund wirksam geworden wäre. Die 'Ur'bündler, die Gläubigen der 'Kollegialen Schulverfassung', verlieren sich, und eine an sich sehr schätzenswerte Versuchsklasse kann unmöglich den Inhalt des Bundesarbeit eines Landesverbandes bilden. Man hatte geradezu Angst vor einem starken Wachstum des Bundes, die Ortsgruppen siechten - bis auf Dresden - hin, die Verbandsveranstaltungen hatten keinen Besuch, zahlreiche Großstädte im Industrielande Sachsen hatten keine Ortsgruppen." Gegenüber dieser Zaghaftigkeit, "die sich in 'Kleinarbeit' genügte", habe sich auf dem Riesaer Kulturtag nun endlich die "radikale Richtung" durchgesetzt. Diese "radikale Richtung" zeichnete sich nach Oestreich dadurch aus, daß sie zunächst einmal die Ideen des Bundes in die Öffentlichkeit trug und versuchte, an allen größeren Orten Ortsgruppen - oder wie Oestreich sagte - "Volksbünde" zu gründen. Erst auf dieser Grundlage könne dann auch die praktische Arbeit erfolgreich sein. "Vielmehr 'Sturm und Drang' muß in Sachsen sein, um der Kleinarbeit willen, Freunde!" (Mitteilungen 1923, Nr. 4, S. 26 f.).

9   Die Ortsgruppe Zwickau, die größte des sächsischen Landesverbandes, nahm im November 1924 in einer Entschließung Stellung gegen die Politik des sächsischen Volksbildungsministers Kaiser: "Die Ortsgruppe Zwickau des Bundes Entschiedener Schulreformer ist nicht davon überrascht, daß der sächsische Volksbildungsminister Dr. Kaiser die im letzten Jahrfünft begonnenen Schulreformen nicht zu Ende führt, weil sie Verständnis hat für des Ministers politische Vergangenheit und politisches Gebundensein. Aber sie hat kein Verständnis dafür, daß Dr. Kaiser seinen Beruf darin erblickt, die sächsische Schulbewegung nach rückwärts zu leiten. Der Minister hat die Toleranzerlasse aufgehoben, arbeitet offen für eine neue Konfessionalisierung der Volksschule, während er - wie es auch bei der Volksschule richtig wäre - der höheren Schule Freiheit läßt, zerstört dadurch den Bau der Einheitsschule in seiner Grundlegung und schickt sich an, der Selbstverwaltung das Grab zu schau-

dieser Phase restaurativer Bildungspolitik verstärkte der BESch seine Aufklärungs- und Werbearbeit in der Öffentlichkeit. Dazu dienten - wie bereits erwähnt - die "Sächsischen Kulturtage", auf denen ab 1923 ein breites Spektrum bildungs-, kultur- und allgemeinpolitischer Themen erörtert wurde. Auch die einzelnen Ortsgruppen beschäftigten sich weiterhin mit bildungs- und kulturpolitischen Fragen, Problemen und Entwicklungen. Sehr entschieden bezogen z.B. die Ortsgruppen und der Landesverband Stellung gegen die geplanten Reichsschulgesetzentwürfe im Jahre 1925 und 1927, deren Realisierung ja den Bestand der sächsischen Volksschule als Gemeinschaftsschule gefährdet hätten. So hieß es in einer Entschließung des Landesverbandes vom 17. September 1927:

"Der Landesverband Sachsen ist beunruhigt darüber, daß noch nichts bekannt geworden ist über Versuche der Sächsischen Regierung, die Vorteile des Art. 174 der Reichsverfassung für die allgemeine Volksschule des § 4 des Übergangsgesetzes zu sichern. Er erwartet von der Sächsischen Staatsregierung und dem Landtag, daß sie sich mit ganzer Kraft für die Erhaltung der Fortschritte der sächsischen Schulgesetzgebung bei der kommenden Beratung eines Reichsschulgesetzes einsetzen werden. Regierung und Landtag haben die hohe, verantwortungsvolle Pflicht, ein nationales Unglück zu verhindern und darüber hinaus dem deutschen Volke eine zukunftsstarke Gemeinschaftsbildung zu erwirken. Wir Entschiedenen Schulreformer sehen nach wie vor den einzigen Ausweg zur Volkskultur und zur Volksgemeinschaft, soweit Erziehung dazu beitragen kann, in einer alle Kinder umfassenden, alle produktiven und sozialen Anlagen des Kindes entwickelnden Lebensschule, die außerhalb des Regelunterrichtes oder in ehrlich wahlfreiem Unterricht auch den Konfessionen und Weltanschauungen Raum läßt für die Übermittlung ihrer Bildungsgüter an die Kinder, deren Eltern es wünschen!" (Mitteilungen 1927, Nr. 12, S. 975).

Daß die Durchsetzung dieser oder auch anderer noch so berechtigt erscheinender bildungspolitischer Forderungen und Ziele abhängig war von der allgemeinpolitischen Entwicklung, war dem BESch bewußt, hatte er als reformorientierte Kraft diese Tatsache doch unmittelbar aufgrund der politischen Entwicklung in Sachsen ab 1924 zu spüren bekommen. Der Bund sah sich somit veranlaßt, öffentlich Stellung zu nehmen zu den Auswirkungen der politischen Ereignisse auf die Bildungspolitik. Dies äußerte sich u.a. in Entschließungen vor bzw. nach den jeweiligen Landtagswahlen. In einer sog. "Kundgebung" des Landesverbandes zum Ausgang der sächsischen Landtagswahlen von 1929, die zu einer rein bürgerlichen Regierung unter

---

feln. Dr. Kaiser wird die im Bunde Entschiedener Schulreformer zusammengeschlossenen Eltern und Lehrer im Lager seiner Gegner finden" (Mitteilungen 1925, Nr. 1, S. 76 f.).

Führung von Dr. Bünger (DVP) mit Unterstützung der NSDAP geführt hatten, hieß es:

> *"Mit wachsender Besorgnis verfolgt der Landesverband Sachsen im Bunde Entschiedener Schulreformer die kulturpolitische Entwicklung Sachsens. Seit einer Reihe von Jahren liegt die sächsische Kulturpolitik in den Händen von Parteien, denen die fortschrittliche Entwicklung der sächsischen Schulgesetzgebung in der nachrevolutionären Zeit unerwünscht ist. Konkordatsfreunde und rückständige Elternvereine erheben ihre Stimme lauter, fordern offen die Bekenntnisschule und versteckt den Abbau der sächsischen allgemeinen Volksschule, der Arbeitsschulmethode und der Selbstverwaltung.*
> *Der Landesverband Sachsen im Bunde Entschiedener Schulreformer sieht eine weitere Entwicklung des sächsischen Schulwesens bedroht. Er erwartet vom neuen Landtag,*
> *daß er das in der Schulgesetzgebung bisher Erreichte erhält und verteidigt, die allgemeine Volksschule gegen die Ansprüche der Weltanschauungsgruppen und Parteien schützt,*
> *die Selbstverwaltung der Volksschule und die Freiheit der Methode anerkennt, an den Grundlagen der neuen Lehrerbildung festhält,*
> *die 'elastische Einheitsschule' mit beweglicher innerer Differenzierung nach Begabungsrichtung und Begabungsgrad anbahnt und die kollegiale Schulverwaltung auf das gesamte Schulwesen ausdehnt.*
> *Alle Lebendigen im Lande aber fordern wir auf, unsere Arbeit zu unterstützen. Auch der neue Volksstaat wird die Aufgabe der Erziehung nicht lösen, wenn er sich nicht zu großen Umwälzungen, zu Entschiedener Schulreform im inneren und äußeren Betrieb des Schulwesens entschließt"* (StAD, Min. f. Vb. Nr. 13106/16; siehe auch Mitteilungen 1929, Nr. 10, S. 833 f.).[10]

Was den Bund Entschiedener Schulreformer in erster Linie interessierte und ja auch ein Stück weit aus seinem Selbstverständnis als "Volksbund für Neue Erziehung" erklärbar ist, waren die kulturpolitischen Auswirkungen der politischen Ereignisse und Entwicklungen. Politik bedeutete für den Bund zuallererst einmal Kulturpolitik, Gesellschaftsveränderung durch eine "neue Erziehung" war sein Motto. Dies geht auch aus der zitierten "Kundgebung" hervor. Die konkreten politischen Ereignisse rückten damit zwangsläufig etwas in den Hintergrund. Folglich beschäftigten sich die Ortsgruppen nur am Rande mit den konkreten allgemeinpolitischen Entwicklungen. Dies gilt auch für die letzten Jahre der Weimarer Republik und die Auseinandersetzung mit dem Faschismus. Eine intensive Auseinandersetzung mit dem Faschismus hat es im sächsischen Landesverband kaum gegeben. Nur ganz vereinzelt finden sich in den Mitteilungen Hinweise auf eine entsprechende Aufklärungsarbeit durch Vorträge und Diskussionen. So sprach z.B. Erich Viewweg in der Ortsgruppe Löbau im Mai 1932 über:

---

[10] Die Kundgebung war unterzeichnet von den Mitgliedern des Landesvorstandes Dr. Lehmann, Queißer, Riedel, Schmidt, Ullmann, Viehweg und Weise.

"Der Bund und die politische Bewegung der Gegenwart". In diesem Vortrag setzte Viehweg sich kritisch mit dem Nationalismus der Nationalsozialisten auseinander und grenzte die Vorstellungen des Bundes dagegen ab (Mitteilungen 1932, Nr. 6, S. 478 f.). In den Ortsgruppen Zwickau und Löbau sollte im Rahmen einer Vortragsreihe über die Erziehungs- und Schulprogramme der verschiedenen politischen Parteien u.a. auch eine Auseinandersetzung mit dem Programm der NSDAP erfolgen (Mitteilungen 1932, Nr. 9, S. 659; 1933, Nr. 3, S. 179). Verbot und Auflösung des Bundes ließen dieses Vorhaben jedoch scheitern, bevor es überhaupt richtig begonnen hatte. Als der Faschismus an der Macht war und sich die ersten Auswirkungen seiner Politik zeigten, nahm der sächsische Landesverband vor seiner Auflösung noch ein letztes Mal Stellung "Zur Kulturpolitischen Lage der Gegenwart". Deutlicher als bis dahin üblich ging er neben der schulpolitischen Lage auf einige allgemeinpolitische Entwicklungen ein:

> *"Der Bund Entschiedener Schulreformer, Landesverband Sachsen, sieht sich veranlaßt, aus Verantwortung für Volk und Vaterland zu der Entwicklung der kulturpolitischen Lage im allgemeinen und zu der schulpolitischen Lage im besonderen Stellung zu nehmen. Die Einschränkung der demokratischen Grundrechte (Versammlungs- und Presse-, Meinungs-, Glaubens- und Lehrfreiheit) kann bei einem geistig aufgeklärten und mündigen Volke auf die Dauer nicht zum Segen seiner Entwicklung führen, weil diese demokratischen Grundrechte durch eine jahrhundert alte Tradition viel zu tief im Volksbewußtsein verankert sind, weil im besonderen durch die verschärfte Einschränkung der Presse- und Versammlungsfreiheit gerade das Ventil verstopft wird, durch das sich die Volksseele abzureagieren vermag. Die Vielfalt und Regsamkeit der Volksmeinung ist kein nationaler Nachteil, sondern Ausdruck des volklichen Lebenswillens"* (Mitteilungen 1933, Nr. 4, S. 238 f.).

Auch wenn es keine dezidierten Stellungnahmen des sächsischen Landesverbandes zum Faschismus gegeben hat, so zeigt diese Entschließung - auch wenn man einzelne Formulierungen und Einschätzungen kritisch hinterfragen müßte - doch zumindest soviel, daß der BESch sich bis zuletzt einer demokratischen Gesellschaftsentwicklung verpflichtet gefühlt hat und ein Gegner des Faschismus gewesen ist. Nicht nur in diesem Punkt unterschied sich der BESch (Landesverband Sachsen) grundlegend vom Sächsischen Philologenverein.

Fragt man zum Schluß nach der Bedeutung des sächsischen Landesverbandes des BESch für die Schulreform, speziell für die Reform des höheren Schulwesens, so muß man sagen, daß diese trotz der starken Praxisorientierung des Landesverbandes relativ gering war. Die Gründe hierfür sind vielfältig. In erster Linie lag es sicherlich darin begründet, daß der

Bund - wie erwähnt - innerhalb der Philologenschaft so gut wie gar nicht verankert war und mit seinen Ideen der Selbstverwaltung und Einheitsschule bei den Lehrern der höheren Schulen auf Ablehnung stieß. Weiterhin muß berücksichtigt werden, daß der sächsische Landesverband gerade in der Reformperiode bis 1923 über relativ wenige Mitglieder und Ortsgruppen verfügte, insgesamt also organisatorisch überhaupt noch nicht gefestigt war und aufgrund seiner kurzen Existenz natürlich auch noch über kein entsprechend gründlich ausgearbeitetes Schulprogramm verfügen konnte, auf dessen Verwirklichung er beim sächsischen Kultusministerium hätte dringen können, ganz abgesehen davon, daß der BESch längst nicht über so gute und enge Kontakte zur Ministerialbürokratie des sächsischen Kultusministerium verfügte wie etwa der SPhV. Der einzige sichtbare und über die gesamte Zeit der Weimarer Republik hin bleibende Erfolg des BESch in Sachsen war letztlich die auf seine Initiative hin gegründete höhere Versuchsschule in Dresden im Jahre 1922.

VII. Die bürgerlich-konservativen Gegner der Reform

Die sächsische Schulreform wie ihr Scheitern sind in maßgeblicher Weise beeinflußt worden durch den bürgerlich-konservativen Meinungs- und Interessenblock. Schließlich waren es diese Kräfte gewesen, die der sächsischen Reformpolitik - nach jahrelangem erbitterten Widerstand - im Herbst 1923 mit Hilfe der Reichsexekution ein Ende gesetzt haben; sie trugen damit die Hauptverantwortung für deren Scheitern.

Dieser letztlich erfolgreiche Widerstand soll im folgenden für den hier interessierenden Bereich der Schulreform im einzelnen analysiert werden, wobei zugleich auf die gesellschafts- und bildungspolitischen Grundpositionen der für diesen Zusammenhang relevanten Gruppierungen des bürgerlich-konservativen Lagers einzugehen ist. Mit Hilfe eines solchen Perspektivenwechsels läßt sich aufzeigen, mit welchen alternativen Vorstellungen die sächsischen Schulreformer sich auseinanderzusetzen hatten. Darüber hinaus geht es um die Frage, wie und in welcher Form der Widerstand konkret organisiert wurde und welches Ausmaß er erreichte, wobei grundsätzliche Einsichten in die Schwierigkeiten, denen sich demokratische Schulreformpolitik damals gegenübersah, zu erwarten sind. Solche Schwierigkeiten haben nicht nur die Schulreformgesetzgebung erschwert, sondern sich insbesondere auch für deren Umsetzung in die alltägliche Praxis als hemmend erwiesen.

Es ist keineswegs übertrieben festzustellen, daß das gesamte sächsische Bürgertum, insbesondere natürlich in seinen konservativen bis reaktionären Kreisen, der demokratischen Reformpolitik der sozialistischen Regierungen zwischen 1918 und 1923 Widerstand entgegensetzte. Mochten die Interessen dieses Bürgerblocks auch sonst noch so unterschiedlich gewesen sein, in der Ablehnung dieser Reformpolitik, vor allem in seinem schulpolitischen Teil, war er sich ebenso einig wie in dem Bestreben, die jeweiligen sozialistischen Regierungen mit allen Mitteln zu stürzen. Zum Lager der Reformgegner sind insbesondere folgende Parteien, Vereine und gesellschaftliche Gruppierungen zu zählen: Deutschnationale Volkspartei (DNVP); Deutsche Volkspartei (DVP); Evangelisch-lutherische Kirche und ihr verbundene Organisationen wie Allgemeiner Evangelisch-lutherischer Schulverein[1]; Volkskirchlicher Laienbund; christliche Elternvereine und Elternräte; Verband Sächsischer Industrieller; Bund Sächsischer Staatsbeamter; Sächsischer Philologenverein; Verein Sächsischer Schuldirektoren; Deutschnationaler Lehrerbund; Sächsischer Erzieherbund; Arbeitsgemeinschaft bürgerlich gesinnter Lehrkräfte; Neuer Sächsischer Lehrerverein (NSLV).

1. Die bürgerlichen Parteien (DNVP und DVP)

Es waren im Grunde also die alten vorrevolutionären Machteliten, die sich durch die Novemberrevolution und ganz besonders durch die Demokratisierungsbestrebungen der sächsischen Reformpolitik in den folgenden Jahren in ihren vermeintlich wohl erworbenen ökonomischen, sozialen und politischen (Vor-)Rechten bedroht fühlten. Alle Reformgegner standen der Weimarer Republik zumindest distanziert, wenn nicht gar ablehnend gegenüber. Am offenkundigsten war diese Ablehnung natürlich bei der DNVP, der "Sammelpartei der konservativen Rechten" (HUBER1981, S. 158). Seit der Landtagswahl von 1920 war sie die stärkste bürgerliche Partei in Sachsen. Mit 21% der Stimmen erzielte sie in diesem Jahr ihr bestes Wahlergebnis der gesamten Weimarer Zeit. Parlamentarisch bekämpfte die DNVP die sächsische Reformpolitik nicht nur im Sächsischen Landtag, sondern immer wieder auch im Reichstag. "Die Alleinherrschaft der Sozialdemokratie im Freistaate Sachsen", so schrieb der sächsische Reichstagsabgeordnete Albrecht Philipp 1924 in seiner Schrift "Sachsen und das Reich 1923", "zwang die nichtsozialistischen Parteien im Hinblick auf die Ohnmacht, zu

---

[1] Der Evangelisch-lutherische Schulverein für das Königreich Sachsen wurde im Jahre 1909 als Reaktion auf die "Zwickauer Thesen" des SLV gegründet, d.h. diese Gründung richtete sich gegen die Bestrebungen der Volksschullehrerschaft, den Religionsunterricht zu reformieren. Nach der Novemberrevolution wurde er dann umbenannt in "Allgemeiner Evangelisch-lutherischer Schulverein". Seiner Satzung gemäß wollte er "in Wort, Schrift und praktischer Arbeit dazu helfen, daß der Jugend unseres Volkes eine schrift- und bekenntnisgemäße religiöse Unterweisung erhalten werde" (§ 2).
Der Allgemeine Evangelisch-lutherische Schulverein zählte 1919 in Sachsen über 12.000 Mitglieder und war an über 1500 Orten vertreten. Geschäftsführender Direktor war Dr. Gerhard Kropatscheck (KROPATSCHECK 1919, S. 33 und 114 ff.; HERTEL 1921, S. 42).

der sie im sächsischen Landtage verurteilt waren, auf dem Umwege über das Reich, die sächsischen Dinge zu beeinflussen" (PHILIPP 1924, S 3). Kein Repräsentant der sozialistischen Reformpolitik war den Deutschnationalen so verhaßt wie der seit März 1923 amtierende Ministerpräsident Erich Zeigner. Vor allem seit dessen Amtsantritt hätten die deutschnationalen Vertreter Sachsens im Reichstage sowie die Fraktion insgesamt "keine Gelegenheit versäumt, innerhalb der verfassungsmäßigen Zuständigkeit ein Vorgehen des Reiches gegen die Regierung Dr. Zeigner zu verlangen" (ebd., S. 6).

Vordergründig richtete sich der Kampf der Deutschnationalen in Sachsen zunächst gegen die Reformpolitik und deren Repräsentanten unter dem Leitgedanken: "Es gibt keine Gesundung unseres Vaterlandes ohne die Beseitigung der sozialdemokratischen Vormacht in Deutschland."[2] Ihr Anspruch war jedoch sehr viel weitergehender und richtete sich letztlich gegen die bestehende Verfassung von Weimar. Im Besitze der Staatsmacht, so verbreitete es die DNVP Sachsens in einer Wahlkampfschrift zur Reichstagswahl im Mai 1924, müsse diese Verfassung von der neuen nationalen Rechtsregierung "ihres undeutschen Charakters entkleidet und durch eine andere Verfassung in bismärckischem Geiste ersetzt werden."[3] Die bestehende demokratische Verfassung, daran ließ die DNVP in ihrer Schrift keinen Zweifel, war für sie Ausfluß jüdischen Denkens und jüdischen Einflusses. Solche antisemitischen und andere rassistische Aussagen, wie beispielsweise der von ihr vertretene "Gedanke der Volksreinheit", der "die Ausscheidung alles Volksfremden in Staat, Gesellschaft und Wirtschaft" forderte, gehörten fest zum politischen Programm der DNVP (PFIFFIKUS, S. 7).

Erst vor diesem Hintergrund ihres politischen Programms, ihrer gesamtgesellschaftlichen Zielvorstellungen weiß man dann auch ihre bildungspolitischen Aussagen richtig einzuschätzen, wenn es etwa in den "Grundsätzen" der DNVP von 1920 heißt, die Erziehung solle zur geistigen Einheit der Nation führen, stärker als bisher müsse zu bewußtem Deutschtum und lebendiger Staatsgesinnung der Wille und Charakter geformt wer-

---

2   Vgl. Titelseite von Philipp 1924.
3   Auf in den Wahlkampf! Schwarz-weiß-rot wider Schwarz-rot-gold. Volksverständliche Wahlbetrachtungen von Pfiffikus (Heft 7 der Schriften der Deutschnationalen Volkspartei Sachsen), S. 11.

den, wozu wiederum ein wahrhaft christlicher Religionsunterricht und ein von vaterländischem Geist erfüllter Geschichtsunterricht notwendig seien, weshalb die Schule von einer einheitlichen Weltanschauung getragen sein müsse. Von hier aus leitete sich dann auch die Forderung nach der Konfessionsschule ab (MICHAEL/SCHEPP 1974, S. 104 ff.). Die Erziehungsvorstellungen der Deutschnationalen speisten sich letztlich aus deutschvölkischem und evangelisch-christlichem Gedankengut (BARTH 1924, S. 3 f.) und standen somit in schärfstem Gegensatz zu den Vorstellungen der Schulreformer in Sachsen. Die DNVP in Sachsen setzte jedem Versuch einer Demokratisierung des Schulwesens, sei es in organisatorischer oder pädagogischer Hinsicht, ihren erbitterten Widerstand entgegen. Besonderen Diffamierungen und Verleumdungen, an denen maßgeblich auch die Deutschnationale Presse (z.B. Dresdner Anzeiger) beteiligt war, sahen sich exponiertere Reformprojekte wie die Versuchsschulen ausgesetzt, so auch die einzige Versuchsschule im Bereich des höheren Schulwesens, die "Dürerschule" in Dresden, deren Gründung 1922 auf die Initiative des sächsischen Landesverbandes des BESch zurückging. Im Zusammenhang der Dürerschule werde ich auf diese Vorgänge ausführlicher zu sprechen kommen.

Die Deutsche Volkspartei Sachsens (DVP) war trotz aller ideologischen Differenzen zur DNVP ein nicht minder entschiedener Gegner der sächsischen Schulreform. Seit der Landtagswahl von 1920 war sie zweitstärkste bürgerliche Partei. Mit 18,6% der Stimmen lag sie knapp zweieinhalb Prozentpunkte hinter den Deutschnationalen, die sie bei den Landtagswahlen von 1929 dann überrunden konnte. Anders als im Reich und in Preußen, wo sie als Regierungspartei Einfluß auf die politische Entwicklung nehmen konnte, war sie in Sachsen bis Anfang 1924 von jeglicher Regierungsbeteiligung ausgeschlossen geblieben. Diese Tatsache hat sicher wesentlich mit dazu beigetragen, daß sie in enger Kooperation mit dem ihr nahestehenden Verband Sächsischer Industrieller schließlich erfolgreich versucht hat, die sozialistischen Minderheitsregierungen und ihre Politik bei ihren einflußreicheren Parteifreunden in Berlin, vor allem dann bei Reichskanzler Stresemann, gezielt in Mißkredit zu bringen, um dadurch ein Eingreifen des Reiches gegen Sachsen zu erzwingen. Im Sächsischen Landtag verfolgte die DVP vor der Verabschiedung der Weimarer Reichsverfassung zunächst das Ziel, die Schulreform zu verzögern, in der Hoffnung, daß die zu erwartende Reichsverfassung in schulpolitischer Hinsicht Rahmenbedingungen schaffe, die dann der sächsischen Landesgesetzgebung bestimmte engere Grenzen setze, etwa in der Frage der Einführung der weltlichen Volksschule oder der Wahl des Schulleiters. Diese Verzögerungsstrategie, die nicht nur das Handeln der DVP, sondern auch aller übrigen Gegner der sächsischen Schulreform kennzeichnete, trat besonders deutlich hervor bei den Beratungen des ersten und wohl wichtigsten Gesetzes, des Übergangsgesetzes für das Volksschulwesen, das im Juli 1919 verabschiedet wurde. Für die DVP-Volkskammerfraktion verfolgte der Abgeordnete und spätere Volksbildungsminister, der Dresdner Rechtsanwalt Dr. Friedrich Kaiser, genau diese Strategie, indem er die Notwendigkeit einer umfassenderen Volksschulreform, wie sie sich dem sozialdemokratischen Antrag entsprechend abzeichnete, bezweifelte, mit dem Argument, damit nähme man einer späteren endgültigen Regelung alles vorweg. Außerdem äußerte er das Bedenken, ohne vorliegende Schulgesetzgebung des Reiches wisse man nicht, wie weit man mit der sächsischen Schulgesetzgebung gehen könne (Verhandlungen der Sächsischen Volkskammer ... 1919, Erster Band, S. 674). Kaiser war bestrebt, die Reform des Volksschulwesens, wenn sie denn schon von den bürgerlichen Parteien nicht mehr aufzuhalten war, so wenigstens auf ein äußerstes Minimum von Fragen zu beschränken und besonders brisante Komplexe, wie die der weltlichen Schule und des Religionsunterrichts, nach Möglichkeit auszuklammern. Die DVP Sachsens wollte nämlich unter allen Umständen die Konfessionsschule erhalten wissen, eine Konfessionsschule, in der letztlich der gesamte Unterricht konfessionell beeinflußt und geprägt sein sollte. "Denn darüber wollen wir uns klar sein", so der Abgeordnete Kaiser während der parlamentarischen Beratungen des Übergangsschulgesetzes, "daß die Konfession auch etwas Politisches ist. Sie durchdringt uns vollständig, und sie läßt sich nicht trennen von unseren politischen Anschauungen. Deswegen wird auch die Geschichte und der deutsche Unterricht mit diesen konfessionellen Ideen im weitesten Umfange durchtränkt werden" (ebd., S. 677). Wie weit es mit der Toleranz gegenüber Andersdenkenden bei der sächsischen DVP im Grunde bestellt war, zeigte sich schlaglichtartig an der Vorstellung, daß auch Kinder von Dissidenten genötigt sein sollten, diese Konfessionsschulen zu besuchen, wobei das äußerste an Entgegenkommen in der Möglichkeit zur Abmeldung vom Religionsunterricht bestand (ebd.). Wie wenig die DVP an einer wirklichen, sprich demokratischen Schulreform interessiert und wie sehr sie bemüht war, unabwendbare Reformen in ihren erwarteten Folgen abzudämpfen, bewies sie in besonderem Maße bei der geplanten Einführung der schulgeldfreien allgemeinen Volksschule, die in Sachsen an die Stelle der dreigeteilten, nach Schulgeld und Bildungszielen hierarchisch gegliederten Volksschule (Bezirks-, Bürger- und höhere Bürgerschule) treten sollte. Es wäre natürlich politisch höchst unklug gewesen, sich nach 1918/19 noch offen gegen diese allgemeine Volksschule zu erklären, die doch von weiten Bevölkerungskreisen und vor allem von der Volksschullehrerschaft schon seit langem gefordert wurde. Außerdem galt es auch, auf die Anhänger der allgemeinen Volksschule in der eigenen Partei Rücksicht zu nehmen. So bekannte sich denn auch Dr. Kaiser für seine Partei zur allgemeinen Volksschule, verknüpfte gleichzeitig ihre Einführung aber mit dem "Problem der Privatschulen", gegen deren geplante Abschaffung er sich wandte. Die Privatschulen wollte er - wenn man seinen Ausführungen folgt - für die Kinder derjenigen Eltern als Alternativen erhalten wissen, die mit der Ausgestaltung der allgemeinen Volksschule (Abschaffung des Religionsunterrichts, Reform des herkömmlichen Schuldirektorats etc.) voraussichtlich nicht einverstanden sein würden. Die Forderung nach Erhalt der Privatschulen war letztlich aber diktiert von der Furcht, daß mit Einführung der allgemeinen Volksschule, die von allen Kindern gemeinsam mindestens vier Jahre besucht werden mußte, nicht wie bisher so sehr Stand und Vermögen der Eltern, sondern zukünftig stärker das Leistungsprinzip über den weiteren Schulweg der Schülerinnen und Schüler entscheiden könnte. Diese Einschätzung ergibt sich eindeutig aus der Argumentation Dr. Kaisers, wiederum anläßlich der Beratungen des Übergangsschulgesetzes im Frühjahr 1919. Seine Argumentation läßt sich wie folgt zusammenfassen: Der Gedanke des "Aufstiegs der Befähigten" - oder auch "Freie Bahn dem Tüchtigen" -, der mit der allgemeinen Volksschule bzw. der Einheitsschule zusammenhing, werde auch von ihm insofern bejaht, als die Befähigten aufsteigen müßten ohne Rücksicht auf Stand und Vermögen der Eltern. Dies dürfe jedoch nicht dazu führen, daß den Nichtbefähigten bzw. Wenigerbefähigten der Aufstieg erschwert werde. Um dieser Gefahr zu begegnen verlange er im Namen seiner Partei, "daß über die Frage, ob das Kind befähigt ist und demgemäß in die höhere Klasse oder Schule aufsteigen darf, nicht der Lehrer allein entscheidet. Wenn der Lehrer die Frage bejaht, ob der Junge befähigt ist, so mag es gelten, aber wenn er sie verneint, so können wir uns nicht mit diesem Ausspruch begnügen. Wir verlangen, daß die Eltern, auch wenn es zur Einheitsschule kommt, die Entscheidung haben, ob der Junge oder das Mädchen in die höhere Schule, in die höhere Klasse aufsteigen darf; dieses Recht der Eltern wollen wir uns nicht nehmen lassen" (Verhandlungen der Sächsischen Volkskammer ... 1919, Erster Band, S. 675).

Unter Hinweis, daß sich Begabung vielfach erst in späteren Jahren zeige - ein sonst eher von Einheitsschulbefürwortern gegen eine zu frühe schulische Selektion vorgebrachtes Argument - forderte Kaiser schließlich, daß auch dem "sogenannten Unbegabten" die Möglichkeit aufzusteigen gegeben werden müsse, wenn er nur den Willen dazu und zu Hause das Glück hat, daß die Eltern ihn in diesem Willen noch bestärken" (ebd.). Wie kann Kaisers Argumentation, die mit seiner Parteinahme für die sog. Unbegabten doch zunächst höchst merkwürdig anmutet, vor dem Hintergrund des damals ständisch strukturierten Schulwesens anders interpretiert werden als der Versuch, die durch Schulreform bedroht gesehenen Bildungsprivilegien insbesondere des Besitz- und Bildungsbürgertums auch in einer sich demokratisch verstehenden Gesellschaft noch zu erhalten. In dem Augenblick, in dem in und nach der Novemberrevolution erste, ja noch keineswegs revolutionär anmutende Schritte zur Demokratisierung des Schulwesens eingeleitet wurden, brachte die konservativ-bürgerliche Seite das Elternrecht in die Diskussion, und zwar keineswegs in der Absicht, die Eltern in demokratische Schulreformprozesse einzubeziehen, sondern im Gegenteil, um mit ihrer Hilfe die Schulreform zu blockieren oder wenigstens in ihren Auswirkungen weitgehend zu neutralisieren. Die DVP Sachsens drohte darüber hinaus mit dem Widerstand des sächsischen Bürgertums gegen das geplante Übergangsschulgesetz, vor allem gegen die darin vorgesehene Beseitigung des Religionsunterrichts. "Glauben Sie wirklich", so Dr. Kaiser am 5. Juni 1919 in der Volkskammer, "daß Sie einen sehr großen Teil der Bevölkerung dazu zwingen können, daß er sich dieser Volksschule fügt? Unser Staatsganzes ist nicht mehr so fest gefügt, daß die Staatsgewalt den einzelnen Bürger, wenn er in Massen auftritt, zwingen kann, seinen Staatseinrichtungen zu folgen" (Verhandlungen der Sächsischen Volkskammer 1919, Zweiter Band, S. 1402). Wenn schon die sächsische Volksschullehrerschaft, sonst nur gewöhnt mit geistigen Waffen zu kämpfen, zur Durchsetzung ihrer materiellen Interessen zum Streik bereit sei, dann könne auch das Bürgertum zu solchen Mitteln greifen, wenn es sich nicht um materielle, "sondern um grundlegende Fragen handelt, um Fragen unserer ganzen Existenz. Ob Sie es uns dann verargen können, diesem Gesetze so ohne jeden Widerstand nachzukommen, die Beantwortung dieser Frage will ich Ihnen überlassen" (ebd.).

2. Die Evangelisch-lutherische Kirche und ihre Hilfsorganisationen

In enger Kooperation mit der DNVP, der sich die evangelische Kirche in der Weimarer Republik am meisten verbunden fühlte, aber auch gemeinsam mit der DVP führte die Evangelisch-lutherische Kirche Sachsens zusammen mit den ihr verbundenen und bereits genannten Organisationen wie Volkskirchlicher Laienbund, Allgemeiner Evangelisch-lutherischer Schulverein, Christliche Elternvereine und Elternräte etc. den Kampf nicht nur für den Erhalt der Konfessionsschule und gegen die weltliche Schule, sondern gegen die Schulreform insgesamt, gegen jeden pädagogischen Fortschritt und gegen jeden Versuch, die Schulstruktur zu demokratisieren. Diese Gegnerschaft erklärt sich hauptsächlich aus den weltanschaulich-politischen Bindungen der evangelischen Kirche vor 1918. Die evangelische Kirche stand eng an der Seite der herrschenden Klassen, der konservativ-monarchistischen und nationalistischen Kräfte des Kaiserreiches, eine beinahe zwangsläufige Folge protestantischer Kirchenverfassung, nach der an der Spitze der einzelnen Landeskirchen als "summus episcopus" der jeweilige Landesherr, sprich König oder Fürst stand[4]; eine rechtliche Konstruktion, die gemeinhin auch als Bündnis von Thron und Altar bezeichnet wird. Dieses Bündnis zeichnete sich bekanntermaßen auch durch eine starke Frontstellung gegen die sozialistische Arbeiterbewegung, gegen die "gottlose Sozialdemokratie", aus, eine Frontstellung, die, durch den Ersten

---

[4] In Sachsen waren die Verhältnisse insofern etwas komplizierter, als das sächsische Königshaus katholisch war. Nach der Verfassung von 1831 übten deshalb das Kirchenregiment statt des Königs die dazu berufenen protestantischen Minister "in Evangelicis" aus. Vgl. dazu sowie zu weiteren rechtlichen Aspekten der evangelischen Landeskirchen HUBER 1969, S. 832-855 u. 1978, S. 871-891.

Weltkrieg vorübergehend etwas in den Hintergrund gerückt, durch die Novemberrevolution wieder reaktiviert und verstärkt wurde. Denn die revolutionären Ereignisse hatten überhaupt erst die für die evangelische Kirche so prekäre Lage herbeigeführt. Durch die Beseitigung der Monarchie war den einzelnen Landeskirchen gleichzeitig ihr Oberhaupt, ihr oberster Bischof, genommen worden. Und durch die von verschiedenen Revolutionsregierungen, so auch in Sachsen, eingeleitete Trennung von Staat und Kirche, von Schule und Kirche, die notwendig war, um den Demokratisierungsprozeß des Schulwesens in pädagogischer, curricularer sowie struktureller Hinsicht voranzubringen, sah die evangelische Kirche ihre traditionellen, von der Monarchie garantierten Privilegien und Herrschaftsinteressen, nicht zuletzt auch im Bereich des Volksschulwesens und der Volksschullehrerausbildung, bedroht.

Nach Hans Prolingheuer antwortete die evangelische Kirche auf diese für sie so bedrohliche Gesamtsituation mit einem "Kirchenkampf, der von seinen Anfängen an ein politischer Widerstand war gegen das neue, verhaßte demokratische 'System'. Gegen Republik und Republikaner. Gegen Demokratie und Demokraten. Gegen Sozialisten, Marxisten, Kommunisten und Bolschewisten" (PROLINGHEUER 1985, S. 13).[5] Dieser Kirchenkampf wurde auch in Sachsen schon sehr bald organisiert und richtete sich in erster Linie gegen die Schulpolitik zunächst der Regierung der Volksbeauftragten und später dann gegen die jeweils regierenden sozialistischen Minderheitsregierungen. Auch wenn sowohl Klaus Scholder als auch Heinz Hürten darauf verweisen, daß die Evangelisch-lutherische Kirche Sachsens in der Novemberrevolution zunächst durchaus ihre Bereitschaft zur Mitarbeit bekundet (SCHOLDER 1977, S. 9) bzw. die ausdrückliche Anerkennung der revolutionären Machthaber als Obrigkeit durch das Evangelisch-lutherische Landeskonsistorium eine solche Mitarbeit praktisch zumindest nicht ausgeschlossen habe (HÜRTEN 1984, S. 35), so bleibt dagegen doch festzuhalten, daß die Evangelisch-lutherische Kirche Sachsens nach einer sehr kurzen Phase des Schocks und der Ohnmacht angesichts der für sie weitreichenden Folgen der Novemberrevolution keineswegs zur Mitarbeit,

---

5   Zu weniger kritischen Urteilen über das Verhalten der evangelischen Kirche in der Weimarer Republik kommen aus kirchlicher Sicht SCHOLDER (1977), HÜRTEN (1984), der das Verhalten beider Kirchen in den einzelnen Ländern in der Novemberrevolution untersucht, und auch NOWAK (1987).

sondern vielmehr zur Organisierung des Widerstandes gegen die Schul- und Kirchenpolitik der sächsischen Revolutionsregierung schritt. Bereits Ende Dezember 1918 protestierten in Dresden rund 20.000 Protestanten und Katholiken gemeinsam gegen die bereits eingeleiteten Maßnahmen zur Trennung von Schule und Kirche. Und für die sog. "Resolution Cordes", benannt nach dem Oberkirchenrat gleichen Namens, in der die sächsische Landessynode Entscheidungen hinsichtlich der Trennung von Kirche und Staat in die Verantwortung einer künftigen Nationalversammlung gelegt wissen wollte und bei einer etwaigen Trennung die Gewährung einer ausreichenden Übergangszeit und die Vermeidung sozialer Härten verlangte, wurden bis zum 18. Februar 1919 die Unterschriften von 1.079.449 Wahlberechtigten gesammelt (HÜRTEN 1984, S. 115). Neben der Mobilisierung der Bevölkerung, speziell der Elternschaft, versuchte die Evangelisch-lutherische Kirche in den ersten Monaten nach der Revolution durch ihren direkten Protest beim Kultusministerium den Prozeß der Trennung von Schule und Kirche aufzuhalten bzw. zu verzögern. Am 23. Januar 1919 richtete beispielsweise das Evangelisch-lutherische Landeskonsistorium ein Schreiben an das Kultusministerium, in dem es "zur Wahrung der Interesssen der evangelisch-lutherischen Landeskirche und ihrer Angehörigen den entschiedensten Einspruch" erhob gegen die am 12. Dezember per Verordnung eingeführte allgemeine, d.h. simultane Volksschule. Das Landeskonsistorium bestritt der Regierung das Recht, die vorrevolutionäre Schulgesetzgebung, die formell nicht außer Kraft gesetzt worden war, auf dem Verordnungswege zu ändern. Sie beantragte deshalb die Aufhebung der Verordnung bis zu einer künftigen landesgesetzlichen Regelung. Das Landeskonsistorium ließ in seinem Schreiben keinen Zweifel, daß bei einer solchen Regelung für sie nur der Erhalt der Konfessionsschule infrage komme.

"Im Namen der Evangelisch-lutherischen Landeskirche aber müssen wir endlich mit aller Entschiedenheit verlangen, dass die ihr durch Geburt und das Sakrament der heiligen Taufe zugehörigen Kinder auch in der Volksschule nach dem Bekenntnis der Kirche unterwiesen werden und nicht in den wichtigen Ausbildungsjahren für ihr ganzes Leben durch einen zwiespältigen Unterricht an der Bildung einer festen Grundlage für eine religiöse Überzeu-

gung überhaupt gehindert werden" (Staatsarchiv Dresden, Min. f. Vb. Nr. 13106/11, Bl. 68-70).[6]

In einer weiteren Eingabe des Landeskonsistoriums an das Kultusministerium vom 4. März 1919 erhob dieses entschieden Widerspruch diesmal gegen die geplante Abschaffung des "Gelöbnisses konfessioneller Treue" für Volksschullehrer(innen).[7] Das Landeskonsistorium argumentierte auch in diesem Fall sehr stark formal-juristisch, indem es die Überzeugung vertrat, daß es nach der Verabschiedung einer vorläufigen Verfassung durch die Sächsische Volkskammer nicht mehr möglich sei, bestehende Gesetze - gemeint war wiederum das 1873er Schulgesetz - mit Hilfe von Verordnungen, denen man Gesetzeskraft zuerkenne, abzuändern. Wenn die geplante Änderung überhaupt durchgeführt werden solle, müsse dies im Wege der ordentlichen Gesetzgebung durch die Volkskammer geschehen (StAD, Min. f. Vb. Nr. 13106/9, Bl. 36).[8]

Es ging dem Landeskonsistorium natürlich nicht um die Einhaltung einer verfassungsrechtlich einwandfreien Gesetzgebungspraxis, sondern sie hoffte mit ihren formal-juristischen Einwänden zumindest auf einen Aufschub der geplanten Regelung. Daß die Evangelisch-lutherische Kirche Sachsens nicht im geringsten an einer Trennung von Schule und Kirche interessiert war, daß sie vielmehr versuchte, ihre Einflußmöglichkeiten auf das Volksschulwesen auch nach der Novemberrevolution mit allen Mitteln

---

[6] Dem Protest schloß sich in einem Schreiben an das Kultusministerium vom 31.1.1919 der Ständige Synodalausschuß im Namen und in Vertretung der Evangelisch-lutherischen Landessynode an (StAD, Min. f. Vb. Nr. 13106/11, Bl. 72).

[7] Nach § 18 Abs. 4 des 1873er Volksschulgesetzes wurde von allen Lehrerinnen und Lehrern, die in ein ständiges Lehramt eintraten und aufgrund der bestandenen Prüfungen zur Erteilung von Religionsunterricht berechtigt waren, das "Gelöbnis konfessioneller Treue" gefordert (Das Königlich-Sächsische Volksschulgesetz vom 26. April 1873. Hrsg. v. P. v. Seydewitz. Leipzig [6]1910, S. 61).

[8] Ein ganz ähnlich gerichtetes Schreiben ging auch vom "Apostolischen Vikariat im Königreiche Sachsen" mit Datum vom 12. März 1919 beim Kultusministerium ein (StAD, Min. f. Vb., Nr. 13106/9, Bl. 38). Die zum Teil große Übereinstimmung im Wortlaut der beiden Schreiben läßt darauf schließen, daß sich Evangelisch-lutherische und Katholische Kirche abgesprochen haben. Beide Schreiben führten zu dem Beschluß des Gesamtministeriums, auf die Aufnahme der Verordnung Nr. 493aC über die Abschaffung des Gelöbnisses konfessioneller Treue in das Gesetz- und Verordnungsblatt mit Rücksicht auf das vorläufige Grundgesetz des Freistaates Sachsen zu verzichten (StAD, Min. f. Vb., Nr. 13106/9, Bl. 37). Daraufhin teilte das Kultusministerium am 10.4.1919 den Bezirksschulräten mit: "Die Verpflichtung der Lehrer und Lehrerinnen für ständige Stellen ist nunmehr ungesäumt gemäß § 18 Abs. 4 des VSchG. v. 26. April 1873 vorzunehmen, doch ist bis zu der zu erwartenden gesetzlichen Regelung von der Abnahme des Gelöbnisses konfessioneller Treue Abstand zu nehmen." (StAD, Min. f. Vb., Nr. 13106/9, Bl. 40).

zu verteidigen, zeigen nicht nur die Interventionen des Landeskonsistoriums beim Kultusministerium, sondern beweist auch ihr Verhalten anläßlich einer Besprechung am 18. Juni 1919 zum geplanten Übergangsschulgesetz, zu der Vertreter verschiedener gesellschaftlich relevanter und mit dem Schulwesen in Beziehung stehender Gruppen vom Kultusministerium eingeladen worden waren. Das Protokoll dieser Besprechung enthält an keiner Stelle auch nur die geringsten Hinweise für ein Entgegenkommen, nicht einmal für Verständnis der Kirche(n) in der Frage der Trennung von Schule und Kirche. Die beiden Vertreter der Evangelisch-lutherischen Kirche, die Geheimen Konsistorialräte Pache und Wirthgen, wandten sich gegen alle Bestimmungen des Volksschulgesetzentwurfes, die das Verhältnis von Schule und Kirche berührten; natürlich gegen die Entfernung des Religionsunterrichtes, aber auch gegen die Abschaffung der geistlichen Ortsschulaufsicht, die Aufhebung des Gelöbnisses konfessioneller Treue und das Ausscheiden des Geistlichen aus dem Schulvorstand (StAD, Min. f. Vb., Nr. 13106/13, Bl. 17-33). Die Vertreter der Kirche setzten dabei, wie es bislang schon ihre Strategie gewesen war, auf Verzögerung der gesetzlichen Regelungen. Hatten sie zunächst die Rechtsgültigkeit der Verordnungspraxis der revolutionären Regierung der Volksbeauftragten bestritten und eine parlamentarisch legitimierte Landesschulgesetzgebung gefordert, so bestanden sie nun, da eine solche unmittelbar bevorstand, auf einem abermaligen Aufschub bis zur Verabschiedung der Weimarer Reichsverfassung. Die Hoffnung der Evangelisch-lutherischen Kirche Sachsens, diese Verfassung werde ihre Position stärken, war nicht ganz unberechtigt, wie die schließlich durch einen Kompromiß von Zentrum und SPD ausgehandelten Schulartikel der Verfassung zeigten. Tatsächlich gestärkt durch Artikel 146, der in seinem Absatz 2 unter bestimmten Voraussetzungen auf Antrag der Erziehungsberechtigten die Einrichtung konfessioneller Volksschulen gestattete, Artikel 149, nach dem Religionsunterricht ordentliches Lehrfach der Schulen war, und Artikel 174, der bis zur Verabschiedung des in Artikel 146, Abs. 2 angekündigten Reichsschulgesetzes die bestehende Rechtslage des Schulwesens in den einzelnen Ländern schützen sollte, traten in den folgenden Monaten und Jahren die zahlreich gegründeten christlichen Elternvereine, zusammengeschlossen in einem Landesverband, und die christlichen Elternräte in der Bekämpfung der Schulreform besonders hervor. Im Oktober 1924 schufen sie sich dazu ein eigenes Presseorgan "Die christliche Schule. Christliche Eltern-, Schul- und Erziehungszeitung".[9]

Da die Hoffnungen und zunehmend umfassender sich gestaltenden Aktivitäten der evangelischen Kirche dabei ihren wohl wichtigsten Bezugspunkt im Elternrecht hatten, das durch die Bestimmungen der Weimarer Reichsverfassung erstmalig zu einem relevanten Faktor in den schulpolitischen Auseinandersetzungen geworden war, wollen wir zunächst kurz auf die grundsätzliche Position der Evangelisch-lutherischen Kirche zum Elternrecht eingehen. Luise Wagner-Winterhager hat in ihrer Dissertation über "Schule und Eltern in der Weimarer Republik" (1979) die Position sowohl der katholischen als auch der protestantischen Kirche zum Elternrecht beschrieben und analysiert. Sie kommt dabei unter Hinweis auf Fritz Blättner (1927) zu der Grundthese, daß die Propagierung des Elternrechts von seiten beider Kirchen zu keiner Zeit eine Demokratisierung der Schule zum Ziel gehabt habe, sondern daß es den Kirchen vielmehr um die Festigung ihrer Autorität über die Schule gegangen sei (WAGNER-WINTERHAGER 1979, S. 66-73). Eine demokratisch legitimierte Elternbeteiligung in Form von Elternräten bzw. Schulpflegschaften, wie sie von der Sozialdemokratie und Teilen der Volksschullehrerschaft vor allem nach der Jahrhundertwende gefordert wurde, lehnten die Kirchen bzw. die Vertreter eines konfessionellen Elternrechts ab. "Das Interesse der Kirchen an diesen Organen setzte vielmehr durchweg erst dann ein, wenn die Bildung von Elternräten oder Elternbeiräten von anderer Seite vollzogen war, sich ihre Entstehung also nicht hatte verhindern lassen" (ebd., S. 73). Neben dieser gemeinsamen Grundposition beider Kirchen gab es in der Frage des Elternrechts gravierende Unterschiede zwischen der katholischen und der protestantischen Kirche. Die Position der Evangelisch-lutherischen Kirche faßt nach Wagner-Winterhager die von ihr bzw. ihrer Berliner "Zentralstelle für Öffentlichkeitsarbeit" vertriebene Schrift über "Das Elternrecht in der neuen Schulverfassung" (1926) zusammen (WAGNER-WINTERHAGER 1979, S. 69 ff. u. Anm. 65, S. 304). Verfasser dieser Schrift war der Leipziger Gymnasialprofessor Hugo Hickmann, DVP-Abgeordneter im Landtag. Dem Selbstverständnis und der historischen Rolle der evangelischen

---

[9] Eigentümer dieser Zeitung war der "Landesverband der christlichen Elternvereine Sachsens". Sie erschien zweimal monatlich. Verantwortlicher Schriftleiter war der Evangelisch-lutherische Pastor und Direktor des Landesverbandes W. Geißler aus Dresden.

Kirche als Staatskirche entsprechend lehnte Hickmann die Auffassung der katholischen Kirche von der Schule als "Hilfsanstalt der Familie" ab und forderte stattdessen, daß sowohl die berechtigten Interessen des Staates als auch der Familie berücksichtigt werden müßten (HICKMANN 1926, S. 8 ff., Zitat S. 10). Liest man jedoch die Schrift Hickmanns genauer und fragt danach, wie sich Staats- und Elternrecht im einzelnen gestalten sollten, so muß man zu dem Ergebnis kommen, daß von einem Ausgleich zwischen Staats- und Elternrecht gar keine Rede sein konnte, ja daß die wirklichen Absichten und Interessen in eine andere Richtung gingen. Hickmanns Argumentation lief nämlich letztendlich darauf hinaus, daß die Eltern nicht nur "das Recht auf eine Schule (haben sollten), deren Erziehungswerk von dem Geist ihres eigenen religiösen Bekenntnisses getragen wird" (ebd., S. 13), sondern daß ihnen darüber hinaus auch das Recht, die grundsätzliche Organisationsstruktur des Bildungswesens festzulegen, zugestanden wurde. Dies verdeutlichen die folgenden Ausführungen Hickmanns:

*"In der Schulorganisation müssen ebenso die unabweisbaren Erziehungsbedürfnisse des Staates wie die berechtigten Ansprüche der Familie ausreichende Berücksichtigung finden. Daher wären ein staatliches Schulmonopol, eine staatliche Zwangsschule und eine zwangsweise Zuführung zum Religionsunterricht unerträglich. Der Staat muß vielmehr für die Volksgemeinschaft ein **reichgegliedertes Schulwesen** bereitstellen, das den vielseitigen Erziehungsbedürfnissen der Familie zu genügen und den Forderungen des Elterngewissens zu entsprechen vermag. Aber dabei muß er zugleich die **Einheit dieses nationalen Bildungswesens** gewährleisten. Diese wird nicht nur durch einheitliche Grundsätze für Aufbau und Ausbau der Organisation hergestellt, sondern tiefer in der zusammenfassenden Kraft eines das Ganze umfassenden nationalen Bildungswillens zu suchen sein. Die zentrifugalen Kräfte der Konfessionen und Weltanschauungen, die in der Familiengemeinschaft bodenständige Erziehungsfaktoren sind, muß er in einem **einheitlichen Bildungsgedanken** sammeln, der sein Leben aus der ursprünglichen Tiefe des Volkstums schöpft, um der vielgestaltigen Bildungsarbeit in den Schulen der Bekenntnisse und Weltanschauungen ihre für die Volksgemeinschaft unentbehrliche Einheit zu geben" (ebd., S. 13 f.).*

Folgt man ein Stück weit dieser Argumentation, dann ist der Staat aufgrund vielseitiger Erziehungsbedürfnisse der Familie und den Forderungen des Elterngewissens - man möchte beinahe sagen 'naturnotwendig' - gezwungen, ein "reichgegliedertes Schulwesen" zur Verfügung zu stellen. Die eigentliche Aufgabe des Staates beschränkt sich dann darauf, dieses gegliederte Schulwesen mittels einer ‚höheren' Einheit zusammenzuhalten. Dazu wiederum bemühte man einen sog. "einheitlichen Bildungsgedanken", der zwar nicht näher definiert, von dem aber behauptet wurde, daß er "sein Leben aus der ursprünglichen Tiefe des Volkstums" schöpfen müßte. Damit wurde er einer rationalen Auseinandersetzung und Überprüfung entzogen und entschwand in die Sphäre des Irrationalismus. Ganz abgesehen von dieser fragwürdigen Funktion und Begriffsbestimmung eines sog. einheitlichen Bildungsgedankens, auf dessen Problematik an dieser Stelle nicht weiter eingegangen werden kann, bringen die Ausführungen Hickmanns eines deutlich zum Ausdruck. Die antidemokratischen und unsozialen Schulstrukturen der Vorkriegszeit sollten mit Hilfe des Elternrechts auch in der Weimarer Republik stabilisiert und legitimiert werden. Diese Legitimation mit Hilfe des Elternrechts bedeutete nach Wagner-Winterhager aber nichts anderes, als daß die Kirche ihren Anspruch auf die Schule, den sie nach 1918/19 politisch nicht mehr so ohne weiteres durchsetzen konnte, "dem 'Zeitgeist' gemäß mit demokratischen Begründungstheoremen" (WAGNER-WINTERHAGER 1979, S. 71) stützte und legitimierte.[10] Dies wird ganz deutlich auch bei Hickmann, wenn er feststellt:

*"Der frühere **christliche Staat** bot in sich selbst gewisse Sicherungen für die Erfüllung der Erfordernisse eines christlichen Erziehungswillens durch die öffentliche Schule. Daher war er bis zu einem gewissen Grade berechtigt, nach patriarchalischer Art das Vertrauen einfach vorauszusetzen, und der Elternwille sah sich nicht genötigt, sich selbstständig (sic.!) durchzusetzen (...) Der neue Staat, der seine **religiöse Neutralität** erklärt hat, stellt vor eine neue Lage. Er möchte wohl gern auf dem Boden absoluter Neutralität, fernab von allen Gegensätzen der Weltanschauung, eine pädagogische Provinz einpflanzen. Aber solange dieses friedvolle Eiland vom schäumenden Meer der Weltanschauungskämpfe umtost ist, werden die Boote der Hoffnung dort in der Regel mit gekentertem Kiele stranden. Solange es also nicht gelingt - und es wird nie gelingen - Erziehung und Weltanschauung reinlich zu scheiden, muß der Staat für die Erfordernisse des Erziehungswillens der Familie ausreichende **Sicherungen** bieten" (HICKMANN 1926, S. 7; vgl. auch WAGNER-WINTERHAGER 1927, S. 71).*

Zusammenfassend läßt sich feststellen, daß die Elternrechtsposition der Evangelisch-lutherischen Kirche (Preußens und Sachsens) keineswegs Ausdruck demokratischer Gesinnung war, sondern vielmehr eine ihr den neuen politischen Verhältnissen nach 1918/19 adäquat erscheinende Strategie, um den status quo der alten Schule des Kaiserreichs zu erhalten, das heißt nicht

---

10   Ähnlich sah dies Blättner in seinem schon erwähnten Buch: "So löst sich der scheinbare Widerspruch, daß die Kirche, die in sich am schärfsten nach dem Prinzip der Autorität organisiert ist, hier auf einmal als Anwalt der Freiheit auftritt. Daß die Kirche ihre Machtansprüche gerade in Form des Elternrechtes durchsetzen will, daran sind schuld die unaufhaltsamen wachsenden demokratischen Strömungen unserer Zeit. In anderen Zeiten wäre dasselbe Ziel mit anderen Mitteln angestrebt worden" (BLÄTTNER 1927, S. 49).

nur die Bekenntnisschule zu sichern, sondern das ständisch gegliederte Schulwesen insgesamt. In letzter Konsequenz bedeutete diese Position und Strategie nichts anderes, als den Anspruch, jegliche Veränderungen im Bereich des Bildungswesens von der Zustimmung der Eltern abhängig zu machen und damit den Handlungsspielraum schulreformorientierter Regierungen auf ein unvermeidbares Minimum zu reduzieren. Dieser Strategie entsprechend kam es nach Einführung der weltlichen Volksschule durch das Übergangsschulgesetz und der wenig später folgenden Reichsverfassung zu deutlich intensiveren und systematischeren Bemühungen der Evangelischlutherischen Kirche, die Elternschaft zu mobilisieren und zu organisieren. Verstärkt rief sie nun die Eltern auf, sich zusammenzuschließen und ihre rechtlichen Möglichkeiten zu wahren. So hieß es in einem Aufruf der 10. ordentlichen Landessynode vom 2. Oktober 1919:

"In entscheidungsschwerer Zeit weist die Evangelische Landessynode die christliche Elternschaft in unseren Kirchgemeinden auf die außerordentliche Notlage hin, welche durch die neue landesgesetzliche Regelung für die religiöse Erziehung unserer Kinder geschaffen ward. Zugleich macht sie auf die ernste Verantwortung aufmerksam, die in der Gegenwart allen Erziehungsberechtigten auf das Gewissen gelegt ist. Heute ist es Pflicht aller Eltern, von jedem durch die Gesetzgebung ihnen gewährleisteten Rechte Gebrauch zu machen. Da es in der Reichsverfassung den Erziehungsberechtigten ausdrücklich anheim gestellt gegeben ist, staatliche Volksschulen ihres Bekenntnisses oder ihrer Weltanschauung zu beantragen, so rufen wir alle christlich gesinnten Elternkreise innerhalb ihrer Gemeinden auf, sich zusammenzuschließen und die Errichtung von staatlichen Volksschulen ihres Bekenntnisses verfassungsgemäß mit Bestimmtheit zu fordern." [11]

Bei Appellen dieser Art blieb die Evangelisch-lutherische Kirche allerdings nicht stehen. Der Volkskirchliche Laienbund, der 1920 nach eigenen Angaben in Sachsen über nahezu 300.000 Mitglieder verfügte (SSZ 1920, Nr. 18, S. 284), unterstützte solche Aufrufe durch die Verteilung von Flugblättern und durch die Veranstaltung öffentlicher Versammlungen (HICKMANN 1921, S. 13). Die Landessynode regte weiterhin an, das Landeskonsistorium solle alle Geistlichen anweisen, die christlich gesinnten Eltern über die aktuelle Lage der Schulgesetzgebung aufzuklären (SSZ 1919, Nr. 32, S. 428). Die systematische und zielstrebige Werbearbeit innerhalb der Elternschaft verdeutlicht exemplarisch folgendes Flugblatt, das durch "Die Evangelische Arbeitsgemeinschaft der Chemnitzer Kirchge-

---

[11] Zit. n. "Die Schulfrage. Austauschdienst des Ev. Preßverbandes für Deutschland, Berlin-Steglitz", Nr. 4, 4. Okt. 1919, in: StAD, Min. f. Vb. Nr. 13106/10, Bl. 39.

meinden" in Chemnitz, in ganz ähnlicher Form aber auch in anderen Städten, verteilt wurde. Es begann mit folgenden Worten:

> *"Evangelische Eltern!*   *Achtung!*
> *Sollen Eure Kinder auch weiter christlich erzogen werden oder nicht?*
> *Das zu entscheiden liegt in EURER Hand!*
> *Gerade in Sachsen gilt, daß wir uns rühren, woviel wir können. Die Stimmung der sächsischen Volkskammer ist gegen den Religionsunterricht in der Schule.*
> *Die Vertreter der sächsischen Lehrerschaft haben auf ihrer Tagung am 30. März den evangelischen Religionsunterricht für die Volksschulen abgelehnt!*
> *Darauf einzeln befragt, haben die Lehrer ihre Meinung persönlich geäußert; aber das Kultusministerium hat das Ergebnis dieser Rundfrage, trotzdem nun schon 10 Monate verflossen sind, bis heute nicht veröffentlicht. Warum?! Warum?!*
>
> *Das sind ganz unerhörte Dinge!*
>
> *Schon wird in unserem Lande heftig für die religionslose Schule agitiert. Religionslosen Moralunterricht will man dort den Kindern bieten. Kann denn dieser die Kindesseele glücklich machen? Wieviel würde der Seele des Kindes fehlen, wenn es wirklich in der weltlichen Schule keine biblische Geschichte mehr hören, keinen Choral wie 'Eine feste Burg', kein geistliches Volkslied wie ‚Stille Nacht, heilige Nacht' singen lernen, nicht mehr beten, nicht mehr an einer Weihnachtsandacht sich erfreuen dürfte?*
> *So groß ist die Gefahr! Was ist zu tun?*
> *Es gibt einen Weg!"*
> *(Flugblatt der Evangelischen Arbeitsgemeinschaft der Chemnitzer Kirchgemeinden, in: StAD, Min. f. Vb., Nr. 13106/12, Bl. 47).*

Diesen Weg, so wurde den Eltern erklärt, eröffne der Artikel 146 (2) der Reichverfassung.

"Aber", so die Evangelische Arbeitsgemeinschaft in ihrem Flugblatt weiter,
> *"die Erziehungsberechtigten, also Väter, Mütter, Vormünder, müssen ihren Willen dazu erklären. Wohlgemerkt: auch die Mütter haben das Recht der Stimmabgabe! Auch Eltern, die noch keine Kinder zur Schule schicken! Es geht also nicht so ruhig weiter, wie bisher.*
> *Ihr müßt etwas tun. Euren Willen müßt ihr äußern" (ebd.).*

Wie dies zu geschehen habe, war im Flugblatt gleichfalls erläutert und zunächst mit einer Warnung verbunden:

"Ihr fragt: Wie mache ich das? - Sehr einfach.
Hier unten ist ein Zettel angehängt. Den füllt genau aus. Laßt Euch dabei von niemand irre machen!
Gebt den Zettel ja nur den kirchlichen Vertrauensleuten, die mit einem Ausweis versehen sind und ihn unaufgefordert vorzeigen.
Die Zettel werden dann gesammelt und an die zuständige Stelle weitergegeben.
Das ist der beste Protest gegen den Unglauben und die Religionsfeindschaft unserer Zeit" (ebd.).

Das Flugblatt endete mit folgender Mahnung an die Eltern:

"Tue denn jeder seine evangelische Pflicht!
Es geht um unsere Kinder, das Beste, was wir haben.
Es geht um die Zukunft unseres Volkes!
Das Gesetz gibt den Weg frei.
Benützt die Freiheit!" (ebd.)

Besonders aufschlußreich für die systematische Werbearbeit der Evangelisch-lutherischen Kirche sind auch die "Richtlinien für den Kampf um die evangelische Schule", die der "Evangelische Preßverband für Deutschland" 1919 herausgab. Danach sollte nicht nur die Werbearbeit der Gegner der evangelischen Schule sorgfältig überwacht werden und die gegnerischen Versammlungen von dem Bezirksgeistlichen aufgesucht werden, sondern es wurde als unbedingt notwendig erachtet, daß in den einzelnen Gemeinden "die Erziehungsberechtigten ... in Listen mit Namen, Stand, Wohnort und Kinderzahl gesammelt werden" (zit. n. SSZ 1919, Nr. 38, S. 525). Die so Erfaßten sollten dann in Versammlungen nicht nur über die gesetzliche Lage informiert werden, sondern außerdem, so die Richtlinien, müßten ihnen "die Folgen einer Verleugnung oder Verflüchtigung des evangelisch-religiösen Lebens für sich und ihre Kinder aufs Gewissen gelegt werden" (ebd.). Gesondert erfaßt und versammelt werden sollten die Erziehungsberechtigten mit schulpflichtigen Kindern, um ihnen die Bestimmungen über die Elternräte bekanntzugeben. Namen und Adressen müßten für den Fall der Wahl bereitliegen. Immer wieder sollte in Predigten, Gemeindeabenden, Sonntagsblättern, Gemeindeblättern, Lokalpresseartikeln, Flugblättern und Anschlägen an den Kirchtüren und Pfarrhäusern auf die Pflicht evangelischer Erziehungsberechtigter und die Sammlung ihrer Adressen hingewiesen werden (ebd., 5. 525).

Noch fehlte allerdings ein organisatorischer Zusammenhalt der der Kirche nahestehenden Eltern.[12] Dieser vollzog sich erst ab etwa Mai 1920, im Zusammenhang mit den ersten Elternratswahlen. An einzelnen Schulen schlossen sich jetzt Eltern zu "Vereinen Christlicher Eltern" zusammen (HERING 1926, S. 7 f.; HICKMANN 1921, S. 13). Diese christlichen Elternvereine stellten dann die Kandidaten der christlichen Liste für die Elternratswahlen auf. Ende 1920 waren schon an über einhundert sächsischen Volksschulen christliche Elternvereine gegründet worden (HERING 1926, S. 8 f.). Modellcharakter hatten die christlichen Elternvereine an den Leipziger Volksschulen, die als erste im Mai 1920 gegründet worden waren. Noch bevor die christlichen Elternvereine sich zu einem Landesverband zusammenschlossen, arbeiteten sie schon nach einheitlichen Richtlinien. Bereits im Mai 1920 wurden "Richtlinien für die Arbeit christlicher Elternvereine", "Praktische Winke für die Gründung von christlichen Elternvereinen" und eine Anleitung für die "Gründungsversammlung" aufgestellt (ebd.). Studiert man diese Dokumente genauer, so bestätigen auch sie noch einmal die These, daß die Evangelisch-lutherische Kirche - entgegen sonstigen Verlautbarungen - die Elternvereine nicht als Organe demokratischer Willensbildung und Mitbestimmung ansah, sondern vielmehr als lenkbare Instrumente zur Durchsetzung ihrer konservativ-konfessionellen Interessen benutzte. Wie anders ist sonst der Passus in der "Satzung der Vereine christlicher Eltern in Leipzig" zu interpretieren, der lautete:

> *"3. Der Verein übernimmt die Vertretung der ihm beigetretenen Eltern in allen öffentlichen und persönlichen Schulangelegenheiten. Die unterschriftlich zu vollziehende Aufnahme in die Mitgliedsliste gilt als Auftrag und Vollmacht hierfür ein für allemal" (HICKMANN 1921, S. 66).*

Oder ein weiteres Beispiel aus den Hinweisen zur "Gründung von christlichen Elternvereinen". Da hieß es gleich zu Beginn:

> *"1. Es kommt nicht darauf an, daß die Vereine gleich mit vielen Mitgliedern auftreten. Hauptsache ist, daß zunächst ein kleiner Kreis sich zusammenfindet, der fest und bestimmt weiß, was er will ..." (ebd., S. 67).*

Und unter Punkt 4 lesen wir:

> *"Engste Fühlung mit der Kirche ist von Anfang an erforderlich. Deshalb gehört in jeden Gründungsausschuß auch der Geistliche, in dessen Bezirk die*

---

[12] Bereits 1919 hatten sich allerdings schon 17 evangelische Körperschaften Sachsens, darunter auch einige kleinere Lehrerorganisationen, im "Bund bibel- und bekenntnistreuer Vereine" zusammengeschlossen (SSZ 1919, Nr. 36, S. 693).

Schule liegt. In den Gründungsausschuß wird jederzeit auch der Vorsitzende der zuständigen Laienbundsgemeindegruppe gern eintreten und weitere Personen in Verbindung mit dem Geistlichen vorschlagen" (ebd.).

Dieselbe Intention auch in den Anweisungen zur "Gründungsversammlung":

"5. Es wird ein vorläufiger Vorstand gewählt (...) Im Vorstand möchte stets ein Geistlicher sein, möglichst auch einige Frauen, am besten aus der Helferschaft oder dem Laienbund. Wenn Eltern in den Vorstand eintreten wollen, ist es erwünscht. Nötig ist es nicht. Der Vorstand kann auch aus Nichteltern der Schule bestehen. Diese sind unabhängig von der Lehrerschaft" (ebd., S. 68).

Aus all diesen zitierten Dokumenten spricht zumindest eines nicht: Die Achtung der Evangelisch-lutherischen Kirche vor dem Elternrecht bzw. der Wille, die Eltern in den Elternvereinen als gleichberechtigte Partner anzusehen. Vielmehr wird auch unter personellem Aspekt sehr deutlich, daß es im weitesten Sinne die kirchlichen Funktionsträger, einschließlich der Geistlichen, waren, denen auch in den christlichen Elternvereinen die dominierende Rolle zugedacht war und die somit auch den Willensbildungsprozeß entsprechend den kirchlichen Vorstellungen beeinflussen sollten.

Im September 1921 schließlich wurde ein "Landesverband der christlichen Elternvereine Sachsens" mit Sitz in Dresden gegründet (HERING 1926, S. 12). Dessen Vorsitzender, der Oberlandesgerichtsrat Dr. A. Hering, hat auf die große Bedeutung des Landesverbandes für die Elternratswahlen hingewiesen:

"Damit hatten die christlichen Elternvereine eine Zentrale erlangt, von welcher aus die Wahlen einheitlich geleitet, und Redner und Werbematerial zur Verfügung gestellt wurden. Auch hatten die monatlich erscheinenden Mitteilungen des Landesverbandes für die Vorstände der Vereine gute Vorbereitungsarbeit geleistet" (ebd.).

Christliche Elternvereine und christliche Elternräte gehörten also nach der Strategie der Evangelisch-lutherischen Kirche Sachsens sehr eng zusammen. Die Elternvereine bildeten sowohl die ideologische als auch organisatorische Basis, von der aus mit Hilfe der christlichen Elternräte die Evangelisch-lutherische Kirche ihr Ziel, nämlich die Erhaltung der Konfessionsschule, zu erreichen hoffte. Um diesem Ziel näher zu kommen, sollte sich die Arbeit der christlichen Elternvereine und Elternräte besonders auf die folgenden Aufgaben konzentrieren. Zum einen sollten sie der zeitweise rapide ansteigenden Zahl der Abmeldungen vom Religionsunterricht entgegenwirken (HICKMANN 1921, S. 60). Die zweite wichtige Aufgabe ergab sich aus der von der Kirche erhofften Verabschiedung eines Reichsschulgesetzes, das endgültig die Sicherung der Konfessionsschule dadurch gewährleisten sollte, daß die Entscheidung darüber voll und ganz in die Hände der Erziehungsberechtigten gelegt wurde.[13]

Der schon im Zusammenhang mit der Evangelisch-lutherischen Elternrechtsposition zitierte Leipziger Gymnasialprofessor Hugo Hickmann forderte ganz offen "Vorsorge zu treffen, um die kirchlichen Kreise für den Fall der Entscheidung über den Charakter der Schule fest in der Hand zu haben" (HICKMANN 1921, S. 70). Für ihn kam es vor allem darauf an, "die Erziehungsberechtigten in einer den örtlichen Verhältnissen entsprechenden Weise zu beeinflussen, damit sie hinreichend über die Tragweite der ihnen anvertrauten Entscheidung unterrichtet sind" (ebd.). Weiter empfahl er, Helfer und Helferinnen auszubilden, "damit sie mit den Mitteln

---

[13] Es hat im Verlauf der Weimarer Republik mehrere Versuche gegeben, ein solches Reichsschulgesetz zu verabschieden. All diese Versuche sind jedoch letztlich gescheitert. Der **erste Entwurf von 1921** wurde nach langen ergebnislosen Verhandlungen im Dezember 1923 für gescheitert erklärt. Der **zweite Entwurf von 1925** unter dem Deutschnationalen Reichsinnenminister Schiele wurde vom Reichsministerium des Innern als "Reichsgesetz zum Schutze der Bekenntnisschule" verstanden. Da die meisten Länder den Entwurf ablehnten, wurde schließlich von dem ebenfalls der DNVP angehörenden Reichsinnenminister von Keudell **im Jahre 1927** ein neuer Entwurf vorgelegt. Von Keudell galt als überzeugter Anhänger der Bekenntnisschule. Sein Entwurf räumte daher der Gemeinschaftsschule, wie von der Verfassung vorgesehen, keine bevorzugte Stellung ein. Leitgedanke des Entwurfs war die Berücksichtigung des Willens der Erziehungsberechtigten sowie der Grundsatz über die Erteilung des Religionsunterrichts. In diesem Entwurf war eine "Lex Sachsen" enthalten (§ 18a). Dieser Paragraph sah die Möglichkeit vor, nach Inkrafttreten des Gesetzes die sächsischen Gemeinschaftsschulen auf Antrag der Erziehungsberechtigten wieder zu Konfessionsschulen zu machen. Er wurde von DNVP, Zentrum, Bayerischer Volkspartei und der Wirtschaftlichen Vereinigung beantragt und im Bildungsausschuß des Reichstages mit Hilfe der DVP verabschiedet. Die Vertreter der sächsischen Landesregierung widersprachen im Bildungsausschuß dem § 18a ("Sachsen unter Ausnahmegesetz", in: LLZ 1927, Nr. 42, S. 1001 ff.; "Die Verhandlungen im Bildungsausschuß", ebd., S. 1004 ff.; "Reichsschulgesetzentwurf und Öffentlichkeit", ebd., S. 1006 f.; "Erklärung" des SLV zur "Ausnahmegesetzgebung in Sachsen", in: LLZ 1927, Nr. 43, S. 1025; "Der Kampf um Sachsen", ebd., S. 1026-1029; "Die Verhandlungen im Bildungsausschuß", ebd., S. 1029 f.). Auch dieser Entwurf fand letztlich keine parlamentarische Mehrheit und am 15.2.1928 wurde sein endgültiges Scheitern festgestellt. Das Zentrum betrachtete daraufhin die Koalition mit DVP, DNVP und Bayerischer Volkspartei als gelöst. Keine andere Reichsregierung hat nach diesen erfolglosen Versuchen einen neuen Anlauf für ein Reichsschulgesetz gemacht (FÜHR 1970, S. 65 ff.; aus sozialdemokratischer Sicht SCHULZ, H.: Der Leidensweg des Reichsschulgesetzes. Berlin 1926; aus Sicht der DNVP in Sachsen und der Evangelisch-lutherischen Kirche PHILIPP, A.: Elternrecht und Reichsschul-Gesetz. Dresden 1924; ders.: Der neue Reichsschulgesetzentwurf. Dresden 1925; ders.: Sachsen und der Reichsschulgesetzentwurf. Aktenstücke und Sitzungsberichte. Leipzig 1928).

zeitgemäßer Wahlarbeit, Verteilen von Flugblättern und Wahlzetteln, Kontrolle und Heranziehung der Wahlsäumigen und dergleichen, eine für die Kirche günstige Entscheidung herbeiführen helfen" (ebd.). Diese Vorschläge Hickmanns sind dazu angetan, auch die letzten Zweifel darüber zu zerstreuen, welche Absichten die Evangelisch-lutherische Kirche in Sachsen verfolgte und mit welchen Mitteln sie diese zu verwirklichen dachte. Eine für die Kirche günstige Entscheidung mußte herbeigeführt werden, nicht etwa Wunsch und Wille der (christlichen) Eltern sollte maßgebend sein. Diese mußte man nach Hickmann vielmehr fest in der Hand haben bzw. in der entsprechenden Weise beeinflussen, nötigenfalls auch kontrollieren. Um eine Art der Kontrolle und Aufsicht handelte es sich auch bei dem dritten Aufgabenkomplex, der sehr eng mit den ersten beiden verbunden war. Kontrolliert und beobachtet werden sollten sowohl der Unterricht insgesamt als auch einzelne Lehrer. So konnte man in einer Satzung eines Vereins christlicher Eltern in Leipzig u.a. folgendes lesen:

"Es wird um eingehende Berichte darüber gebeten, ob und welche Übergriffe seitens der radikalen Lehrerschaft bei deren Kampf gegen den christlichen Religionsunterricht an den einzelnen Schulen vorgekommen sind. Welche Lehrer sind als Wortführer gegen den christlichen Religionsunterricht und für den Moralunterricht aufgetreten? Welche Lehrer haben Klassenelternabende veranstaltet und in diesen die Eltern beeinflußt, ihre Kinder vom Religionsunterricht abzumelden? Welche Lehrer sind mit Abmeldezetteln von Haus zu Haus gelaufen? (...) Welche Lehrer haben vor den Kindern abfällig über den christlichen Religionsunterricht gesprochen und das Dasein Gottes vor den Kindern geleugnet? Welche Beschwerden und Ärgernisse liegen sonst vor?" (zit. n. SSZ 1921, Nr. 13, S. 231).

Ganz ähnliche Anweisungen fanden sich auch in den vom Landesverband der christlichen Elternvereine herausgegebenen "Mitteilungen für die christlichen Elternvereine im Freistaat Sachsen". In der Nr. 3 vom 20. März 1922 wurde ganz unverhohlen zur Beobachtung des Unterrichts und der Bespitzelung der Lehrer aufgefordert:

"8. Man achte besonders darauf, ob der Religionsunterricht in den Volksschulen ordnungsgemäß nach dem Gesetz erteilt wird. Beschwerden sind vorsichtig zu prüfen und bei uns einzureichen.

9. Wir bitten erneut, dringend zu prüfen, welcher Lehrer bei der Trennung der Schulen für die künftige christliche Schule nicht erwünscht ist und weshalb, damit wir nicht Gegner, die uns schaden, an unsere Schulen bekommen.[14]

---

[14] Schon 1921 hatte der "Landesverband der christlichen Elternvereine" in einer Petition an die Synode der Evangelisch-lutherischen Kirche gebeten, doch feststellen zu

10. Ist an der dortigen Schule Arbeitsunterricht oder eine Gesamtunterricht eingeführt? Liegen Klagen der Eltern vor?" (zit. n. LLZ 1922, Nr. 18, S. 335).

Daß auch reformpädagogische Versuche wie Arbeits- und Gesamtunterricht von den kirchlichen Kreisen argwöhnisch beobachtet und abgelehnt wurden, hing zum einen mit der Befürchtung zusammen, daß innerhalb eines auf diesen Prinzipien beruhenden Unterrichts - der Gesamtunterricht zielte ja auf die Auflockerung bzw. Auflösung der starren Fächereinteilung - die Erteilung eines "ordentlichen", bekenntnismäßigen Religionsunterrichts nicht mehr gewährleistet wurde. Zumal dann, wenn konfessionslose Lehrerinnen und Lehrer diesen Gesamtunterricht erteilten oder auch die zahlreichen Lehrerinnen und Lehrer, die sich zu einem konfessionsübergreifenden, auf wissenschaftlicher Grundlage basierenden und pädagogisch reformierten Religionsunterricht bekannten. Die Anhänger der Konfessionsschule lehnten daher die Einbettung des Religionsunterrichts in einen Gesamtunterricht ab und forderten speziell ausgewiesene Religionsstunden. Damit erklärt sich aber nur zum Teil die Aversion gegen diese Art reformpädagogisch motivierter Unterrichtspraxis. Letztlich war sie offener Ausdruck der Ablehnung einer demokratischen Schulreform überhaupt. Alles wesentliche, was von den sächsischen Reformern seit der Novemberrevolution in schulorganisatorisch-struktureller, didaktisch-methodischer und curricularer Hinsicht diskutiert, schulgesetzlich fixiert und teilweise in die Praxis umgesetzt wurde, stieß bei der evangelisch-lutherischen Kirche sowie ihren verbündeten Vereinen auf erbitterten Widerstand, da es unvereinbar mit ihren Vorstellungen und Idealen einer Konfessionsschule war, einer Konfessionsschule, in der nach Hickmann u.a. der "Religionsunterricht als Herzstück der Erziehungsarbeit gepflegt" werden sollte, in der "die evangelische Frömmigkeit das gesamte Gemeinschaftsleben" "beseelt" (HICKMANN 1921, S. 52) und in der einem Flugblatt der Evangelischen Kirche zufolge "wichtiger als alles Wissen und Können ... die Bildung von Herz und Gemüt (ist)".[15]

---

lassen, welche Lehrer bei der Trennung der Schulen wegen ihres bisherigen Verhaltens für die christliche Schule nicht erwünscht sind (SSZ 1921, Nr. 36, S. 695).

[15] Vgl. Flugblatt "Evangelische Schule oder weltliche Schule?" Hierbei handelte es sich um die erste Nummer einer Flugblatt-Reihe, hrsg. vom "Evangelischen Preßverband für Deutschland", in: StAD, Min. f. Vb., Nr. 13106/10, Bl. 30 u. 37, Zitat Bl. 37).

Wie systematisch die Überwachung des Schulbetriebs organisiert wurde, läßt sich nicht zuletzt anhand der "Richtlinien christlicher Elternvereine Sachsens" nachweisen. Danach hatten die christlichen Elternratsmitglieder sofort bei ihrem Antritt zu prüfen, "a) ob in allen Klassen zwei Stunden Religionsunterricht ordnungsgemäß im Rahmen des Stundenplanes (nicht an Nachmittagen, nicht zu ungünstiger Zeit, nicht hintereinander, keine Überfüllung der Klassen) eingerichtet sind, b) welche Lehrer ihn erteilen, ob Anstände zu erheben sind (Erteilung durch Gegner, aus der Kirche ausgetretene Lehrer, Nichtevangelische usw.), c) ob auch wirklich evangelischer christlicher Religionsunterricht erteilt wird ..." (zit. n. Sächsischer Lehrerverein 1926, S. 83 f.). Etwaige festgestellte Mißstände sollten durch Anträge an die Schulleitung und den Schulausschuß bekanntgemacht und Abhilfe verlangt werden. Daneben war vorgesehen, den Landesverband zu informieren, damit dieser parlamentarische und anderweitige Maßnahmen veranlassen konnte (ebd., S. 84). Welches Lern- und Arbeitsklima in den Schulen geherrscht haben muß, an denen einflußreiche christliche Elternräte im oben genannten Sinne arbeiteten, läßt sich gut vorstellen.

Ebenso planmäßig und zielbewußt wie die gesamte Arbeit war die Agitation und Hetze der kirchlichen Kreise gegen die sozialistische Regierung, die Schulreform und die Volksschullehrerschaft. Insbesondere vor Landtagswahlen, Stadtverordnetenwahlen und Elternratswahlen überschwemmte das Land eine Flut von Presseartikeln, Broschüren, Plakaten und Flugblättern, in denen auf schlimme Art und Weise insbesondere vor der weltlichen Schule und ihren Vertretern gewarnt wurde. Um eine Vorstellung von diesen "Antikulturdokumenten" (LLZ 1921, Nr. 6, S. 106) zu vermitteln, sollen einige Beispiele zitiert werden. So hieß es in einem Flugblatt des christlichen Elternbundes Dresden vor den Stadtverordnetenwahlen im November 1922:

"Wollt Ihr, daß wieder Zucht und Ordnung in der Schule herrschen soll, Wollt Ihr, daß nicht ein verwildertes Geschlecht heranwächst, Wollt Ihr, daß in der Schule nicht jeder Lehrer machen kann, was er will, sondern daß wieder ein Leiter an der Spitze steht, der Euch verantwortlich ist, dann wählt
...
Hohes steht auf dem Spiel, nämlich der gesunde Nachwuchs unseres Volkes"
(zit. n. Sächsischer Lehrerverein 1925, S. 84; vgl. auch SSZ 1921, Nr. 38, S. 740).

Zur Elternratswahl 1922 in Leipzig wurde ein Flugblatt folgenden Inhalts verteilt:

"Staatsgesetz in Vorbereitung: 'Die Leichen aller Kinder im Alter von 6-14 Jahren gehören dem Staate und sind zu wissenschaftlichen Studien- und Versuchszwecken an die Anatomien der Universitäten auszuliefern.' Was sagt Ihr dazu? Sicherlich nein und tausendmal nein! Deines geliebten Kindes sterbliche Hülle gehört, wenn es Dir in diesem Alter durch den Tod entrissen werden sollte, Dir. Du lässest sie Dir vom Staate auf keinen Fall nehmen. Du bestimmst Ort und Art ihrer Bestattung. Doch - dieses ungeheuerliche Gesetz ist gar nicht in Vorbereitung, leider aber wird ein viel ungeheuerlicheres geplant und von weiten Kreisen mit aller Kraft angestrebt. Nur sonderbar, daß die große Masse des Volkes gleichgültig bleibt und sich weder rührt, noch davon spricht, noch sich entrüstet. Es sollen nämlich nicht die toten Leiber, sondern lebendige Gemüter und die unsterblichen Seelen aller Kinder im Alter von 6-14 Jahren dem Staate ausgeliefert werden zu pädagogischen und sozialistischen Versuchszwecken in der weltlichen Schule" (zit. n. LLZ 1922, Nr. 20, S. 374).

Und wenige Tage vor den Leipziger Elternratswahlen hing an den Litfaßsäulen ein Plakat aus, dessen "Botschaft" auf antisozialistischen Ressentiments, Diffamierungen, Unterstellungen und Unwahrheiten aufgebaut war.

"An Leipzigs Eltern!
Am Sonntag, den 28. Mai, finden in sämtlichen Volksschulen von 9-6 Uhr die Elternratswahlen statt. Diese sind diesmal von außerordentlicher Bedeutung, da das vor uns liegende Schuljahr das Reichsschulgesetz bringt. Von der Zahl der gewählten Elternratsmitglieder wird es abhängen, wieviel christliche und weltliche Schulen in Leipzig eingerichtet werden müssen. Darum Eltern, entscheidet Euch! Die weltliche Schule erzieht Eure Kinder zu sittlich haltlosen Materialisten und Internationalisten.
(...)
Die weltliche Schule ist völlig religionslos und läßt daher das Gemüts- und Seelenleben Eurer Kinder verkümmern.
(...)
Die weltliche Schule weckt in Euren Kindern Pflichtlosigkeit und Ehrfurchtslosigkeit.
(...)
Die weltliche Schule ist eine Versuchsanstalt unklarer und selbstgefälliger Jugenderzieher, die Kinder sind die Versuchsobjekte.
(...)
Die weltliche Schule trägt parteipolitische Verhetzung in die Seele Eurer Kinder.
(...)
Die weltliche Schule soll durch Zwangsmaßnahmen und Terror zur Einheitsschule gemacht werden. Ihr Eltern sollt gezwungen werden, Eure Kinder in diese hineinzuschicken.
(...)
Eltern! Die Entscheidung fällt Euch nicht schwer, um Eurer Kinder willen wählt am 28. Mai die Liste der christlichen Elternvereine ..." (ebd., S 375).

Ein ganz besonderes Engagement entwickelten die christlichen Elternvereine gemeinsam mit dem konservativen Bürgertum in ihrem Kampf gegen die sächsischen Versuchsschulen in Leipzig, Chemnitz und Dresden als ihnen besonders verhaßte Symbole sozialistischer Schulreformpolitik. Dieser jahrelange Kampf - anders ist die Form der Auseinandersetzung kaum treffend zu kennzeichnen - gipfelte in einem Schreiben des "Landesverbandes der christlichen Elternvereine Sachsens e.V." vom 30. März 1933 an den "Kommissar für das Volksbildungsministerium", den Dresdner Stadtschulrat und als vehementer Gegner der Schulreform bekannten Dr. Wilhelm Hartnacke, in dem die christlichen Elternvereine um die Aufhebung der Versuchsschulen baten. Eine eingehende Begründung, so hieß es in dem Schreiben weiter, könne man sich ersparen. "Es wird aber als unmöglich in den christlichen Elternkreisen Dresdens z.B. empfunden, daß noch immer in der Versuchsschule am Georgplatz, der 46. Volksschule, in der bisherigen Weise unterrichtet werden kann (...). Ebenso wird in den christlichen Elternkreisen Dresdens z.B. immer wieder auf die höhere Versuchsschule, die Dürerschule hingewiesen, in der unter der französischen Trikolore ein pazifistisches Verbrüderungsfest seinerzeit gehalten werden konnte" (Abschrift des Schreibens, in: StAD, Min. f. Vb., Nr. 12881/243, Bl. 58). Diese Eingabe des Landesverbandes der christlichen Elternvereine an die faschistischen Machthaber in Sachsen korrespondierte mit ihrem vorhergegangenen Wahlaufruf zur Reichstagswahl im März 1933, aus dem hervorgeht, daß der Landesverband auch in den Nationalsozialisten einen wichtigen Bündnispartner zur Durchsetzung seiner (schul-)politischen Ziele sah. In diesem Wahlaufruf vom 1. März 1933 hieß es u.a.:

"Erwacht und seid auf der Hut, es geht um Deutschland, es geht um unser Schicksal auf Jahre hinaus.! (...) Die Entscheidung kann nur liegen zwischen dem Nationalismus und dem Internationalismus, zwischen der starken auf christlicher, vaterländischer Grundlage aufgebauten Front des geschlossenen nationalen Deutschland und der Front des internationalen Marxismus jener, die kein Vaterland kennen, das Deutschland heißt, sondern nur das Land des Bolschewismus, der Gottesverachtung, der Kulturzertrümmerung. Für die christlichen Eltern kann es nur eine heiße Parole geben: stärkt die Reihen jener nationalen Parteien und Listen, die sich bewußt zum Christenglauben und zur Religiosität bekennen, wählt jene, die bisher schon für den Glauben eingetreten sind, die die nationalen Eigenarten des Deutschtums erhalten

wollen und die in der christlichen Familie und in der christlichen Erziehung die Grundlage des deutschen Volksstaates sehen!"[16]

Der Wahlaufruf zeigt noch einmal in aller Deutlichkeit, gegen wen sich die Bestrebungen der christlichen Elternvereine richteten: gegen die sozialistische Arbeiterbewegung. Im März 1933 sahen sie die Chance zur Generalabrechnung greifbar nahe. Sie riefen deshalb zur Wahl jener "nationalen" Parteien auf, gemeint waren vor allem DNVP und NSDAP, von denen sie erwarteten bzw. wußten, daß sie für die Zerschlagung der sozialistischen Arbeiterbewegung und die Beseitigung der Weimarer Demokratie sorgen würden.

Abschließend soll der Frage nachgegangen werden, inwieweit es der Evangelisch-lutherischen Kirche und ihren Hilfsvereinen geglückt ist, die Eltern in ihrem Sinne zu beeinflussen und sie bei den Elternratswahlen für die christliche Liste zu gewinnen. Aufschluß darüber geben insbesondere die Elternratswahlergebnisse.[17]

Betrachtet werden zunächst die Wahlergebnisse der Großstädte Dresden, Leipzig und Chemnitz und anschließend das Gesamtergebnis für Sachsen.

Dresden:	Stimmenverteilung in %	
	christliche Liste	weltliche Liste
1921	48,70	51,30
1922	46,72	53,28
1923	47,43	52,57
1924	55,17	44,83
1925	56,26	43,74
1926	57,19	42,81

[16] Wahlaufruf des Landesverbandes der christlichen Elternvereine Sachsens zur Reichstagswahl am 5. März 1933 in ihrer Zeitung "Die Christliche Schule" vom 1. März 1933, zit. n. SSZ 1933, Nr. 9, S. 240.

[17] Da keine umfassende amtliche Gesamtstatistik der Elternratswahlen erstellt wurde, sind wir angewiesen auf eine Statistik, die 1927 vom Landesverband der christlichen Elternvereine Sachsens herausgegeben und von deren Direktor, dem Pastor W. Geißler aus Dresden, bearbeitet wurde (Geißler 1927). Sie enthält die Ergebnisse der Elternratswahlen von 1921 bis 1926, und zwar Übersichten über die **Sitzverteilung**, die **Stimmenverteilung** und die **Wahlbeteiligung** getrennt für die Schulen der Großstädte Leipzig, Dresden und Chemnitz, für die Orte mit mehreren Schulen und für die Orte mit nur einer Schule. Die Statistik weist die Ergebnisse für die christliche und die weltliche Liste aus. Der Bearbeiter weist in seinem Vorwort darauf hin, daß die Statistik keinen Anspruch auf unbedingte Vollständigkeit erhebt, kleinere Verschiebungen denkbar sind, diese aber nicht ausreichen, um das Gesamtbild merklich zu verändern (ebd., S. 2).

Leipzig:	Stimmenverteilung in %	
	christliche Liste	weltliche Liste
1921	53,12	46,88
1922	47,51	52,49
1923	50,25	49,75
1924	53,07	46,93
1925	50,11	49,89
1926	48,29	51,71

Chemnitz	Stimmenverteilung in %	
	christliche Liste	weltliche Liste
1921[18]	31,7	68,3
1922	52,18	47,82
1923	55,52	44,48
1924	61,19	38,81
1925	60,75	39,25
1926	59,99	40,01

(Eigene Zusammenstellung nach: Geißler 1927, S. 38)

Zunächst kann festgestellt werden, daß es der christlichen Liste in Dresden während der Reformphase bis 1923 nicht gelungen ist, die Mehrheit der Stimmen zu erreichen. Besser waren ihre Ergebnisse da schon in Leipzig und Chemnitz. In Leipzig errang die christliche Liste die Mehrheit 1921 und von 1923 bis 1925, während sie in Chemnitz ab 1922 über eine deutliche Mehrheit verfügte.[19] Die Wahlergebnisse der drei Städte zeigen

---

[18] Da für 1921 keine Angaben über die prozentuale Stimmenverteilung gemacht wurden, geben die hier angegebenen Zahlen die prozentuale **Sitzverteilung** wieder.

[19] Interessant ist auch ein Blick auf die Ergebnisse der jeweiligen Versuchsschulen in Dresden, Leipzig und Chemnitz. Diese Schulen zeigen nämlich einen ganz eindeutigen Trend. So konnte die christliche Liste an der Humboldt-Versuchsschule in Chemnitz von 1921 bis 1926 bei den Elternratswahlen nicht einen Sitz erringen. 1921 erreichte die weltliche Liste 8, 1922 sogar 11 und 1923 ebenfalls 11, die christliche Liste jeweils keinen Sitz (Angaben nach GEIßLER 1927, S. 8). An der Volksschule Leipzig-Großzschocher, wo der Lehrer Fritz Stahl einige Versuchsklassen eingerichtet hatte, blieb die christliche Liste ebenfalls von 1921 bis 1926 sehr deutlich in der Minderheit (ebd., S. 5). Auch an der 54. Versuchsschule in Leipzig Connewitz behielt die weltliche Liste jeweils die Mehrheit. 1923 sehr deutlich mit 11 zu 0 Sitzen, da kein gültiger christlicher Wahlvorschlag vorlag, in den übrigen Jahren bis 1926 jeweils mit einem Sitz Mehrheit (ebd.). Die Versuchsschule in Dresden am Georgplatz (46. Volksschule) verfügte über keinen Elternrat. Hier hatte sich die Schulgemeinde als Ganzes in einem "Verein zur Förderung der Arbeitsschule" organisiert (WEISE 1925, S. 242 f.).

weiterhin, daß es der weltlichen Liste insbesondere in Leipzig gelungen ist, auf einem hohen Niveau die konstantesten Ergebnisse zu erzielen und auch noch in der Periode nach 1924 eine Mehrheit zu erzielen, nämlich im Jahre 1926 mit 51,71%. Besonders auffallend ist die Tatsache, daß es bei den Elternratswahlen im Jahre 1924 in allen drei Städten - etwas abgeschwächt in Leipzig - zu starken Einbrüchen bei der weltlichen Liste kam. Dieser Tatbestand bestätigt sich auch bei einem Blick auf das Gesamtergebnis.

Jahr	Gesamtzahl der Volksschulen an denen Elternräte gewählt wurden	Stimmenverteilung in %	
		christliche Liste	weltliche Liste
1921	303	51,23[20]	48,77[20]
1922	393	49,44	50,56
1923	422	50,66	49,34
1924	442	56,81	43,19
1925	448	55,46	44,54
1926	459	54,60	45,40

(Eigene Zusammenstellung nach: Geißler 1927, S. 37/38)

Auch diese Tabelle zeigt die deutlichen Verluste der weltlichen Liste im Jahre 1924 gegenüber den Vorjahren. Im Vergleich zu 1923 verlor sie 6,15% der Stimmen und mit 43,19% erreichte sie ihr bis dahin schlechtestes Ergebnis. Auch in den nächsten beiden Jahren gelang es der weltlichen Liste nicht, ihren Stimmenanteil entscheidend zu verbessern, und die christliche Liste lag in den Jahren 1924 bis 1926 um runde 10% vor der weltlichen Liste. Daß gerade das Jahr 1924 die höchsten Verluste für die weltliche Liste brachte und eine für sie wenig erfreuliche Entwicklung einleitete, war wohl kaum einem Zufall zu verdanken, sondern läßt sich in erster Linie erklären aus den seit Ende 1923 veränderten politischen Verhältnissen in Sachsen.

Bei Betrachtung der Elternratswahlergebnisse während der Reformperiode fällt zunächst einmal auf, daß die weltliche und die christliche Liste in den Jahren 1921 bis 1923 nahezu gleichauf lagen. Beiden Listen gelang es,

---

[20] Ohne Chemnitz, da Unterlagen lt. Statistik ungenügend (GEIßLER 1927, S. 38).

jeweils um die 50% der Eltern zu gewinnen, die sich an den Wahlen beteiligten. Dennoch wird man sagen müssen, daß dieses Ergebnis eher einen Erfolg für die Evangelisch-lutherische Kirche und die rechtskonservativen Parteien, die ja hinter der christlichen Liste standen, bedeutete, als für die Arbeiterparteien, die hinter der weltlichen Liste standen. Denn der SPD, USPD und KPD ist es nie ganz gelungen, denselben Stimmenanteil, den sie sonst bei Wahlen auf sich vereinigen konnte, auch bei den Elternratswahlen zu erreichen, eine Beobachtung übrigens, wie sie in ähnlicher Weise auch für Thüringen (MITZENHEIM 1964, S. 129; KLENKE 1983, S. 836) und Berlin (WAGNER-WINTERHAGER 1979, S. 156 u. 252) gemacht werden kann. Diese Tatsache verwundert umso mehr, wenn man bedenkt, daß die SPD sich in Sachsen und Thüringen bei den Elternratswahlen ähnlich stark engagierte wie bei Parlamentswahlkämpfen auf Kommunalebene (KLENKE 1983, S. 834 ff.). Während SPD und KPD zusammen z. B. bei den Landtagswahlen vom 5. November 1922 52,3% der Stimmen erreichten, waren es bei den Elternratswahlen im selben Jahr für die weltliche Liste lediglich 50,56% der Stimmen, ein Jahr später, 1923, sogar nur 49,34%. Auch wenn die Differenz zwischen Landtags- und Elternratswahlergebnis sicherlich nicht als so gravierend erscheint und beide Wahlergebnisse auch nur sehr begrenzt vergleichbar sind, so bedeutet es zumindest doch soviel, daß es der Evangelisch-lutherischen Kirche gelungen ist, in begrenztem Umfange auch solche Eltern zur Wahl der christlichen Liste zu bewegen, die bei Kommunal- und Landtagswahlen sonst eher einer der Arbeiterparteien ihre Stimme gegeben haben. Die Frage nach den Gründen hierfür liegt nahe. Die SSZ hatte schon im Jahre 1921 verschiedene Gründe für das ihrer Meinung nach gute Abschneiden der christlichen Elternräte genannt. Dieser Erklärungsversuch kann auch als zusammenfassende Antwort auf diese spezielle Frage gelten. Die SSZ schrieb damals:

"Und dann muß man bedenken, wie viel den christlichen Elternvereinen im Kampfe zugute kommt. Für sie arbeiten auch die Tradition, das Ruhebedürfnis, die Angst vor allem Neuen, 'Unerprobten', die Gleichgültigkeit, die Bequemlichkeit, die Abneigung gegen Schule und Volksschullehrer, der Standesdünkel, die 'Bürgergesinnung', die Müdigkeit der Zeit. In ihrem Dienst steht die gesamte bürgerliche Presse, die z. T. starke Anforderungen an den guten Geschmack ihrer Leser stellte, in ihrem Dienst steht natürlich der ganze kirchliche Apparat und die unselige, natürlich auch geschickt verstärkte Verquickung von Religion, Konfession und kirchlichem Leben. Dazu

haben die christlichen Elternvereine mit großem Eifer, mit allen Hilfsmitteln, die Kirche und kirchliche Vereinigungen haben, und mit großem Aufwand von Geldmitteln gearbeitet, sie werden sicherlich so ziemlich jeden ihrer Anhänger an die Urne gebracht haben" (SSZ 1921, Nr. 22, S. 390). [21]

---

[21] Zu ganz ähnlichen Erkenntnissen, wie sie hier von der SSZ formuliert wurden, kommt auch Klenke in seiner Arbeit, wenn er das unbefriedigende Abschneiden der weltlichen Liste u.a. damit begründet, daß große Teile der Arbeiterschaft sich mit christlichen Kreisen in der Befürwortung konservativer Verhaltensorientierung im familiären und schulischen Bereich trafen (KLENKE 1983, S. 836 ff.).

3. Der Sächsische Philologenverein

Gegnerschaft erwuchs den sozialistischen Schulreformern auch aus den Reihen der Lehrerschaft. In diesem Zusammenhang sind zuallererst die an den höheren Schulen tätigen Philologen, zusammengeschlossen im Sächsischen Philologenverein (SPhV), zu nennen. Ohne der Geschichte des Deutschen bzw. Sächsischen Philologenvereins bis ins Detail nachzugehen[22], soll im folgenden zunächst ein kurzer Überblick über die Verbandsentwicklung gegeben, anschließend Grundzüge des gesellschafts- und bildungspolitischen Selbstverständnisses der Philologen vor 1914 und in der Weimarer Republik skizziert werden, um auf diesem Wege zu zeigen, in welch hohem Maße die große Mehrheit der Philologen nicht nur Gegner der Weimarer Republik war, sondern folgerichtig ebenso konsequent auch jegliche Ansätze einer demokratischen Schulreform bekämpfte.

Die Geburtsstunde des Philologenstandes läßt sich auf das Jahr 1810, also die Zeit der sog. Preußischen Reformära, datieren, als mit der Einführung der Prüfung "pro facultate docendi" ein eigener Studiengang für Gymnasiallehrer an den Universitäten eingeführt wurde. Aus Gründen der unterschiedlichen Besoldung innerhalb der Philologenschaft, des zeitweiligen Verbotes, Beamtenvereine zu gründen, sowie des scharfen Gegensatzes zwischen Philologen an den humanistischen und realistischen Gymnasien kam es erst ab 1872, also nach der Reichsgründung, zur Entstehung erster regionaler Philologenvereine in Ost- und Westpreußen und der Stadt Berlin; in Sachsen dauerte es sogar bis 1883, ehe sich dort die Philologen zusam-

---

[22] Hier muß verwiesen werden auf einige ideologiekritisch/ sozialgeschichtlich ausgerichtete Arbeiten, die sich mit der Geschichte des Philologenverbandes beschäftigt haben. So Hamburger, Franz: Lehrer zwischen Kaiser und Führer. Der Deutsche Philologenverband in der Weimarer Republik. Eine Untersuchung zur Sozialgeschichte der Lehrerorganisationen. Dissertation der Wirtschafts- und Sozialwissenschaftlichen Fakultät der Universität Heidelberg 1974, ders.: Pädagogische und politische Orientierung im Selbstverständnis des Deutschen Philologenverbandes in der Weimarer Republik, in: HEINEMANN, Manfred (Hrsg.): Der Lehrer und seine Organisation (Veröffentlichungen der Historischen Kommission der Deutschen Gesellschaft für Erziehungswissenschaft, Bd. 2), Stuttgart 1977, S. 263-272; LAUBACH, Hans Christoph: Die Politik des Philologenverbandes im Reich und in Preußen während der Weimarer Republik, in: HEINEMANN 1977, S. 249-261 und neuerdings KUNZ, Lothar: Höhere Schule und Philologenverband. Untersuchungen zur Geschichte der Höheren Schule und ihrer Standesorganisation im 19. Jahrhundert und zur Zeit der Weimarer Republik. Frankfurt/Main 1984. Neben dem Verbandsorgan des SPhV beziehe ich mich im folgenden besonders auf die hier genannten Arbeiten.

menschlossen (KUNZ 1984, S. 349 ff.). Ein wichtiger Grund für den Zusammenschluß der Philologen war ihre materielle Lage, d.h. ihre Benachteiligung im Vergleich zu den Juristen und höheren Verwaltungsbeamten. Mit diesen eine Gleichstellung zu erreichen, dafür kämpften die Philologen in den nächsten Jahrzehnten. Die angestrebte materielle Gleichstellung war für die Philologen eine Statusfrage. Ebenso wie Juristen, Mediziner oder Offiziere wollten die Philologen zu den im Kaiserreich geachteten und gebildeten Ständen gehören. Mit diesen Bemühungen eines sozialen Aufstiegs ging einher die scharfe Abgrenzung gegenüber allen nicht akademisch ausgebildeten Lehrern, insbesondere den Volksschullehrern (ebd., S. 360 ff.). Diese hier knapp umrissene Verbandspolitik der Anpassung nach 'oben' und Abgrenzung nach 'unten' wurde auch weiterverfolgt, nachdem sich im Jahre 1903 die Philologen auf Reichsebene im "Vereinsverband akademisch gebildeter Lehrer Deutschlands" organisiert hatten.

So sehr der wilhelminische Obrigkeitsstaat den Philologen bis dahin auch die erstrebte materielle Gleichstellung mit den übrigen höheren Beamten verweigert hatte, so war es andererseits nach 1890 doch insbesondere Wilhelm II, der die nationalpolitische Bedeutung der Philologen immer wieder hervorhob und dem es nicht schwerfiel, die Philologen aufgrund ihres standespolitischen Selbstverständnisses auf eine autoritäre nationalistische Erziehung mit antisozialdemokratischer Ausrichtung zu verpflichten, die vor dem Ersten Weltkrieg die Kolonial- und Flottenpropaganda der Regierung unterstützte und dann im Ersten Weltkrieg eine extrem militaristische und chauvinistische Note bekam, die auch vor Völkerverhetzung nicht halt machte (LAUBACH 1977, S. 250 ff.; KUNZ 1984. s. 387 ff.).

Die enge ideologische Bindung der Philologen an den wilhelminischen Obrigkeitsstaat wurde im Jahre 1909 auch materiell belohnt, indem die Philologen in Preußen durch eine Gehaltserhöhung die prinzipielle Gleichstellung mit den Richtern und höheren Verwaltungsbeamten erreichten (KUNZ 1984, S. 375). Erst nach dieser Zeit begannen pädagogische und bildungspolitische Themen etwas stärker in den Vordergrund der Verbandspolitik der Philologen zu rücken. Schon diese Diskussion vor und im Ersten Weltkrieg zeigte die deutliche Ablehnung der von der Volksschullehrerschaft und der Sozialdemokratie geforderten Einheitsschule, d.h. der gemeinsamen Grundschule für alle Kinder (ebd., S. 389 ff.).

Um die Verbandsinteressen auch unter den veränderten gesellschaftlichen und politischen Verhältnissen nach der Novemberrevolution wirkungsvoll vertreten zu können, wurden zwischen 1918/19 und 1921 entsprechende organisatorische Maßnahmen wie die Einrichtung von Orts- und Bezirksgruppen und die Gründung von Landesverbänden eingeleitet. 1925 verfügte der Deutsche Philologenverband, so nannte er sich seit dem Jenaer Verbandstag 1921, über 15 Landesverbände mit rund 30.000 Mitgliedern. Die Mitgliederzahl blieb während der Zeit der Weimarer Republik nahezu konstant. Damit vertrat der Philologenverband nahezu die gesamte Lehrerschaft der höheren Schulen (HAMBURGER 1974, S. 168 ff.; KUNZ 1984, S. 428 ff.).

In Sachsen führten die organisatorischen Veränderungen im September 1919 unter Auflösung des "Vereinsverbandes akademisch gebildeter Lehrer Sachsens" zur Konstituierung des "Sächsischen Philologenvereins" (SPhV). Dieser vereinigte den Sächsischen Gymnasiallehrerverein, den Sächsischen Realgymnasiallehrerverein, den Verein Sächsischer Realschulmänner, den Vereinsverband von Vollakademikern an höheren Mädchenschulen Sachsens und den Verein von Philologen an höheren Handesschulen Sachsens (SSZ 1919, Nr. 40, S. 568 f.). Mit dem 30. September 1921 ging auch der Sächsische Seminarlehrerverein im Sächsischen Philologenverein auf (SSZ 1921, Nr. 31, S. 590). Im Jahre 1924 verfügte der SPhV über 2852 Mitglieder (Die höhere Schule im Freistaat Sachsen 1924, Nr. 18, S. 121).

Fragt man nach dem Verhältnis der Philologen zur Weimarer Republik, so kommen alle genannten Arbeiten (vgl. Anm. 22) übereinstimmend zu dem Ergebnis, daß die große Mehrheit der Philologen die Republik entweder ablehnte oder ihr günstigstensfalls indifferent gegenüberstand, eine Identifizierung mit der Republik jedenfalls nicht stattfand.

"Die starke Affinität zum Obrigkeitsstaat und die Tradition der autoritären wilhelminischen Nationalerziehung mit antisozialdemokratischer Spitze, die im Krieg militaristisch-chauvinistisch verschärft wurde, stellte von vornherein ein gedeihliches Verhältnis der Philologen zu einer an freiheitlichen und demokratischen Zielen orientierten Republik und einem wesentlichen, die Republik tragenden Faktor, der Sozialdemokratie, in Frage." (LAUBACH 1977, S. 255).

Das Bekenntnis zur Republik ersetzten viele Philologen durch das zu "Volk und Vaterland". Dahinter verbarg sich das Bild einer Gesellschaft, die nicht in der parlamentarischen Demokratie, sondern in der "nationalvölkisch gesinnte(n) Gemeinschaft der Deutschen" ihr Ideal erblickte (KUNZ 1984, S. 441). Die völkische Ideologie dieses Gesellschaftsbildes verband sich nach Franz Hamburger mit "organologischen Gesellschaftsvorstellungen" (1974, S. 84), d.h. die Gesellschaft wurde biologistisch interpretiert als ein organisches Gebilde, in dem jeder seinen Platz in einer quasi naturgegebenen hierarchischen Ordnung einnehmen muß. Diese Ordnung schloß ein die Idee der geistigen Elite, d.h. "die Vorstellung von der geistigen Führung eines Volkes durch seine Bildungselite" (ebd., S. 85), der sich selbstverständlich auch die Philologen zugehörig fühlten. Organologisches Gesellschaftsbild und Elitegedanke führten letztlich zu der Überzeugung, daß der "Volksorganismus" der Führung bzw. der Führer bedürfe (ebd., S. 85 f.). Und noch eines muß man berücksichtigen, um das Verhältnis der Philologen zur Weimarer Republik richtig einschätzen zu können. Von 1918/19 bis 1933 sahen sich die Philologen in ihrer wirtschaftlichen und sozialen Stellung durch die Weimarer Demokratie ständig bedroht. Die über die gesamte Zeit der Republik sich hinziehenden Besoldungskämpfe, die Gesetze über den Beamtenabbau (1923/24), die Sparmaßnahmen bzw. Notverordnungen zu Beginn der dreißiger Jahre und nicht zuletzt die Diskussionen über eine Verkürzung der höheren Schule auf acht Jahre nährten permanent die Furcht vieler Philologen vor einem Abbau ihrer Privilegien bzw. vor sozialer Deklassierung (ebd., S. 243 ff.).

Das hier für den Deutschen Philologenverband insgesamt festgestellte gesellschaftspolitische Selbstverständnis sowie seine wirtschaftliche und soziale Selbsteinschätzung ist insgesamt auch die vorherrschende Einstellung des sächsischen Landesvereins und seiner Mitglieder gewesen. Diese Feststellung ist gerechtfertigt, wenn man sich die "Veröffentlichungen des Sächsischen Philologenvereins", die in loser Reihenfolge erschienen, und das Verbandsorgan des SPhV, ansieht. So ist z.B. in der Nr. 7 der "Veröffentlichungen des Sächsischen Philologenvereins" aus dem Jahre 1922, die den "Entwurf eines Lehrplans für den Unterricht in Geschichte und Staatsbürgerkunde" enthielt, nicht die geringste Spur demokratischen Gedankenguts zu finden. In den Vorbemerkungen zu den Aufgaben des Geschichtsunterrichts, die der SPhV im übrigen vom Verband deutscher Geschichtslehrer vom Herbst 1919 wörtlich übernommen hatte, heißt es:

"Er (der Geschichtsunterricht, B.P.) hat ferner die Aufgabe ... ein Bild des deutschen Wesens zu entwerfen ...; in dem Schüler tieferes, liebevolles Ver-

ständnis für Volkstum und Staat zu erwecken und ihn zu erziehen, sich als Glied seines Volkes zu fühlen: ... Erziehung zu selbständigem politischen Denken, wobei alle einseitig parteipolitischen Bestrebungen abzuweisen sind, und zu vaterländischem Gemeingefühl müssen Hand in Hand gehen" (Entwurf eines Lehrplans 1922, S. 2).

Unter inhaltlichem Aspekt lesen wir an anderer Stelle weiter:

*"**Massenbewegungen** sind gebührend zu berücksichtigen, aber das **Heroische in der Geschichte** darf nicht um einer Doktrin Willen, die nur der Mittelmäßigkeit zugute kommt, aus dem Unterricht verschwinden. Ehrfurcht vor großen Menschen und großen Leistungen muß bleiben; das Dämonische des Genius, das auch furchtbare Folgen haben kann, kann deshalb doch gezeichnet werden" (ebd., S. 4).*

Die Reihe dieser oder ähnlicher Beispiele ließe sich beliebig verlängern. Da auf den Entwurf an anderer Stelle aber noch eingegangen wird, kann hier auf weitere Beispiele verzichtet werden und der Blick auf das Verbandsorgan des SPhV, "Die höhere Schule im Freistaat Sachsen" (1923 noch unter dem Titel: "Mitteilungen des Sächsischen Philologenvereins"[23]), gelenkt werden. Gleich im ersten Jahrgang in Heft Nr. 1 wandte sich Fritz Friedrich[24] aus Leipzig in einem Leitartikel entschieden gegen die Auffassung, daß die höhere Schule zu republikanischer Gesinnung erziehen müßte:

"Ja kann es denn über das, was das Wohl des Staates fördert, nicht jetzt wie zu allen Zeiten verschiedene Ansichten geben? Sind wir im 'Freistaat' schon dermaßen politisch-dogmatisch gebunden, daß Sache des Volkes ohne weiteres mit Sache der Republik gleichgesetzt werden muß?" (Mitteilungen ... 1923, Nr. 1, S. 1).

---

23   Die "Mitteilungen des Sächsischen Philologenvereins" erschienen 1923 im ersten Jahrgang. In den Jahren zuvor hatte der SPhV seine Mitglieder in mehr oder weniger geheimer Form mit Hilfe von Rundschreiben informiert. Zum Geleit des ersten Heftes 1923 schrieb der SPhV: "Über drei Jahre lang hat der Sächsische Philologenverein seinen Mitgliedern alles Wissenswerte in 22 Rundschreiben mitgeteilt, die in vertraulicher Form erschienen. Allmählich ist aber diese Eigenart immer mehr zurückgetreten. Der SPhV hat keinen Anlaß, die Mitteilungen an seine Mitglieder durchweg der Öffentlichkeit vorzuenthalten. Vielmehr werden auch Außenstehende gern das lesen, was die inzwischen zu machtvoller Stärke herangewachsene Standesvereinigung, die bis auf ganz wenige Außenseiter, alle akademisch gebildeten Lehrer und Lehrerinnen in Sachsen umfaßt, zu den großen Schulfragen der Gegenwart zu sagen hat" (Mitteilungen des SPhV 1923, H.1, S.1).
24   Dr. Fritz Friedrich war Oberstudienrat am Schiller-Realgymnasium in Leipzig und Mitglied der Leipziger Lehrplankommission, die im Auftrag des Sächsischen Philologenvereins den oben erwähnten Entwurf eines Geschichtslehrplanes ausgearbeitet hatte. Außerdem war Friedrich Herausgeber des "Handbuchs für den Geschichtsunterricht", das in mehreren Bänden seit 1922 erschien.

Zeigen Friedrichs rein rhetorisch zu verstehende Fragen schon seine starken Vorbehalte gegenüber der Republik, werden seine Ausführungen noch problematischer, wenn er sich nicht scheut, unter Berufung auf eine angeblich wissenschaftliche Objektivität des Lehrers zu fragen:

> "... *wer von uns könnte, ohne sich vor sich selbst zu schämen, seinen Unterricht so einrichten, daß den Schülern die Ueberzeugung suggeriert würde: Die demokratische parlamentarische Republik von 1919 ist die einzige Staatsform, die würdig ist, daß wir uns ihr mit Leib und Seele ergeben, alle anderen sind mehr oder weniger minderwertig?"* (ebd., S. 2).

Die einzige Form republikanischer Erziehung, die Friedrich für "pädagogisch vertretbar" hielt und gleichzeitig als ein "**Gebot der Staatsnotwendigkeit**" ansah, war, den Schülern "immer wieder einzuschärfen" (ebd.), daß die demokratische Republik diejenige Staatsform sei, die die höchsten Anforderungen an den einzelnen Staatsbürger stelle. Als ein Bekenntnis zur Republik wird man dieses Zugeständnis Friedrichs wohl kaum interpretieren können. Solch antidemokratisches und republikfeindliches Denken blieb indessen nicht ganz unwidersprochen innerhalb des SPhV. Dies zeigt zumindest die Reaktion auf den Artikel Friedrichs. Eine - wenn auch winzig kleine - Minderheit, die "Gemeinschaft für entschieden republikanische Erziehung"[25], die sich innerhalb des SPhV konstituiert hatte, widersprach entschieden den Gedanken Friedrichs.[26] Das bloß theoretische

---

[25] Diese Gemeinschaft hat wohl nicht viel mehr als ca. 50 Philologen umfaßt. Diese Schätzung beruht auf einer Umfrage des Vorstandes des SPhV über die Vertretung der Mitglieder in schulpolitischen Fragen. Aufgrund dieser Umfrage erklärten sich für eine Vertretung (z.B. gegenüber dem Ministerium) durch den SPhV 2586 Mitglieder, durch den "Bund republikanischer Lehrer" 52 Mitglieder und durch den "Bund Entschiedener Schulreformer" 20 Mitglieder. 177 Mitglieder gaben keine Erklärung ab. Es ist davon auszugehen, daß der "Bund republikanischer Lehrer" und die "Gemeinschaft für entschieden republikanische Erziehung" identisch gewesen sind und es sich hier nur um verschiedene Namen ein und derselben Gruppe handelt. In jedem Fall - und auch dies ist m.E. bemerkenswert - waren die Mitglieder der "Gemeinschaft für entschieden republikanische Erziehung" gleichzeitig Mitglieder des SPhV, ebenso wie es auch zwischen dem "Bund Entschiedener Schulreformer" und dem SPhV Doppelmitgliedschaften gegeben hat. Darauf ist bereits im Zusammenhang mit dem BESch eingegangen worden (vgl. Die höhere Schule ... 1924, Nr. 14, S. 96).

[26] Diese Kontroverse, die sich über einen längeren Zeitraum erstreckte, wurde vom Verbandsorgan des SPhV dokumentiert (vgl. Mitteilungen des SPhV 1923, Nr. 1, S. 1 f.; Nr. 2, S. 10 ff.; Nr. 3, S. 21; Nr. 4, S. 33 f. und Nr. 6, S. 50). Aufgrund dieser Auseinandersetzungen sah sich die Schriftleitung des Verbandsorgans des SPhV zu folgender Erklärung veranlaßt: "Wenn der Artikel von Friedrich-Leipzig 'Die höhere Schule und die Republik' in den Mitteilungen zum Abdruck gebracht worden ist, so geschah dies nicht, um ihm programmatische Bedeutung zuzusprechen. Vielmehr wollte die Schriftleitung durch diesen Aufsatz den Amtsgenossen

Einschärfen staatsbürgerlicher Anforderungen und Verpflichtungen, wie dies Friedrich gerade noch zugestand, reichte nach Meinung dieser Gemeinschaft nicht aus. Vielmehr greife die Erziehung zur Republik viel tiefer in Geist und Organisation der höheren Schule ein. "Muß die höhere Schule der Republik nicht ganz anders aussehen als die der Monarchie, muß sie nicht den Untertan des Obrigkeitsstaates zum Staatsbürger machen?" (Mitteilungen ... 1923, Nr. 3, S. 21). Die Lösung dieser Aufgabe, die nicht mehr von der Tagesordnung verschwinden dürfe, könne aber nur solchen Lehrern gelingen, "die das Ideal der demokratischen Republik in sich tragen" (ebd.). Nicht um eine blinde Verherrlichung der Republik gehe es, auch nicht um eine rein akademische Erörterung der besten Staatsform, sondern um eine kraftvolle Darstellung der republikanischen Weltanschauung (ebd., S. 21).

Auch wenn diese positive Einstellung zur Weimarer Republik nicht als die vorherrschende innerhalb des SPhV gelten kann, so muß dennoch als Tatsache festgehalten werden, daß es eine kleine Minderheit innerhalb des SPhV gegeben hat, die sich durch ein klares Bekenntnis zur republikanischen Staatsform auszeichnete. Der organisatorische Zusammenschluß in der "Gemeinschaft für entschieden republikanische Erziehung" zeigt deutlich die von dieser Gemeinschaft gesehene Notwendigkeit, demokratisches Gedankengut überhaupt erst einmal in der Philologenschaft und damit auch an den höheren Schulen zu verankern. Wie sehr die Mehrzahl der Philologen allerdings von mehr oder weniger starken Ressentiments gegen die Republik von Weimar geprägt blieben, beweist nicht zuletzt das Verhalten des SPhV im Jahre 1933, als es zur Machtübertragung an die Nationalsozialisten kam.

Hans-Christoph Laubach hat auf die unbestrittene "Verantwortung der Philologen für die nationalsozialistische Infiltration der Schüler an höheren

---

im ganzen Lande Anregung und Gelegenheit geben, zu einer der Lebensfragen der höheren Schule sachlich Stellung zu nehmen. Sie hat deshalb alle zu obigem Thema bisher eingelaufenen Mitteilungen unverändert zum Abdruck gebracht" (Mitteilungen ... 1923, Nr. 3, S. 21). Schriftleitung und Vorstand haben in dieser Auseinandersetzung nicht Partei ergriffen. Diese Tatsache wie die Beobachtung, daß im Verbandsorgan des Sächsischen Philologenvereins in den ersten Jahrgängen (1923/1924) auffallend wenig Fragen weltanschaulicher oder gesellschaftspolitischer Art behandelt wurden, erklärt sich wohl aus dem Bemühen des Vorstandes des SPhV, die Geschlossenheit des Vereins möglichst zu bewahren, d.h. alles zu vermeiden, was zu dessen Spaltung beitragen konnte.

Schulen in den letzten Jahren der Weimarer Republik" hingewiesen (LAUBACH 1977, S. 258):

> *"Durch ihre unpolitische, gegenwartsabgewandte, wertneutrale Indifferenz bzw. deutsch-nationale Ablehnung der Demokratie hatten die Philologen zusammen mit den anderen obrigkeitsstaatlichen Kräften der Eltern, der Rechtspresse, der DNVP und den antidemokratischen Schülervereinen einen entscheidenden Anteil am Einbruch des Nationalsozialismus in die Reihen der Schüler am Ende der Weimarer Republik" (ebd.).*

Wie reagierten nun aber die Philologen auf die unmittelbare Machtübertragung an die Nationalsozialisten? Carl Ludwig Furck hat das Verhalten des Deutschen Philologenverbandes als aktive Anpassung (FURCK 1965, S. 70) beschrieben, eine Charakterisierung, die voll und ganz auch auf den SPhV zutrifft. Noch bevor die Faschisten an die Macht gelangten, erhielt z.B. eines ihrer Mitglieder, Theodor Friedrich aus Leipzig, Gelegenheit, seine Ansicht zum Thema "Der Nationalsozialismus und die Bildung der Frau" im Vereinsorgan des SPhV vorzustellen. Begründet wurde dies mit der zunehmenden Bedeutung, die die "nationalsozialistische Bewegung" im politischen Geschehen und kulturellen Leben gewinne (Die höhere Schule ... 1933, Nr. 1, S. 5-9). Verfolgt man die offiziellen Stellungnahmen des SPhV zu den veränderten politischen Verhältnissen nach dem 30. Januar 1933, so ist festzustellen, daß der SPhV die Regierungsübernahme durch die Faschisten nicht nur begrüßte, sondern auch seine eigenen Verdienste in diesem Zusammenhang hervorhob. Am 15. März 1933 veröffentlichte der SPhV in seinem Vereinsorgan einen Bericht "Zur Lage". Darin heißt es gleich zu Beginn:

> *"Die Wahlschlacht ist geschlagen. Die nationale Regierung hat einen eindrucksvollen Sieg erfochten. Wir können damit rechnen, daß - nach menschlichem Ermessen - auf Jahre hinaus feste Verhältnisse in Deutschland herrschen werden.*
> *(...)*
> *Die höhere Schule und ihre Lehrerschaft haben es nicht notwendig, sich umzustellen. Sie haben in der Vergangenheit Volk und Staat gedient ... Mit derselben Treue, mit derselben positiven Einstellung und mit dem gleichen sozialen Gefühle wie bisher werden die höhere Schule und ihre Lehrer auch in Zukunft ihre Pflicht dem deutschen Volke und Staate gegenüber erfüllen. Auch für uns galt und gilt der Leitspruch: 'Gemeinnutz geht vor Eigennutz.!'"* (Die höhere Schule 1933, Nr. 5, S. 93).

Noch deutlicher hob der neue Vorsitzende des SPhV, Kleint (NSDAP), die Verdienste der Philologen für die faschistische Entwicklung hervor. Nicht nur der äußere Aufbau des Philologenvereins in den letzten fünf Jahren habe deutlich den Zug zu einem immer stärkeren Hervortreten einer verantwortungsbereiten Führung erkennen lassen, so daß die organisatorische Umstellung durch die Nazis nichts Neues, sondern nur den Abschluß einer bereits angebahnten Entwicklung bedeute, sondern auch innerlich habe sich die Philologenschaft

> "*nicht plötzlich auf einen durchaus neuen 'Boden der Tatsachen' zu begeben brauchen. Sie hat auf ihm **mutatis mutandis** schon vor dem Weltkriege gestanden und ihn auch nach 1918 nicht verlassen. Mehr als die Oeffentlichkeit je hat sehen können, hat die höhere Schule auch nach der Revolution immer bewußt die ihr anvertraute Jugend für Vaterland, Staat und Volk erzogen, und wenn man sie deshalb in völlig unzutreffender Weise als 'reaktionär' bezeichnet hat, dann hat sie das zu ertragen gewußt. Und wenn die nationalsozialistische Bewegung so rasch gerade die Jugend hat erfassen können, so hat auch die höhere Schule wenigstens einen Teil an dem Verdienste zu beanspruchen. Die sächsischen Philologen haben also in ihrer Mehrheit keine grundstürzende innere Umstellung vorzunehmen*" (Die höhere Schule ... 1933, Nr. 6, S. 114).

In ganz ähnlicher Weise wurde auch in einem Rundschreiben des Landesvorstandes vom 20. März 1933 darauf hingewiesen, daß die Philologenschaft "am Siege der nationalen Revolution" teilhatte: "sie hat ihn durch ihre aufrechte, vaterländische Erziehungsarbeit gefördert, vorbereitet und mit durchgeführt" (ebd.).

Bei all diesen Zitaten ist besonders beachtenswert der mehrfache Hinweis darauf, daß die Philologen es gar nicht nötig gehabt hätten, sich der "neuen Zeit" anzupassen, da sie bereits während der ganzen Zeit der Weimarer Republik praktisch im Sinne des späteren Faschismus gewirkt, ja ihn sogar durch ihre nationalistische Erziehungspraxis erst mit ermöglicht hätten. Dieses "Eigenlob" der Philologen - aus der historischen Rückschau müßte man besser sagen: diese Selbstbezichtigung - wird man wohl kaum als bloß taktische Anpassung an den Faschismus deuten dürfen, deckt sich ihre Selbsteinschätzung doch mit der tatsächlich vorgefundenen Realität, d.h. die Selbsteinschätzung bestätigt nachträglich noch einmal die These, daß die Philologen in ihrer großen Mehrheit zu jenen antidemokratischen und republikfeindlichen Kräften von "Rechts" gezählt werden müssen, die entscheidend zum Verfall der Weimarer Republik beigetragen haben.

Die "Gleichschaltung" des SPhV vollzog sich sehr rasch. Am 17.3. 1933 trat der alte Landesvorstand zurück mit der Empfehlung an den erweiterten Vorstand, den "Führer" der "Fachschaft der Lehrer an den höheren Schulen Sachsens", Kleint, zum ersten Vorsitzenden der SPhV zu wählen und diesen dann zu ermächtigen, einen neuen Landesvorstand einzusetzen. Im Sinne dieser Empfehlung wurde dann im Laufe des Monats März ein neuer Vorstand gebildet (Die höhere Schule ... 1933, Nr. 6, S. 115 f.).[27]

Eine außerordentliche Vertreterversammlung des SPhV am 7. Mai in Dresden beschloß, daß der SPhV in die "Fachschaft der Lehrer an den höheren Schulen" im "Nationalsozialistischen Lehrerbund" (NSLB) überführt und der NSLB Rechtsnachfolger des SPhV werden sollte (Die höhere Schule ... 1933, Nr. 9, S. 175 ff.).[28]

Im Zentrum der bildungspolitischen Bestrebungen des SPhV in den Jahren 1918/19 bis 1923 stand der Versuch, jede über die vierjährige gemeinsame Grundschule hinausgehende organisatorische Vereinheitlichung des Schulwesens, sei es durch die in Sachsen diskutierte Verlängerung der Grundschule bzw. durch die Pläne einer zehnjährigen Einheitsschule, mit aller Entschiedenheit zu verhindern und damit gleichzeitig die neunjährige höhere Schule zu erhalten und in ihrer Organisationsstruktur zu festigen.[29]

---

[27] Neben dem Vorsitzenden Dr. Kleint (NSDAP) gehörten folgende Personen dem neuen Vorstand an: Studiendirektor Kurt Eichler (Dresden), Studienrat Prof. Karl Winter (Dresden), Studienrat Dr. Richard Morgenstern (Dresden), Studienrat Martin Schröder (Dresden), Studienrat Karl Stelzer (Leipzig), Studienrat Dr. Karl Zimmermann (Zwickau) und Studienassessor Dr. Eberhard Eckhardt (Dresden). Alle hier genannten gehörten dem NS-Lehrerbund und außer Studiendirektor Eichler (DNVP) alle der NSDAP an (Die höhere Schule ... 1933, Nr. 6, S. 115).

[28] Die Vertreterversammlung leitete gleichzeitig die Ausgrenzung von Minderheiten und Andersdenkenden ein: "Mitglieder des SPhV können nicht sein a) **Nichtarier** im Sinne des Gesetzes zur Wiederherstellung des Berufsbeamtentums; b) Angehörige von **marxistischen** Parteien bzw. Amtsgenossen, die bis zuletzt im Gegensatze zur neuen Staatsgewalt gestanden haben und dabei bestraft worden sind. Als Partei in diesem Sinne gelten auch Reichsbanner und Burep (d. i. Bund republikanischer Lehrer, B. P.). c) Angehörige von Freimaurerlogen und anderen **Geheimbünden**" (Die höhere Schule ... 1933, Nr. 9, S. 177).

[29] Davon zeugen nicht nur die zahlreichen Beiträge im Vereinsorgan des SPhV, sondern ebenso eine Reihe von veröffentlichten Vorträgen und Denkschriften. Vgl. BOEHM, Ernst: Einheitsschule und höhere Schule. Vortrag gehalten in Dresden am 27. September 1919 auf der Gründungsversammlung des Sächs. Philologenvereins. Dresden 1920; DATHE, Hans/GENTHE, Karl/KIEß, Kurt: Höhere Schule und sechsklassige Grundschule. Denkschrift verfaßt im Auftrage des Vorstandes des Sächsischen Philologenvereins. Leipzig 1920; DATHE, Hans: Das Begabungsproblem und die höhere Schule. Vortrag gehalten in Dresden am 25. Sept. 1920 auf der 1. Haupt-Versammlung des Sächsischen Philologenvereins. Dresden 1921; vgl. auch Vortrag und Leitsätze von Prof. Dr. STÖCKERT: Der Auf- und Ausbau des höheren Schulwesens, in: Verhandlungen des Landesschulausschusses vom 13. bis 16. April 1920 in Dresden. Hrsg. im Auftrage des Ministeriums des Kultus und öffentlichen Unterrichts für den Freistaat Sachsen. Dresden 1920, S. 74-127;

Diese bildungspolitischen Bestrebungen während der sächsischen Reformperiode bis 1923 dienten vorrangig standespolitischen Zielen der Philologen. Sie sind zu verstehen als Abwehrkampf gegen die von ihnen so gefürchtete Einführung der Einheitsschule. Denn keine bildungspolitische Forderung stellte die von den Philologen mühsam erkämpfte und in ihren Augen ständig gefährdete privilegierte Stellung so sehr in Frage wie die nach Einführung der Einheitsschule, die ja dann konsequenterweise den "Einheitslehrer", d.h. die Gleichstellung von Volksschul- und Gymnasiallehrern nach sich ziehen mußte. Geführt wurde der Kampf gegen die Einheitsschule aber nicht etwa mit standespolitischen Argumenten, sondern vielmehr mit Hilfe von fachwissenschaftlichen, pädagogischen und insbesondere mit Hilfe von begabungstheoretischen Argumenten. Daß aber fachwissenschaftliche oder pädagogische Vorbehalte für die Ablehnung der Einheitsschule durch die Philologen wohl kaum ausschlaggebend gewesen sein dürften, sondern daß diese vielmehr nur vordergründig dazu dienten, die eigentlichen standespolitischen Motive zu verdecken, zeigen allein schon die begabungstheoretischen Argumente gegen die Einheitsschule. Die sächsischen Philologen bedienten sich dabei solcher Begabungstheorien, die einen deterministischen Zusammenhang zwischen Begabung und sozialer Schichtzugehörigkeit konstatierten. Begabung wurde danach mit dem Experimentalpsychologen William Stern als "angeborene Disposition zu objektiv wertvollen Leistungen" (zit. n. DATHE 1921, S. 9) definiert und behauptet, daß diese angeborene Begabung bei Kindern der sozialen Oberschicht durchschnittlich höher sei als bei solchen der Unterschicht (ebd., S. 10).

> *"Was nun die Abhängigkeit der Entwicklung von der Uranlage von den **soziologischen** Verhältnissen anlangt, so ist der **durchschnittliche Intelligenzrückstand** der Kinder aus einfachen Bevölkerungsschichten ... durch Vergleichung größerer Massen von gleichaltrigen Kindern aus verschiedenen sozialen Schichten und auch von Kindern gleicher Schulen, aber verschiedener sozialer Lage der Eltern, bezeugt" (ebd., S. 11 f.).*

Dieser begabungstheoretische Ansatz, der von einem auf Vererbung basierenden durchschnittlichen Intelligenzrückstand der Kinder aus den unteren sozialen Schichten ausging, hatte keine andere Funktion, als auch nach 1918 weiterhin die Benachteiligung von Arbeiterkindern im Bildungswesen zu legitimieren, den elitären Charakter des höheren Schulwesens und

---

HARTNACKE, Wilhelm: Das Schlagwort im Kampf gegen die höhere Schule. Leipzig/Dresden/Berlin 1923.

damit gleichzeitig die privilegierte Stellung der Philologen zu sichern, insgesamt also eine wirkliche Demokratisierung des Bildungssystems zu verhindern. Denn was hier von den Philologen als quasi naturwissenschaftliche Wahrheit und unumstößliche Erkenntnis der Begabungsforschung hingestellt wurde, war in Wahrheit schon in der damaligen Zeit keineswegs unumstritten. Ohne hier im einzelnen auf die damalige Begabungsforschung[30] insgesamt eingehen zu können, muß jedoch festgehalten werden, daß demokratisch orientierte Pädagogen wie etwa Otto Karstädt, Paul Oestreich oder Mitglieder des SLV schon mit einem sehr viel differenzierteren Begabungsbegriff operierten und versuchten, die oben skizzierten Ergebnisse der Begabungsforschung zu problematisieren und zu widerlegen.[31]

4. Der Verein Sächsischer Schuldirektoren und der Neue Sächsische Lehrerverein

Neben dem Philologenverein muß man auch den Verein Sächsischer Schuldirektoren zu den Reformgegnern zählen. Die Volksschuldirektoren hatten sich im Jahre 1872 innerhalb des SLV in einem eigenen Verein zusammengeschlossen (PÄTZOLD 1926, S. 44). Diesen Sonderbestrebungen der sächsischen Volksschuldirektoren trat seit Ende des 19. Jahrhunderts

---

[30] Zur Begabungsforschung in ihrer historischen Entwicklung vgl. BALLAUFF, Theodor/HETTWER, Hubert (Hrsg.): Begabungsförderung und Schule. Darmstadt 1967 (Wege der Forschung Bd. CXXI).

[31] Insbesondere der Leipziger Lehrerverein hat sich intensiv mit dem Begabungsproblem auseinandergesetzt. Er konnte sich dabei auf die Arbeit des von ihm 1906 gegründeten "Instituts für experimentelle Pädagogik und Psychologie" stützen, dessen Arbeitsschwerpunkte u. a. im Bereich der Begabungsforschung lagen. Die Leipziger gingen von der Überlegung aus, daß in einer sich demokratisch verstehenden Gesellschaft die Bestbegabten aus allen sozialen Schichten, besonders aber die bisher Benachteiligten aus den unteren sozialen Schichten, eine ihrer Begabung entsprechende Schulausbildung und Förderung erfahren sollten. Das Institut entwickelte sog. Begabungstests, die eine weitere Bildungsbenachteiligung von Kindern aus sozial schwächeren Schichten verhindern sollte (vgl. "Zur Auslese der Begabten", in: LLZ 1919, Nr, 10/11, S. 131; "Ein Vorstoß gegen die Einheitsschule", in: LLZ 1919, Nr. 22, S. 338; "Zur Frage der Schülerauslese", in: LLZ 1920, Nr. 38, S. 692 ff.; Martin Weise: "Begabung und Differenzierung", in: SSZ 1920, Nr. 29, S. 438 ff.; Fritz MÜLLER (Chemnitz): "Das Begabungsproblem", in: Die deutsche Einheitsschule. Zentralblatt für das gesamte deutsche Schulwesen. Hrsg. v. Prof. Dr. Kullnick. Oldenburg/Berlin, 1. Jg. 1919, Nr. 7, S. 201 ff.).

vor allem der Leipziger Lehrerverein (LLV) entgegen. Im Jahre 1898 lehnte der Direktorenverein jedoch eine Vereinigung mit dem Sächsischen Lehrerverein (SLV) ab, wodurch sich die Wege beider Vereine endgültig trennten (ebd., S. 47 f.). Die Leipziger Lehrerzeitung (LLZ) schrieb im Juni 1919 über diesen Direktorenverein: "Dieser unser erbittertster Gegner gehört seiner ganzen Vergangenheit nach zu den Truppen des politischen Rückschrittes" (LLZ 1919, Nr.20, S. 294). Die LLZ begründete dies u.a. damit, daß der Verein schon während der Volksschulreformauseinandersetzungen der Vorkriegszeit "im Lager der Reaktion" zu finden gewesen sei und sämtliche Grundforderungen der Volksschullehrerschaft, so auch die allgemeine Volksschule, bekämpft habe (ebd.). Nach der Novemberrevolution richtete sich der Widerstand des Direktorenvereins insbesondere gegen den Versuch, das Direktorat in seiner herkömmlichen Art abzuschaffen. Durch das Übergangsschulgesetz, das den Volksschullehrerinnen und -lehrern insgesamt weitgehende demokratische Selbstverwaltungsrechte zugestand, verloren die Direktoren einige ihrer althergebrachten Rechte, wie das ihnen zustehende Aufsichtsrecht über die Volksschullehrer(innen) sowie die bis dahin garantierte Lebenszeitstellung als Direktor. Vor allem gegen die Bestimmung, daß sich auch bereits amtierende Direktoren nach einer Übergangsfrist der vorgesehenen Wahl durch den Schulvorstand stellen mußten, erhob der Verein Sächsischer Schuldirektoren gerichtliche Klage, die aber vom Reichsgericht 1922 in letzter Instanz abgewiesen wurde (LLZ 1922, Nr. 21, S. 294 f.). Die jahrelangen Widerstände des Direktorenvereins gegen die Schulreform, insbesondere gegen die demokratische Selbstverwaltung der Volksschule, veranlaßten den SLV schließlich auf seiner Vertreterversammlung im Dezember 1919, einen Unvereinbarkeitsbeschluß zu fassen, nach dem Mitglieder des Direktorenvereins nicht gleichzeitig Mitglieder des SLV sein konnten (Jahresbericht des SLV 1919/20, S. 640). Dieser Beschluß wurde auf der 41. Vertreterversammlung des SLV im Dezember 1920 nochmals einstimmig bestätigt (SSZ 1921, Nr. 1, S. 6).

Neben Direktoren- und Philologenverein gab es auch innerhalb der Volksschullehrerschaft konservative Kräfte, die der Schulreform ihren Widerstand entgegengesetzt haben. Es handelte sich dabei um die kleine Minderheit jener, die glaubten, den politischen und bildungspolitischen Kurs des SLV seit der Novemberrevolution nicht mehr mittragen zu können und sich aus diesem Grund zunächst noch innerhalb des Vereins zu oppositionellen Zirkeln zusammenschlossen und später versuchten, den SLV zu spalten, indem sie Gegenvereine gründeten. Diese - rein quantitativ gesehen - kleinen Gruppierungen bedürften kaum einer Erwähnung, wenn sie nicht mächtige Förderer und Verbündete in den bürgerlichen Parteien und der Evangelisch-lutherischen Kirche gehabt, wenn nicht zahlreiche Querverbindungen, insbesondere personeller Art zwischen Evangelischer Kirche und bürgerlichen Parteien einerseits und diesen konservativen Volksschullehrerkreisen andererseits bestanden hätten.

Schon bald nach der Novemberrevolution, als wichtige Entscheidungen im SLV gefallen waren (Bekenntnis zur weltlichen Schule und zum Streikrecht), entstanden zunächst noch innerhalb des Vereins folgende - soweit rekonstruierbar - oppositionelle Gruppierungen und zwar erstens die "Arbeitsgemeinschaft bürgerlich gesinnter Lehrkräfte" bzw. der "Sächsische Erzieherbund", zweitens der "Deutschnationale Lehrerbund" und drittens die "Freie Vereinigung des Dresdner Lehrervereins". Diese Gruppierungen lassen sich nicht scharf voneinander abgrenzen. Der Nachweis personeller und organisatorischer Querverbindungen im einzelnen ließ sich aufgrund der schwierigen Quellenlage jedoch kaum führen. Insbesondere über den Deutschnationalen Lehrerbund gab es sehr wenig Material, sieht man von zwei Eingaben an das Kultusministerium aus den Jahren 1920 und 1933 einmal ab.

Die "Arbeitsgemeinschaft bürgerlich gesinnter Lehrkräfte" trat mit ihren Forderungen bereits im Mai 1919 an das Kultusministerium heran. Sie sah sich zu diesem Schritt nach eigenen Angaben "gezwungen", "weil zu vielen Beschlüssen der Lehrervereine durchaus nicht die Gesamtheit der Lehrerschaft hat ihre Überzeugung zur Geltung bringen können und deshalb diese Beschlüsse auch nicht die Überzeugung der Gesamtheit darstellen."[32] Vor allem in ihrer Forderung nach "Betonung des evangelischen Religionsunterrichtes im Geiste Luthers", mit der sie sich vollständig die Position der evangelischen Kirche zu eigen machte und damit hinter Diskussionsstand

---

[32] Vgl. "Forderungen der Arbeitsgemeinschaft bürgerlich gesinnter Lehrkräfte". Diese Forderungen sind in schriftlicher Form dem Kultusministerium am 27. Mai 1919 wohl von Vertretern der Arbeitsgemeinschaft persönlich übergeben worden. Aus einer Aktennotiz geht hervor, daß an diesem Tag drei Vorstandsmitglieder der Arbeitsgemeinschaft mit einem Vertreter des Kultusministeriums konferiert haben. Das angegebene Zitat sowie die folgenden entstammen dem zehn Punkte umfassenden Forderungskatalog der Arbeitsgemeinschaft. Vgl. StAD, Min. f. Vb., Nr. 13106/13, Bl. 329.

und Beschlußlage des SLV vom Jahre 1908 zurückfiel, zeigte sich der scharfe und unversöhnliche Gegensatz zu den Schulreformern der sozialistischen Parteien wie auch der Mehrheit der organisierten Volksschullehrerschaft. Aber auch in der Frage der allgemeinen Volksschule (vierjährige Grundschule) ließen sich die Vorstellungen nicht zur Deckung bringen. Hinter den Forderungen der Arbeitsgemeinschaft nach einem "organischen Aufbau des gesamten sächsischen Schulwesens nach den Bedürfnissen des Volksganzen unter Fernhaltung von parteipolitischen Zwecken und Einflüssen" und der rechtzeitigen "Sonderung der Kinder in der Allgemeinen Volksschule nach Begabung und Willensstärke" verbarg sich unzweifelhaft die Ablehnung der allgemeinen Volksschule als einer für alle Kinder gemeinsamen Schulstufe ohne Unterschied des Vermögens und der Konfessionszugehörigkeit.

Aus der "Arbeitsgemeinschaft bürgerlich gesinnter Lehrkräfte" heraus entstand dann im Februar 1920 (26.2.) der sog. "Sächsische Erzieherbund". Dieser stand in enger Beziehung zur DNVP und zum Deutschnationalen Lehrerbund.[33] In Nr. 2 seiner "Mitteilungen"[34] aus dem Jahre 1921 wurde die Gründung des Erzieherbundes wie folgt gerechtfertigt:

> *"Hervorgegangen aus einem kleinen 'Oppositionskonventikel' lebten wir zunächst noch in dem kindlichen Glauben, daß der S.L.V. immun sei gegen den zersetzenden Revolutionsbazillus. Wir hielten das Revolutionsfieber für eine vorübergehende Kinderkrankheit, doch wir hatten uns arg getäuscht. Was uns weniger als eine Narretei, als eine Burleske erschien, gestaltete sich bei der Mehrheit zum Evangelium. Wir erhoben Widerspruch gegen die Fahrt unseres Standes zum Roten Meer. Aber man hörte nicht auf unsere Warnungen, schalt uns vielmehr Küster, ja sogar Verräter am Stande. Wir lösten uns von der Masse los, um den Rest unserer Standesehre und unsere Schule vor der roten Versumpfung zu retten"* (zit. n. SSZ 1921, Nr. 7, S. 125).

Die Gründung war also zunächst einmal gerichtet gegen die Zusammenarbeit des SLV mit den jeweiligen sozialistischen Regierungen, wobei tiefsitzende Ressentiments gegen die Novemberrevolution und die sozialistische Arbeiterbewegung insgesamt, die ja im obigen Zitat sehr deutlich zum Ausdruck kommen, wohl die eigentlichen Gründungsmotive gewesen sein dürften. "Der Sächsische Erzieherbund", so hieß es nämlich an anderer

---

[33] Vgl. "Was sich teutsche Erzieher in der deutschen Republik leisten dürfen", in: LVZ v. 27. Sept. 1921, 1. Beilage zu Nr. 226 u. SSZ 1931, Nr. 10, S. 210.

[34] Seit seiner Konstituierung gab der "Sächsischer Erzieherbund" die "Mitteilungen des Sächsischen Erzieherbundes" heraus, die an seine Mitglieder verschickt wurden. Ab Jahrgang 2 (1921) Nr. 3 wurden die "Mitteilungen" in "Der Schulwart" unbenannt.

Stelle seiner Mitteilungen (Nr. 1/1921), "darf es sich zum Verdienst anrechnen, daß er nach der Revolution der erste gewesen ist, der gegen den Internationalismus und Materialismus in den Reihen unsrer Berufsgenossen Front" gemacht hat. "An uns alle tritt die schicksalsschwere Frage heran: München oder Moskau?" (zit. n. LVZ vom 27. September 1921, 1. Beilage zu Nr. 226). In dieser alternativen Zuspitzung "München oder Moskau" hatte der "Sächsische Erzieherbund" die Grundlagen seines Denkens auf den Begriff gebracht: München stand als Synonym für Gegenrevolution, die Berufung auf diese Stadt bedeutete das Bekenntnis zu den antirepublikanischen, antisemitischen und extrem nationalistischen Bestrebungen des politischen Rechtsextremismus, der in München sein Zentrum hatte.

Im Frühjahr 1924 bündelten die genannten rechten oppositionellen Gruppierungen ihre Kräfte, indem sie am 31. Mai 1924 den "Neuen Sächsischen Lehrerverein" (NSLV) gründeten, in der bewußten Absicht, den SLV zu spalten. Die Initiative ging dabei zunächst von der "Freien Vereinigung des Dresdner Lehrervereins" aus. Verschiedenen Mitgliedern des SLV ging im April 1924 ein "Aufruf" dieser "freien Vereinigung" zu, in der die politische und bildungspolitische Entwicklung des SLV seit der Novemberrevolution scharf kritisiert wurde.[35] Die Kritik richtete sich in der Hauptsache - wie schon bei den oben besprochenen Oppositionsgruppen - gegen die sozialistische Orientierung des Vereins. Als Beispiele galten ihr u.a. das Eintreten des Vereins für die weltliche Schule, das Bekenntnis zum Programm des ADB sowie die ihrer Meinung nach "zu einem Terror in Sachen des Glaubens und des Gewissens" führende "Verquickung von Gewerkschafts- und Bildungsfragen" (zit. n. LLZ 1924, Nr. 20, S. 346). Von dieser Kritik ausgehend erklärte die "Freie Vereinigung" in ihrem "Aufruf" die Trennung vom SLV für unvermeidlich. Zum Schluß wurden die angeschriebenen Volksschullehrer(innen) gebeten, sich der Opposition anzuschließen. Man müsse wissen, wer innerlich zu ihr gehöre, ehe man weitere Schritte unternehme (ebd.). Maßgeblich beteiligt an der dem Aufruf kurze Zeit später folgenden Gründung des NSLV waren zwei ehemalige Funktionäre des SLV, Edmund Leupolt, bis Mitte November 1916 Schriftleiter der SSZ, und Paul Sättler, bis zum seinem erzwungenen Rücktritt 1919 Erster Vor-

---

[35] Der "Aufruf" ist abgedruckt in: LLZ 1924, Nr. 20, S. 345f., vgl. auch die Stellungnahme der LLZ zu dieser Kritik, bes., S. 347-351.

sitzender des SLV. Beide waren auch Mitglieder der DVP.[36] Der ab Januar 1924 amtierende Volksbildungsminister Dr. Friedrich Kaiser, ebenfalls DVP, hatte die Gründung des NSLV vor allem als Gegengewicht zum SLV begrüßt (SSZ 1925, Nr. 1, S. 12). Mit Hilfe der DVP erhielt der NSLV auch finanzielle Unterstützung aus industriellen Kreisen (LLZ 1926, Nr. 12, S. 255 f.; Nr. 13, S. 281 f. und Nr. 14, S. 302). In welchen politischen Gruppierungen der NSLV darüber hinaus seine Bündnispartner sah, beleuchtet schlaglichtartig die Liste der zur 3. Hauptversammlung des Vereins am 9. April 1926 eingeladenen Verbände und Parteien, unter ihnen der Deutschnationale Handlungsgehilfenverband, der Deutsche Offiziersbund, der Landesverband christlicher Elternvereine, Vertreter der Evangelischlutherischen Kirche sowie der Landtagsfraktionen von DNVP und DVP (LLZ 1926, Nr. 12, S. 256). Kennzeichnend für den politischen Standort und die politischen Ziele des Vereins ist auch die Tatsache, daß er sich im Jahre 1928 gemeinsam mit den "Vereinigten Vaterländischen Verbänden"[37] Dresdens, deren Ziel sowohl die Zerschlagung der sozialistischen Arbeiterbewegung als auch die Überwindung des parlamentarischen Systems war, in einer Erklärung für die Freilassung gerichtlich verurteilter sogenannter Fememörder einsetzte (LLZ 1928, Nr. 6, S. 159 und Nr. 7, S. 185). Diesem Bündnis des NSLV mit den nationalistischen und reaktionären Kräften des sächsischen Bürgertums entsprach auch die politische Selbsteinschätzung des Vereins durch ihren Vorsitzenden Leupolt im Jahre 1929 in der Neuen Sächsischen Schulzeitung.[38] Im Rückblick auf die bisherige Vereinsgeschichte schrieb er: "Die fünf Jahre unseres Vereins sind ein Protest gegen den atheistischen, demokratischen, internationalen Sozialismus" (zit. n. LLZ 1929, Nr. 14, S. 386).

Die schulpolitischen Zielvorstellungen leiteten sich aus diesem politischen Selbstverständnis ab. Nach seiner Satzung bezweckte der NSLV die "Hebung der auf vaterländischem und christlichem Boden stehenden Volks-

---

[36] Vgl. "Was will der 'Neue Sächsische Lehrerverein'?", in: LLZ 1924, Nr. 23, S. 403 ff.
[37] Die "Vereinigten Vaterländischen Verbände" waren eine Spitzenorganisation der verschiedensten nationalistischen Geheimbünde, die nach der Novemberrevolution insbesondere aus den Freikorps und Einwohnerwehren hervorgegangen waren. Vgl. dazu GUMBEL 1984 (1. Auflage 1924).
[38] Die Neue Sächsische Schulzeitung war das Organ des Neuen Sächsischen Lehrervereins.

schule unter steter Beachtung erziehungswissenschaftlicher Grundsätze."[39] Vaterländisch und christlich oder deutsch-christlich: damit sind die Eckpfeiler des Schulprogramms des NSLV genannt. Mit diesen beiden Begriffen und den damit verbundenen Zielperspektiven für die Volksschule führte der NSLV seinen Kampf gegen alle Demokratisierungsbemühungen der sozialistischen Schulreformer und Reformpädagogen. Was sich hinter den Schlagworten vaterländisch/deutsch und christlich mehr verbarg als die Negation all dessen, was demokratische Schulreform in Sachsen ausmachte, das kann man zumindest teilweise einem Artikel Edmund Leupolts in den Leipziger Neuesten Nachrichten vom 8.9.1925 entnehmen. Dieser Artikel unter der Überschrift "Die Lösung des Schulproblems" weist insgesamt sehr stark deutsch-völkische Züge auf. Leupolts kritischer Hinweis auf Rousseau und damit die Aufklärung ist dafür ebenso Beleg wie die seiner Meinung nach notwendige Gestaltung der Volksschule aus dem "Volkswillen" heraus, der in den angestammten, erworbenen und gezüchteten Eigenschaften einer Nation ruhe und das Produkt von Erbe und Anlagen und Leben sei. Für Leupolt war deshalb auch "das deutsche Schulproblem", wie er es nannte, ausschließlich und in bewußter Abgrenzung zu außerdeutschen Einflüssen auf nationaler Grundlage lösbar. Die Schule Deutschlands konnte nach seinen Vorstellungen nur eine "deutsche Schule" sein, ihr Ziel müsse der "deutsche Mensch" sein. "Wir schlagen unserem Volke selbst die letzte Waffe im Kampfe um sein Dasein aus der Hand, wenn wir in dem Zeitalter italienischer Kultur-Barbarei und tschechischer Brutalität ihm tagtäglich Psalmen von Weltbrüderlichkeit und 'international gerichteter Vaterlandsliebe' vorsingen."[40] Leupolts deutsche Schule erwies sich damit als ein Instrument zur Propagierung und Förderung eines aggressiven, völkischen Nationalismus. Daß dieser nicht nur nach außen gegen andere Nationen, sondern ebenso nach innen gegen die sozialistische Arbeiterbewegung gerichtet war, dafür liefert der Artikel Leupolts ebenfalls eindeutige Beweise.

---

[39] Vgl. "Satzung des Neuen Sächsischen Lehrervereins", in: Stadtarchiv Leipzig, Schulamt Kap. I Nr. 356, Bl. 1 f.
[40] Vgl. LEUPOLT, Edmund: Die Lösung des Schulproblems, in: Leipziger Neueste Nachrichten vom 8. September 1925, nach: Stadtarchiv Leipzig, Schulamt, Kap. I, Nr. 356, Bl. 4. Leupolt wurde, nachdem er bereits seit September 1929 mit der Vertretung einer Bezirksschulratsstelle beauftragt gewesen war, von Ostern 1931 an endgültig zum Bezirksschulrat berufen (vgl. LLZ 1929, Nr. 29, S. 777 f. und 1930, Nr. 23, S. 645 f.).

Nach Leupolt bedurfte das deutsche Volk aber nicht nur einer deutschen, sondern auch einer christlichen Schule, "und zwar auch für Freidenkerkinder, denn auch sie sollen christlichen Geist und christliche Weltanschauung kennenlernen, ohne daß sie zum Religionsunterricht gezwungen werden."[41]

Während die sächsischen Schulreformer durch ihre Politik der Trennung von Schule und Kirche den Gewissenszwang für Freidenkerkinder in den Konfessionsschulen beseitigen, die Entscheidung über religiöse Erziehung ausschließlich in das Ermessen der Eltern legen wollten und diese Aufgabe außerhalb des Unterrichts einzig und allein der Zuständigkeit der Kirchen übertragen wollten, erstrebten Leupolt, NSLV wie auch alle übrigen konservativen Gegner der Schulreform das genaue Gegenteil: eine Konfessionsschule, in der der gesamte Unterricht und das gesamte Schulleben religiös geprägt war und die auch von Freidenkerkindern besucht werden mußte. Es ist verständlich, daß die Anhänger einer solchen Konfessionsschule auf die zwangsweise Teilnahme am Religionsunterricht verzichten konnten, war die gewollte religiöse Beeinflussung doch auch im gesamten übrigen Unterricht stets gewährleistet.

Vom nationalistisch-militaristischen Geist dieser deutsch-christlichen Schule gab auch die Neue Sächsische Schulzeitung ein Bild. In einem Artikel vom Februar 1927 "Was wir wollen" hieß es u.a.:

"Wir wollen Lehrer sein, die für die Mission des deutschen Volkes Verständnis haben, die fern von weichlichem Pazifismus stehen, die die materialistische Geschichtsauffassung bewußt ablehnen und die heroische Geschichtsauffassung vertreten. Wir wollen Lehrer sein, die ein Geschlecht heranbilden, das sich in die deutsche Kultur gern einordnet und Ehrfurcht vor ihren Trägern empfindet.

Wir wollen Lehrer sein, deren Gesamterziehung vom christlichen Geiste getragen wird.

Darum wollen wir
 eine deutsch-christliche Schule. "[42]

---

[41] ebd.
[42] Vgl. "Was wir wollen!", in: Neue Sächsische Schulzeitung Nr. 4 vom 23. Februar 1927, nach: Stadtarchiv Leipzig, Schulamt, Kap. I, Nr. 356, Bl. 9-11.

Die konservativen, völkisch orientierten Anhänger dieser deutschchristlichen Schule unterstützten 1933 vorbehaltlos die Ausgrenzung und Verfolgung von kommunistischen und sozialdemokratischen Lehrerinnen und Lehrern sowie Schulaufsichtsbeamten, ja sie forderten sogar von den faschistischen Machthabern ein solches Vorgehen. So wandte sich am 19. März 1933 der Vorsitzende des Deutschnationalen Lehrerbundes, Oskar Hillmann, mit einer Eingabe an das Volksbildungsministerium, in der gebeten wurde u.a. doch folgendes zu verordnen:

> *"1.) Der Leitung der Volksschulen dürfen keine Lehrkräfte angehören, die Kommunisten oder Sozialdemokraten sind und die im letzten Schuljahre (1932-1933) durch schriftliche Erklärung den Religionsunterricht abgelehnt haben, sie sind für immer von der Erteilung des Religionsunterrichtes auszuschließen.*
>
> *Für die Leitung der Volksschulen kommen nur solche Lehrkräfte infrage, deren nationale Einstellung im Sinne der Regierung der nationalen Konzentration außer allem Zweifel steht.*
>
> *2.) Für die Berufung der Bezirksschulräte haben die gleichen Grundsätze Geltung.*
>
> *3.) Kommunisten, Sozialdemokraten und Förderer der weltlichen Schule dürfen den Elternräten nicht angehören."*[43]

5. Die höheren Beamten

Das bislang skizzierte konservativ-bürgerliche Spektrum der Schulreformgegner hatte in Teilen der sächsischen Beamtenschaft, vor allem in jenen rund 1.600 höheren Beamten, die auf einflußreichen Positionen in den

---

[43] Vgl. Eingabe des Deutschnationalen Lehrerbundes durch den 1. Vorsitzenden Oskar Hillmann vom 19. März 1933 "An das Volksbildungsministerium z. H. des Herrn Staatsministers Dr. Hartnacke, Dresden", in: StAD, Min. f. Vb., Nr. 13106/16, Bl. 248. Unter die Eingabe hatte der Landtagsabgeordnete der DNVP Prof. Siegert handschriftlich vermerkt: "Als politisch Beauftragter der Deutschnationalen Volkspartei in Sachsen begrüße ich vorstehende Eingabe und bitte den Herrn Staatskommissar um wohlwollende Berücksichtigung." Vgl. dazu Verordnung Nr. 21 v. 17.3.33 "Kommunistische Elternratsmitglieder": "Zur Erhaltung der öffentlichen Sicherheit und Ordnung wird Elternratsmitgliedern, die einer kommunistischen Partei (KPD, KPD-Opposition oder der sozialistischen Arbeiterpartei) angehören, die Ausübung der Befugnisse aus der Elternratswahl bis zur endgültigen Regelung untersagt" (Verordnungsblatt Nr. 5 v. 20. März 1933). Vgl. auch VO Nr. 34 v. 30.3.1933 (Verordnungsblatt Nr. 7 v. 10.April 1933, S. 21) u. VO. Nr. 63 v. 7. Juni 1933 (Verordnungsblatt Nr. 10 v. 12. Juni 1933, S. 34).

Verwaltungen und Ministerien saßen, einen wichtigen Verbündeten, auf dessen Unterstützung sie im Kampf gegen die Schulreformpolitik rechnen konnten. Diese höheren Beamten hatten sich nach dem Ersten Weltkrieg zunächst gemeinsam mit den mittleren und unteren Beamten im "Bund Sächsischer Staatsbeamter" zusammengeschlossen, bis die unterschiedlichen Interessen innerhalb dieser, insgesamt rund 16.000 Mitglieder umfassenden Beamtenorganisation so deutlich zutage traten, daß es zu einer Spaltung zwischen den höheren Beamten einerseits und den mittleren und unteren Beamten andererseits kam.

Der Widerstand der höheren Beamten richtete sich vor allem gegen die seit dem Jahre 1921 deutlich sichtbar werdenden Konturen der Personalpolitik der sozialistischen Minderheitsregierung, die auf eine Demokratisierung des alten, aus der Monarchie weitgehend übernommenen Beamtenapparates wenigstens in seiner Spitze zielte und von der Erkenntnis ausging, daß eine erfolgreiche Gesellschaftsreformpolitik wesentlich auch von einer entsprechenden Personalpolitik abhängig ist. Daß bei dieser bis Oktober 1923 praktizierten Personalpolitik keineswegs nur Sozialdemokraten berücksichtigt worden sind, ist schon dargelegt worden. Dennoch haben die höheren Beamten auf jeden Versuch der sozialistischen Regierung, politisch verantwortliche Stellen in der Ministerialbürokratie oder in der Verwaltung (z.B. Amts- und Kreishauptleute) mit reformaufgeschlossenen und zuverlässigen Republikanern zu besetzen, mit Eingaben bei der Regierung und öffentlichen Protesten reagiert. Sie forderten dabei ein Mitentscheidungsrecht bei der Besetzung der höheren Beamtenstellen, ein Recht, das nach Art. 31 der Sächsischen Verfassung dem Gesamtministerium vorbehalten war. Der seit Dezember 1920 amtierende Innenminister Richard Lipinski (USPD) hat als Adressat dieser Beamtenproteste und -forderungen seine Erfahrungen mit der höheren Beamtenschaft in seiner 1926 erschienenen Schrift "Der Kampf um die politische Macht in Sachsen" zusammengefaßt (S. 32-42). Seiner Meinung nach fühlten sich die höheren Beamten durch die Besetzung politisch verantwortlicher Stellen mit erfahrenen, jedoch vielfach nicht juristisch vorgebildeten Politikern in ihrem Standesinteresse, das heißt vor allem in ihren Aufstiegschancen beeinträchtigt. Lipinski interpretierte die Proteste und Aktionen der höheren Beamten gegen die Personalpolitik der sozialistischen Regierung als einen Kampf gegen die Weimarer Republik - nach allem was wir heute über die politische Einstellung und das politische

Verhalten der höheren Beamtenschaft in der Weimarer Republik wissen, eine zutreffende Einschätzung.[44]

Der Kampf der höheren Beamten richtete sich aber nicht nur gegen die Personal-, sondern gegen die gesamte Reformpolitik. Viele dieser Beamten versuchten im Rahmen ihres jeweiligen Tätigkeitsgebietes im Sinne des alten monarchistischen Obrigkeitsstaates weiterzuarbeiten, die Reformprojekte zu verzögern oder sie sabotierten gar die Weisungen des zuständigen Ministers, wie im Falle des Leiters der Personalabteilung des Innenministeriums und Ministerialdirektors Dr. Schmitt (LIPINSKI 1926, S. 37) oder des Ministerialdirektors Dr. Böhme vom Kultusministerium, der schließlich aufgrund des Beamtenpflichtgesetzes in den Ruhestand versetzt wurde (vgl. "Geheimratswirtschaft im sächsischen Volksbildungsministerium", in: LLZ 1924, Nr. 10, S. 173 f.). Kritik am Verhalten dieser Beamten ließ nicht lange auf sich warten. Für den Bereich des Kultusministeriums kam sie aus den Reihen der Schulreformer. Im April 1919 hieß es beispielsweise in der SSZ, daß die Regierung "bisher nur in ihrem Haupte" erneuert worden sei, daß sie "aber auch in dem langen Schweife der Räte, die neben und hinter dem Minister" säßen, erneuert werden müsse. Vorher könne man nicht recht glauben an einen wirklichen Fortschritt auf dem Gebiete des Schulwesens (SSZ 1919, Nr. 13, S. 145). Etwa zur selben Zeit kritisierte auch die Arbeitsgemeinschaft sozialistischer Lehrer Dresdens in einer Versammlung die Regierung Gradnauer wegen ihrer Beamtenpolitik. Daß es mit der Schulreform nicht weitergehe, liege vor allem daran, daß die alten reaktionären Geheimräte im Kultusministerium und die Bezirksschulinspektoren (später Bezirksschulräte genannt) noch immer im Amt seien. Mit diesen Reaktionären eine Schulreform durchzuführen, so die Meinung der Arbeitsgemeinschaft, sei ein Ding der Unmöglichkeit. Die Arbeitsgemeinschaft so-

---

44 Die höheren Beamten sahen in dieser Personalpolitik, in diesen Versuchen einer Demokratisierung des Beamtenapparates, eine "Politisierung" und "Zerstörung" des Berufsbeamtentums. Dies geht u.a. aus einer Schrift hervor, die anonym, ohne Verfasserangabe, um 1922 unter dem Titel "Regierung gegen Beamte im Freistaat Sachsen. Ein Notruf aus dem sächsischen Beamtentum gegen Politisierung und Zerstörung" erschienen ist. Der Verfasser könnte sein bzw. zu den Verfassern könnte gehören der Ministerialrat Woelker, der als besonders vehementer Gegner einer Demokratisierung des Beamtenapparates hervorgetreten war und der 1923 unter der Regierung Zeigner schließlich freiwillig aus dem Dienst ausschied mit der Begründung, er könne unter einem sozialistisch-kommunistischen Kabinett nicht arbeiten. Woelker wurde 1924 von dem neuen Volksbildungsminister Kaiser (DVP) trotz Beamtenabbau und Beförderungssperre wieder eingestellt und sofort vom Ministerialrat zum Ministerialdirektor befördert (vgl. LIEBMANN 1924, S. 27 f.).

zialistischer Lehrer forderte, "daß nun endlich einmal die reaktionären Geheimräte, Bezirksschulinspektoren und Direktoren, die aus ihrer Haut nicht herauskönnen, schleunigst in den Ruhestand versetzt werden" (SSZ 1919, Nr. 13, S. 149).

Die Kritik an den Bezirksschulräten, den unmittelbar Vorgesetzten der Volksschullehrer(innen), teilte auch Kultusminister Fleißner (USPD). Auf der Bezirksschulrätekonferenz vom 6. Oktober 1921 führte er aus, daß deren Jahresberichte "zwei scharf geschiedene Gruppen" erkennen ließen.

"Die Jahresberichte der einen Bezirksschulräte lassen Unwillen und Verdrossenheit gegenüber den neuen Verhältnissen erkennen, die der anderen Schulräte Eifer und Bereitwilligkeit, den neuen Forderungen gerecht zu werden; das kann nicht ohne Einfluß auf das Amt sein. Wenn jemand Arbeitsschule und neue Unterrichtsmethoden als eine bloße Modesache bezeichnet und von den guten alten Traditionen spricht, die weiter zu pflegen sind, so kann man sich von seiner Wirksamkeit ein Bild machen" (zit. n. LLZ 1921, Nr. 33, S. 663).

Die Unzufriedenheit mit der mangelnden Reformbereitschaft, insbesondere von höheren Ministerialbeamten im Kultusministerium, hielt auch in der nachfolgenden Zeit an. Im Januar 1922 war es der Sächsische Landtag, von dem aus Vertreter der sozialistischen Parteien diese Unzufriedenheit kundgaben. Die Etatberatungen zum höheren Schulwesen am 10. Januar 1922 nutzten die Abgeordneten Arthur Arzt (SPD) und Ernst Schneller (KPD) zu einer scharfen Kritik am Zustand des höheren Schulwesens und zu der Forderung nach durchgreifenden Reformen (Verhandlungen des Sächsischen Landtages 1921/22, Vierter Band, S. 2947 ff.). Die Zurückweisung dieser Kritik vom Dezernenten des höheren Schulwesens Ministerialrat Dr. Giesing im Landtag provozierte dann die Vertreter aller drei Arbeiterparteien zu kritischen Stellungnahmen gegen Giesing und Teile der kultusministeriellen Bürokratie. Nach Ansicht des Abgeordneten Müller (USPD) zeigten die Ausführungen Giesings, "daß es im Kultusministerium Abteilungen gibt, die von dem modernen Geist sehr wenig verspürt haben" (ebd., S. 2968). Und nach Arthur Arzt sprach aus den Worten Giesings "ein Vertreter, ein Typus einer völlig veralteten Richtung" (ebd., S. 2973). Von diesem Geiste aus könne niemals die Reform des höheren Schulwesens erwartet werden, die im Interesse des sächsischen Volkes zu wünschen sei. Der Abgeordnete Ernst Schneller schließlich stimmte mit Arzt und Müller überein, brachte seine Kritik aber noch offener zum Ausdruck, indem er Giesing einen "reaktionären Standpunkt" bescheinigte. Schneller weiter:

"Ich weiß diese Überzeugung zu würdigen, muß aber betonen, daß ich es nicht verstehen kann, wie man in einem sozialistischen Ministerium noch eine fortschrittliche Schulpolitik treiben will, wenn der maßgebende Dezernent diesen Standpunkt einnimmt, den er hier vertreten hat" (ebd., S. 2976). Schneller machte dann auf die Gegensätze aufmerksam, die in den Ausführungen Giesings und denen des Kultusministers Fleißner deutlich geworden waren. "Welche Kraft und welche Macht" fragte Schneller daran anschließend, "soll in diesem Gegensatze bestehen, soll die Herrschaft erhalten? Nach alledem, was bisher vorliegt, scheint es, als wenn doch Herr Dr. Giesing mehr Macht in der Hand hat, als von Herrn Kultusminister beseitigt werden könnte. Dieser Zustand ist auf die Dauer unhaltbar. Von diesem Gesichtspunkte aus ist es unmöglich, daß wirksame Reformen im höheren Schulwesen durchgeführt werden" (ebd.).

Daß auch Kultusminister Fleißner selbst die Bereitschaft seiner altgedienten höheren Ministerialbeamten, an einer grundlegenden demokratischen Strukturreform des höheren Schulwesens konstruktiv mitzuarbeiten, eher skeptisch beurteilte, läßt sich an der Tatsache erkennen, daß er mit der Einheitsschulreform keinen der zuständigen Fachräte seines Ministeriums beauftragte, sondern den als Schulreformer bekannten Bezirksschulrat Dr. Alwin Wünsche (SPD), der erst im Frühjahr 1923 nach dem Ausscheiden des oben erwähnten Ministerialrates Giesing ins Kultusministerium berufen worden war. Daß und in welcher Weise sich Wünsche später innerhalb des Ministeriums gegen Obstruktionsversuche seines Einheitsschulentwurfes durch die alten Fachräte wehren mußte, zeigt wie groß die Einflußmöglichkeiten und die Machtfülle der höheren Ministerialbeamten auch 1923 noch waren, obwohl durch die Personalpolitik inzwischen auch einige Sozialdemokraten ins Kultusministerium berufen worden waren, und wie berechtigt die Kritik an der mangelnden Reformbereitschaft der höheren Beamten und die Forderung nach Demokratisierung des Beamtenapparates war.

VIII. Ausblick: Sachsen unter bürgerlicher Herrschaft (1924 - 1933) und das Ende der Schulreform

Die Reichsexekution gegen Sachsen bewirkte eine tiefe Zäsur in der politischen Entwicklung des Freistaates. Sie führte schließlich dazu, daß von 1924 an die bürgerlichen Parteien den entscheidenden Einfluß auf die Landespolitik ausübten, was gleichbedeutend mit dem Ende der demokratischen Gesellschafts- und Schulreformpolitik war.

Die nur zwei Tage nach der gewaltsamen Absetzung der SPD/KPD-Regierung zunächst gebildete sozialdemokratische Minderheitsregierung, die mit Unterstützung der DDP zustandegekommen war, wurde bereits am 4. Januar 1924 durch eine große Koalition aus SPD, DDP und DVP abgelöst. Die Entscheidung über den Eintritt in diese Koalition hatte auf seiten der SPD nicht die Landespartei insgesamt, sondern lediglich die rechte Mehrheit der Landtagsfraktion mit ausdrücklicher Unterstützung des Berliner Parteivorstandes getroffen. Die Fraktionsmehrheit handelte damit gegen den Beschluß des Landesparteitages von Anfang Dezember 1923, in dem der Eintritt in jede Koalitionsregierung an die Zustimmung eines Landesparteitages gebunden worden war, und griff gleichzeitig einer diesbezüglich bevorstehenden Entscheidung eines für den 6. Januar 1924 einberufenen Parteitages vor (LIEBMANN 1924, S. 7; LIPINSKI 1926, S. 76 ff. und FABIAN 1930, 5. 185 f.).

Der Parteitag der sächsischen SPD zeigte dann, daß es keine Mehrheit innerhalb der Partei für eine große Koalition gab, für eine Koalition mit der Partei, die nicht nur die Reformpolitik der letzten Jahre mit allen Mitteln bekämpft hatte, sondern die vor allem auch mitverantwortlich war für die Reichsexekution gegen Sachsen. Der Parteitag verurteilte vielmehr mit 77 : 16 Stimmen das eigenmächtige Vorgehen der Fraktionsmehrheit, forderte den Rücktritt des sozialdemokratischen Ministerpräsidenten Heldt sowie die Landtagsauflösung. Nachdem die Fraktionsmehrheit daraufhin deutlich gemacht hatte, daß sie an der Koalition festhalte, stellte der Landesparteitag fest, daß die sächsische SPD weder an der Regierung Heldt beteiligt, noch für diese Koalition verantwortlich sei (FABIAN 1930; KLENKE 1983, S.

393 ff. und WINKLER ²1985, S. 696 f.). Der dadurch auch nach außen sichtbar gewordene Konflikt zwischen dem rechten und linken Flügel der sächsischen Sozialdemokratie - in die Geschichte als "Sachsenkonflikt"[1] eingegangen - hielt auch in den nächsten Jahren an und beschäftigte u.a. die Parteitage in Berlin 1924 und Heidelberg 1925. Alle Versuche des Parteivorstandes, den Konflikt beizulegen, scheiterten. Er endete schließlich im April 1926 mit dem Ausschluß jener 23 (von 41) Landtagsabgeordneten aus der SPD, die die Große Koalition gestützt hatten. Wenige Monate später gründeten die Ausgeschlossenen eine neue Partei, die "Alte Sozialdemokratische Partei Sachsens" (ASPS) (KRIEGENHARDT 1971, S. 31-65; NOWKA 1973, S. 41 ff.; ZIEGS 1979, S. 101-104; HUBER 1981, S. 809; SEYDEWITZ 1984, S. 115 ff.; WINKLER 1985, S. 200 ff. u. S. 327-331).

Der Parteitag der sächsischen SPD im Januar 1924 hatte die innerparteilichen Positionen insoweit geklärt, als die Landespartei sich sowohl von der rechten Fraktionsmehrheit als auch von der Großen Koalition deutlich distanzierte und sich zu der neuen Regierung als in Opposition stehend betrachtete. Die linke Fraktionsminderheit galt in der sächsischen Parteiöffentlichkeit fortan als die eigentliche Vertretung der Landespartei im Sächsischen Landtag (KLENKE 1983, S. 397). Die Koalitionsregierung aus DVP, DDP und rechtem Flügel der SPD, "das erste Kabinett der Mitte", wie es Ministerpräsident Heldt am 15. Januar 1924 im Landtag bezeichnete (Verhandlungen des Sächsischen Landtages 1924, Dritter Band, S. 2203), verfügte im Landtag über eine, wenn auch knappe Mehrheit und blieb bis zum regulären Ende der Legislaturperiode im Herbst 1926 im Amt. Die SPD stellte in dieser Regierung neben dem Ministerpräsidenten Max Heldt noch den Innen-, Wirtschafts- und Arbeitsminister. Die DVP besetzte das Justiz- und Volksbildungsministerium, während das Finanzressort den Demokraten überlassen wurde. Trotz dieses sozialdemokratischen Übergewichts bestimmten die bürgerlichen Koalitionspartner, insbesondere die DVP, weitgehend die Politik dieser Regierung. Statt Reform war von nun an auf allen wichtigen Gebieten Stillstand oder gar Rückschritt zu verzeichnen. Nirgends äußerte sich der Wille der neuen Koalitionsregierung, einen Schlußstrich unter die Reformen der letzten Jahre zu ziehen, schneller und

---

[1] Aus der Sicht der rechten Fraktionsmehrheit vgl. "Der Sachsenkonflikt nach den Protokollen der Landtagsfraktion" o.o. u. J. (um 1925).

sichtbarer als in dem (erfolgreichen) Versuch, die von den sozialistischen Regierungen eingeleitete Demokratisierung des Beamtenapparates zu stoppen und rückgängig zu machen. War die gesamte Reformgesetzgebung der letzten Jahre nicht zuletzt aufgrund der unsicheren Mehrheitsverhältnisse für die Koalition im Landtag vollständig kaum rückgängig zu machen, so wollte man wenigstens mittels "zuverlässiger" Beamter in den Ministerien und Verwaltungen Einfluß auf die Ausführung der Reformgesetze nehmen und darüber hinaus die für kurze Zeit in Frage gestellte Vormachtstellung der konservativen und reaktionären höheren Beamten vor allem in den Ministerien zukünftig wieder gesichert sehen. Die veränderte Personalpolitik, begünstigt durch die Beamtenabbaubestimmungen des Reiches, entsprach insbesondere den Forderungen der DVP und der DDP, fand Billigung und Unterstützung aber auch beim sozialdemokratischen Ministerpräsidenten Heldt und der rechten Fraktionsmehrheit der SPD (LIEBMANN 1924, S. 5 f.). Opfer der neuen Personalpolitik wurden vor allem sozialdemokratische Beamte und Angestellte in den verschiedenen Ministerien, aber auch bei der Polizei. Wo sie nicht abgebaut werden konnten, versetzte man sie vielfach in andere Ministerien und vor allem an weniger verantwortungsvolle Stellen. Auch die Reorganisation von Ministerien (z.B. Innenministerium) wurde benutzt, um sozialdemokratische Beamte und Angestellte aus ihrem früheren Arbeitsbereich zu entfernen (LIPINSKI 1926, S. 82 f.). Von den sozialdemokratischen Beamten wurden abgebaut oder versetzt beispielsweise in der Staatskanzlei 70%, im Innenministerium 40 und im Volksbildungsministerium 50%. Für das letztgenannte Ministerium bedeutete dies in absoluten Zahlen ausgedrückt, daß 3 von insgesamt 6 Sozialdemokraten ausscheiden mußten. Abgebaut wurde der mit der Einheitsschulreform befaßte Oberregierungsrat Dr. Wünsche, versetzt wurden der Regierungsrat Forkhart und auch der Leiter des Volksbildungsministeriums Ministerialdirektor Dr. Kittel (LIEBMANN 1924, S. 12).

Auch das Polizeiwesen war von gravierenden Veränderungen struktureller wie personalpolitischer Art betroffen. Hatten die sozialistischen Regierungen versucht, die Struktur der Polizei zu entmilitarisieren und umfassend zu demokratisieren, so lief die Politik der Koalitionsregierung diesen Bemühungen diametral entgegen. Schon während des Ausnahmezustands und der Reichsexekution gegen Sachsen, als die Polizei der Reichswehr unterstellt war, hatte General Müller die entsprechende Politik eingeleitet und Fakten geschaffen, die von der neuen Koalitionsregierung nicht in Frage gestellt wurden. So entließ Müller seinerzeit nicht nur eine Reihe republikanischer Polizeioffiziere, sondern auch die vom Bürgertum heftig bekämpften Regierungskommissare (politischen Kommissare). Müller schuf darüber hinaus eine militärisch organisierte Hilfspolizei, ein Sammelbecken für nationalistische und antirepublikanische Kräfte. Diese republik- und arbeiterfeindliche Hilfspolizei wurde nach der Reichsexekution nicht aufgelöst, sondern in die Landespolizei überführt. Dazu hatte die sächsische Regierung sich im Februar 1924 in einer Erklärung gegenüber der Reichsregierung verpflichtet. Aus dieser Erklärung ergab sich weiterhin, daß an der durch General Müller geschaffenen Organisation der Polizei nichts Wesentliches geändert werden und wie es hieß "der überparteiliche Charakter der Polizei" erhalten bleiben sollte (zit. n. LIEBMANN 1924, S. 16). Weitere Punkte betrafen das Kommissarwesen, das nicht wieder eingeführt werden sollte, die Richtlinien des Reiches für die Polizei der Länder und die zukünftige Personalpolitik bei der Polizei. Diese bedürfe noch der Verhandlungen zwischen den Koalitionsparteien. "Es soll dabei", hieß es dann wörtlich, "aber ebenso wie bei allen sonstigen Maßnahmen alles vermieden werden, was geeignet wäre, den General Müller zu desavouieren oder seine Autorität zu verletzen" (zit. n. LIEBMANN, 1924, S. 16). Mit dieser Feststellung erwies sich die Erklärung schließlich vollends als ein Dokument der bedingungslosen Unterwerfung unter den Willen der Reichswehr.

Die skizzierte Personalpolitik der Koalitionsregierung fand selbst in Teilen des Bürgertums nicht nur Fürsprecher. In einem Artikel vom 16. Oktober 1924 berichtete beispielsweise die demokratische "Vossische Zeitung" äußerst kritisch über diese Art der Personalpolitik in Sachsen. Sie schrieb u.a.:

"Ohne den sozialdemokratischen Ministern irgendwie den besten Willen abstreiten zu wollen, kommt man aber auch als Nichtsozialdemokrat nicht darum herum, ganz offen festzustellen, daß die Deutsche Volkspartei (und zwar der rechte Flügel) einen unbegründeten Einfluß in der großen Koalition gehabt hat und noch hat. Von den sieben Ministerposten haben die Sozialdemokraten vier, die Volkspartei zwei und die Demokraten einen. Trotzdem ist tatsächlich die Stellung der Volksparteiler führend. Das mag zum Teil daran liegen, daß die Rechtsparteien in den Ministerien sehr wertvolle und einflußreiche Kräfte sitzen haben. Es sei in dieser Hinsicht nur an die rechte Hand des Ministerpräsidenten, den Leiter der Staatskanzlei, Geheimrat Schulze, erinnert. Sicherlich ein tüchtiger Verwaltungsbeamter, aber ein noch tüchtigerer Sachwalter der Deutschen Volkspartei, deren Stadtverordneter und Versammlungsredner er in Dresden ist. Die sächsischen Verhält-

nisse bedingen es, daß die Staatskanzlei als das wichtigste politische Dezernat angesprochen werden muß. Der Staatskanzler hat politisch einen größeren Einfluß als mancher Minister. Es war daher ein großer Fehler, daß bei Bildung der Koalition Demokraten und Sozialdemokraten die Leitung der Staatskanzlei nicht in die Hände eines absolut zuverlässigen Republikaners gelegt haben. Als solcher kann Geheimrat Schulze nicht bezeichnet werden" (zit. n. Sozialdemokratische Landtagsfraktion 1926, S. 116).

Die neue, im Juli 1923 verabschiedete Gemeindeverfassung, ein Kernstück der Reformpolitik der sozialistischen Regierungen vor 1924, schon bei den parlamentarischen Beratungen von allen bürgerlichen Parteien im Landtag bekämpft und abgelehnt, war ein weiteres bevorzugtes Objekt der rückschrittlichen Politik der Koalitionsregierung. Im Mai 1925 setzte sie im Landtag die Revision dieser fortschrittlichen Gemeindeverfassung durch, einer Gemeindeverfassung, die demokratische Prinzipien konsequent auch auf kommunaler Ebene zu verwirklichen versuchte. Hatte die 1923er Gemeindeverordnung das vorrevolutionäre, mit demokratischen Prinzipien kaum zu vereinbarende Zweikammersystem beseitigt und die aus allgemeinen und freien Wahlen hervorgegangenen Gemeindeverordneten zur alleinbeschließenden Körperschaft bestimmt und sie somit zum entscheidenden politischen Faktor in der Gemeinde gemacht, so sah die revidierte Fassung erneut das Zweikammersystem vor, d.h. die gewählten Gemeindeverordneten waren bei ihren Beschlüssen wieder an die Zustimmung der auf Lebenszeit gewählten beamteten Gemeinderäte gebunden. Letzteren stand nun auch wieder das alleinige Recht auf Anstellung und Entlassung von Beamten und Arbeitern zu sowie die alleinige Entscheidung über die Geschäftsverteilung des Gemeinderates. Hinzu traten als weitere Verschlechterungen die Wiedereinführung einer verschärften Staatsaufsicht, indem die Ortsgesetze nicht mehr bloß anzeigepflichtig, sondern von der Landesbehörde genehmigt werden mußten und der Wegfall der Bestimmung, daß alle Bürgermeister, auch die auf Lebenszeit gewählten, jeweils nach Ablauf einer sechsjährigen Amtsperiode abberufen werden konnten. Einmal auf Lebenszeit gewählte Bürgermeister waren somit überhaupt nicht mehr abzuberufen (EDEL, O.: "Nach dem Sieg der Reaktion in Sachsen", in: SPW 3. Jahrgang Nr. 23 v. 11. Juni 1925; Sozialdemokratische Landtagsfraktion 1926, S. 74-81; LIPINSKI 1926, S. 84 u. FABIAN 1930, S. 189).

Die hier in den wichtigsten Punkten skizzierte Revision der Gemeindeverfassung machte ein weiteres wesentliches Element der vorangegangenen demokratischen Gesellschaftsreformpolitik zunichte. Diese reaktionäre Politik darf als ein Indiz dafür genommen werden, daß in Sachsen ab 1924 die bürgerlichen Parteien DVP und DDP die eigentlich bestimmenden Kräfte in der Regierung waren, daß in Sachsen seit dieser Zeit - zugespitzt formuliert - das Bürgertum regierte.

Auch für die Schulreform mußte dies negative Auswirkungen haben. Mit der Bildung der Großen Koalition war das Ende der Schulreform gekommen, auch wenn der Ministerpräsident Heldt in seiner Regierungserklärung vom 15. Januar 1924 geäußert hatte, in kultureller Beziehung solle kein Rückschritt eintreten (Verhandlungen des Sächsischen Landtages 1924, Dritter Band, S. 2203). Der Verzicht auf das Volksbildungsministerium und die Besetzung dieses Ressorts durch die DVP deutete jedenfalls nicht darauf hin, daß die Fraktionsmehrheit der SPD an einer Fortführung der Schulreform ernsthaft interessiert war.[2] Die Gegner der Schulreform (Evangelisch-lutherische Kirche, christliche Elternvereine, Philologenverein, Neuer Sächsischer Lehrerverein etc.) sahen sich durch diesen Wechsel an der Spitze des Volksbildungsministeriums gestärkt. Konnten sie sich doch nun einer äußerst wohlwollenden Berücksichtigung ihrer Interessen durch den neuen Volksbildungsminister Dr. Kaiser sicher sein, während auf der anderen Seite die Schulreformer in die Defensive gedrängt waren und es für sie in den nächsten Jahren vornehmlich darauf ankam, die Errungenschaften der Schulreform aus den Jahren 1918 bis 1923 zu verteidigen. Volksbildungsminister Kaiser signalisierte ja schon durch seine Personalpolitik, mit der er das Ministerium wieder vollständig auf einen konservativen, reformfeindlicheren Kurs brachte, deutlich, welche Richtung seine Schulpolitik nehmen sollte. Die Konfessionalisierung der Volksschule war - wie bereits gesehen - ein besonderes Anliegen Dr. Kaisers. Eine seiner ersten schulpolitischen Entscheidungen betraf daher auch die Frage der religiösen Beeinflussung in der Schule und eine diesbezügliche Verordnung des früheren sozialdemokratischen Volksbildungsministers Fleißner vom 9. März 1923. Fleißner hatte im zweiten Teil dieser Verordnung Nr. 69 ("Schulbesuch an staatlich nicht anerkannten Feiertagen und Berücksichtigung der Empfindungen Andersdenker in den öffentlichen Schulen", in: Verordnungsblatt des Sächsischen Ministeriums für Volksbildung vom Jahre 1923, S. 42

---

[2] Für Arthur Arzt stand dieser Verzicht im Widerspruch zum Selbstverständnis der sächsischen SPD als Kulturpartei. So in seiner Rede auf dem Landesparteitag im Januar 1924 (KLENKE 1983, S. 393).

f.), geleitet von dem Gedanken einer möglichst klaren Trennung von Schule und Kirche, bestimmt, daß in den öffentlichen Schulen jede Art religiöser Beeinflussung außerhalb des Religionsunterrichts zu unterbleiben habe. Alle allgemeinen Veranstaltungen der Schule wie Schulfeiern, Aufnahme und Entlassung von Schülern etc., aber auch die amtlichen Lehrerversammlungen mußten dementsprechend so gestaltet werden, daß jedem Lehrer und Schüler die Teilnahme ohne Gewissensbedenken möglich war. Volksbildungsminister Kaiser hob in einer neuen Verordnung (Nr. 23 vom 14. Januar 1924, in: Verordnungsblatt ... vom Jahre 1924, S. 14) dieses Verbot religiöser Beeinflussung außerhalb des Religionsunterrichts ersatzlos auf und verwies lediglich auf den Art. 148, Abs. 2 der Reichsverfassung, der zu beachten sei und der in allgemeiner Form bestimmte, daß beim Unterricht in öffentlichen Schulen Bedacht zu nehmen ist, daß die Empfindungen Andersdenkender nicht verletzt werden.[3]

Kaiser erfüllte mit dieser Verordnung auch einen Wunsch der christlichen Elternräte und christlichen Elternvereine, die die Fleißnersche Verordnung vehement bekämpft hatten. Dennoch war diese Maßnahme Kaisers, die zweifellos geeignet war, der Konfessionalisierung der Volksschule Vorschub zu leisten, nur ein schwaches Zugeständnis an die Befürworter der Konfessionsschule. Nur zu gerne wäre Kaiser den Forderungen dieser christlichen Kreise nachgekommen und hätte die sächsische Gemeinschaftsschule in eine Konfessionsschule verwandelt. Daß die Volksschule unter ihrer Konfessionslosigkeit leide, an dem Mangel der Durchdringung des ge-

---

[3] Zur Handhabung dieser Verordnung erging 1932 noch folgende Vorschrift, nach der vom 1. Dezember des Jahres an zu verfahren war und die im Verordnungsblatt unter der Rubrik "Grundsätzliche Entscheidungen in Schulsachen" veröffentlicht wurde. Diese Vorschrift beweist, daß die Verordnung Kaisers mit dem Geist der Reichsverfassung nicht zu vereinbaren war. Sie lautete: "Schulgesang und Schulgebet, die mit Verordnung vom 14.1.24 - VOBl. S. 14 - zugelassen worden sind, können nur in die planmäßige Unterrichtszeit fallen. Das Ministerium empfiehlt, daß die nicht mitbetenden Kinder während des Gebets, ohne an der religiösen Handlung teilzunehmen, in der Klasse zugegen sein sollen. Diese Lösung hat es aufgrund der Erfahrungen als die beste erachtet, weil es in einigen Orten als eine Zurücksetzung der nicht mitbetenden Kinder empfunden worden war, daß diese während des Gebets vor der Klassentür warten sollten. Wenn aber Eltern daran Anstoß nehmen, daß ihre Kinder sich während des Gebets im Klassenzimmer aufhalten, so muß es ihnen nach Fühlungnahme mit dem Klassenlehrer überlassen bleiben, eine Regelung herbeizuführen, nach der diese Kinder während der Dauer des Gebets außerhalb der Klasse warten. Die geringfügige Verkürzung des Unterrichts, die das Schulgebet verursacht, muß in Kauf genommen werden, damit ein Ausgleich der sich entgegenstehenden Wünsche ermöglicht wird" (Verordnungsblatt ... vom Jahre 1932, Nr. 16 vom 3. Dezember, S. 76 f.).

samten Unterrichts mit religiösen Ideen, hatte Kaiser immer wieder geäußert, unter anderem in eine Rede auf einer Kulturtagung der DVP im Oktober 1924 ("Minister Kaiser und die sächsische Volksschule", in: LLZ 1924 Nr. 33, S. 569 ff.). Die Einführung der Konfessionsschule war aber selbst innerhalb dieser Koalitionsregierung nicht konsensfähig, so rückschrittlich die Politik der Regierung insgesamt auch sonst gewesen ist. Ganz abgesehen von der SPD hätte nämlich die DDP ihre Zustimmung dazu nicht gegeben. Im übrigen wäre dies ohnehin ein Verstoß gegen Artikel 174 der Reichsverfassung gewesen. Die Aussichtslosigkeit eines solchen Versuchs, die Konfessionsschule durch eine Änderung des Übergangsschulgesetzes zu etablieren, war auch Kaiser natürlich bewußt. Schon wenige Wochen nach seiner Amtsübernahme wies er auf einer Versammlung seiner Partei darauf hin, daß grundlegende Änderungen am Übergangsschulgesetz unterbleiben müßten (LLZ 1924 Nr. 5, S. 76).

Eine weitere, schon sehr bald getroffene Entscheidung Kaisers richtete sich gegen die noch unter Fleißner eingeleitete Einheitsschulreform, für die seit Herbst 1923 bereits ein Referentenentwurf von Dr. Alwin Wünsche vorlag. Noch im Januar 1924 entband Kaiser Wünsche von seiner Arbeit. Dieser wurde dann - wie bereits erwähnt - wenige Monate später "abgebaut". Wünsches Einheitsschulentwurf fand im Ministerium keinerlei Beachtung mehr, die Einheitsschulreform in Sachsen und damit ein bedeutender Baustein demokratischer Schulreform insgesamt war somit noch im Stadium der Planung an den veränderten Machtverhältnissen, an den konservativen Schulreformgegnern gescheitert.[4]

Neben der Personalpolitik im Volksbildungsministerium signalisierte wohl nichts so sehr das Ende des Schulreformprozesses wie der Abbruch der Einheitsschulreform. Vom Ende des Schulreformprozesses zu sprechen ist aber auch deshalb berechtigt, weil die neue Koalitionsregierung bzw. der in ihr zuständige Minister für Volksbildung keinerlei Bereitschaft erkennen ließ, überhaupt in einem positiven Sinne an die schulreformerische Arbeit der letzten Jahre anzuknüpfen oder sie weiterzuführen. So wurden auch keine Initiativen ergriffen, die noch notwendige Umsetzung der zwischen 1918 und 1923 vielfach erst gesetzlich grundgelegten Schulreform in die

---

[4] Daß Kaiser mit seiner Entscheidung auch einer ausdrücklichen Bitte des Sächsischen Philologenvereins an das Volksbildungsministerium nachkam, sei hier nur am Rande vermerkt. Ich werde im Zusammenhang der Einheitsschulreform darauf zurückkommen.

Praxis zu fördern. Zahlreiche Bestimmungen, etwa des Schulbedarfsgesetzes, harrten aufgrund der schwierigen finanziellen Lage während der Inflationszeit immer noch ihrer Verwirklichung, beispielsweise die vorgesehene Herabsetzung der Pflichtstundenzahl für Volksschullehrer(innen) auf 28, die Erhöhung der Mindeststundenzahlen für die einzelnen Jahrgangsklassen, die Begrenzung der Schülerhöchstzahl pro Klasse auf 35 oder auch die vermehrte Einrichtung von 9. und 10. Schuljahren an den Volksschulen (sog. höhere Abteilungen).

Mit dem Amtsantritt Kaisers entwickelte sich insgesamt ein schulpolitisch reformfeindliches Klima, in dem die schulreformorientierte Volksschullehrerschaft einen erheblichen Teil ihrer Aktivitäten auf die Verteidigung schulreformerischer Errungenschaften konzentrieren mußte. Nicht nur Kaisers erste einschneidende Maßnahmen waren verantwortlich für die Ausbreitung dieses schulreformfeindlichen Klimas, sondern dazu trugen wesentlich auch seine ersten Äußerungen zur Volksschule und zur Volksschullehrerschaft bei, durch die sich die Reformgegner in ihrem langjährigen Kampf gegen die Schulreform nun erstmals offiziell durch den zuständigen Minister unterstützt fühlten. Gleich in seiner ersten Rede als Volksbildungsminister auf einer Veranstaltung seiner Partei trug er Kritisches zur Volksschule vor. Er berichtete von vielen schweren Klagen über die Zustände an den Volksschulen, die aus Lehrer- und Elternkreisen kämen. Als Folge davon konstatierte Kaiser eine "Flucht aus der Volksschule" hin zur höheren Schule. Durch eine nicht näher erläuterte Verbesserung der Volksschule glaubte Kaiser diese Entwicklung ändern zu können. Dabei eröffne sich ein weites Gebiet für die Volksschullehrerschaft, die begangene Fehler erkennen und beseitigen müsse.[5] Die Leipziger Lehrerzeitung schrieb zu diesen Vorwürfen gegen die Volksschullehrerschaft: "Der Minister macht sich zum Sprecher der Gerüchte und ungeprüften Anklagen, wie wir sie von bestimmten Partei- und Weltanschauungsgruppen, von gewissen Verfechtern engster Standesinteressen seit längerer Zeit hören" (LLZ 1924 Nr. 5, S. 76). In der Tat stützte Kaiser sich mit seiner pauschalen Kritik an der Volksschule und ihren Lehrern auf Vorwürfe, wie sie insbesondere in den Kreisen um die christlichen Elternvereine schon seit Jahren gegen die

---

[5] Vgl. "Der neue sächsische Kultusminister gegen die Volksschullehrer", in: LLZ 1924 Nr. 5, S. 76 f. In diesem Artikel sind die Ausführungen Kaisers nach einem Bericht des Dresdner Anzeigers vom 2. Februar 1924 zitiert.

Volksschule und deren Reform erhoben worden waren. Kaiser wollte mit seiner Kritik vor allem wohl auch den ihm politisch mißliebigen SLV treffen. Es war ein offenes Geheimnis, daß Kaiser den politischen und schulpolitischen Kurs des SLV für verfehlt hielt und seine ganzen Sympathien dem politisch rechts stehenden Neuen Sächsischen Lehrerverein galten. Der Volksbildungsminister hielt auch in den nächsten Monaten seine Vorwürfe aufrecht. Er brachte sie dabei in Zusammenhang mit der durch das Übergangsschulgesetz für das Volksschulwesen eingeführten Selbstverwaltung, die seiner Meinung nach keine ausreichende Aufsicht über die Volksschullehrerschaft gewährleistete. Wiedereinführung einer verstärkten Aufsicht in der Volksschule lautete deshalb die Forderung Kaisers (LLZ 1924 Nr. 33, S. 569 ff.; Jahresbericht des Leipziger Lehrervereins 1924 u. 1925, S. 5). Argumente für seine Forderung ließ Kaiser in einer Denkschrift zusammentragen, die das Volksbildungsministerium noch im Dezember 1924 unter dem Titel "Die sächsische Volksschule nach den von den Bezirksschulräten und den höheren Schulen im Jahre 1924 erstatteten Berichten" veröffentlichte.[6] Die Denkschrift kam nach Auswertung der Berichte zu dem Ergebnis, daß "eine(r) Reihe erfreulicher Tatsachen" "bedenkliche Mängel" in der Disziplin sowie "starke Unzulänglichkeiten im Wissen und Können der Kinder" gegenüberstünden (Sächsisches Ministerium für Volksbildung 1924, S. 69 f.). Nach Meinung des Volksbildungsministeriums lagen die Ursachen hierfür hauptsächlich im Schul- und Unterrichtsbetrieb selbst begründet. Die Schularbeit sei nicht mehr einheitlich, alte und neue Lehrweisen stünden sich unduldsam gegenüber, die Änderung der Methoden sei überstürzt worden. Versuche über Versuche seien unternommen worden, selbst dort wo der Überblick über Zeit, Stoff und Kind gefehlt habe. Die Denkschrift sprach von einem Subjektivismus, der sich auf methodischem Gebiet breitgemacht habe. In der Denkschrift wurde also ein ursächlicher Zusammenhang hergestellt zwischen Lerndefiziten von Volksschulkindern und innerer Schulreform, d.h. den Versuchen, Schule und Unterricht reformpädagogisch umzugestalten. Weit weniger Bedeutung maß das Ministe-

---

6   Die Denkschrift ging auf eine Verordnung vom 25. März 1924 zurück ("Feststellungen über die Vorbildung der Schüler für den Übergang aus der Volksschule zur höheren Schule"). Nach dieser Verordnung mußten die Leiter der höheren Schulen bis zum 15. Mai 1924 über die Ergebnisse der Aufnahmeprüfungen zu den höheren Schulen berichten sowie die Bezirksschulräte, ob die Unterrichtsziele in den einzelnen Klassen, besonders in den 4. Schuljahren, erreicht worden sind (Sächsisches Ministerium für Volksbildung 1924, S. 4 ff.).

rium den katastrophalen wirtschaftlichen und sozialen Rahmenbedingungen bei, unter denen sich der Unterricht in der Volksschule nach 1918 insgesamt vollzog und die bereits an anderer Stelle dieser Arbeit unter dem Stichwort "Kinderelend" diskutiert worden sind. Das Volksbildungsministerium schlug in seiner Denkschrift verschiedene Maßnahmen zur Behebung der von ihm konstatierten Mängel vor, u.a. die Aufstellung eines verbindlichen Lehrplans, die massive Verstärkung der Schulaufsicht durch die Anstellung "bewährter Lehrer als Hilfsarbeiter" bei den Bezirksschulräten und die "Gliederung der allgemeinen Volksschule nach Begabung und Leistungsfähigkeit der Schüler ..." (ebd., S. 72 f.). Der letzte Vorschlag war ein deutlicher Vorstoß gegen die erst durch die Novemberrevolution errungene vierjährige, für alle Kinder gemeinsame Grundschule. Ganz abgesehen von dem anzweifelbaren Aussagewert hinsichtlich des Leistungsstandes der Volksschülerschaft, der sich allein schon aufgrund der den Berichten der Schulleiter und Bezirksschulräte zugrundeliegenden schmalen empirischen Basis ergibt - die Denkschrift formulierte diesbezüglich selbst verschiedene Vorbehalte -, wird man darüber hinaus zusammenfassend feststellen müssen, daß die Denkschrift sich zwar sehr versöhnlich im Ton gab (ihr Motto war: "Niemand zu Liebe, niemand zu Leide", S. 13) und scheinbar bemüht war, objektiv und ausgewogen über die Volksschule zu urteilen, es ihren Verfassern aber letztlich weniger um ein solch abwägendes Urteil ging, sondern sie die Denkschrift in der Absicht verfaßten - und das ergibt sich eindeutig aus dem gesamten Kontext ihrer Entstehung -, erstens die von den Reformgegnern seit langem gegen die Volksschule und ihre Reform vorgebrachten Vorwürfe als berechtigt erscheinen zu lassen und zweitens damit zusammenhängend Argumentationshilfen für den Abbau schulreformerischer Errungenschaften bereitzustellen. Denn eine der wichtigsten und - wie sich zeigen sollte - auch eine der umstrittensten Schlußfolgerungen der Denkschrift, nämlich die Schulaufsicht zu verstärken, war vom Volksbildungsminister Kaiser bereits wenige Monate nach seiner Amtsübernahme und lange vor Erscheinen der Denkschrift als notwendig bezeichnet worden. Bei der sächsischen Volksschullehrerschaft stieß die Denkschrift verständlicherweise auf scharfe Ablehnung. Eine Erklärung des Vorstandes des SLV bezeichnete sie als einen "Vorstoß gegen die Schulgesetzgebung seit der Staatsumwälzung" (LLZ 1924, Nr. 41, S. 713) und reihte sie ein in den jahrelangen Kampf der Gegner der Schulreform.[7]

Besonders wandte der SLV sich gegen den Vorschlag nach Verstärkung der Schulaufsicht, jedenfalls in der von der Denkschrift in Aussicht gestellten Form. Dahinter vermutete die Volksschullehrerschaft lediglich den Versuch, die durch das Übergangsschulgesetz beseitigte Doppelaufsicht (durch Direktor und Bezirksschulrat) wieder einzuführen. Diese Befürchtung war nicht unbegründet. Zeigte sich doch in der Tat ein Widerspruch zwischen der von Dr. Kaiser für dringend erforderlich gehaltenen Verstärkung der Schulaufsicht und seiner Forderung nach Einstellung von "Hilfsarbeitern" bei den Bezirksschulräten einerseits und seinem im Landtag eingebrachten, aber schließlich abgelehnten Antrag auf Wegfall von vier Schulaufsichtsbezirken und damit von vier Bezirksschulratsstellen andererseits.

Am 20. bzw. 27. Januar 1925 kam es im Landtag im Rahmen der Behandlung verschiedener Schulfragen auch zu einer ausführlicheren Aussprache über die Denkschrift des Volksbildungsministeriums (Verhandlungen des Sächsischen Landtages 1924/25, Vierter Band, S. 3545-3645). Diese Aussprache zeigte, daß eine deutliche Mehrheit der Abgeordneten die Denkschrift ablehnte. Uneingeschränkt bekannte sich zu ihr nur die DVP und der ihr angehörende Volksbildungsminister Kaiser, der sie in der Aus-

---

[7] Neben dieser Erklärung vgl. auch "Die Weihnachtsgabe des sächsischen Volksbildungsministeriums an die Volksschullehrerschaft", in: LLZ 1924, Nr. 41, S. 714-718. Der Vorstand des SLV gab im Jahre 1925 zu der Denkschrift des Volksbildungsministeriums eine Gegenschrift heraus: "Zum Kampf um die Volksschule". Im Vorwort hieß es: "Der Kampf um die Volksschule ist keine Neuerscheinung. Er reicht weit in die Vorkriegszeit zurück. Die Lehrerschaft stand dabei immer im vordersten Treffen. Sie forderte die allgemeine Volksschule für alle Kinder des Volkes ohne Rücksicht auf Stand, Vermögen und Religion und die Umgestaltung des inneren Schulbetriebs nach wissenschaftlichen und pädagogischen Grundsätzen. Als nach der Staatsumwälzung die äußere und innere Umgestaltung der Schule nach diesen Grundsätzen zielbewußt vorgenommen wurde, nahm der Kampf von gegnerischer Seite Formen an, die alles bisher Dagewesene in den Schatten stellten. Es kam zur groß angelegten Hetze gegen die Volksschule. Einen gewissen Abschluß in diesem Kampfe bildet die Denkschrift des Ministeriums ... " (S. 2). Es erschienen in diesen Jahren noch weitere Abwehrschriften des SLV gegen die Angriffe auf die Volksschule und ihre Reform. So vom Dresdner Lehrerverein (Hrsg.): "Die maßlos heruntergewirtschaftete Volksschule" (1924), die sich vor allem mit den Vorwürfen vom "Niedergang der Leistungen der Volksschule" des reaktionären Dresdner Stadtschulrates Dr. Wilhelm Hartnacke auseinandersetzte. Im Jahre 1925 erschien, herausgegeben vom Vorstand des SLV, der erste Teil der "Materialsammlung zum Schulkampf", dem 1926 unter gleichnamigem Titel der zweite Teil folgte.

sprache nochmals verteidigte (ebd., S. 3561-3570). Die DNVP stand der Denkschrift zwar insgesamt ebenfalls wohlwollend gegenüber, ihr gingen die Schlußfolgerungen aber nicht weit genug. Sie forderte eine gründlichere Revision der bestehenden Schulgesetzgebung (Konfessionsschule, Wiederherstellung des alten Volksschuldirektorats, Wiedereinführung der Prügelstrafe u. a. m., ebd., S. 3556-3561 und 3623-3627). Bei der SPD, und zwar sowohl bei der regierungstragenden rechten Fraktionsmehrheit als auch bei der linken oppositionellen Fraktionsminderheit, der KPD und auch der DDP stieß die Denkschrift dagegen auf Kritik und Ablehnung. Mehrfach wurde die schmale Basis der Untersuchung kritisiert, die allgemeine Urteile, wie sie die Denkschrift ausspreche, gar nicht zulasse. Zu sehr, so eine weitere einmütige Kritik, habe das Ministerium bei ihren Urteilen die äußerst schwierigen wirtschaftlichen und sozialen Umstände, unter denen die Volksschule während der Kriegs- und Nachkriegszeit gelitten habe, vernachlässigt. Ein eindeutiges Nein bekundeten die drei Parteien auch zu der vorgeschlagenen Verstärkung der Schulaufsicht. Der Gegenvorschlag von seiten der SPD und DDP - wie er übrigens auch vom SLV vertreten wurde - sah eine Verkleinerung der großen Schulaufsichtsbezirke vor, damit der Bezirksschulrat auch tatsächlich in die Lage versetzt wurde, seine Aufsichtsfunktion auszuüben.

Richard Seyfert (DDP), ehemaliger Kultusminister, hielt das Erscheinen der Denkschrift überhaupt für politisch unerwünscht, weil sie die Gegensätze, die innerhalb der Koalition tatsächlich bestünden, tiefer reiße (ebd., S. 3627). Diese Gegensätze auf bildungspolitischem Gebiet innerhalb der Regierungskoalition, auf die Seyfert hinwies und die bei der Debatte der Denkschrift ja auch offen zutage getreten waren, erklären zu einem großen Teil, warum es dem Volksbildungsminister Kaiser und der DVP nicht gelang, ihre bildungspolitischen Vorstellungen in dem von ihnen gewünschten Maße politisch umzusetzen und die Schulreformgesetzgebung der Jahre 1918 bis 1923 in größerem Umfange zu revidieren. Es gab im Sächsischen Landtag nämlich auch nach 1923 über die vorgegebene Grenze von Koalitions- und Oppositionsparteien hinweg bildungspolitisch gesehen eine alternative Mehrheit von der KPD über die gesamte SPD bis hin zur DDP, die einen weitgehenden Erhalt zumindest der vorhandenen Schulgesetzgebung garantierte und einen gewissen Schutz gegen grundlegendere Revisionsbemühungen der beiden Rechtsparteien DVP und DNVP bot. Daß der Schulreformprozeß mit der Bildung der Großen Koalition dennoch sein Ende erreichte, läßt sich in erster Linie zurückführen auf die dem Volksbildungsminister Kaiser noch gegebenen und auch genutzten Möglichkeiten, auf administrativem Wege, unter Ausschaltung des Landtages, eine konservative Bildungspolitik zu betreiben. Das habe ich versucht zu zeigen anhand seiner Personalpolitik, seinen Eingriffen in die in Planung befindliche Einheitsschulreform, seinen Bemühungen, auf dem Verordnungswege die Trennung von Schule und Kirche auszuhöhlen und die Anhänger der Konfessionsschule zu stärken und nicht zuletzt anhand fehlender Aktivitäten seines Ministeriums, die Umsetzung bestehender Schulgesetzvorgaben in die Schulpraxis voranzubringen, obwohl der Minister gerade zu letzterem von seiten der SPD- und auch der DDP-Fraktion mehrfach aufgefordert worden war. Wie wenig erfolgreich es für Kaiser war, außerhalb des administrativen Weges auf dem Wege der Gesetzgebung über den Landtag gegen die Schulreform zu arbeiten, erwies sich unter anderem bei seinem Vorstoß gegen die Selbstverwaltung der Volksschule, als er versuchte, die Verstärkung der Schulaufsicht nach den Vorschlägen der Denkschrift in die Tat umzusetzen. Obwohl diese Vorschläge - wie gesehen - schon bei der Erörterung der Denkschrift im Landtag von SPD, DDP und KPD abgelehnt worden waren, legte das Gesamtministerium den Entwurf eines Schulaufsichtsgesetzes vor, dessen wichtigste Bestimmung vorsah, dem § 9, Abs. 1 Übergangsschulgesetz[8] den folgenden Zusatz zu geben: "Die oberste Schulbehörde kann dem Bezirksschulrat fachmännische Hilfsarbeiter beigeben, die die staatliche Schulaufsicht im Hauptamt als seine Vertreter ausüben" (zit. n. SSZ 1925, Nr. 11, S. 197; vgl. auch Jahrbuch des DLV 1926, S. 55 f.).[9] Dieses Schulaufsichtsgesetz fand keine Mehrheit und ist vom Landtag nie verabschiedet worden.[10]

---

8   Dieser Absatz lautet: "Die Ortsschulaufsicht wird aufgehoben. Der nächste Vorgesetzte des Lehrers ist der Bezirksschulrat" (Gesetze und Verordnungen ... seit 1919, S. 10)
9   Diese "Hilfsarbeiter" - auf etwa 200 bis 300 Lehrer war je einer vorgesehen -, in der Begründung zum Gesetzentwurf auch Schulinspektoren genannt, sollten zwar keine Vorgesetzten der Lehrer sein, sie erhielten aber weitreichende Kontrollfunktionen. Sie sollten sich durch Schulbesuche über den Stand der Klassen vergewissern und nötigenfalls Prüfungen durchführen, Schuleinrichtungen, Aufnahme-, Versetzungs- und Entlassungsverfahren, die Lehr- und Lernmittel und die Niederschrift über die amtlichen Lehrerversammlungen überwachen dürfen (SSZ 1925 Nr. 11, S. 197; Jahresbericht des SLV 1925, S. 166 f.).
10 Erst unter den Nationalsozialisten ist es zur Realisierung der Bestimmungen dieses Schulaufsichtsgesetzes gekommen, und zwar durch eine Verordnung vom 18. April

Damit war es Dr. Kaiser nicht gelungen, das von der Volksschullehrerschaft so hoch geschätzte und im Übergangsschulgesetz festgelegte Prinzip der Selbstverwaltung der Volksschule durch die Einstellung von Schulinspektoren mit weitreichenden Aufsichts- und Kontrollrechten einzuschränken.[11]

Der Denkschrift zur Volksschule, die in die Bestrebungen des konservativen Bürgertums zum Abbau der Schulreformgesetzgebung eingeordnet worden ist, folgte fast zwei Jahre später, im September 1926, kurz vor Ablauf der vierjährigen Wahlperiode, eine zweite Denkschrift des Volksbildungsministeriums, nun "Zur Neuordnung des höheren Schulwesens in Sachsen". Diese Denkschrift beinhaltete sozusagen die Alternative zu der von Alwin Wünsche 1923 erarbeiteten Einheitsschulreform. Nachdem Kaiser den Wünscheplan nach seinem Amtsantritt für obsolet erklärt hatte, beauftragte er durch eine Dienstanweisung vom 31. Januar 1924 den Ministerialrat Dr. Menke-Glückert mit der Erarbeitung von Reformvorschlägen zum höheren Schulwesen (StAD, Min. f. Vb. Nr. 14499, Bl. 1). Mit der 250 Seiten umfassenden Denkschrift lag nun das Ergebnis dieser Arbeit vor, dessen wichtigstes wohl darin bestand, daß der organisatorische Status quo des höheren Schulwesens nicht in Frage gestellt wurde. Bei der Vorstellung der Denkschrift in der Presse am 24. September 1926 betonte denn auch Dr. Kaiser, daß die Denkschrift keinen völligen Umsturz bringe und es nicht der Ehrgeiz des Ministeriums gewesen sei, auf Kosten der höheren Schule etwas ganz Neues zu schaffen (LLZ 1926 Nr. 30, S. 595). Das

---

1933 "Zur wirksamen Gestaltung der staatlichen fachmännischen Schulaufsicht", die der "Beauftragte des Reichskommissars für das Volksbildungsministerium" Dr. Wilhelm Hartnacke erließ (Verordnungsblatt ... vom Jahre 1933, Nr. 8 vom 22. April, S. 24).

[11] Keinerlei Schwierigkeiten bereitete Volksbildungsminister Kaiser dagegen die Aufhebung der Selbstverwaltung an den höheren Schulen. Diese war noch im Dezember 1923 von dem damaligen Volksbildungsminister Fleißner auf dem Verordnungswege eingeführt worden. Durch diese Verordnung waren die Rechte des Schulleiters erheblich eingeschränkt, die des Selbstverwaltungskörpers, der Lehrerversammlung, dagegen beträchtlich erweitert worden (Verordnung Nr. 291 vom 10. Dezember 1923 "Befugnisse der Lehrerversammlungen und der Schulleiter an den höheren Lehranstalten", in: Verordnungsblatt ... vom Jahre 1923, S. 213-216). Kaiser hob diese Verordnung seines Vorgängers am 16. Juli 1924 auf und ersetzte sie gleichzeitig durch eine neue, die das Selbstverwaltungsprinzip weitgehend beseitigte und die Schulleiter wieder in ihre alten, auf dem 1876er "Gesetz über die Gymnasien, Realschulen und Seminare" fußenden Rechte einsetzte (Verordnung Nr. 137 vom 16. Juli 1924 "Änderung der Bestimmungen über die Befugnisse der Lehrerversammlungen und der Schulleiter an den höheren Lehranstalten vom 10. Dezember 1923", in: Verordnungsblatt ... vom Jahre 1924, S. 76 ff.).

Volksbildungsministerium sah das Ziel der Entwicklung des höheren Schulwesens in der "gegliederten höheren Einheitsschule", "die auf einem möglichst weitgehenden gemeinsamen Unter- und Mittelbau eine im wesentlichen nach Berufskomplexen gegliederte, aber durch eine Gruppe von Kernfächern zusammengehaltene Oberstufe trägt" (Ministerium für Volksbildung 1926, S. 50). Dieser "gegliederten höheren Einheitsschule" stellte die Denkschrift die "allgemeine Einheitsschule" als untauglichen Versuch gegenüber, die höhere Schule mit der Volksschule organisatorisch enger zu verknüpfen. Eine solche Einheitsschule war nach Ansicht des Volksbildungsministeriums nur um den Preis eines wesentlichen Qualitätsverlusts in der wissenschaftlichen Ausbildung an den höheren Schulen zu erkaufen (ebd., S. 50 f.). Die organisatorische Einheit wollte das Volksbildungsministerium durch eine geistige Einheit, eine "einheitliche Gesinnung", ersetzt wissen. Diese solle doch der tiefste Sinn der Einheitsschule sein, werde aber durch "äußere zwangsmäßig geschaffene organisatorische Einrichtungen nicht verbürgt. Erst durch ihren Geist und ihre Arbeit erhält die Schule ihre notwendige Beziehung zum Leben der Nation. Sind alle Schularten auf dieses Ziel gerichtet, so werden sie eine Einheitsschule auch bei scheinbarem Nebeneinander, keine Einheitsschule mit äußeren Gebärden, mit einem mehr oder weniger eingestandenen Hinweggehen über die in jeder Volksgemeinschaft natürlich vorhandenen Unterschiede der Begabung und der fördernden oder hemmenden Einflüsse vom Elternhaus, sondern eine solche, die den Besonderheiten der einzelnen Kindesnatur Rechnung trägt, dabei aber sozial eine weitgehende Gemeinschaft des Fühlens, Wollens und Handelns gewährleistet" (ebd., S. 53).

Während die Denkschrift zur Neuordnung des höheren Schulwesens der Zustimmung der Philologen sicher sein konnte - waren sie doch durch den Sächsischen Philologenverein aktiv an den Beratungen der Denkschrift im Ministerium beteiligt gewesen - so stieß sie bei der Volksschullehrerschaft auf grundsätzliche Kritik. Der Wille zu einer wirklichen Schulreform, so schrieb die LLZ in ihrer ersten Stellungnahme, sei aus den Vorschlägen der Denkschrift nicht zu erkennen. Was an Reformvorschlägen gebracht werde, sei durch die natürliche Entwicklung oder durch Verordnungen bereits Wirklichkeit geworden oder werde als notwendige Forderung der allgemeinen Entwicklung nur etwas weiter geführt, so die Gabelung und die Unterteilung in Kern- und Kursfächer auf der Oberstufe oder die Annäherung der einzelnen höheren Schulen auf der Unterstufe. Noch weniger als mit einer grundsätzlichen Reform des höheren Schulwesens hätten die gemachten Vorschläge mit einem einheitlichen Aufbau des gesamten Schulwesens zu tun ("Das Vermächtnis des Volksbildungsministers Dr. Kaiser", in: LLZ 1926, Nr. 30, S. 595 ff. und "Die Neuordnung des höheren Schulwesens in Sachsen", ebd., S. 597 ff.). Einen solchen organisatorischen Vorschlag zum Aufbau des gesamten Erziehungswesens hatte der SLV ja bereits 1923/24 vorgelegt und damit einen wichtigen Beitrag zur Diskussion über eine weitere Demokratisierung des Bildungswesens geleistet. Die Denkschrift war dagegen als eine Reaktion auf eben diese Demokratisierungsbestrebungen und die damit verbundene Kritik am höheren Schulwesen entstanden und diente damit quasi als Verteidigungsschrift der Legitimation des herkömmlichen, ständisch strukturierten Schulwesens.

Mit der Herausgabe der Denkschrift zur Neuordnung des höheren Schulwesens im September 1926 ging die erste knapp dreijährige Amtsperiode von Dr. Friedrich Kaiser als Volksbildungsminister zu Ende. Während dieser Zeit, so lautet das Fazit, war es ihm gelungen, auf administrativem Wege den Schulreformprozeß der vorangegangenen Jahre 1918 bis 1923 weitgehend zum Stillstand zu bringen und zum Teil sogar Rückschritte einzuleiten. Die Schulreformgesetzgebung dieser Zeit grundlegender zu revidieren, wie es sein Wunsch war, scheiterte vor allem daran, daß ihm SPD, KPD und DDP dazu die Gefolgschaft verweigerten. In der Bildungspolitik fanden diese drei Parteien eher zu Gemeinsamkeiten als die Regierungskoalition unter Beteiligung der DVP.

Am 31. Oktober 1926 fanden die Wahlen zum neuen Sächsischen Landtag statt. In diesen zogen außer den bislang vertretenen Parteien drei weitere ein. Die Nationalsozialistische Deutsche Arbeiterpartei (NSDAP) mit 2, die Wirtschaftspartei (WP) mit 10 und die Volksrechtspartei (VRP) mit 4 Abgeordneten. Die Alte Sozialdemokratische Partei Sachsens (ASPS), hervorgegangen aus der ehemaligen rechten Fraktionsmehrheit der SPD, brachte es nur noch auf 4 Abgeordnete, was einen Verlust von 19 Abgeordneten bedeutete. Die SPD konnte 31 (bisher 18) Abgeordnete in den Landtag entsenden, die KPD 14 (10), die DDP 5 (8), die DVP 12 (18) und die DNVP 14 (19) (FALTER u.a. 1986, S. 108; HUBER 1981, S. 809). Mit dieser Landtagswahl verlor die bisherige Regierungskoalition aus DVP, DDP und ASPS ihre Mehrheit. Sie verfügte im neu gewählten Landtag nur noch über 21 (bisher 49) der insgesamt 96 Abgeordneten. Um sich dennoch die Regierungsmacht zu sichern, wählten die bürgerlichen Parteien schließlich im Januar 1927 wiederum Max Heldt von der ASPS zum Ministerpräsidenten. Durch die vier Mandate der ASPS erreichten sie die Mehrheit im Landtag. Zunächst gehörten dieser bürgerlichen Koalitionsregierung nur die ASPS, die WP, die DVP und die DDP an. Den Deutschnationalen hatte man, wie Fabian berichtet, das vorerst noch geheimgehaltene Versprechen gegeben, sie nach einer Übergangsfrist ebenfalls in die Regierung aufzunehmen (FABIAN 1930, S. 191; vgl. auch Landesarbeitsausschuß der SPD Sachsens 1928, S. 5). Dies geschah bereits wenige Monate später am 1. Juli 1927, als der Deutschnationale Friedrich Krug v. Nidda das Wirtschaftsministerium und Arthur v. Fumetti von der Volksrechtspartei das Justizministerium übernahm. Innenminister in dieser Regierung war Willibalt Apelt (DDP), Arbeitsminister wie bisher Georg Elsner (ASPS) und Finanzminister Hugo Weber (WP, im Februar 1932 Übertritt zur DNVP). Volksbildungsminister Friedrich Kaiser (DVP) behielt sein Ressort, bevor er es im Dezember 1928 an seinen Parteifreund, den ehemaligen Justizminister Wilhelm Bünger, abgab (HUBER 1981, S. 810). In Sachsen regierte also seit Mitte 1927 eine 6-Parteien-Koalition, die von den "Altsozialisten" um Heldt bis zu den Deutschnationalen reichte. Diese am weitesten rechts stehende Regierung in Sachsen seit der Novemberrevolution fand ihr vorzeitiges Ende, als der Staatsgerichtshof im März 1929 die Landtagswahl von 1926 für ungültig erklärte. Das sächsische Wahlgesetz von 1926 hatte Bestimmungen enthalten, die gegen die Reichsverfassung verstießen. Die Entscheidung des Staatsgerichtshofes ging auf eine Klage der SPD-Landtagsfraktion zurück, die in diesem Vorstoß eine Möglichkeit erblickte, im Falle von Neuwahlen die Mehrheitsverhältnisse im Landtag zugunsten der Linken zu verändern (FABIAN 1930, S. 191 f.; HUBER 1981, S. 810). Diese Hoffnungen erfüllten sich bei den am 12. Mai 1929 stattfindenden Landtagswahlen jedoch nicht. SPD und KPD kamen wie schon vor drei Jahren zusammen auf 45 Mandate. Während die SPD zwei hinzugewann und nun 33 Abgeordnete in den Landtag entsandte, verlor die KPD zwei. Ihr blieben noch 12 Abgeordnete. Von den Regierungsparteien verlor die DNVP, absolut gesehen, am stärksten. Sie büßte 6 Mandate ein und kam nun nur noch auf 8. Die ASPS verlor die Hälfte ihrer Mandate. Mit den ihr verbleibenden zwei Abgeordneten versank sie endgültig in der politischen Bedeutungslosigkeit. Die übrigen an der Regierung beteiligten Parteien blieben nahezu konstant. Sie konnten sich entweder um ein Mandat verbessern wie die DVP auf 13 und die WP auf 12 oder sie verloren ein Mandat wie die VRP und die DDP, denen 3 bzw. 4 Mandate verblieben. Deutlich verbessern konnte sich die NSDAP von 2 auf 5 Mandate. Neu in den Landtag mit sogleich 5 Abgeordneten zog das Sächsische Landvolk ein (FALTER u.a. 1986, S. 108).

Zum Nachfolger im Amt des Ministerpräsidenten wählten die bürgerlichen Parteien mit Hilfe der NSDAP Wilhelm Bünger (DVP), der weiterhin auch das Volksbildungsministerium verwaltete. Keinen Wechsel gab es im Wirtschafts-, Finanz- und Arbeitsministerium. Das Innen- und Justizressort übernahmen zwei "parteilose Fachbeamte", ersteres der Kreishauptmann Friedrich Wilhelm Richter, letzteres der Präsident des Oberlandesgerichts Dresden Karl Ernst Mannsfeld (HUBER 1981, S. 811). Politisch war diese Regierung wie auch die folgenden kaum handlungsfähig, da ohne gesicherte parlamentarische Mehrheit. Sie war zumindest auf eine Tolerierung durch die NSDAP angewiesen, zu der diese längerfristig aber nicht bereit war. Bereits am 18. Februar 1930 erklärte die Regierung Bünger ihren Rücktritt, verblieb aber bis Anfang Mai als "Geschäftsregierung" im Amt. Am 8. Mai 1930 wurde schließlich der Präsident des sächsischen Staatsrechnungshofes Walter Schieck (DVP nahestehend) zum neuen Ministerpräsidenten gewählt. Die gleichzeitig vom Landtag beschlossene Selbstauflösung führte am 22. Juni 1930 zu den letzten Landtagswahlen in Sachsen während der Weimarer Republik (HUBER 1981, S. 811).

Eines der bedeutendsten Ergebnisse dieser Wahl war der enorme Stimmenzuwachs der NSDAP von 5 auf 14,4% (= 14 Mandate). Damit übertraf die NSDAP sämtliche bürgerlichen Parteien und auch die KPD, obwohl diese gegenüber der letzten Wahl noch einmal 0,8 Prozentpunkte hinzugewann und auf 13,6% (= 13 Mandate) kletterte. Die SPD verlor dagegen 0,8% und erreichte 33,4% (= 32 Mandate). Zusammengerechnet konnten SPD und KPD ihr Ergebnis von 47% gegenüber der letzten Wahl behaupten. Alle bürgerlichen Parteien mußten Stimmenverluste hinnehmen, besonders traf dies die DVP und die DNVP. Die ASPS erhielt kein Mandat mehr. Neu in den Landtag zogen ein die Volksnationale Reichsvereinigung und der Christlich-soziale Volksdienst mit je zwei Abgeordneten, so daß nun 11 Parteien im sächsischen Landesparlament vertreten waren

(FALTER u.a. 1986, S. 108). Eine mehrheitsfähige Regierung kam auch nach dieser Wahl nicht mehr zustande. Der noch vor der Landtagswahl gewählte Ministerpräsident Schieck blieb im Amt. Er verwaltete wie schon sein Vorgänger Bünger auch das Volksbildungsministerium. Innenminister Richter sowie der Justizminister Mannsfeld behielten ebenfalls ihre Ressorts. Richter übernahm zusätzlich noch das Arbeitsministerium. Einziger Neuzugang war der Ministerialdirektor im Finanzministerium Hans Hedrich, der dieses Ministerium sowie das Wirtschaftsministerium als verantwortlicher Minister übernahm. Ohne Aussicht auf eine Mehrheit im Landtag und jederzeit durch ein Mißtrauensvotum zu stürzen, trat dieses sog. "Beamtenkabinett" (HUBER 1981, S. 812) bereits am 10. Juli 1930 wieder zurück, blieb als "Geschäftsministerium" (ebd.) aber bis zum 10. März 1933 im Amt, ehe die Nationalsozialisten eine kommissarische Regierung einsetzten.

Zunächst einmal gilt festzuhalten: Auch nach der Landtagswahl vom Oktober 1926, der ersten nach der Reichsexekution, wurde Sachsen mit Hilfe der "Altsozialisten", die mit Heldt weiterhin den Ministerpräsidenten stellen konnten, bürgerlich regiert. SPD und KPD büßten erstmals seit 1919 die Mehrheit im Landtag ein. Mit dieser Landtagswahl verabschiedete die SPD sich endgültig als Regierungspartei. Sie blieb als weitaus stärkste Fraktion bis zum Ende der Weimarer Republik in der Opposition. Die von 1926 bis 1933 amtierenden bürgerlichen Regierungen sowie die während dieser Zeit für das Bildungswesen zuständigen Minister Kaiser (Januar 1924 bis Dezember 1928), Bünger (Dezember 1928 bis Mai 1930) und schließlich Schieck (Mai 1930 bis März 1933) boten die Gewähr dafür, daß sich an dem seit Januar 1924 eingeleiteten schulreformfeindlichen Kurs nichts änderte. Bis Ende 1928 amtierte ja ohnehin noch Kaiser als Volksbildungsminister, der diesen Kurs verantwortlich eingeleitet hatte.

Ab 1929, mit Beginn der Weltwirtschaftskrise und der folgenden Notverordnungspolitik, war das Bildungswesen zudem in starkem Maße von Spar- und Abbaumaßnahmen betroffen. Den Folgen für das sächsische Bildungswesen kann hier im einzelnen nicht weiter nachgegangen werden. Einzelne Konsequenzen werden an anderer Stelle noch aufgegriffen, etwa die in diesen Jahren eingeleiteten Abbaumaßnahmen in der akademischen Volksschullehrerausbildung oder die 1932 eingeführte Erhebung von Schulgeld für die 9. und 10. Schuljahre der Volksschulen (sog. höhere Abteilungen).

Begleitet wurde diese bildungsfeindliche Spar- und Abbaupolitik der frühen dreißiger Jahre durch eine Offensive im ideologischen Bereich. Unverkennbar bemühte sich das Volksbildungsministerium, nationalistische Propaganda und religiöse Beeinflussung in den Schulen zu verstärken. Was die nationalistische Propaganda betraf, so erging beispielsweise am 16. Juni 1930 eine Verordnung zur "Rheinlandbefreiung", in der alle Schulen verpflichtet wurden, in den Klassen vom 5. Schuljahr an aufwärts, am 1. Juli die tags zuvor vollzogene Räumung des Rheinlandes von ausländischen Truppen im Unterricht oder durch eine spezielle Veranstaltung zu würdigen. "Klingende Feiern" seien zwar nicht am Platze, da das Saarland unter fremder Herrschaft bleibe und die Last der Verträge, die sich auf das Siegerdiktat von Versailles gründeten, das ganze Volk schwer drückten. "Aber die Bedeutung dieses Tages für das deutsche Land und Volk muß empfunden und vor allem der heranwachsenden Jugend recht zum Bewußtsein gebracht werden" (Verordnungsblatt des Sächsischen Ministeriums für Volksbildung vom Jahre 1930, Nr. 10 vom 20. Juni, S. 58).

Eine weitere Verordnung, die in diesem Zusammenhang erwähnt werden muß, betraf die sog. "Totengedächtnisfeiern in den Schulen". Nach dieser Verordnung vom 23. Juni 1931 mußten alle Schulen in der Woche vor dem Totensonntag der Gefallenen des Ersten Weltkrieges gedenken, "auch derjenigen Gefallenen (...), die im Kampfe um das Deutschtum in den auf den Weltkrieg folgenden Jahren ihr Leben gelassen haben. Ausfälle gegen andere Staaten haben dabei zu unterbleiben" (Verordnungsblatt ... vom Jahre 1931, Nr. 12 vom 7. Juli 1931, S. 54 f.).

Neben der Förderung nationalistischer Propaganda im Rahmen solcher Verordnungen galt die besondere Fürsorge des Volksbildungsministeriums dem Religionsunterricht in der Volksschule. Hatte schon der Landeslehrplan für die Volksschulen Sachsens von 1928 bezüglich des Evangelischlutherischen Religionsunterrichts verschiedene Texte des lutherischen Katechismus bestimmt, die von den Schülerinnen und Schülern auswendig zu lernen waren (Landeslehrplan für die Volksschulen Sachsens 1928, S. 18 ff.), so erschien am 23. September 1930 eine Verordnung ("Der Lernstoff für den ev.-luth. Religionsunterricht in den Volksschulen"), die darüber hinaus 71 Bibelsprüche, 25 Lieder, ebensoviele Choralmelodien und 5 geistliche Volkslieder namentlich aufzählte, die als Mindestmaß vom Schuljahr 1931/32 an ebenfalls auswendig zu lernen waren. Die Bezirksschulräte wurden ausdrücklich angewiesen, darauf zu achten, daß die Verordnung auch befolgt werde (Verordnungsblatt ... vom Jahre 1930, Nr. 14 vom 2. Oktober, S. 89 f.). Mit dieser Verordnung sowie dem vorangegangenen Lehrplan, der innerhalb des Religionsunterrichts wieder den Katechismusunterricht einführte und betonte[12], setzte das Volksbildungsministerium sich über alle Diskussionen und Bemühungen um einen pädagogischen, kindgemäßen Religionsunterricht, wie sie vor allem von der sächsischen Volksschullehrerschaft ausgegangen waren, hinweg. Er erhielt wieder einen stärker dogmatischen, ganz im Einklang mit den Vorstellungen der Evangelisch-lutherischen Kirche und der christlichen Elternvereine stehenden Charakter. Wie sehr dem Volksbildungsministerium an der Erteilung ihres "reformierten" Religionsunterrichts gelegen war, verdeutlicht eine ebenfalls auf dem Verordnungswege ergangene Anweisung von Ende Oktober 1931, wonach die Bezirksschulämter und die Schulbezirke darüber "zu wachen" hatten, daß trotz Spar- und Abbaumaßnahmen, trotz vielfacher Einschränkungen des Unterrichts der Religionsunterricht "nach den geltenden Bestimmungen gesichert bleibt und fortgeführt wird" (Verordnung Nr. 96, "Erteilung des Religionsunterrichts", in: Verordnungsblatt ... vom Jahre 1931, Nr. 18 vom 7. November, S. 84).

Die gezielte Indienstnahme der Schule zur Verbreitung nationalistischer Propaganda sowie die Bemühungen, die religiöse Beeinflussung der Schülerschaft zu intensivieren, fanden in Sachsen ihre konsequente Vollendung im Nationalsozialismus unter Dr. Wilhelm Hartnacke, dem "Beauftragten des Reichskommissars für das Volksbildungsministerium". Gleich die erste von Hartnacke herausgegebene Verordnung Nr. 16 vom 14. März 1933 betraf die "Vaterländische und christliche Schulerziehung". Darin wurde es u.a. jedem Lehrer und Erzieher "zur dienstlichen Pflicht" gemacht, "sich in jedem Augenblick bewußt zu sein, daß er für die Erziehung deutscher Jugend zum nationalen und völkischen Gedanken, zum Christentum und zu echter Volksgemeinschaft verantwortlich ist" (Verordnungsblatt ... vom Jahre 1933, Nr. 5 vom 20. März, S. 15). Hartnacke ordnete im April darüber hinaus an, daß ab Ostern 1933 wieder alle

---

[12] Der Katechismusunterricht war am 2. Dezember 1918 durch eine Verordnung der Regierung der Volksbeauftragten ganz aufgehoben worden.

Schülerinnen und Schüler der Volksschulen sowie der höheren Schulen am Religionsunterricht teilnehmen mußten. Mit dieser zwangsweisen Teilnahme am Religionsunterricht war der alte, bis zur Novemberrevolution 1918/19 gesetzlich festgeschriebene Zustand wieder hergestellt. Auch nach dem 1873er Volksschulgesetz waren Dissidentenkinder gezwungen gewesen, am Religionsunterricht teilzunehmen. Weiterhin hatte Hartnacke festgelegt, daß der Unterricht an den höheren Schulen am Anfang der Woche mit einer gemeinsamen Andacht, an den übrigen Tagen mit einem Gebet in der Klasse zu beginnen war (Verordnung Nr. 42 vom 20. April 1933, "Teilnahme am Religionsunterricht, Andachten und Gebet in den höheren Schulen", in: Verordnungsblatt ... vom Jahre 1933, Nr. 8 vom 22. April,S. 23).

Noch rigider waren die Bestimmungen für die Volks- und Hilfsschulen. Hier war der Unterricht "wieder mit Choralgesang und Gebet zu beginnen und zu schließen" (Verordnung Nr. 43 vom 19. April 1933, "Choralgesang und Gebet bei Anfang und Schluß des Unterrichts in Volks- und Hilfsschulen", ebd.).

Aufgrund dieser ganzen Bestimmungen war es nur konsequent, daß auch die sog. Lebenskunde, an der die Schülerinnen und Schüler in der Volksschule teilnahmen, die vom Religionsunterricht abgemeldet waren, von Ostern 1933 an nicht mehr erteilt wurde (Verordnung Nr. 44 vom 18. April 1933, "Teilnahme am Religionsunterricht in den Volksschulen", ebd., S. 23 f.) und daß die weltlichen Elternratsmitglieder aus den Elternräten ausgeschlossen wurden (Verordnung Nr. 34 vom 30. März 1933, "Elternbeiräte", in: Verordnungsblatt ... vom Jahre 1933, Nr. 7 vom 10. April, S. 21 und Nr. 63 vom 7. Juni 1933, "Elternbeiräte an den Volksschulen", in: Verordnungsblatt ... vom Jahre 1933, Nr. 10 vom 12. Juni, S. 34).

B. BEREICHE DER SCHULREFORM

I. Volksschule

1. Die Volksschule im Kaiserreich

Schulreform in der Weimarer Republik mußte zuerst einmal Volksschulreform sein. Nur so konnte die breite Mehrheit der wirtschaftlich und sozial schwachen Kinder der Bevölkerung davon profitieren. Dies gilt für das hochindustrialisierte Sachsen mit seinem weit über dem Reichsdurchschnitt liegenden Anteil von Arbeitern und Arbeiterinnen in ganz besonderem Maße, insofern für deren Kinder die Volksschule neben der Berufsschule fast immer die einzige Schule blieb, die sie besuchen konnten. Von daher wird verständlich, daß die sächsische sozialistische Arbeiterbewegung ihr ganzes Engagement zuerst auf die Volksschule und ihre Reform konzentrierte, während sich ihr Verhältnis zum höheren Schulwesen durch weitgehende Distanz auszeichnete und ihre diesbezüglichen Reformvorstellungen zumindest bis 1918 eher dürftig blieben. Es ist aber auch nicht zu leugnen, daß die Problematik und der Reformbedarf der Volksschule im Vergleich zum höheren Schulwesen in der Tat besonders groß gewesen ist.

Nur den geltenden Verfassungsbestimmungen sowie dem demokratiefeindlichen und die Arbeiterschaft diskriminierenden Landtagswahlrecht war es zu verdanken, daß die Sozialdemokratie nicht schon vor dem Ersten Weltkrieg zur politisch ausschlaggebenden Kraft im Industrieland Sachsen werden und ihre mit der Volksschullehrerschaft in weiten Teilen übereinstimmenden schulpolitischen Zielvorstellungen realisieren konnte. Dazu bedurfte es erst der veränderten politischen und gesellschaftlichen Rahmenbedingungen als Folge der Novemberrevolution, die sich - wie in Teil A gezeigt - in Sachsen im Vergleich zu den meisten anderen Ländern als besonders günstig erwiesen. Im folgenden soll in einem ersten Schritt ein **Problemaufriß** der damaligen Volksschule im allgemeinen, der sächsischen Volksschule im besonderen gegeben, daran anschließend das **bildungspolitische** und **pädagogische Reformprogramm** der sächsischen Volksschullehrerschaft vorgestellt und schließlich beschrieben werden, wie dieses Programm in den Jahren 1918 bis 1923 in die **Praxis** umzusetzen versucht wurde.

In der Erziehungswissenschaft bzw. Bildungssoziologie werden heute im allgemeinen drei miteinander verknüpfte Funktionen der Schule für die Gesellschaft unterschieden: Qualifikation, Selektion und Integration (FEND 1980, S. 13 ff.). Qualifikation bedeutet, daß die Schule die für den Bestand einer Gesellschaft notwendigen beruflichen, kulturellen und sonstigen Kenntnisse und Fähigkeiten an die nachfolgenden Generationen weitervermittelt; Selektion, daß sie für die bedarfsgerechte und herrschaftskonforme Verteilung des Wissens sorgt; Integration bzw. Sozialisation, daß sie mit Hilfe herrschaftskonformer Erziehung, d.h. der Vermittlung entsprechender Werte und Normen zur Absicherung und Legitimierung bestehender Herrschaftsverhältnisse beiträgt.

Für die Klassengesellschaft des ausgehenden 19. und 20. Jahrhunderts spielte die Volksschule unter dem Gesichtspunkt der fachlichen Qualifikation des Nachwuchses kaum eine große Rolle. (BERG 1974, LUNDGREEN 1977, S. 65-72; 102-109). Der selektiven Funktion diente insbesondere die Aufspaltung in ein unverbundenes höheres und niederes Schulwesen, wie es bis heute grundsätzlich im dreigliedrigen Schulwesen fortwirkt. Die Funktion der Integration stand immer in einem gewissen Spannungsverhältnis zu der der Qualifikation, was mit der Schwierigkeit zusammenhängt, den sich immer wieder ergebenden Zwang zur Modernisierung des Schulsystems mit der der Schule übertragenen Aufgabe der Sicherung des gesellschaftlichen Status quo in Einklang zu bringen. Als dominant erwies sich die integrative Funktion der Schule besonders in dem Maße, "wie sich die 'soziale Frage' im Prozeß der Industrialisierung gefährlich zuspitzte und es nun darum ging, Schule als Instrument des 'Klassenkampfs von oben' einzusetzen" (HERRLITZ 1984, S. 507; vgl. KEIM 1989).

Der ideologiekritischen Forschung vor allem der siebziger Jahre kommt das Verdienst zu, diesen Zusammenhang thematisiert und die Funktion der Volksschule als Instrument der Herrschaftsstabilisierung, und damit die "Pervertierung der Volksbildung zur Untertanenerziehung" (FERTIG 1979, S. XXI) in der Klassengesellschaft des 19. und beginnenden 20. Jahrhunderts detailliert nachgewiesen zu haben. "Die Politisierung der Erziehung" (TITZE 1973), "Die Okkupation der Schule" (BERG 1973) oder

"Schule der Untertanen" (MEYER 1976) lauten bezeichnenderweise einige der wichtigsten Veröffentlichungen zu diesem Komplex. Analysiert wird darin u.a., wie die konservativ-reaktionären Kräfte die Volksschule zur sozialen und politischen Disziplinierung der unteren sozialen Schichten eingesetzt haben, wie es ihnen deshalb außer der notwendigen Vermittlung elementarer Kenntnisse in erster Linie auf die ideologische Indoktrination insbesondere mit Hilfe des Religionsunterrichtes ankam und in welchem Maße dies alles unterstützt und gewährleistet wurde durch ein, wenn auch während liberalerer Phasen abgeschwächtes, Programm der Bildungsbegrenzung. Diese Bildungsbegrenzung fand ihren Ausdruck nicht nur in den Lehrinhalten und -zielen, sondern war auch schulorganisatorisch abgesichert durch die völlige Abschottung der Volksschule vom höheren Schulwesen, oder - wie Titze es nennt: durch die "Klassenspaltung der Schulorganisation" und die damit einhergehende "Monopolisierung der höheren Bildung" durch die oberen Sozialschichten. Sieht man einmal von den Universitäten ab, galt dies für die Gymnasialbildung in besonders extremer Weise, während "die realistische höhere Bildung dagegen ... für die unteren Sozialschichten vergleichsweise 'offener'" war (TITZE ebd., S. 197 u. 202). Wie die aufgeführten Untersuchungen zeigen, wurde die Volksschule seit Ende der achtziger Jahre des 19. Jahrhunderts ganz gezielt zur Bekämpfung der Sozialdemokratie instrumentalisiert. worauf im Zusammenhang mit der Berufsschule noch einmal zurückzukommen sein wird.[1]

Für Sachsen muß hinsichtlich der Integrationsfunktion der Volksschule als **erster größerer Problembereich** deren **Verhältnis zur Kirche** angesprochen werden. Zwar hatte das noch 1918 gültige Volksschulgesetz aus dem Jahre 1873 durch eine weitere Verweltlichung der Schulaufsicht wieder

---

[1] Diesen ideologiekritischen Arbeiten und ihren Ergebnissen stehen - gegenwärtig verstärkt - andere gegenüber, die den Integrations-/Sozialisationsaspekt und die damit verbundene herrschaftsstabilisierende Funktion der Volksschule im 19. und beginnenden 20. Jahrhundert mehr oder weniger stark relativieren und statt dessen sehr viel stärker die Modernisierungsleistungen der Volksschule in den Vordergrund stellen. Ohne hier im einzelnen auf Erkenntnisinteresse und methodisches Vorgehen dieser Arbeiten eingehen zu können (vgl. die Einleitung vorliegender Untersuchung), sei an dieser Stelle nur darauf hingewiesen, daß dabei die Annahme von der relativen Autonomie des Bildungswesens eine wichtige Rolle spielt. Vgl. ohne Anspruch auf Vollständigkeit: LESCHINSKY/ROEDER 1976 (dort auch eine Kritik an BERG und TITZE, S. 487-503, bes. S. 494-497), LUNDGREEN, Teil I, 1770-1918 1980; JEISMANN/LUNDGREEN 1987, (insbes. S. 123-152); TENORTH 1988 u. OELKERS 1989. Eine vermittelnde Position zwischen den Polen

ein Stück Emanzipation der Volksschule von der Kirche gebracht, an ihrem konfessionellen Status aber grundsätzlich nichts geändert. Eine Vielzahl von Paragraphen legte diesen Status fest, insbesondere der § 6 über die "Berücksichtigung des Konfessionsverhältnisses", der § 9 über die "Schulbezirke" und nicht zuletzt der § 29 über die "Ortsschulaufsicht" ("Das Königlich Sächsische Volksschulgesetz vom 26. April 1873 nebst Ausführungsverordnung und den damit in Verbindung stehenden Gesetzen und Verordnungen." Hrsg. v. P. v. Seydewitz, Leipzig 61910, S. 19 f., 33 f. und 109; im folgenden zit. als SEYDEWITZ 1910). Entsprechend der konfessionellen Homogenität des Landes dominierten die Volksschulen evangelisch-lutherischen Bekenntnisses, während die katholischen Volksschulen quantitativ kaum ins Gewicht fielen. Von den über zweitausend Volksschulen im Jahre 1911 waren gerade 56 katholisch. Diese Zahl markierte ohnehin bereits einen Höchststand. Im Jahre 1880 waren es 38 gewesen. Bis zum Jahre 1922 reduzierten sie sich auf 29 und blieben dann bis zum Ende der Weimarer Republik nahezu konstant (RICHTER 1930, S. 301; LOMMATZSCH 1923, S. 102 f., dort auch weiteres detailliertes statistisches Material zum sächsischen Schulwesen; FÜHR 1970, Tab. 3, S. 345).[2] Die sächsischen Volksschulen waren somit in ihrer überwältigenden Mehrzahl unter konfessionellem Aspekt betrachtet de facto Gemeinschaftsschulen. Die Problematik der sächsischen Konfessionsschule lag deshalb auch nicht so sehr in ihrer konfessionellen Zersplitterung, die es im Interesse einer gleichmäßigen Entwicklung und qualitativen Verbesserung der Volksschule zu überwinden galt, sondern die Probleme lagen vielmehr und eindeutig in ihrer mit dem konfessionellen Status eng verschränkten herrschaftsstabilisierenden und -legitimierenden Funktion. Es war die weitgehende Interessenidentität zwischen Evangelisch-lutherischer Landeskirche und den Herrschenden des Königreichs Sachsen, nicht zuletzt in der Frontstellung gegen Arbeiterschaft und Arbeiterbewegung, die Konfession und Religion zu Synonymen für konservative Gesellschaftspolitik werden ließ und die dementsprechend die konfessionelle Volksschule (und Volksschul-

---

"Modernisierung" einerseits und "Herrschaftssicherung" andererseits versucht WEHLER 1987, Bd. 2, S. 478-491.

2   Die Volksschulen der konfessionellen Minderheit, meistens waren es die katholischen Volksschulen, bezeichnete man auch als Minderheitsschulen. Den katholischen Volksschulen gelang es auch nach 1918, ihren konfessionellen Charakter zu behaupten. Nach massivem Protest verzichtete das Kultusministerium auf die Aufhebung ihres konfessionellen Charakters.

lehrerausbildung) für die konservativ-klerikalen Kräfte zu einem wichtigen und unverzichtbaren Instrument der Herrschaftssicherung und -legitimierung, sprich Untertanenerziehung, machte. Nicht nur für Dr. Paul Mehnert, einen der führenden Repräsentanten der Konservativen im Sächsischen Landtag, stand deshalb außer Frage, daß "die Pflege der monarchischen Gesinnung, der Autorität und der Vaterlandsliebe ... neben der christlichen Religion die Grundlage unserer Lehrerbildung in den Seminaren, wie die Grundlage der Bildung unserer heranwachsenden Jugend in den Volksschulen sein (müßten)."[3] Auch Kultusminister Beck hielt nach einer Aussage im Landtag im März 1914 die Erziehung der Jugend in "religiös-sittlicher und vaterländisch-monarchischer Beziehung" für die beiden Hauptaufgaben der Volksschule ("Aus dem Landtage", in: SSZ 1914, Nr. 14, S. 251 f., Zitat S. 252).

Die sächsische Volksschullehrerschaft hat diese Zusammenhänge seinerzeit durchaus gesehen und - als dies politisch nach der Novemberrevolution möglich war - in ihrer Vereinspresse auch thematisiert bzw. kritisch beleuchtet. So schrieb die LLZ Anfang 1919:

> *"Vor der Revolution nun machte sich der Einfluß des Staates gerade auf den Religionsunterricht besonders stark geltend. Unter Berufung auf das sog. 'Christliche Haus' machte die Kirche hier - eng verbündet mit dem Staate (für beide Beteiligten eine sehr zweckmäßige Versicherung auf Gegenseitigkeit) - höchst einseitige Ansprüche, die sie mit umso größerem Erfolge durchsetzen konnte, als das konservativ-orthodoxe Regiment in der Religion einerseits das beste Mittel sah, mit dem man 'das Volk' im Zaume hielt, und mit dem man andrerseits (durch Amtseid usw.) namentlich die Lehrerschaft bis zu einer gewissen Grenze wenigstens als Werkzeug seiner Politik benutzen konnte" ("Unsere Stellungnahme in der Religionsfrage", in: LLZ 1919, Nr. 9, S. 117).*

Daß dem Religionsunterricht eine zentrale Bedeutung bei der ideologischen Indoktrination der Schülerschaft beigemessen wurde, erkennt man schon an der Tatsache, daß in der Aufgabenbestimmung der Volksschule die "sittlich-religiöse Bildung" an erster Stelle und entsprechend bei der Aufzählung der wesentlichen Unterrichtsgegenstände die "Religions- und Sittenlehre" ebenfalls zuerst genannt wurde (vgl. §§ 1 u. 2, SEYDEWITZ 1910, S. 1), "wie sich das für einen Staat und eine Gesellschaft gehört, die neben der Polizei und dem Militär die Religion am nötigsten zur Niederhaltung der Massen brauchen" - so der Sozialdemokrat Otto Rühle, selbst

---

[3] So geäußert anläßlich der Diskussionen im Landtag um eine Neuordnung der Volksschullehrerausbildung am 29. Februar 1912. Zit. n. UHLIG 1913, S. 70.

Absolvent und scharfer Kritiker des sächsischen Volksschul- und Seminarwesens, in einem zeitgenössischen Kommentar (RÜHLE 1904, S. 13).[4]

Aber auch das rein quantitative Ausmaß der religiösen Unterweisung zeigt die ihr beigemessene Bedeutung. Der Anteil des Religionsunterrichts, der im übrigen streng dogmatisch nach Buchstabe und Geist der jeweiligen Konfession ausgerichtet war, lag in zweiklassigen Volksschulen nach dem "Lehrplan für den Unterricht an einfachen Volksschulen" vom 5. November 1878 bei 22% der gesamten Stundenzahl, also gut einem Fünftel (vgl. SEYDEWITZ 1910, S. 276).[5] Sogar konfessionslose Kinder (Dissidenten) waren aufgrund § 6 Abs. 4 des Volksschulgesetzes gezwungen, "an dem Religionsunterrichte einer anerkannten oder bestätigten Religionsgesellschaft teilzunehmen" (ebd., S. 20). Die religiöse Erziehung war allgegenwärtig. Der Unterricht war entsprechend einer Bestimmung des Lehrplans (§ 12) in allen Klassen täglich mit Gesang und Gebet zu beginnen und zu beenden (KOCKEL ⁹1903, S. 154 f.). Die christliche Weltanschauung bestimmte immer noch in entscheidender Weise die Grenzen rationaler Erkenntnismöglichkeiten in der Volksschule. Selbst der naturgeschichtliche Unterricht, so die erläuternden Anmerkungen zum Lehrplan, "soll und kann dahin wirken, den religiösen wie moralischen Sinn zu kräftigen. Beleuchtet der Lehrer die Zweckmäßigkeit der einzelnen Naturgebilde wie den inneren Zusammenhang, so erschließt er dem Kinde auch die Erkenntnis des weisen Schöpfers" (KOCKEL ⁹1903, S. 120).

---

[4] Insgesamt wußte Rühle das Volksschulgesetz von 1873 vor allem im Vergleich zu Preußen durchaus zu würdigen. So schrieb er in der zitierten Schrift "Das sächsische Volksschulwesen": "Es würde den Tatsachen **nicht** entsprechen, wollte man dieses Gesetz als besonders rückständig bezeichnen und etwa mit den für die preußischen Volksschulen geltenden 'Allgemeinen Bestimmungen' (von 1872, B.P.) auf eine Stufe stellen. Es ist zu einer Zeit geschaffen worden, wo der Liberalismus in Sachsen noch eine Rolle spielte. Die Industrie stand damals noch in den Anfängen ihrer Entwicklung, Unternehmer und Kleinkapitalisten brauchten geschickte, intelligente Arbeiter, um mit ihren Erzeugnissen den Markt zu erobern. Da sorgte man für die Schaffung eines - wenigstens damals - 'fortschrittlichen' Schulgesetzes. In der Tat hat dieses Gesetz das sächsische Schulwesen bedeutend gefördert" (RÜHLE 1904, S. 11 f.).

[5] Das Sächsische Ministerium für Kultus und öffentlichen Unterricht führte zum Vergleich folgende Zahlen an: Bei einklassigen Volksschulen (die es in Sachsen nicht mehr gab) entfielen von der Gesamtzahl der Unterrichtsstunden auf den Religionsunterricht in Sachsen-Weimar 13,5%, in Hessen 14 2/7%, in Preußen 16 2/3% und bei zweiklassigen Volksschulen in Preußen 15 5/8 %, in Baden 19% und in Bayern etwa 20% (SEYDEWITZ 1910, S. 265 f.).

Die Volksschullehrerschaft sah sich in ihren erklärten Hoffnungen auf Beseitigung solcher konfessionellen Einflüsse auf die Unterrichtsinhalte wie auf die Fortsetzung der "entklerikalisierende(n) Tendenz" der bisherigen Schulgesetzgebung seit Beginn des 19. Jahrhunderts insgesamt durch den von der Regierung vorgelegten Schulgesetzentwurf im Jahre 1912 stark enttäuscht ("Zum Entwurf des neuen Volksschulgesetzes", in: SSZ 1912, Nr. 5, S. 65-80, Zitat S. 69). Die Vertreterversammlung des SLV äußerte in einer offiziellen Erklärung unter anderem sogar die "Befürchtung, daß mehr als bisher die Konfessionalisierung sämtlicher Unterrichtsgegenstände in der Volksschule betrieben werden soll."[6] Schon in ihrer Denkschrift von 1911 hatte die sächsische Volksschullehrerschaft vor einer solchen Konfessionalisierung des gesamten Unterrichts gewarnt. Dies bedeute nichts anderes,

"als daß z. B. das Lesebuch ein tendenziös konfessionelles Gepräge zu erhalten habe, daß der Unterricht in Geographie und Geschichte an vielen Stellen die Verhältnisse und Ereignisse nicht objektiv darstellen dürfe und daß aus der Naturgeschichte das biogenetische Prinzip auszuschließen sei; kurz, daß in der Volksschule nicht die heutige Wissenschaft, sondern das Dogma und die Weltanschauung des 16. Jahrhunderts zu herrschen habe. Nur hierarchische Machtansprüche können zu derartigen bildungsfeindlichen und - darüber gebe man sich keiner Täuschung hin - verderblichen Forderungen führen. Wird ein derartiger Zustand durch das neue Schulgesetz geschaffen, dann kann die Volksschule nicht an den Errungenschaften und Fortschritten der modernen Wissenschaft teilnehmen. Dann scheidet sie aus der Reihe der kulturfördernden Faktoren aus und wird zu einem Institut erniedrigt, durch das die Weiterentwicklung unserer Kultur bekämpft werden soll" (Wünsche der sächsischen Lehrerschaft ... 1911, S. 11).

Der angesprochene Gesetzentwurf von 1912 sah überhaupt grundlegendere Problemlösungen im Verhältnis Volksschule und Kirche nicht vor. Die Volksschule sollte ihren Status als Konfessionsschule beibehalten, ihre Verwaltung weiterhin in den Händen konfessioneller Schulgemeinden liegen, der Gewissenszwang in religiöser Hinsicht in vielfältiger Weise bestehen bleiben. Kinder von Dissidenten waren - wie immer schon - gezwungen, am Religionsunterricht teilzunehmen. Alle Volksschullehrerinnen und Volksschullehrer, die die Lehrbefähigung für den Religionsunterricht besaßen, mußten neben dem Diensteid auch das Gelöbnis konfessioneller Treue ablegen. Ein Austritt aus der Kirche bedeutete den Verlust der Stelle. Eine weitere Abhängigkeit von der Kirche bestand für die Lehrer sog. Kirch-

---

6 Vgl. "Außerordentliche Vertreterversammlung des Sächs. Lehrervereins am 27. und 28. Jan. 1912 in Dresden ...", in: SSZ 1912, Nr. 5, S. 80-82, Zitat S. 81).

schulstellen, bei denen Schul- und Kirchendienst untrennbar miteinander verbunden waren. Mehr noch als dieser Umstand verbitterte aber die Lehrerschaft, daß dem Pfarrer der Gemeinde nach wie vor das Aufsichtsrecht über den Religionsunterricht zugestanden wurde. Ein sichtbares Zeichen dafür, daß die Regierung auch in der Frage einer grundsätzlichen Reform des Religionsunterrichts unbeweglich blieb. Lediglich den Wegfall der geistlichen Ortsschulaufsicht wollte sie in ihrem Gesetzentwurf zugestehen. Da das Gesetz aber schließlich scheiterte, zählte die geistliche Ortsschulaufsicht bis 1918 zur Praxis der sächsischen Volksschule.

Die Einbeziehung der Volksschule in den politischen Kampf gegen die Sozialdemokratie lief in Sachsen nicht nur über die ideologische Indoktrination der Schülerschaft, sondern parallel dazu auf direkterem Wege, indem die Absolventen der Volksschule - sozusagen als potentielle Wähler der Sozialdemokratie - aufgrund ihrer Schulbildung ganz bewußt an gleichberechtigter politischer Partizipation gehindert wurden. Dafür sorgte das im Jahre 1909 eingeführte Pluralwahlrecht (zum politischen Kontext dieses Gesetzes vgl. Teil A). Diesem Wahlrecht nach stand beispielsweise denjenigen männlichen Wahlberechtigten - Frauen wurde das Wahlrecht ohnehin vorenthalten - über die übliche Grundstimme hinaus eine weitere zu, "die ihre wissenschaftliche Bildung durch Zeugnisse, die für den einjährig-freiwilligen Militärdienst genügen, nachweisen können" (zit. n. NITZSCHE 1909, S. 192). Über drei Stimmen gar verfügten die Wahlberechtigten, die - um wiederum eine an Bildung gekoppelte Bedingung zu nennen - "ohne sich in öffentlichem oder privatem Dienstverhältnis zu befinden, aus einer wissenschaftlichen oder höheren künstlerischen Tätigkeit (als Rechtsanwälte, Aerzte, Hochschullehrer, Ingenieure, Künstler, Schriftsteller oder in ähnlicher Lebensstellung) mehr als 1900 M. Einkommen beziehen ..." (ebd.). Die an bestimmte Berechtigungen (einjährig-freiwilligen-Zeugnis, Hochschulreife) gekoppelte höhere Bildung wurde hier, funktionalisiert im Interesse einer konservativen Gesellschaftspolitik, zur Legitimation politischer Ungleichheit und zur Verteidigung überkommener Herrschaftsstrukturen eingesetzt.

Der **zweite große Problemkomplex** betraf den **dreigeteilten, stark ständisch strukturierten äußeren Aufbau der Volksschule**. Diese Organisationsform nahm nach 1835 im Zuge umfassenderer Reorganisationen und Normierungen des (städtischen) Schulwesens auf der Grundlage eines in diesem Jahre verabschiedeten Volksschulgesetzes zunehmend festere Gestalt an. Ein entscheidender Vorteil dieser Umstrukturierungen war der Umstand, daß eine Reihe von weniger leistungsfähigen und kaum existenzfähigen Schulen, unter ihnen beispielsweise in Dresden auch einige Privatschulen, ihren Betrieb einstellen mußten (PÄTZOLD 1908, S. 148-158). Doch was immer man an positiven Ergebnissen dieses staatlich initiierten Normierungsprozesses in Sachsen hervorheben kann, so darf nicht übersehen werden, daß trotz aller Fortschritte die sog. "Armenschule", wie sie längere Zeit noch genannt wurde, am untersten Ende einer hierarchisch aufgebauten Volksschule auf der Schattenseite dieser Entwicklung verblieben ist und eine gänzlich unterprivilegierte Stellung im Schulsystem einnahm. An dieser Tatsache vermochte auch das Volksschulgesetz aus dem Jahre 1873 nichts Grundsätzliches zu ändern: es schrieb die Dreiteilung der sächsischen Volksschule endgültig fest und hob die Armenschule zur Bezirksschule an; sie wurde nun auch einfache Volksschule genannt. Neben Verbesssserungen bei der staatlichen Schulaufsicht und der räumlichen Ausstattung bedeutete es zweifellos einen Fortschritt, daß die einfachen Volksschulen "ihre Zöglinge in zwei oder mehreren nach Altersstufen geschiedenen Klassen" unterrichten sollten (§ 12, SEYDEWITZ 1910, S. 45). Und in der Tat gab es die einklassige Volksschule in Sachsen schon in den letzten beiden Jahrzehnten des 19. Jahrhunderts nicht mehr, während sie bekanntlich in Preußen noch zur Zeit der Weimarer Republik zum festen Bestandteil der Schulrealität zählte.

Neben bzw. über dieser einfachen Volksschule gab es nach dem § 13 die mittlere (Bürgerschule) und die höhere Volksschule (höhere Bürgerschule) (SEYDEWITZ 1910, S. 49 f.). Der Zugang zu diesen drei Arten von Volksschulen wurde in der Hauptsache durch die unterschiedliche Höhe des Schulgeldes bestimmt. Die Schulgemeinden waren bis 1918 gesetzlich verpflichtet, Schulgeld zu erheben. Lediglich in der Ausgestaltung der Schuldgeldsätze besaßen sie Entscheidungsspielraum. Das Schulgeld für die mittleren und höheren Volksschulen war in der Regel so hoch bemessen, daß für die Kinder der unteren sozialen Schichten schon aus diesem Grund ein Besuch dieser Schulen kaum in Frage kam. Selbst das für die einfachen Volksschulen zu entrichtende Schulgeld bedeutete für viele Eltern oft noch eine erhebliche finanzielle Belastung. Deshalb beantragte die Sozialdemokratie im Sächsischen Landtag bereits 1886 (durch August Bebel) und in den folgenden Jahren immer wieder - wenn auch vergeblich - die Schulgeldfreiheit (RÜHLE 1904, S. 32 ff., NITZSCHE 1903, S. 220-229).

Wie sozial-selektiv die Organisationsstruktur der sächsischen Volksschulen war, zeigt folgende Berechnung von GEBLER (1961): Anhand einer Elternpetition der V. Höheren Bürgerschule in Leipzig an den Rat vom Schuljahr 1918/19 ermittelte er die soziale Zusammensetzung der Elternschaft dieser höheren Volksschule: 130 Kaufleute und Fabrikanten, 83 Lehrer und mittlere Staatsbeamte, 50 höhere Privatangestellte (Ingenieure etc.), 41 Handwerksmeister, 32 Selbständige (Ärzte, Architekten etc.), 7 Arbeiter und 1 Landwirt (ebd., S. 36). Vornehmlich privilegiertere Gesellschaftsschichten waren also in der Lage, ihre Kinder auf eine höhere Volksschule zu schicken. Von den volksschulpflichtigen Mädchen waren es im Jahre 1911 18.147 von insgesamt 412.369 oder 4,4%, bei den Jungen 17.779 von insgesamt 397.998 oder 4,5%. Für die mittleren Volksschulen lauteten die entsprechenden Zahlen bei den Mädchen 139.421 (= 33,8%) und bei den Jungen 138.844 (= 34,9%). Zusammen ergibt dies immerhin einen Anteil von annähernd 40 % der Volksschulpflichtigen, die vor dem Ersten Weltkrieg eine mittlere oder höhere Volksschule besuchten. Blieb allerdings immer noch eine große Mehrheit, die "das kümmerliche Institut der einfachen Volksschule mit seinem völlig ungenügenden Maß von Unterrichtsstunden" absolvierte (SSZ 1912, Nr. 5, S. 81): 254.801 (= 61,8%) Mädchen und 241.375 Jungen (= 60,6% ; vgl. SSZ 1915, Nr. 15, S. 215). Wie sich schon aus diesen Zahlenangaben ergibt, waren die sächsischen Volksschulen in ihrer Mehrzahl einfache Volksschulen. Dies zeigt auch die folgende Tabelle:

Das zahlenmäßige Verhältnis zwischen den einfachen, mittleren und höheren Volksschulen in Sachsen vor 1918

Jahrlen	einfache	mittlere	höhere Volksschu-
1884	1929	175	12
1889	1985	208	12
1894	2005	210	39
1899	2006	221	45
1904	1993	252	52
1911	1984	309	66

(eigene Zusammenstellung nach RICHTER 1930, S. 302)

Neben der Staffelung des Schulgelds kam die Hierarchie der Volksschularten in einer Reihe weiterer unterschiedlicher Merkmale zum Ausdruck. So in der verschiedenartigen Handhabung der Ortsschulaufsicht. Während sie in mittleren und höheren Volksschulen in jedem Fall von Direktoren ausgeübt werden mußte, galt diese Regelung für die einfachen Volksschulen nur dann, wenn sechs oder mehr Lehrerinnen und Lehrer beschäftigt waren. In den übrigen Fällen, vor allem also an den kleineren einfachen Volksschulen in ländlichen Gebieten, lag die Ortsschulaufsicht in den Händen der jeweiligen Ortsgeistlichen, die meist auch als Vorsitzende der Schulvorstände fungierten (vgl. § 29 des Volksschulgesetzes von 1873, SEYDEWITZ 1910, S. 109). Weitere qualitativ gravierende Unterschiede ergaben sich ferner aus der höchst zulässigen Schülerzahl pro Klasse (60 in der einfachen, 50 in der mittleren und 40 in der höheren), der Gliederung nach Jahrgangsstufen (die einfache mußte mindestens zweistufig, die höhere Volksschule mindestens fünfstufig sein), der erteilten Unterrichtsstundenzahl, der Dauer der Schulzeit sowie der obligatorischen Lehrgegenstände. Während die Schülerinnen und Schüler der mittleren Volksschule in bezug auf die Unterrichtsfächer "eine nach Inhalt und Umfang das Ziel der einfachen Volksschule überragende Bildung erreichen" sollten (§ 13 Abs. 2, ebd., S. 50), ohne daß sich dabei die achtjährige Schulzeit verlängerte, schrieb das Gesetz für die höheren Volksschulen und ihre Besucher ein erweitertes Fächerangebot vor, u.a. mindestens eine (moderne) Fremdsprache und die Verlängerung der Schulzeit auf ein 9. bzw. 10. Schuljahr (vgl. § 13 Abs. 3, ebd.). Die höheren Volksschulen in Sachsen, deren (bescheidener) Ausbau vor allem ab 1889/90 einsetzte, lassen sich in etwa mit den preußischen Mittelschulen vergleichen. Wie bei diesen Mittelschulen, die es in Sachsen nicht gegeben hat, dürfen auch für die Etablierung der höheren Volksschule ähnliche ökonomische und politische Motive unterstellt werden. Einerseits trugen die Mittelschulen - wie übrigens auch die Fachschulen - den erhöhten und sich ausdifferenzierenden Qualifikationsanforderungen der industriellen Entwicklung Rechnung, andererseits stellten sie im Rahmen einer neuen Mittelstandspolitik einen gesellschaftspolitischen "Stabilisierungsversuch in der Situation verschärfter Klassenauseinandersetzungen" dar (HERRLITZ u.a. 1981, S. 97). Durch die Schaffung begrenzter individueller Aufstiegsmöglichkeiten sollte die Arbeiterschaft gespalten werden und "ein neuer Mittelstand von 'Angestellten' entstehen, der sein berufliches und soziales 'Sonderbewußtsein' (Kocka) vor allem durch angestrengte Abgrenzungsbemühungen 'nach unten' dokumentierte und sich eben dadurch als Bollwerk gegen die 'rote Gefahr', gegen die 'Irrlehren' der Sozialdemokratie bewährte" (ebd., S. 97 f.). Begrenzt waren die Aufstiegsmöglichkeiten deshalb, weil beide Schulen, Mittelschule wie höhere Volksschule, wohl eine "gehobene", über die "normale" Volksschule hinausgehende Bildung vermitteln durften, von der Erteilung sog. "Berechtigungen" - in diesem Fall in Form des begehrten "Einjährig-Freiwilligen Zeugnisses" - aber ausgeschlossen waren. Dies änderte sich erst in der Weimarer Republik. Darauf wird an anderer Stelle zurückzukommen sein. Das Privileg dieser und anderer Berechtigungen stand bis dahin ausschließlich den höheren Schulen zu und markierte den scharfen Trennungsstrich zwischen dem höheren Schulwesen auf der einen und den Mittelschulen und (höheren) Volksschulen auf der anderen Seite.[7] Im Unterschied zu den Mittelschulen dienten die höheren, in gewissem Umfang auch die mittleren Volksschulen in der Regel als vorbereitende Anstalten für die verschiedenen Typen des höheren Schulwesens. Denn gesonderte, meist private Vorschulen, wie sie in Preußen üblich waren, gab es in Sachsen nicht.[8] Der Besuch der einfachen Volksschule vermittelte dagegen selbst für den Eintritt ins Volksschullehrerseminar, das sich seit 1876 zum Kreis der höheren Schulen zählen durfte, eine nur unzureichende Qualifikation. Absolventen einfacher Volksschulen konnten die obligatorische Aufnahmeprüfung ohne zusätzlichen Privatunterricht (nicht nur wie ohnehin üblich in Latein) erhalten zu haben, praktisch nicht bestehen ("Bemerkungen zur neuen Prüfungsordnung für die Seminare", in: SSZ 1915, Nr. 15, S. 215 ff.).

Ein dritter Problemkomplex der damaligen Volksschule betrifft die Fragen von **Schulverwaltung und Schulaufsicht**. Es lassen sich drei Ebe-

---

[7] Herwig Blankertz weist auf die politische Funktion des Berechtigungswesens hin, wenn er schreibt, daß dieses "nicht nur die Waffe des Bürgertums gegen das Adelsprivileg (blieb), sondern ... sich härter noch als Instrument gegen die mit der Industrialisierung aufgetretene Arbeiterschaft (zeigte). Denn in der Gesellschaft der formal Gleichberechtigten behielten die Besitzenden die politische Macht in der Hand, weil der Zugang zu den Staatsämtern und den gesellschaftlich relevanten Funktionen allein über Berechtigungen ging, die einen Schul- und Ausbildungsgang voraussetzten, den die besitzenden Schichten ihren Kindern sehr viel leichter ermöglichen konnten als die Arbeiterschaft" (BLANKERTZ 1982, S. 181-186, Zitat S. 184).
[8] Lediglich diejenigen Mädchen, die eine höhere Mädchenschule besuchen wollten (und konnten), erhielten ihre dreijährige Vorbildung in eigens dafür vorgesehenen Vorschulen.

nen der Schulverwaltung und damit auch der -aufsicht unterscheiden. Die örtlichen Schulgemeinden auf der untersten, darüber die Bezirksschulinspektion auf der mittleren Ebene sowie an der Spitze das Ministerium für Kultus und öffentlichen Unterricht. Auf der untersten Ebene der Schulverwaltung und -aufsicht trat das konfessionelle Moment vergleichsweise noch am stärksten zutage; hier hatte der im Verlauf des 19. Jahrhunderts nicht zu übersehende Prozeß der Verweltlichung eher bescheidene Fortschritte gemacht ("Das Ende der Schulgemeinde", in: LLZ 1921, Nr. 19, S. 373 ff.). So lagen, wie wir noch sehen werden, die zentralen Probleme dann auch auf dieser Verwaltungs- und Aufsichtsebene, entstanden hier die gravierendsten Konflikte zwischen Volksschullehrerschaft und staatlichen Organen. In Sachsen existierten im Gegensatz zu den meisten anderen Ländern des Deutschen Reiches vor 1918 konfessionelle Schulgemeinden.[9] In § 9, Abs. 1 des 1873er Volksschulgesetzes hieß es dazu:

"Jede öffentliche Schule (bzw. die Gesamtheit der an einem Orte befindlichen öffentlichen Schulen) muß einen bestimmten, räumlich abgegrenzten Schulbezirk haben, welcher sich auch über mehrere Orte und Ortsteile erstrecken kann und welchem die bezüglichen selbständigen Gutsbezirke (exemte Grundstücke) zuzuteilen sind. Die Bewohner desselben bilden, unter Ausschluß der Angehörigen anderer Religionsbekenntnisse, welche eigene Volksschulen unterhalten, die Schulgemeinde" (SEYDEWITZ 1910, S. 33).

Diese Schulgemeinden waren zwar in der Regel deckungsgleich mit den politischen Gemeinden, juristisch jedoch grundsätzlich eigenständige Körperschaften des Öffentlichen Rechts, denen unter der Oberaufsicht des Staates die selbständige Verwaltung des Volksschulwesens zustand (vgl. § 9, Abs. 3, ebd., S. 34). In den Landgemeinden, kleineren und mittleren Städten war diese grundsätzlich gewährte Eigenständigkeit größtenteils tatsächlich realisiert, da der Schulvorstand, das geschäftsführende Organ der Schulgemeinde, seine Aufgaben weitgehend unabhängig von der politischen Gemeinde (Gemeinderat und Gemeindevertretung) wahrnehmen konnte. Der Schulvorstand wurde allerdings vom Gemeinderat gewählt.[10] Anders lagen die Verhältnisse in den Großstädten, in denen die sog. Revidierte Städteordnung galt. Die Trennung zwischen Schulgemeinde und poli-

---

[9] Zu den anderen Ländern vgl. "Der bisherige Aufbau der Schulbehörden in den deutschen Bundesstaaten", in: Jahrbuch des Zentralinstituts für Erziehung und Unterricht 1920, S. 108-148.
[10] Zum Schulvorstand vgl. §§ 24-28, SEYDEWITZ 1910, S. 89-109; siehe auch "Beiträge zur Frage der Staats- oder Gemeindeschule. I. Der Schulvorstand", in: LLZ 1918 Nr. 28, S. 278 f.

tischer Gemeinde war hier weitgehend überwunden. Den Organen der politischen Gemeinde oblag die Verwaltung. Beauftragt mit der Wahrnehmung dieser Aufgabe war ein Schulausschuß. Aufgrund der von der Gemeindeverfassung garantierten Rechte und Machtfülle gegenüber den gewählten Stadtverordneten lagen die entscheidenden Kompetenzen aber letztlich beim Stadtrat, d.h. in den Händen eines demokratisch nicht legitimierten Gremiums von Beamten, von dem vor 1918 Sozialdemokraten überhaupt ausgeschlossen blieben.[11] Der Schulausschuß war dem Stadtrat nach § 124 der Revidierten Städteordnung untergeordnet.[12]

Die für die Schulbezirke, also die mittlere Ebene der Schulverwaltung und -aufsicht zuständige Behörde nannte sich nach dem 1873er Schulgesetz Bezirksschulinspektion. Diese bestand nach § 35, Abs. 2 in Städten mit Revidierter Städteordnung aus dem Stadtrat und dem Bezirksschulinspektor, in allen übrigen Orten aus dem Verwaltungsbeamten des Bezirks und dem Bezirksschulinspektor (SEYDEWITZ 1910, S. 123). Die Bezirksschulinspektionen waren die nächste vorgesetzte Behörde der Ortsschulvorstände, ihre vorrangige Aufgabe bestand in der "Aufrechterhaltung der äußeren Ordnung" des Volksschulwesens (ebd., S. 123; zum "Wirkungskreis der Bezirksschulinspektion" vgl. § 35, S. 124-131). Der Aufgabenbereich der Bezirksschulinspektoren, die die Superintendenten der Kirche abgelöst hatten, gruppierte sich um die Aufsicht von Unterricht und Erziehung in der Volksschule (vgl. §§ 32/33 ebd., S. 116-123). Von der Aufgabenstellung her lag die unmittelbare Verantwortung für das Volksschulwesen bei den konfessionellen Schulgemeinden. Sie waren verpflichtet, die finanziellen Mittel für die "Errichtung und Unterhaltung der dem Bedürfnisse ihrer Mitglieder entsprechenden Volksschulen mit Einschluß der Fortbildungsschule aufzubringen ..." (§ 7 "Schulunterhaltungspflicht", ebd., S. 26 f.). Dies umfaßte auch die Lehrerbesoldung. Die Beschaffung der notwendigen Finanzen geschah auf dem Wege der Besteuerung der Schulgemeindemitglieder. Im Bedarfsfalle sollte der Staat Zuschüsse gewähren (ebd.). In den Großstädten, wo die Selbständigkeit der Schulgemeinde stark eingeschränkt war, zählte die Regelung der Schulfinanzen zum Tätigkeitsbereich der städtischen Or-

---

[11] Zur Problematik dieser Gemeindeverfassung insgesamt sowie zu deren Reformbemühungen nach 1918 vgl. Teil A dieser Arbeit.
[12] Vgl. "Zur Frage der Schulgemeinde", in: SSZ 1912, Nr. 17, S. 281 f. u. "Beiträge zur Frage der Staats- oder Gemeindeschule. II. Der Schulausschuß", in: LLZ 1918 Nr. 29, S. 294 ff.

gane, in den kleineren Gemeinden war sie bis zum Schulsteuergesetz von 1913 Sache der Schulvorstände, bis auch dort die Verantwortung auf die politische Gemeinde überging (Jahrbuch des Zentralinstituts für Erziehung und Unterricht 1920, S. 143).[13] Immer jedoch bestand die Regierung auf der vermögensrechtlichen Trennung zwischen Schulgemeinde und politischer Gemeinde. Sie tat dies in der Absicht, den eigenständigen Charakter der konfessionellen Schulgemeinden herauszuheben. Denn auf diese Eigenständigkeit wollte sie trotz aller Kompetenzverlagerungen zugunsten der politischen Gemeinden auf keinen Fall verzichten. So zwang die Regierung kurz vor dem Ersten Weltkrieg beispielsweise die Stadt Leipzig, die vermögensrechtliche Trennung auch tatsächlich zu vollziehen ("Das Ende der Schulgemeinde", in: LLZ 1921, Nr. 19, S. 374).

Dem Volksschulgesetz gemäß unterstützte das Land zunächst die bedürftigen Schulgemeinden mit Hilfe von Zuschüssen, mußte aber schon bald alle Schulgemeinden mit seinen Zahlungen berücksichtigen. Bis zum Ersten Weltkrieg hat es immer wieder neue gesetzliche Regelungen gegeben, die die staatliche Unterstützung bei der Aufbringung der Schullasten durch die Schulgemeinde regelten.[14] Trotz kontinuierlich steigender staatlicher Zuschüsse, die in erster Linie im Zusammenhang mit der demographischen Entwicklung und der daraus resultierenden Einstellung neuer Lehrkräfte gesehen werden müssen, waren viele Schulgemeinden nicht in der Lage, die erforderlichen Finanzmittel für eine gedeihliche Entwicklung des Volksschulwesens bereitzustellen. Ganz abgesehen davon, daß ein Teil der Schulgemeinden, meist in ländlichen Gebieten, jede Verbesserung des Volksschulwesens überhaupt bekämpfte, insbesondere dann, wenn dies mit höheren Kosten verbunden war. Dabei lagen gerade die finanziell leistungsfähigsten Schulgemeinden, so eine Statistik aus dem Jahre 1910, überwiegend in den eher ländlichen Regionen im nördlichen Teil Sachsens, u. a. in

---

[13] Infolge des Ersten Weltkrieges trat das Schulsteuergesetz erst am 1. Januar 1916 in Kraft ("Die wichtigsten gesetzlichen Grundlagen für die Deckung der Volksschulkosten", in: SSZ 1918, Nr. 36, S. 329-333).

[14] Vgl. "Die wichtigsten gesetzlichen Grundlagen für die Deckung der Volksschulkosten", in: SSZ 1918, Nr. 36, S. 329-333 u. "Die Übernahme der persönlichen Schullasten durch den Staat", in: SSZ 1920, Nr. 26, S. 390-393. Seit 1886 trat z.B. das Land die Hälfte der Grundsteuererträge der Schulgemeinden ab, regelte die Zuweisung aber dergestalt, daß die reicheren Landgemeinden mit ihren Grundbesitzern die größten Nutznießer waren (NITZSCHE 1903, S. 231 ff. u. RÜHLE 1904, S. 27 f.). Ab 1910 traten an Stelle der Grundsteuererträge staatliche Beihilfen.

den Bezirken Kamenz, Großenhain, Grimma, Oschatz, Borna, Meißen, Löbau, Bautzen und den Landbezirken von Dresden und Leipzig.[15]

Die Richtlinien für die Verteilung der staatlichen Finanzleistungen an die Schulgemeinden orientierten sich keineswegs nur an rein sachlichen Kriterien, etwa der unterschiedlichen Bedürftigkeit der einzelnen Schulgemeinden, sondern sie waren auch beeinflußt von politischen Erwägungen. Dies zeigte sich sehr deutlich vor allem in der Zeit vor dem Ersten Weltkrieg, als die Regierung mit dem "Dekret 5" eine gesetzliche Neuregelung der staatlichen Zuschüsse anstrebte. Dabei trat das Bemühen offen zutage, die ohnehin schon reicheren Schulgemeinden auf dem Land in vergleichsweise hohem Maße von den zukünftigen finanziellen Zuwendungen des Staates profitieren zu lassen. Der Großteil wesentlich bedürftigerer Schulgemeinden sah sich dagegen weniger großzügig bedacht. Zwar erhielten auch sie mehr als zuvor, keineswegs jedoch in dem Umfang, der ihrer finanziellen Lage und dem Zustand ihres Schulwesens entsprochen hätte. Die eigentlichen Opfer der gesetzlichen Neuregelung, im Frühjahr 1914 vom Landtag verabschiedet, aber waren die großen Städte mit der dort besonders stark vertretenen Industriearbeiterschaft, für die überhaupt keines Besserstellung vorgesehen war.[16] Das Gesetz schuf also keinen wirklich gerechten finanziellen Ausgleich zwischen finanzstarken und -schwachen Schulgemeinden. Es bot darüber hinaus keinen Anreiz mehr für die Schulgemeinden zum Ausbau ihres Volksschulwesens, da über die Berechnung der staatlichen Beihilfen nicht mehr wie bisher grundsätzlich die Zahl der Lehrerstellen entschied, sondern nun in ersten Linie die Schülerzahl. Eine schulpolitische Maßnahme zur Verbesserung des entwicklungsbedürftigen ländlichen Schulwesens läßt sich deshalb in dem Gesetz nicht sehen. Unter politischem Aspekt war es zum einen sicher ein Zugeständnis an die

---

[15] Vgl. SCHATTER, K.: Schullastenverteilung und Schullastenstatistik, in: SSZ 1914, Nr. 3, S. 33-36.

[16] Dies veranlaßte die Oberbürgermeister u.a. von Leipzig, Plauen und Bautzen als Mitglieder der Ersten Kammer des Landtages gegen den Gesetzentwurf der Regierung zu stimmen. Vgl. "Zum Entwurf eines neuen Schullastengesetzes", in: SSZ 1914, Nr. 2, S. 17 ff.; SCHATTER, K.: Schullastenverteilung und Schullastenstatistik, in: SSZ 1914, Nr. 3, S. 33-36; "Die Wirkungen von Dekret 5", in: SSZ 1914, Nr. 5, S. 74-77; "Aus dem Landtage. Die Verabschiedung eines Notgesetzes (Dekret 5)", in: SSZ 1914, Nr. 15, S. 271-276; "Aus dem Landtage. Das Dekret 5 in der Ersten Kammer", in: SSZ 1914, Nr. 19, S. 357 ff. und Nr. 20, S. 382 f. Zur Verteilung der staatlichen Zuwendungen an die Schulgemeinden "nach Gunst und Gnade und kommunalen Zufälligkeiten" und der oftmaligen Benachteiligung von Städten und Gemeinden mit Arbeiterschaft vgl. auch SCHULZ 1911, S. 215 ff.

(finanziellen) Interessen der konservativen grundbesitzenden Schichten auf dem Land. Der Affront gegen die großen Städte könnte zum anderen ein Indiz dafür sein, daß die sächsische Regierung sich finanziell nicht über das bislang erreichte Maß hinaus für ein städtisches Volksschulwesen engagieren wollte, dessen Standard man offiziell durchaus für ausreichend hielt, während die ihr zugewiesene Hauptaufgabe, die soziale und politische Disziplinierung der Schülerschaft, in diesem Umfeld zumindest nicht mehr uneingeschränkt gewährleistet schien. Befürchtungen in dieser Hinsicht wurden vor dem Ersten Weltkrieg von konservativer Seite wiederholt geäußert. In diesen Jahren war ja in der Tat deutlich geworden, daß gerade Teile der großstädtischen Volksschullehrerschaft sich nicht mehr so ohne weiteres in eine konservativ-klerikale Schulpolitik einbinden ließen, daß die dagegen vielmehr immer offener ihren Widerspruch artikulierten. Warum sollten die Regierenden solches Verhalten belohnen, indem sie mit erhöhten Zuschüssen an die Schulgemeinden zum Beispiel zur Verbesserung der Arbeitsbedingungen der Lehrerschaft beitrugen? Da bevorzugten sie ganz in obrigkeitsstaatlicher Manier schon eher disziplinarische Mittel, die auf einem überkommenen Dienststrafrecht fußten. Der (schul-)politischen "Unzuverlässigkeit" der großstädtischen Volksschullehrerschaft hoffte man im ländlichen Raum noch zu begegnen, die Loyalität der dortigen Lehrerschaft zu Kirche und Monarchie erfolgreicher stabilisieren zu können. Die bevorzugte Bezuschussung der ländlichen Schulgemeinden konnte in diesem Zusammenhang durchaus hilfreich sein, allein schon um die Betroffenen von der Hilfsbereitschaft und Wertschätzung der Regierung der ländlichen Volksschule gegenüber zu überzeugen. Zumindest was ihre Sozialisationsfunktion anbetraf, galt sie den Konservativen ja tatsächlich noch am ehesten als das Idealbild der Volksschule und daher auch als Rekrutierungsreservoir für den Volksschullehrernachwuchs als besonders interessant und geeignet. Dafür waren sie sogar erstens bereit, gewisse Zugeständnisse an die formalen Eintrittsvoraussetzungen für die Lehrerseminare zu machen und zweitens gewillt, Vorsorge zu treffen, daß Bewerber aus politisch unliebsamen, sprich sozialdemokratisch orientierten Elternhäusern der Weg ins Seminar nach Möglichkeit von vornherein versperrt blieb ("Bemerkungen zur neuen Prüfungsordnung für die Seminare", in: SSZ 1915, Nr. 15, S. 215 ff.). Diese mit dem ländlichen Volksschulwesen ebenfalls zusammenhängenden Maßnahmen lassen keinen Zweifel über die politischen Absichten der sächsischen Regierung, nämlich neue Wege zu erschließen, um die Volksschule und ihre Lehrerschaft vor dem Ersten Weltkrieg wieder stärker auf einen konservativen, herrschaftskonformen Kurs zu bringen. Vor allem wenn wir die bevorzugte finanzielle Entlastung der ländlichen, auch wohlhabenden Schulgemeinden im Kontext der gesamten Volksschulpolitik jener Jahre betrachten, wird ihre politische Motivation deutlicher sichtbar.

Aufschlußreich für eine Beurteilung des finanziellen Engagements des sächsischen Staates hinsichtlich der Volksschule ist auch ein vergleichender Blick auf die Leistungen, die er für das übrige Bildungswesen aufzubringen bereit war. Wie sich die Finanzzuwendungen des Staates auf die verschiedenen Zweige des Bildungswesens im Jahre 1884 verteilten, zeigt die folgende Tabelle:

Staatliche und gemeindliche Zuschüsse zum sächsischen Bildungswesen im Jahre 1884

	Zuschuß pro Schüler		Schulgeld pro Schüler
	Staat	Gemeinde	
Universität Leipzig	248,78 M.	-	14,52 M.
Polytechnikum Dresden (spätere TH Dresden)	625,36 M.	-	46,16 M.
Bergakademie Freiberg	484,48 M.	-	55,04 M.
Forstakademie Tharandt	414,87 M.	-	134,81 M.
Gymnasium	104,52 M.	41,44 M.	132,27 M.
Realgymnasium	57,79 M.	89,57 M.	92,47 M.
Realschulen	71,25 M.	59,30 M.	91,16 M.
Volksschulen (mit Seminaren und Taubstummenanstalten)	2,72 M.	12,82 M.	7,26 M.

(nach RÜHLE 1904, S. 23)

Von der finanziellen Ausstattung her gesehen, zeigt sich abermals die eklatante Benachteiligung der Volksschule und die Privilegierung des höheren Bildungswesens. Steigende Ausgaben für das Volksschulwesen in den nächsten Jahrzehnten änderten grundsätzlich nichts an dem krassen Mißverhältnis zwischen den Aufwendungen für die Schule der breiten Mehrheit des Volkes einerseits und für jene Bildungsanstalten, die vornehmlich höheren Sozialschichten vorbehalten blieben, andererseits. Im Jahre 1909 betrug der jährliche Zuschuß des Staates für einen Volksschüler etwa 14 Mark, für einen Gymnasiasten 162 Mark, für einen Absolventen der Universität Leipzig durchschnittlich 645 Mark, für einen der TH Dresden 750 Mark, der Forstakademie Tharandt 972 Mark und für einen Absolventen der tierärztlichen Hochschule in Dresden im Durchschnitt 1116 Mark. Der Gesamtzuschuß für die Volksschule betrug 11,35 Millionen Mark.[17] Der Beitrag des Staates zur Finanzierung der Volksschule wie die prinzipielle Regelung der Schullastenfrage waren aufs Ganze gesehen wenig geeignet, eine landesweit gleichmäßige und fortschrittliche Volksschulentwicklung zu gewährleisten.

Neben der Errichtung und Unterhaltung der Volksschulen bestand die zweite zentrale Aufgabe der Schulgemeinden in der Schulaufsicht. Dieses dem Schulvorstand übertragene unmittelbare Aufsichtsrecht über die Lehrerschaft, die sog. Ortsschulaufsicht, wurde im Auftrag des Staates entweder von Volksschuldirektoren oder den Schulvorständen angehörenden Pfarrern ausgeübt (§ 29 des 1873er Volksschulgesetzes, SEYDEWITZ 1910, S. 109). Von Volksschuldirektoren immer dann, wenn sechs oder mehr Lehrerinnen und Lehrer beschäftigt waren oder es sich um mittlere oder höhere Volksschulen handelte. In den übrigen Fällen, vor allem also an den kleineren einfachen Volksschulen in ländlichen Gebieten, von den jeweiligen Ortspfarrern, die vielfach auch als Vorsitzende der Schulvorstände fungierten. Anfang der neunziger Jahre des 19. Jahrhunderts standen in Sachsen rund 5.500 Volksschullehrerinnen und -lehrer unter der Aufsicht von Direktoren und gut 3.000 unter der Aufsicht von Geistlichen (RICHTER 1930, S. 338).

Von den größeren Ländern kannten vor dem Ersten Weltkrieg neben Sachsen nur noch Preußen und Bayern die Ortsschulaufsicht (Jahrbuch des Zentralinstituts für Erziehung und Unterricht 1920, S. 133). Die Volksschullehrerschaft forderte schon sehr früh zunächst die Beseitigung der

---

[17] Vgl. SPANGENBERG, H.: Aufwand des sächsischen Staates für je einen Schüler der öffentlichen Unterrichtsanstalten bis nach beendigter Ausbildung, in: SSZ 1912, Nr. 24, S. 399 f.

geistlichen Schulaufsicht. So bereits während der Beratungen des 1835er Volksschulgesetzes im "Schul- und Ephoral-Boten aus Sachsen" - der späteren Sächsischen Schulzeitung - mit der Begründung, dem Pfarrer fehle für die Aufgabe die fachliche Befähigung. Der erreichte Standard ihrer beruflichen Qualifikation sowie ihres politischen und standespolitischen Bewußtseins mußte der Volksschullehrerschaft die den Pfarrern verbliebene Ortsschulaufsicht vor dem Ersten Weltkrieg erst recht als unzeitgemäß, wenn nicht gar als Provokation erscheinen lassen. In der angestrebten Trennung von Schule und Kirche galt die Beseitigung dieses konfessionellen Reliktes in der staatlichen Schulaufsicht als eines der vorrangigen Ziele. Neben der geistlichen ging es der Lehrerschaft schließlich um die Aufhebung der Ortsschulaufsicht überhaupt und damit der Doppelaufsicht. Denn neben der Ortsschulaufsicht unterstanden die Lehrerinnen und Lehrer ja noch der Bezirksschulaufsicht durch den Bezirksschulinspektor. Dieses hierarchisch abgestufte, doppelte Aufsichtssystem empfand die Volksschullehrerschaft als eine über das notwendige Maß hinausgehende Einengung ihrer persönlichen und beruflichen Freiheitsrechte. Vor allem das den Direktoren zustehende Hospitationsrecht und die damit einhergehende Befugnis, den gesamten Unterricht der Lehrerinnen und Lehrer bis hin zu den kleinsten methodischen Einzelfragen zu reglementieren, war in den Jahren vor dem Ersten Weltkrieg wiederholt Anlaß für Konflikte zwischen der überwiegend schulreformfeindlichen Direktorenschaft auf der einen und der reformorientierten Volksschullehrerschaft auf der anderen Seite gewesen (HERTEL 1921, S. 53 ff.; PÄTZOLD 1926, S. 47 ff.). Das Verhältnis zwischen diesen beiden Gruppen prägte weniger das Prinzip der Kollegialität als das von Befehl und Gehorsam. Die Volksschullehrerinnen und Volksschullehrer, die nach der Jahrhundertwende im Unterricht pädagogisch neue Wege gehen wollten, stießen sehr schnell an die Grenzen einer autoritären Direktorenherrschaft (PEHNKE/STÖßEL 1987, S. 45 f.). Organisiert und staatlich legitimiert trat diese in Form der Direktorenkonferenz in Erscheinung. Die Direktorenkonferenz durfte beispielsweise in den Städten als beratendes und begutachtendes Gremium dem Schulausschuß oder Stadtrat offiziell Stellungnahmen und Empfehlungen abgeben. Die organisierte Volksschullehrerschaft, die sich erklärtermaßen in ihren schulpolitischen und pädagogischen Vorstellungen von diesen konservativen Direktorenkonferenzen nicht repräsentiert fühlte, blieb dagegen von einem wirklichen, demokratisch legitimierten Mitspracherecht ausgeschlossen.

Schulverwaltung und Schulaufsicht - welche Ebene und Stelle auch betrachtet wird - waren insgesamt gesehen obrigskeitsstaatlich-bürokratisch gelenkt und kontrolliert und dabei demokratischer Kontrolle weitgehend entzogen. Für Mitsprache- und Mitgestaltungsmöglichkeiten etwa von seiten der Lehrer- und Elternschaft blieb da kein Raum.

Der **letzte Problemkomplex** betrifft die **pädagogische Seite der Volksschule**, berührt vor allem Fragen der Didaktik und Methodik sowie der Beziehungen zwischen Lehrer- und Schülerschaft. Diese innere pädagogische Praxis der Volksschule war mit den zuvor skizzierten äußeren organisatorischen Merkmalen und Problemen vielfältig verflochten. Schüler-Lehrer-Relation, Jahrgangsklassengliederung, Ausstattung, praktizierte Schulaufsicht sowie überhaupt der konfessionelle Charakter, die ständische Gliederung und - nicht zu vergessen - die soziale Lage der Schülerschaft beeinflußten ganz entscheidend auch die Qualität der pädagogischen Prozesse. Und die Indienstnahme der Volksschule zur Sicherung und Legitimierung überkommener Herrschaftsverhältnisse mußte sich in der Art und Weise ihrer inneren Gestaltung niederschlagen. Die Schule einer autoritär und militaristisch verfaßten Gesellschaft, wie sie sich zu Beginn des 20. Jahrhunderts nicht nur in Sachsen zeigte, konnte auch von ihrer Binnenstruktur her kaum anders als autoritär geprägt und von militärischem Geist erfüllt sein. Entsprechend gestaltete sich das Verhältnis von Lehrer- und Schülerschaft. Schon rein optisch wurden Hierarchie und Distanz zwischen beiden im erhöhten Platz des Lehrers bzw. der Lehrerin im Klassenzimmer herausgestellt, auch wenn man berücksichtigen muß, daß es dem Lehrer gleichzeitig den Überblick über seine häufig große Klasse erleichterte. Die Schülerinnen und Schüler saßen in langen Reihen hintereinander an fest miteinander verbundenen Tischen und Bänken. Der strengen Form der Sitzordnung entsprachen die gesamten erzieherischen wie unterrichtlichen Methoden und Ziele. Der Leipziger Seminarlehrer Johannes Kühnel hat diese in seinem Buch "Die alte Schule" (1924) einer scharfen Kritik unterzogen. So schrieb er u.a.:

"Die alte Schule begann damit, das 6jährige Kind 'zu Ruhe und Ordnung' zu erziehen, d.h. zum Stillsitzen mit gestrecktem Körper, gefalteten Händen und nebeneinander gestellten Füßen. Das gelang ihr, indem sie barbarisch jede Bewegung unterdrückte. Noch im Jahre 1908 finden sich in einem vielge-

> *kauften methodischen Werke genaue Anweisungen, wie man 'den kleinen Störenfried, der die Händchen auseinander nimmt', gründlich kurieren kann; sechserlei strafende Einwirkungen sind dort zu lesen" (KÜHNEL 1924, S. 84 f.).[18]*
>
> *"Zur 'straffen Disziplin'", so Kühnel weiter, "die die Voraussetzung war 'für jeden gedeihlichen Unterricht', gehörte neben der bewegungslosen, gleichmäßigen Haltung vor allem das Schweigen. Mäuschenstill mußte es immer sein, und der Lehrer, nervös, hörte jedes kleinste Geräusch, unterdrückte es, bestrafte es.*
>
> *(...)*
>
> *Neben dem Stillsitzen und Schweigen erschien als Kennzeichen einer 'guten Disziplin' dies, blitzschnell in die Höhe zu fahren beim Antworten. Wenn es nicht schnell und 'exakt' genug ging, wurde es besonders geübt" (ebd., S. 86).*

Das drillmäßige und auf strikte Einhaltung von Disziplin hin angelegte Erziehungs- und Unterrichtsgeschehen äußerte sich nach Kühnel auch darin, daß meist alle Schülerinnen und Schüler gleichzeitig dasselbe taten;

> *"alle lasen, alle schrieben, alle rechneten, alle hörten dasselbe, alle dachten dieselben Gedanken, alle sprachen dasselbe aus - das ist keine Übertreibung, sondern war Normalbetrieb, ja hundertmal des Tages wurde es buchstäblich verlangt, im Chorsprechen, das als ganz besonders wirksames Unterrichtsmittel galt" (ebd., S. 87).*

Aufrechterhalten werden sollten Disziplin und Unterordnung in der Volksschule vor allem durch die körperliche Züchtigung, weniger beschönigend auch Prügelstrafe genannt, während man in den höheren Schulen - dem klassischen Erziehungsziel für die dort unterrichtete Schülerschaft entsprechend - eher 'gemäßigte' Strafmittel bevorzugte wie Strafarbeiten, Nachsitzen, Arrest, Eintrag ins "Schuldbuch", schlechte "Fleiß- und Sittenzensuren" u.ä. (ebd., S. 79-84). Nach Kühnel waren dies - alles zusammengenommen - untrügliche Merkmale einer "Erziehung zum Werkzeug, zur Herde, zur gehorsamen Masse, zum Untertan. Die Persönlichkeit wurde planmäßig unterdrückt" (ebd., S. 87).

Die eigentliche Unterrichtsmethodik fügte sich dem nahtlos ein. Im Mittelpunkt des Unterrichts stand die Lehrerpersönlichkeit, die mit Unterstützung des Lehrbuchs den Stoff vermittelte. Dies geschah mit der immer gleichen, einzig anerkannten und gültigen Methode, den sog. "Formalstufen", wie sie von Johann Friedrich Herbart (1776 - 1841) begründet und von den "Herbartianern" (u.a. Ziller, Rein und Willmann)

---

[18] Der Begriff "alte Schule" wurde von Kühnel und anderen Reformpädagogen in Abgrenzung zur "neuen", reformpädagogisch orientierten Schule benutzt (vgl. KÜHNEL ebd., S. 15 f.).

weiterentwickelt worden waren. Für die Schulpraxis blieb schließlich von Herbarts Intentionen nur noch ein starrer Schematismus übrig, der den Ablauf jeder Schulstunde streng reglementierte und die Schülerinnen und Schüler zu weitestgehender Passivität und rezeptivem Verhalten im Unterricht verurteilte. Ihre Aktivität beschränkte sich darauf, Lehrerfragen zu beantworten sowie Dargebotenes drillmäßig und mechanisch zu üben, etwa in Form des erwähnten Nachsprechens oder Nachlesens im Chor.

Entscheidend für den Unterricht waren immer Pensum und Ziel des Lehrplans, vernachlässigt wurden dagegen - so eine häufig geübte Kritik - der Entwicklungsstand des Schulkindes, seine Lebensumwelt, seine Interessen sowie Selbständigkeit und Selbsttätigkeit im Unterricht (KÜHNEL 1924, S. 88-109; ders. 1922; Wünsche der sächsischen Lehrerschaft ... 1911, S. 14 ff.). Dies galt vor allem für Religions- und Katechismusunterricht, die von ihren Aufgaben und Zielsetzungen her als besonders dogmatisch empfunden, mit Lehr- und vor allem Memorierstoff überfrachtet und in extremer Weise als nicht kindgemäß gestaltet angesehen wurden (vgl. Wünsche der sächsischen Lehrerschaft ... 1911, S. 37-49). "Stoffschule", "Buchschule", "Lernschule" oder auch "Drillschule" waren zeitgenössische Begriffe zur Kennzeichnung der erzieherischen wie unterrichtlichen Problematik der "alten Schule". Was die Volksschule anbelangt, erscheint mir der Begriff "Drillschule" der aussagefähigste, insofern er über die rein pädagogische Problematik hinaus noch am ehesten auf den autoritären und militärischen Geist der Volksschule und somit auf ihre politische Funktion, die Untertanenerziehung, verweist.

2. Das Reformprogramm des Sächsischen Lehrervereins: Allgemeine Volksschule/Einheitsschule - Weltliche Schule - Arbeitsschule

Das **Programm der sächsischen Schulreformer** zur Lösung der zentralen Probleme der Volksschule nach 1918 läßt sich zusammengefaßt auf die drei Begriffe **allgemeine Volksschule/Einheitsschule, weltliche Schule** und **Arbeitsschule** bringen. Neben anderen waren diese keineswegs eindeutigen Begriffe in der zeitgenössischen Schulreformdiskussion weit verbreitet und wurden von den unterschiedlichsten Personen und Gruppierungen für ihre jeweiligen pädagogischen Programme in Anspruch genommen. So ist zu zeigen, welche spezifischen Inhalte, Aufgaben und Zielsetzungen die Reformer in Sachsen damit verbanden.

Vorab ist festzuhalten , daß dieses Reformprogramm seiner Intention nach auf eine grundlegende, im wahrsten Sinne des Wortes radikale Demokratisierung des Bildungswesens, letztendlich auch der Gesellschaft insgesamt hin angelegt war. Die sächsischen Reformer traten für eine Schulreform ein, die mehr zu sein beabsichtigte "als die Überlegung, wie man 'altbewährte' Stoffe zeitgemäßer und kindertümlicher weitergibt" ("Leben und Schulerneuerung", in: SSZ 1922, Nr. 18, S. 333 f., Zitat S. 334). Der vielzitierte reformpädagogische Grundsatz "vom Kinde aus" gelangte zwar auch bei den Reformern in Sachsen zu einer gewissen Bedeutung durch die Forderung nach Berücksichtigung neuerer entwicklungspsychologischer Erkenntnisse bei der Schularbeit, er war jedoch keineswegs der allein-dominierende Gesichtspunkt der Reformvorstellungen. In einem Bericht der Humboldt-Versuchsschule in Chemnitz aus dem Jahre 1928 hieß es diesbezüglich:

"Man darf der Meinung sein, daß jene sentimentale Pädagogik 'Vom Kinde aus' in den Schulstuben viel weniger ihr Unwesen getrieben hat, als es nach der pädagogischen Literatur der unmittelbar auf die Staatsumwälzung folgenden Jahre den Anschein haben konnte ..." (zit. n. "Der gegenwärtige Stand der pädagogischen Bewegung in Sachsen", in: LLZ 1929, Nr. 17, S. 466-469, Zitat S. 467).

Die Chemnitzer Reformer um Ottomar Fröhlich, Fritz Müller, Kurt Riedel, Max Uhlig u. a., aber auch diejenigen aus Leipzig oder Dresden verfolgten eben nicht nur rein pädagogische, sondern gleichzeitig auch bildungs- und gesellschaftspolitische Reformziele, die sie wissenschaftlich einerseits aus der Pädagogik und Psychologie, andererseits aber soziologisch von den Erfordernissen einer demokratischen Gesellschaft her ableiteten. Schon vor dem Ersten Weltkrieg am Ende der Auseinandersetzungen um die Volksschulreform 1913 lehnte der SLV das Ansinnen der Konservativen, sein Engagement zukünftig auf die Pädagogik zu beschränken und sich politisch zurückzuhalten, kategorisch ab. Die SSZ antwortete offiziell u.a.: "Die sächsische Lehrerschaft wird sich wie bisher mit den Fragen der Erziehung beschäftigen und notwendigerweise schulpolitisch und politisch stark interessiert sein" ("Die Friedenshand der Konservativen", in: SSZ

1913, Nr. 1, S. 3 f., Zitat S. 4). Diese Erklärung stand in Einklang mit dem vergleichsweise fortschrittlichen Schulprogramm, das der SLV in den Jahren zuvor erarbeitet und 1911 veröffentlicht hatte. Hierin war, nicht zuletzt in der Verknüpfung von innerer und äußerer Schulreform, zumindest schon grundgelegt, was die sächsische Volksschullehrerschaft dann spätestens seit dem politischen Umbruch 1918/19 pädagogisch wie bildungspolitisch weiterentwickelte und gemeinsam mit der Sozialdemokratie zu verwirklichen trachtete. Was der SLV seit dieser Zeit hinsichtlich seines Schulprogramms deutlich schärfer akzentuierte und stärker, als es bisher möglich gewesen war, in den Vordergrund rückte, war sein sozial-demokratisches Fundament sowie damit zusammenhängend sein gesellschaftspolitischer Anspruch, Schule und Erziehung in den Dienst der zukünftigen demokratischen Gesellschaft zu stellen. Wenn im folgenden detaillierter auf das Reformprogramm des SLV eingegangen wird, soll dies daher stets sowohl unter pädagogischen als auch unter bildungs- und gesellschafts**politischen** Aspekten geschehen. Uns interessiert das Programm sowohl hinsichtlich der darin dem einzelnen Individuum zugestandenen Möglichkeiten von Bildung und individueller Entfaltung als auch der dort artikulierten Gesellschaftsvorstellungen und -konzepte.

Die **Träger** solcher Konzepte innerhalb des SLV waren pädagogisch **und** politisch denkende und handelnde Schulreformer, die sich nach 1918 in erster Linie der Sozialdemokratie (SPD und USPD) angeschlossen hatten, zumindest mit ihr sympathisierten. Sie gehörten mehrheitlich den drei großstädtischen Bezirksvereinen Leipzig, Dresden und Chemnitz an, wie insbesondere Otto Erler, Johannes Lang, Walther Kluge, Karl Rößger, Erich Viehweg, Martin Weise, Arthur Arzt, Karl Trinks, Fritz Müller, Ottomar Fröhlich und Kurt Riedel. Sie vertraten politisch gesehen einen ethischen Sozialismus oder Kultursozialismus, wie wir ihn bereits im ersten Teil unserer Arbeit als das im SLV vorherrschende Sozialismusverständnis hervorgehoben haben.[19] Unter Berufung auf die Forderungen der Französischen Revolution: Freiheit, Gleichheit, Brüderlichkeit, auf Johann Gottlieb Fichte, die Ethik Kants sowie damit zusammenhängend auf den Neukantia-

---

19 Zur Bedeutung der "Kultursozialisten für die sozialdemokratische Bildungs- und Kulturarbeit vgl. SCHLEY 1987, S. 127 f. (dort weitere Literaturhinweise); VAN DER WILL/BURNS 1982. Nach 1945 hatten die ethischen Sozialisten/Kultursozialisten innerhalb der Sozialdemokratie bedeutenden Einfluß auf die

nismus[20] wie ihn insbesondere Paul Natorp[21] vertrat, engagierten sie sich für eine Umgestaltung der bestehenden gesellschaftlichen Verhältnisse zu einer grundlegend demokratisch und sozial gerecht gestalteten Gesellschafts- und Wirtschaftsordnung. Unter "Sozialisten" verstanden diese Vertreter des SLV in erster Linie sozial denkende, empfindende und sozial handelnde Menschen. Martin Weise, Sozialdemokrat, "Entschiedener Schulreformer", Versuchsschullehrer und später Dozent in der Volksschullehrerausbildung, verlieh 1920 seinem Sozialismusverständnis in Abgrenzung zum "Individualismus" durch folgende Charakterisierung Ausdruck:

> *"Der Sozialismus: Für seine Anhänger ist das Ganze, die Gemeinschaft und ihr Recht, der Ausgangspunkt. Sie stellen Mangel an Sinn und Gefühl für das Leben und Wirken in und für die Gemeinschaft, für das auf gemeinsamen Grundlagen geschulte Volksganze bei ihren Gegnern fest. Die Anhänger des Sozialismus sind davon überzeugt, daß ohne Zusammenschluß, ohne Gemeinschaftsarbeit und Gesinnungseinheit keine Kultur geschaffen werden könne. Ihnen besteht der Staat nicht aus einigen wenigen zur Führerschaft und Verwaltung Berufenen, sondern aus der Gesamtheit aller Volksglieder ..."*
> *(WEISE 1920, S. 438; vgl. ders. 1921).*

Und Karl Rößger, der, von Max Greil berufen, das Arbeitsschulkonzept des Leipziger Lehrervereins nach Thüringen brachte, schrieb in seinem 1927 erschienenen Buch "Der Weg der Arbeitsschule" unter Berufung auf Fichtes Gesellschaftsvorstellungen: "Das Ziel Fichtes ist ein in sich geschlossenes Volk von Freien, die sich freiwillig der Gemeinschaft unterordnen und ihr bis zur Selbstaufopferung dienen. Das ist die denkbar stärkste Gebundenheit: ethischer Sozialismus" (RÖßGER 1927, S. 5). Im Zusammenhang seines Kapitels über den sozialen Gedanken ergänzte Rößger seine Vorstellungen dahingehend, daß "Sozialismus ohne soziale Gesinnung, etwa lediglich als Wirtschaftsform, unvollkommen (ist). Unerörtert mag bleiben, ob der Weg zur Gesinnung über die Wirtschaftsform geht oder umgekehrt, Tatsache ist, daß heute soziale Gesinnung als sittliche Notwendigkeit empfunden wird. Und die sagt einfach: Du bist als einzelner nicht für dich da, sondern als Teil des Ganzen bist du diesem und allen seinen Gliedern verpflichtet" (ebd., S. 143).

Bildungsprogrammatik der SPD. Vgl. dazu kritisch HIMMELSTEIN 1986, S. 213-217.
[20] Zum Neukantianismus und seinem Verhältnis zum Sozialismus vgl. RICHARTZ 1981, insbes. S. 62-109.
[21] Zu Paul Natorp und seinen Gesellschafts- und Erziehungsvorstellungen vgl. MARXEN 1984, S. 83-119.

Nicht historischer und dialektischer Materialismus und Diktatur des Proletariats galten als Weg zum Sozialismus, sondern in erster Linie soziale Gesinnung auf ethisch-wissenschaftlicher Grundlage. Entsprechend hob beipielsweise Karl Trinks in seinem Bericht über den ersten sozialdemokratischen Lehrertag in Dresden 1921 in der SSZ die **"Emanzipation (der Tagung, B.P.) vom sozialistischen Dogma, vom** historischen Materialismus" positiv hervor und identifizierte sich persönlich voll und ganz mit dieser Entwicklung.

> *"Es wurde mehrfach", so Trinks "- nicht nur von jungsozialistischer Seite, sondern auch von älteren erfahrenen Sozialisten, von Dr.Radbruch, Hänisch, Dr. David - offen ausgesprochen, daß der historische Materialismus als Grundlage der kommenden sozialistischen Weltanschauung allein nicht genügen kann. Sie waren einig in dem Betonen der Notwendigkeit selbständiger starker ideeller und voluntaristischer Anstöße für die Weiterentwicklung der Kultur. Die Jugend will nicht warten, bis die wirtschaftliche Evolution die neue sozialistische Gesellschaft und damit den 'Sprung in die Freiheit', in das reine Vernunftwirken bringt. Wir wollen mehr sein als nur Produkte unsrer Zeit, die elend genug ist. Sie soll uns aber nicht verelenden, wir wollen Produzenten unsrer Zeit sein" (TRINKS, Karl: Zum 1. sozialdemokratischen Lehrertag, in:SSZ 1921 Nr.11, S. 197f., Zitat S. 198).*

Und die Leipziger Lehrerzeitung schrieb im selben Sinne in ihrer Würdigung des schulpolitischen Teils des Görlitzer Programms der SPD von 1921:

> *"Maßgebende Führer der sozialdemokratischen Partei haben auf den Dresdner Kulturtagen Ostern 1921 wiederholt hervorgehoben, daß der Sozialismus nicht nur eine Frage der ökonomischen Entwicklung, nicht nur ein Mittel zur Erringung der politischen Macht, sondern in erster Linie auch eine Erziehungsfrage, eine Kulturfrage ist: und diese Erkenntnis, die sich glücklicherweise in immer weiteren Kreisen Bahn bricht, hat dazu geführt, daß das neue Programm der sozialdemokratischen Partei zu den brennenden Kulturfragen der Gegenwart in viel eingehenderer Weise Stellung nimmt, als das Erfurter Programm vom Jahre 1891" ("Das neue Kulturprogramm der Sozialdemokratie", in LLZ 1921, Nr. 34, S. 681f., Zitat S. 681).*

Sozialistische Gesellschaft bedeutete dementsprechend für diese ethisch motivierten Sozialisten eine (Arbeits-) Gemeinschaft von nicht nur im formal-juristischen Sinne gleichberechtigten Menschen, deren wichtigste Aufgabe u.a. darin bestehen sollte, auf Milderung und Ausgleich von sozialen Gegensätzen und damit auf eine (sozialistische) Gemeinschaftskultur hinzuarbeiten, um schließlich nicht nur eine demokratische, sondern auch eine auf sozialer Gerechtigkeit basierende Gesellschaft aufzubauen. Vielfältig waren die Begriffe, die die sozialistisch orientierten Schulreformer zur Kennzeichnung einer solchen Gesellschaft benutzten: "Volksstaat",

"Rechts- und Kulturstaat", "sittliches Gemeinwesen", "sittliche Rechtsgemeinschaft", "Kulturgemeinschaft", "Volksgemeinschaft". Wie schillernd und wenig eindeutig diese Begriffe damals auch gewesen sein mögen, von den verschiedensten politischen Richtungen benutzt und mit jeweils ganz unterschiedlichen politischen Inhalten gefüllt, und so problematisch uns heute der Gemeinschaftsbegriff nach den Erfahrungen mit der faschistischen "Volksgemeinschaft" auch erscheinen muß, eins gilt es dabei zu beachten: Der Gemeinschaftsbegriff der sächsischen Schulreformer trug eindeutig demokratischen Charakter. Volksgemeinschaft oder Kulturgemeinschaft beinhaltete bei ihnen neben gleichberechtigter Partizipation der Menschen an allen Angelegenheiten der Gesellschaft eben auch Förderung sozialer Gerechtigkeit zugunsten der breiten Mehrheit der Bevölkerung nicht zuletzt auch durch eine entsprechende antikapitalistische Wirtschaftsordnung, wie sie anhand des Wirtschaftsprogramms des SLV im ersten Teil vorliegender Arbeit schon vorgestellt wurde. Daß die Gemeinschaftsvorstellungen eines Erich Viewweg[22], Martin Weise, Otto Erler, Ottomar Fröhlich und anderer Gleichgesinnter des SLV übrigens im Gegensatz zu führenden bürgerlichen Reformpädagogen wie etwa Peter Petersen nicht mit der nationalsozialistischen "Volksgemeinschaft" zu vereinbaren waren, zeigt sich allein schon daran, daß die Genannten 1933 von den Nationalsozialisten ihrer Ämter enthoben und an der Verbreitung ihrer pädagogisch-politischen Vorstellungen gehindert wurden.[23]

---

[22] Auf der Vertreterversammlung des DLV 1932 in Rostock wies Erich Viehweg auf die Problematik des Volksgemeinschaftsbegriffs hin: "Es ist nun heutzutage mal nicht so ..., daß die Worte Volkstum, Volksgemeinschaft und Volksstaat vollkommen einheitlich aufgefaßt würden. Wir ... wissen, wie sie gemeint sind; aber wenn diese Worte hinausklingen, können sie verschieden aufgefaßt werden, und man kann uns den Vorwurf machen, daß wir nicht eindeutig diese Worte interpretiert haben, indem wir sagen: wir meinen den Volksstaat der Reichsverfassung. Es gibt einen demokratischen Begriff des Volkstums, der Volksgemeinschaft, des Volksstaates. Es gibt einen demokratischen Begriff der Mündigkeit, und es gibt heutzutage ... einen undemokratischen Begriff des Volkes, einen auch ernstgemeinten selbstverständlich, einen undemokratischen Begriff vom Volksstaat und sogar von Volksmündigkeit. Das ist der Grund, daß wir das Wort der Reichsverfassung zitieren müssen, wir müssen uns entscheiden für Demokratie gegen Diktatur" (zit. nach BÖLLING 1978, S. 215).

[23] Dennoch bleibt aus heutiger Sicht kritisch zu fragen, ob die sächsischen Reformer mit ihrer Verwendung des Gemeinschaftsbegriffs, auch wenn er eindeutig demokratisch fundiert sowie eine wirtschaftlich und sozial gerechtere Gesellschaftsordnung einschloß, nicht Hoffnungen auf eine Gesellschaft weckten, die, wie sich doch schon sehr bald herausstellte, von den demokratischen Kräften nicht erfüllt werden

Aus dem politischen Grundverständnis der führenden Reformer des SLV heraus wird verständlich, daß sie für die angestrebte gesellschaftliche Entwicklung hin zu einer demokratischen und nach obigem Verständnis sozialistischen Gesellschaft Bildung und Erziehung, und zwar eine neue, demokratische Erziehung, für einen ganz entscheidenen Faktor hielten. Bei dem Sozialdemokraten Johannes Lang, 1920 Zweiter Vorsitzender des LLV und führender Repräsentant der AsL, hieß es dazu in seiner Schrift "Die allgemeine Volksschule als Arbeitsschule und weltliche Schule":

> "Der alte Obrigkeitsstaat ist durch die Novemberstürme hinweggefegt worden; er liegt in Trümmern. Die Revolution hat uns den Volksstaat gebracht; wir bauen noch daran. Alle Vorrechte sind beseitigt. Jeder Staatsbürger ist zur Teilnahme am Staatsleben, an Regierung und Verwaltung berechtigt und zur Mitarbeit verpflichtet. Die Entscheidung über die Geschicke des Volkes und die künftige Entwicklung liegt mit in seinen Händen, aber auch die Mitverantwortung. Jeder Einzelne ist verantwortlich für die wirtschaftliche, politische und kulturelle Zukunft des Volkes. Im Volksstaate wird Volkswille oberstes Gesetz. Wo aber ein Volk diese höchsten Rechte und Pflichten besitzt, da muß es auch zu ihrem rechten Gebrauche erzogen sein" (LANG 1920, S. 5).

Trotz der hohen Erwartungen, die die Reformer einerseits an Schule und Erziehung knüpften, waren sie sich doch andererseits deren Grenzen durchaus bewußt. Erich Viehweg beispielsweise (seit 1919 Schriftleiter der SSZ, seit 1923 Mitglied der SPD und aktiv im "Bund Entschiedener Schulreformer") ging darauf in seinem später veröffentlichten Vortrag "Die sittliche Erziehung in der weltlichen Schule" ein, den er auf der 18. Allgemeinen Versammlung des SLV im September 1921 gehalten hatte. Nachdem er die tiefen sozialen Gegensätze in der Gesellschaft kritisiert hatte, führte er aus:

> "... wir hören den Ruf uns entgegenklingen: ihr seid doch Toren, ihr wollt durch Änderung der Menschen Verhältnisse ändern! Umgekehrt ist es: Ändert die Verhältnisse, helft mit, daß die Verhältnisse politisch und wirtschaftlich sich ändern, dann werdet ihr sofort auch die Aufgabe gelöst haben, dann werden andere Menschen da sein. In diesem Worte - das fühlen wir - liegt sehr viel Wahres, und es kann gerade für uns alte Idealisten nur gut sein, wenn wir wenigstens einen Augenblick lang uns einmal auch unserer **Machtlosigkeit** erinnern, wenn wir einen Augenblick daran denken, daß unserm besten Wollen sehr starke Hemmungen und sehr starke Widerstände begegnen. Aber diese Bescheidenheit, die Resignation des Erziehers soll uns nicht irremachen. Wir wissen, daß beides nottut, nicht so, daß die Aufgabe, wie man es manchmal darstellt, von beiden Seiten, hier von der Seite der Änderung der Verhältnisse, hier von der Seite der Erziehung her, gleichzeitig

---

konnten und in der Folge bei vielen Menschen zu Enttäuschung und Abwendung von der Demokratie geführt haben.

angefaßt werden müßte. Das Bild ist nicht ganz richtig, sondern neben, miteinander, sich gegenseitig durchdringend und steigernd, wirken die, die an der Änderung der Verhältnisse, politisch und wirtschaftlich arbeiten, und die, die an einer neuen Menschheit, an einer Bildung der Seelen arbeiten, die Erzieher, und so, daß auch der Erzieher sich bewußt sein muß, daß er ebenfalls die Verpflichtung hat, gerade um seiner Erziehungsarbeit willen, an der Änderung der Verhältnisse mitzuarbeiten" (VIEHWEG 1922, S. 23 f.).

Viehwegs Ausführungen sind nicht nur deshalb bemerkenswert, weil sie zeigen, daß die sächsischen Reformer ein durchaus realistisches Verständnis von den Möglichkeiten und Grenzen ihres pädagogischen Wirkens besaßen, sondern auch wegen der Aufforderung an die Lehrerschaft, sich nicht nur in ihrer Eigenschaft als Lehrer und Erzieher am Aufbau einer neuen Gesellschaft zu beteiligen, sondern sich gleichzeitig politisch dafür zu engagieren. Auch in dieser Einstellung äußerte sich der Anspruch der Reformer, pädagogisch und politisch wirken zu wollen. Daß noch so gut gemeintes, engagiertes und demokratisches pädagogisches Handeln allein noch keine neue, demokratische und sozial gerechte Gesellschaft verbürgte, war innerhalb der maßgeblichen Reformkräfte eine, durch die sozialen Realitäten Sachsens beeinflußte, weitgehend anerkannte Erkenntnis. Trotz ihres unerschütterlichen, oftmals mit für uns heute kaum noch nachzuvollziehendem Pathos vorgetragenen Glaubens an die gesellschaftsverändernde Kraft der Erziehung und damit an ihre "Mission" als Pädagogen beim Aufbau einer neuen Gesellschaft verloren sie doch nie den wechselseitigen Zusammenhang von Schul- und Gesellschaftsreform aus den Augen. Ottomar Fröhlich (SPD), der Schulleiter der Humboldt-Versuchsschule im Chemnitz, nutzte immer wieder die Vereinspresse, um diese Einsicht innerhalb der sächsischen Volksschullehrerschaft zu verbreiten. Nicht selten galt sein Interesse dabei besonders den wirtschaftlichen Verhältnissen. "Neues Menschentum", schrieb er 1923 im Zusammenhang mit den Einheitsschuldiskussionen im SLV, "wird nie sein können in alter Wirtschaft. Und darin liegt ... die unwiderlegliche Folgerichtigkeit und unabweisbare Notwendigkeit unserer Freiberger Beschlüsse über die Wirtschaftspolitik: daß wir zu neuer Erziehung auch die neuen ökonomischen Grundlagen fordern" (FRÖHLICH 1923, S. 373). Abwarten bis wirtschaftspolitische Reformen in Angriff genommen, die "kapitalistische Profitwirtschaft" durch die geforderte "Bedarfsdeckungswirtschaft" entsprechend der Freiberger Beschlüsse abgelöst wurde, wollte Fröhlich freilich nicht. Denn Aufgabe der Erziehung sei es zu allen Zeiten gewesen, "auf das Höhere, das da kommen will, hinzuweisen. **Schulreform hat neuer Wirtschaft und neuer Gesellschaft die Wege zu bahnen"** (ebd.). Dies sahen auch die übrigen Reformer nicht anders. Otto Erler etwa, bis Februar 1919 Erster Vorsitzender des LLV und späterer Bezirksschulrat, hob in seinem Buch "Bilder aus der Praxis der Arbeitsschule" (1921) gleichfalls die Bedeutung der Erziehung als Beitrag für eine zukünftige demokratische und sozialistische Entwicklung hervor: "Je mehr unser Staatswesen zu einem demokratischen wird, je mehr unser Wirtschaftsbetrieb vom Kapitalismus zum Sozialismus übergeht, um so dringlicher wird die Forderung nach staatsbürgerlicher Erziehung, besser gesagt: nach **Erziehung zur Kulturgemeinschaft"** (ERLER 1921, S. 5). Und in seinem Beitrag zur Arbeitsschule für das bekannte USPD-Organ, die Leipziger Volkszeitung, vom 7. und 8. Februar 1921 brachte Erler diese Vorstellungen hinsichtlich der gesellschaftspolitischen Aufgabe und Zielsetzung der Arbeitsschule nochmals prägnant zum Ausdruck:

> *"Nicht autokratisch, sondern demokratisch erzieht die Arbeitsschule; denn sie erzieht zur Freiheit, zur Selbständigkeit, aber auch zur Solidarität. Sie ist Feind aller Knechtschaft und Sklavengesinnung.*
> *Nicht dem Kapitalismus dient die Arbeitsschule, sondern sie hilft dem Sozialismus den Weg bereiten" (ERLER 1921 b).*

Der Beitrag der Schule auf diesem Weg sollte darin bestehen, mit ihr schon ein Stück dieser zukünftigen Gesellschaft vorwegzunehmen, ein verkleinertes Abbild der neuen, demokratisch-sozialistischen Gesellschaft, der solidarischen Arbeits- und Kulturgemeinschaft zu schaffen, um die Schülerinnen und Schüler auf die Erfordernisse dieser neuen Gesellschaft vorzubereiten ,um sie zu befähigen, später einmal als Erwachsene an deren Aufbau gestaltend mitzuwirken. Das wiederum erforderte nach übereinstimmender Überzeugung der Reformer eine grundlegende Umgestaltung der inneren wie äußeren Organisation des bestehenden Schulwesens zur allgemeinen Volksschule bzw. Einheitsschule, Arbeitsschule und weltlichen Schule.

Vor allem anderen richtete sich das Interesse dabei zunächst auf die **Verwirklichung der allgemeinen Volksschule, d.h. der vierjährigen, für alle Kinder gemeinsamen Grundschule**. Schon im Schulprogramm des SLV von 1911 stand diese Forderung an vorderster Stelle als Minimal- und Teilziel weitergehender Einheitsschulvorstellungen, auf die in einem gesonderten Kapitel noch eingegangen wird. Erst einmal ging es um die Überwindung der sozial-selektiven Organisationsstruktur der Volksschule und gleichzeitig um die Aufhebung qualitativer Unterschiede zwischen den drei Volksschularten.

"In der allgemeinen Volksschule", so das Programm des SLV von 1911, *"ist eine Gliederung nach Konfession und Vermögen der Eltern unzulässig. Alle Kinder haben sie mindestens vier Jahre lang zu besuchen und noch weitere vier Jahre die, welche nicht in eine höhere Schule eintreten. Für die Volksschule ist darum die Unterscheidung in einfache, mittlere und höhere fallenzulassen und für alle Volksschulen des Landes ein, dem Stande der gegenwärtigen mittleren Volksschule entsprechendes Mindestmaß an Stunden festzusetzen"* (Wünsche der sächsischen Lehrerschaft 1911, S. 5).

In dem Maße, wie es gelinge, mit der Volksschulreform die Gesamtheit der Jugend zu erfassen und die Bildung der Masse zu verbessern, so einer der Vertreter des SLV auf der Tagung des Landesschulausschusses im April 1920 in Dresden, hänge der Bestand des im Aufbau begriffenen demokratischen und sozialen Staates ab. Denn: "Nicht die wenigen, die zur Führung und Verwaltung des Staates berufen sind, bilden in Zukunft den Staat; den Staat bildet die Gesamtheit des Volkes, und alle Glieder des Volkes müssen auf einen Stand der Bildung gehoben werden, der sie zu tätigen Gliedern des Volksstaates macht."[24]

Otto Erler sah in der Durchsetzung der allgemeinen Volksschule den ersten Schritt auf dem Wege der Erziehung zum Rechts- und Kulturstaat (ERLER 1920a). So sollte denn auch die wohl wesentliche Aufgabe der Grundschule neben der Verbesserung der Bildungschancen der unteren Sozialschichten vor allem darin bestehen, den gemeinsam unterrichteten Kindern unterschiedlichster sozialer Herkunft soziales Lernen zu ermöglichen, das heißt u.a., gegenseitiges Verständnis füreinander zu wecken und zu fördern, Toleranz gegenüber Andersdenkenden zu üben sowie die Einsicht des Aufeinanderangewiesenseins, das Gemeinschaftsgefühl und soziale Gesinnung zu stärken, um so im Rahmen der schulischen Möglichkeiten, zum Ausgleich sozialer und auch konfessioneller Gegensätze beizutragen. Bereits 1911 in den "Wünschen der sächsischen Lehrerschaft ..." war formuliert, was dann nach 1918 zu dieser Aufgabe der allgemeinen Volksschule in meist ähnlicher Weise geäußert wurde. Bei Johannes Lang hieß es in sei-

---

24 Vgl. WINKLER, G. (Chemnitz): Der Auf- und Ausbau der Volksschule, in: Verhandlungen des Landesschulausschusses vom 13. bis 16. April 1920 in Dresden, hrsg. im Auftrage des Ministeriums des Kultus und öffentlichen Unterrichts für den Freistaat Sachsen, S. 67-74, Zitat S. 69. Winkler war als Vertreter des SLV auch Teilnehmer der Reichsschulkonferenz.

ner bereits erwähnten Schrift "Die allgemeine Volksschule als Arbeitsschule und weltliche Schule":

> *"Gegensätze, auf Gründen verschiedener Weltanschauung beruhend, werden in einem Volke stets bestehen, müssen bestehen; denn nur der Kampf der Geister verbürgt den Fortschritt. Zu einer Gefahr für das Wohl des Staates und die Entwicklung eines Volkes aber werden sie, wenn sie begründet sind in Klassen- und Standesgegensätzen, wenn die sozialen und konfessionellen Gegensätze in den jungen Kindesseelen bewußt und lebendig gemacht werden. Der Staat versündigt sich gegen sich selbst, wenn er diese Gegensätze in der Schule anbahnt. Die Standesschule gliedert schon die jungen heranwachsenden Staatsbürger nach Vermögen und Konfession der Eltern. Die bestehenden scharfen sozialen Gegensätze haben einen Teil ihrer Ursachen mit in dieser Gliederung. Die Schule muß es entschieden ablehnen, an der weiteren Zerrissenheit und Zerklüftung unseres Volkes ferner mitzuarbeiten. Sie muß im Gegenteil bestrebt sein, soweit es in ihrem Bereich möglich ist, einen sozialen Ausgleich anzubahnen. Nur die allgemeine Volksschule bietet hierzu die Gelegenheit" (LANG 1920, S. 7).*

Und in einer Erklärung des LLV aus dem Jahre 1921, gerichtet gegen den geplanten Reichsschulgesetzentwurf, wurde gleichfalls auf die Gefahr konfessioneller und sozialer Gegensätze für Staat und Volk hingewiesen. Diese Gegensätze dürften durch die Organisation des Schulwesens nicht schon bei den Kindern bewußt gemacht und gefördert werden. Der Leipziger Lehrerverein hielt dagegen:

> *"Durch Betonung des Gemeinsamen und Einigenden unter unseren Volksgenossen soll trotz der bestehenden Gegensätze innerhalb des Volkes in der Erziehung durch gemeinsame Arbeit und gemeinsames Streben nach dem gemeinsamen Ziele ein Verhältnis innerer Achtung und gegenseitigen Vertrauens entwickelt werden, ein Verhältnis, das auch im Andersdenkenden den Menschen und das Glied derselben Gemeinschaft sieht und Achtung vor der Überzeugung und Weltanschauung des anderen erzeugt. Hinein erziehen in die große Volks- und Menschheitsgemeinschaft, Erziehung zum Gemeinschaftsdenken, das ist die Aufgabe der staatlichen Schule, das ist der Toleranzgedanke, wie er in der Erziehung zum Ausdruck kommen und auf dem die Schulorganisation aufgebaut sein muß. Für alle Kinder des einen Volkes die eine Schule"* ("Gegen die Zertrümmerung der Volksschule durch das Reichsschulgesetz", in: LLZ 1921, Nr. 15, S. 289f., Zitat S. 289).

Mit der Forderung nach der allgemeinen Volksschule für **alle** Kinder, zumindest in den ersten vier Schuljahren, verband sich zugleich das Ziel ihrer **pädagogischen Ausgestaltung zur Arbeitsschule**; die Volksschule sollte damit zugleich als Arbeits-, Lebens- und Kulturgemeinschaft Abbild jener demokratischen Gesellschaft sein, in der sich die Kinder später als Erwachsene betätigen mußten. Bevor ich darauf näher eingehe, will ich in einem Rückblick zunächst auf die Anfänge des Arbeitsschulgedankens in Sachsen nach der Jahrhundertwende eingehen und erläutern, was führende

Reformkräfte des SLV mit dem Begriff der Arbeitsschule an inhaltlichen Vorstellungen grundsätzlich verbunden haben.[25]

Seit 1905 beschäftigte sich die "Methodische Abteilung" des LLV zunächst einmal mit der Reform des Elementarunterrichts, also der ersten Schuljahre. Bis zum Jahre 1908 waren Grundsätze für einen "freien Elementarunterricht" aufgestellt worden, die im Frühjahr 1909 an die Schulbehörde geleitet wurden mit der Bitte, diese Grundsätze in Versuchsklassen praktisch erproben zu dürfen.[26] Die Reformdiskussionen um den Elementarunterricht gingen schon sehr bald über in eine Beschäftigung mit der Arbeitsschulthematik, die ebenfalls noch im Jahre 1908 mit Rudolf Siebers[27] Vortrag "Die Arbeitsschule (Grundzüge für den Ausbau der Volksschule)" einen ersten vorläufigen Abschluß fand. Im folgenden Jahr erschien dann das vom LLV herausgegebene Buch "Die Arbeitsschule. Beiträge aus Theorie und Praxis", das bis 1922 vier Auflagen erfuhr (PEHNKE/STÖßEL 1987, S. 45 ff.). Neben Sieber lieferten Paul Vogel, Otto Erler und Karl Rößger die Beiträge zu diesem vielbeachteten Buch. Bis zum Ersten Weltkrieg kamen weitere Veröffentlichungen hinzu, die das große reformpädagogische Engagement dokumentieren und die Arbeit des LLV über die Grenzen Sachsens hinaus bekannt machten. Ostern 1911 gab die Fibelkommission die Fibel "Guck in die Welt" heraus (Jahresbericht des LLV 1911, S. 14 f.). Kurz zuvor war im selben Jahr als Vorarbeit zu dieser Fibel die Schrift "Kind und Fibel. Beiträge zur Vertiefung des ersten Unterrichts im Sprechen, Lesen und Schreiben" (4. Auflage 1929) erschienen. Zwei Jahre später 1913 gaben dann wiederum Mitglieder der Methodischen Abteilung den "Neuen Lehrplan für die sächsischen Volksschulen" heraus (ALBERT 1928, S. 166 ff.), und 1914 schließlich erschien, auch diesmal von Mitgliedern der Methodischen Abteilung herausgegeben, das Buch "Gesamtunter-

---

[25] Dabei geht es erst einmal darum, die gemeinsamen Grundpositionen herauszuarbeiten, wohl wissend, daß es in einzelnen Bereichen und einzelnen Fragen zwischen den Leipziger, Chemnitzer oder Dresdner Reformern unterschiedliche Vorstellungen gegeben hat, daß bestimmte Aspekte der Arbeitsschule in ihrer Bedeutung unterschiedlich gewichtet und bewertet wurden. Darauf einzugehen ist hier nicht möglich und muß weiteren, detaillierteren Untersuchungen vorbehalten bleiben.

[26] Vgl. Gesamtunterricht im 1. und 2. Schuljahr. Zugleich ein Bericht über die Leipziger Reformklassen. Hrsg. von Mitgliedern der Methodischen Abteilung des Leipziger Lehrervereins. Leipzig 1914, S. 1 f. und Anm. 1 (ebd.); "Der gegenwärtige Stand der pädagogischen Bewegung in Sachsen", in: LLZ 1929, Nr. 17, S. 466-469.

[27] Rudolf Sieber ist während des Ersten Weltkrieges 1915 umgekommen.

richt im 1. und 2. Schuljahr. Zugleich ein Bericht über die Leipziger Reformklassen".

Nicht unerwähnt bleiben darf im Zusammenhang dieser ganzen Schulreformdiskussionen und publizistischen Aktivitäten des LLV das von ihm im Jahre 1906 gegründete "Institut für experimentelle Pädagogik und Psychologie", das das pädagogische und bildungspolitische Engagement des Leipziger wie des Sächsischen Lehrervereins in den nächsten Jahren bis in die Weimarer Republik hinein in vielfältiger Weise wissenschaftlich begleitete und unterstützte und das von Anbeginn den wissenschaftlichen Anspruch, den der Leipziger Lehrerverein mit seinen pädagogischen Reformbemühungen verband, unterstrich (Institut für experimentelle Pädagogik und Psychologie 1931; FEHLING/NAUMANN/PEHNKE 1987, S. 38 f.).

Im Oktober 1911 bekannte sich dann der gesamte SLV auf seiner Hauptversammlung im Anschluß an ein Referat Paul Vogels offiziell zur Arbeitsschule (Jahresbericht des LLV 1911, S. 4; BEYER 1923, S. 123 f.). Spätestens zu dieser Zeit war die Arbeitsschulforderung der sächsischen Volksschullehrerschaft eingebettet in ein bildungspolitisches, auf innere wie äußere Schulreform hin angelegtes Gesamtprogramm, bildeten Arbeitsschule und Einheitsschule auf der Grundlage demokratischer Selbstverwaltung eine untrennbare Einheit. Die Hauptversammlung des SLV nahm eine Resolution zur Arbeitsschule an, die lautete:

"Die sächsische Lehrerversammlung spricht sich einmütig für die Arbeitsschule aus.
Sie erstrebt damit die Heranbildung des Kindes zum tätigen, handelnden Gliede der Kulturgemeinschaft. Zur Erreichung dieses Zieles ist es notwendig, daß die Schule mehr die Form des produktiven, alle Kräfte bildenden Arbeitens pflegt (die geistigen, wie auch die körperlichen), das Lernen möglichst in Verbindung mit dieser Arbeit bringt und die Anschauungs- und Kulturstoffe entsprechend der jeweiligen Entwicklungsstufe des Kindes auswählt. (...)" (zit. n. Jahresbericht des LLV 1911, S. 4).

Damit waren in äußerst knapper Form noch einmal jene wesentlichen Elemente hervorgehoben, die bis in die Weimarer Republik hinein für die Arbeitsschulvorstellungen der sächsischen Reformer konstitutiv blieben: die gesellschaftspolitische Zielperspektive einer Erziehung für die Kulturgemeinschaft - was schon vor dem Ersten Weltkrieg keineswegs Erziehung für den bestehenden monarchischen Obrigkeitsstaat bedeutete -, das aktive, selbständige und schöpferische Lernen unter Anwendung geistiger und körperlicher Arbeit, um so alle im Kind liegenden Kräfte und Anlagen nach

Möglichkeit zu fördern und auszubilden, und dies stets unter Beachtung entwicklungspsychologischer Erkenntnisse, nicht zuletzt auch bei der Auswahl der Unterrichtsinhalte. Diese psychologische Begründung vom Entwicklungsstand des Kindes aus war für das Arbeitsschulkonzept, wie es der LLV 1909 veröffentlichte, zunächst der Ausgangspunkt gewesen, bis es später, wie Karl Rößger in seinem "historisch-kritischen Versuch" über den "Weg der Arbeitsschule" meinte, politisch unterbaut wurde (RÖßGER 1927, S. 144 f.).

"Gesetz und Regel für alle Erziehung sollte die Entwicklung des Kindes geben. Auch die Grundsätze für die Schulerziehung sind aus der Entwicklung des Kindes abzuleiten. Diese alte Forderung enthält unser ganzes Zukunftsprogramm" (Leipziger Lehrerverein 1921, S. 7). Mit dieser Feststellung hob Rudolf Sieber gleich zu Beginn seiner Vorstellung des Arbeitsschulkonzeptes dessen psychologische Seite hervor, von hier aus begründete er die Forderungen bzw. "Grundzüge der Arbeitsschule", die er auf die kurze Formel brachte: "Wahrnehmen statt Mitteilung, Wahrnehmen mit Darstellen verbinden, Arbeiten" (ebd., S. 19). Arbeit bedeutete immer die Verbindung von geistiger und körperlicher Arbeit, wobei die Priorität eindeutig im Bereich geistiger Arbeit bzw. Bildung lag, der die Leipziger ausdrücklich die beherrschende Stellung einräumten. Das Wort Arbeitsschule bedeutete für sie "in einem höheren und allgemeineren Sinne, daß eine größere geistige Aktivität, produktives geistiges Arbeiten an die Stelle eines mehr passiven Aufnehmens treten soll" (ebd.).

So sehr die Arbeitsschule in erster Linie von der Entwicklungspsychologie her ihre Legitimation erfuhr und nicht wie ausdrücklich betont von irgendwelchen Notwendigkeiten des späteren Lebens, so wenig zweifelhaft war für die Arbeitsschulvertreter des LLV, daß ihre Arbeitsschule keine von der Gesellschaft abgehobene Institution war, sondern inmitten dieser Gesellschaft stand, als Teil derselben und in vielfältiger Weise mit ihr verflochten.

"Es leuchtet ein", schrieb Sieber, *"daß diese Art der Schule, wie wir sie wünschen, auch den Notwendigkeiten des Lebens am besten gerecht wird. Und wenn wir auch nicht von diesem utilitaristischen Standpunkte ausgegangen sind, sondern ihn für die Erziehung verwerfen, so ist das doch ganz natürlich. Das Richtige nützt auch. Die Entwicklung des Menschen besteht darin, daß er in die Kultur hineinwächst! Was können wir da besseres tun, um den Menschen für alle Anforderungen dieser Kultur geschickt zu machen,*

als eben diese Entwicklung in jeder möglichen Weise und nach allen Seiten zu fördern?" (ebd. S. 29).

Erklärter Wunsch war es daher, das "Leben" in die Schule hineinzulassen, die "Scheidung zwischen Schule und Leben" zu beseitigen und anzuknüpfen an die unmittelbare Lebensumwelt und die daraus sich ergebenden Erfahrungen und Interessen der Kinder (ebd., S. 30). So hieß es im Zusammenhang der Unterrichtsinhalte und -fächer:

"Wir ziehen den ganzen Kreis des umgebenden Lebens und der umgebenden Kultur in unseren Bereich. Das ist heute für das Kind um so mehr ein Bedürfnis, als unser modernes Leben außerordentlich komplizierter, die das Kind unmittelbar umgebende Welt aber einseitiger geworden ist, je mehr die Produktion außer das Haus verlegt worden ist. Stoffauswahl und Erziehungsformen der Arbeitsschule sind stark durch unsere wirtschaftlichen und sozialen Verhältnisse bedingt. Sie werden von diesen gerade gefordert, wenn das Kind sich voll entwickeln soll" (ebd., S. 26).

Die Leipziger erkannten auch, daß eine solche umfassende Persönlichkeitsentwicklung des Kindes an ganz elementare materielle und soziale Voraussetzungen geknüpft war. Wo Not und Elend den Alltag weiter Bevölkerungsschichten bestimmten, konnten solche noch so sinnvoll und berechtigt erscheinenden pädagogischen Ziele für einen Teil der Schülerschaft jedenfalls kaum Bedeutung erlangen. So schrieb Rudolf Sieber, "wenn man von der Auffassung ausgeht, daß die Schule den Kindern die Möglichkeit zur allseitigen Entwicklung gewähren soll, so muß sie sich der Kränklichen und Schlechtgenährten annehmen. Verabreichung von Milch und Mittagsbrot an Schlechtgenährte, Errichtung von Waldklassen und Ferienkolonien gehört also in ihr(en) Bereich. Gesundheit ist die Grundbedingung für die Entwicklung. Wir wirtschaften verschwenderisch, wenn wir nicht erst für Gesundheit und genügende Ernährung sorgen" (ebd., S. 27). Solches zunächst nur karitative Engagement der sächsischen Volksschullehrerschaft für die sozial Schwachen blieb erhalten und wurde, wie im Teil A dieser Arbeit gezeigt, besonders ab 1918/19 durch entsprechende (wirtschafts)politische Forderungen des SLV verstärkt.

Vorgedacht im Arbeitsschulkonzept des SLV war ebenfalls schon der Gedanke der "Gemeinschaft". "Die Arbeitsschule ist eine soziale Gemeinschaft", hieß es, "die jetzige Schule ist nur eine Zusammenfassung von Individuen" (ebd., S. 29). Dieser sozialen Gemeinschaft maß man erhebliche Bedeutung für die "sittliche Bildung" der Kinder zu. "Der Hauptwert liegt in dem Zusammenleben der Kinder. In der Arbeitsschule sitzen diese nicht nur zusammen, sie leben zusammen und arbeiten zusammen, und dabei kann das Kind all die Tugenden üben, die wir im Leben von ihm wünschen" (ebd., S. 28 f.). Diesen sozialen, gesellschaftspolitischen Aspekt stellten dann die sächsischen Reformer, ob Johannes Lang, Martin Weise, Otto Erler oder Ottomar Fröhlich, nach 1918 bewußt stärker in den Mittelpunkt. In der Arbeitsschule sollten die Schülerinnen und Schüler sich vor allem als eine solidarische Arbeitsgemeinschaft verstehen und betätigen lernen. Johannes Lang hat dieses Anliegen sehr anschaulich beschrieben, weshalb er hier ausführlicher zitiert wird.

"In der Arbeitsschule werden durch die gemeinsame Arbeit im Kinde wertvolle Charaktereigenschaften entwickelt. Es ist nicht mehr ein bloßes Zusammensitzen der Kinder, sondern ein wirkliches Zusammenleben. Ein gemeinsames Erarbeiten findet statt. Die Klasse gewinnt die Form einer Arbeitsgemeinschaft, in der der gesamte unterrichtliche Verkehr eine ganz andere Form annehmen wird. Die Autorität des Lehrers tritt immer mehr zurück, und die Selbstregierung greift Platz. Den Kindern wird die Selbstverwaltung übertragen, die mit zunehmender Reife eine immer weitergehende Unabhängigkeit vom Lehrer und Selbständigkeit annimmt, um durch die Entwicklung von Selbstdisziplin und Verantwortlichkeitsgefühl staatsbürgerliches und soziales Denken in den jungen Seelen schon anzubahnen und zu entwickeln. Unbewußt sollen die Kinder als Glieder einer zunächst nur ganz kleinen Gemeinschaft hineinwachsen in die größere, in die Gesellschaft, den Staat. Das Kind lernt in dieser seiner Arbeitsgemeinschaft erkennen und erfahren, daß es sich einfügen und unterordnen, Verträglichkeit und Rücksicht üben muß in viel größerem Maße, als es in der alten Schule der Fall ist, daß es auf die Hilfe seiner Mitarbeiter angewiesen ist, daß alle Erfolge nur der gemeinsamen Arbeit der Gemeinschaft entspringen, und daß die Erfolge umso größer sind, je treuer und intensiver sich jedes einzelne Glied der Gemeinschaft der Arbeit hingibt. Aus dem Bewußtsein der gemeinsamen Leistung wird dann allmählich auch in den Kindern das Verantwortlichkeitsgefühl des Einzelnen gegenüber seiner Arbeitsgemeinschaft und darüber hinaus später gegenüber der Gesamtheit entstehen. Und umgekehrt wird sich der Einzelne bewußt werden seiner Abhängigkeit von den Leistungen der anderen. Mit anderen Worten: In dem Einzelnen muß die Erkenntnis wach werden, daß vom Wohl der Gesamtheit sein eigenes Wohlergehen abhängt, daß aber auch umgekehrt jenes vom Können, Tun und Wollen jedes Einzelnen bestimmt wird. In dieser Erziehung liegt eine der wichtigsten Vorstufen für soziales Fühlen und Denken. In der Arbeitsschule erfolgt die praktische Erziehung zur Sittlichkeit" (LANG 1920, S. 14 f.).

Was die Reformer für den Aufbau einer demokratisch-sozialistischen Gesellschaft für unverzichtbar hielten, nämlich soziales Verantwortungs- und Pflichtbewußtsein sowie Bereitschaft und Willen konsequent demokratisch und sozial zu handeln, sollte also im Mikrokosmos der Klassen- und Arbeitsgemeinschaft durch eine demokratische Erziehung, entwickelt und gefördert werden.[28] Nicht mehr blinder Gehorsam und Untertanenerziehung waren gefragt, sondern ein auf Vernunft, Einsicht, Verantwortungsbewußtsein und Pflichtgefühl basierendes Zusammenleben und -arbeiten in der Schule. Das Verhältnis von Lehrer- und Schülerschaft sollte sich dabei eher kameradschaftlich gestalten. Der Lehrer wurde hier in erster Linie als Helfer verstanden, der die Kinder zu immer größerer Selbständigkeit führte und sie durch das Leben, Arbeiten und Lernen in der Gemeinschaft befähigte, sich später einmal in der Gesellschaft als pflichtbewußte Demokraten gemäß dem Kantschen Sittengesetz: "Handele pflichtbewußt!" zu bewähren. Unter Berufung auf die Ethik Kants war bei den sozialistischen Schulreformern im übrigen häufiger von Pflicht, Pflichtbewußtsein auch gerade von der Pflicht zur Arbeit für die Gesellschaft die Rede. Sprach Johannes Lang im Zusammenhang dieser gesellschaftspolitisch-erzieherischen Aufgabe von Erziehung zur Sittlichkeit, so meinte Martin Weise im Prinzip nichts anderes, wenn er die "Arbeitsschule als Erziehungsgrundsatz" charakterisierte.

"Für die Arbeitsschule als Erziehungsgrundsatz", schrieb er 1920, *"ist der Zusammenhang mit der Idee der Demokratie, der freien Menschenrechte, des Sozialismus klar erkennbar. Man muß demokratisch denken, sozial empfinden, wenn man die Gedanken der Selbstverwaltung, der Mitregierung der Schüler zu seinen Erziehungsgrundsätzen machen will, wenn man den Appell an die Menschenwürde im Kinde dem Stocke und dem Corporalstone vorzieht. Wir hören es so oft, daß wir es wohl nun glauben müssen: Die Menschen seien noch nicht reif für Demokratie und Sozialismus. Mag sein, daß im allgemeinen die Tage für die Erziehung auf der Grundlage der Selbstverantwortung, der Mitbestimmung, noch nicht gekommen sind. Hier weist die Arbeitsschule als Erziehungsgrundsatz nach vorwärts. Ihre Erziehungsmethoden tragen die verheißungsvollen Züge der Jugend"* (WEISE 1920(c), S. 459).

Demokratische und soziale Erziehung in der Arbeitsschule für eine noch zu schaffende demokratische und soziale Gesellschaft also auch bei Weise. Gerade in Hinblick auf diese demokratische Erziehungsaufgabe sprach Weise bei der Arbeitsschule auch von Erziehungs- oder Gemeinschaftsschule (WEISE 1921(a), S. 279 ff.).

Bei Erler schließlich finden wir diesen erzieherischen Aspekt der Arbeitsschule zunächst im Begriff der staatsbürgerlichen Erziehung, später auch in dem der sittlichen Erziehung zusammengefaßt. (ERLER 1919;

---

[28] Vgl. dazu auch FRÖHLICH, Ottomar: Was ist's um den Gemeinschaftsgedanken in der Erziehung?, in: SSZ 1920, Nr. 40, S. 627-630 u. UHLIG, Max: Vom rechten Staatsbürger, und wie man ihn erzieht, in: SSZ 1920, Nr. 36, S. 555 f.

1920; 1920(a) u.1921(a)). Der Versuch, einer Schulklasse die Gestalt einer Arbeitsgemeinschaft zu geben, sah bei Erler beispielsweise konkret so aus, daß er das Klassenzimmer in einen "Arbeitsraum" verwandelte, d.h. zunächst einmal die üblichen Schulbänke entfernen und durch Tische und Stühle ersetzen ließ. So war es ihm leichter möglich, die 32 Schüler eines 7. Schuljahres, eine reine Jungenklasse, in acht Arbeitsgruppen zu je vier Schülern aufzuteilen und diese jeweils um einen Tisch herum zu setzen. "Fast alle - auch viele schriftliche - Arbeiten führen die Schüler in Arbeitsgruppen zu je 4 Mann gemeinsam aus. Die müssen einander helfen und unterstützen, dürfen einander Rat geben und Rat und Hilfe voneinander annehmen. Sie sind aber auch gemeinsam für die Güte jeder Arbeit verantwortlich. Im übrigen gilt die ganze Klasse als eine Arbeitsgemeinschaft, in deren Dienst jeder einzelne Schüler und jede Arbeitsgruppe steht" (ERLER 1921(d), S. 122; vgl. auch Ders. 1919). Erler ging bei seinem Unterricht nicht vom üblichen Lehrplan aus, sondern legte einen selbstentwickelten "Arbeitsplan" zugrunde, der das Hauptthema "Die Einführung in die menschliche Kulturarbeit" behandelte.[29] Darunter verstand Erler, daß die Schüler

"eingeführt (werden) in die Arbeit am und im Hause, im Garten und auf dem Felde, im Handel und Verkehr, in der Industrie und im Bergbau, in Reich, Staat und Gemeinde, soweit ein Verständnis möglich ist. Wir verbinden damit im letzten Vierteljahr der Schulzeit die Besprechung der Reichsverfassung, die den Kindern bei der Schulentlassung auszuhändigen ist. Im Mittelpunkt des Unterrichts stehen die vielerlei Kulturarbeiten der Menschen, wie Gewinnung, Versand und Verarbeitung der Rohstoffe, Herstellung und Gebrauch der Werkzeuge und Maschinen, Schaffung und Verwertung der Verkehrsmittel, Bau und Benutzung des Hauses und der Einrichtungen im Hause, der Straße usw., also auch Kanalisation, Beleuchtung, Feuerwehr u.v.a." (ERLER 1920, S. 81).

Entscheidend und charakteristisch für das Arbeitsschulkonzept war nun, daß die Schüler die verschiedenen Arbeitsstätten, ob in der Landwirtschaft, Industrie oder im Handel, selbst aufsuchten, der Unterricht also teilweise außerhalb der Schule stattfand und von diesen konkreten, lebendigen Anschauungen und den sich daraus ergebenden Fragen und Problemen

---

[29] Erler hat, als er bereits Bezirksschulrat in Oelsnitz i. V. war, solche "Arbeitspläne für den Gesamtunterricht in der Arbeitsschule. Mit Begründung und Unterrichtsbeispielen" veröffentlicht. Vgl. ERLER 1923, 1924 u. 1927.

seinen Ausgang nahm.[30] Die Antworten auf diese Fragen und Probleme - schrieb Erler -

"führen also auf natur- und erdkundliche und geschichtliche Betrachtungen und auf soziale und sittliche Belehrungen, geben aber auch Anlaß zu Berechnungen, Zeichnungen, Umgang mit Werkzeugen und Herstellung von einfachen Modellen in der Schülerwerkstatt zu physikalischen, chemischen und biologischen Versuchen, zur Sammlung von Bildern, Zeitungsausschnitten und Preisbüchern; es werden Erzählungen oder ganze Bücher (Jugendschriften) dazu gelesen, Lieder gesungen und Gedichte gelernt und vorgetragen" (ebd., S. 82).

Ein solcher Arbeitsschulunterricht ließ sich sinnvoll nur verwirklichen, wenn der starre Stundenplan aufgehoben und mit ihm der Fachunterricht aufgelockert bzw. weitgehend aufgelöst wurde. Außerdem mußte der gesamte Unterricht möglichst über mehrere Schuljahre in der Hand eines Lehrers bzw. einer Lehrerin liegen. So forderten denn auch die Arbeitsschulvertreter, insbesondere des LLV, von Beginn an einen sog. Gesamtunterricht, zunächst vor allem für den Elementarunterricht. Später folgten dann auch entsprechende Überlegungen bezüglich der Volksschuloberstufe.[31] Paul Vogel, der Vorsitzende der Methodischen Abteilung des LLV, definierte den Gesamtunterricht, der vor dem Ersten Weltkrieg bei den Schulbehörden zu den umstittensten Forderungen der Lehrerschaft zählte, im Jahre 1914 folgendermaßen:

*"Unter **Gesamtunterricht** verstehen wir einen Unterricht, der im Gegensatze steht zu der heutigen Spaltung der täglichen Schularbeit in eine Anzahl meist äußerlich und innerlich voneinander geschiedener Fächer. Er stellt sich dar als eine Konzentration um eine **Sacheinheit**, die der Natur des Kindes der Unterstufe entsprechend eine konkrete, in der unmittelbaren Anschauung gegebene sein muß. Das, was bisher voneinander abgeschiedenen Systemen folgte, gliedert sich organisch ein, sei es als Hilfsmittel der Sachdurchdringung (Lesen, Rechnen), sei es als Mittel des Ausdrucks (Sprechen, Schreiben, Rechtschreibung, Gesang, Malen und Formen). Dadurch wird ein zielbewußtes, systematisches Aufbauen in den einzelnen Tätigkeitskategorien nicht ausgeschlossen, ja da, wo es in unbedingter Reinheit am ehesten erforderlich ist, wie im Rechnen, soll es erfolgen; aber - und das ist der Unterschied - es wird immer seinen Impuls, seinen Ausgangspunkt in der Sacheinheit suchen, wie es auch in sie zurück münden wird. Auch in dem Falle, wo*

---

30 Ein konkretes Beispiel aus seinem Unterricht, bei dem die Druckereien des Reclam- und Klinkhardt-Verlages sowie der Leipziger Volkszeitung besucht wurden, gibt Erler in seinem Bericht: "Auf den Weg zur Arbeitsschule. Wie ein Buch entsteht", in: LLZ 1921, Nr. 11, S. 206-209.

31 Zum Gesamtunterricht in der Volksschuloberstufe vgl. ERLER 1921(d) u. "Gesamtunterricht auf der Oberstufe", in: LLZ 1923, Nr. 4, S. 45 ff. Der Verfasser dieses Artikels wird nicht genannt. Seinem ganzen Inhalt nach stammt er sehr wahrscheinlich ebenfalls von Otto Erler.

bestimmte Vorbereitungen zur Ausübung einer Teiltätigkeit erforderlich sind, so für das Lesen, Schreiben, Rechtschreiben, bei manuellen Betätigungen etwa des 3. Schuljahres, wird Raum geschaffen werden müssen. Das alles bedeutet noch kein Durchbrechen oder gar Aufgeben des Prinzipes des Gesamtunterrichts. Man darf den Begriff nur nicht so streng auffassen."[32]

Konstitutiv für den Gesamtunterricht war also die Konzentration um eine Sacheinheit, ein Sachthema, bei Erler - wie gesehen - etwa die Arbeit in Industrie und Technik oder die Arbeit in Handel und Verkehr und die möglichst weitgehende Eingliederung der verschiedenen Unterrichtsfächer als Hilfsmittel zur Erarbeitung des Sachthemas.

Mit ihrer gesellschaftspolitischen Zielsetzung der Volksschulreform verbanden die sächsischen Reformer selbstverständlich immer zugleich auch die **Intention, den einzelnen Menschen zu bilden**, ihn so zu fördern, "daß aus ihm möglichst ein **ganzer** Mensch werde, daß **alle** in ihm liegenden Kräfte, Fähigkeiten und guten Neigungen entwickelt werden ..." (ERLER 1920, S. 81), während sie eine berufsbildende und -vorbereitende Aufgabe weiterhin ablehnten (WEISE 1920(a)). "Die Kinder", so Weise, "kommen zunächst als Menschen zu uns. Sie wachsen erst allmählich auseinander. Das spätere Leben scheidet sie. Lassen wir also in aller Freiheit den inneren Menschen mit seinen Anlagen und Begabungen und Fähigkeiten wachsen" (ebd., S. 51). Individuelle Menschenbildung war dabei aber niemals bloßer Selbstzweck, sie erhielt ihre Bedeutung und ihren eigentlichen Sinn vielmehr erst aus ihrer Verantwortung gegenüber den Mitmenschen,

---

[32] Gesamtunterricht im 1. und 2. Schuljahr 1914, S. 3. In einer Anmerkung wies Paul Vogel darauf hin, daß sich der Gesamtunterricht des LLV von dem Berthold Ottos unterscheide. Bei Otto sei Gesamtunterricht ein besonderes Unternehmen, das neben dem übrigen Unterricht herlaufe. Das Gemeinsame liege in der freien Diskussion (ebd.). Zum Gesamtunterricht, wie er innerhalb des SLV diskutiert und erprobt wurde vgl. SIEBER, R.: Die Arbeitsschule, in: Leipziger Lehrerverein 1921, S. 21 ff.; WEISE, M.: Arbeitsschule und Gesamtunterricht, in: SSZ 1920, Nr. 7, S. 101 ff.; Ders.: Differenzierung in der Arbeitsschule, in: SSZ 1920, Nr. 30, S. 458 ff., bes. S. 460; VOGEL, P.: Gesamtunterricht in der Grundschule, in: LLZ 1922, Pädagogische Beilage Nr. 4, S. 25 f.; BÄR, Rudolf: Unterrichtsbeispiele aus dem Gesamtunterricht, in: LLZ 1922, Pädagogische Beilage Nr. 4, S. 29-32; SCHNABEL, P.: Ein Jahr elementarer Gesamtunterricht ohne Lesen, Schreiben und Systemrechnen, in: LLZ 1922, Pädagogische Beilage Nr. 7, S. 49-54; UHLIG, M.: Massenunterricht-Gesamtunterricht-Einzelunterricht, in: SSZ 1922, Nr. 6, S. 69 f.; SCHUMANN, E.: Arbeitsschule und Gesamtunterricht in Reichsverfassung und Übergangsschulgesetz, in: SSZ 1922, Nr. 34, S. 643 ff. ; RÖßGER 1927, S. 147-153; ALBERT 1928, S. 168-172 u. ERLER, O.: Arbeitspläne für den Gesamtunterricht in der Arbeitsschule. 1. Heft: Die Grundschule (1.-4. Schuljahr), 2. Auflage 1927; 2. Heft: Das 5. bis 6. Schuljahr, 1923; 3. Heft: Das 7. und 8. Schuljahr, 1924.

d.h. der Gesamtgesellschaft. Das letzte Ziel des Menschentums" soll dabei "in der **Wechselwirkung** des einzelnen mit der Gemeinschaft, des Ichs mit den anderen" liegen (WEISE 1920, S. 440). Die Nähe solcher Vorstellungen zur "Sozialpädagogik" Paul Natorps ist unübersehbar.

Aus dieser Einstellung heraus wird verständlich, daß die demokratisch-sozialistischen Schulreformer wie Martin Weise, Otto Erler, Kurt Riedel oder Ottomar Fröhlich ihr Ziel, die Kinder - und damit waren in ganz besonderer Weise die bislang Bildungsbenachteiligten gemeint - zu "ganzen" Menschen zu bilden und möglichst all ihre Fähigkeiten, Begabungen und Interessen ernst zu nehmen und zu fördern, mittels innerer Differenzierung innerhalb der zur Arbeitsgemeinschaft sich entwickelnden Klassengemeinschaft, im Miteinander der unterschiedlichen Begabungen zu verwirklichen suchten.[33] Martin Weise hat im Jahre 1920 in der SSZ darüber mit jenen Reformern innerhalb des SLV eine kontroverse Diskussion geführt, die eine äußere Leistungsdifferenzierung für notwendig hielten. Die diesbezüglichen Gegenvorschläge stammten von Kurt Gerber aus Zwickau, der ebenfalls zum Kreis der demokratisch-sozialistischen Schulreformer gehörte[34], allerdings für die allgemeine Volksschule gesonderte Klassen für die "intellektuell" und "praktisch" Begabten forderte (GERBER, K.: Zur Allgemeinen Volksschule, in: SSZ 1919, Nr. 38, S. 522 f.), sowie von Max

---

[33] Diese Art der Lösung des Begabungs- und Differenzierungsproblems fand seinen Niederschlag auch in den Leitsätzen zur Arbeitsschule, die Martin Weise für die 41. Vertreterversammlung des SLV 1920 formuliert hatte, die jedoch schließlich, da andere Beratungsgegenstände im Vordergrund standen, die Zeit beanspruchten, nicht zur Diskussion und Abstimmung kamen. Unter III. der Leitsätze hieß es: **"Aus der Gesinnung des Sozialismus** heraus entwickelt sich die Arbeitsschule von einer Unterrichtsanstalt zur Arbeitsgemeinschaft, worin Schüler und Lehrer im Geiste der Gemeinschaftsidee an gemeinsamen Aufgaben schaffen und arbeiten, worin der Gedanke der Selbstbestimmung und Selbstverantwortung Lehrer und Schüler beseelt und anstelle der äußeren Autorität die innere Zustimmung tritt. Nach und nach werden auch Erwachsene Freunde der Schule und für die Erziehung ihrer Kinder begeisterte Eltern in den Kreis der Arbeitsgemeinschaft treten. Innerhalb der Arbeitsgemeinschaft vollzieht sich die Vereinigung von Individualismus und Sozialismus, finden die Probleme der Begabungsdifferenzierung und der staatsbürgerlichen Erziehung ihre beste Lösung" (WEISE, M.: Arbeitsschule, Arbeitsunterricht und Reichsverfassung. Leitsätze für die 41. Vertreterversammlung des Sächsischen Lehrervereins, in: SSZ 1920, Nr. 41, S. 671 f.).

[34] Diese Einschätzung ergibt sich beispielsweise aus seinem Artikel "Zur Frage der Einheitsschule", in: LLZ 1918, Nr. 27, S. 267-271, in dem Gerber die geschichtliche Entwicklung des Einheitsschulgedankens beschreibt und versucht, die politischen und sozialen Vorbedingungen herauszuarbeiten, die seiner Meinung nach gegeben sein müssen, damit die Idee der Einheitsschule sich verwirklichen könne. Der Aufsatz zeigt Gerber als Anhänger des ethischen Sozialismus.

Grosse, der die Bildung von "Höchstbegabtenklassen" in der Volksschule befürwortete.³⁵ Weise antwortete auf solche Vorschläge mit einer ganzen Reihe von Artikeln, in denen er eine Sortierung der Schülerschaft nach Begabung in besonderen Begabtenklassen sowohl in der Grundschule als auch in der Volksschuloberstufe ablehnte. Für ihn würde u.a. "durch solche Einrichtungen der Blick von dem großen Ziele abgelenkt, durch Unterrichtsreform im Sinne der Arbeitsschule, durch Einrichtung von Arbeitsgruppen innerhalb der Klasse, wobei der Höher- oder Andersbegabte den Schwächeren tatsächlich führt und hilft und anregt, also durch eine Differenzierung innerhalb der Unterrichtsarbeit jede Begabung zu erkennen und zu fördern." Und Weise weiter: "Wir leisten verzweifelt wenig, wenn wir 1 bis 4 Prozent etwas Besseres bieten (vorausgesetzt, daß die Höchstbegabtenklassen wirklich etwas Besseres sind) und darüber die andere Frage vergessen: Wie kann ich in meinem Unterrichte allen Anlagen und Begabungen entgegenkommen? Wir sollten uns nicht darüber die Köpfe zerbrechen, wie wir durch Begabtenklassen einer sehr kleinen Auslese helfen, sondern darüber, wie wir aus **jeder** Klasse eine Begabtenklasse, aus jeder Schule eine Begabtenschule machen. Das Problem heißt nicht 'Auslese der Tüchtigen', sondern 'Förderung der Tüchtigen'."³⁶ Leistungsdifferenzierung bedeutete für Weise in erster Linie eine pädagogische Aufgabe. Auf der Volksschuloberstufe sollten die besonderen Interessen und Neigungen der Schülerinnen und Schüler dann durch sog. wahlfreie Kurse gefördert werden.³⁷

Auch wenn die Gedanken der Förderung aller Schülerinnen und Schüler und des gemeinsamen solidarischen Lernens im Vordergrund standen, so hatte für Weise, zumindest als er 1920 seine Artikelserie in der SSZ ver-

---

35 Vgl. GROSSE, M.: Zur Frage der Höchstbegabtenklassen, in: SSZ 1920, Nr. 5, S. 69 f. und Ders.: "Nochmals: Brauchen wir Begabtenklassen?", in: SSZ 1920, Nr. 14, S. 216 f.
36 Vgl. WEISE, M.: Noch einmal: Brauchen wir Begabtenklassen?, in: SSZ 1920, Nr. 7, S. 103; vgl. auch Ders.: Begabung und Differenzierung, in: SSZ 1920, Nr. 29, S. 438 ff.
37 Vgl. WEISE, M.: Differenzierung in der Arbeitsschule, in: SSZ 1920, Nr. 30, S. 458 ff. Ein solcher Kern-Kurs-Unterricht wurde insbesondere auch vom Chemnitzer Lehrerverein um Fröhlich und Riedel vertreten und fand 1923 Eingang ins Chemnitzer Volksschulwesen. Vgl. FRÖHLICH, O.: Vom Ausbau und vom Weitertreiben der Einheitsschule, in: SSZ 1922, Nr. 23, S. 433 ff.; RIEDEL, K.: Zur Frage der jugendkundlichen Grundlagen des neuen Bildungszieles, in: SSZ 1922, Nr. 10, S. 178 ff.; Neuordnung der Chemnitzer Volksschule, in: LLZ 1922, Nr. 33, S. 617 f. Zum Kursbericht in der sächsischen Volksschule vgl. auch KEIM 1987, S.12 ff. u. S.165 ff.

öffentlichte, dennoch der "Grundsatz des freien Aufstieges für alle Begabten und Tüchtigen" seine Gültigkeit (WEISE, M.: Differenzierung als Höhengliederung des Bildungsweges, in: SSZ 1920, Nr. 32, S. 491-494, Zitat S. 492). Weise ging zu diesem Zeitpunkt davon aus, daß auch zukünftig nur eine kleine Minderheit der Schülerschaft, allerdings eine - wie er glaubte - nach pädagogischen Kriterien gerecht ausgelesene, den Weg zu den höheren Schulen gehen werden. Den Charakter von Standesschulen sollten die höheren Schulen dann verlieren. "Wenn die höhere Schule einst nur die Begabtesten, dann aber **alle** Hochbefähigten aufnimmt, hat sie ihre innere Berechtigung erwiesen, erfüllt sie ihre eigentlich Aufgabe" (ebd., S. 493). Weise und die übrigen Reformer bemühten sich in diesem Zusammenhang immerhin, mehr Klarheit über den Begabungsbegriff zu gewinnen. Einerseits setzte man sich von Vorstellungen ab, die Begabung hauptsächlich nach Gradabstufungen (schwach-, mittel- und hochbegabt) unterschieden und stellte dem als schon weitergehende Alternative verschiedene Begabungsarten (intellektuell, praktisch und künstlerisch) gegenüber. Man sah insbesondere auch, daß der Begabungsbegriff wissenschaftlich keineswegs eindeutig definiert war. "Selbst wenn man den Begabungsbegriff einengt", so Weise, "wenn man darunter vorwiegend Intelligenz versteht, was ist hier wirkliche Begabung, 'angeborene Disposition zur wertvollen Leistung', wie Stern sagt, was haben Umwelt, Erziehung, Unterricht, soziale Lage aus der Anlage, aus der reinen Begabung gemacht? Die Wissenschaft schweigt hierüber. Sie schweigt auf die Frage nach dem Zusammenhang zwischen Intelligenz und Vorstellungsschatz, sie schweigt darüber, ob die reine Begabung, die angeborene Anlage überhaupt wandlungs- oder steigerungsfähig ist. Sie beantwortet die Frage nach dem Zusammenhang zwischen Begabung und Vererbung durchaus unsicher" (WEISE 1920, S. 438 f.). Begabungstheoretische Überlegungen dienten also den demokratisch-sozialistischen Reformern nie zur Legitimierung ungleicher Bildungschancen und sozialer Ungleichheit.

Ziel der demokratisch-sozialistischen Reformkräfte war es, daß ihre theoretischen Überlegungen zur pädagogischen Reform im Sinne der Arbeitsschule auch tatsächlich Eingang in die alltägliche Volksschulpraxis fanden, daß alle Volksschulen sich zu Arbeitsschulen entwickelten. Obwohl eine ganze Reihe von ihnen wie Fröhlich, Riedel, Weise, Erler u.a. an Versuchsschulen oder -klassen unterrichteten, um dort ihre theoretischen Konzepte praktisch zu erproben, ging ihr Bestreben doch dahin, über den engen Kreis ihrer Versuchsschularbeit hinaus ihre Ideen in der Gesamtvolksschullehrerschaft zu verbreiten und bei der **praktischen Umsetzung** konkrete Hilfestellung zu leisten. In dieser Hinsicht sollten die vom Kultusministerium im Einvernehmen mit dem Vorstand des SLV im Februar 1923 erstmalig veranstalteten "Lehrgänge für Lehrer und Lehrerinnen des Landes zur Einführung in die Grundsätze einer Gestaltung des Volksschulunterrichts im Sinne des Arbeitsgedankens und in die Praxis des Arbeitsunterrichts" wirken. Diese Lehrgänge fanden an den Versuchsschulen in Dresden, Dresden-Hellerau, Leipzig und Chemnitz statt. Für Dresden war verantwortlich Martin Weise, für Leipzig Paul Schnabel und für Chemnitz Fritz Bohnsack. Die Teilnehmerzahl beschränkte sich allerdings auf 25 für Dresden und je 20 für Leipzig und Chemnitz. Daß diese Kurse eine Art Multiplikatoreneffekt haben sollten geht daraus hervor, daß außer aus den genannten Großstädten aus allen Aufsichtsbezirken zwei, mit wenigen Ausnahmen drei Lehrerinnen bzw. Lehrer zu diesen Kursen geschickt wurden und zwar solche, die "mit dem Arbeitsgedanken vertraut und gewillt sind, für die Durchführung dieses Gedankens in ihren Kreisen zu wirken", wie es in einer entsprechenden Verordnung hieß (vgl. Verordnung Nr. 236 "Lehrgänge für Arbeitsunterricht" vom 13. Dezember 1922, in: Verordnungsblatt ... vom Jahre 1922, S. 195). Insgesamt wurden drei solcher Kurse mit einer Gesamtteilnehmerzahl von 199 durchgeführt (MEBUS 1987, S. 100).

Eine weitere Hilfestellung, vielleicht noch massenwirksamer als die Arbeitsschulkurse, weil unmittelbar auch für den "Normallehrer" umsetzbar, bestand in der Veröffentlichung von Arbeits-, Bildungs- oder Lehrplänen für den Arbeitsschulunterricht, die meist mit konkreten Unterrichtsbeispielen illustriert waren. In erster Linie sind hier Otto Erlers detaillierte "Arbeitspläne für den Gesamtunterricht in der Arbeitsschule" zu nennen oder der von der Pädagogischen Arbeitsgemeinschaft des Dresdner Lehrervereins 1926 herausgegebene "Bildungsplan für die zehnjährige Volksschule. Nach den Grundsätzen der Arbeitsschule auf jugendkundlicher und gegenstandsanalytischer Grundlage".

Ottomar Fröhlich ist es gewesen, der im Januar 1923 in der SSZ die Bedeutung der Lehrplanfrage für die Schulreform thematisiert und die Herausgabe eines neuen, zeitgemäßen Lehrplans zur "Sicherung des pädagogischen Fortschritts" vorgeschlagen hat (FRÖHLICH 1923(a), S. 35). "Ich rufe nicht nach einem Lehrplan, daß er den Fortschritt hemmt", schrieb Fröhlich, "ich möchte aber einen Lehrplan, der auch den letzten Lehrer auf den Fortschritt verpflichtet" (ebd., S. 35). Denn für Fröhlich war klar, daß die "neue Schule ... nur das Werk vieler, vieler Lehrer sein" könne und, so seine realistische Einschätzung, daß "auch künftige Lehrergeschlechter ... noch an ihr zu arbeiten haben. Es kann sich heute nur darum handeln, mit dem Abbau der alten Schule anzufangen und mit dem Aufbau der neuen zu beginnen. Denn die neue Gesellschaft mit ihrem neuen Unterrichts- und Erziehungswesen steht erst auf der Schwelle des Zeitalters. Von dem Erscheinen auf der Schwelle bis zur Vollendung ist ein weiter, steiniger Weg" (ebd., S. 34). Der Lehrplan war vor allem für die Lehrerinnen und Lehrer gedacht, "die die Ruhe allzusehr lieben und die im Schneckentempo marschieren (...)". Ihnen sollte er "zurufen: Schickt Euch, daß ihr nachkommt! (...) Darum, wenn der Ruf zur Lehrplanarbeit erschallt, erachtet die Aufgabe nicht für zu gering, sondern geht frisch ans Werk. Ihr leistet Marschsicherung auf dem Weg zur neuen Schule" (ebd., S. 37).

Intensivere Diskussionen um einen neuen Lehrplan wurden innerhalb des SLV seit 1922 geführt. Schon im Oktober 1921 hatte Kultusminister Fleißner auf einer Konferenz der Bezirksschulräte die gültigen Lehrpläne als ganz veraltet bezeichnet und der Volksschullehrerschaft empfohlen, dieser Frage ihre Aufmerksamkeit zu widmen.[38] Als dann 1922 bekannt wurde, daß das Kultusministerium Richtlinien für den Lehrplan der Grundschule vorbereite, forderte der Vorstand des SLV die Bezirksvereine auf, Vorschläge für einen solchen Plan zu erarbeiten. Dem LLV, der ja schon vor dem Ersten Weltkrieg in der Lehrplanarbeit führend gewesen war, übertrug man die Aufgabe, die eingereichten Vorschläge mit seinem eigenen zu einem gemeinsamen Plan auszuarbeiten.[39]

Im März 1923 veröffentlichte der LLV seine "Richtlinien für den Lehrplan der Grundschule"[40], zwei Monate später folgte für den Chemnit-

---

[38] Vgl. "Wichtige Schulfragen vor der Konferenz der Bezirksschulräte im Unterrichtsministerium", in: LLZ 1921, Nr. 33, S. 663-666.
[39] Vgl. "Richtlinien für den Lehrplan der Grundschule", in: SSZ 1923, Nr. 10, S. 111.
[40] Vgl. "Richtlinien für den Lehrplan der Grundschule", in: LLZ 1923, Nr. 9, S. 104 f.

zer Lehrerverein Kurt Riedels "Bildungsplan für die zehnjährige Einheitsschule"[41] und schließlich reichten kurze Zeit später auch die Pädagogische Arbeitsgemeinschaft und die Elementarlehrervereinigung des Dresdner Lehrervereins entsprechende Vorschläge ein. Ein Sechserausschuß aus Chemnitzer, Dresdner und Leipziger Lehrerverein einigte sich schließlich auf eine Kompromißfassung, die auch vom Vorstand des SLV gebilligt wurde.[42] Die Lehrplanrichtlinien fußten auf dem, was in den vergangenen Jahren, ja fast zwei Jahrzehnten, zur pädagogischen Reform der Volksschule innerhalb der sächsischen Volksschullehrerschaft diskutiert worden war und was ich unter dem Begriff der Arbeitsschule im wesentlichen zu skizzieren versucht habe. Deshalb sollen abschließend lediglich die wesentlichsten Passagen des allgemeinen Teils der Richtlinien im Wortlaut wiedergegeben werden. Sie lauten:

> *"1. Für den Bildungsgang ist die den natürlichen Wachstumsgesetzen folgende selbsttätige Entfaltung der kindlichen Kräfte grundlegend und richtungsgebend.*
> *2. Durch unmittelbaren Umgang mit dem Natur- und Menschenleben soll das Kind in die heimatliche Kulturgemeinschaft hineinwachsen.*
> *3. Der Lehrer ist nicht durch allgemein verbindliche Stoffziele und Unterrichtsformen in der erzieherischen Auswirkung seiner Persönlichkeit gehemmt. Er hat hauptsächlich dafür zu sorgen, daß das gesamte Schulleben dem Kinde günstige Vorbedingungen für selbsttätige und gemeinschaftliche Bildungsarbeit bietet.*
> *4. Die Lehrkräfte sind verpflichtet, über ihre Tätigkeit einen Arbeitsbericht zu schreiben.*
> *5. Die bildenden Tätigkeiten der Grundschule erstrecken sich auf folgende Hauptaufgaben:*
>   *a) Die Umwelt als Heimat erfassen;*
>   *b) die Sprache gebrauchen und verstehen lernen;*
>   *c) Bewegungs- und Gestaltungskraft pflegen;*
>   *d) Maßbeziehungen im Leben erkennen und anwenden;*
>   *e) das gemeinschaftliche Leben gestalten.*
> *6. Der Körperbildung ist täglich ausreichend Zeit zu widmen.*
> *(...)*
> *7. Die beiden ersten Schuljahre bleiben in der Hand desselben Lehrers. Wenn im dritten und vierten Schuljahr aus stundenplantechnischen Gründen ausnahmsweise mehr als ein Lehrer tätig ist, so findet eine Verteilung der Unterrichtsarbeit im Sinne eines einheitlichen Gesamtunterrichtes statt. Anzustreben ist, daß dieselbe Lehrkraft dieselbe Klasse vom ersten bis vierten Schuljahr führt.*

---

41   Vgl. RIEDEL, Kurt: Bildungsplan für die zehnjährige Einheitsschule, in: SSZ 1923, Pädagogische Arbeitsgemeinschaft Nr. 3, S. 19-23.
42   Vgl. SCHNABEL, Paul: Richtlinien für den Lehrplan der Grundschule, in: LLZ 1923, Nr. 22, S. 313-317. Schnabels Kommentierung der Kompromißfassung deutet darauf hin, daß die Leipziger mit dem erzielten Kompromiß wohl nicht so ganz zufrieden waren. Es fällt in der Tat auf, daß zum Beispiel die Forderung des LLV, "Der Unterricht in der Grundschule ist der Gesamtunterricht. Eine Teilung der Unterrichtsgebiete nach bestimmten Stunden findet nicht statt", in die endgültige Fassung keinen Eingang gefunden hat. Der Gesamtunterricht wurde explizit nur noch in einem Nebensatz erwähnt.

8. *Die nacheinander geordneten Aufgaben im 'Besondere Teile' wollen keine feste Reihenfolge in der Bearbeitung vorschreiben. Es liegt vielmehr im Sinne des Bildungsplanes, daß das geistige Bedürfnis der Altersstufe, wie es sich in der unmittelbaren Berührung mit dem Natur- und Menschenleben offenbart, jeweils den Ausgangspunkt der Bildungsarbeit bestimmen soll. Die Hinweise des Bildungsplans wollen dem Lehrer nur zur zielsicheren Lenkung der kindlichen Selbstbetätigung dienen.*
9. *Die Ziele der Bildungsarbeit in der Grundschule sind nicht durch Anforderungen der folgenden Schulstufen bestimmt, sondern folgen aus den Gesetzen der kindlichen Entwicklung. Also haben die obere Stufe der Volksschule ebenso wie die höhere Schule weiter zu bauen auf dem erreichten Entwicklungsstandpunkte des Kindes in der Grundschule. Diese bietet allen Kindern der ersten vier Schuljahre in gleicher Weise die bestmöglichen Vorbedingungen für günstige Entwicklungen der körperlichen und seelischen Kräfte.*[43]

Der SLV reichte diesen im Juni 1923 veröffentlichten Lehrplanvorschlag beim Kultusministerium ein (Jahresbericht des SLV 1923, S. 163). Zur Veröffentlichung eines Volksschullehrplans von seiten des Ministeriums ist es dann aber bis zum Ende der Reformphase im Oktober 1923 nicht mehr gekommen. Erst im Mai 1928 unter dem Volksbildungsminister Kaiser erschien schließlich ein neuer "Landeslehrplan für die Volksschulen Sachsens"[44].

Dritter zentraler Bestandteil des Reformprogramms gemeinsam mit Arbeitsschule und allgemeiner Volksschule war die **weltliche Schule**. Darunter verstanden die demokratisch-sozialistischen Schulreformer in Sachsen nicht jene Weltanschauungsschule, wie sie die Reichsverfassung nach Art. 146 (2) den Eltern auf besonderen Antrag zugestehen wollte und wie sie dann später von der Arbeiterschaft gegen großen Widerstand mühsam erkämpft, in Form der sog. weltlichen oder bekenntnisfreien Sammelklassen und -schulen vor allem in Preußen, aber auch in Braunschweig entstanden sind[45], sondern unter weltlicher Schule verstanden sie vielmehr eine von jeglichen konfessionellen wie parteipolitischen Einflüssen freie, für alle Kinder gemeinsame Staatsschule. Die weltliche Schule sollte demnach keine Schule neben anderen sein, sondern die Schule, Gemeinschaftsschule, Einheitsschule schlechthin. Walther Kluge, der bis zu seiner Berufung zum Schulrat nach Thüringen durch Max Greil in Leipzig wirkte, unter anderem der Kommission für Sitten- oder Moralunterricht des LLV angehörte und

---

[43] vgl. "Richtlinien für den Lehrplan der Grundschule" in: LLZ 1923 Nr. 22, S. 313.
[44] Mit einer Einführung und einem Anhang von Dr. Weinhold, Ministerialrat im Ministerium für Volksbildung. Dresden 1928.
[45] In den letzten Jahren ist es zu ersten Ansätzen einer wissenschaftlichen Erforschung dieser weltlichen Schulbewegung insgesamt sowie einzelner weltlicher Schulen gekommen. Vgl. BEHRENS-COBET/REICHLING 1987; BAJOHR u.a. 1986; BRÜCHER 1985 (a); REICHLING 1987 u. SOLLBACH 1985.

zahlreiche Schriften, u.a. zur weltlichen Schule, zur sittlichen Lebenskunde bzw. zum Moralunterricht, zur Jugendweihe und zur Frage der Religion bzw. des Religiösen in der weltlichen Schule veröffentlicht hat (vgl. Literaturverzeichnis), charakterisierte diese weltliche Schule zusammenfassend so: "Die weltliche Schule ist keine dogmatisch eingestellte Weltanschauungs-, Freidenker- oder Parteischule, sondern eine von jeglichem Bekenntnis freie Schule auf dem Boden voraussetzungsloser Wissenschaft ohne bekenntnismäßigen Religionsunterricht, aber offen für die Kinder aller Volksglieder als eine allgemeine alle tolerierende Gemeinschaftsschule" (KLUGE 1924, S. 12). Diese Auffassung vom Wesen der weltlichen Schule, wie sie Kluge hier stellvertretend für die sächsischen Schulreformer formulierte, war innerhalb der sozialistisch orientierten Lehrerschaft, wie der weltlichen Schulbewegung insgesamt, umstritten. Ein bedeutender Teil von ihnen strebte nicht nach der allgemeinen weltlichen Staatsschule, unabhängig von allen konfessionellen und parteipolitischen Einflüssen, sondern die setzte aufgrund der geltenden Verfassungsbestimmungen auf die weltliche Schule als Weltanschauungsschule, als weltanschauliche "Sonderschule", als Schule des Proletariats im Dienste des Befreiungskampfes des Proletariats und der klassenlosen Gesellschaft. Dieser Richtungsstreit - darauf soll hier wenigstens kurz eingegangen werden, um die Position der sächsischen Reformer in den Kontext der weltlichen Schulbewegung einordnen zu können - durchzog auch die Geschichte des "Bundes der Freien Schulgesellschaften Deutschlands", der Organisation, die von Eltern und Pädagoginnen und Pädagogen der Arbeiterbewegung (SPD wie KPD) zur Propagierung und Durchsetzung der weltlichen Schule 1920 gegründet worden war. Im Jahre 1925, im Vorfeld der Dortmunder Vertreterversammlung des Bundes, kritisierte ein Vertreter des sächsischen Landesverbandes[46] im Bundesorgan

---

[46] Der sächsische Landesverband des Bundes der freien Schulgesellschaften wurde 1923 gegründet. Im April 1925 umfaßte er etwa 30 Ortsgruppen mit reichlich 10.000 Mitgliedern (vgl. SSZ 1925, Nr. 14, S. 297). Als Vorsitzende konnten in der Reihenfolge ermittelt werden: Max Uhlig, E. Krebs, Robert Forbrig und Johannes Leupoldt. Der SLV war dem Landesverband des Bundes der freien Schulgesellschaften als korporatives Mitglied beigetreten (KUNZE, Richard: Zum Kampf um die freie weltliche Schule, in: Die freie weltliche Schule 1927, Nr. 16, S. 133 f. und LLZ 1926, Nr. 11, S. 238). Aus einem Brief des Vorstandes des Dresdner Lehrervereins an den Landesverband vom Ende des Jahres 1929 geht hervor, daß der Dresdner Lehrerverein einer der aktivsten Förderer des Landesverbandes gewesen ist. Vom Dresdner Lehrerverein kam danach die Anregung, daß die Bezirkslehrervereine des SLV den Landesverband als Förderer finanziell und ideell unterstützen sollten. Der Dresdner Lehrerverein selbst war Förderer der "Zentrale für die

"Die freie weltliche Schule" die noch fehlende Entscheidung in diesem Richtungsstreit.

Schon die Teilnehmer der Dresdner Vertreterversammlung im Oktober 1924 hätten erwartet, daß durch die Verhandlungen erkennbar würde, "ob unter der freien weltlichen Schule ... die allgemeine, kirchen- und parteifreie Staatsschule zu verstehen sei, die alle Kinder des Ortes besuchen müssen, die Schulart, wie sie zuerst der Sächsische Lehrerverein durch seine Leipziger Thesen von 1919 deutlich herausgestellt hat, wie sie Erich Viehweg am 4. Oktober 1924 in der öffentlichen Versammlung zu Dresden aufgezeigt hat ... oder ob unter der freien, weltlichen Schule doch eine Schulart gemeint ist, die als Weltanschauungsschule anzusehen wäre, die daher niemals die allgemeine Schule des ganzen deutschen Volkes werden könnte" (vgl. "Vor schwerer Entscheidung", in: Die freie weltliche Schule 1925, Nr. 16, S. 122 ff., Zitat S. 122). Diese Entscheidung sei leider nicht gefallen. Die starken Meinungsverschiedenheiten hätten infolge Zeitmangels nicht ausgeglichen werden können. So stehe man in Dortmund vor denselben Aufgaben wie in Dresden und werde den Gegnern "das Schauspiel einer nicht geschlossenen Front von Kämpfern für die weltliche Schule unter

---

freie Schule" in Dresden und hat diese Ortsgruppe des Landesverbandes jahrelang ganz wesentlich unterstützt (vgl. "Der Kampf gegen die Wahrheit in dem Organ des Bundes der freien Schulgesellschaften Deutschlands", in: LLZ 1929, Nr. 40, S. 1045). Ende der zwanziger Jahre kam es zwischen dem SLV und dem sächsischen Landesverband des Bundes der freien Schulgesellschaften vorübergehend zu Mißstimmigkeiten. Ursache dafür war einmal die vom Bund anläßlich seiner Reichstagung in Braunschweig 1929 verabschiedete Erklärung, in der es für wünschenswert gehalten wurde, daß die Bundesmitglieder sich zukünftig in der Freien Lehrergewerkschaft Deutschlands organisierten. Dieser Wunsch richtete sich praktisch gegen den DLV und damit indirekt auch gegen den SLV (vgl. "Die Reichstagung des Bundes der freien Schulgesellschaften Deutschlands", in: LLZ 1929, Nr. 19, S. 520 f.; "Randfragen?", in: LLZ 1929, Nr. 26, S. 693 f.; "Sächsischer Lehrerverein und Landesverband Sachsen der freien Schulgesellschaften Deutschlands (ein Briefwechsel)", in: LLZ 1929, Nr. 31, S. 831 f.). Eine weitere Ursache für die Mißstimmigkeiten lag in dem 1929/30 diskutierten Programmentwurf des sächsischen Landesverbandes begründet. Darin wurde entgegen der bisherigen Position die Weltanschauungsschule im Sinne der Reichsverfassung favorisiert. Auf der Tagung des Landesverbandes im Februar 1930 wurde dieser Richtungswechsel jedoch nicht bestätigt, wie die LLZ befriedigt feststellte (vgl. "Die Freien Schulgesellschaften Sachsens am Scheidewege", in: LLZ 1929, Nr. 41, S. 1063; "Der Landesverband Sachsen im Bunde Entschiedener Schulreformer zum Programmentwurf der Freien Schulgesellschaften", in: LLZ 1930, Nr. 1, S. 15; "Soll die weltliche Schule allgemeine Staatsschule oder weltanschauliche Sonderschule sein?", in: LLZ 1929, Nr. 37, S. 960 ff.; "Zur Tagung des Landesverbandes der freien Schulgesellschaften Sachsens", in: LLZ 1930, Nr. 7, S. 171 ff. und "Landestagung der freien Schulgesellschaften Sachsens", in: LLZ 1930, Nr. 8, S. 194 f.).

Umständen leider erneut bieten" (ebd.)[47]. Die Vertreterversammlung in Dortmund im Oktober 1925 brachte zunächst eine Entscheidung zugunsten der Anhänger der Weltanschauungsschule. Auf der Versammlung, vor der der Wiener Marxist und Soziologe Max Adler über "Die soziologischen Grundlagen der weltlichen Schule" und der sozialdemokratische Schulpolitiker Kurt Löwenstein über "Schulpolitische Grundlagen der weltlichen Schule" sprachen (vgl. Bund der freien Schulgesellschaften Deutschlands 1925), wurde eine Entschließung angenommen, die lautete:

"Die Delegiertenversammlung des B. d. fr. Sch. D. in Dortmund stimmt den grundsätzlichen Ausführungen der beiden Referenten Prof. Dr. Max Adler (Wien) und Dr. Löwenstein (Berlin) zu. Die weltliche Schulbewegung reiht sich danach in den Emanzipationskampf des Proletariats ein und faßt ihre Arbeit als Pionierdienst für die zu erkämpfende solidarische Gesellschaft auf, die nur eine klassenlose Gesellschaft sein kann. So sind Richtung und Ziel und damit der Inhalt für unsere Schulbewegung gegeben" ("Dortmunder Beschlüsse", in: Die freie weltliche Schule 1926, Nr. 8, S. 58 f.).

Daß damit die Diskussionen um den richtigen Kurs in der Frage der weltlichen Schule noch nicht beendet waren, zeigten die folgenden Bundestage, vor allem der in Erfurt 1930 (TORHORST 1970, S. 77 f. u. 91 f.). Auf dieser Tagung, die ein Programm verabschieden sollte, kamen die unterschiedlichen und wohl auch unversöhnlichen politischen Vorstellungen, die mit der weltlichen Schule verbunden waren, in aller Schärfe zum Ausdruck. Der linkssozialistische Flügel um die Leiterin der Programmkommission, die Düsseldorfer Lehrerin Adelheid Torhorst, der bei den Programmbeschlüssen schließlich in der Minderheit blieb, betonte erneut den Klassenkampfcharakter der weltlichen Schulbewegung. Die Mehrheit der Vertreter, eher sozialdemokratisch-reformerisch orientiert, unter ihnen die Mitglieder der Landesverbände Sachsen und Braunschweig sowie Kurt Löwenstein und der Berliner Schulreformer Fritz Karsen, setzten dagegen schließlich ein Programm durch, das nun als grundsätzliches Ziel **"die weltliche Schule als öffentliche, allgemeine und soziale Einheitsschule"** festlegte. Der Bund, so hieß es im Programm weiter, "reiht sich mit seinem Ringen um die Verweltlichung des Schulwesens **in den Kampf um die**

---

[47] In zwei Entgegnungen wurde dem sächsischen Vertreter widersprochen und entgegengehalten, daß die einheitliche weltliche Schule für alle Kinder zur Zeit nicht erreichbar sei und daß man sich deshalb auf die weltliche Schule als Weltanschauungsschule konzentrieren müsse (vgl. RÖTTCHER, Marie: "Vor schwerer Entscheidung (Eine Entgegnung)", in: Die freie weltliche Schule 1925, Nr. 18, S. 139 f. und "Ein Wort zu dem Artikel: Vor schwerer Entscheidung", in: Nr. 18, S. 140).

klassenlose Gesellschaft ein." Aufbau und Arbeit der weltlichen Schule sollten "sich nach den gesellschaftlichen Notwendigkeiten für das heranwachsende Geschlecht ... richten, deren Feststellung **nach den Methoden der materialistischen Geschichtsauffassung zu erfolgen** hat". Im fünften und letzten Programmpunkt waren alternative Wege zur Verwirklichung der weltlichen Schule aufgezeigt. "Je nach der Lage der bestehenden politischen und gesellschaftlichen Verhältnisse versucht der Bund den weiteren Ausbau des Schulwesens nach seinen Grundsätzen durchzuführen **oder** die Einrichtung weltlicher Sammelklassen gesetzlich und organisatorisch zu erkämpfen" ("Die Tagung des Bundes der freien Schulgesellschaften Deutschlands in Erfurt am 8. und 9. Juni 1930", in: LLZ 1930, Nr. 22, S. 613 ff., Zitate S. 614). Dieses Programm, vor allem in seiner grundsätzlichen Zielperspektive der weltlichen Schule als einer für alle gemeinsamen sozialen Einheitsschule, fand die volle Zustimmung der demokratisch-sozialistischen Schulreformer in Sachsen. Für eine so verstandene weltliche Gemeinschafts- oder Einheitsschule hatten sie sich seit 1919 eingesetzt. Unterstützung fanden sie dabei bei den sächsischen Landesverbänden des BESch und des Bundes der freien Schulgesellschaften.

Was 1919 in der Forderung nach der weltlichen Schule gipfelte, hatte nach der Jahrhundertwende, anknüpfend an den schon während der Revolution 1848/49 vertretenen Grundsatz einer Trennung von Schule und Kirche, mit Diskussionen um eine **Reform des Religionsunterrichts** begonnen. Die Vertreterversammlung des SLV am 1. Oktober 1905 in Dresden forderte die Bezirkslehrervereine auf, sich mit dieser Thematik auseinanderzusetzen (WINKLER, G.: "Jahre des Schulkampfes", in: SSZ 1923, Nr. 11, S. 118 ff.). Die beiden Landesverbände Bremen und Hamburg hatten in diesem Jahr vergeblich versucht, den Deutschen Lehrerverein auf die Programmatik der weltlichen Schule festzulegen. In der Frage des Religionsunterrichts und der konfessionellen Volksschule bewegte sich in jedem Fall wieder etwas innerhalb der Volksschullehrerschaft und so trat dieser Fragenkomplex auch im SLV in den folgenden Jahren stärker in den Vordergrund, parallel im übrigen zu den Diskussionen um eine pädagogische Reform der Volksschule. Die "Zwickauer Thesen", verabschiedet auf der Vertreterversammlung des SLV am 28./29. September 1908 in Zwickau, bildeten den Abschluß der in den Bezirkslehrervereinen geführten Diskussionen. Nach diesen Thesen sollte Religion zwar ein wesentlicher Unterrichtsgegenstand bleiben, der Religionsunterricht wurde jedoch als eine selbständige Veranstaltung der Volksschule angesehen. Ihm wurde die Aufgabe zugesprochen, "die Gesinnung Jesu im Kinde lebendig zu machen" (Sächsischer Lehrerverein 1908, S. 30). Lehrplan und Unterrichtsform wurden ausschließlich zu einer Angelegenheit der Schule erklärt. Die kirchliche Aufsicht über den Religionsunterricht sollte aufgehoben werden. Als Bildungsstoffe wurden nur solche in Betracht gezogen, die dem Kind religiöses und sittliches Leben anschaulich vor Augen führen. Aus diesem Grund wollte man neben biblischen Stoffen auch "Lebensbilder von Förderern religiöser und sittlicher Kultur auf dem Boden unseres Volkstums mit Berücksichtigung der Neuzeit" hinzuziehen (ebd., S. 32). Gedacht war dieser Religionsunterricht im wesentlichen als ein Geschichtsunterricht, in dessen Mittelpunkt die "Person Jesu" zu stehen habe (ebd., S. 31). Systematischer und dogmatischer Unterricht wurden dagegen abgelehnt. Vor allem der Katechismus Luthers wurde nicht mehr als Grundlage und Ausgangspunkt der religiösen Unterweisung angesehen. Die Zwickauer Thesen forderten weiterhin, daß der religiöse Lehrstoff nach psychologisch-pädagogischen Grundsätzen neu zu gestalten und wesentlich zu kürzen sei. Religionsprüfungen und -zensuren sollten wegfallen (ebd., S. 33-37). Gefordert wurde außerdem, daß der "gesamte Religionsunterricht im Einklange stehen (muß) mit den gesicherten Ergebnissen der wissenschaftlichen Forschung und dem geläuterten sittlichen Empfinden unserer Zeit" (ebd., S. 39).[48]

Die "Zwickauer Thesen" stellten unter dem Druck der Tradition und der politischen Verhältnisse jener Jahre einen Kompromiß dar. Es mußte, so schrieb die LLZ rückblickend Anfang 1919, "damals ein befriedigender Ausgleich zwischen dem Grundsätzlichen und dem Taktisch-Zweckmäßigen gesucht werden" ("Die weltliche Schule", in: LLZ 1919, Nr. 1, S. 2 f., Zitat S. 2). Es hatte schon 1908 im SLV eine Minderheit gegeben, die für die weltliche Schule eingetreten war. Die Mehrheit glaubte jedoch noch, auf den Religionsunterricht, wenn auch auf reformierter Basis, nicht verzichten

---

[48] Zur Reformdiskussion um den Religionsunterricht und zu den Zwickauer Thesen vgl. auch ARZT, Arthur: Welche Mängel zeigt der gegenwärtige Religionsunterricht und auf welche Weise ist ihnen zu begegnen? Dresden-Blasewitz 1908 u. Leipziger Lehrer-Verein (Hrsg.): Die Zwickauer Thesen und Geh. Kirchenrat D. Rietschel. Material zur Beurteilung des Streites um den Religionsunterricht in der Volksschule. Leipzig o.J. (1909).

zu können. Insbesondere die als untrennbar angesehene Verbindung des Religiösen mit dem Sittlichen, wie sie in den Thesen zum Ausdruck kam, ließ ihnen eine allgemeine überkonfessionelle religiöse Unterweisung notwendig erscheinen (ebd.).

In der Novemberrevolution 1918/19 traten die unterschiedlichen Vorstellungen in der Frage des Religionsunterrichts im SLV wieder offen zutage. Ein Teil der sächsischen Volksschullehrerschaft, repräsentiert durch den Vorstand, bekannte sich weiterhin zu den Zwickauer Thesen und wandte sich gegen Bestrebungen, den Religionsunterricht aus der Volksschule zu entfernen.[49]

Ein anderer Teil, mit dem LLV an der Spitze, forderte stattdessen - nicht zuletzt aufgrund der veränderten politischen Verhältnisse - eine Überprüfung und Fortentwicklung der Zwickauer Thesen. Von der LLZ aus wurde Kritik an der Haltung des Vorstandes des SLV geübt. Der Vorstand habe in der Frage des Religionsunterrichts überhaupt keine glückliche Hand gehabt. Statt einer vorschnellen Entschließung hätte er eine gemeinsame Erarbeitung von Leitsätzen organisieren sollen. Nur eine Vertreterversammlung könne die Frage entscheiden, ob und gegebenenfalls in welcher Weise die Zwickauer Thesen der neuen Zeit entsprechend fortzuentwickeln seien ("Die Beschlüsse der Lehrervereine in der Religionsfrage und die Leipziger Thesen", in: LLZ 1919, Nr. 7, S. 81 f. u. ERLER, O.: Leipziger Thesen, in: LLZ 1919, Nr. 8, S. 87). Im Leipziger Lehrerverein waren bereits die sog. "Leipziger Thesen" erarbeitet worden, die einen endgültigen Abschied vom Religionsunterricht und von der konfessionellen Volksschule bedeuteten. Auf der außerordentlichen Vertreterversammlung des SLV am 29. /30. März 1919 wurde über die Frage des Religionsunterrichts und über die "Leipziger Thesen" entschieden. Nach kontroverser Diskussion, die noch einmal die grundsätzlichen Standpunkte offenlegte, folgte die Vertreterversammlung in ihrer Mehrheit den Vorstellungen des Leipziger Lehrervereins und sprach sich "mit überwiegender Mehrheit" zukünftig gegen eine Erteilung des Religionsunterrichts in der Volksschule aus. Stattdessen bekannte

---

[49] Vgl. "Zur Beurteilung des Bestrebens, den Religionsunterricht aus der Volksschule zu entfernen", in: SSZ 1919, Nr. 2, S. 14; "Simultanschulen", in: ebd., S. 16 f.; vgl. auch die Entschließung des Vorstands des SLV zur Frage des Religionsunterrichts in der Schule, in: SSZ 1919, Nr. 2, S. 19 u. TÖGEL, Hermann: Der Religionsunterricht in der Einheitsschule im neuen Volksstaat, in: SSZ 1919, Nr. 3, S. 25 ff.

die Versammlung sich auf Vorschlag von Johannes Lang zu dem Satz: "Wir fordern die weltliche Schule" ("Bericht über die außerord. Vertreterversammlung des Sächs. Lehrervereins am 29. und 30. März 1919 in Dresden", in: SSZ 1919, Nr. 14, S. 157- 162, Zitate S. 162). Die "Leipziger Thesen" wurden dem Vorstand des SLV zur weiteren Bearbeitung überwiesen. In ihrer endgültigen Fassung lauteten sie:

"Wir fordern die weltliche Schule.
Wir erblicken in der Erziehung zur sittlichen Persönlichkeit nach wie vor die Aufgabe der gesamten Schularbeit.
Wir lehnen es ab, die Jugend im Sinne eines religiösen Bekenntnisses zu beeinflussen. Wir bekennen uns zu der Aufgabe, durch Gewöhnung und Belehrung, insbesondere durch Vorführung von Vorbildern sittlicher Lebensführung aus der Menschheitsgeschichte und, auf der Oberstufe, durch eine zusammenfassende und vertiefende Darstellung der sittlichen Pflichten in anschaulicher Form die sittliche Erziehung der Jugend zu fördern, den Kindern durch einen objektiven Unterricht in Religionsgeschichte das allgemeine religiöse Kulturgut vorzuführen und dadurch die selbständige Erarbeitung einer Weltanschauung vorzubereiten.
Festsetzungen über diesen Unterricht sind lediglich eine pädagogische Angelegenheit; wir weisen daher alle Ansprüche der Kirche auf Mitwirkung und Aufsicht zurück und überlassen es den Religionsgemeinschaften, für die konfessionelle Unterweisung der Kinder außerhalb der Schule zu sorgen" ("Die Leipziger Thesen", in: LLZ 1919, Nr. 15, S. 197 u. SSZ 1919, Nr. 15, S. 182).

Mit der Annahme der "Leipziger Thesen" hatten sich die demokratisch-sozialistischen Reformer mit ihren programmatischen Vorstellungen von der Weltlichkeit des Schulwesens innerhalb des SLV durchgesetzt. Aufgabe der weltlichen Schule sollte danach "sittliche Erziehung" bzw. "Erziehung zur sittlichen Persönlichkeit" sein. "Das Ziel der sittlichen Erziehung", so Erich Viehweg in seinem Vortrag "Die sittliche Erziehung in der weltlichen Schule" auf der 18. Allgemeinen Versammlung des SLV vom September 1921, "ist der freie, der persönliche, der wesenhafte Mensch, der sich hineinstellt in die Gemeinschaft, nicht bloß aus Pflichtgefühl, nicht bloß aus Überzeugung von der Notwendigkeit, sich darin zu betätigen, sondern gleichzeitig in dem Bewußtsein, daß er überhaupt nur Persönlichkeit werden kann, wenn er in der Gemeinschaft seine Pflicht erfüllt und die Gemeinschaft vorwärts bringt. Kurz gesagt: **Der sittlich-soziale Mensch!** Das ist die Forderung des Tages an uns!" (VIEHWEG 1922, S. 26).

Dieses hier von Viehweg für die weltliche Schule formulierte Erziehungsziel des sittlich-sozialen Menschen oder der sittlichen Persönlichkeit

(Johannes Lang) entsprach dem Erziehungsziel der Arbeitsschule. Arbeitsschule und weltliche Schule waren jedoch nicht nur allein durch das Erziehungsziel miteinander verbunden, vielmehr galt die Arbeitsschule aufgrund ihres Arbeits- und Lebensgemeinschaftscharakters zugleich als eine der wesentlichen Voraussetzungen für die **praktische** Erziehung zur sittlichen Persönlichkeit. Denn Sittlichkeit sollte nicht oder jedenfalls nicht in erster Linie gelehrt, zur Sittlichkeit sollte vor allem erzogen werden. Aller Unterricht stand im Dienst sittlicher Erziehung, wobei als das Wichtigste das eigene sittliche Handeln der Kinder betrachtet wurde. Dazu bot die Arbeitsschule eben ein günstiges Betätigungsfeld (LANG 1920, S. 31). So erschien auch Walther Kluge "die Arbeitsschule in hervorragendem Maße geeignet, weil sie ja auf das Tun, auf die Betätigung, auf das wirkliche Handeln weit mehr Gewicht legt - und legen kann -, als die alte Lernschule. Es gilt, die Klasse zur sozialen Gemeinschaft und ganz besonders zur Arbeitsgemeinschaft auszugestalten, um das Kind so in der Praxis zum sittlichen Handeln zu führen" (KLUGE 1921, S. 8). Um dieses Ziel zu erreichen, war schließlich auch für Erich Viehweg das Wichtigste, "das Kind in Gemeinschaften zu stellen, wo es sittliche Erlebnisse macht, vor Entscheidungen gestellt wird und sich an sittliche Entscheidungen gewöhnt. Die Probleme Arbeitsunterricht, Schulgemeinde, Selbstverwaltung in der Klasse, ja sogar Kindergarten, Spielnachmittage, Jugendwanderungen sind für sittliche Erziehung unbedingt wichtiger als die Frage der besonderen Lebenskunde" (VIEHWEG 1919, S. 507 u. Ders. 1922, S. 28 f.). Ottomar Fröhlich brachte diese ganzen Vorstellungen auf die kurze Formel: "**Erziehung zum sittlichen Tun durch sittliches Tun**" (FRÖHLICH, O.: Zur sittlichen Lebenskunde, in: SSZ 1921, Nr. 30, S. 555 ff., Zitat S. 557). Da diese Art sittlicher Erziehung ja gerade in der zur Arbeitsschule ausgestalteten weltlichen Schule zur vollen Entfaltung gelangen sollte und Sittlichkeit sozusagen als Unterrichtsprinzip im Umgang mit anderen innerhalb der Klassengemeinschaft gelebt und erfahren werden sollte, war es konsequent, daß die demokratisch-sozialistischen Schulreformer einen besonderen sog. "Lebenskunde- oder Moralunterricht" als Ersatz für den Religionsunterricht mehr oder weniger strikt ablehnten, zumindest soweit es die Unter- und Mittelstufe der Volksschule betraf. Lediglich für die beiden letzten Schuljahre hielten sie einen, die sittliche Erziehung der vorangegangenen Jahre zusammenfassenden und vertiefenden Unterricht in Form einer zweistündigen "Lebenskunde" für vertretbar.[50]

Über Ziele und Wege eines Lebenskunde- bzw. Moralunterrichts diskutierte auch der eigens dafür einberufene erste deutsche Kongreß für Moralpädagogik, der vom 30. März bis 1. April 1921 in Leipzig tagte. Dieser Kongreß, der auf eine Initiative des Leipziger Professors Paul Barth zurückging, fand unter maßgeblicher Mitwirkung von Vertretern des LLV statt (BARTH, P.: Ein deutscher Kongreß für Moralpädagogik, in: LLZ 1921, Nr. 4, S. 65 ff.). Die LLZ forderte alle interessierten Lehrer auf, an diesem Kongreß teilzunehmen, da er die für die sächsische Lehrerschaft so wichtige Frage erörtere, inwieweit ein stundenplanmäßig festgelegter systematischer Moralunterricht notwendig sei oder Moral und Sittlichkeit handelnd durch das ganze Unterrichtsgeschehen eingeübt werden könne. Während Paul Barth in seinem Kongreßreferat die Notwendigkeit eines planmäßigen Moralunterrichts hervorhob, lehnten die Vertreter des SLV einen solchen Unterricht unter Hinweis auf ihre Arbeitsschulprogrammatik ab. Dies kam deutlich zum Ausdruck in dem Vortrag Otto Erlers über "Moralunterricht und Gemeinschaftsarbeit in der Schulklasse" und in den Berichten aus der lebenskundlichen Schulpraxis von Erich Viehweg und Phillip Schönherr, der an der Versuchsschule Leipzig-Connewitz unter-

---

[50] Praktische Bedeutung erhielt dieser Lebenskundeunterricht durch das Scheitern einer allgemein verbindlichen Einführung der weltlichen Schule in Sachsen. Durch eine Verordnung vom 15. Mai 1920 hatte der seinerzeit amtierende Kultusminister Seyfert (DDP) bestimmt, daß die vom Religionsunterricht abgemeldeten Kinder einen Ersatzunterricht erhalten sollten, der vor allem mit "Schriftwerke(n) gesinnungsbildenden Inhalts" auszufüllen war (vgl. "Verordnung zur Ausführung von § 18 Abs. 2 Satz 4 u. 5 des Übergangsgesetzes für das Volksschulwesen vom 22. Juli 1919", in: Verordnungsblatt ... vom Jahre 1920, S. 67). Durch diese Verordnung kam es dann - entgegen den ursprünglichen Intentionen der Reformer - doch zu einem gesonderten Lebenskundeunterricht, auch wenn dieser Begriff selbst in der Verordnung - wohl bewußt - nicht verwendet wurde. Der LLV bzw. dessen "Ausschuß für sittliche Lebenskunde" hat für diesen Unterricht Fachpläne erarbeitet und veröffentlicht. Der erste Plan für das 7. und 8. Schuljahr erschien Anfang 1920 als Beigabe der LLZ und der SSZ (vgl. "Stoffe für die sittliche Bildung in der Schule. Ausgewählt vom Ausschuß für Sittenunterricht des Leipziger Lehrervereins"). Der zweite "Stoffplan für die sittliche Lebenskunde" erschien 1921 und berücksichtigte das 3. bis 8. Schuljahr. Dieser Stoffplan fand weit über die Grenzen Sachsens hinaus Beachtung. Beispielsweise wurde er an den weltlichen Schulen in Essen verwendet (BEHRENS-COBET u.a. 1986, S. 70 ff.).Anregungen für die Schulpraxis gab auch KLUGE, W.: Sittliche Lebenskunde. Beiträge zur schulpraktischen Ausgestaltung der ethischen Erziehung. Leipzig 1921 und Ders.: Menschheitssehnen - Menschheitsgrübeln. Eine Stoffsammlung zur Behandlung der Religionsgeschichte in der Schule. Leipzig 1925.

richtete.[51] Die Abschlußerklärung des Kongresses entsprach schließlich voll und ganz den Vorstellungen der demokratisch-sozialistischen Reformer hinsichtlich der weltlichen Schule und der sittlichen Erziehung.[52]

Die Verfechter der weltlichen Schule gründeten die sittliche Erziehung statt auf "göttliche Autorität" (KLUGE 1921, S. 23) und konfessionelle Dogmen auf eine vor allem an Kant und der Aufklärung orientierte (Gemeinschafts-)Ethik und damit wesentlich auf Einsicht und Vernunft der Menschen. Religion und Sittlichkeit, so wurde immer wieder betont, seien zwei verschiedene Dinge. "Das ganz unwissenschaftliche Verfahren", schrieb die LLZ, "beides immer zusammenzuwerfen, insbesondere der Standpunkt, daß ohne Religion keine Sittlichkeit sei, muß von vornherein ausgeschaltet sein. Wir müssen auch in dieser Sache bei Kant bleiben, der die Sittlichkeit als das Ursprüngliche bezeichnet, das nur in seinen letzten und höchsten Stufen zum Religiösen führen kann, und der die Gottesidee, die auf solcher Grundlage erwächst, lediglich als ein Postulat der praktischen, nicht aber der reinen Vernunft betrachtet."[53] Zusammen mit der Vorstellung, daß der Mensch ein zur Vernunft und Einsicht fähiges Wesen

---

[51] Vgl. Moralpädagogik. Verhandlungen des Ersten Deutschen Kongresses für Moralpädagogik in Leipzig vom 30. März bis 1. April 1921. Hrsg. im Auftrage des Kongresses von Paul Barth. Leipzig 1921 u. Die sittliche Bildung in der weltlichen Schule. Veröffentlichungen des Deutschen Vereins für Moralpädagogik. Leipzig 1922.

[52] Die Abschlußerklärung lautete: "Der 850 Teilnehmer zählende 1. Deutsche Kongreß für Moralpädagogik, der in Leipzig vom 30. März bis 1. April getagt hat, fordert die deutschen Landesregierungen auf, die Organisation der sittlichen Erziehung und Unterweisung im Sinne des § 148 der Deutschen Reichsverfassung unverzüglich in die Wege zu leiten. Unabhängig von konfessioneller Bindung müssen die Schüler aller Schulgattungen nach den Grundsätzen der wissenschaftlichen Ethik durch Gewöhnung, durch persönliche und soziale Willensbildung und durch Anleitung zur sittlichen Gesinnung und Einsicht herangebildet werden zu sittlichen Persönlichkeiten. Für die ethische Unterweisung, die sich von unten herauf an die Vorfälle des Lebens und die übrigen Unterrichtsgebiete anzuschließen hat, sind auf der Oberstufe besondere Stunden bereitzustellen, die auch dem Zwecke ordnender und vertiefender Zusammenfassung dienen. Außerdem ist durch eine wissenschaftlich-objektive Darstellung der Religionsgeschichte den Kindern das allgemeine religiöse Kulturgut zu überliefern. Der Kongreß erblickt in der neutralen von Konfessionen und Weltanschauungen unbeeinflußten, allein nach pädagogisch-psychologischen Grundsätzen aufgebauten weltlichen Schule diejenige Schulform, die allein geeignet ist, die so dringend notwendige geistige und soziale Einheit des deutschen Volks zu fördern" ("Der Erste Deutsche Kongreß für Moralpädagogik", in: LLZ 1921, Nr. 11, S. 205 f., Zitat S. 206).

[53] Vgl. "Die weltliche Schule", in: LLZ 1919, Nr. 1, S. 2 f., Zitat S. 2; in gleicher Richtung MÜLLER, Fritz: Die Entscheidung in der Religionsfrage, in: LLZ 1919, Nr. 15, S. 199 ff.; BÜTTNER, G.: Sittliche Erziehung und Staatsbürgerkunde, in: SSZ 1921, Nr. 11, S. 186 f.; LANG 1920, S. 23 u.ö. und VIEHWEG 1922, S. 27.

sei und deshalb sittlich erziehbar für die sozialem und politischem Fortschritt verpflichtete Gemeinschaft, traten die Reformer ebenfalls im Sinne der Aufklärung dafür ein, daß in der Volksschule nichts gelehrt werden dürfe, was den gesicherten Ergebnissen der wissenschaftlichen, insbesondere naturwissenschaftlichen Forschung offensichtlich widerspreche. Dieses Ansinnen richtete sich gegen die Machtansprüche der Kirchen auf die weltanschauliche Ausrichtung der Volksschule bzw. gegen den Zwiespalt, den die Religion in die Schule hineintrage, wie der sozialdemokratische Schulreformer Fritz Müller aus Chemnitz in der LLZ schrieb. "Entweder es gelten die Gesetze der Wissenschaft, der Natur, der Entwicklung", so Müller, "oder es gilt das Übernatürliche, Übersinnliche, Metaphysische. Eine Verständigung ist unmöglich, besonders unmöglich mit einer religiösen Organisation, die eine Entwicklung nur bis zum 16. Jahrhundert anerkennt."[54]

Gerade auch für das Erziehungsziel der sittlichen Persönlichkeit wurde das Prinzip der Wissenschaftlichkeit in Anspruch genommen: "... wie viel bedeutet klares und scharfes, gewissenhaftes und reinliches, wahrhaftiges und 'wissenschaftliches' Denken auch für die Sittlichkeit!", betonte beispielsweise Erich Viehweg in seinem Vortrag auf der öffentlichen Versammlung des Landesverbandes Sachsen des Bundes der freien Schulgesellschaften Anfang Oktober 1924 (VIEHWEG 1925, S. 15). Aber, so fuhr Viehweg fort, "alles dies ist mit Gefühlen verbunden. Im Anschauen der Natur, der Landschaft, im denkenden Betrachten von Tier und Pflanze, erlebt das Kind Schönheit und Größe der Welt. Wieviel sittliche Anregungen vom einfachsten Gebot des Schonens, Behütens, Pflegens bis zur Liebe und dem kosmischen Verbundenheitsgefühl. Erlebnis des Lebens" (ebd.).

Das Konzept der sittlichen Erziehung schloß, da es demokratisch und sozial fundiert war, grundsätzlich Kritik an den gesellschaftlichen Verhältnissen mit ein. Die sittliche Erziehung forderte ja geradezu einen solchen gesellschaftskritischen Standpunkt. Sollten doch die Schülerinnen und Schüler nicht bloß in die bestehende Gesellschaft und ihre Strukturen möglichst konfliktlos integriert werden, wie etwa bei Georg Kerschensteiner und seiner staatsbürgerlichen Erziehung, sondern sich als politisch bewußte

---

[54] Vgl. MÜLLER, F.: Die Entscheidung in der Religionsfrage, in: LLZ 1919, Nr. 15, S. 199 ff., Zitat S. 200; vgl. auch "Ist der Religionsunterricht kindgemäß?", in: LLZ 1919, Nr. 8, S. 97 ff. Auch der Autor dieses Artikels forderte im Namen der Lehrerschaft, "daß unsere Kinder ein Weltbild bekommen, das mit den **gesicherten Ergebnissen** der Wissenschaft übereinstimmt" (ebd., S. 98).

und ethisch hochmotivierte Subjekte aktiv im gesellschaftlichen Prozeß engagieren und am Auf- und Weiterbau einer demokratischen und solidarischen Gesellschaft mitwirken. Die Erziehung zur Gemeinschaft lief demnach keineswegs auf eine Ignorierung oder gar Verschleierung gesellschaftlicher Widersprüche hinaus, sondern bedeutete im Gegenteil Aufklärung über sie. Für die weltliche Schule und die Arbeitsschule als einer unmittelbar am Leben orientierten Schule war ja die menschliche Arbeit im weitesten Sinne als zentraler Ausgangspunkt des Unterrichts gedacht. Das eigene Wahrnehmen und Erleben der Arbeits- und Lebenswelt durch die Schülerinnen und Schüler, wie es vorgesehen war, bot genügend Anknüpfungspunkte zur kritischen Auseinandersetzung mit den wirtschaftlichen und sozialen Gegebenheiten der Weimarer Klassengesellschaft. Und so wußte sich Erich Viehweg in Übereinstimmung mit den übrigen demokratisch-sozialistisch orientierten Schulreformern, als er im oben erwähnten Vortrag vor Mitgliedern des Bundes der freien Schulgesellschaften im Hinblick auf die Beschäftigung mit dieser Arbeitswelt in der Schule feststellte:

"Aber wir malen dabei keine holden Idyllen, die der Wirklichkeit gegenüber Lüge sind. Wir sehen die harte Arbeit, die abstumpfende Wirkung der mechanischen Teilarbeit, die den Menschen tötende Fron, all die Unvollkommenheit im Arbeitsleben, auch all die Härten im gesellschaftlichen Aufbau (wir predigen nicht, wir sehen), wir verstehen Zahlen und Statistiken zu lesen, und wir sehen plötzlich die schweren Probleme und empfinden Aufgaben. 'Den gesellschaftlichen Fortschritt zu fördern.' Muß menschliche Arbeit Fron sein? Wie kommen alle zum Leben? Was tun wir? Wie helfen wir? Wie machen wir die alten Worte von Bruderliebe und Kameradschaftlichkeit wahr?"[55]

---

[55] Vgl. VIEHWEG 1925, S. 15 f.; siehe auch BÜTTNER, G. (Meißen): Sittliche Erziehung und Staatsbürgerkunde, in: SSZ 1921, Nr. 11, S. 186 f. Büttner skizzierte hier einen vom Bezirkslehrerverein Meißen entworfenen Plan zur sittlichen Erziehung mit dem Titel: "Der soziale Gedanke als Konzentrationsidee der öffentlichen Erziehung". Auch in diesem Plan wurde ausdrücklich ein gesellschaftskritischer Unterricht gefordert. Ebenso Walther Kluge in seinem Vortrag über die "Notwendigkeiten der freien Schulgesellschaften" auf der Vertreter- und Mitgliederversammlung des sächsischen Landesverbandes des Bundes der freien Schulgesellschaften im Jahre 1929. Die LLZ gab dazu zu Protokoll: "... führte der Redner, Schulrat Kluge-Grimma, hinein in die Lebenswirklichkeiten der feuchten und überfüllten Ein- und Zweizimmerwohnungen, der Tarifpolitik und Erwerbslosenfürsorge, der sozialen Not und des bitteren Elends. Er zeigte, daß eine Lebens- und Wirklichkeitsschule, wie sie die freien Schulgesellschaften fordern, auch daran nicht vorbeigehen könne, um etwa nur das 'Einigende' zu betonen, weil die Schule sonst weiten Volkskreisen entfremdet wird" (LLZ 1929, Nr. 9, S. 238 f., Zitat S. 239).

Politisch neutral war ein solcher Unterricht gewiß nicht. Dazu sahen die Schulreformer die Schule aufgrund des mit ihr verbundenen gesellschaftspolitischen Anspruchs und des angestrebten Erziehungszieles viel zu sehr im Dienst der Demokratie, der Republik und ihrer politisch-sozialen Fortentwicklung. Ein gesellschafts- oder kulturkritischer Unterricht, wie ihn der sozialdemokratische Schulreformer Willy Steiger nannte und an der Versuchsschule in Dresden-Hellerau auch praktizierte, mußte seiner Meinung nach "all denen selbstverständlich sein, die zu freiem Menschentum erziehen, nicht mehr aber Untertanen und Knechte züchten wollen" (STEIGER, W.: Kulturkritik in der Schule, in: SSZ 1922, Nr. 40, S. 751 ff., Zitat S. 751). Strikt ablehnend standen die demokratisch-sozialistischen Reformer dagegen jeglicher dogmatischen parteipolitischen Beeinflussung der Schülerschaft gegenüber. Dies hätte ihrem Ideal der weltlichen Schule als einer Gemeinschafts- und Einheitsschule widersprochen, die ja keinesfalls "Standes-, Klassen-, Partei-, Konfessions- oder Weltanschauungsschule" sein sollte, auch wenn, wie Kluge zugestand, einer "objektiven Würdigung von Werten und Gütern einer Sondergruppe" nichts entgegenstünde (KLUGE 1924, S. 25 f.). So gesehen war die weltliche Schule auch eine Schule der Toleranz und, worauf hier nicht näher eingegangen werden kann, eine Schule, die von antimilitaristischem und pazifistischem Geist getragen, auf internationale Verständigung und Völkerversöhnung zielte (ebd., S. 26 ff. u. VIEHWEG 1922, S. 40).

Die allgemeine Volksschule als Arbeitsschule und weltliche Schule war für die Schulreformer - darauf kann abschließend lediglich noch mit einigen wenigen Hinweisen eingegangen werden - nur als **selbstverwaltete Schule** denkbar. Eine Schule, die demokratischem und sozialem Fortschritt verpflichtet und vom "Geist der Freiheit" durchweht sein sollte, mußte selbst auch weitestgehend nach demokratischen Prinzipien verwaltet und beaufsichtigt, d.h. nach Lang, "im Geist der Selbstverwaltung (regiert)" werden (LANG 1920, S. 7). Diese Überzeugung brachte exemplarisch Karl Trinks (von 1928-1933 Erster Vorsitzender des SLV) schon im Titel seines Vortrags "Die Selbstverwaltung als Baugesetz der neuen Schule" zum Ausdruck, den er auf der 19. Allgemeinen Versammlung des SLV in Leipzig 1925 hielt (TRINKS 1925). Was Selbstverwaltung im einzelnen bedeutete, ist den Leitsätzen zur "Staats- oder Gemeindeschule" der Vertreterversammlung des SLV vom Dezember 1919 zu entnehmen. Unter Punkt 4 hieß es:

> *"Die Selbstverwaltung ist auf allen Stufen und bis in die einzelne Schule hinein durchzuführen.*
> a) *Es empfiehlt sich, an jeder Schule Schulpflegschaften einzurichten, zusammengesetzt aus Vertretern der Lehrerschaft und der Eltern, die Kinder in die Schule schicken. An Fach- und Fortbildungsschulen sind neben den Eltern die Arbeitgeber zu berücksichtigen.*
> b) *Die Mitwirkung der bürgerlichen Gemeinden ist durch Schulausschüsse sicherzustellen, die aus Vertretern der Gemeindeverwaltung, des Elternhauses, der Arbeitgeber, Arbeitnehmer und der Lehrerschaft bestehen.*
> c) *Auch für die oberste Schulbehörde ist eine Körperschaft aus Laien und Fachleuten zu bilden.*
> d) *Die Verwaltung der mehrklassigen Schule liegt dem Lehrerkollegium unter dem Vorsitze eines Schulleiters ob, der vom Kollegium auf Zeit gewählt wird; der Schulbehörde steht das Bestätigungsrecht zu.*
> e) *Der Lehrerschaft ist in besonderen Ausschüssen, die den Schulbehörden beigeordnet sind, Gelegenheit zur Vertretung ihrer rechtlichen und wirtschaftlichen Interessen und zur Mitarbeit an der Weiterbildung der inneren Schularbeit zu geben."* [56]

Im Vordergrund dieses Selbstverwaltungskonzeptes, dessen wichtigste Forderungen schon die Denkschrift des SLV aus dem Jahre 1911 enthielt (WÜNSCHE der sächsischen Lehrerschaft ... 1911, S. 50-58 u. 116-136), stand zweifellos der Wunsch, daß das Lehrerkollegium über alle wesentlichen inneren Angelegenheiten der Schule befinden und den Schulleiter auf Zeit wählen sollte. Beides stellte einen radikalen Bruch mit der alten obrigkeitsstaatlichen Direktorentradition dar.

Wie die Leitsätze zeigen, trat der SLV in nicht ganz so bestimmter Form auch für die **Einbeziehung der Eltern** in die Arbeit der einzelnen Schule durch Schulpflegschaften oder Elternräte ein. Er forderte nicht, er empfahl die Einrichtung solcher Gremien, die sich aus Vertretern der Lehrer- und der Elternschaft zusammensetzen sollten. Erich Viehweg hat die Aufgaben jener Schulpflegschaften im Dresdner Lehrerverein im August 1919 als fürsorgerische und erzieherische beschrieben und sie deshalb auch als Erziehungsausschüsse bezeichnet (SSZ 1919, Nr. 28, S. 377). Wie aus seinen Ausführungen hervorgeht, war er bestrebt, die Schulpflegschaften möglichst unter Kontrolle der Lehrerschaft zu halten und vor allem ihre Befugnisse genau einzugrenzen. Für diese Haltung waren in erster Linie Be-

---

56 Vgl. "Einladung zur 40. Ordentlichen Vertreterversammlung des Sächsischen Lehrervereins ...", in: SSZ 1919, Nr. 39, S. 536 f. u. "Bericht über die 40. Vertreterversammlung des Sächsischen Lehrervereins", in: SSZ 1920, Nr. 1, S. 3-8 u. Nr. 2, S. 18-22.

fürchtungen ausschlaggebend, solche Elternvertretungen könnten sich inoffiziell sehr schnell zu einer weiteren Aufsichtsinstanz über die Volksschule und ihre Lehrerschaft entwickeln. Um mögliche Bedenken der Lehrerschaft in dieser Hinsicht auszuräumen, hatte Viehweg vor dem Dresdner Lehrerverein betont, daß diesen Schulpflegschaften weder Aufsichtsbefugnisse noch das Recht zustehe, vom inneren Schulbetrieb Kenntnis zu nehmen. Auch hätten sie in diesen Fragen kein Beschlußrecht. Viehweg nutzte als Schriftleiter der SSZ auch die Vereinspresse, um über die Schulpflegschaften bzw. Elternräte und ihre Funktion aufzuklären. Sein wichtigstes Fazit einer dreiteiligen Artikelserie über "Elternräte (Schulpflegschaften)" lautete sinngemäß: Der Elternrat ist ein mitwirkender Erziehungsausschuß. Durch gemeinsame Arbeit zwischen ihm und der Lehrerschaft wird ein Vertrauensverhältnis entstehen, das durch keine "Wühlarbeit" irgendeiner Interessengruppe, sei sie konfessioneller oder parteipolitischer Art, gestört werden kann. Im übrigen sollte die Gründung von Elternräten möglichst immer von der Lehrerschaft selbst ausgehen (SSZ 1919, Nr. 29, S. 381 f.; Nr. 30, S. 393 f. u. Nr. 31, S. 411 f.).

Bleibt noch hinzuzufügen, daß die Schulreformer in besagten Leitsätzen auf der **Anerkennung der Volksschule als Staatsschule** bestanden. Diese Forderung richtete sich hauptsächlich gegen die grundsätzlich bestehende, finanziell aber kaum noch zu leistende Schulunterhaltungspflicht der Schulgemeinden und wie gezeigt, gegen die unzulängliche und politisch fragwürdige Bezuschussung durch das Land bis 1918. Deshalb die Forderung: "Die Volksschule ist aus Mitteln des Staates zu unterhalten. Für alle im Gesetz geforderten Aufgaben hat der Staat aufzukommen; freiwillige sachliche Mehrleistungen übernimmt die bürgerliche Gemeinde" ("Einladung zur 40. Ordentlichen Vertreterversammlung des Sächsischen Lehrervereins ...", in: SSZ 1919, Nr. 39, S. 537 f., Zitat S. 537).

Ausgangspunkt der Betrachtungen des Volksschulreformprogramms war dessen gesellschaftspolitische Zielperspektive gewesen. Es dürfte deutlich geworden sein, daß die als führende Programmatiker herausgestellten demokratisch-sozialistischen Schulreformer gerade diesem Aspekt die überragende Bedeutung zuerkannt haben. Die Reformvorstellungen in Form der allgemeinen Volksschule/Einheitsschule, der Arbeitsschule und weltlichen Schule durchzog leitmotivisch der Gedanke der Erziehung, einer der Aufklärung verpflichteten, auf ethisch-wissenschaftlicher Grundlage basierenden demokratischen und sozialen Gemeinschaftserziehung. Deren Ziel waren, um noch einmal mit Martin Weise zu sprechen, demokratisch denkende und sozial empfindende Menschen, die sich in gemeinsam verantworteter Arbeit für den Aufbau einer demokratisch-sozialistischen Gesellschaft engagierten. Diese Erziehung stellte keinen Ersatz für unverzichtbare politische, wirtschaftliche und soziale Reformen auf dem Weg zu dieser angestrebten neuen Gesellschaft dar, sondern sie war stets als ein integraler Bestandteil solcher gesellschaftlichen Reformen gedacht, auch wenn dem Faktor Erziehung bzw. Schulreform dabei eine herausragende Bedeutung beigemessen wurde. "Politische Bildung" hat Karl Rößger diese demokratische und soziale Gemeinschaftserziehung in seinem Buch über die Arbeitsschule durchaus zutreffend genannt (RÖßGER 1927, S. 143).

3. Ansätze zur Realisierung des Reformprogramms

Mit Beginn der Novemberrevolution bemühten Volksschullehrerschaft und Arbeiterbewegung sich gemeinsam, das Volksschulreformprogramm zu realisieren, wie die umfassende Schulreformgesetzgebung der Jahre 1918 bis 1923 belegt. Schon während der ersten schulpolitischen Verhandlungen in der sächsischen Volkskammer im März 1919 brachten sozialdemokratische Abgeordnete zum Ausdruck, welche große Bedeutung sie der Schul-, insbesondere der Volksschulreform, für eine Erneuerung der Gesellschaft beimaßen und daß sie gewillt waren, das Volksschulwesen auf eine neue Grundlage zu stellen. "Denn die Fragen der Erziehung und des Unterrichts", so Arthur Arzt, der den Antrag der SPD auf Erlaß eines Übergangsschulgesetzes begründete, "sind für uns Sozialdemokraten eine Angelegenheit, die mit unserem Herzblut verquickt ist. Diese Erziehungsfragen sind ein Teil der sozialen Fragen, die ja nicht bloß Magenfragen sind, sondern zu ebenso großem Teile Bildungsfragen" (Verhandlungen der Sächsischen Volkskammer ... 1919, Erster Band, S. 597). Insbesondere Arzt war es auch, der das Programm der demokratisch-sozialistischen Schulreformer in der Volkskammer vertrat. So zum Beispiel, wenn er zum Erziehungsziel ausführte: "... das Endziel der Erziehung ist die Heranbildung freier und gleichberechtigter Menschen zu tätigen Gliedern einer Kulturgemeinschaft der gesamten Menschheit. (Sehr gut. links) Wenn wir dieses große Ziel ins Auge fassen - und es ist das Ziel des Sozialismus und der Demokratie -, dann liegt darin begründet, daß die öffentliche Erziehung, also die Staatsschule, in der heranwachsenden Jugend nur den Willen zur Gemeinschaftsbildung zu pflegen hat, und sie muß daher alles ablehnen, was dieser Gemeinschaftsbildung hindernd in den Weg tritt" (ebd., S. 601). Bereits mit der Verabschiedung des Übergangsgesetzes für das Volksschulwesen vom 22. Juli 1919 gelang es den Schulreformern, wesentliche Elemente ihres Programms zunächst einmal in eine entsprechende Schulgesetzgebung einzubringen. Die Schwierigkeiten bei der Umsetzung in die Schulpraxis (wie im Falle der Arbeitsschule) oder die Konflikte mit der Weimarer Reichsverfassung (wie bei der weltlichen Schule) standen jedoch noch bevor. Im folgenden ist zu klären, inwieweit die erläuterten Elemente des Reformprogramms Eingang in gesetzliche Bestimmungen gefunden haben und inwieweit sie schulpraktisch realisiert werden konnten.

a. Allgemeine Volksschule

Konkrete Bestrebungen zur Realisierung einer allgemeinen Volksschule gab es - neben entsprechenden Aktivitäten im Landtag - gegen Ende des Ersten Weltkrieges vor allem auf kommunaler Ebene in den Großstädten. In Leipzig zum Beispiel konnte die SPD-Fraktion sich im Stadtverordnetenkollegium im Frühjahr 1918 mit einem Antrag durchsetzen, der den konservativ beherrschten Stadtrat zur Erstellung einer Vorlage zwecks Verwirklichung der allgemeinen Volksschule aufforderte. Dieser Antrag führte schließlich im September 1918 zur Einsetzung eines sog. Sonderausschusses, der Richtlinien zur Vereinheitlichung des Leipziger Volksschulwesens erarbeitete und diese Anfang 1919 dem Schulausschuß der Stadt übergab ("Auf dem Weg zur Einheitsschule", in: LLZ 1918, Nr. 15, S. 137 f. u. GEBLER 1961, S. 57-62). Auch in Chemnitz arbeitete auf Beschluß des Stadtverordnetenkollegiums und des Stadtrats seit Februar 1918 ein "Ausschuß zum Zwecke der Herbeiführung einer größeren Einheitlichkeit im Chemnitzer Schulwesen", der ein Jahr später, im März 1919, das Ergebnis seiner Beratungen in Form eines 19-seitigen gedruckten Berichtes vorlegte. Der Rat der Stadt hat mit Datum vom 28. März 1919 diesen Bericht dem Kultusministerium mit der Bitte übergeben, der Umgestaltung des Chemnitzer Schulwesens nach den im Bericht gemachten Vorschlägen zuzustimmen.[57]

Die Bemühungen auf kommunaler Ebene zur Einführung der allgemeinen Volksschule wie in Leipzig oder Chemnitz wurden zunächst einmal von den Ereignissen der Novemberrevolution insofern überholt, als die Regierung der Volksbeauftragten die schulreformerische Initiative ergriff und in der "Verordnung über den Wegfall des Schulgeldes in der öffentlichen Volks- und Fortbildungsschule und über die Einführung der allgemeinen Volksschule" vom 12. Dezember 1918 im § 2 bestimmte: "Die Volksschulen sind als allgemeine Volksschulen für alle Kinder des Schulbezirks ohne Unterschied des Vermögens und der Religion einzurichten" (Staatsarchiv Dresden, Min. f. Vb. Nr. 13106/8, Bl. 97 f.).[58]

---

[57] Vgl. "Einheitliche Gestaltung des Chemnitzer Schulwesens", in: StAD, Min. f. Vb. Nr. 13106/17, Bl. 21, umfassend die Seiten 1-19. Der Chemnitzer Plan zeigt, daß es auch innerhalb des konservativen Bürgertums Kräfte gab, die aus ökonomischen Gründen eine gewisse Reformbereitschaft signalisierten. Ihre Absicht bestand darin, das Volksschulwesen dieser bedeutenden Industriestadt an die ökonomischen Erfordernisse der Nachkriegszeit anzupassen. Dies ist jedenfalls das einzige Motiv, das in dem Plan ausdrücklich genannt wurde: "Die Vorschläge der Vorlage sind ... von der Absicht getragen, die Bildung der Masse der heranwachsenden Jugend zu heben. 'Alle Bestrebungen zur Vereinheitlichung des Schulwesens müssen eine bessere Durchbildung der Masse der Volksschüler und Volksschülerinnen zum Ziel haben', das ist die Grundlage der in der Vorlage gegebenen Vorschläge. Der Krieg hat auch uns in Chemnitz viele Tausende von tüchtigen Arbeitskräften geraubt, hat auch in Chemnitz Tausende von Arbeitsunfähigen geschaffen und weitere Tausende in ihrer Arbeitsfähigkeit herabgesetzt. Es bedarf keines Beweises, wieviel für das Gedeihen und für die Weiterentwicklung unserer Fabrik- und Handelsstadt davon abhängt, daß durch die Neuordnung unseres Bildungswesens gerade dieses Ziel mit Entschlossenheit angestrebt und in möglichster Vollkommenheit erreicht wird" (S. 1). Deshalb der Vorschlag, das dafür nicht mehr funktional erscheinende ständisch strukturierte Volksschulwesen zu beseitigen und durch ein effizienteres System, die allgemeine Volksschule, zu ersetzen. Ausdruck dieses Denkens war der Wille, die Begabungsreserven auszuschöpfen sowie die angeführten Organisationsvorschläge in Form der sog. Haupt-, Sonder- und Förderklassen für die unterschiedliche Begabungen. Dadurch wurde die allgemeine Volksschule, aber auch die sich daran anschließende Volksschuloberstufe zu einem insgesamt hochgradig selektiven und auf äußerer Leistungsdifferenzierung basierenden Gebilde. Allerdings war dabei auch der Wille unverkennbar, mit ihrer Hilfe die Ausbildung der Masse der Volksschülerschaft deutlich zu verbessern, dem Leistungsprinzip stärker Geltung zu verschaffen sowie den "begabten" Volksschülerinnen und Volksschülern, die keine höhere Schule besuchen konnten, eine besondere Förderung zuteil werden zu lassen.

[58] Aufgrund von Einsprüchen, vor allem von kirchlicher Seite, gegen die Rechtmäßigkeit der Änderung bestehender Gesetze, in diesem Fall des 1873er Volksschulgeset-

Als Zeitpunkt der Einführung der allgemeinen Volksschule war der Beginn des Schuljahrs 1919/20 festgelegt worden. Die Verordnung ließ offen, wie der Prozeß der Ablösung der einfachen, mittleren und höheren Volksschule durch die allgemeine Volksschule sich konkret vollziehen sollte, ob etwa an einen allmählichen, von unten beginnenden jahrgangsweisen Aufbau oder an eine Realisierung für sämtliche vier Jahrgänge gleichzeitig gedacht war. Nach § 3, Abs. 2 war in der allgemeinen Volksschule die Errichtung von Abteilungen mit verschiedenen Bildungszielen zulässig. Der Lehrgang sog. höherer Abteilungen konnte sich auf ein 9. und 10. Schuljahr erstrecken (ebd.). Wenige Monate später, im Juli 1919, wurde dann das "Übergangsgesetz für das Volksschulwesen" von SPD und USPD in der Volkskammer verabschiedet. Dieses 18 Paragraphen umfassende Gesetz, ursprünglich als ein Notschulgesetz gedacht, das die wichtigsten Verordnungen seit November 1918 zusammenfassen und ergänzen sollte, bedeutete die konsequente Fortsetzung der in der Novemberrevolution eingeleiteten Schulreform. Mit diesem Gesetzeswerk begannen die Schulreformer, das sächsische Volksschulwesen in einer umfassenden und in vieler Hinsicht fortschrittlichen Weise neu zu regeln, noch bevor die Weimarer Reichsverfassung mit ihrer Rahmengesetzgebung zum Bildungswesen verabschiedet wurde. Der § 1 des Übergangsschulgesetzes legte die "Aufgabe der allgemeinen Volks- und Fortbildungsschule" fest, § 2 beinhaltete Aussagen über den "Schulplan", § 3 regelte "Schulpflicht und Schulbesuch" und § 4 bestimmte in, Abs. 1 - wie schon die Verordnung vom 12. Dezember 1918 - unter der Überschrift "Allgemeine Volksschule": "Die Volksschulen sind als allgemeine Volksschulen für alle Kinder des Schulbezirks ohne Unterschied des Vermögens und der Religion einzurichten. Den Religionsgesellschaften können auf Antrag Räume der öffentlichen Volksschule zur Erteilung des Religionsunterrichts zur Verfügung gestellt werden. (...)" (Gesetze und Verordnungen über das Schulwesen im Freistaate Sachsen seit 1919, S. 6).[59] Mit dieser Bestimmung war das Ende der konfessionellen Volksschule (mit Ausnahme

---

zes, auf dem Verordnungswege sah die Regierung der Volksbeauftragten sich veranlaßt, dieser und einer weiteren Verordnung über Ortsschulaufsicht und Schulleitung vom 11. Dezember 1918 am 27. Dezember nochmals ausdrücklich Gesetzeskraft zu verleihen ("Verordnung zur Bestätigung einiger bisher vorgenommener Verordnungen", in: StAD, Min. f. Vb. Nr. 13106/8, Bl. 129).

[59] Der zweite Satz des Absatzes war eine Konsequenz des § 2, Abs. 2, nach dem Religionsunterricht in der allgemeinen Volksschule nicht mehr erteilt werden sollte.

der katholischen Minderheitsschulen, auf die bereits hingewiesen wurde) in Sachsen ebenso gekommen wie das der ständisch geprägten Volksschulstruktur in Form der einfachen, mittleren und höheren Volksschule. Die allgemeine Volksschule - so sah es § 18, Abs. 2 vor (ebd., S. 22) - mußte sukzessive bis spätestens zum 1. April 1923 an ihre Stelle getreten sein. Um zu verhindern, daß das Prinzip der allgemeinen Volksschule durch das Privatschulwesen unterlaufen wurde, sollte künftig in der Regel keine Genehmigung mehr zur Errichtung neuer Privatschulen erteilt und an den bestehenden Privatschulen durften auch keine neuen Klassenzüge gebildet werden (§ 6 "Privatschulen und Privatunterricht", ebd., S. 9).

Das Übergangsgesetz wie auch das später folgende "Schulbedarfsgesetz" sollten, so eine wesentliche Absicht, das allgemeine Niveau der Volksschulausbildung verbessern. Unter dieser Zielperspektive können auch die Regelungen zur Vorschulerziehung im Übergangsgesetz gesehen werden. So waren beispielsweise die Schulgemeinden verpflichtet, öffentliche Kindergärten einzurichten, wenn ein Bedürfnis dafür vorlag (§ 3, Abs. 8, Gesetze und Verordnungen ... seit 1919, S. 4 f.). Weiterhin sahen beide Gesetze eine Erhöhung der wöchentlichen Unterrichtsstundenzahl sowie eine Verringerung der höchst zulässigen Schülerzahl pro Klasse vor. Während das Übergangsgesetz diese Bestimmungen aus Rücksicht auf die schwierige Finanzsituation der Schulgemeinden noch mit der Einschränkung "wo es die Verhältnisse gestatten" versehen hatte, setzte das Schulbedarfsgesetz für alle verbindliche Normen fest. Dies war nun eher möglich, da der Staat die Gemeinden entlastete und endgültig die persönlichen Aufwendungen (Lehrergehälter etc.) für die Volks- und Fortbildungsschulen übernahm (§ 1 Schulbedarfsgesetz, in: Gesetze und Verordnungen ..., S. 56). Die Gemeinden blieben allerdings mit einem Drittel belastet, indem ihnen entsprechend weniger Einkommen- und Körperschaftsteuer zugewiesen wurde (§ 5 ebd., S. 57).

Nach dem Schulbedarfsgesetz sollten die Schülerinnen und Schüler in der allgemeinen Volksschule nun im ersten Schuljahr 16, im zweiten 18, im dritten 20, im vierten 22 und ab dem fünften Schuljahr wöchentlich 28 verbindliche Unterrichtsstunden erhalten. Durch örtliche Bestimmungen konnte diese Stundenzahl im ersten Schuljahr auf 18, im zweiten auf 20, im dritten auf 24, im vierten auf 26 und vom fünften Schuljahr an auf 30 erhöht werden (§ 30, Abs. 1 ebd., S. 64). Bis Ende der zwanziger Jahre hatten allerdings längst noch nicht alle Volksschulen die Mindeststundenzahlen erreicht (SCHRÖBLER/SCHMIDT-BREITUNG 1929, S. 35 f.). Volksschulklassen mit nur einem Jahrgang durften in der Regel nicht mehr als 35 Schüler, den Klassen mit zwei und mehr Jahrgängen nicht mehr als 30 Schüler zugewiesen werden (§ 31, Abs. 1, ebd., S. 64). Außerdem wurde die wöchentliche Pflichtstundenzahl für Volksschullehrerinnen und Volksschullehrer um zwei auf 28 gesenkt (§ 26, Abs. 1 ebd., S. 63). Eine besonders fortschrittliche Bestimmung des Schulbedarfsgesetzes war schließlich das ohne Einschränkung verfügte Verbot körperlicher Züchtigung (§ 28, Abs. 1, ebd., S. 64). Diese Bestimmung, mit der ebenfalls ein Stück demokratischer Erziehung verwirklicht wurde, kann nicht hoch genug eingeschätzt werden vor dem Hintergrund, daß beispielsweise die politisch Verantwortlichen in Nordrhein-Westfalen im Jahre 1947 zwar eine Einschränkung, nicht jedoch ein völliges Verbot der körperlichen Züchtigung verfügten (HIMMELSTEIN 1986, S. 170 ff.).

Sowohl in der allgemeinen Volksschule als auch in der darauf aufbauenden Oberstufe der Volksschule waren Differenzierungen der Schülerschaft zugelassen, ja sogar erwünscht. Entsprechende Bestimmungen dazu fanden sich im Übergangsschulgesetz und in dem 1922 verabschiedeten "Schulbedarfsgesetz". Im Abs. 5 des bereits zitierten § 4 Übergangsschulgesetz wurde i. S. der Verordnung vom 12. Dezember 1918 bestätigt, daß innerhalb der allgemeinen Volkschule Abteilungen mit verschiedenen Bildungszielen eingerichtet werden konnten und daß die Verteilung der Schülerinnen und Schüler auf diese Abteilungen nur nach "Begabung und Leistungen" zu erfolgen hatte. Ausdrücklich erwähnt waren sog. "höhere Abteilungen", die sich - so Abs. 6 - auch auf ein 9. und 10. Schuljahr erstrecken durften (Gesetze und Verordnungen ... seit 1919, S. 7). Den Bestimmungen über die höheren Abteilungen folgte dann drei Jahre später, im "Schulbedarfsgesetz" von 1922, eine entsprechende Regelung für solche Kinder, die das gesetzte Klassenziel nicht erreichten. Für diese konnten sog. "Sonderklassen (Nachhilfeklassen)" eingerichtet werden (§ 31, Abs. 2 Schulbedarfsgesetz, in: Gesetze und Verordnungen ... seit 1919, S. 64 f.). Verbindlich vorgeschrieben wurde die Abteilungsbildung in Form einer äußeren Leistungsdifferenzierung jedoch nicht, sondern lediglich als eine Möglichkeit angeboten. Die grundsätzliche Entscheidung darüber überließ man den örtlichen Schulträgern, die - so legte es die Ausführungsverordnung zum Übergangsschulgesetz in § 9, Abs. 2 fest (ebd., S. 29) - über Art und Ausmaß einer Abteilungsbildung entscheiden konnten. Die höheren Abteilungen durften jedoch in jedem Fall erst mit Beginn des 5. Schuljahrs gebildet werden. Die vierjährige Grundschule galt niemals als Bestandteil einer höheren Abteilung. So wollten die Schulreformer verhindern, daß das Prinzip der allgemeinen und für alle Kinder gemeinsamen Volksschule ausgehöhlt wurde ("Erläuterungen zu Bestimmungen des Übergangsgesetzes für das Volksschulwesen vom 22. Juli 1919 aus Anlaß von Anfragen aus dem Kreise der Bezirksschulräte", Sonderbeilage zur Sächsischen Schulzeitung 86(1919), Nr. 41).

In der Schulrealität durchgesetzt haben sich sowohl die erwähnten höheren Abteilungen als auch die durch das Schulbedarfsgesetz ausdrücklich zugelassenen Sonder- oder Nachhilfeklassen, wie sie in den Chemnitzer Vorschlägen bereits konzipiert waren und in denen diejenigen Schülerinnen und Schüler unterrichtet wurden, die den gesetzten Leistungsnormen - aus welchen Gründen auch immer - nicht genügten. In Dresden beispielsweise, unter dem dort tätigen Stadtschulrat Dr. Wilhelm Hartnacke, bestanden solche Nachhilfeklassen vom 3. Schuljahr an, setzte die negative Auslese also bereits in der Grundschule ein (Rat zu Dresden, Schulamt 1929, S. 10 f. und S. 19).

Die höheren Abteilungen des Übergangsschulgesetzes knüpften in gewissem Sinne an die Tradition der höheren Volksschule vor 1918 an. Zumindest konnte ihr Lehrgang sich ja seinerzeit ebenso wie der der höheren Abteilungen nach 1918 auf ein 9. und 10. Schuljahr erstrecken und auch die Lehrpläne sahen jeweils fremdsprachlichen Unterricht vor. Die höheren Abteilungen zielten ihrer Intention nach jedoch - anders als die höheren Volksschulen - nicht auf den Erhalt von Bildungsprivilegien, sondern im Gegenteil auf deren Überwindung, auf den Abbau von Bildungsbenachteiligungen der Kinder der unteren sozialen Schichten. Gerade "begabten" Kindern aus unterprivilegierten Schichten, die aus finanziellen Gründen vom Besuch einer höheren Schule weitgehend ausgeschlossen waren, sollte mit Hilfe der höheren Volksschulabteilungen die Chance auf eine über die

Volksschule hinausgehende Bildung eröffnet werden. Die höheren Abteilungen waren wie die Volksschule insgesamt schuldgeldfrei.[60]

Das ursprüngliche Konzept des Volksbildungsministeriums ging dahin, die Errichtung höherer Volksschulabteilungen vor allem in den stärker ländlich geprägten Regionen des Freistaates zu fördern und auch nur dort zu genehmigen sozusagen als Ausgleich für die hier fehlenden oder seltener anzutreffenden und so schwierig erreichbaren höheren Schulen (§ 4, Abs. 3 Ausführungsverordnung des Schulbedarfsgesetzes vom 5. Febr. 1923, in: Gesetze und Verordnungen seit 1919, S. 70). Dieser ausgleichenden Funktion entsprechend beabsichtigte das Volksbildungsministerium bereits im Frühjahr 1922, den höheren Abteilungen das Recht zur Vergabe der sog. "Mittleren Reife" zu verleihen.[61]

Auch diese Bestrebungen wird man als Versuch interpretieren dürfen, sozial und regional und geschlechtsspezifisch bedingten Bildungsbenachteiligungen entgegenzuarbeiten und die Volksschule ein Stück weit aus ihrer isolierten und unterprivilegierten Stellung im Bildungswesen herauszuführen, indem man ihren Anschluß an das übrige, Berechtigungen erteilende Schulwesen ermöglichte.

Tatsächlich sind die höheren Abteilungen dann aber hauptsächlich in den größeren Städten und Großstädten entstanden. Im Jahre 1931 befanden

---

[60] Im Zusammenhang mit den Intentionen, die mit den höheren Volksschulabteilungen verbunden waren, ist interessant festzustellen, daß die höheren Volksschulabteilungen in der überwiegenden Mehrzahl von Mädchen besucht wurden. Bei einem annähernd gleichen Anteil von Volksschülerinnen und Volksschülern in den sächsischen Volksschulen befanden sich zu Beginn des Schuljahres 1930/31 7.340 Schülerinnen (= 63,1%), aber nur 4.288 Schüler (= 36,9%) in den Klassen 5 bis 10 der höheren Abteilungen (Statistisches Jahrbuch für den Freistaat Sachsen 1930, S. 248 f.). Eine Erklärung für diesen geschlechtsspezifisch doch auffallenden Unterschied mag darin liegen, daß die höheren Volksschulabteilungen gerade für Eltern interessant waren, die ihren Töchtern zwar keine höhere Bildung auf einer höheren Mädchenschule oder gar auf einem Gymnasium zugestehen wollten - auch wenn sie finanziell dazu in der Lage waren -, die aber dennoch eine etwas über die Volksschule hinausgehende Bildung für ihre Töchter wünschten und in den höheren Abteilungen der Volksschule die dafür gerade ausreichende Einrichtung erblickten.

[61] Das Volksbildungsministerium hatte diesbezüglich Leitsätze zur "Mittleren Reife" aufgestellt. Unter Punkt 4 hieß es: "Wohl aber beabsichtigt auch die sächsische Regierung an den Volksschulen, namentlich für Kleinstädte und deren ländliche Umgebung, gehobene Abteilungen einzugliedern, an denen eine lehrplanmäßig abgerundete mittlere Reife erworben werden kann, damit auch dort, wo Realschulen, höhere Mädchenschulen oder Vollanstalten nicht bestehen können, die Möglichkeit zur Erwerbung der mittleren Reife gegeben ist" (zit. n. LLZ 1922, Nr. 27, S. 515). Es hat dann aber noch bis zum Jahre 1927 gedauert, bis die höheren Abteilungen die Mittlere Reife vergeben durften.

sich allein 18 der insgesamt 33 zehnstufig ausgebauten Volksschulen mit höheren Abteilungen in den großstädtischen Schulaufsichtsbezirken von Chemnitz (4), Dresden (8) und Leipzig (6). Die übrigen verteilten sich auf die Schulaufsichtsbezirke Chemnitz II (1), Döbeln (4), Dresden III (1), Freiberg (1) Glauchau I (2), Pirna (1), Plauen Stadt (2), Rochlitz (2) und Zwickau I (1) ("Aus der Statistik des sächsischen Schulwesens", in: SSZ 1932, Nr. 26, S. 625). Die Konzentration in den größeren Städten mag damit zusammenhängen, daß diese vielfach ein größeres Interesse am Ausbau ihres Volksschulwesens hatten als ländliche Gemeinden. Es ist ja bereits darauf hingewiesen worden, daß gerade von den Landgemeinden großer Widerstand gegen die Verbesserung der Volksschulausbildung wie gegen die Schulreform insgesamt ausging. Hinzu kommt weiterhin, daß die großen Städte wohl eher über die organisatorischen Voraussetzungen für die Errichtung höherer Abteilungen verfügten, nämlich über gut ausgebaute, möglichst achtstufige Volksschulen[62], und die Nachfrage nach höheren Abteilungen hier größer war als in ländlichen Gebieten.

---

[62] Man muß allerdings auch berücksichtigen, daß die sächsische Volksschule aufs Ganze gesehen über einen hohen Organisationsgrad verfügte. So gab es beispielsweise einstufige Landschulen, wie sie etwa in Preußen noch häufiger anzutreffen waren, überhaupt nicht mehr. Wie sich die Schülerschaft in Sachsen auf die verschiedenstufigen Volksschulen verteilte, darüber gibt die folgende Tabelle Auskunft.
Die prozentuale Verteilung der sächsischen Volksschülerschaft auf die zwei- bis acht- und mehrstufigen Volksschulen von 1889-1931:

Jahr	in zwei-	in drei-	in vier-	in fünf-	in sechs-	in sieben-	in acht und mehrstufigen Volksschulen
1889	12,36%	3,25%	16,58%	2,60%	19,43%	20,85%	24,93%
1894	10,98%	2,46%	15,24%	2,14%	16,52%	23,26%	29,40%
1899	9,38%	2,03%	13,67%	2,01%	10,50%	26,17%	36,24%
1904	7,92%	1,34%	12,42%	1,70%	7,71%	16,87%	52,04%
1911	6,27%	0,58%	10,81%	0,95%	5,02%	7,77%	68,60%
1922	5,49%	0,97%	9,77%	1,04%	3,03%	2,80%	76,90%
1927	3,99%	4,00%	7,21%	2,35%	4,53%	4,39%	73,53%
1931	3,57%	4,56%	5,46%	2,56%	4,41%	14,50%	64,94%

Quelle: "Aus der Statistik des sächsischen Schulwesens", in: SSZ 1932, Nr. 26, S. 625)
Im Durchschnitt wurden also rund 80 Prozent der sächsischen Volkschülerschaft während der Weimarer Republik in sieben- oder mehrstufgien Volksschulen unterrichtet. Im Jahre 1931 - das ergibt sich aus einer weiteren Statistik (ebd.) - gab es in Sachsen keinen einzigen der 38 Schulaufsichtsbezirke mehr, der nicht mindestens zwei achtstufige Volksschulen aufweisen konnte.

Ein weiteres bildungsdemokratisches Element beinhaltete die, wenn auch nur in den Ausführungsverordnungen des Übergangsschulgesetzes festgelegte Bestimmung, daß der Lehrplan der höheren Abteilungen so gestaltet werden konnte, "daß den Schülern der Übergang in die ihrem Alter entsprechenden Klassen höherer Schulen ermöglicht wird" (§ 9, Abs. 3 der Ausführungsverordnung vom 23. Juli 1919 zum Übergangsgesetz für das Volksschulwesen, in: Gesetze und Verordnungen ... seit 1919, S. 27). Abgesehen von der Tatsache, daß in dieser Bestimmung ein erster und äußerst bescheidener Ansatz steckte, die tiefe unüberwindbar erscheinende Kluft zwischen den volkstümlich orientierten Lehrplänen der Volksschule und den wissenschaftsorientierten der höheren Schulen zu verkleinern und eine allererste Annäherung einzuleiten, lag die Hauptabsicht der Bestimmung darin, geeigneten Schülern und Schülerinnen auch zu einem späteren Zeitpunkt als zum Ende der Grundschule den Übertritt in eine höhere Schule noch zu ermöglichen. Damit war eine Möglichkeit eröffnet, die Entscheidung über den Bildungsweg länger offenzuhalten bzw. die am Ende der Grundschule getroffene Entscheidung eventuell korrigieren zu können. Vor allem die Anfang der zwanziger Jahre gegründeten Aufbauschulen haben den späteren Übertritt von der Volksschule in die höhere Schule erleichtert.

Den in den höheren Abteilungen zumindest angelegten Möglichkeiten, bestehende, insbesondere sozialbedingte Bildungsbenachteiligungen abzubauen und die Volksschule wenigstens ansatzweise aus ihrer isolierten und unterprivilegierten Stellung im Schulwesen herauszuführen, wirkten die nach 1923 regierenden konservativen Schulreformgegner konsequent entgegen. Am 19. Januar 1925 erließ Volksbildungsminister Kaiser eine Verordnung, in der er neue, äußerst restriktive Grundsätze für die Genehmigung höherer Volksschulabteilungen aufstellte. Fünf Bedingungen mußten zukünftig für eine solche Genehmigung erfüllt sein. Erstens mußten diese höheren Abteilungen bereits vom 5. Schuljahr an geführt werden. Damit wurden Versuche unterbunden, die Schülerschaft möglichst lange gemeinsam mit Hilfe eines Kern-Kurs-Unterrichts zu unterrichten und die höheren Abteilungen erst nach dem 8. Schuljahr beginnen zu lassen, wie es den Intentionen der demokratisch-sozialistischen Reformer entsprach.[63] Zweitens

---

[63] Diesen Weg hatte z.B. die Stadt Chemnitz auf Vorschlag des Chemnitzer Lehrervereins im Jahre 1923 versuchsweise beschritten. Aus "pädagogischen und soziologischen Gründen" verzichtete man auf der Volksschuloberstufe grundsätzlich auf die "Absonderung der Minder- oder Gutbegabten und ihre Zusammenfassung in be-

mußte der zur Genehmigung vorzulegende Lehrplan den Charakter eines Volksschullehrplans tragen und sich von dem der höheren Schule und der Berufsschule unterscheiden. Maximal vier Stunden Fremdsprachenunterricht waren in den höheren Abteilungen zulässig. Diese Bedingung richtete sich gegen die frühere Bestimmung, nach der der Lehrplan der höheren Abteilungen so gestaltet werden konnte, daß ein Übertritt von Schülerinnen und Schülern in die ihrem Alter entsprechende Klasse höherer Schulen möglich war, und hob wieder klar und eindeutig auf den Eigencharakter des Lehrplans der höheren Abteilungen und damit der Volksschule insgesamt ab. Die dritte Bedingung setzte die Mindestschülerzahl für die Errichtung einer höheren Abteilung und deren Weiterführung im 9. und 10. Schuljahr auf 25 fest. Nach der vierten Bedingung durfte die Errichtung eines 9. und 10. Schuljahrs nur dann erfolgen, wenn dadurch der Bestand einer höheren Schule oder einer Berufsschule am selben Ort oder in der Umgebung nicht gefährdet wurde. Die fünfte und letzte Bedingung sah vor, daß in Schulbezirken mit mehr als 100.000 Einwohnern die Zahl der Klassen für 9. und 10. Schuljahre den Bedürfnissen entsprechend auf eine Höchstzahl festgelegt werden mußte (Wortlaut der Verordnung, in: Landeslehrplan für die Volksschulen Sachsens 1928, S. 49 f.).

Durch diese Bedingungen waren der Ausbreitung der höheren Volksschulabteilungen sehr enge Grenzen gesetzt. Unverkennbar dokumentierte diese Verordnung den Willen konservativer Schulreformgegner, die Interessen der höheren Schulen und ihre hervorgehobene exklusive Stellung im Schulsystem zu wahren und die ihnen unliebsame Konkurrenz in Form der höheren Volksschulabteilungen möglichst klein zu halten. Die Tatsache, daß die höheren Abteilungen im Januar 1927 das Recht zur Vergabe der Mittle-

---

sonderen Klassen." Abgesehen von den der Hilfsschule überwiesenen Kindern sollten alle anderen beieinander bleiben "in gegenseitiger Hilfe und Anregung. Für bestimmte Stunden der Woche treten die Kinder ihren Neigungen und Veranlagungen entsprechend in neuen Klassen zusammen: fremdsprachliche Kurse für die Sprachbegabten, Zeichenkurse für die künstlerisch Veranlagten, Kurse in Naturkunde, Rechnen, Werkunterricht u.a. Welche Kurse an einer Schule eingerichtet werden und wieviel, richtet sich nach den Bedürfnissen der Kinder und den vorhandenen Möglichkeiten (Parallelklassen, Geschlechter mischen, verschiedene Jahrgänge zusammennehmen.); (...) Kinder, die für keinen Kursus in Frage kommen, bilden Sammelklassen, die in der Regel diese Zeit der körperlichen Ausbildung widmen" ("Neuordnung der Chemnitzer Volksschule", in: LLZ 1922, Nr. 33, S. 617 f., Zitat S. 617). Erst nach dem 8. Schuljahr sollten sich dann die Schülerinnen und Schüler in besonderen Klassen zusammenfinden, die weitere zwei Jahre die Volksschule besuchen wollten.

ren Reife erhielten, paßte durchaus in dieses Konzept (Verordnung über die Mittlere Reife vom 4.1.1927, in: Landeslehrplan für die Volksschulen Sachsens 1928, S. 50 f.). Indem man einer kleinen, überschaubaren, streng ausgelesenen Anzahl von Schülerinnen und Schülern über die höheren Volksschulabteilungen den Weg zur Mittleren Reife eröffnete und damit den Wunsch nach einem über die Volksschule hinausgehenden mittleren Bildungsabschluß befriedigte, konnte man gleichzeitig die exklusive Stellung der höheren Schulen und die gesellschaftlichen Privilegien ihrer Absolventen sichern helfen. Zu Beginn des Schuljahres 1930/31 besuchten ganze 2,17% (= 11.628) der Gesamtvolksschülerschaft Klassen 5 einer höheren Abteilung (Statistisches Jahrbuch für den Freistaat Sachsen 1930, S. 248 f.). Mit der Vergabe der Mittleren Reife, die an die Stelle des vormaligen sog. "Einjährig-Freiwilligen-Zeugnisses" trat, verband sich für die Schülerinnen und Schüler der höheren Abteilungen ein extensives Prüfungswesen.[64] Eine sichere Gewähr, daß ihre Zahl nicht zu groß wurde. Die nach dem 5. Schuljahr erstmals einsetzenden Jahresabschlußprüfungen in den höheren Abteilungen waren ein der Volksschule sonst unbekanntes Instrument. Sie waren dazu geeignet, die organisatorische Verselbständigung der höheren Abteilungen und ihre Trennung von der Volksschule zu beschleunigen. Eine solche stärkere organisatorische Verselbständigung der höheren Abteilungen war vom Volksbildungsministerium beabsichtigt und wurde in der Ausführungsverordnung zur Mittleren Reife in die Tat umgesetzt. Spätestens vom Schuljahr 1928 an mußten die Klassen höherer Abteilungen, soweit sie in den einzelnen Schulbezirken auf verschiedene Volksschulen verteilt waren, in geschlossenen Klassenzügen an einzelnen Volksschulen zusammengezogen werden (Ausführungsbestimmungen zur Mittleren Reife vom 8.2.1927, in: Verordnungsblatt ... 1927, Nr. 3, vom 16. Februar, S. 15).

In einer Entschließung des Leipziger Lehrervereins zu dieser Ausführungsverordnung über die Mittlere Reife hieß es, daß durch diese Maßnahme die bisherige Entwicklung der höheren Abteilungen abgebrochen und die allgemeine Volksschule zerschlagen werde (LLZ 1927, Nr. 8, S. 173).

---

64 Schülerinnen und Schüler, die eine höhere Abteilung besuchen wollten, mußten zuvor eine Aufnahmeprüfung bestehen. In die höhere Abteilung aufgenommen, hatten sie sich dann am Schluße eines **jeden** Schuljahrs der Klassen 5 bis 9 einer schriftlichen Prüfung in mehreren Fächern zu unterziehen und schließlich am Ende des 10. Schuljahrs die mündliche und schriftliche Prüfung für die Mittlere Reife zu absolvieren (Ausführungsbestimmungen über die Mittlere Reife vom 8.2.1927, in: Verordnungsblatt ... 1927, Nr. 3, vom 16. Februar, S. 13 ff.).

"Es kann nicht bezweifelt werden", hieß es in einer anderen Stellungnahme in der LLZ, "daß die Schulen, an denen sich dauernd derartige Klassenzüge befinden, in der Bevölkerung sehr bald als Schulen besseren Grades gelten müssen. Wer ein Freund der Volksschule ist, dem muß daran liegen, daß eine Schule bewertet wird wie die andere. Es darf nicht herausgehobene Schulen geben und solche minderen Ranges. Noch ist uns in Erinnerung die Geringschätzung, die man den einfachen Volksschulen der Städte, den Bezirksschulen, entgegenbrachte. Noch klingt uns widerlich in den Ohren der Name Holzpantoffelnschule, mit dem man sie belegte" ("Zu den Ausführungsbestimmungen über die mittlere Reife", in: LLZ 1927, Nr. 17, S. 390 f., Zitat, S.391).

Die Politik des Volksbildungsministeriums hinsichtlich der höheren Abteilungen nach 1923 lief letztlich hinaus auf die Schaffung einiger weniger, durch das Vergaberecht der Mittleren Reife privilegierter Volksschulen mit einer begrenzten, streng ausgelesenen Schülerschaft. Von der ursprünglichen Intention, Bildungsbenachteiligungen von Kindern der unteren sozialen Schichten abzubauen, war damit so gut wie nichts mehr übrig geblieben. Vollends aufgegeben wurde dieser Anspruch schließlich 1932, als das Volksbildungsministerium im Zuge der Sparverordnungen am 1. April für die Klassen 9 und 10 der höheren Abteilungen Schuldgeld erhob (Verordnung "Erhebung von Schulgeld an Volks- und Berufsschulen", vom 24.2.1932, in: Verordnungsblatt ... 1932, Nr. 3 vom 26. Februar, S. 12 f.; zur Kritik an dieser Verordnung LANG, J.: Die soziale Bedeutung des 9. und 10. Schuljahres, in: LLZ 1932, Nr. 32, S. 793 ff.).

Trotz oder gerade wegen dieser real wenig positiven Entwicklung der höheren Abteilungen ab der zweiten Hälfte der zwanziger Jahre verstummten die Stimmen der Schulreformer während dieser Zeit nicht, die die höheren Abteilungen als einen Hebel zur weiteren Demokratisierung des Bildungswesens ansahen und genutzt wissen wollten. Auf die entsprechenden Diskussionen soll abschließend noch kurz eingegangen werden. Soweit ersichtlich, war es wohl Ottomar Fröhlich, der im Juli 1925 mit seinem Artikel "Bildungsdemokratie" in der SSZ die Diskussion um die höheren Abteilungen und das 9. und 10. Schuljahr wieder aufnahm (FRÖHLICH 1925a). Fröhlich empfahl, die Frage des 9. und 10. Schuljahres in den Mittelpunkt der Aktivitäten des SLV zu stellen, nachdem der von ihr vorgelegte Einheitsschulplan aus dem Jahre 1924 (Teil B, Kap III) vorläufig keine Chance auf Realisierung mehr besäße. Er wollte damit das Einheitsschulziel keineswegs aufgegeben, vielmehr sah er in der Einführung eines 9. und 10. Volksschuljahrs, in der Verlängerung der Schulpflicht ein Etappenziel auf dem Weg zur Einheitsschule. "Die mir am wesenhaftesten und bedeutungsvollsten erscheinende Arbeit für künftige Einheitsschulgestaltung aber ist unser Bemühen um die Erweiterung der Schulpflicht, also um die Einführung eines 9. und 10. Volksschuljahres" (ebd., S. 450). Fröhlich kritisierte scharf die bestehenden "Bildungsungerechtigkeiten". Seiner Meinung nach handelte es sich um "eine schreiende soziale Ungerechtigkeit, daß ein kleiner Teil der Jugend des einen Volkes auf Kosten der Allgemeinheit die Muße erhält, um seine körperlichen und geistigen Kräfte unter der Obhut sie verstehender Erzieher in Ruhe weiter auszubilden, während sie den Kindern der breiten Massen nicht vergönnt ist" (ebd., S. 450). Der Anspruch auf Exklusivität höherer Bildung nur für eine kleine geistige Elite, so Fröhlich an anderer Stelle, stehe der Demokratisierung des Schul- und Bildungswesens noch ebenso sehr im Wege wie die "sozial-wirtschaftliche Volkszerklüftung" (ebd., S. 451). In der Verlängerung der Schulpflicht, deren Verankerung Fröhlich sich schon in der Weimarer Reichsverfassung gewünscht hätte, sah er nicht nur eine Tat sozialer Gerechtigkeit und pädagogischer Notwendigkeit, sondern auch eine zur Stärkung der Demokratie. "Bildungsdemokratie" bedeutete für Fröhlich eine wesentliche Voraussetzung für politische Demokratie. Die Verlängerung der allgemeinen Schulpflicht auf zehn Jahre bezeichnete Fröhlich "als die nicht länger aufschiebbare Erfüllung einer demokratischen Gewissenspflicht" (ebd., S. 451). Alles, was auf dem Wege der zehnjährigen Schulpflicht liege, müsse daher gehegt und gepflegt werden. "Auch unser 9. und 10. Schuljahr des Übergangsschulgesetzes, obgleich es nur 'Begabten' zukommen soll und von dem Bestehen 'höherer Abteilungen' abhängig gemacht wird" (ebd.). Fröhlich gab hier unter der langfristigen Zielperspektive der Einheitsschule die Richtung vor, in der sich die Diskussionen in den nächsten Jahren dann auch bewegten. Weg von den höheren Volksschulabteilungen und hin zu einer grundsätzlichen Verlängerung der allgemeinen Schulpflicht auf zehn Jahre, weg vom liberalen Prinzip des "Aufstiegs der Begabten" und stärkere Hinwendung zum Gedanken einer größtmöglichen Förderung aller Schülerinnen und Schüler. Damit setzte sich jene Richtung innerhalb des SLV durch, die schon seit Anfang der zwanziger Jahre dem Gedanken der

Förderung aller Schülerinnen und Schüler eine größere Priorität eingeräumt hatte als dem auf rigoroser Auslese beruhenden Prinzip des "Aufstiegs der Begabten". Ein erstes sichtbares Ergebnis dieser Diskussionen legte der Lehrplanausschuß des SLV im Jahre 1926 mit seinem "Bildungsplan für die zehnjährige Volksschule" vor, mit dem er seiner Forderung nach Verlängerung der Schulpflicht auf zehn Jahre deutlich Ausdruck verlieh. Dieser Plan wurde vorgestellt (Berichterstatter war der "Entschiedene Schulreformer" und Dozent am Pädagogischen Institut in Dresden Martin Weise) und verabschiedet auf der 51. Vertreterversammlung des SLV im März 1926 in Plauen i. V. ("Die 51. Vertreterversammlung des SLV vom 29. bis 31. März 1926 in Plauen i. Vogtl.", in: LLZ 1926, Nr. 12, S. 244-253).

Drei Jahre später, im Jahre 1929, stand dann "die Erweiterung der Schulpflicht" auf der Tagesordnung der Vertreterversammlung in Pirna. Diese verabschiedete eine Entschließung, deren erster Teil lautete:

"1. Die Vertreterversammlung des Sächsischen Lehrervereins bekennt sich erneut zum Einheitsschulgedanken.
2. Aus pädagogisch-psychologischen, wirtschaftlichen und kulturellen Gründen kann es sich bei der Verwirklichung des Einheitsschulgedankens nicht mehr allein um den Aufstieg der 'Begabten' handeln, im Volksstaate müssen die Bildungswege der gesamten Jugend verbreitert werden.
3. Die Vertreterversammlung des Sächsischen Lehrervereins fordert daher eine Erweiterung der Schulpflicht auf ein 9. und 10. Schuljahr" ("Die 54. ordentliche Vertreterversammlung des Sächsischen Lehrervereins am 25. und 26. März 1929 in Prina", in: LLZ 1929, Nr. 12, S. 323-340, Zitat, S. 330).

Der zweite Teil der Entschließung präzisierte, daß die erweiterte Schulpflicht zunächst erst einmal dadurch angebahnt werden sollte, daß ein freiwilliger Schulbesuch bis zum 10. Schuljahr über die bereits bestehenden Möglichkeiten durch die höheren Abteilungen hinaus ermöglicht wurde. Neben den höheren Abteilungen sollten Klassen des 9. und 10. Schuljahres für solche Kinder errichtet werden, die die achtklassige Volksschule erfolgreich durchlaufen hatten und deren Eltern den verlängerten Schulbesuch ihrer Kinder wünschten sowie daneben für noch nicht berufsreife Kinder. Die Entschließung betonte weiterhin die Verbundenheit der zur Mittleren Reife führenden höheren Volksschulabteilungen mit den übrigen Klassenzügen der Volksschule. Diese werde durch den Lehrplan und die Lehrkräfte sichergestellt. Eine räumliche Trennung der höheren Abteilungen, wie sie die erwähnte Verordnung aus dem Jahre 1927 vorgeschrieben hatte, lehnte die

Vertreterversammlung als in Widerspruch mit dem Gedanken der allgemeinen Volksschule stehend ab. Die einschränkenden Bestimmungen zur Errichtung von Klassen höherer Abteilungen aus Rücksicht auf bestehende höhere Schulen sollten aufgehoben werden (ebd.).[65] Ihre unmittelbare Fortsetzung fanden diese Diskussionen um die höheren Abteilungen, das 9. und 10. Schuljahr und die Verlängerung der allgemeinen Schulpflicht in den folgenden Jahren 1930/31. Stärker als zuvor rückte dabei wieder die Einheitsschule, die organisatorische Vereinheitlichung des gesamten Schulwesens, in den Blick. Anknüpfend an das Einheitsschulprogramm von 1924 sollte sich an eine auf sechs Jahre verlängerte Grundschule eine weitere für alle Kinder gemeinsame Schulstufe, eine differenzierte vierjährige "Mittelstufe" anschließen. Sowohl auf der Vertreterversammlung in Glauchau 1930 als auch in Zittau 1931 war diese "Mittelstufe im Aufbau der Einheitsschule" Gegenstand der Erörterungen, ohne daß jedoch ein verbindliches Proramm dazu aufgestellt wurde ("Verhandlungsbericht über die 55. Vertreterversammlung des Sächsischen Lehrervereins am 14.-16. April 1930 in Glauchau", in: LLZ 1930, Nr. 15, S. 395-412, insbes. S. 407-410 und "Verhandlungsbericht über die 56. Vertreterversammlung des Sächsischen Lehrervereins am 23. und 24. März 1931 in Zittau, in: LLZ 1931, Nr. 11, S. 283-298, insbes. S. 294 f.).

Vor dem Hintergrund der Weltwirtschaftskrise und der Spar- und Abbaupolitik im Bildungswesen in den dreißiger Jahren löste der Ruf nach einer Strukturreform des gesamten Schulwesens (Stichwort: "Mittelstufe"), aber auch schon die Forderungen nach Aufhebung der restriktiven Errichtungsbestimmungen für die höheren Abteilungen sowie nach einer grundsätzlichen Verlängerung der allgemeinen Schulpflicht auf zehn Jahre eine starke Gegenbewegung, insbesondere von seiten der Philologen aus.[66] Zum einen versuchten sie, einen scharfen Trennungsstrich zu ziehen zwischen den zur Mittleren Reife führenden höheren Volksschulabteilungen mit ihrem 9. und 10. Schuljahr und den verschiedenen höheren Schulen, vor allem der Realschule, der höheren Mädchenschule und der höheren

---

65 Zu diesem letzten Punkt vgl. auch FIEDLER, Alfred: Unberechtigte Beschränkung des 9. und 10. Schuljahrs im Freistaate Sachsen, in: LLZ 1930, Nr. 36, S. 779 f. und WAGNER, Max: Die höheren Abteilungen der Volksschule, insbesondere das 9. und 10. Schuljahr, in: LLZ 1932, Nr. 2, S. 33-37.

66 Auch im Sächsischen Landtag wurde Ende der zwanziger Jahre vor allem im Hinblick auf die hohe Jugendarbeitslosigkeit über eine Verlängerung der Volksschulpflicht auf neun Jahre diskutiert.

Handelsschule, zum anderen waren sie darüber hinausgehend bestrebt, die Existenzberechtigung der höheren Volksschulabteilungen sowie die Notwendigkeit einer Verlängerung der allgemeinen Schulpflicht überhaupt zu bestreiten.[67]

Unterstützung fanden die Philologen dabei in der sächsischen Industrie. So hieß es in den schulpolitischen Grundsätzen, auf die sich der SPhV, der Sächsische Industrie- und Handelstag sowie die Arbeitsgemeinschaft der Spitzenverbände der sächsischen Wirtschaft im Jahre 1932 verständigten, unter anderem:

"Dort, wo eine ausgesprochene Begabung vorliegt, die auf die Wahl eines praktisch-wirtschaftlichen Berufes hinweist, ist eine sechsstufige höhere Schule in erster Linie die geeignete Anstalt. Die Realschule, die nicht erhalten, sondern in jeder Beziehung neu belebt werden sollte, die höhere Mädchenschule und die höhere Handelsschule sind die hierfür gegebenen Anstalten. Neben diesen Anstalten eine Mittelschule nach preußischem Vorbild auch in Sachsen zu schaffen, besteht ebenso wenig ein Bedürfnis wie für die Ausdehnung der Volksschule auf ein 9. und 10. Schuljahr" (zit. n. "Die Schulpolitik der Leitung des Verbandes Sächsischer Industrieller", in: LLZ 1932, Nr. 31, S. 776).

Nach Ansicht der LLZ zielten die Grundsätze darauf hin, den höheren Schulen Schüler zuzuführen und dadurch Anstellungsmöglichkeiten für Philologen zu schaffen (ebd.).[68]

---

[67] Publizistisch fanden diese Bestrebungen ihren Niederschlag u.a. in einer Artikelserie in der Zeitschrift des Sächsischen Philologenvereins. Vgl. ALKIER, Hans: Die höheren Volksschulabteilungen in Sachsen, dargestellt nach den Gesetzen und Verordnungen, in: Die höhere Schule im Freistaat Sachsen 1932, Heft 17/18, S. 286-289; FRIESE, Karl: Wohin des Wegs? Randbemerkungen zur Frage der höheren Volksschulabteilungen, ebd., S. 289 ff.; KUPFER, Max: Realschule und höhere Volksschulabteilung, ebd., S. 291 ff.; "Höhere Volksschulabteilungen im Wettbewerb mit der Höheren Mädchenschule", ebd., S. 294 ff.; "Die höheren Volksschulabteilungen und die höheren Handelsschulen", ebd., S. 296 f.; STELZER, Karl: Schulgeld in höherer Schule und höheren Volksschulabteilungen, ebd., S. 297 f.

[68] Vgl. zur Kritik an den Bestrebungen des SPhV: "Der Kampf der Philologen gegen die höhere Abteilung der Volksschule", in: LLZ 1932, Nr. 36, S. 900-903; "Schulpolitisches aus dem Kampf gegen die ha-Klassen", in: LLZ 1932, Nr. 39, S. 971 f. und "Der Kampf um das Kind in der sächsischen Philologenzeitung", in: LLZ 1932, Nr. 39, S. 972-975.

b. Arbeitsschule

So eindeutige Bestimmungen, wie sie das Übergangsschulgesetz zur allgemeinen Volksschule enthielt, gab es zur Arbeitsschule nicht. Dennoch ist klar erkennbar, daß das Übergangsschulgesetz dem Gedanken der Arbeitsschule Rechnung getragen bzw. den Weg der Volksschule zur Arbeitsschule geebnet hat. Schon in dem der Volksschule zugewiesenen Erziehungsziel kam implizit der Arbeitsschulgedanke zum Ausdruck. In § 1, Abs. 1 hieß es nämlich: "Die Volksschule hat die Aufgabe, die Entwicklung der Kinder durch planmäßige Übung der körperlichen und geistigen Kräfte im Sinne sittlicher Lebensentfaltung zu fördern und sie zu hingebender Pflichterfüllung im Dienste der Gemeinschaft zu erziehen" ("Gesetze und Verordnungen ... seit 1919, S. 1).[69]

Dies entsprach genau dem Erziehungsziel, wie es die demokratisch-sozialistischen Reformer programmatisch für Arbeits- und weltliche Schule formuliert hatten. Und die Vorstellung, daß "planmäßige Übung der körperlichen und geistigen Kräfte" zu diesem Ziel führen sollte, zählte ebenfalls zu den wesentlichsten Merkmalen der Arbeitsschulprogrammatik. So schrieb E. Schumann (Dresden) dann auch in der SSZ: "Mit der Zielsetzung des Übergangsgesetzes aber steht nicht mehr der Stoff im Vorder-

---

[69] Aufschlußreich ist die Reaktion des Abgeordneten und späteren Volksbildungsministers Kaiser (DVP) auf dieses gesetzlich fixierte Erziehungsziel bzw. den darin verwendeten Gemeinschaftsbegriff, der, wie Arthur Arzt deutlich gemacht hatte, auch international verstanden werden müsse. Kaiser führte dazu aus: "Aber es fehlt mir eins, und es fehlt dies gerade in dem Augenblicke, in dem unser Deutschland seine schwerste Stunde durchlebt, in dem Deutschland an den Rand des Abgrundes gebracht worden ist, in dem es zerschmettert ist. Der Herr Abgeordnete Arzt hat hier der Internationale ein hohes Lied gesungen und hat insbesondere gesagt, daß es nun an der Zeit wäre, daß man sich mit den amerikanischen und englischen Lehrern in Verbindung setzte, und er hat die Hoffnung daran geknüpft, daß, wenn er in der Lage ist, einmal mit diesen amerikanischen und englischen Lehrern über diese Frage (der Erziehung, B.P.) zu sprechen, dann auch der internationale Ausgleich, vielleicht die allgemeine Völkerverbrüderung, eher zustande kommen wird. (...) Nein, in diesem schwärzesten Augenblicke der deutschen Geschichte ist es unsere Pflicht, ausdrücklich zu betonen, daß die erste Aufgabe auch der Volksschule ist: die Erziehung unserer Kinder nicht nur zum Dienste einer allgemeinen vagen Menschengemeinschaft, sondern zum Dienste unserer **deutschen Volksgemeinschaft**, und daß diese Bestimmung nicht in das Schulgesetz hineingekommen ist, bedaure ich, und ich werde im Ausschuß ausdrücklich einen derartigen Antrag stellen" (Verhandlungen der Sächsischen Volkskammer ... 1919, Zweiter Band, S. 1673). Auch hieran zeigt sich noch einmal, daß die Vorstellungen von Gemeinschaft bei den demokratisch-sozialistischen Reformern einerseits und den konservativen Kräften andererseits nicht zur Deckung zu bringen waren.

grunde, sondern das Kind mit seinen Anlagen, Kräften und Neigungen. Dann hat die Schule Bildungsziele im Auge zu haben und nicht Stoffziele. Die Schule des Übergangsgesetzes ist mit dieser Aufgabenbestimmung die Arbeitsschule und nicht die alte 'Lernschule'" (SCHUMANN, E.: Arbeitsschule und Gesamtunterricht in Reichsverfassung und Übergangsschulgesetz", in: SSZ 1922, Nr. 34, S. 643 ff., Zitat S. 645).

Das Übergangsschulgesetz enthielt weitere Hinweise, die diese Überzeugung stützten. In § 2 war nicht mehr wie im alten 1873er Gesetz von wesentlichen Unterrichtsgegenständen die Rede, sondern von "Lehr- und Übungsgebieten" (Gesetze und Verordnungen ... seit 1919, S. 1). Und in der entsprechenden Ausführungsverordnung zum Übergangsgesetz hieß es dazu: "Zum Zwecke einer einheitlichen Gestaltung des Unterrichts sind die Lehr- und Übungsgebiete nach unterrichtswissenschaftlichen Grundsätzen zusammenzuordnen. Auf den untersten Klassenstufen können sie in der Weise zusammengeschlossen werden, daß ein Gebiet eine beherrschende Stellung im gesamten Unterricht der Klasse einnimmt."[70]

Diese Bestimmungen zeigen ebenfalls, daß der Arbeitsschulgedanke einschließlich des Gesamtunterrichts Eingang in das Übergangsschulgesetz gefunden hat (dazu auch "Was bringt das Übergangsschulgesetz?", in: LLZ 1919, Nr. 28, S. 454 f.). Weit weniger scheint der Arbeitsschulgedanke sich im Bewußtsein der Mehrheit der zeitgenössischen Volksschullehrerschaft durchgesetzt zu haben. Es war damals sicher nicht einfach, sich in der ganzen Arbeitsschuldiskussion zurechtzufinden - soweit dazu überhaupt die Bereitschaft vorhanden war -, geeignet Erscheinendes auszuwählen und dann auch noch in die Schulpraxis umzusetzen. Es herrschte aber wohl auch eine gewisse Unsicherheit, inwieweit man überhaupt berechtigt sei, im Sinne der Arbeitsschule zu unterrichten. Der oben erwähnte Aufsatz von E. Schumann zielte jedenfalls darauf ab, den Volksschullehrer(inne)n dieses Unsicherheitsgefühl zu nehmen und die Zaghaften von ihnen durch Erläuterung der gesetzlichen Bestimmungen für die Arbeitsschule zu gewinnen. Wer seine Schularbeit in Richtung Arbeitsschule lenke, der handle im Sinne des Übergangsschulgesetzes. Er brauche dazu weder die Zustimmung der

---

[70] Vgl. § 1, Abs. 2 der "Verordnung vom 23. Juli 1919 zur Ausführung des Übergangsgesetzes für das Volksschulwesen vom 22. Juli 1919", in: Gesetze und Verordnungen ... seit 1919, S. 27. Diese Bestimmung der Ausführungsverordnung fußte auf der kultusministeriellen Begründung zum Übergangsschulgesetzentwurf, vgl. StAD, Min. f. Vb. Nr. 13101/ 13, Bl. 63-81, hier Bl. 68.

Eltern, was nicht ausschließe, daß er diesen Unterricht in inniger Verbindung mit ihnen gestalte, noch die Genehmigung der Behörde. Er erfülle damit nur seine Pflicht gegen das Gesetz (SCHUMANN, E.: Arbeitsschule und Gesamtunterricht ..., in SSZ 1922, Nr. 34, S. 645).

Schumann kam bei der Frage, in welchem Umfang der Arbeitsschulgedanke in der Volksschulpraxis durchgeführt sei, "zu einem betrübenden Ergebnis. Niemand wird behaupten können, daß die Durchschnittsarbeit in der Volksschule diesen Geist atmet" (ebd., S. 643). Und Willy Steiger, Lehrer an der Versuchsschule in Dresden-Hellerau, kam ein Jahr später 1923 in der SSZ zu einer ganz ähnlichen Einschätzung:

"Das überfließende Schrifttum modernster Pädagogik kann vermuten lassen, neue Schule sei gegenwärtig. Dem ist nicht so. Wohl glimmt hie und da ein Fünkchen aus finsterer Nacht, aber das große Dunkel wird noch lange nicht von einer wärmestrahlenden und weithin leuchtenden Riesenflamme erhellt. Die Normalschule von heute ist ein vollkommen verorganisierter, verbürokratisierter und verbeamteter Mechanismus" (STEIGER, W.: Vom Mechanismus Schule zur Kraftquelle Leben, in: SSZ 1923, Nr. 30, S. 433- 436, Zitat S. 433).

Die unveröffentlichten, für das Kultusministerium bestimmten Berichte der Bezirksschulräte für die Jahre 1919 bis 1922/23 lassen darauf schließen, daß die Einschätzungen Schumanns und Steigers insgesamt gesehen zutreffend waren, dennoch aber der Differenzierung bedürfen. Auf der Grundlage dieser Berichte, in denen sich allerdings nur ein kleinerer Teil der Bezirksschulräte zur Arbeitsschulpraxis geäußert hat, wird erkennbar:

1. daß sich die Bezirkslehrervereine des SLV darum bemüht haben, die Lehrerschaft mit dem Arbeitsschulgedanken vertraut zu machen;
2. daß der Arbeitsschulgedanke mit den Jahren zunehmend stärker die Volksschulpraxis beeinflußt hat;
3. daß es vornehmlich die jüngeren Lehrerinnen und Lehrer waren, die den Arbeitsschulgedanken praktisch erprobten, und
4. daß es erhebliche quantitative Unterschiede in der praktischen Durchsetzung der Arbeitsschule in den einzelnen Aufsichtsbezirken gegeben hat.[71]

Vor allem für Leipzig, das Zentrum der Arbeitsschulbewegung, kann davon ausgegangen werden, daß die Arbeitsschulprogrammatik auf breite-

---

[71] Vgl. die Jahresberichte der Bezirksschulräte für 1919, 1920, 1921 und 1922/23 in: StAD, Min. f. Vb. Nr. 13566, 13567, 13568 und 13569.

rer Basis in den Volksschulen erprobt und realisiert worden ist. Die Versuchsschule in Leipzig-Connewitz hatte dabei eine wichtige Vorbildfunktion, wie der Bezirksschulrat für Leipzig I (Stadt) Kurt Wehner in seinem Bericht 1922/23 schrieb:

> *"In der Tat hat die Leipziger Versuchsschule schon jetzt eine starke Wirkung auf das gesamte Leipziger Schulwesen gehabt. Der Berichterstatter stieß in den verschiedensten Schulen auf Klassen, die sich von den Versuchsklassen in nichts unterschieden. Arbeitsgemeinschaften von Lehrern haben sich gebildet, die sich mit den neuen Unterrichtsaufgaben und Unterrichtsformen beschäftigen, und ganz in der Stille, freilich innerhalb der allgemeinen Bindungen, die ein großstädtisches Schulwesen nicht entbehren kann, vollzieht sich ganz im Sinne der Bestrebungen des Ministeriums nun auch in der Praxis der Übergang zu der Arbeitsschulpädagogik, nachdem die Theorie sich längst dafür entschieden hat" (StAD, Min. f. Vb., Nr. 13569, Blatt 30 ff.).*

Neben den erwähnten Arbeitsgemeinschaften an einzelnen Schulen existierten in Leipzig wie auch in einigen anderen Bezirken Fortbildungskurse für die Lehrerschaft, insbesondere für die Junglehrerschaft. Geleitet wurden sie Anfang der zwanziger Jahre in Leipzig von erfahrenen Arbeitsschulvertretern wie den Seminarlehrern Prof. Kühnel, Prof. Reisig und Studienrat Uhlig sowie den Volksschullehrern Bär, Erler, Kammer, Schnabel, Springer, Vogel und Zergiebel.[72]

Von nicht zu unterschätzender Bedeutung für die Ausbreitung des Arbeitsschulgedankens in der allgemeinen Volksschulpraxis dürfte auch eine entsprechende Unterstützung bzw. Nichtunterstützung durch die jeweiligen Bezirksschulräte gewesen sein. Dort, wo Bezirksschulräte der Arbeitsschule aufgeschlossen gegenüberstanden oder gar selbst Vertreter derselben waren und ihre Einführung befürworteten und aktiv unterstützten, wird sie eher in der Praxis Fuß gefaßt haben als in jenen Bezirken, in denen Gegner der Arbeitsschule als Schulräte wirkten. Kultusminister Fleißner (USPD) hatte - wie bereits erwähnt - auf der Bezirksschulrätekonferenz im Oktober 1921 die Bezirksschulräte aufgrund ihrer Berichte genau in diese zwei Gruppen unterteilt und letzterer eine die Schulreform hemmende Wirkung zugeschrieben. So war es konsequent, daß Fleißner und teilweise auch seine Vorgänger nach der Novemberrevolution ausgewiesene Schulreformer zu

---

[72] Vgl. "Jahresbericht des Bezirksschulrates für Leipzig I auf das Jahr 1920", in: StAD, Min. f. Vb. Nr. 13567, Blatt 309; "Jahresbericht des Bezirksschulrates für Leipzig I auf das Schuljahr 1921/22", in: StAD, Min. f. Vb. Nr. 13568, Blatt 18 u. "Jahresbericht für 1921 vom Bezirksschulrat für Leipzig II" (Max Brethfeld), ebd., Blatt 19.

Bezirksschulräten ernannt haben, wie Wünsche, Erler, Schneider (Kamenz), Arzt, Viehweg u. a. Diese Berufungspraxis war Ausdruck des Willens, die Schulreformgesetzgebung auch praktisch wirksam werden zu lassen. Wenn dies letztendlich flächendeckend dennoch nicht in dem gewünschten Umfange gelang, so lagen die Ursachen dafür mit in jenen Belastungsfaktoren begründet, unter denen die Volksschule nach 1918 zu leiden hatte und die in Teil A vorliegender Arbeit skizziert wurden.

c. Weltliche Schule

Erste Maßnahmen zur Trennung von Schule und Kirche und damit zur Durchsetzung der weltlichen Schule wurden in Sachsen wie auch in anderen Ländern schon im Verlauf der Novemberrevolution 1918/19 eingeleitet. Zuallererst ergriffen vereinzelt lokale Arbeiter- und Soldatenräte die Initiative und versuchten, den kirchlichen Einfluß auf die Volksschule zurückzudrängen. Beispielsweise erließ der Arbeiter- und Soldatenrat von Zwickau am 28. November eine Verordnung, in der er u.a. verfügte, daß der Religionsunterricht "auf das minimalste Maß zugunsten der hauptsächlichsten Elementarfächer" zu beschränken sei, der religiöse Memorierstoff einzuschränken und "Kinder von Dissidenten und Andersgläubigen auf Antrag der Erzieher vom Religionsunterricht" zu befreien seien (zit. n. KÖNIG u.a. 1968, S. 186). Wirksamer als diese örtlich begrenzten Initiativen waren dann die Bestimmungen die durch die sächsische Regierung der Volksbeauftragten - ihrer Programmatik entsprechend - im Dezember 1918 ergingen. Neben der bereits erörterten Verordnung über die allgemeine Volksschule veröffentlichte die Regierung drei weitere Verordnungen, die das Verhältnis von Volksschule und Kirche betrafen. Die erste vom 2. Dezember bestimmte, daß mit Beginn des Jahres 1919 "der Unterricht in **biblischer Geschichte** auf der Unterstufe in allen Volksschulen auf zwei Stunden einzuschränken und der **Katechismusunterricht** ganz einzustellen"[73] war. Die freiwerdenden Unterrichtsstunden sollten für die Unterrichtsgebiete verwendet werden, die durch den Krieg in besonderem Maße beein-

---

[73] Vgl. "Verordnung an die Bezirksschulinspektoren über den Unterricht in biblischer Geschichte und den Katechismusunterricht in den Volksschulen", in: Verordnungsblatt vom Jahre 1919, S. 16.

trächtigt gewesen waren. Die zweite Verordnung vom 6. Dezember war von besonderer Bedeutung, da sie mit sofortiger Wirkung den Zwang zur Teilnahme am Religionsunterricht aufhob. Auf schriftlichen Antrag der Erziehungsberechtigten mußten die Kinder von "Dissidenten" vom Religionsunterricht befreit werden.[74] Die dritte Verordnung vom 11. Dezember schließlich verfügte in § 1, daß der Pfarrer als solcher nicht mehr dem Schulvorstand angehörte und die Ortsschulaufsicht über die Volksschulen ohne Direktor, also die geistliche Ortsschulaufsicht, aufgehoben war. Diese Volksschulen sollten ab 1. Januar 1919 unmittelbar der Aufsicht des Bezirksschulinspektors unterstehen.[75]

Während in Preußen wichtige, das Verhältnis von Schule und Kirche betreffende Verordnungen schon sehr bald wieder rückgängig gemacht werden mußten, bildeten die oben genannten Verordnungen in Sachsen den Auftakt zu weiteren bedeutsamen gesetzlichen Regelungen. Schon mit dem Übergangsschulgesetz vom Juli 1919 führten SPD und USPD nach Bremen und Hamburg auch im Freistaat die weltliche Volksschule ein. Beide sozialdemokratischen Fraktionen hatten sich schon bei den allgemeinen Beratungen zu diesem Gesetz in der Volkskammer für eine Entfernung des Religionsunterrichts aus der Volksschule ausgesprochen und mit ihrer Mehrheit im Gesetzgebungsausschuß einen entsprechenden Beschluß gefaßt.[76]

In der 40. Sitzung der Volkskammer, am 5. Juni 1919, fand die Schlußberatung über den schriftlichen Bericht des Gesetzgebungsausschusses statt. Nach Schluß der Debatte nahmen SPD- und USPD-Fraktion die Beschlüsse der Mehrheit des Gesetzgebungsausschusses gegen die bürgerliche Minderheit an (Verhandlungen der Sächsischen Volkskammer im Jahre 1919, Zweiter Band, S. 1425 ff.). Hinsichtlich des Religionsunterrichts lautete der Beschluß: "Aller Unterricht soll gesinnungsbildend wirken. Religionsunterricht wird in der allgemeinen Volksschule nicht erteilt, vielmehr findet in den letzten beiden Schulklassen eine sittliche Unterweisung in wö-

---

[74] Vgl. "Verordnung über die Befreiung der Dissidentenkinder vom Religionsunterricht", in: Verordnungsblatt ... vom Jahre 1919, S. 15.
[75] Vgl. "Verordnung über Ortsschulaufsicht und Schulleitung", in: Verordnungsblatt ... vom Jahre 1919, S. 12 f.
[76] Vgl. "Berichte usw. der Volkskammer. Nr. 205: Bericht des Gesetzgebungs-Ausschusses über die Verhandlungen, betreffend den Antrag Arzt und Genossen auf Erlaß eines Übergangsgesetzes für das Volksschulwesen (Drucksache Nr. 13), sowie über die hierzu eingegangenen Petitionen", S. 234- 254, insbes. S. 235-241, in: StAD, Min. f. Vb. Nr. 13106/13.

chentlich 2 Stunden statt" (ebd., S. 1426). Schließlich wurde der Antrag an die Regierung, "gemäß diesen Beschlüssen der Volkskammer ein Übergangsgesetz für das Volksschulwesen umgehend vorzulegen, ... mit 42 gegen 31 Stimmen angenommen" (ebd., S. 1428). Die Regierung war bei der Erstellung dieses Gesetzentwurfs nicht an die Beschlüsse der Volkskammer gebunden, da diese nach dem Modus des Gesetzgebungsverfahrens zunächst einmal lediglich empfehlenden Charakter trugen. Die Stellungnahme des Kultusministers Buck zu den gefaßten Beschlüssen ließ schon erkennen, was dann tatsächlich eintrat, daß nämlich der Regierungsentwurf in wichtigen Punkten, so auch in der Frage des Religionsunterrichts, von den Empfehlungen der Volkskammer abwich. Der § 2, Abs. 2 des Entwurfs hieß: "Religionsunterricht ist vorbehaltlich der Regelung in der Reichsverfassung nach den im Verordnungswege getroffenen Bestimmungen zu erteilen. Jeder Lehrer ist berechtigt, die Erteilung von Religionsunterricht abzulehnen. Über die Teilnahme der Kinder am Religionsunterricht entscheiden die Erziehungsberechtigten."[77] Aus den Ausführungen Bucks, der diese Lösung in der Frage des Religionsunterrichts in der Volkskammer verteidigte, geht hervor, daß die Regierung den Beschlüssen der Nationalversammlung nicht vorgreifen wollte. Buck:

"Aber, meine Damen und Herren, stellen Sie sich einmal in die Lage herein: Wenn jetzt die sächsische Regierung mit Ihrer Zustimmung den Religionsunterricht beseitigt, und wir müßten, weil wir ja danach streben und verpflichtet sind, die Einheitlichkeit im Reiche in allen Beziehungen zu wahren, selbstverständlich den Beschlüssen der Nationalversammlung, dem Reichsgesetze nachkommen und in absehbarer Zeit dies wieder einführen, was jetzt beseitigt werden soll, - das würde eine sehr unliebsame Verpflichtung für alle Beteiligten sein, auch für die Schule und für die Lehrer" (Verhandlungen der Sächsischen Volkskammer ... 1919, Zweiter Band, S. 1677).

Die mehrheitssozialdemokratische Minderheitsregierung stand damit bezüglich der Frage des Religionsunterrichts deutlich im Widerspruch zu den Vorstellungen der beiden sozialdemokratischen Fraktionen. Diese wollten sich der abwartenden Haltung der Regierung nicht anschließen und beharrten auf der Entfernung des Religionsunterrichts aus der Volksschule. In einer weiteren Sitzung des Gesetzgebungsausschusses am 1. Juli 1919 strichen sie deshalb den § 2, Abs. 2 und ersetzten ihn auf Antrag des

---

[77] Vgl. Entwurf des Kultusministeriums zum "Übergangsgesetz für das Volksschulwesen", in: StAd, Min. f. Vb. Nr. 13106/13, Blatt 39-62, Zitat Blatt 39 f.

USPD-Abgeordneten Müller (Leipzig-Schleußig) durch die Worte: "Religionsunterricht wird in der allgemeinen Volksschule nicht mehr erteilt."[78]

Am 11. Juli 1919, in der Schlußberatung des Gesetzentwurfs in der Volkskammer, ging der Berichterstatter des Gesetzgebungsausschusses, Arthur Arzt, noch einmal kurz auf die Diskussionen im Ausschuß ein. Er berichtete, daß die Regierung für die Beibehaltung ihrer Vorlage eingetreten sei und der Ministerpräsident Gradnauer es als großen Fehler bezeichnet habe, wenn Sachsen sich in Widerspruch zum Reich stelle. Aber auch die Sozialdemokratie habe betont, daß man sich dem Spruche Weimars fügen werde, daß aber, solange das Reich keine gesetzlichen Bestimmungen erlassen habe, Sachsen den Weg frei machen müsse für die toleranteste Entwicklung des Volksschulwesens. Damit man sich später nicht zu korrigieren brauche, sei beantragt worden, daß die Bestimmung über den Wegfall des Religionsunterrichts erst vom 1. April 1920 an in Kraft treten solle; bis dahin werde sicher Klarheit herrschen (Verhandlungen der Sächsischen Volkskammer ... 1919, Zweiter Band, S. 1941 ff.).

Nachdem schließlich alle drei bürgerlichen Parteien vor allem wegen der Beseitigung des Religionsunterrichts ihre ablehnende Haltung zum Gesetzentwurf bekundet hatten, wurde über die 18 Paragraphen einzeln abgestimmt. Die Mehrzahl der nicht oder weniger umstrittenen wurde einstimmig angenommen, der § 2, Abs. 2 in namentlicher Abstimmung mit 51 gegen 25 Stimmen. Als einziger Abgeordneter der bürgerlichen Parteien stimmte der Lehrer Bernhard Claus von der DDP auch dem § 2, Abs. 2 zu (ebd., S. 1973-2005).

Die weltliche Schule wurde jedoch nicht - wie gesetzlich vorgesehen - zum 1. April 1920 Wirklichkeit. Auf Antrag des Reichsinnenministers entschied das Reichsgericht am 4. November 1920 gegen die weltliche Volksschule in Sachsen. In dem entsprechenden Beschluß des Reichsgerichts hieß es u.a.: "§ 2, Abs. 2 und § 18, Abs. 2 Satz 2 und 3 des Sächsischen Übergangsgesetzes für das Volksschulwesen vom 22. Juli 1919 (GVBl. S. 171) stehen mit Art. 146, 149 und 174 der Verfassung des Deutschen Reiches im

---

78 Vgl. "Protokoll der 27. Sitzung des Gesetzgebungs-Ausschusses, 1. Juli 1919", in: StAD, Min. f. Vb. Nr. 13106/13, Bl. 119-129. Auf der 32. Sitzung vom 8. Juli 1919 wurde dieser Beschluß nochmals bestätigt. Der Versuch, die Regierungsvorlage wieder herzustellen, scheiterte. Vgl. 32. Sitzung des Gesetzgebungsausschusses, ebd., Bl. 160-166.

Widerspruch" (zit. n. PHILIPP 1928, S. 121). Das Reichsgericht widersprach der Auffassung der beiden sozialistischen Fraktionen, die glaubten, für die weltliche Volksschule, da sie vor Verabschiedung der Reichsverfassung gesetzlich eingeführt worden war, die Schutzvorschrift des Art. 174 der Verfassung in Anspruch nehmen zu können. Das Gericht stellte sich demgegenüber auf den Standpunkt, nicht die weltliche Volksschule sei zum Zeitpunkt des Inkrafttretens der Verfassung die zu schützende Rechtslage gewesen, sondern die, daß Religionsunterricht ordentliches Lehrfach in den Volksschulen gewesen sei und demgemäß noch zu erteilen war. Denn, so das Gericht, § 18, Abs. 2 des Übergangsgesetzes habe bestimmt, daß der § 2, Abs. 2 erst vom 1. April 1920 an durchgeführt und bis zu diesem Zeitpunkt Religionsunterricht nach den im Verordnungswege getroffenen Bestimmungen erteilt werden sollte (Begründung des Urteils durch das Reichsgericht bei PHILIPP 1928, S. 121-125). Das Reichsgericht war also der Auffassung, das Übergangsgesetz sei zwar zum Zeitpunkt des Inkrafttretens der Verfassung in Kraft gewesen, nicht jedoch der § 2, Abs. 2. Auf diesem Standpunkt konnte man sich stellen, mußte es aber wohl nicht zwingend. Denn im § 18, Abs. 2 hieß es zu Beginn: "Das Gesetz tritt mit seiner Verkündigung in Kraft. Die Bestimmung in § 2, Abs. 2 ist vom 1. April 1920 ab durchzuführen" (Gesetze und Verordnungen ... seit 1919, S. 22). Dieser Wortlaut entsprach den Intentionen und dem Willen der beiden sozialdemokratischen Fraktionen, nämlich die weltliche Volksschule sofort einzuführen, ihre schulpolitische Realisierung aus pragmatischen Gründen aber auf den Beginn des nächsten Schuljahres im April 1920 zu verschieben.[79]

---

[79] Dies ergibt sich auch aus der Begründung des § 18, Abs. 2 durch den sozialdemokratischen Abgeordneten Lange (Leipzig) bei der Schlußabstimmung des Gesetzes. Er führte aus: "(...) Grundsätzliche Bedeutung hat dieser Antrag nicht; er faßt nur zusammen, was aus den bisherigen Beschlüssen hervorgeht. Wenn wir sagen: Das Gesetz tritt mit dem Tage der Verkündung in Kraft, was sollen dann die Religionsgesellschaften machen? Sie können in 24 Stunden keinen Religionsunterricht einrichten. Das wäre ein Härte. Sie müssen doch mindestens Zeit haben, sich auf den Religionsunterricht, den sie erteilen wollen, einrichten zu können. Darum können wir nicht beschließen, daß der Religionsunterricht aufhört mit dem Tage, wo das Gesetz in Kraft tritt. Das geht nicht. Das Schuljahr hat begonnen, die Eltern und die Kinder haben ein Anrecht darauf, unter den Verhältnissen, wie sie in das Schuljahr eingetreten sind, das Jahr auch durchzuführen. Die Freiheit der Lehrer und Schüler, nicht daran teilzunehmen, muß aber für diese Zeit gesichert sein und die bisherige kirchliche Aufsicht fortfallen. Wie die Verhältnisse im Reiche sich bis dahin gestalten werden, wird sich ja zeigen, bis zum 1. April 1920 bleiben eben die jetzigen Verordnungen über den Religionsunterricht bestehen. Also den praktischen Gesichtspunkten Rechnung zu tragen und Unebenheiten und Unstimmigkeiten auszugleichen ist der Zweck dieser Zusammenfassung in den Übergangsbestimmun-

Das Reichsgericht hätte mit guten Gründen das Übergangsgesetz auch dahingehend interpretieren können, daß die weltliche Schule in Sachsen gültige Rechtslage bei Inkrafttreten der Reichsverfassung gewesen ist. Der ganze Fragenkomplex der Trennung von Schule und Kirche zählte zu den sensibelsten schulpolitischen Themen der Nachkriegszeit und so ist davon auszugehen, daß bei der Entscheidung des Reichsgerichts wohl auch politische Erwägungen eine Rolle gespielt haben. Die höchstrichterliche Entscheidung bedeutete für die sächsischen Schulreformer in jedem Fall eine schwere Niederlage, da eines ihrer wesentlichen Ziele, die weltliche Schule, nicht verwirklicht werden konnte.

Da der Entscheidung des Reichsgerichts Gesetzeskraft zukam, erließ das Kultusministerium folgende Verordnung:

"1. Bis zum Inkrafttreten der im Art. 146, Abs. 2 der Reichsverfassung vorgesehenen Bestimmung der Landesgesetzgebung wird Religionsunterricht nach den im Verordnungswege getroffenen Bestimmungen erteilt.
2. Die Verordnungen vom 15. Mai und 30. September 1920 über den Religionsunterricht in der Volksschule (...) bleiben bis zu demselben Zeitpunkte in Geltung" ("Verordnung über die einstweilige Forterteilung des Religionsunterrichts an den Volksschulen" vom 8. Dezember 1920, in: Verordnungsblatt ... 1920, S. 155).

Diese Verordnung bestätigte in der Hauptsache lediglich die schon bis zur Reichsgerichtsentscheidung übliche Praxis. Denn Kultusminister Seyfert (DDP) hatte entgegen dem Übergangsgesetz die Erteilung des Religionsunterrichts in den Volksschulen auch über den 1. April 1920 hinaus angeordnet in der - später vom Reichsgericht geteilten - Überzeugung, die weltliche Volksschule stehe im Widerspruch zur Reichsverfassung. Aus diesem Grunde gingen Seyferts Bemühungen während seiner Amtszeit u.a. dahin, von der Volkskammer ein Votum zur Gemeinschaftsschule zu erhalten, wie sie ohne den § 2, Abs. 2 aufgrund von § 4, Abs. 1 des Übergangsgesetzes schon realisiert worden war. Er legte deshalb den "Entwurf eines Abänderungsgesetzes zum Übergangsgesetz für das Volksschulwesen vom 22. Juli 1919" vor, der erstmalig am 17. Mai und schließlich am 25./26. Oktober 1920 in der Volkskammer beraten wurde. Der Entwurf stieß jedoch bei SPD und USPD auf Ablehnung und erhielt in der Volkskammer somit keine Mehrheit. Beide Fraktionen sahen keine Veranlassung von den Bestimmungen des Übergangsgesetzes abzurücken, solange die Verfassungswidrigkeit

---

gen" (Verhandlungen der Sächsischen Volkskammer ... 1919, Zweiter Band, S. 2004).

des umstrittenen § 2, Abs. 2 und damit die Weltlichkeit des sächsischen Volksschulwesens nicht endgültig festgestellt worden war (Verhandlungen der Sächsischen Volkskammer ... 1920, Vierter Band, S. 3693-3702 und Fünfter Band, S. 4781-4803 und 4806).

Aber auch nach der negativen Reichsgerichtsentscheidung ließ die sozialistische Mehrheit des Landtags und vor allem auch der neue Kultusminister Fleißner keinen Zweifel daran, daß sie alle gegebenen administrativen, gesetzgeberischen und sonstigen Möglichkeiten auszuschöpfen gedachten, um der Trennung von Schule und Kirche dennoch möglichst weitestgehend zur Durchsetzung zu verhelfen. Ein eher demonstrativer Charakter kam in diesem Zusammenhang dem auf eine Initiative der KPD zurückgehenden Beschluß der sozialistischen Mehrheit des Landtags vom 1. März 1921 zu, "die Regierung zu beauftragen, bei der Reichsregierung die gesetzliche Beseitigung des Religionsunterrichts aus der Volksschule zu beantragen" (Verhandlungen des Sächsischen Landtages ... 1920/21, Erster Band, S. 667-696 und 784-792 und 888 f., Zitat S. 888 f.).

Von größerer Bedeutung war schon das "Gesetz über die Trennung des Kirchen- und Schuldienstes der Volksschullehrer" vom 10. Juni 1921, das eine nach wie vor gesetzlich noch bestehende Abhängigkeit der Volksschullehrer von der Kirche beseitigen sollte. Es existierten nämlich noch die sog. Kirchschulstellen, bei denen Schul- und nebenamtlicher Kirchendienst miteinander verbunden waren. Fleißner wies in seiner Begründung des Gesetzes im Landtag auf den Widerspruch zwischen Art. 149 der Reichsverfassung, der die Vornahme kirchlicher Verrichtungen aufgrund der garantierten Gewissensfreiheit der Willenserklärung der Lehrer überließ, und der zwangsläufigen Verbindung von Kirchen- und Schuldienst hin und bedauerte die immer noch fehlende Grundsatzgesetzgebung des Reiches. In vielen Fällen, so Fleißner, sei von kirchlicher Seite der Versuch gemacht worden, bei der Übernahme von Kirchschulstellen Druck auf die Lehrer auszuüben in bezug auf ihre Stellung zum Religionsunterricht (Verhandlungen des Sächsischen Landtages ... 1920/21, Zweiter Band, S. 1127 ff.). Das Gesetz, das am 1. Juli 1921 in Kraft trat, bestimmte u.a., daß zukünftig mit einer Schulstelle kein Kirchendienst verbunden sein durfte (§ 1). Nach § 2 war es den Lehrern lediglich mit Genehmigung des Bezirksschulamtes gestattet, kirchenmusikalischen Dienst im Nebenamt auszuüben (Gesetze und Verordnungen ... seit 1919, S. 100 f.).

Nur kurze Zeit später, am 11. Juli 1921, folgte das "Gesetz über die Aufhebung der Schulgemeinden (Schulbezirksgesetz)" (ebd., S. 39-55). Nachdem bereits das Übergangsschulgesetz als Konsequenz der allgemeinen Volksschule die Aufhebung des konfessionellen Charakters der Schulgemeinden angebahnt hatte (§ 4, Abs. 2: "Die Bewohner des Schulbezirks ohne Unterschied der Religion bilden die Schulgemeinde"), bedeutete das "Schulbezirksgesetz" das Ende der konfessionellen wie der Schulgemeinde als eigenständiger Körperschaft überhaupt. Das Gesetz hob die bisherigen Schulgemeinden auf und übertrug ihre Verpflichtung zur Unterhaltung der Volks- und Fortbildungsschulen auf die bürgerlichen Gemeinden, die zu diesem Zweck entweder alleine einfache oder mit anderen gemeinsam zusammengesetzte Schulbezirke bilden mußten.

Über diese Gesetzgebung hinaus versuchte Fleißner zielgerichtet, den Spielraum der Weimarer Reichsverfassung zu nutzen und die Trennung von Schule und Kirche weiter voranzubringen. Mit Hilfe einer entsprechenden Verordnungspraxis wollte er zweierlei erreichen. Zum einen sollte die religiöse Beeinflussung strikt auf den Religionsunterricht begrenzt und das übrige Schulleben davon freigehalten werden, sowie zum anderen die Eltern zu einer bewußten Entscheidung für oder gegen die Teilnahme ihrer Kinder am Religionsunterricht bewegt werden. War es nach 1918 gängige Praxis gewesen, daß alle Kinder weiterhin am Religionsunterricht ihrer Konfession automatisch teilnahmen, sofern die Eltern sich nicht ausdrücklich gegen eine solche Teilnahme ausgesprochen hatten, so kehrte Fleißner dieses Verfahren Anfang 1921 um, indem er verordnete, daß zukünftig die Erziehungsberechtigten bei der Anmeldung ihrer Kinder zur Volksschule dem Schulleiter eine Erklärung darüber abzugeben hätten, ob die Kinder am Religionsunterricht teilnehmen sollten oder nicht. Damit war die Teilnahme am Religionsunterricht generell an eine positive Erklärung der Eltern gebunden. Diese wie auch die übrigen Verordnungen lösten einen Sturm der Entrüstung und des Protestes bei den Kirchen, christlichen Elternvereinen und konservativen Parteien aus.[80] Fleißner verbat sich im Landtag jegliche

---

80   Vgl. "Verordnung über Anmeldung von Kindern zum Religionsunterricht der Volksschule" vom 8. Januar 1921, in: Verordnungsblatt ... 1921, S. 6. Die übrigen Verordnungen waren: "Verordnung über die Teilnahme der Schüler an kirchlichen Feiern und Handlungen" vom 27. Juni 1921, in: Verordnungsblatt ebd., S. 81; "Schulbesuch an staatlich nicht anerkannten Feiertagen" vom 12. August 1922, in: Verordnungsblatt ... 1922, S. 126; "Zur Ausführung von Art. 148, Abs.2 der Reichsverfassung" vom 24. August 1922, in: Verordnungsblatt ebd., S. 126. Zu

Einmischung kirchlicher Kreise in diese Schulangelegenheiten und verteidigte die Verordnung u.a. gegen den Vorwurf der Verfassungswidrigkeit. Er wies im Gegenteil nach, daß die Verordnung genau dem Wortlaut des Art. 149, Abs. 2 entspreche, der eine positive Erklärung der Eltern verlangt. In diesem Artikel der Reichsverfassung war nämlich bestimmt, daß "die Teilnahme an religiösen Unterrichtsfächern und an kirchlichen Feiern und Handlungen der Willenserklärung desjenigen überlassen (bleibt), der über die religiöse Erziehung des Kindes zu bestimmen hat" (zit. nach Gesetze und Verordnungen ... seit 1919, S. 116). Fleißner machte im übrigen keinen Hehl aus seiner Hoffnung, daß sich über solche Verordnungen mit Hilfe der religiös und konfessionell nicht gebundenden Lehrer- und Elternschaft doch noch die Weltlichkeit des Volksschulwesens verwirklichen lasse.

"Das Vorgehen gegen diese Verordnung", so Fleißner am 1. Februar 1921 im Landtag, *"bestärkt mich aber in der Annahme, daß ich damit auf dem richtigen Wege bin und daß es gilt, auf diesem Wege fortzuschreiten. Ich möchte nur wünschen, daß draußen im Lande - auch das spreche ich ganz absichtlich von dieser Stelle hier aus - alle die Eltern und Erzieher, die wirklich ernsthaft aus innerer Überzeugung vom Religionsunterricht nichts mehr wissen wollen, die letzten Konsequenzen ziehen und dafür sorgen sollen, daß das Schulwesen sich durch dieses Machtwort der Eltern so gestaltet, wie es gestaltet sein soll nach der Auffassung weiter fortschrittlicher Kreise draußen im Volke. (...) Ein gutes Vorbild haben zum Beispiel die Lehrer in Leuben, einer Arbeitergemeinde in Dresdens Umgebung, gegeben: dort hat sich durch die Aufklärungsarbeit der Lehrer, die mit großer Mühe und großem Fleiß diese Arbeit geleistet haben, ergeben, daß schon vor einiger Zeit über 80 Prozent der Eltern und Erziehungsberechtigten ihre Kinder vom Religions-*

---

dieser letzten Verordnung erschien am 11. November 1922 eine Ergänzung, nach der die Verordnung vom 24. August keine Anwendung auf die Schulen katholischer Minderheitsgemeinden fand, vgl. Verordnungsblatt ... 1922, S. 169. Aufgrund der drei letztgenannten Verordnungen und des massiven Protestes von seiten kirchlicher Kreise ist es über die Auslegung der Art. 135, 136 (1) und 148 (2) der Reichsverfassung zu Verhandlungen des Sächsischen Kultusministers mit dem Reichsinnenminister gekommen. An diesen Verhandlungen haben auch die Minister aus Thüringen und Braunschweig teilgenommen, da in diesen Ländern in ähnlicher Weise auf die Trennung von Schule und Kirche hingearbeitet wurde. Ergebnis dieser Verhandlungen war, daß die drei genannten Verordnungen aufgehoben und durch eine neue im Kern zwar unveränderte, den Interessen der kirchlichen Kreise jedoch etwas stärker Rechnung tragende Verordnung ersetzt wurde ("Schulbesuch an staatlich nicht anerkannten Feiertagen und Berücksichtigung der Empfindungen Andersdenkender in den öffentlichen Schulen", vom 9. März 1923, in: Verordnungsblatt ...1923, S. 42 f.). Fleißner wies vor dem Landtag daraufhin, daß die Reichsregierung nicht den Vorwurf der Verfassungswidrigkeit an die sächsische Landesregierung erhoben habe, daß vielmehr die Rechtslage aus der Verfassung auch nach Ansicht des Reichsinnenministers Oeser nicht klar und zweifelsfrei zu beantworten sei (Verhandlungen des Sächsischen Landtages ... 1922/23, Erster Band, S. 177 ff.).

unterricht abgemeldet haben. Ich habe schon früher bemerkt: nicht etwa aus kirchlicher Feindschaft, nicht aus Religionsfeindschaft, sondern im Interesse beider Teile ist diese Klarheit notwendig; im Interesse sowohl des Unterrichts wie auch der Kirche" (Verhandlungen des Sächsischen Landtages 1920/21, Erster Band, S. 674-679, Zitat S. 678).

Fleißners Hoffnungen haben sich, wie die weitere Entwicklung gezeigt hat, letztlich weder in bezug auf die Haltung der Lehrer-, noch die der Elternschaft erfüllt. Mögliche Gründe hierfür sind bereits im Zusammenhang der Elternratswahlen genannt worden. Dennoch hat es in Sachsen zeitweise beachtenswerte Äußerungen einer Ablehnung des konfessionell-dogmatischen Religionsunterrichts gegeben, insbesondere zu Beginn der zwanziger Jahre, als Kultusminister Seyfert in Abstimmung mit dem Reichsinnenministerium die nach dem Übergangsgesetz geplante Einführung der weltlichen Schule zum 1. April 1920 verweigerte ("Verordnung über die einstweilige Forterteilung des Religionsunterrichts in den Volksschulen" vom 1. April 1920, in: Verordnungsblatt ... 1920, S. 51 f.). In einer Urabstimmung des SLV sprach sich fast die gesamte Volksschullehrerschaft (95%) gegen die Erteilung eines Religionsunterrichts in Übereinstimmung mit den Grundsätzen der Kirche aus. 85% waren bereit, einen ethischen und religionsgeschichtlichen Unterricht zu erteilen ("Die Entscheidung in der Religionsfrage", in: LLZ 1920, Nr. 24, S. 429 f.). Im August 1920 wandte sich der Vorstand des SLV mit einem Aufruf an seine Mitglieder, in dem diese aufgefordert wurden, "entsprechend dieser Abstimmung zu **handeln** und der vorgesetzten Dienstbehörde zu erklären, daß sie die für den Religionsunterricht angesetzten Stunden nur in diesem Sinne (eines ethischen und religionsgeschichtlichen Unterrichts, B.P.) ausfüllen werden" ("An die Mitglieder des Sächsischen Lehrervereins", in: LLZ 1920, Nr. 26, S. 465).

In Leipzig, das ergibt sich aus den Akten des Schulamts, ist ein großer Teil der Volksschullehrerschaft dieser Aufforderung gefolgt. Zahlreiche Volksschullehrerinnen und -lehrer der einzelnen Volksschulen haben jeweils gemeinsam entsprechende Erklärungen, keinen konfessionellen Religionsunterricht mehr zu erteilen, sondern nur noch einen Unterricht ethischen und religionsgeschichtlichen Inhalts, verfaßt und unterschrieben. Über die Schulleitung gingen diese Erklärungen der einzelnen Kollegien an das Schulamt der Stadt.[81]

---

[81] Vgl. Stadtarchiv Leipzig, Schulamt Kap. I Nr. 261, Beiheft I.

Da das Kultusministerium einen ethischen und religionsgeschichtlichen Unterricht nicht als einen Religionsunterricht im Sinne von Art. 149 der Reichsverfassung anerkannte, standen in Leipzig Ende 1920 nicht mehr genügend Lehrkräfte zur Erteilung eines "ordentlichen" Religionsunterrichts zur Verfügung. Der Rat der Stadt sah sich gezwungen, über die Presse Hilfskräfte anzuwerben. So erschien beispielsweise im Leipziger Tageblatt vom 14.10.1920 folgende Anzeige:

*"In den städtischen Volksschulen werden **Hilfskräfte für Erteilung des ev.-luth. Religions-Unterrichts** benötigt. Personen, die aufgrund abgelegter Prüfungen zur Erteilung von Religionsunterricht befähigt und gewillt sind, wollen sich gegebenenfalls unter Beifügung einschlägiger Zeugnisse bis zum 25. Oktober d.J. bei dem unterzeichneten Amte - Stadthaus, Zwischengeschoß - schriftlich melden.*

Leipzig, am 11. Oktober 1920

Der Rat der Stadt Leipzig.
Schulamt."[82]

Zu dieser Zeit (1920/21), so eine offizielle Übersicht des Schulamtes, erhielten weniger als die Hälfte aller Leipziger Volksschülerinnen und Volksschüler einen konfessionellen Religionsunterricht (27.859), während die Mehrheit (31.216) an einem ethischen Ersatzunterricht (Lebenskunde) teilnahm.[83] In den folgenden Jahren zeigte sich die sächsische Volksschullehrerschaft in der Frage des Religionsunterrichts nicht mehr ganz so konsequent. Nach einer Erhebung der Regierung vom August 1922 lehnten von den 15.809 Lehrerinnen und Lehrern immerhin noch 5.505, also gut ein Drittel, die Erteilung jeglichen Religionsunterrichts ab. 7151 von ihnen erteilten Religionsunterricht nun nach den Zwickauer Thesen, also ohne Bindung an die kirchliche Lehre. "Wir haben keine Ursache", so hieß es in einem Kommentar der LLZ, "das, was an diesen Zahlen für uns unerfreulich ist, zu unterdrücken. Von den 85 %, die sich vor zwei Jahren zur weltlichen Schule bekannten, ist ein erheblicher Teil zur Erteilung von Religionsunterricht zurückgekehrt. Auch die Zahl derer, die sich für den konfessio-

---

82 Vgl. Stadtarchiv Leipzig, Schulamt Kap. I Nr. 261, Band 1 , Bl. 120-123.
83 Vgl. Stadtarchiv Leipzig, Schulamt Kap. I Nr. 261, Beiheft III. Ein Jahr später hatte sich das Verhältnis zugunsten des Religionsunterrichts verschoben. In der Schulausschußsitzung vom 7. Juli 1923 gab der Vorsitzende bekannt, daß nach den Angaben der Schulleitungen von insgesamt 58.028 Schülerinnen und Schülern der Klassen 1-6 (3. bis 8. Schuljahr) 35.856 am Religionsunterricht (61,79%) und 21.621 am Lebenskundeunterricht (= 37,26%) teilnahmen. Vgl. Schulamt Kap. I Nr. 57, Band 13, Bl. 21.

nellen Unterricht gewinnen ließen, ist gewachsen" ("Kirchliche Not und Lehrerschaft", in: LLZ 1922, Nr. 40, S. 725 f., Zitat S. 725).

Demotivierend für die Lehrerschaft mag das Reichsgerichtsurteil gewirkt haben, das die Hoffnung endgültig zerstörte, die weltliche Schule könnte doch noch allgemein eingeführt werden. Die LLZ machte für das Zurückweichen der Volksschullehrerschaft in erster Linie das Verhalten der Evangelisch-lutherischen Kirche verantwortlich,

> *"ihre systematische Arbeit zur Zerstörung der Schularbeit und der Einheit der Lehrerschaft. Sie entfachten durch ihre Laienbünde und Elternorganisationen einen 'christlichen' Krieg gegen die Volksschullehrer, indem sie eines Teils, unterstützt von Verrätern aus unseren eigenen Reihen, nach Abtrünnigen suchten, und indem sie andererseits das Mißtrauen der Eltern und Kinder gegen ihre Lehrer weckten und die Lehrerschaft so von zwei Seiten her unter Druck setzten. Was die zuletzt genannte Seite der 'christlichen' Gegenarbeit anbelangt, so wollen wir uns in diesem Zusammenhange mit der Feststellung begnügen, daß uns von allem, was uns die Kirche bisher angetan hat, nichts so mit dem Geiste des Christentums Jesu, mit Religion, selbst mit kirchlicher Religion in Widerspruch stehend, so niedrig und verwerflich erscheint, wie die systematisch betriebene Tätigkeit, die darauf gerichtet ist, das Vertrauen zwischen Lehrern, Kindern und Eltern zu vernichten. Was auf der anderen Seite an Bemühungen aufgebracht worden ist, unter der Lehrerschaft Überläufer zu schaffen, soll damit keinesfalls als eine sachliche Kampfesweise hingestellt werden. Denn was uns im Laufe der Zeit darüber bekannt geworden ist, zeugt von einer außerordentlichen Elastizität des Gewissens. Man muß darüber die Land- und Kleinstadtlehrer hören: wie man die Anhänger unseres Schulideals gesellschaftlich ächtete, wie man ihnen den Brotkorb (in des Wortes eigenster Bedeutung) höher hing, wie man sie politisch anfeindete, wie man ihnen das berufliche Fortkommen erschwerte - alles mußte der Kirche zum Besten dienen - und man kann es schließlich begreifen, wenn die Wirkung nicht ganz ausblieb" (ebd., S. 726).*

Vergegenwärtigt man sich, die vielfältigen Repressionen gegen fortschrittliche und dissidentische Lehrerinnen und Lehrer in der Weimarer Republik (STÖHR 1977), läßt sich gut vorstellen, welchem gesellschaftlichen und politischen Druck Volksschullehrer, insbesondere in ländlicheren Gebieten, ausgesetzt waren, die die Erteilung von Religionsunterricht ablehnten; ebenso ist leicht zu erklären, daß viele von ihnen sich früher oder später doch wieder bereit dazu erklärten, die religiöse Unterweisung der Kinder zu übernehmen. [84]

Auch die Abmeldungen vom Religionsunterricht erreichten längst nicht jenen prozentualen Anteil, den die Arbeiterparteien etwa bei politischen Wahlen oder die weltliche Liste bei Elternratswahlen erringen konnten. Ein

---

[84] Vgl. zum Kampf der Evangelisch-lutherischen Kirche und ihrer Hilfsorganisationen Teil A, Kap. VIII, 2.

beträchtlicher Teil von Arbeitereltern, die sozialistisch wählten und auch bei den Elternratswahlen für die weltliche Schule stimmten, ließen ihre Kinder dennoch weiterhin am Religionsunterricht teilnehmen. Mitverantwortlich für dieses Verhalten war eine gewisse konservative Grundhaltung in Schul- und Erziehungsfragen. Im August 1922 waren in ganz Sachsen gut 13% aller Volksschülerinnen und Volksschüler vom Religionsunterricht abgemeldet. Von den Großstädten lag Leipzig bezüglich der Abmeldungen der Schulneulinge vom Religionsunterricht an der Spitze. Im Jahre 1932 wurden hier fast 30% aller neu in die Volksschule eintretenden Kinder abgemeldet. Dies bedeutete gegenüber 1925 eine Zunahme von über 4%. Diese vergleichsweise hohe Abmeldequote ist zum einen sicher auf die intensive Aufklärungsarbeit des LLV und der weltlichen Elternratszentrale in Leipzig zurückzuführen, zum anderen entsprach sie auch der Stellung Leipzigs als "Zentrum der Freidenkerbewegung" (LEHMANN 1931, S. 17ff.). Hier lag der Schwerpunkt des Bundes sozialistischer Freidenker. In Leipzig hatte 1926 zudem die Reichsarbeitsgemeinschaft freigeistiger Verbände ihren Sitz genommen. Ende der zwanziger, Anfang der dreißiger Jahre zählte Leipzig über 30000 organisierte Freidenker. In Dresden und Chemnitz lag der Prozentsatz der Abmeldungen vom Religionsunterrricht schon deutlich niedriger. In Dresden waren es 1932 gut 14 und in Chemnitz 12,67%. Auch für Chemnitz bedeutete dies eine Zunahme, und zwar um über 5,5%. Nehmen wir diese drei Städte zusammen, so nahmen 1932 19,95 % aller Schulneulinge nicht am Religionsunterricht, sondern am Lebenskundeunterricht teil (1925: 17,62%) ("Zunahme der Abmeldung vom Religionsunterricht", in: LLZ 1932, Nr. 4, S. 90 u. SSZ 1932, Nr. 4, S. 93 f.).

d. Selbstverwaltete Schule

Noch bevor in der Novemberrevolution offizielle Bestimmungen der revolutionären Machthaber zur Selbstverwaltung der Volksschule ergingen, ergriff ein Teil der Volksschullehrerschaft selbst die Initiative in dieser Frage. In Leipzig beispielsweise schritt der LLV bereits wenige Tage nach Ausbruch der Revolution, dem Vorbild der Arbeiter- und Soldatenräte folgend, zur Bildung von sog. "kleinen Lehrerräten" an den Volksschulen. Diese sollten, wie schon lange von der Volksschullehrerschaft gefordert, den jeweiligen Kollegien ein Mitbestimmungsrecht über die inneren Angelegenheiten der Schule sichern (GEBLER 1961, S. 101 f.). Ebenfalls noch im November trat dann erstmalig auch der "große Lehrerrat" der Stadt Leipzig zusammen. Auf der ersten Wochenversammlung des LLV nach dem Beginn der Novemberrevolution, am 14. November 1918, hatte der damalige Zweite Vorsitzende Dr. Alwin Wünsche die Bildung eines solchen Lehrerrates vorgeschlagen (LLZ 1918, Nr. 37, S. 406 f.; HERTEL 1921, S. 83 u. GEBLER 1961, S. 101 ff. u. ders. 1965).

Als der Einfluß der Arbeiterräte mit Beginn des Jahres 1919 zu schwinden begann und die Weichen in Richtung parlamentarische Demokratie gestellt waren, mußte der LLV jedoch feststellen, daß seinem großen Lehrerrat die offizielle Anerkennung als Vertretung der Leipziger Volksschullehrerschaft durch den konservativen Stadtrat (nicht zu verwechseln mit dem gewählten Stadtverordnetenkollegium), der die Revolution unbeschadet überstanden hatte, fehlte und daß es folglich auch noch nicht gelungen war, die Ablösung der einflußreichen Direktorenkonferenz als beratendes und begutachtendes Gremium durch den großen Lehrerrat durchzusetzen. Solange aber ausschließlich die schulpolitisch äußerst konservativ eingestellte Direktorenkonferenz in Vertretung der gesamten Volksschullehrerschaft in Fragen der Volksschule gehört wurde und offizielle Stellungnahmen und Empfehlungen an den Schulausschuß bzw. Stadtrat abgeben durfte, so lange blieb die Leipziger Volksschullehrerschaft, die sich erklärtermaßen in ihren schulpolitischen und pädagogischen Vorstellungen von der Direktorenkonferenz nicht repräsentiert fühlte, von einem wirklichen, demokratisch legitimierten Mitspracherecht ausgeschlossen. Dies war aber gerade das Ziel der Leipziger und sächsischen Volksschullehrerschaft. Die Tatsache, daß es trotz anerkannter Fortschritte, auf die gleich eingegangen wird, in der Frage der Selbstverwaltung nicht mehr - wie gewünscht - vorwärts ging, veranlaßte die LLZ im Februar 1919 zu der Feststellung, daß man es nach wie vor mit "eine(r) autokratische(n) Schule im demokratischen Volksstaate, regiert von einem autokratischen Beamtentum mit demokratischer Spitze" zu tun habe ("Unsere wichtigste Aufgabe", in: LLZ 1919, Nr. 6, S. 69 f., Zitat S. 69). Der LLV beließ es aber nicht beim bloßen Beklagen der Zustände. Am 15.

Februar 1919 hielt er eine außerordentliche Wochenversammlung im Zoologischen Garten ab. Neben Kurt Wehner, der über die wirtschaftliche Lage der Lehrerschaft referierte, sprach Alwin Wünsche, inzwischen Erster Vorsitzender des Vereins, vor 1500 Mitgliedern über die Selbstverwaltung. In einer Erklärung forderte die Versammlung u.a.: Durchführung der Selbstverwaltung an der einzelnen Schule durch die Lehrerkonferenz, Ablösung der Direktorenkonferenz durch den großen Lehrerrat und Wahl des Schulleiters durch das Kollegium. Zur Durchsetzung der Forderungen bekundete die Versammlung sogar die Bereitschaft zum Streik. Die Verhandlungen mit dem Stadtrat über diese Forderungen wurden erschwert durch den Ende Februar ausgerufenen Generalstreik der Arbeiterschaft und den Gegenstreik des Bürgertums. Die Lehrerschaft hatte zudem den Eindruck, der Stadtrat versuche, die Verhandlungen zu verschleppen. Schließlich gelang es dem LLV aber doch, den Stadtrat zu den Zugeständnissen zu bewegen, daß die Direktorenkonferenz als amtliches Beratungsgremium abgeschafft wurde und stattdessen der große Lehrerrat an ihre Stelle trat. Außerdem sollten die kleinen Lehrerräte, die in der Novemberrevolution an zahlreichen Volksschulen Leipzigs ins Leben gerufen worden waren, das Recht zur Beschlußfassung über die inneren Angelegenheiten der Schule erhalten (HERTEL 1921, S. 84 ff.).

Nicht nur auf lokaler Ebene wie in Leipzig, sondern auch auf Landesebene kam es in den ersten Wochen und Monaten der Revolution zu Entscheidungen in der Frage der Selbstverwaltung. Mit der "Verordnung über Ortsschulaufsicht und Schulleitung" vom 11. Dezember 1918 hob die Regierung der Volksbeauftragten zunächst einmal die geistliche Ortsschulaufsicht auf, womit eine der ältesten Forderungen des SLV in Erfüllung ging, und institutionalisierte darüber hinaus auch die Lehrerversammlung vom 1. Januar 1919 als ein Gremium, das beraten sollte über die Hausordnung, den Lehrplan, die Grundsätze für die Aufstellung des Stundenplans, für Stellvertretungen, für die Zensurerteilung, die Versetzung der Schüler, über die Durchführung von Verordnungen und Verfügungen der Schulbehörden, über besondere Veranstaltungen der Schule, Vorschläge zur Anschaffung von Lehrmitteln sowie über Wünsche und Anträge, die den inneren Schulbetrieb und andere allgemeine Angelegenheiten der Schule betrafen (Verordnungsblatt des Ministeriums des Kultus und öffentlichen Unterrichts für den Freistaat Sachsen vom Jahre 1919, S. 12 f.). Das Recht der

Lehrerversammlung, nicht nur zu beraten, sondern auch bindende Beschlüsse zu fassen, ließ sich dagegen nicht mit eindeutiger Sicherheit aus dieser Verordnung ableiten. Im § 3, Abs. 2 hieß es nur: "Das Ergebnis der Beratung ist durch Abstimmung festzustellen und in die Niederschrift aufzunehmen" (ebd.). Auch wenn die Frage des Beschlußrechts zunächst nicht zweifelsfrei geklärt war, so wurden mit der Etablierung der Lehrerversammlung und dem ihr zugewiesenen Aufgabenbereich der bislang nahezu unumschränkten Herrschaft der Volksschuldirektoren auch erste Grenzen gesetzt, das vielfach lediglich auf dem Prinzip von Befehl und Gehorsam basierende Autoritätsverhältnis zwischen Direktoren einerseits und Volksschullehrerinnen und -lehrern andererseits zumindest ansatzweise gelockert und die Volksschullehrerschaft erstmals überhaupt in die Lage versetzt, verantwortlich und nach demokratisch-parlamentarischen Regeln an der Gestaltung der inneren Angelegenheiten der Schule mitzuwirken.

Eine weitere Verordnung vom 26. Februar 1919 sah darüber hinaus die Bildung von "Lehrerausschüssen" an den Schulen aller Gattungen vor ("Verordnung über Lehrerausschüsse" in: Verordnungsblatt 1919, S. 39). Diese aus mindestens drei Mitgliedern bestehenden Lehrerausschüsse mußten, in sinngemäßer Anwendung einer Verordnung über Beamtenausschüsse, vor allgemeinen Anordnungen über den inneren Schulbetrieb gutachtlich gehört werden ("Verordnung über Beamtenausschüsse und Dienstaufsicht" vom 25. Januar 1919, in: Verordnungsblatt 1919, S. 22).

Trotz dieser ersten kleinen Erfolge hatten die unmittelbaren Revolutionsmonate nach Meinung des SLV und dessen Vorstand "in bezug auf die Selbstverwaltung noch viele Wünsche offen" gelassen (Jahresbericht des SLV 1919, S. 4). Beispielsweise war die Ortsschulaufsicht noch nicht vollständig beseitigt, das Beschlußrecht der Lehrerversammlung nicht zweifelsfrei gesichert, die Selbstverwaltung für die höheren Ebenen der Schulverwaltung noch nicht durchgesetzt und die Frage einer stärkeren Elternbeteiligung ebenfalls noch nicht geklärt. So sah der SLV sich veranlaßt, das Thema Selbstverwaltung in der Schule auf die Tagesordnung der außerordentlichen Vertreterversammlung in Dresden am 29./30. März 1919 zu setzen.

Zwei Tage bevor die Vertreterversammlung des SLV zusammentrat, begannen am 27. März 1919 in der Sächsischen Volkskammer die Beratungen über das geplante Übergangsschulgesetz. Bei diesen Beratungen spielte die auf der Vertreterversammlung erhobene Forderung nach Wahl des Schulleiters durch das Kollegium eine ganz wesentliche Rolle. Sie stellte neben der angestrebten Weltlichkeit des Schulwesens einen der umstrittensten Komplexe des ganzen Gesetzgebungsverfahrens dar. Schon als Arthur Arzt den Antrag der SPD-Fraktion auf Erlaß eines Übergangsschulgesetzes begründete, forderte er ganz im Sinne des SLV, daß in das kommende Volksschulgesetz die Bestimmung aufgenommen werden sollte, daß das Kollegium sich seinen Schulleiter auf Zeit selbst wählt (Verhandlungen der Sächsischen Volkskammer im Jahre 1919, Erster Band, S. 604). Diese mit der bisherigen Direktorentradition radikal brechende Forderung stieß nicht nur bei allen bürgerlichen Parteien auf Widerstand, sondern auch der sozialdemokratische Kultusminister Wilhelm Buck stand ihr ablehnend gegenüber. Er billigte zwar dem Lehrerkollegium ein Vorschlags- bzw. Mitwirkungsrecht zu, das Recht zur Wahl des Schulleiters sollte aber allein der obersten Schulbehörde bzw. den Stadt- und Gemeinderäten zustehen (ebd., S. 634 f.). USPD und MSPD beschlossen dennoch zunächst mit ihrer Mehrheit im Gesetzgebungsausschuß, daß der Schulleiter vom Kollegium auf Zeit zu wählen sei und empfahlen der Regierung, eine entsprechende Bestimmung in den von ihr vorzulegenden Gesetzentwurf aufzunehmen (Berichte der Volkskammer Nr. 205: "Bericht des Gesetzgebungsausschusses über die Verhandlungen, betreffend den Antrag Arzt und Genossen auf Erlaß eines Übergangsgesetzes für das Volksschulwesen (Drucksache Nr. 13) sowie über die hierzu eingegangenen Petitionen", in: StAD, Min. f. Vb., Nr. 13106/13, S. 234- 255).

Im weiteren Verlauf des Gesetzgebungsverfahrens rückten die beiden sozialdemokratischen Fraktionen von ihrer ursprünglichen Position ab. Vor allem die USPD, das ergibt sich aus den Ausführungen ihres Abgeordneten Hermann Müller (Leipzig-Schleußig), wollte der politischen Gemeinde einen entscheidenden Einfluß auf die Wahl des Schulleiters sichern. Richard Lipinski, ebenfalls USPD, rechtfertigte diese Position seiner Partei unter anderem mit dem Hinweis, daß der Schulvorstand, dem das Recht zur Wahl des Schulleiters letztlich zustehen sollte, zur Hälfte aus Gemeindemitgliedern und je zu einem Viertel aus Vertretern der Lehrerschaft und der Eltern zusammengesetzt sei und der Lehrerschaft durch diese Vertretung im Schulvorstand ohnehin bereits ein Mitwirkungsrecht bei der Wahl gesichert sei. Die USPD lehnte aber nicht nur die Wahl des Schulleiters durch das

Kollegium ab, sondern auch den in der Volkskammer zur Abstimmung gestellten Vorschlag des DDP-Abgeordneten Bernhard Claus, die Wahlvorschläge der Lehrerschaft müßten für den Schulvorstand verbindlich sein (Verhandlungen der Sächsischen Volkskammer ... 1919, Zweiter Band, S. 1996-2001).[85]

Letztlich setzte sich bei der Frage der Schulleiterwahl im Prinzip die Position durch, die Kultusminister Buck schon eingangs der Beratungen vertreten hatte. Nach § 9, Abs. 3 des Übergangsgesetzes für das Volksschulwesen wurde der Schulleiter[86] künftig vom Schulvorstand auf drei Jahre gewählt. Bei mehr als fünf ständigen Lehrern hatte die Lehrerschaft Vorschläge für das Amt des Schulleiters zu machen. Eine besonders wichtige Bestimmung enthielt der Abs. 4. Danach konnten die amtierenden Direktoren zwar zunächst einmal für die nächsten drei Jahre nach Inkrafttreten des Gesetzes in ihren Stellungen als Schulleiter verbleiben, mußten sich aber nach Ablauf dieser Frist, also im Sommer 1922, ebenfalls zur Wahl stellen. (Gesetze und Verordnungen über das Schulwesen im Freistaate Sachsen seit 1919, S. 10 f.).[87]

---

[85] Der DDP-Abgeordnete Claus, der diesen Vorschlag einbrachte, war wie Arzt von Beruf Volksschullehrer. Beide versuchten im Sinne des SLV bis zum Schluß der Abstimmung über das Übergangsschulgesetz, die Selbstverwaltungsrechte der Volksschullehrerschaft möglichst weit auszudehnen. Arzt unterstützte deshalb den Vorschlag von Claus, die Wahlvorschläge der Lehrerschaft für verbindlich zu erklären, was aber letztlich nicht gelang (Verhandlungen der Sächsischen Volkskammer ... 1919, Zweiter Band, S. 1996). Arzt begründete seine Unterstützung u.a. mit dem Hinweis, daß das Amt des Schulleiters im wesentlichen doch nichts anderes zu sagen habe, als daß er der "Obmann der Lehrer" sei. Bei dieser Auffassung müsse man konsequenterweise der Lehrerschaft das Recht einräumen, daß sie selbst bestimme, wen sie für diesen Posten für geeignet halte (ebd., S. 1999). Den Gegnern, die der Lehrerschaft bei der Wahl des Schulleiters solche weitgehenden Rechte nicht zugestehen wollten, hielt er vor, ihnen schwebe im Unterbewußtsein immer noch das ganz anders geartete (autoritäre) Direktorat vor, wie es aber nicht mehr sein solle. Arzt weiter: "Wenn sie sich wirklich auf den neuen Boden stellen, wenn sie erkannt haben, was heutzutage die Schulleiter bedeuten, so müssen sie auch konsequenterweise dafür eintreten, daß der Schulvorstand nach den Vorschlägen der Lehrerschaft wählt ..." (ebd., S. 2000).

[86] Das Übergangsschulgesetz sprach bewußt nicht mehr von Direktoren, sondern nur noch von Schulleitern. Schon durch diesen Begriffswechsel dokumentierten die Schulreformer das veränderte Verständnis von der Funktion der ehemaligen Direktoren- bzw. zukünftigen Schulleiterstellen, wie es sich dann auch in den Bestimmungen des Gesetzes niederschlug.

[87] Daß sich auch die amtierenden Volksschuldirektoren nach einer dreijährigen Übergangszeit zur Wahl stellen mußten und damit die Möglichkeit ihrer Abwahl bestand, hatten USPD und MSPD gemeinsam gegen den erklärten Willen der MSPD-Minderheitsregierung und ihres Kultusministers Buck durchgesetzt. Nach der Gesetzesvorlage der Regierung sollte zumindest den bereits amtierenden

Unmittelbar in ihrer Stellung und ihren Befugnissen betroffen waren die Volksschuldirektoren weiterhin durch die Aufhebung der Ortsschulaufsicht. Nach der Beseitigung der geistlichen Ortsschulaufsicht durch Verordnung im Dezember 1918 hob das Übergangsschulgesetz in § 9, Abs. 1 die Ortsschulaufsicht überhaupt auf, also auch die durch den Direktor, und bestimmte den Bezirksschulrat (früher Bezirksschulinspektor) zum nächsten Vorgesetzten des Lehrers (ebd.). Dadurch verloren die amtierenden Direktoren bzw. zukünftigen Schulleiter das Recht, den Unterricht der Lehrerinnen und Lehrer zu besuchen, Einblicke in deren Unterrichtspraxis zu nehmen und ihnen, soweit sie es für erforderlich hielten, verbindliche Anweisungen didaktisch-methodischer Art oder den Lehrplan betreffend zu erteilen.[88] Gerade dieses Hospitationsrecht und das damit einhergehende Recht, den gesamten Unterricht der Lehrerinnen und Lehrer bis hin zu methodischen Einzelfragen zu reglementieren, war in der Vergangenheit wiederholt Anlaß für Konflikte zwischen Direktoren und Volksschullehrerschaft gewesen (HERTEL 1921, S. 53 ff.; PÄTZOLD 1926, S. 47 ff.) . Daher ist es verständlich, daß die Beseitigung der Ortsschulaufsicht von der Volksschullehrerschaft besonders begrüßt wurde. Neben dem § 9 regelte insbesondere der § 10 über "Lehrerversammlung und Lehrerrat" die Selbstverwaltung der Lehrerschaft in der Schule. Er sah vor, daß die ständigen und nichtständigen Lehrer einer Schule die Lehrerversammlung bildeten, die über

> *"1. die Hausordnung,*
> *2. den Lehrplan,*
> *3. die Grundsätze für die Aufstellung des Stundenplans, für Stellvertretungen, für die Zensurerteilung und die Versetzung der Schüler,*
> *4. die Durchführung von Verordnungen und Verfügungen der Schulbehörden,*
> *5. besondere Veranstaltungen der Schule,*
> *6. Vorschläge für den Ankauf von Lehrmitteln und von Büchern für die Schüler- und Lehrerbücherei,*

Direktoren ihre Lebenszeitstellung belassen werden. Ebenso setzten USPD und MSPD die dreijährige Amtszeit durch. Die Regierung hatte eine sechsjährige Amtszeit der Schulleiter angestrebt.

[88] Der Schulleiter sollte künftig nur noch die Schule gegenüber den Eltern und Erziehungspflichtigen vertreten, den Verkehr mit den Schulbehörden und dem Schulvorstand vermitteln und dafür Sorge tragen, "daß die allgemeinen und die örtlichen Bestimmungen für den äußeren Schulbetrieb eingehalten, die Beschlüsse der Lehrerversammlung durchgeführt und Mängel im äußeren Schulbetriebe abgestellt werden" (§ 9, Abs. 5 Übergangsschulgesetz, in: Gesetze und Verordnungen ... seit 1919, S. 11).

7. Wünsche und Anträge, die den inneren Schulbetrieb oder andere allgemeine Angelegenheiten der Schule betreffen"

berät und beschließt (ebd., S. 11 ff.). Bei zehn oder mehr ständigen Lehrern war darüber hinaus ein Lehrerrat in geheimer Abstimmung zu wählen. Er stellte das Verbindungsglied zwischen Schulleiter und Lehrerversammlung dar (ebd.).

Auch auf der **mittleren Ebene der Schulverwaltung** und -aufsicht, dem Bezirksschulamt samt Bezirksschulrat, war ebenfalls ein Mitwirkungsrecht der Lehrerschaft vorgesehen. In § 16 hieß es dazu: "Dem Bezirksschulamt tritt ein Bezirkslehrerausschuß zur Seite" (ebd., S. 20). Dieser Ausschuß in geheimer Wahl auf drei Jahre gewählt, setzte sich aus zwei Schulleitern und fünf Volksschullehrern der Volksschulen des jeweiligen Bezirksschulamtes zusammen (ebd.). Dieser Ausschuß war vom Bezirksschulamt "zur Beratung und Mitwirkung bei der Regelung allgemeiner Angelegenheiten der Schulverwaltung des Amtsbezirks zu berufen" (ebd., S. 21). Dem Bezirkslehrerausschuß stand das Recht zu, in diesen Angelegenheiten Anregungen zu geben und Anträge zu stellen. Der Zuordnung eines Bezirkslehrerausschusses zum Bezirksschulamt entsprach die Zuordnung eines Bezirkslehrerrates zum Bezirksschulrat. Der Bezirkslehrerrat setzte sich zusammen aus dem Bezirkslehrerausschuß eines amtshauptmannschaftlichen Schulaufsichtsbezirks mit mindestens je einem Mitglied der im Bezirk bestehenden städtischen Bezirkslehrerausschüsse (ebd., S. 21). Dem Bezirkslehrerrat kamen ähnliche Aufgaben zu wie sie für den Bezirkslehrerausschuß vorgesehen waren.[89] Insgesamt zeigen diese gesetzlichen Be-

---

[89] Ein Blick auf die Selbstverwaltungsbestimmungen anderer Länder erscheint an dieser Stelle angebracht und aufschlußreich. In **Hamburg** bestimmte das **Schulverwaltungsgesetz** vom 12.4.1920, daß der Schulleiter vom Lehrkörper unter Beteiligung von Elternvertretern auf drei Jahre zu wählen sei. Der Schulleiter war Vorgesetzter der an seiner Schule tätigen Lehrkräfte. Die unmittelbare Verantwortung für die einzelne Schule übertrug das Gesetz dem Lehrerkollegium und dem Elternrat (MILBERG 1970, S. 230 ff.; vgl. auch S. 58 f. und S. 111 f.; de LORENT 1988, S. 97-117).
In **Bremen** verabschiedete die dortige Nationalversammlung am 9. Oktober 1919 das **"Gesetz betreffend Wahl der Schulleiter"**. Das Gesetz bestimmte, daß der Schulleiter vom Kollegium auf Zeit gewählt wurde. Das Gesetz, bis 1922 zeitlich begrenzt, wurde in diesem Jahr um ein weiteres verlängert. Das Reichsgericht erklärte allerdings 1923 das Gesetz, soweit es die Wahlbestimmungen über die 1919 bereits amtierenden Schulleiter betraf, für verfassungswidrig (HAGENER 1973, S. 167 ff.; vgl. auch S. 26 f., 49 ff. u. S. 151 ff.).
In **Thüringen** wurde durch das **Greilsche Schulverwaltungsgesetz** vom 9. Mai 1923 versucht, die Schulverwaltung nach einheitlichen Grundsätzen aufzubauen. Dem Grundsatz der Selbstverwaltung entsprechend gab es für die einzelne Schule die Lehrerversammlung, den Lehrerausschuß, den Schülerausschuß (ab 5. Schul-

stimmungen ganz deutlich, in welch starkem Maße sich die Vorstellungen des SLV durchgesetzt hatten. In der Erklärung des SLV zum Übergangsschulgesetz hieß es deshalb auch u.a.:

> *"Durch die Ausschaltung der autoritativen Schulleitung und Schulverwaltung bringt es - wenn auch noch unvollkommen - den Grundsatz der Selbstverwaltung zur Geltung. Dem Lehrer gewährt es die zu erfolgreicher Arbeit notwendige Freiheit in seiner Berufstätigkeit. Das Gesetz löst die Schule aus der atemberaubenden Umklammerung durch die Kirche, wie es den Lehrer von der seines Standes unwürdigen Aufsicht durch den Geistlichen befreit. Es ist die Mündigerklärung der Volksschule und ihrer Lehrer, die von einem Vertrauen auf die Lehrerschaft getragen ist, wie es ihr bisher von keiner Regierung und keiner Volksvertretung entgegengebracht wurde."* (Jahresbericht des SLV 1919, S. 5; LLZ 1919, Nr. 27, S. 433).

Kritisiert wurde allerdings in der Folgezeit immer wieder das Fehlen eines Landesschulbeirates bzw. Landeslehrerrates, der die Selbstverwaltung auch bei der **obersten Schulbehörde**, beim Kultusministerium, zur Geltung bringen sollte ("Die Lücke in der Selbstverwaltung", in: LLZ 1919, Nr. 40, S. 665 f.; "Die Vertreterversammlung" (am 24./25. September 1921 in Dresden) , in: SSZ 1921, Nr. 35, S. 659 f.). Das Kultusministerium, das die Bildung eines Landeslehrerrates bis zur Verabschiedung eines Beamtenrätegesetzes[90] auf Reichsebene zurückgestellt wissen wollte, erkannte aller-

---

jahr), den Schulleiter und seinen Stellvertreter, den Elternbeirat oder Berufsschulbeirat. Die umstrittene Frage der Ernennung bzw. Wahl des Schulleiters wurde einheitlich für alle Schulformen so bestimmt, daß die Lehrerschaft, die Eltern und über den Ortsschulvorstand auch die einzelne Gemeinde ein Vorschlagsrecht bekamen, während sich das Ministerium aber letztlich das Ernennungsrecht vorbehielt (MITZENHEIM 1964, S. 162 f.).
Hamburg, Bremen und Thüringen waren neben Sachsen wohl die Länder, die die weitestgehenden Selbstverwaltungsbestimmungen per Gesetz verabschiedet hatten. Sachsen war allerdings das Land, das als erstes der Selbstverwaltung in ausführlicher Weise eine gesetzliche Grundlage gegeben hatte (22. Juli 1919, also noch vor Verabschiedung der Weimarer Reichsverfassung). Über die übrigen Länder, einschließlich der hier behandelten, informiert in knapper Form Albert Ansmann: Die Selbstverwaltung in der deutschen Volksschule, in: Sozialistische Erziehung 1930, S. 4-6.

[90] Der SLV sah die Errungenschaften, die das Übergangsschulgesetz in der Selbstverwaltungsfrage gebracht hatte, durch dieses geplante "Gesetz über Beamtenvertretungen" des Reiches in Gefahr. Mehrfach äußerte sich der SLV in scharfer und ablehnender Form über dieses Gesetz. So in dem Artikel **"Reichsgesetzlicher Abbau der Selbstverwaltung"**. Das Urteil lautete: "Unannehmbar. Denn nicht ein Fünkchen von Demokratie ist in dem Entwurf zu finden. Der Entwurf macht den Dienstvorgesetzten zum allgewaltigen Befehlshaber, den Beamten aber zum gehorsamen Untergebenen, der sich ohne weiteres den Anordnungen des Dienstgewaltigen fügen muß trotz der Beamtenausschüsse (...) Von einem entscheidenden Mitbestimmungsrecht ist aber nirgends die Rede" (LLZ 1921, Nr. 33, S. 661 ff., Zitat S. 662; vgl. auch "Um unsere Selbstverwaltung", in: SSZ 1921, Nr. 28, S. 507-510; "Entwurf eines Gesetzes über Beamtenvertretungen", in: SSZ 1921, Nr.41, S. 809).

dings de facto den Vorstand des SLV als Landeslehrerrat an (Jahresbericht des Sächsischen Lehrervereins 1920/21, S. 688).

Seine vordringlichste Aufgabe sah der SLV nach Verabschiedung des Übergangsschulgesetzes darin, die Bezirkslehrervereine und die einzelnen Volksschullehrerinnen und Volksschullehrer mit den Bestimmungen und Auswirkungen der Selbstverwaltung vertraut zu machen, um so eine möglichst wirksame Umsetzung in die **Schulpraxis** zu gewährleisten (STENZEL, W.: "Zur Durchführung des Übergangsschulgesetzes", in: LLZ 1919, Nr. 27, S. 434 ff.; "Was bringt das Übergangsschulgesetz", in: LLZ 1919, Nr. 28, S. 454 f.; "Die Lehrerversammlung", in: SSZ 1919, Nr. 27, S. 355 f.; "Der Lehrerrat", in: SSZ 1919, Nr. 29, S. 382).

Inwieweit sich nun die Selbstverwaltung in der Praxis nicht nur formal, den Buchstaben des Gesetzes nach, sondern auch im Sinne seiner demokratisch-parlamentarischen Zielsetzung nach durchgesetzt und bewährt hat, ist äußerst schwierig zu eruieren. Es muß daher bei einigen kurzen Hinweisen bleiben. Ein Jahr nach Inkrafttreten der Selbstverwaltungsbestimmungen schrieb die SSZ:

"Sind alle schon von dem Geist der Selbstverwaltung ergriffen? Sind ihre Einrichtungen überall schon vollkommen durchgeführt? Sind sich alle Lehrerversammlungen ihrer Bedeutung als Träger der Schule bewußt? Arbeiten alle Bezirkslehrerräte so, daß sie nicht nur leere Dekorationsstücke sind, sondern wirkliche Organe, d.h. Stätten des Lebens? Sind die Rechte, die das Gesetz dem mündig erklärten Lehrer gibt, überall auch ergriffen? Ist man sich überall bewußt, daß das Gesetz in seinem inneren Sinne den freien Lehrer will, der unter eigener sittlicher Verantwortung handelt? Noch immer wird von den Behörden verwundert geklagt, wieviel noch gefragt, wie oft noch auf genaue und ins Einzelne gehende Anweisung gewartet wird, wie oft noch der Mut zu eigener Entscheidung fehlt. Das zeigt, daß noch nicht überall der Geist, den das 'alte System' verlangte, geschwunden ist" ("Ein Jahr Übergangsschulgesetz", in: SSZ 1920, Nr. 25, S. 373 f., Zitat S. 373).

Zwei Jahre später, in einem Resumee der LLZ aus dem Jahre 1922 ("Drei Jahre Selbstverwaltung", Nr. 13, S. 225 f.), hieß es: "Ob und inwieweit sie (die Selbstverwaltungskörper, B.P.) wirksam sind, hängt lediglich von der Energie der Lehrerschaft und dem Entgegenkommen der Behörde in den einzelnen Bezirken ab. Die Verhältnisse liegen nicht überall so, wie zu wünschen wäre" (ebd., S. 225). Im Verlauf der weiteren Ausführungen fuhr die LLZ fort: " Wir sind weit davon entfernt, die Verhältnisse, die sich unter der Selbstverwaltung herausgebildet haben, als vollkommen zu bezeichnen. Sie sind noch stark entwicklungsfähig und werden sich entwickeln, wenn der Lehrerschaft die Möglichkeit erhalten bleibt, das System auszubauen" (ebd., S. 226). Weiterhin wies die LLZ darauf hin, daß ihr die Selbstverwaltung in der Schule zu einem Zeitpunkt zugestanden wurde, als die Schulverhältnisse insgesamt denkbar ungünstig waren. "Nach dem Kriege herrschten auch in der Volksschule chaotische Zustände. Die Klassen waren vernachlässigt, verwildert und zurückgeblieben, die Lehrer seelisch und körperlich zermürbt, die vom Felde Heimkehrenden der Schularbeit entfremdet. Die Lehrerschaft hat nach Kräften an der Überwindung dieser Schäden gearbeitet (...) Nicht wenig trug dazu bei, daß die Gewährung der Selbstverwaltung das Verantwortungsgefühl der Lehrerschaft wesentlich steigerte" (ebd., S. 226).

Die LLZ zog hier eine durchaus selbstkritische, insgesamt aber positive Bilanz der Selbstverwaltung, warnte gleichzeitig jedoch vor jenen gesellschaftlichen Kräften, die "wenn es in ihrer Macht stünde, ... dem Volke die errungenen Freiheiten wieder entreißen" würden (ebd., S. 225). Diese allgemeinpolitische Feststellung treffe ganz besonders auch für den Bereich der Schule zu. Gerade das Recht auf Selbstverwaltung sei starken Angriffen ausgesetzt. Und in der Tat gehörte diese Reformmaßnahme mit zu den umstrittensten schulpolitischen Entscheidungen der gesamten Reformperiode. Der Verein Sächsischer Schuldirektoren kämpfte - oft vereint mit den "christlichen Elternvereinen" (SSZ 1921, Nr. 29, S. 542) - ganz entschieden gegen die Selbstverwaltungsbestrebungen der Volksschullehrerschaft und für die Erhaltung bzw. den Ausbau seiner direktorialen Stellung.[91] Im Frühjahr 1919 auf der Hauptversammlung des Vereins wurden folgende Beschlüsse hinsichtlich der Selbstverwaltung gefaßt:

> *"6. Aus den Rechten und Pflichten der Volksschule leiten die Direktoren die Notwendigkeit ab, daß die Schulen auch fernerhin einer besonderen Aufsicht unterstellt bleiben. Sie stimmen aber dafür, daß die Lehrer und die*

---

[91] Daß dieser Kampf der sächsischen Direktoren nicht nur ein Kampf gegen die Selbstverwaltungsbestrebungen, sondern ein Kampf gegen die schulpolitischen und gesellschaftspolitischen Vorstellungen des SLV schlechthin war, läßt sich daran ablesen, daß der Direktorenverein sich für die Verbreitung der sog. "Wahrmundbroschüre" einsetzte (SSZ 1921, Nr. 27, S. 501 und Nr. 29, S. 542). Unter dem Pseudonym "Wahrmund" war 1921 die polemische Streitschrift "Die Katastrophenpolitik des Sächsischen Lehrervereins" erschienen. Diese Schrift verurteilte aufs schärfste die schulpolitischen Bestrebungen des SLV nach der Novemberrevolution. Die Ursache für diese "Katastrophenpolitik", zu der man auch die Forderung nach kollegialer Schulleitung zählte (WAHRMUND 1921, S. 42), wurde im sog. "Leipziger Radikalismus" (ebd.) gesehen, d.h. in den schulpolitischen Bestrebungen, die vom LLV ausgingen.

> Schulen nur einer Aufsicht unterstellt werden. Diese Aufsicht führt an den sog. Direktoratsschulen der Direktor, an den übrigen der Schulinspektor.
> 7. *Die Wahl des Schuldirektors aus dem Lehrkörper durch den Lehrkörper und nur auf Zeit wäre nicht Ausfluß der Selbstverwaltung, sondern der Angestelltenverwaltung und würde die berechtigten Interessen des Staates, der Gemeinde, der Elternschaft und der Schule bescheiden, damit aber nicht dem Wohle der Schule dienen. Sie ist deshalb abzulehnen"* (zit. n. *SSZ 1919, Nr. 16, S. 194).*

Die Direktoren haben nichts unversucht gelassen, um diesen Vorstellungen Geltung zu verschaffen. So haben sie z.B. während der Verhandlungen des Übergangsschulgesetzes in der Volkskammer alle Gemeindeverwaltungen, die es mit Direktoratsschulen zu tun hatten, aufgefordert, innerhalb von zwei Tagen mittels Eingaben an die Volkskammer für die Erhaltung ihrer angeblich bedrohten Gemeinderechte durch die Selbstverwaltungsbestrebungen der Volksschullehrerschaft einzutreten. Mit dieser Maßnahme sollte ein gewisser Druck auf die Abgeordneten ausgeübt werden (LLZ 1919, Nr. 20, S. 293 f.; SSZ 1919, Nr. 20, S. 247 f.). Als das Übergangsschulgesetz dann verabschiedet war, haben einige Direktoren gegen die Selbstverwaltungsbestimmungen des Gesetzes geklagt ("Die Schuldirektoren und das Übergangsschulgesetz", in: SSZ 1921, Nr. 25, S. 456 f.; "Schuldirektoren und Übergangsschulgesetz", in: SSZ 1921, Nr. 30, S. 560 f.). Das Reichsgericht hat 1922 letztinstanzlich alle Einsprüche des Vereins Sächsischer Schuldirektoren zurückgewiesen und damit die Verfassungsmäßigkeit des Übergangsschulgesetzes in diesem Punkt festgestellt ("Der Prozeß der Schuldirektoren", in: LLZ 1922, Nr. 10, S. 171-174).

Im Jahre 1920 hatten sich die Direktoren zudem an die sächsische Regierung (mittlerweile regierte eine SPD/DDP-Koalition) gewandt, um doch noch die Selbstverwaltungsbestimmungen des Übergangsschulgesetzes in ihrem Sinne zu ändern. Nicht ganz zu Unrecht setzten die Direktoren ihre Hoffnungen auf die sächsische Regierung. Diese hatte nämlich, wie oben ausgeführt, schon bei den Beratungen des Übergangsschulgesetzes versucht, die amtierenden Direktoren in ihren Stellungen zu belassen, war mit diesem Versuch allerdings an der damaligen SPD/USPD-Volkskammermehrheit gescheitert. Nun, wenige Monate nach Verabschiedung des Gesetzes, war die sächsische Regierung noch einmal bereit, der Volkskammer einen Gesetzentwurf vorzulegen, der zwar das gewährleistete Recht der Selbstverwaltung keinesfalls antasten wollte, jedoch vorgab, daß die bisherigen Direktoren in ihren Stellungen als Schulleiter verbleiben konnten und sich

1922 nicht der Wahl zu stellen brauchten (SSZ 1920, Nr. 4, S. 60). Das Anliegen der Regierung konnte sich in der Volkskammer nicht durchsetzen, und so blieb es bei den Bestimmungen des Übergangsschulgesetzes. Auch nach 1923 ist es den konservativen Kräften unter Volksbildungsminister Kaiser (DVP) und seinen Nachfolgern nicht gelungen, die Selbstverwaltungsbestimmungen des Gesetzes auszuhöhlen. Es blieb den Nationalsozialisten und ihrem Beauftragten für das Volksbildungsministerium Hartnacke vorbehalten, die Selbstverwaltung der sächsischen Volksschule zu zerschlagen.[92]

Erste **Elternräte** sind ebenso wie Lehrerräte während der Novemberrevolution entstanden. So berichtete beispielsweise Eduard Müller im Jahre 1922 in seinem Artikel "Die Elternräte in Chemnitz i. Sa.":

> *"Die Schulfragen traten nach den Revolutionstagen, wie nicht anders zu erwarten war, auch in Sachsen in den Vordergrund. Die Eltern waren entschlossen, alle Hindernisse, die einer freien Entwicklung des Volksschulwesens im Wege waren, beiseite zu räumen. Sie versuchten, ihrer Meinung und Mitwirkung Geltung zu verschaffen. In einigen Städten entstanden, ohne irgendeine Verordnung abzuwarten, über Nacht Elternräte, bis dann das Übergangsschulgesetz vom 23. (sic!) Juli 1919 diese selbst auch vorsah"* (MÜLLER 1922, S. 116).[93]

---

[92] Dies geschah unmittelbar vor allem durch folgende Verordnungen:
1. Nr. 29 vom 24. März 1933 "Schulleiter der Volks- und Berufsschulen", in: Verordnungsblatt ... 1933, Nr. 6, vom 28. März, S. 18. Dort hieß es bezugnehmend auf eine Verordnung über vaterländische und christliche Schulerziehung vom 14. März u.a.: "Die Bezirksschulämter haben die Pflicht, zu prüfen, ob alle gegenwärtigen Schulleiter die persönliche Gewähr dafür bieten, daß der Unterricht und die Führung der Schule im Sinne der erlassenen Verordnung gehalten werden. Bietet ein Schulleiter diese Gewähr nicht, so ist er ungesäumt durch eine andere Lehrkraft zu ersetzen, die diese Gewähr bietet. Die Bezirksschulämter haben in pflichtgemäßer Entscheidung die geeigneten Persönlichkeiten auszuwählen und mit der Leitung zu betrauen." Im zweiten Abschnitt dieser Verordnung hieß es dann: "Alle Schulleiter sind ausdrücklich darauf hinzuweisen, daß sie nicht an Beschlüsse der Lehrerversammlung gebunden sind."
2. Verordnung Nr. 45 vom 18. April 1933 "Zur wirksamen Gestaltung der staatlichen fachmännischen Schulaufsicht, in: Verordnungsblatt 1933, Nr. 8, vom 22.4., S. 24 und
3. Verordnung Nr. 65 vom 12. Mai 1933 "Wegfall der Lehrerräte", in: Verordnungsblatt 1933, Nr. 10, vom 12. Juni, S. 34.

[93] Auch A. Hering, der Vorsitzende des "Landesverbands Christlicher Elternvereine" schrieb 1926: "Eines muß als unabweisbare Tatsache hingenommen werden, daß schon gegen Ende des Jahres 1918 die ersten Elternräte entstanden sind" (HERING 1926, S. 3). Zur Bildung von Elternräten oder -vertretungen kam es frühzeitig auch schon an den katholischen Minderheitsschulen. In Dresden entstanden sie wohl schon Anfang 1919 mit dem Ziel, eine starke Interessenvertretung für den Kampf um den Erhalt der katholischen Konfessionsschulen aufzubauen (RICHTER 1926).

Das Übergangsgesetz bestimmte in § 11:

> *"(1) Zur Pflege eines guten Einvernehmens zwischen Schule und Haus können an den einzelnen Schulen Elternräte gebildet werden.*
> *(2) Die Wahl des Elternrats erfolgt durch eine Elternversammlung, zu der die Lehrerschaft kurz nach Beginn des Schuljahrs einlädt.*
> *(3) Der Elternrat tritt von Zeit zu Zeit auf Einladung des Schulleiters oder der vom Elternrat gewählten Vertrauensperson mit der Lehrerschaft zur Besprechung von Schulfragen und zur Beratung von Wünschen und Anträgen einzelner Mitglieder des Elternrats zusammen.*
> *(4) Dem Elternrat kann Gelegenheit gegeben werden, Kenntnis vom Unterrichtsbetriebe zu nehmen." (Gesetze und Verordnungen ... 1919, S. 12 f.).* [94]

---

[94] Zur Entwicklung von Elternräten in Sachsen nach der Novemberrevolution vgl. auch den Aufsatz von Fröhlich 1984, der allerdings wenig informativ ist und in dem fragwürdigen und wenig erkenntnisfördernden Ergebnis besteht, "daß der Opportunismus der rechten sozialdemokratischen Führer auch die Entwicklung solcher Elternvertretungen verhindert hat, die für eine Demokratisierung der Schule wirksam werden konnten" (S. 32).
Damit war Sachsen das erste Land, das die Mitwirkungsrechte von Eltern gesetzlich festlegte. In **Thüringen** , der sächsischen Entwicklung am ehesten vergleichbar, wurden die Elternräte durch ein Gesetz vom 8.4.1921 (noch von dem Demokraten Paulßen, dem als Justizminister auch das Volksbildungsministerium unterstand) eingeführt (MITZENHEIM 1964, S. 92). Durch das Greilsche Schulverwaltungsgesetz vom 9. Mai 1923 wurden dann die Rechte des **Elternbeirats** gegenüber dem alten Gesetz noch dadurch verstärkt, daß ihre Befugnisse nicht nur auf bestimmte Arten von Schulangelegenheiten beschränkt wurden, sondern daß den Eltern Einblick in den gesamten Schulbetrieb der Schule gestattet sowie dem Elternbeirat, ebenso wie der Lehrerversammlung und dem Ortsschulvorstand, bei der Besetzung von Schulleiterstellen ein Vorschlagsrecht zugestanden wurde ("Schulreform in Thüringen", in: Sondernummer der LLZ, Februar 1924, S. 9 f.). In **Preußen** erfuhren die sog. **Elternbeiräte** lediglich durch einen Ministerialerlaß vom 5. November 1919 eine Neuregelung. In der vom Minister für Wissenschaft, Kunst und Volksbildung Haenisch herausgegebenen Satzung für Elternbeiräte an Schulen lauteten die wichtigsten Passagen: "1. **Allgemeines.** In jeder Schule wird ein Elternbeirat gebildet. Er soll **der Förderung und Vertiefung der Beziehungen zwischen Schule und Haus dienen und den Eltern wie der Schule die Arbeit miteinander und dem Einfluß aufeinander gewährleisten.** (...) 5. **Zuständigkeiten. Die Tätigkeit des Elternbeirats ist beratender Natur.** Sie erstreckt sich auf **Wünsche und Anregungen des Elternkreises,** die sich auf den **Schulbetrieb, die Schulzucht und die körperliche, geistige und sittliche Ausbildung der Kinder** beziehen, und die über den Einzelfall hinaus **von allgemeiner Bedeutung sind**" (zit. n. TEWS 1922, S. 38 f.). Ohne hier im Detail auf alle Unterschiede dieses Erlasses gegenüber Elternbeiräte zu den gesetzlichen Bestimmungen der sächsischen Elternräte eingehen zu wollen, sei doch wenigstens vermerkt, daß die preußischen Elternbeiräte in ihren Befugnissen noch eingeschränkter waren als die sächsischen Elternräte. Erstens wird in dem preußischen Erlaß ausdrücklich betont, daß die Tätigkeit der Elternbeiräte nur beratender Natur sei, zweitens steht dem preußischen Elternbeirat im Gegensatz zum sächsischen Elternrat nicht das Recht zu, Kenntnis vom Unterrichtsbetrieb zu nehmen und drittens verfügt der preußische Elternbeirat auch nicht über die Kompetenz, von sich aus zu Elternversammlungen einzuladen, ein Recht, das den sächsischen Elternräten durch Verordnung vom 23. Februar 1921 zugestanden wurde (zur Problematik der preußischen Elternbeiräte vgl. WAGNER-WINTERHAGER 1979, S.

Wie aus Abs. 1 des Gesetzes deutlich hervorgeht, wurde die Bildung von Elternräten nicht zwingend vorgeschrieben. Es handelte sich vielmehr um eine "Kann-Bestimmung", die den Eltern bzw. der Elternversammlung einer Schule die Möglichkeit und das Recht zugestand, einen Elternrat zu bilden. Diese Auffassung wurde noch einmal bestätigt durch die Verordnung Nr. 85 vom 22. April 1920:

"Dagegen ist die Einführung eines Zwanges zur Bildung von Elternräten durch die Ortsschulordnung im Übergangsgesetz nicht vorgesehen. Vielmehr ist die Entschließung darüber, ob ein Elternrat zu bilden ist, einer Elternversammlung zu überlassen, die von der Lehrerschaft aus freier Entschließung oder auf Antrag der Elternschaft einzuberufen ist" (Verordnungsblatt ... vom Jahre 1920, S. 57).

Nicht durchzusetzen vermochte sich dagegen im Gesetzgebungsverfahren ein Antrag der DDP, der die Bildung von Elternräten zwingend vorsah. Weder im Gesetz selbst noch in der Ausführungsverordnung war zunächst eine nähere Aufgabenbeschreibung des Elternrates zu finden. In § 17 der Ausführungsverordnung wird der Aufgabenbereich der Elternräte lediglich negativ abgegrenzt durch die Bestimmung, daß dieser nicht befugt sei, "eine Aufsicht über die Schule auszuüben oder Anordnungen für den äußeren oder den inneren Schulbetrieb zu treffen" (Gesetze und Verordnungen ... S.

102-115). In **Hamburg** sind wohl die weitestgehenden Mitwirkungsrechte für Eltern festgelegt worden, wenn auch hier die Hamburgische Oberschulbehörde versucht hat, die Kompetenzen der Elternräte im innerschulischen Bereich möglichst weit zurückzudrängen. Mit diesem Bestreben konnte sie sich allerdings gegenüber der Hamburger Bürgerschaft nicht völlig durchsetzen. Gesetzlich geregelt waren die Elternräte im Selbstverwaltungsgesetz vom April 1920 (WAGNER-WINTERHAGER 1979, S. 93-102). Die erste Besonderheit der Hamburger Elternräte war die, daß sie jeweils aus neun Eltern, zwei Lehrern und dem Schulleiter bestanden. Der Elternrat sollte "alle das Schulleben berührenden Fragen zum Gegenstand der Beratung und Beschlußfassung" machen können (Art. 13, ebd., S. 94). Weitere Rechte des Elternrats waren das Recht zur Einblicknahme in den inneren Schulbetrieb, d.h. in den Unterricht (Art. 13) und das Recht zur Einberufung von Elternversammlungen in jedem Vierteljahr (Art. 17, 3), mit der Pflicht zur Berichterstattung über die Arbeit des Elternrats. Eine weitere Besonderheit war die Institution des **Schulbeirats**, bestehend aus 100 Vertretern der Eltern und 100 Vertretern der Lehrer, die in getrennten Kammern über "alle das Schulwesen betreffenden Fragen" regelmäßig beraten, der Oberschulbehörde auf deren Ersuchen Gutachten erstellen und "alle das Schulwesen betreffenden Gesetzentwürfe" gutachtlich behandeln sollten (ebd., S. 98). Die Elternvertreter im Schulbeirat wurden von den einzelnen Elternräten der Schulen aus ihrer Mitte für zwei Jahre gewählt. Als dritte und letzte Besonderheit sei erwähnt, daß das Selbstverwaltungsgesetz bei der Wahl des Schulleiters durch das Kollegium auch eine Beteiligung von Elternvertretern vorsah (ebd., S. 92).

31). Eine genauere Aufgabenbeschreibung der Elternräte brachte dann eine Verordnung vom 23. Februar 1921. In § 2 hieß es:

> *"Der Elternrat soll es sich zur Aufgabe machen, die Arbeit der Schule auf den Gebieten des Kinderschutzes, der Pflege, der Bildung und der Erziehung der Jugend in Gemeinschaft mit den Lehrern tatkräftig zu fördern, das Gefühl der Verantwortung für die Pflege der Schule und ihrer Einrichtungen in der Gemeinde zu wecken und lebendig zu halten und dafür zu werben, daß der Schule zur Erfüllung ihrer Aufgaben, insbesondere auch zur Durchführung des Arbeitsgedankens die erforderlichen Mittel gewährt werden"* (Gesetze und Verordnungen, S. 13).

Was die maßgeblichen Reformkräfte innerhalb der sächsischen Volksschullehrerschaft und die beiden sozialdemokratischen Fraktionen im Landtag den Elternräten in erster Linie zugestanden, war eine die gesamte Schularbeit unterstützende Tätigkeit, eine im weitesten Sinne soziale, das körperliche und geistige Wohl der Kinder fördernde Aufgabe. Daneben sollten die Elternräte innerhalb der Gemeinde das Interesse für die Schule und ihre Belange wecken und sich für die Bereitstellung der erforderlichen finanziellen Mittel einsetzen. Diese soziale Aufgabenstellung war durchaus sinnvoll, wenn die in Teil A geschilderte akute Notsituation vieler Volksschulkinder (Unterernährung einschließlich Folgeerkrankungen, Kinderarbeit etc.) in der Nachkriegszeit berücksichtigt wird. Der Leipziger Lehrerverein hatte ja schon in seinem Arbeitsschulprogramm von 1909 ausreichende Ernährung und Gesundheit zur Grundbedingung für eine allseitige Entwicklung der Persönlichkeit erklärt und dies mit entsprechenden sozialen Forderungen verknüpft.

Ein Blick auf die Großstädte zeigt, daß Eltern und Elternräte tatsächlich auf sozialem Gebiet gewirkt haben. So berichtet z.B. der Leipziger Lehrerverein in seinem Jahresbericht 1930/31, daß 1923, auf dem Höhepunkt der Inflation, Volksschullehrer gemeinsam mit Elternräten und Eltern verstärkt den Kampf gegen Not und Elend vieler Volksschulkinder aufgenommen hätten. Durch ihre verschiedensten Bemühungen und Aktivitäten konnten seinerzeit sog. Freitische für Schüler angeboten, Nahrungsmittel, Kleidungsstücke, Schuhwerk und Geld gesammelt und an die notleidenden Kinder verteilt werden. Manche Schulen veranstalteten Elternabende und Aufführungen, bei denen Eintrittsgeld erhoben wurde. Auch diese Gelder wurden der Kinderhilfe zugeführt ("Aufbau- und Abbau der sozialen Einrichtungen im Leipziger Volksschulwesen der Nachkriegszeit", in: Jahresbericht des Leipziger Lehrervereins 1930/31, S. 51-92).

Für Chemnitz läßt sich ähnliches sagen. Hier wurde Ende 1920, nach den ersten Elternratswahlen, eine Zentralschulpflegschaft für ganz Chemnitz gegründet, in der neben 15 Eltern auch noch 3 Lehrervertreter saßen. An den Sitzungen dieser Zentralschulpflegschaft nahmen ständig der 1. Stadtschularzt, der Dezernent des Schulausschusses und des Jugendamtes, geladene Sachverständige und Gutachter teil. In vielen Sitzungen beschäftigte sich die Zentralschulpflegschaft mit der Schulraumnot. So konnte sie z.B. im Winter 1920/21 trotz Kohlenmangels verhindern, daß einige Volksschulen ganz geschlossen oder die Kinder auf andere Schulen verteilt wurden. In weiteren Sitzungen beschäftigte man sich mit Fragen der Jugendfürsorge, Kinderhilfe und Ferienkolonien für körperlich schwache und bedürftige Kinder. Die Gründung einer Ferienkolonie einer einzelnen Schule wurde unterstützt und sollte weiter ausgebaut werden. Andere Beratungsgegenstände zeigen das große Spektrum der Bemühungen: Hygienische Mängel an den Volksschulen (Forderung nach Schulbädern), Lehr- und Turnmittelbeschaffung, der Werkunterricht, die Schülerwerkstätten, außerschulische Bildungsstätten für Kinder (Theater, Museen etc.), die gewerbliche Kinderarbeit, Spielplätze und Schulgärten sowie die Quäkerspeisung (MÜLLER 1922, S. 116-119).

4. Die Versuchsschulen

Die sächsischen Schulreformer erhoben schon sehr frühzeitig die Forderung, ihre Reformvorstellungen hinsichtlich der Arbeitsschule und des Elementarunterrichts in besonderen Reformklassen praktisch zu erproben. Schon im Frühjahr 1909 stellte beispielsweise der LLV ein entsprechendes Gesuch an die Schulbehörde, und im Jahre 1911 kam es dann zur Errichtung von 24 Versuchs- oder Reformelementarklassen, deren Besuch freiwillig war. 1912 wurden entsprechende Klassen auch in Chemnitz und Dresden eingerichtet (Gesamtunterricht im 1. und 2. Schuljahr 1914, S. 1-22). In Dresden bat der dortige Lehrerverein dann sogar um die Genehmigung zur Eröffnung einer Versuchsschule, da er zu der Überzeugung gelangt war, einzelne Versuchsklassen seien nicht in der Lage, die Probleme einer umfassenden Schulreform zu lösen (SCHWENZER 1924, S. 114 ff.).

Der Erste Weltkrieg verhinderte eine mögliche Realisierung solcher Pläne und ließ auch die Fortführung der Reformklassen scheitern. Nach der Novemberrevolution knüpften die Reformer an diese Praxis der Vorkriegszeit wieder an. So entstanden zu Beginn der zwanziger Jahre Versuchsschulen in Leipzig-Connewitz (54. Volksschule), Chemnitz ("Humboldtschule - Versuchsschule" und Bernsdorfer Schule) und Dresden (46. Volksschule am Georgplatz und die Volksschule in Hellerau). Hinzu kamen noch eine Arbeitsschulabteilung innerhalb der 18. Volksschule in Leipzig, die zunächst von Ostern 1920 bis Ende November 1921 von Otto Erler und nach seiner Berufung zum Bezirksschulrat von Walter Thielemann geleitet wurde, sowie einige Versuchsklassen an der Volksschule in Leipzig-Großzschocher.[95]

Im folgenden sollen zwei dieser Schulen, die 54. Volksschule in Leipzig-Connewitz und die "Humboldtschule-Versuchsschule" in Chemnitz, in ihrer Entwicklung und pädagogischen Arbeit zunächst in einigen wichtigen Grundzügen vorgestellt werden. Die Realisierung des Volksschulreformprogramms beschränkte sich nachgewiesenermaßen nicht auf die Versuchsschulen. Sie deshalb ganz außerhalb der Betrachtung zu lassen, hieße jedoch, ein wesentliches und interessantes Stück reformerischer Praxis auszuklammern. Für Leipzig-Connewitz habe ich mich entschieden, weil die dortige Versuchsschule wie keine andere den Anspruch verkörperte, im Dienst der Reform des gesamten Volksschulwesens zu stehen. Für die "Humboldtschule-Versuchsschule" sprach, daß die dort Lehrenden die im Reformprogramm der sächsischen Volksschullehrerschaft herausgestellte demokratische Gemeinschaftserziehung besonders betonten.

---

[95] Eine erste etwas umfassendere Darstellung und Würdigung dieser Versuchsschularbeit hat kürzlich Annerose Ertel mit ihrer Dissertation "Zur Entwicklung sächsischer Versuchsschulen in den Jahren der Weimarer Republik und Bewertung ihrer pädagogischen Leistungen" (Berlin/DDR 1988) vorgelegt.

a. Die 54. Volksschule in Leipzig-Connewitz

Zunächst wird auf die **Gründung, Entwicklung** und das vorzeitige **Ende** der Versuchsschule im Jahre 1925 eingegangen. Dabei soll der Blick erstens auf die Besonderheiten, die diese Schule im Vergleich zu den übrigen Versuchsschulen in der Weimarer Republik auszeichnete, gelenkt werden und zweitens auf die Ursachen für ihr frühzeitiges Scheitern. Anschließend stehen dann die **innere Ausgestaltung** und **pädagogische Arbeit** im Vordergrund der Betrachtung.

In der Stadtverordnetensitzung vom 7. Mai 1919 nannte der sozialdemokratische Stadtverordnete Pabst als Ziel der Schulreform die Arbeitsschule. Nachdem er diese inhaltlich kurz skizziert hatte, stellte er den Antrag, "den Rat zu ersuchen, dem Kollegium baldigst eine Vorlage über Errichtung einer Arbeitsversuchsschule zu unterbreiten ..."[96]

Dieser Antrag wurde vom Stadtverordnetenkollegium gegen eine Stimme angenommen. Mit Datum vom 11. Juli 1919 wandte sich der LLV an den Rat der Stadt Leipzig "mit dem Ersuchen, diesen Beschluss von Ostern 1920 ab zur Ausführung zu bringen." Der LLV erklärte sich bereit, "der Schulbehörde eine genügende Anzahl Lehrkräfte vorzustellen, die fähig und gewillt sind, die Versuchsarbeit freiwillig zu übernehmen." Zum Schluß des Schreibens hieß es: "Der Leipziger Lehrerverein wird dafür sorgen, dass die Lehrer der Versuchsschule ihre Arbeitsweise, die Ergebnisse ihrer Versuche, sowie deren wissenschaftliche Auswertung unter Mithilfe seines psychologischen Institutes darstellen und der gesamten Lehrerschaft darbieten, um allen der Schule dienenden Körperschaften und Einrichtungen die Grundlage für eine innere Neugestaltung des Leipziger Volksschulwesens " zu geben.[97] Die Versuchsschule war also nicht als "eine besondere pädagogische Provinz" gedacht, die im Stillen für sich, abgeschottet vom übrigen Schulwesen und der Öffentlichkeit, wirken sollte, wie Paul Schnabel 1925 rückblickend noch einmal bestätigte (SCHNABEL 1925, S. 146). Ganz im Gegenteil wollte sie in enger Fühlungnahme mit dem übrigen Leipziger Volksschulwesen bleiben, über ihre Tätigkeit und Versuchsergebnisse mit Hilfe wissenschaftlicher Unterstützung Rechenschaft vor der Lehrerschaft und der Öffentlichkeit ablegen und so Wege zur

---
[96] Vgl. Stadtarchiv Leipzig, Schulamt, Kap. V Nr. 222, Bd. 1, Bl. 1.
[97] Vgl. Stadtarchiv Leipzig, Schulamt, Kap. V Nr. 222, Bd. 1, Bl. 4 f.

Reform des gesamten Leipziger Volksschulwesens weisen. Dieses Selbstverständnis kam auch in den "Grundsätze(n) zur Ausgestaltung einer Versuchsschule" zum Ausdruck, die der Versuchsschulausschuß des LLV 1919 beim Rat der Stadt eingereicht hatte:

> *"I. Aufgabe der Versuchsschule ist es, die wertvollen Einzelbestrebungen zur Schulreform, insbesondere die Arbeitsschulidee, wie sie in Deutschland, vor allem in Leipzig, seit Jahren theoretisch und zum Teil in praktischen Versuchen erarbeitet wurden, in einem einheitlichen großen Versuche zu verwirklichen, und so durch wissenschaftlich geleitete Erprobung die Grundlagen zur inneren Neugestaltung des Leipziger Volksschulwesens zu schaffen.*
> *II. Zur Durchführung des Versuchs wird ein besonderer Lehrkörper aus geeigneten freiwilligen Lehrkräften gebildet. Er bildet eine Arbeitsgemeinschaft, die in Verbindung mit dem Bezirksschulrat den Gesamtlehrplan entwirft, ihn durchführt, die Ergebnisse niederlegt und darüber berichtet.*
> *III. Die gesetzlichen Ziele für Unter- und Oberstufe gelten auch für die Versuchsschule.*
> *IV. Im übrigen setzt der Charakter des Versuchs völlige pädagogische Freiheit der Lehrer und kollegiale Leitung voraus.*
> *V. Zur wissenschaftlichen Vertiefung des Versuchs ist eine enge Verbindung mit dem Psychologischen Institut des L.L.V. notwendig. Diesem sind einige Arbeitsräume im Gebäude der Versuchsschule anzuweisen.*
> *VI. Die Versuchsschule erhält einen in der üblichen Weise örtlich abgegrenzten Volksschulbezirk.*
> *(...)*
> *VIII. Vor Beginn des eigentlichen Versuchs übernimmt der Lehrkörper der Versuchsschule die Aufgabe, die erforderliche Durchbildung seiner Mitglieder für die Versuchsschularbeit in besonderen (mit städtischer Unterstützung zu veranstaltenden) psychologischen und technischen Kursen zu vertiefen."* [98]

Neben dem ersten Grundsatz waren es vor allem die Grundsätze III und VI, die Verbindlichkeit der Lehrziele am Ende des 4. und 8. Schuljahres und der wie bei allen anderen Volksschulen auch übliche Schulbezirkszwang, die zeigen, daß der Versuch unter möglichst "normalen" Verhältnissen durchgeführt werden sollte (vgl. dazu auch SCHARFE 1928, S. 355). Insbesondere die Lehrzielbindung und der Bezirkszwang, der die Versuchsschule zur Pflichtschule machte, unterschieden die Versuchsschule Leipzig-Connewitz nach Paul Schnabel wesentlich von den übrigen Versuchsschulen in Deutschland, "die ihrem Charakter nach Wahlschulen sind, die von der Elternschaft freiwillig beschickt werden und die irgendwelche Einengungen durch festgelegte Lehrziele nicht kennen" (SCHNABEL 1925, S. 145).

---

[98] Vgl. "Grundsätze zur Ausgestaltung einer Versuchsschule", in: Stadtarchiv Leipzig, Schulamt, Kap. V Nr. 222, Bd. 1, Bl. 11.

Der Schulausschuß und der Schulbeirat der Stadt beschäftigten sich in mehreren Sitzungen mit der Frage der Versuchsschule und den aufgestellten Grundsätzen. Obwohl der Schulbeirat in seinen Sitzungen im November 1919 die "Grundsätze zur Ausgestaltung einer Versuchsschule" einstimmig gut geheißen und beschlossen hatte, dem Schulamt die Errichtung einer Versuchsschule von Ostern 1920 an zu empfehlen[99] und auch der Schulausschuß in seiner Sitzung vom 16. Dezember 1919 sich mit den Grundsätzen ebenfalls generell einverstanden erklärt und darüber hinaus beschlossen hatte, das Hochbauamt nun um Klärung der Gebäude- und Kostenfrage zu ersuchen[100], kam es Ostern 1920 nicht mehr zu Eröffnung der Versuchsschule. Ende Januar und Anfang Februar 1920 vertagte der Schulausschuß zweimal die Verhandlungen wegen der noch ungeklärten Gebäude- und Kostenfrage, ehe er am 17. Februar 1920 beschloß, die Versuchsschule im Gebäude der Volksschule 5a unterzubringen.[101] Im Juni 1920 schließlich sprach der Schulausschuß sich gegen eine weitere Hinauszögerung der Errichtung der Versuchsschule aus und stellte sich nochmals hinter die Grundsätze. Der Versuchsschulausschuß des LLV wurde veranlaßt, diese Grundsätze mit erläuternden Anmerkungen zu versehen und "als eine Art Denkschrift herauszugeben."[102] Am 10. November endlich wurde auf der Gesamtratssitzung die Errichtung einer Versuchsschule beschlossen, die dann zu Ostern 1921 ihren Unterricht aufnahm.[103]

Im ersten Jahr des Versuchs wurde diese 54. Volksschule als eine reine Jungenschule, zweizügig vom 1. bis zum 8. Schuljahr, geführt. Die Mädchen- und Sonderklassen blieben zunächst in der Volksschule 5a, die sich das Gebäude mit der Versuchsschule teilte. Nach und nach sind dann auch die Mädchen in die Versuchsschule integriert worden. Das Kollegium hatte sich aus der ganzen Stadt freiwillig an die Versuchsschule gemeldet

---

[99] Vgl. Protokoll des städtischen Schulbeirats vom 30.11. 1919 (Abschrift), in: Stadtarchiv Leipzig, Schulamt, Kap. V Nr. 222, Bd. 1, Bl. 9.
[100] Vgl. Protokoll über die Sitzung des Schulausschusses vom 16. Dezember 1919, in: Stadtarchiv Leipzig, Schulamt, Kap. I Nr. 57, Bd. XI, Bl. 269-274.
[101] Vgl. Protokolle der Schulausschußsitzungen vom 27. Januar, 5. Februar und 17. Februar 1920, in: Schulamt Kap. I Nr. 57, Bd. 12, Bl. 1-17 u. 23.
[102] Vgl. Protokoll der Sitzung vom 8. Juni 1920, in: Schulamt Kap. I Nr. 57, Bd. 12, Bl. 72-76, Zitat Bl. 74 f. Eine solche Schrift ist kurze Zeit später noch im Juni 1920 vom Versuchsschulausschuß des LLV vorgelegt worden. Vgl. "Die Leipziger Versuchsschule", in: Schulamt Kap. V Nr. 222, Bd. 1, Bl. 45-50.
[103] Vgl. Auszug aus der Gesamtratssitzung vom 10. November 1920, in: Schulamt Kap. V Nr. 222, Bd. 1, Bl. 78 u. 88.

und als ersten Schulleiter Paul Vogel vorgeschlagen, der vom Schulausschuß vorschlagsgemäß gewählt wurde (Stellvertreter: Bernhard Riedel).[104]

Die Lehrerschaft der 54. Volksschule sah sich und ihre Arbeit von Beginn an in der Konfrontation mit Teilen der konservativen Elternschaft, die Anhänger der Konfessionsschule waren und ihre Kinder nicht in diese Schule schicken wollten. Sie versuchten deshalb, die Aufhebung des Bezirkszwangs zu erreichen. Rita Scharfe, eine der wenigen Lehrerinnen der Schule, machte dafür die Tatsache verantwortlich, daß das Kollegium die Erteilung des Religionsunterrichts ablehnte. "Daß wir ihn den Geistlichen überließen, gab fanatischen Anhängern der Kirchenschule Gelegenheit, einen Teil der Eltern gegen unsere Art aufzuhetzen" (SCHARFE 1928, S. 356). Nachdem diese Eltern sich vergeblich bemüht hatten, die Aufhebung des Bezirkszwangs mit Unterstützung des Oberbürgermeisters Rothe beim Stadtrat und beim Kultusministerium zu erreichen[105], u.a. mit der Begründung, die Kinder würden "in ihren wissenschaftlichen Leistungen bei weitem nicht so gefördert, wie die Kinder der anderen Volksschulen"[106], hielt ein Vater seinen zwölfjährigen Sohn ein Vierteljahr vom Unterricht fern und ließ ihm Privatunterricht erteilen. Als das Schulamt den Vater daraufhin mit einer Geldbuße belegte, ging dieser vor Gericht ("Die Leipziger Versuchsschule und der Christliche Elternverein", in: SSZ 1923, Nr. 38, S. 563 f.). Erstinstanzlich verurteilt, legte der betroffene Vater Berufung beim Landgericht ein. Dieses hatte nun zu entscheiden, ob die Versuchsschule eine Volksschule im Sinne der gesetzlichen Bestimmungen war und somit der Bezirkszwang zu Recht bestand. Im Verlauf dieser gerichtlichen Auseinandersetzungen kam es insgesamt zu vier Entscheidungen, von denen die erste und dritte **für** die Versuchsschule und den Bezirkszwang, die zweite und letzte aber **dagegen** ausfielen. Das Landgericht hielt in seiner letzten Verhandlung die Versuchsschule nicht für eine Schule im Sinne des Übergangsgesetzes und erklärte demgemäß den Bezirkszwang für unzulässig

---

[104] Vgl. RIEDEL, Bernhard: Ein Jahr Versuchsschule, in: LLZ 1922, Pädagogische Beilage Nr. 5, S. 33-39 u. Protokoll der Schulausschußsitzung vom 15. Februar 1921, in: Stadtarchiv Leipzig, Schulamt Kap. I Nr. 57, Bd. 12, Bl. 157.

[105] Der Antrag des Leipziger Oberbürgermeisters Dr. Rothe, den Bezirkszwang für die Versuchsschule aufzuheben, wurde am 13. März 1923 vom Schulausschuß und am 20. März vom Gesamtrat abgelehnt. Vgl. Stadtarchiv Leipzig, Schulamt, Kap. I Nr. 57, Bd. 13, Bl. 88-95 und Schulamt Kap. V Nr. 222, Bd. 1, Bl. 234.

[106] So in einem Schreiben von Eltern der Versuchsschule an das Kultusministerium im Februar 1923, in dem die Aufhebung des Bezirkszwangs gefordert wurde. Vgl. Staatsarchiv Dresden, Min. f. Vb. Nr. 13838, Bl. 198-203 u. 211 f.

(Begründung des letztinstanzlichen Urteils, in: LLZ 1924, Nr. 13, S. 223 f.). Eine vom Schulamt angestrebte Revision wurde wegen Verjährung nicht mehr angenommen. Paul Schnabel, nach Paul Vogel und Richard Wicke der dritte Schulleiter der Versuchsschule, führte die Niederlage der Versuchsschule auf die einseitige Beweisaufnahme des Gerichts, bei der fast ausschließlich die Gegner zu Wort kamen, und vor allem auf die beiden Sachverständigen, den Seminarlehrer Prof. Dr. Günther und den bekannten Pädagogen an der Leipziger Universität Theodor Litt, zurück. Beide kannten die Schule nicht aus eigener Anschauung (SCHNABEL 1925). Auf die Frage des Gerichts, ob die Versuchsschule eine gesetzliche Schule sei, hatte Litt geantwortet:

"Ein Urteil darüber abzugeben, muß ich ablehnen. Dazu gehört eine genauere Kenntnis der Schule. Ich kenne sie nur aus einer Arbeitskonferenz des Kollegiums, aus der ich einen nachhaltigen Eindruck von dem starken Verantwortungsgefühl desselben mitgenommen habe. Ich glaube, daß die Lehrer dieser Schule pädagogische Idealisten sind, die nicht mit beiden Füßen auf der Erde stehen, daß Ziel und Methode dieser Schule über die Art der übrigen wesentlich hinausgeht und daß es eine Anzahl Kinder gibt - und ihre Zahl ist nicht klein - denen die hier gewährte Freiheit gefährlich wird, für die es besser ist, in eine straffere Schulform hineinzukommen" (zit. n. *SCHARFE 1928, S. 357).*

Nach einhelliger Meinung des Versuchsschulkollegiums trug Litt wesentlich zu dem für die Versuchsschule ungünstigen Urteil bei (Scharfe 1928 u. "Die Leipziger Versuchsschule und der Christliche Elternverein", in: SSZ 1923, Nr. 38, S. 563 f.).

Nachdem das Volksbildungsministerium im Dezember 1924 die Aufhebung des Bezirkszwangs angeordnet hatte, verzichtete die Lehrerschaft der Versuchsschule auf die Fortführung des Versuchs, da mit dieser Aufhebung einer seiner wesentlichsten Bedingungen entfallen und das Hauptziel, Grundlagen für eine Reform des gesamten Volksschulwesens zu erarbeiten, infrage gestellt war. Dem Votum der Lehrerschaft und auch des städtischen Schulbeirats entsprechend beschlossen Schulausschuß (20. Januar 1925) und Stadtverordnetenversammlung (18. März 1925) mehrheitlich, die Versuchsschule ab Ostern 1925 wieder in eine normale Volksschule umzuwandeln.[107] Damit galt für die 54. Volksschule wieder der Bezirkszwang.

---

[107] Vgl. Protokoll der Schulausschußsitzung vom 20.1.1925, in: Stadtarchiv Leipzig, Schulamt Kap. I Nr. 57, Bd. 13, Bl. 163 f. u. Auszug aus den Akten der Gesamtratsregistrande - öffentliche Sitzung der Stadtverordneten zu Leipzig am 18. März 1925, in: Schulamt Kap. V Nr. 222, Bd. 1, Bl. 286-289.

Nachdem die christlichen Elternvereine Leipzigs die Versuchsschule jahrelang vehement bekämpft hatten, konnten sie nun endlich - wie es im "Jahresbericht des Bezirksverbandes Christlicher Elternvereine Groß-Leipzig" hieß, "auch des Erfolges gedenken, den Herr Teschner an seiner 54. Volksschule in Leipzig-Connewitz zu verzeichnen hatte. Nach jahrelangen Kämpfen und Prozessen ist es gelungen, daß die Versuchsschule, das Nesthäkchen des Leipziger Lehrervereins, aufgehoben und zu einer allgemein üblichen Volksschule umgewandelt wurde. An dieser Stelle gebührt ihm dafür auch nochmals unser Dank" ("Jahresbericht des Bezirksverbandes Christlicher Elternvereine Groß-Leipzig", in: Die Christliche Schule 1925/26, Nr. 3, S. 15 f., Zitat S. 15).

Das sah die sozialdemokratische Leipziger Volkszeitung natürlich ganz anders. Sie schrieb in ihrem Nachruf:

> *"Es ist erreicht! Von Ostern 1925 an gibt es keine Leipziger Versuchsschule mehr. Christliche Bosheit, Dummheit und Niedertracht haben es - unterstützt von einem gefälligen sächsischen Ministerium für Volksbildung - zustande gebracht, daß ein bedeutsamer pädagogischer Versuch, der weit über Deutschlands Grenzen hinaus Beachtung und Anerkennung fand, abgewürgt wurde. (...) Unter der Führung des Verbandes der christlichen Elternvereine unternahm alles, was in Leipzig an Stupidität sich zusammenfinden konnte, einen jahrelangen wüsten Feldzug gegen die Versuchsschule. Die letzten Gründe dieser Gegnerschaft waren keine pädagogischen, sondern **konfessionelle**. Da die Lehrer der Versuchsschule keinen Religionsunterricht erteilten, sondern das dem Geistlichen überließen, ergoß sich der ganze Haß der Reaktionäre über das Lehrerkollegium. Man bearbeitete die Eltern, ihre Kinder der Schule zu entziehen und suchte durch gerichtlichen Beschluß die Aufhebung des Bezirkszwangs zu erreichen. Geradezu berühmt geworden ist der Prozeß Mendt, bei dem das Gericht zwar zahlreiche christliche Gegner, aber keine Freunde der Arbeitsschule als Zeugen vernahm und sich einen Sachverständigen leistete, der noch nie einen Fuß in diese Schule gesetzt hatte."*[108]

Im folgenden zweiten Abschnitt soll die **pädagogische Arbeit** der Versuchsschule skizziert werden. Schon von ihrer arbeitsschulmäßigen Ausstattung her unterschied sie sich deutlich von den meisten anderen Volksschulen. So verfügte sie über einen größeren Werkraum mit zwanzig Schülerhobelbänken, den vollständigen Werkzeugen für leichte und schwere Holzarbeit, die für 40 Schüler erforderliche Anzahl von Werkzeugen für Papparbeiten und die Grundausrüstung von Werkzeugen für leichte Metallarbeiten. Darüber hinaus war bestimmtes Werkzeug den einzelnen Klassen

---

[108] Vgl. "Das Ende der Leipziger Versuchsschule", in: Leipziger Volkszeitung vom 21. Januar 1925, nach: Stadtarchiv Leipzig, Schulamt Kap. V Nr. 222, Bd. 1, Bl. 282.

zugeteilt: Leimtöpfe, Gaskocher, Beschneidebretter und -bleche, Scheren, Beschneidemesser, eiserne Lineale, Winkel, Kleistertöpfe, Wassernäpfe u.a. Dazu das notwendige Material: Bretter und Latten, Pappen, Karton, Buntpapier, Leim, Erd- und Beizfarben, Kleister, Draht, Plastilina, Ton und Sand. Der Physiksaal, als Arbeitsraum für selbsttätiges Experimentieren der Schüler vorgesehen, war nicht mit der sonst üblichen treppenartigen Sitzanordnung eingerichtet, sondern mit Arbeitstischen, die Anschluß an die Elektrizitäts- und Gasleitung hatten. Auch die Ausstattung der Klassenzimmer wurde verändert. Wie schon bei Erler und seiner Arbeitsschulklasse gesehen, versuchte man auch hier, die alte Möblierung mit erhöhtem Pult und feststehenden Schulbänken für die Schüler zu beseitigen und durch Tische und Stühle zu ersetzen, um so das Zimmer in einen Arbeits- und Wohnraum zu verwandeln. Da die fehlenden Haushaltsmittel eine Umgestaltung in einem Zuge für alle Klassen nicht ermöglichte, kamen zunächst die 5. und 6. Schuljahre in den Genuß dieser Verbesserungen. Zur Grundausstattung der Schule zählten darüber hinaus zwei fahrbare Lichtbildapparate, ein Kinematograph und eine Tiegeldruckpresse mit Setzkasten, die die Dürrsche Verlagsbuchhandlung der Versuchsschule geschenkt hatte. Auch eine Schulbibliothek war vorhanden. Um möglichst vielen Schülern Gelegenheit zum Schreiben, Rechnen, Zeichnen etc. an der Wandtafel zu geben, war die Rückwand sowie die den Fenstern gegenüberliegende Seitenwand jedes Klassenzimmers mit einem Wandtafelanstrich versehen (RIEDEL 1922, S. 33 f.). Wichtiger noch als diese Ausstattung war natürlich die darin sich vollziehende pädagogische Arbeit wie überhaupt der Geist der Schule, der sich wesentlich durch die ganz andere Art und Weise auszeichnete, wie die Lehrerschaft unter sich miteinander umging sowie mit den Schülerinnen und Schülern, wie sie als Menschen und Pädagogen nach neuen, demokratischeren Formen des Zusammenarbeitens und -lebens suchten. Rita Scharfe hob deshalb 1928 in ihrem Vortrag über die "Leipziger Schulreform" als besonders wichtiges Kennzeichen der Schule hervor:

> *"Wir haben alle gleiche Rechte und gleiche Pflichten, ganz gleich welchem Geschlecht wir angehören und welches besondere Arbeitsgebiet wir uns gewählt haben. Wir sind der Meinung, daß gerade dieser Umstand ungemein auf unser Verhältnis zu den Kindern einwirkt" (SCHARFE 1928, S. 358).*

Und Bernhard Riedel schrieb in einem ersten Rechenschaftsbericht 1922, die Gesamtmeinung der Versuchsschullehrerschaft gehe dahin, "daß der Verkehr zwischen Lehrern und Schülern vom militärisch-autoritativen auf den allgemein menschlichen und freundschaftlichen Ton hinübergestimmt werden möchte, daß Freiheit und Unbefangenheit auf beiden Seiten herrschen möge" (RIEDEL 1922, S. 34). Riedel wies aber auch darauf hin, daß der allgemein vorhandene Grundkonsens in dieser und anderen Schulfragen "der Lehrerschaft der Versuchsschule nicht mühelos in den Schoß gefallen" sei. "Es bedurfte dazu gründlicher und zahlreicher Auseinandersetzungen in den wöchentlich stattfindenden Lehrerversammlungen ... und in manchen Ausschußsitzungen, die zur Klärung von Einzelfragen abgehalten wurden" (ebd., S. 37). Riedel schilderte, daß man zunächst versuchte, die grundlegenden Fragen zu klären, bevor die einzelnen Lehrerinnen und Lehrer konkrete Berichte über ihre Arbeit gaben, "weil ein restloses Einvernehmen und gegenseitiges Verstehen nur aufgrund solcher Einblicke in die Einzelarbeit erreichbar schien. Jeder entwickelte seine besonderen Grundsätze, berichtete von den Hemmungen, die die Ausführung seiner Versuche störten und wieweit ihm das und jenes gelungen zu sein schien. Zu den Klassenberichten gesellten sich, teils unmittelbar ergänzend, teils in gesonderten umfassenden Darlegungen die Berichte der neben den Klassenlehrern arbeitenden Lehrer" (ebd., S. 37). Die Arbeit an der Versuchsschule setzte also die Bereitschaft jeder einzelnen Lehrerin bzw. jedes einzelnen Lehrers voraus, sich und anderen regelmäßig öffentlich Rechenschaft über das eigene pädagogische Handeln abzulegen. Diese notwendige Offenheit bot gleichzeitig die Chance, von anderen Kolleginnen und Kollegen zu lernen. Offen zeigten sich Schule und Lehrerschaft auch nach außen gegenüber der Öffentlichkeit. Bereits im ersten Jahr ihres Bestehens wurde die Schule von etwa 300 Lehrern und anderen pädagogisch Interessierten auch von außerhalb Sachsens besucht. Eine Woche lang stand der Unterricht darüber hinaus allen Eltern offen. Einzelne Lehrer wünschten und duldeten solche Elternbesuche auch zu anderen Zeiten. Im nächsten Schuljahr, im Oktober 1922, veranstaltete dann das Berliner Zentralinstitut für Erziehung und Unterricht gemeinsam mit dem LLV eine "Pädagogische Woche". Rund 900 Besucher aus dem In- und Ausland erhielten Gelegenheit, sich durch Vorträge, eine von der Versuchsschule zusammengestellte Ausstellung und durch Hospitationen an der Versuchsschule vom Stand der Arbeit an dieser Schule wie der Arbeitsschulpädagogik und Schulreform in Leipzig insgesamt zu überzeugen (SCHÖNHERR 1924, S. 218 u. "Zur

Leipziger Pädagogischen Woche", in: LLZ 1922, Pädagogische Beilage Nr. 7, S. 49-56). Daß die pädagogischen Grundsätze der Versuchsschullehrerschaft auf dem Arbeitsschul- und Gesamtunterrichtsgedanken beruhte, der insbesondere vom LLV erarbeitet worden war, bedarf hier kaum noch der besonderen Erwähnung. Da auf diese Programmatik bereits ausführlich eingegangen worden ist, kann ich an dieser Stelle darauf verweisen und mich abschließend auf einige punktuelle Hinweise zum Unterrichtsgeschehen des 1. Schuljahres 1921/22 beschränken, wie sie Bernhard Riedel in seinem ersten Jahresbericht gegeben hat. Riedel berichtete dabei auch, wie einzelne Klassen in Kontakt miteinander getreten sind - Beispiele des Gemeinschaftslebens in der Schule. So ein erstes (8. Klasse) und ein fünftes (4. Klasse) Schuljahr:

"Die vierte Klasse, als die Verwalterin unserer Druckerei, war gebeten worden, die kleinen Texte zu drucken, die von der (achten, B.P.) Klasse erfunden worden waren und die anstelle der Fibel treten sollten. Dadurch kam eine erste Berührung beider Klassen zustande. Vor Weihnachten lud diese vierte Klasse die Kleinen ein, ihrem Schneewittchenspiel zuzusehen. Die Kleinen bedankten sich in einem Brief mit beigelegten selbstgemalten Bildern bei den Großen. Später wurden sie nochmals von den Großen zu einem Weihnachsspiel eingeladen, an dessen Schluß ein Knecht Ruprecht erschien, der an die Kleinen Pfefferkuchen und Äpfel verteilte. Diese Dinge hatte ein Vater für die vierte Klasse gestiftet. Mancher mag unter den Großen gewesen sein, für den Pfefferkuchen und Äpfel eine unerreichbare Sehnsucht bedeutete, aber die Großen verzichteten, um den Kleinen eine Freude zu machen. Später nahmen einige von den Großen an der Weihnachtsfeier der Kleinen tätigen Anteil durch Helfen beim Aufbauen und durch Vortrag von Weihnachtsliedern. Dafür besorgte die achte Klasse Notizblöcke und kleine Kuchen aus ihrem Klassengelde, die sie der vierten Klasse am nächsten Tage zustellte. Dieser Verkehr zwischen beiden Klassen dauerte aber auch fort bis Ostern" (RIEDEL 1922, S. 37).

Oder die 5. und 6. Schuljahre richteten zu Beginn des Schuljahres einen Garten her, dessen Pflege dann in die Hand der zweiten Schuljahre gegeben wurde. Aus dieser Arbeit heraus entwickelten sich die hauptsächlichsten Stoffe für den Gesamtunterricht. Im Mittelpunkt der 3. und 4. Schuljahre stand die Erforschung der nächsten Umgebung. Obwohl den Kindern ein weitgehender Einfluß auf die Stoffauswahl zugestanden worden sei, habe man das große Stoffgebiet doch nicht zu verlassen brauchen, was Grund zu der Annahme gebe, daß das Stoffgebiet richtig gewählt worden sei. Weiterhin habe sich gezeigt, daß Rechtschreibung, Rechnen und Lesen nicht zu kurz gekommen seien, daß sich vielmehr ohne Zwang reichlich Übungsnotwendigkeiten ergeben hätten. Zwei andere Beispiele zeigen, wie auch persönliche Neigungen und Fähigkeiten einzelner Lehrkräfte dem Unterricht eine spezifische Ausprägung gegeben haben. Eine 7. Klasse wurde beispielsweise von einem besonders naturwissenschaftlich interessierten Lehrer unterrichtet.

"Bei ihr", so Riedel, "wurden die Erlebnisse des Tages und der Gemeinschaft vorwiegend nach dieser Seite ausgewertet. Die Vorbereitungen auf eine längere Wanderung führten zum Kompaß, zur Betrachtung und Bestimmung der Himmelsrichtungen mit verschiedenen Mitteln, zur Beschäftigung mit magnetischen Vorgängen. Aber mit der Vertiefung in den Stoff kamen auch geschichtliche Betrachtungen über die Entdeckung Amerikas und des Seewegs nach Indien, erdkundliche über die Kugelgestalt der Erde und deren mathematische Einteilung" (RIEDEL 1922, S. 38).

In der Parallelklasse stellte der mehr philosophisch-geschichtlich interessierte Lehrer das Jahresthema Handel und Verkehr. Dazu Riedel:

"Durch Unterrichtsgänge, Erlebnisberichte, Verwertung von Büchern, Bildern, Modellen, Karten, Zeitungen, Reklamen wurden die Einzelstoffe in gemeinsamer Arbeit der Schüler zusammengetragen. Durch kritische Erörterungen, sprachliche, mathematische und werktechnische Übungen, durch Wechselgespräche, Schülervorträge mit nachfolgender Aussprache, durch zusammenfassende Wochenberichte, durch Fragen der Schüler, die der Lehrer beantwortete, wurden die Stoffe gemeistert. So ergaben sich die Einheiten: Eisenbahn, Erzgebirge, Messe, Alpenländer, der Wagen, das Automobil, das Flugzeug, das Luftschiff, Weihnachten, Schiffahrt. Und bei der Vertiefung dieser Einheiten stellten sich die mannigfaltigsten Gelegenheiten und Notwendigkeiten ein zur Behandlung technischer, künstlerischer, geschichtlicher, ethischer, literarischer, mathematischer Einzelheiten, vor allem zur Betätigung des Gemeinsinns der Schüler" (ebd., S. 39).

Riedel verschweigt nicht, daß die hier nur bruchstückhaft sichtbar gewordene Realisierung eines neuen Unterrichtsgeschehens vor allem in den oberen Schuljahren zunächst auf Schwierigkeiten gestoßen ist. Gerade die älteren Schüler waren aufgrund langjähriger Gewöhnung noch in starkem Maße auf den Unterricht der alten "Lern- und Drillschule" fixiert. Bei der Umstellung auf den Unterricht im Sinne der Arbeitsschule und des Gesamtunterrichts wurde auf diese Tatsache Rücksicht genommen und äußerst behutsam vorgegangen. Denn mit der zugestandenen Freiheit umzugehen, mußte erst erlernt werden. Inwieweit gerade auch der Gesamtunterricht auf der Volksschuloberstufe überhaupt sinnvoll und durchführbar war, blieb für die Versuchsschullehrerschaft eine erst einmal offene und weiterhin diskutierte Frage (SCHÖNHERR 1924, S. 212 f.). Die zunächst noch gemachten Zugeständnisse an die überlieferten Unterrichtsformen in den obersten Klassen, bedeuteten nach Riedel nicht das Eingeständnis, daß ein Gesamtunterricht auf der Oberstufe nicht zu praktizieren sei. "Erst wenn die Schule nur solche Schüler hat, die mehrere Jahre in freier Selbstbetätigung und in demokratischen Formen des Schulbetriebes unter starker Selbstverantwortung gewöhnt sind, sich die Umwelt zu erobern, erst dann wird sicher entschieden werden können, wie weit das Bedürfnis nach systematischer und fachmäßiger Unterweisung bei ihnen vorhanden ist" (RIEDEL 1922, S. 39). Fest steht, daß zahlreiche Lehrerinnen und Lehrer Gesamtunterricht nicht nur auf der Unterstufe, wo seine Ausformung weitgehend geklärt war, sondern auch auf der Oberstufe betrieben haben (Sächsischer Lehrerverein 1925a).

Erinnern wir uns an Theodor Litts Aussage vor Gericht - beruhend auf einer einzigen Teilnahme an einer Lehrerkonferenz -, er glaube, daß die Lehrer der Versuchsschule pädagogische Idealisten seien, die nicht mit beiden Füßen auf der Erde stünden, so erscheint diese Einschätzung eher fragwürdig. Pädagogische Idealisten mögen sie gewesen sein, einen übermäßigen Enthusiasmus oder gar missionarischer Eifer läßt sich aus den Veröffentlichungen nicht herauslesen. Vielmehr zeugen ihre Vorstellungen von den Aufgaben, Zielsetzungen und Möglichkeiten der Versuchsschule von einer durchaus realistischen und problembewußten Einstellung, die vor allem den Kontakt zur "normalen" Volksschulpraxis nie verlor.

b. Die "Humboldtschule-Versuchsschule" in Chemnitz

Die "Humboldtschule-Versuchsschule" bestand von 1921 bis 1933. Die Initiative zu ihrer Gründung war von der "Arbeitsgemeinschaft für neue Erziehung", einer 1920 ins Leben gerufenen Abteilung des Chemnitzer Lehrervereins, ausgegangen (UHLIG 1924, S. 292). Im Verlauf des Genehmigungsverfahrens hatte der zuständige Bezirksschulrat Dr. Weidemüller Anfang 1921 die bereits seit 1920 bestehende Dresdner Versuchsschule (46. Volksschule am Georgplatz) und gemeinsam mit den Lehrern Max Uhlig, E. Bohnsack und der Lehrerin Luise Lorenz einige Hamburger Gemeinschaftsschulen (Tieloh-Süd, Berliner Tor und Breitenfelder Str.) besucht. "Trotz mancher Bedenken", vor allem gegen die Hamburger Versuche, befürwortete der Bezirksschulrat einen Schulversuch auch in Chemnitz.[109] Die Vertreter der Lehrerschaft überbrachten einen positiveren Eindruck. "Es ist den Unterzeichneten eine Freude gewesen", hieß es in ihrem Bericht an das Ministerium, "daß sie das Leben in einigen der Hamburger Gemeinschaftsschulen haben beobachten dürfen und haben Einblick in diese Arbeit nehmen können. Wenn auch das Neuartige der ganzen Schulversuche zuerst befremdete, je länger, je mehr schwinden Bedenken, und es verstärkt sich das Gefühl hoher Befriedigung."[110] Ostern 1921 nahm schließlich auch in Chemnitz eine Versuchsschule ihre Arbeit auf. Es war die Humboldtschule, eine reine Mädchenschule, die in eine Versuchsschule umgewandelt wurde. Sie lag im "proletarischen Osten" der Stadt, der Schulbezirk war "aber sehr stark durchsetzt mit bürgerlicher Bevölkerung" (UHLIG 1924, S. 293). Mit einer Ausnahme hatte sich das gesamte Kollegium, wenn auch teilweise nur widerstrebend, bereiterklärt, an dem Versuch mitzuarbeiten. Mit deutlicher Mehrheit gab auch die Elternschaft ihre Zustimmung zu dem Schulversuch.[111] Die Humboldtschule, offiziell nun "Humboldtschule-Versuchsschule", wurde vom Lehrplan befreit, behielt zunächst aber ihre Funktion als Pflichtschule für alle Kinder (Mädchen) des Schulbezirks. Schon bald nach Aufnahme ihrer Arbeit zeigten sich erste Schwierigkeiten und Probleme. Jener Teil der Lehrerinnen und Lehrer, die nur zögernd der Umwandlung zugestimmt hatten, verließ nach und nach die Schule. Neue kamen, aber auch von ihnen blieben nicht alle. Das Kollegium des Jahres 1928 bestand nach Aussage des Schulleiters, Ottomar Fröhlich, nur noch zu einem knappen Drittel aus den Lehrerinnen und Lehrern, die den Versuch 1921 begonnen hatten (Die Chemnitzer Versuchsschule 1928, S. 7).

Veränderungen vollzogen sich relativ rasch auch in der Zusammensetzung der Schülerschaft. Sehr bald schon sah sich nämlich auch die Humboldtschule massiven Angriffen von bürgerlich-konservativer Seite, vor allem auch von seiten des christlichen Elternvereins, ausgesetzt. Diese An-

---

[109] Vgl. "Bericht über die Versuchsschulen in Dresden und Hamburg" des Chemnitzer Bezirksschulrates an das Kultusministerium, in: StAD, Min. f. Vb. Nr. 13344/1, Bl. 39-61, Zitat Bl. 61.
[110] Vgl. "Bericht über den Besuch der Hamburger Gemeinschaftsschulen" vom 15. März 1921 von M. UHLIG, L. LORENZ und E. BOHNSACK, in: StAD, Min. f. Vb. Nr. 13344/1, Bl. 62- 69, Zitat Bl. 69.
[111] Vgl. "Bericht über die Jahresarbeit 1921 bis 1922 an der Humboldtschule-Mädchen (Versuchsschule)" (Auszugsweise Abschrift) in: StAD, Min. f. Vb. Nr. 13568, Anlage 4 zu Bl. 5: Bericht des Bezirksschulrates für Chemnitz I auf das Jahr 1921.

griffe galten der neuen pädagogischen Arbeit im allgemeinen sowie der Tatsache im besonderen, daß das Kollegium den Religionsunterricht im Rahmen des Gesamtunterrichts erteilte und damit ein konfessioneller Religionsunterricht nicht gewährleistet wurde. Als evangelische Geistliche sich demzufolge weigerten, die Kinder der Versuchsschule zu konfirmieren, meldeten zahlreiche Eltern ihre Kinder von der Schule ab. Dies hatte gleich mehrere Konsequenzen. Zum einen wurde 1923 der Bezirkszwang für die Versuchsschule aufgehoben. Die Abgänge glich man durch freiwillige Neuanmeldungen aus, wobei nun auch Jungen Aufnahme fanden (im Jahre 1923 alleine 326 bei vorhandenen 800 Mädchen) und so die Koedukation erprobt werden konnte. Mit den Neuanmeldungen kamen zahlreiche "Problemkinder" an die Versuchsschule, die an anderen Chemnitzer Volksschulen gescheitert und/oder mit der Lehrerschaft in Konflikt geraten waren (Die Chemnitzer Versuchsschule 1928, S. 7 f. u. UHLIG 1924, S. 293 ff.)[112]. Auch diese Tatsache erleichterte nicht gerade die pädagogischen Bemühungen der Lehrerschaft. Eine weitere Konsequenz bestand darin, daß die Versuchsschule nur noch solche Kinder aufnahm, die von ihren Eltern vom Religionsunterricht abgemeldet wurden.[113] Die Humboldtschule war damit, ebenso wie die Leipziger Versuchsschule, de facto eine weltliche Schule. Und schließlich wurde die "Humboldtschule-Versuchsschule" durch diese ganze Entwicklung zu einer Schule der Arbeiterschaft, die ganz wesentlich durch das große und vielfältige Engagement der prolatarischen Elternschaft getragen wurde. Elternschaft und Elternrat unterstützten "ihre" Schule nicht nur ideell durch Aufklärungsarbeit über die pädagogischen Bestrebungen an der Schule und durch Abwehr von Angriffen und Verleumdungen durch

---

[112] Eines der bekanntesten "Problemkinder" war der Kommunist Walter Janka, dessen Eltern ihn "nach schlimmen Prügel-Erfahrungen an einer katholischen Schule" dorthin geschickt hatten. Pädagogisches Konzept wie pädagogisches Vermögen der Lehrer dort bezeichnet Janka in seiner Autobiographie als für ihn lebensbedeutsam: "Nicht als Kind, erst später wurde mit klar, wie vernünftig dieses Experiment in der Weimarer Zeit gewesen war. Im allgemeinen wurde sie (die Schule, B. P.) nicht als 'weltliche', sondern als 'Freie Schule' verstanden. Sie war im besten Sinne des Wortes eine Schule mit den größten Freiräumen. Wäre es anders gewesen, hätte ich nicht meine ganze Zeit dort verbracht. Zu dieser Bereitschaft haben die Lehrer das meiste beigetragen. Viel auch das System der freiwilligen Betätigung, der Zugang zur Weiterbildung, handwerklicher Beschäftigung und Unterhaltung" (JANKA 1991, S. 17 ff.).

[113] Dies geht u.a. aus einem Schreiben hervor, das das Bezirksschulamt Chemnitz I am 20. Juni 1927 zur Frage des Religionsunterrichts an der "Humboldtschule-Versuchsschule" an das Volksbildungsministerium richtete. Vgl. StAD, Min. f. Vb. Nr. 12881/241, Bl. 8.

konservative Kreise, sondern auch materiell, indem sie ihre handwerklichen und sonstigen Fähigkeiten zur Verfügung stellten und darüber hinaus dringend benötigte Anschaffungen für die Versuchsschule ermöglichten. Weiterhin wurden in den frühen zwanziger Jahren, zur Zeit der größten wirtschaftlichen Not, gemeinsam mit der Lehrerschaft und der "Internationalen Arbeiterhilfe" Schulspeisungen organisiert, Kleidung und Schuhwerk gesammelt, gegebenenfalls instandgesetzt und an besonders bedürftige Kinder verteilt (Die Chemnitzer Versuchsschule 1928, S. 69 ff., UHLIG 1924, S. 297 f. u. ERTEL 1988, S. 58 f.).

Eine Schule der Arbeiterschaft war die Humboldtschule nicht nur von der sozialen Stellung der Elternschaft aus betrachtet, sondern auch hinsichtlich der parteipolitischen Zugehörigkeit der Lehrerschaft. Im Jahre 1924 gehörten bei 18 ständigen und 10 nichtständigen Lehrerinnen und Lehrern immerhin 8 der SPD und 4 der KPD an (WOLFRAM 1979, S. 78 u. ERTEL 1988, S. 60). Die Funktion des Schulleiters übte während der gesamten Zeit des Bestehens der Versuchsschule der den maßgeblichen demokratisch-sozialistischen Reformkräften zuzurechnende Ottomar Fröhlich aus. Als Stellvertreter(in) stand ihm zunächst Dora Petzold, später Max Uhlig (KPD) zur Seite (ERTEL 1988, S. 61).

Der enge Zusammenhalt zwischen der Versuchsschule und der Elternschaft kam auch zum Ausdruck durch den am 30. Oktober 1923 gegründeten "Humboldtschulverein", dem fast die gesamte Elternschaft angehörte. In der Satzung hieß es zum Zweck des Vereins:

"Der Verein bezweckt den Zusammenschluß der Eltern, Lehrer und ehemaligen Schüler der Humboldt-Versuchsschule zu einer Erziehungsgemeinschaft und die tätige Unterstützung der Lehrerschaft in der Schularbeit. Dieser Zweck soll erreicht werden durch Zusammenkünfte und Gedankenaustausch der Mitglieder, durch Unterstützung der Schule mit Geldmitteln, durch Beschaffung von Schuleinrichtungen (z.B. Schulland, Schulheim u.ä.), durch tätige Mithilfe der Eltern in der Schularbeit, durch Herausgabe einer Schulzeitung" (zit. n. Die Chemnitzer Versuchsschule 1928, S. 65 f.).

Dem Verein gelang es nach mehreren Anläufen 1925, der Versuchsschule ein Schullandheim zur Verfügung zu stellen. Es war nicht nur der Gedanke der Erziehungsgemeinschaft, der zur Verwirklichung der Idee eines Schullandheims antrieb, sondern auch die soziale Not der Kinder. "Wir sahen unsere Kinder an: blaß, mager, nervös, konzentrationsunfähig, willensschwach die meisten. Die Folgen des Krieges und der Nachkriegszeit waren an ihnen sichtbar. Wie ihnen helfen, daß auch sie zum Recht der Jugend kamen?" (Die Chemnitzer Versuchsschule 1928, S. 62). Bei dem Schullandheim handelte es sich um ein Haus der "Naturfreunde" im Erzgebirge, in dem man einige Räume beziehen und nach eigenen Vorstellungen gestalten konnte. Eigentümer dieses Schullandheims wurde der Humboldtschulverein, die Schule war Nutznießer. Die Klassen verbrachten - erstmals im September 1926 - jeweils ein bis zwei Wochen in diesem Heim. Längere Aufenthalte waren wegen der hohen Kosten für die Schüler und Schülerinnen nicht möglich. Das Leben im Schullandheim sollte sich nach drei Seiten hin positiv auswirken: gesundheitlich, unterrichtlich und erzieherisch, wobei von dem Erholungswert einmal abgesehen, das Erzieherische gemäß dem pädagogischen Anspruch das Wichtigste war (ebd., S. 62-65).

Auch die Herausgabe einer Schulzeitung, wie sie der Humboldtschulverein anstrebte, konnte realisiert werden. Die Zeitung, schon bald unter dem Titel "Der Sonnenberg", erschien erstmals im Januar 1924. Sie enthielt Artikel der Lehrer-, Eltern- und auch Schülerschaft. Zunächst wurde sie verkauft, später ab 1928 erhielt sie jedes Mitglied des Humboldtschulvereins unentgeltlich.

Das pädagogische Ideal der Chemnitzer Versuchsschule lag, wie bereits angeklungen, eindeutig in der "Erziehung zur Gemeinschaft durch Gemeinschaft", wie Ottomar Fröhlich es 1928 formulierte (ebd., S. 9). Es herrschte, so umriß Fröhlich diese Pädagogik "nicht die psychologische, auch nicht die methodische, sondern die soziologische Einstellung vor. Der Schwerpunkt der Schularbeit und der Aussprachen in den wöchentlichen Konferenzstunden lag in dem Bestreben nach 'neuer Erziehung', in dem Bemühen, den Gemeinschaftsgedanken zu verwirklichen ... Eine neue Form schulischen (und menschlichen) Zusammenlebens sollte gesucht und gefunden werden. Das war der alles beherrschende Leitgedanke" (ebd., S. 10). Dieser Gedanke fand sich schon in den "Richtlinien", die die Lehrerschaft 1921 für die pädagogische Arbeit an der Versuchsschule aufgestellt hatte. Darin war als Ziel der Humboldtschule "die spätere Bildung einer reinen Arbeits- und Gemeinschaftsschule im Sinne der neuen Erziehung" formuliert worden.[114]

---

[114] Die Richtlinien lauteten im einzelnen:
"I. Wir erstreben die Umgestaltung der bisherigen Schulform in eine neue Schulart unter Durchführung der grundlegenden Bestimmungen des Uebergangsschulgesetzes vom 22. Juli 1919.

Im Dienst dieser neuen Erziehung stand neben den bereits genannten gemeinschaftsfördernden Einrichtungen wie Humboldtschulverein, Schulzeitung, Schullandheim - ganz ähnlich wie an der Leipziger Versuchsschule auch - das Bemühen der Lehrerschaft, ihre Einstellung zu den Schülerinnen und Schülern auf eine neue Grundlage zu stellen. Sie lösten das überkommene, starre Autoritätsverhältnis zugunsten eines freundschaftlicheren und demokratischen Umgangs miteinander, der den Kindern Raum für Mitbestimmung und Mitverantwortung in Form einer umfassenden Schülerselbstverwaltung ließ (Die Chemnitzer Versuchsschule 1928, S. 22-25).

Der Unterricht war im Sinne der Arbeitsschule ein Gesamtunterricht. Auf der Unterstufe trat er fast ausschließlich als sog. Gelegenheitsunterricht auf, d.h. die Sachthemen ergaben sich beispielsweise aus den gemeinsamen Wanderungen der Klasse oder knüpften an die Erlebnisse wie Interessen der Kinder an. Bei der Erarbeitung des Sachthemas - in dem Bericht von 1928 wurden u.a. genannt Wald, Wiese, Garten, Wetter, Zirkus, Zoo, Unglücksfälle, Krankheiten, Weihnachten und Ostern - wurde einer weitgehenden Selbsttätigkeit der Schülerinnen und Schüler Raum gegeben. Vorrangige Ausdrucksmittel waren zunächst Zeichnen, Formen und Basteln. Das Erlernen der grundlegenden Kulturtechniken Lesen, Schreiben und Rechnen vollzog sich nach Möglichkeit im Rahmen des gegebenen Sachzusammenhangs, was gesonderte Übungsstunden jedoch nicht ausschloß (ebd., S. 12 ff.). Ausgangspunkt für den Gesamtunterricht der Mittelstufe war meist die heimatliche Umgebung und deren Erforschung.

II. Ziel ist die spätere Bildung einer reinen Arbeits- und Gemeinschaftsschule im Sinne der neuen Erziehung.
III. Wir fordern Freiheit vom bestehenden Lehr- und Stundenplan.
IV. Die Fächerung fällt weg. Der Unterricht ist Gesamtunterricht. Derselbe ist auch bei gemeinsamer Betätigung von mehreren Lehrern in einer Klasse durch gegenseitige Verständigung anzubahnen.
V. Neben der allgemeinen Arbeit in der Klasse tritt für Kinder mit ausgesprochenen Sonderbegabungen noch die freiwillige Beteiligung an einem freien Kurse in Handfertigkeit, Malen, Vortragen und Rhythmik.
VI. Jedem Lehrer ist völlige Freiheit in seiner Arbeit zuzugestehen, soweit dieselbe nicht der gesamten Geistesrichtung zuwiderläuft.
VII. Jeder Lehrer ist verpflichtet, einen Bericht über seine Arbeit zu führen und denselben der Lehrerversammlung vorzulegen.
VIII. Der Lehrkörper tritt allwöchentlich zu gegenseitigem Gedankenaustausch in 2 Berichtsstunden zusammen. Ziel ist die allmähliche Bildung einer wirklichen Arbeitsgemeinschaft."
("Bericht über die Jahresarbeit 1921-1922 an der Humboldtschule-Mädchen (Versuchsschule)", in: StAD, Min. f. Vb. Nr. 13568, Anlage 4 zu Bl. 5, S. 3).

> "Von der engsten Umgebung ausgehend, wurde versucht, die benachbarten Gebiete zu erwandern - bis an die Stadtgrenze leistete uns die Straßenbahn und in benachbarte Orte die Eisenbahn wertvolle Hilfsdienste - und die daran anschließenden Landschaften wenigstens vom Bergesgipfel aus zu schauen. Weiterhin mußte dann die Landkarte helfen. Was an geographischen Eigenheiten, wirtschaftlichen Tatsachen und Notwendigkeiten, landschaftlichen Schönheiten, an pflanzlichem und tierischem Leben, am Stein am Wege beobachtet oder gefühlt, erlebt war, das wurde daheim im Schulhause je nach Möglichkeit im Sandkasten nachgebildet, in Plastilina geformt, zeichnerisch auf Papier oder Tafel festgehalten und sprachlich ausgewertet für Rechtschreibung und schriftlichen Ausdruck."[115]

Der Gesamtunterricht der Oberstufe schließlich wurde in erster Linie von größeren Sachkomplexen oder auch von "Erlebniseinheiten" (z.B. Schullandheimaufenthalt) beherrscht. Im ersten Jahresbericht der Humboldtschule hieß es dazu:

> "Ein Hauptgedanke steht wochenlang wie ein leuchtender Stern im Mittelpunkt des Interesses und sendet seine Strahlen nach allen Richtungen: Der Verkehr (Ia) Unsere Klassenzeitung (Ia II) Die dreitägige Sommerreise ins Erzgebirge (Ia, 2a, 2b) Besuch einer Druckerei (II). Dieses umfassende Gebiet wird nun nach allen Richtungen hin ausgebeutet, sei es für den sprachlichen Ausdruck, für die zeichnerische Wiedergabe oder für die wissenschaftliche Vertiefung und sachliche Erweiterung in der Richtung auf das Geographische, Geschichtliche, Naturkundliche, Wissenschaftliche und Soziale oder zur Anwendung auf dem Gebiete der Zahl. Diese Allseitigkeit tritt allerdings nur dann ein, wenn es sich wirklich lohnt, je nach dem Gegenstand fällt diese oder jene Ausnützung weg."[116]

Fröhlich nannte 1928 an weiteren behandelten Sachkomplexen "Urgeschichte der Menschheit, Hausbau, Straße, Frühling, Chemnitzer Industrie, Ernährungsfragen, Bau des menschlischen Körpers" (Die Chemnitzer Versuchsschule 1928 S. 18). Nicht allein das augenblickliche Interesse des Kindes entscheidet bei der Auswahl der großen Sachkomplexe, so Fröhlich, sondern "die pädagogische Zielstrebigkeit des Lehrers" (ebd., S. 19).

Als ein besonderes Kennzeichen der Humboldtschule können auch ihre Versuche mit dem Kursunterricht angesehen werden.[117] Herbert Arnold de-

---

[115] Vgl. "Bericht über die Jahresarbeit 1921-1922 an der Humboldtschule-Mädchen (Versuchsschule)", in: StAD, Min. f. Vb. Nr. 13568, Anlage 4 zu Bl. 5, S. 6.
[116] Vgl. "Bericht über die Jahresarbeit 1921-1922 ..." ebd., S. 5.
[117] Vgl. zur Gesamtproblematik des Kursbereiches in Schulreformansätzen der Weimarer Zeit: KEIM 1987, mit einem ausführlichen Überblick über die Geschichte des Kursunterrichts, einem zeitgenössischen Beitrag über "Wahlfreie Kurse in der Volksschule" von 1924, der sich auf die 54. Volksschule in Leipzig-Connewitz bezieht, sowie mit einem Beitrag von Gerd Radde über damalige "Ansätze eines Kursunterrichts an Berliner Lebensgemeinschaften". Der Vergleich der dort be-

finierte ihn in dem Bericht der Schule von 1928 "als ein Abtrennen von verfügbaren Stunden zur freien Betätigung, zum Zwecke der Begabungserforschung und zur Förderung von Sonderbegabung" (ebd., S. 32) Für diesen klassenübergreifenden Kursunterricht, an dem die Schülerschaft des 5. bis 8. Schuljahrs teilnahm, standen in der Regel wöchentlich vier Stunden zur Verfügung, die Kurse selbst waren zweistündig. Folgende Kurse wurden teils mehrfach angeboten: Englisch, Gymnastik, Zeichnen, Singen, Orchester, Kurzschrift, Theaterspiel, Weißnähen, Elektrotechnik, Holzarbeit, Sport. Hinzu kamen für jeweils eine Klassenstufe gemeinsam sog. Nachhilfekurse (ebd., S. 34; der Bericht von Arnold ist wiederabgedruckt bei HOOF 1969, S. 108-112). Neben diesen - außerhalb des für alle Kinder verbindlichen Kernunterrichts liegenden Kursen - gab es andere, die innerhalb des Kernunterrichts der einzelnen Klassen stattfanden, beispielsweise in Einheitsschrift, Zierschrift, Schreiben, Rechnen (Algebra) und Sprachtechnik. Diese zweite Art von Kursen, die teils mit der ganzen Klasse, teils auch nur mit Teilen von ihr abgehalten wurde, war eine Form der Binnendifferenzierung, mit der man u.a. Sonderbegabungen über das normale Lernziel hinaus fördern wollte. Die Kurse insgesamt dienten nicht nur der individuellen Förderung, sondern erfüllten darüber hinaus, wie z.B. der Schulchor und das Schulorchester, eine ganz wichtige Funktion für das vielfältige Gemeinschaftsleben der Schule. Dieser Kern-Kurs-Unterricht der Humboldtschule, der sich als Gegenmodell zu einer äußeren Leistungsdifferenzierung in der Volksschule in Form sog. Begabten- und Sonderklassen verstand, hatte Vorbildcharakter für die Gestaltung des gesamten Chemnitzer Volksschulwesens.

Abschließend ist über zwei Versuche eines jahrgangsübergreifenden Unterrichts zu berichten. Auch sie ordneten sich ein in die Bestrebungen der Schule, Wege für eine neue, demokratische Gemeinschaftserziehung zu finden. Ostern 1924 wurden bei dem ersten Versuch verschiedene Jahrgänge in der Weise gemischt und zu einer Klasse zusammengefaßt, daß man ein 1. Schuljahr auf verschiedene Mädchenklassen des 5. und 6. Schuljahrs verteilte. Diese Maßnahme sollte einmal den Schulanfängern den Übergang ins Schulleben erleichtern und zum anderen den älteren Mädchen Gelegenheit geben, ihre "pflegerischen Kräfte" zu betätigen und Verantwortlichkeit

---

schriebenen Ansätze und Formen von Kursunterricht mit denen der "Humboldtschule-Versuchsschule" verweist auf interessante Gemeinsamkeiten.

zu üben (die Chemnitzer Versuchsschule 1928, S. 25). Waren die älteren Mädchen in den ersten Vormittagsstunden zunächst mit dem Lehrer allein, um Übungsaufgaben zu erledigen, so kamen in den letzten drei Unterrichtsstunden die Schulanfänger hinzu. Nun löste sich der Unterricht in Gruppen- oder Einzelarbeit auf, wobei die älteren Schülerinnen unter Anleitung des Lehrers die jüngeren betreuten. Wegen unbefriedigender Ergebnisse wurde dieser Versuch 1926 allerdings wieder eingestellt (ebd., S. 25 f.).

Den wohl radikalsten Versuch in dieser Richtung, völlig unabhängig von dem oben geschilderten, unternahm Fritz Müller. Mit Zustimmung der betroffenen Eltern stellte er Ostern 1924 eine Gruppe zusammen, die 33 Kinder vom 1. bis 8. Schuljahr (18 Jungen, 15 Mädchen) umfaßte. Im nächsten Jahr waren es dann 34 Kinder vom 1. bis zum 9. Schuljahr und im letzten Jahr des Versuchs 32 Kinder vom 1. bis zum 10. Schuljahr. Auch diese Gruppe praktizierte eine weitgehende Selbstverwaltung. Die Gruppe wählte einen Vorstand und einen fünfköpfigen Ausschuß. Beide waren für den Lehrer und die Klassenversammlung vorbereitende, unterstützende und ausführende Organe und besaßen das Recht, in dringenden Fällen sogar selbst über ihre Angelegenheiten zu entscheiden. Über seine Zielvorstellungen für Erziehung und Unterricht schrieb Müller u.a.:

"Das Hauptgewicht wurde auf erzieherische Beeinflussung gelegt. Es galt, dem Kinde seine natürliche Unbefangenheit und Heiterkeit, sein lebhaftes Interesse an den Dingen, seine Freude am Begreifen, seine Fragelust, seine Phantasie und seinen Betätigungstrieb zu erhalten, soweit dies aber verschüttet war, wiederzugeben, ferner die natürliche Selbsttätigkeit und Selbständigkeit zu erhöhen und damit das Selbstvertrauen, die Grundlage aller gedeihlichen Entwicklung, zu stärken. Das suchten wir zu erreichen durch Schaffung vielseitiger Betätigungsmöglichkeiten und Gewöhnung freier Beschäftigungszeit" (ebd., S. 29 f.).

Die Organisation der Gruppe sah wahlfreie Tischgruppen, freie Arbeitsgemeinschaften, Übungsgruppen für Rechnen und Rechtschreibung und Helfergruppen (Ältere und Jüngere, Begabte und Schwache) vor. Die Schultage waren nicht durch einen festen Stundenplan festgelegt. Die beiden ersten Stunden, wenn die jüngeren Schülerinnen und Schüler noch nicht anwesend waren, gehörten der Übungsarbeit. Ein großer Teil aller Wochenstunden stand der Gruppe als Arbeits- und Beschäftigungsstunden zur freien Verfügung. Die Gesamtgruppe verbrachte nur einen Teil der Schulzeit zusammen. Während dieser Zeit beschäftigten sich die Großen mit den Kleinen. Die Helfer-, Tisch- und Arbeitsgruppen führten im Gesamtverband der Gruppe ihr besonderes Eigenleben. Regelmäßig stattfindende Elternabende, meist einmal im Monat, dienten dem intensiven Meinungsaustausch mit den Eltern, die die Gruppe sogar öfter bei der Arbeit besuchten. Obwohl Müller seinen dreijährigen Versuch als gelungen bezeichnete, gab er ihn 1927 gezwungenermaßen auf. Behördliche Anordnungen, die gemeinsames Baden, Waschen und Turnen untersagten, griffen nach Müller tief in das Leben der Gruppe ein und entzogen ihr seiner Meinung nach die notwendige Grundlage (ebd., S. 31).

Mit dem Jahr 1933 kam das Ende der Chemnitzer Versuchsschule. Es konnte keinem Zweifel unterliegen, daß diese "proletarische Arbeits- und Gemeinschaftsschule" (ERTEL 1988, S. 50) mit dem Machtantritt der Nationalsozialisten keine Zukunft mehr hatte. Ihre gesamte Ausrichtung, von der politischen Einstellung eines Großteils des Kollegiums, insbesondere der Schulleitung, bis zum pädagogischen Programm und zur pädagogischen Praxis, stand in scharfem Gegensatz zur Weltanschauung, vor allem auch zur Gemeinschaftsideologie, der neuen faschistischen Machthaber. Einen Tag nach der Reichstagswahl, am 6. März 1933, hißte die SA in der Humboldtschule die Hakenkreuzfahne (ERTEL 1988, S. 63). Der stellvertretende Schulleiter Max Uhlig wurde am 13. März verhaftet und nach mehrmonatiger Haft ebenso wie seine beiden Kollegen Herbert Arnold und Wilhelm Siegel nach § 2 des Gesetzes zur Wiederherstellung des Berufsbeamtentums aus dem Schuldienst entlassen. Der Schulleiter Ottomar Fröhlich sowie Alfred Bräuer wurden aufgrund von § 4 desselben Gesetzes ebenfalls aus dem Schuldienst entfernt, Herbert Kettwig und Hermann Petzold in andere Schulaufsichtsbezirke versetzt (SCHULTZE 1986, S. 72 f.).[118] Nach-

---

[118] Diese Angaben von Karin Schultze, die in ihrer Dissertation die "Maßregelung und Verfolgung progressiver sächsischer Lehrer 1933/34 ..." (1986) untersucht hat, stehen teilweise im Winderspruch zu den Ausführungen von Annerose Ertel in ihrer Dissertation über die sächsischen Versuchsschulen (1988). Nach Ertel wurde Fröhlich nicht entlassen, sondern strafversetzt. Weiterhin nennt sie über Schultze hinaus zusätzliche Namen von Lehrerinnen und Lehrern der Humboldtschule, die 1933 strafversetzt worden sind. Bei Ertel fehlen allerdings jegliche Quellenangaben. Ohne diese Widersprüche aufklären zu können, zitiere ich den entsprechenden, durch sehr ungenaue Angaben auffallenden Abschnitt bei Ertel im Zusammenhang. Es heißt dort:
"Der erste Lehrer, der den Verfolgungen der Faschisten ausgesetzt war, war der Kommunist Max Uhlig. Als er nach fünfmonatiger Haft aus dem Gefängnis entlassen wurde, warfen ihn die Nazis sofort aus dem Schuldienst. Der Schulleiter Ottomar Fröhlich wurde sofort amtsenthoben und wie Fritz Müller, Walter Schuhmacher, Franz Feigenspan, Luise Lorenz, Dora Petzold, Johannes Brückner, Herbert Arnold und Herbert Kettwig an andere Chemnitzer Schulen strafversetzt" (ERTEL

dem der "Landesverband der christlichen Elternvereine" sich am 30. März 1933 mit der Bitte um Auflösung der Versuchsschulen an die faschistischen Machthaber in Sachsen gewandt hatte, ordnete Dr. Hartnacke am 5. April an, "daß sämtliche öffentliche Versuchsschulen allmählich in Normalschulen übergeführt werden sollen und daß damit sofort begonnen werden soll" (StAD, Min. f. Vb. Nr. 12881/242, Bl. 59). Damit fand die zwölfjährige Geschichte der Chemnitzer Versuchsschule ihr vorläufiges Ende.[119]

1988, S. 64). Zu den von den Nazis Verfolgten gehörten im übrigen nicht nur Lehrerinnen und Lehrer, sondern auch ehemalige Schüler und Schülerinnen der Chemnitzer Versuchsschule, einer der prominentesten von ihnen war Walter Janka, vgl. Anm. 112.

[119] Zwischen 1946 und 1948 wurde der Schulversuch an der Humboldschule in der Form der zwanziger Jahre, also als weltliche Gemeinschaftsschule, zunächst wiederaufgenommen, dann aber im Zuge der damaligen Auseinandersetzungen mit der Reformpädagogik 1948 endgültig geschlossen. (STEINHÖFEL, W. u. B. : Humboldtschulprojekt - gute Schule im Anspruch reformpädagogischer Tradition, in: Technische Universität Chemnitz, Reprint Nr. 197, 5. Jg./1991).

II. Höheres Schulwesen

Das Scheitern einer demokratischen Schulreformpolitik auf Reichs- wie auch in den meisten Fällen auf Länderebene im Zeitraum der Weimarer Republik gilt in ganz besonderem Maße für das höhere Schulwesen. Zwar gelang es, die Zahl der zu höheren Schulen überwechselnden und dort erfolgreichen Schüler zu erhöhen (LUNDGREEN 1981, S. 108-120) und damit eine vorsichtige soziale Öffnung der höheren Bildung einzuleiten (HERRLITZ u.a. 1981, S. 124; vgl. auch KRAUL 1984, S. 142 f.), davon profitierten jedoch zunächst kleinbürgerliche Schichten kaum dagegen Kinder aus der Arbeiterschaft, auch wenn sie ebenfalls in etwas stärkerem Maße Zugang zu den höheren Schulen fanden. Insgesamt blieb die soziale Stellung innerhalb der Klassengesellschaft noch weitgehend bestimmend für den Besuch des sich ausdifferenzierenden und hierarchisierenden höheren Schulwesens (LUNDGREEN 1981).

Die in der Weimarer Zeit einsetzende Bildungsexpansion war keineswegs Ausdruck einer bewußten demokratischen Bildungspolitik, die wenigstens ansatzweise das Recht auf gleiche Bildungschancen zu verwirklichen trachtete, sondern vor allem Folge von Veränderungen im Bereich der Volksschullehrerausbildung, auf die noch näher einzugehen ist. Zum Abbau von Bildungsprivilegien und zur Herstellung von Chancengleichheit hätte es neben umfassenden sozialen Reformen vor allem einer Strukturreform des höheren Schulwesens im Sinne einer weiteren Vereinheitlichung, sprich Horizontalisierung des gesamten Schulwesens über die vierjährige Grundschule hinaus bedurft. Doch die "viel beschworene Einheit", "der von der Reichsverfassung geforderte organische Zusammenhang des Schulwesens blieb Deklamation. Gegen Erkenntnisse und Ergebnisse der Reformpädagogik wurden das grundständige Gymnasium und die selbständige Mittelschule ausgebaut ..." (v. FRIEDEBURG 1989, S. 232) und damit die überkommene vertikale Struktur des Bildungswesens zementiert; sie erhielt in den zwanziger Jahren ihre bis heute dominierende dreigliedrige Gestalt, sieht man einmal von der Gesamtschule als Angebotsschule in einigen Bundesländern ab (BLANKERTZ 1982, S. 234-239).

Daß diese Struktur des Bildungswesens gegen Ende des 20. Jahrhunderts immer noch in einem hohen Maße sozial selektiv wirkt, ist eine empirisch belegte und nicht wegzudiskutierende Tatsache (KLEMM u.a. 1990, S. 91 ff., 102 u. 270 f.; Ders. u.a. 1985, S. 20-30 u. BAYER u.a. 1983). Sie zeigt, daß die historisch weit zurück zu verfolgenden Forderungen nach Abbau von ungleichen Bildungschancen und damit zusammenhängend nach Ablösung des vertikal gegliederten durch ein horizontal gestuftes Schulsystem aktueller nicht sein können.

In der Weimarer Republik kam es letztlich aber nicht nur zu keiner Demokratisierung der äußeren Organisationsstruktur des höheren Schulwesens, sondern ebenso wenig zu einer solchen der inneren Verfassung. Aufs Ganze gesehen blieb das höhere Schulwesen ein Ort antidemokratischen und nationalistischen Denkens. Dies war, wie die Beschäftigung mit dem Deutschen und Sächsischen Philologenverein hat zeigen können, nicht zuletzt das zweifelhafte Verdienst der Lehrerschaft.

Auch in Sachsen entwickelte sich das höhere Schulwesen nach 1918 zunächst in althergebrachten traditionellen Bahnen. Anders als die Volksschule wurde das höhere Schulwesen in und unmittelbar nach der Novemberrevolution durch keine durchgreifenden Maßnahmen in seinen überlieferten organisatorischen wie pädagogischen Grundlagen in Frage gestellt und zu erneuern versucht. Die demokratisch-sozialistischen Reformkräfte, einschließlich der jeweiligen Regierungen, widmeten sich erst einmal der vordringlicheren, vor 1914 von konservativer Seite noch verhinderten, Volksschulreform. Bezüglich einer Reform des höheren Schulwesens gab es zwar schon sehr frühzeitig wenn auch nur recht vage Absichtserklärungen, jedoch kein vergleichbar fundiertes Programm wie für die Volksschule. Von den Philologen gingen aus den bekannten Gründen ebenfalls keine demokratischen Reforminitiativen aus. Und der sächsische Landesverband des Bundes Entschiedener Schulreformer war in den ersten Jahren der Republik weder organisatorisch so gefestigt noch programmatisch so auf der Höhe, daß er auf die Entwicklung des höheren Schulwesens stärker hätte Einfluß nehmen können. So erklärt sich, daß die aus der Zeit der Monarchie übernommene Ministerialbürokratie des Kultusministeriums - zumindest zeitweise - Inhalt und Tempo der Reform im Bereich des höheren Schulwesens weitgehend bestimmen konnte.

Doch wenn auch die grundständige neunjährige höhere Schule in Sachsen - wie in allen anderen Ländern des damaligen Reiches - kaum angetastet wurde und sich an der tradierten vertikalen Gliederung des Schulsystems kaum etwas änderte, hat es doch organisatorische Reformansätze **innerhalb** des Gymnasiums, Realgymnasiums und der Oberrealschule gegeben, die z.B. unter dem Schlagwort "Bewegungsfreiheit auf der Oberstufe der höheren Schule" diskutiert worden sind. Darunter verstand man Anätze zur Auflockerung der Oberstufe, von denen die wichtigsten "Gabelung" und "Kursunterricht" waren. Darüber hinaus gab es Ansätze und Versuche zur Vereinheitlichung der Lehrpläne der Unterstufe unterschiedlicher Typen des höheren Schulwesens; sie verfolgten das Ziel, die Formenvilefalt des höheren Schulwesens im Interesse einer größeren Durchlässigkeit wenigstens auf der Unterstufe ein Stück weit aufzuheben. Solche Reformbestrebungen lassen sich bis zum Ende des 19. Jahrhunderts zurückverfolgen. Einzelne Lehrer höherer Schulen hatten oft gegen großen Widerstand von Kollegen die Reforminitiative ergriffen und entsprechende Vorarbeiten geleistet, auf denen aufbauend dann noch vor dem Ersten Weltkrieg erste gesetzliche Grundlagen geschaffen wurden. Auch nach 1918/19 gab es innerhalb des Sächsischen Philologenvereins eine Minderheit, die solche systemimmanenten Reformen unterstützte. Interessante und deshalb hier einzubeziehende organisatorische Entwicklungstendenzen hat es schließlich auch im höheren Mädchenschulwesen gegeben.

Als wichtigstes "Reform"projekt innerhalb des höheren Schulwesens wurde in den zwanziger Jahren - nicht nur von seiten der Gymnasialvertreter - die Einführung der Deutschen Oberschule und Aufbauschule angesehen. Für ihre Durchsetzung war de facto von entscheidender Bedeutung, daß sie in einem engen Zusammenhang mit der Reform der Volksschullehrerausbildung standen, in erster Linie also gar nicht so sehr einen originären Beitrag zur Reform des höheren Schulwesens darstellten. Auf diesen Problemzusammenhang wird im folgenden ebenfalls eingegangen wie auf Fragen, die sich stärker mit inhaltlichen, d.h. curricularen und didaktisch-methodischen Fragen des höheren Schulwesens beschäftigen. Im Mittelpunkt dieses Teils steht zum einen der bereits 1922 vom Kultusministerium probeweise zugelassene Geschichts- und Staatsbürgerkundelehrplan des SPhV und die sich daran anschließende Auseinandersetzung mit dem BESch, zum anderen ein Bericht über einen reformpädagogischen Schulversuch im Bereich des höheren Schulwesens, der seine Entstehung und Durchsetzung dem BESch verdankt. Der Bund erreichte, daß im April 1922 in Dresden die erste (und gleichzeitig einzige) höhere staatliche Versuchsschule ("Dürerschule") eröffnet wurde.

1. Organisatorische Reformansätze

a. Reformansätze im Gymnasium, Realgymnasium und in der Oberrealschule

Ausgangspunkt des Überblicks über die unterrichtsorganisatorische Entwicklung der herkömmlichen neunjährigen höheren Schule in Sachsen ist die Tatsache, daß die Schulkonferenz von 1900 zur Gleichstellung von Gymnasium, Realgymnasium und Oberrealschule geführt hatte (KRAUL 1984, S. 111 ff.). In Sachsen erlangten das Realgymnasium 1884, die Oberrealschule 1908 die grundsätzliche Gleichstellung mit dem humanistischen Gymnasium (PAUL 1928, S. 7). Ähnlich wie in Preußen existierten auch in Sachsen zu Beginn der Weimarer Republik eine Reihe von Abwandlungen dieser drei Schultypen. Diese Abwandlungen waren entstanden durch die Veränderung der Reihenfolge der verschiedenen Fremdsprachen in der Unter- und Mittelstufe. So gab es neben dem Gymnasium das sog. Reformgymnasium, das in Sexta nicht mit Latein, sondern wie die Realschulen mit einer modernen Fremdsprache begann. Latein kam erst in der Untertertia hinzu. Da dieser Reformtyp in Sachsen erstmalig in Dresden erprobt wurde, nannte er sich auch Reformgymnasium "Dresdner Ordnung". Wurde dagegen Latein ab Quarta unterrichtet, was nur bei einigen wenigen Reformrealgymnasien der Fall war, sprach man von Reformrealgymnasien "Plauener Ordnung". Das Reformgymnasium gab es also nur nach "Dresdner Ordnung", das Reformrealgymnasium dagegen sowohl nach "Dresdner" als auch nach "Plauener Ordnung". Letzterer Typus war eine spezifisch sächsische Erfindung. Die sog. Reformschulen oder Reformanstalten unterschieden sich zusätzlich dadurch, daß sie entweder mit Englisch oder mit Französisch als erster Fremdsprache in Sexta begannen. Im Jahre 1919 gab es demnach folgende neunjährigen höheren Schulen in Sachsen:

1. Gymnasium mit grundständigem Latein
2. Realgymnasium mit grundständigem Latein
3. Reformgymnasium "Dresdner Ordnung"
4. Reformrealgymnasium "Dresdner Ordnung"
5. Reformrealgymnasium "Plauener Ordnung"
6. Oberrealschule.

Reformgymnasium und Reformrealgymnasium gingen wie in Preußen so auch in Sachsen auf Reforminitiativen des ausgehenden 19. Jahrhunderts zurück.[1] Diese Reformbemühungen wurden allerdings nur von sehr wenigen Lehrern getragen und mußten gegen großen Widerstand vieler Kollegen und des Königlichen Kultusministeriums durchgesetzt werden.[2] Ostern 1895 wurde die Dreikönigsschule in Dresden-Neustadt in ein Reformrealgymnasium umgewandelt, indem die beiden Parallelklassen der Sexta statt mit Latein mit Französisch anfingen (VOGEL 1920, S. 6 ff.). Der Lateinunterricht setzte erst in der Untertertia ein. 1898 entstand in Plauen i.V. beim Aufbau eines Realgymnasiums ein Reformplan, der ebenfalls mit Französisch in Sexta, aber mit dem Lateinunterricht schon in der Quarta, also bereits nach zwei Jahren, d.h. mit Beginn des dritten Schuljahres, begann (ebd., S. 8 ff.).[3] Konsequent zu Ende geführt, hätten diese Reformansätze

---

[1] Diese Reformbestrebungen lassen sich in Sachsen bis in das Jahr 1848 zurückverfolgen. Schon zu dieser Zeit hatte eine Gruppe von Reformern, der "Dresdner Gymnasialverein", versucht, die Vormachtstellung des alten humanistischen Gymnasiums, wie es diesem zuletzt durch das "Regulativ für die Gelehrtenschulen im Königreich Sachsen" vom 27. Dez. 1846 zugestanden wurde, aufzuheben, indem sie neben dem humanistischen Gymnasium ein Realgymnasium mit gleichen Rechten forderten. Für beide Gymnasien, die aus einem Progymnasium mit drei Klassen und dem eigentlichen Gymnasium mit sechs Klassen bestanden, sollte in den beiden unteren Klassen des Progymnasiums der gleiche Lehrplan gelten und war ein gemeinsamer Unterbau vorgesehen. Der Lehrplan der zwei unteren Klassen des Progymnasiums sollte ferner mit dem der beiden unteren Klassen der Realschule übereinstimmen. Die Realschule wiederum war vierstufig gedacht und sollte die Schüler vom vollendeten 12. Lebensjahr aufnehmen und bis zum 16. Lebensjahr behalten. Über die Realschule wäre so ein späterer Übergang von der Volksschule, d.h. - angesichts der Dreiteilung der sächsischen Volksschule - von der höheren Volksschule zur höheren Schule möglich gewesen (Ministerium für Volksbildung 1926, S. 3 f.).

[2] Einer der Initiatoren dieser Reformbewegung, Georg Theodor Vogel, hat 1919 rückblickend von diesen Schwierigkeiten und Widerständen berichtet. Vgl. VOGEL, Georg Theodor: Die Anfänge der sächsischen Reformschule. Dresden 1920.

[3] 1919 gab es in Sachsen insgesamt 18 solcher Reformschulen (u.a. zwölf Realgymnasien und vier humanistische Gymnasien), wobei vier der Reformrealgymnasien nach dem "Plauenschen Plan" (Latein ab Quarta) arbeiteten (VOGEL 1920, S. 14 f.).

letztlich zu einer Vereinheitlichung wenigstens der Unterstufe der verschiedenen höheren Schulen führen können. Erst dann hätten sie die Funktion, die ihr der Ministerialrat im sächsischen Volksbildungsministerium, Prof. Dr. Menke-Glückert, zuschrieb, erfüllen können, nämlich, daß sich die Schüler erst am Ende der Quarta, also in einem Alter von 12 bis 13 Jahren, hätten zu entscheiden brauchen, ob sie das Gymnasium, das Realgymnasium, die Oberrealschule oder die Realschule durchlaufen wollten (MENKE-GLÜCKERT 1928, Sp. 929). Zu einer solch konsequenten Vereinheitlichung ist es aber insbesondere aus Rücksicht auf das humanistische Gymnasium während der gesamten Weimarer Republik nicht gekommen, auch wenn 1926/27 die sog. Reformschulen schon in der Überzahl gewesen sind.[4]

Eine weitere unterrichtsorganisatorische Reform, die ebenfalls bereits vor dem Ersten Weltkrieg in Sachsen erprobt wurde, betraf die Oberstufe des Gymnasiums und Realgymnasiums. Für diese beiden Typen wurde im Jahre 1907 zur **freieren Gestaltung des Unterrichts** (Bewegungsfreiheit) in der Unter- und Oberprima[5] die sog. "Gabelung" zugelassen. Nach Begabung und Neigung der Schüler konnten zwei Abteilungen, eine sprachlich-geschichtliche mit eingeschränktem mathematisch-naturwissenschaftlichen Unterricht und eine mathematisch-naturwissenschaftliche mit eingeschränktem sprachlich-geschichtlichen Unterricht, gebildet werden (Ministerium für Volksbildung 1926, S. 9; LÖFFLER 1931, S.77).

"Der Sinn der Einrichtung war, den reiferen Schülern durch Abminderung der Anforderungen in diesen oder jenen Fächern eine eingehendere und fruchtbarere Beschäftigung mit anderen Lehrgegenständen, für die ihnen besondere Begabung und Neigung von Natur eigen sind, zu ermöglichen und so bei den Lernenden größere Arbeitsfreudigkeit und reicheren Arbeitserfolg zu erzielen. Dabei bot sich zugleich die Möglichkeit, von der strengen Gebundenheit und Unselbständigkeit in der Schule zur Freiheit und Selbstbestim-

---

[4] 1926/27 hatten von den insgesamt 221 Sexten an den höheren Schulen nur noch 20 Latein als erste Fremdsprache (MENKE-GLÜCKERT 1928, Sp. 929). Ein weiterer kleiner Schritt in Richtung Vereinheitlichung war eine Verordnung aus dem Jahre 1926, die vorschrieb, daß alle Schulen mit einer grundständigen neueren Fremdsprache, also die Schulen mit einem gemeinsamen dreijährigen Unterbau, mit Englisch als erster Fremdsprache zu beginnen hatten (Ministerium für Volksbildung 1926, S. 58 f.).

[5] Vgl. dazu grundlegend den von Wolfgang Keim herausgegebenen Sammelband "Kursunterricht - Begründungen, Modelle, Erfahrungen", Darmstadt 1987, insbesondere die Einleitung, S. 5 ff., den zeitgenössischen Beitrag von Sebald Schwarz, Auszüge aus entsprechenden Denkschriften Preußens und Sachsens sowie verschiedene Erfolgsberichte aus Reformschulen der damaligen Zeit, ebd., S. 37-110.

mung im akademischen oder beruflichen Leben den wünschenswerten Übergang zu schaffen" (Ministerium für Volksbildung 1926, S. 9).

Allein 16 von 19 Gymnasien hatten bis zum Beginn der Weimarer Republik eine solche Gabelung versuchsweise eingeführt. Im Februar 1919 wurde diese Bewegungsfreiheit mittels Gabelung durch die "Verordnung über Neuordnung des Unterrichts an den neunstufigen höheren Lehranstalten für die männliche Jugend" (Verordnungsblatt des Ministeriums des Kultus und öffentlichen Unterrichts für den Freistaat Sachsen 1919, S. 57 ff .) für alle Gymnasien und Realgymnasien in den oberen beiden Klassen verbindlich eingeführt. "Für die Oberrealschulen, die als jüngste der neunstufigen Schularten in ihrem Aufbau den Forderungen der Gegenwart schon hinreichend Rechnung tragen, kann die Bewegungsfreiheit entbehrt werden" (ebd.). Ergänzt wurde diese Verordnung von 1919 durch eine andere "über die freiere Gestaltung des Unterrichts in den obersten Klassen der höheren Schulen" vom 25. Okt. 1921 (Verordnungsblatt ... 1921, S. 156 f.). Hierin wurden die "Leitsätze für die freiere Gestaltung des Unterrichts in den obersten Klassen der höheren Schulen" bekannt gegeben, die vom Reichsschulausschuß nach den Vorschlägen der Vertreter Württembergs und Sachsens angenommen worden waren. Das sächsische Kultusministerium veröffentlichte diese Leitsätze, obwohl ja in Sachsen - wie bereits erwähnt - schon 1919 die freiere Gestaltung des Unterrichts mittels Gabelung verbindlich eingeführt worden war. Das Ministerium stellte den Schulen nun anheim, aufgrund dieser Leitsätze mögliche erwünschte Erweiterungen und Abänderungen der in Sachsen geltenden Bestimmungen über die Bewegungsfreiheit beim Ministerium zu beantragen. Außerdem wurden nun auch die Oberrealschulen, die bislang von der Bewegungsfreiheit ausgenommen waren, aufgefordert, "Stellung" dazu zu "nehmen und ihre Vorschläge und Wünsche spätestens bis Ende des laufenden Jahres" einzureichen (ebd.).[6]

---

6 Daß die Bewegungsfreiheit in der Praxis der Realgymnasien noch mit der hohen Pflichtstundenzahl und der Zahl der Pflichtfächer kollidierte, geht aus einer Kritik in den "Mitteilungen des Sächsischen Philologenvereins" (1923) hervor. Dort wurde festgestellt, daß man zu einer wirklichen Bewegungsfreiheit in den Primen erst noch kommen müsse. "Dieses Ziel ist heute noch nicht erreicht. Die übergroße Zahl der Unterrichtsfächer macht es zur Zeit an den Realgymnasien noch immer unmöglich, daß in den einzelnen Abteilungen die für sie charakteristischen Fächer so zur Geltung kommen, wie dies bei der Einführung der Gabelung beabsichtigt war. Wenn heute in der mathematisch-naturwissenschaftlichen Abteilung noch immer 3 Fremdsprachen als Pflichtfächer vorgeschrieben sind, kann der Schüler bei 37 Pflichtstunden gar nicht die nötige Zeit finden, um neben den laufenden Aufgaben für 12 wissenschaftliche Unterrichtsfächer in den für seine Abteilung charakte-

Ein dritter unterrichtsorganisatorischer Reformansatz war der sog. Kern-Kurs-Unterricht, der in Sachsen ab 1922 an einigen wenigen Schulen erprobt wurde. Neben dem Kernunterricht, der die Fächer Deutsch, Religion, Geschichte, Erdkunde, philosophische Propädeutik und Leibesübungen umfaßte, und dem Unterricht in den einzelnen Gabeln, der sprachlich-historischen oder der mathematisch-naturwissenschaftlichen, verblieben für den Kursunterricht noch 6 Stunden, d.h. drei Kurse zu je 2 Stunden. Die Kurse mußten mit dem gesamten anderen Unterricht in Verbindung stehen, wobei zwei Stunden oder ein Kurs der Erweiterung und Vertiefung entweder des Sprachunterrichts oder des naturwissenschaftlichen Unterrichts dienen mußte. In den übrigen 4 Stunden konnte sich der Schüler nach Wahl auf künstlerischem oder wissenschaftlichem Gebiet weiterbilden (MENKE-GLÜCKERT 1928, Sp. 929 f.).[7]

Überblickt man die skizzierte Entwicklung im Zusammenhang, so ist festzustellen, daß die sächsische Kultusbürokratie nach 1918/19 auf unterrichtsorganisatorischem Gebiet jene Reformansätze auf dem Verordnungswege weiterzuführen suchte, die zum Ende des 19. und zu Beginn des 20. Jahrhunderts entwickelt worden waren. Neben dem Versuch, durch eine Änderung der Lehrpläne zu einer größeren Vereinheitlichung der Unterstufen der höheren Schulen zu gelangen, was in der Folge zum quantitativen Ausbau der sog. Reformanstalten oder Reformschulen geführt hatte, war dies vor allem die weitere Erprobung der "Bewegungsfreiheit" auf der Oberstufe, insbesondere durch "Gabelung", dann aber auch durch "Kern-Kurs-Unterricht", wobei beides kombiniert auftreten konnte. Diese hier für Sachsen skizzierten, dem höheren Schulwesen immanenten unterrichtsorganisatorischen Reformansätze verfolgte vom Grundsatz her auch die preußische Unterrichtsverwaltung, zumindest bis zum Jahre 1922/23 (LÖFFLER 1931, S. 77 ff.). Von diesem Zeitpunkt an gingen Sachsen und Preußen bei

---

ristischen Fächern wirklich in die Tiefe zu dringen. Aus demselben Grunde wird auch der Wert der wahlfreien Schülerübungen ziemlich illusorisch, da für sie wegen der großen Pflichtstundenzahl nur 1 1/2 Wochenstunden gestattet sind. - Aus dieser Einengung kommen wir nur heraus, wenn wir in den einzelnen Zweigen die Zahl der Pflichtfächer vermindern ..."(Mitteilungen ... 1923, Nr. 3, S. 21 f.).

7   Aus einer Statistik für das Schuljahr 1926/27 geht hervor, daß von den 24 Realgymnasien und 15 Oberrealschulen in Sachsen keine einen Kern-Kurs-Unterricht eingeführt hatten, von den 18 humanistischen Gymnasien drei, und zwar die Gymnasien in Dresden-Neustadt (1924), die Kreuzschule in Dresden (1922) und das König-Georg-Gymnasium in Dresden (1923) (Ministerium für Volksbildung 1926, S. 14 ff. u. S. 64 ff.).

der Reform des höheren Schulwesens dann getrennte Wege. Und dies nicht nur deshalb, weil das sozialdemokratisch geführte sächsische Volksbildungsministerium seit Mitte 1923 an einer grundlegend neuen organisatorischen Umgestaltung des höheren Schulwesens i.S. der Einheitsschule gearbeitet hat, sondern weil auch nach dem Scheitern dieser Pläne die Vorstellungen darüber, wie sich das höhere Schulwesen zukünftig entwickeln sollte, in Sachsen und Preußen auseinandergingen. Und dies, obwohl in beiden Ländern nach 1923 für das Bildungswesen zwei der DVP angehörende Kultusminister, nämlich Boelitz in Preußen (seit November 1921) und Kaiser in Sachsen (seit Januar 1924) verantwortlich zeichneten. In Preußen war ja bereits 1924 die Denkschrift: "Die Neuordnung des preußischen höheren Schulwesens", mit der die sog. "Richertsche Reform" eingeleitet wurde, erschienen (MÜLLER 1977 u. KUNZ 1984, S. 225 ff.). Die entsprechende programmatische Absichtserklärung für Sachsen erschien zwei Jahre später 1926, als das Ministerium für Volksbildung die Denkschrift: "Zur Neuordnung des höheren Schulwesens in Sachsen" veröffentlichte. Diese Denkschrift setzte sich in einem eigenen Kapitel mit den preußischen Neuordnungsplänen auseinander, grenzte ihre eigenen Vorstellungen dagegen ab und kam zu dem Ergebnis, daß die preußische Neuordnung für Sachsen nicht annehmbar sei. In der sächsischen Denkschrift heißt es dazu:

"Die Entwicklung in Sachsen ist andere Wege gegangen, als sie Preußen gehen will. Sie ist nicht bei den 'starren Schultypen' stehengeblieben. Vielmehr haben sich die einzelnen Schularten immer mehr einander genähert. Die Mehrzahl aller neunstufigen höheren Lehranstalten - von der neugegründeten Deutschen Oberschule abgesehen - haben sich im Laufe der Zeit zu 'Reformschulen' umgewandelt oder sich 'Reformzüge' angegliedert. Die Gabelung der Oberstufe in verschiedene Abteilungen und die hier und da erfolgte Gliederung in Kern- und Kursunterricht haben zu noch größerer Bewegungsfreiheit beigetragen. Die Unterrichtsverwaltung hat auf diese Entwicklung keinen Druck ausgeübt. Sie ist aus dem vielgestaltigen Leben und der ständig zunehmenden Gliederung der Berufsgruppen heraus erwachsen. Es würde ein Bruch mit der auch von Preußen so betonten geschichtlichen Kontinuität sein, wenn die Unterrichtsverwaltung sich diesem natürlichen Werden mit einem Machtspruche entgegenstellen würde" (Ministerium für Volksbildung 1926, S. 48 f.).

Das sächsische Volksbildungsministerium lehnte also die preußische Neuordnung mit ihrer Festschreibung der vier eigenständigen Schultypen (Gymnasium, Realgymnasium, Oberrealschule und Deutsche Oberschule) ab. Der Anspruch der sächsischen Neuordnungspläne zielte dagegen auf eine insgesamt größere Vereinheitlichung des höheren Schulwesens durch weitestgehende Angleichung der Lehrpläne von Unter- und Mittelstufe sowie Bewegungsfreiheit (Gabelung und Kern-Kurs-Unterricht) auf der Oberstufe. Diese Zielvorgaben wurden auch unter dem Terminus der "gegliederten höheren Einheitsschule" zusammengefaßt. Da das sächsische Volksbildungsministerium die angestrebte Vereinheitlichung aber nicht konsequent verfolgte und mit Rücksicht auf die eigenständige Entwicklung von Gymnasium und Realgymnasium mit grundständigem Latein auch nicht verfolgen wollte (Ministerium für Volksbildung 1926, S. 49) und darüber hinaus z.B. auch der Kern-Kurs-Unterricht nur an den Schulen eingeführt wurde, die dies ausdrücklich wünschten, war die Organisationsstruktur des höheren Schulwesens in der zweiten Hälfte der zwanziger Jahre tatsächlich von einer großen Unübersichtlichkeit gekennzeichnet. Dies wurde zwar auch im Volksbildungsministerium gesehen, aber mit dem Hinweis auf die "natürlich gewachsenen" Strukturen des höheren Schulwesens verteidigt. So schrieb der Ministerialrat im sächsischen Volksbildungsministerium Menke-Glückert 1928:

> *"Es muß zugegeben werden, daß der erste Anblick des sächsischen höheren Schulwesens in seiner Vielgestaltigkeit verwirrend wirken kann. Bei genauerem Zusehen zeigt sich freilich, daß diese Vielgestaltigkeit den Vorzug hat, nicht künstlich geschaffen, sondern aus dem Leben natürlich gewachsen zu sein. Es wäre gefährlich, von vorgefaßten Meinungen aus das höhere Schulwesen gewaltsam vereinfachen zu wollen. Es ist ein oft gepredigter Satz, daß die Entwicklung die beste ist, die in natürlicher Lebenskraft sich entfaltet. Das gilt auch für das sächsische höhere Schulwesen. Es müssen die Wege weiter verfolgt werden, die von den höheren Schulen nunmehr jahrzehntelang beschritten worden sind. Sie führen von selbst zur Einheit zurück"* (MENKE-GLÜCKERT 1928, Sp. 930).

b. Die höheren Schulen für Mädchen

Die Reformdiskussionen über das höhere Mädchenschulwesen vollzogen sich eher am Rande der bildungspolitischen Auseinandersetzungen in Sachsen. Unüberbrückbare Gegensätze, wie es sie in anderen Bereichen des Bildungswesens zwischen den politischen Parteien und Lehrervereinen gegeben hat, gab es hier anscheinend nicht. Das mag auch erklären, warum darüber relativ wenig geschrieben und publiziert worden ist.

Zunächst einmal ist festzuhalten, daß sich Entstehung und Entwicklung des höheren Mädchenschulwesens im 19. und beginnenden 20. Jahrhundert völlig getrennt vom höheren Schulwesen für Jungen vollzogen hat. Auch in der Weimarer Republik gab es für die höhere Mädchenbildung organisatorisch eigenständige Schulformen. Jungen und Mädchen wurden weitgehend getrennt unterrichtet, die Koedukation blieb die Ausnahme.[8]

Das "Gesetz über die Gymnasien, Realschulen und Seminare" vom 22. August 1876 enthielt noch keinerlei Hinweise, geschweige denn Regelungen bezüglich eines höheren Mädchenschulwesens. Zu dieser Zeit existierten in Sachsen lediglich zwei, später vier sog. höhere Töchterschulen, die den Status von gehobenen Volksschulen besaßen und zunächst keinerlei Berechtigungen verleihen durften. Erst später wurden sie als höhere Schulen im Sinne des Gesetzes von 1876 anerkannt. Aber auch dann gab es keine höheren Schulen für Mädchen, die zur Hochschulreife führten. Erst gegen Ende des 19. Jahrhunderts erhielten - ähnlich wie in Preußen[9] - auch in Sachsen die Mädchen die Möglichkeit, in privaten Kursen die Berechtigung zum Hochschulstudium zu erlangen. Nach mancherlei Widerständen wurden solche Kurse in Leipzig seit Ostern 1894 von Dr. Käthe Windscheid und in Dresden seit Ostern 1904 von Anna Nolden veranstaltet. Nach Absolvierung dieser Kurse mußte die Reifeprüfung an einer öffentlichen Schule abgelegt werden (Ministerium für Volksbildung 1926, S. 73). Im Jahre 1910 (in Preußen 1908) erhielt die höhere Mädchenbildung dann eine umfassende gesetzliche Regelung durch das "Gesetz über das höhere Mädchenbildungswesen". Dieses Gesetz sah folgende höhere Schulen für Mädchen vor: die höhere Mädchenschule (in Preußen Lyzeum genannt), die Studienanstalt und die Frauenschule. Die höhere Mädchenschule, die eine über die Volks-

---

[8] Ebenso wie in anderen Ländern konnten auch in Sachsen unter bestimmten Bedingungen Mädchen in die höheren Schulen für Jungen aufgenommen werden. In Sachsen war dies durch zwei Verordnungen vom 30. Juli 1919 und vom 6. März 1924 über die Gemeinschaftserziehung an höheren Schulen geregelt worden (LÖFFLER 1931, S. 51). Am 15. Mai 1926 betrug die Zahl der Besucherinnen der höheren Mädchenschulen und Studienanstalten insgesamt 8.669. Dagegen besuchten 6.257 Mädchen höhere Lehranstalten für Jungen, und zwar 583 (6.674) ein Gymnasium, 957 (11.716) ein Realgymnasium, 666 (8.131) eine Oberrealschule, 2.903 (4.760) eine Deutsche Oberschule, 155 (655) eine Aufbauschule und 993 (5.950) eine Realschule. In Klammern sind die entsprechenden Zahlen für Jungen wiedergegeben (Ministerium für Volksbildung 1926, S. 23 f.).

[9] Zur Entwicklung des höheren Mädchenschulwesens in Preußen im 19. Jahrhundert und in der Weimarer Republik vgl. LUNDGREEN 1981, S. 67 ff.; KRAUL 1984, S. 144-151.

schule hinausgehende höhere allgemeine Bildung vermitteln sollte und deren Ziele denen der Realschule als gleichwertig bezeichnet wurden, umfaßte sieben Jahrgangsstufen und baute auf einer dreijährigen Vorschule auf (ebd., S. 73 f.). Mit der Studienanstalt wurde erstmals eine Schulform geschaffen, die nun auch den Mädchen auf direktem Wege die Erlangung der Hochschulreife ermöglichte. Die Studienanstalten konnten entweder sechsstufig (Untertertia bis Oberprima) oder dreistufig (Obersekunda bis Oberprima) sein. Die dreistufigen Studienanstalten mußten stets mit einer höheren Mädchenschule verbunden sein. Ihr Besuch setzte entweder das Reifezeugnis einer höheren Mädchenschule oder das Bestehen einer Aufnahmeprüfung voraus. Die dreistufige Studienanstalt führte die wissenschaftlichen Unterrichtsfächer der höheren Mädchenschule weiter und nahm darüber hinaus noch philosophische Propädeutik, Psychologie und wahlfreien Lateinunterricht hinzu. Für die sechsstufigen Studienanstalten schrieb das Gesetz nach § 12 (a) vor, daß sie entweder die Form des Reformrealgymnasiums oder - bei Gabelung - eine realgymnasiale und eine gymnasiale Abteilung erhalten sollten. Durch § 15, Abs. 2 des Gesetzes wurde die an der sechsstufigen Studienanstalt erworbene Hochschulreife derjenigen der entsprechenden gymnasialen Knabenanstalten, die an der dreistufigen Studienanstalt erworbene derjenigen der Oberrealschule als gleichwertig anerkannt (ebd., S. 74). Als weitere höhere Schule sah das Gesetz die sog. Frauenschule vor. Diese baute ebenfalls auf der höheren Mädchenschule auf und sollte in zwei Jahrgängen insbesondere auf die spätere Tätigkeit der Frau als Mutter und Hausfrau vorbereiten. Vor dem Ersten Weltkrieg haben sich alle drei Schulformen des höheren Mädchenbildungswesens nicht nennenswert durchsetzen können. Die ohnehin begrenzte Nachfrage nach höherer Bildung für Mädchen wurde in erster Linie befriedigt entweder durch die bereits bestehenden Privatschulen oder durch besondere Einrichtungen an den höheren Volksschulen. Darüber hinaus sah ja das Gesetz von 1910 auch die Möglichkeit vor, daß Mädchen in begrenztem Umfange an den höheren Schulen für Jungen aufgenommen werden konnten. Dennoch darf das "Gesetz über das höhere Mädchenbildungswesen" aus dem Jahre 1910 in seiner Bedeutung nicht unterschätzt werden. Brachte es doch erstmals überhaupt eine gewisse Angleichung des höheren Mädchenschulwesens an das höhere Schulwesen für Jungen und damit die gesetzlich garantierte - und nicht mehr auf Ausnahmeregelungen beruhende - Möglichkeit der gleichen

Vergabe von Berechtigungen, wie insbesondere die der Hochschulreife. Weiterhin darf nicht vergessen werden, daß dieses Gesetz auch in der Weimarer Republik weiterhin seine Gültigkeit behielt, durch kein grundlegend neues Gesetz abgelöst wurde und somit für die weitere Entwicklung des höheren Mädchenschulwesens von entscheidender Bedeutung blieb. Denn erst nach 1918/19 kam es aufgrund dieses Vorkriegsgesetzes zum Ausbau des höheren Mädchenbildungswesens. Nach einer Statistik aus dem Jahre 1926 gab es in Sachsen insgesamt 20 höhere Mädchenschulen, unter Einrechnung der höheren Schule für Frauenberufe in Leipzig (ebd., S. 74 f.). Der Lehrgang der höheren Mädchenschulen wurde nach Verabschiedung des Reichsgrundschulgesetzes von sieben auf sechs Jahre verkürzt, um die Gesamtschuldauer von zehn Jahren (vier plus sechs) nicht zu überschreiten. Ebenfalls 1926 gab es in Sachsen insgesamt elf zur Hochschulreife führende Mädchenbildungsanstalten, und zwar 3 sechsstufige Studienanstalten, 4 dreistufige Studienanstalten, 3 Deutsche Oberschulen und einen Mädchenoberschulzug, wobei nur 6 dieser 11 Schulen bereits voll ausgebaut waren. Eine Schulform, die das Gesetz von 1910 noch nicht gekannt hatte, kam in der Weimarer Republik für die Mädchen noch hinzu. Es war dies die Deutsche Oberschule. Sie war 1922 ebenso wie bei den höheren Lehranstalten für Jungen durch die Auflösung der Lehrer(innen)seminare entstanden. Eine Neuerung brachte die Weimarer Republik auch für die dreistufigen Studienanstalten, die schon seit 1910 eine gewisse Nähe zum Lehrplan der Oberrealschulen aufgewiesen hatten. Seit den zwanziger Jahren wurde für die dreistufige Studienanstalt neben dem "Normallehrplan" auch die Gabelung zugelassen, wobei drei Gabeln möglich waren: Eine Gabel mit Latein als Pflichtfremdsprache, eine neusprachliche und eine naturwissenschaftliche Gabel. Der entscheidende Unterschied zu den gegabelten Oberrealschulen war nun der, daß die beiden sprachlichen Gabeln der Studienanstalten dem Fremdsprachenunterricht insgesamt einen größeren Stundenanteil zuwiesen als die entsprechenden Gabeln der Oberrealschule, bei gleichzeitiger Reduzierung des Mathematik- und Geometrieunterrichts in den Studienanstalten (Ministerium für Volksbildung 1926, S. 236 f. u. S. 248 f.). Mit dieser Regelung glaubte man, den angenommenen andersgelagerten Interessen und Begabungen der Mädchen besser gerecht zu werden. In diesem Sinne war bereits Ostern 1920 in der mit der ersten höheren Mädchenschule verbundenen dreistufigen Studienanstalt in Leipzig versuchsweise Latein als Pflichtfach neben die beiden neueren Fremdsprachen getreten. 1925 nahm dann die dreistufige Studienanstalt in Dresden-Neustadt diesen Plan auf und führte eine Gabelung in zwei Abteilungen ein, eine mathematisch-naturwissenschaftliche ohne Latein und eine Abteilung mit Latein (ebd., S. 83 f.). Für diese gegabelten dreistufigen Studienanstalten setzte sich ab 1926 in Sachsen der Name "Reformoberrealschule für Mädchen" durch (ebd., S. 85).

c. Deutsche Oberschule und Aufbauschule

Die Frage der Deutschen Oberschule und Aufbauschule war ursprünglich völlig unabhängig von der Reform der Volksschullehrerausbildung diskutiert worden. Hergestellt wurde dieser Zusammenhang erst nach 1918/19, als die Reichsverfassung in Art. 143 (2) forderte, daß die Lehrerbildung nach den Grundsätzen der höheren Bildung für das Reich einheitlich zu regeln sei. Im Anschluß an diese Forderung stellte sich die Frage, was denn mit den alten Lehrerbildungsseminaren geschehen solle. Diese in Deutsche Oberschulen und Aufbauschulen umzuwandeln erschien den Beteiligten als eine gute und praktikable Lösung.

Die Idee einer **Deutschen Oberschule** oder eines deutschen Gymnasiums, in dessen Mittelpunkt statt fremder Sprachen deutsche Sprache, deutsches Schrifttum und deutsche Kultur stehen sollten, reicht bis weit ins 19. Jahrhundert zurück. Entscheidende Impulse gingen dabei von der sog. "Deutschkundebewegung" aus, die im Jahre 1867 von Rudolf Hildebrand mit seinem Buch "Von deutschem Sprachunterricht in der Schule" begründet worden war. "Zunächst pädagogisch gemünzte Kritik an einseitiger Verstandesbildung sowie an mangelnder Förderung der Selbsttätigkeit des Schülers, wurde die Deutschkundebewegung nach der Reichsgründung von 1871 politisiert und zur deutsch-völkischen Bildungsideologie" (LUNDGREEN 1981, S. 84; vgl. MÜLLER 1977, S. 115 ff.). Vor und im Ersten Weltkrieg machte sich dann der 1912 gegründete Deutsche Germanistenverband zum Fürsprecher einer durch Geographie, Geschichte und Religion abgestützten "Deutschkunde", wobei auch bei ihm der deutsch-völkische Begründungszusammenhang dominierte (MÜLLER 1977, S. 117 ff.).

In Sachsen waren es nach 1918/19 insbesondere der Sächsische Lehrerverein und der Sächsische Seminarlehrerverein, die sich für die Deutsche Oberschule einsetzten. Was die Deutsche Oberschule für den SLV so attraktiv machte, war nicht so sehr ihr deutsch-völkischer Hintergrund[10], als vielmehr spezifisch curriculare und methodisch-didaktische Bestandteile ihres Konzeptes, die - falls realisiert - zu einer Annäherung des höheren Schulwesens an die Volksschule und damit zu deren Aufwertung führen mußten. Einiges von dem, was der Sächsische Seminarlehrerverein in seinen Beschlüssen und Lehrplanvorschlägen zur Deutschen Oberschule ausführte, hatte der SLV in ganz ähnlicher Weise schon immer auch für die Volksschule gefordert. Diese Übereinstimmung begann beim programmatischen Ziel der Deutschen Oberschule, der "Bildung des sittlich wertvollen deutschen Menschen mit ausgeprägtem Gegenwarts- und Wirklichkeitssinn" (Sächsischer Seminarlehrerverein 1921, S. 6), ging über die Berücksichtigung der entwicklungspsychologischen Voraussetzungen der Schüler und endete bei der Forderung nach größerer Selbsttätigkeit (ebd.; vgl. für den SLV: Sächsischer Lehrerverein 1923, S. 3 ff.). Hinzu trat noch ein weiterer sehr wichtiger Aspekt, nämlich die Hervorhebung des besonderen Werts der deutschen Sprache und - damit einhergehend - die Zurückdrängung des fremdsprachlichen Unterrichts.

Die vom Sächsischen Seminarlehrerverein aufgestellte Forderung nach nur einer pflichtmäßig zu betreibenden modernen Fremdsprache in der Deutschen Oberschule (Sächsischer Seminarlehrerverein 1921, S. 7) traf bei den sächsischen Volksschullehrern auf volle Zustimmung; hatten sie sich doch in ihrer Vereinspresse immer wieder gegen die ihrer Meinung nach nicht gerechtfertigte Hochschätzung des fremdsprachlichen Unterrichts an den höheren Schulen zur Wehr gesetzt (LLZ 1921, Nr. 32, S. 643 ff.; Nr. 40, S. 793 f. u. Nr. 41, S. 813 ff.; SSZ 1921, Nr. 36, S. 698; SSZ 1922, Nr. 23, S. 430 ff.; Nr. 24, S. 452 f.). Dies vor allem deshalb, weil sich die höheren Schulen, insbesondere die humanistischen Gymnasien und Realgymnasien, in erster Linie über die fremden Sprachen als wissenschaftlich

---

[10] Dies ergibt sich zumindest aus den Diskussionen um die Deutsche Oberschule in der Vereinspresse des SLV. Abgesehen von vereinzelten Artikeln, die z.T. noch nicht einmal von Volksschullehrern geschrieben wurden (LLZ 1921, Nr. 17, S. 335 u. SSZ 1922, Nr. 14, S. 260 f.), spielte die deutsch-völkische Ideologie kaum eine Rolle.

orientierte Schulen definiert und damit scharf von der "volkstümlich" orientierten Volksschule ohne Fremdsprachenunterricht abgegrenzt hatten. Vor diesem Hintergrund wird verständlich, daß die Volksschullehrer die Einführung einer höheren Schule begrüßten, die nur **eine** Fremdsprache (Englisch oder Französisch) pflichtmäßig betreiben sollte. Eine solche höhere Schule mußte nach Ansicht vieler Volksschullehrer dazu beitragen, die scharfe Trennungslinie zwischen "volkstümlicher" Volksschule und "wissenschaftlicher" Oberschule ein Stück weit aufzubrechen und die Volksschule sogar als den natürlichen Unterbau der Deutschen Oberschule erscheinen lassen. Von hier aus gesehen kann die Einführung der Deutschen Oberschule als eine durchaus fortschrittliche Einrichtung betrachtet werden, wenn man sie als Beitrag zur Überwindung der Trennung zwischen Volks- und höherer Bildung betrachtet.

Ein derartiges emanzipatorisches Moment war der **Aufbauschule** in noch stärkerem Maße eigen, da sie zum einen bereits aufgrund struktureller Merkmale eine Brückenfunktion zwischen Volks- und höherer Schule wahrzunehmen geeignet war, zum anderen nicht in dem Maße durch die deutsch-völkische Ideologie der Deutschen Oberschule belastet sein mußte; sollte doch die Aufbauschule von ihrer inhaltlichen Ausrichtung nicht von vornherein nur in der Form der Deutschen Oberschule, sondern auch in der des Realgymnasiums und der Oberrealschule realisiert werden können, auch wenn die Praxis später in der Regel auf eine Anlehnung an die Deutsche Oberschule hinauslief.[11] Otto Karstädt, ein preußischer Ministerialbeamter, der sich sehr intensiv mit der Deutschen Ober- wie Aufbauschule beschäftigt hatte, faßte das Wesen der Aufbauschule wie folgt zusammen:

> *"Die Aufbauschule ist als geradlinige Fortsetzung der Volksschule die verkürzte Form der bestehenden höheren Schulen oder der noch zu schaffenden vierten Gattung der höheren Schule, der deutschen Oberschule. Sie beginnt mit der Erreichung des Volksschulzieles (12.-14. Lebensjahr) und führt, entsprechend dem Alter und der Reife ihrer Schüler, in 6 Jahresklassen zur Hochschulreife" (KARSTÄDT 1920, S. 9 f.).*

Die Aufbauschule setzte in der Praxis nach Vollendung des 7. Volksschuljahres ein und führte in nur sechs Jahren zur Hochschulreife, d.h. die Aufbauschule knüpfte organisatorisch an die fast vollendete Volksschule an.

---

11 So war die - als Aufbauschule konzipierte - "Landesschule" in Dresden ein Reformrealgymnasium mit Oberrealschulzug (Ministerium für Volksbildung 1926, S. 16).

Diese Tatsache ließ auch die Volksschullehrer zu Fürsprechern der Aufbauschule werden, erblickten sie in ihr doch einen ersten Schritt in die Richtung der von ihnen gewünschten und geforderten Einheitsschule. So schrieb denn auch die SSZ:

"Sie (die Aufbauschule, B.P.) kann vielmehr wegweisend und bahnbrechend für die gesamte Reform des höheren Schulwesens und für den Aufbau einer wahrhaft sozialen und pädagogischen Einheitsschule werden" (SSZ 1922, Nr. 3, S. 43; vgl. auch Nr. 9, S. 160 f.).

Daß die Aufbauschule wegweisend für die gesamte Reform des höheren Schulwesens werden könnte, befürchteten nun wiederum die Philologen. So warnte der SPhV vor allzu euphorischen Erwartungen an die Aufbauschule, insbesondere aber vor ihrer allzu großen Verbreitung.

*"Noch eine weitere falsche Vorstellung von der Aufbauschule ist zurückzuweisen. Man meint, Schulen dieser Art könnten selbst von kleinen Ländern in größerer Zahl errichtet werden. **Die verhältnismäßige Seltenheit der dafür geeigneten Begabungsart setzt aber der Verbreitung der Aufbauschule von vornherein enge Grenzen.** Nun gar die neue Schulart als die Zukunftsform der höheren Schule zu betrachten, als eines der obersten Stockwerke einer das gesamte Schulwesen umfassenden Einheitsschule, womöglich verkürzt zu einem fünfjährigen Unterrichtsgang, damit sie an das letzte und nicht schon an das vorletzte Schulpflichtjahr anschließe, das heißt die Schwierigkeit der Frage völlig übersehen" (Sächsischer Philologenverein 1922, S. 4).*

Die hier vom SPhV ausgesprochenen Befürchtungen blieben unbegründet. Die Aufbauschule blieb als eine zur Hochschulreife führende Schule die Ausnahme (1931 gab es im ganzen Deutschen Reich 124 Aufbauschulen, vgl. FÜHR 1970, S. 323). Als eine solche war sie der ursprünglichen Intention ihrer Begründer und Befürworter nach auch gedacht gewesen. Dies ergab sich schon aus dem mit ihr verfolgten Ziel, "begabten" Volksschülern vom Land und aus den Kleinstädten, wo es häufig an einer höheren Schule mangelte, auch nach dem 10. Lebensjahr noch einmal die Gelegenheit zum Besuch einer höheren Schule zu eröffnen. Bereits in den vom preußischen Kultusministerium und Reichsinnenministerium zur Vorbereitung der Reichsschulkonferenz im Oktober 1919 vorgelegten Leitsätzen hieß es entsprechend: "Die Aufbauschule ist vornehmlich als Sammelschule einzurichten zur Aufnahme der für Geistesarbeit besonders beanlagten Schüler und Schülerinnen vom Lande und aus kleinen Städten" (zit. n. FÜHR 1970, S. 322.)[12] Um die Bedeutung

---

[12] Ähnliche gesellschaftspolitische Argumente finden sich u.a. bei KARSTÄDT 1920, S. 2 ff.; SEYFERT 1922, S. 231 f.; PAUL 1928, S. 44; LÖFFLER 1931, S. 58 u. SSZ 1922, Nr. 3, S. 41 ff.

dieser Intention der Aufbauschule richtig einschätzen zu können, muß man sich vergegenwärtigen, daß die Eltern o.g. Schüler und Schülerinnen in den meisten Fällen ja kaum das Schulgeld für den neunjährigen Besuch einer höheren Schule aufbringen konnten, ganz zu schweigen von den Kosten für eine notwendige auswärtige Unterbringung an dem Ort, an dem eine höhere Schule existierte. Die damit einhergehende Bildungsbenachteiligung großer Bevölkerungsgruppen versuchte nun die Aufbauschule wenigstens von ihrem Anspruch her ein wenig zu mildern.[13] Statt wie üblich neun Jahre brauchten die Eltern für die Aufbauschule nur noch sechs Jahre lang Schulgeld zu zahlen. Außerdem verfügten in Sachsen sämtliche Aufbauschulen - wie übrigens auch fast alle Deutschen Oberschulen - über angeschlossene Schülerheime mit verbilligten Möglichkeiten der Unterbringung (Ministerium für Volksbildung 1926, S. 18 f.). Andererseits muß man berücksichtigen, daß die ohnehin wenigen Aufbauschulen in Sachsen nicht an den Orten, wo sie besonders benötigt wurden, gegründet worden sind, sondern fast ausschließlich an Standorten bereits bestehender Lehrerseminare.

Wie ist nun der Prozeß der politischen Durchsetzung von Deutscher Oberschule und Aufbauschule in Sachsen verlaufen? Ausgangspunkt war die Neuregelung der Lehrerbildung nach dem Ersten Weltkrieg, mit der sich u.a. auch die Reichsschulkonferenz und der Reichsschulausschuß beschäftigt hatten. Da sich schon bald abzeichnete, daß es zu keiner reichsgesetzlichen Regelung kommen würde, ergriffen einzelne Länder mehr und mehr die Initiative. Einigkeit bestand weiterhin darüber, daß die überkommenen Lehrer- und Lehrerinnenseminare in Deutsche Oberschulen bzw. Aufbauschulen umgewandelt werden und an deren Stelle akademieförmige oder sogar universitäre Formen der Lehrerausbildung treten sollten. Dies war die Ausgangskonstellation, die zur Einführung sowohl der Deutschen Oberschule als auch der Aufbauschule geführt hatten.

In Sachsen hat sich der Sächsische Seminarlehrerverein als erster Lehrerverein sehr intensiv und ausführlich mit der Deutschen Oberschule beschäftigt. Ausgangspunkt war ein von Prof. Dr. Kühnel vom Lehrerseminar Leipzig-Connewitz erarbeitetes Schulprogramm, das den Gedanken der

---

[13] Rund ein Viertel (24,3%) der Väter der Schülerinnen und Schüler in den Aufbauschulen und Aufbauklassen waren nach dem Stand des Schuljahres 1927/28 in Sachsen gelernte und nichtgelernte Arbeiter (PAUL 1928, S. 65; bestätigt durch KRAUL 1984, S. 143).

Deutschen Oberschule beinhaltete und das der Sächsische Seminarlehrerverein im Oktober 1919 auf seiner Hauptversammlung annahm. Die weiteren Arbeiten des Seminarlehrervereins verdichteten sich dann in der Folge zu Leitsätzen, die die Vertreterversammlung des Sächsischen Seminarlehrervereins am 6. März 1920 unter dem Titel "Grundsätzliches zur Deutschen Oberschule" annahm (PAUL 1928, S. 15 f.; Sächsischer Seminarlehrerverein 1921, S. 3 f.). In diesen Leitsätzen wurde u.a. gefordert, daß die Deutsche Oberschule eine Schule sein müsse, von der aus der Übergang zur Universität und jeder anderen Hochschule möglich sei, die nicht ausschließlich der Vorbildung von Lehrern dienen dürfe und die den bestehenden höheren Schulen in jeder Hinsicht gleichgestellt sein müsse. Trotzdem sollte sie sich in ihrer Eigenart von diesen anderen höheren Schulen unterscheiden. Die spezifische Eigenart der Deutschen Oberschule sahen die Leitsätze des Sächsischen Seminarlehrervereins in folgendem:

> "a) *Bewußte grundsätzliche Einstellung auf die Lebenswerte der Bildungsgüter und starke Gegenwartsfreudigkeit.*
> b) *Im Mittelpunkte steht das deutsche Kulturgut und die deutsche Kulturarbeit mit ihren historisch gewordenen Beziehungen zu anderen Kulturen.*
> c) *Die künstlerisch-technischen Fähigkeiten müssen in gleich starker Weise entwickelt werden wie die intellektuellen.*
> d) *Die für die Bildung der Weltanschauung besonders wichtigen Disziplinen sollen wesentlicher Bestandteil des Bildungsgutes der neuen Schule sein.*
> e) *Pflichtmäßig getrieben werden zwei Fremdsprachen: Latein und eine moderne" (Sächsischer Seminarlehrerverein 1921, S. 3).*

Wie aus dem letzten Punkt hervorgeht, sahen die Leitsätze vom März 1920 zunächst noch zwei pflichtmäßig zu betreibende Fremdsprachen vor. Im Verlauf der weiteren Beratungen modifizierte man diese Vorgabe. Der "Allgemeine Plan" des Sächsischen Seminarlehrervereins, beschlossen auf der Vertreterversammlung am 20. November 1920 in Dresden, sah nur noch eine moderne Fremdsprache als Pflichtfach vor. Lediglich für einen sprachlich-historischen Zug trat Latein als weitere Pflichtfremdsprache ab Untersekunda hinzu. Unabhängig davon bestand Wahlfreiheit für eine weitere moderne Fremdsprache oder Latein entweder ab Untersekunda oder auch schon ab Untertertia (Sächsischer Seminarlehrerverein 1921, S. 6 f.; vgl. auch SSZ 1920, Nr. 43, S. 703 f.). Dieser Plan des Sächsischen Seminarlehrervereins mit nur einer Pflichtfremdsprache wurde in Sachsen auch als "Deutsche Oberschule Typ A" bekannt.

Eine abschließende Betrachtung des Planes des Sächsischen Seminarlehrervereins soll zeigen, inwieweit dieser nationalistisch-völkische Elemente enthielt.[14] Worum ging es den deutschkundlichen Bildungstheoretikern? Sie haben zunächst versucht, ein Bild vom "deutschen Wesen" zu entwerfen, d.h. einzigartige und spezifische Merkmale des deutschen Charakters herauszustellen und diese scharf abzugrenzen gegenüber solchen anderer Nationen. Als spezifisch deutsche Eigenschaften wurden hauptsächlich ein ausgeprägtes Gefühls- und Gemütsleben, eine spezifisch deutsche Frömmigkeit und Innerlichkeit sowie eine besondere Trieb- und Instinktgebundenheit herausgestellt. Diese einzigartige und unverwechselbare "Deutschheit" konnte ihrer Meinung nach nicht durch einen rationalen Diskurs erfaßt und überprüft werden, sondern lediglich "empfunden" und "erlebt" werden. Unterricht und Erziehung hatten nun die Aufgabe, den Schülern durch "Erleben" und "Empfinden" deutsches Wesen oder auch "deutschen Volksgeist" nahezubringen.

Wichtig für eine Beurteilung deutschkundlicher Ideologie erscheint vor allem, daß die ihr zugeordneten Merkmale sich unaufhörlich verbanden mit Negation von Demokratie, Vernunft, Intellektualismus und Industrialisierung. In der Ablehnung der Industrialisierung waren sich alle deutschkundlichen Bildungstheoretiker einig. Ihr vorherrschendes Interesse war auf die Bewahrung einer bäuerlich-handwerklich-vorindustriellen Gesellschaft gerichtet. Dem entsprachen die "Stereotypen: Land - Erde - Boden - Heimat, Blut, Stamm, Sippe, Familie, Sitte und Brauchtum, Naturgefühl und Naturnähe" (PETERS 1972, S. 34). Auch die Unterrichtsinhalte standen konsequent im Dienst der Ablehnung dieser industriellen Welt. Stattdessen zeigten sie als Gegenbild "die ländliche Idylle, in der ein gemütvoller, instinktsicherer und einfältiger Mensch lebt" (ebd., S. 150).

Elemente dieser hier knapp umrissenen deutschkundlichen Bildungsideologie finden sich durchgängig auch in dem Plan zur Deutschen Oberschule des Sächsischen Seminarlehrervereins, insbesondere in den Einzelplänen zum Religions-, Geschichts- und Deutschunterricht. In dem Plan zum Deutschunterricht wurde z.B. fast ausschließlich auf die gefühlsmäßige Aneignung von deutscher Sprache und Dichtung abgehoben. Ziele des Lite-

---

14   Elke Peters hat in ihrem Buch "Nationalistisch-völkische Bildungspolitik in der Weimarer Republik" (1972) diese deutschkundliche Bildungstheorie beschrieben und beispielhaft ideologiekritisch analysiert.

raturunterrichts sollten u.a. sein: eine "auf einlebendem Erfassen beruhende Vertrautheit mit den Schätzen deutscher Dichtung" und die "Erkenntnis und Wertschätzung des deutschen Schrifttums als Ausprägung deutscher Art" (Sächsischer Seminarlehrerverein 1921, S. 16). Zur Sprachlehre für die Untersekunda hieß es:

"Sinnlichkeits- und Gefühlsgehalt und kulturgeschichtliche Verwurzelung volkstümlicher Redensarten. Sinnliches Denken und Lebenshintergrund im Sprichwort. Ursprüngliche Anschaulichkeit begrifflich verblaßter Wörter und Redewendungen. Sondersprachen: Kinder-, Pennäler-, Studenten-, Jäger-, Ackerbauer-, Handwerker-, Kaufmanns-, Fischer- und Seemanns-, Bergmann-, Soldaten-, Gaunersprache. Dichter als Sprachschöpfer" (ebd., S. 19).

Weiter ist bezüglich der Literaturgeschichte zu lesen, daß schon in der Unterstufe "das Nacherleben der Dichtung durch gute Vortragspflege anerzogen werden (muß)" und daß bei der **Auswahl des Stoffes** ... ganz besonders der Gesichtspunkt des bleibenden Eigenwerts der Werke und der Grad ihres seelennährenden, Daseinsfreudigkeit und Lebensenergie steigernden Gehaltes bestimmend sein (muß)" (ebd., S. 21). Weitere Beispiele dieser Art ließen sich anführen. Doch zeigen die hier zitierten von ihrer ganzen sprachlichen und intentionalen Ausrichtung schon deutlich, daß der Plan des Sächsischen Seminarlehrervereins zumindest beeinflußt war von der deutschkundlichen Bildungstheorie und deren didaktischen Grundsätzen, einschließlich deren politischen Forderungen und Zielen mit antidemokratischer und chauvinistischer Tendenz, wie der entsprechende Geschichtslehrplan beispielhaft verdeutlicht:

"Im Mittelpunkte aller historischen Betrachtungen steht das eigene Volk. Im heranwachsenden Geschlecht muß wachgerufen werden Stolz auf des deutschen Volkes Größe, liebevolles Verstehen seiner Schwächen, Begeisterung für sein Heldentum, warmes Gefühl für seine Not in Vergangenheit und Gegenwart, Erkenntnis seiner besonderen Eigenart, Sinn und Liebe für seine Kunst- und Wissenschaft, Verständnis für seine wirtschaftliche Entwicklung und feste Zuversicht auf seine Sendung unter den Völkern" (ebd., S. 24).

Angesichts der nationalistisch-völkischen Implikationen der deutschkundlichen Bildungstheorie muß erstaunen, daß die Mehrheit der sächsischen Philologen der Deutschen Oberschule eher skeptisch bis ablehnend gegenüberstand. Ideologischer Art können diese Vorbehalte jedenfalls nicht gewesen sein, wenn man sich die gesellschaftspolitischen Leitvorstellungen der damaligen Lehrer an höheren Schulen vergegenwärtigt. In der Tat waren es andere, nämlich standespolitische Gründe, die für die Ablehnung ausschlaggebend gewesen sind. Denn die Deutsche Oberschule wurde in erster Linie als Konkurrenz zu den bereits bestehenden höheren Schulen angesehen und von daher vor allem mit Skepsis oder gar Ablehnung bedacht, wie z.B. die Verhandlungen des sächsischen Landesschulausschusses zum "Auf- und Ausbau des höheren Schulwesens" im April 1920 zeigen. So schlug der Chemnitzer Oberrealschulrektor Dr. Stöckert u.a. vor, daß man sich mit der Deutschen Oberschule "zunächst nur auf Versuche mit einigen wenigen Schulen beschränken soll(e), bevor man durch einen umfassenden Ausbau derselben die gesamte Entwicklung unseres höheren Schulwesens, ja unserer wissenschaftlichen Bildung überhaupt in Gefahr bringt" (Verhandlungen des Landesschulausschusses ... 1920, S. 74 ff., Zitat S. 86). Auch in der folgenden Aussprache wurde die überwiegende Ablehnung der Deutschen Oberschule durch die Philologen deutlich (ebd., S. 101 ff.). Lediglich der Vorsitzende des Bundes Entschiedener Schulreformer sowie ein Vertreter der Seminardirektoren setzten sich für die Deutsche Oberschule ein (ebd., S. 104 ff. u. S. 109 ff.). Als weiteres Indiz für die ablehnende Haltung des SPhV kann gelten, daß er erst zu dem Zeitpunkt auf die programmatische Ausgestaltung der Deutschen Oberschule Einfluß zu nehmen versuchte, als er merkte, wie weit inzwischen die Pläne des Sächsischen Seminarlehrervereins und die Vorstellungen im Kultusministerium gediehen waren (PAUL 1928, S. 25).

Im Dezember 1920 legte der SPhV zunächst "Richtlinien für die Deutsche Oberschule" vor, im Juni 1921 folgte schließlich der "Lehrplan zur Deutschen Oberschule als einem Zweige der Reformschule ab Untersekunda" (ebd.). Die Vorstellungen des SPhV unterschieden sich in zwei wesentlichen Punkten von denen des Sächsischen Seminarlehrervereins. Der erste Punkt betraf mehr die organisatorische, der zweite mehr die inhaltliche Seite. Im Gegensatz zum Seminarlehrerverein, der mehr die organisatorische Unabhängigkeit der Deutschen Oberschule von den übrigen höheren Schulen betonte, beabsichtigte der Philologenverein die Deutsche Oberschule organisatorisch in das bereits bestehende höhere Schulwesen derart zu integrieren, daß sie erst ab Untersekunda als ein Zweig der sog. Reformschule auftrat.[15] Die Deutsche Oberschule sollte demnach nicht mehr sein als ein Zweig oder eine Abteilung im Oberbau der sog. "höheren Einheitsschule", wie sie ab 1923 im Philologenverein verstärkt diskutiert wurde (ebd., S. 25 ff.). Betonte der SPhV schon durch seinen organisatorischen Ansatz die Nähe der Deutschen Oberschule zu den übrigen höheren Schulen, so tat er dies auch unter inhaltlichem Aspekt und zwar insofern, als er für die Deutsche Oberschule unabdingbar zwei Pflichtfremdsprachen forderte. In seinen "Richtlinien für die Deutsche Oberschule" begründete der Philologenverein dies besonders damit, daß zwei Fremdsprachen für das Training des mechanischen Gedächtnisses, das im Alter von 10 bis 15 Jahren besonders entwickelt sei, nötig seien, daß sie auch deshalb unverzichtbar seien, damit die Deutsche Oberschule sich genügend von der Volksschule unterscheide, und weil die Deutsche Oberschule mit nur einer Fremdsprache im Wettbewerb mit den übrigen höheren Schulen als die leichtere angesehen werden könne (PAUL 1928, S. 27). Der Plan des SPhV mit zwei Pflichtfremdsprachen wurde auch bekannt unter der Bezeichnung "Deutsche Oberschule Typ B".

Verfolgt man nun den weiteren Prozeß der Durchsetzung der Deutschen Oberschule und der Aufbauschule im Zusammenhang mit dem Abbau der Lehrerseminare, so hatte die ersten Schritte dazu bereits im Oktober 1920 der damalige Kultusminister Seyfert (DDP) eingeleitet. Seyfert sandte den Seminardirektoren Richtlinien zu, nach denen bereits ab Ostern 1921 mit der Umwandlung der Seminare in Deutsche Oberschulen und Aufbauschulen begonnen werden sollte. Aus diesem Grund brachte das Kultusministerium Mitte Dezember 1920 einen Gesetzentwurf über die Umwandlung der Seminare beim Gesamtministerium, d.h. der Regierung, ein, mit der Bitte, diesen möglichst schnell an den Landtag weiterzuleiten. Aufgrund eines Einspruches des Finanzministeriums lehnte das Gesamtministerium dieses im Februar 1921 zunächst einmal ab (PAUL 1928, S. 29 ff.). Der Grund für den Einspruch war die noch ungeklärte Frage nach der finanziellen Beteiligung des Reiches an der Reform der Lehrerbildung. Trotz der vorerst gescheiterten Gesetzesinitiative blieb das Kultusministerium aktiv. Zu einer Besprechung am 12. März 1921 lud das Ministerium Vertreter des

---

[15] Vgl. dazu: "Lehrplan zur Deutschen Oberschule (D.O.S.) als einem Zweige der Reformschule ab Untersekunda", in: Deutsches Philologenblatt 1921, Nr. 22, S. 340 f.

Philologenvereins, des Seminarlehrervereins, je einen Vertreter des SLV, des BESch und der Gesellschaft für deutsche Bildung und Prof. Dr. Litt als Vertreter der Universität Leipzig ein. Im Mittelpunkt der Unterredung stand die Frage, wieviele Fremdsprachen die Deutsche Oberschule pflichtmäßig betreiben sollte. Der Kompromiß, der schließlich erzielt wurde, ging dahin, dem Ministerium vorzuschlagen, im einzelnen Fall und nach den jeweils örtlichen Verhältnissen entweder die Deutsche Oberschule Typ A mit **einer** Fremdsprache oder die Deutsche Oberschule Typ B mit **zwei** Fremdsprachen einzurichten. In nachfolgenden Erklärungen stellten sich der Sächsische Seminarlehrerverein und der Sächsische Philologenverein ohne Einschränkungen hinter den erzielten Kompromiß. Der SLV erklärte dagegen, daß er grundsätzlich nur den Typ A anerkenne und dessen breite Erprobung unter günstigen Bedingungen wünsche. Allerdings wolle er sich der Erprobung des Typs B nicht entgegenstellen. Nachdem diese Erklärungen dem Ministerium zugegangen waren, kam es am 4. Juni 1921 zu einer erneuten Sitzung im Kultusministerium, an der wiederum alle genannten Verbände teilnahmen. Das Ministerium erklärte, daß es die Erprobung beider Typen befürworte (PAUL 1928, S. 31).

Als Heinrich Schulz, Vertreter des Reichsinnenministeriums, am 9. Juni 1921 im Reichsschulausschuß bekanntgab, daß der Entwurf eines Lehrerbildungsgesetzes dem Reichstag aus finanziellen Gründen nicht vorgelegt werden könne, erklärte im September 1921 das sächsische Kultusministerium den Lehrerverbänden, daß mit der beabsichtigten Umwandlung der Lehrerseminare zu Ostern 1922 noch nicht begonnen werden könne. Noch im selben Monat bat daraufhin der SLV den Kultusminister Fleißner (USPD), die Umwandlung der Seminare ohne Rücksicht auf das Reich voranzutreiben. In diesem Sinne teilte das sächsische Kultusministerium dem Reichsinnenministerium dann auch tatsächlich mit, daß es sich nicht mehr in der Lage sehe, länger auf die gesetzlichen Richtlinien des Reiches zu warten und mit den Vorarbeiten zur Umwandlung der Seminare beginnen werde, was in der Folge dann auch geschah (ebd., S. 32 f.).

Die Lehrerverbände versuchten, in diesem Prozeß weiterhin Einfluß zu nehmen. Insbesondere der SLV machte sich nach dem Eintritt des Sächsischen Seminarlehrervereins in den Sächsischen Philologenverein weiterhin zum Fürsprecher der Deutschen Oberschule Typ A. Am 7. November 1921 richtete der SLV eine Eingabe an das Kultusministerium, in der er nochmals seine Ansichten und Forderungen zur Umwandlung der Seminare und der Deutschen Oberschule darlegte, insbesondere noch einmal seinen Standpunkt bekräftigte, wonach die Deutsche Oberschule nur **eine** Fremdsprache pflichtmäßig betreiben solle. Der Typ B könne nicht als ein Fortschritt angesehen werden. Auch der Sächsische Philologenverein blieb nicht untätig. Er fürchtete vor allem die Konkurrenz der Deutschen Oberschule für die bestehenden höheren Schulen, insbesondere für die humanistischen Gymnasien. Deshalb forderte er in einer Eingabe an den Landtag im Februar 1922: "Schulen, die unter der gegenwärtigen Wirtschaftslage besonders leiden, sind nicht schematisch durch neue Schularten zu ersetzen oder gar zu schließen, sondern durch innere Umgestaltung den neuen Verhältnissen anzupassen." Außerdem "dürfen Seminare in kleineren Städten nicht als 2. allgemeinbildende höhere Schule neben eine bereits vorhandene treten, sondern sind mit dieser zu einer einzigen allgemeinbildenden höheren Schule zu verschmelzen" (Dresdner Anzeiger Nr. 83 vom 17. Febr. 1922, zit. n. PAUL 1928, S. 35).

Die angekündigten Vorarbeiten des Kultusministeriums mündeten schließlich im Februar und März 1922 in die Beratung und Verabschiedung des Gesetzentwurfs über die Umwandlung der Lehrer- und Lehrerinnenseminare im Landtag. Arthur Arzt begrüßte für die SPD den Entwurf "als die endliche **Einleitung zur Reform des gesamten höheren Schulwesens.**" Die schlimme finanzielle Lage mache es notwendig, "daß wir gerade auf dem Gebiete des höheren Schulwesens zu einer **intensiven Planwirtschaft** kommen und das gesamte Schulwesen im Geiste der deutschen Einheitsschule aufbauen müssen" (Verhandlungen des Sächsischen Landtages ... 1921/22, Vierter Band, S. 3157). Und Kultusminister Fleißner sah in der Umwandlung der Seminare "den Anfang für eine Beseitigung der Standesschulen überhaupt." Zwar müsse die bedauerliche Tatsache mit in Kauf genommen werden, daß an den neuen, an die Stelle der Seminare tretenden höheren Schulen Schulgeld erhoben werden müsse, aber durch die Gewährung von staatlichen Beihilfen für fähige Schülerinnen und Schüler unbemittelter Eltern, so Fleißners Vorstellung, würde letztlich "ein heilsamer und guter Einfluß in sozialem Sinne auf das gesamte höhere Schulwesen zu erwarten sein" (ebd., S. 3154). Das "Gesetz über die Umwandlung der Lehrerseminare und Lehrerinnenseminare" wurde am 23. März 1922 vom Landtag mit den Stimmen von USPD, SPD, KPD, DDP und DVP verabschiedet (ebd., S. 3529-3550; vgl. auch Verordnungsblatt ... 1922, S. 78). Diesem Gesetz entsprechend wurde Ostern 1922 dann damit begonnen, die Seminare abzubauen und dafür in der Hauptsache Deutsche Oberschulen Typ A und B und Aufbauschulen einzurichten (PAUL ebd., S. 39 ff.).

Mit dem Abbau der Lehrerseminare hatte Sachsen einen ersten entscheidenden Schritt zur Reform der Volksschullehrerausbildung getan. Als Ostern 1922 mit dem Aufbau der Deutschen Oberschule und Aufbauschule begonnen wurde, war allerdings eine wichtige Frage noch ungeklärt, nämlich die, welche Berechtigungen die Deutsche Oberschule vergeben durfte. In einer Verordnung vom 4. Januar 1922 hatte es dazu zunächst geheißen, "daß bindende Bestimmungen über die der Deutschen Oberschule und die verkürzte Form der Aufbauschule mit dem Lehrplan der Oberschule zu gewährenden Berechtigungen ... erst nach Abschluß der mit dem Reiche und den Unterrichtsverwaltungen der Länder eingeleiteten Verhandlungen wegen Abänderung der Vereinbarung vom 22. Oktober 1909 über die gegenseitige Anerkennung der Reifezeugnisse der neunstufigen höheren Schulen getroffen werden (können)" (LLZ 1922, Nr. 3, S. 54). Das sächsische Kultusministerium gab aber der Hoffnung Ausdruck, daß die Deutsche Oberschule mit den Berechtigungen der Oberrealschule in die Vereinbarung einbezogen werden könnte. Nun gab es in Sachsen aber zwei Typen der Deutschen Oberschule, nämlich mit einer und zwei Pflichtfremdsprachen. Während beide Typen Ostern 1922 eingeführt wurden, erklärte etwa zur selben Zeit der Verband der deutschen Hochschulen, daß den Absolventen der Deutschen Oberschule mit nur einer Pflichtfremdsprache die Berechtigung zum Hochschulstudium nicht gegeben werden könne (PAUL 1928, S. 47). Ebenso wie der Verband der deutschen Hochschulen versagten auch die Universität Leipzig und die Technische Hochschule Dresden den Absolventen der Deutschen Oberschule Typ A die Hochschulzugangsberechtigung. Beide Hochschulen äußerten sich zunächst in jeweils getrennten und abschließend in einem gemeinsamen Gutachten negativ zur Deutschen Oberschule Typ A (SSZ 1922, Nr. 21, S. 389 ff.; LLZ 1922, Nr. 21, S. 390 ff. u. LLZ 1923, Nr. 1, S. 2 ff.). Beide Hochschulen versagten ihr die Anerkennung letztlich aufgrund der - ihrer Meinung nach - unzureichenden wissenschaftlichen Ausrichtung, d.h. einer von den Hochschulen befürchteten gleichberechtigten Gewichtung von sog. wissenschaftlichen und außerwissenschaftlichen Bildungszielen. So hieß es in dem gemeinsamen Gutachten:

> *"Erstlich handelt es sich um das Verhältnis zwischen den wissenschaftlichen und außerwissenschaftlichen Bildungszielen der neuen Schule. Es muß Gewißheit darüber bestehen, ob die künstlerischen und technischen Betätigungen in Aufbau und Gestaltung des Unterrichts sowie in der Auslese und Förderung der Schüler den wissenschaftlichen **gleichberechtigt** zur Seite stehen sollen ... derart, daß z.B. der Nachweis künstlerischer Befähigung einen Ausgleich für ein Versagen in wissenschaftlichen Fächern bilden kann und ob, unbeschadet der Ausbildungsmöglichkeit für etwa vorhandene künstlerisch-technische Gaben, die Bewährung in den **wissenschaftlichen** Fächern die entscheidenden Kriterien abgeben soll. Nur in dem zweiten Falle kann das geistige Leben der neuen Schule diejenige Richtung einschlagen, die in der Arbeit der Hochschule ihre sinngemäße Fortführung findet"* ("Anderweites Gutachten der Universität Leipzig zur Deutschen Oberschule, Typus A", in: LLZ 1923 Nr. 1, S. 2-5, Zitat S. 3).

Die hinreichende Bewährung in sog. wissenschaftlichen Fächern war also letztlich das entscheidende Kriterium für Zustimmung oder Ablehnung der Deutschen Oberschule. Diese wissenschaftlichen Fächer wurden an anderer Stelle auch als die eigentlichen Arbeitsfächer bezeichnet, da sie ihrem Wesen nach zu bestimmten, durch die Sache selbst vorgezeichneten, klar umschriebenen Leistungen nötigten. Zu diesen Fächern zählten die Hochschulen in erster Linie die Fremdsprachen, die mathematischen und gewisse naturwissenschaftliche Disziplinen. Nur durch sie könne wissenschaftliche Bildung vermittelt werden. Dagegen könne die Bevorzugung solcher Fächer wie Philosophie, Psychologie, Geschichte, Deutschkunde, Literaturgeschichte und Kunstgeschichte nicht die Ausbildung derjenigen Kräfte fördern, auf die ein wissenschaftlicher Bildungsgang in erster Linie angewiesen sei (ebd., S. 3 f.). Lediglich die Deutsche Oberschule Typ B, nach den Plänen des SPhV, wurden z.von der Universität Leipzig und der Technischen Hochschule Dresden "als im wesentlichen geeignete Vorbereitung für das Hochschulstudium anerkannt" (ebd., S. 3). Gegen die Meinung der Hochschulen konnte sich der SLV mit seinem Gegengutachten beim Ministerium nicht durchsetzen (PAUL 1928, S. 51 f.; vgl. auch LLZ 1922, Nr. 32, S. 600 f.). Dies zeigte sich, als das sächsische Kultusministerium am 27. Oktober 1922 eine Verordnung über den weiteren Ausbau der Deutschen Oberschule erließ. Darin wurde festgelegt:

> *"Die grundständige Form der Deutschen Oberschule hat zwei Fremdsprachen.*
> *Bei auftretendem Bedürfnis kann den Oberschulen*
> *a) ein Zug mit nur **einer** und zwar einer modernen Fremdsprache*

b) ein künstlerisch-technischer Zug angegliedert werden" (LLZ 1922, Nr. 37, S. 678).

Zur Frage der Berechtigungen hieß es u.a. in der Verordnung:

"1. Die grundständige Form mit zwei Fremdsprachen erhält die Berechtigungen des Realgymnasiums, wenn die eine Fremdsprache Latein ist; die der Oberrealschule, falls an die Stelle des Latein eine zweite andere Fremdsprache tritt;
2. Der Zug mit nur einer Fremdsprache erhält alle Berechtigungen der neunstufigen höheren Lehranstalten außer der Zuerkennung der Hochschulreife" (ebd., S. 679).

Mit dieser Verordnung war zunächst auch offiziell den Absolventen der Deutschen Oberschule Typ A der Weg zur Universität versperrt worden. Damit waren die Auseinandersetzungen um die Frage der Berechtigungen der Deutschen Oberschule aber keineswegs beendet. Denn mittlerweile hatten sich auch Eltern der Deutschen Oberschule zu Fürsprechern der Form mit nur einer Fremdsprache gemacht. Im Dezember 1922 war es in Dresden zu Konstituierung eines Landeselternausschusses der Deutschen Ober- und Aufbauschulen gekommen. Dieser hatte sich dann an den Sächsischen Landtag gewandt, um die uneingeschränkte Hochschulzugangsberechtigung auch für die Absolventen der Deutschen Oberschule Typ A zu erreichen. In seiner Sitzung vom 22. Februar 1923 beschloß der Landtag mehrheitlich, den Deutschen Oberschulen vom Typ A dieselben Studienberechtigungen wie den vom Typ B zuzuerkennen (PAUL 1928, S. 53 ff.). Aufgrund der Bemühungen der Elternschaft und des Votums des Landtages erließ das sächsische Kultusministerium am 21. März 1923 eine neue Verordnung, die diesmal der Deutschen Oberschule Typ A grundsätzlich die Vergabe der Hochschulreife zuerkannte, allerdings vorbehaltlich der Entscheidung darüber, "ob und inwieweit für die einzelnen Studienzweige die Ablegung von Ergänzungsprüfungen vor der Zulassung zum Studium oder zu den Prüfungen zu fordern ist" (zit. n. PAUL 1928, S. 55). Mit dieser Verordnung gab sich der Landeselternausschuß jedoch nicht zufrieden und forderte in einer erneuten Eingabe an das sächsische Kultusministerium, die Frage der Berechtigungen der Deutschen Oberschule endgültig und im einzelnen zu regeln. In seiner Antwort erklärte das Kultusministerium, daß es sich mit den Kultusministerien anderer Länder verbunden habe, um die volle Anerkennung der Deutschen Oberschule Typ A auf Reichsebene zu erreichen. Für den Fall des Scheiterns stellte das Ministerium in Aussicht, daß dann diese Länder von sich aus die volle Anerkennung aussprechen und den Abiturienten aller Deutschen Ober- und Aufbauschulen Typ A ihre Hochschulen öffnen würden (ebd.). Das Schicksal der Deutschen Oberschule blieb aber weiterhin ungewiß. Zwar war sie nicht zuletzt auf Druck des SLV 1922 eingeführt worden, ihre endgültige reichsweite Anerkennung wurde allerdings bis zum Ende der Reformperiode 1923 nicht mehr erreicht.

Nach 1923 hat es noch zwei wichtige Vereinbarungen der Länder zur Deutschen Oberschule gegeben. Die erste war die "Vereinbarung der Länder über die Deutsche Oberschule" vom 28. März 1925, in der die Länder mit Ausnahme Bayerns die Deutsche Oberschule als neue zur Hochschulreife führende höhere Schule versuchsweise zuließen (FÜHR 1970, S. 288 f.). Diese Vereinbarung verwehrte allerdings der Deutschen Oberschule mit nur einer Fremdsprache die Berechtigung zur Vergabe der Hochschulreife. Ihre endgültige Anerkenung erlangten die Deutsche Oberschule und Aufbauschule mit zwei Pflichtfremdsprachen erst im Jahre 1931 mit der "Vereinbarung der Länder über die gegenseitige Anerkennung der Reifezeugnisse der höheren Schulen", der sich diesmal auch Bayern anschloß (ebd., S. 296 ff. u. S. 328 f.).

Trotz dieses, sich über die gesamten zwanziger Jahre erstreckenden Versuchscharakters der Deutschen Oberschule und Aufbauschule nahmen beide in Sachsen eine beachtenswerte Entwicklung. Dies zeigt schon die Anzahl der Deutschen Oberschulen und Aufbauschulen im Vergleich zu den übrigen höheren Schulen. Nach dem Stand vom 15. Mai 1930 gab es in Sachsen insgesamt 112 höhere Schulen.

Typen höherer Schulen in Sachsen 1930

Typ	Anzahl
Gymnasien:	18
Realgymnasien:	23
Oberrealschulen:	19
Deutsche Ober- und Aufbauschulen:	25
Realschulen:	12
Studienanstalten und höhere Mädchenschulen:	15

(Eigene Zusammenstellung nach: Statistisches Jahrbuch für den Freistaat Sachsen, 49. Ausgabe 1930, S. 252)

Es gab also 1930 in Sachsen mehr Deutsche Ober- und Aufbauschulen als z.B. Gymnasien, Realgymnasien oder Oberrealschulen. Betrachten wir die Schülerzahl der verschiedenen höheren Schulen.

Verteilung der Schüler(innen) auf die verschiedenen Typen des höheren Schulwesens in Sachsen 1930

Typ	insgesamt	davon Mädchen
Gymnasium:	7.495	469
Realgymnasium:	11.029	881
Oberrealschule:	9.627	1026
Deutsche Ober- und Aufbauschulen:	10.117	4036
Realschule:	3.395	433
Studienanstalten und höhere Mädchenschulen:	8.594	8543

(Eigene Zusammenstellung nach: Statistisches Jahrbuch 1930, S. 252)

Bei den Schülerzahlen wurden die Deutschen Ober- und Aufbauschulen lediglich von den Realgymnasien um rund 1.100 Schüler übertroffen.

In den Deutschen Ober- und Aufbauschulen waren Kinder aus der Arbeiterschaft zwar ebenfalls noch weit unterrepräsentiert, immerhin aber schon deutlich stärker vertreten als in den herkömmlichen neunstufigen höheren Schulen. Nach einer Schulstatistik vom 28. Februar 1927 stammten in Sachsen 10,5% der Kinder in den Deutschen Ober- und Aufbauschulen aus der Arbeiterschaft, während es im Gymnasium nur 3,2%, im Realgymnasium 4,9% und im Reformrealgymnasium 8,4% waren (im Durchschnitt aller höheren Schulen, einschließlich der Realschulen und des höheren Mädchenbildungswesens: 7,7%. ("Beruf der Eltern der Schüler an den höheren Lehranstalten nach der Schulstatistik vom 28. Februar 1927", in: Statistisches Jahrbuch für den Freistaat Sachsen, 48. Ausgabe 1929, S. 238-243).

2. Pädagogische Reformansätze

a. **Die Neuordnung der Lehrpläne an den höheren Schulen unter besonderer Berücksichtigung des Geschichts- und Staatsbürgerkundelehrplans**

In Sachsen ist es bis zum gewaltsam erzwungenen Ende der Reformphase im Oktober 1923 nicht zur Verabschiedung eines neuen Gesamtlehrplans für das höhere Schulwesen gekommen. Verantwortlich dafür war zunächst die allgemeine Unsicherheit über die grundsätzliche Gestaltung des Schulwesens nach 1918/19, dann aber auch die Tatsache, daß das sächsische Kultusministerium seit Anfang 1923 zunächst einmal eine grundlegende organisatorische Reform des gesamten Schulwesens angestrebt hat, die dann aus den bereits dargelegten Gründen nicht mehr verwirklicht werden konnte. Es hat letztlich dann noch bis zum 10. Mai 1932 gedauert, bis ein neuer Landeslehrplan für die höheren Schulen herausgegeben wurde (LLZ 1932, Nr. 18, S. 439 f.; Nr. 19, S. 455 f.).

Eine Etappe auf dem Weg dorthin war sicherlich die bereits erwähnte "Denkschrift des Ministeriums für Volksbildung" aus dem Jahre 1926, die sich in ausführlicher Weise mit der Lehrplanfrage im allgemeinen beschäftigt, Stellung zu den einzelnen Fächern genommen (Sächsisches Ministerium für Volksbildung 1926, S. 92 ff.) und auch schon neue Stundentafeln für alle höheren Jungen- und Mädchenschulen aufgestellt hatte (ebd. S. 217 ff.). Diese Studentafeln sind von Ostern 1927 an für die drei unteren Klassen eingeführt worden. Ab 1928 ist jedes Jahr eine weitere Klasse - mit geringfügigen Änderungen der ursprünglichen Vorschläge der Denkschrift - erfaßt worden (LÖFFLER 1931, S. 67).[16]

Für zwei Fächer allerdings, nämlich Geschichte und Staatsbürgerkunde, wurde schon ab Ostern 1923 ein neuer Lehrplan probeweise zugelassen. Genau genommen waren es zwei Pläne, der ursprüngliche Plan des Sächsischen Philologenvereins und ein als Reaktion darauf entstandener "Gegenplan" des Bundes Entschiedener Schulreformer. Die ministerielle Denkschrift aus dem Jahre 1926 kam dann auch zu der Feststellung, daß keine anderen Lehrfächer ihrem Inhalt nach so heftig umstritten gewesen seien wie Geschichte und Staatsbürgerkunde (Ministerium für Volksbildung 1926, S. 110). In einer Verordnung vom 6. Nov. 1922 hatte das sächsische Kultusministerium zunächst verfügt, "daß von Ostern 1923 ab nach dem von einer Lehrplankommission des Sächsischen Philologenvereins entworfenen 'Lehrplan für den Unterricht in Geschichte und Staatsbürgerkunde in den Human-, Real- und Reformgymnasien' versuchsweise bis zur endgültigen Gestaltung der neuen Gesamtlehrpläne unterrichtet wird"[17] (Verordnungsblatt ... vom Jahre 1922, S. 170). Begründet wurde dies damit, daß sich die Neuordnung der Lehrpläne länger als erwartet hinausziehe, man aber möglichst bald für die Durchführung des Artikels 148 Abs. 3 Weimarer Reichsverfassung, der die Staatsbürgerkunde als Lehrfach einführte, sorgen wolle (ebd.). Dieser zur Erprobung freigegebene Geschichtslehrplan des SPhV stieß nun beim BESch auf entschiedene Ablehnung (Die Neue Erziehung 1923, Nr. 6, S. 185 ff.). Insbesondere die Dresdner Ortsgruppe beschäftigte sich mit dem Plan ausführlich. Auf einer ihrer Sitzungen am 14. Dezember 1922 wurde der Wunsch geäußert, doch einen eigenen Plan vorzulegen. Die endgültige Entscheidung des Vorstands des BESch, tatsächlich einen solchen Plan zu erarbeiten, ging letztlich wohl auf die Tatsache zurück, daß das Kultusministerium hatte verlauten lassen,

---

[16] Bereits 1919 war es zu einer ersten Veränderung der Stundenpläne der höheren Schulen gekommen. So wurde z.B. die Stundenzahl in den Fächern Deutsch, Geschichte, Erdkunde und Zeichnen erhöht (Verordnung vom 11. Febr. 1919, in: Verordnungsblatt ... vom Jahre 1919, S. 57 ff.).

[17] Der Plan wurde im Auftrag des Vorstandes des SPhV von der **Leipziger** Lehrplankommission ausgearbeitet. Er bestand aus dem eigentlichen **Stoffplan** und den dazugehörigen **Bemerkungen**. Während die Verordnung den Stoffplan verbindlich machte, sollten die Bemerkungen lediglich als Anregungen für die Lehrer dienen.

einen neuen Geschichtslehrplan gerne entgegennehmen zu wollen (ebd., S. 186).

Am 20. Dezember 1922 wandte sich der BESch mit einem Schreiben an das Kultusministerium. Darin hieß es zum Plan des SPhV:

> "Wenn wir auch gern anerkennen wollen, daß viel Gelehrsamkeit und manche Anregung in dieser Arbeit enthalten sind, müssen wir trotzdem den Plan als Ganzes aus vielen Gründen ablehnen, weil er weder in psychologischpädagogischer, noch in geschichtlich-politischer Hinsicht den neuzeitlichen Anforderungen entspricht. (...) Wir bitten daher, von einer Einführung des Leipziger Lehrplans absehen zu wollen und erklären uns bereit, in nächster Zeit einen schulreformerischen Entwurf beim Ministerium einzureichen" (StAD, Min. f. Vb. Nr. 14570, Bl. 1).

Einen solchen Entwurf erarbeiteten die beiden Bundesmitglieder Karl Leonhardt (5. Realschule Leipzig) und Friedrich Lohmann (Realgymnasium in der Lösnitz) und legten ihn im Februar 1923 dem Kultusministerium vor. Nachdem der Sächsische Philologenverein sich nun seinerseits - nach Aufforderung durch das Kultusministerium - in einem Gutachten ablehnend über den Plan des BESch geäußert hatte (StAD, Min. f. Vb. Nr. 14570, Bl. 12-17), lud Ministerialrat Dr. Menke-Glückert zu einer mündlichen Besprechung über die Neugestaltung des Geschichtsunterrichts ein (ebd., Bl. 20 f.). An dieser Besprechung im König-Albert-Gymnasium in Leipzig am 19. März 1923 nahm neben Vertretern des BESch und des SPhV auch der Professor für Philosophie und Pädagogik der Universität Leipzig Theodor Litt teil. In der Aussprache kam es zu keiner Annäherung der unterschiedlichen Auffassungen. Die Vertreter des BESch erreichten lediglich, daß das Ministerium mit der Verordnung vom 10. April 1923 auch die Erprobung ihres Geschichtslehrplans auf freiwilliger Basis an den höheren Schulen freigab.[18]

Nicht nur von seiten des BESch, sondern auch aus den Reihen der sächsischen Volksschullehrerschaft ist der Geschichtslehrplan des SPhV auf das schärfste kritisiert worden. Der politische Standort, von dem aus die Kritik erfolgte läßt sich als entschieden demokratisch-republikanisch charakterisieren und war gleichzeitig fest verankert in der Idee der Völkerversöhnung, wie sie auch in Art. 148 Reichsverfassung gefordert wurde: "Wenn man aber hofft, in dem 40 Seiten starken Buche (gemeint war der

---

[18] Vgl. "Niederschrift über die Besprechung am 19.3.1923 zu Leipzig im König-Albert-Gymnasium über die Frage des Geschichtslehrplans", in: StAD, Min. f. Vb. Nr. 14570, Bl. 23-25; Verordnungsblatt ... vom Jahre 1923, S. 77.

Lehrplanentwurf der SPhV, B.P.) von der Idee der Völkerversöhnung auch nur ein Wort zu hören, so irrt man" (SSZ 1923, Nr. 13, S. 149).

In der Tat sucht man einen positiven Gedanken oder ein Bekenntnis zum Frieden und zur Völkerversöhnung im Lehrplanentwurf des SPhV vergebens. Statt einer positiven Deutung des Begriffes Völkerversöhnung hieß es stattdessen in der Erläuterung zum Plan: "Der 'Völkerverhetzung' diene der Unterricht nicht ..., wohl aber erfülle er die Herzen mit Begeisterung für die Unabhängigkeit des Vaterlandes und für die Einigkeit des ganzen Volkes in diesem Gedanken" (Entwurf eines Lehrplans für den Unterricht in Geschichte und Staatsbürgerkunde 1922, S. 18). Mit dieser halbherzigen Absage an "Völkerverhetzung" korrespondierte die eher positive Besetzung des Kriegsbegriffes und seines Umfeldes. So wurde in dem Entwurf z.B. betont, daß der Krieg zur Kultur gehöre und als positive Triebkraft allerersten Ranges zu würdigen sei (ebd., S. 4). An einer anderen Stelle des Entwurfs ist zu lesen, daß das Streben nach Machtbesitz und Machterweiterung tief in der menschlichen Natur begründet sei und zum Wesen der großen Staaten gehöre und daß demnach der Krieg am ehesten als eine große Naturkatastrophe anzusehen sei, an der natürlich auch Menschen mit verantwortlich beteiligt seien, ohne den Krieg allerdings bewußt gewollt zu haben (ebd., S. 20). Auch der Lehrplanentwurf für die Staatsbürgerkunde legitimierte und verherrlichte den Krieg:

"6. Staat und Sittengesetz, Vaterlandsliebe.
Der wahre Vorteil des Staates alleinige Richtschnur des Handelns für den Staatsmann. Staat erfüllt von Lebens- und Machttrieb. Krieg letztes und sittliches Mittel, die Ehre und das Ansehen des Staates zu wahren. (...) Vaterlandsliebe die Krone aller irdischen Tugenden. Aufopferung für das Vaterland zu allen Zeiten der schönste und ehrenvollste Tod" (Entwurf eines Lehrplans ... 1922, S. 37 f.).

Mit der Verherrlichung des Krieges einher ging die ausführliche Behandlung der eigentlichen Kriegshandlungen. Obwohl schon in den Vorbemerkungen des Planes gesagt wurde, daß die kriegsgeschichtlichen Einzelheiten zumeist entbehrlich seien, beweisen die Ausführungen im Plan selbst und in seinen Bemerkungen das Gegenteil. Dies ließe sich an den meisten der zu behandelnden Kriege zeigen, besonders deutlich an den Bemerkungen zum Ersten Weltkrieg. Auf einer halben Seite wurde hier ausführlich aufgezählt, was an Schlachten, Kampfhandlungen, militärischer Taktik und ähnlichem zu berücksichtigen sei (ebd., S. 31). Dies ging bis zur Aufzählung detaillierter Einzelheiten, wenn es etwa hieß:

> *"2. Festungs-, Bewegungs-, Stellungs-, Seekrieg, Luftkrieg. 3. Die neuen Techniken des Kriegs: Schützengraben, Gasangriffe, Flammenwerfer, Minenwerfer, Tanks, Ferngeschütze, Zeppeline, Tauchboote; ihre Leistungsfähigkeit und die Abwehrmittel" (ebd.).*

Die Verherrlichung von Krieg und Heldentod, zusammen mit der Legitimation von imperialistischer Machterweiterung, wie sie hier als durchgängiges Prinzip des Geschichts- und Staatsbürgerkundelehrplans des SPhV erscheint, läßt - bei vorsichtiger Bewertung - zumindest einen Schluß zu: Mit Artikel 141 der Weimarer Reichsverfassung (Erziehung zur Völkerversöhnung) stand dieser Lehrplanentwurf für Geschichte und Staatsbürgerkunde nicht in Einklang, ja man wird sogar sagen dürfen, daß er diesem Anspruch der Verfassung geradezu diametral entgegenstand. In dem vom BESch herausgegebenen Lehrplan findet man dagegen an keiner Stelle solche kriegsverherrlichenden und imperialistischen Tendenzen. Im Gegenteil forderte der Bund als Zukunftsaufgabe explizit die Überwindung des Krieges (SSZ 1923, Nr. 13, S. 150).

Der zweite wichtige Haupteinwand des SLV gegen den Lehrplan der Philologen richtete sich gegen die insgesamt vorherrschende Tendenz einer "heroisch-individualistisch(en) Geschichtsauffassung". "Der Heros, der große Fürst oder Soldat erscheint als das bewegende Moment in der Geschichte" (ebd.), schrieb die SSZ. Auch dieser Kritik am Geschichtslehrplan der Philologen läßt sich nach sorgfältiger Lektüre des Planes zustimmen. Bereits in den Vorbemerkungen zum eigentlichen Lehrplan wurde darauf hingewiesen, daß die zeitweise außerordentlich große Bedeutung der Dynastien und ihrer Vertreter künftig nicht deshalb geringer bewertet werden dürfe, nur weil Deutschland eine Republik geworden sei. Dies käme einer Fälschung der geschichtlichen Wahrheit gleich. Eine Verherrlichung der Dynastien solle mit ihrer Behandlung selbstverständlich nicht verbunden sein (Entwurf eines Lehrplans ... 1922, S. 4). Trotz dieser Beteuerung dann schon im übernächsten Absatz:

> *"**Massenbewegungen** sind gebührend zu berücksichtigen, aber das **Heroische in der Geschichte** darf nicht um einer Doktrin willen, die nur der Mittelmäßigkeit zugute kommt, aus dem Unterricht verschwinden. Ehrfurcht vor großen Menschen und großen Leistungen muß bleiben; das Dämonische des Genius, das auch furchtbare Folgen haben kann, kann deshalb doch gezeich-*

net werden. Die großen Erfinder, Denker, Künstler sind mehr als bisher zu würdigen" (ebd.).

Diese personenzentrierte Geschichtsauffassung, die ihre wissenschaftliche Legitimation durch die universitäre Geschichtswissenschaft der Weimarer Republik bezog, läßt sich anhand weiterer Stellen im Lehrplan und insbesondere in den dazugehörigen Erläuterungen belegen. In den "Bemerkungen" zum Stoffplan des Mittelalters wurde angeregt: "Die gewaltigen Persönlichkeiten der großen Herrscher des Mittelalters suche der Lehrer den Schülern tief einzuprägen" (ebd., S. 14). Bezogen auf die Reichsgründung von 1870/71 ist zu lesen:

> *"Die Geschichte der Reichsgründung ist vorzüglich geeignet, zum ersten Male das Problem 'Masse und Führer' ins helle Licht zu setzen. Neben den auch menschlich meist tief sympathischen Gestalten der 'Helden' ist der unentbehrlichen Mit- und Vorarbeit des Volkes zu gedenken." (ebd., S. 19).*

Und in den Bemerkungen zum Ersten Weltkrieg heißt es: "Selbstverständlich sind dabei die Leistungen der genialen Heerführer, besonders die mythische Größe Hindenburgs, ebenso zu würdigen wie diejenigen der Truppen" (ebd., S. 31).

Geniale Heerführer, sympathische Helden und große Herrscher auf der einen, das einfache Volk und die Truppen (= Massenbewegungen) auf der anderen Seite. Beide waren selbstverständlich im Geschichtsunterricht zu würdigen. Allerdings immer unter der gesellschaftspolitischen Perspektive von "Oben" und "Unten", von Führern und Geführten, von Elite und Masse, einem also letztendlich demokratie- und republikfeindlichen Gesellschaftsmodell, wie es für die Mehrheit der Philologen in der Weimarer Republik ja bereits konstatiert wurde.

Eindeutig der Demokratie von Weimar verpflichtet dagegen die Richtlinien für die Neugestaltung des Geschichtsunterrichts des BESch. Darüber hinaus unübersehbar seine antimilitaristische, antiimperialistische und auf Völkerversöhnung zielende Komponente. Die den von Leonhardt und Lohmann erarbeiteten Richtlinien zugrundeliegende Ausgangsthese war aktuellpolitischer Natur. Sie ging von der Überzeugung aus, daß der "heutige Deutsche" die Notwendigkeit erkenne, "auf Grund eines neuen Denkens und Fühlens sein Verhältnis zu Vergangenheit, Gegenwart und Zukunft, rückwärts- und vorwärtsschauend, neu zu gestalten. (...) Der lähmenden inneren Zerrissenheit unseres Volkes und dem trägen Fatalismus, der allenthalben sich breitmacht, stellen wir ein neues, zukunftsweisendes, einigendes deutsches National- und Humanitätsgefühl als Ideal gegenüber. (...) seine Durchführung soll im Gegensatz zu früheren Methoden mit den friedlichen Mitteln der Toleranz ohne dogmatische Engherzigkeit versucht werden (vergl. dazu Ed. Sprangers Schriften)"[19]

Vor allem dem Geschichtsunterricht sollte dabei die Aufgabe zukommen, "diese neue Gesinnung" anzubahnen. So wurde als seine wichtigste Aufgabe angesehen, "die Sehnsucht und den Willen des jungen Menschen zu wecken, an der **schöpferischen Gestaltung der Zukunft** mitzuarbeiten." Entgegen eines auf bloßem Verstehen und der Relativität geschichtlicher Ereignisse basierenden Historismus, wie es hieß, sollte bei den Schülern "nicht bloß der Sinn für das Geschaffene, sondern für das noch zu Schaffende" i. S. des oben angestrebten gesellschaftlichen Ideals geweckt werden (Richtlinien ..., in: StAD, Min. f. Vb. Nr. 14570, Bl. 5). Historische Kenntnisse waren nicht allein um ihrer selbst willen gefragt, sondern dienten vor allem einem bewußteren politischen Handeln in der Gegenwart und in der Zukunft. Wer die Vergangenheit nicht kennt, kann auch die Zukunft nicht sinnvoll gestalten, war das heute noch aktuelle Motto dieses angestrebten problemorientierten Geschichtsunterrichts. "Dieses Bewußtsein der Gestaltungspflicht", so die Richtlinien, "daß aus den Problemen des nachrevolutionären, republikanischen Deutschland an jeden jungen Menschen die starke Forderung ergeht nach positiver Mitarbeit am Aufbau des neuen Staates und der neuen Volksgemeinschaft, muß ein lebendiger Geschichtslehrer in jedem seiner Schüler erwecken" (ebd., Bl. 6). Für diesen vor allem auf der Oberstufe soziologisch orientierten Geschichtsunterricht, der auch als "erziehender Geschichtsunterricht" bezeichnet wurde, lautete deshalb eine wichtige Forderung, "daß der Geschichtslehrer vorbehaltlos auch innerlich auf dem **Boden der demokratischen Republik** steht und in seiner

---

[19] Vgl. "**Richtlinien für die Neugestaltung des Geschichtsunterrichts auf den höheren Schulen Sachsens,** im Auftrage des Vorstandes des Bundes entschiedener Schulreformer, Landesverband Sachsen, dem Kultusministerium überreicht von den Studienräten Karl Leonhardt, 5. Realschule Leipzig, und Friedrich Lohmann, Realgymnasium in der Lösnitz." in: StAD, Min. f. Vb. Nr. 14570, Bl. 5-11, Zitat Bl. 5. Die folgenden Zitate sind dieser Fassung entnommen. Etwas später hat es für die Stoffverteilung noch eine gekürzte zweite Fassung gegeben, die im Bundesorgan "Die Neue Erziehung" abgedruckt wurde. Vgl. Leonhardt u. Lohmann: Ein neuer Geschichtslehrplan für die höheren Schulen Sachsens, in: Die Neue Erziehung 1923, H. 6, S. 185-192.

inneren Durchdringung der Republik mit dem **Geiste der Selbstverantwortung und Gemeinschaft** sein Erziehungsideal sieht" (ebd.).[20]

Nicht nur von der Zielperspektive her gesehen, nämlich die Schülerinnen und Schüler zu befähigen, sich aktiv und gestaltend am demokratischen Aufbau der Gesellschaft zu beteiligen, sondern auch methodisch stand dieser Geschichtsunterricht auf dem Boden der "Arbeits- und Erziehungsschule". Die Schüler sollten sich "den Stoff und seinen Gehalt in weitgehendem Maße selbst erarbeiten." Die hier zunächst theoretisch fundierte, ausgeprägt gegenwarts- und zukunftsbezogene politische Zielsetzung dieses demokratischen und kritischen Geschichtsunterrichts schlug sich auch in der konkreten Lehrstoffverteilung für die einzelnen Jahrgangsstufen nieder. So sollte sich in der Untertertia beispielsweise aus der "Geschichte der Reichseinheit: Preußens Aufstieg, Napoleon und Freiheitskriege, Enttäuschungen und Bismarcks kleindeutsche Lösung" für die Schüler als erkennbare Zukunftsaufgabe die Selbständigkeit und das Selbstbestimmungsrecht der Nationen herauskristallisieren oder aus der Geschichte des Krieges und des Kriegshandwerks sich die Erkenntnis von der Notwendigkeit der Überwindung von Kriegen überhaupt ergeben (ebd., Bl. 8). Eine ausgiebige Behandlung war zum Schluß der Oberstufe für die neuere Zeitgeschichte mit ihren wirtschaftlichen und sozialen Problemen vorgesehen. Dazu hieß es im Stoffplan:

> *"C. Sieg des asozialen Kapitalismus und amoralischen Nationalismus (Imperialismus): wirtschaftlich-politische Überspannung des Subjektivismus: 1848-1900. 1864 ff. Moderne Unrast. Moderne Völkerwanderungen. Moderne Organisationen.*
> *D. Kampf des neuen Idealismus (moralisch-sozial) gegen den Materialismus (Kapitalistisch-imperialistisch). Sieg des letzteren: Zerrüttung der europ. Kultur seit 1914. Zukunftsarbeit des neudeutschen Idealismus. Neugestaltung von Wirtschaft, Politik und Kultur. Ausgleichung der Gegensätze. Erhaltung der persönlichen Eigenart trotz Unterordnung unter die Gemeinschaft."* (Richtlinien ..., ebd., Bl. 11).

---

20 Dieser demokratische Anspruch steht zumindest aus heutiger Sicht in einem gewissen Widerspruch zu der Tatsache, daß der BESch sich in seinen "Richtlinien" auf zwei Exponenten der geisteswissenschaftlichen Pädagogik, nämlich Eduard Spranger und Theodor Litt berief, die ja bekanntlich beide der Weimarer Demokratie nicht gerade besonders nahe gestanden haben. Eine mögliche Erklärung für diese Tatsache ist vielleicht die, daß die Philologen des Bundes, die diesen Geschichtslehrplan erarbeitet haben, diesen Widerspruch überhaupt nicht wahrgenommen haben, weil sie das distanzierte Verhältnis zur Demokratie bei Litt und Spranger gar nicht erkannt haben.

Was hier unter dem Begriff des "neudeutschen Idealismus" zusammengefaßt ist, ruhte wohl, so ist zu vermuten, wenigstens zum Teil auf dem Fundament des Neukantianismus. In jedem Fall sollten die Schülerinnen und Schüler am Ende ihrer Schulzeit, anknüpfend an die - kapitalismuskritisch betrachteten - neueren historischen Entwicklungen, an die drängenden Gegenwartsprobleme herangeführt und ihnen noch einmal die Notwendigkeit einer zukünftigen Mitarbeit an der Neugestaltung der demokratischen Gesellschaft nahegebracht werden.

Bleibt zum Schluß die Frage, warum das sozialdemokratisch geführte Kultusministerium den Geschichts- und Staatsbürgerkundelehrplan des SPhV zur Erprobung freigegeben hat, obwohl er doch so offensichtlich gegen Buchstaben und Geist der Weimarer Reichsverfassung verstieß. Die Freigabe des Planes verwundert um so mehr, wenn man berücksichtigt, daß in den vorangegangenen Monaten, d.h. im Laufe des Jahres 1922, eine ganze Reihe von Verordnungen erlassen worden waren, die alle darauf abzielten, das Verhältnis der Schulen und damit auch der höheren Schulen zur Weimarer Demokratie positiv zu beeinflussen.[21] Dieser Widerspruch läßt sich u.a. vielleicht damit erklären, daß mit dieser ganzen Angelegenheit selbst ein Philologe, der Ministerialrat Dr. Emil Menke-Glückert (DDP), befaßt war.

b. Die "Dürerschule" - staatliche höhere Versuchsschule in Dresden

Die Gründung einer höheren Versuchsschule in Dresden ist der Initiative und dem Engagement des BESch in Sachsen zu verdanken. Die Idee dazu tauchte öffentlich zum ersten Mal auf während der Pfingsttagung des sächsischen Landesverbandes des BESch 1920, und zwar im Zusammenhang mit Überlegungen des Bundes zum "Neubau der höheren Schule".

---

21 Zu nennen sind hier u.a. die "Verordnung über die Durchsicht von Lehrbüchern für den geschichtlichen und staatsbürgerlichen Unterricht" vom 21. Januar 1922 (Verordnungsblatt ... vom Jahre 1922, S. 8), die Verordnung über das "Verhältnis der Schulen zum republikanischen Staat" vom 6. Juli 1922 (ebd., S. 106 f.), die Verordnung zur "Mitwirkung der Schulen und Hochschulen zum Schutze der Republik" vom 19. August 1922 (ebd., S. 123 ff.) und die Verordnung zur "Entfernung von Büchern aus den Schülerbibliotheken" vom 25. September 1922 (ebd., S. 141 f.).

Schon hier wurden erste Gedanken für einen "Lehr- und Erziehungsplan" einer Versuchsschule formuliert (Mitteilungen des Reichsbundes Entschiedener Schulreformer 1920, S. 10). Im November 1920 sprach dann auf einer Versammlung der Dresdner Ortsgruppe der Studienrat Dr. Reinhard Liebe vom Gymnasium in Freiberg über den "Lehrplan einer höheren Versuchsschule" (Mitteilungen des BESch 1921, Nr. 1, S. 1). Liebes Vorschläge für eine höhere Versuchsschule, wie er sie auf der Pfingsttagung des Bundes 1920 und dann im Dresdner Ortsverein gemacht hatte, wurden Grundlage eines Versuchsschulplanes, den einige Mitglieder des BESch in Freiberg ausarbeiteten. Die dahinter stehende pragmatische Absicht der Freiberger Lehrer war die, das in seinem Bestand gefährdete Freiberger humanistische Gymnasium zu retten, indem man es in eine Versuchsschule umwandelte. Dieses Ansinnen wurde allerdings vom Kollegium mit 13 : 8 Stimmen abgelehnt. Daraufhin reichten die Bundesmitglieder den Plan beim Kultusministerium ein mit der Bitte, seine Verwirklichung an einer anderen höheren Schule zu genehmigen (Mitteilungen des BESch 1921, Nr. 7, S. 52). In den "Mitteilungen des Bundes Entschiedener Schulreformer" Nr. 7 vom Juli 1921 wurde dieser "Freiberger Lehrplanentwurf einer höheren Versuchsschule ('Neudeutsches Gymnasium')" in seinen Grundgedanken vorgestellt. Es waren dies fünf, die im folgenden vorgestellt werden sollen.

> *"1. Einbau in das Einheitsschulsystem. Aufnahme begabter Volksschüler nach dem 7. Schuljahr. Dennoch grundsätzliches Festhalten am neunjährigen Lehrgang. Also dreijähriger Unterbau und sechsjähriger Oberbau. Reifeprüfung nach Wunsch" (Mitteilungen des BESch 1921, Nr. 7, S. 53).*

Die Versuchsschule sollte die Berechtigungen sämtlicher Vollanstalten vergeben können. Dies wollte man mit Hilfe wahlfreier Kurse erreichen. Was mit dem "Einbau in das Einheitsschulsystem" gemeint war blieb unklar.

> *"2. Fremdsprachen und Mathematik werden als Hilfswissenschaften betrieben. Einschränkung des pflichtmäßigen Sprachunterrichts nach Maßgabe des Kulturzwecks und des pflichtmäßigen Mathematikunterrichts nach Maßgabe der fürs Leben und für die Naturkunde unbedingt notwendigen Behandlung dieser Fächer in klassenfreien beweglichen Kursen (Elastizität)" (ebd.).*

Trotz der hier im Grundsatz geforderten Einschränkung der Pflichtfremdsprachen sollten Englisch, Latein und Griechisch pflichtmäßig betrieben werden. Jede dieser Pflichtfremdsprachen konnte in wahlfreien Kursen über das jeweilige Pflichtziel hinaus weiter betrieben werden. Wer das Jahresziel eines Pflichtfremdsprachenkurses nicht erreichte, mußte nach dem Plan das Pensum unabhängig von seiner Versetzung wiederholen. Auch beim Mathematikunterricht sollte das Klassenprinzip zugunsten des Kursprinzips aufgegeben werden. Jeder Schüler hatte einen Kurs so oft zu wiederholen, bis er die von ihm verlangten Leistungen erbrachte.

> *"3. Konzentration des Unterrichts der Oberstufe auf einen rund zwanzigstündigen kulturkundlichen und naturkundlichen Gesamtunterricht" (ebd.).*

Die Konzentration im Gesamtunterricht wurde verstanden als Konzentration des Stoffes. Der Gesamtunterricht einer Klasse brauchte nicht in einer Hand zu liegen, sondern konnte auf zwei bis drei Lehrer verteilt werden. Wichtige Sonderfragen sollten auch im Rahmen des Gesamtunterrichts von Fachlehrern behandelt werden. Dem Kulturunterricht wurde die Aufgabe gestellt, in die gesamte menschliche Geisteswelt einzuführen und zur sicheren Urteilsbildung in den wichtigsten Fragen der Gegenwart zu befähigen. Dieser Kulturunterricht war in erster Linie Deutschkunde (Sprachunterricht, Volkskunde, Heimatkunde und Geschichtskunde).

> *"4. Weitgehende Gabelung des übrigen Unterrichts nach oben hin in wahlfreie und klassenfreie Kurse nach Begabung und künftigem Beruf; eine bestimmte Zahl von Kursen ist von jedem Schüler pflichtmäßig zu belegen" (ebd., S. 53).*

Die wahlfreien Kurse sollten ein-, zwei- oder dreijährig sein und ein bis drei Wochenstunden umfassen. Gedacht wurde insbesondere an Sprachkurse, d.h. an Ergänzungskurse zu den Pflichtfremdsprachen oder an weitere Sprachen wie etwa Hebräisch, Russisch oder Schwedisch, an mathematische und naturwissenschaftliche Ergänzungskurse, Philosophie, Religionswissenschaft, kunstgeschichtliche Übungen, Musikgeschichte, Politik und Volkswirtschaftslehre, Leibesübungen oder musikalische Übungsgemeinschaften.

> *"5. Weitgehende Aufnahme des Arbeitsschul- und Schulgemeindegedankens und der besten neueren Vorschläge in bezug auf Körperkultur, Ausdruckskultur und Selbstverwaltung" (ebd.).*

Die fünf Begriffe Arbeitsschule, Schulgemeinde, Körperkultur, Ausdruckskultur und Selbstverwaltung umfaßten das elementare pädagogisch-erzieherische Selbstverständnis der geplanten Versuchsschule. Unter Arbeitsschule verstand man in erster Linie die aktive Mitarbeit der Schüler, d.h. die möglichst selbständige Erarbeitung des Stoffes unter Mithilfe des Lehrers. Die an den höheren Schulen üblichen Lehrervorträge sollten in den Hintergrund treten. Zweitens faßte man unter Arbeitsschule aber auch eine verstärkte manuelle Betätigung der Schüler. Hinter der Schulgemeinde verbarg sich die Vorstellung einer Lehrer, Schüler und auch Eltern umfassenden Schulgemeinschaft, wobei die Betonung auf Gemeinschaft lag. Wörtlich hieß es in den Bemerkungen zu den Grundgedanken des Planes: "Überwindung des Partei-, Klassen- und Cliquenwesens ... sowie Überbrückung der Kluft zwischen Lehrer und Schüler durch gemeinsames Erleben, gemeinsame Feste und Unternehmungen und durch Aussprachen in den Klassen und in der Gesamtheit der oberen Schülerschaft" (Mitteilungen des BESch 1921, Nr. 7, S. 54).

Unter Körperkultur verstand man insbesondere die "Ausbildung des ganzen (körperlichen) Menschen aufgrund der natürlichen rhythmischen Gymnastik ..." (ebd.). Diese rhythmische Gymnastik, die eine neue Form des körperlichen und geistigen Wohlbefindens vermitteln sollte, die Ausdruck eines insgesamt ganz neuen Lebensgefühls, einer ganz neuen Lebensart sein sollte, wurde besonders von der sog. lebensreformerischen Bewegung jener Zeit propagiert. Hinter dem Begriff der Ausdruckskultur standen die Bemühungen um eine Ausbildung der ästhetischen Kräfte und Fähigkeiten des Schülers. Er sollte zum bewußten Sehen und Genießen alles Schönen in Natur, Technik, Handwerk und Bildender Kunst erzogen und zur Bildung des Geschmacks und des künstlerischen Urteils befähigt werden. Unter dem Stichwort der Selbstverwaltung wurden dem Schulleiter als dem "geistige(n) Führer der Schule" einerseits zwar "weitgehende Amtsbefugnisse (Vertretung der Schule nach außen, Aufsicht über Dienstbetrieb und Disziplin usw.)" (ebd., S. 54) zugestanden, andererseits aber auch seine Verantwortung gegenüber der Lehrerversammlung betont. Auch der Schülerschaft sollten in der Schulverwaltung bestimmte Mitsprachemöglichkeiten eingeräumt und verschiedene Ämter übertragen werden.

Diesem Plan merkt man noch deutlich manche Unklarheiten und Unsicherheiten an. Auf der einen Seite stand sichtlich das Bemühen, pädagogische Reformgedanken aufzugreifen, auf der anderen Seite zeigt der Plan aber auch immer wieder die Schwierigkeiten der Verfasser, sich von althergebrachten Positionen, die sie eigentlich als reformbedürftig erkannt hatten, zu lösen. Diese Ambivalenz des Planes läßt sich an den verschiedensten

Stellen nachweisen. So etwa wenn einerseits der Einbau der Versuchsschule in ein Einheitsschulsystem gefordert wurde, andererseits aber gleichzeitig am neunjährigen Kursus der Schule festgehalten werden sollte oder wenn man auf der einen Seite die Zahl der Pflichtfremdsprachen einschränken möchte, im nächsten Satz aber schon wieder die üblichen drei Pflichtfremdsprachen forderte.

Dieser Plan wurde nun vom sächsischen Kultusministerium dem Sächsischen Philologenverein zur Begutachtung vorgelegt. Dieser lehnte den Entwurf im August 1921 als Grundlage für eine Versuchsschule ab (Mitteilungen des BESch 1922, Nr. 2, S. 11). Am 16. Januar 1922 fand unter Vorsitz von Kultusminister Fleißner eine Besprechung statt, in der erörtert wurde, in welcher Weise, beispielsweise im Zusammenhang mit dem Abbau der Lehrerseminare, den Plänen des BESch zur Errichtung einer höheren Versuchsschule stattgegeben werden könnte (StAD, Min. f. Vb. Nr. 12881/240, Bl. 1). Der BESch blieb initiativ. Für den 2. Februar lud er interessierte Dresdner Eltern von Kindern im Alter von 9 bis 11 Jahren zu einer Versammlung ein. Nicht nur erklärten sich rund 300 Eltern zur tatkräftigen Unterstützung der geplanten Versuchsschule bereit, sondern Eltern von 100 Jungen und 30 Mädchen versicherten schriftlich, ihre Kinder schon Ostern 1922 auf die Versuchsschule schicken zu wollen. Ausgestattet mit diesem eindrucksvollen Elternvotum bat der BESch das Kultusministerium in einer Eingabe vom 8.2.1922, "mindestens durch Errichtung **zweier** Parallelklassen .... die höhere Landesversuchsschule Ostern 1922 ins Leben zu rufen" (ebd., Bl. 5; vgl. auch Mitteilungen des BESch 1922, Nr. 4, S. 26 f. u. Nr. 5, S. 34). Genehmigt wurde schließlich nur eine Sexta, mit der die höhere Versuchsschule Ostern 1922 im selben Gebäude wie die 6. Volksschule in der Ehrlichstraße in Dresden ihren Unterricht aufnahm. 31 Schülerinnen und Schüler (bei über 150 Anmeldungen) wurden von zwei Lehrern, den Bundesmitgliedern R. Czasche und G. A. Eckhardt, unterrichtet.[22] Zum Schuljahr 1926/27 war die höhere Versuchsschule bereits auf

---

[22] Czasche und Eckhardt mußten die Versuchsschule schon bald wieder verlassen. Czasche im Herbst 1922 auf Ersuchen der Elternschaft. Er sei für die Schule nicht geeignet. Er gerate bei der kleinsten Kleinigkeit in Erregung und lasse sich sogar zum Schlagen hinreißen. Außerdem komme er seinen Pflichten als Lehrer nicht nach (StAD, Min. f. Vb. Nr. 12881/240, Bl. 40). Am 20. September 1923 richteten 5 Lehrerinnen und Lehrer ein Schreiben an das Kultusministerium mit der Bitte, Studienrat Eckhardt zum 1. Oktober zu versetzen, da "ein Zusammenarbeiten mit ihm vollkommen unmöglich ist." Einer der Konfliktpunkte war wohl die Tatsache, daß Eckhardt sich als ein Gegner der an der Versuchsschule praktizierten kollegia-

260 Schülerinnen und Schüler mit 16 Lehrerinnen und Lehrern angewachsen ("Die Dürerschule: Bericht 1926" (52 Seiten), in: StAD, Min.f. Vb. Nr. 12881/240, S. 5 u. Mitteilungen des BESch 1922, Nr. 6, S. 45 f.). Ostern 1923 zog die höhere Versuchsschule in die 51. Volksschule in der Silbermannstraße um. Dieses Provisorium blieb schließlich ein Dauerzustand. Es gelang der höheren Versuchsschule trotz entsprechender Bemühungen und Beschlüsse des Landtages nicht, ein eigenes Gebäude für sich zu erhalten. Sie scheiterten letztlich an der Untätigkeit der nach 1923 amtierenden Regierungen.

Die "Dürerschule"[23], so nannte sich die höhere Versuchsschule auf Beschluß der Mehrheit des Kollegiums und mit Genehmigung des Volksbildungsministeriums seit Februar 1925 offiziell (StAD, Min. f. Vb. Nr. 12881/240, Bl. 199), unterschied sich hinsichtlich der sozialen Herkunft ihrer Schülerschaft gravierend von den übrigen höheren Schulen Sachsens. Nach der Schulstatistik vom 28. Februar 1927 entstammten nämlich 33% von ihnen alleine aus der Arbeiterschaft (Statistisches Jahrbuch für den Freistaat Sachsen ... 1929, S. 240 f.). Nochmals zum Vergleich:

Deutsche Ober- und Aufbauschulen	10,5 %
Oberrealschule	8,6 %
Reformrealgymnasium	8,4 %

---

len Schulleitung zeigte. Zu den Unterzeichnern der Eingabe gehörten der Schulleiter Dr. Lehmann, sein Stellvertreter Schwärig sowie die Lehrerin Hanna Schubert. Eckhardt wurde aufgrund dieser Eingabe an das Lehrerseminar Dresden-Strehlen versetzt (ebd. Bl. 89 u. 125).

[23] Nach dem Nürnberger Maler, Zeichner, Graphiker und Kunstschriftsteller Albrecht Dürer (1471-1528). Die Dürerschule berief sich auf ihn mit dem selbsterschaffenen Spruch:
"Albrecht Dürer ist uns Sinnbild deutscher Art,
in ihm sind eins: Liebe zur Heimat,
Blick für die Welt
und unstillbare Sehnsucht
nach dem Erhabensten, Ewigen.
Er schaut mit tiefstem Gemüt
und forscht mit klarstem Verstand,
er formt mit höchster Inbrunst der Seele
und meisterhafter Hand;
So ist er in Wahrheit
ein Erzieher seines Volks
noch heute!"
(Zit. nach SAUPE, Walther: Die Dürerschule (staatliche höhere Versuchsschule) zu Dresden im Rahmen der Schulreform, in: Die Neue Erziehung 1929, S. 212-219, Zitat S. 213).

Realgymnasium 4,9 %
Gymnasium 3,2 %

Aufgrund diese für eine höhere Schule außergewöhnlich hohen Anteils von Kindern aus der Arbeiterschaft beantragte die Dürerschule nach 1923 jährlich beim Volksbildungsministerium die Aufstockung der Schulgeldfreistellen über die gesetzlich gewärten 30% hinaus. In einem Brief an das Kultusministerium vom 26. Mai 1925 beispielsweise hieß es, die Durchsicht der Unterlagen habe erschreckende Beweise bezüglich der wirtschaftlichen Not der Elternschaft der Dürerschule gegeben. Um wenigstens den Schein einer Hilfe zu erwecken, habe man halbe und viertel Freistellen und auch zunächst nur für ein halbes Jahr gewährt. Verschiedene Eltern seien bereits an die Lehrerschaft herangetreten und hätten erklärt, daß sie infolge der wirtschaftlichen Not wohl gezwungen sein würden, ihre Kinder wieder der schulgeldfreien Volksschule zuzuführen. Im Interesse des Aufstiegs der Begabten gerade aus den minderbemittelten Kreisen werde dies das Kollegium außerordentlich bedauern und hoffe deshalb auf die Erfüllung seiner Bitte um Erhöhung der Schulgeldfreistellen. Solche Anträge der Dürerschule wurden, soweit aus den Akten ersichtlich, vom Volksbildungsministerium wiederholt abgelehnt (StAD, Min. f. Vb. Nr. 12881/240, Bl. 134 f., 221-227; Nr. 12881/241, Bl. 22, 77, 154; Nr. 12881/245, Bl. 127-132, 200). Das zu entrichtende Jahresschulgeld pro Schüler/Schülerin betrug 1931 180 Reichsmark (15 pro Monat) (StAD, Min. f. Vb. Nr. 12881/245, Bl. 133). Zum Vergleich: Ein über 24 Jahre alter verheirateter Setzer (Buchdrucker mit 25% Lokalaufschlag) erhielt Ende 1930 in Sachsen einen tariflichen Wochenlohn von 58,50 Reichsmark. Ein Bergarbeiter (Häuer) im Braunkohlenbergbau unter Tage erhielt für eine Schicht Ende 1930 einen Tariflohn von 6,85 Reichsmark und ein gelernter Arbeiter (über 23 Jahre) der Metall- und Maschinenindustrie kam in Chemnitz zur selben Zeit auf einen tariflichen Grundlohn pro Stunde von 0,86 Reichsmark (Statistisches Jahrbuch für den Freistaat Sachsen ... 1930, S. 181 f.).

Das Lehrerkollegium der Dürerschule war ein Wahlkollegium. Gefragt waren "nicht so sehr Philologen und Beamte, sondern Erzieher von Blut ..." "Wer bei uns Mitarbeiter werden will", schrieb Walter Matthes im 2. Bericht der Dürerschule, "für den genügt nicht, Kulturkritiker zu sein, es genügt nicht, lediglich am bisherigen Betrieb gelitten zu haben: wir brauchen echte Erziehernaturen mit pädagogischer Gestaltungskraft" ("Die Dürerschule. 2. Bericht 1929" (56 Seiten), in: StAD, Min. f. Vb. Nr. 12881/241, S. 8 f.). Hierarchische Strukturen sowohl im Verhältnis der Lehrer- zur Schülerschaft als auch innerhalb des Kollegiums wurden abgelehnt. Deshalb galt an der Dürerschule nicht die an anderen höheren Schulen übliche "direktoriale, sondern die kollegiale Schulverwaltung. (...) Alle Funktionen sind weitgehend unter das Kollegium aufgeteilt. Der Schulleiter wird auf ein Jahr gewählt, Wiederwahl ist vorgekommen. Bei den gemeinsamen Beratungen, die stets mit einem pädagogischen Thema beginnen, wechselt der Vorsitz. Alle Mitarbeiter genießen gleiches Ansehen und gleiches Recht" (ebd., S. 9). Das pädagogische Profil der Schule wurde besonders von den Lehrerinnen und Lehrern geprägt, die mit der Arbeiterbewegung und der Friedensbewegung sympathisierten und in Kontakt mit ihren verschiedensten Organisationen standen. Zu nennen sind hier zunächst Dr. Kurt Schumann, mehrmals zum Schulleiter gewählt, und Dr. Gerhard Melchior[24]. Dorothea Dietrich nennt in ihrem Aufsatz über die Dürerschule darüber hinaus noch Herbert Aschenbach, Dr. Martin Kotte, Dr. Annerose Fröhlich, Albert Herold und Rudolph Götze (DIETRICH 1987, S. 48).

Ebenso wie die Versuchsvolksschulen legte auch die Dürerschule besonderen Wert auf einen engen Kontakt zur Elternschaft, nicht zuletzt in der Erkenntnis, daß das Wissen um das häusliche Milieu der aus den verschiedensten sozialen Schichten zusammengesetzten Schülerschaft für die pädagogische Arbeit wichtig ist. Gefördert wurde das Verhältnis zwischen Schule und Elternhaus durch regelmäßige Gesamt- und Klassenelternabende, gemeinsame Wanderungen, Feste und Feiern, Unterrichtsbesuche der Eltern und gelegentliche Hausbesuche ("Dürerschule: Bericht 1926", in: StAD, Min. f. Vb. Nr. 12881/ 240, S. 13 f.). Alle Eltern unterstützten die Dürerschule durch ihre Mitgliedschaft im "Verein zur Förderung der Dürerschule". Seit März 1926 erschien zudem eine Schulzeitung unter dem Titel "Schriften der Dürerschule", zu der Eltern-, Lehrer- und Schülerschaft gemeinsam die Beiträge lieferten ("Die Dürerschule, 2. Bericht 1929, in: StAD, Min. f. Vb. Nr. 12881/ 241 , S. 53 f.).[25]

---

24 Melchior gehörte zu den Lehrerinnen und Lehrern höherer Schulen, die 1933 von den Nationalsozialisten aufgrund von § 4 des "Gesetzes zur Wiederherstellung des Berufsbeamtentums" aus dem Schuldienst wurden (SCHULTZE 1986, S. 60 f.).
25 Die Schulzeitung erschien in 7 Jahrgängen bis zum Jahre 1932 mit insgesamt 21 Ausgaben.

Das sächsische Kultusministerium hatte der Dürerschule, die als Deutsche Oberschule geführt wurde, weitgehende Freiheiten in methodischen Fragen, in der Gestaltung der Lehr- und Stundenpläne und in der Behandlung der Lehrstoffe zugestanden (Die höhere Schule ... 1931, S. 83). Allerdings mußte auch sie die Normen erfüllen, die zur Vergabe der Hochschulreife erforderlich waren. Die Dürerschule führte von Anfang an eine vollständige Koedukation durch, d.h. sie nahm immer annähernd gleich viele Mädchen und Jungen auf. In der Aufnahmeprüfung fanden u.a. Tests nach jugendpsychologischen Gesichtspunkten Anwendung (Bericht 1926, ebd., S. 8-12).

Nach dem pädagogischen und weltanschaulichen Selbstverständnis der Lehrerschaft war die Dürerschule "Deutsche Schule", "Gemeinschaftsschule", "Arbeitsschule" und "Kulturschule" (ebd., S. 6 f.). "Deutsche Schule" hieß, daß sich ihr Bildungsideal nicht mehr auf die griechische Antike gründete, sondern in erster Linie auf deutsche Geschichte, deutsche Philosophie, Dichtung, Musik, Kunst etc., also auf deutsche Kultur schlechthin. Der Gemeinschaftsgedanke erhielt seine Legitimation vor allem wohl durch die Jugendbewegung. Über soziale Klassen und Schichten, Parteien, religiöse und weltanschauliche Überzeugungen hinweg sollten sich Lehrer-, Schüler- und Elternschaft zu einer Gemeinschaft entwickeln. "Nur auf diesem Boden", so hieß es in dem Bericht der Dürerschule von 1926, "dürfen wir uns das höchste Ziel stecken, das möglich ist: die Entfaltung unserer Jugend zu reinem, freiem Menschentum" ("Dürerschule: Bericht 1926" ebd., S. 6). Besondere Förderung erfuhr der Schulgemeinschaftsgedanke u.a. durch den Förderverein, die Schulzeitung, die kulturellen Veranstaltungen und Feste der Schule, das kameradschaftliche Verhältnis zwischen Schüler- und Lehrerschaft und nicht zuletzt durch das Schullandheim in Gohrisch bei Königstein in der Sächsischen Schweiz, in dem die einzelnen Klassen jeweils einmal im Jahr einen l4tägigen Aufenthalt verbrachten. Auch die durchgängig praktizierte Koedukation entsprang dem Gemeinschaftsgedanken. Durch den mehrjährigen gemeinsamen Unterricht von Mädchen und Jungen sei man sich klargeworden, hieß es rückblickend 1929, "daß tiefgreifende Unterschiede zwischen beiden Geschlechtern zu konstatieren sind in bezug auf verschiedene Interessen und Einstellungen zu den einzelnen Unterrichtsstoffen, aber eben solche Diskrepanzen sind auch vorhanden innerhalb der Begabungen des männlichen bzw. weiblichen Geschlechts, und dann", so die für die damalige Zeit keineswegs selbstverständliche Erkenntnis, "ist ja die Auswahl des Stoffes für die höhere Schule bisher einzig und allein von männlichen Gesichtspunkten her geschehen, ohne sich zu kümmern um ebenso wertvolle Arbeit des anderen Geschlechts: hier stellt die 'Koedukation' eine neue Aufgabe: Stoffauswahl und Lehrplan muß so gestaltet werden, daß sie das Wertvollste aus dem Kulturschaffen des Menschengeschlechts (daran haben auch die Frauen ihren Anteil) gleicherweise herausstellt" (2. Bericht 1929, ebd., S. 11). Die gemeinsame Erziehung von Mädchen und Jungen und die entsprechenden Diskussionen führten so immerhin zur Wahrnehmung bestimmter geschlechtsspezifischer Bildungsbenachteiligungen und zu ersten ansatzweisen Überlegungen, wie diesen zu begegnen war.

Aus dem Gemeinschafts- und Toleranzgedanken heraus lehnte das Lehrerkollegium der Dürerschule auch die Erteilung eines konfessionellen Religionsunterrichts ab und ersetzte diesen durch einen konfessionsübergreifenden religiösen Lebenskundeunterricht, an dem alle Schülerinnen und Schüler teilnahmen.[26]

---

[26] Das Evangelisch-lutherische Landeskonsistorium nutzte die Gesuche einzelner Eltern der Dürerschule um Befreiung von den Vorschriften der Konfirmationsordnung (Die Teilnahme am evangelisch-lutherischen Religionsunterricht in der Schule war eine Bedingung für die Zulassung zur Konfirmation) zu einem generellen Vorstoß gegen den Lebenskundeunterricht an den Versuchsschulen. In einem Schreiben vom 20. April 1927 an das Volksbildungsministerium nahm es grundsätzlich zur Frage des Lebenskundeunterricht an der Dürerschule sowie an den Versuchsvolksschulen Stellung. Das Landeskonsistorium verlieh seiner Überzeugung Ausdruck, daß der religiöse Lebenskundeunterricht nicht als evangelisch-lutherischer Religionsunterricht im Sinne der Reichsverfassung angesehen werden könne und somit die Tatsache bestünde, daß Religionsunterricht nach den Vorschriften der Verfassung an der Dürerschule wie an den Versuchsvolksschulen nicht erteilt werde. "Da die Errichtung bekenntnisfreier (weltlicher) Schulen zur Zeit noch nicht zulässig ist", hieß es in dem Schreiben weiter, "so muss das Bestehen öffentlicher Schulen und Unterrichtsanstalten ohne Religionsunterricht grundsätzlich als ungesetzlich angesehen werden." Im Einvernehmen mit dem ständigen Synodalausschuß, der sich am 5. April 1927 "mit der Frage der Versuchsschulen beschäftigt" hatte, beantragte das Landeskonsistorium, "dafür besorgt zu sein, dass, so lange nicht durch ein Reichsschulgesetz die Möglichkeit zur Errichtung von bekenntnisfreien (weltlichen) Schulen im Sinne von Art. 149 Rv. gegeben ist, in allen Schulen des Landes, auch in den sogenannten Versuchsschulen, Religionsunterricht in Uebereinstimmung mit den Grundsätzen der betreffenden Religionsgesellschaft erteilt wird" (Schreiben des Evang.-luth. Landeskonsistoriums an das Volksbildungsministerium vom 20. April 1927, in: StAD, Min. f. Vb. Nr. 12881/241, Bl. 373, 1). Dieses Schreiben löste einen Schriftwechsel zwischen der Dürerschule und dem Ministerium sowie zwischen diesem und den Bezirksschulämtern von Chemnitz I und Dresden I aus. Außerdem kam es zu einer Unterredung zwischen Vertretern des Volksbildungsministeriums mit der Lehrer- und Elternschaft der Dürerschule über die Frage des Le-

Ihr Verständnis als Arbeitsschule fußte auf den folgenden Richtlinien:

"Nicht das System eines Faches ist das Wesentliche, sondern die geistige Schulung und die Vertiefung, die ein begrenzter Stoff ermöglicht. Nicht die Zersplitterung der Lehr- und Stundenpläne verbürgt die einheitliche Linie und die Geschlossenheit des Arbeitsgebietes, sondern die Konzentration, das Zusammenlegen möglichst vieler verwandter Fächer in der Hand eines Lehrers für jede Klasse. Nicht die Darbietung des Stoffes durch den Lehrer vermittelt die geistige Schulung, sondern die allseitige Bearbeitung unter Leitung des Lehrers, das Aufspüren der in den Stoffen verborgenen Fragen und Zusammenhänge durch die Schüler ... " (Bericht 1926 ebd., S. 6).

Nicht ein durch dozierende Lehrer vermitteltes enzyklopädisches Wissen in den einzelnen Fächern war mehr gefragt, sondern ein exemplarisches, problemorientiertes, auf Erkennen von (fächerübergreifenden) Zusammenhängen hin angelegtes, weitgehend selbständiges, vom Lehrer bzw. von der Lehrerin vor allem erzieherisch unterstütztes Lernen und Arbeiten galt als Ziel. Einem gemäßigten Gesamtunterricht vor allem in der Unter- und Mittelstufe kam dabei besondere Bedeutung zu. Deutsch, Geschichte und Heimatkunde standen in den unteren Klassen im Mittelpunkt des Gesamtunterrichts, zu dessem integralen Bestandteil in den Klassen Sexta, Quinta und Quarta auch ein wöchentlicher Wandertag zählte. So lagen in diesen Klassen etwa 15 Stunden Unterricht in der Hand einer Lehrerin bzw. eines Lehrers. Zu diesem Gesamtunterricht traten noch Englisch mit 5 Stunden - soweit möglich ebenfalls noch von demselben Lehrer unterrichtet - sowie Rechnen und Naturkunde mit 4 bzw. 2 Stunden hinzu. Mit der zweiten Fremdsprache, wahlweise Latein oder Französisch, wurde in der Untertertia oder bei Lernschwierigkeiten im Englischen in der Untersekunda begonnen. Ab dieser Klasse stand sprachbegabten Schülerinnen und Schülern noch die Möglichkeit offen, eine dritte Fremdsprache hinzuzunehmen (Bericht 1926 ebd., S. 6 f. u. 15-18 u. KÜHN 1931, S. 83 ff.).

Über ihr Selbstverständnis als Gemeinschafts- und Arbeitsschule hinausgehend sah die höhere Versuchsschule sich als "Kulturschule". Schon die Berufung auf Albrecht Dürer, der der Schule ihren Namen gab, zeigte, daß sie sich besonders der Kunst verpflichtet fühlte und ihr einen herausragenden Stellenwert im Unterricht einräumte. Die Kunsterziehung galt als

---

benskundeunterrichts (26.1.1928). Im April 1928 baten Eltern- und Lehrerschaft nochmals, der Schule die religiöse Lebenskunde zu belassen. Es bestünde kein Verlangen nach konfessionellem Unterricht, die Schule möchte aber auch nicht den Status einer weltlichen Schule zuerkannt bekommen. Im September 1928 schließlich entsprach das Ministerium der Bitte der Dürerschule (ebd., Bl. 373, 1-27).

"ein Grundpfeiler" der Schule, immer auch verstanden als "Erziehungsprinzip, das alle Fächer durchdringt ..." (Bericht 1926, ebd., S. 36). Als Medium des Unterrichts fanden nicht nur ausschließlich sprachlicher und schriftlicher Ausdruck Verwendung, sondern man bediente sich darüber hinaus zeichnerischer, handwerklicher und - wo möglich - auch musikalischer Mittel. Zeichnen, Werken und Musik, denen im Fächerkanon eine ganz neue, zentrale Stellung zukam, wurden außerdem als selbständige Fächer unterrichtet, Zeichnen in jeder Klasse mit wöchentlich drei Stunden, davon eine im Rahmen des Gesamtunterrichts (ebd.). Die Kunsterziehung der Dürerschule diente der Entwicklung "zum vollen Menschen, das heißt Entwicklung aller seiner Kräfte und Fähigkeiten, der sittlichen, intellektuellen, künstlerischen und technisch handwerklichen" (ebd.) .Mit ihrem Selbstverständnis als Kulturschule und einer entsprechenden Praxis grenzte sie sich bewußt vom Typus der höheren Schule als "Gelehrtenschule" ab. Pädagogisches Konzept sowie pädagogische Praxis der Dürerschule lassen deutliche Parallelen zur Hamburger Lichtwarkschule erkennen (zur Lichtwarkschule vgl. RÖDLER 1987, S. 250 f.), zu der es freundschaftliche Kontakte, u.a. durch einen Klassenaustausch, gegeben hat. Solche Klassenaustausche mit anderen Schulen zunächst des In-, später auch des Auslandes zählten zum festen Bestandteil der Dürerschulpädagogik.[27] Die Lehrerin Editha Kühn stellte in einem Vortrag, den sie am 14. Oktober 1930 im Pädagogischen Rundfunk der Deutschen Welle gehalten hatte, den Zusammenhang zwischen diesen Klassenaustauschen und der Arbeitsschulpädagogik heraus:

> "*Klassenaustausch ist Anschauungsunterricht einerseits und Arbeitsunterricht andererseits. Arbeitsschule auf Reisen könnte man das Verfahren nennen, das dahin zielt, einen Vorrat von Anschauungen mit Auge, Ohr und Tastsinn in sich aufzunehmen, zu erfahren, zu erwandern und zu erarbeiten. Schauen und Betrachten wird geübt, und durch Aussprache über die Beobachtungen werden denkende Menschen herangebildet. Notiz- und Skizzenbücher, wohl auch fotografische Aufnahmen, unterstützen das Gedächtnis und halten die Ergebnisse fest*" (KÜHN 1931, S. 171-174).

---

[27] Die Lehrerschaft der Dürerschule hat über diese Klassenaustausche 1927 in ihrem Buch: "Auch in der Fremde daheim. Ein Buch vom Austausch der Dürerschule" erstmals ausführlicher Auskunft gegeben. Auch die Schülerinnen und Schüler sind darin mit Aufsätzen und Tagebuchaufzeichnungen zu Wort gekommen. Das Buch zeigt daneben ihre künstlerische Verarbeitung der Reisen in Form von Zeichnungen, Drucken, Linol- und Scherenschnitten.

Aber auch schon in den Monaten vor dem eigentlichen Klassenaustausch stand dieser im Mittelpunkt des Unterrichts. Anhand von Stadtplänen, unterschiedlichen Landkarten, Prospekten und Büchern, die die Schüler z.T. selbständig beschafften, beschäftigte man sich mit den verschiedensten Aspekten und Besonderheiten des Austauschortes, plante die Anreise und den Aufenthalt mit Besichtigungen, Wanderungen u.ä. Dabei wurden die Aufgaben i.S. des Arbeitsschulprinzips auf einzelne Schüler oder Schülergruppen verteilt. Dazu noch einmal Editha Kühn:

> *"Das Arbeitsschulprinzip hat schon vor dem Austausch eingesetzt, indem die Schüler in Briefwechsel mit den Austauschfreunden traten, sich von ihnen Landkarten und Führer der neuen Heimat schicken ließen, die Verkehrsbüros um Prospekte angingen und sich aus Schul- und Volksbibliotheken Bücher über das Reiseziel verschafften und durcharbeiteten. Jeder Schüler und jede Schülerin wählte sich daraus einen Ort oder eine Landschaft, über die sie sich besonders unterrichteten. Auf Grund ihrer selbständigen Vorbereitung konnten sie dann an Ort und Stelle die Klasse führen und auf alles Sehens- und Wissenswerte aufmerksam machen" (ebd., S. 172).*

Nach dem Austausch fand eine umfassende Auswertung der Reise statt. Wie dies in einer Quinta geschah, die 1926 mit einer Realschulklasse in Eibenstock (westliches Erzgebirge) getauscht hatte, darüber gab der Lehrer Martin Leistner Auskunft:

> *"Das unmittelbare Erlebnis 'Eibenstock' wurde im Gesamtunterricht der nächsten Wochen zur Grundlage weitgehendster Auswertung gemacht. Es wurde verbunden mit der ergänzenden Lektüre erzgebirgischer Literatur. (...)*
> *Wir bearbeiteten nach unseren Aufzeichnungen und Skizzen im Gesamtunterricht folgende Themen:*
> *1. Flüsse des Erzgebirges.*
> *2. Täler des Erzgebirges.*
> *3. Ausnützung der Wasserkraft im Erzgebirge.*
> *4. Torfmoore im Erzgebirge.*
> *5. Ackererde und Waldboden im Erzgebirge.*
> *6. Obst- und Waldbäume im Erzgebirge.*
> *7. Siedlungen im Erzgebirge.*
> *8. Bergbau im Erzgebirge.*
> *9. Sprache und Gesang der Erzgebirgler.*
> *10. Industrien im Erzgebirge.*
> *11. Heimarbeit der Erzgebirgler.*
> *12. Eisenbahnen im Erzgebirge.*
> *13. Gesteine des Erzgebirges.*
> *14. Ein englischer Aufsatz über den Austausch (Brief).*
> *Die Stoffe für grammatisch-sprachliche Übungen entnahmen wir dem gleichen Sachgebiet. Im naturkundlichen Unterricht beschäftigte uns die Sumpfflora noch längere Zeit. In einer Serie von 30 selbstgefertigten Lichtbildern mit Text (für das Epidiaskop) stellten wir Entstehung, Bedeutung, Auswertung und Vorkommen der Torfmoore Sachsens und Deutschlands dar. In*

ähnlicher Weise besprachen wir die Talsperren vom Tümpel, den die Kinder selbst gestaut hatten, bis zur Talsperre im Murgtal, über die die Zeitungen berichteten. In einem Elternabend verstiegen wir uns zu einer kleinen dramatischen Darstellung ... Auch der Humor fehlte nicht: Zum Schulfest führte die Klasse in einem Raritätenkabinett allerlei mögliche und unmögliche Sehenswürdigkeiten aus dem Erzgebirge vor" (Lehrerschaft der Dürerschule 1927, S. 18 f.).

Zur Erinnerung an diesen Klassenaustausch legte sich jeder Schüler bzw. jede Schülerin ein Album an, das die Tagebuchaufzeichnungen, Klassenaufsätze und zahlreiche Skizzen und Zeichnungen enthielt.

Damit auch wirklich jeweils alle Schüler und Schülerinnen einer Klasse mitfahren konnten, wurde schon lange vor der Reise mit dem Sparen für die Reisekosten begonnen. Dennoch mußten vermögende Eltern der jeweiligen Klassen oder auch der Verein zur Förderung der Dürerschule noch entsprechende finanzielle Mithilfe leisten.

Der Austausch selbst vollzog sich nun in der Weise, daß eine Klasse der Dürerschule für vierzehn Tage (bei Auslandsaufenthalten vier Wochen) z.B. in Hamburg, dafür eine Hamburger Klasse zur selben Zeit in Dresden weilte. Die Schüler wurden - soweit eben möglich - bei den Eltern der jeweiligen Austauschklasse unentgeltlich untergebracht. Nachdem die Schüler der Austauschklassen untereinander schon vor dem Austausch in brieflichen Kontakt getreten waren, lernten sie sich für eine kurze Zeit auch während des Austausches persönlich kennen. Dies hatte den Vorteil, daß jeder Austauschschüler zusammen mit seinem Partner jeweils einen Tag gemeinsam bei seiner Familie verbringen konnte. Eine andere Art des Kennenlernens bestand darin, daß sich die beiden Austauschklassen unterwegs begegneten und gemeinsam einen Tag verbrachten. Bei den Auslandsaustauschen hatte es sich bewährt, daß die Schüler und Schülerinnen der Dürerschule zuerst in Dresden mit ihren ausländischen Austauschfreunden zusammen waren und anschließend mit diesen in ihre Heimatländer fuhren.

Von 1923, dem Jahr des ersten Austausches, bis 1931 hatte die Dürerschule insgesamt 21 solcher Austausche durchgeführt. Im Jahre 1923 tauschte z.B. eine Klasse mit einer Volksschulklasse in Johanngeorgenstadt, 1924 erfolgte ein Austausch mit einer Deutschen Oberschule in Zwickau, 1925 mit der Lichtwarkschule in Hamburg, 1926 tauschten gleich vier Klassen nach Hamburg, Zwickau, Frankenberg und Eibenstock. Gegen Ende der zwanziger Jahre kamen dann Klassenaustausche ins Ausland hinzu. Im

Jahre 1929 tauschte eine Obertertia mit einer Klasse in Rönne auf Bornholm und im Sommer 1930 eine Unterprima mit einer Klasse in Kilsyth bei Glasgow und eine Obertertia mit einer Klasse in Lyon. 1931 schließlich kam es zu einem Klassenaustausch mit Aberdeen (Schottland) (Lehrerschaft der Dürerschule 1927, S. 7; KÜHN 1931(a), S. 173 u. Berichte über die Klassenaustausche, in: StAD, Min. f. Vb. Nr. 12881/244).

Die internationalen Klassenaustausche dienten neben rein fachlichen Zielen, etwa der Vervollkommnung der Fremdsprachen-, Geschichts- oder Geographiekenntnisse auch der Völkerverständigung und Völkerversöhnung. Neben dem Schulleiter Dr. Kurt Schumann fühlte sich besonders der bereits erwähnte Dr. Melchior diesem letzten Anliegen verpflichtet. Er hatte den Klassenaustausch beispielsweise mit Lyon durch eine vorbereitende Reise dorthin organisiert und betreut und ein Jahr zuvor auf Einladung des belgischen Zweigs der "Internationalen Frauenliga für Frieden und Freiheit" (zur IFFF vgl. DONAT/HOLL 1983, S. 194-197), zu deren Forderungen die Friedenserziehung der Jugend gehörte, mit einer Untersekunda eine vierwöchige Studienreise nach Belgien unternommen. "Es zeigte sich die ebenso seltene wie außerordentlich wertvolle Möglichkeit", schrieb Dr. Melchior in seinem Reisebericht, "die Schüler auf eine sehr eindringliche Weise in das Verständnis eines anderen Volkes einzuführen und sie in diesem besonderen Falle mithelfen zu lassen an der Wiederaussöhnung zweier Nachbarvölker" (StAD, Min. f. Vb. Nr. 12881/241, Bl. 307-317, Zitat Bl. 307).

Im Zusammenhang dieser internationalen Klassenaustausche und des dabei auch öffentlich sichtbar werdenden friedenspädagogischen Engagements einzelner Lehrer der Dürerschule entfachten deutschnationale und christliche Kreise eine Hetzkampagne gegen die höhere Versuchsschule. Einen Höhepunkt erreichte diese durch den Besuch einer französischen Austauschklasse in Dresden im August 1930. Zur Begrüßung veranstaltete die Dürerschule eine Feier in der gemeinsam von ihr und der 51. Volksschule genutzten Turnhalle. Zu diesem Anlaß wurde die Halle mit der Trikolore und der Reichsflagge geschmückt. Die Dresdner Nachrichten nutzten diese selbstverständliche Geste den französischen Gästen gegenüber, um sie ihrer Leserschaft in dem Artikel: "Wieder einmal die Dürerschule. Neue pazifistische Entgleisung" als "neue unerhörte Tatsache mitzuteilen" (Dresdner Nachrichten Nr. 518 vom 4. November 1930, in: StAD, Min. f.

Vb. Nr. 12881/244, Bl. 11 g, Heft 2). Die französischen Farben seien erst nach einigen Tagen entfernt worden. "Während dieser Zeit mußten unsere Kinder unter den Farben der Trikolore unterrichtet werden. Diese Verhöhnung nationalen Gefühls verlangt eine energische Untersuchung, und es wäre an der Zeit, daß das Volksbildungsministerium dem Treiben des Herrn Genossen Schumann Einhalt gebietet" (ebd.). Im März 1931 war es dann eine geplante Reise Dr. Melchiors mit einer Gruppe von Schülerinnen und Schülern nach Frankreich, die die Dresdner Nachrichten wiederum zu einem Artikel gegen die Dürerschule und die Aussöhnung mit Frankreich veranlaßte. Unter der Überschrift "Die pazifistische Propaganda der Dürerschule. Neue Anbiederungsversuche an Frankreich" hieß es zum Schluß:

> *"Wir sind nun der Meinung, daß die Behörden diesen Austauschbestrebungen des Herrn Dr. Melchior größte Aufmerksamkeit schenken müssen, denn es handelt sich hier darum, daß ein überzeugter Pazifist deutsche Jugend nach Frankreich führt und dabei selbstverständlich in seinem Sinne beeinflußt. Wer aber die Erfahrungen gemacht hat, wie schwer oft **das deutsche Ansehen im Ausland** durch die Handlungsweise pazifistischer Kreise geschädigt wurde, der muß Einspruch dagegen erheben, daß deutsche Kinder einer staatlichen höheren Schule zu solcher pazifistischer Propaganda benützt werden"* (StAD, Min. f. Vb. Nr. 12881/244, Bl. 110, Heft 1).

Unterstützt wurden solche für sich selbst sprechenden Angriffe gegen die Dürerschule vom Landesverband christlicher Elternvereine, der sich in seiner Zeitschrift "Die christliche Schule" zum Sprachrohr der DNVP machte.[28]

Aufgrund seiner Stellungnahmen gegen den Krieg und seines Eintretens für die Völkerversöhnung und Völkergemeinschaft anläßlich des Besuchs französischer Schülerinnen und Schüler[29] forderte die Ortsgruppe Dresden der DNVP in einem Schreiben an das Volksbildungsministerium vom 8. 10. 1930 bezüglich Kurt Schumann, des Schulleiters der Dürerschule, die "sofortige Entfernung aus dem Lehramt, und zwar unter Einziehung der Pension." Wer zu dieser Zeit zur Versöhnung mit Frankreich rate, der besorge die Geschäfte der französischen Außenpolitik, so einer der Vorwürfe. Am schlimmsten aber sei es, so die DNVP, "wenn Versöhnung mit Frankreich vor ahnungslosen Kindern gepredigt wird, die eben dem Ge-

---

[28] Vgl. "Die Zustände an der Dresdner Dürerschule", in: Die christliche Schule Nr. 6 v. 15. Dezember 1930, S. 61, in: StAD, Min. f. Vb. Nr. 12881/244, Bl. 32, Heft 2.

[29] Vgl. "Pazifistischer Abend", in: Dresdner Anzeiger vom 19. August 1930 Nr. 387, S. 6, in: StAD, Min. f. Vb. Nr. 12881/244, Bl. 3, Heft 2.

schlecht angehören, das schon in der Wiege dazu verdammt ist, bis in sein Greisenalter hinein für Frankreich zu fronden. Ein Schulleiter, der derartiges fertigbringt, kann vielleicht an einer marxistisch geleiteten Privatschule wirken, die die Vertretung feindlicher Interessen zu ihrer Aufgabe gemacht hat; an einer staatlichen Schule hat er seine Existenz verwirkt."[30]

An die Stelle des Klassenaustausches mit Frankreich sollte nach Meinung der DNVP ein Austausch mit Kindern von Auslandsdeutschen oder solchen nordischer Staaten (Schweden, Norwegen) treten (ebd.). Etwa zeitgleich mit den Angriffen gegen die Dürerschule in der deutschnationalen Presse verstärkten sich auch die gleichgerichteten Aktivitäten des Elternrates der mit der Dürerschule in einem Gebäude untergebrachten 51. Volksschule. Dies war sicher nicht zufällig, gehörte doch ein Elternratsmitglied dem Vorstand der Dresdner Ortsgruppe der DNVP an. Vordergründig ging es dem Elternrat um die Lösung des Raumproblems, genauer um die Verhinderung einer weiteren Zuteilung von Räumen der 51. Volksschule an die Dürerschule. Unzweifelhaft stellte die Raumfrage seit dem Einzug der Dürerschule und ihrer jährlich zunehmenden Schülerzahl ein ständiges, sich verstärkendes Problem und die gemeinsame Unterbringung beider Schulen in einem Gebäude für beide eine wenig befriedigende Situation dar. Daß die Raumfrage dennoch letztlich nur vorgeschoben war, beweisen zwei diesbezügliche Eingaben des Elternrates an den Ministerpräsidenten Schieck, verfaßt auf dem offiziellen Briefpapier des Bezirksverbandes bzw. der Ortsgruppe Dresden der DNVP. Darin wurde nämlich versucht, die Dürerschule unter Hinweis auf die sozialdemokratisch orientierten Teile des Lehrerkollegiums sowie die hinter der Schule stehenden sozialdemokratischen und demokratischen Kreise politisch in Mißkredit zu bringen (StAD, Min. f. Vb. Nr. 12881/242, Bl. 112 f. u. 115 f.). Nach der Machtübertragung an die Nationalsozialisten sah der Elternrat der 51. Volksschule seine Chance für einen endgültigen Vorstoß gegen die weitere Existenz der Dürerschule gekommen, zumal ein politisch Gleichgesinnter, der Dresdner Stadtschulrat Dr. Wilhelm Hartnacke, an der Spitze des Volksbildungsministeriums stand. Am 20. März 1933 brachten Mitglieder des Elternrates (Dr. med. Schulze vom Hygiene-Museum, Hauptmann Voigtmann und Bildhauer

---

[30] Vgl. Abschrift des Schreibens der Ortsgruppe Dresden der DNVP zur Dürerschule an das Volksbildungsministerium vom 8.10.1930, in: StAD, Min. f. Vb. Nr. 12881/244, Bl. 11 a + b, Heft 2.

Weschke) zunächst ihre Beschwerden gegen die Dürerschule mündlich bei Hartnacke vor. Sie beklagten sich u.a., wie das Protokoll dieser Besprechung aussagt, "über den marxistischen Geist der Schule ..." (Protokoll der Sitzung, in: StAD, Min. f. Vb. Nr. 12881/ 242, Bl. 15). Die Vertreter des Elternrates wurden gebeten, einen schriftlichen Bericht einzureichen. Wenn ausreichend stichhaltiges Material beigebracht werde, würde das Ministerium die erforderlichen Maßnahmen treffen (ebd.).

Mit Datum vom 2. April legte der Elternrat den gewünschten Bericht vor. Darin rühmte er sich seines fast zehnjährigen Kampfes gegen die Dürerschule, was durchaus den Tatsachen entsprach, da er sich von Anbeginn gegen die Unterbringung der Dürerschule im Gebäude der 51. Volksschule gewandt und gegen diese Unterbringung protestiert hatte (zu diesem Protest vgl. StAD, Min. f. Vb. Nr. 12881/253, Bl. 1-24, 31-33 u. 50-53). Auch nachdem die Raumfrage schließlich zu einer gewissen Lösung gebracht worden sei, so der Elternrat, habe man den Kampf fortgesetzt aus der Erkenntnis heraus, "dass es vaterländische Pflicht war, gegen die marxistische Versuchsschule (Leitung Genosse Schumann) weiterzufechten" (Bericht des Elternrates der 51. Volksschule an den Beauftragten des Reichskommissars des Ministeriums für Volksbildung, in: StAD, Min. f. Vb. Nr. 12881/243, Bl. 37-51, Zitat Bl. 37). Der geschichtliche Abriß dieses Kampfes sollte einen "klaren Überblick über die marxistische internationale Einstellung des gesamten Dürerschulbetriebes und ihrer Förderer und Gönner einerseits und über die ungeheuere Gefahr für die Kinder der zum mindestens zu 90% christlichen Elternschaft der 51. V.Sch."geben (ebd., Bl. 37 f.). Dem Elternrat, das zeigen schon diese beiden Zitate, ging es einzig und allein darum, die Dürerschule als eine marxistische Schule zu denunzieren. Dieser Vorwurf war völlig abwegig und durch nichts zu beweisen. Vermutungen, Gerüchte, bloße Unterstellungen und persönliche Denunzierungen traten an die Stelle von überzeugenden Beweisen. So wurde beispielsweise das Hissen der Trikolore anläßlich des Besuchs einer französischen Austauschklasse schon zum "marxistische(n) Treiben der Dürerschule" (ebd., Bl. 44 f.). Der Elternrat versuchte, die Dürerschule nicht nur als eine marxistische, sondern auch als eine von jüdischen Kreisen unterstützte Schule anzuprangern. Die Dürerschule habe mächtige Helfer auch in der gesamten jüdischen Presse gehabt, hieß es in dem Bericht (ebd., Bl. 40). Im Zusammenhang mit der Finanzierung des Schullandheims in Gohrisch stand für den

Elternrat darüber hinaus fest, "dass jüdische Warenhäuser, wie Alsbegg, Reka usw. als grosszügige Spender des Heims aufgetreten sind, während sie dies bei anderen Schulen nicht getan haben. Es geht auch das Gerücht, dass Konsumvereine und Gewerkschaften mitgewirkt haben" (ebd., Bl 46).

Gegen Ende des durchgängig in dieser denunziatorischen Art und Weise verfaßten Berichts kam der Elternrat zum Wesentlichen seines Anliegens:

"Die gesamte Elternschaft der 51. V.Sch. würde es begrüssen, wenn dieser Bericht dazu beitragen würde, dass die Dürerschule dem verdienten Schicksal der Auflösung, zum mindesten einer gründlichen Reform zugeführt wird. Sollten etwa hier juristische Hindernisse vorhanden sein, so fordern wir, dass wenigstens weitere Aufnahmen in die Sexten der Dürerschule bereits zu Ostern d. J. unterbleiben, und dass deren Lehrplan und Lehrkörper einer Revision unterzogen werden, dass auf Zucht und Ordnung unter den Schülern der Dürerschule gesehen wird, denn wir sind verpflichtet, darauf zu sehen, dass unsere Kinder ordnungsgemäss Unterricht erhalten können und nicht von unerwünschten Einflüssen berührt werden. Es dürfte nicht im Interesse der Steuerzahler liegen, das Produkt marxistischer Experimente weiter wie früher zu finanzieren ..." (ebd., Bl. 49 f.).

Der Elternrat der 51. Volksschule traf beim "Beauftragten des Reichskommissars für das Volksbildungsministeriums" Hartnacke wie zu erwarten war durchaus auf Verständnis. Zwar wollte Hartnacke die Dürerschule nicht sofort auflösen, aber immerhin vermerkte er in einer Aktennotiz vom 7.4.33 in dem Bericht des Elternrates, daß an der Dürerschule keine neuen Sexten mehr aufzunehmen seien und sie einen verantwortlichen Rektor erhalte (ebd., Bl. 37). Letzteres war bereits zum 1. April in die Wege geleitet worden. Zu diesem Zeitpunkt wurde nämlich der Studienrat Friedrich Max Risse vom Vitzthumschen Gymnasium in Dresden mit der kommissarischen Leitung der Dürerschule beauftragt (StAD, Min. f. Vb. Nr. 12881/242, Bl. 22). An eine Fortsetzung ihrer bisherigen pädagogischen Arbeit war nicht mehr zu denken. Am 10. April wurde der Leitung der Dürerschule vom Ministerium mitgeteilt, daß sie ihren Charakter als Versuchsschule verliere und die Bezeichnung "Staatl. höhere Versuchsschule" in Zukunft wegzufallen habe. Statt des Lebenskundeunterrichts mußte wieder Religionsunterricht erteilt werden. Die Richtlinien über die Verwaltung der Dürerschule und damit auch die kollegiale Schulleitung wurden aufgehoben, die ausgesprochene Genehmigung zur Wahl des Schulleiters und seines Stellvertreters (Schwärig und Schneider) zurückgezogen und die kommissarische Leitung an Studienrat Risse übertragen. Schließlich enthielt das Schreiben die bereits erwähnte Anweisung, für das soeben begonnene Schuljahr keine neuen Sexten mehr aufzunehmen (StAD, Min. f. Vb. Nr. 12881/242, Bl. 24). Damit war der Abbau der Dürerschule eingeleitet, der mit ihrer endgültigen Auflösung zum 31. März 1936 endete (Schreiben des Volksbildungsministeriums vom 28. Nov. 1935 an den Oberstudiendirektor der Dürerschule, in: StAD, Min. f. Vb. Nr. 12881/ 245, Bl. 325).

III. Einheitsschule

1. Der Einheitsschulplan des Sächsischen Lehrervereins

Die beiden vorangegangenen Kapitel zur Volksschule und zur höheren Schule haben u.a. gezeigt, daß die Demokratisierungsansätze des Schulwesens auf die Volksschule beschränkt blieben. Eine ähnlich einschneidende, den sozialen und demokratischen Erfordernissen der Republik Rechnung tragende Reform des höheren Schulwesens gelang aus den dargelegten Gründen letztendlich nicht. Das bedeutete zugleich das Scheitern zentraler Reformziele wie insbesondere des Abbaus sozial bedingter Bildungsbenachteiligungen, einer umfassenden Förderung **aller** Kinder, einer sozialen und demokratischen Gemeinschaftserziehung wie auch einer **allgemeinen** Erziehung zur Selbständigkeit und Selbsttätigkeit in Verbindung mit körperlicher und geistiger Arbeit. Dazu hätte es einer weit über die vierjährige Grundschule hinausgehenden Vereinheitlichung des gesamten Schulwesens und damit insbesondere einer grundlegenden Umgestaltung der höheren Schule bedurft, wie sie 1922 in Thüringen bereits begonnen worden war (MITZENHEIM 1965 u. "Schulreform in Thüringen", Sondernummer der LLZ, Februar 1924). Zu Recht betonte deshalb im Juni 1923 die SSZ:

> "Eine Revolution auf dem Gebiet der Hochschule und der höheren Schulen haben wir nicht gehabt, und alle Umgestaltungen der Volksschule sind bedeutungslos, wenn sie nicht nach oben fortgesetzt werden" (Grundlagen des Schulprogramms, in: SSZ 1923, Nr. 22, S. 297ff., Zitat S. 297).

Immerhin haben auch die sächsischen Reformer - vor allem an der Basis - eine weitergehende Vereinheitlichung des Schulwesens geplant, diskutiert, über Realisierungsansätze nachgedacht und diesbezügliche Pläne verabschiedet, nachdem die Volksschulreform weitestgehend grundgelegt war, bzw. die dazu notwendigen Gesetze in Kraft treten konnten. Eine entsprechende Reformbereitschaft gab es übrigens seit Ende 1922 auch auf seiten der verantwortlichen Politiker.

Bereits im November 1922 bat die LLZ um die Mitarbeit der einzelnen Bezirksvereine an dieser neuen Aufgabenstellung ("Neue Ziele", in: LLZ 1922, Nr. 38, S. 689 f.), die Vertreterversammlung des SLV im März 1923 erhob dann offiziell den "Aufbau des Gesamtschulwesens unter besonderer Berücksichtigung des 9. und 10. Schuljahres" zur Aufgabe des Vereins (Jahresbericht des SLV 1923, S. 163), und schließlich folgte eine relativ kurze, aber intensive Einheitsschuldiskussion, die Anfang 1924 in einen entsprechenden Einheitsschulplan des SLV mündete.

Für die Einheitsschule im Sinne des SLV galten grundsätzlich dieselben Zielperspektiven, wie für die Volksschulreform, allen voran die Verbesserung der Situation bildungsbenachteiligter Schichten und damit die ansatzweise Herstellung sozialer Gerechtigkeit.[1]

Die LLZ stellte in einem Artikel im September 1923 erste konkrete Ergebnisse der Einheitsschuldiskussionen im LLV vor. Eingeleitet wurde der Artikel mit einer scharfen Kritik am Gesamtaufbau des Schulwesens.

"Unser Schulwesen, als Ganzes betrachtet, ist noch das Abbild des alten Obrigkeits- und Klassenstaates. Es ist auch heute noch ein zusammenhangloses Klassen- und Standesschulwesen, eine Schule mit Klassenerziehung und Klassenbildung. Auch im Schulwesen sind wir geschieden in ein Volk der Besitzenden und der Besitzlosen. Bildung ist noch immer Ware, die man kaufen kann. Die sozialen und weltanschaulichen Gegensätze finden ihren stärksten Ausdruck im Schulwesen. Ein großer Riß geht durch das gesamte Bildungswesen hindurch. In zusammenhanglosem Nebeneinander erzieht jede Schulgattung auf einem anderen Wege, auf ein anderes Ziel hin. Dem Schulwesen fehlt die innere Einheit" ("Schulreform", in: LLZ 1923, Nr. 30, S. 445 f., Zitat S. 445).

Die Vereinheitlichung des gesamten Erziehungswesens sei aber eine der wesentlichen Voraussetzungen für die Einheit der "Volksgemeinschaft". Ohne Rücksicht auf Stand, Besitz oder Weltanschauung der Eltern müsse ein solches Erziehungswesen alle Kinder gemeinsam in der **einen** großen allgemeinen Schule zu der **einen** großen Erziehung umfassen, die vom Menschen ausgehe und zum Menschen hinführe. Aufgabe des gesamten Bildungswesens des "Volksstaates" müsse es sein, alle im Volk ruhenden

---

1   Vgl. u.a. BÜTTNER, G. (Meißen): "Zur Frage des Gesamtaufbaues des Schulwesens", in: SSZ 1923, Nr. 18, S. 233 ff.; "Grundlagen des Schulprogramms", in: SSZ 1923, Nr. 22, S. 297 ff. u. FRÖHLICH, O.: "Zum Auf- und Ausbau des gesamten Schulwesens", in: SSZ 1923, Nr. 26, S. 372-375. Zu dem engen Zusammenhang von Gesellschaftsreform und Einheitsschulgedanke vgl. auch OPPERMANN 1982.

geistigen und sittlichen Kräfte freizumachen und zu ihrer höchsten Entfaltung zu führen.

> *"Im Kulturstaat auf sozialer Grundlage", hieß es dann weiter, "besteht für jeden einzelnen das Recht auf volle Entwicklung der in ihm angelegten Persönlichkeit, und der Staat hat die Pflicht, jeden, auch den wirtschaftlich Schwächsten, bis zur höchsten Entfaltung der in ihm ruhenden Kräfte der Bildung teilhaftig werden zu lassen, auf die er nach Anlage, Fähigkeit und Neigung Anspruch erheben kann. Alle Glieder im Volke müssen die Ausbildung erfahren und zu den Bildungsmöglichkeiten gelangen können, die ihren Kräften gemäß sind" (ebd., S. 445).*

Hier wurde das Recht auf Bildung in einem demokratischen Staat für alle, auch für die wirtschaftlich Schwächsten eingeklagt.

Die individuelle Entfaltung und Förderung sollte sich auf dem Wege weitestgehender innerer Differenzierung, die dem jeweiligen Entwicklungsstand des Kindes und seinen natürlichen Begabungs- und Neigungsrichtungen Rechnung zu tragen habe, vollziehen. Beabsichtigt war dabei, den Bildungsweg länger als bisher offen zu halten, und zwar bis zu dem Zeitpunkt, an dem sich bestimmte Begabungen und Interessen deutlicher zeigten. Für ein solches einheitliches Bildungswesen, einer, wie die LLZ schrieb, "durch den freien Willen der Bürger verwalteten Demokratie, des Volksstaates", sollten "durch eine grundsätzliche Schulreform sowohl die wirtschaftlichen als auch die organisatorischen Voraussetzungen geschaffen werden" (ebd.).

Bezüglich wirtschaftlicher Voraussetzungen dachten die Leipziger an Schulgeld- und Lernmittelfreiheit, Erziehungsbeihilfen, Erziehungsheime und Internate. Es ging dabei nicht darum, einigen Kindern aus den "minderbemittelten Bevölkerungsschichten" durch Gewährung von sog. Freistellen u. a. eine höhere Bildung zu ermöglichen, sondern Ziel war es, daß der Staat durch finanzielle Mittel dafür sorgte, "daß alle Glieder des Volkes an den öffentlichen, für die Gesamtheit des Volkes eingerichteten Bildungseinrichtungen in vollem Umfange teilnehmen können" (ebd.).

Schulorganisatorisch ging es dem Leipziger Lehrerverein um die sog. "Mittelschule", die sich als weitere gemeinsame sechsjährige Schulstufe an die vierjährige Grundschule anschloß und alle Kinder vom 5. Schuljahr an bis zum Ende der angestrebten zehnjährigen allgemeinbildenden Schulpflicht aufnahm. "Wir vertreten die Meinung", so Johannes Lang, "daß kein Jugendlicher vor dem 16. Lebensjahr in den Beruf eintreten sollte. Jedem müßte durch eine zehnjährige gute Schulbildung die innere Möglichkeit gegeben werden, in stärkerem Maße an dem Kulturleben der Gegenwart teilnehmen zu können" (LANG 1923 S. 494).[2]

Diese Mittelschule entsprach von ihrem grundsätzlichen Anspruch her, alle Kinder der Klassen 5 bis 10 zu vereinigen, unserem heutigen Verständnis von integrierter Gesamtschule. Die Leipziger favorisierten dafür allerdings ein anderes Differenzierungsmodell als die heutigen Gesamtschulen. Im 5. und 6. Schuljahr wollte man noch ganz auf eine äußere Differenzierung verzichten. Erst vom 7. Schuljahr an, wenn die verschiedenen Begabungen und Interessen der Kinder stärker hervortreten, sollte eine zunehmende Differenzierung in Form von Kern-Kurs-Unterricht einsetzen. "Sie (die Mittelschule, B.P.) verkürzt in einem von Jahr zu Jahr zunehmendem Maße den für alle gemeinsamen Pflichtunterricht und stellt daneben einen in mindestens gleichem Umfange zunehmenden Kursunterricht für die einzelnen erkennbaren Begabungs- und Neigungsrichtungen, damit alle Kräfte frei sich regen und entfalten können" (Schulreform, in: LLZ 1923, Nr. 30, S. 446). Nach der Mittelschule sollten sich dann die Bildungswege endgültig trennen und in dreijährigen Oberschulen, entweder wissenschaftlicher, praktischer oder künstlerischer Art, ihre Fortsetzung finden. Betont wurde dabei, daß diese Bildungswege der Oberstufe zwar verschiedenartig, aber nicht verschiedenwertig seien und keiner von ihnen in einer Bildungssackgasse enden dürfe. Von allen drei Oberschulen waren Möglichkeiten zum Übergang zu einer Hochschule vorgesehen (ebd., S. 446).

Neben dem Leipziger legten auch der Chemnitzer und Dresdner Lehrerverein im September/Oktober 1923 ihre Einheitsschulpläne vor. Der Vorschlag des Chemnitzer Lehrervereins, maßgeblich beeinflußt von Kurt Riedel, Lehrer an der Humboldt-Versuchsschule in Chemnitz und seit 1925 Dozent am Pädagogischen Institut der TH Dresden, sah ebenfalls eine insgesamt zehnjährige Einheitsschule vor, wobei im Mittelpunkt auch hier die sechsjährige gemeinsame Mittelschule stand. Der gesellschaftspolitische Streit, so erkannte Riedel richtig, werde sich zukünftig nicht mehr um die

---

2 Lang vertrat allerdings die Auffassung, daß diese Forderung sich nicht von heute auf morgen verwirklichen lasse. Zunächst einmal werde auch weiterhin der größere Teil der Jugendlichen die Schule nach dem 8. Schuljahr verlassen und ins Berufsleben eintreten. Dennoch sollten auch sie weiterhin Schüler der Mittelschule bleiben. Innerhalb der Mittelschule war deshalb ein besonderer dreijähriger Berufsschulzweig mit verminderter wöchentlicher Unterrichtsstundenzahl vorgesehen.

Grundschule, sondern um die ihr folgende Schulstufe drehen (RIEDEL 1923, S. 481 ff.). In Abweichung vom Leipziger Modell begann der Kern-Kurs-Unterricht aber bereits mit dem 5. Schuljahr, wie Riedels "Bildungsplan für die zehnjährige Einheitsschule" zeigt. "Von der Pflichtstundenzahl sind im 5. und 6. Schuljahr zwei bis vier, im 7. und 8. Schuljahr vier bis sechs Stunden wöchentlich für freie **Lehrgänge** einzurichten. Dadurch soll jedem Kinde im Rahmen der Möglichkeiten der einzelnen Schule Gelegenheit gegeben werden, seinen Neigungen und Veranlagungen gemäß besondere Förderung zu erhalten." (RIEDEL 1923 (a), S. 19). Riedel sah in der Mittelschule das "soziale Kernstück" der Einheitsschule. Mit dieser Charakterisierung wollte er den gesellschaftspolitischen Stellenwert der Einheitsschule und ihre sozialpädagogische Aufgabe unterstreichen. Riedel ließ keinen Zweifel daran, daß er auf der Seite der Arbeiterklasse stand und daß es ihm darum ging, die Arbeiterschaft von der Notwendigkeit der Einheitsschule im Interesse ihrer Kinder und des gesellschaftlichen Fortschritts zu überzeugen. Wer das Bildungswesen soziologisch und gesellschaftspolitisch durchschaue, so Riedel, müsse zwangsläufig zu dem Schluß gelangen, "daß die tiefe soziale Kluft zwischen Gebildeten und Ungebildeten nur dadurch überwunden werden kann, daß allen Kindern des Volkes die erforderliche Muße zur Ausbildung ihrer geistigen Kräfte gewährleistet wird" (RIEDEL 1923, S. 482). Dies bedinge zunächst einmal die Ausdehnung der allgemeinen Schulpflicht auf zehn Jahre. Genau dies sei nämlich die Zeit gewesen, die das wohlhabende Bürgertum für notwendig gehalten habe, um seiner Jugend einen Vorsprung gegenüber den Kindern der breiten Masse zu verschaffen. In diesem Zusammenhang ist Riedels Forderung zu sehen, daß alle geistige Arbeit in der Einheitsmittelschule der Stärkung der logischen Kraft zu dienen habe. Denn die "alte" Volksschule habe ganz im Sinne der herrschenden Klasse die Aufgabe gehabt, "die Denkkraft der Besitzlosen durch Dressur abhängig zu halten" (ebd., S. 483). Die Einheitsmittelschule solle nun die Besitzlosen geistig frei erziehen. Dabei komme der Schulung der logischen Bildung besondere Bedeutung zu. Logische Bildung sei zwar nicht an irgendein besonderes Bildungsmittel gebunden, "aber die Abstraktionsfähigkeit, als das Kennzeichen eines logisch arbeitenden Verstandes, kommt in der gesellschaftlichen Wechselwirkung wesentlich durch die Sprachbeherrschung zur Geltung" (ebd.). Denn immer da, wo eine herrschende Klasse das Bildungswesen organisiert habe, mußte die Schule die Kinder der Besitzenden zum überlegenen Gebrauch der Sprache erziehen. Wer die Fähigkeit besitze, aus verschiedenen Einzelheiten schnell einen gesetzmäßigen Zusammenhang zu erkennen, der sei denen wirtschaftlich und gesellschaftlich überlegen, die mit ihrem Denken am Einzelfall kleben blieben. "Da die logischen Fähigkeiten erst in der Zeit der Geschlechtsreife ausgebildet werden können", so Riedels entwicklungspsychologische Vorstellung, "so kann die breite Volksschicht nicht eher gesellschaftlich emporsteigen, als bis sie ihrer Jugend in diesen wichtigen Jahren Muße zur Bildungsarbeit gewährt" (ebd.).

Da es Riedel um gleiche Bildungschancen und eine qualifizierte Allgemeinbildung für alle Kinder ging, warnte er vor einem rein individualistisch motivierten Aufstiegsdenken für begabte Kinder aus der Arbeiterschaft durch die Einheitsschule. Er gab zu Recht zu bedenken:

> *"Gesellschaftspolitisch ist damit der aufsteigenden besitzlosen Klasse nicht gedient. Jeder politische Reaktionär kann sich für die besondere Förderung der Begabten erwärmen, weil er erkennt, daß dadurch nicht nur die geistige Hebung der breiten Schicht der Bevölkerung nicht erreicht, sondern im Gegenteil noch verzögert wird. Wer als einzelner begabter Armensohn in die höhere Schule kommt, wächst allzu leicht in den Gesichtskreis der Besitzenden hinein und geht als treibende Kraft der aufsteigenden Volksschicht verloren"* (ebd., S. 482).

Das hohe Maß an Bildung, welches die Einheitsmittelschule vermitteln sollte, trug nach Riedel gleichzeitig dazu bei, daß später alle Menschen wirklich gleichberechtigt am demokratischen Willensbildungsprozeß teilnehmen konnten und damit die gesellschaftlichen Führungspersönlichkeiten stets von der breiten Volksschicht erzeugt wurden. Es lag für Riedel zwar im Wesen der gesellschaftlichen Einrichtungen, "daß sie von einer kleinen Anzahl besonders geeigneter Menschen geleitet werden", aber:

> *"Wenn diese sozialpsychologische Tatsache nicht zur Scheidung in Herrscher und Beherrschte führen soll, so muß die Gesamtheit geistig so ausgerüstet werden, daß dieses 'Gesetz der kleinen Zahl' gesellschaftspolitisch ausgeglichen wird. Damit aus der sozialen Führerschaft keine Herrscherklasse entsteht, muß der ganze Nachwuchs geistig so gebildet werden, daß die Gesamtheit bei der Führerwahl nicht nur ein Scheinrecht ausübt, sondern in der Tat mit Sinn und Verstand entscheidet. Nur so ist der soziale Fortschritt vom gesellschaftlichen Herrschaftsverband zum Genossenschaftsverband, also zur wahrhaften Demokratie, möglich. In dieser politischen Beleuchtung muß die besitzlose Klasse die Frage der einheitlichen Mittelschule erblicken"* (ebd.).

Das Einheitsschulkonzept, welches der Dresdner Lehrerverein bzw. dessen "Pädagogische Arbeitsgemeinschaft" zur Diskussion stellte, sah -

zumindest für eine erste Übergangszeit - eine weniger radikale Integration von Volksschule und höherem Schulwesen und eine etwas stärkere Betonung ihres jeweils eigenständigen Charakters vor als es die Leipziger und Chemnitzer Vorschläge beinhalteten. Gemeinsam war allen Konzepten die Forderung nach der zehnjährigen allgemeinbildenden Schulpflicht und der auf der Grundschule aufbauenden allgemeinen Mittelschule. Die Dauer der Grundschule wollten die Dresdner auf sechs Jahre verlängert wissen, so daß für die Mittelschule noch vier Jahrgangsstufen zur Verfügung standen. "Von der Mittelschule an", so hieß es beim Dresdner Lehrerverein, "tritt eine Gabelung ein. Die praktisch-technisch-künstlerisch Begabten einerseits, die mehr theoretisch-wissenschaftlich Begabten anderseits arbeiten zu einem Drittel ihrer Pflichtstundenzahl auf den ihren Interessen und Begabungsrichtungen entsprechenden Gebieten. Zwei Drittel der Pflichtstundenzahl verbleiben dem gemeinsamen Kernunterricht" (Dresdner Lehrerverein 1923, S. 407 f.). Wie zwei dieses organisatorische Konzept ergänzende und erläuternde Aufsätze von Martin Weise zeigen, war man bei einem zu erwartenden großen Widerstand von seiten der Vertreter des höheren Schulwesens bereit, statt des gabelübergreifenden gemeinsamen Kernunterrichts erst einmal auch einen für beide Gabeln getrennten Kernunterricht zu akzeptieren, obwohl man letztendlich einer dauernden und starren Gabelung grundsätzlich ablehnend gegenüberstand. Als Vorbild und längerfristig zu verwirklichendes Ideal galt Weise nämlich die "elastische Einheitsschule" Paul Oestreichs und des Bundes Entschiedener Schulreformer (WEISE 1923 u. 1923a).

Hinsichtlich der grundsätzlichen Zielrichtung in der Einheitsschulfrage herrschte insgesamt also Übereinstimmung zwischen den Leipziger, Chemnitzer und Dresdner Reformern. An die Grundschule sollte sich eine weitere, für alle Kinder gemeinsame Schulstufe, die sog. Mittelschule, anschließen. Unterschiedliche Vorstellungen bestanden zum einen hinsichtlich der Grundschuldauer, zum anderen in der Frage der organisatorischen Ausgestaltung der Mittelschule, d.h. in den angestrebten Differenzierungsmodellen. Aber auch hier handelte es sich kaum um prinzipielle Gegensätze, eher unterschiedliche Vorgehensweisen auf dem Weg zum selben Ziel. Denn sowohl die Leipziger als auch die Dresdner und Chemnitzer lehnten jedwede unbewegliche, starre Differenzierung ab. Stattdessen traten sie letztlich für einen - möglichst viel individuelle Freiheit und umfassende Förderung gewährleistenden - Kern-Kurs-Unterricht ein.

Im Herbst 1923 lagen so die ersten konkreten Einheitsschulentwürfe aus den Reihen der Volksschullehrerschaft vor. Die weiteren Beratungen konnten nun nicht - wie ursprünglich einmal vorgesehen - durch intensive und gründliche Diskussionen in den einzelnen Bezirksvereinen fortgesetzt, sondern mußten beschleunigt vorangetrieben werden, wollte der SLV noch entscheidenden Einfluß auf das vom Volksbildungsministerium geplante und schon in Entstehung begriffene Einheitsschulgesetz nehmen. Unter Federführung von Johannes Lang (Leipzig), Martin Weise (Dresden) und Kurt Riedel (Chemnitz) gelang es den Vertretern der Schulgesetzausschüsse der Bezirksvereine trotz der bestehenden Differenzen, in wenigen Wochen einen gemeinsamen Einheitsschulplan aufzustellen und im Januar 1924 in der Vereinspresse zu veröffentlichen. Er wurde den Bezirksvereinen zur Stellungnahme vorgelegt und sollte auf der nächsten Vertreterversammlung zur Debatte und Abstimmung stehen (Sächsischer Lehrerverein 1924; Aus der Vereinsarbeit. Vorstandssitzung des SLV am 5./6. Januar 1924, in: LLZ 1924, Nr. 2, S. 32).[3]

Martin Weise als "Berichterstatter" erläuterte den Einheitsschulplan vor der Vertreterversammlung in Bautzen im April 1924. Weise stellte mit Blick auf die inzwischen veränderten politischen Verhältnisse in Sachsen gleich zu Beginn seiner Ausführungen klar, daß die Chance zur Realisierung der Einheitsschule zunächst einmal verpaßt worden sei. "Gestehen wir es ruhig ein: wir haben in den hinter uns liegenden Monaten die erste große Schlacht um die Einheitsschule - wir dürfen es wohl so nennen - verloren, verloren, weil wir nicht fertig waren, weil wir zu spät kamen" (Bericht über die 49. ordentliche Vertreterversammlung des Sächsischen Lehrervereins vom 14. bis 16. April 1924 in Bautzen, S. 70-115, Zitat S. 71). Er stimmte die Versammlung darauf ein, daß es bildungspolitisch nun erst einmal darum ginge, das bisher Errungene zu verteidigen, gleichzeitig aber auch programmatisch die Weichen für die Zukunft zu stellen. Gerade im Hinblick auf die Erfahrungen mit der gescheiterten Durchsetzung der Einheitsschule und dem diesbezüglichen weiteren bildungspolitischen Kampf des

---

[3] Der Einheitsschulplan des Sächsischen Lehrervereins wie auch dessen Erläuterungen zu Fragen der Differenzierung in der Mittel- und Oberstufe sind wieder abgedruckt und kommentiert bei KEIM 1987, S. 216-228.

Vereins warnte Weise vor einem Zögern und Abwarten in der Frage der Einheitsschulprogrammatik. "Die Kampfführung", so Weise, "verträgt kein längeres Warten, und die Sache, um die unser Kampf geht, hat es nicht nötig" (ebd.). Die Einheitsschule werde niemals das Ergebnis induktiver Forscherarbeit sein, Einheitsschule müsse aus dem Ganzen heraus gesehen und gewollt werden. "Erst eine das Ganze umspannende Idee, und dann die Glieder. Dieser Entwurf aus dem Ganzen heraus wird morgen und übermorgen nicht besser als heute" (ebd., S. 71). So versuchte Weise, die Versammlung trotz der seit Januar 1924 veränderten schulpolitischen Lage von der Notwendigkeit der Verabschiedung des vorliegenden Einheitsschulplanes als eines Zukunftprogramms des SLV zu überzeugen.

Die übergeordnete Idee, aus der Weise die Einheitsschule deduktiv ableitete und begründete, war politischer Natur und basierte - ähnlich wie bereits die Volksschulreform - auf den Prinzipien der Französischen Revolution: Freiheit, Gleichheit und Brüderlichkeit (ebd., S. 72-92). Wie bereits die vorangegangenen Diskussionen sah der Plan eine zehnjährige Einheitsschule vor. Die ursprüngliche Unterteilung in eine vierjährige Grund- und eine unmittelbar anschließende sechsjährige Mittelschule wurde schließlich - bei im übrigen unveränderter Annahme des Entwurfs als Programm des Vereins - zugunsten der sechsjährigen Grundschule geändert, so daß für die Mittelschule noch vier Jahre verblieben (ebd., S. 111). Vorgesehen war, daß Grund- und Mittelschule über einen gemeinsamen Lehrkörper und eine gemeinsame Leitung miteinander verbunden waren. Jede Mittelschule sollte über einen festen Schulbezirk verfügen. Die Schülerinnen und Schüler eines Bezirks mußten die dortige Mittelschule besuchen - eine Bestimmung, die sich vor allem aus dem Gedanken der sozialen Erziehung herleitete. Um die allgemeine Mittelschule auch auf dem Lande einführen zu können, sah der Plan den Zusammenschluß benachbarter Schulbezirke zu Zweckverbänden vor. In der wichtigen Frage der Differenzierung wurde für die Mittelschule ein Kern-Kurs-Unterricht empfohlen: "In der Mittelschule treten in Form freier Kursbildung die ersten Differenzierungen auf. Neben einem für alle gemeinsamen Kernunterricht sind für die erkennbaren Begabungs- und Neigungsrichtungen freie Lehrgänge einzurichten" (Bericht über die 49. ordentliche Vertreterversammlung ... 1924, S. 113). Daß die Kurse der Mittelschule noch sehr stark von den herkömmlichen Schulformen aus gedacht waren und ihnen damit neben der Förderung der Schülerinnen und Schüler auch eine selektive Funktion zukam, zeigt sich daran, daß sie "für die theoretisch-wissenschaftlich Begabten die Aufgabe des Unterbaues der heutigen höheren Schule und ebenso (im 9. und 10. Schuljahr) für die praktisch-technisch-künstlerisch Veranlagten die Aufgabe der heutigen Berufsschule" wahrnehmen sollten (ebd.).[4] Martin Weise erschien deshalb der Begriff des "Begabungsunterrichts" treffender als der des Kursunterrichts (ebd., S. 83).

Daß das Differenzierungsmodell für die Mittelschule, wie es im Einheitsschulentwurf niedergelegt und von Weise vor der Vertreterversammlung noch einmal dezidiert vertreten wurde, einen Kompromiß darstellte und unter den maßgeblichen Reformerinnen und Reformern eben nicht unumstritten und ausdiskutiert war, zeigte sich bei der Aussprache über den Entwurf. Vor allem die Ausführungen von Rita Scharfe und die Abänderungsanträge von Kurt Riedel ließen erkennen, daß sie einer stark schulformbezogenen Kursgestaltung ablehnend gegenüberstanden (ebd., S. 105 u. 107 f.). So verständigte sich denn auch die Vertreterversammlung darauf, daß die Fragen der Differenzierung und Gabelung in der Mittelschule von den Bezirksvereinen und ihren Schulgesetzausschüssen noch einmal besonders bearbeitet werden sollten (ebd., S. 111).

Grundsätzlich vertrat der SLV in seinem Einheitsschulentwurf die zehnjährige allgemeinbildende Schulpflicht. Die vorgesehene Integration der Berufsschule in die allgemeine Mittelschule sollte nur aus praktischen

---

[4] Die selektive Aufgabe der Kurse zeigt sich noch einmal in den ergänzenden Erläuterungen zur Differenzierung in der Mittelschule im "Gutachten des Sächsischen Lehrervereins zu den 'Grundzügen der Einheitsschule'" des sächsischen Volksbildungsministeriums. In dem Gutachten hieß es: "In der Mittelschule ist eine Differenzierung zu wünschen, die neben einem für alle verbindlichen Kernunterricht Ergänzungskurse vorsieht. Diese Kurse können mit einer geringen Stundenzahl einsetzen, von Jahr zu Jahr aber zunehmen. Dadurch wurde in jeder sechsjährigen Mittelschule hinreichend Gelegenheit geboten, sowohl die besonderen Aufgaben der höheren Schule (Fremdsprachen, eine vertiefte Mathematik, eine bessere Durchdringung der Muttersprache), als die besonderen Aufgaben der heutigen Berufsschule (Werkarbeit, Gartenarbeit, Berufskunde, eine den Bedürfnissen der praktisch-technisch veranlagten Jugendlichen entsprechende Formkunde, Mathematik, Sprachbildung, auch Fremdsprache) in wachsendem Umfange zu erfüllen. Aus einer solchen Differenzierung würde sich der Einbau der unteren Klassen unserer heutigen höheren Schulen und der heutigen Berufsschule naturgemäß ergeben. Ebenso würden in den Ergänzungskursen einer so differenzierten Mittelschule die Lehrer der heutigen höheren Schulen und der Berufsschulen ihre Schüler, ihr Arbeitsfeld und ihre Arbeitsaufgaben finden" (LLZ 1924, Nr. 3, S. 40 f., Zitat S. 41). Zu der doppelten Aufgabe der Kurse (Förderung und Selektion) im Einheitsschulplan des SLV vgl. KEIM 1987, S. 17 f.; die "Erläuterungen zur Differenzierung" sind dort auszugsweise S. 227 f. wieder abgedruckt.

Erwägungen heraus für eine Übergangszeit gelten. Deshalb der Vorschlag: "Für alle Kinder, die sich zunächst noch aus wirtschaftlichen Gründen bereits nach dem 8. Schuljahre einem Berufe unmittelbar zuwenden müssen, wird das 9. und 10. Schuljahr in einen dreijährigen Lehrgang mit verminderter Stundenzahl auseinandergezogen als besonderer beruflicher Zweig innerhalb der allgemeinen Mittelschule" (ebd., S. 38). Diesem beruflichen Bildungsgang sprach man den gleichen Wert wie dem allgemeinbildenden Bildungsgang zu. Auch den Schülerinnen und Schülern der Berufsschule stand der Besuch der sich an die Mittelschule anschließenden Oberschule grundsätzlich offen, soweit sie durch ein Gutachten ihrer Schule für geeignet befunden wurden bzw. sich in einer Probezeit bewährten. Als Oberschule kam für sie vorrangig die wirtschaftliche Oberschule in Frage, die neben der wissenschaftlichen und künstlerischen als eine von drei Oberschularten vorgesehen war. Sie alle führten in drei Jahren zur Hochschulreife (ebd., S. 113 f.).

2. Die Einheitsschulvorstellungen der sächsischen Landesverbände des Bundes Entschiedener Schulreformer und des Bundes der freien Schulgesellschaften Deutschlands

Neben dem SLV beschäftigten sich zwei weitere schulreformorientierte Organisationen 1923/24 mit der Einheitsschulfrage, die sächsischen Landesverbände des BESch und des Bundes der freien Schulgesellschaften.

Die Leitsätze der Entschiedenen Schulreformer in Sachsen waren getragen von der Hoffnung auf eine neue humane Gesellschaft, "auf eine Neubildung von **Volk und Menschheit**", wie es auch hieß, in deren Dienst sich der Bund mit seiner angestrebten "neuen Schule" als "die wichtigste Werkstatt zur Schaffung des neuen Menschen" stellen wollte (Leitsätze des Landesverbandes Sachsens des Bundes Entschiedener Schulreformer zum Aufbau des Schulwesens, in: LLZ 1924, Nr. 3, S. 41 f., Zitat S. 41).[5] Das Ideal einer solchen neuen Schule sahen sie in der gemeinsam von Lehrer-

---

5   Die Leitsätze wurden am 9. Januar 1924 vom BESch an das Volksbildungsministerium übergeben. Vgl. StAD, Min. f. Vb. Nr. 14498, Bl. 59/60.

und Elternschaft getragenen "**elastischen Produktionsschule**", die, z.B. als "Schulfarm" ländlich oder am Rande der Großstadt gelegen, "durch gemeinschaftliches Leben und Arbeiten Werkschaffen und Geist in engsten Austausch bringt" (ebd.). Dieses von zivilisationskritischen Vorstellungen der bürgerlichen Jugendbewegung beeinflußte Schulideal sollte, so lange der Staat sich zu seiner Verwirklichung nicht in der Lage sah, dadurch angebahnt werden, daß erstens die Bildung solcher Schulfarmen zunächst auf freiwilliger Basis in die Wege geleitet und zweitens das bestehende Schulwesen vereinheitlicht werden sollte. Hinsichtlich des letzteren Punktes forderte der Bund wie der SLV eine zehnjährige Schulpflicht, unterteilt in die sechsjährige Grundschule und die vierjährige Mittelschule. Während für die Grundschule lediglich eine Binnendifferenzierung innerhalb der Klassengemeinschaft vorgesehen war - vom 5. Schuljahr an sollte allerdings die Möglichkeit zur Erlernung einer Fremdsprache bestehen -, trat in der Mittelschule bei gemeinsamem Kernunterricht "eine Gabelung zwischen vorwiegend praktisch-technisch-künstlerischen und vorwiegend theoretisch-wissenschaftlichen Begabungen ein" (ebd., S. 42; vgl. auch die Neue Erziehung 1924, Mitteilungen Nr. 3, S. 88 f.). Deutlich zeigen sich hier Parallelen zu den Differenzierungsvorschlägen Martin Weises, der ja führendes Mitglied des Bundes in Sachsen war, und des Dresdner Lehrervereins. Auch die Entschiedenen Schulreformer verstanden unter dem Kursunterricht, wie Weise es auf der Vertreterversammlung des SLV ausgedrückt hatte, "praktisch eine auf Stunden beschränkte Gabelung nach den zwei Hauptbegabungsgruppen" (Bericht über die 49. ordentliche Vertreterversammlung ..., S. 83 f.). Sichtbar wurde das beispielsweise am Fremdsprachenunterricht für die "wissenschaftlich Begabten", der "in geschlossenen Kursen von zwei bis drei Jahren" durchgeführt werden sollte (Leitsätze des Landesverbandes Sachsen des Bundes Entschiedener Schulreformer ..., in: LLZ 1924, Nr. 3, S. 42). Die Vorschläge zur Oberschule, Hochschule und zur Lehrerausbildung gingen ebenfalls in dieselbe Richtung wie die des SLV. So konnte der SLV in einer Kommentierung feststellen: "Zwischen den Leitsätzen der Entschiedenen Schulreformer und dem Schulprogramm des Sächsischen Lehrervereins besteht vielfache Übereinstimmung" (ebd.). Dennoch sparte der SLV nicht mit Kritik. Er vermißte zum einen in dem Vorschlag des Bundes einen das gesamte Schulwesen in all seinen Beziehungen umfassenden Organisationsplan, zum anderen das konsequente Eintreten für seine Ideen, wie es Paul Oestreich ihrer Meinung nach tat.

"In Sachsen", so der SLV, "hatten die Entschiedenen Schulreformer in den vergangenen Wochen eine selten günstige Gelegenheit, einer breiten und interessierten Öffentlichkeit ihre Gedanken zu unterbreiten und für sie zu werben. Es war bei den Veranstaltungen des Philologenvereins zur Abwehr der Pläne Dr. Wünsches. Die Entschiedenen Schulreformer haben dabei nicht die Kampfkraft aufgebracht, für ihre Forderungen einzutreten, sie schwiegen. Mühelos fallen aber die Früchte niemand in den Schoß. Zäh und hart muß um den Erfolg gerungen werden. Wagen die Entschiedenen Schulreformer nicht den Kampf um ihre Ziele, dann werden ihre Forderungen nichts als ein schönes Programm auf dem Papier bleiben" (ebd.).

Der sächsische Landesverband des Bundes der freien Schulgesellschaften beschloß durch seinen Vorstand am 9. Dezember 1923 Mindestforderungen zur Einheitsschule, die den einzelnen Vereinen als Diskussionsgrundlage übergeben wurden. Ohne näher auf sie einzugehen, lasse ich sie hier abschließend folgen:

"Die freien Schulvereine Sachsens erstreben grundsätzlich die Vereinheitlichung des gesamten Schulwesens.
Der Kindergarten ist der Grundschule anzugliedern. Grund- und Mittelschule sind für alle Kinder gemeinsam. Der Uebergang von der Grund- zur Mittelschule erfolgt unmittelbar. Die Mittelschule behält die Kinder bis zum vollendeten 16. Lebensjahr.
Die Gliederung der Mittelschule erfolgt nicht nach äußern (sic!) Gesichtspunkten (Begabung, Fremdsprachen, Beruf), sondern durch Trennung in Kernunterricht und wahlfreie Lehrgänge schafft die Mittelschule vielseitige Bildungsmöglichkeiten, Erkennung der besonderen Begabung und Betätigung nach beruflicher Neigung. Alle bisherigen höhern (sic!) Schulen sind zur Einheitsoberschule zusammenzufassen, ihre äußere Vielgestaltigkeit ist zu ersetzen durch innere Differenzierung (wahlfreie Lehrgänge). Die Oberschulen gliedern sich in wissenschaftliche, künstlerische und wirtschaftliche.
Landgemeinden schaffen gemeinsame Bezirksmittel und -oberschulen.
*Der Uebergang zur Oberschule erfolgt ohne besondere Prüfung auf Empfehlung der Mittelschule oder zur Probe auf 1 Jahr. Durch Lernmittel- und Schulgeldfreiheit sowie durch genügende Geldunterstützung ist der Besuch der Oberschulen **allen** Volksschichten möglich zu machen. Berechtigungszeugnisse sind abzuschaffen.*
Die Ausbildung des gesamten Lehrerstandes erfolgt einheitlich.
Die Verwaltung aller Schulen wird nach dem Grundsatz der Selbstverwaltung ausgeführt von allen an der Schule Beteiligten: Staat, Gemeinde, Lehrer- und Elternschaft" (Die freie weltliche Schule 1924, Nr. 2, S. 14 f.).

Die Gemeinsamkeiten dieses Planes mit denen des sächsischen Landesverbandes des BESch und des SLV liegen auf der Hand; ein genauerer Vergleich verbietet sich aufgrund der teilweise sehr vage artikulierten Vorstellungen.

3. Der Einheitsschulplan des sächsischen Volksbildungsministeriums

Eine der wesentlichen Ursachen für die sich intensivierenden Einheitsschuldiskussionen innerhalb des SLV und anderer schulreformorientierter Kräfte lag in der Tatsache, daß sich auf der politischen Ebene im Verlaufe des Jahres 1922 die Forderung nach einer grundlegenden Reform auch des höheren Schulwesens deutlicher artikulierte und schließlich von Regierungsseite entsprechende Absichtserklärungen folgten. So nutzten im Januar 1922 Vertreter aller drei Arbeiterparteien, Arzt (SPD), Müller (USPD) und Schneller (KPD), die Etatberatungen im Landtag zu einer grundsätzlichen und scharfen Kritik am Gesamtzustand des höheren Schulwesens und an bislang fehlenden Reformen (Verhandlungen des Sächsischen Landtages 1921/22, Vierter Band, S. 2952 ff.). Die dabei vor allem an die Adresse von Kultusminister Fleißner (USPD) gerichtete Forderung nach einer umfassenden Reform des höheren Schulwesens wiederholte sich wenige Monate später auf der Landesversammlung der USPD in Plauen im Juli desselben Jahres. Fleißner erkannte die Notwendigkeit und Dringlichkeit einer solchen Reform uneingeschränkt an, wollte jedoch zunächst noch eine Reihe von Einzelfragen im Bereich des höheren Schulwesens klären, ehe er grundlegendere Veränderungen in die Wege leitete. In den Regierungserklärungen der Ministerpräsidenten Buck im Dezember 1922 und Zeigner im April 1923 kündigte sich dann die Einheitsschulreform an. Als Ende April 1923 der Ministerialrat im sächsischen Kultusministerium Dr. Giesing[6] aus

---

[6] Anläßlich der Versetzung Giesings in den Ruhestand veröffentlichte der Sächsische Philologenverein (SphV) in seinen Mitteilungen eine Laudatio, die mit den folgenden Worten begann: "Am 30. April d.J. tritt der bisherige erste Dezernent im Ministerium des Kultus und öffentlichen Unterrichts, Geh. Schulrat Dr. J. S. Giesing, in den Ruhestand. In aufrichtiger Trauer sieht ihn der Sächsische Philologenverein aus seinem hohen und verantwortungsvollen Amte scheiden; denn mit ihm verliert er einen hochverehrten Führer und bewährten Vorkämpfer, der zeitlebens rückhaltlos seine ganze Kraft zum Wohle der höheren Schule eingesetzt hat" (Mitteilungen des SPhV 1923, H. 4, S. 29). Worin der SPhV u.a. das besondere Verdienst Giesings nach der Novemberrevolution erblickte, wird an folgenden Ausführungen deutlich: "In einer Zeit, da alles zu wanken und zu stürzen drohte, trat er jederzeit ohne Rücksicht auf seine Person mit ruhiger Sicherheit für die höhere Schule ein und wehrte Angriffe aller Art, auch solche, die von Leidenschaft, nicht von Sachlichkeit veranlaßt waren, mit überlegener Erfahrung, vornehmer Sicherheit und tiefem Empfinden ab" (ebd.). An diesen Ausführungen wird. m. E. zweierlei deutlich. Erstens, welch enge Vertraute der SPhV nach 1918/19 noch im Kultusministerium hatte, und zweitens, wie diese ganz im Sinne des SPhV gewirkt haben. Einige Sta-

Altersgründen pensioniert wurde, nutzte Fleißner die Gelegenheit und berief den Bezirksschulrat von Löbau, Schulreformer und ehemaligen Vorsitzenden des LLV Dr. Alwin Wünsche (SPD) zum 1. Mai 1923 als Oberregierungsrat ins Kultusministerium mit dem Auftrag, die Reform des höheren Schulwesens vorzubereiten. Wünsche hatte schon auf dem Landesparteitag der SPD Anfang Juli 1921 eine Reform des höheren Schulwesens verlangt (Die Landeskonferenz der Rechtssozialisten, in: LVZ v. 4. Juli 1921, 2. Beilage zu Nr. 153).

Bereits Mitte Mai 1923 teilte Wünsche Fleißner schriftlich erste Überlegungen mit. Seiner Meinung nach hatte sich die Reform vor allem auf die Einführung der Selbstverwaltung unter Beteiligung der älteren Schüler(innen), auf die Durchsetzung des Arbeitsschulprinzips und auf Veränderungen des Lehrplans zu erstrecken. Hinsichtlich des Lehrplans dachte Wünsche daran, die drei unteren Klassen der höheren Schulen vom Fremdsprachenunterricht freizuhalten, um so den Volksschülerinnen und Volksschülern nicht nur nach Abschluß der Grundschule, sondern auch noch zu einem späteren Zeitpunkt, etwa am Ende des 7. Schuljahres, den Übergang in eine höhere Schule ohne weiteres zu ermöglichen. Dann sei es auch gleichgültig, ob man den Lehrgang der höheren Schule auf neun oder weniger Jahre bemesse. Fleißner zeigte sich, wie eine Aktennotiz beweist, mit diesen ersten Überlegungen einverstanden.[7]

Zur Durchführung der ihm übertragenen Aufgabe wurde Wünsche vom Kultusministerium ermächtigt, "sämtliche höheren Schulen des Freistaates Sachsen zu besuchen, dem Unterrichte beizuwohnen und von allen Schuleinrichtungen Kenntnis zu nehmen."[8] In den nächsten Monaten besuchte Wünsche sämtliche Dresdner Gymnasien, Realgymnasien, Oberrealschulen und Realschulen sowie mehrere höhere Schulen außerhalb Dresdens

---

tionen des persönlichen und beruflichen Werdegangs dieses langjährigen Ministerialbeamten seien hier noch genannt. 1858 als Sohn eines Arztes geboren, Studium der klassischen Philologie und Geschichte, nach längerer Tätigkeit am Vitzthumschen Gymnasium in Dresden, ab 1902 Konrektor an der Dreikönigsschule in Dresden, ab 1904 Rektor des neugegründeten König-Georg-Gymnasiums in Dresden, das ein Reformgymnasium und ein Reformrealgymnasium vereinigte. 1913 dann Berufung ins sächsische Kultusministerium. Von 1908 bis 1915 war er zudem noch Vorsitzender des Sächsischen Gymnasiallehrervereins (ebd.).

[7] Vgl. Schreiben Wünsches an Kultusminister Fleißner vom 14.5.1923, in: StAD, Min. f. Vb. Nr. 14497, Bl. 147 a u. b u. 247.
[8] Vgl. Schreiben des Kultusministeriums an alle höheren Lehranstalten, in: StAD, Min. f. Vb. Nr. 14497, Bl. 245.

und hospitierte bei insgesamt 96 Lehrkräften, bei mehreren von ihnen in verschiedenen Klassen. Vorwiegend hospitierte Wünsche in den vier unteren Klassen, da er sie mit den vier oberen Volksschulklassen vergleichen wollte.

"Meine Absicht hierbei war", schrieb er im September in einem ausführlichen, mit Stundenprotokollen versehenen Bericht über seine Besuche, *"kennen zu lernen, wie der Unterricht der Zehn- bis Dreizehnjährigen in der höheren Schule beschaffen ist, insbesondere über welche pädagogisch-methodische Befähigung die Lehrer der höheren Schule gegenüber den Volksschullehrern verfügen und wie es um die Auffassungskraft, die Fähigkeit zur geistigen Erarbeitung und um die manuelle Betätigung im Sinne des Arbeitsunterrichts in den Klassen der höheren Schule gegenüber den Volksschulklassen steht. Aufgrund solcher Beobachtungen würde sich dann, davon ging ich aus, beurteilen lassen, ob es notwendig ist, dass die Oberstufe der Volks- und die Unterstufe der höheren Schule so scharf getrennt nebeneinanderherlaufen, oder ob es möglich ist, für das Schüleralter zwischen 10 und 14 Jahren eine gemischte Schulstufe zu errichten."*[9]

Wünsche sah sich durch seine Unterrichtsbesuche in seiner Annahme bestätigt, daß es möglich und sinnvoll ist, eine weitere für alle Kinder gemeinsame Schulstufe im Anschluß an die Grundschule zu errichten, wie aus den "Schlußbemerkungen" am Ende des Berichts hervorgeht. Wünsche unterzog den Unterstufenunterricht der höheren Schulen in pädagogisch-psychologischer Hinsicht einer geradezu vernichtenden Kritik, wie vor allem seine Stundenprotokolle zeigen. Er passe sich der geistigen Entwicklungsstufe der Kinder nicht so sorgfältig an und entfalte ihre Anlagen nicht so planmäßig wie dies im Durchschnitt durch den Volksschulunterricht geschehe, hieß es zusammenfassend. Selbständiges geistiges Erarbeiten und sonstige Betätigung im Sinne der Arbeitsschule träten in der höheren Schule gegenüber der Volksschule in geradezu besorgniserregender Weise zurück. Den meisten der von ihm besuchten Lehrern bescheinigte Wünsche, daß sie die Kunst zu unterrichten überhaupt nicht verstünden. "Diese Lehrkräfte können zwar über ein Thema einen Vortrag halten oder ein Gespräch führen und dabei dies und jenes sagen und tun, was wie Unterricht aussieht, aber ein wirklicher Unterricht ist es nicht. Für sie haben die großen Pädagogen der früheren Zeit wie Comenius, Rousseau und Pestalozzi umsonst gelebt."[10] Für Wünsche, so weist es sein auf den ersten Bericht folgender

---

[9] Vgl. "Bericht über meine bisherigen Besuche in höheren Schulen" von Dr. Alwin Wünsche vom 17. September 1923, in: StAD, Min. f. Vb. Nr. 14498, Bl. 3-20, Zitat Bl. 3.
[10] Ebd., Bl. 19.

"Vorläufiger Entwurf für den Aufbau einer Einheitsschule" vom 6. Oktober 1923 noch einmal zusammenfassend aus, bedeutete es angesichts der konstatierten Mängel weder eine Hemmung der geistigen Entwicklung der Jugend, noch ein Herabdrücken des Bildungsniveaus, "wenn alle Kinder nicht nur während der Grundschule, sondern auch noch zwischen dem 10. und 14. Lebensjahr nach gleichem, dem Alter gut angepaßten Lehrplane und nach der Lehrweise der Volksschule unterrichtet werden; es würde dadurch das geistige Wachstum auch derjenigen Kinder, die den höheren Unterricht ganz durchlaufen wollen, in viel gesündere, naturgemäßere Bahnen gelenkt werden als gegenwärtig."[11]

Auch wenn Wünsche sein Einheitsschulmodell zunächst sehr stark pädagogisch rechtfertigte bzw. begründete, so spricht aus seinen ganzen schriftlich niedergelegten Überlegungen doch auch sehr klar und explizit die bildungspolitische Absicht, mit der Einheitsschule die innere wie äußere Struktur des höheren Schulwesens zu demokratisieren. So möchte er, um die zwei wohl wichtigsten Beispiele zu nennen, jegliche republikfeindlichen Tendenzen innerhalb des höheren Schulwesens konsequent bekämpft wissen und den Arbeiterkindern in großer Zahl den Weg in die höheren Schulen ebnen (Bericht vom 17. September 1923, Bl. 19/20; vgl. Anm. 9). Letzteres sollte mit Hilfe der Einheitsschule dadurch gefördert werden, daß die Eltern die wichtige Entscheidung über den weiteren Bildungsweg ihrer Kinder nicht schon am Ende der Grundschule, sondern erst einige Jahre später zu treffen brauchten, wie Wünsche in seinem vorläufigen Einheitsschulentwurf ausdrücklich bemerkte. Aus dem vorläufigen Einheitsschulentwurf von Anfang Oktober entwickelten sich schließlich als Gesamtergebnis die "Grundzüge der Einheitsschule", die Wünsche am 27. November im Ministerium vorlegte (StAD, Min. f. Vb. Nr. 14498, Bl. 40/41). Darin wurde, ausgehend von den Prinzipien der Arbeitsschule mit ihren pädagogischen und gesellschaftspolitischen Implikationen, wie sie an anderer Stelle bereits ausführlich entwickelt worden sind, noch einmal die übliche Trennung der Schulkinder und ihre Verteilung auf die verschiedenen Schulformen schon am Ende der Grundschule als nicht zu rechtfertigen abgelehnt. "Deshalb ist auf der Grundschule", so lautete die Konsequenz unter Punkt 10, "eine weitere gemeinschaftliche Schulstufe zu errichten, die sich über vier Jahre

---

[11] Vgl. "Vorläufiger Entwurf für den Aufbau einer Einheitsschule" vom 6. Oktober 1923, in: StAD, Min. f. Vb. Nr. 14498, Bl. 34-36, Zitat Bl. 34.

bis zum Ende der Volksschulpflicht erstreckt und als **Mittelschule** bezeichnet wird" (ebd.). In der Mittelschule sollte - und darin lag der einzige Unterschied zur Grundschule - von Anfang an die Möglichkeit zur gründlichen Erlernung einer modernen Fremdsprache (Englisch) geboten werden. Neben diesem wahlfreien Fremdsprachenunterricht waren für die Schüler und Schülerinnen, deren Interessen und Begabungen auf anderen Gebieten lagen, nach Bedarf ebenfalls wahlfreie Kurse vorgesehen. Ansonsten galt für alle derselbe, noch neu aufzustellende Lehrplan. "Schwachbefähigte Schüler" sollten allerdings - soweit möglich - in besonderen "Hilfsklassen" unterrichtet werden.

Konsequent im Sinne der Einheitsschulidee war der für die Mittelschule vorgesehene Bezirkszwang, wie er ja auch für die Grundschule und die Volksschule insgesamt galt und der die Eltern verpflichtete, ihre Kinder in die ihrem Wohnbezirk zugeordnete Schule zu schicken. So sollte verhindert werden, daß wohlhabende Elternkreise ihre Kinder in ihnen genehmen "besseren" Mittelschulen anderer Bezirke anmeldeten und die Einheitsmittelschule so durch ein sich inoffiziell herausbildendes, ihrer sozialen Zielsetzung entgegenwirkendes System schichtspezifischer "Eliteschulen" unterlaufen wurde.

Im Gegensatz zum Einheitsschulplan des SLV ging Wünsche weiterhin grundsätzlich von einer achtjährigen allgemeinbildenden Schulpflicht aus (vier Jahre Grundschule plus vier Jahre Mittelschule). Er hielt es angesichts der Wirtschaftslage für verkehrt, landesweit ein 9. und 10. Schuljahr verpflichtend einzuführen. Für notwendiger erachtete er, bei Bedarf einen Zwang zur Errichtung von Kindergärten auszuüben.

Die dreijährige Berufsschule schloß sich nach den Vorstellungen Wünsches als Pflichtschule an die Mittelschule an. Berufsschüler und -schülerinnen sollten allerdings im Anschluß an die Berufsschule und in der Regel nach Bestehen einer Aufnahmeprüfung in eine Oberschule übergehen können und dabei - soweit möglich - an bestimmten Orten zu besonderen Klassen der Oberschule zusammengefaßt werden. Die "Oberschule" trug nach den "Grundzügen" den Charakter einer allgemeinen Wahlschule ohne Bezirkszwang. An Oberschultypen wurden genannt: eine zweijährige Realschule, eine zweijährige Deutsche Oberschule (sog. neuntes und zehntes Volksschuljahr mit Vollunterricht), eine vierjährige Oberrealschule, eine vierjährige Deutsche Oberschule oder eine vierjährige gymnasiale Oberschule" ("Grundzüge der Einheitsschule", in: StAD, Min. f. Vb. Nr. 14498, Bl. 41). Durch die nur vierjährige Oberschule verkürzte sich die Gesamtschuldauer bis zur Hochschulreife von 13 auf 12 und der Lehrgang der höheren Schule von 9 auf 8 Jahre. In seinem vorläufigen Entwurf hatte Wünsche darauf hingewiesen, daß eine solche Verkürzung immer stärker von den verschiedensten Seiten gefordert würde. So habe die Reichstagsebenso wie die preußische Landtagsfraktion der SPD den achtjährigen Lehrgang beantragt. Als weitere Befürworter nannte Wünsche die KPD-Reichstagsfraktion, den deutschen Städtetag sowie zahlreiche Pädagogen. Daneben erwähnte er die geplanten Versuche mit einem achtjährigen Lehrgang in Hamburg und Hessen. In der Frage der Anerkennung entsprechender Reifezeugnisse durch die Universitäten war er zuversichtlich. Selbst wenn bei Bayern und Preußen auf kein Entgegenkommen zu rechnen sei, bringe man doch "ein ganz ansehnliches Kartell von Universitäten" zusammen, das die Zeugnisse eines achtjährigen Lehrgangs anerkennen werde. Im übrigen gebe es im Ausland fast überall nur den achtjährigen Lehrgang und die dort ausgestellten Zeugnisse, etwa die österreichischen, würden in Deutschland ohne Bedenken anerkannt ("Vorläufiger Entwurf für den Aufbau einer Einheitsschule", in: StAD, Min. f. Vb. Nr. 14498, Bl. 35).

Das Zeugnis der Hochschulreife sollte ohne spezielle Abschlußprüfung aufgrund der während der Schulzeit, insbesondere des letzten Schuljahres erbrachten Leistungen vergeben werden. Eine Abschlußprüfung war nur für diejenigen vorgesehen, die das Reifezeugnis erwerben wollten, ohne am Unterricht der Abschlußklasse teilgenommen zu haben.

Mit Hilfe der zur Arbeitsschule ausgestalteten Mittelschule als dem Kernstück seines Einheitsschulentwurfes wollte Wünsche also eine - weitgehend auf äußere Differenzierung verzichtende - Integration aller Schülerinnen und Schüler bis zum Ende der achtjährigen allgemeinbildenden Schulpflicht durchsetzen. Damit liefen die Vorstellungen des sozialdemokratischen Oberregierungsrates im Volksbildungsministerium im Prinzip auf eine Verlängerung der Grundschule auf acht Jahre hinaus. Diese Schule hätte sich so im wahrsten Sinne des Wortes zu einer Volksschule entwickeln können, zu deren Besuch alle Kinder gemeinsam bis zum 14. Lebensjahr verpflichtet gewesen wären, gleichgültig welchen weiteren Bildungsweg sie anschließend einzuschlagen gedachten. Wünsche verknüpfte dabei in seinem Plan, wie die anderen demokratisch-sozialistischen Schulreformer auch, die

Vorstellung einer kindgemäßen humanen Pädagogik, die allen Kindern gleichermaßen optimale Entwicklungs- und Entfaltungsmöglichkeiten gewähren sollte mit dem Anspruch, das hierarchisch gegliederte Schulsystem durch eine Einheitsschule zu ersetzen, um so nicht zuletzt die Bildungschancen von Arbeiterkindern zu verbessern. Allerdings ist nicht zu übersehen, daß Wünsche mit der Begründung seines Einheitsschulentwurfes insgesamt nicht an das Diskussionsniveau anderer Schulreformer wie etwa Fröhlich, Lang oder Weise heranreichte.

Mit seinen "Grundzügen der Einheitsschule" stieß Wünsche, wie kaum anders zu erwarten, bereits innerhalb des Ministeriums bei den für das höhere Schulwesen zuständigen Fachräten auf Widerstand. Es ist leicht einzusehen, daß diese - schon vor der Novemberrevolution im Ministerium tätigen - Ministerialbeamten sich durch die Berufung Wünsches und die ihm übertragene Aufgabe übergangen und in ihren Kompetenzen beeinträchtigt fühlten. Auch die Tatsache, daß einem ehemaligen Volksschullehrer die Reform des höheren Schulwesens übertragen worden war, dürfte die Stellung Wünsches gegenüber den standesbewußten Ministerialräten nicht eben erleichtert haben. Die Räte versuchten nun, dem Einheitsschulentwurf ganz einfach seinen offiziellen Charakter abzusprechen und ihn lediglich als eine private Meinung Wünsches hinzustellen, zu der das Ministerium überhaupt erst einmal Stellung nehmen müßte. Gegen diese Auffassung setzte Wünsche sich in einem Brief an den zuständigen Ministerialdirektor Michel von Anfang Dezember 1923 zur Wehr. Seiner Meinung nach konnte der Entwurf nicht lediglich als eine persönliche Angelegenheit angesehen werden, besonders, wie Wünsche schrieb, "nachdem der Herr Minister erklärt hat, daß er den Grundzügen in allen Hauptpunkten zustimme und auf eine baldige Umgestaltung des Schulwesens in ihrem Sinne Wert lege" (Brief Wünsches an den Ministerialdirektor Michel vom 4. Dezember 1923, in: StAD, Min. f. Vb. Nr. 14498, Bl. 123/124). Wünsche war nicht bereit, seine "Grundzüge" wie geplant zur gutachtlichen Stellungnahme an die verschiedensten Organisationen hinausschicken zu lassen, falls ihnen kein offizieller Charakter zuerkannt werden sollte, und drang auf eine Entscheidung in diesem Streit. Ministerialdirektor Michel ließ Wünsche - festgehalten durch eine Aktennotiz - wissen, daß in einer Abteilungssitzung beschlossen worden sei, die Grundzüge als "Referentenentwurf", zu dem sich das Ministerium seine endgültige Stellung vorbehalte, hinauszugeben. Da alle Fachreferenten für die höheren Schulen mehr oder weniger mit dem Entwurf nicht einverstanden seien, ergebe sich auch aus diesem Grund, an dem gefaßten Beschluß festzuhalten. Die Stellung des Ministers würde dadurch bei den bevorstehenden Verhandlungen sicherlich erleichtert. Wünsche gab sich mit dieser Antwort nicht zufrieden und bestritt, ebenfalls in einer Aktennotiz festgehalten, noch einmal den privaten Charakter seiner "Grundzüge". Er wies darauf hin, daß seine Gegner am Schluß der entsprechenden Beratungen gegen den Entwurf hätten stimmen können, was sie aber nicht getan hätten. Trotzdem nun die "Grundzüge" als eine völlig unmaßgebliche Arbeit eines Mitglieds des Ministeriums hinzustellen, entspräche nicht der Sachlage. Durch die ausdrückliche Zustimmung des Volksbildungsministers Fleißner zu den grundsätzlichen Teilen seiner Grundzüge könne keine Rede davon sein, daß sie für das Ministerium ohne jede Verbindlichkeit seien. Anschließend stellte Wünsche dann noch klar, daß eine größere Anzahl von Mitgliedern des Ministeriums seinen Einheitsschulvorstellungen zustimme, "und auf die Herren Fachräte der höheren Schulen alleine kommt es, da es sich um die Einheitsschule handelt, nicht an. Falls den Grundzügen nicht derjenige Charakter zuerkannt wird, der ihnen m. E. und nach meinen vorstehenden Ausführungen zukommt, muß ich es ablehnen, sie hinauszugeben und sie irgendwie nach außen zu vertreten" (ebd.).

Es ließ sich nicht ermitteln, ob und gegebenenfalls in welcher Weise Fleißner in diesen Streit zwischen Wünsche, den er ja eigens berufen und mit der Reform des höheren Schulwesens betraut hatte und dessen Einheitsschulvorstellungen er vom Grundsatz her teilte, und einem Teil der Fachräte eingegriffen und ob er Wünsche dabei, was nahegelegen hätte, gegen die Fachräte untersützt hat. Zu vermuten ist allerdings, daß Fleißner sich in diesen, für Sachsen politisch so turbulenten Monaten Ende des Jahres 1923 wohl kaum um derartige Vorgänge gekümmert haben dürfte. Die Durchsetzung der Einheitsschule mußte im Dezember 1923 Fleißner und den Sozialdemokraten wohl ohnehin als eine nachgeordnete Frage erscheinen, wo es vorerst nur um das politische Überleben der sozialdemokratischen Minderheitsregierung ging. Fest steht, daß die "Grundzüge der Einheitsschule" schließlich noch im Dezember als "Referentenentwurf" zahlreichen Organisationen, darunter auch den verschiedenen Lehrervereinen, zur gutachtlichen Stellungnahme zugingen.

Grundsätzliche Zustimmung signalisierten dabei der SLV, die AsL Sachsens und - mit Einschränkungen - auch der Verein Sächsischer Bezirksschulräte. Der SLV sah laut dem beim Ministerium eingereichten Gutachten zwischen den "Grundzügen" und seinem eigenen Einheitsschulplan "Übereinstimmung in den Grundsätzen, nach denen die äußere und innere Reform des Unterrichtswesens durchgeführt werden soll."[12] Besonders begrüßte der SLV die gemeinsame Zielperspektive einer für alle Kinder verbindlichen Mittelschule. Dennoch kritisierte er neben nicht voll befriedigend gelöst erscheinenden Formulierungen bei den Zielbestimmungen des Unterrichts wie der Einheitsschule insgesamt vor allem die in den "Grundzügen" vorgesehene lediglich achtjährige allgemeinbildende Schulpflicht und damit einhergehend die nur vierjährige Dauer der Mittelschule sowie die fehlende Eingliederung der Berufsschule in die Einheitsmittelschule. Darüber hinaus betonte der SLV in seinem Gutachten noch einmal die Notwendigkeit von Differenzierungen in der Mittelschule, die bei Wünsche, vom Fremdsprachenunterricht einmal absehen, ja so gut wie keine Rolle spielten, und lehnte die in den Grundzügen vorgesehene starre Typisierung der Oberschulen ab (Gutachten des Sächsischen Lehrervereins ..., ebd.; vgl. Anm. 12).

Dieselben Vorbehalte, die der SLV gegen die achtjährige Schulpflicht, die Stellung der Berufsschule innerhalb der Einheitsschule, die Differenzierung in der Mittelschule und die starre Typisierung bei den Oberschulen anmeldete, finden sich auch in der Stellungnahme der AsL Sachsens. Hinsichtlich der Differenzierungsfrage hieß es beispielsweise in dem Schreiben, das die AsL an das Ministerium richtete: "Die bessere Differenzierung würde erreicht, wenn der Stundenplan der Mittelschule mehr aufgelokkert würde, d.h. wenn die Kurse nach Umfang und Art weiter ausgebaut würden, als es die 'Richtlinien' vorsehen" (Undatiertes Schreiben der AsL Sachsens an das Volksbildungsministerium, eingegangen am 2. Februar 1924, in: StAD, Min. f. Vb. Nr. 14498, Bl. 97). Im übrigen begrüßte die AsL, daß in der Frage des Einheitsschulgedankens ein energischer Schritt vorwärts getan werden sollte und erklärte sich unter Zurückstellung weiter-

---

12 Vgl. "Gutachten des Sächsischen Lehrervereins zu den 'Grundzügen der Einheitsschule'", in: LLZ 1923, Nr. 3, S. 40 f. u. Schreiben des SLV an das Volksbildungsministeriums vom 15. Januar 1924, in: StAD, Min. f. Vb. Nr. 14498, Bl. 73-75.

gehender Wünsche und Ziele mit den Grundzügen im großen und ganzen einverstanden (ebd.).

Die zustimmenden Stellungnahmen blieben in der Minderheit. Auf massiven Protest und einhellige Ablehnung stieß der Einheitsschulplan aus dem Volksbildungsministerium bei den konservativen Interessengruppen, die sich eigens zur Abwehr der sächsischen und (bereits gesetzlich verabschiedeten) thüringischen Einheitsschulreform in Leipzig im November 1923 zur "Schutzgemeinschaft für die höheren Schulen Deutschlands" zusammengeschlossen hatten (zur "Schutzgemeinschaft" vgl. LAUBACH 1986, S. 50-56). Etwa 60 überregionale und ca. 20 auf Sachsen beschränkte Organisationen, hauptsächlich akademisch gebildeter Berufs- und Interessengruppen, gehörten der "Schutzgemeinschaft" 1923 an.[13] In ihrer Stellungnahme an das Volksbildungsministe- rium hieß es einleitend: "Durch die vom Ministerium in Erwägung gezogenen 'Grundzüge' der Einheitsschule werden die Befürchtungen, die wir auf Grund des Thüringer Vorgehens für die höheren Schulen Sachsens und zugleich für die Einheitlichkeit des gesamten höheren Schulwesens Deutschlands gehegt hatten, noch weit übertroffen" (Schreiben der "Schutzgemeinschaft für die höheren Schulen" vom 18. Januar 1924, in: StAD, Min. f. Vb. Nr. 14498, Bl. 101-114, Zitat Bl. 101). Der Hauptvorwurf gipfelte in der Behauptung, die "Grundzüge der Einheitsschule" stünden, da sie eine weitere an die Grundschule anschließende Schulstufe vorsähen, "im offenen Widerspruch zur Reichsverfassung" (ebd., Bl. 102), eine Auffassung, die sich zwingend weder aus Buchstaben noch Geist des Art. 146, Abs. 1 ergab. Die "Schutzgemeinschaft" jedenfalls hielt es für ausgeschlossen, "dass das Reich eine solche verfassungswidrige Einrichtung dulden würde" (ebd.). Insgesamt lehnte sie die "Grundzüge" "in ihrem wesentlichen Inhalt und ihrer ganzen Richtung als eine verhängnisvolle Abkehr vom bewährten organischen Aufbau der höheren Schulen zu einem auf vorgefaßten Theorien beruhenden

---

[13] Zu den sächsischen Organisationen zählten u.a. die Bergakademie Freiberg, die Forstakademie Tharandt, die TH Dresden und die Universität Leipzig, der Professorenrat der Handelshochschule Leipzig, der Verband Sächsischer Industrieller (Ortsgruppe Leipzig), der Verband Leipziger Textilindustrieller und der Verband Leipziger Handlungsvertreter, das bischöfliche Ordinariat des Bistums Meißen, der Landesverband Sächsischer Frauenvereine, die Landesarbeitsgemeinschaft der Vereinigung ehemaliger Schüler der neunklassigen höheren Schulen Sachsens und der Verein der Leipziger Elternräte an den höheren Schulen Leipzigs ("Die Zertrümmerung des humanistischen Gymnasiums im Freistaate Sachsen", in: Das humanistische Gymnasium 1923, S. 67-75).

Schematismus" ab. "Die 'Grundzüge' werden weder dem **individuellen Bildungsbedürfnis** der Schüler gerecht, noch der **Bildungsnotwendigkeit**, die für unser Volk heute mehr als je besteht" (ebd., Bl. 104). Die geplante weitere Horizontalisierung des Schulsystems wurde zur nationalen (Bildungs-)Katastrophe hochstilisiert.

"Eine Bildung", so die "Schutzgemeinschaft", "wie sie die Einheitsschule der 'Grundzüge' vermitteln könnte, würde - vielleicht - ausreichen für ein in primitiven Verhältnissen lebendes, wesentlich auf sich selbst gestelltes Agrarvolk ohne höheren geistigen Anspruch, keinesfalls aber für ein Volk wie das unsere, das nicht nur unweigerlich im schärfsten Wettkampf der Nationen steht, sondern auch seine durch den Kriegsausgang und die allgemeine Verelendung ohnehin schwer gefährdete hohe Kulturstellung unter den Nationen mit aller Anstrengung verteidigen muss, um nicht als geistige Weltmacht abzudanken" (ebd., Bl. 106 f.).

Weitere Stellungnahmen und Entschließungen gegen den Einheitsschulentwurf Wünsches kamen u.a. noch vom SPhV, der ebenfalls dessen Verfassungsmäßigkeit abstritt und bat, den Entwurf nicht weiter zu verfolgen und stattdessen bei der schleunigst in Angriff zu nehmenden Reform des höheren Schulwesens den Plan des SPhV zu Grunde zu legen[14], vom Landesverband der höheren Beamten Sachsens (Min. f. Vb. Nr. 14498, Bl. 138 f.), vom Deutschen Philologenverein (ebd., Bl. 160), vom Vorstand des Landesverbandes Sachsen der Vereinigung für Humanistische Bildung (ebd., Bl. 188 f.) und nicht zuletzt von zahlreichen Elternvertretungen und -versammlungen höherer Schulen Sachsens. Partei gegen den Einheitsschulentwurf ergriffen auch so bekannte Persönlichkeiten wie der Leipziger Pädagogikprofessor Theodor Litt, der am 7. Dezember 1923 auf einer öffentlichen Veranstaltung des SPhV und am 15. Dezember auf einer Versammlung der "Schutzgemeinschaft" sprach (Die höhere Schule im Freistaat Sachsen 1924, Nr. 2, S. 12), sowie der Dresdner Stadtschulrat und später unter den Nationalsozialisten amtierende Beauftragte für das sächsische Volksbildungsministerium Wilhelm Hartnacke, der den

---

14 Vgl. Schreiben des SPhV vom 21.1.1924, in: StAD, Min. f. Vb. Nr. 14498, Bl. 115-121. Zu den einzelnen Einwänden des SPhV gegen den Einheitsschulentwurf vgl. auch "Grundzüge der Einheitsschule", in: Mitteilungen des Sächsischen Philologenvereins 1923, Nr. 10, S. 81-84. Zum Reformplan des SPhV vgl. "Leitsätze des SPhV zum Ausbau des höheren Schulwesens im Freistaate Sachsen", in: Die höhere Schule im Freistaat Sachsen 1924, Nr. 7, S. 41 f. u. S. 53-57.

Einheitsschulentwurf als "Kulturbolschewismus" bezeichnete ("Der einheitliche Schulaufbau", in: SSZ 1923, Nr. 39, S. 578 f.).[15]

Wenige Tage nach den Protesten der "Schutzgemeinschaft" und des SPhV verfügte der neue Volksbildungsminister Kaiser, selbst als entschiedener Gegner der Einheitsschule bekannt, am 26. Januar 1924 den Stop der Einheitsschulreform, wie bereits dargelegt. Damit war neben Thüringen der einzige konkrete Versuch einer Landesregierung, eine über die vierjährige

---

[15] Hartnacke, der nach 1945 erneut Einheitsschulbestrebungen zu bekämpfen versuchte, zählte zu den entschiedensten Gegnern der Weimarer Republik. Von seinen politischen Anschauungen her fand er den Weg von der DVP über die DNVP zur NSDAP. Nachdem die Nationalsozialisten ihn 1933 zum sächsischen Volksbildungsminister gemacht hatten, hielt er auf einer "Tagung der sächsischen Erzieher" eine Ansprache, in der er u.a. seine Genugtuung über die politische Entwicklung zum Ausdruck brachte: "Endlich ist erreicht, was das Sehnen aller war, was man aber kaum zu hoffen wagte: das deutsche Volk ist einig geworden nicht nur in seinen Stämmen, sondern auch in seinen Ständen, Berufsgruppen und Klassen. Die Gegenrevolution gegen 1789 ist vollendet. Vorbei ist auch der Wahn der letzten Jahrzehnte, daß man aus Parteien einen Staat bauen könnte, denn Parteien führen nicht zusammen, sondern auseinander. Daher die schreckliche Zerfaserung des politischen Willens, die aus der Herrschaft der Parteien-Ichsucht über die Ganzheit sich ergab. Ueberwunden sind die künstlichen Klüfte, die durch das Geltungsbedürfnis der Parteien geschaffen und dauernd vertieft wurden. Vorbei ist auch das alberne Parlamentspielen in den Schulen und Lehrerzimmern. Gesichert für alle deutsche Zukunft ist der Grundsatz der Verantwortung nach oben, der Verantwortung vor der nationalsozialistischen Idee und vor dem Führer als dem Träger dieser Idee" (HARTNACKE, W.: Arbeit und Zucht, in: Allgemeine Deutsche Lehrerzeitung (ADLZ) 1933, Nr. 33, S. 568).
Hartnacke war zeitlebens ein rigider Vertreter sozial-biologischer Anschauungen. Er versuchte u.a. nachzuweisen, daß die Bildungsbenachteiligung der Kinder der unteren Sozialschichten nicht gesellschaftlich, sondern erblich bedingt und deswegen unabänderlich sei. Er veröffentlichte Bücher mit so programmatischen Titeln wie "Naturgrenzen geistiger Bildung" (1930) oder "Bildungswahn - Volkstod" (1932; weitere Veröffentlichungen s. Literaturverzeichnis). Er war nach 1933 Mitherausgeber der 1926 gegründeten Zeitschrift "Volk und Rasse", des amtlichen Organs der "Deutschen Gesellschaft für Rassenhygiene" und des "Reichsausschusses für Volksgesundheit", und von 1939 bis 1942 als Wehrmachtspsychologe in Dresden tätig. Dieser Dr. Wilhelm Hartnacke, dessen politischer Kampf in den zwanziger Jahren dem "liberalistischen" Staat gegolten hatte, konnte seine ausdrücklich gegen die Einheitsschulbestrebungen jener Zeit gerichteten bildungspolitischen und pädagogischen Anschauungen vom "volksbiologischen" Standpunkt aus bereits im April 1949 in einem Vortrag auf dem Internationalen Pädagogenkongreß in Mainz wieder öffentlich verbreiten. Thema seines Vortrags: "Das unterschiedliche Maß der Geister in seiner Bedeutung für Bildungswesen und Sozialgefüge". Im Vorwort dieses 1950 veröffentlichten Vortrags (nun unter dem Titel: "Geistige Begabung, Aufstieg und Sozialgefüge. Gegen eine Verstümmelung der Höheren Schule") hieß es u.a.: "Das Büchlein gibt Antwort auf die schicksalsschwere Frage, ob die Spannungen im Sozialgefüge der Kulturvölker menschliche Schuld sind oder unausweichliche soziobiologische Gegebenheit" (HARTNACKE 1950).

Grundschule hinausgehende Vereinheitlichung des Schulwesens zu schaffen und somit eine Verlängerung der für alle Kinder gemeinsamen Schulzeit zu erreichen, an den politischen Machtverhältnissen, am Widerstand des bürgerlich-konservativen Lagers gescheitert.

In der Sowjetischen Besatzungszone wurde nach 1945 - zumindest zeitweise - wieder an die Einheitsschuldiskussionen der sächsischen Schulreformer angeknüpft. Führende Repräsentanten wie Johannes Lang, der schulpolitisch in dieser Zeit als Stadtrat in Leipzig wirkte, standen für diese Weimarer Tradition, wie seine 1946 erschienene Schrift "Die demokratische Einheitsschule" zeigt. Grundgedanken bzw. Elemente der sächsischen Einheitsschulpläne aus den zwanziger Jahren, z.B. die achtjährige, für alle Kinder gemeinsame Grundschule, wie sie der Wünsche-Plan vom Prinzip her vorgesehen hatte, oder der ab Klasse 7 geplante Kern-Kurs-Unterricht, Bestandteil des Einheitsschulplans des SLV, fanden Eingang in das von den Ländern der SBZ 1946 verabschiedete "Gesetz zur Demokratisierung der deutschen Schule". Die reformpädagogisch-erzieherischen Zielsetzungen allerdings, in der Weimarer Zeit ebenfalls zentrale Bestandteile sächsischer Schulreformpläne, fanden nach 1945 nur unzureichend Eingang in die pädagogische Praxis, wie die weitere Entwicklung der Einheitsschule in der späteren DDR gezeigt hat.

IV. Berufliches Schulwesen

Der folgende Überblick über die Entwicklung des beruflichen Schulwesens in Sachsen beschränkt sich auf die Pflichtberufsschule bzw. -fortbildungsschule, die von den aus der Volksschule entlassenen Schülern, später auch Schülerinnen, drei Jahre lang besucht werden mußte. Nicht berücksichtigt werden dagegen die vielfältigen Handels-, Fach- und Gewerbeschulen, die meist bereits lange Zeit vor den Fortbildungsschulen in der ersten Hälfte des 19. Jahrhunderts gegründet worden waren und deren Besuch - im Gegensatz zur Fortbildungsschule - freiwillig und schulgeldpflichtig war. Diese Schulen unterstanden nicht dem Kultusministerium, sondern bis zum Ende des Ersten Weltkrieges dem Innen-, in der Weimarer Republik dem Wirtschaftsministerium, eine Tatsache, die die Zeitgenossen als sog. "Dualismus" im sächsischen Berufsschulwesen bezeichnet haben.

Die ideologiekritische Forschung hat nachgewiesen, daß sowohl die beginnende Institutionalisierung der Fortbildungsschule im letzten Drittel des 19. Jahrhunderts als auch ihr Ausbau bis zur Novemberrevolution 1918/19 gesellschaftspolitisch motiviert war und zunächst nur relativ wenig mit Berufsausbildung bzw. Berufsqualifizierung zu tun hatte; gesellschaftspolitisch insofern, als die Fortbildungsschule einen Beitrag zur Bekämpfung der erstarkenden sozialistischen Arbeiterbewegung, nach der Jahrhundertwende insbesondere der Arbeiterjugendbewegung, leisten sollte. Genau genommen ging es darum, die bestehende Erziehungslücke zwischen dem Ende der Volksschule und dem Beginn der Wehrpflicht zu schließen, um die kleinbürgerlichen und proletarischen (männlichen) Jugendlichen gegen das Gedankengut von Sozialdemokratie und Gewerkschaften zu immunisieren und ihre Integration in die bestehende bürgerlich-kapitalistische Klassengesellschaft zu gewährleisten.[1] Auf die Integration des Arbeiters in den

---

[1] Auch wenn diese Funktion der Fortbildungsschule erst von der schulgeschichtlichen Forschung der siebziger Jahre wissenschaftlich bearbeitet worden ist (GREINERT 1975), hat bereits der sozialdemokratische Schulpolitiker Heinrich Schulz vor dem Ersten Weltkrieg die Fortbildungsschule - der die Sozialdemokratie im übrigen grundsätzlich positiv gegenüberstand - und besonders die staatsbürgerliche Erziehung Kerschensteiners als Instrument zur Bekämpfung der Sozialdemokratie bzw. der sozialdemokratischen Jugendbewegung erkannt und die staatsbürgerliche Erziehung als eine "elende Heuchelei" bezeichnet (SCHULZ 1911, S. 153).

autoritären Klassenstaat zielte letztlich auch der als Begründer der Berufsschule in die Geschichte eingegangene Georg Kerschensteiner mit seiner preisgekrönten Antwort auf die von der Erfurter Akademie der gemeinnützigen Wissenschaften im Jahre 1900 gestellte Frage: "Wie ist unsere männliche Jugend von der Entlassung aus der Volksschule bis zum Eintritt in den Heeresdienst am zweckmäßigsten für die bürgerliche Gesellschaft zu erziehen?"

Auch Kerschensteiner - so die Einschätzung von HERRLITZ u.a. (1981) -

"ließ es sich nicht entgehen, gegen die 'Irrlehren der Sozialdemokratie' zu polemisieren und den Nachweis zu führen, wie durch Begabtenauslese und Begabtenaufstieg die organisierte Arbeiterbewegung ihrer potentiellen Führer beraubt werden könne. Die eigentliche Pointe seiner Preisschrift liegt aber in der These, daß die zweckmäßigste Erziehung der männlichen Jugend für die bürgerliche Gesellschaft eine konsequente Berufserziehung sei. Die Fortbildungsschule müsse an die 'egoistischen Interessen' der Jugendlichen anknüpfen, 'um ihnen deutlich zu machen, daß es um ihren Platz im Leben geht', und von diesem egoistischen Berufsinteresse - so Kerschensteiner - führe dann ein gerader Weg zum Staatsinteresse: 'Berufserziehung ist staatsbürgerliche Erziehung'" (HERRLITZ u.a. 1981, S. 101; vgl. GREINERT 1975, S. 80 ff.; BLANKERTZ 1969, S. 136 f.).[2]

Auch in den fünfziger Jahren ist im Zusammenhang mit der beginnenden Aufarbeitung und Erforschung der Arbeiterjugendbewegung das Zusammenspiel von Fortbildungsschule, Jugendpflege und Reichsvereinsgesetzgebung zum Zwecke der Unterdrückung der proletarischen Jugendbewegung thematisiert worden (SCHULT 1956, S. 88-108).

2   Eine polemisch-abwehrende Kritik erfahren diese (ideologie)kritischen Forschungen zu Kerschensteiner durch Theodor Wilhelm. Sein Vorwurf: "Auch die Kerschensteiner-Darstellungen aus dem Lager der 'Kritischen Pädagogik' üben keine immanente Kritik, sondern messen den Wahrheitsgehalt der Aussagen an ihren eigenen gesellschaftspolitischen Theoremen. Aufsätze dieser Art verblüffen durch die Naivität, mit der das Gesellschaftsbild Kerschensteiners als kapitalistisch relativiert und historisiert, das eigene antikapitalistische dagegen absolut gesetzt wird. Die Quellenbehandlung ist entsprechend eklektisch, um nicht zu sagen willkürlich" (WILHELM 1979, S. 347, Anm. 8).
Abgesehen davon, daß Wilhelm es nicht für nötig hält, die von ihm kritisierten Arbeiten zu nennen, erscheinen mir zwei Bemerkungen zu Wilhelms Vorwürfen angebracht.
1. Die kritische Kerschensteiner-Forschung (GREINERT u.a.) geht nicht - wie von Wilhelm unterstellt - von ihren eigenen gesellschaftspolitischen Theoremen aus, sondern ihr Ausgangspunkt ist die Kritische Theorie. Hiervon ausgehend versuchen die erwähnten Autoren, die Ideen Kerschensteiners vor dem Hintergrund der damaligen konkreten ökonomischen, sozialen und politischen Verhältnisse zu analysieren, um so deren von gesellschaftlichen Interessen bedingte Struktur offenzulegen. Ganz abgesehen davon, daß die genannten Autoren ihren Analyserahmen ja vorstellen und ihn damit auch kritisierbar machen, erscheint mir ihre Vorgehensweise der adäquate Versuch, die Ge-

Ist die gesellschaftspolitische Funktion der Fortbildungsschule "als ein Mittel der ideologischen Manipulation und sozialen Kontrolle" (GREINERT 1975, S. 101) der kleinbürgerlichen und proletarischen Jugend als das wohl wichtigste kennzeichnende Element dieser Schule vor 1918/19 festzuhalten, so ist darüber hinaus darauf hinzuweisen, daß sich die Fortbildungsschule - unbeschadet ihrer gesellschaftspolitischen Funktion - etwa von der Jahrhundertwende an von einer allgemeinbildenden, den Volksschulstoff wiederholenden bzw. fortführenden Schule zu einer stärker berufsorientierten Schule entwickelt hat. Diese Entwicklung - das haben sowohl Blankertz (1969) als auch Greinert (1975) nachgewiesen - war eine Folge der aktiven staatlichen Mittelstandspolitik des Kaiserreiches, die darin bestand, den alten Mittelstand (Handwerk und kleine Gewerbetreibende) sozial und ökonomisch zu stabilisieren, um ihn dadurch als Bundesgenossen gegen die Sozialdemokratie zu stärken und ihn letztlich als "staatserhaltende" Kraft des deutschen Obrigkeitsstaates zu erhalten. Das "Handwerkerschutzgesetz" von 1897 und die Novelle über den "Kleinen Befähigungsnachweis" von 1908 waren konkreter Ausdruck dieser konservativen Politik. Beide Gewerbenovellen verpflichteten die Lehrlingsausbildung nicht nur auf ein vorindustriell-ständisches Berufsausbildungsmodell und wiesen dabei dem Handwerk konsequenterweise die absolute Führungsrolle zu, sondern sie boten zudem keinerlei Handhabe für eine institutionelle Verklammerung von betrieblicher und schulischer Ausbildung. Im Gegenteil wehrte sich das Handwerk als Träger der beruflichen Ausbildung vehement gegen eine Fortbildungsschulpflicht als Ergänzung zur "Meisterlehre". Es wollte die volle Verfügung und Kontrolle über die Lehrlinge nicht preisgeben. Unter diesen Voraussetzungen einer konservativ-reaktionären Gesellschaftspolitik versuchten die

---

    schichte unter kritischer Perspektive aufzuarbeiten und zu wirklichen Einsichten und Erkenntnissen auch für die Gegenwart zu gelangen.
2. Die in Wilhelms Vorwurf an die "Kritische Pädagogik" indirekt enthaltene Forderung nach immanenter Kritik der Kerschensteinerschen Ideen wird von Wilhelm selbst nicht realisiert. Ganz im Gegenteil bilden hier Wilhelms eigene gesellschaftspolitische Vorstellungen den Analyserahmen für seine Einordnung und Würdigung der Ideen Kerschensteiners. Allerdings macht Wilhelm - ganz im Gegensatz zu den von ihm Kritisierten - seinen Analyserahmen nicht einmal kenntlich, vielmehr fließen seine Wertungsmaßstäbe gänzlich unreflektiert in seinen Text ein. Da bleibt es dann dem (kritischen) Leser überlassen, Wilhelms gesellschaftspolitische Vorstellungen als auf "liberal-rechtsstaatlichem Boden" "unter privatwirtschaftlichen Voraussetzungen" fußend zu identifizieren (ebd., S. 117) und als Prämisse seiner Kerschensteiner-Forschung zu erkennen.

liberalen Verfechter der Fortbildungsschule, insbesondere der "Deutsche Verein für das Fortbildungsschulwesen", den Bestand dieser Schule zu sichern und ihren weiteren Ausbau zu gewährleisten, indem sie auf die Mittelstandspolitik einschwenkten und die Anpassung der Fortbildungsschule an die Ausbildungsinteressen des Handwerks vollzogen und sie endgültig auf den Weg einer beruflich orientierten Schule brachten (GREINERT 1975, S. 73 ff.; BLANKERTZ 1969, S. 128 ff.). Damit wurde das "duale System" der Berufsausbildung in Deutschland begründet. Dual war es nicht nur bezüglich seiner beiden Ausbildungsorte Betrieb und Schule, sondern nach Greinert auch hinsichtlich seiner Genese, "insofern nämlich, als seine beiden Elemente - betriebliche Ausbildung und Teilzeitschule - von verschiedenen und politisch unabhängig voneinander operierenden gesellschaftlichen Kräften durchgesetzt wurden" (GREINERT 1975, S. 69). Denn während die Neuordnung der Lehrlingsausbildung von konservativ-klerikaler Seite durchgesetzt bzw. unterstützt wurde, war es das liberale Bildungsbürgertum, das sich für die Durchsetzung der Fortbildungs- bzw. Berufsschule eingesetzt hatte. Kerschensteiner ist es dann gewesen, der zu Beginn unseres Jahrhunderts diesen oben beschriebenen Anpassungsprozeß pädagogisch legitimiert hat.

Nicht die oben konstatierte Entwicklung der Fortbildungsschule zu einer stärker beruflich orientierten Fortbildungsschule, einschließlich ihrer pädagogischen Legitimierung durch die Berufsschultheorie Georg Kerschensteiners ist nach Greinert der entscheidende Wendepunkt in der Geschichte der Berufsschule, sondern das zentrale Ereignis ihrer Geschichte ist vielmehr in der "Reduzierung der Fortbildungsschule auf ihre ökonomische Dimension" in der Weimarer Republik zu sehen (ebd., S. 102). Greinert begründet dies damit, daß sich die Fortbildungs- bzw. Berufsschule der Weimarer Republik vor allem in ihrer gesellschaftspolitischen Funktion entscheidend von ihren Vorläufern der Vorkriegszeit unterschieden habe. Fungierte die Fortbildungsschule vor 1918/19 vorrangig als "Instrument sozialer Kontrolle", so sei sie in den zwanziger Jahren zum "Objekt privater Interessen" von Unternehmern und Gewerbeschullehrern geworden. Zum einen seien sowohl Handwerk als auch Industrie, die ja vor dem Ersten Weltkrieg der Fortbildungsschule noch ablehnend bzw. gleichgültig gegenübergestanden hätten, nun bestrebt gewesen, die Berufsschule auf ihre eigenen ökonomischen Interessen festzulegen. Zum anderen hätten die Professionalisierungsinteressen der Gewerbeschullehrer in dieselbe Richtung gewirkt, nämlich "in die Richtung einer auf ihre ökonomische Dimension reduzierten Berufsschule, die sich an den Ausbildungsinteressen 'der Wirtschaft' orientierte" (ebd., S. 120). Insbesondere Eduard Spranger - auf den an anderer Stelle noch näher eingegangen wird - ist es gewesen, der diese Berufsschule der zwanziger Jahre bildungstheoretisch legitimiert hat.

1. Die Gründung von Fortbildungsschulen im 19. Jahrhundert und ihre Entwicklung bis zur Novemberrevolution 1918/19

Entscheidende Impulse sowohl für die beginnende Institutionalisierung der Fortbildungsschule in den siebziger Jahren des 19. Jahrhunderts als auch für deren Entwicklung zur Berufsschule gingen von Sachsen aus. Dieser Tatbestand wird nicht erst von Blankertz und Greinert, sondern auch von S. Thyssen (1954) hervorgehoben. Weder Thyssen, noch Blankertz und Greinert gehen allerdings den Gründen hierfür weiter nach. Zwar kann auch im Zusammenhang dieser Arbeit nicht umfassend geklärt werden, warum die Institutionalisierung der Fortbildungsschule gerade von Sachsen ihren Ausgang nahm, doch dürfte es nicht ganz unbegründet sein, dies auf die starke Stellung des Liberalismus in Sachsen zurückzuführen. Zumindest ist es auffallend, daß gerade die Länder mit der Gründung von Fortbildungsschulen vorangingen, in denen der Liberalismus seine Hochburgen besaß (neben Sachsen insbesondere Baden und Hessen).[3]

---

[3] Schon Greinert hatte ja in erster Linie die besitz- und bildungsbürgerlichen Schichten als Befürworter und aktive Förderer der Fortbildungsschule angesehen und dies für Preußen anhand der - ambivalenten - Vorstellungen der "Gesellschaft für Verbreitung von Volksbildung" zu belegen versucht (GREINERT 1975, S. 25 ff.). Der Einfluß dieser "Gesellschaft" auf die Fortbildungsschulentwicklung in Sachsen wäre noch zu untersuchen, zumal als der wohl herausragendste Fortbildungsschulpionier im 19. Jahrhundert, der sächsische Fortbildungsschulrektor Oskar W. Pache (1843-1906), zu den Gründungsmitgliedern dieser Gesellschaft zählte und über lange Zeit hinweg Mitglied ihres Zentralausschusses war (ebd., S. 29 u. S. 150 Anm. 49). M.E. ebenso interessant wäre es, einmal der Frage nachzugehen, inwieweit die Arbeiterbildungsvereine, deren Zentren ja u.a. in Sachsen lagen, Vorstellungen zur Fortbildungsschule entwickelten und ob sie Einfluß auf die Durchsetzung dieser Schule in Sachsen nehmen konnten. Unter Führung von August Bebel und Wilhelm Liebknecht hatte z.B. die 1866 gegründete linksliberale und demokratische "Sächsische Volkspartei", deren Basis die sächsischen Arbeiterbildungsvereine wa-

Fest steht , daß Sachsen im Jahre 1873 durch das "Königlich Sächsische Volksschulgesetz" die Fortbildungsschulpflicht für Jungen eingeführt und 1875 die ersten Fortbildungsschulklassen eröffnet hat.[4] Nach § 3 b) dieses Gesetzes gehörte die Fortbildungsschule zur Volksschule (SEYDEWITZ 1910, S. 3). In der Praxis bedeutete dies, daß viele Volksschullehrer gleichzeitig Lehrer der Fortbildungsschule waren und daß der Unterricht in den Räumen der Volksschule stattfand. § 4, Abs. 8 begründete die dreijährige Fortbildungsschulpflicht für die aus der einfachen Volksschule entlassenen Jungen (ebd, S. 4 f.)[5], und § 5, Abs. 2 verpflichtete die "Lehrherren, Dienstherrschaften und Arbeitgeber" "ihren Lehrlingen, Dienern und Arbeitern die zum Besuche der Fortbildungsschule nötige Zeit einzuräumen, sie auch dazu anzuhalten" (ebd., S. 12).[6]

Als "Aufgabe der Fortbildungsschule" bestimmte der § 14, Abs. 1 "die weitere allgemeine Ausbildung der Schüler, insbesondere aber die Befestigung in denjenigen Kenntnissen und Fertigkeiten, welche für das bürgerliche Leben vorzugsweise von Nutzen sind" (ebd., S. 51). Dies bedeutete im wesentlichen eine Wiederholung bzw. Vertiefung des Volksschullehrstoffes. Mindestens zwei Stunden wöchentlich (am Sonntag oder am Abend eines Wochentages) sollte der Unterricht erteilt werden (§ 14, Abs. 2). Der Schulvorstand wurde allerdings ermächtigt, den Unterricht bis zu sechs Stunden wöchentlich auszudehnen (Abs. 3). In diesem Fall war das Lehrziel der Fortbildungsschule zu erhöhen, insbesondere in deutscher Sprache, Rechnen, Formenlehre, Naturkunde und Zeichnen "und durch Aufnahme

---

ren, in ihrem Programm gefordert: "4. (...) Herbeischaffung von Mitteln und Gründung von Anstalten zur Weiterbildung der der Volksschule Entwachsenen" (BEBEL 1980, S. 135).

4 1874 wurde die Fortbildungsschulpflicht in Baden und Hessen eingeführt (KOHL, A.: Geschichte und gegenwärtiger Stand des sächs. Fortbildungsschulwesens, zugleich ein Vergleich mit dem anderer deutscher Staaten, in: SSZ 1906, Nr. 45, S. 640-645). Im Gegensatz zu diesen Ländern ist es in Preußen vor 1918/19 nicht zu einer landesgesetzlichen Regelung des Fortbildungsschulwesens gekommen. In Preußen galten in erster Linie die Bestimmungen der Gewerbeordnung aus den Jahren 1869, 1878, 1881, 1891, 1897, 1900 und 1911 (die Bestimmungen im einzelnen bei BRUCHHÄUSER, H.-P./LIPSMEIER, A., 1985, S. 97 ff.).

5 Nach § 14, Abs. 6 konnte der Schulvorstand "auch für die aus der einfachen Volksschule entlassenen Mädchen eine Fortbildungsschule errichten und die Verpflichtung zu deren Benutzung auf zwei Jahre erstrecken" (SEYDEWITZ 1910, S. 51).

6 Die Einführung der Fortbildungsschulpflicht war bei Handwerkern, Gewerbetreibenden und Bauern vielfach auf Widerspruch und Ablehnung gestoßen (LEUSCHKE 1899, S. 64 u. 83 f.; NIETZSCHE 1903, S. 239 u. Sächsischer Berufsschulverein 1927, S. 5).

solcher Unterrichtszweige in den Lehrplan, welche in der Volksschule gar nicht oder nur andeutend berücksichtigt werden können" (Abs. 4, ebd., S. 51).[7]

Der "Lehrplan für den Unterricht in Fortbildungsschulen" (SEYDEWITZ 1910, S. 280 ff.), der im Oktober 1881 veröffentlicht wurde, ermöglichte unter bestimmten Voraussetzungen, stärker berufsorientierte Elemente in den Unterricht einzubeziehen, etwa durch die Unterweisung in Buchführung, Geschäftskunde und Wirtschaftslehre, und forderte beim Rechenunterricht, möglichst auf den Beruf der Schüler Rücksicht zu nehmen.[8] Diese Möglichkeit einer stärkeren Berufsorientierung war sicherlich ein erster zaghafter Versuch, Industrie und Handwerk von ihrer ablehnenden Haltung der Fortbildungsschule gegenüber abzubringen. Daneben ist auch die Absicht des Lehrplans unverkennbar, erzieherisch auf die Jugendlichen einzuwirken. Während der Geschichtsunterricht die "Vaterlandsliebe" pflegen sollte (ebd., S. 284), hatte der Religionsunterricht die Aufgabe, "den religiös-sittlichen Sinn der Fortbildungsschüler den Schwankungen und Verirrungen des jugendlichen Alters gegenüber zu befestigen und weiter zu entwikkeln" (ebd., S. 286).

"Geeigneten Orts wird insbesondere hervorzuheben sein, daß auch die staatliche Rechtsordnung in göttlicher Ordnung wurzelt, und zu zeigen sein, wie

---

[7] Nach einem Bericht der Bezirksschulinspektoren erstreckte sich im Schuljahr 1878/79 der Unterricht bei 605 Schulen nur auf Deutsch und Rechnen einschließlich Formenlehre, bei 579 nur auf Deutsch, Rechnen und Realien, bei 197 nur auf Deutsch, Rechnen und Zeichnen, bei 340 auf Deutsch, Rechnen, Zeichnen und Realien und nur bei 94 Schulen auch auf solche Lehrgegenstände, die in der Volksschule nicht vertreten waren (KOHL, A.: Geschichte und gegenwärtiger Stand des sächs. Fortbildungsschulwesens, zugleich ein Vergleich mit dem anderer deutscher Staaten, in: SSZ 1906, Nr. 45, S. 640-645, hier S. 644).

[8] Für Bruchhäuser/Lipsmeier steht dieser sächsische Lehrplan als Beispiel für die curriculare Nähe der Fortbildungsschule zur Volksschule. Die Hauptlehrgegenstände entsprächen denen der Volksschule, ein beruflicher Bezug sei nur beiläufig im Rahmen des Rechenunterrichts gegeben (BRUCHHÄUSER/LIPSMEIER 1985, S. 24). Diese Einschätzung ist m.E. zu relativieren. Zu ihr kann man nämlich nur dann gelangen, wenn man den Lehrplan isoliert für sich betrachtet und nicht vergleicht mit den allerersten Bestimmungen zum Lehrplan der Fortbildungsschule in § 14 des Volksschulgesetzes von 1873. Erst ein solcher Vergleich zeigt, daß der Lehrplan aus dem Jahre 1881 bereits eine - wenn auch zaghafte - Entwicklung einleitet und zwar eine Entwicklung in Richtung berufliche Orientierung zumindest als Möglichkeit für die Fortbildungsschulen, die mehr als die zwei Pflichtstunden unterrichteten. Auf die oben skizzierte Einschätzung von Bruchhäuser/ Lipsmeier ist es dann wohl auch zurückzuführen, daß sie beim Dokumentieren des Lehrplans von 1881 (Abdruck in Auszügen) u.a. auch die Aussagen weggelassen haben, die auf einen beruflichen Bezug hinweisen (ebd., S. 159-161).

alle Richtungen und Ziele des Volkslebens nach dem Maßstabe christlicher Lebensregeln zu beurteilen sind" (ebd.).

Die sächsische Fortbildungsschule sollte also jene Untertanenerziehung der Volksschule fortsetzen, die ja letztlich das Ziel verfolgte, die bestehende gesellschaftlich-politische Ordnung der sächsischen Monarchie zu stabilisieren, indem sie diese Herrschaftsform als gottgewollt darstellte und so möglichen Demokratisierungsansprüchen des Volkes entzog. In der damaligen konkreten historisch-politischen Situation konnte sich eine solche Erziehung nur gegen die erstarkende Sozialdemokratie richten, die als einzige politische Kraft jenes monarchische Herrschaftsgebilde eben nicht als eine von Gott gewollte Ordnung akzeptierte, sondern soziale Verbesserungen und demokratische Mitspracherechte für die breite Masse des Volkes forderte. Noch deutlicher als in dem oben zitierten Beispiel aus dem Lehrplan von 1881 geht die Funktion der Fortbildungsschule als Instrument zur Bekämpfung der Sozialdemokratie aus einer Stellungnahme des Leipziger Fortbildungsschullehrers Julius Kirchhoff im Jahre 1879 hervor. Er schrieb damals in den Schriften des Vereins für Sozialpolitik:

> *"Man trifft aber die Sozialdemokratie ins Herz, wenn man das Volk gerade in den unteren Schichten in seiner Bildung hebt durch Fortbildungsschulen ... Wer will leugnen, daß die Fortbildungsschule der Ort sei, wo den unheilvollen Lehren der Sozialdemokratie indirekt und direkt entgegengewirkt werden kann? Sie hat auch die Gewalt, ... ihren Schülern den Besuch von Volksversammlungen zu verbieten. In Leipzig kann die Fortbildungsschule bis zu zwölf Stunden Gefängnisarrest diktieren. Gerade Leipzig hatte die ernsteste Veranlassung, den Verherrlichungen der Kommune und den Beschimpfungen derer gegenüber, die die Feier patriotischer Feste verhöhnten, in seiner Fortbildungsschule vaterländische Gedenktage zu patriotisch heiligen Tagen zu erheben, die jugendlichen Gemüter den Einflüssen der vaterlandslosen Staatsverderber zu entziehen"* (zit. n. BLANKERTZ 1969, S. 131).

Der Historiker Hellmut Kretzschmar schrieb zur Einführung der Fortbildungsschule in Sachsen und deren politischer Funktion:

> *"Bewährt hat sich auch das von Gerber durchgeführte Volksschulgesetz von 1874. Die auf das nunmehr wesentlich ausgebaute Fortbildungsschulwesen gesetzten Hoffnungen politischer Art, daß es nämlich einen Damm gegen die sozialdemokratische Werbung unter der Jugend bilden sollte, hat es allerdings nicht erfüllt"* (KÖTZSCHKE/KRETZSCHMAR 1965 (1. Aufl. 1935), S. 375).

Fragt man nach der weiteren Entwicklung der Fortbildungsschule in Sachsen unter dem Aspekt ihrer beruflichen Orientierung, dann kann man bereits dem Lehrplan aus dem Jahre 1881 erste zaghafte Ansätze in diese Richtung nicht absprechen. Die Entwicklung der Fortbildungsschule zur

Berufsschule wurde dann in starkem Maße von Fortbildungsschullehrern vorangetrieben. Insbesondere zwei Namen sind in diesem Zusammenhang zu nennen: Oskar W. Pache, auf den bereits hingewiesen wurde, und Theodor Scharf (1850-1931), beide Fortbildungsschulrektoren, letztgenannter zunächst in Leipzig, ab 1898 in Magdeburg, ersterer in Lindenau bei Leipzig. Besonders Pache ergriff nach 1880 zur Durchsetzung der Fortbildungsschule zahlreiche Initiativen. So gab er ab 1887 in Leipzig eine der ersten fortbildungsschulbezogenen Zeitschriften unter dem Titel "Die Fortbildungsschule" heraus. Nachdem diese bereits 1890 ihr Erscheinen wieder einstellen mußte, rief er 1892 als neues Organ "Die Deutsche Fortbildungsschule" ins Leben, die unter dem Titel "Zeitschrift für Berufs- und Wirtschaftspädagogik" noch heute existiert. Außerdem gab er ab 1896 das erste "Handbuch des deutschen Fortbildungsschulwesens" heraus und gründete 1892 den ersten Verein für das Fortbildungsschulwesen, den "Verband der Freunde und Lehrer deutscher Fortbildungsschulen" (ab 1896 unter dem Namen: "Deutscher Verein für das Fortbildungsschulwesen") (THYSSEN 1954, S. 104, Anm. 88; BLANKERTZ 1969, S. 134, Anm. 59 bis 61 und GREINERT 1975, S. 150, Anm. 49).

Pache hatte schon seit 1890 eine berufsorientierte Fortbildungsschule gefordert. Theodor Scharf ist es dann gewesen, der diese Forderung seit 1896 mit den ökonomischen und sozialen Schwierigkeiten des gewerblichen Mittelstandes begründete und eine Umorientierung der Fortbildungsschule zur Berufsschule, ausgerichtet an den Interessen und Bedürfnissen des Mittelstandes, empfahl. Diese Position setzte sich 1899 im "Deutschen Verein für das Fortbildungsschulwesen" durch. Politisch bedeutete dieses Votum nach Greinert das Einschwenken des Vereins auf die konservative Mittelstandspolitik des Kaiserreiches (GREINERT 1975, S. 70 ff.). Für die Fortbildungsschule und insbesondere deren Orientierung am Beruf setzte sich auch der "Sächsische Fortbildungsschulverein" (ab 1919 "Sächsischer Berufsschulverein") ein, der im Mai 1900 in Döbeln als eine Abteilung innerhalb des SLV gegründet wurde. Er wandte sich gegen die Befreiungsmöglichkeiten von der Fortbildungsschulpflicht, verlangte eine höhere Unterrichtsstundenzahl, eigene Unterrichtsräume, Anstellung von hauptamtlichen Lehrern, selbständige Leitung der Fortbildungsschulen und nicht zuletzt eine höhere Besoldung für Fortbildungsschullehrer (Sächsischer Berufsschulverein 1927, S. 6).

Wie sehr die Entwicklung der Fortbildungsschule zur Berufsschule mit konservativer Gesellschaftspolitik verklammert war, beweist die Fortbildungsschulpolitik der sächsischen Regierung nach der Jahrhundertwende. In der wohl wichtigsten Verordnung zur Fortbildungsschule bis zum Ende des Ersten Weltkrieges (Verordnung vom 17. Dez. 1907) beklagte das Kultusministerium zunächst, daß viele Schulgemeinden der Fortbildungsschule "noch nicht die erwünschte Förderung haben zuteil werden lassen" (SEYDEWITZ 1910, S. 54). Eine solche Förderung war nach Ansicht des Ministeriums aber notwendig, denn:

"Es erscheint im öffentlichen Interesse dringend geboten, die heranwachsende männliche Jugend während der im Gesetz vorgeschriebenen drei Jahre im Zusammenhang mit der Autorität der Schule zu halten" (ebd.).[9]

Nicht etwa um eine Verbesserung von Bildung bzw. Ausbildung der Jugendlichen ging es in dieser Verordnung, sondern zunächst einmal darum, die Jugendlichen auch nach der Volksschule weiterhin unter staatlicher Kontrolle und Einflußnahme zu halten. Um den dazu als notwendig erachteten Ausbau der Fortbildungsschule voranzutreiben, verfügte die Verordnung eine Reihe von Maßnahmen, deren wichtigste war, zukünftig den

---

[9] Die hier formulierte Erkenntnis, im "öffentlichen Interesse", sprich zur Herrschaftsstabilisierung, erzieherisch auf die Jugend einwirken zu müssen, kann als Resultat der Diskussion relevanter Teile der Fortbildungsschullehrer und -befürworter angesehen werden. So hieß es z.B. in einem Vortrag des Leipziger Fortbildungsschuldirektors A. Kohl auf dem 6. Sächsischen Fortbildungsschultag in Zwickau im Jahre 1906: "Bis zum 14. Lebensjahre werden die Kinder im Elternhause und von der Volksschule erzogen, mit dem 20. Lebensjahre beginnt die militärische Erziehung. Dazwischen ist eine bedenkliche Lücke, und diese muß die Fortbildungsschule auszufüllen suchen, um eine geistige und sittliche Verrohung, der gerade in diesen Jahren die jungen Leute so leicht verfallen, zu verhindern, und um ihnen zu zeigen, daß sie wenigstens die Schule noch als eine Autorität über sich anerkennen müssen. Daher wäre **das erste Ziel** (Hervorhebung B P.), das sich die Fortbildungsschule zu stellen hat, das, das Erziehungswerk des Elternhauses und der Volksschule so gut als sie es vermag, fortzusetzen, die sittliche Entwicklung des heranwachsenden Geschlechts zu fördern, das Gemüt anzuregen, den Charakter zu bilden, den Schüler an Fleiß, Ordnung und Pünktlichkeit zu gewöhnen, kurz alles zu tun, um tüchtige Männer dem Vaterlande zu erziehen" (SSZ 1906,Nr. 45, S. 640-645 u. Nr. 46, S. 651-655, Zitat S. 652). In dieselbe Richtung gingen auch die Vorstellungen des damaligen Schuldirektors und späteren sächsischen Kultusministers Richard Seyfert, der neben Pache zu den aktivsten Förderern der Fortbildungsschule in Sachsen zählte und der diese Gedanken im Jahre 1901 in seiner Schrift: "Zur Erziehung der Jünglinge aus dem Volke. Vorschläge zur Ausfüllung einer verhängnisvollen Lücke im Erziehungsplane" zur Kenntnis gab. Auch in Seyferts Schrift wird deutlich, daß die Fortbildungsschule ein erzieherisches Gegengewicht zu den Lehren der Sozialdemokratie sein sollte (vgl. dazu besonders S. 7 f. seiner Schrift).

Beruf des Schülers in den Mittelpunkt des Unterrichts zu stellen und "auch die Klasseneinteilung in der Regel nicht nach Altersstufen, sondern nach den Berufsarten, denen die Schüler angehören", vorzunehmen (ebd., S. 54). In den Klassen für gewerbliche Berufe sollte Zeichenunterricht, in denen für Handels- und Handwerkerberufe sowie für Landwirte Buchführungsunterricht eingeführt werden. Für alle Klassen war ein Staatsbürgerkundeunterricht vorgesehen. Außerdem hielt es das Kultusministerium für "wünschenswert, daß die Leiter und Lehrer der Fortbildungsschule sich mit den Vertretern der betreffenden Berufszweige besonders bei Festsetzung des Lehrplans ins Einvernehmen setzen, mit ihnen stete Fühlung behalten und sie zu den Schulprüfungen besonders einladen" (ebd., S. 55). Zeigt diese letzte Empfehlung m.E. sehr deutlich die Strategie, mit der die Befürworter der Fortbildungsschule, in diesem Fall das Königlich Sächsische Kultusministerium, die skeptische bis ablehnende Haltung von Industrie und Handwerk in eine wohlwollende Haltung umzukehren suchten, indem sie nämlich diesen Kräften Einfluß auf die Gestaltung der Unterrichtsinhalte zugestanden, so ist die gesamte Verordnung ein Indiz dafür, daß die Entwicklung der Fortbildungsschule zur Berufsschule nach 1900 auch in Sachsen gekoppelt war an die Funktion der Fortbildungsschule als "Disziplinierungsinstanz" der breiten Masse der Jugendlichen, insbesondere der Arbeiterjugendbewegung. Diese Instrumentalisierung der Fortbildungsschule war eine - wenn auch wahrscheinlich die wichtigste - von mehreren Maßnahmen zur Bekämpfung der Arbeiterjugendbewegung. Als weitere Maßnahmen müssen erwähnt werden die verstärkten Anstrengungen im Bereich der Jugendpflege (besonders durch die sächsische Verordnung vom Dezember 1910) und die Verabschiedung des Reichsvereinsgesetzes im Jahre 1908, das u.a. den Jugendlichen jede organisierte politische Tätigkeit verbot (SCHULZ 1911, S. 152 ff.; SCHULT 1956, S. 88-108 ; GREINERT 1975, S. 75 ff.).

Um den Schulgemeinden, denen zur damaligen Zeit die Errichtung und Ausstattung der Fortbildungsschulen, einschließlich der Finanzierung oblag, einen Anreiz zur Befolgung der Verordnung vom 17. Dezember 1907 zu bieten, erklärte sich das Kultusministerium bereit, solche "Schulgemeinden, die sich zur Hebung ihrer Fortbildungsschulen in den vorstehend bezeichneten Richtungen bereit finden lassen, im Bedürfnisfalle durch Staatsbeihilfen zu unterstützen" (SEYDEWITZ 1910, S. 55). Diese Verordnung förderte in Ansätzen tatsächlich die Entwicklung der Fortbildungsschule zur Berufsschule. Verständlicherweise waren es die größeren Städte, die in dieser Hinsicht vorangingen. Erstmals wurden überhaupt hauptamtliche Lehrer angestellt (in Dresden z.B. ab 1909), die Fortbildungsschulen erhielten z.T. eigene Räume bzw. Gebäude. So wurde in Chemnitz als einem Zentrum der beruflich orientierten Fortbildungsschulen noch vor dem Ersten Weltkrieg das erste Berufsschulgebäude Sachsens erbaut (Sächsischer Berufsschulverein 1927, S. 10 ff. u. S. 48). Außerdem wurde der Fachunterricht verstärkt und die berufliche Gliederung der Fortbildungsschulklassen ausgebaut. Im Jahre 1911 gab es in Sachsen 1915 Fortbildungsschulen, die mit einer Volksschule verbunden waren und unter nebenamtlicher Leitung standen, und 27 selbständige Fortbildungsschulen. An den Fortbildungsschulen unterrichteten zu dieser Zeit 4346 Lehrer nebenamtlich und nur 41 Lehrer hauptamtlich. Hinzu kamen noch 12 Fortbildungsschulrektoren. Es gab insgesamt 1549 beruflich gegliederte Klassen für Jungen und Mädchen, 2591 beruflich nichtgegliederte Klassen für Jungen und 90 für Mädchen. Im Vergleich dazu hatte es im Jahre 1904 erst 97 beruflich gegliederte Klassen für Jungen gegeben. Auf eine Fortbildungsschule entfielen im Durchschnitt 2,1 Klassen und 48 Schüler. Die durchschnittliche Klassenstärke lag bei 22 Schülern. Insgesamt besuchten im Jahre 1911 92.193 Jungen und 1.897 Mädchen eine Fortbildungsschule (ebd., S. 45 u. S. 126 ff.). Bis zum Ersten Weltkrieg war die Zahl Schüler auf 105.676, die der Schülerinnen auf 4.392 gestiegen (SSZ 1920, Nr. 31, S. 476).

2. Die Fortbildungs-/Berufsschule nach 1918/19

a. Die Reform der Fortbildungsschule durch das "Übergangsgesetz für das Volksschulwesen" vom 22. Juli 1919

Sachsen war das erste Land, das noch vor Verabschiedung der Weimarer Reichsverfassung, die ja in Art. 145 die Fortbildungsschulpflicht bis zum vollendeten achtzehnten Lebensjahr vorsah, gesetzliche Regelungen in bezug auf das Fortbildungsschulwesen erließ.[10] Aber nicht ein eigenständiges Fortbildungs- bzw. Berufsschulgesetz wurde erlassen, sondern - wie schon im Jahre 1873 - erfolgten die Bestimmungen auch diesmal im Rahmen eines Volksschulgesetzes, und zwar des "Übergangsgesetzes für das Volksschulwesen" vom 22. Juli 1919. Hatte das 1873er Gesetz die Fortbildungsschulpflicht für Jungen begründet, für Mädchen dagegen noch kaum Möglichkeiten zum Besuch der Fortbildungsschule eröffnet, so darf die Ausdehnung der Fortbildungsschulpflicht auf die Mädchen durch das Übergangsschulgesetz als die wohl wichtigste Bestimmung zum Fortbildungsschulwesen angesehen werden. § 7, Abs. 1 begründete die "Allgemeine Mädchenfortbildungsschule": "Für die aus der Volksschule entlassenen Mädchen sind Fortbildungsschulen einzurichten" (Gesetze und Verordnungen ... seit 1919, S. 9)[11]. § 12, Abs. 1 der Ausführungsverordnung bestimmte darüber hinaus, daß in gegliederten Mädchenfortbildungsschulen die Klassen nach Berufen oder Berufsgruppen einzuteilen waren (ebd., S. 30). Die Berufsschulpflicht eines Teils der volksschulentlassenen Mädchen schränkte allerdings der § 7, Abs. 3 insofern ein, als er den ländlichen Schulgemeinden ermöglichte, durch die Ortsschulordnung den Unterricht auf eine Jahreszeit zu beschränken, wobei in diesem Fall eine Mindeststundenzahl von 120 Stunden jährlich erreicht werden mußte.[12] Wurde diese

---

10 Eine reichsgesetzliche Regelung durch ein Reichsberufsschulgesetz ist während der Weimarer Republik nicht zustandegekommen (FÜHR 1970). In Preußen ließ sich im Gegensatz zu Sachsen während der Weimarer Republik keine allgemeine Berufsschulpflicht für alle aus der Volksschule entlassenen Jungen und Mädchen durchsetzen. Die sozialdemokratische Landtagsfraktion ist mit entsprechenden Vorstößen immer wieder gescheitert. Es hat in Preußen bis zum Jahre 1923 gedauert, ehe ein Gesetz "betreffend die Erweiterung der Berufsschulpflicht" verabschiedet wurde. Dieses Gesetz überließ aber den Gemeinden die Entscheidung darüber, ob sie die Berufsschulpflicht einführen und welchen Personenkreis sie einbeziehen wollten. Weiterhin konnte die Gemeinde festlegen, welchen Umfang die Schulzeit haben und ob der Unterricht in die Arbeitszeit der Schülerinnen und Schüler fallen sollte. Nach Wittwer gingen Ende 1928 von den 1,9 Millionen für die Berufsschule in Frage kommenden Jugendlichen rund 700-800 Tausend, darunter allein 600 Tausend Mädchen, nicht in eine Berufsschule (WITTWER 1980, S. 252 ff.).
11 Während das Übergangsschulgesetz insgesamt nur mit den Stimmen von SPD und USPD verabschiedet wurde, ist der § 7 von allen in der Sächsischen Volkskammer vertretenen Parteien, also auch der DDP, DVP und DNVP, einstimmig angenommen worden (Verhandlungen der Sächsischen Volkskammer im Jahre 1919, Zweiter Band, S. 1983 ff.).
12 Daß der Widerstand gegen die Mädchenfortbildungsschule gerade auf dem Land besonders groß war, beweisen die über 80 Petitionen, die beim Sächsischen Landtag gegen die Einführung abgegeben worden waren (SSZ 1921, Nr. 31, S. 590). Auch in den Jahresberichten der Bezirksschulräte finden sich wiederholt Klagen darüber, daß insbesondere in den ländlichen Gemeinden sich Widerstand gegen Verbesserun-

Stundenzahl erteilt, konnte "das Bezirksschulamt (auch) für ländliche Knabenfortbildungsschulen ausnahmsweise die Beschränkung des Unterrichts auf acht nacheinanderfolgende Monate zulassen" (§ 12 der Ausführungsverordnung, ebd., S. 30). Die Monate der Erntezeit im Sommer sollten unterrichtsfrei bleiben ("Erläuterungen zu Bestimmungen des Übergangsgesetzes ...", ebd. S. 35). Die wöchentliche Mindeststundenzahl der Fortbildungsschule wurde gegenüber dem 1873er Gesetz um eine auf drei erhöht. Durch Ortsschulordnung konnte diese bis auf zwölf Stunden wöchentlich ausgedehnt werden (§ 7, Abs. 2, ebd., S. 9). Bei der Aufzählung der verbindlichen "Lehr- und Übungsgebiete" der Fortbildungsschule standen nun nicht mehr die allgemeinbildenden Fächer am Anfang, sondern an erster Stelle stand "Berufs- und Bürgerkunde", dann "deutsche Sprache, Rechnen, Gesundheitslehre und Leibesübungen einschließlich Jugendspiele" (§ 2, Abs. 6, Gesetze und Verordnungen ... seit 1919, S. 2). Berufs- und Bürgerkunde bedeutete für die Mädchen "Haushaltungskunde (Haushaltungs-, Koch- und Nadelarbeitsunterricht), Erziehungslehre und Kinderpflege" (ebd.).[13] Weitere Lehrfächer, durch Ortsschulverordnung festgelegt, konnten sein:

---

gen der Volks- und Fortbildungsschule rege. So heißt es im Jahresbericht des Bezirksschulrats für den Aufsichtsbezirk Dresden III für das Jahr 1920: "Die Anordnung zur Gründung von Fortbildungsschulverbänden und die Aufforderung zur Durchführung der Mädchenfortbildungsschule ist teilweise nur widerwillig von den Schulvorständen befolgt worden. Insbesondere war dieser Widerstand in ländlichen Gemeinden vorhanden, wo nicht immer das rechte Verständnis für die Notwendigkeit der Jugenderziehung zu finden war" (StAD, Min. f. Volksbildung Nr. 13567, Bl. 222). Und der Bezirksschulrat von Rochlitz schrieb in seinem Bericht 1920, daß die Widerstände gegen die Fortbildungsschule "namentlich bäuerlicher Gemeinden, verstärkt durch die Gegenarbeit des Bundes der Landwirte, der Rittergutsbesitzer und von Personen, von denen eine stille Gegenagitation nicht erwartet wurde, ... außerordentlich groß (waren). (...) Noch mehr Schwierigkeiten bereitete es, die Einrichtung der Mädchenfortbildungsschule für Ostern 1921 durchzusetzen" (StAD, Min. f. Volksbildung Nr. 13567, Bl. 468).Am 17. März 1921 beschäftigte sich der Sächsische Landtag mit den "Eingaben des Rittergutsbesitzers Schaeffer in Jahnishausen bei Riesa und Genossen gegen die verbindliche Einführung der Mädchenfortbildungsschule auf dem Lande". Es lagen dem Landtag zahlreiche Petitionen mit mehr als 22.000 Unterschriften diesbezüglich vor. Die DNVP beantragte: "Der Landtag wolle beschließen, die Eingaben des Rittergutsbesitzers Schaeffer und Genossen gegen die verbindliche Einführung der Mädchenfortbildungsschule auf dem Lande der Regierung zur Kenntnisnahme zu überweisen." Dieser Antrag wurde "mit großer Mehrheit" abgelehnt. Vielmehr beschloß der Landtag ebenfalls "mit großer Mehrheit", "die Eingaben auf sich beruhen zu lassen" (Verhandlungen des Sächsischen Landtags 1920/21 zweiter Band, S. 1182-1201, Zitat S. 1201).

13 Die Abgeordneten Müller (USPD) und Claus (DDP) lehnten bei den Beratungen des Übergangsschulgesetzes in der Volkskammer die einseitige Ausbildung der Mädchen zur Mutter und Hausfrau ab (Verhandlungen der Sächsischen Volkskammer 1919, Zweiter Band, S. 1659 u. 1665).

"Zeichnen, Buchführung, Volkswirtschaftskunde, Fremdsprachen, Kurzschrift und ... Maschinenschreiben ... Die Einführung weiterer allgemeinbildender oder der besonderen beruflichen Ausbildung dienender Unterrichtsgegenstände ist zulässig" (§ 2, Abs. 7, ebd., S. 2).

Neben dem "Übergangsgesetz für das Volksschulwesen" waren noch zwei weitere Gesetze für das Fortbildungsschulwesen von Bedeutung, die bereits im Rahmen der Volksschulreformen behandelt wurden:
1. Das "Schulbezirksgesetz"
   und
2. das "Schulbedarfsgesetz".

Alle relevanten Gesetze zum sächsischen Fortbildungsschulwesen waren somit in der Zeit 1918/19 bis 1923, also der Schulreformphase, verabschiedet worden.

Durch das **"Schulbezirksgesetz"** wurden die bis dahin konfessionellen Schulgemeinden aufgehoben. Ihre Pflicht zur Errichtung und Erhaltung von Fortbildungsschulen ging über auf die politischen Gemeinden und selbständigen Gutsbezirke (§ 1, Schulbezirksgesetz, in: Gesetze und Verordnungen ... seit 1919, S. 39 f.). Ferner wurde die Unterhaltung und Verwaltung der Fortbildungsschulen Aufgabe der Gemeindevertretungen, unter Mitwirkung eines Schulausschusses, in dem neben Mitgliedern der Gemeindevertretungen ein bzw. mehrere Schulleiter, Vertreter der Lehrer- und Elternschaft und der Schularzt vertreten waren (§§ 10 und 11, ebd., S. 42 ff.). Bei beruflich gegliederten Fortbildungsschulen war ein Fortbildungsschulbeirat zu bilden, dem auch Vertreter der beteiligten Berufe angehören mußten. Stand die Fortbildungsschule auch noch unter eigener Leitung, konnten die dem Schulausschuß obliegenden Aufgaben, soweit sie die Fortbildungsschule betrafen, einem eigenen Fortbildungsschulausschuß übertragen werden (§ 14, ebd., S. 45). Dieser bestand zu einem Drittel aus Mitgliedern der Gemeindevertretungen, zu einem Drittel aus Vertretern der Lehrer, einschließlich Schulleiter und Eltern, sowie zu einem Drittel aus Vertretern der beteiligten Berufsgruppen (je zur Hälfte Arbeitgeber und Arbeitnehmer) (§ 14 Ausführungsverordnung, ebd., S. 52 f.).

Das **"Schulbedarfsgesetz"** entlastete die Städte und Gemeinden finanziell. Der Staat übernahm die "persönlichen Aufwendungen" (Besoldung von Lehrerinnen und Lehrern) "für die öffentlichen allgemeinen Volks- und Fortbildungs-(Berufs-)schulen" (§ 1 Schulbedarfsgesetz, ebd., S. 56). Allerdings wurde ein Drittel der Personalkosten den Gemeinden von den ihnen zufließenden sog. Steuerrücküberweisungen wieder abgezogen, so daß der Staat letztlich zwei Drittel der Personalkosten trug (Stahl 1928, Spalte 922). Trotz dieser Einschränkung bedeutete das Gesetz eine wichtige Voraussetzung für den weiteren Ausbau und eine gleichmäßigere Entwicklung des Fortbildungsschulwesens in Sachsen. Mit der Verabschiedung des Schulbedarfsgesetzes wurde erstmalig in einem sächsischen Schulgesetz neben dem Begriff "Fortbildungsschule" die Bezeichnung "Berufsschule" verwandt. Es hat dann allerdings noch bis zum Jahre 1928 gedauert, bis endgültig an Stelle der Bezeichnung "Fortbildungsschule" die Bezeichnung "Berufsschule" getreten ist (SCHRÖBLER/SCHMIDT-BREITUNG 1929, S. 20). Im Sommer 1923 legte das Kultusministerium noch den Referentenentwurf eines Berufsschulgesetzes vor. Der Sächsische Berufsschulverein hatte seit mehreren Jahren an einem solchen Berufsschulgesetz gearbeitet und war maßgeblich an der Erarbeitung des Referentenentwurfes beteiligt.[14] Der Entwurf zielte seiner ganzen Intention nach auf eine endgültige und vollständige Trennung von der Volksschule. So hieß es in der "Begründung zum Entwurfe des Berufsschulgesetzes":

"Die Aufgabe des vorliegenden Entwurfes eines Berufsschulgesetzes besteht darin, die beiden Hauptgedanken zu verwirklichen, die sich nach den bisherigen Erfahrungen als notwendig zu einer sachgemäßen Weitergestaltung des

---

[14] Im Jahre 1919 legte der Vorstand des Sächsischen Berufsschulvereins, der zu dieser Zeit noch Sächsischer Fortbildungsschulverein hieß, "Grundsätze" für die Neuordnung des sächsischen Berufsschulwesens vor (Fortbildungsschulpraxis 1919, Heft 9, S. 70-72). 1920 hatten sich diese Grundsätze konkretisiert in den "Bausteine(n) zum Gesetzentwurf für die Berufspflichtschule" (Fortbildungsschulpraxis 1920, Heft 5, S. 53-57). Schließlich verabschiedete der Sächsische Berufsschulverein auf seiner Vertreterversammlung am 27. November 1920 den "Entwurf eines Berufsschulgesetzes" (Praxis der Berufsschule 1921, Heft 1, S. 6-11). Im Jahre 1920 war der Erste Vorsitzende des Sächsischen Berufsschulvereins, Schulrat Endler, als "Hilfsarbeiter" für das Berufsschulwesen in das Kultusministerium berufen worden. Der Berufsschulverein, der zunächst zum SLV gehörte, zählte am 1. Oktober 1920 590 persönliche und 65 körperschaftliche Mitglieder (Jahresbericht des SLV 1919/20, S. 651 f.). Auf seiner Hauptversammlung am 31. 10. / 1. 11. 1919 in Chemnitz wurde ein Antrag der Chemnitzer Ortsgruppe auf Loslösung vom SLV bei Stimmengleichheit noch abgelehnt (SSZ 1919, Nr. 36, S. 495). Aufgrund der Beschlüsse der Vertreterversammlung des Sächsischen Berufsschulvereins vom 27. Nov. 1920 und nachfolgender Annahme einer Satzungsänderung des SLV über das Verhältnis der Abteilungen zum Hauptverein durch die Vertreterversammlung des SLV am 3. Januar 1921 war der Sächsische Berufsschulverein nicht länger eine Abteilung des SLV (Satzung des Sächsischen Berufsschulvereins, in: Praxis der Berufsschule 1921, Heft 6, S. 81 ff.).

Berufsschulwesens herausgestellt haben: nämlich 1. die Fortbildungsschule zur Berufsschule weiter zu entwickeln und 2. die Berufsschule zu einer selbständigen Schulform auszubauen" (Praxis der Berufsschule 1923, Heft 12, S. 187).

Dies entsprach genau den Interessen des sich herausbildenden Berufsschullehrerstandes und lag genau in der Richtung, die die Fortbildungsschule seit dem Ende des 19. Jahrhunderts genommen hatte: von einer allgemeinbildenden, den Volksschullehrstoff meist nur wiederholenden **Fortbildungs**schule, zu einer stärker den Beruf in den Mittelpunkt stellenden und an den Interessen der Wirtschaft ausgerichteten **Berufs**schule. Der Referentenentwurf ist weder vom Landtag verabschiedet, noch von diesem beraten worden. Die skizzierte Entwicklung zur Berufsschule hat sich letztlich dennoch durchgesetzt, wie die weitere Geschichte gezeigt hat.

b. Die Entwicklung der Fortbildungsschule zur Berufsschule

Die Entwicklung von der Fortbildungsschule zur Berufsschule und deren Ausbau in Sachsen von der Jahrhundertwende bis in die Weimarer Republik verdeutlicht folgende Übersicht:

1. Zahl der Berufsschulen 1904-1930:

Jahr	Selbständige Berufsschulen	Verbands- berufsschulen	mit Volksschulen verbundene Berufsschulen unter nebenamtlicher Leitung	insgesamt
1904	32	-	1934	1966
1911	27	1	1915	1943
1922	62	343	1195	1600
1926	138	383	470	991
1930	keine Ang.	keine Ang.	keine Ang.	722

(Eigene Zusammenstellung nach: Sächsischer Berufsschulverein 1927, S. 126; Statistisches Jahrbuch für den Freistaat Sachsen, 49. Ausgabe 1930, S. 250 f.)

Sie zeigt die Abkoppelung der Berufsschule von der Volksschule bzw. ihre zunehmende Selbständigkeit. Dieser Prozeß wurde beschleunigt durch die Bildung von sog. Verbandsberufsschulen, d.h. kleinere Gemeinden, deren Schülerzahl und/oder Finanzkraft zur Errichtung und Erhaltung einer eigenständigen Berufsschule nicht ausreichte, schlossen sich zusammen und gründeten eine Verbandsberufsschule. Die erste ihrer Art, die "Fach- und Fortbildungsschule des Gemeindeverbandes Zschachwitz", nahm am 1. April 1910 den Unterricht auf (Sächsischer Berufsschulverein 1927, S. 99 ff.), bevor das "Übergangsgesetz für das Volksschulwesen" von 1919 dann die gesetzliche Grundlage für die Bildung solcher Schulverbände schuf. Die Gründung von Schulverbänden erklärt auch, warum die absolute Zahl der Berufsschulen besonders in der Weimarer Republik so stark zurückging. Mit diesem Rückgang einer ging aber gleichzeitig die Erhöhung der Zahl der Klassen und der Schüler je Berufsschule. Dies zeigen die folgenden beiden Statistiken:

2. **Durchschnittliche Zahl der Klassen je Berufsschule 1904-1926:**

Jahr	Klassen	
1904	1,9	
1911	2,1	
1922	4,5	(Jungen und Mädchen)
1926	3,7	Jungen plus
	4,5	Mädchen = 8,2

3. **Durchschnittliche Zahl der Schüler je Berufsschule 1904-1926:**

Jahr	Schüler	
1904	45	
1911	48	
1922	99	(Jungen und Mädchen)
1926	85	Jungen plus
	114	Mädchen = 199

(Quelle: Sächsischer Berufsschulverein 1927, S. 126)

Die nächste Übersicht (4) veranschaulicht die Zunahme der Klassenzahl insgesamt und die Ausweitung der beruflich gegliederten Klassen.

4. Zahl der Berufsschulklassen insgesamt (beruflich/nichtberuflich gegliedert) 1904-1926:

Jahr	Jungen		Mädchen		insgesamt	
	beruflich gegliedert	beruflich nicht gegliedert	beruflich gegliedert	beruflich nicht gegliedert	beruflich gegliedert	beruflich nicht gegliedert
1904	97	3572	-	94	97	3666
1911	1549[15]	2591	-	90	1549	2681
1922	3592[15]	725	11[16]	2794	3603	3519
1926	2752	956	2455	2046	5207	3002

(Eigene Zusammenstellung nach: Sächsischer Berufsschulverein, 1927, S. 128)

Die beiden letzten Übersichten (5) und (6) zeigen die Entwicklung der Schüler- und Lehrerzahlen an den sächsischen Berufsschulen.

5. Schülerzahl 1904-1930

Jahr	Mädchen	Jungen
1904	2474	86109
1911	1897	92193
1922	64336	93925
1925	114901	88928
1926	112706	84937
1930	85778	70637

(Eigene Zusammenstellung nach: Sächsischer Berufsschulverein 1927, S. 127; Statistisches Jahrbuch für den Freistaat Sachsen, 49. Ausgabe 1930, S. 250 f.)

Die 203.829 Berufsschülerinnen und -schüler des Jahres 1925 entsprachen 76 % der Volksschulabgänger, d.h. gut drei Viertel aller Berufsschulpflichtigen besuchten in Sachsen Mitte der zwanziger Jahre tatsächlich auch eine Berufsschule (Denkschrift des Sächsischen Ministeriums für Volksbildung zur Neuordnung der Lehrerbildung im Freistaate Sachsen 1926, S. 39, in: StAD, Nachlaß SEYFERT 35/957). Diese Quote lag noch deutlich höher, wenn man berücksichtigt, daß in den hier angegebenen Schülerzahlen diejenigen nicht mitgerechnet sind, die ihrer Berufsschulpflicht an einer dem Wirtschaftsministerium unterstellten schulgeldpflichtigen Handels- oder Gewerbeschule nachkamen. Am 1. September 1919 gab es 512 solcher Schulen. Diese wurden von insgesamt 67.000 Schülern besucht, von denen

---

[15] Für Jungen und Mädchen
[16] Gemischte Klassen (beruflich/nicht beruflich)

38.000 berufsschulpflichtig waren. Am 25. März 1922 war die Gesamtschülerzahl dieser Schulen auf 81.270 gestiegen. 46.626 von ihnen unterlagen der Berufsschulpflicht. Von diesen Berufsschulpflichtigen waren nur etwa 6.000 Mädchen, der weitaus größte Teil Jungen (LOMMATZSCH 1923, S. 127).

6. Zahl der hauptamtlichen Lehrkräfte 1904-1930

Jahr	Lehrer		Lehrerinnen	insgesamt
1904	7	(Direktoren)	-	7
1911	41			
	12	(Direktoren)	-	53
1920	320		86	406
1921	514		175	689
1922	730		299	1029
1923	750		506	1256
1924	987		516	1503
1925	1078		533	1611
1926	1120		537	1657
1927	1135		547	1682
1930	1112[17]		422[17]	1534

(Eigene Zusammenstellung nach: Sächsischer Berufsschulverein 1927, S. 45; Statistisches Jahrbuch für den Freistaat Sachsen ... 1930, S. 251).

Die kontinuierliche Zunahme der hauptamtlichen Lehrkräfte in den zwanziger Jahren ist ein weiteres Indiz für den Ausbau und die zunehmende Selbständigkeit des sächsischen Berufsschulwesens. Neben den hauptamtlichen Berufsschullehrern unterrichteten eine große Anzahl nebenamtlicher (meist Volksschullehrer) und nebenberuflicher Lehrer und Lehrerinnen (meist Handwerksmeister). Im Jahre 1904 waren es 4146 nebenamtliche Lehrer. Außer 7 Direktoren gab es zu dieser Zeit noch keine hauptamtlichen Lehrer. 1911 standen den 53 hauptamtlichen Lehrern 4346 nebenamtliche Lehrerinnen und Lehrer gegenüber. 1922 stieg die Zahl der nebenamtlichen Lehrerinnen und Lehrer auf 6193, hervorgerufen insbesondere durch den Ausbau des Mädchenfortbildungsschulwesens, und 1926 unterrichteten immer noch insgesamt 3002 Lehrerinnen und Lehrer nebenamtlich (2175) und nebenberuflich (827) (Sächsischer Berufsschulverein 1927, S. 45).

---

[17] Nicht berücksichtigt sind in diesen Zahlen die nichtständigen Lehrer und Lehrerinnen, die als Vertreter beschäftigten Lehrerinnen und Lehrer und die Aushilfslehrerinnen und -lehrer (Stat. Jahrbuch f. d. Freistaat Sachsen ... 1930, S. 251).

c. Die Berufsschule im Rahmen von Einheitsschulkonzepten

Der Weg der Fortbildungsschule zur Berufsschule ist nicht unumstritten gewesen. Innerhalb der sächsischen Volks- und Fortbildungsschullehrer hat es unterschiedliche Vorstellungen und Konzepte darüber gegeben, welche Entwicklung die Fortbildungsschule nehmen sollte. Diese Frage wurde unter den Aspekten des Verhältnisses von allgemeiner und beruflicher Bildung und damit zusammenhängend der Einordnung der Fortbildungs- bzw. Berufsschule in den Gesamtaufbau des Schulwesens diskutiert.[18]

Die Mehrheit der Fortbildungsschullehrer favorisierte dabei verständlicherweise die berufliche Ausrichtung und die Eigenständigkeit des Fortbildungsschulwesens. Alternative Konzepte kamen in Sachsen eher aus den Reihen der Volksschullehrerschaft, die ja - wie bereits ausführlich an anderer Stelle dieser Arbeit dargelegt - Verfechter eines stärker integrierten Schulsystems war. Die zwei weitestgehenden möchte ich kurz skizzieren. Beide wollten das Verhältnis von allgemeiner und beruflicher Bildung weniger schulformspezifisch, als vielmehr im Rahmen struktureller Reformen des **gesamten** Schulwesens lösen.

Der erste Vorschlag stammte von Ottomar Fröhlich. Er sah in der Entwicklung der Fortbildungsschule zur Berufsschule eine unheilvolle Entwicklung, da seiner Meinung nach die Berufsbildung - gegen die er grundsätzlich nichts einzuwenden hatte und die er natürlich auch als notwendig ansah - zu Lasten der allgemeinen Menschenbildung gehe. Aber gerade die breite Masse der Schüler, die späteren Arbeiter - für die Fröhlich hier Partei ergriff - hätten ein Recht auf eine umfassende allgemeine Menschenbil-

---

[18] Unterschiedliche Vorstellungen über die Gewichtung von allgemeiner und beruflicher Bildung offenbarten sich z.B. auf der Hauptversammlung des "Sächsischen Fach- und Fortbildungsschulvereins" in Chemnitz am 31.10./1.11.1919 zwischen der Chemnitzer Ortsgruppe, die sehr stark die berufliche Orientierung betonte, und der Dresdner Ortsgruppe, die die Gefahr einer Vernachlässigung der allgemeinen Bildung sah und für eine Trennung von beruflicher und allgemeiner Bildung in der Berufsschule eintrat (Bericht zu dieser Hauptversammlung, in: SSZ 1919, Nr. 36, S. 495). Auch auf der Tagung der sächsischen Bezirksschulräte im Oktober 1920 stand das Thema "Allgemeinbildung und berufliche Bildung in der Fortbildungsschule" auf der Tagesordnung. Der Chemnitzer Fortbildungsschuldirektor Burkhardt referierte darüber in starker Anlehnung an die Gedanken von Eduard Spranger (SSZ 1920, Nr. 36, S. 562 ff.). Die Vertreter des SLV setzten sich u.a. auf der 27. Vertreterversammlung des DLV 1919 in Berlin für eine Fortbildungsschule ein, deren vorrangiges Bildungsziel die Allgemeinbildung sein sollte (LLZ 1919, Nr. 22, S. 332).

dung. Eine spezialisierte, an den Erfordernissen der arbeitsteiligen Industriegesellschaft orientierte Berufsausbildung könne "nie und nimmer alle im Schüler schlummernden körperlichen und geistigen und sittlichen Kräfte wecken und der größtmöglichen Vervollkommnung entgegenführen" (SSZ 1921, Nr. 4, S. 56). Was Fröhlich letztlich bekämpfte und was er durch die Fortbildungsschule, speziell durch ihre Entwicklung zur Berufsschule, zementiert sah, war die große Kluft zwischen der relativ kleinen Gruppe der "Gebildeten" und der breiten Masse der "Ungebildeten".

"Es soll, scheint es, in Deutschland bis in alle Ewigkeit so bleiben, daß auf der einen Seite ein großes Heer ungebildeter Arbeiter lebt, die, den Blick auf die Erde gesenkt, an den Fundamenten der Kultur bauen, auf der anderen Seite aber eine kleine, auserlesene Schar solcher, die mit Hilfe ihrer Bildung allein fähig sind, die geistigen Kulturgüter der Nation zu genießen. Aber auch der Arbeiter hat ein sittliches Recht auf den Genuß der Kultur. Nicht Arbeitsertüchtigung tut ihm in erster Linie not, sondern Kulturbefähigung" (ebd., S. 57).

Das Recht auf Kultur, das Fröhlich hier der Arbeiterschaft von der bürgerlichen Gesellschaft vorenthalten sah und was er einklagte, hatte die organisierte Arbeiterbewegung allerdings schon längst für sich in Anspruch genommen. Das beweisen die vielfältigen Arbeiterbildungs- und Arbeiterkultureinrichtungen, die im letzten Drittel des 19. Jahrhunderts in bewußter Abgrenzung zur bürgerlichen Kultur entstanden waren und die in der Weimarer Republik den Höhepunkt ihrer Entwicklung erreichten.[19]

Die vielfältige Kultur- und Bildungsarbeit im Milieu der Arbeiterbewegung hat sicherlich vielen (jugendlichen) Arbeitern mehr Bildung vermittelt, als dies die Fortbildungsschule bis dahin konnte und wollte. Nicht übersehen werden darf dabei allerdings, daß viele Jugendliche, insbeson-

---

[19] Das wohl markanteste Beispiel selbstorganisierter Kulturarbeit der sozialdemokratischen Arbeiterbewegung in Sachsen war das "Allgemeine Arbeiterbildungsinstitut" (ABI) in Leipzig und die von ihm herausgegebene, überregional verbreitete Zeitschrift "Kulturwille". Das ABI, 1907 gegründet, hatte die Aufgabe, Vorträge durchzuführen, systematische Schulungskurse anzubieten, den Ausbau der Arbeiterbüchereien zu unterstützen, Theaterstücke aufzuführen und nicht zuletzt für die Erziehung der Arbeiterjugendlichen zu sorgen (HEIDENREICH 1983, S. 10 ff.). 1924 rief der damalige Leiter des ABI, Valtin Hartig, die Zeitschrift "Kulturwille" ins Leben. Sie sollte nach seinen Vorstellungen u.a. zur ästhetischen Schulung der Massen und zum Aufbau "einer aus dem Geist der klassenbewußten Arbeiterschaft sich entwickelnden neuen Kultur" beitragen (zit. n. Heidenreich ebd., S. 19). Zu erwähnen in diesem Zusammenhang ist auch die 1922 gegründete Volkshochschule Leipzig, die unter der Leitung von Hermann Heller (bis 1924) und Paul Hermberg (1924-1929) Volksbildung in einer Stadt wie Leipzig vorrangig als Arbeiterbildung auffaßte (ebd., S. 36 f.).

dere Mädchen, konfessionell geprägte und solche in ländlich strukturierten Gebieten, von diesem Bildungs- und Kulturmilieu ausgeschlossen blieben. Trotz dieser einschränkenden Bemerkungen ist dem Kernpunkt der Kritik Fröhlichs zuzustimmen, insofern nämlich höhere Schulbildung in der damaligen Gesellschaft den ökonomisch und sozial privilegierteren Schichten vorbehalten blieb, während die überwältigende Mehrheit der Bevölkerung davon ausgeschlossen war. Dieser Bildungsbegrenzung stellte Fröhlich seine Forderung nach mehr allgemeiner Menschenbildung, nach "Kulturbefähigung" auch für die breite Masse des Volkes entgegen. Die Fortbildungsschule mit ihrer geringen Stundenzahl sah Fröhlich letztlich als ein "unzureichendes Jugendbildungsmittel" an (ebd., S. 57), die der breiten Masse des Volkes nicht die Bildung geben könne, auf die sie einen begründeten Anspruch habe, und die - so müßte man hinzufügen - außerhalb des schulischen Berechtigungswesens stehend, ihren Schülerinnen und Schülern keinerlei weiterführende Qualifikationen verleihen konnte. Was Fröhlich stattdessen schon 1921 forderte, war die Verlängerung der Volksschulpflicht.

*"Wenn Staat und Reich wirklich etwas Ernstliches für die Volksbildung tun wollen, dann müssen sie der allgemeinen Volksschule ein 9. und 10. Schuljahr aufsetzen. Das wäre nach langer, langer Zeit wieder ein Schritt vorwärts auf dem Wege zur Einheitsschule, zur wahren Einheitsschule, deren eigentlicher Sinn doch nur der sein kann, allen Gliedern des Volkes eine, wenn auch nicht **gleichartige** so doch **gleichwertige** Bildung zu geben" (ebd., S. 57).*

Die Ausgestaltung dieser beiden Schuljahre dachte sich Fröhlich in Form eines Kern-Kurs-Unterrichts, wobei "neben einer Anzahl allgemeinbildender Fächer eine reiche Auswahl freiwilliger Kurse" angeboten werden sollten, "die die Schüler ihren Neigungen entsprechend belegen ... und durch die sie auf die Berufswahl und Berufsarbeit vorbereitet werden" sollten (ebd.). Später, im Verlauf der Einheitsschuldiskussionen im SLV, hat Fröhlich seine Vorstellungen dahingehend ergänzt, daß die Berufsbildung erst nach dem 10. Schuljahr einzusetzen habe. Alle Schulen ab Klasse 11 waren danach in einem umfassenden Sinne Berufsschulen. Diese gliederten sich in wirtschaftliche, künstlerische und wissenschaftliche (SSZ 1923, Nr. 26, S. 372-375, insbes. S. 374).

Das zweite Konzept, eng mit den Vorstellungen Fröhlichs verknüpft, war der offizielle Einheitsschulplan des SLV von 1924. Nach diesem Plan war die Berufsschule grundsätzlich Bestandteil der auf der Grundschule aufbauenden für alle Schüler gemeinsamen, aber differenzierten sechsjährigen sog. Mittelschule. Da man im SLV aber letztlich zu der Auffassung gelangt war, eine zehnjährige allgemeinbildende Schulpflicht nicht von heute auf morgen durchsetzen zu können (LLZ 1923, Nr. 33, S. 493 f.), und davon ausging, daß - wenigstens für eine Übergangszeit - der größte Teil der Jugendlichen die Volksschule - wie bisher - schon nach dem 8. Schuljahr verlassen und ins Berufsleben eintreten werde, hatte man sich darauf verständigt, innerhalb der Mittelschule das 9. und 10. Schuljahr in einen dreijährigen Lehrgang mit verminderter Stundenzahl auseinanderzuziehen und als besonderen beruflichen Zweig einzurichten. Dieser berufliche Zweig, in Verbindung mit der praktischen Ausbildung im Betrieb, sollte gleichwertig neben dem allgemeinen Bildungsgang der Mittelschule stehen. Die hier zunächst einmal postulierte Gleichwertigkeit allgemeiner und beruflicher Bildung fand an anderer Stelle des Planes ihre Konkretisierung dadurch, daß der Besuch der dreijährigen Oberschule - mit wissenschaftlicher, wirtschaftlicher oder künstlerischer Ausrichtung - auch den Schülern des beruflichen Zweiges offenstehen sollte, soweit sie durch ein Gutachten der Schule für geeignet befunden wurden bzw. eine Probezeit erfolgreich absolviert hatten. Im übrigen führten alle drei Arten der Oberschule auch zur Hochschule (Sächsischer Lehrerverein 1924, Nr. 3, S. 37 ff.). Der Einheitsschulplan des sächsischen Ministeriums für Volksbildung sah für die Berufsschüler ebenfalls die Möglichkeit vor, nach Abschluß der Berufsschule auf die Oberschule zu wechseln.[20] Voraussetzung war jedoch das Bestehen einer Aufnahmeprüfung (LLZ 1924, Nr. 3, S. 40).

Die Vorschläge des SLV zur Entwicklung des beruflichen Schulwesens, wie sie hier im Zusammenhang der Einheitsschuldiskussion skizziert wurden, sind Programm geblieben. Selbst wenn sich der SLV mit seinen Vorstellungen gegen den Sächsischen Berufsschulverein durchgesetzt hätte und das sächsische Ministerium für Volksbildung von seinem Konzept hätte überzeugen können: zum Zeitpunkt dieser ganzen Diskussion 1923/24 war eine Durchsetzung politisch schon nicht mehr möglich, da die schulreformfreundliche sächsische Arbeiterregierung längst abgesetzt war.

---

20 "Oberschule" war hier der weitgefaßte und umfassende Begriff für eine zweijährige Realschule, eine zweijährige Deutsche Oberschule (sog. neuntes und zehntes Volksschuljahr mit Vollunterricht), eine vierjährige Oberrealschule, eine vierjährige Deutsche Oberschule oder eine vierjährige Gymnasial-Oberschule (LLZ 1924, Nr. 3, S. 40).

Sowohl die Vorstellungen Fröhlichs als auch die in den Einheitsschulplan integrierten Berufsschulpläne des SLV zeichneten sich durch das Bemühen aus, die Berufsschule - wie übrigens ja auch die Volksschule - aus ihrer unterprivilegierten Stellung im Schulsystem zu befreien, die durch nichts zu rechtfertigende Bildungsbenachteiligung des weitaus größten Teiles der Jugendlichen wenigstens schrittweise zurückzudrängen und somit zum Abbau von Bildungsprivilegien beizutragen.[21] Hinter diesen bildungspolitischen Bemühungen - das ist an vielen Stellen dieser Arbeit nachgewiesen worden - stand die Vorstellung, mit Hilfe von Schulreform, und damit von Erziehung einen, wenn nicht **den** entscheidenden Beitrag zum Aufbau einer gerechteren Gesellschaftsordnung zu leisten. Spätestens wenn man diesen gesellschaftsreformerischen Anspruch berücksichtigt, wenn man die hinter den bildungspolitischen Aussagen stehenden gesellschaftspolitischen Leitvorstellungen offenlegt, wird der scharfe Gegensatz zu jener Berufsbildungstheorie deutlich, die - von Eduard Spranger entwickelt - solche integrierten Schulkonzepte, wie sie vom SLV und anderen reformorientierten Pädagogen und Bildungspolitikern gefordert wurden, ausschloß und stattdessen auf der Beibehaltung einer strikten organisatorischen wie curricularen Trennung von Volksschule, höherer Schule und Berufsschule fußte. Dahinter standen letztlich Sprangers konservative gesellschaftspolitische Vorstellungen "des Gegensatzes von Volk und Elite als einer bewußt zu gestaltenden historischen Konstante" (LÖFFELHOLZ 1979, S. 272). Solche gesellschaftspolitischen Vorstellungen dokumentieren nicht nur das distanzierte Verhältnis Sprangers zur Weimarer Demokratie, sondern werfen zugleich ein merkwürdiges Licht auf bis heute maßgebliche Spranger-Interpretationen, die nämlich davon sprechen, daß dieser "durchgreifende Reformen des Schulwesens zu befördern" versucht (ebd., S. 270) und "sich vor allem für eine Verbesserung der Volksbildung eingesetzt" habe (ebd., S. 272). Vielmehr ist der Einschätzung Greinerts zuzustimmen, der die Be-

---

21 Ganz ähnliche Zielvorstellungen verband auch das Thüringische Volksbildungsministerium unter Max Greil mit seinen Reformvorstellungen zum beruflichen Schulwesen. Ein 1923 in Vorbereitung befindliches Berufsschulgesetz, das auch den Albsolventinnen und Absolventen der Volksschule über die "Berufspflichtschule", "Berufsmittelschule" und "Berufsoberschule" den Weg zur Hochschule eröffnen sollte, ist aufgrund der Reichsexekution gegen Thüringen nicht mehr verabschiedet worden (MITZENHEIM 1964, S. 187 ff. u. Anlage 18, S. 67 ff. der Anlagen; KEIM 1985, S. 227 ff.).

rufsbildungstheorie Sprangers letztlich als ein Mittel der ideologischen Verschleierung charakterisiert hat, nämlich in dem Sinne,

> *"daß die bürgerliche Gesellschaft die kleinbürgerliche und proletarische Jugend auch weiterhin vom sozialen Aufstieg über Bildung auszuschließen gedachte, (...), daß die auf ihre ökonomische Dimension zurückgeworfene Berufsschule sich weniger an pädagogischen Normen, sondern in erster Linie an den Qualifikationsinteressen der kapitalistischen Wirtschaft"* orientiert habe *"und daß es auch weiterhin in der Berufserziehung vornehmlich darum"* gegangen sei, *"die sozial benachteiligten berufstätigen Jugendlichen mit ihrem Schicksal auszusöhnen"* (GREINERT 1975, S. 125).

V. Volksschullehrer(innen)ausbildung

Neben der Volksschule zählte die Ausbildung ihrer Lehrerinnen und Lehrer zu den reformbedürftigsten Bereichen des Bildungswesens zu Beginn der Weimarer Republik. Beide Bereiche waren zwangsläufig eng aufeinander bezogen, wie beispielsweise die Instrumentalisierung der Volksschule zur Herrschaftssicherung und -legitimierung zeigt, die stets durch eine entsprechende Lehrerausbildung abgesichert war. Wollten die Reformkräfte die Volksschule aus dieser Tradition befreien und demokratisieren, setzte dies deshalb vor allem auch eine grundlegende Neugestaltung der Lehrerausbildung voraus.[1]

Unbestreitbar war die Lehrerbildungsfrage in Sachsen wie im übrigen Reich zu einem erheblichen Teil zentraler Bestandteil des Kampfes um wirtschaftliche Besserstellung sowie um berufliche und soziale Anerkennung, also standespolitisch motiviert. Sie allerdings allein auf diesen Aspekt zurückführen bzw. sie ausschließlich als Ausdruck von Professionalisierungsbestrebungen deuten zu wollen, hieße jedoch, die im Verlauf dieser Arbeit herausgearbeiteten (bildungs-)politischen, auf Demokratisierung von Schule und Gesellschaft hin angelegten Motive und Zielvorstellungen der im SLV organisierten Lehrerschaft auszublenden. Wo - über den engeren standespolitischen Horizont hinausschauend - größere gesamtgesellschaftliche Zusammenhänge wahrgenommen, analysiert und - im Bündnis mit anderen Arbeiterorganisationen - der Kampf für eine demokratische und sozial gerechte Gesellschaft geführt wurde, da konnte auch kein Platz mehr für

---

[1] Bislang haben sich Rahn (1959), Paul (1985) und zuletzt Mebus (1987) ausführlicher mit der Reform der Volksschullehrerausbildung in Sachsen zur Zeit der Weimarer Republik beschäftigt. Rahns Beitrag ist "eine auf persönlichen Erlebnissen gegründete Darstellung", der Verfasser hatte von 1928 bis 1932 selbst an der Leipziger Universität als Volksschullehrerstudent studiert (RAHN 1959, S. 225 f.). Paul behandelt die sächsische Reform im Rahmen einer umfassenderen Länderstudie mit dem Hauptinteresse, die politischen Auseinandersetzungen über die Lehrerausbildung auf Reichs- und Länderebene zu untersuchen. Bei Mebus schließlich ist die akademische Volksschullehrerausbildung Bestandteil einer Untersuchung "zu den fortschrittlichen bildungspolitischen und pädagogischen Bestrebungen im Sächsischen Lehrerverein 1918 bis 1924". Alle drei Untersuchungen haben letztlich andere erkenntnisleitende Interessen und Fragestellungen als vorliegende Arbeit, so daß im folgenden weit darüber hinausgegangen werden muß.

eine überkommene, Privilegien konservierende und hierarchisch abgestufte Lehrerausbildung sein. Die einheitliche Schule, so stand es im Einheitsschulplan des SLV von 1924, erfordere einen Lehrerstand mit einheitlicher, gleichberechtigter Vorbildung. Mit der Erreichung dieses Ziels wollte man endgültig die herkömmlich getrennten Formen der Lehrerausbildung überwinden, wie sie zu Beginn des 19. Jahrhunderts entstanden waren.

Die Ausbildung der Volksschullehrer im 19. Jahrhundert vollzog sich - im Unterschied zu den Lehrern höherer Schulen - abseits von Universität und höherer Schulbildung in sog. Lehrerseminaren, denen lange Zeit noch ein Proseminar, auch Präparandenanstalt genannt, vorgelagert war (BÖLLING 1983). Die Aufnahme in ein solches Proseminar setzte in der Regel die abgeschlossene Volksschulausbildung voraus. Der Weg zum Volksschullehrer führte demnach von der Volksschule über Proseminar und Seminar wieder zurück zur Volksschule, ohne daß der angehende Volksschullehrer Berührung mit irgendeiner Form höherer Schulbildung bekam und damit die Möglichkeit erhielt, den einmal eingeschlagenen Weg der Volksschullehrerausbildung zu verlassen und vom Seminar in einen anderen Zweig des Bildungssystems, etwa eine höhere Schule, zu wechseln. Sowohl dieser speziell für die Volksschullehrerschaft eingerichtete Ausbildungsgang als auch die Entstehung und Verfestigung getrennter und unterschiedlich wertiger Ausbildungswege für Volksschullehrer und Lehrer an höheren Schulen insgesamt war die konsequente und unmittelbare Folge der Herausbildung eines hierarchisch gegliederten Schulsystems mit einem privilegierten höheren und einem nicht- bzw. unterprivilegierten niederen Schulwesen. Diese Gesamtentwicklung wiederum kann nicht - wie vielfach in den schulpolitischen Auseinandersetzungen sowohl der Vergangenheit als auch der Gegenwart geschehen - als Ausdruck einer "natürlich gewachsenen", sich aus der Sache selbst ergebenden Struktur interpretiert werden, sondern muß, wie die sozialgeschichtlich orientierte Schulgeschichtsforschung der letzten 15 Jahre gezeigt hat, als Ergebnis der konkreten gesellschaftspolitischen Auseinandersetzungen beim Übergang von der Stände- zur bürgerlich-kapitalistischen Gesellschaft seit der zweiten Hälfte des 18. Jahrhunderts angesehen werden (HERRLITZ u.a. 1981).

1. Die Volksschullehrer(innen)ausbildung in Sachsen bis 1918/19

Die ersten Seminare in Sachsen wurden bereits Ende des 18. Jahrhunderts eröffnet; das erste 1787 in Friedrichsstadt-Dresden (KOHN 1987). Es nahm seine Tätigkeit mit ganzen acht Seminaristen auf (Leuschke 1904, S. 32). Bis 1876 wuchs die Zahl der Seminare auf 19.[2] Bis zur Revolution im Jahre 1848, deren Scheitern nachweisbare Konsequenzen auch für die Volksschullehrerausbildung hatte, war das sächsische Seminarwesen hinsichtlich seiner Lehrpläne und Prüfungsanforderungen nicht oder wenig normiert. 1820 wurde eine erste Seminarordnung erlassen, die jedoch nur für das Seminar in Friedrichsstadt Gültigkeit besaß. 1835 - im Zusammenhang mit der Verabschiedung des neuen Volksschulgesetzes - wurde eine Prüfungsordnung für angehende Volksschullehrer in Kraft gesetzt, die zwei Prüfungen, die sog. Kandidaten- und die Wahlfähigkeitsprüfung, verbindlich machte. Die Kandidatenprüfung am Ende der Seminarzeit sah je eine schriftliche, mündliche, praktische und musikalische Prüfung vor. Nach einer zweijährigen Praxis als Hilfslehrer folgte die Wahlfähigkeitsprüfung, deren Bestehen Voraussetzung für eine ständige Anstellung als Volksschullehrer war (LEUSCHKE 1904, S. 49 f.). Fünf Jahre später, also 1840, versuchte die sächsische Regierung die Seminare zu vereinheitlichen und erließ durch Verordnung die erste allgemeine Seminarordnung, die jedoch nur provisorischen Charakter trug und niemals zur definitiven Einführung gelangt ist. Trotzdem blieb sie für den Seminarunterricht der nächsten Jahre maßgebend, insbesondere bezüglich einer Verlängerung der Ausbildung von drei auf vier Jahre, mit der sich Sachsen an die Spitze aller deutschen Länder setzte (ebd., S. 50 f.).

Das Scheitern der Revolution von 1848/49 hat - wie bereits angedeutet - weitreichende Konsequenzen für die Volksschullehrer und ihre Ausbildung gehabt, und zwar in mehrfacher Hinsicht. Ein während der Revolution ausgearbeiteter Schulgesetzentwurf, bestehend aus nicht weniger als 401

---

[2] Auf Friedrichsstadt-Dresden (seit 1910 in Dresden-Strehlen) folgten Nossen (1798), Plauen i.V. (1810), Bautzen (landständisch, 1817), Dresden-Neustadt (Freiherrlich v. Fletchersches, 1825), Grimma I (1838), Annaberg (1842), Waldenburg (Fürst v. Schönburgisches, 1844), Bautzen (katholisch, 1851), Grimma II (1855, seit 1892 in Rochlitz), Callnberg (Fürstlich v. Schönburgisches Lehrerinnenseminar, 1856), Borna (1862), Zschopau (1869), Oschatz (1871), Schneeberg (1872), Löbau und Pirna (1873), Dresden-Johannstadt (Lehrerinnenseminar, 1875) und Auerbach (1876) (Ministerium für Volksbildung 1926, S. 5).

Paragraphen, der eine erste Diskussionsgrundlage für die Neugestaltung des gesamten sächsischen Schulwesens sein sollte und der auch für die Seminarausbildung qualitative Verbesserungen versprach, wurde nach der Niederwerfung der Revolution in Dresden im Mai 1849 zurückgezogen (ebd., S. 66 ff.). Diesem ersten Schritt der siegreichen "Reaktion" folgte der Versuch, die Volksschullehrer, die man für die geistigen Wegbereiter und Hauptträger der Revolution hielt, politisch zu disziplinieren, und durch eine Reorganisation der Seminare ihre Ausbildung auf ein möglichst niedriges Niveau herunterzuschrauben. Die politische Disziplinierung bestand vor allem darin, daß den sächsischen Volksschullehrern 1851 durch Gesetz die Mitgliedschaft in politischen Organisationen und die Teilnahme an politischen Versammlungen untersagt wurde (ebd., S. 76; PÄTZOLD 1908, S. 171). Bei der angestrebten Reorganisation des Seminarwesens hieß die Leitvorstellung - ähnlich wie in Preußen bei den sog. Stiehlschen Regulativen vom Oktober 1854 - strikte Bildungsbegrenzung. Dies bedeutete zweierlei: Zum einen das Fachwissen der Volksschullehrer auf den Lehrstoff zu begrenzen, der laut Lehrplan in der Volksschule zu vermitteln war, und zum anderen gleichzeitig über eine stärkere Betonung der sog. gesinnungsbildenden Fächer, insbesondere des Religionsunterrichts, die angehenden Volksschullehrer den politisch-weltanschaulichen Vorstellungen der damals "Herrschenden" entsprechend zu sozialisieren. Eine solche Volksschullehrerausbildung korrespondierte vollständig mit der der Volksschule zugedachten Funktion, die bekanntlich nicht in erster Linie in der Vermittlung von Wissen, sondern vorrangig in der Erziehung der Schüler(innen) zu gehorsamen und gottesfürchtigen Untertanen bestand. Das Programm einer strikten Bildungsbegrenzung fand seinen Niederschlag in der "Ordnung der evangelischen Schullehrerseminare im Königreich Sachsen vom Jahre 1857", die durch das Gesetz- und Verordnungsblatt am 15. Juni 1859 veröffentlicht wurde (LEUSCHKE, ebd., S. 89). In bezug auf den Lehrplan hieß es dort:

> *"Was erstens die Zahl der bisher in den Seminarunterricht aufgenommenen Lehrgegenstände und Lehrfächer anlangt, so ist aus **rationellen** wie aus **Erfahrungsgründen** und im Interesse einer tüchtigen, nicht bloß nach Außen hin erweiterten, nach Innen aber verflachten Berufsbildung des Lehrerstandes der Grundsatz aufzustellen, daß hierin eine*
>
> *VEREINFACHUNG*
> *und **Concentration** durch Ausscheidung des Überflüssigen und durch Zusammenziehung des an sich oder für diesen Lehrkreis Zusammengehörigen einzutreten habe.*

Von den im Seminarunterricht bisher üblich gewesenen Unterrichtsgegenständen sollten für die Zukunft folgende festgehalten werden:
1. *Religion,*
2. *Katechetik,*
3. *Deutsche Sprache,*
4. *Geographie und Geschichte,*
5. *Naturkunde und Naturgeschichte,*
6. *Rechnen,*
7. *Anfangsggründe der Raumlehre,*
8. *Pädagogik,*
9. *Schönschreiben,*
10. *Zeichnen,*
11. *Turnen,*
12. *Musik"*
(zit. n. LEUSCHKE 1904, S. 91).

Nicht mehr im Lehrplan enthalten, der "Vereinfachung" und "Concentration" zum Opfer gefallen, war der Lateinunterricht, der ein winziges Stückchen höherer Bildung ins Lehrerseminar gebracht hatte. In den Vordergrund rückten die sog. Fächer ersten Ranges, allen voran Religion, Katechetik und Musik, dann erst Deutsch, Rechnen und Pädagogik. Es folgten die Fächer zweiten Ranges, etwa Länder- und Völkergeschichte, Geographie, Naturlehre und Naturgeschichte, Geometrie, Schönschreiben, Zeichnen und schließlich Turnen (ebd., S. 92). Alfred Leuschke kam in seiner "Geschichte der Lehrerbildungsfrage im Königreiche Sachsen" (1904) zu folgender Einschätzung der konfessionellen Lehrerseminare jener Zeit:

"Im Mittelpunkte des Seminarunterrichts stand nicht die Pädagogik, sondern die Theologie. Es hatte fast den Anschein, als sollten die Lehrerbildungsanstalten nicht Pädagogen, sondern eine Art von Theologen erziehen, die, mit glattem an- und eingepauktem Examenswissen zugestutzt und angefüllt mit auswendig gelernter Augustana, sowie mit einer Fülle von Sprüchen und Kernliedern, bereit waren, ins Examen zu steigen. Diktieren und Einpauken war vielfach die Signatur des Seminarunterrichts. 'Alles wurde gegeben, nichts gesucht und versucht.' Dazu trug der Unterricht oft ein streng kirchlich-konfessionelles Gepräge. Vielfach machte sich auch im Seminar ein finsteres, orthodox pietistisches Wesen breit, dem das Suchen nach Wahrheit in ernster Arbeit allezeit verhaßt ist" (ebd., S. 92).

Einen kleinen, wenn auch begrenzten Einblick in die Seminarpraxis jener Zeit vermittelt der Bericht eines Absolventen des Lehrerseminars in Nossen ("Ein sächsisches Seminar vor vierzig und mehr Jahren"), der im Jahre 1906 in der SSZ in mehreren Folgen erschienen ist. Dieser Bericht bestätigt - wenn auch ungewollt - die oben zitierten Einschätzungen Alfred Leuschkes zur 1857er Seminarordnung und zu ihrern Folgen für die Praxis: Deutlich zum Ausdruck brachte der Verfasser die alles überragende Bedeutung des Religionsunterrichts aufgrund seines hohen Stundendeputats (6-7 Stunden wöchentlich im Seminar und Proseminar) und seiner gesinnungsbildenden Funktion. Für den damaligen Seminarabsolventen "wurden manche Stunden zu wahren Weihe- und Erbauungsstunden" (SSZ 1906, Nr. 30, S. 413):

> *"Mit großer Begeisterung lasen wir apologetische Literatur, die damals gerade in einer besonderen Blütezeit stand. Diese mutige, geistreiche, wissenschaftliche Verteidigung des Christentums gegen die kecken Angriffe des Pantheismus und Materialismus, die glänzende Rechtfertigung und siegreiche Verantwortung unseres Glaubens gegenüber einer gottfeindlichen Wissenschaft zu verfolgen, war uns jungen kampflustigen Leuten eine wahre Herzenslust und bot uns eine herrliche Erquickung und aufmunternde Abwechslung ..." (ebd.).*

Dem Religionsunterricht folgte von seiner Bedeutung her der Musikunterricht. Dies deshalb, weil viele Volksschullehrer gleichzeitig Kirchendienst als Organist und Kantor verrichten mußten. (ebd., S. 412).[3]

Im übrigen trug der gesamte Unterricht einen sehr stark formalistischen und drillmäßigen Charakter. Schon aufgrund der wenigen Bücher, die die Schüler zur Verfügung hatten, mußte in allen Fächern außerordentlich viel geschrieben und gezeichnet werden (Schreiben und kein Ende, in: SSZ 1906, Nr. 25, S. 341 f.). Ein zweites beherrschendes Element neben dem Schreiben war das Auswendiglernen, das sog. "Memorieren" (SSZ ebd., Nr. 31, S. 424 f.). Allein der "religiöse Memorierstoff" verlangte, daß Hunderte(!) von Versen und ebensoviele Liedstrophen auswendig gelernt werden mußten. Der Deutschunterricht stand vollständig im Zeichen einer formalen Grammatikschulung, ein Literaturunterricht fand dagegen nicht statt:

> *"Für unseren früheren Deutschunterricht ist jedenfalls die Tatsache bezeichnend, daß wir bis Michaelis 1864 noch nicht einmal ein Lesebuch hatten, indessen - so befremdlich das auch klingen mag - wir brauchten auch keins. Denn unsere Deutschstunden verliefen in der Hauptsache mit Einübung der*

---

3   Diese vielfach bestehende Zwangsverbindung von Kirchen- und Schuldienst, gegen die sich der SLV schon in seiner Denkschrift aus dem Jahre 1911 gewandt hatte (Wünsche der Sächsischen Lehrerschaft .. 1911, S. 152), wurde in Sachsen 1921 durch das "Gesetz über die Trennung des Kirchen- und Schuldienstes der Volksschullehrer" aufgehoben, lediglich ein freiwilliger kirchlicher Dienst zugelassen (Teil B, Kap. I).

Formen - und aller Regeln der Wort- und Satzlehre, der Rechtschreibung und der Zeichensetzung, so daß wir tatsächlich in jenen Jahren nie zu einer eigentlichen Behandlung eines Gedichtes oder Prosastückes, geschweige zu einer kleinen Einführung in die Schöpfungen eines Dichters oder gar zur Betrachtung einer Literaturperiode gekommen sind" (SSZ ebd., Nr. 34, S. 459 f.).

Auch über die außerunterrichtlichen Verhältnisse der damaligen Seminarausbildung - etwa über die räumliche Unterbringung, das außerunterrichtliche Seminarleben, die Stellung der Proseminaristen und Seminaristen u.ä. - vermittelt der Bericht ein eindrucksvolles Bild. Im Jahre 1856 war das Seminar von Freiberg nach Nossen in eine leerstehende ehemalige Essigfabrik, an der nur die notwendigsten baulichen Veränderungen vorgenommen waren, umgezogen. Das ehemalige Fabrikgebäude beherbergte nicht nur die Wohnung des Direktors, eines Hilfslehrers, die Wohn- und Wirtschaftsräume des sog. "Hausmannes", sondern auch das Internat für die ca. 80 Seminaristen samt Lehr-, Klavier-, Orgel- und Violinzimmern sowie einen größeren Unterrichtsraum für die Proseminaristen und schließlich zwei Klassenzimmer für die 110 Kinder der angeschlossenen Übungsschule (SSZ 1906, Nr. 24, S. 327). Die ganze Unzulänglichkeit der Unterbringung kam schon in der Beschreibung des einzigen Unterrichtsraumes der Proseminaristen zum Ausdruck:

"Der Unterricht begann bereits des anderen Tages früh nach vorhergegangener Einweisung des 3. und letzten Oberlehrers im 'Proseminar', dem ehemaligen Pferdegöpel der Fabrik, einem etwa 12 m langen und halb so breiten, nicht sonderlich hellen Raume an der Südostecke des Erdgeschosses, gegenüber den Aborten. Es hatte nur nach der etwas dunkelnden Berglehne hin drei Fenster. (...) Der langen Nordseite unseres Auditoriums lagen 3 Kammern an, zu welchen man aber nur durch unser Proseminar gelangen konnte, die eine diente als Violinzimmer, die andere als Bücherei und die dritte als Vorrats-, besonders Fleischkammer des Hausmanns, aus welcher wir ihn oft Würste, Speckseiten, Geräuchertes, Schinken u.a. holen und zwischen unseren Schulbänken hindurchtragen sahen. 9 Reihen Bänke aus sagenhafter Vorzeit, 4 für die 1. und 5 für die 2. Abteilung, füllten unser Zimmer bis auf die Gänge längs der 4 Wände und reichten gerade aus für die durch unseren starken Zuwachs auf 81 angeschwollene Schüleranzahl" (ebd.).

Seminar und Proseminar waren zu jener Zeit noch strikt getrennt. Das Proseminar war eine Privatschule, für deren Besuch Schulgeld zu entrichten war und vor deren Eintritt eine Aufnahmeprüfung zu absolvieren war. Der Besuch des Proseminars erbrachte jedoch noch kein automatisches Anrecht zum Eintritt in das Seminar. Die Aufnahme ins Seminar und die Erlangung der Bezeichnung "Königlicher Seminarist" setzte das Bestehen eines Examens am Ende der Proseminarzeit voraus (SSZ 1906, Nr. 48, S. 689 ff.).

Während die Proseminaristen nicht im Internat wohnen durften, sondern Unterkunft bei Familien im Ort suchen mußten, war der Seminarist nicht nur berechtigt, sondern auch verpflichtet, im Internat zu wohnen. Dies hatte finanzielle Vorteile, bedeutete jedoch gleichzeitig strengste soziale Kontrolle rund um die Uhr (SSZ 1906, Nr. 49, S. 703 ff.). Welchen Sinn diese strenge Reglementierung des gesamten Tagesablaufs hatte, schilderte der Absolvent des Nossener Seminars folgendermaßen:

> *"Unser Internat, dessen streng gefügte Hausordnung Punkt für Punkt durch die 1857er Seminarordnung vorgezeichnet wurde, sollte eine christliche Familien- und Lebensordnung darstellen, in welcher alle Einrichtungen keinen anderen Zweck verfolgten, als die Zöglinge früh auf Gott und ihre Lebensaufgabe hinzurichten, zu christlichem Glauben und christlicher Gesinnung zu erziehen und auf dieser Grundlage zu 'möglichst hoher intellektueller wie sittlicher Tüchtigkeit' für ihren künftigen Beruf zu bringen. Daher die feste äußere Lebensordnung, die Pflege gesunder Religiösität durch Morgen- und Abendsegen und Tischgebet, der geregelte Besuch des Gottesdienstes und der Abendmahlfeier. In den Morgen- und Abendandachten (Vorlesen eines kurzen Schriftabschnittes mit Gebet, eingerahmt vom Gesang je eines Liederverses) soll der Lehrer durch seine eigene Herzensstellung, durch lebendige Teilnahme und wahre Innerlichkeit, zuletzt auch durch rechtes Maß und heilsame Beschränkung dahin wirken, daß das religiöse Leben auch wirklich geweckt und gepflegt, aber nicht etwa durch einen bloßen Gebetsmechanismus mehr gehemmt als gefördert werde"* (ebd., S. 703).

Dieser, das gesamte Seminarleben beherrschende Geist im allgemeinen wie der des Religionsunterrichtes im besonderen mag Alfred Leuschke zu der oben bereits zitierten Feststellung veranlaßt haben, daß sich im Seminar der späten fünfziger und frühen sechziger Jahre des 19. Jahrhunderts vielfach ein "finsteres, orthodox pietistisches Wesen breit" gemacht habe.

Die Kritik an dieser Volksschullehrerausbildung ließ nicht lange auf sich warten und setzte etwa ab Mitte der sechziger Jahre ein. Es war dies die Zeit, in der sich eine liberale Opposition gegen die reaktionäre Politik der fünfziger Jahre verstärkt bemerkbar machte. Diese Entwicklung führte dazu, daß der Sächsische Landtag von 1869 bis 1875 in der Zweiten Kammer über eine liberale Mehrheit aus Fortschrittspartei und Nationalliberalen verfügte.[4]

---

4   Diese Zeit war durch heftige bildungspolitische Auseinandersetzungen gekennzeichnet. Alfred Leuschke schrieb in seinem bereits mehrfach zitierten Buch, daß z.B. auch der Wahlkampf von 1871 "im Zeichen der Schulfrage" gestanden habe und daß an vorderster Stelle des Wahlprogramms der "Vereinigten Linken" - gemeint waren hier wohl die beiden liberalen Parteien - die Forderung nach einer gründli-

Die Kritik ging aus vom SLV - worauf später noch ausführlicher eingegangen wird - und veranlaßte das Kultusministerium unter dem Minister von Falkenstein im Jahre 1865, die Lehrerseminare zunächst einmal einer Revision zu unterziehen. Die dafür eingesetzte Kommission sah sehr genau die Mängel der Volksschullehrerausbildung und empfahl für eine Reform u.a. die Zusammenlegung von Proseminar und Seminar zu einem einheitlichen Lehrgang mit sechsjährigem Kursus, die Beschränkung des Schreibens und Diktierens auf ein unverzichtbares Minimum, die Beseitigung der gedächtnismäßig formalistischen Methode im Unterricht, die Förderung von mehr Selbsttätigkeit der Schüler durch Studientage und Privatlektüre und die Gewährung von mehr Freizügigkeit für die Oberklassen im Internatsleben (LEUSCHKE 1904, S. 102 f.). Bis die wichtigsten dieser Forderungen erfüllt wurden, sollten allerdings noch mehrere Jahre vergehen. Die teilweise Erfüllung einer anderen Forderung erreichte die Volksschullehrer allerdings schon 1865, und zwar die seit 1848 erhobene Forderung nach Zulassung der Volksschullehrer zum Universitätsstudium. Es erging diesbezüglich eine "Verordnung, die Zulassung von Volksschullehrern zum Besuche der Universität behufs der Erlangung einer höheren Berufsbildung betreffend, vom 1. Juni 1865" (ebd., S. 108 f.). Begründet wurde diese Zulassung mit den fortwährend steigenden Anforderungen an die Leistungen der Volksschule, was insbesondere erhöhte Anforderungen an die beruflichen Qualifikationen der Direktoren und Oberlehrer der Bürgerschulen stelle. Der Wunsch nach Besetzung dieser Stellen mit akademisch vorgebildeten Lehrern mag sicher ein Motiv für die vorsichtige Öffnung der Universität für ausgebildete Volksschullehrer gewesen sein, ein anderes plausibles vielleicht das, ein Ventil schaffen zu müssen für die Unzufriedenheit vieler Volksschullehrer mit Ausbildung und sozialem Ansehen in jener Zeit. Deshalb das Bemühen, begrenzte individuelle Aufstiegsmöglichkeiten für einige wenige Volksschullehrer bereitzustellen. Denn an die Zulassung hatte die Regierung eine Reihe von Bedingungen geknüpft, die zeigen, daß das

---

chen Revision des Volksschulgesetzes bestanden habe. "Heftig platzten in unserem Vaterlande die fortschrittlichen und die bildungsfeindlichen Elemente aufeinander. Es war ein Ringen, das sich immer mehr zu einem Kampfe um die Herrschaft über die Schule gestaltete" (LEUSCHKE 1904, S. 117 f.). Im Verlauf dieser Auseinandersetzungen mußte der konservative Kultusminister von Falkenstein, nicht zuletzt aufgrund von Rücktrittsforderungen durch die Zweite Kammer, sein Amt zur Verfügung stellen. Nachfolger wurde am 1. Oktober 1871 Prof. Dr. von Gerber, ein Jurist der Universität Leipzig (ebd., S. 118).

Universitätsstudium von Volksschullehrern nicht zur Regel werden, sondern die Ausnahme bleiben sollte, und daß die sächsische Regierung hierbei keinerlei egalitäre Vorstellungen, etwa hinsichtlich eines einheitlichen Lehrerstandes, hegte. Die studierwilligen und finanziell dazu fähigen Volksschullehrer mußten die für die Volksschullehrerlaufbahn geforderten Prüfungen nicht nur bestanden, sondern die sog. Wahlfähigkeitsprüfung - nach heutigem Verständnis die 2. Staatsprüfung - mit der bestmöglichen Zensur "Vorzüglich", mindestens jedoch mit der zweitbesten "Gut mit Auszeichnung" bestanden haben. Darüber hinaus mußten sie bereits im öffentlichen Schuldienst tätig gewesen und "über ihr gesamtes Verhalten ein günstiges Zeugnis beizubringen im Stande sein. Das betreffende Zeugnis ist von dem Lokalschulinspektor auszustellen, von dem Districtschulinspector und der Kreisdirection zu bestätigen" (Verordnung vom 1. Juni 1865, zit. n. LEUSCHKE 1904, S. 109). Für die zum Studium zugelassenen Volksschullehrer bestanden weitere Einschränkungen hinsichtlich Studienmöglichkeiten und -dauer. Nicht erlaubt war den studierenden Volksschullehrern ein "Facultätsstudium", wie es für die Ausbildung der Lehrer höherer Schulen vorgeschrieben war und für welches das Abitur die unabdingbare Voraussetzung war. Mit dieser Vorschrift schirmte die sächsische Regierung bewußt die Kandidaten des höheren Lehramts vor unliebsamer Konkurrenz aus den Reihen der Volksschullehrerschaft ab und sicherte so die exklusive und privilegierte Stellung der Gymnasiallehrer. Das Studium der Volksschullehrer beschränkte sich im wesentlichen auf den Bereich der Pädagogik und schloß nach zwei Jahren mit entsprechenden Prüfungen ab (ebd.). Trotz all dieser Einschränkungen bleibt als Faktum festzuhalten, daß Sachsen mit dieser begrenzten Öffnung der Universität für Volksschullehrer anderen Ländern weit voraus war, insbesondere Preußen, das vergleichbare Möglichkeiten erst nach der Novemberrevolution schuf.

Über die genannten Verbesserungen hinaus erhielten die Seminare Ende der sechziger Jahre die Freiheit, von sich aus die für besonders dringend erachteten Reformen der Ausbildung vorzunehmen. 1871 wurden sie darüber hinaus verpflichtet, ihre Arbeit in Jahresberichten niederzulegen. Fest steht, daß einzelne Seminare diesen Freiraum genutzt haben und darangingen, das in den fünfziger und sechziger Jahren weitverbreitete Prinzip der Bildungsbegrenzung zu durchbrechen. Leuschke nennt in diesem Zusammenhang vor allem die Seminare in Friedrichsstadt-Dresden - unter der Leitung des Seminardirektors Kockel, der 1876 den neuen Volksschullehrplan herausgab -, Plauen - unter der Leitung des Direktors Grüllich - und Zschopau - unter Leitung des Direktors Israel. Die Reformen bezogen sich in erster Linie auf den Deutsch-, insbesondere den Literaturunterricht (LEUSCHKE 1904, S. 122 f.).

Diese ganzen Vorarbeiten der sechziger mündeten in den darauffolgenden siebziger Jahren in konkrete gesetzliche Regelungen. Am 14. Juli 1873 wurde eine neue "Seminarordnung für die Volksschullehrer- und Lehrerinnenseminare" erlassen, die ein Jahr später Gesetzeskraft erhielt und wichtige Forderungen der Volksschullehrer erfüllte. Diese Seminarordnung brachte die endgültige Verbindung von Proseminar und Seminar zu einem einheitlichen Lehrgang mit sechs aufsteigenden, getrennt voneinander zu unterrichtenden Klassen. Die Aufnahme ins Lehrerseminar setzte das Erreichen des Bildungsziels der mittleren Volksschule (Bürgerschule) voraus. Der Lehrplan erfuhr gegenüber der 1857er Seminarordnung eine deutliche Erweiterung und umfaßte die Fächer "Religion, Deutsche Sprache mit Einschluß der deutschen Literatur, Lateinische Sprache, Geographie, Geschichte, Naturwissenschaften, und zwar: Naturbeschreibung (Mineralogie, Botanik, Zoologie, Anthropologie) und Naturlehre (Physik und Anfänge der Chemie), Arithmetik, Geometrie, Pädagogik mit Einschluß der Katechetik, Psychologie und Logik, Musik, Schreiben, Zeichnen und Turnen" (ebd., S. 124). Der Lateinunterricht hatte also wieder Eingang in den Seminarunterricht gefunden, und zwar mit einer recht bedeutenden wöchentlichen Stundenzahl (5, 5, 4, 3, 2, 2 für die einzelnen Jahrgänge). Für die Lehrerinnenseminare war statt Latein Englisch und Französisch vorgesehen (ebd., S. 125). Fächer ersten und zweiten Ranges kannte die neue Seminarordnung zwar nicht mehr, aber der Religionsunterricht behielt weiterhin eine herausragende Bedeutung.

1876 erfuhren die sächsischen Lehrer- und Lehrerinnenseminare eine weitere Aufwertung, indem sie durch das "Gesetz über die Gymnasien, Realschulen und Seminare" in den Kreis der höheren Schulen aufgenommen wurden (ebd., S. 127; Ministerium für Volksbildung 1926, S. 6 f.) . Mit diesen gesetzlichen Regelungen der siebziger Jahre hatte sich die sächsische Volksschullehrerausbildung nicht nur deutlich vom Prinzip der Bildungsbegrenzung gelöst, sondern mit der vorgenommenen Verschmelzung von Proseminar und Seminar, mit der Festschreibung einer insgesamt sechsjährigen Lehrgangsdauer und mit seinem Lehrplan erwarb Sachsen sich seinen Ruf als führendes Land auf dem Gebiet der Volksschullehrer(innen)ausbildung (BÖLLING 1983, S. 61), ein Ruf, der in den nächsten Jahrzehnten bis zum Beginn des Ersten Weltkrieges Bestand haben sollte und an den Sachsen schließlich auch in der Weimarer Republik mit weiteren Reformen anknüpfte.

Nach den siebziger Jahren fiel die nächste und zugleich letzte Neuordnungsphase der Seminarausbildung vor der Weimarer Republik in die Zeit der letzten Friedens- und ersten Kriegsmonate (1913-1915). Im Jahre 1913, nach mehrjährigen bildungspolitischen Auseinandersetzungen und dem Scheitern eines neuen Volksschulgesetzes, wurde die Seminarausbildung von sechs auf sieben Jahre verlängert, eine Regelung, die Ostern 1914 in Kraft trat und die Führungsrolle Sachsens in der Volksschullehrerausbildung festigte.[5] Dieses siebte Ausbildungsjahr wurde nun nicht - wie von den Volksschullehrern immer wieder gefordert - auf das sechste Seminarjahr aufgesetzt, sondern als Anfangsklasse vorgeschaltet (UHLIG o.J., S. 64 ff.). Dies bedeutete, daß sich zwar die eigentliche Volksschullehrerausbildung um ein Jahr verlängerte, gleichzeitig aber die Volksschulzeit der Seminaranwärter um ein Jahr verkürzt wurde, d.h. statt in der Regel acht nur noch sieben Jahre betrug. Die Gesamtausbildungszeit des Volksschullehrers (Volksschule plus Lehrerseminar) blieb also insgesamt gewahrt, nur das Verhältnis zwischen Volksschul- und Seminarzeit wurde von früher acht zu sechs auf nunmehr sieben zu sieben Jahre zugunsten des Seminars verändert. Eine Folge dieser Veränderung war, daß die Schüler, die nach Absolvierung der sieben Volksschuljahre ins Lehrerseminar übertreten

---

5   Die meisten Länder begnügten sich zu Beginn des 20. Jahrhunderts noch mit einer Ausbildungszeit für Volksschullehrer von fünf Jahren. Nur Preußen und Sachsen hatten schon eine sechsjährige. Bis zum Ersten Weltkrieg verlängerten die übrigen Länder - mit Ausnahme Mecklenburgs - die Ausbildungszeit dann aber auch auf sechs Jahre (BÖLLING 1983, S. 61). Die Ausbildungszeit an den sächsischen Lehrerinnenseminaren betrug zwischen vier und sechs Jahren. Das Königliche Lehrerinnenseminar in Dresden z.B. verfügte seit 1914 über ein vier- und ein sechsstufiges Seminar. Das vierstufige für die angehenden Volksschullehrerinnen, die vorher eine höhere Mädchenschule, das sechsstufige für die, die vorher eine Bürgerschule (mittlere Volksschule) besucht hatten. Das Städtische Lehrerinnenseminar verfügte neben dem vierstufigen Seminar noch über die fünfte Klasse. Sie war für diejenigen Schülerinnen bestimmt, die einen achtjährigen Besuch der Bürgerschule und einen zweijährigen Besuch der Städtischen Schule für Frauenberufe hinter sich hat-

wollten, nebenbei noch Nachhilfeunterricht in Latein und anderen Fächern nehmen mußten, wollten sie die Aufnahmeprüfung zum Lehrerseminar bestehen. Die sächsische Regierung ging davon aus, daß die Volksschullehrer diese notwendige Vorbereitung der Seminaranwärter auf die Aufnahmeprüfung neben ihrem normalen Unterricht übernahmen und so ihren Teil zur Rekrutierung des eigenen Nachwuchses leisteten (SSZ 1914 Nr. 22, S. 424 ff.; SSZ 1915 Nr. S. 215 ff.).[6]

Der Verlängerung der Seminarausbildung folgte im März 1915 ein neuer Lehrplan für die Lehrer- und Lehrerinnenseminare. Die beiden folgenden Übersichten (1) und (2) zeigen erstens den "Stundenverteilungsplan" nach § 82 des neuen Lehrplans und zweitens denselben Stundenverteilungsplan im Vergleich zu dem bis dahin gültigen Lehrplan von 1877.

---

ten und nun in einem Jahr die Zugangsberechtigung für den Eintritt in das vierstufige Seminar erwerben wollten (SSZ 1914, Nr. 22, S. 424 f.).

[6] Es ist allerdings zu ergänzen, daß schon vor dieser Veränderung manche Volksschüler, die ins Lehrerseminar übertreten wollten, mit Nachhilfeunterricht auf die Aufnahmeprüfung vorbereitet werden mußten. Es waren dies die Volksschüler der sog. einfachen Volksschulen. Eingangsvoraussetzung für das Lehrerseminar war ja das Bildungsziel der mittleren Volksschule, nicht etwa der erfolgreiche Abschluß derselben. Dies bedeutete, daß auch Volksschüler der einfachen Volksschule ins Lehrerseminar übertreten konnten, wenn sie durch Nachhilfeunterricht das Bildungsziel der mittleren Volksschule erreichten und die geforderte Aufnahmeprüfung bestanden.

1. Stundenverteilungsplan:

Lehrfach / Klasse	Lehrerseminar VII	VI	V	IV	III	II	I	Summe	Lehrerinnenseminar VI	V	IV	III	II	I	Summe
Religion	2	2	3	3	3	3	3	19	2	3	3	3	3	3	17
Deutsch	2	4	4	3	3	3	3	24	4	3	3	3	3	3	19
Lateinisch	5	5	4	4	3	2	2	25	-	-	-	-	-	-	-
Französisch	5	5	5	4	3	2	2	26	6	5	4	3	3	3	24
Englisch[1]	-	-	-	-	-	-	-	-	6	5	3	3	3	2	22
Geschichte	2	2	2	2	2	2	2	14	2	2	2	2	2	2	12
Erdkunde	2	2	2	2	2	1	-	11	2	2	2	2	1	-	9
Bürgerkunde	-	-	-	-	-	1	-	1	-	-	-	-	-	1	1
Naturgeschichte	2	2	2	1	1	1	-	9	2	1	1	1	1	1	7
Naturlehre	-	-	-	3	3	3	2	12	-	2	3	3	3	1	12
Mathe- Arithmetik	2	2	2	2	2	{3	3}	26	2	2	2	2	{3	2}	21
matik Geometrie	2	2	-	-	4	4	7	17	2	-	2	4	4	7	17
Pädagogik m. Psychol. usw.	-	-	-	-	-	4	3-4	7-8	-	-	-	-	4	3-4	7-8
Schulpraxis	-	-	2	2	2	2	2	14	1	2	2	2	2	1	10
Zeichnen	2	2	2	2	2	2	2	14	1	2	2	2	2	1	10
Schreiben[2]	1	1	-	-	-	-	-	2	-	-	-	-	-	-	-
Stenographie	-	1	1	1	-	-	-	2	1	1	-	-	-	-	2
Turnen	2	3	3	3	3	2	2	18	2	2	2	2	2	2	12
Gesang	2	2	2	2	2	2	2	14	2	2	2	2	2	2	12
Klavierspiel	1	1	1w	1w	1w	1w	-	2+4w	1	1	1	1	1w	-	3+2w
Orgelspiel u. Harmonielehre	-	-	-	1w	1w	2w	1w	5w	-	-	-	-	-	-	-
Musiklehre	-	1	1	1	1	1	-	5	mit Gesang verbunden						mit Gesang verbunden
Handfertigkeit	2	1	-	-	-	-	-	3	-	-	-	-	-	-	-
Nadelarbeit[3]	-	-	-	-	-	-	-	-	2	1	-	-	-	-	3
	36	37	35+4w	36+2w	36+2w	35+3w	34-35+2w	250-251+9w	36	36	36	35+1w	35+1w	34-35	212-213+2w

w = wahlfrei

[1] Falls Englisch statt Französisch erteilt wird, ist die Stundenzahl für Englisch dieselbe wie für Französisch.

[2] In allen Klassen, besonders in Klasse II ist während der Zeichenstunde das Tafelschreiben zu üben.

[3] Nach §1, 3 ist auch Nadelarbeit von Klasse III ab wahlfrei, für Klasse III - I nach § 81, 6 eine gemeinsame Wochenstunde.

Quelle: SSZ 1915, Nr. 23, S. 335

2. Vergleich des Stundenverteilungsplans von 1915 mit dem von 1877:

	8. Jahr d. Volksschule	Seminar VI	V	IV	III	II	I	Summe	In 7 Jahren	Seminar VII	VI	V	IV	III	II	I	Summe
Religion	4	4	4	4	4	4	3	23	27	2	2	3	3	3	3	3	19
Deutsch	6	3(4)	3(4)	3(4)	3(4)	4(4)	3(3)	19(23)	25(29)	4	4	4	3	3	3	3	24
Lateinisch	-	7(6)	7(6)	5(4)	4(3)	2(1)	2(3)	27(23)	27(23)	5	5	4	4	3	2	2	25
Französisch	4	-	-	-	-	-	-	-	-	5	5	5	4	3	2	2	26
Englisch	-	-	-	-	-	-	-	-	-	-	-	-	-	-	-	-	-
Geschichte	2	2	2	2	2	2	2	12	14	2	2	2	2	2	2	2	14
Erdkunde	2	2	2	2	2	2	-	10	12	2	2	2	2	2	1	-	11
Bürgerkunde	-	-	-	-	-	-	-	-	-	-	-	-	1	-	-	-	1
Naturgeschichte	1	2	2	3	-	2	2	7	8	2	2	2	1	1	1	-	9
Naturlehre	2	-	-	-	3	2	2	7	9	-	2	1	3	3	3	2	12
Mathe- Arithmetik matik Geometrie	4 2	4 }	4	5	4	4	3	24	30 }	2 2	2 2	2 2	2 2	2 2 }	3	3	26
Pädagogik mit Psychol.	-	-	-	-	4	5	5	14	14	-	-	-	2	4	4	7	17
Schulpraxis	-	-	-	-	2	4	4	8	8	-	-	-	2	-	4	3-4	7-8
Zeichnen	2	2	2	2	2	1	1	10	12	2	2	2	2	2	2	2	14
Schreiben	-	2	2	1	1	-	-	6	6	1	-	-	-	-	-	-	1
Stenographie	-	-	2w	2w	1w	-	-	5w	5w	-	-	1w	-	-	-	-	2
Turnen	2	3	3	3	3	2	2	16	18	2	3	3	3	3	2	2	18
Gesang	1	3	3	3	3	3	3	18	19	2	2	2	2	2	2	2	14
Klavierspiel	-	1w	1w	1w	1w	-	-	4w	4w	1	1	1w	1w	1w	1w	-	2+4w
Orgelspiel	-	-	-	-	1w	1w	1w	4w	4w	}							
Harmonielehre	-	1	1w	1w	1w	1w	1w	1+5w	1+5w	-	-	1w	1w	1w	2w	1w	5w
Musiklehre	-	-	-	-	-	-	-	-	-	-	1	1	1	1	1	-	5
Violienspiel	-	1	1	1	-	-	-	3	3	-	1	-	-	-	-	-	-
Handfertigkeit	-	-	-	-	-	-	-	-	-	2	-	-	-	-	-	-	3
	32	36+ 1w	35+ 4w	34+ 5w	35+ 4w	35+ 2w	30+ 2w	205+ 18w	237+ 18w	36	37	36+ 1w	36+ 2w	36+ 2w	35+ 3w	34-35 +1w	250-251 +9w
	32	37	39	39	39	37	32	223	255	36	37	37	38	38	38	35-36	259-260

Quelle: SSZ 1915. Nr. 24, S. 352

Der neue Lehrplan (Übersicht 1) zeigt, daß in der sächsischen Volksschullehrerausbildung eine zweite Fremdsprache obligatorisch eingeführt wurde, neben Latein, Französisch oder Englisch. Beide Fremdsprachen wurden jeweils mit einer hohen Stundenzahl unterrichtet, die über der für den Deutschunterricht lag. Für Pädagogik, einschließlich Psychologie etc., waren insgesamt siebzehn, für schulpraktische Übungen nochmals sieben bis acht Stunden veranschlagt. Absolut gesehen bedeutete dies eine Steigerung gegenüber dem alten Lehrplan von zwei bis drei Stunden, gemessen an der Gesamtzahl der Unterrichtsstunden ging der Anteil des Pädagogikunterrichts und der schulpraktischen Übungen allerdings von 10,7% auf 9,9% zurück (SSZ 1915 Nr. 25, S. 365). Die Erhöhung der Stundenzahl für Pädagogik war in erster Linie eine Folge der Verlängerung der Seminarausbildung. In der alten sechsjährigen Ausbildung war Pädagogik in den letzten drei Jahren erteilt worden, in der neuen siebenjährigen Ausbildung sollte sie in den letzten vier Jahren unterrichtet werden. Damit war die Forderung der Volksschullehrer nach einer klareren Trennung der allgemeinen von der beruflichen Bildung, und zwar im Verhältnis von fünf zu zwei Jahren, nicht in Erfüllung gegangen. Ein weiterer Vergleich des alten und des neuen Lehrplans (Übersicht 2) zeigt darüber hinaus die starke Reduzierung des Religionsunterrichts: von 23 in sechs auf 19 in sieben Seminarjahren. Rechnet man zu den sechs Seminarjahren noch das 8. Volksschuljahr hinzu, um den Vergleich auf jeweils sieben Jahre zu beziehen, so ergibt sich sogar eine Reduzierung von 27 auf 19 Stunden. Diese Reduzierung dürfte wohl mit auf die Ausweitung des Fächerkanons zurückzuführen sein. Die Stunden für die neu hinzugekommenen Fächer mußten an anderer Stelle eingespart werden, wollte man die Schüler über die ohnehin hohe wöchentliche Stundenzahl von 36 bis 38 hinaus nicht noch weiter belasten. Daß der gesamte Unterricht trotz dieser Reduzierung des Religionsunterrichts auch weiterhin sehr stark konfessionell ausgerichtet bleiben und der Vermittlung wissenschaftlich-rationaler Erkenntnis Grenzen setzen sollte, zeigen einige Ausführungen des neuen Lehrplans. So vermerkte der Lehrplan z.B. zur experimentellen Psychologie:

> *"Bei aller Achtung vor den Ergebnissen der experimentellen Psychologie hat sich der Unterricht vor ihrem einseitigen Betrieb zu hüten und der Entstehung der (auf Verkennung des normgebenden Charakters der Pädagogik beruhenden) Meinung vorzubeugen, man könne mit den Mitteln der experimentellen Psychologie alle Fragen der Pädagogik lösen. (...) Daß der Unterricht nicht im Widerspruch mit christlicher Lebens- und Weltanschauung*

stehe, wie sie in anderen Fächern und im ganzen Schulleben gepflegt werden soll, wird vorausgesetzt" (zit. n. SSZ 1915 Nr. 25, S. 366).

Und zum Naturlehreunterricht hieß es:

"Bescheidenheit und Ehrfurcht gegenüber den Problemen und höchsten Fragen des Natur- und Menschenlebens sind natürliche sittliche Wirkungen eines besonnenen und erzieherisch ernst geleiteten naturwissenschaftlichen Unterrichts, für den trotz aller Fortschritte der Erkenntnis und aller Leistungsfähigkeit der Forschung eine unermeßliche Summe des Wunderbaren, Unerforschlichen bestehen bleibt" (ebd.).

Als neue Fächer waren neben Französisch bzw. Englisch Bürgerkunde und Handfertigkeitsunterricht getreten, Stenographie und Musiklehre wurden zu verbindlichen Fächern erklärt. Der Verfasser einer kritischen Würdigung dieser Seminarneuordnung der Jahre 1913 bis 1915 (Die Seminarreform im Lichte der Denkschriften des Sächs. Lehrervereins, in: SSZ 1915 Nr. 21, S. 307 f.; Nr. 22, S. 318 f.; Nr. 23, S. 324 ff.; Nr. 24, S. 351 ff. u. Nr. 25, S. 364 ff.) kam unter der Fragestellung, ob die berufliche und allgemeine Bildung der Volksschullehrer durch die Reform breiter und tiefer angelegt worden sei, zu einem überwiegend positiven Ergebnis. Er hob allerdings gleichzeitig hervor, daß einige grundsätzliche Forderungen der Volksschullehrer, insbesondere die nach obligatorischer Universitätsausbildung, durch die Neuordnung keine Erfüllung gefunden hätten (ebd. Nr. 25, S. 366).

Die Volksschullehrerausbildung in Sachsen vor 1918/19 befand sich - so kann man zusammenfassend sagen - aufgrund der geforderten Zugangsvoraussetzungen zum Seminar (Bildungsziel der mittleren Volksschule), der siebenjährigen Ausbildungszeit, der zwei obligatorischen Fremdsprachen sowie auch des gesamten Bildungsangebots und den - wenn auch begrenzten - Studienmöglichkeiten für Volksschullehrer an der Universität Leipzig auf einem insgesamt hohen Niveau, vor allem wenn man den Stand der Volksschullehrerausbildung in den übrigen Ländern des Deutschen Reiches zum Vergleich heranzieht. Für eine realistische Einschätzung der sächsischen Volksschullehrerausbildung ist darüber hinaus ergänzend festzuhalten, daß die Volksschullehrer nach Konfessionen getrennt ausgebildet wurden, d.h., daß die Lehrer- und Lehrerinnenseminare - mit Ausnahme der ganz wenigen katholischen Lehrerseminare - evangelisch-lutherisch ausgerichtet waren und die Volksschullehrer nicht nur auf ihren Dienst in der Volksschule, sondern auch auf den vielfach mit dem Volksschulamt verbundenen Kirchendienst, z.B. als Organist, vorbereitet wurden. Diese konfessionelle Ausrichtung, die den gesamten Unterricht und das Internatsleben prägte, setzte nicht nur der Vermittlung wissenschaftlich-rationaler Erkenntnis bestimmte Grenzen, da der Unterricht nicht im Gegensatz zur christlichen Lebens- und Weltanschauung stehen durfte, wie der Lehrplan von 1915 aussagte, sondern sie entsprach insgesamt der der Volksschule vor allem zugedachten Sozialisationsfunktion, bei der dem Religionsunterricht eine ganz zentrale Bedeutung bei der sozialen und politischen Disziplinierung der Schülerschaft zukam.

2. Die Forderung des Sächsischen Lehrervereins nach akademischer Ausbildung vor dem Ersten Weltkrieg

Die Forderung der Volksschullehrer nach akademischer Ausbildung läßt sich zurückverfolgen bis ins Revolutionsjahr 1848, das gleichzeitig das Gründungsjahr des ersten "Allgemeinen Deutschen Lehrervereins" und des sächsischen Landesvereins war. Schon die beiden ersten sächsischen Lehrerversammlungen in Leipzig und Dresden beschäftigten sich mit der Ausbildung der Lehrer. Das für die erste Versammlung in Leipzig von Dr. Vogel, Direktor der Real- und Bürgerschule in Leipzig, Rektor Kell, Schriftleiter der Sächsischen Schulzeitung, Dr. Köchly, Oberlehrer am Kreuzgymnasium in Dresden, Zschetzsche, Lehrer an der Zweiten Bezirksschule in Dresden, und Bräuer, Lehrer in Zwickau, entworfene Programm forderte: "Erzieherische Vorbildung aller Lehrer in zeitgemäßen Seminaren für jede Art von Lehrern. Errichtung eines ordentlichen Lehrstuhls der Pädagogik an der Landesuniversität. Freigebung des Besuchs der letzteren" (zit. n. LEUSCHKE 1904, S. 59). In dem entsprechenden, schon präziser formulierten Programm für die zweite Dresdner Versammlung hieß es in § 12: "Die Lehrerseminarien endlich sind zu praktischer Ausbildung der Lehrer aller Art bestimmt, mögen diese nun bloß auf der Realschule, auf dem Gymnasium oder auf Universitäten vorgebildet werden." Und in § 20 stand zu lesen: "Die Lehrer der verschiedenen Anstalten werden in Beziehung auf ihr Wissen durch Realschulen oder Gymnasium und Universität vorgebildet (wobei es den Elementar-Volksschullehrern freigestellt bleibt, ob und wie lange sie die Universität besuchen wollen) und treten von da behufs ihrer erzieherischen Berufsbildung in zeitgemäße Seminare über, an denen nur solche Männer als Direktoren und Lehrer anzustellen sind, welche sich theoretisch und praktisch als ausgezeichnete Lehrer und Erzieher bewährt haben. Auf der Universität wird ein besonderer Lehrstuhl für Pädagogik errichtet" (ebd., S. 59 f.).

Die Forderungen der in Leipzig und Dresden versammelten Volksschullehrer zielten also erstens auf die Möglichkeit des Universitätsstudiums für Volksschullehrer und zweitens auf die pädagogische Ausbildung aller Lehrer an dafür geeigneten Seminaren. Insgesamt läßt sich der Wunsch erkennen, die Lehrerausbildung zu vereinheitlichen und so zu einem einheitlichen Lehrerstand zu gelangen. Eine Vorstellung, wie sie u.a. ja auch aus K. F. Wanders "Aufruf an Deutschlands Lehrer" und aus der ersten Satzung des "Allgemeinen Deutschen Lehrervereins" hervorging (PRETZEL 1921, S. 42 ff.).[7]

Dieser Aufbruchstimmung folgte das Scheitern der Revolution von 1848 und die anschließende "Reaktionszeit", die auch den Aktivitäten der sächsischen Volksschullehrer ein Ende setzte. Zur Disziplinierung der angeblich für die Revolution mitverantwortlichen Volksschullehrer schuf die sächsische Regierung 1851 ein Gesetz, das den Volksschullehrern u. a. jede politische Tätigkeit untersagte (LEUSCHKE 1904, S. 76; PÄTZOLD 1908, S. 171). Erst die liberaleren sechziger Jahre ließen die Diskussionen um die Volksschullehrerausbildung wieder aufleben. Auf der 12. Allgemeinen Sächsischen Lehrerversammlung 1864 in Chemnitz war es Friedrich Dittes (1829- 1896), der der Versammlung seine Vorstellungen einer Seminarreform vorlegte (LEUSCHKE 1904, S. 99 f.). An der Spitze der Reformdiskussionen jener Zeit standen die Chemnitzer und Leipziger Volksschullehrer. Im Jahre 1866 hatte der Pädagogische Verein zu Chemnitz in der Sächsischen Schulzeitung "Thesen zu Wünschen und Vorschlägen bezüglich ei-

---

7 Auch die für die Volksschullehrerausbildung verantwortlichen Seminarlehrer setzten sich zu dieser Zeit für eine Reform der Volksschullehrerausbildung ein. Auf einer Versammlung am 19./20. Februar 1849 faßten sie diesbezügliche Beschlüsse. Diese sahen kein Universitätsstudium für angehende Volksschullehrer vor, sondern deren Ausbildung sollte sich zum einen in einem dreijährigen Seminar vollziehen, in dessen Mittelpunkt die Pädagogik und ihre Hilfswissenschaften standen, und zum anderen sollte mit jedem Seminar ein vierjähriges Proseminar verbunden werden, in das die Schüler nach der Konfirmation eintreten konnten (LEUSCHKE 1904, S. 65 f.).

ner zeitgemäßen Reform des sächsischen Volksschulwesens" veröffentlicht. Nach Besprechungen in vielen Lehrervereinen wurden sie überarbeitet und unter dem Titel: "Thesen, eine zeitgemäße Reform des sächsischen Schulwesens betreffend, gestellt vom Pädagogischen Verein zu Chemnitz", als Denkschrift und Petition der sächsischen Regierung und den beiden Ständekammern überreicht (ebd., S. 111). Diese Chemnitzer Thesen beschäftigten sich ausführlich mit der Volksschullehrerausbildung. Sie enthielten detaillierte Vorschläge für eine Reform der Seminare und Proseminare, und forderten - wenn auch nicht mehr so bestimmt und umfassend - eine Erleichterung der bestehenden Möglichkeiten für ausgebildete Volksschullehrer, die Universität zu besuchen (ebd., S. 114 f.). Im Jahre 1868 trat auch die Leipziger Lehrerschaft mit einer ähnlichen Petition an die Ständekammern heran. Der entsprechende Passus zur Lehrerausbildung lautete:

"Der Staat hat dem Lehrer eine höhere Bildung zu gewähren, als sie seither gewesen ist. Der Lehrer hat neben einer allgemeinen Bildung, welche den Zielen einer Realschule gleichkommt, eine wahrhaft wissenschaftliche, dem gegenwärtigen Standpunkte der Pädagogik entsprechende Fachbildung zu erhalten" (zit. n. LEUSCHKE 1904, S. 116).

Gemessen an der Abseitsstellung der Seminare im damaligen Bildungssystem und an der Praxis der Bildungsbegrenzung aufgrund der 1857er Seminarordnung waren dies weitgehende fortschrittliche Forderungen, insbesondere die nach einer wissenschaftlich fundierten pädagogischen Fachbildung.

Nachdem die 1873er Seminarordnung deutlich vom Programm der Bildungsbegrenzung abgerückt war und einige Forderungen der Volksschullehrer erfüllt hatte, trat die Lehrerbildungsfrage im SLV zunächst in den Hintergrund. Die Diskussionen um diese Frage lebten verstärkt wieder gegen Ende des Jahrhunderts auf. Der Deutsche Lehrerverein hatte 1898 auf seiner Versammlung in Breslau Leitsätze zur Volksschullehrerausbildung[8] verabschiedet und gleichzeitig auf Antrag des Leipziger Lehrerver-

---

8   Die von Prof. Rein vorgelegten und verabschiedeten Leitsätze lauteten:
    "1. Volksbildung und Lehrerbildung stehen in einem notwendigen inneren Zusammenhange. Das gesteigerte Bildungsbedürfnis der Gegenwart verlangt auch eine Vervollkommnung der Lehrerbildung.
    2. Allgemeinbildung und Fachbildung sind voneinander zu trennen. Erstere ist zu einem gewissen Abschluß zu bringen, ehe letztere einsetzt.
    3. Die Allgemeinbildung ist breiter und tiefer anzulegen als bisher. Auch darf sie nicht in abgesonderten Anstalten vermittelt werden. Demgemäß ist die unzureichende Präparandenbildung zu beseitigen und dagegen zu fordern, daß die

eins beschlossen, daß die einzelnen Landeslehrervereine vor Ort bei ihren jeweiligen Landesregierungen auf die Verwirklichung dieser Leitsätze hinwirken sollten. Aus diesem Grund befaßte sich noch im selben Jahr auch der SLV mit dem Problem der Volksschullehrerausbildung. Die beiden Bezirkslehrervereine Dresden und Leipzig hatten Leitsätze erarbeitet, die von der in Auerbach tagenden Vertreterversammlung des SLV angenommen wurden. Gefordert wurde u.a.:

- die Verbesserung sowohl der Allgemein- als auch der Berufsbildung;
- die enge Anlehnung des Seminarlehrplans an den der mittleren Volksschule (= Bürgerschule);
- die Verlängerung des Seminarkursus von sechs auf sieben Jahre, wobei die ersten vier vorrangig der Allgemeinbildung, die letzten zwei bzw. drei Jahre dagegen in der Hauptsache der Berufsbildung dienen sollten;
- die Erweiterung des Sprachunterrichts durch Einführung einer modernen Fremdsprache;
- die Öffnung der Universität für alle Lehrer zur Fortbildung; gleichzeitig die Errichtung eines Lehrstuhls für Pädagogik und damit verbunden eines pädagogischen Seminars und einer Übungsschule.

Weitere Forderungen betrafen die Qualifikation der Seminarlehrer (LEUSCHKE 1904, S. 140 f.).

Die Bezirkslehrervereine Dresden und Leipzig wurden beauftragt, aus diesen Leitsätzen eine Denkschrift über die Wünsche und Vorstellungen der sächsischen Volksschullehrerschaft zur Reform der Volksschullehrerausbildung zu verfassen. Am 18. November 1900 wurde diese Denkschrift "Zur Reform der Lehrerbildung im Königreich Sachsen" dem Königlichen Ministerium des Kultus und öffentlichen Unterrichts überreicht. Die Vorschläge der Denkschrift deckten sich im wesentlichen mit den oben skizzierten Leit-

---

künftigen Lehrer ihre Allgemeinbildung auf einer höheren Lehranstalt erlangen.
4. Das Lehrerseminar muß - unter Voraussetzung einer besseren Vorbildung - weit mehr, als es bisher der Fall war, den Charakter einer pädagogischen Fachschule annehmen. Es darf kein Internat sein.
5. Zur Fortbildung des Lehrerstandes sollen unsere Universitäten geöffnet werden. Zu diesem Zwecke sind an sämtlichen Universitäten selbständige Lehrstühle für Pädagogik mit pädagogischen Seminaren einzurichten. Jeder Lehrer hat aufgrund seines Abgangszeugnisses vom Seminar das Recht, die Universität zu besuchen" (zit. n. LEUSCHKE 1904, S. 139 f.).

sätzen (ebd., S. 146 f.; SSZ 1915, Nr. 21, S. 307). Weitere Denkschriften des SLV folgten in den nächsten Jahren, so 1906 - im Auftrag des Vorstands von Ernst Beyer verfaßt - unter dem Titel: "Drei Hauptforderungen der sächsischen Volksschullehrer" (SSZ 1906, Nr. 41, S. 567; SSZ 1907, Nr. 22, S. 300 f.).

Neben der Forderung nach Verbesserung der Besoldung und der vollständigen Durchführung der Fachaufsicht, d.h. der Beseitigung der geistlichen Ortsschulaufsicht, zielte die dritte Forderung wiederum auf die Reform der Volksschullehrerausbildung. Die Vorschläge zur Lehrerausbildung von 1906 wiesen weitgehende Übereinstimmung mit den Forderungen des Jahres 1900 auf. Einige der Forderungen waren allerdings erweitert und präzisiert worden, so wenn es etwa in der neuen Denkschrift hieß, daß das geforderte siebte Seminarjahr oben an das sechste anzugliedern sei, daß neben Latein und Französisch als Pflichtfächer Englisch als Wahlfach anzubieten sei, daß die eigentliche Berufsausbildung der letzten Seminarjahre akademischen Charakter haben müsse und daß jeder Absolvent eines sächsischen Seminars zum Universitätsstudium und zur Ablegung einer entsprechenden Prüfung zugelassen werden müsse.

Im Jahre 1911 erschien dann die in vorherigen Kapiteln bereits mehrfach erwähnte und zitierte Denkschrift "Wünsche der sächsischen Lehrerschaft zu der Neugestaltung des Volksschulgesetzes".[9] Auch diese Denkschrift beschäftigte sich in einem Abschnitt mit der Volksschullehrerausbildung. In ihm wurde zu Beginn festgestellt, daß die geplante Neuregelung des Volksschulwesens Einfluß auch auf das Seminarwesen haben müsse, daß eine Hebung der Volksschule eine Reform der Lehrerausbildung voraussetze (Wünsche der sächsischen Lehrerschaft ... 1911, S. 137). Die ge-

---

9 Diese Denkschrift war das Ergebnis mehrjähriger Diskussionen im SLV, ausgelöst durch die in der Zweiten Ständekammer des Sächsischen Landtags eingebrachten Anträge der "Nationalliberalen" (1907) und der "Freisinnigen" (Fortschrittliche Volkspartei) (1908) zur Reform des 1873er Volksschulgesetzes (die Anträge im Wortlaut bei Göhre 1910, S. 23). Anfang 1909 hatte die sächsische Regierung daraufhin angekündigt, einen Volksschulgesetzentwurf vorzulegen. Seit dem Vereinsjahr 1908/09 hatte der SLV eine rege Tätigkeit entfaltet, um auf dieses zu erwartende Volksschulgesetz Einfluß nehmen zu können. Am 3. März 1909 legte der Vorstand des SLV seine Vorstellungen über ein neues Volksschulgesetz in dreizehn "Grundforderungen" vor. Eine ausführliche, diese Grundforderungen ergänzende Denkschrift wurde noch im Laufe des Jahres fertiggestellt und auf der 33. Vertreterversammlung des SLV in Dresden im September 1910 vorgestellt und beraten (BEYER o.J. S. 117 u. 122). 1911 wurde diese Denkschrift dann unter o.g. Titel veröffentlicht.

stiegenen pädagogischen und psychologischen Anforderungen an die Volksschullehrer erforderten eine wissenschaftliche Ausbildung. Aus diesem Grund - und nicht etwa um einigen wenigen Volksschullehrern eine Anstellung an Realschulen oder als Schulaufsichtsbeamte zu ermöglichen - erstrebe die Volksschullehrerschaft den Zugang zur Universität. Zunächst gehe es darum, grundsätzlich allen Volksschullehrern - unabhängig von ihrer Zensur im Lehrerexamen - den Besuch der Universität zwecks Fortbildung zu ermöglichen, soweit sie über die notwendigen finanziellen Mittel verfügten und den Willen zur Weiterbildung in sich fühlten. Darüber hinaus wurde der Hoffnung Ausdruck gegeben, daß in späterer Zeit die Ausbildung aller Volksschullehrer an der Universität erfolge (ebd., S. 140 f.).

In enger Anlehnung an die Forderungen der Denkschrift von 1906 lauten nun die Wünsche des SLV zusammengefaßt so:

"Sowohl die Allgemein- als auch die Berufsbildung der Lehrer ist breiter und tiefer anzulegen. Dem gegenwärtigen sechsjährigen Seminarkursus ist ein siebentes Jahr oben auf zu setzen. Die letzten zwei Jahre der Ausbildung im Seminar sollen der Berufsbildung dienen. Der Lehrplan des Seminars schließt sich eng an den der gegenwärtigen mittleren Volksschule an. Es darf niemand wegen mangelnder musikalischer Befähigung von der Aufnahme in das Seminar ausgeschlossen werden. Neben dem Latein ist eine zweite fremde Sprache obligatorisch, eine dritte fakultativ einzuführen. Der Musikunterricht ist auf die musikalisch gut beanlagten (sic!) Schüler zu beschränken. Allen Abiturienten sächsischer Seminare ist die Berechtigung zum Universitätsstudium und zur Ablegung der Prüfung vor der Königlichen Prüfungskommission zu Leipzig zuzusprechen" (ebd., S. 141).

Da die wesentlichen Forderungen, insbesondere die nach wissenschaftlicher Aus- und Weiterbildung in der Vorkriegszeit weitgehend unerfüllt blieben, griffen die Volksschullehrer zur Selbsthilfe. Zwei Einrichtungen des Sächsischen bzw. Leipziger Lehrervereins sollten die vorenthaltene akademische Ausbildung ein Stück weit kompensieren: die sog. **"Universitätsferienkurse"**, auch **"akademische Ferienkurse"** genannt, und das **"Institut für experimentelle Pädagogik und Psychologie"**.[10]

[10] Eine weitere Einrichtung, die sowohl zur Verbesserung der Lehrerbildung wie zum Ausbau einer selbständigen wissenschaftlichen Pädagogik beitragen sollte, sei hier wenigstens kurz erwähnt. Es war die vom Leipziger Lehrerverein bereits 1871 als Stiftung gegründete **Comeniusbücherei** (Drei Schöpfungen des Leipziger Lehrervereins, in: LLZ 1921, Nr. 1, S. 5 ff.). Sie entwickelte sich in der Weimarer Republik zur größten pädagogischen Fachbibliothek im Deutschen Reich. Ende 1930 umfaßte sie bereits 314.347 Bände (STROBEL 1931, S. 20 f.). Im Zweiten Weltkrieg fast vollständig zerstört, wurde die Comeniusbücherei 1948 mit 38.000 Titeln wieder eröffnet. In der ehemaligen DDR war sie eine Außenstelle der 1951 gegründeten Pädagogischen Zentralbibliothek Berlin. 1983 war der Bestand wieder auf 276.000 Schriften angewachsen (UHLIG 1983, S. 6).

Die Vertreterversammlung des SLV hatte im Jahre 1902 angeregt, neben den bereits bestehenden wissenschaftlichen Fortbildungskursen, die die großen Bezirkslehrervereine seit Jahren veranstalteten, Universitätsferienkurse ins Lebens zu rufen. Mit Organisation und Durchführung wurde der LLV beauftragt. Alfred Leuschke (1845-1932), von 1898 bis 1909 Vorsitzender des SLV, schrieb in seiner Geschichte zur Lehrerbildungsfrage im Königreich Sachsen über die Aufgabe dieser Universitätsferienkurse: "Der Zweck dieser Kurse soll sein, die Lehrer in der rechten Weise anzuregen, selbständig an ihrer wissenschaftlichen Bildung weiterzuarbeiten, an der Behandlung eines eng begrenzten Gebietes zu zeigen, wie wissenschaftlich gearbeitet wird und für diese wissenschaftliche Weiterbildung die besten Quellen namhaft zu machen" (LEUSCHKE 1904, S. 177).

Der erste Universitätsferienkurs fand statt vom 18. - 30. Juli 1904 an der Universität Leipzig, die ihre Hörsäle zur Verfügung gestellt hatte. Dieser erste akademische Ferienkurs, der in den nächsten Jahren - mit Ausnahme der Kriegsjahre - regelmäßig stattfand, zählte insgesamt 251 Teilnehmer (Hertel 1921, S. 48 f.)[11]

---

[11] Ein Bericht zum 25jährigen Bestehen der akademischen Ferienkurse 1928 gibt u.a. Auskunft über die Gesamtteilnehmerzahl der jährlichen Kurse, die Gesamtstundenzahl für Vorlesungen und Übungen sowie über das Fächerangebot.

Jahr	Gesamtteilnehmerzahl	Gesamtstundenzahl
1904	251	54
1905	217	122
1906	113	81
1907	205	112
1908	200	109
1909	230	121
1910	200	135
1911	151	134
1912	136	86
1913	162	79
1919	254	130
1920	162	102
1921	150	98
1922	167	58
1923	184	60
1924	112	58
1925	95	58
1926	95	64
1927	98	62

Gelehrt wurden u.a. Philosophie, Psychologie und Pädagogik. Prof. Paul Barth hat von 1905 bis 1913 und von 1919 bis 1922 Vorlesungen über die Geschichte der Pädagogik und über Philosophie gehalten. Mitglieder des "Instituts für experimentelle Pädagogik und Psychologie" haben von 1907 bis 1913 und 1919 und 1920

Der Wunsch nach wissenschaftlicher Weiterbildung der sächsischen Volksschullehrer fand seinen Ausdruck auch in dem vom LLV gegründeten "Institut für experimentelle Pädagogik und Psychologie" im Jahre 1906. Vorbild für diese Gründung war das Institut von Prof. Dr. Wilhelm Wundt an der Universität Leipzig. Die Aufgabe des "Instituts für experimentelle Pädagogik und Psychologie" bestand einmal in der Weiterbildung der Volksschullehrer, etwa durch Einführungskurse in die Methoden der experimentellen Psychologie, zum anderen in selbständigen Forschungen seiner Mitarbeiter auf dem Gebiet der experimentellen Psychologie. Das Institut veröffentlichte die Ergebnisse in einer eigenen Buchreihe. Die Veranstaltung akademischer Ferienkurse gehörte zum festen Bestandteil der Institutsarbeit. Nach dem Ersten Weltkrieg beschäftigte sich das Institut zunächst hauptsächlich mit Fragen der Begabung und der Entwicklung und Erprobung von Testverfahren für eine gerechtere "Begabtenauslese". Arbeitsgemeinschaften zu diesen Begabungsforschungen hatten sich ebenso wie zum Bereich der Persönlichkeitspsychologie und zur Psychologie und Soziologie der Schulklasse im Rahmen der Junglehrerfortbildung des Instituts gebildet. Etwa seit Mitte der zwanziger Jahre beschäftigte sich das Institut verstärkt mit Fragen aus der Schulpraxis, so wenn man z.B. die psychologischen Voraussetzungen der Bildungsmaßnahmen in den verschiedensten Unterrichtsfächern untersuchte (Institut für experimentelle Pädagogik und Psychologie 1931).[12]

Die Diskussion der sächsischen Volksschullehrerschaft über eine Reform der Seminarausbildung vor dem Ersten Weltkrieg hatte also seine Schwerpunkte in der Gründungsphase des SLV während der Revolution von 1848/49, in den sechziger Jahren des 19. Jahrhunderts mit den beiden Denkschriften der Chemnitzer (1866) und der Leipziger Lehrerschaft

---

psychologische Übungen veranstaltet. Prof. E. Spranger hat 1912, 1913 und 1919, sein Nachfolger Th. Litt 1921 bis 1927 Vorlesungen über Pädagogik und Philosophie gehalten. Weitere Fächer und Fachgebiete waren Geschichte, vergleichende Religionswissenschaft, Literaturgeschichte, Medizin und die Naturwissenschaften (Friedemann, Paul: Zum 25jährigen Bestehen der vom sächsischen Lehrerverein eingerichteten akademischen Ferienkurse an der Universität Leipzig, in: LLZ 1928, Nr. 31, S. 747 f.).

[12] Vgl. dazu auch die ebenfalls zum 25jährigen Jubiläum erschienenen Aufsätze: 1906-1931. 25 Jahre Institut des Leipziger Lehrervereins, in: LLZ 1931, Nr. 14, S. 365-367 und Festvortrag von Felix Schlotte: Von der experimentellen Psychologie zur exakten Pädagogik, gehalten am 3. Mai 1931 anläßlich der Feier des 25jährigen Jubiläums des Psychologischen Instituts des LLV, in: LLZ 1931, Nr. 16, S. 418-421.

(1868) sowie zu Beginn des 20. Jahrhunderts mit den Denkschriften des SLV von 1900, 1906 und 1911. Zentrale Forderungen waren dabei:
- erstens die grundsätzliche Verbesserung der allgemeinen und beruflichen Bildung (Forderung nach Verlängerung des Seminarkursus auf sieben Jahre sowie erweitertem Fremdsprachenunterricht, um damit auf eine gleichberechtigte Stufe mit den übrigen höheren Schulen zu gelangen);
- zweitens die weitgehende Trennung der allgemeinen und beruflichen Bildung im Seminar, wobei die ersten fünf der allgemeinen, die letzten beiden Jahre der beruflichen Bildung dienen sollten;
- drittens die Öffnung der Universität für alle Volksschullehrer zwecks Weiterbildung, verbunden allerdings schon mit der längerfristigen Perspektive, daß die Volksschullehrer generell an der Universität ausgebildet werden können.

Die Nichterfüllung gerade dieser letzten Forderung ließ die Volksschullehrer vor dem Ersten Weltkrieg zur Selbsthilfe greifen. Die Einrichtung "akademischer Ferienkurse" und die Gründung des "Instituts für experimentelle Pädagogik und Psychologie" waren der Versuch, die vorenthaltene wissenschaftliche Ausbildung selbst zu organisieren und durchzuführen.

3. Die Diskussionen über die akademische Volksschullehrer(innen)- ausbildung nach der Novemberrevolution 1918/19

"Der befreiende Sturm der Revolution fegt durchs Land. Das alte System ist zusammengebrochen, mit ihm all die Institutionen, die es so lange gehalten, obwohl es seit Jahrzehnten morsch war im innersten Kerne. Die Reihen der deutschen Lehrerschaft haben die Last 'gottgewollter' Fesseln abgeworfen und atmen erlöst den Hauch der neuen Zeit. Mit flammenschüttelndem Haupte steht sie da, die Allvernichterin Revolution, zu der wir hoffend emporschauen - daß sie nun Allmutter werde unserer Zukunft!
Das Toben und Brausen, das unsere Reihen mächtig durchschauert, ist das Lied der Freiheit! Seine neue berauschende Melodie lenkt die Herzen der Lehrer auch hin zu der Stätte, von der sie kamen; an der sie, im faustischen Drange der Jugend noch, Großes planten und von der Freiheit träumten, die ihnen jetzt erst die Revolution brachte - zum Seminar. Und in allen Herzen steigt da die Hoffnung auf wie ein inbrünstiges Gebet: daß auch unsere alte Bildungsstätte den Odem des gewaltigsten Ereignisses verspüre, daß vier

Jahrhunderte nach der Revolution der Geister durch die Reformation Deutschland in seinen Grundfesten erschüttert; daß der Flammenhauch der neuen Zeit alles Alte und Morsche verzehre, das noch im Seminar brütet, und die Keime zu schönerem Leben erwecke, die bisher in stiller Verborgenheit dem neuen Geiste entgegenschlummerten!" (LLZ 1919 Nr. 17, S. 241).

So begann ein Leitartikel, der im Mai 1919 unter der Überschrift "Revolution und Seminar" in der Leipziger Lehrerzeitung erschienen war. Eindrucksvoll zeigt er die großen Hoffnungen und Erwartungen, die die sächsischen Volksschullehrer, zumindest ein bedeutender Teil von ihnen, bezüglich ihrer Ausbildung an die Novemberrevolution und die durch sie veränderten politischen Verhältnisse knüpften. Dem "alten System" der Monarchie trauerten sie nicht nach. Denn die geschichtliche Erfahrung - besonders die erst einige Jahre zurückliegenden Konflikte mit der "Obrigkeit" während der Diskussionen um ein neues Volksschulgesetz 1910 bis 1912, in dessen Verlauf es zu zahlreichen disziplinarischen Bestrafungen von Volksschullehrern, den sog. Lehrermaßregelungen, gekommen war - hatten den sächsischen Volksschullehrern vor Augen geführt, daß von den konservativen Interessengruppen einschließlich der Evangelisch-lutherischen Kirche und der maßgeblichen Konservativen Partei keine durchgreifenden Verbesserungen ihrer beruflichen Qualifikation, ihrer wirtschaftlichen Verhältnisse und ihrer sozialen Stellung zu erwarten war. Fortschritte für ihren Stand und für die Volksschule insgesamt hatte es immer nur dann gegeben, wenn der Einfluß dieser konservativen Interessengruppen und ihrer parlamentarischen Vertretung vorübergehend zurückgedrängt oder ausgeschaltet werden konnte, wie etwa während der Revolution von 1848/49 oder in der liberaleren Ära am Ende der sechziger und zu Beginn der siebziger Jahre des 19. Jahrhunderts. Erst vor diesem Hintergrund wird die oben zitierte euphorische Zustimmung zur Novemberrevolution verständlich, die in dem Ausruf gipfelte: "... die Allvernichterin Revolution, zu der wir hoffend emporschauen - daß die nun Allmutter werde unserer Zukunft!" Die "neue Zeit" sollte die bis dahin verweigerten Freiheiten von kirchlicher Abhängigkeit und Bevormundung für die Volksschule und für die Volksschullehrerausbildung bringen. Denn so hoch das Niveau der sächsischen Volksschullehrerausbildung vor 1918/19, vor allem im Vergleich zu anderen Ländern, auch gewesen sein mag, der Einfluß der Kirche war nach wie vor prägend.[13]

---

13 So waren z.B. nach Aussage von Kultusminister Buck 1919 von 26 Seminardirektoren noch 12 Theologen. Anläßlich der Beratungen zum Übergangsschulgesetz führte Buck am 27.3.1919 aus: "Ich weiß sehr wohl, daß in den Seminaren, fast an allen

Der SLV knüpfte nach der Novemberrevolution an seine vor dem Ersten Weltkrieg entwickelten programmatischen Vorstellungen zur Lehrerausbildung an (Denkschrift von 1911), unterzog diese dabei aber einer gründlichen Revision. Versucht man zunächst die zahlreichen Diskussionsbeiträge in der Lehrervereinspresse in den Jahren 1919/20 auf den kleinsten gemeinsamen Nenner zu bringen, so herrschte weitgehend Übereinstimmung in der Forderung, das Lehrerseminar zu einer mit den übrigen neunstufigen höheren Schulen gleichberechtigten allgemeinbildenden höheren Schule auszubauen und damit in der Volksschullehrerausbildung die vollständige Trennung der allgemeinen von der beruflichen Bildung zu gewährleisten. Die zweite Übereinstimmung betraf die Forderung, daß zukünftig der Ort der eigentlichen Berufsausbildung der Volksschullehrer nur die Universität oder eine Pädagogische Hochschule sein könne (SSZ 1919, Nr. 29, S. 383 f.; Nr. 31, S. 413 ff.; Nr. 33, S. 446 f.; Nr. 34, S. 458 f.; LLZ 1920, Nr. 4, S. 57 ff. u. Nr. 34, S. 613 ff.). Der Leipziger Lehrerverein, immer schon einer der programmatischen Vordenker im SLV, sprach sich entschiedener als andere gegen jede Art von Sonderausbildung von Volksschullehrern an besonderen Bildungseinrichtungen aus. Volksschullehrer sollten danach nicht nur ihre Allgemeinbildung auf keiner **besonderen** höheren Schule, sondern auf **einer beliebigen** erwerben und auch ihre Berufsausbildung nur auf der Universität erhalten (SSZ 1919, Nr. 41, S. 594).[14]

---

26 in Sachsen, an alten Überlieferungen und Traditionen noch streng festgehalten wird, daß der Flügelschlag der Zeit nicht über die Mauern der Seminarumzäunungen gedrungen ist" (Verhandlungen der Sächsischen Volkskammer 1919, Erster Band, S. 633). Im Haushaltsausschuß A des Sächsischen Landtages wurde darüber Klage geführt, daß in einzelnen Seminaren teils in offener, teils in versteckter Form Druck auf die Schüler, sich am Gottedienst und an anderen Andachten zu beteiligen, ausgeübt werde. Auch bei der Gewährung von Stipendien werde auf die religiöse Gesinnung Rücksicht genommen (Verhandlungen des Sächsischen Landtages 1921/22, Vierter Band, S. 3074).

[14] Diese Forderungen hatte der Leipziger Seminarlehrer Johannes Kühnel in einem Vortrag vor dem LLV aufgestellt. Im Anschluß an den Vortrag wurden die drei zentralen Forderungen Kühnels in eine Entschließung des LLV aufgenommen. Sie lautete im Wortlaut:
"I. Der Leipziger Lehrerverein fordert die beschleunigte Durchführung der Reform der Lehrerbildung nach folgenden Grundsätzen:
    1. Die Allgemeinbildung ist von der Berufsbildung vollkommen zu trennen.
    2. Der Lehrer erwirbt seine Allgemeinbildung **nicht** auf einer besonderen Anstalt, sondern mit allen anderen höheren Berufen zusammen auf einer **beliebigen** Oberschule.

Die Vorbildung des Volksschullehrers an einer beliebigen höheren Schule hatte den Vorteil, daß ein Schüler sich erst nach dem Abitur, also in einem Alter von 18 oder 19 Jahren entscheiden mußte, ob er diesen oder einen anderen Beruf ergreifen wollte, und nicht - wie in der alten Seminarausbildung - bereits mit 13 oder 14 Jahren, wobei es dann auf dem einmal eingeschlagenen Weg kaum ein Zurück gab. Diese frühe Entscheidung für die Volksschullehrerausbildung war immer wieder Zielpunkt der Kritik gewesen.

Auf der 41. Vertreterversammlung des SLV im Jahre 1920 kamen die Diskussionen zu einem ersten Abschluß. Endgültig setzte sich die Forderung nach der akademischen Volksschullehrerausbildung durch. Berichterstatter zum Thema Lehrerbildung war Fritz Barth, Lehrer an der 9. Volksschule in Leipzig und seit 1920 Erster Vorsitzender des LLV, dessen Ausschuß für Lehrerbildung das Programm formuliert hatte (Leitsätze zur Lehrerbildung in: SSZ 1920 Nr. 41, S. 672 u. Die 41. Vertreterversammlung, in SSZ 1921 Nr. 2, S. 20 f.).

Während im ersten Leitsatz noch einmal die Bedeutung der Reform für die notwendige Hebung des öffentlichen Erziehungswesens und im zweiten die für notwendig erachtete Trennung zwischen allgemeiner und Berufsausbildung betont wurde, ging es im dritten Leitsatz um die Bedeutung des wissenschaftlichen Studiums für den "Erzieherberuf". Erst durch ein solches Studium gewinne der Lehrer die "nötige innere Selbständigkeit". Der Ort des Studiums könne zweckmäßig nur dort sein,

"wo die wissenschaftliche Forschung ihren Platz hat, während die Pflege ein und derselben Wissenschaft an den bestehenden Hochschulen und daneben an Sonderanstalten für Volksschullehrer nicht nur zur Zersplitterung, sondern zur Herabdrückung des wissenschaftlichen Niveaus in der Berufsausbildung des Volksschullehrers führen muß. (...) Darum fordern wir: Der Lehrer er-

3. Der Lehrer erwirbt auch seine Berufsbildung nicht auf einer besonderen Anstalt, sondern mit allen anderen höheren Berufen zusammen auf der Hochschule.
II. Die bisherigen Seminare verlieren von Ostern 1920 ab ihren Charakter als Lehrerbildungsanstalten. Sie werden als Deutsche Oberschulen weitergeführt und sind allen übrigen Oberschulen gleichzustellen.
III. Der Leipziger Lehrerverein ist der Meinung, daß der Landesausschuß, der demnächst aus den beteiligten Kreisen zu berufen ist, nur dann gedeihliche Arbeit leisten wird, wenn seine Mitglieder von vornherein auf dem Boden der obigen Forderungen stehen"
(Zur Reform der Lehrerbildung, in: KÜHNEL, Johannes: Die Lehrerbildung auf der Hochschule. Beiträge zur Schulreform II, Dresden 1923, S. 62 ff., Zitat S. 72 f.).

wirbt auch seine Berufsausbildung nicht auf einer besonderen Anstalt, sondern mit allen anderen höheren Berufen zusammen auf der Hochschule, in Sachsen an der Universität und der Technischen Hochschule. Besondere pädagogische Hochschulen sind nicht nur grundsätzlich abzulehnen, sie kommen auch als irgendwie geartete Übergangsform nicht in Betracht" (SSZ 1920, Nr. 41, S. 672).

Die nächsten beiden Leitsätze befaßten sich mit dem Studium selbst.

"4. Die fachwissenschaftliche und philosophische Ausbildung wird in der philosophischen Fakultät (in der allgemeinen Abteilung) erworben. Für die erziehungswissenschaftliche Forschung und Lehre, sowie für die Einführung in die Berufspraxis sind an den Hochschulen 'Pädagogische Institute' zu errichten.

5. Das Berufsstudium des Erziehers dauert 8 Semester. Es erstreckt sich auf ein freigewähltes Fachgebiet, auf Philosophie, auf die Gesamtheit der Erziehungswissenschaften und auf die Einführung in die Erziehungspraxis" (ebd.).

Das Studium der Volksschullehrer dachte man sich also zweigeteilt. Die mehr theoretisch-fachwissenschaftliche Ausbildung sollte sich in den bereits bestehenden Fakultäten der Universität oder Technischen Hochschule vollziehen, während die eigentliche pädagogisch-praktische Ausbildung an - neu in den Hochschulen zu eröffnenden - "Pädagogischen Instituten" erfolgen sollte.

Bei der Verabschiedung dieser Leitsätze durch die Vertreterversammlung des SLV blieb es aber nicht. Der Ausschuß für Lehrerbildung des LLV legte darüber hinaus noch den detaillierten Entwurf eines Lehrerbildungsgesetzes vor, der auf der Vorstandssitzung des SLV am 29./30.1.1921 - an der auch Vertreter des Kultusministeriums teilnahmen - beraten und beschlossen wurde (SSZ 1921, Nr. 5, S. 88 f.).[15] Der Entwurf forderte, an jeder Hochschule, die auch Lehrer ausbildete, mindestens zwei Lehrstühle für Erziehungswissenschaften einzurichten, der eine stärker soziologisch, der andere stärker psychologisch ausgerichtet. Ergänzt werden sollten diese Lehrstühle durch die Berufung von Privatdozenten und außerordentlichen Professoren sowie durch die Erteilung von Lehraufträgen. Voraussetzung für die Aufnahme des Studiums der Erziehungswissenschaften war das Reifezeugnis einer neunstufigen oder ihr entsprechenden höheren Schule. Der Stundenplan umfaßte:

---

[15] Der eigentliche Verfasser des Entwurfs war wohl Johannes Kühnel. So weist es jedenfalls sein 1923 erschienenes Buch: Die Lehrerbildung auf der Hochschule. Beiträge zur Schulreform II aus (ebd., S. 4 u. S. 112 ff.). Kühnel war ebenfalls auf der Vorstandssitzung des SLV anwesend.

"a) philosophische Studien und Übungen ...
b) **ein allgemeines wissenschaftliches Fachstudium** mit Übungen ...
c) **erziehungswissenschaftliche** Studien und Übungen ...
d) Studien und Übungen zur Einführung in die **Berufspraxis** ..." (ebd., S. 88).

Alle Einrichtungen der Hochschulen sollten auch für die Studierenden der Erziehungswissenschaften zugänglich und das fachwissenschaftliche Studium nicht speziell auf diese Studierenden zugeschnitten sein. Die unter c) und d) genannten Studien wurden einem mit der Hochschule zu verbindenden Pädagogischen Institut zugeteilt. Dieses Institut - so der Entwurf - vereinigte die gesamte Forschung dieser Studiengebiete, die Lehre und die Einführung in die Berufspraxis. Bestandteil des Instituts war auch eine Institutsschule. Sie sollte als Muster- und Versuchsschule geführt werden und gleichzeitig der erziehungswissenschaftlichen Forschung dienen. Die Assistenten des Pädagogischen Instituts waren gleichzeitig als Lehrer an der Institutsschule vorgesehen. Charakteristisch für das Pädagogische Institut sollte die enge Verbindung zwischen Theorie und Praxis sein. Nach einer Studienzeit von mindestens sieben Semestern sah der Entwurf die Zulassung zur "Erziehungswissenschaftlichen Staatsprüfung" vor. Die Prüfungsanforderungen für das studierte Fach sollten denen für das Lehramt an höheren Schulen in einem Hauptfach entsprechen. Konsequent forderte dann auch der Entwurf: "8. Das Bestehen der 'Erziehungswissenschaftlichen Staatsprüfung' berechtigt zur vorläufigen Anstellung als Berufserzieher an allgemeinbildenden Schulen aller Art" (ebd., S. 89).

Auch dieser Entwurf war - ebenso wie schon vorher die Leitsätze - von dem festen Willen gekennzeichnet, die bestehende Sonderausbildung für Volksschullehrer endgültig der Geschichte zu überantworten und eine neue Epoche in der Volksschullehrerausbildung einzuleiten: Abitur als Zugangsvoraussetzung und akademisches Studium an der Universität oder Technischen Hochschule. Ein spezifisches Element der alten Seminarausbildung wollte man allerdings auch beim angestrebten akademischen Studium nicht preisgeben: die pädagogischen und praxisorientierten Ausbildungsinhalte. Lehrerausbildung ohne Beteiligung der Pädagogik - wie etwa bei der Ausbildung der Lehrer höherer Schulen - war für die (sächsischen) Volksschullehrer nicht denkbar, da unvereinbar mit ihrem Selbstverständnis als Erzieher der nachwachsenden Generation. Deshalb die Forderung nach fachwissenschaftlichem und erziehungswissenschaftlichem Studium einschließlich einer Einführung in die Berufspraxis. Da die bestehenden Hochschulen aber eine Vermittlung pädagogisch-praktischer Ausbildungsinhalte ablehnten, wurde die Forderung nach eigenständigen erziehungswissenschaftlichen Lehrstühlen (Erziehungswissenschaft nicht mehr als Anhängsel der Philosophie) und vor allem nach einem Pädagogischen Institut, einschließlich einer integrierten Institutsschule, erhoben, wobei das Institut nicht nur Praxis vermitteln, sondern auch über Praxis reflektieren und erziehungswissenschaftliche Forschung leisten sollte, wie der Entwurf besagte.

Letztlich zielte der Entwurf nicht nur auf eine Akademisierung der Volksschullehrerausbildung, sondern auf eine grundsätzliche Vereinheitlichung der gesamten Lehrerausbildung. Liest man den Entwurf genau, so fällt z.B. auf, daß an keiner Stelle von Volksschullehrerausbildung oder Studium für Volksschullehrer die Rede ist, sondern nur allgemein von Lehrern, Studierenden der Erziehungswissenschaft und Studium der Erziehungswissenschaft. Auch die Abschlußprüfung heißt "Erziehungswissenschaftliche Staatsprüfung" und nicht etwa Prüfung für das Lehramt an Volksschulen. Außerdem beanspruchte der Entwurf die gleichen Prüfungsanforderungen wie für die Lehrer höherer Schulen, und Punkt 8 des Entwurfs besagte schließlich, daß das Bestehen der Erziehungswissenschaftlichen Staatsprüfung zur vorläufigen Anstellung als Berufserzieher an **allgemeinbildenden Schulen aller Art** berechtige und nicht etwa nur an Volksschulen.

Der Gedanke einer einheitlichen Lehrerausbildung fand schließlich seinen Niederschlag auch in dem Einheitsschulplan des SLV aus dem Jahre 1924. Dort lauteten unter der Überschrift "Lehrerbildung" die zentralen Aussagen:

"35. Die einheitliche Schule erfordert den Lehrerstand mit einheitlicher, gleichberechtigter Vorbildung.

36. Die berufliche Vorbildung erfolgt an der Hochschule, die mit einem Pädagogischen Institut verbunden ist" (Sächsischer Lehrerverein 1924, S. 39).

Unterstützung fand der SLV mit seinen Forderungen zur Lehrerausbildung beim Sächsischen Seminarlehrerverein, in dem sich die Befürworter einer akademischen Volksschullehrerausbildung letztlich durchgesetzt hatten, wie dessen Schulprogramm vom November 1919 zeigt. Dort hieß es nämlich unter "II. Die Lehrerbildung" u.a.:

> *1. Die Allgemeinbildung ist von der Berufsbildung zu trennen.*
> *2. Der Lehrer erwirbt seine Allgemeinbildung auf einer Oberschule.*
> *3. Die Berufsbildung aller Lehrer erfolgt auf der Hochschule. Sie erstreckt sich auf die Gesamtheit der Erziehungswissenschaften, auf die Einführung in die Erziehungspraxis und auf ein freigewähltes Fachgebiet" (SSZ 1919, Nr. 39, S. 542).*

Aus den Reihen der sächsischen Seminarlehrer bzw. -direktoren sind zwei hervorzuheben, die sich in der Frage der Lehrerbildung besonders exponiert haben. Zum einen der bereits mehrfach erwähnte Richard Seyfert, auf den später noch zurückzukommen sein wird, und der Leipziger Seminarlehrer Johannes Kühnel. Kühnel, Vertreter einer im Grundsatz einheitlichen Lehrerausbildung und eines einheitlichen Lehrerstandes, hat zahlreiche Artikel und Studienpläne zur akademischen Volksschullehrerausbildung in der LLZ und anderen Zeitschriften veröffentlicht (LLZ 1919, Nr. 24, S. 365 ff.; Nr. 31, S. 505 ff.; LLZ 1920, Nr. 4, S. 57 ff.; Nr. 40, S. 729 ff.; Nr. 41, S. 766 ff.; LLZ 1921, Nr. 5, S. 94 u. KÜHNEL 1923), ist als Referent im LLV aufgetreten und hat über diesen sehr stark die programmatische Diskussion im SLV mitgestaltet. Seine Vorschläge zur Lehrerausbildung finden sich z. T. wörtlich in wichtigen Entschließungen und Leitsätzen des SLV (Anm. 15 u. 17). Kühnel und einige Vertreter des SLV haben sich auch in scharfer Form gegen die Vorstellungen zur Lehrerausbildung des von 1911 bis 1919 an der Leipziger Universität wirkenden Ordinarius für Philosophie und Pädagogik Eduard Spranger gewandt. Kühnel hatte 1920 die Schrift "Gedanken über Lehrerbildung" als "Gegenschrift" zu Sprangers gleichnamiger Schrift veröffentlicht. Im selben Jahr hatten sich auch M. Hertel in der Sächsischen Schulzeitung (Nr. 12, S. 178 ff.) und der Erste Vorsitzende des LLV Fritz Barth in der Leipziger Lehrerzeitung (Nr. 4, S. 62 ff.) sehr kritisch mit Sprangers Lehrerbildungskonzeption auseinandergesetzt.[16]

---

16 Sprangers "Gedanken über Lehrerbildung" und die sich daran entzündende Kritik von Vertretern der sächsischen Volks- und Seminarlehrerschaft bedürfen an dieser Stelle keiner intensiveren Erörterung. Was die Sprangersche Position zur Lehrer-

Nach Barth ging es Spranger mit seiner aufwendigen bildungstheoretischen Begründung einer Sonderausbildung für Volksschullehrer darum, "den Bildungsriß, der durch die ganze Schulorganisation geht, zu verewigen" (LLZ 1920, Nr. 4, S. 63). Für diese Aufrechterhaltung des hierarchisch gegliederten Schulsystems war es notwendig, auch die Ausbildung der Volksschullehrer von der der Lehrer höherer Schulen strikt getrennt zu halten. Diese Tatsache hatte Barth ebenso erkannt wie die, daß Spranger ein letztlich elitäres Gesellschaftskonzept vertrat, dessen Ziel es war, die Kluft zwischen der großen Masse des Volkes, die die Volks- und Fortbildungsschulen besucht, und einer kleinen herrschenden Elite, die ihre Ausbildung auf der höheren Schule und Universität erhält, aufrechtzuerhalten (ebd., S. 62).[17] Gerade solchen Vorstellungen aber traten Barth und die übrigen Re-

---

ausbildung anbetrifft, kann hier verwiesen werden auf drei neuere Untersuchungen von Rita Weber (1984), Wolfgang Werth (1985) und Gerhard Meyer-Willner (1986).

Hatte schon Rita Weber in ihrer Untersuchung "Zur Neuordnung der preußischen Volksschullehrerausbildung in der Weimarer Republik" die These von der geistigen Urheberschaft Sprangers für das Konzept der preußischen Pädagogischen Akademien sehr stark in Frage gestellt bzw. relativiert (WEBER 1984, S. 66-95) und Wolfgang Werth mit seiner Arbeit über "Die Vermittlung von Theorie und Praxis an den preußischen Pädagogischen Akademien 1926 bis 1933" die Zweifel an dieser These noch verstärkt, indem er die fundamentalen Unterschiede zwischen Sprangers "Bildnerhochschule" und der preußischen Regierungskonzeption für die Pädagogischen Akademien aus dem Jahre 1925 aufzeigte (WERTH 1985, S 68-71), so kann spätestens seit der Studie von Gerhard Meyer-Willner über "Eduard Spranger und die Lehrerbildung" die zum Mythos gewordene Behauptung, Spranger sei ein Förderer der akademischen Volksschullehrerausbildung und der geistige Urheber der Pädagogischen Akademien in Preußen gewesen, als wohl endgültig widerlegt gelten. Meyer-Willner hat unter Einbeziehung aller Beiträge und Aussagen Sprangers zur Lehrerbildung zwischen 1912 und 1962 vielmehr nachweisen können, daß Spranger zeitlebens ein Verfechter der seminaristischen Volksschullehrerausbildung gewesen ist und daß sein Konzept der Bildnerhochschule "nichts weiter als ein aus der Not geborenes 'taktisches Verlegenheitsprodukt' zur Abwehr der Volksschullehrer von der Universität" war (MEYER-WILLNER 1986, S. 426).

17 Die Kritik von Kühnel und Barth muß Spranger hart getroffen haben. In zwei Briefen an Käthe Hadlich vom Februar 1920 äußerte er sich sehr emotional über diese Kritik. Im ersten Brief vom 4.2.1920 schrieb Spranger: "Krank geworden bin ich am Ekel, nämlich am Ekel über die gemeine Art, wie die LLZ die 'Gedanken über Lehrerbildung' entstellend herabzog, die (mir immer noch unbekannte) Kühnel'sche Gegenschrift lobte. Ich fand einfach die Kraft des Widerstandes nicht mehr ... Das Referat für die Reichsschulkonferenz habe ich auch zurückgegeben. Ich mag mit der Volksschullehrerschaft nichts mehr zu tun haben" (zit. n. MEYER-WILLNER 1986, S. 257). Zu Kühnels Schrift schrieb Spranger wenige Tage später am 13.2.1920: "Lies die Schmutzschrift von Kühnel und sage mir Deine Meinung, was ich tun soll. Meine Freunde raten mir, sie nicht zu lesen, ehe ich nicht gesundheitlich wieder auf der Höhe bin. Der Haß der Meute gegen mich ist grenzenlos. Es sollen unglaubliche Verleumdungen, bis nach Dresden, ins Ministerium, im Umlauf sein ..." (zit. n. MEYER-WILLNER 1986, S. 258). Besonders der zuerst zitierte

former entgegen mit ihren an Freiheit, Gleichheit und Brüderlichkeit orientierten gesellschafts- wie bildungspolitischen Grundüberzeugungen, zu denen die Forderung nach einer grundlegenden Reform der Volksschullehrerausbildung gehörte, ohne die es für sie keine wirkliche Verbesserung der Bildung für die breite Mehrheit der Bevölkerung geben konnte.

4. Die Einführung der akademischen Volksschullehrer(innen)ausbildung in Sachsen 1923

Seit Ende 1919 wurden zwischen dem Kultusministerium und den beteiligten Hochschulen (Universität Leipzig und TH Dresden) und Lehrerorganisationen Verhandlungen zur Reform der Volksschullehrerausbildung geführt, zunächst unter der Annahme, daß es zur Verabschiedung eines Reichslehrerbildungsgesetzes komme. Im November 1919 richtete das Ministerium unter Kultusminister Seyfert eine diesbezügliche Anfrage an den Rektor der Universität Leipzig Prof. Erich Brandenburg sowie die Professoren Eduard Spranger und Paul Barth. In dem Schreiben, in welchem u.a. die Ausbildung der Volksschullehrer an besonderen Pädagogischen Fakultäten vorgeschlagen worden war, wurde nach der Stellung der Hochschule zur Übernahme der Volksschullehrerausbildung gefragt. Während Barth, auf dessen Zusammenarbeit mit dem LLV in der Frage des Lebenskundeunterrichts im Zusammenhang der weltlichen Schule bereits verwiesen wurde, einer Pädagogischen Fakultät aufgeschlossen gegenüberstand, lehn-

---

Brief dürfte wohl den Tiefpunkt von Sprangers Einschätzung des LLV dokumentieren. Schon seit Jahren war das Verhältnis zwischen Spranger und dem LLV sehr gespannt. Spranger kritisierte die seiner Meinung nach zunehmende Politisierung der Volksschullehrer, besonders des LLV (dazu MEYER-WILLNER ebd., S. 100-109). Schon 1915 bezeichnete Spranger den LLV als seinen "Spezialfeind" (ebd., S. 103). Und im Dezember 1918 schrieb er an Kerschensteiner: "Der Leipziger Lehrerverein ist mit vollen Segeln in das Lager der hier herrschenden Unabhängigen (gemeint war die USPD, die in Leipzig eine ihrer Hochburgen besaß, B.P.) gefahren, jubelnd, ohne jede Scham, wesentlich aus Gehaltsmotiven. Ein Stand, der so auf Negation aufgebaut war, konnte allerdings ein Volk nicht ethisch emporheben" (ebd., S. 107).

ten Brandenburg und Spranger diese für die Universität ab. Sie hielten stattdessen eigenständige Pädagogische Hochschulen für zweckmäßig.[18]

Aufgeschlossener zeigten sich die Vertreter der TH Dresden, die am 23. September 1919 im Ministerium ihre Bereitschaft zur Übernahme der Volksschullehrerausbildung erklärten. Der Plan einer Pädagogischen Fakultät wurde aber auch hier fallengelassen, stattdessen der Gedanke eines Pädagogischen Instituts favorisiert.

Die Universität Leipzig hielt auch in der Folgezeit an ihrer distanziert-ablehnenden Haltung fest. Nur äußerst widerstrebend war sie bereit, sich an der Ausbildung der Volksschullehrerschaft zu beteiligen. Im Verlauf der weiteren Erörterungen gab die Philosophische Fakultät am 24. Februar 1921 eine Stellungnahme ab, in der sie noch einmal schwere Bedenken gegen eine Verlagerung der Volksschullehrerausbildung an die Universität erhob. Für den Fall allerdings, daß trotz dieser Bedenken an der beabsichtigten Verlagerung der Volksschullehrerausbildung an die Universität und TH festgehalten werden sollte, forderte sie ein sechssemestriges Studium in den Fachgebieten Pädagogik, Philosophie und Staatsbürgerkunde. Ein Fachstudium, wie es die Lehrer(innen) höherer Schulen absolvieren mußten, war als Pflichtprogramm dabei nicht vorgesehen. Lediglich auf freiwilliger Basis sollte dies möglich sein, dann müßte sich das Studium aber auf acht Semester verlängern (Denkschrift ... zur Neuordnung der Lehrerbildung ..., in: Nachlaß SEYFERT 35/957).

Diese Stellungnahme der Universität Leipzig bildete die Grundlage für eine Besprechung im Kultusministerium am 3. März 1921, an der u.a. Vertreter des SLV (F. Barth, Gleissberg und Janetz), des Philologenvereins sowie der Universität Leipzig und der TH Dresden teilnahmen. Während die Vertreter des SLV auf einem obligatorischen Fachstudium für alle angehenden Volksschullehrerinnen und -lehrer bestanden, lehnte Theodor Litt von der Universität Leipzig dieses Ansinnen ab. Unterstützt wurde der SLV in seiner Position von Litts Kollegen Bühler von der TH Dresden, der sich ebenfalls für ein Fachstudium aussprach. Ob obligatorisch oder auf freiwilliger Basis, in jedem Fall sollten entgegen den Wünschen des SLV die Prü-

---

18 Vgl. Denkschrift des Sächsischen Ministeriums für Volksbildung zur Neuordnung der Lehrerbildung im Freistaate Sachsen, Dresden o.J. (1926), S. 13 f., in: StAD, Nachlaß Seyfert 35/957 u. "Gutachten über die Errichtung einer Pädagogischen Fakultät" von Prof. Eduard Spranger vom 22. Nov. 1919, in: StAD, Nachlaß Seyfert 35/956, Bl. 27-36.

fungsanforderungen für ein solches Fachstudium nicht identisch mit denen für das höhere Lehramt sein und das Examen nicht zur Erteilung von Unterricht an den höheren Lehranstalten berechtigen, worauf vor allem der Vertreter des Sächsischen Philologenvereins großen Wert legte. Die praktisch-methodische Ausbildung der Volksschullehrerschaft sollte im Einvernehmen von Litt und Bühler einem selbständig neben der Hochschule stehenden Pädagogischen Institut übertragen werden. Fritz Barth erklärte dagegen für den SLV, daß dieses Institut nicht ohne Zusammenhang mit der Universität sein dürfe. Der Vertreter der Pädagogik an der Universität müsse auf alle Fälle an ihm tätig sein, eine Forderung, die Litt wohl auch als direkt Betroffener strikt ablehnte.[19]

Die abwartende Haltung der Regierung in der Lehrerbildungsfrage veranlaßte den SLV, bei Kultusminister Fleißner am 8. September 1921 vorzusprechen und ihn um ein energisches Vorgehen in dieser Angelegenheit ohne Rücksicht auf das Reich zu bitten. Das Ministerium beschloß, einen Arbeitsausschuß zur Lehrerbildungsreform einzurichten, dem außer den zuständigen Räten des Ministeriums je ein Vertreter des SLV, des SPhV und des Sächsischen Seminarlehrervereins angehören sollten. Wenige Wochen später wurden noch Richard Seyfert und Kurt Weckel in den Ausschuß berufen. Bereits am 10. September trat dieser Ausschuß zu seiner ersten Sitzung zusammen. Ministerialrat Menke-Glückert und Fritz Barth erhielten jeweils den Auftrag, genaue Studienpläne mit Stundentafeln für die zukünftige Volksschullehrer(innen)ausbildung auszuarbeiten.[20] Ihre Vorschläge bildeten die Grundlage für die weiteren Diskussionen innerhalb des Arbeitsausschusses, die sich in der Hauptsache um die Studiendauer - vier, sechs und acht Semester - und die Frage des Fachstudiums drehten.

Theodor Litt trat, die offizielle Position der Universität wiedergebend, in der Ausschußsitzung vom 26. 10. 1921 wiederum für ein sechssemestriges Studium ohne wissenschaftliches Fach ein, womit er beim zuständigen Referenten Menke-Glückert Unterstützung fand. Richard Seyfert erklärte

---

[19] Vgl. Protokoll der Sitzung vom 3. März 1921 "Zur Frage der Lehrerbildung", in: StAD, Nachlaß Seyfert 35/954, Nr. 9 II.

[20] Vgl. Denkschrift des Sächsischen Ministeriums für Volksbildung zur Neuordnung der Lehrerbildung ... (S. 15 f.), in: Nachlaß SEYFERT 35/957; "Besprechung über die Frage der Lehrerbildung und der Umgestaltung der Seminare am 10. September 1921", in: Nachlaß SEYFERT 35/954, Nr. 9 III A und "1. Sitzung des Arbeitsausschusses im Ministerium des Kultus und öffentlichen Unterrichts" am 10.9.1921, in: Nachlaß SEYFERT 35/954 Nr. 9 III B.

daraufhin, daß er bereit sei, auf die Forderung eines Fachstudiums zu verzichten. Er hoffe, daß die Vertreter des SLV sich diesem Verzicht anschlössen. Vielleicht ließe sich das wissenschaftliche Fach später einmal in den Studienplan einbauen.[21] Die Vertreter des SLV gaben in der Frage des Fachstudiums in der Tat vorerst nach. Aber nicht, weil Theodor Litt sie mit seinen Argumenten überzeugt hatte, sondern einzig und allein, wie Fritz Barth 1923 schrieb, wegen der Befürchtung, durch neue Verhandlungen mit der Universität die Entscheidung in der Lehrerbildungsreform weiter hinauszuzögern und damit das Zustandekommen der Reform eventuell überhaupt zu gefährden. (BARTH 1923, S. 292).

Am 2. November legte sich der Ausschuß schließlich einstimmig darauf fest, daß für die weiteren Verhandlungen ein Studienplan von sechs Semestern ohne wissenschaftliches Fach zugrunde gelegt werden sollte.[22] Vom Grundsatz her waren sich die beteiligten Organisationen im November 1921 ferner darüber einig, daß die theoretisch-wissenschaftlichen Ausbildungsteile von der Universität Leipzig bzw. der TH Dresden übernommen, die berufspraktische Unterweisung dagegen von besonderen, noch zu schaffenden Pädagogischen Instituten geleistet werden sollte. Schon in der Sitzung vom 2. November 1921 entwickelte Seyfert den Teilnehmern einen recht detaillierten Plan über die Einrichtung eines solchen Pädagogischen Instituts und einer damit verbundenen Institutsschule, worauf er gebeten wurde, diesen Plan zu Papier zu bringen und beim Ministerium einzureichen.

Ende des Jahres 1921 hatten sich also die beteiligten Organisationen in den grundsätzlichen Fragen über die Reform der Volksschullehrerausbildung geeinigt. Daß ihre Realisierung nicht unmittelbar auf den vom Landtag im März 1922 beschlossenen Abbau der Lehrerinnen- und Lehrerseminare folgte, lag mit an den seit Sommer 1922 äußerst schwierigen politischen Verhältnissen im Landtag, die schließlich im November 1922 zu vorgezogenen Neuwahlen führten, ohne daß die Bürgerlichen dabei eine Änderung der Mehrheitsverhältnisse herbeizuführen in der Lage waren. Fritz Barth berichtete 1923, daß mit dem Beginn dieser politischen Krise im Sommer/Herbst 1922 und der sich

---

21 Vgl. "Besprechung über die Reform der Lehrerbildung, Mittwoch, d. 26. Oktober 1921 ...", in: Nachlaß Seyfert 35/954 Nr. 9 IV.
22 Vgl. "Besprechung über die Reform der Lehrerbildung am 2. November 1921", in: Nachlaß Seyfert 35/954 Nr. 9 VII.

abzeichnenden Möglichkeit von Neuwahlen "der leitende Ministerialbeamte, in dessen Abteilung die Reform der Lehrerbildung gehörte, jede weitere Arbeit auf diesem Gebiet einstellen ließ. (...) Wäre eine politische Machtverschiebung eingetreten", so Barth, "dann war, das ist klar und offen ausgesprochen worden, das Schicksal der Reform aufs äußerste gefährdet" (BARTH 1923, S. 292; vgl. auch PAUL 1985, S. 180 f.). Nachdem Vertreter des SLV Kultusminister Fleißner bereits einige Tage nach der Landtagswahl, am 11. November 1922, nun um eine energische Förderung der Lehrerbildungsreform gebeten hatten und die neue Regierung konstituiert war, wurde die Erörterung der Reform im Ministerium am 13. Dezember wieder aufgenommen[23], seit dem 19. Dezember beschäftigte sich ein neu gebildeter Ausschuß vor allem mit dem Aufbau und der Ausgestaltung der Pädagogischen Institute.[24]

Angekündigt hatte Kultusminister Fleißner die vom SLV lang erhoffte Reform der Volksschullehrerausbildung erstmals im Dezember 1921 im Landtag anläßlich einer Anfrage des Abgeordneten Grellmann (DNVP) zum Abbau der Seminare. Fleißner wies seinerzeit zunächst darauf hin, daß die Reichsregierung mit einem Schreiben vom 20. Oktober 1921 den Länderre-

---

[23] Zunächst in einer internen Besprechung, an der neben dem Kultusminister die Ministerialdirektoren Dr. Boehme und Michel, die Ministerialräte Dr. Giesing, Sieber, Dr. Apelt, Dr. Menke-Glückert und Oberregierungsrat Dr. Reuter teilnahmen. Es wurde beschlossen, einen Ausschuß zur weiteren Beratung der Lehrerbildungsreform zu bilden (StAD, Nachlaß Seyfert 35/954, Nr. 9 XII).

[24] Auf der ersten Sitzung am 19.12.1922 waren außer den Vertretern des Ministeriums anwesend: Prof. Litt für die Universität Leipzig, Prof. Ludwig für die TH Dresden, Studienrat Claus für den Sächsischen Philologenverein, Studienrat Lohmann für den BESch, Studienrat Zacharias für die Freie Vereinigung sächsischer Seminarlehrer, Richard Seyfert, die Lehrer Barth und Janetz für den SLV sowie Dix für den Sächsischen Berufsschulverein. Die Vertreter des SLV setzten sich dafür ein, mit der Einrichtung der Institute schon Ostern 1923 zu beginnen und ihre Verbindung zur Hochschule sicherzustellen. Andernfalls würde die Lehrerbildung wieder in die alte Abseitsstellung gedrängt werden. Im Protokoll der Sitzung heißt es weiter: "Die Aussprache hat ergeben, dass ein grundsätzlicher Unterschied zwischen der Auffassung des Ministeriums und den Vertretern der Organisationen nicht besteht. Übereinstimmung herrscht darüber, dass die wissenschaftliche Ausbildung an die Hochschule, die praktische an die Institute zu verlegen ist. Meinungsverschiedenheiten bestehen nur noch darüber, ob
1. Ostern 1923 oder 1924
2. ob gleichzeitig in Leipzig und Dresden zu beginnen sei und
3. ob der erste Kursus zweijährig oder dreijährig einzurichten sei. (...)
Dr. Seyfert wird beauftragt, eine Denkschrift für die Einrichtung der Institute auszuarbeiten und dem Ministerium vorzulegen. (...) Der Ausschuß wird dann zur gegebenen Zeit zusammengerufen werden, um endgültig Stellung zu nehmen. Danach soll dem Landtag eine entsprechende Vorlage unterbreitet werden" ("Sitzung des Ausschusses für Lehrerbildung am 19. Dezember 1922 im Ministerium des Kultus und öffentlichen Unterrichts", in: StAD, Nachlaß Seyfert 35/954 Nr. 9 XIII).

gierungen den Referentenentwurf eines Gesetzes zur Lehrerbildung zur gutachtlichen Äußerung übersandt habe und fuhr dann fort:

> "*Da ein solcher Entwurf des Reiches schon seit längerer Zeit zu erwarten stand, hatte das Ministerium schon vor Eintreffen des Entwurfs der Reichsregierung einen Arbeitsausschuß gebildet, dem Vertreter der verschiedenen für die Frage in Betracht kommenden Lehrerorganisationen angehören, um die Maßnahmen zu beraten, die für den Ab- und Umbau der Seminare und eine zweckmäßige Gestaltung der Lehrerbildung zu treffen sind. Es ist in Aussicht genommen, von den künftigen Volksschullehrern den Besuch einer neunstufigen oder einer ihr im Ziel gleichwertigen anderen höheren Schule zu verlangen. An den Besuch der neunstufigen höheren Schule soll sich für die wissenschaftliche Ausbildung in Philosophie, Psychologie, Pädagogik und Staatsbürgerkunde ein mehrjähriges Studium an der Universität Leipzig oder an der Technischen Hochschule in Dresden anschließen. Für die praktisch-pädagogische Ausbildung wird in der gleichen Zeit der Besuch eines neben der Hochschule zu schaffenden und mit ihr in Verbindung stehenden pädagogischen Instituts verlangt werden"* (Verhandlungen des Sächsischen Landtages 1921/22, Vierter Band, S 2835).

Für die in Aussicht gestellte Akademisierung der Volksschullehrerausbildung kündigte Fleißner die baldige Einbringung von Gesetzesvorlagen im Landtag an. Dabei ließ er keinen Zweifel daran, daß das Kultusministerium bei einer weiteren Verzögerung der reichsgesetzlichen Regelung mit der Reform der Lehrerausbildung beginnen werde (ebd.). Ganz im Sinne dieser Ankündigung hatte Sachsen in den Jahren 1921/22 auf Reichsebene wiederholt gegen die Vertagung der Lehrerbildungsreform protestiert und dabei gleichzeitig immer wieder auf die Verabschiedung eines Reichslehrerbildungsgesetzes gedrängt (FÜHR 1970, S. 76 ff.). Diese Anstrengungen Sachsens und einiger anderer Länder haben aber letztlich nicht die erhoffte Wirkung gezeigt. Ein Reichslehrerbildungsgesetz ist in der Weimarer Republik nicht verabschiedet worden.[25]

---

[25] Rita Weber hat in ihrer Studie "Die Neuordnung der preußischen Volksschullehrerausbildung in der Weimarer Republik" (1984) die aktive Rolle Preußens beim Nichtzustandekommen eines Reichslehrerbildungsgesetzes betont. In der bisherigen Literatur zu diesem Thema, so z.B. bei Führ (1970), wurde die These vertreten, das Reichslehrerbildungsgesetz sei aus finanziellen Erwägungen heraus gescheitert, und deshalb wären dann die einzelnen Länder selbständig in der Lehrerbildungsfrage vorgegangen. Demgegenüber hat R. Weber herausgearbeitet, daß ein Reichsgesetz deshalb nicht zustande kam, weil die Preußischen Staatsregierungen eine Ausbildung der Volksschullehrer an der Universität von vornherein abgelehnt und von Beginn an gegenüber dem Reich auf die Nichtausführung der Verfassungsvorschrift über die Lehrerbildung gedrängt hätten (WEBER 1984, S. 167-195). Durch die Aufarbeitung der internen Auseinandersetzungen über die Reichslehrerbildungsgesetze im Preußischen Staatsministerium hat Weber nachgewiesen, daß die vorgebrachten finanziellen Bedenken gegen eine reichsgesetzliche Regelung der Lehrerbildung nicht ausschlaggebend, sondern nur vorgeschoben waren und den Reform-

Den ersten Schritt zur Akademisierung der Volksschullehrerausbildung ging Sachsen, als der Landtag im März 1922 mit den Stimmen von USPD, SPD, KPD, DDP und DVP gegen die der DNVP und des einzigen Zentrumsabgeordneten das "Gesetz über die Umwandlung der Lehrerseminare und Lehrerinnenseminare" verabschiedete (dazu ausführlich das Kapitel über das höhere Schulwesen). Die endgültige Durchsetzung der akademischen Volksschullehrerausbildung erfolgte ein Jahr später im März 1923, zwei Monate nachdem das Reichsinnenministerium bekanntgegeben hatte, daß eine reichsgesetzliche Regelung der Lehrerbildung zur Zeit nicht zu erwarten sei. Wie aus der Vorlage Nr. 30 des Sächsischen Landtages ("den Entwurf eines Gesetzes über die Ausbildung der Volksschullehrer betreffend") hervorgeht, haben sich aufgrund dieser Nachricht des Reichsinnenministeriums am 14. Februar 1923 in Berlin neben Sachsen die Länder Thüringen, Anhalt, Mecklenburg-Schwerin, Mecklenburg-Strelitz, Lippe, Hamburg und Bremen getroffen und Richtlinien für die künftige Volksschullehrerausbildung vereinbart. Die genannten Länder vereinbarten u.a.,

- daß bei der zukünftigen Volksschullehrerausbildung die allgemeine von der beruflichen Bildung zu trennen ist und die bisherigen Sonderlehranstalten für die Volksschullehrerausbildung abzubauen sind;
- daß sich die angehenden Volksschullehrer(innen) ihre Allgemeinbildung durch den erfolgreichen Besuch einer zur Hochschulreife führenden höheren Schule erwerben;
- daß die Berufsausbildung der Volksschullehrer(innen) mindestens zwei Jahre dauert;
- daß sich die Berufsausbildung in einen wissenschaftlichen und einen praktisch-pädagogischen Teil gliedert. Ersterer sollte sich an der Hochschule (Universität oder Technische Hochschule), letzterer in einem mit der Hochschule verbundenen Pädagogischen Institut vollziehen;
- daß die wissenschaftliche Ausbildung in erster Linie das Studium der Erziehungswissenschaften umfaßt, im übrigen die Ausgestaltung des Studienplanes den einzelnen Ländern überlassen bleibt;
- daß für die Länder, die dieser Vereinbarung beitreten, die Freizügigkeit der Lehrerstudenten gilt und

---

gegnern im Staatsministerium dazu dienten, ihre eigentlichen gesellschaftspolitischen Beweggründe nicht öffentlich in die Diskussion bringen zu müssen (ebd., S. 196-239, vgl. zusammenfassend S. 308-333).

- daß das Zeugnis der Anstellungsfähigkeit von allen Ländern, die dieser Vereinbarung beigetreten sind, anerkannt wird (SSZ 1923 Nr. 10, S. 111 u. SEYFERT/RICHTER 1925, S. 6 f.).

Gemäß dieser Vereinbarung und den Vorberatungen im Ministerium entsprechend regelte Sachsen das akademische Studium der Volksschullehrer und -lehrerinnen. Am 5. März 1923 beschloß das Gesamtministerium, den folgenden Gesetzentwurf zur Volksschullehrerausbildung dem Landtag vorzulegen:

> "§1. *Die Volksschullehrer und -lehrerinnen erhalten ihre wissenschaftliche Berufsausbildung an der Universität Leipzig und an der Technischen Hochschule Dresden, ihre praktisch-pädagogische Ausbildung an mit diesen Hochschulen zu verbindenden Pädagogischen Instituten.*
> §2. *Die Ausbildung schließt mit einer staatlichen Prüfung ab, deren Bestehen zur Anstellung im Volksschuldienst berechtigt. Das Ministerium des Kultus und öffentlichen Unterrichts, das mit der Ausführung dieses Gesetzes beauftragt wird, erläßt die Prüfungsordnung und regelt die Anwärterdienstzeit sowie die Ausbildung für besondere Aufgaben.*
> §3. *Für die bis Ostern 1928 abgehenden Seminarabiturienten gelten die bisherigen gesetzlichen Bestimmungen über die Lehrerausbildung und den Erwerb der Anstellungsfähigkeit.*
> §4. *Dieses Gesetz tritt für die Technische Hochschule Dresden am 1. April 1923 in Kraft; für die Universität Leipzig wird der Zeitpunkt des Inkrafttretens durch das Gesamtministerium bestimmt"* (zit. n. SSZ 1923, Nr. 10, S. 110).

Die erste Beratung dieses Gesetzentwurfes erfolgte am 15. März 1923 im Landtag, wenige Tage bevor Erich Zeiger am Ende einer mehrwöchigen Regierungskrise von SPD und UPD zum Ministerpräsidenten gewählt wurde.

Zu Beginn der ersten Beratung begründete Kultusminister Fleißner (SPD) kurz die Gesetzesvorlage. Inhaltliche Ausführungen zur Reform der Volksschullehrerausbildung wollte Fleißner nicht mehr machen, da dies bereits ausführlich anläßlich der Beratungen des Gesetzentwurfes über den Abbau der Lehrer- und Lehrerinnenseminare im Februar/März 1922 geschehen sei. Damals hatte Fleißner in einem Satz zusammengefaßt, worum es seiner Meinung nach bei der Reform der Volksschullehrerausbildung gehe:

> "Es handelt sich um nicht mehr und nicht weniger, als darum, daß endlich der Grundsatz durchgeführt werden soll, der in der vorgeschrittenen pädagogischen Wissenschaft schon längst vertreten wird, nämlich der Grundsatz, daß allen Volksschichten in allen Schulen, an den Volksschulen sowohl

wie an den höheren Schulen, Wissen und Bildung nach gleichartigen Grundsätzen vermittelt werden soll" (Verhandlungen des Sächsischen Landtags 1921/22, Vierter Band, S. 3156).

Angesichts dieser Aufgabe war es für Fleißner unerheblich, ob die Volksschullehrer die Reform ihrer Ausbildung als eine Standesfrage betrachteten. In seiner Rede im März 1923 bezeichnete er die Einbringung des Gesetzentwurfes über die Ausbildung der Volksschullehrer als einen zweiten Schritt zur Reform der Lehrerbildung, nachdem der erste mit dem Abbau der Seminare erfolgt sei. Zum Schluß seiner Rede ging Fleißner noch auf die zu schaffenden Pädagogischen Institute und die zukünftige Entwicklung der Volksschullehrerausbildung insgesamt ein:

> *"Es soll ein pädagogisches Institut zunächst hier in Dresden an der Technischen Hochschule errichtet werden. Dieses pädagogische Institut hat in seinen ersten Anfängen mehr den Charakter eines Versuches, und es trifft sich hier sehr glücklich, daß wir drei Jahre Zeit haben bis zur völligen Ausgestaltung der pädagogischen Institute und daß während dieser drei Jahre eine ganze Reihe von Erfahrungen praktischer und theoretischer Art gesammelt werden können, die dann für den endgültigen Ausbau der Vollinstitute zweifellos nutzbar gemacht werden können. Ich weise darauf hin, daß im Jahre 1929 sich zum erstenmal die Notwendigkeit ergeben wird, Lehrer aufgrund der neuen Lehrerbildung für den Beruf zu gewinnen, da im Jahre 1928 die letzten Abiturienten vom Seminar abgehen. 1928 hören die sächsischen Lehrerseminare überhaupt auf zu sein. In diesem Augenblicke ist also der Abbau der Seminare vollständig, sind die Lehrerseminare erledigt. Im nächsten Jahre, 1929, müssen wir also Lehrer haben, die nach der neuen Methode, hochschulmäßig vorgebildet sind. Da wir annehmen, daß eine dreijährige Hochschulbildung notwendig ist ..., so ergibt sich, daß, wie ich bereits bemerkte, vom Jahre 1926 an diese pädagogischen Institute voll ausgebaut sein müssen. Wir haben also auf diese Weise eine sehr glückliche Überleitung vom alten in den neuen Zustand"* (Verhandlungen des Sächsischen Landtages 1922/23, Erster Band, S. 634).

Wie aus dem Gesetzentwurf selbst und aus den Ausführungen Fleißners hervorgeht, sollte die neue Lehrerausbildung im April 1923 zunächst nur an der Technischen Hochschule Dresden beginnen. Ein entsprechender Termin für die Universität Leipzig war dagegen noch offen. Ungeklärt war nämlich noch die Frage, in welchem Verhältnis das Pädagogische Institut zur Leipziger Universität stehen sollte. Hinsichtlich dieses Problems gestalteten sich die Verhandlungen mit der Universität Leipzig sehr schwierig. Während die TH Dresden einer engeren Verbindung zwischen ihr und dem Pädagogischen Institut aufgeschlossen gegenüberstand, lehnte die Universität Leipzig die Angliederung eines solchen Institutes ab.

Nach Kultusminister Fleißner sprach die Dresdner Studienrätin Dr. Hertwig für die DVP. Sie signalisierte die Zustimmung ihrer Fraktion zu dem Gesetzentwurf:

> *"Die Stellung meiner Fraktion zu der Vorlage Nr. 30 ergibt sich aus unserer Haltung, die wir bei Beratung des Gesetzes über den Abbau der Seminare im vorigen Landtage eingenommen haben. Wir haben diesem Gesetze zugestimmt, weil wir für eine vertiefte Lehrerbildung eintreten und weil wir der Ansicht gewesen und natürlich auch jetzt noch sind, daß die Lehrerbildung aus ihrer Sonderstellung zu lösen und in den großen Zusammenhang des gesamten Bildungswesens einzuordnen ist. Der vorliegende Gesetzentwurf stellt nun die Fortsetzung der durch die Umbildung der Seminare begonnenen Neuregelung dar. Infolgedessen werden wir auch diesem Gesetze zustimmen und im Rechtsausschuß, dem wir die Vorlage zu überweisen beantragen, positive Mitarbeit leisten"* (ebd., S. 634).

Ohne auf Einzelheiten des Entwurfs eingehen zu wollen, so die Abgeordnete Dr. Hertwig, sei die Hauptsache für die DVP, daß die Ausbildung so gestaltet werde, daß die Volksschullehrer befähigt würden, nicht nur in der Stadt, sondern auch auf dem Lande zu wirken. Daher gelte es, bei allen wissenschaftlichen Studien die Einstellung zum praktischen Leben nicht zu vernachlässigen und "das echte Wesen der Volksschule zu erhalten, nämlich volkstümlich zu sein" (ebd., S. 634 f.).

Für die DNVP erklärte der Oberlehrer Grellmann, daß seine Partei die Bedenken, die sie 1922 bei der Beratung des Gesetzes über den Abbau der Lehrerseminare geltend gemacht hätte, auch weiterhin aufrechterhalten würde (ebd., S. 635). Die seinerzeit vorgebrachten Bedenken gegen die Reform der Volksschullehrerausbildung richteten sich u.a. gegen die drohende Konkurrenz der Deutschen Oberschulen und Aufbauschulen für das bestehende höhere Schulwesen, besonders für das humanistische Gymnasium, das noch ungeklärte Theorie-Praxis-Verhältnis in der künftigen Volksschullehrerausbildung und gegen die finanziellen Auswirkungen der Reform (Verhandlungen des Sächsischen Landtages 1921/22, Vierter Band, S. 3161 ff. u. S. 3534 f.). Die DNVP hatte bei den Beratungen 1922 kaum einen Zweifel daran gelassen, daß sie die konfessionelle Seminarausbildung - wenn auch reformiert - beizubehalten wünsche.

Richard Seyfert, der Fraktionsvorsitzende der DDP, nahm für seine Fraktion zu dem vorliegenden Gesetzentwurf Stellung. Er begrüßte es, daß Sachsen die Initiative ergriffen habe und die Volksschullehrerausbildung neu regeln wolle. Seyfert versuchte einige Bedenken und Vorbehalte der DNVP zu entkräften und streifte gleichzeitig eine Reihe von Aspekten der neuen Lehrerbildung. So hatte nach Seyfert die frühere sozialpolitische Funktion der Seminare, durch ihre Schulgeldfreiheit auch Kindern aus den unteren sozialen Schichten den Aufstieg zu einem höheren Beruf zu ermöglichen, durch die katastrophalen wirtschaftlichen Verhältnisse der Nachkriegszeit ihre Bedeutung längst verloren. Außerdem wies er darauf hin, daß es nicht immer zum Segen dieser begabten Kinder gewesen sei, ihnen nur diese eine Möglichkeit des Volksschullehrerberufes eröffnet zu haben, obwohl ihre Begabung vielleicht auf einem anderen Gebiet gelegen habe. Vielmehr komme es darauf an, die Begabten für einen ihrer Anlage und Neigung entsprechenden Beruf auszubilden. Hinsichtlich der finanziellen Auswirkungen der Lehrerbildungsreform war Seyfert der Ansicht, daß aufgrund der Verarmung des Staates der einzelne für die Kosten seiner (akademischen) Ausbildung in stärkerem Maße herangezogen werden müßte. Die Erhöhung der Besoldung für die akademisch ausgebildeten Volksschullehrer trete im übrigen ja erstmals im Jahre 1929 ein und verteile sich dann über den Zeitraum eines ganzen Menschenalters. Dies bedeute eine unbestreitbare Milderung der finanziellen Auswirkungen der akademischen Volksschullehrerausbildung (Verhandlungen des Sächsischen Landtages 1922/23, Erster Band, S. 637 f.). Die Notwendigkeit einer verbesserten und vertieften Ausbildung für die Volksschullehrer ergab sich nach Seyfert zum einen dadurch, daß die erzieherische Aufgabe der Volksschule immer bedeutsamer werde, da diese Aufgabe aus wirtschaftlichen und sozialen Gründen sowohl in der Familie als auch im Lehr- und Arbeitsverhältnis vernachlässigt werde. Zum anderen gab Seyfert zu bedenken, daß eine verbesserte Volksschullehrerausbildung, die längerfristig auch zu einem erhöhten Bildungsniveau der Volksschüler führen müsse, sich positiv auf die Volkswirtschaft auswirken werde (ebd., S. 638). Zum Schluß seiner Ausführungen ging Seyfert stärker auf die inhaltliche Seite der künftigen Volksschullehrerausbildung ein. Diese müsse stärker als bisher "**die körperliche Seite** des Kindes, die Entwicklung und die Bestimmung des Körperlichen" unter erziehungswissenschaftlichem Gesichtspunkt betonen. Zweitens müsse in der neuen Lehrerbildung viel mehr als bisher das Kind als ein "**Glied der Gemeinschaft**" betrachtet werden "und drittens sollen die Ziele, die man in landläufiger Form als die **Ziele des Wahren, des Guten und des Schönen** hinstellen kann, dem jungen Lehrer in der Form und in der Vertiefung geboten werden, in der unsere tiefstschürfenden Denker sie unserem Volke dargestellt haben" (ebd., S. 639).

Für die SPD-Fraktion bekundete der Abgeordnete und Volksschullehrer Kurt Weckel die Zustimmung zum vorliegenden Gesetzentwurf. Weckel bezweifelte, daß die geäußerten Bedenken der DNVP gegen die Einführung der akademischen Volksschullehrerausbildung von der Sorge um die Volksschule getragen seien, vielmehr war er der Überzeugung, daß es in Wirklichkeit die Furcht vor dem Fortschritt der Volksschule und der fortschreitenden Bildung der Massen war. Dies, so Weckel, beweise die Geschichte des Sächsischen Landtages. Die dort geführten Verhandlungen über Volksschulfragen hätten gezeigt, daß die Konservative Partei - einer der Vorläufer der Deutschnationalen Volkspartei - schon immer wegen des Fortschritts der Volksschule besorgt gewesen sei (Verhandlungen ... 1922/23, Erster Band, S. 639). Weckel stellte fest, daß die SPD-Fraktion "in der Vorlage einen **weiteren Schritt in der fortschrittlichen Schulgesetzgebung,** die seit der Revolutionszeit in Sachsen eingehalten worden ist", erblicke (ebd.). Im Gegensatz zu Seyfert, der die Finanzierung des Studiums in die Verantwortung des einzelnen Studenten zu legen wünschte, betonte Weckel sehr viel stärker die soziale Verantwortung des Staates. Damit der Zugang zum Volksschullehrerstudium auch den sozial schwächeren Schichten erhalten bleibe, müßten verschiedene Erleichterungen für die Studenten geschaffen werden, so z.B. durch die Einrichtung von Studentenwohnheimen oder die Möglichkeit, daß die Studenten im dritten Jahr ihrer Ausbildung schon als Vertreter in den Volksschulen unterrichten könnten und - ähnlich wie die Werkstudenten der Technischen Hochschule - für ihre Tätigkeit entlohnt würden (ebd., S. 640).

Der KPD-Abgeordnete Ernst Schneller, wie Weckel Volksschullehrer, bemängelte in seiner Rede, daß man bei dem Gesetzentwurf weniger Bedacht "auf ein zukünftiges, mehr sozialistisch durchdrungenes Volksschul- und gesamtes Schulwesen" genommen habe, "als auf die Erfüllung des alten 48er Programms" (ebd., S. 641). "Trotzdem wir sehr viel vermissen an Durchtränkung mit sozialistischem Geiste, stimmen wir den Grundzügen zu, weil wir ebenfalls der Auffassung sind, daß es ein Unding ist, daß man für eine Einheitsschule, die doch aufgebaut werden soll, einen verschiedenartig vorgebildeten Lehrerstand verwenden will" (ebd.). Die Einheitlichkeit des Lehrerstandes zu erreichen, sollte nach Schneller ein Ziel der neuen

Volksschullehrerausbildung sein. Dafür müßte der Entwurf aber noch verbessert werden. So seien z.B. die Berufsschullehrer von der Gesetzesvorlage nicht erfaßt. "Wir sind auch weiter der Auffassung, daß es notwendig wäre, daß für die gesamte Lehrerschaft, ganz gleich, an welcher Stelle sie später einmal wirken wird, die Ausbildung durchaus gleichartig verlaufen muß, damit die Möglichkeit besteht, daß ein Lehrer sowohl an einer Schule für ältere Schüler als auch für jüngere Schüler unterrichten kann (...)." Schneller begründete dies damit, daß manche Lehrer besser mit jüngeren Schülern, andere dagegen besser mit älteren Schülern zurecht kämen. "Es kommt noch dazu, daß der einheitliche Geist durch das gesamte Schulwesen erst dann gewährleistet wäre, wenn jeder in den verschiedenen Schularten tätig gewesen ist, und wir würden es sogar für eine Notwendigkeit halten, daß die Voraussetzung gegeben ist, daß jeder einzelne Lehrer an den verschiedenen Schularten einmal gewirkt hat" (ebd., S. 641). Schneller kam dann zu der Frage, was von seiten der Regierung und des Landtages getan werde, um die Interessen der Arbeiterklasse in der Schule sicherzustellen. "Werden die Lehrer wirklich so vorgebildet, daß den Interessen der Kinder Rechnung getragen wird, werden vor allem auch die zukünftigen Arbeiter so vorgebildet, daß sie fähig und gewillt sind, in der Arbeiterbewegung tätig mitzuarbeiten oder werden in ihnen durch die zukünftigen Lehrer die Ideale gepflegt, die den Interessen der Arbeiterklasse entgegengesetzt sind, die sich auf vergangene Zeiten beziehen?" (ebd., S. 642). Dies sei einer der schwierigsten Punkte der Lehrerausbildung und hier zeige sich der Zusammenhang zwischen der Lehrerbildungs- und der Schulreformfrage. Nicht die Lehrerbildungsfrage sei, wie vielfach auch in Lehrerkreisen geäußert, das Kernstück der Schulreform, sondern das sei die "**gesamte Umbildung**" des Schulwesens. Man müsse "von unten auf das gesamte Schulwesen in die Richtung auf die **produktive** Arbeit, auf die **Produktionsschule**" einstellen (ebd., S. 642). Damit nun in der Schule nicht gegen die Interessen der Arbeiterschaft unterrichtet wurde, sollte nach Schnellers Vorstellungen der gesamte Inhalt der künftigen Lehrerbildung beeinflußt, d.h. verändert werden. Die zukünftigen Volksschullehrer müßten vertraut sein mit der soziologischen Bedingtheit der Kinder und zwar - wie Schneller im folgenden Zitat deutlich machte - aus eigener Anschauung:

> *"Es kommt nicht das 'Kind an sich' in die Schule hinein, sondern es kommen hinein Kinder der Arbeiterklasse, Kinder aus den ärmsten und elendesten Verhältnissen, Kinder, die durch Kinderarbeit überbürdet sind. Die Lehrer*

aber, die von dem gesamten Arbeitsprozeß bloß durch intellektuelle Unterweisung unterrichtet sind, werden das Verständnis für die Lage der Arbeiterklasse, für die besondere Lage der Arbeiterkinder eben nicht mitbringen. Diese Gefahr, daß die Lehrer, die auf die jetzt bestehenden höheren Schulen und Hochschulen gehen und von da aus in die Volksschulen hineinkommen, kinderfremd sind, nämlich den Arbeiterkindern fremd sind, diese Gefahr ist nicht von der Hand zu weisen, und die Arbeitereltern müssen schon Garantien verlangen, die zeigen, daß die Bildung, die hier für die Lehrer vorgesehen ist, nicht arbeiterfeindlich, nicht reaktionär sein wird" (ebd., S. 642).

Die Lösung dieses gesamten Problems, das Schneller zu Recht ansprach, sah er in der unmittelbaren Anbindung der Schule an die industrielle Produktion, ein Konzept, das von dem sowjetischen Pädagogen P. P. Blonski entwickelt wurde, von der Sowjetunion nach Deutschland gelangte und die Arbeitsschuldiskussion in der Weimarer Republik beeinflußte. Zum Schluß seiner Rede ließ Schneller aber auch keinen Zweifel daran, daß die Bildungsfrage letztlich erst nach dem Sturz der bürgerlichen Gesellschaft wirklich gelöst werden könne (ebd., S. 644).

Alle Parteien außer der DNVP hatten in dieser ersten Aussprache ihre grundsätzliche Zustimmung zum eingebrachten Entwurf eines Volksschullehrerbildungsgesetzes bekundet. Die DNVP hatte zwar massive Bedenken gegen eine Akademisierung der Volksschullehrerausbildung geäußert, es aber vermieden, sich expressis verbis auf eine Ablehnung des Gesetzentwurfes festzulegen. Nachdem der Entwurf im Rechtsausschuß behandelt worden war, wurde er unverändert am 23. März 1923 im Sächsischen Landtag ohne jede weitere Beratung von allen Parteien, auch der DNVP, einstimmig verabschiedet (Verhandlungen des Sächsischen Landtages 1922/23, Erster Band, S. 714).[26]

Auch wenn alle Parteien dem Gesetzentwurf letztlich zugestimmt haben, war die Durchsetzung der akademischen Volksschullehrerausbildung

---

26 Warum auch die Deutschnationalen dem Entwurf letztlich zustimmten, obwohl sie noch 1922 dem Gesetz zum Abbau der Lehrerseminare ihre Zustimmung verweigert und bei allen Verhandlungen über die Einführung der akademischen Volksschullehrerausbildung schwerwiegende Bedenken und Vorbehalte geäußert hatten, läßt sich aufgrund der Landtagsverhandlungen allein nicht schlüssig erklären. Aufschluß über diesen Widerspruch könnten eventuell die Beratungen im Rechtsausschuß des Sächsischen Landtages geben. Es läßt sich aber begründet vermuten, daß die Zustimmung der DNVP nicht aus innerer Überzeugung, sondern eher aus politisch-taktischen Erwägungen heraus erfolgte. Denn feststeht erstens, daß sie ein Verfechter der seminaristischen Volksschullehrerausbildung war, und zweitens, daß sie nach der Einführung der Lehrerbildungsreform, vor allem in der zweiten Hälfte der zwanziger Jahre, immer wieder durch Anfragen im Landtag und durch Veröffentlichungen in den Zeitungen und Zeitschriften die Universitätsausbildung der Volksschullehrer bekämpft hat.

vorrangig das Verdienst der sozialdemokratischen Regierung, die sich zunächst auf Reichsebene für eine zügige Durchführung der Lehrerbildungsreform eingesetzt und nach deren Scheitern eine landesgesetzliche Regelung vorangetrieben hatte.

Sachsen war mit seinem "Gesetz über die Ausbildung der Volksschullehrer" nach dem ebenfalls sozialistisch regierten Thüringen (1922) das zweite Land, das die akademische Volksschullehrerausbildung einführte.[27] Mit diesem Gesetz wurde eine Grundforderung der sächsischen Volksschullehrerschaft, nämlich die Verlegung ihrer Ausbildung vom Seminar an die Universität, erfüllt. Dies bedeutete zweifellos einen Abbau der bis dahin tiefen Kluft in der Ausbildung der Volksschullehrer(innen) und der Lehrer(innen) höherer Schulen. Dennoch blieben auch durch dieses Gesetz und, wie noch gezeigt wird, durch die später folgende Prüfungsordnung ganz entscheidende Unterschiede in beiden Ausbildungsformen gewahrt, wenn man etwa an die Studiendauer und die vorgesehene Einrichtung Pädagogischer Institute als einem neben der Hochschule ganz wesentlichen praxisorientierten Ausbildungsort nur für die zukünftigen Volksschullehrer(innen) denkt. Die vom SLV angestrebte Vereinheitlichung der gesamten Lehrer-

---

[27] Die Regelung der Volksschullehrerausbildung in den einzelnen Ländern ist bereits mehrfach überblicksartig dargestellt worden (bei SANDFUCHS 1978, S. 94 ff.; BÖLLING 1983, S. 109 ff.; WEBER 1984, S. 112 ff. und zuletzt, die Entwicklung der Volksschullehrerbildung in den einzelnen Ländern detailliert darstellend, bei PAUL 1985), so daß hier einige kurze Bemerkungen genügen sollen. Die Spannweite der Volksschullehrerausbildung in der Weimarer Republik reichte von der Beibehaltung der Seminarausbildung bis zu verschiedenen Varianten der Universitätsausbildung. Bayern (MORO 1977, S. 363 ff. u. RENNER 1979) und Württemberg hielten an der alten Seminarausbildung fest. Preußen (WEBER 1984 und WERTH 1985), Baden (WIELANDT 1976, S. 143 ff. u. 222 ff. u. LENHART 1977, S. 21 ff.) und Oldenburg verlegten ab 1926 die Volksschullehrerausbildung an besondere, von den Universitäten getrennte, Ausbildungsstätten, wobei diese in den jeweiligen Ländern in Form und Inhalt unterschiedlich gestaltet waren. Neben Sachsen verlegten Thüringen 1922 (MITZENHEIM 1964, S. 155 ff. u. 1965, S. 41 ff.) , Hessen 1925, Hamburg 1926 und Braunschweig 1927 (SANDFUCHS 1978) die Volksschullehrerausbildung an die Universität bzw. Technische Hochschule, wobei auch diese Konzepte im einzelnen sehr stark differierten. Kleinere Länder wie Bremen, Lübeck, Schaumburg-Lippe, Lippe-Detmold, Mecklenburg-Strelitz und Waldeck ließen ihre Volksschullehrer(innen) in anderen Ländern ausbilden. Interessant ist auch ein Blick über die Grenzen des Deutschen Reiches hinaus nach Österreich. Dort hatte der sozialistische Schulreformer Otto Glöckel zunächst auf Bundesebene als Chef der Unterrichtsverwaltung, später dann in den zwanziger Jahren im "Roten Wien" als verantwortlicher Leiter des Wiener Stadtschulrates, versucht, die Universitätsausbildung für Volksschullehrer durchzusetzen. Glöckels Konzeption weist deutliche Übereinstimmungen mit der sächsischen Regelung auf (FADRUS 1926; für die Wiener Schulreform der Ersten Republik insgesamt KEIM 1984).

ausbildung als Konsequenz aus dem Einheitsschulgedanken ließ sich nicht durchsetzen.

Am 2. Mai 1923 wurde zunächst das Pädagogische Institut in Dresden eröffnet. Fünfundzwanzig Studenten nahmen das Volksschullehrerstudium an der TH Dresden und am Pädagogischen Institut auf. Richard Seyfert erhielt die Berufung zum Direktor des Instituts und gleichzeitig zum Honorarprofessor für Praktische Pädagogik an der TH Dresden.[28]

Beim Aufbau des Pädagogischen Instituts wirkte der SLV aktiv mit. Da die sächsische Regierung im "Gesetz über die Ausbildung der Volksschullehrer" den Termin für den Beginn der akademischen Volksschullehrerausbildung an der Universität Leipzig noch nicht festgelegt hatte, richtete der SLV im Juli 1923 eine Eingabe an das Kultusministerium und bat darum, Ostern 1924 auch in Leipzig ein Pädagogisches Institut zu eröffnen und der Universität anzugliedern (Jahresbericht des SLV 1923, S. 164). Im September 1923 beschloß die sächsische Regierung das Inkrafttreten des Lehrerausbildungsgesetzes für Leipzig zum 1. April 1924 (SEYFERT/

---

[28] Diese Berufung entsprach sicher den Verdiensten Seyferts bei der Reform der Volksschullehrerausbildung. Schon rund ein Jahrzehnt vor dem Ersten Weltkrieg hatte er sich als Seminaroberlehrer und späterer Seminardirektor für eine Reform der Volksschullehrerausbildung eingesetzt. In seiner 1905 erschienenen Schrift "Vorschläge zur Reform der Lehrerbildung" forderte er den Ausbau des Seminars zu einer allgemeinbildenden höheren Schule, die fünf Jahrgänge umfassen und an die Bürgerschule anschließen sollte. Für die berufliche Ausbildung der Volksschullehrer forderte er damals eine zweijährige Pädagogische Akademie mit akademischem Lehrbetrieb. Manche der Vorschläge, die Seyfert seinerzeit für die konkrete organisatorische und inhaltliche Ausgestaltung der Volksschullehrerausbildung an diesen Pädagogischen Akademien zur Diskussion stellte, haben rund 20 Jahre später ihre Umsetzung in die Praxis der Pädagogischen Institute gefunden. Auch Seyferts Idee, diese Pädagogischen Akademien mit der Universität, dem Polytechnikum, der Technischen Hochschule oder dem Konservatorium mehr oder weniger fest zu verbinden (SEYFERT 1905, S. 58 f.), entsprach ziemlich genau der später in Sachsen tatsächlich realisierten Form akademischer Volksschullehrerausbildung. Insofern ist es nur konsequent, daß Seyfert nach 1918/19 zu den Befürwortern und aktiven Förderern der akademischen Volksschullehrerausbildung zählte. Anteil an der Durchsetzung der Reform der Volksschullehrerausbildung hatte er nicht zuletzt durch seine am 1.10.1919 erfolgte Berufung zum Geheimen Schulrat und Dezernenten für die Seminare - diese Funktion behielt er auch während seiner Ministertätigkeit bei - und seine spätere Tätigkeit als ehrenamtlicher Fach- oder Ministerialreferent für Lehrerbildung im Kultusministerium. In dieser Eigenschaft sowie als Direktor des Pädagogischen Instituts und als ordentlicher Professor für Praktische Pädagogik nahm er entscheidenden Einfluß auf die konkrete Ausgestaltung der Volksschullehrerausbildung nach 1923. 1932, im Alter von 70 Jahren, legte Seyfert seine Ämter als Ministerialreferent und Direktor des Pädagogischen Instituts nieder (LLZ 1932 Nr. 14, S. 330 u. TEUSCHER, Adolf: Zu Richard Seyferts Abschied, in: LLZ 1931 Nr. 33, S. 922-925).

RICHTER 1925, S. 8). Am 14. Mai 1924 wurde auch in Leipzig das Pädagogische Institut im ehemaligen Lehrerseminar Leipzig-Connewitz eröffnet (LLZ 1924, Nr. 18, S. 306 ff.).

5. Ausbau und weitere Entwicklung der akademischen Volksschullehrer(innen)ausbildung nach 1923

Als im Januar 1924 die Zeit der schulreformfreundlichen Arbeiterregierungen in Sachsen endgültig zu Ende ging und die SPD - innerparteilich heftig umstritten - eine Koalition mit der DDP und der DVP schloß, war die akademische Volksschullehrerausbildung zwar gesetzlich geregelt und mit ihrer praktischen Umsetzung begonnen worden, ihre Durchsetzung und feste Etablierung aber noch keineswegs endgültig gesichert. Die LLZ brachte in einer Meldung über diesen Regierungswechsel ihre Skepsis über die weitere Entwicklung der Schul- und Bildungsreform unter dieser neuen Regierung zum Ausdruck (LLZ 1924, Nr. 1, S. 7). Wie berechtigt diese Skepsis war, ist in Teil A dieser Arbeit gezeigt worden. Der neue Volksbildungsminister Kaiser legte den Schwerpunkt seiner Kurskorrektur der sozialistischen Bildungsreformpolitik auf den Bereich der Volksschule. Hier sah er den größten Handlungsbedarf, nicht so sehr dagegen bei der akademischen Volksschullehrer(innen)ausbildung, deren Einführung er und die gesamte Fraktion der DVP ja zugestimmt hatten. So erklärte Kaiser dann auch dem SLV Ende Januar 1924 in einer Aussprache über den weiteren Fortgang der begonnenen akademischen Ausbildung, daß sich die Lehrerschaft hinsichtlich dieser Reform auf seine volle Förderung verlassen könne (LLZ 1924 Nr. 5, S. 77 f.). Von Volksbildungsminister Kaiser und seinem Ministerium wurden dann zunächst auch keine Versuche unternommen, die eingeleitete Akademisierung der Volksschullehrer(innen)ausbildung zu stoppen. Sie hatte trotz aller Anfeindungen letztlich bin zum Ende der Weimarer Republik und sogar noch einige Zeit darüber hinaus Bestand.

a. Das Studium der Volksschullehrer(innen)

Nach § 2 des Gesetzes zur Ausbildung der Volksschullehrer mußte das Kultusministerium noch eine **Prüfungsordnung** erlassen. Dies geschah am 17. Juni 1925 mit der "Ordnung der Prüfung für das Lehramt an der Volksschule".[29] Durch die Prüfung sollte der Bewerber nachweisen, "daß er zu praktischer Erzieherarbeit in der Volksschule befähigt ist und das Erziehungswesen wissenschaftlich erfaßt hat" (§ 1; SEYFERT/RICHTER 1925, S. 10). Nach § 2 war die Prüfung an der Universität Leipzig oder der TH Dresden abzulegen. Die wichtigsten Zulassungsbedingungen zur Prüfung waren laut § 3 der Besitz des Reifezeugnisses einer neunstufigen höheren Schule oder der Aufbauschule oder des Sächsischen Lehrerseminars und ein mindestens dreijähriges Studium an einer Universität oder Technischen Hochschule (ebd., S. 11). Die Prüfung selbst umfaßte einen mündlichen und einen schriftlichen Teil (§ 6, ebd., S. 15). In der schriftlichen Prüfung hatte der Bewerber zu Hause zwei Aufgaben zu bearbeiten, wobei eine davon aus dem Gebiet der Praktischen Pädagogik stammen mußte (§ 7, ebd., S. 15 f.). Die mündliche Prüfung erstreckte sich auf sogenannte Kern- und Begleitfächer. In den Kernfächern wurden geprüft: Praktische Pädagogik (Bildungs- und allgemeine Unterrichtslehre, Schulkunde und Lehre des öffentlichen Erziehungswesens, Schulgesetzkunde, besondere Methodik zweier Lehr- und Übungsgebiete der Volksschule, von denen das eine der Deutschunterricht sein mußte), Philosophie und Geschichte der Erziehung, Psychologie mit Jugendkunde. Als Begleitfächer wurden geprüft: Anthropologie und Hygiene und ein Wahlfach (§ 8, ebd., S. 17 f.). Entgegen den Empfehlungen des kultusministeriellen Arbeitsausschusses von 1921, kein wissenschaftliches Wahlfach in den sechssemestrigen Studiengang aufzunehmen, hielt das Wahlfachstudium mit Einführung der Prüfungsordnung nun doch Einzug in die neue akademische Volksschullehrer(innen)ausbildung, auch wenn es nicht im Mittelpunkt des Studiums stand. Dominierend und den Kern des Studiums bildend war die Pädagogik. Dies fand seinen sichtbaren Ausdruck durch die Rangfolge der Prüfungsfächer. Durch die Prüfungsordnung wurde der Eigencharakter der Volksschullehrer(innen)ausbildung

---

[29] Diese Prüfungsordnung ist aufgrund von Beratungen und Verhandlungen zwischen der Universität Leipzig und der TH Dresden einschließlich der jeweiligen Pädagogischen Institute entstanden (Die Hochschulbildung der Lehrer in Sachsen 1923, S. 32; LLZ 1924, Nr. 29, S. 506).

nochmals hervorgehoben und die einheitliche Lehrer(innen)ausbildung nicht gefördert. Richard Seyfert, als Direktor des Pädagogischen Instituts in Dresden direkt an der Erarbeitung der Prüfungsordnung beteiligt, nahm zu dieser Tatsache Stellung.

Ein Blick in die Prüfungsordnung, so Seyfert, widerlege die Anschauung,

> "als handle es sich beim Studium des Volksschullehrers um eine Nachahmung des philologischen Studiums. (...) Es könnte eher der Vorwurf erhoben werden, daß die grundsätzliche Abweichung zu stark sei, und daß das wichtige Ziel, die wünschenswerte größere Einheitlichkeit des Lehrerstandes, außer acht gelassen werde. Dazu sei bemerkt, die Einheit des Lehrerstandes ist ein schönes Ziel. Sie liegt aber doch in weiter Ferne. Und es dürfen ihm nicht näher liegende Ziele geopfert werden. Das Studium des Volksschullehrers ist nach den **Bedürfnissen und Aufgaben der Volksschule** einzurichten. Diese sind entscheidend" (SEYFERT, R.: Zur neuen Prüfungsordnung, in: SSZ 1925, Nr. 27, S. 524 ff., Zitat S. 524).

Die Studienpläne für die Studierenden der Pädagogik an der Technischen Hochschule Dresden und an der Universität Leipzig haben die beiden Direktoren der Pädagogischen Institute in Dresden und Leipzig, Richard Seyfert und Johannes Richter, in ihrer Schrift "Gesetzliche Grundlagen und Studienordnung der Akademischen Lehrerbildung im Freistaat Sachsen" im Jahre 1925 veröffentlicht.

"Studienplan für die Studierenden der Pädagogik an der Technischen Hochschule in Dresden":

1. Semester (Sommer):

1. Grundzüge der Kulturphilosopie .... 2 Stunden
2. Geschichte der Philosophie I .... 2 "
3. Bau und Verrichtung des menschlichen Körpers I .... 1 "
4. Persönliche Gesundheitspflege .... 2 "
5. Einführung in die Sozialwissenschaften .... 3 "
6. Bildungs- und allgemeine Unterrichtslehre I .... 4 "
7. Besondere Unterrichtslehre (Elementarunterricht Grundschule, Heimatkunde) .... 3 "
8. Übungen hierzu .... 1 "
9. Vorbereitungsübungen (zur Auswahl: Religion I, Geschichte I, Deutsche Sprache I, Heimatkunde I, Biologie I und II, Französisch) .... 2 "
10. Hospitationen und Lehrübungen .... 3 "
11. Wissenschaftliches oder künstlerisch-technisches Wahlfach .... 4 "

27 Stunden

2. Semester (Winter):
1. Ethik, Rechts- und Staatsphilosophie I .... 2 Stunden
2. Einführung in die Hygiene, Rassen-, Sozial-, Sexualhygiene .... 2 "
3. Einführung in die allgemeine Psychologie, Übungen dazu .... 4 "
4. Bau und Verrichtung des menschlichen Körpers II .... 1 "
5. Deutsche Literaturgeschichte I (Vorlesung oder Übungen) .... 2 "
6. Bildungs- und allgemeine Unterrichtslehre II .... 4 "
7. Besondere Unterrichtslehre (Oberstufe, Arbeitskunde, Form, Zahl, Werk) .... 3 "
8. Übungen hierzu .... 1 "
9. Vorbereitungsübungen (zur Auswahl: Religion II, Erdkunde I, Deutsche Sprache II, Heimatkunde II, Biologie III, Physik I, Englisch) .... 2 "
10. Hospitationen und Lehrübungen .... 3 "
11. Wahlfach .... 4 "

                    28 Stunden

3. Semester (Sommer)
1. Geschichte der Philosophie II .... 2 Stunden
2. Logik u. Erkenntnislehre oder pilosophische Übungen .... 2 "
3. Geschichte der Erziehungsideen I .... 2 "
4. Einführung in die Erblichkeitslehre .... 1 "
5. Sozialwissenschaftliche Übungen .... 2 "
6. Deutsche Literaturgeschichte II (Vorlesung oder Übungen) .... 2 "
7. Bildungs- und allgemeine Unterrichtslehre III .... 1 "
8. Übungen hierzu .... 3 "
9. Besondere Unterrichtslehre (Biologie, körperliche Erziehung) .... 3 "
10. Übungen hierzu .... 1 "
11. Vorbereitungsübungen (zur Auswahl: Geschichte II, Erdkunde II, Heimatkunde III, Biologie IV, Physik II, Chemie, Rechnen) .... 2 "
12. Hospitationen und Lehrübungen .... 4 "
13. Wahlfach .... 4 "

                    29 Stunden

4. Semester (Winter):
1. Grundzüge einer Philosophie der Erziehung .... 2 Stunden
2. Einführung in die vergleichende Psychologie und Übungen dazu ... 4 "
3. Einführung in die Rechtswissenschaft .... 2 "
4. Juristisches Kolloquium .... 2 "
5. Deutsche Literaturgeschichte III (Übungen oder Vorlesung) .... 2 "
6. Bildungs- und allgemeine Unterrichtslehre IV .... 1 "
7. Übungen hierzu .... 3 "
8. Besondere Unterrichtslehre (Deutsch, Religion, Lebenskunde, Musik) .... 3 "
9. Übungen hierzu .... 1 "
10. Vorbereitungsübungen (1. Semester) .... 2 "
11. Hospitationen und Lehrübungen .... 4 "
12. Wahlfach .... 4 "

                    30 Stunden

5. Semester (Sommer):

1.	Ethik, Rechts- und Staatsphilosophie II (Übung)	2 Stunden
2.	Geschichte der Philosophie III	2 "
3.	Übung zur Erblichkeitslehre	1 "
4.	Deutschsprachliche Übungen	2 "
5.	Bildungs- und allgemeine Unterrichtslehre V	1 "
6.	Übungen hierzu	3 "
7.	Schulkunde und Schulrechtskunde	2 "
8.	Besondere Unterrichtslehre (Geschichte, Erdkunde, Zeichnen)	3 "
9.	Übungen hierzu	1 "
10.	Vorbereitungsübungen (2. Semester)	2 "
11.	Hospitationen und Lehrübungen	4 "
12.	Wahlfach	4 "
		27 Stunden

6. Semester (Winter):

1.	Geschichtsphilosophie oder philosophische Übungen	2 Stunden
2.	Geschichte der Erziehungsideen II	2 "
3.	Psychologie der Erziehung	2 "
4.	Ästhetik oder philosophische Übungen	2 "
5.	Psychopathologie	2 "
6.	Das öffentliche Bildungswesen Sachsens	1 "
7.	Übungen hierzu	1 "
8.	Vorbereitungsübungen (3. Semester)	2 "
9.	Hospitationen und Lehrübung	4 "
10.	Wahlfach	4 "
		22 Stunden

(Quelle: SEYFERT/RICHTER 1925, S. 40-43)

Außer den aufgeführten Vorlesungen und Übungen mußten die Studierenden zusätzlich noch Übungen im Zeichnen, in Musik, im Werkunterricht und in Leibesübungen belegen (ebd., S. 40). Erstmalig fanden auch sozialwissenschaftliche Studienanteile Eingang in die Volksschullehrer(innen)ausbildung.[30] Wie der Studienplan ausweist, waren im ersten Semester eine dreistündige Einführung in die Sozialwissenschaften und im dritten Semester ergänzend sozialwissenschaftliche Übungen vorgesehen.[31]

---

[30] Auf den besonderen Stellenwert der Soziologie innerhalb des neuen akademischen Volksschullehrerstudiums hatte Fritz Barth in einem Artikel zur Neuordnung der Lehrerbildung in Sachsen in der ADLZ 1923 hingewiesen: "In einem Bildungsplan für angehende Volksschullehrer werden entscheidend sein die Beziehungen der Probleme der Soziologie zur Pädagogik. Die Erkenntnis vom Wesen und Wert der Gemeinschaft und der Erziehung des jungen Menschen zum tätigen Glied dieser Gemeinschaft bildet einen wesentlichen Bestandteil der Lehrerbildung" (BARTH 1923, S. 292).

[31] Eine Übersicht über die einzelnen Vorlesungen und Übungen an der TH Dresden im WS 1923/24 und SS 1924 mit Nennung der einzelnen Professoren und Dozenten und den Titeln ihrer Veranstaltungen findet sich in: "Das Hochschulstudium der Volks- und Berufsschullehrer im Freistaat Sachsen. Zweiter Bericht des Pädagogischen Instituts der Technischen Hochschule zu Dresden." Leipzig 1925, S. 28 ff. Auch die LLZ und SSZ veröffentlichten regelmäßig Übersichten über die Vorlesungen und Übungen der akademischen Volksschullehrerausbildung an der TH Dresden und der Universität Leipzig.

Studienplan des pädagogischen Instituts Leipzig (Nach Semestern geordnet)

1. Semester	2. Semester	3. Semester	4. Semester	5. Semester	6. Semester
\multicolumn{6}{c}{Allgemeine Bildungslehre und Schullehre}					
Volksschulpädagogik der Gegenwart (Probleme und Lösungsversuche) mit Übungen, 4-stündig	Allgemeine Bildungslehre mit Übung I (die innere Organisation, Aufbau und Aufgaben der Erziehungsschule), 4-stündig	Allgemeine Bildungslehre mit Übung II (Mittel und Arbeitsweisen der Erziehungsschule), 4-stündig	Allgemeine Bildungslehre mit Übung III (die didaktische Gestaltung in der Erziehungsschule), 4-stündig	Allgemeine Schulkunde (Organisation, Verwaltung, Rechtsgrundlagen der Schule), 4-stündig	
\multicolumn{6}{c}{Praktische Jugendkunde mit Übungen und Exkursionen}					
Praktische Jugendkunde des Grundschul- und des reiferen Schulalters I, 2-stündig	Praktische Jugendkunde des Grundschul- und des reiferen Schulalters II, 2-stündig	Praktische Jugendkunde des Grundschul- und des reiferen Schulalters III, 2-stündig	-	-	
\multicolumn{6}{c}{Besondere Bildungs- und Unterrichtslehre (Wesen und Gestaltung der einzelnen Unterrichtsgebiete mit Übungen)}					
Deutsch I, 3-stündig. Heimat- und Erdkunde I, 2-stündig	Deutsch II, 3-stündig. Heimat und Erdkunde II, 2-stündig	Elementarunterricht, 2-stündig. Geschichte, 2-stündig	Zeichen- und Werkunterricht oder Nadelarbeit, 2-stündig. Musik und Gymnastik, 2-stündig	Rechnen und Formenlehre 2-stündig. Biologie I, 2-stündig. Religion oder Lebenskunde, 2-stündig	Biologie II, 1-stündig. Naturlehre, 3-stündig
\multicolumn{6}{c}{Hospitation und Lehrversuche}					
In der Grundschule (3. u. 4. Schuljahr) zur Veranschaulichung des Gesamtunterrichts, 3-stündig	In der Grundschule (3. und 4. Schuljahr) zur Veranschaulichung des Gesamtunterrichts, 3-stündig	In der Elementarklasse (1. und 2. Schuljahr) zur Veranschaulichung des Gesamtunterrichts, 3-stündig	Auf der Mittelstufe (5. und 6. Schuljahr) zur Veranschaulichung des Gesamt- und Gruppenunterrichts, 4-stündig	Auf der Oberstufe (7. und 8. Schuljahr) zur Veranschaulichung der Gruppen- und Fachunterrichts, 4-stündig	Auf der Oberstufe (7. und 8. Schuljahr) zur Veranschaulichung der Gruppen- und Fachunterrichts, 4-stündig
\multicolumn{6}{c}{Die künstlerischen und technischen Voraussetzungen gestaltender Unterrichtsarbeit}					
Ausdruckszeichnen I, 2-stündig. Turnen I (rhythmische Gymnastik), 2-stündig	Ausdruckszeichnen II, 2-stündig Turnen II (rhythmische Gymnastik), 2-stündig	Ausdruckszeichnen III, 2-stündig. Turnen III (rhythmische Gymnastik), 2-stündig. Stimmbildung und Musik I, 2-stündig	Turnen IV (rhythmische Gymnastik), 2-stündig. Klassentechnik oder Nadelarbeit I, 2-stündig. Stimmbildung und Musik II, 2-stündig	Klassentechnik oder Nadelarbeit II, 2-stündig. Stimmbildung und Musik III, 2-stündig	Klassentechnik oder Nadelarbeit III, 2-stündig. Stimmbildung und Musik IV, 2-stündig
\multicolumn{6}{c}{Staats- und kulturkundliche Grundlegung des Erzieherberufs}					
Allgemeine Staatslehre (Politik), 2-stündig	Das Staatensystem der Gegenwart, 2-stündig	Deutsche Verfassungs- und Verwaltungslehre, 2-stündig	Deutsche Literatur und Sprache in geistesgeschichtlicher Beleuchtung I, 2-stündig	Deutsche Literatur und Sprache in geistesgeschichtlicher Beleuchtung II, 2-stündig	Deutsche Literatur und Sprache in geistesgeschichtlicher Beleuchtung III, 2-stündig

(Quelle: SEYFERT/RICHTER ebd., S. 54f.)

In diesen Studienplan des Pädagogischen Instituts Leipzig mußten die Studierenden noch die folgenden Lehrgegenstände der philosophischen und medizinischen Fakultät der Universität integrieren:

Philosophische Fakultät

1. Pädagogik.
   2 Historische Kollegs (Geschichte der Pädagogik)
   je drei Stunden .... 6 Semesterstunden
   1 Systematisches Kolleg................................... 3   "
   1 Übung über irgendeinen Autor oder ein
   Spezialproblem.. 2   "
   ....11 Semesterstunden

2. Philosophie
   1 Historisches Kolleg (über eine Epoche, einen Denker,
   ein Spezialgebiet in rein historischer Entwicklung) .... 3 Semesterstunden
   2 Systematische Kollegs (z.B. Ethik und Kulturphilosophie,
   oder Logik) je 2 Stunden.. 4   "
   1 Übung über irgendeinen Autor oder ein
   Spezialproblem.. 2   "
   .... 9 Semesterstunden

3. Psychologie
   Allgemeine Psychologie oder dafür zwei sich ergänzende
   Teilvorlesungen (eine dieser Vorlesungen jedenfalls
   vor dem Einführungskurs)...................................... 4 Semesterstunden
   Einführungskurs 2   "
   Psychologie des Kindes und Jugendlichen (jedenfalls
   nach dem Einführungskurs) 2   "
   Pädagogische Psychologie...................................... 2   "
   Ein Übungskurs über ein Einzelgebiet (jedenfalls
   nach dem Einführungskurs) 2   "
   ....12 Semesterstunden

4. Wahlfach.
   Psychologie, Pädagogik, Philosophie oder ein wissenschaftliches Sachgebiet, das der Volksschularbeit nahesteht, wie Deutsch, Geographie, Geschichte, Naturkunde, Fremdsprache usw. (Prüfungsordnung § 13), im Semester durchschnittlich 4 Stdn. in 6 Semestern..........................24 Semesterstunden

Medizinische Fakultät.

Allgemeine Anthropologie und Physiologie	2	Semesterstunden
Allgemeine Pathologie und Hygiene	2	"
Kinder- und Schulkrankheiten	3	"
Psychopathologie des Kindes	2	"
	9	Semesterstunden

(Quelle: SEYFERT/RICHTER 1925, S. 49 f.)

Auf die Philosophische Fakultät entfielen insgesamt 56 Semesterwochenstunden, auf die medizinische 9 und auf das Pädagogische Institut Leipzig 115 Stunden, so daß in sechs Semestern insgesamt 180 Semesterstunden absolviert werden mußten. Was an beiden Studienplänen zunächst einmal auffällt, ist die doch insgesamt starke Reglementierung des Studiums und die Vielzahl von Fächern und Fachgebieten, mit denen sich die Studierenden mehr oder weniger intensiv beschäftigen mußten. So weist der Dresdner Studienplan aus: Philosophie (mit Rechts- und Staatsphilosophie, Geschichte der Philosophie, Geschichte der Erziehung, Logik und Erkenntnislehre, Ästhetik und Ethik), Sozialwissenschaften, Psychologie, Rechtswissenschaft, Psychopathologie, Rassen-, Sozial- und Sexualhygiene, Gesundheitspflege, Erblichkeitslehre, Deutsche Literaturgeschichte, ein Wahlfach, Bildungs- und Allgemeine Unterrichtslehre, Besondere Unterrichtslehre, Hospitationen und Lehrübungen, Schulkunde und Schulrechtskunde sowie zusätzlich noch Übungen in den Fächern Zeichnen, Werkunterricht, Musik und Leibesübungen. Die vorgeschriebene Beschäftigung mit all diesen Gebieten führte zwangsläufig zu einer extrem hohen wöchentlichen Stundenbelastung, die im Durchschnitt bei 30 Stunden lag (in Leipzig 180 Semesterwochenstunden in sechs Semestern). In der Schrift von Seyfert/Richter wurde diese Belastung als eine zwar starke, aber noch erträgliche bezeichnet (ebd., S. 53).

Mit der starken Reglementierung und besonders der Vielzahl der vorgeschriebenen Fächer und Fachgebiete wurden unverkennbar Elemente der alten Seminarausbildung in die universitäre Volksschullehrer(innen)ausbildung übernommen. Der enzyklopädische Charakter der Seminarausbildung sollte ja gerade durch das exemplarische Studium eines wissenschaftlichen Wahlfaches überwunden werden und gleichzeitig den Wissenschaftscharakter der neuen Ausbildung betonen. Dieses Anliegen ist, wie die Studienpläne zeigen, nicht befriedigend gelöst worden. Eine Ursache hierfür lag wohl sicher in dem in Sachsen gewählten Modell der akademischen Volksschullehrer(innen)ausbildung, nämlich in der Zweiteilung der Ausbildung durch die Universität bzw. Technische Hochschule und das jeweilige Pädagogische Institut.[32] Gerade beim Aufbau der Pädagogischen Institute, die ja bestimmte pädagogisch-praktische Elemente der alten Seminarausbildung - wenn auch in reformierter Form - übernehmen und weiterführen sollten, lag natürlich die Versuchung bzw. die Gefahr nahe, sich insgesamt stärker an dem alten Ausbildungsmodell des Seminars zu orientieren und damit auch die früheren Mängel und Probleme in die neue Ausbildung hinüberzunehmen. Die Überfrachtung der Studienpläne ließ zwangsläufig relativ wenig Raum für das Studium des Wahlfachs. Lediglich 24 von rund 180 Stunden standen dafür zur Verfügung, d.h. vier Stunden wöchentlich pro Semester. Der Schwerpunkt der Ausbildung lag ohnehin im Pädagogischen Institut. In Leipzig hatte der Student bzw. die Studentin dort 115 Stunden, an der Universität 65 Stunden zu absolvieren (SEYFERT/RICHTER 1925, S. 53).

Es ist bereits darauf hingewiesen worden, daß die Universität Leipzig und die Technische Hochschule Dresden unterschiedliche Standpunkte zur Integration der Volksschullehrer(innen)ausbildung in die Hochschule vertraten. Während die Universität Leipzig einer solchen Integration im Grunde ablehnend gegenüberstand, war das Verhalten der TH Dresden von Wohlwollen und Förderung geprägt. Diese unterschiedlichen Haltungen hatten unmittelbare Auswirkungen auf das organisatorisch-rechtliche Verhältnis der beiden Pädagogischen Institute zu den jeweiligen Hochschulen. Das Pädagogische Institut in Leipzig war seit seiner Eröffnung am 14. Mai 1924 ein selbständiges Institut.[33] Sein Etatansatz wurde deshalb auch ge-

---

[32] Diese Zweiteilung entsprach nicht den Idealvorstellungen des SLV. Es wurde vielmehr als ein aus der Not geborenes Modell verstanden, da die Hochschulen es ablehnten, die praktisch-pädagogische Ausbildung der angehenden Volksschullehrer(innen) zu übernehmen. Der Dualismus der Ausbildung war, wie der Dresdner Lehrerbildungsausschuß schrieb, "ein Zugeständnis an das gegenwärtig Erreichbare". Ziel war, "die innere Einheitlichkeit des Bildungsganges zu erreichen, indem das Pädagogische Institut nach und nach zu einem wesentlichen Bestandteil der Hochschule selbst und innerhalb dieser zum Mittelpunkt der Lehrerausbildung wird" (Die Hochschulbildung der Lehrer in Sachsen 1923, S. 16). Am Ende dieses Prozesses sollte die Herausbildung einer **Pädagogischen Fakultät** stehen (ebd., S. 41).

[33] Bei der Eröffnung des Pädagogischen Instituts rechtfertigte Theodor Litt als Vertreter der Philosophischen Fakultät die Stellung des Instituts zur Universität mit folgenden Worten: "Wenn die neue Lehrerbildung so geregelt wurde, wie es geschehen ist, so war für die Philosophische Fakultät die Erwägung maßgebend, daß zwischen Erziehungstheorie und -praxis zwar innere Zusammenhänge bestehen, aber von solcher Art, die es nicht gestatten, das eine dem anderen restlos zu unterwerfen.

sondert im staatlichen Haushaltsplan ausgewiesen (LLZ 1924, Nr. 18, S. 305). Die Studierenden des Pädagogischen Instituts waren gleichzeitig an der Philosophischen Fakultät der Universität Leipzig immatrikuliert. Die Verbindung zur Leipziger Universität bestand durch einen "Beirat für das Pädagogische Institut", dem sechs ständige Vertreter der Universität und sechs Dozenten des Instituts, die in einem bestimmten Turnus neu gewählt wurden, angehörten. Den Vorsitz in diesem Beirat führte der Direktor des Instituts Johannes Richter, der 1927 auch zum ordentlichen Honorarprofessor der Universität Leipzig ernannt wurde (LLZ 1932, Nr. 10, S. 238 ff.; Nr. 14, S. 330).

Das Pädagogische Institut in Dresden war dagegen seit 1924 integrierter Bestandteil der TH. Zunächst, bei seiner Gründung im Jahre 1923, war es ebenfalls nur lose mit der TH dadurch verbunden, daß Richard Seyfert, der Leiter des Pädagogischen Instituts, auf Antrag der Hochschule zum Honorarprofessor ernannt wurde. Am 2. November 1923 beschloß dann der Senat der TH auf Vorschlag der Allgemeinen Abteilung (später Kulturwissenschaftliche Abteilung genannt): "In Erfüllung des Gesetzes vom 4. April 1923 wird das Pädagogische Institut als akademisches Institut in gleicher Weise wie alle anderen Hochschulinstitute in den Rahmen der Technischen Hochschule aufgenommen und der Allgemeinen Abteilung zugeteilt. Zum Direktor des PI. wird der Inhaber des Lehrstuhles für praktische Pädagogik ernannt" (LLZ 1932, Nr. 14, S. 330). Diesem Vorschlag enstprechend berief das Volksbildungsministerium zum 1. Januar 1924 Richard Seyfert zum ordentlichen Professor für Praktische Pädagogik, und am 5. Mai 1924 erfolgte im Rahmen einer Feier die Übernahme des Pädagogischen Instituts durch die TH Dresden (LLZ 1924, Nr. 17, S. 296 und 1932, Nr. 14, S. 330).

Wie gestaltete sich nun das **Studium** an den **Pädagogischen Instituten**? Die Direktoren und Dozenten der Institute haben im Laufe der Jahre in

---

Das erzieherische Tun kann wie eine Technik werden, auf der anderen Seite aber gilt von der Erziehungswissenschaft, daß sie nie zusammenschrumpfen darf zu einer Technologie des erzieherischen Handelns. Die Regelung des Verhältnisses zwischen Universität und Institut ist der beste Ausdruck für das Verhältnis zwischen theoretischer Besinnung und pädagogischer Praxis. Nicht der Wunsch nach Trennung bestand, sondern der Wunsch, es möge eine Form geschaffen werden, die den beiden Mächten am besten dient. Wir sind der Meinung, daß in dem Element der Freiheit und Eigengesetzlichkeit, das dem Institut zugebilligt ist, dieses seine Aufgaben am besten erfüllen kann" (LLZ 1924 Nr. 18, S. 306 f.).

verschiedenen Aufsätzen und Schriften Auskunft über ihre Arbeit gegeben.[34] Diese Berichte dienen als Grundlage der folgenden Ausführungen, wobei zu berücksichtigen ist, daß solchen Berichten häufig die Tendenz idealtypischer Darstellung innewohnt. Doch erst die Auswertung hochschulinternen Quellenmaterials könnte weitere Aufschlüsse über die alltägliche Praxis der Institute geben.

Das Aufgabengebiet der Pädagogischen Institute wurde unter dem Begriff der Praktischen Pädagogik zusammengefaßt. Dennoch reduzierte sich die Aufgabe der Pädagogischen Institute nicht auf die Einführung der Studentinnen und Studenten in die Berufspraxis, zumindest wenn man darunter ausschließlich eine theoretisch unreflektierte Praxisanleitung mittels Drills versteht, wie sie typisch für die alte Seminarausbildung war. Einführung in die Berufspraxis ja, aber immer theoretisch fundiert. Für Lehrende und Lernende stand im Mittelpunkt dieser berufspraktischen Vorbereitung die Bildung des Kindes bzw. die Erforschung des Bildungsvorgangs. Ausgehend von der Beobachtung der konkreten Schul- und Unterrichtswirklichkeit, der Durchführung experimentell-didaktischer Übungen und schulpraktischer Tätigkeit sollte der Weg über eine theoretisch reflektierte Durchdringung des Bildungsvorganges zurück zur Unterrichtspraxis führen, d.h. der angehende Volksschullehrer bzw. die angehende Volksschullehrerin sollten in die Lage versetzt werden, in ihrer späteren praktischen Arbeit den Bildungsvorgang planmäßig zu leiten und zu lenken (Das Hochschulstudium der Volks- und Berufsschullehrer im Freistaat Sachsen 1925, S. 8 ff.; MÜLLER 1929, S. 94; SEYFERT 1930, S. 441 u. LLZ 1932, Nr. 14, S.

---

34 Vgl. u.a.: Die Hochschulbildung der Lehrer in Sachsen. Pläne und erste Erfahrungen. Leipzig 1923; RICHTER, J.: Das erste Semester im Pädagogischen Institut zu Leipzig, in: LLZ 1924, Nr. 29, S. 505-507; Das Hochschulstudium der Volks- und Berufsschullehrer im Freistaat Sachsen. Zweiter Bericht des Pädagogischen Instituts der Technischen Hochschule zu Dresden. Leipzig 1925; SEYFERT, R.: Sechs Jahre akademische Lehrerbildung im Freistaat Sachsen, in: LLZ 1929, Nr. 17, S. 461-463; MÜLLER, A.: Sinn und Bedeutung der Institutsschule in der neuen Lehrerbildung, in: Neue Pädagogische Studien 1929, Heft 3, S. 93-103; SEYFERT, R.: Zum Studium der zukünftigen Volksschullehrer an der Technischen Hochschule zu Dresden, in: Die Scholle. Blätter für Kunst und Leben in Erziehung und Unterricht. Sonderheft: Die neue Lehrerbildung, Mai 1930, S. 440-445; ders.: Die Notwendigkeit und Möglichkeit der akademischen Lehrerbildung, in: Schulblatt für Braunschweig und Anhalt 1930, Nr. 31, S. 1040-1049; ders.: Aufgaben, Aufbau und Arbeitsweise des Pädagogischen Instituts der Technischen Hochschule, ein Rechenschaftsbericht, in: LLZ 1932, Nr. 14, S. 325-330; REUMUTH, K.: Acht Jahre Pädagogisches Institut in Leipzig, in: LLZ 1932, Nr. 10, S. 238-240; RICHTER, J.: Lehrerbildung als deutsche Kulturfrage. Leipzig 1932.

325 f.). Die Pädagogischen Institute strebten also eine enge Verzahnung von Theorie und Praxis an. Die naheliegende Vorstellung, das Theorie-Praxis-Verhältnis sei durch die Ausbildungsorte Technische Hochschule/Universität und Pädagogische Institute eindeutig vorgegeben, indem erstere für die Theorie und letztere für die Praxis verantwortlich seien, wurde von den Pädagogischen Instituten nicht geteilt. Richard Seyfert bemerkte dazu: "Eine Trennung von theoretisch-wissenschaftlicher Bildung einerseits und angehängter praktischer Ausbildung anderseits lehnen wir ab, weil wir diesen Grundsatz nicht anerkennen" (SEYFERT 1930, S. 441).

Wie sah nun die konkrete Ausgestaltung des Theorie-Praxis-Verhältnisses in den Pädagogischen Instituten aus, wie war die Ausbildung der Studierenden organisiert, welche inhaltlichen Schwerpunkte hatte sie? Im Zentrum der Pädagogischen Institute stand jeweils eine institutseigene Volksschule.[35] Das Pädagogische Institut in Leipzig übernahm 1924 bei seiner Eröffnung zwei Klassen der 5. Volksschule (LLZ 1924, Nr. 29, S. 505). 1932 war die Institutsschule auf 24 Klassen angewachsen. Sie war im Gebäude der 5. Volksschule untergebracht (LLZ 1932, Nr. 10, S. 238). Das Pädagogische Institut in Dresden begann 1923 ebenfalls mit zwei Volksschulklassen. Für die erste dieser Klassen wurden dem Institut 21 Jungen und Mädchen von einer benachbarten Volksschule zugewiesen, wobei diese Kinder aus den verschiedensten Bevölkerungsschichten stammten und bewußt ausgewählt worden waren. Die Schülerinnen und Schüler der zweiten Klasse, ein 7. Schuljahr, hatten der Seminarübungsschule Dresden-Strehlen angehört (Die Hochschulbildung der Lehrer in Sachsen 1923, S. 33 ff.). 1932 zählte die Institutsschule 21 Klassen, einschließlich einer höheren Abteilung (LLZ 1932, Nr. 14, S. 326). Die Dresdner Institutsschule verfügte über einen eigenen abgegrenzten Schulbezirk, der unmittelbar dem Volksbildungsministerium unterstellt war. Die Dozenten[36]

---

[35] Diese Lösung institutseigener Schulen war nicht unumstritten. Als Alternativvorschläge hatten zur Diskussion gestanden, statt einer Institutsschule z.B. die Volksschulen der Stadt Dresden in die neue Lehrerausbildung einzubeziehen oder die Dresdner Versuchsschule am Georgplatz mit dem Pädagogischen Institut zu verbinden (Müller 1929, S. 94).

[36] Bei Einführung der akademischen Volksschullehrerausbildung war die rechtliche Stellung der Dozenten im Rahmen der Hochschule sowie der Modus ihrer Anstellung noch ungeklärt. An der TH Dresden ist es zunächst so gewesen, daß Richard Seyfert als Direktor des Instituts im Einvernehmen mit der Dozentenschaft dem Volksbildungsministerium Vorschläge gemacht und das Ministerium dann die Ernennung vorgenommen hat. Die rechtliche Stellung der Dozenten wurde zunächst

des Instituts hatten das Recht, den Schulleiter aus Ihrer Mitte für drei Jahre zu wählen. Damit gingen die Selbstverwaltungsrechte der Institutsschule über die der übrigen Volksschulen hinaus (ebd.). Das Aufgabengebiet der Institutsdozenten erstreckte sich neben der Ausbildung der Studentinnen und Studenten in erster Linie auf die normale Unterrichtstätigkeit an der Institutsschule.[37] Beide Aufgabengebiete standen natürlich in einem engen Zusammenhang, da der Unterricht der Dozenten zugleich Lehrtätigkeit an den Studierenden bedeutete. Der Unterricht vollzog sich weitgehend in Gegenwart der Studentinnen und Studenten. Dabei konnten diese die wissenschaftlich-didaktischen Anschauungen des Dozenten, die Gegenstand seiner Vorlesungen und Übungen waren, an seiner konkreten Unterrichtspraxis studieren. Umgekehrt fand seine Unterrichtspraxis - soweit eben möglich - als Anschauungsmaterial wiederum Eingang in seine Vorlesungen und Übungen (LLZ 1932, Nr. 14, S. 326). Die Vorlesungen und Übungen der Dozenten erstreckten sich auf Besondere Unterrichtslehre einschließlich methodischer Übungen, experimentell-didaktische Übungen, Stoffvorbereitungsübungen, Schulgesetz- und Schulkunde sowie Hospitationsbesprechungen. Einige Dozenten waren außerdem noch für die Wahlfachausbildung zuständig, die für die Fächer Musik, Zeichnen, Werkunterricht und Leibesübungen in der Verantwortung der Pädagogischen Institute lag (MÜLLER 1929, S. 100 f.).

---

von der Hochschule dahingehend festgelegt, daß diese als sog. "Adjunkten" betrachtet wurden. Als Adjunkten bezeichnete man verbeamtete Hochschullehrkräfte zum Teil mit dem Professorentitel, die einem Lehrstuhl zugeordnet waren und für diesen einen Teil des Lehrauftrages übernahmen. Erst eine Verordnung vom 30. Juli 1929 hat die Stellung der Dozenten endgültig geregelt. Als Dienstbezeichnung wurde der Titel Dozent festgelegt. Die Dozenten sollten nach dieser Verordnung auf Vorschlag des Direktors des Pädagogischen Instituts unmittelbar vom Ministerium angestellt werden und unter der Dienstaufsicht des Ministeriums stehen. Ihre Lehrtätigkeit war gebunden an die Landesvorschriften und an die Beschlüsse des Lehrkörpers des Pädagogischen Instituts. Im übrigen sollte sie frei und auf der Grundlage eigener wissenschaftlicher Überzeugung erfolgen. Nachdem nun die Stellung der Dozenten geregelt war, wünschten Rektor und Senat der TH Dresden an der Berufung der Dozenten beteiligt zu werden. Ein Lehrerbildungsausschuß der TH, der mit Genehmigung des Ministeriums seit April 1930 bestand und dem Professoren und Dozenten mit gleichen Rechten angehörten, hatte im November desselben Jahres das Vorschlagsrecht für sich in Anspruch genommen, genaue Bestimmungen hierüber beschlossen und diesen Beschluß dem Ministerium unterbreitet (SEYFERT, R.: Eine Richtigstellung, in: LLZ 1932, Nr. 14, S. 330- 332).

[37] In den beiden ersten Klassen mußte der Dozent den vollen Unterricht übernehmen. Unterstützt wurde er dabei von einem sog. wissenschaftlichen Hilfsarbeiter, das war ein akademisch ausgebildeter Volksschullehrer, der für einige Stunden verantwortlich war. In den übrigen Klassen erteilten die Dozenten durchschnittlich 14 Stunden.

Es dürfte deutlich geworden sein, wie durch die Doppelfunktion der Institutsdozenten als Lehrer an der institutseigenen Volksschule und als Lehrerbildner ein möglichst enges Theorie-Praxis-Verhältnis angestrebt wurde. Wie versucht wurde, dieses Verhältnis auch von der Studienorganisation her möglichst effektiv zu gestalten, mag am Beispiel der Besonderen Bildungslehre des Pädagogischen Instituts in Leipzig veranschaulicht werden. In den Vorlesungen zur Besonderen Unterrichtslehre wurden die Studierenden historisch und systematisch mit Wesen, Besonderheiten und Problemen einzelner Unterrichtsfächer bzw. Fachgebiete vertraut gemacht. In Leipzig waren diese Vorlesungen über besondere Bildungslehre in Jahreskursen organisiert. Jeweils ein Dozent behandelte in einem solchen Kursus in einer Einheit von drei Stunden Vorlesung samt Übung und drei Stunden Unterrichtspraxis eine Fächergruppe entweder aus den Natur- oder Geisteswissenschaften in Verbindung mit Fragen der Unterrichtsgestaltung in der Unter- oder Oberstufe der Volksschule, etwa dem Gesamt- und/oder Arbeitsunterricht. Die Studierenden sollten die Kurse nach Möglichkeit so wählen, daß sie im Verlauf ihres Studiums sowohl einen Einblick in die geistes- und naturwissenschaftlichen Fachgebiete als auch in die jeweiligen Besonderheiten der Unterrichtsarbeit in der Unter- und Oberstufe erhielten (RICHTER 1932, S. 78 f.). Der Dozent des Pädagogischen Instituts in Leipzig K. Reumuth schrieb zum Theorie-Praxis-Verhältnis dieser Jahreskurse:

"Die Arbeit in den Jahreskursen spannt sich von der gegenstands- und bildungstheoretischen Besinnung bis zur Planung und Verwirklichung der kleinsten Unterrichtsmaßnahmen in der Schulklasse. Die theoretischen Forschungen und Erwägungen werden anschließend in der Schulwirklichkeit auf ihre Tragfähigkeit hin geprüft. In dieser organischen Verbindung der didaktischen Theorie mit der Schulpraxis sollen die angehenden Lehrer angeleitet werden, die unterrichtspraktische Arbeit an der pädagogischen Idee und an den Gegebenheiten der Schulwirklichkeit zu orientieren, sie sollen gefeit werden sowohl gegen die pädagogische Phrase als auch gegen die selbstgefällige Fingerfertigkeit des didaktischen Routiniers" (LLZ 1932, Nr. 10, S. 238).

Die Vorlesungen zur Besonderen Bildungslehre, zur Schul- und Schulgesetzkunde, die Stoffvorbereitungsübungen etc. wurden ergänzt durch die Allgemeine Bildungs- und Unterrichtslehre, die vom Direktor des Pädagogischen Instituts vertreten wurde. Diese hatte die Aufgabe, die Studierenden in allgemeiner Form mit dem Beruf des Volksschullehrers bzw. -lehrerin und grundsätzlichen Fragen der Volksschulpädagogik auf wissenschaftlicher Grundlage bekannt zu machen. Der Studienplan des Pädagogischen Instituts

Leipzig verzeichnete z.B. für das erste Semester "Volksschulpädagogik der Gegenwart (Probleme und Lösungsversuche)", für das zweite Semester "Allgemeine Bildungslehre mit Übung I (die innere Organisation, Aufbau und Aufgaben der Erziehungsschule)", für das dritte Semester "Allgemeine Bildungslehre mit Übung II (Mittel und Arbeitsweisen der Erziehungsschule)" und für das vierte Semester "Allgemeine Bildungslehre mit Übung III (die didaktische Gestaltung in der Erziehungsschule)".

Wie beschrieben, sollte die theoretisch-praktische Berufsausbildung der Studierenden an den Pädagogischen Instituten ihren Ausgangspunkt von der konkreten Unterrichtspraxis nehmen. Deshalb die zentrale Stellung der Institutsschule im Rahmen der Pädagogischen Institute, deshalb auch der während des gesamten Studiums andauernde enge Kontakt der Studierenden mit der Schulpraxis. Die Studienpläne sahen vom ersten Semester an einmal wöchentlich an einem Vormittag Hospitationen vor. In Dresden blieben die Studierenden ein Jahr lang in derselben Klasse. Zunächst beschränkte sich die Tätigkeit der Studentinnen und Studenten auf die Beobachtung des Unterrichts und speziell der Kinder. An der Dresdner Institutsschule mußte jeder Studierende ein Kind besonders beobachten und Tagebuch darüber führen. An diesem einen Kind, so Richard Seyfert, versuche der Student bzw. die Studentin die bildende Wirkung des Unterrichts besonders zu erkennen (LLZ 1932, Nr. 14, S. 327; vgl. auch RICHTER 1932, S. 80 u. MÜLLER 1929, S. 97 ff.). Die Hospitationen wurden von Vor- und Nachbesprechungen begleitet. Verbindungen zur Allgemeinen und Besonderen Unterrichts- und Bildungslehre sollten hergestellt werden, soweit sie nicht schon studienorganisatorisch gewährleistet waren. Die Hospitationen gingen dann allmählich in eine stärkere Mitarbeit der Studentinnen und Studenten über. Diese Mitarbeit der Hospitationsgruppe in einer Klasse war vor allem deshalb relativ problemlos möglich, weil sich die Institutsschulen als Arbeitsschulen verstanden und der Unterricht auf dem Prinzip des Arbeitsunterrichts basierte. So ergaben sich für die Studierenden im Unterricht, etwa bei der Gruppenarbeit, in der Werkstatt, im Schulgarten oder bei den regelmäßigen Schulausflügen und -wanderungen reichlich Gelegenheiten, sich an der Arbeit der Klasse zu beteiligen und engeren Kontakt mit den Kindern zu bekommen (LLZ 1932, Nr. 14, S. 327; Das Hochschulstudium der Volks- und Berufsschullehrer im Freistaat Sachsen 1925, S. 16 ff .). Der zweite Bericht des Pädagogischen Instituts der TH Dresden gab einige konkrete

Beispiele für diesen reformpädagogisch orientierten Unterricht der Institutsschule. So hieß es z.B. für das 1. und 2. Schuljahr:

"Im 1. Schuljahr stand am Anfang eine Untersuchung der Schulneulinge nach den Vorschlägen des Leipziger Psychologischen Instituts. Darnach eroberten sich die Sechsjährigen allmählich das große Haus des Instituts vom Keller bis zum Turm, den Hof, Teich, Garten und die nächste Umgebung. Spiele im Hof und Garten, Arbeiten an den Schulbeeten führten die Klasse häufig ins Freie, dazu kamen Märchen, Geschichten aus dem Leben, religiöse Erzählungen, Kinderversehen, einfache Kinderlieder. Im 2. Schuljahr standen eine Zeitlang Ereignisse des Schul- und Familienlebens im Mittelpunkt, der Schulgarten bot Arbeits- und Beobachtungsstoff, die Wanderungen führten in den Zoologischen Garten, in die Dresdner Heide, auf den Borsberg. Längere Zeit wurde das Tierleben im Garten, auf der Straße, im Zoo, im Walde, die Arbeit der Handwerker in der Werkstatt beobachtet" (Das Hochschulstudium ... 1925, S. 17 f.).

Ein solchermaßen reformpädagogisch geprägter Unterricht bot aber nicht nur ein weites Feld für die Mitarbeit der Studierenden, sondern er machte die angehenden Volksschullehrerinnen und -lehrer gleichzeitig auch mit reformpädagogischer Theorie und Praxis vertraut und vermittelte ihnen ein Stück konkreter Schulreformpraxis.[38]

Die Hospitationen erstreckten sich vom ersten bis zum vierten Semester. In der zweiten Hälfte des Studiums standen verschiedene Praktika auf dem Programm. In Dresden mußten die Studierenden zwischen dem dritten und vierten Semester ein Vierwochenpraktikum an der Institutsschule absolvieren. In diesem Praktikum, das von Vor- und Nachbesprechungen begleitet wurde, beteiligten sich die Studierenden an der gesamten Unterrichtsarbeit einer Klasse. Im fünften Semester bestand das Praktikum aus Hospitationen und einzelnen Lehrversuchen an einer Volksschule der Stadt Dresden. Zahlreiche Lehrerinnen und Lehrer Dresdner Volksschulen hatten ihre Bereitschaft erklärt, solche Hospitationsgruppen aufzunehmen. Vor Beginn des sechsten Semesters schließlich folgte ein sechswöchiges

---

[38] Von zwei bekannten Dozenten, Kurt Riedel und Martin Weise, läßt sich sagen, daß sie aus der Schulreformpraxis kamen. Beide waren als Volksschullehrer an Versuchsschulen tätig gewesen, Riedel an der Humboldt-Versuchsschule in Chemnitz und Weise an der Dresdner Versuchsschule am Georgplatz. Riedel hatte u.a. den "Bildungsplan für die zehnjährige Einheitsschule" verfaßt und Weise hatte sich in Theorie und Praxis für die Verbreitung des Arbeitsschul- und Gesamtunterrichtsgedankens eingesetzt. Der Wechsel dieser beiden Schulreformer an das Pädagogische Institut war sicher Ausdruck des Wunsches, reformpädagogisches Gedankengut in die zukünftigen Generationen von Volksschullehrerinnen und -lehrern zu tragen und somit systematisch einer reformpädagogischen Erneuerung des gesamten Volksschulwesens den Weg zu ebnen.

Vollpraktikum ebenfalls an einer Volksschule Dresdens oder Umgebung und ein einwöchiger Landschulbesuch. Die Studierenden waren verpflichtet, einen Bericht über dieses letzte Praktikum zu schreiben und einzureichen. Dieses letzte Praktikum hatte den Charakter eines Prüfungspraktikums. Der betreuende Dozent stellte nach erfolgreicher Absolvierung ein Zeugnis aus, das bei der Abschlußprüfung vorgelegt werden mußte (LLZ 1932, Nr. 14, S. 327 f.). Am Pädagogischen Institut in Leipzig waren die Praktika bis auf kleine unwesentliche Abweichungen ganz ähnlich organisiert (LLZ 1932, Nr. 10, S. 239; Richter 1932, S. 79 f.). Alle Praktikums- und Semesterberichte der Studierenden wurden, ebenso wie ihre schriftlich fixierten Schülerbeobachtungen und ihre Berichte über die experimentell-didaktischen Übungen, in einem eigenen Institutsarchiv gesammelt. Diese Unterlagen sollten die Grundlage für eine spätere Forschung auf dem Gebiet der Bildungs- und Unterrichtslehre bilden und dem Pädagogischen Institut auch den Charakter eines Forschungsinstituts verleihen (LLZ 1932, Nr. 14, S. 326).

Betrachten wir zum Schluß dieses Abschnitts, der die wichtigsten Grundstrukturen und Merkmale der akademischen Volksschullehrer(innen)ausbildung in Sachsen in Umrissen zu skizzieren versucht hat, die **soziale Herkunft** der immatrikulierten Studentinnen und Studenten für das Volksschullehramt. Die alte Seminarausbildung hatte sich immer ihrer sozialpolitischen Funktion gerühmt. Aufgrund der gewährten Schulgeldfreiheit und der kostengünstigen Internatsunterbringung ermöglichte sie ja tatsächlich in gewissem Umfange den sonst bildungsbenachteiligten unteren sozialen Schichten den Weg zu höherer Bildung und begrenztem sozialen Aufstieg. Inwieweit hat die akademische Form der Volksschullehrer(innen)ausbildung diese Tradition fortsetzen können, oder inwieweit hat die Verlagerung der Ausbildung an die Hochschulen die soziale Zusammensetzung der Studentenschaft zugunsten privilegierter sozialer Schichten verändert?

Im Wintersemester 1929/30, also noch vor den Abbaumaßnahmen der akademischen Volksschullehrer(innen)ausbildung, waren an der Universität Leipzig insgesamt 701 Studierende (602 Studenten und 99 Studentinnen) für das Volksschullehreramt immatrikuliert. Nach dem Beruf des Vaters ergab sich folgende Aufstellung:

Soziale Herkunft der Student(inn)en für das Volksschullehramt an der Universität Leipzig 1929/30

		Studenten absolut	%	Studentinnen absolut	%
Beamte im	höhere	19	3,16	21	21,21
öffentlichen	mittlere	250	41,51	41	41,41
Dienst	untere	30	4,98	1	1,01
Offiziere und andere Militärpersonen		-	-	-	-
Angehörige der	mit akadem. Bildung	1	0,15	3	3,03
freien Berufe	ohne akadem. Bildung	6	0,99	3	3,03
Großlandwirte		-	-	-	-
mittlere und kleine Landwirte		30	4,98	-	-
Selbständige in Handel und Gewerbe		101	16,78	13	13,13
Angestellte		101	16,78	14	14,14
Arbeiter		55	9,14	1	1,01
sonstige Berufe und unbekannt		8	1,33	1	1,01

(Eigene Zusammenstellung nach: Statistisches Jahrbuch für den Freistaat Sachsen, 49. Ausgabe 1930, S. 258 f.)

An der TH Dresden studierten im Wintersemester 1929/30 insgesamt 690 Studentinnen (93) und Studenten (597). Nach dem Beruf des Vaters ergab sich an der TH Dresden folgende Aufteilung:

Soziale Herkunft der Student(inn)en für das Volksschullehramt an der TH Dresden 1929/30

		Studenten absolut	%	Studentinnen absolut	%
Beamte im	höhere	11	1,84	20	21,51
öffentlichen	mittlere	246	41,21	49	52,69
Dienst	untere	53	8,88	-	-
Offiziere und andere Militärpersonen		3	0,50	-	-
Angehörige der	mit akadem. Bildung	5	0,84	4	4,30
freien Berufe	ohne akadem. Bildung	3	0,50	1	1,08
Großlandwirte		1	0,17	-	-
mittlere und kleine Landwirte		11	1,84	-	-
Selbständige in Handel und Gewerbe		114	19,10	8	8,60
Angestellte		79	13,23	10	10,31
Arbeiter		63	10,55	-	-
sonstige Berufe und unbekannt		6	1,01	1	1,08

(Eigene Zusammenstellung nach: Statistisches Jahrbuch für den Freistaat Sachsen, 49. Ausgabe 1930, S. 260 f.)

Beide Statistiken zeigen, daß rund 50 % der Volksschullehrerstudenten aus Beamtenfamilien stammten, wobei die mittlere Beamtenschicht mit gut 40 % den größten Anteil stellte. Bei den Studentinnen lag der Anteil derer, die aus Beamtenfamilien kamen, noch wesentlich höher. An der Universität Leipzig betrug er gut 63%, an der TH Dresden sogar über 74%. Dabei ist besonders auffallend, daß über 20% der Studentinnen aus höheren Beamtenfamilien stammten, während es bei den Studenten nur ca. zwei bis 3% waren. Ein zweites größeres Rekrutierungsfeld sowohl bei den Studentinnen als auch bei den Studenten stellten die Selbständigen in Handel und Gewerbe und die Angestellten dar. In Leipzig waren beide Gruppen mit jeweils knapp 17% bei den Studenten und etwa 14% bei den Studentinnen vertreten, in Dresden waren die Selbständigen mit ca. 19% bei den Studenten und 18 bei den Studentinnen, bzw. 13 und 10% bei den Angestellten vertreten. Nach den Beamten, Selbständigen in Handel und Gewerbe und den Angestellten kam die meisten Studenten aus der Arbeiterschaft. An der Universität Leipzig waren es gut 9, und an der TH Dresden 10,5%.[39] Volksschullehrerstudentinnen aus der Arbeiterschaft gab es dagegen praktisch nicht. Lediglich in Leipzig stammte von den 99 Studentinnen eine einzige aus der Arbeiterschaft. Der Anteil der Volksschullehrerstudenten aus der Arbeiterschaft muß mit den ermittelten 10% als besonders hoch angesehen werden, erst recht, wenn man ihn mit dem entsprechenden Arbeiteranteil in der männlichen Gesamtstudentenschaft vergleicht, der an der Universität Leipzig im Wintersemester 1929/30 gut 3 und an der TH Dresden knapp 4% betrug (Statistisches Jahrbuch, 49. Ausgabe 1930, S. 258 ff.).[40]

Insgesamt zeigen beide Statistiken, daß ein großer Teil angehender Volksschullehrer und -lehrerinnen sich nach heutigem Verständnis aus der unteren Mittelschicht und Unterschicht rekrutierte.[41] Auch wenn man auf-

---

[39] Im Sommersemester 1930 war der entsprechende Anteil der Studenten aus der Arbeiterschaft in Leipzig auf 10,84% und in Dresden auf 11,68% gestiegen (Statistisches Jahrbuch ... 1930, S. 262 ff.).

[40] In Hamburg, Thüringen und Sachsen lagen die Arbeiteranteile unter den Studierenden über dem Reichsdurchschnitt (HERRLITZ u.a. 1981, S. 119). Man wird sicher einen Zusammenhang herstellen können zwischen diesem Befund und der Tatsache, daß alle diese Länder die Volksschullehrerausbildung an die Universitäten bzw. in Sachsen auch an die Technische Hochschule verlegt haben. Zumindest für Sachsen ist nach dem oben Gesagten evident, daß der hohe Arbeiteranteil unter den Volksschullehrerstudenten für den überdurchschnittlich hohen Arbeiteranteil unter den Studierenden insgesamt verantwortlich war.

[41] Vor dem Hintergrund der sozialen Zusammensetzung der Volksschullehrerstudenten und -studentinnen ist ein Blick auf deren politische Einstellung von Interesse. Aussagen hierüber sind allerdings aufgrund der unzureichenden Quellenlage nur sehr begrenzt möglich. Ein Bericht von Fritz Schaberg über "Die neue Entwicklung der politischen Lage in der Studentenschaft" in der LLZ vom 16. März 1932 beleuchtete die politischen Kräfteverhältnisse in der Studentenschaft anhand der Wahlen zum

grund dieser Momentaufnahme zur sozialen Herkunft der im Wintersemester 1929/30 immatrikulierten Studentinnen und Studenten noch keine präzisen generalisierenden Aussagen über den gesamten Zeitraum von der Einführung der akademischen Volksschullehrer(innen)ausbildung 1923 bis zum Ende der Weimarer Republik treffen kann, so wird man doch in der Tendenz sagen können, daß die akademische Volksschullehrer(innen)ausbildung mehr als alle anderen traditionellen Studiengänge den bildungsbenachteiligten Schichten, insbesondere der Arbeiterschaft, in größerem Umfang den Zugang zur Universität und damit zum sozialen Aufstieg eröffnet hat. Insofern setzte die akademische Volksschullehrer(innen)ausbildung in Sachsen die Tradition der Seminarausbildung fort, eine Tatsache, die bereits von Uwe Sandfuchs für die Volksschullehrer(innen)ausbildung an der TH Braunschweig festgestellt wurde (SANDFUCHS 1978, S. 325 ff.).

Insbesondere der SLV hat sich für die Förderung sozial schwächerer Studenten eingesetzt. So gewährte er unbemittelten Studierenden Darlehen und Unterstützungen. Verschiedene Bezirksvereine stifteten sog. Freitische im Studentenheim. Außerdem rief der SLV eine "Richard-Seyfert-Stiftung" ins Leben, die vor allem bedürftigen Lehrersöhnen finanzielle Hilfe gewähren sollte. Bereits im Sommersemester 1925 wurden aus den Zinsen des Stiftungskapitals für Studierende in Dresden und Leipzig je zehn ganze und zehn halbe Freistellen im Studentenheim gewährt (Das Hochschulstudium ... 1925, S. 6 f.).

Allgemeinen Studentenausschuß in den Jahren 1931 und 1932. Schaberg schrieb dabei u.a. über die Ergebnisse an der Universität Leipzig: "Genauere Schlüsse auf die politische Haltung der **Studenten der Pädagogischen Institute** zu ziehen, ist in geringem Umfang für **Leipzig** durch die Ergebnisse des Wahlraumes im Institut bei der jetzigen Februarwahl möglich. Vor einem Jahre war der republikanische Anteil in Hamburg, Dresden und Leipzig relativ groß. In Leipzig standen am Pädagogischen Institut den 255 Nationalsozialisten 145 Sozialisten gegenüber, in der Gesamtstudentenschaft war aber das Verhältnis 5,8 : 1. Jetzt haben am Pädagogischen Institut 266 Nat.-Soz. und 91 Sozialisten gewählt, Verhältnis 2,9 : 1, in der Gesamtstudentenschaft 2544 Nazi zu 406 Sozialisten, d.h. 6,2 : 1. Die Staatsfeindlichen zu den Staatsfreundlichen verhalten sich am Institut wie 2,4 : 1. Das Bild hat sich nur um ein geringes für die Staatsfreundlichen verschlechtert. Nach wie vor sind am Pädagogischen Institut **relativ** viel mehr Stimmen der Staatsfreundlichen abgegeben worden, als in der Gesamtstudentenschaft" (LLZ 1932, Nr. 10, S. 241 f.). Aus diesem Bericht geht zumindest hervor, daß am Ende der Weimarer Republik an der Universität Leipzig die republikanischen Kräfte innerhalb der Volksschullehrerstudentenschaft im Vergleich zur Gesamtstudentenschaft stärker vertreten waren und daß die Nationalsozialisten am Pädagogischen Institut nicht in demselben Umfange Fuß fassen konnten wie an der Universität insgesamt.

b. Die Bestrebungen gegen die akademische Volksschullehrer(innen)ausbildung

Obwohl die Reform der Volksschullehrer(innen)ausbildung 1923 von allen Landtagsparteien, von den Kommunisten bis zu den Deutschnationalen, einstimmig verabschiedet worden war, entbrannte in den folgenden Jahren ein heftiger politischer Streit um die Akademisierung der Volksschullehrer(innen)ausbildung. Wiederum waren es die bürgerlich-konservativen Parteien und Interessengruppen bzw. deren Repräsentanten und hinter ihnen stehende Zeitungen (vor allem Leipziger Neueste Nachrichten und Dresdner Anzeiger), die diesmal ihre Angriffe gegen die neue Ausbildung der Volksschullehrerschaft richteten und nach Argumenten und Wegen suchten, diese Reform in der Öffentlichkeit zu diskreditieren und wieder rückgängig zu machen. Daß die DNVP dabei an der Spitze der Reformgegner stand, zeigt wie wenig ihre im Landtag 1923 erteilte Zustimmung ihrer (bildungs)politischen Überzeugung entsprochen hatte. Sie war und blieb eine Anhängerin der konfessionell-seminaristischen Volksschullehrerausbildung. Unterstützt wurden die Deutschnationalen hauptsächlich von Teilen der DVP, dem Landesverband der höheren Beamten Sachsens sowie dem Sächsischen Philologenverein. Besonders engagiert zeigten sich durch entsprechende Veröffentlichungen und unterstützt von den letztgenannten Organisationen auch der Dresdner Stadtschulrat Wilhelm Hartnacke (DVP) und der Rektor des Wettiner Gymnasiums in Dresden, Ernst Boehm (DVP). Auf dem Höhepunkt der Auseinandersetzungen im Jahre 1926, als eine neue Besoldungsordnung für die nun erstmals nach dreijährigem Studium in den Schuldienst tretenden akademisch gebildeten Volksschullehrerinnen und -lehrer im Landtag diskutiert und schließlich verabschiedet wurde, veröffentlichte Boehm zwei Aufsätze gegen die akademische Volksschullehrer(innen)ausbildung im Organ des SPhV, die wenig später als Schrift zur Veröffentlichung gelangten (BOEHM 1926). Zwei zentrale, sehr öffentlichkeitswirksame Vorwürfe, die bei Boehm, aber auch bei Hartnacke und anderen immer wieder gegen die akademische Ausbildung der Volksschullehrerschaft vorgebracht wurden, lauteten: 1. Durch die akademische Ausbildung könne der zukünftige Bedarf an Volksschullehrerinnen und -lehrern nicht mehr gedeckt werden. 2. Die akademische Ausbildung der Volksschullehrer(innen) sei vom finanzpolitischen Standpunkt nicht zu verantworten gewesen, da sich die durch die höhere Besoldung hervorgerufenen finanziellen Folgen zu einer bedrückenden Last für den Staat entwickeln würden (BOEHM 1926, S. 24-31).

Der erste Vorwurf hat sich recht schnell durch die stetig zunehmende Zahl von Abiturient(inn)en, die sich für ein Volksschullehrer(innen)studium entschieden, als unbegründet erwiesen, was aber keineswegs zu einem Ende der Angriffe gegen die Reform führte. Was den zweiten Vorwurf anbetrifft, so hatte sie sächsische Regierung, vor allem das Finanzministerium und der Arbeitsausschuß, der die Reform seinerzeit vorbereitete, sehr eingehend die finanziellen Auswirkungen beraten und für vertretbar gehalten. Im übrigen ist wohl kaum davon auszugehen, daß Boehm von der Sorge um die Staatsfinanzen geleitet wurde, sondern daß es naheliegenderweise viel eher sein Standesinteresse als Philologe und höherer Beamter war, das ihn und seine Standesgenossen in Anbetracht des drohenden Verlustes ihrer exklusiven und privilegierten Stellung im Staatsdienst und damit ihrer sozialen Stellung gegen die akademische Volksschullehrer(innen)ausbildung Partei ergreifen ließ. Nach allem was über den politischen Standort der überwiegenden Mehrheit der Philologen in der Weimarer Republik gesagt worden ist, mußten Boehm und seinen Verbündeten die Akademisierung der Volksschullehrer(innen)ausbildung, die ja Ausdruck eines Stücks Bildungsdemokratie war und damit auch ein wenig mehr an gesellschaftlicher Demokratie bedeutete, schließlich auch als eine Bedrohung des von ihnen geschätzten und noch weitgehend intakten gesellschaftlichen Gefüges von "Oben" und "Unten", von "Gebildeten" und "Ungebildeten", von "Elite" und "Masse" erscheinen.

Für einen Mann wie Hartnacke, der das Begabungspotential von Kindern der unteren Sozialschichten aufgrund unterstellter "minderwertiger" Erbanlagen insgesamt nicht allzu hoch und als kaum oder wenig entwicklungsfähig einschätzte, konnte eine akademisch gebildete Volksschullehrerschaft ohnehin keinen Sinn ergeben. Vor allem aber sah er in der akademischen Ausbildung eine ernste Bedrohung für das deutsche Volk. Denn die Universitätsausbildung für die angehenden Volksschullehrerinnen und -lehrer zählte für Hartnacke mit zu jenen Anzeichen von "Bildungswahn" innerhalb der Gesellschaft, der einen drastischen Geburtenrückgang vor allem bei den höheren Sozialschichten mit dem seiner Meinung nach besseren

Erbgut zur Folge habe und so zu einer Bedrohung für den Bestand des deutschen Volkes und seiner hohen Kultur und letztendlich sogar zum "Volkstod" führen werde. So waren die Bestrebungen Hartnackes gegen die akademische Volksschullehrer(innen)ausbildung gleichzeitig ein von offen rassistischen Vorstellungen geprägter Kampf gegen den Untergang der "weißen Rasse" und gegen die Preisgabe der Welt an die osteuropäischen, asiatischen und übrigen farbigen Völker (HARTNACKE 1932, 1934 u. 1936). Hartnacke hielt jede Form hochschulmäßiger Volksschullehrer(innen)ausbildung für bedenklich und unangebracht. So schlug er in der "Leipziger Abendpost" vom 5. Januar 1927 vor, die Verbindlichkeit des Studiums für alle angehenden Volksschullehrer aufzuheben und stattdessen die Ausbildung durch die Einrichtung pädagogisch-psychologischer Gabeln an allgemeinbildenden höheren Schulen "mit nachfolgender praktischer und theoretischer Unterweisung an bestimmten Übungsschulen, sowie mit geeigneten Weiterbildungsmöglichkeiten während der ersten Jahre der Schulpraxis" zu gewährleisten (zit. n. LLZ 1927, Nr. 1, S. 13 f.).

Die Befürworter der Reform und wesentlich an ihrer Durchsetzung Beteiligten wie der SLV und Richard Seyfert traten entschieden für den Erhalt der akademischen Volksschullehrerausbildung ein, und es gelang ihnen recht eindrucksvoll, die Einwände ihrer Gegner zu entkräften und deren standespolitische und bildungsfeindliche Motivation offenzulegen. In der Vereinspresse des SLV erschien eine Reihe von diesbezüglichen Artikeln, vor allem im Jahre 1926[42], dem Jahr, in dem sich auch die Vertreterversammlung des SLV in Plauen mit den Angriffen auf die akademische Lehrerbildung beschäftigte und eine Entschließung verabschiedete, in der eingangs zunächst auf die Einmütigkeit hingewiesen wurde, mit der das Gesetz zur Lehrerbildung im Landtag 1923 verabschiedet worden war, und dann hervorgehoben wurde, daß die Reform später auch beim neuen, seit 1924 amtierenden Volksbildungsminister Kaiser Unterstützung gefunden habe. "Diesen Tatbestand", so die Entschließung weiter, "sucht eine volks-

---

[42] Vgl. Der Dolchstoß,in: LLZ 1926, Nr. 14, S. 291 ff.; Zwei bedeutsame Veröffentlichungen zur Neuordnung der Lehrerbildung in Sachsen, in: LLZ 1926, Nr. 24, S. 492 ff.; Erklärung der Studentenschaft des Pädagogischen Instituts zu Dresden, in: LLZ 1926, Nr. 26, S. 538; Der Fall Boehm, ebd., Nr. 30, S. 602 ff.; Herrn Dr. Boehms Zahlenwerk, ebd., Nr. 30, S. 604 ff.; Der Jahresbericht des Sächsischen Philologenvereins, ebd., Nr. 34, S. 683 ff.; Der Fall Dr. Boehm, ebd., Nr. 34, S. 689; SAUPE, Walther: Egoistisches Interesse und ethisches Prestige. Ein letztes Wort zum Fall Boehm, ebd., Nr. 35, S. 703 ff.

schulfeindliche Presse, geführt von den Leipziger Neuesten Nachrichten und dem Dresdner Anzeiger, zu verwischen. Mit falschen Angaben über den Lehrerbedarf und dessen Deckung, mit sinnlos übertriebenen Zahlen wird die öffentliche Meinung irregeführt. Der Sächsische Lehrerverein weist die Angriffe, die getragen sind von einem kulturwidrigen Bildungsegoismus und von engherziger Sorge um Standesvorrechte, als unsachlich und bildungsfeindlich zurück" (Bericht über die 51. Vertreterversammlung des Sächsischen Lehrervereins vom 29. bis 31. März 1926 in Plauen, S. 71).

Besonders eingehend hat Richard Seyfert sich mit den von Ernst Boehm in seiner Veröffentlichung vorgebrachten Vorwürfen auseinandergesetzt. Ergebnis war eine "Abwehrschrift" (SEYFERT 1926), die wiederum eine Erwiderung Boehms nach sich zog (BOEHM, E.: Der Fall Seyfert, in: Die höhere Schule im Freistaat Sachsen 1926, S. 17 ff.), woraufhin Seyfert sich zur Veröffentlichung eines zweiten Teils seiner Abwehrschrift genötigt sah (SEYFERT 1926 a). Seyfert gelangte nach einer gründlichen Analyse der Boehms erster Schrift zugrundeliegenden Berechnungen zum Lehrerbedarf und zum finanziellen Aufwand zu Recht zu einer scharfen Kritik an Boehm, dessen Zahlenangaben einer objektiven Prüfung nicht standhielten. Er bezeichnete deshalb die Boehmsche Schrift als eine "Agitationsschrift, und zwar von tiefem Niveau".

"Ich habe mit schlüssigen Tatsachen und mit Zahlen, die auf sorgfältigster Erwägung alles Tatsächlichen beruhen, bewiesen", so sein Fazit, *"daß das Zahlenwerk Dr. Boehms leichtfertig zusammengetragen, oberflächlich behandelt, rechnerisch falsch verwendet worden ist, daß die Ausblicke nicht auf dem wirklich Geplanten, sondern auf Willkür beruhen und in tendenziöser Übertreibung sich ergehen, daß die Beurteilung des bisherigen Bildungsganges und seiner psychologischen Wirkungen ganz an Nebensachen hängen bleibt und von eindringlichem Verstehenwollen keine Spur aufweist"* (SEYFERT 1926, S. 65).

Ebenfalls im Jahre 1926 erschien eine "Denkschrift des Sächsischen Ministeriums für Volksbildung zur Neuordnung der Lehrerbildung im Freistaate Sachsen" als offizielle Antwort des Ministeriums auf die Angriffe gegen die akademische Volksschullehrer(innen)ausbildung. Die Denkschrift war maßgeblich von Seyfert als dem zuständigen Fachreferenten im Ministerium erarbeitet worden. Sie enthielt u.a. nicht nur einen Abriß der Entwicklungsgeschichte der Lehrerbildungsreform in Sachsen nach der Novemberrevolution, sondern darüber hinaus zwei Kapitel, die sich mit dem

Bedarf an Lehrkräften und mit der Kostenfrage beschäftigten. Darin wurden noch einmal die in Umlauf befindlichen Kostenberechnungen von seiten der Gegner der akademischen Lehrerbildung widerlegt und die neue Volksschullehrer(innen)ausbildung insgesamt positiv gewürdigt ("Denkschrift ...", in: StAD, Nachlaß SEYFERT 35/957). Aufgrund einer Anfrage der Deutschnationalen im Landtag zu dieser Denkschrift kam es zu einer Regierungserklärung vom 26. November 1927 (dem Landtag am 1. Dezember zugegangen), aus der hervorging, daß die Regierung nicht gewillt war, die akademische Volksschullehrer(innen)ausbildung wieder aufzugeben.[43] Dazu hätte es im Landtag zu dieser Zeit auch keine Mehrheit gegeben. "Wenn nicht von vornherein festgestanden hätte", so schrieb die LLZ rückblickend auf die vorzeitig zu Ende gegangene Landtagsperiode 1929 zu Recht, "daß in der Linken, von den Kommunisten und Sozialdemokraten bis zu den Demokraten, eine sichere Mehrheit für alle Lehrerbildungsfragen gegeben war, dann hätte sich auf diesem Gebiete der Versuch zum Rückschritt noch kühner hervorgewagt" (Aus der Arbeit des verflossenen Landtages, in: LLZ 1929, Nr. 16, S. 436-439, Zitat S. 438).

Zu spürbaren Einschränkungen in der akademischen Volksschullehrer(innen)ausbildung kam es im Verlauf der Weltwirtschaftskrise seit Beginn der dreißiger Jahre. Ende Januar 1930 beschloß die Regierung, die ja über keine parlamentarische Mehrheit im Landtag verfügte, daß alle nach dem 31. März 1930 neu in den Schuldienst tretenden akademisch ausgebildeten Volks- und Berufsschullehrerinnen und -lehrer ein sog. "Probejahr" bei voller Stundenzahl, aber halbierten Bezügen (150 RM pro Monat) abzuleisten hatten. Bei diesem Probejahr handelte es sich um eine reine Sparmaßnahme. Die Bezeichnung "Probejahr" verfolgte keinen anderen Sinn als die Legitimierung der für diese Zeit vorgesehenen Gehaltskürzung. Durchgesetzt wurde diese Regelung auf dem Verordnungswege.[44] Seit Anfang 1930 gab es daneben Bestrebungen, den Zugang zum Volksschullehrerstu-

---

[43] Vgl. "Regierungserklärung" Nr. 593 vom 26. November 1927 "zur Anfrage der Deutschnationalen Landtagsfraktion vom 7. Dezember 1926", in: Nachlaß Seyfert 35/957.

[44] Vgl. Verordnung Nr. 29 "Probejahr für die akademisch gebildeten Volks- und Berufsschullehrer" vom 15.3.1930, in: Verordnungsblatt des Sächsischen Ministeriums für Volksbildung vom Jahre 1930, Nr. 5, S. 25 und Verordnung Nr. 30 "Auszahlung der Vergütung während des Probejahres der Volks- und Berufsschullehrer" vom 29.3.1930, ebd. Dozenten des Pädagogischen Instituts in Dresden haben sich in einer Eingabe an den Landtag gegen das "unsoziale" Probejahr für Volksschullehrer(innen) gewandt (LLZ 1930, Nr. 25, S. 690).

dium zu begrenzen. Zum Sommersemester 1930 wurden erstmals auf Anordnung der Regierung Studierende für das Volksschullehramt von den beiden Pädagogischen Instituten zurückgewiesen, obwohl der Landtag sich im Januar des Jahres mehrheitlich gegen einen Numerus Clausus ausgesprochen hatte.

1931/32 fanden nur noch jeweils 225, im folgenden Studienjahr 1932/33 noch 175 und 1933/34 nur noch jeweils 100 Bewerberinnen und Bewerber Aufnahme (LLZ 1930, Nr. 10, S. 252; Nr. 11, S. 273; Numerus clausus für die Studenten der Lehrerberufe, in: LLZ 1932, Nr. 7, S. 164; Jahresbericht des LLV 1930/31, S. 16 ff. u. PAUL 1985, S. 201 f.). Von den 175 Plätzen pro Institut im Studienjahr 1932/33 blieben dabei beispielsweise noch jeweils 75 denjenigen Studierenden eines höheren Lehramtes vorbehalten, die von ihrem bisherigen Studium zum Volksschullehrerstudium hinüberzuwechseln beabsichtigten. 1932 erwog das "Beamtenkabinett" unter Ministerpräsident Schieck im Rahmen seiner Sparpolitik sogar die Auflösung des Pädagogischen Instituts in Leipzig. Nach Aussage Schiecks anläßlich der Haushaltsberatungen war aber die Studentenzahl noch zu hoch gewesen. Wenn sie infolge des Numerus Clausus weiter sinke, werde die Frage erneut zu prüfen sein (Die Schul- und Kirchenkapitel vor dem Haushaltsausschuß A des Sächsischen Landtags, in: LLZ 1932, Nr. 23, S. 545-553).

Der SLV sah bei dieser, gegen die Volksschullehrerausbildung gerichteten Spar- und Abbaupolitik jene reaktionären Kräfte am Werk, die sich schon immer jeglicher Verbesserung der allgemeinen Volksbildung widersetzt hatten. Schon heute, so hieß es in einer Protesterklärung des SLV vom November 1932, habe die Reaktion unter dem Deckmantel der öffentlichen Finanznot das Bildungsniveau für 95% der Schuljugend wesentlich herabgedrückt. Nunmehr glaube sie, den schon längst beabsichtigten Hauptschlag gegen die Schule der breiten Masse des Volkes führen zu können. Dieser bestand für den SLV in der Beseitigung der akademischen Lehrerbildung. Darin erkannte er "die bildungsfeindliche Absicht, die Errungenschaften auf dem Gebiete der allgemeinen Volksbildung wieder einzuschränken oder völlig zu beseitigen." "Die Zeiten", so hieß es zum Schluß der Erklärung, "da man glaubte, ein schlecht gebildetes Volk sei ein gefügigeres Werkzeug in der Hand selbstherrlicher Regierungen, sind vorbei. (...) **Für die Erziehung der Jugend des Volkes ist die beste Vorbildung** der an ihr arbeitenden Lehrer und Erzieher gerade gut genug."[45] Es gelang den Gegnern der akademischen Volksschullehrer(innen)ausbildung bis zum Ende der Weimarer Republik nicht, ihre Vorstellungen durchzusetzen. Erst im Zuge der 1937 abgeschlossenen Vereinheitlichung der Volksschullehrerausbildung auf Reichsebene und ihre Verlegung an die Hochschulen für Lehrerbildung und deren Überführung in die sog. Lehrerbildungsanstalten zu Beginn der vierziger Jahre wurde die in Sachsen und einigen anderen Ländern praktizierte Universitätsausbildung endgültig beseitigt.

---

[45] Vgl. "Die akademische Lehrerbildung in Gefahr". Erklärung des Vorstands des SLV, des Landesvereins Sachsen der Lehrkräfte an beruflichen Schulen und des Katholischen Lehrervereins im Freistaat Sachsen, in: LLZ 1932, Nr. 35, S. 877.

SCHLUSSBETRACHTUNG

Ziel der vorliegenden Arbeit war es, am Beispiel Sachsens dem Zusammenhang von Schulreform mit gesellschaftlichen Interessen und Machtverhältnissen nachzugehen. Zugrunde lag dabei die anhand aktueller bildungspolitischer Kontroversen gewonnene Hypothese, daß die Möglichkeiten und Grenzen von Schulreform in der Weimarer Republik ganz entscheidend von den politischen Rahmenbedingungen abhängig waren. Die sozialgeschichtliche Analyse der sächsischen Reformpolitik im Kontext gesamtgesellschaftlicher Prozesse und Strukturen hat diese Ausgangshypothese bestätigt. So konnte gezeigt werden, daß Sachsen zwischen der November-Revolution 1918/19 und der Reichsexekution 1923 nicht nur zu einem Zentrum demokratisch-sozialistischer Schulreform geworden war, sondern zugleich auch, daß - insbesondere seit dem Eintritt der USPD in die Regierung Ende 1920 - die Schulreform Bestandteil einer weitergehenden Gesellschaftsreformpolitik gewesen ist.

Eine entscheidende Voraussetzung für die sächsische Reformpolitik lag in den Besonderheiten der industriellen Entwicklung Sachsens und den daraus erwachsenen sozialstrukturellen Folgen. Sie ließen das Land schon im 19. Jahrhundert zu einer der bedeutendsten Hochburgen der sozialistischen Arbeiterbewegung aufsteigen und führten nach 1918 zu parlamentarischen Mehrheitsverhältnissen, aufgrund derer die Bildung rein sozialistischer Regierungen und damit eine entsprechende Reformpolitik möglich wurden. In besonderer Weise begünstigt worden ist die politische Durchsetzung der Schulreform nicht zuletzt durch den prägenden Einfluß der USPD, die in Sachsen - wie übrigens auch in Thüringen und Braunschweig - in den Jahren 1920/21 bis 1923 den Volksbildungsminister gestellt hat.

Wesentliches Kennzeichen der Schulreform in Sachsen war, daß sie nicht nur von "oben" politisch durchgesetzt, sondern zugleich von der Basis her initiiert und mitgetragen wurde, wobei das politische wie pädagogische Selbstverständnis der sächsischen Volksschullehrerschaft nachweislich durch die spezifischen sozial-ökonomischen und politisch-gesellschaftlichen Verhältnisse geprägt worden war. Auf diese Prägung ist auch das enge Bündnis zwischen Volksschullehrerschaft und Arbeiterbewegung in der

Schulreformpolitik mit zurückzuführen. Zum wichtigsten Vermittler und Förderer dieses Bündnisses avancierte dabei der Sächsische Lehrerverein. Die dort engagierten Pädagogen und Pädagoginnen zeichneten sich dadurch aus, daß sie über das rein Pädagogische und Standespolitische hinaus dachten und bewußt und kritisch wahrnahmen, was außerhalb der Schule auf wirtschaftlichem, sozialem und politischem Gebiet vor sich ging, daß sie weiterhin Zusammenhänge zwischen gesamtgesellschaftlichen Prozessen einerseits, Schule und Pädagogik andererseits erkannten und schließlich daraus (bildungs-)politische und pädagogische Konsequenzen zogen. Politisch gesehen bedeutete dies, daß sie sich vor allem für die Errungenschaften der November-Revolution engagierten, aktiv gegen den Abbau sozialer und politischer Rechte kämpften sowie für gesellschaftliche Reformen eintraten, mittels derer die alten überkommenen Macht- und Herrschaftsstrukturen beseitigt und eine demokratische Teilhabe aller eingeleitet werden sollte. Dem seit den dreißiger Jahren erstarkenden Nationalsozialismus standen sie entsprechend ablehnend gegenüber, und zwar im Unterschied zu weiten Teilen der Volksschullehrerschaft in anderen Ländern. Daß Demokratie stets auch wirtschaftliche und soziale Demokratie beinhalten muß, galt ihnen als selbstverständlich, ebenso, daß Schule und Erziehung eine entscheidende gesellschaftsreformerische Wirkung zukommt. Aufgabe der Schule sollte sein, bereits ein Stück der angestrebten demokratischen und solidarischen Gesellschaft vorwegzunehmen, um so die Schüler(innen) zu befähigen, später einmal als demokratisch und sozial denkende Menschen aktiv an deren Aufbau mitzuwirken.

Solchen demokratischen Vorstellungen stand 1918 das Schulwesen des monarchischen Obrigkeitsstaates diametral entgegen. Konfessioneller Charakter und dreigeteilter hierarchischer Aufbau der sächsischen Volksschule sowie ihr streng reglementierter und reglementierender, auf den Prinzipien von Befehl und Gehorsam basierender Unterricht, dessen vorrangige Aufgabe in der Vermittlung unverzichtbarer elementarer Kenntnisse sowie in der Erziehung der Schüler(innen) zu gottesfürchtigen und königstreuen Untertanen bestand, ließen sich mit einem demokratischen Schulwesen ebenso wenig vereinbaren wie der enge Zusammenhang zwischen Besitz und Bildung oder - anders ausgedrückt - die eklatante Bildungsbenachteiligung der unteren Sozialschichten, vor allem der Arbeiterschaft. Sollte das Schulwesen dagegen demokratischen Prinzipien genügen und darüber hinaus zum

Aufbau eines demokratischen Staates und einer demokratischen Gesellschaft beitragen, waren grundlegende innere und äußere Reformen unverzichtbar, wobei die sächsischen Schulreformer stets auf der untrennbaren Einheit beider, also der organisatorisch-strukturellen und der pädagogischen Reform bestanden. Leitbegriffe der intendierten Veränderungen waren insbesondere "Einheitsschule", "Weltliche Schule", "Arbeitsschule" und "Selbstverwaltete Schule"; sie sollten wiederum eng aufeinander bezogen sein.

Die von den Reformern konzipierte "neue" Schule zielte neben dem Abbau von Bildungsprivilegien und der Herstellung gleicher Bildungschancen für die unteren Sozialschichten vor allem auf die gemeinsame Unterrichtung von Kindern unterschiedlicher sozialer Herkunft, auf Erziehung zu wechselseitigem Verständnis füreinander, zu Toleranz gegenüber Andersdenkenden, zur Einsicht in das Aufeinanderangewiesensein sowie auf die Stärkung des Gemeinschaftsgefühls. Nicht mehr blinder Gehorsam und Untertanenerziehung waren gefragt, sondern ein auf Vernunft, Einsicht, Verantwortungsbewußtsein und Pflichtgefühl basierendes demokratisches Zusammenleben und -arbeiten in der Schule. Didaktisch-methodisch hieß das, daß die Schüler(innen) sich den Unterrichtsstoff in einem fächerübergreifend organisierten Gesamtunterricht in Gruppen weitestgehend selbständig erarbeiten können mußten. Dem natürlichen Bewegungs- und Erlebnisdrang der Kinder folgend, sollte der Unterricht durch regelmäßige Wanderungen und Erkundungen der sie umgebenden Natur und Arbeitswelt aufgelockert werden, aber auch am unmittelbaren Erfahrungshorizont sowie an den Bedürfnissen und Interessen aller Schüler und Schülerinnen anknüpfen. Neben den intellektuellen Fähigkeiten wurde dabei auch die künstlerisch-ästhetische und körperliche Entwicklung betont. Über die individuelle Förderung aller im Kind liegenden Kräfte und Anlagen wollte man zu einer umfassenden Persönlichkeitsentwicklung beitragen.

Die Ansätze zur Realisierung dieser Vorstellung haben sich nicht auf einige wenige Versuchsschulen beschränkt. Ziel war vielmehr immer die Reform des gesamten Schulwesens. Zunächst fanden diese Bemühungen ihren Niederschlag in einer umfangreichen und - wie gezeigt werden konnte - in vieler Hinsicht vorbildlichen Reformgesetzgebung zur Volksschule. Begleitet und unterstützt wurde sie vor allem durch eine entsprechende Personalpolitik im Bereich der Schulaufsicht, Lehrerfortbildung sowie durch eine grundlegende Neugestaltung der Volksschullehrer(innen)ausbildung mit der

Verlagerung vom Seminar an die Universität bzw. Technische Hochschule und die ihnen jeweils angeschlossenen Pädagogischen Institute. Im Jahre 1923, als in den meisten anderen Ländern, einschließlich Preußen, eine demokratische Schulreform längst gescheitert und nicht mehr zur Debatte stand, erlaubten es die politischen Machtverhältnisse dagegen in Sachsen, daß nun auch konkrete Schritte für eine umfassende Reform des höheren Schulwesens und damit für den Aufbau einer demokratischen Einheitsschule eingeleitet werden konnten. Ungeachtet unterschiedlicher Vorstellungen im Detail, etwa in der Frage der Grundschuldauer oder der Differenzierung, sahen die vorgelegten Pläne des Sächsischen Lehrervereins und des Volksbildungsministeriums eine an die Grundschule anschließende, für alle Kinder gemeinsame vierjährige "Mittelschule" vor.

Realisieren ließ sich diese weitergehende Integration aller Schüler(innen) nicht mehr. Das verhinderten die im Zuge der verfassungsrechtlich umstrittenen Reichsexekution in Sachsen eingetretenen politischen Veränderungen, die eine tiefe Zäsur in der politischen und schulpolitischen Entwicklung des Freistaates bedeuteten. Damit war einer der ganz wenigen und interessanten Reformversuche der Weimarer Zeit gescheitert, nämlich eine kindgemäße humane Pädagogik, die allen Kindern gleichermaßen optimale Entwicklungs- und Entfaltungsmöglichkeiten gewähren sollte, mit einer Demokratisierung der Schulstruktur durch Beseitigung des hierarchisch gegliederten Schulsystems und der Herstellung gleicher Bildungschancen zu verknüpfen.

Nicht nur die Einheitsschulreform, sondern die Schul- und Gesellschaftsreformpolitik insgesamt war von Beginn an auf den erbitterten Widerstand des bürgerlich-konservativen Lagers gestoßen. Demokratisierung bedeutete für diese Kräfte nämlich fast immer Gefährdung oder gar Verlust ihrer gesellschaftlichen Privilegien und ein Infragestellen ihrer überkommenen Macht- und Herrschaftspositionen. Ihr - vor allem außerparlamentarisch organisierter, nicht selten in demagogischer Art und Weise geführter - Widerstand richtete sich letztlich aber viel grundsätzlicher gegen die Träger dieser Politik, die jeweiligen sozialistischen Regierungen bzw. die sozialistische Arbeiterbewegung insgesamt. Denn was die bürgerlich-konservativen Reformgegner - ungeachtet unterschiedlicher politischer Zielsetzungen - im einzelnen verband, war ihr distanziertes Verhältnis bzw. ihre offen ablehnende Haltung der Weimarer Republik gegenüber, ihre antidemokratische Grundeinstellung, ihr extremer Nationalismus und ihr häufig aggressiver, gefühlsmäßig-unreflektierter Antisozialismus. Diese politischen Einstellungen, die in einem antirepublikanischen Aufruf des Landesverbandes der christlichen Elternvereine zur Reichstagswahl im März 1933 bzw. in einer im März/April 1933 an die Nationalsozialisten herangetragenen Forderung nach Auflösung der Versuchsschulen und Berufsverboten für Sozialdemokraten und Kommunisten gipfelten, zeigen, daß die Reformgegner in Sachsen jenen rechten Kräften zuzurechnen sind, denen die entscheidende Verantwortung für die Beseitigung der Weimarer Demokratie zufiel. Sie erhofften sich vom Faschismus nur eines, nämlich Zerschlagung der sozialistischen Arbeiterbewegung.

Auf seiten der Reformgegner maß man vor allem dem Erhalt der evangelisch-lutherischen Konfessionsschule und damit der Aufrechterhaltung des konfessionellen Charakters der Volksschule große Bedeutung bei, sah man darin doch einen sicheren Garanten gegen die Ansprüche einer demokratischen Schulreform. Konfessionsschule bedeutete nicht nur die Absage an die Einheitsschule, an eine Schule für alle Kinder, unabhängig von Konfession und sozialer Lage der Eltern, sondern ebenso die Ablehnung eines im umfassenden Sinne aufgeklärten, an den grundlegenden Ergebnissen der Wissenschaft orientierten Unterrichts sowie eine Mißachtung des Toleranzgedankens, d.h. der Respektierung von Überzeugungen Andersdenkender, in diesem Fall der Dissidenten. Der gesamte Unterricht, vor allem Deutsch-, Heimat- und Geschichtsunterricht, aber auch Erd- und Naturkunde sowie das Schulleben sollten religiös durchdrungen sein, dabei aber auch Kinder von Dissidenten gezwungen werden, diese Schule zu besuchen. Als vorrangige Ziele der Erziehung galten Frömmigkeit und Gemütsbildung. Wissensvermittlung spielte dagegen eine eher nachgeordnete Rolle. Eine demokratischen Prinzipien verpflichtete schulische Selbstverwaltung, wie sie für die sächsischen Volksschulen galt, wurde abgelehnt, stattdessen beharrte man auf den überlieferten autoritär-hierarchischen Strukturen. Die Verfechter der evangelisch-lutherischen Konfessionsschule standen freieren, reformpädagogisch orientierten Lehr- und Lernverfahren (Arbeitsschule) ablehnend gegenüber. Sie warben für ihre Schule vielmehr mit Hinweisen auf die Gewährleistung von Zucht und Ordnung und forderten in Teilen sogar die Beibehaltung der in Sachsen seit 1922 verbotenen Prügelstrafe. Auch nach 1918 behielt damit für die konservativen Reformgegner in Sachsen die (konfessionelle) Volksschule ihre Bedeutung als Ort ideologischer Beeinflussung und Instrument zur Aufrechterhaltung überkommener Herrschaftsverhältnisse.

Der Kampf für den Erhalt der Konfessionsschule wie der Widerstand gegen eine demokratische Schulreform insgesamt zeigt, welch hohen Stellenwert die konservativen Kräfte der Bildungspolitik innerhalb ihrer konservativ-reaktionären Gesellschaftspolitik beimaßen. Diese Einbettung der Konfessionsschulforderung in eine politisch wie bildungspolitisch antidemokratische Gesamtzielsetzung ist zu berücksichtigen, wenn man die Problematik der Konfessionsschule wie den gesamten Reformkomplex der Trennung von Schule und Kirche in der Weimarer Republik verstehen und angemessen einschätzen will. Auch wenn die Reformgegner ihre bildungspolitischen und pädagogischen Ziele nicht immer im gewünschten Umfang zu realisieren vermochten, verfügten sie immerhin über so viel Macht und Einfluß, um die Auseinandersetzung mit den sozialistischen Reformern letztlich zu ihren Gunsten zu entscheiden, d.h. das demokratische Schul- und Gesellschaftsreformprojekt mit Hilfe der verfassungsrechtlich umstrittenen Reichsexekution gewaltsam zu Fall zu bringen. In der Folge konnten sie sich sehr schnell den entscheidenden Einfluß auf die Landespolitik sichern. Nicht nur für die Schulreform bedeutete dies für die Zeit bis zum Ende der Weimarer Republik weitgehenden Stillstand oder gar Rückschritt.

Im Vergleich zu diesen bürgerlich regierten Jahren 1924-1933 wird noch einmal sichtbar, was die sozialistischen Reformer in den vorangegangenen wenigen Jahren zwischen 1918 und 1923 an ersten, grundlegenden Ansätzen für eine umfassende Demokratisierung des Bildungswesens initiiert und auf den Weg gebracht hatten. Die von den bürgerlich-konservativen Kräften verantwortete Bildungspolitik nach 1923 bestätigt demgegenüber die bereits von den sächsischen Reformern geteilte Überzeugung, daß eine wirkliche Demokratisierung des Bildungswesens nur gegen die Konservativen durchzusetzen war. Weder politisch noch bildungspolitisch lassen sich in ihrer Schulpolitik ab 1924 Alternativen erkennen, die den Ansprüchen einer demokratischen Gesellschaft hätten gerecht werden können.

Die Ergebnisse vorliegender Untersuchung legen es nahe, historische Darstellungen zur Weimarer Republik kritisch zu hinterfragen, die Sachsen ausschließlich aus der Perspektive der Reichspolitik betrachten und dementsprechend die sächsische Landespolitik zwischen 1918 und 1923 auf ein reines Verfassungsproblem verkürzen, bei dem es dann nur noch um die Frage geht, ob die Reichsregierung im Oktober 1923 innenpolitisch gezwungen war, die damalige sozialistische Regierung aus SPD und KPD abzusetzen (WINKLER ²1985, S. 605-669 u. SCHULZE 1982, S. 264 f.). Demgegenüber gilt es viel stärker zu gewichten und zu betonen, daß der gewaltsam erzwungene Sturz dieser Regierung durch die keineswegs loyal zur Republik stehende Reichswehr gleichzeitig das Ende einer mehrjährigen demokratischen Gesellschafts- und Schulreformpolitik bedeutet hat.

Was die Geschichte der Reformpädagogik betrifft, dürften die Ergebnisse der vorliegenden Arbeit ebenfalls aufschlußreich sein. Läßt sich die sächsische Schulreform doch ihrem bis heute noch weitgehend verdrängten linken Spektrum zuordnen und damit einmal mehr ganz offenkundig zeigen, wie einseitig, ergänzungs- und korrekturbedürftig das tradierte Bild der Reformpädagogik immer noch ist.

Schließlich erweist sich die Aktualität der sächsischen Schulreformpolitik auch im Hinblick auf die gegenwärtig zu beobachtende "Renaissance der Reformpädagogik" (BEUTLER 1991, S. 280). Sie liegt zusammengefaßt vor allem darin,

- daß erstens die sächsischen Reformer immer auch politisch gedacht und mit ihrem Engagement Partei für die große Mehrheit der Unterprivilegierten der Republik, der wirtschaftlich, sozial und bildungsmäßig auf der Schattenseite der Gesellschaft stehenden Bevölkerungsschichten ergriffen haben;
- daß sie zweitens für die Verknüpfung von Schul- und Gesellschaftsreform eingetreten sind und
- daß drittens Schulreform für sie niemals nur oder nur vorrangig eine Frage methodischer Innovationen war, sondern immer als Einheit von innerer und äußerer Reform aufgefaßt und vertreten wurde.

DOKUMENTE

1. Der Einheitsschulplan des Sächsischen Lehrervereins (1923/24)

Plan für den einheitlichen Aufbau des gesamten Erziehungswesens. Vom Vorstande des Sächsischen Lehrervereins den Bezirksvereinen zur Vorberatung für die Vertreterversammlung vorgelegt

Grundsätze:

1. Der Staat hat die Plicht, jedem Gliede der Volksgemeinschaft, unabhängig von seinen wirtschaftlichen und gesellschaftlichen Verhältnissen, die Bildungsmöglichkeiten zu geben, auf die es nach Anlage, Fähigkeit und Neigung Anspruch erheben kann, und dafür die wirtschaftlichen Voraussetzungen zu schaffen.
2. Das öffentliche Erziehungswesen hat die Aufgabe, alle im Volke ruhenden geistigen und sittlichen Kräfte freizumachen und die Jugend unter Entfaltung ihrer schöpferischen Kräfte zu vollwertigen tätigen Gliedern der sozialen Gemeinschaft zu erziehen.
3. Der Aufbau des gesamten öffentlichen Erziehungswesens vom Kindergarten bis zur Hochschule muß eine äußere und innere Einheit, als wesentlichste Voraussetzung der Einheit der Volksgemeinschaft, darstellen. Jede Trennung nach Besitz, Stand oder Weltanschauung ist abzulehnen.

Der Aufbau

4. Das öffentliche Erziehungswesen umfaßt:
   a) den Kindergarten,
   b) die Grundschule,
   c) die Mittelschule (mit Einschluß der Berufsschule),
   d) die Oberschulen,
   e) die Hochschulen,
   f) die Volkshochschulen und
   g) das Fürsorgeerziehungswesen.

5. Die allgemeine Schulpflicht beginnt mit dem vollendeten sechsten Lebensjahr und gilt mit dem vollendeten zehnten Schuljahre als erfüllt.

Kindergarten

6. Der Staat errichtet in unmittelbarer Verbindung mit der Grundschule öffentliche Kindergärten.
7. Der Kindergarten ist weder Kleinkinderbewahranstalt noch Vorbereitungsstätte mit schulgemäßem Betrieb für die Grundschule. Er hat seine eigenen Aufgaben, durch eine diesem Alter gemäße natürliche Erziehungs- und Beschäftigungsweise die körperliche, geistige und sittliche Entwicklung der Kinder im vorschulpflichtigen Alter zu fördern.
8. Alle Kinder, die das dritte Lebensjahr überschritten haben, können in den Kindergarten aufgenommen werden. Sein Besuch ist freiwillig. Jedoch sind alle Kinder, deren Erziehungsberechtigte in der Ausübung ihrer Erziehungspflicht aus wirtschaftlichen oder sittlichen Gründen dauernd behindert sind oder die bei der Aufnahme in die Grundschule nach ihrer körperlichen oder geistigen Entwicklung zurückgestellt werden müssen, zum Besuche des staatlichen Kindergartens verpflichtet.
9. Der Besuch des Kindergartens ist unentgeltlich. Der Staat trägt die persönlichen und sachlichen Aufwendungen nach den für das gesamte Schulwesen geltenden Bestimmungen.
10. Kindergärtnerinnen müssen die staatliche geordnete Prüfung abgelegt haben.
11. Die Kindergärten unterstehen der staatlichen Aufsicht.
12. Die Errichtung privater Kindergärten bedarf der Genehmigung des Staates. Die Genehmigung darf keinesfalls erteilt werden, wenn die Gefahr besteht, daß der Kindergarten zum Gegenstand eines geschäftlichen Unternehmens gemacht wird.

Grundschule

13. Die ersten vier Jahrgänge der Einheitsschule bilden die Grundschule. In der Grundschule werden alle Kinder gemeinsam unterrichtet.

14. In der Grundschule soll das Kind durch unmittelbaren Umgang mit dem Natur- und Menschenleben in die heimatliche Kulturgemeinschaft hineinwachsen.

Mittelschule

15. Die Grundschule findet ihre unmittelbare Fortsetzung in der für alle Kinder gemeinsamen, aber differenzierten sechsjährigen Mittelschule.
16. Die Mittelschule führt die Aufgaben der Grundschule nach den Entwicklungsgesetzen des Kindes weiter und höher und übernimmt in den Kursen für die theoretisch-wissenschaftlich Begabten die Aufgaben des Unterbaues der heutigen höheren Schule und ebenso (im 9. und 10. Schuljahr) für die praktisch-künstlerisch Veranlagten die Aufgaben der heutigen Berufsschule.
17. Jede Mittelschule muß mit einer Grundschule so verbunden sein, daß beide eine gemeinsame Lehrerschaft und Leitung haben.
18. Für jede Mittelschule besteht ein Bezirk. Die Kinder besuchen die Mittelschule ihres Schulbezirks.
19. Um die allgemeine Mittelschule auf dem Lande sinngemäß durchführen zu können, sind benachbarte Schulbezirke zu Zweckverbänden zusammenzuschließen.
20. In der Mittelschule treten in der Form freier Kursbildung die ersten Differenzierungen auf. Neben einem für alle gemeinsamen Kernunterricht sind für die erkennbaren Begabungs- und Neigungsrichtungen freie Lehrgänge einzurichten.
21. Die wahlfreien Lehrgänge sollen den Schülern ermöglichen, im 5. und 6. Schuljahr mit Hilfe der Erzieher ihre Begabungs- und Neigungsrichtungen kennenzulernen und diese vom 7. Schuljahr an in festerer Kursgestaltung zur vollen Entfaltung zu bringen, um dadurch die besonderen Aufgaben der Mittelschule zu erfüllen. Für das 5. und 6. Schuljahr kann auf die Einrichtung der wahlfreien Kurse verzichtet werden.
22. Für alle Kinder, die sich zunächst noch aus wirtschaftlichen Gründen bereits nach dem 8. Schuljahre einem Beruf unmittelbar zuwenden müssen, wird das 9. und 10. Schuljahr in einen dreijährigen Lehrgang

mit verminderter Stundenzahl auseinandergezogen als besonderer beruflicher Zweig innerhalb der allgemeinen Mittelschule.

23. Dieser Bildungsgang steht unter Einrechnung der praktischen Bildung in seinem Bildungswerte gleichwertig neben dem allgemeinen Bildungsgang der Mittelschule.

Oberschule

24. Die Oberschule hat die Aufgabe, die jungen Menschen beiderlei Geschlechts je nach ihrer Veranlagung für die wissenschaftliche, wirtschaftliche oder künstlerische Berufslaufbahn vorzubereiten.
25. Der Besuch der Oberschule ist freiwillig. Sie steht allen Schülern der Mittelschule, auch des beruflichen Zweiges derselben, offen, soweit diese Schüler durch das Gutachten ihrer Schule für geeignet befunden werden oder sich in einer Probezeit bewähren.
26. Es bestehen drei Arten der Oberschule:
    a) die wissenschaftliche,
    b) die wirtschaftliche,
    c) die künstlerische.
27. Es gibt nur eine wissenschaftliche Oberschule. Sie führt in drei Jahren zur Hochschulreife. Die wissenschaftliche Oberschule hat die Aufgabe, Schüler und Schülerinnen zur wissenschaftlichen Erarbeitung der deutschen Kultur anzuleiten. Die besonderen Begabungen schließen sich zu sprachlichen, mathematisch-naturwissenschaftlichen oder gesellschaftswissenschaftlichen Fachgemeinschaften zusammen. Daneben bestehen freie Kursmöglichkeiten.
28. Die wirtschaftliche und künstlerische Oberschule führen ebenfalls zur Hochschule.
29. Den besonderen Bedürfnissen der Frauenberufe tragen die Oberschulen in der Gestaltung der freien Kurse Rechnung. Wo es die Verhältnisse besonders erfordern, können besondere Abteilungen für Mädchen eingerichtet werden.

Hochschule

30. Die Hochschulen dienen der allgemeinen Menschenbildung, der wissenschaftlichen und praktischen Berufsausbildung und der wissenschaftlichen Forschung.
31. Die Hochschule steht offen:
    a) Schülern der Oberschulen, die nach Durchlaufen der Oberschule durch das Gutachten ihrer Schule für geeignet befunden werden,
    b) Personen, die auf Grund hervorragender Anlagen und ausgezeichneter, namentlich im Berufe vollbrachter Leistungen die Gewähr dafür bieten, daß sie durch akademische Studien zu höheren geistigen Leistungen gelangen können,
    c) allen Personen, die ohne den allgemeinen Bildungsgang durchlaufen zu haben, eine Prüfung vor einer zu dem besonderen Zwecke eingesetzten Prüfungskommission ablegen.

Volkshochschule

32. Die Volkshochschule steht allen über 16 Jahre alten Gliedern der Volksgemeinschaft zur Weiterbildung offen.

Fürsorgeerziehung

33. Für geistig abnorme, körperlich gebrechliche Kinder sorgt der Staat durch heilpädagogische Maßnahmen.
34. Kinder, die für ihre Umgebung eine sittliche Gefahr bedeuten, werden in besonderen Klassen oder Heimen erzogen.

Lehrerbildung

35. Die einheitliche Schule erfordert den Lehrerstand mit einheitlicher, gleichwertiger Vorbildung.
36. Die berufliche Vorbildung erfolgt an der Hochschule, die mit einem pädagogischen Institut verbunden ist.
37. Als Lehrer für die freien Lehrgänge an der Mittel- und Oberschule können von der Schulbehörde auch geeignete Personen herangezogen werden, die im Wirtschaftsleben, in Kunst oder Wissenschaft beruflich tätig sind.

Schulverwaltung

38. Das gesamte öffentliche Erziehungswesen untersteht dem Ministerium für Volksbildung.
39. Die Schulverwaltung ist einheitlich durchzuführen.
40. Den Schulbehörden treten frei gewählte Vertretungen der Lehrerschaft und der Elternschaft mitbestimmend zur Seite.
41. Alle Schulen desselben Schulaufsichtsbezirks unterstehen demselben Schulaufsichtsbeamten.

Quelle: Leipziger Lehrerzeitung 31 (1924), S. 37 - 39

2. Der Einheitsschulplan des sächsischen Landesverbandes des Bundes Entschiedener Schulreformer (1924)

Leitsätze zum Aufbau des Schulwesens

I. Allgemeine Grundsätze.

1. Wir warten auf eine Neubildung von Volk und Menschheit, die aus dem Kulturzerfall der Gegenwart hervorgehen muß, und stellen unsere Arbeit in den Dienst des werdenden neuen Menschen und der neuen Gesellschaft.
2. Wir sehen in der neuen Schule die wichtigste Werkstatt zur Schaffung des neuen Menschen. Sie soll nicht nur seine Wiege sein, sondern zugleich seine geistige Heimat, die ihm sein ganzes Leben hindurch nahe ist.
3. Die neue Schule muß darum, wie der neue Mensch selber, vor allem einheitlich, einfach, lebensvoll und beweglich sein. Sie kann nicht durch Standesinteressen zerklüftet, mit Stoff überlastet, durch tausend Anforderungen zerrissen, in endlosen Überlieferungen und Gewohnheiten festgefahren sein. Sie muß eine Stätte frohen gemeinsamen Schaffens und Werdens sein.
4. Dies hohe Ziel kann aber nur eine Schule erreichen, die von einer lebendigen Arbeitsgemeinschaft gleichstrebender Lehrer und Eltern getragen wird und in unmittelbarer Verbindung mit dem Leben steht.

Wir sehen deshalb in der <u>elastischen Produktionsschule</u>, z. B. in der Schulfarm, die in ländlicher Umgebung oder am Rande der Großstadt liegt, und durch gemeinschaftliches Leben und Arbeiten Werkschaffen und Geist in engsten Austausch bringt, das Ideal der künftigen Schule.

II. Einheitsschulplan.

Solange der Staat nicht in der Lage ist, dieses Ideal zu verwirklichen, fordern wir, daß er seine Verwirklichung dadurch anbahnt, daß er

1. die Bildung von elastischen Produktionsschulen (Schulfarmen) überall in die Wege leitet, wo die Voraussetzungen dazu gegeben sind (freiwillige Schulgemeinden);
2. das <u>bestehende</u> Schulwesen im Sinne der Einheitlichkeit und Beweglichkeit umgestaltet, (Kurse, Fachversetzungen, Stundenzahl zwischen Pflichtminimum und Wahlhöchstzahl).

   Insbesondere fordern wir hierzu:
3. Die <u>Schulpflicht</u> beträgt 10 Jahre.
4. Die <u>Grundschule</u> ist <u>sechsjährig</u>. Sie ist für alle Kinder gleich, und trägt der Verschiedenheit der Begabungen durch innere Differenzierung (in der Klassengemeinschaft) Rechnung. Vom 5. Jahre an muß die Möglichkeit bestehen, eine Fremdensprache (sic!) in wahlfreien Kursen zu treiben.
5. Die <u>Mittelschule</u> ist 4-jährig. In ihr tritt eine Gabelung zwischen vorwiegend praktisch-technisch-künstlerischen und vorwiegend theoretisch-wissenschaftlichen Begabungen ein. Neben <u>gemeinsamen Kernunterricht</u> wahlfreie klassenfreie Kurse, nach oben hin in wachsender Mannigfaltigkeit.
6. Zum <u>Kernunterricht</u> gehört etwa Kulturkunde, Naturkunde, Kunstpflege, rhythmische Körperkultur usw. Den <u>Kursen</u> sind vor allem zuzuweisen für die wissenschaftlich Begabten Mathematik, Fremdsprachen und die wissenschaftliche Durchdringung von Einzelgebieten des Sachunterrichts, für die praktisch-technisch Veranlagten Werkarbeit, Gartenarbeit und eine ihren Bedürfnissen entsprechende Mathematik und Formenlehre.

7. Der Fremdsprachenbetrieb erfolgt in geschlossenen Kursen von zwei bis drei Jahren und dient der Einführung in Aufbau und Geist der Sprache und Aneignung des kulturwichtigen Wortschatzes. Gründliche Auswertung des fremdsprachlichen Besitzes im kulturkundlichen Unterrichte. Sprachlich besonders Begabte können sich in Ergänzungskursen bis zur Beherrschung der Sprache vervollkommnen.
8. Das heutige Berufsschulwesen (Fortbildungsschule) wird in das 9. und 10. Schuljahr der Mittelschule eingebaut und kommt in den entsprechenden Kursen zur Geltung.
9. Die Oberschule schließt sich an die Mittelschule. Sie ist zwei- oder dreijährig. Es gibt wissenschaftliche, wirtschaftliche (technische) und künstlerische Oberschulen. Der Besuch der Oberschule ist wahlfrei. Für die Aufnahme in eine Oberschule ist das Gutachten der Mittelschule oder die Bewährung in einer Probezeit erforderlich.
10. Jeder Ort besitzt seine Grundschule und in der Regel seine Mittelschule. Größere Orte haben ihre Oberschule. Wenigstens die wissenschaftlichen Oberschulen sind stets mit einer Mittelschule und möglichst mit einer Grundschule zu verbinden. Mittelschulen ohne Oberschule müssen stets mit einer Grundschule verbunden sein.
11. Die Hochschulen dienen der allgemeinen Menschenbildung, der wissenschaftlichen und praktischen Berufsbildung und der wissenschaftlichen Forschung. Zu ihr müssen auch Personen Zugang haben, die auf Grund hervorragender Anlagen und ausgezeichneter, namentlich im Beruf vollbrachter Leistungen die Gewähr dafür bieten, daß sie durch akademische Studien zu höheren geistigen Leistungen gelangen werden.
12. Für die Lehrerschaft muß die Vereinheitlichung von Ausbildung, wirtschaftlicher und sozialer Stellung angebahnt werden.

Quelle: Staatsarchiv Dresden, Ministerium für Volksbildung Nr. 14498, Blatt 59/60

3. **Der Einheitsschulplan des Sächsischen Volksbildungsministeriums (verfaßt von Dr. Alwin Wünsche/1923)**

<u>Grundzüge der Einheitsschule</u>

1. Das sächsische Schulwesen trägt dem Gedanken der Einheitsschule gegenwärtig zu wenig Rechnung.
2. Die Aufgabe des gesamten Unterrichts besteht nach der formalen Seite in der planmäßigen Entfaltung aller guten Anlagen, die im Kinde vorhanden sind.
3. Nach der inhaltlichen Seite sieht die Einheitsschule ihre Hauptaufgabe in der gründlichen Einführung in die Bildungsgüter der Gegenwartskultur, um die Schüler zur selbständigen Mitarbeit an den Aufgaben der Gegenwart vorzubereiten. Der Beschäftigung mit der Sprache und Kultur der Antike kann kein so breiter Raum mehr wie bisher gewährt werden. Doch kann besonderen Bedürfnissen in dieser Richtung durch besondere Veranstaltungen Rechnung getragen werden.
4. Als sittliches Ziel aller Schularbeit hat die soziale Einigung des Volkes und die Erziehung zu selbstlosem Dienste für die Gemeinschaft zu gelten.
5. Der Unterricht hat sich in jedem Schuljahre der geistigen Entwicklungsstufe des Schüleralters sorgfältig anzupassen.
6. Der Unterricht ist im Sinne der Arbeitsschule zu erteilen, wobei jeder Schüler seiner jeweiligen geistigen Kraft entsprechend zur Mitarbeit herangezogen werden kann.
7. Das sogenannte Stoffprinzip hat, wo es noch herrscht, dem Prinzipe der Kraftbildung zu weichen, dem Erarbeiten der Kenntnisse, soweit dies nur immer möglich ist.
8. Jede Verfrühung und insbesondere jede falsche und vorzeitige Wissenschaftlichkeit des Unterrichts ist zu vermeiden. Begriffe sind auf das sorgfältigste auf dem Wege der Anschauung, der Induktion zu gewinnen.
9. Eine Trennung der Schulkinder nach verschiedenen Schulgattungen schon am Ende der Grundschule ist hiernach nicht zu rechtfertigen; sie ist aus pädagogischen und sozialen Gründen so weit hinauszuschieben,

bis sich die verschiedenen Begabungsrichtungen deutlich bemerkbar machen.

10. Deshalb ist auf der Grundschule eine weitere gemeinschaftliche Schulstufe zu errichten, die sich über vier Jahre bis zum Ende der Volksschulpflicht erstreckt und als Mittelschule bezeichnet wird.
11. Die Mittelschule hat von Anfang an Gelegenheit zur gründlichen Erlernung einer modernen Fremdsprache (Englisch) zu bieten.
12. Der fremdsprachliche Unterricht wird als wahlfreies Fach an geeignete Schüler erteilt.
13. Für Schüler, die nicht am fremdsprachlichen Unterrichte teilnehmen, aber für eine andere Seite der Schularbeit besondere Neigung zeigen (Zeichnen, Naturlehre), sind nach Bedarf wahlfreie Kurse einzurichten, deren Teilnehmer nicht Schüler ein- und desselben Schuljahres zu sein brauchen.
14. Im übrigen gilt für den Unterricht aller Schüler der Mittelschule der gleiche Lehrplan, der neu aufzustellen ist.
15. Schwachbefähigte Schüler der Mittelschule sind, soweit angängig, in Hilfsklassen zu unterrichten.
16. Der Unterricht der Mittelschule kann sowohl im Gebäude der derzeitigen höheren Schule als auch in einer Volksschule erteilt werden; er gilt in beiden Fällen als gleichwertig.
17. Für die Mittelschule ist der Bezirkszwang einzuführen.
18. Geeignete Schüler kleiner Volksschulen, in denen sich fremdsprachlicher und sonstiger wahlfreier Unterricht nicht erteilen läßt, können den wahlfreien oder den gesamten Unterricht einer benachbarten größeren Schule besuchen.
19. Die Mittelschule hat zugleich als Unterstufe aller höheren Schulen zu gelten.
20. Der Übergang aus der Mittelschule in die Oberstufe der höheren Schule, die als Oberschule bezeichnet wird, erfolgt ohne Aufnahmeprüfung auf Grund des Entlassungszeugnisses der Mittelschule, auf welchem ein Vermerk über die Eignung zum Besuche der Oberschule anzubringen ist. Den Vorrang bei der Aufnahme erhalten die Schüler mit den besseren Zeugnissen.

21. Die Oberschule ist eine allgemeine Wahlschule, für welche kein Bezirkszwang besteht.
22. Die Oberschule kann zwei- oder vierjährig sein. Die Dauer des Oberschullehrganges ist an sich keine Frage der Einheitsschule. Doch sprechen für eine Dauer von höchstens vier Jahren wichtige pädagogische und wirtschaftliche Gründe.
23. Die Oberschule kann sein: eine zweijährige Realschule, eine zweijährige Deutsche Oberschule (sogenanntes neuntes und zehntes Volksschuljahr mit Vollunterricht), eine vierjährige Oberrealschule, eine vierjährige Deutsche Oberschule oder eine vierjährige Gymnasiale Oberschule.
24. Mit Beginn der Oberschule kann eine zweite moderne Fremdsprache oder Latein als verbindliches Fach einsetzen.
25. Mehr als zwei Fremdsprachen dürfen nicht zu gleicher Zeit als verbindliche Fächer betrieben werden.
26. Griechisch kann als Wahlfach erteilt werden, desgleichen Hebräisch.
27. Zeichnen und Musik sind als verbindliche Fächer bis in die oberste Klasse der Oberschule fortzuführen; unmusikalische Schüler sind vom Musikunterrichte zu dispensieren. Leibesübungen sind in stärkerem Maße als bisher zu treiben.
28. Für alle Arten der Oberschule sind neue Lehrpläne aufzustellen, in denen auch die Unterrichtsgebiete, die zur Zeit dem 9. Schuljahre der höheren Schule zugewiesen sind, soweit als möglich Berücksichtigung zu finden haben.
29. Die Verteilung der Unterrichtsstoffe auf die einzelnen Schuljahre hat so zu erfolgen, daß dem Lehrer hinreichende Bewegungsfreiheit bleibt und er insbesondere an der Durchführung des Arbeitsunterrichts nicht gehemmt wird.
30. Das übertriebene Fachlehrersystem ist dadurch einzuschränken, daß möglichst viele Unterrichtsfächer in einer Klasse ein- und demselben Lehrer übertragen werden; dem Prinzipe des Gesamtunterrichts ist, soweit irgend angängig, Rechnung zu tragen.
31. Die Zahl der wöchentlichen Pflichtstunden für Schüler darf auf keiner Schulstufe 30 überschreiten.

32. Die Klassenstärke wird für die Mittelschule auf 35, für die Oberschule auf 30 festgesetzt.
33. Schülerprüfungen finden weder am Schlusse der halben und ganzen Schuljahre, noch am Ende eines ganzen Lehrganges statt. Die Halbjahrs- und Jahreszeugnisse und das Reifezeugnis werden den Schülern auf Grund ihrer Schulleistungen erteilt.
34. Einer Aufnahmeprüfung hat sich zu unterziehen, wer in eine Oberschule eintreten will, ohne ein dazu berechtigtes Entlassungszeugnis einer anderen Schule vorweisen zu können.
35. Einer Reifeprüfung hat sich zu unterziehen, wer das Reifezeugnis einer Oberschule erlangen will, ohne am Unterrichte der obersten Klasse der betreffenden Schule teilgenommen zu haben.
36. Die dreijährige <u>Berufsschule</u> schließt sich als Pflichtschule an die Mittelschule an. (Sie kann nach § 2 Abs. 7 des Übergangsschulgesetzes auch fremdsprachlichen Unterricht erteilen.)
37. Berufsschüler können nach Bestehen einer Aufnahmeprüfung in eine Oberschule übergehen und sind, soweit dies möglich, an bestimmten Orten zu besonderen Klassen der Oberschule zu vereinigen, in denen auf ihren bisherigen Bildungsgang besondere Rücksicht zu nehmen ist. Von Berufsschülern, die seit Entlassung aus der Mittelschule ununterbrochenen Vollunterricht in der Berufsschule erhalten haben, wird diese Aufnahmeprüfung nicht verlangt.

Quelle: Staatsarchiv Dresden, Ministerium für Volksbildung Nr. 14498, Blatt 40/41

ABKÜRZUNGEN:

ADGB	Allgemeiner Deutscher Gewerkschaftsbund
AfA	Allgemeiner freier Angestelltenbund
AsL	Arbeitsgemeinschaft sozialdemokratischer Lehrer
ASPS	Alte Sozialdemokratische Partei Sachsens
BESch	Bund Entschiedener Schulreformer
BLV	Bezirkslehrervereine
DDP	Deutsche Demokratische Partei
DLV	Deutscher Lehrerverein
DNVP	Deutschnationale Volkspartei
DVP	Deutsche Volkspartei
FLGD	Freie Lehrergewerkschaft Deutschlands
KPD	Kommunistische Partei Deutschlands
LLV	Leipziger Lehrerverein
LLZ	Leipziger Lehrerzeitung
LVZ	Leipziger Volkszeitung
Min.f.Vb.	Ministerium für Volksbildung
MSPD	Mehrheitssozialdemokratische Partei Deutschlands
NSDAP	Nationalsozialistische Deutsche Arbeiterpartei
NSLB	Nationalsozialistischer Lehrerbund
RV	Reichsverfassung
SLV	Sächsischer Lehrerverein
SA	Sturmabteilung
SPD	Sozialdemokratische Partei Deutschlands
SPhV	Sächsischer Philologenverein
SPW	Sozialistische Politik und Wirtschaft
SSZ	Sächsische Schulzeitung
StAD	Staatsarchiv Dresden
USPD	Unabhängige Sozialdemokratische Partei Deutschlands
VRP	Volksrechtspartei
VSPD	Vereinigte Sozialdemokratische Partei Deutschlands
WP	Wirtschaftspartei

QUELLEN- UND LITERATURVERZEICHNIS

1. Ungedruckte Quellen

a. Staatsarchiv Dresden

Ministerium für Volksbildung
Nr. 12881/240, 12881/241, 12881/242, 12881/243, 12881/244, 12881/245, 12881/246, 12881/253.
Nr. 13106/8, 13106/9, 13106/10, 13106/11, 13106/12, 13106/13, 13106/14, 13106/16, 13106/17.
Nr. 13344/1, 13566, 13567, 13568, 13569, 13838.
Nr. 14497, 14498, 14499, 14570.

Nachlaß Richard Seyfert
35/951, 35/953, 35/954 Nr. 8 XIII,
35/954 Nr. 8 XX, 35/954 Nr. 9 I,
35/954 Nr. 9 II, 35/954 Nr. 9 III A,
35/954 Nr. 9 III B, 35/954 Nr. 9 IV,
35/954 Nr. 9 V, 35/954 Nr. 9 VI,
35/954 Nr. 9 VII, 35/954 Nr. 9 XII,
35/954 Nr. 9 XIII, 35/956, 35/957.

Kreishauptmannschaft Zwickau Nr. 1692

b. Stadtarchiv Leipzig

Schulamt
Kap. I Nr. 57 Band 11
Kap. I Nr. 57 Band 12
Kap. I Nr. 57 Band 13
Kap. I Nr. 261 Band 1
Kap. I Nr. 261 Beiheft I
Kap. I Nr. 261 Beiheft III
Kap. I Nr. 356
Kap. V Nr. 165
Kap. V Nr. 222
Kap. V Nr. 222 Band 2.

2. Gedruckte Quellen

a. Zeitungen und Zeitschriften

- Allgemeine Deutsche Lehrerzeitung. Hauptblatt des Deutschen Lehrervereins. Berlin, 48 (1919) - 62 (1933)
- Die christliche Schule. Christliche Eltern-, Schul- und Erziehungs-Zeitung. Eigentum des Landesverbandes der christlichen Elternvereine Sachsens. Dresden, 1 (1924/25) - 3 (1926/27)
- Fortbildungsschulpraxis. Monatsschrift für das Fortbildungs-, Fach- und Gewerbeschulwesen. Organ des Sächsischen Fortbildungsschulvereins und seiner Unterverbände. Leipzig, 13 (1919) - 14 (1920) (ab Jg. 1921 Praxis der Berufsschule)
- Die freie weltliche Schule. Mitteilungsblatt des Bundes der freien Schulgesellschaften Deutschlands. Magdeburg, 3 (1923) - 7 (1927)
- Die höhere Schule im Freistaat Sachsen. Zeitschrift des Sächsischen Philologenvereins. Radebeul, 1 (1923) - 11 (1933) (1.Jg. 1923 noch unter dem Titel Mitteilungen des Sächsischen Philologenvereins)
- Leipziger Lehrerzeitung. Organ des Leipziger Lehrervereins und der Verwaltung der Comeniusbücherei. Leipzig, 25 (1918) - 40 (1933), Nr. 10
- Leipziger Volkszeitung. Organ für die Interessen des gesamten werktätigen Volkes. Leipzig, 25 (1918) - 30 (1923)
- Die Neue Erziehung. Sozialistische Pädagogische Zwei-Wochenschrift, ab 2. Jg., H. 8/9: Zeitschrift (Monatsschrift) für Entschiedene Schulreform und freiheitliche Schulpolitik, zugl. Organ des Reichsbundes Entschiedener Schulreformer. Hrsg. von M. H. Baege, ab 2. Jg., H. 8/9 von M. H. Baege und S. Kawerau, ab 4. Jg. von S. Kawerau u. Paul Oestreich, ab 5. Jg. von S. Kawerau, P. Oestreich und F. Hilker, ab 6. Jg. von P. Oestreich u.a.; Erscheinungszeitraum 1 (1919) bis 15 (1933), H. 7
- Praxis der Berufsschule. Monatsschrift des Sächsischen Berufsschulvereins. Leipzig, 1 (1921) - 4 (1924)
- Sächsische Schulzeitung. Zeitung des Sächsischen Lehrervereins und seiner Zweigvereine sowie des Sächsischen Pestalozzi-Vereins und seiner Zweigvereine. Dresden, 72 (1905) - 74 (1907) u. 78 (1911) - 100 (1933)
- Sozialistischer Erzieher. Wochenschrift des Verbandes sozialistischer Lehrer und Lehrerinnen Deutschlands und Deutschösterreichs; ab Nr. 43 (1920) Zeitschrift der Freien Lehrergewerkschaft Deutschlands, der sozialistisch-pädagogischen Internationale und für sozialistische Elternbeiräte; ab 1923 Zeitschrift für proletarische Schulpolitik und Pädagogik. Berlin, 1 (1920) - 4 (1923)
- Thüringer Lehrerzeitung. Hrsg. vom Thüringer Lehrerbund. Weimar, 8 (1919) - 12 (1923)

b. Protokolle, Gesetze und Verordnungen, Jahrbücher, Jahresberichte etc.

Bericht über die 49. ordentliche Vertreterversammlung des Sächsischen Lehrervereins vom 14. bis 16. April 1924 in Bautzen. Leipzig o. J. (1924)

Bericht über die 51. Vertreterversammlung des Sächsischen Lehrervereins vom 29. bis 31. März 1926 in Plauen. Erstattet vom Vorstand des Sächsischen Lehrervereins. Leipzig o. J. (1926)

Bericht über die 52. Vertreterversammlung des Sächsischen Lehrervereins vom 4. bis 6. April 1927 in Döbeln. Erstattet vom Vorstand des Sächsischen Lehrervereins. Leipzig o. J. (1927)

Bericht über die 20. Allgemeine und die 53. Vertreterversammlung des Sächsischen Lehrervereins vom 2. bis 4. April 1928 in Chemnitz. Erstattet vom Vorstand des Sächsischen Lehrervereins. Dresden o. J. (1928)

Gesetze und Verordnungen über das Schulwesen im Freistaate Sachsen seit 1919 einschließlich der wichtigsten reichsgesetzlichen Bestimmungen. Leipziger Lehrerzeitung. In Kommission bei Geßner & Schramm. Leipzig o.J.

Jahrbuch der Deutschen Sozialdemokratie für das Jahr 1928. Hrsg. vom Vorstand der Sozialdemokratischen Partei Deutschlands. Berlin o. J. (1929)

Jahrbuch des Deutschen Lehrervereins 1923/24, 1925, 1926, 1927, 1928, 1929, 1930, 1931, 1932, 1933

Jahrbuch des Zentralinstituts für Erziehung und Unterricht. 2. Jahrg. 1920, Berlin 1920

Jahrbuch des Zentralinstituts für Erziehung und Unterricht. 4. Jahrg. 1922, Berlin 1923

Das Deutsche Schulwesen. Jahrbuch 1927. Hrsg. vom Zentralinstitut für Erziehung und Unterricht, Berlin 1928

Das Deutsche Schulwesen. Jahrbuch 1930/32. Hrsg. vom Zentralinstitut für Erziehung und Unterricht, Berlin 1933

Jahresbericht des Leipziger Lehrervereins über das 66. Vereinsjahr 1911. Erstattet von Richard Voigt. Leipzig o. J.

Jahresbericht über das 71. Vereinsjahr des Leipziger Lehrervereins 1916. Erstattet von Kurt Schleif. Leipzig o. J.

Jahresbericht über das 74. Vereinsjahr des Leipziger Lehrervereins 1919. Erstattet von Adolf Ryssel. Leipzig o. J.

Jahresbericht des Leipziger Lehrervereins über das 75. Vereinsjahr 1920. Erstattet von Walter Thielemann. Leipzig o. J.

Jahresbericht des Leipziger Lehrervereins über das 77. und 78. Vereinsjahr 1922 und 1923. Erstattet von Gerhard Wähnert. Leipzig o. J.

Jahresbericht des Leipziger Lehrervereins über das 79. und 80. Vereinsjahr 1924 und 1925. Erstattet von Otto Lautenbach. Leipzig o. J.

Jahresbericht des Leipziger Lehrervereins über das 81. Vereinsjahr 1926. Erstattet von Arno Siemon. Leipzig o. J.

Jahresbericht des Leipziger Lehrervereins über das 82. Vereinsjahr 1927. Erstattet von Arno Siemon. Leipzig.o. J.

Jahresbericht des Leipziger Lehrervereins über das 83. und 84. Vereinsjahr 1928 und 1929. Erstattet von Walter Zeiler. Leipzig o. J.

Jahresbericht des Leipziger Lehrervereins 1930/31. Erstattet von H. Grimmer. Leipzig o.J.

Jahresbericht des Sächsischen Lehrervereins vom Oktober 1918 bis September 1919. Sonderbeilage zur Sächsischen Schulzeitung 86 (1919), Nr. 39, S. 1-16

Jahresbericht des Sächsischen Lehrervereins (1.10.1919 bis 30.9.1920), in: Sächsische Schulzeitung 87 (1920), S. 631 - 654

Jahresbericht des Sächsischen Lehrervereins auf die Zeit vom 1.10.1920 bis 30.9.1921, in: Sächsische Schulzeitung 88 (1921), S. 684 - 689, 777 f. und 822 ff.

Jahresbericht des Sächsischen Lehrervereins für das Jahr 1923, in: Leipziger Lehrerzeitung 31 (1924), S. 157 - 172

Jahresbericht des Sächsischen Lehrervereins (1925), in: Leipziger Lehrerzeitung 32 (1926), S. 157 - 188

Jahresbericht des Sächsischen Lehrervereins auf das Jahr 1926. Erstattet vom Vorstand. Dresden o. J.

Jahresbericht des Sächsischen Lehrervereins auf das Jahr 1927. Erstattet vom Vorstand. Dresden o. J.

Jahresbericht des Sächsischen Lehrervereins auf das Jahr 1928. Erstattet vom Vorstand. Dresden o. J.

Protokolle der Landesversammlung der Unabhängigen Sozialdemokratischen Partei Sachsens 1919 - 1922. Im Anhang: Protokolle der Landeskonferenz der USP Badens und des Bezirksparteitags der USP des Niederrheins 1919. Mit einer Einleitung von Hartfried Krause und einem Personen-, Zeitschriften- und Zeitungs- sowie Ortsregister von Max Schwarz, Berlin / Bonn 1979.

Sächsischer Lehrerverein. Jahresbericht für 1929. Erstattet vom Vorstand. Dresden o. J.

Statistisches Jahrbuch für den Freistaat Sachsen. 44. Ausgabe 1918/1920. Hrsg. vom Sächsischen Statistischen Landesamte. Abgeschlossen im Januar 1921. Dresden o. J.

Statistisches Jahrbuch für den Freistaat Sachsen. 45. Ausgabe 1921/1923. Hrsg. vom Sächsischen Statistischen Landesamte. Abgeschlossen im September 1923. Dresden o. J.

Statistisches Jahrbuch für den Freistaat Sachsen. 46. Ausgabe 1924/1926. Hrsg. vom Sächsischen Statistischen Landesamte. Dresden 1927

Statistisches Jahrbuch für den Freistaat Sachsen. 47. Ausgabe 1927/1928. Dresden 1929

Statistisches Jahrbuch für den Freistaat Sachsen. 48. Ausgabe 1929. Dresden 1930

Statistisches Jahrbuch für den Freistaat Sachsen. 49. Ausgabe 1930. Hrsg. vom Sächsischen Statistischen Landesamt. Dresden 1931

Verhandlungen des Landesschulausschusses vom 13. bis 16. April 1920 in Dresden. Hrsg. im Auftrage des Ministeriums für Kultus und öffentlichen Unterrichts für den Freistaat Sachsen. Dresden 1920

Verhandlungen der Sächsischen Volkskammer im Jahre 1919, Bde. 1 - 2. Dresden 1919

Verhandlungen der Sächsischen Volkskammer im Jahre 1919/20, Bd. 3. Dresden 1920

Verhandlungen der Sächsischen Volkskammer im Jahre 1920, Bde. 4 - 5. Dresden 1920

Verhandlungen des Sächsischen Landtags im Jahre 1920/21, Bde. 1 - 3. Dresden 1921

Verhandlungen des Sächsischen Landtags 1921/22, Bd. 4. Dresden 1922

Verhandlungen des Sächsischen Landtags 1922, Bd. 5. Dresden 1922

Verhandlungen des Sächsischen Landtags 1922/23, Bd. 1. Dresden 1923

Verhandlungen des Sächsischen Landtags 1923, Bd. 2. Dresden 1924

Verhandlungen des Sächsischen Landtags 1924, Bd. 3. Dresden 1924

Verhandlungen des Sächsischen Landtags 1924/25, Bd. 4. Dresden 1925

Verordnungsblatt des Ministeriums des Kultus und öffentlichen Unterrichts für den Freistaat Sachsen. Dresden, 1 (1919) - 15 (1933)

c. Sonstiges Schrifttum

ALBERT, WILHELM: Grundlegung des Gesamtunterrichtes. Teil I und II. Wien / Leipzig / Prag 1928.

ALGERMISSEN, KONRAD: Freidenkertum, Arbeiterschaft und Seelsorge. 3. und 4., stark vermehrte Auflage, Hannover 1930.

ANSMANN, ALBERT: Die Selbstverwaltung in der deutschen Volksschule. In: Sozialistische Erziehung, Berlin 1930, S. 4 - 6.

ARBEITSGEMEINSCHAFT SOZIALDEMOKRATISCHER LEHRER UND LEHRERINNEN DEUTSCHLANDS (Hrsg.): Die weltliche Gemeinschaftsschule. Verhandlungen des ersten sozialdemokratischen Kulturtages in Dresden. Berlin 1921.

ARZT, ARTHUR: Aufbau und Lehrplan der weltlichen Schule, in: Die weltliche Gemeinschaftsschule. Verhandlungen des ersten sozialdemokratischen Kulturtages in Dresden. Hrsg. von der Arbeitsgemeinschaft sozialdemokratischer Lehrer und Lehrerinnen Deutschlands. Berlin 1921, S. 13 - 21.

ARZT, ARTHUR: Parteiaufgaben des sozialdemokratischen Lehrers, in: Der freie Lehrer. Organ der Arbeitsgemeinschaft sozialdemokratischer Lehrer und Lehrerinnen Deutschlands. Berlin 4(1922), Nr. 1, S. 3 ff.

ARZT, ARTHUR / WECKEL, KURT: Die Arbeitsschule eine Notwendigkeit unserer Zeit. Betrachtungen über die Entwicklung und das Wesen der Arbeitsschule. Leipzig 1911.

ARZT, ARTHUR: Welche Mängel zeigt der gegenwärtige Religionsunterricht und auf welche Weise ist ihnen zu begegnen? Dresden / Blasewitz 1908.

BÄR, RUDOLF: Unterrichtsbeispiele aus dem Gesamtunterricht, in: Leipziger Lehrerzeitung 29 (1922), Pädagogische Beilage Nr. 4, S. 29 - 32.

BAHLKE, HEINRICH: Die weltliche Schule. Berlin 1920.

BARTH, FRITZ: Die Neuordnung der Lehrerbildung in Sachsen, in: Allgemeine Deutsche Lehrerzeitung. Berlin, 52(1923), S. 291 - 293.

BARTH, GEORG: Für Kirche und Schule. Eine kulturpolitische Übersicht. (Schriften der Deutschnationalen Volkspartei in Sachsen Heft 5). Dresden 1924.

BARTH, PAUL (Hrsg.): Moralpädagogik. Verhandlungen des Ersten Deutschen Kongresses für Moralpädagogik in Leipzig vom 30. März bis 1. April 1921. Leipzig 1921.

BARTH, PAUL: Der Lebensführer. Zweite, verbesserte Auflage. Leipzig 1920.

BARTH, PAUL: Die Geschichte der Erziehung in soziologischer und geistesgeschichtlicher Beleuchtung. Leipzig ²1916 (1. Auflage 1911).

BARTH, PAUL: Ethische Jugendführung. Grundzüge zu einem systematischen Moralunterricht. Leipzig 1919.

BAUSER, ADOLF: Die deutsche Oberschule als deutsche Kulturschule. Stuttgart und Leipzig 1921.

BEIßHARDT, A.: Zur Ausbildung der Volksschullehrer. Ein Mahnruf an das deutsche Volk. Leipzig 1926.

BERGER, W.: Wie steht's um die Volksschule? Ein Befundbericht. Erstattet von W. Berger. Dresden: Verlag F. E. Boden 1927.

BESSIGER, M. A.: Die Unterklasse einer zweiklassigen Volksschule im Lichte der Arbeitsidee. Zweite umgearbeitete, vermehrte und verbesserte Auflage. Leipzig 1922.

BEYER, ERNST: Fünfundzwanzig Jahre Sächsischer Lehrerverein. Zur Geschichte des Sächsischen Lehrervereins in den Jahren von 1898 bis 1923. Leipzig o. J. (1923)

BLÄTTNER, FRITZ: Das Elternrecht und die Schule. Eine schulpolitische Monographie. Leipzig 1927.

BOEHM, ERNST: Der Streit um die Lehrerbildung. Kritisches zum akademischen Studium der sächsischen Volksschullehrer. Radebeul o. J. (1926).

BOEHM, ERNST: Einheitsschule und höhere Schule. Vortrag gehalten in Dresden am 27. September 1919 auf der Gründungsversammlung des Sächs. Philologenvereins. Dresden 1920.

BÖTTCHER, JOHANNA KLARA: Die Volkshochschule in Sachsen seit 1918. Diss. Erlangen 1927.

BÖTTCHER, PAUL: Sozialdemokratisch - kommunistische Regierung? in: Die Internationale. Zeitschrift für Theorie und Praxis des Marxismus. Berlin 4(1922), S. 471 - 476.

BÖTTCHER, PAUL: Der Kampf um das rote Arbeiter-Sachsen. Leipzig 1926.

BÖTTCHER, PAUL: Die Bildung der linkssozialdemokratischen Regierung in Sachsen. Eine Material-Zusammenstellung. Herausgegeben von der Zentrale der KPD. Berlin April 1923.

BRANDLER, HEINRICH: Die Aktion gegen den Kapp-Putsch in Westsachsen. Hrsg. von der Kommunistischen Partei Deutschlands (Spartakusbund). Berlin 1920.

BUCK, WILHELM: Was ist im deutschen Volksstaat erreicht? Dresden. Okt. 1919 - 1920.

BUND DER FREIEN SCHULGESELLSCHAFTEN DEUTSCHLANDS (Hrsg.): Soziologische und schulpolitische Grundfragen der weltlichen Schule. Vorträge von Universitäts-Professor Max Adler (Wien) und Stadtrat Dr. Kurt Löwenstein, M.d.R. (Neukölln) gehalten auf der Vertreter-Versammlung des Bundes der freien Schulgesellschaften Deutschlands in Dortmund am 17. und 18. Oktober 1925. Magdeburg o. J. (1925).

DIE CHEMNITZER VERSUCHSSCHULE: Ein kurzer Bericht über ihre Entwicklung und ihren derzeitigen Stand. Erstattet von ihrem Lehrkörper. Dresden 1928.

CHEMNITZER VERSUCHSSCHULE (HUMBOLDTSCHULE): Freisetzung des Kindes - Freiheit zur Sache hin (1928), in: Hoof, Dieter: Die Schulpraxis der Pädagogischen Bewegung des 20. Jahrhunderts. Bad Heilbrunn/Obb. 1969, S. 106 ff.

DATHE, HANS: Das Begabungsproblem und die höhere Schule. Vortrag gehalten in Dresden am 25. September 1920 auf der 1. Haupt-Versammlung des Sächsischen Philologenvereins. (Veröffentlichungen des Sächsischen Philologenvereins Nr. 3). Leipzig / Dresden / Berlin 1921.

DATHE, HANS / GENTHE, KARL / KIEß, KURT: Höhere Schule und sechsklassige Grundschule. Denkschrift verfaßt im Auftrage des Vorstandes des Sächsischen Philologenvereins. Leipzig 1920.

DEGENER, HERRMANN A. L. (Hrsg.): Unsere Zeitgenossen. Wer ist's? IX Ausgabe. Berlin 1928.

DEITERS, HEINRICH: Die deutsche Schulreform nach dem Weltkriege. Beiträge zu ihrer Analyse. Berlin 1935.

DEMOKRATIE, SOZIALISMUS UND WELTREVOLUTION. Reden von Richard Lipinski und Hermann Fleißner in der sächsischen Volkskammer am 24. und 25. März 1919. Leipzig 1919.

DEUTSCHER VEREIN FÜR MORALPÄDAGOGIK (Hrsg.): Die sittliche Bildung in der weltlichen Schule. Leipzig 1922.

DIETRICH, ALFRED: Geschichte des Freistaates Sachsen. Leipzig / Berlin 1931.

DRESDNER LEHRERVEREIN: Der einheitliche Aufbau des gesamten Schulwesens. Vorschläge der Pädagogischen Arbeits-Gemeinschaft des Dresdner-Lehrer-Vereins, in: Sächsische Schulzeitung 90 (1923), S. 407 f.

DRESDNER LEHRERVEREIN (Hrsg.): Die maßlos heruntergewirtschaftete Volksschule. Zweite, erweiterte Auflage. Dresden 1924.

DRESDNER VERSUCHSSCHULE (SCHULE AM GEORGPLATZ): Erkennen und Entwickeln der Begabung - Differenzierung durch Kurse, in: Hoof, Dieter: Die Schulpraxis der Pädagogischen Bewegung des 20. Jahrhunderts. Bad Heilbrunn/Obb. 1969, S. 97 ff.

DIE DRESDNER VERSUCHSSCHULE: Gemeinschaftlicher Bericht der Lehrerschaft der Dresdner Versuchsschule, in: Hilker, Franz (Hrsg.): Deutsche Schulversuche. Berlin 1924, S. 232 - 251.

DIE DÜRER-SCHULE: Staatliche Höhere Versuchsschule Dresden, in: Kunst und Jugend. Deutsche Blätter für Zeichen-, Kunst- und Werkunterricht. Stuttgart 6 (1926) Heft 7, S. 130 - 134.

ECKARDT, ALFRED: Der gegenwärtige Stand der neuen Lehrerbildung in den einzelnen Ländern Deutschlands und in außerdeutschen Städten. Weimar 1927.

EDEL, O.: Nach dem Sieg der Reaktion in Sachsen, in: Sozialistische Politik und Wirtschaft (Levikorrespondenz) Berlin, 11. 6. 1925.

ENGELHARDT, V.: Die dreifache Aufgabe der Arbeiterbildung, in: Kulturwille, Leipzig 2(1925), S. 177 f.

Entwurf eines Lehrplans für den Unterricht in Geschichte und Staatsbürgerkunde in den Human-, Real- und Reformgymnasien des Freistaates Sachsen. (Veröffentlichungen des Sächsischen Philologenvereins Nr. 7). Leipzig / Berlin 1922.

ERLER, OTTO: Ein Blick in meine Arbeitsschulklasse, in: Leipziger Lehrerzeitung 26 (1919), S. 369 ff.

ERLER, OTTO: Die Arbeitsschule auf der Oberstufe. Auf Grund eines praktischen Versuchs dargestellt, in: Allgemeine Deutsche Lehrerzeitung 49(1920), S. 81 - 84.

ERLER, OTTO: Arbeitsschule und staatsbürgerliche Erziehung, in: Leipziger Lehrerzeitung 27 (1920), S. 689 - 692 (a).

ERLER, OTTO: Bilder aus der Praxis der Arbeitsschule. Leipzig 1921.

ERLER, OTTO: Die Erziehung zur sittlichen Persönlichkeit, in: Allgemeine Deutsche Lehrerzeitung 50(1921), S. 181 ff. (a).

ERLER, OTTO: Ueber die Arbeitsschule, in: Leipziger Volkszeitung 28 (1921) Nr. 31 vom 7. 2. und Nr. 32 vom 8. 2. (b).

ERLER, OTTO: Auf dem Weg zur Arbeitsschule. Wie ein Buch entsteht, in: Leipziger Lehrerzeitung 28 (1921), S. 206 - 209 (c).

ERLER, OTTO: Beispiele aus dem Gesamtunterricht in der Oberstufe, in: Leipziger Lehrerverein (Hrsg.): Die Arbeitsschule. Beiträge aus Theorie und Praxis. Leipzig, 3. erweiterte Auflage. 1921, S. 121 - 150 (d).

ERLER, OTTO (Hrsg.): Arbeitspläne für den Gesamtunterricht in der Arbeitsschule. Mit Begründung und Unterrichtsbeispielen. 2. Heft (Das 5. - 6. Schuljahr). Leipzig 1923.

ERLER, OTTO (Hrsg.): Arbeitspläne für den Gesamtunterricht in der Arbeitsschule. Mit Begründung und Unterrichtsbeispielen. 3. Heft (Das 7. - 8. Schuljahr). Leipzig 1924.

ERLER, OTTO (Hrsg.): Arbeitspläne für den Gesamtunterricht in der Arbeitsschule. Mit Begründung und Unterrichtsbeispielen. 1. Heft : Die Grundschule (1. - 4. Schuljahr). Leipzig 2. Auflage 1927.

ERLER, OTTO: Sellershausen vor hundert und vor tausend Jahren, in: Dietrich, Theo (Hrsg.): Unterrichtsbeispiele von Herbart bis zur Gegenwart. 5. verb. Auflage, Bad Heilbrunn/Obb. 1980, S. 28 ff.

EVANGELISCHER PREßVERBAND FÜR DEUTSCHLAND (Hrsg.): Schulpolitisches A-B-C. 1. Heft: Der Elternbeirat. Ein Handbuch für christlich-unpolitische Elternbeiratsmitglieder. 3. erweiterte Auflage. Berlin-Steglitz 1928.

FABIAN, WALTER: Klassenkampf um Sachsen 1918-1930. Löbau 1930 (Nachdruck Berlin 1972).

FADRUS, VICTOR: Die Neugestaltung der Lehrerbildung in Deutschland und Österreich (Sonder-Abdruck aus der pädagogischen Monatsschrift Schulreform, 5. Jahrgang, Jänner 1926).

FELSEN, MAX: Geschichtliches Handbuch für Lehrende an weltlichen Schulen. 2 Teile, Berlin o. J. (1928 und 1930).

FICKER, PAUL: Didaktik der Neuen Schule. Eine Gesamtdarstellung arbeitsunterrichtlicher Technik. 2./3. Auflage. Osterwieck-Harz und Leipzig 1932.

FIEDLER, ALFRED: Hundert Jahre Chemnitzer Lehrerverein. Vom Schulverein zur Lehrergewerkschaft, in: Leipziger Lehrerzeitung 38 (1931) S. 958 - 960.

FISCHER, MAX: Das Schulwesen des Freistaates Sachsen. Glauchau (in Sachsen) 1921.

FLEIßNER, HERMANN: Der Kampf um die Volksschule in Sachsen, in: Die Neue Zeit. Wochenschrift der Deutschen Sozialdemokratie 31 (1913) Bd. 1, S. 794 - 801.

FLEIßNER, HERMANN: Schule und Kirche, in: Leipziger Volkszeitung 29(1922) Nr. 232 vom 4. Oktober.

FOERSTER, ERICH: Kirche und Schule in der Weimarer Verfassung. Gotha 1925.

FREUND, H.: Zur Organisation der Schwererziehbarenfürsorge im Freistaat Sachsen. Dresden 1928.

FRÖHLICH, OTTOMAR: Was ist's um den Gemeinschaftsgedanken in der Erziehung?, in: Sächsische Schulzeitung 87 (1920) S. 627 - 630.

FRÖHLICH, OTTOMAR: Zur sittlichen Lebenskunde, in: Sächsische Schulzeitung 88 (1921), S. 555 ff.

FRÖHLICH, OTTOMAR: Vom Ausbau und vom Weitertreiben der Einheitsschule, in: Sächsische Schulzeitung 89 (1922), S. 433 ff.

FRÖHLICH, OTTOMAR: Zum Auf- und Ausbau des gesamten Schulwesens, in: Sächsische Schulzeitung 90 (1923), S. 372 - 375.
FRÖHLICH, OTTOMAR: Marschsicherungen auf dem Wege zur neuen Schule. Zugleich ein Beitrag zur Lehrplanfrage, in: Sächsische Schulzeitung 90 (1923), S. 34 - 37 (a).
FRÖHLICH, OTTOMAR: Das Problem Versuchsschule in schulpolitischer Beleuchtung, in: Sächsische Schulzeitung 92 (1925), S. 28 ff.
FRÖHLICH, OTTOMAR: Bildungsdemokratie, in: Sächsische Schulzeitung 92 (1925), S. 449 - 452 (a).
GASSE, HORST: Höhere Schule und Arbeitsschulidee. (Veröffentlichung Nr. 8 des Sächsischen Philologenvereins). Leipzig 1922.
GEIßLER, WALTER: Der Elternrat an Volksschulen. (Schulpolitische Handbücherei, Heft 1) Verlag: Landesverband der christlichen Elternvereine Sachsens. Dresden 1926.
GEIßLER, WALTER: Sechs Jahre Elternratswahlen an Sachsens Volksschulen. (Schulpolitische Handbücherei Heft 4) Landesverband der christlichen Elternvereine Sachsens. Dresden 1927.
Gesamtunterricht im 1. und 2. Schuljahr (Leipziger Lehrerverein), in: Flitner / Kudritzki (Hrsg.) Bd. II, Die deutsche Reformpädagogik, Stuttgart 1982, S. 81 ff.
Gesamtunterricht im 1. und 2. Schuljahr. Zugleich ein Bericht über die Leipziger Reformklassen. Hrsg. von Mitgliedern der Methodischen Abteilung des Leipziger Lehrervereins. Leipzig 1914.
GÖHRE, PAUL: Die sächsische Volksschule und ihre Reform. Chemnitz o. J. (um 1910).
GÖHRE, PAUL: Volksschulreform in Sachsen, in: Kommunale Praxis. Wochenschrift für Kommunalpolitik und Gemeindesozialismus. Berlin, 11 (1911), Sp. 321 - 328.
GÖPEL, ARTHUR: Die weltliche Schule. Eine volkstümliche Werbeschrift (Zentralverband proletarischer Freidenker, Sitz Dresden) o.J. (1922).
GÖPEL, ARTHUR: Sozialistische Schulpolitik. (Ein Vortrag mit Thesen). Im Einverständnis und im Auftrag der Hauptversammlung der Gemeinschaft proletarischer Freidenker im Mai 1922. Dresden 1922.
GROTH, WOLFGANG: Lebenskunde, in: Der Volkslehrer. Herausgegeben von der Allgemeinen Freien Lehrergewerkschaft Deutschlands. Langensalza 12 (1930), S. 189 f.
GRÜLLICH, A.: Unsre Seminararbeit, ein Beitrag zur Organisation des sächs. Seminarwesens. Meißen 1904.
GUMBEL, EMIL JULIUS: Verschwörer. Zur Geschichte und Soziologie der deutschen nationalistischen Geheimbünde 1918 - 1924. Frankfurt/M. 1984 (1. Auflage 1924).
HÄDICKE, GUSTAV: Der schulpolitische Nachlaß des verstorbenen Reichstags. In: Sozialistischer Erzieher 5 (1924), S. 8 - 10.
Handbuch sozialdemokratischer Landes-Parteitage in Sachsen von 1891 bis 1914. Bearbeitet von Karl Schrörs. Leipzig 1914.
HÄNIG, HANS: Aufgaben der sächsischen Schulreform, in: Die Neue Erziehung 7 (1925), S. 918 - 921.
HÄNIG, HANS: Die sächsische Denkschrift zur Reform der Höheren Schulen, in: Die Neue Erziehung 8 (1926) S. 949 - 953.
HARTNACKE, WILHELM: Der Neubau des deutschen Schulwesens. Rundfunkrede des Beauftragten des Reichskommissars für das Sächsische Volksbildungsministerium Dr. W. Hartnacke. Leipzig 1933.
HARTNACKE, WILHELM: Auslese nach Geist und Auslese nach Charakter, in: Die Erziehung. Leipzig 11 (1936), S. 65 - 74.
HARTNACKE, WILHELM: Das Problem der Auslese der Tüchtigen. Einige Gedanken und Vorschläge zur Organisation des Schulwesens nach dem Kriege. 2. Auflage, Leipzig 1916.

HARTNACKE, WILHELM: Das Schlagwort im Kampfe gegen die höhere Schule. (Veröffentlichungen des Sächsischen Philologenvereins Nr. 11). Leipzig / Dresden / Berlin 1923.

HARTNACKE, WILHELM: Die Ungeborenen. Ein Blick in die geistige Zukunft unseres Volkes. München 1936.

HARTNACKE, WILHELM: Geistige Begabung Aufstieg und Sozialgefüge. Gegen eine Verstümmelung der höheren Schule. Soest 1950.

HARTNACKE, WILHELM: Naturgrenzen geistiger Bildung. Inflation der Bildung - Schwindendes Führertum - Herrschaft der Urteilslosen. Leipzig 1930.

HARTNACKE, WILHELM: Neues zur Frage der verschiedenen Schulgattungen, in: Die Erziehung. Leipzig 10(1935), S. 80 - 82.

HARTNACKE, WILHELM: Organische Schulgestaltung. Gedanken über Schulorganisation im Lichte der neueren Begabtenforschung. Zweite erweiterte Auflage. Dresden 1926.

HARTNACKE, WILHELM: 15 Millionen Begabtenausfall. Die Wirkung des Geburtenunterschusses der gehobenen Berufsgruppen. (Politische Biologie. Schriften für naturgesetzliche Politik und Wissenschaft. Hrsg. von Staatsmin. a. D., Präsident des Rechnungshofes des Deutschen Reichs Dr. Heinz Müller, Heft 11). München 1939.

HARTNACKE, WILHELM: Seelenkunde vom Erbgedanken aus. Zweite, durchgesehene und erweiterte Auflage. München / Berlin 1941.

HARTNACKE, WILHELM: Standesschule - Leistungsschule, in: Die Erziehung. Leipzig 3(1928), S. 415 - 432 und S. 480 - 498.

HARTNACKE, WILHELM: Standesschule, Leistungsschule, in: Süddeutsche Monatshefte, hrsg. von Paul Nikolaus Cossmann. 27(1929/30), S. 188 - 191.

HARTNACKE, WILHELM: Untergang oder Kampf für ein neues Leben? Die Grundlagen unserer geistigen Zukunft. Leipzig 1934.

HARTNACKE, WILHELM: Vom Mißverhältnis zwischen Aufwand und Erfolg in der Lehrarbeit der Schule, in: Die Erziehung. Leipzig 4(1929), S. 565 - 576.

HARTNACKE, WILHELM: Zu einigen Fragen aus Anlaß der sächsischen Vergleichsprüfungen, in: Die Erziehung. Leipzig 10(1935), S. 375 - 377.

HARTNACKE, WILHELM: Zur Verteilung der Schultüchtigen auf die sozialen Schichten, in: Zeitschrift für pädagogische und experimentelle Pädagogik, 18(1917), S. 40 - 44.

HARTSCH, ERWIN: Zur Gewerkschaftsfrage in Sachsen. In: Der Volkslehrer. Hrsg. von der Allgemeinen Freien Lehrergewerkschaft Deutschlands. Langensalza, 12 (1930) S. 131 f.

HERING, A.: Wie die Elternräte wurden und wuchsen. Verlag: Landesverband der christlichen Elternvereine Sachsens. (Schulpolitische Handbücherei, Heft 3). Dresden 1926.

HERTEL, OTTO: Der Leipziger Lehrerverein in den Jahren 1896 - 1920. Festschrift zur Feier des 75jähr. Bestehens im Auftrage des Vereins verfaßt. Leipzig 1921.

HICKMANN, HUGO: Zum Schulkampf in Sachsen. Ein Merkbuch. Verlag des Evangelischen Landespreßverbandes für Sachsen. Dresden 1921.

HICKMANN, HUGO: Das Elternrecht in der neuen Schulverfassung. Evangelischer Preßverband für Deutschland. Berlin-Steglitz 1926.

HIEMANN, EWALD: 75 Jahre sächsischer Lehrerverein, in: Leipziger Lehrerzeitung 30 (1923), S. 133 - 136.

HIEMANN, EWALD: Die geistigen Strömungen der Gegenwart und die Lehrerschaft. Leipzig o. J. (1921).

HILKER, FRANZ (Hrsg.): Deutsche Schulversuche. Berlin 1924.

Das Hochschulstudium der Volks- und der Berufsschullehrer im Freistaat Sachsen. Zweiter Bericht des Pädagogischen Instituts der Technischen Hochschule zu Dresden. Hrsg. vom Lehrkörper des Instituts. Leipzig 1925.

HOLLO, HEINRICH: Die Volksschule im politischen Kampfe nach der Revolution. (Staatswissenschaftliche Beiträge, Heft VIII). Essen 1922.

Hundert Jahre Dresdner Lehrerverein, in: Leipziger Lehrerzeitung 40 (1933) Nr. 5, S. 139 - 146.

Institut für experimentelle Pädagogik und Psychologie (1906 - 1931). Abteilung des Leipziger Lehrervereins. Leipzig 1931.

IRMER, RUDOLF: Der freie Lehrer im freien Volksstaate. Von kommenden Dingen im deutschen Lehrerstand. Berlin 1919.

JAHN, M.: Die staatsbürgerliche und weltbürgerliche Erziehung in der konfessions- und in der bekenntnisfreien Schule. Leipzig 1921.

KANNIG, FRITZ: Zur Neuordnung des höheren Schulwesens in Sachsen. In: Die Erziehung. 2 (1926/27), S. 353 - 359.

KARSEN, FRITZ: Die neuen Schulen in Deutschland. Langensalza 1924.

KARSEN, FRITZ: Kulturpolitik und Programm, in: Vorwärts Nr. 387 vom 18. 8. 1921.

KARSTÄDT, OTTO: Neuere Versuchsschulen und ihre Fragestellungen, in: Jahrbuch des Zentralinstituts für Erziehung und Unterricht 1922, S. 87 ff.

KITTLER, G. A.: Die Anfänge der Pestalozzischen Methode in Sachsen mit besonderer Berücksichtigung K. J. Blochmanns, in: Pädagogische Studien 48 (1924), S. 1 - 19.

KLUGE, WALTHER: Moralunterricht und weltliche Schule. Eine Aufklärungsschrift für Schulbehörden und Eltern und Erzieher. Leipzig 1920.

KLUGE, WALTHER: Sittliche Lebenskunde. Beiträge zur schulpraktischen Ausgestaltung der ethischen Erziehung. Leipzig 1921.

KLUGE, WALTHER: Menschheitssehnen - Menschheitsgrübeln. Eine Stoffsammlung zur Behandlung der Religionsgeschichte in der Schule. Leipzig 1923.

KLUGE, WALTHER: Die weltliche Schule als Gemeinschaftsschule (Entschiedene Schulreform Heft 30, hrsg. von Paul Oestreich). Leipzig 1924.

KLUGE, WALTHER: Religion in der weltlichen Schule? (Entschiedene Schulreform Heft 36, hrsg. von Paul Oestreich). Leipzig 1924 (a).

KLUGE, WALTHER: Die weltliche Schule als Führerin zur Religion (Entschiedene Schulreform Heft 46, hrsg. von Paul Oestreich). Leipzig 1924 (b).

KLUGE, WALTHER: Werdet Menschen! Ansprachen zur Jugendweihe an junge Menschenkinder als Geleitworte fürs Leben. Leipzig 1924 (c).

KLUGE, WALTHER: Sittliche Erziehung in der weltlichen Schule. Hrsg. vom Bund der freien Schulgesellschaften Deutschlands. Magdeburg o. J. (1926).

KOCKEL, F. W. (Hrsg.): Lehrplan für die einfachen Volksschulen des Königreichs Sachsen vom 5. November 1878. 9. Aufl., Dresden 1903.

KOHLBACH, HUGO: Das Schulwesen in Sachsen. Hrsg. vom Sächsischen Gemeindebeamtenbunde in Dresden. o. J. (1927).

KRETZEN, J.: 100 Jahre Arbeiterbildung in Leipzig, in: Kulturbestrebungen der Arbeiterschaft. Sonderbeilage zu Heft 5/6 des Kulturwille. Leipzig 8(1931), S. 1 - 16.

KROPATSCHECK, GERHARD: Kirche und Schule seit dem Umsturz. Lutherisches Jahrbuch 1919, erster Teil. Dresden-A. und Leipzig 1919.

KÜHN, EDITHA: In der Fremde daheim (Klassenaustausch der Dürerschule), in: Die höhere Schule im Freistaat Sachsen 9(1931), Heft 8/9, S. 171 - 174.

KÜHN, EDITHA: Die Dürerschule. Staatliche Höhere Versuchsschule in Dresden, in: Die höhere Schule im Freistaat Sachsen. 9(1931), Heft 4, S. 83 - 85.

KÜHNE, A. (Hrsg.): Handbuch für das Berufs- und Fachschulwesen. Zweite erweiterte Auflage, Leipzig 1929.

KÜHNEL, JOHANNES: Gedanken über Lehrerbildung. Eine Gegenschrift. Leipzig 1920.

KÜHNEL, JOHANNES: Schularbeit und Arbeitsschule. Beiträge zur Schulreform. Dresden 1922.

KÜHNEL, JOHANNES: Die Lehrerbildung auf der Hochschule. Beiträge zur Schulreform II. Dresden 1923.

KURFAß, FRANZ: Die Reform der Volkschullehrpläne in den deutschen Ländern, in: Jahrbuch des Zentralinstituts für Erziehung und Unterricht 1930/32. Berlin 1933, S. 605 ff.

LANDE, WALTER: Die Schule in der Reichsverfassung. Berlin 1929.

LANDESABTEILUNG SACHSEN DER REICHSZENTRALE FÜR HEIMATDIENST (Hrsg.): Verfassung des Freistaates Sachsen mit Gesetz über Volksbegehren und Volksentscheid. Dresden 1921.

LANDESARBEITSAUSSCHUß DER SPD SACHSENS (Hrsg).: Material zur Sächsischen Landespolitik. Leipzig 1928.

Landeslehrerbuch des Freistaates Sachsen. Erste Ausgabe. Zugleich Jahrbuch zum Kalender des Sächsischen Pestalozzi-Vereins 1925. Unter Mitarbeit der Statistischen Hauptstelle des Sächsischen Lehrervereins und der Geschäftsstelle des Berufsvereins, hrsg. vom Sächsischen Pestalozzi-Verein. Dresden, Schriftenhauptstelle des Sächsischen Pestalozzi-Vereins 1924.

Landeslehrplan für die Volksschulen Sachsens. Mit einer Einführung und einem Anhang von Dr. Weinhold, Ministerialrat im Ministerium für Volksbildung. Dresden o. J. (1928).

Der Landesverband Sachsen der AFLD, in: Der Volkslehrer. Hrsg. von der Allgemeinen Freien Lehrergewerkschaft Deutschlands. Langensalza 12(1930), S. 95.

LANG, JOHANNES: Die demokratische Einheitsschule (Das Wieder-Erstehende Leipzig. Eine Schriftenreihe, in zwangloser Folge herausgegeben vom Volksbildungsamt der Stadt Leipzig, Heft 2), Leipzig 1946.

LANG, JOHANNES: Die allgemeine Volksschule als Arbeitsschule und weltliche Schule, Buchhandlung Vorwärts, Berlin 1920.

LANG, JOHANNES: Schulreform, in: Leipziger Lehrerzeitung 30(1923), S. 493 f.

LEHMANN, RICHARD: Das Zentrum der Freidenkerbewegung, in: Kulturbestrebungen der Arbeiterschaft. Sonderbeilage zu Heft 5/6 des Kulturwille. Leipzig 8(1931), S. 17 ff.

LEHMANN, RUDOLF: Zur Geschichte der Leipziger Versuchsschule, in: Jahresbericht des Leipziger Lehrervereins über das 83. und 84. Vereinsjahr 1928 und 1929, S. 3 - 21.

LEHRERAUSSCHUß DES EVANGELISCH-LUTHERISCHEN SCHULVEREINS FÜR DAS KÖNIGREICH SACHSEN (Hrsg.): Die Zwickauer Leitsätze und der ministerielle Lehrplan. Nach einem Vortrage von Th. Thümmler, Schuldirektor in Dresden-Kaditz. Dresden 1909.

Die Lehrermaßregelungen in Sachsen in den Jahren 1911/12, aktenmäßig dargestellt. (Als Manuskript gedruckt). o. O. o.J. (1912).

LEHRERSCHAFT DER DÜRERSCHULE (Hrsg.): Auch in der Fremde daheim. Ein Buch vom Austausch der Dürerschule (Staatl. Höhere Versuchsschule) zu Dresden. Leipzig 1927.

LEIPZIGER LEHRERVEREIN (Hrsg.): Kind und Fibel. Beiträge zur Vertiefung des ersten Unterrichts im Sprechen, Lesen und Schreiben. 4. verbesserte Auflage. Leipzig 1929.

LEIPZIGER LEHRERVEREIN (Hrsg.): Leipziger Lehrerbuch 1929. Achtzehnte Ausgabe. Leipzig 1929.

LEIPZIGER LEHRERVEREIN (Hrsg.): Die Zwickauer Thesen und Geh. Kirchenrat D. Rietschel. Material zur Beurteilung des Streites um den Religionsunterricht in der Volksschule. Leipzig o. J. (um 1909).

LEIPZIGER LEHRERVEREIN (Hrsg.): Stoffe für die sittliche Bildung in der Schule. Ausgewählt vom Ausschuß für Sittenunterricht des Leipziger Lehrervereins (Beilage zur Sächsischen Schulzeitung 1920).

LEIPZIGER LEHRERVEREIN (Hrsg.): Die Arbeitsschule. Beiträge aus Theorie und Praxis. Leipzig, 3. erweiterte Auflage. Leipzig 1921 (1. Auflage 1909).

LEIPZIGER LEHRERVEREIN (Hrsg.): Stoffplan für die sittliche Lebenskunde. Leipzig 1921 (a).

LEIPZIGER LEHRERVEREIN (Hrsg.): Im Strome des Lebens. Erste Reihe. Altes und Neues zur Belebung der Jugendunterweisung. 6. Auflage. Leipzig 1921. (1. Auflage 1908) (b).
LEIPZIGER LEHRERVEREIN (Hrsg.): Im Strome des Lebens. Dritte Reihe. Altes und Neues zur Belebung der Jugendunterweisung. 2. Auflage, Leipzig 1921 (c).
LEIPZIGER LEHRERVEREIN (Hrsg.): Im Strome des Lebens. Neue Folge. Altes und Neues zur Belebung der Jugendunterweisung. 4. Auflage. Leipzig 1921. (1. Auflage 1911) (d).
LEUSCHKE, ALFRED: Festschrift zur Feier des Fünfzigjährigen Bestehens des Allgemeinen Sächsischen Lehrervereins. Eine Darstellung seiner Entwicklung und Thätigkeit von 1848 - 1898. Dresden 1899.
LEUSCHKE, ALFRED: Zur Geschichte der Lehrerbildungsfrage im Königreiche Sachsen. Dresden 1904.
LEUSCHKE, ALFRED: Erinnerungen. Dresden 1925.
LEXIS, W. (Hrsg.): Das Volksschulwesen und das Lehrerbildungswesen im Deutschen Reich. Berlin 1904.
LIEBMANN, HERMANN: Neun Monate sächsische Koalitionspolitik. Leipzig 1924.
LINDEMANN, F. / SCHULZE, R. (Hrsg.): Neue Bahnen der Volksschularbeit. Pädagogischer Wegweiser. Erster Band: Elementarunterricht und Lebenskunde und Geschichte. Leipzig 1923.
LIPINSKI, RICHARD: Die allgemeine Volksschule und der Religionsunterricht in der Republik Sachsen. Leipzig 1919.
LIPINSKI, RICHARD: Der Kampf um die politische Macht in Sachsen. Leipzig 1926.
LÖFFLER, EUGEN: Der Aufbau des deutschen öffentlichen Schulwesens. In: Jahrbuch des Zentralinstituts für Erziehung und Unterricht 1927, S. 94 ff.
LÖFFLER, EUGEN: Der Aufbau des öffentlichen Schulwesens in Deutschland. In: Jahrbuch des Zentralinstituts für Erziehung und Unterricht 1930/1932, S. 24 ff.
LÖFFLER, EUGEN: Das öffentliche Bildungswesen in Deutschland. Berlin 1931.
LOHMANN, FRIEDRICH: Schulreformer-Verfolgung in Sachsen. Bericht eines "Betroffenen", in: Die Neue Erziehung (7)1925, S. 438 - 441.
LOHMANN, RICHARD: Das Schulprogramm der Sozialdemokratie. Stuttgart / Berlin 1921.
LOMMATZSCH, GEORG: Die Unterrichts- u. Erziehungsanstalten in Sachsen, in: Zeitschrift des sächsischen statistischen Landesamtes 69(1923), S. 78 - 138.
LORENZ, ERNST: 5 Jahre Dresdner USP. Eine rückschauende Betrachtung anläßlich des fünfjährigen Bestehens der Partei. Dresden o. J. (1922).
MENKE-GLÜCKERT, EMIL: Das höhere Schulwesen in Sachsen, in: Zeitschrift für Kommunalwirtschaft. 18 (1928) Spalte 923 - 932.
MESSER, AUGUST: Pädagogik der Gegenwart. 2. erweiterte und verbesserte Auflage. Leipzig 1931.
MINISTERIUM FÜR VOLKSBILDUNG: Zur Neuregelung des höheren Schulwesens in Sachsen. Denkschrift des Ministeriums für Volksbildung. Dresden 1926.
MÜLLER, ARTHUR: Die Entwicklung der sächsischen Lehrerbildung 1923 - 1929, in: Neue pädagogische Studien. Monatsschrift für Lehrerbildung. Dresden 1 (1929), S. 228 - 231.
MÜLLER, ARTHUR: Sinn und Bedeutung der Institutsschule in der neuen Lehrerbildung, in: Neue Pädagogische Studien. Monatsschrift für Lehrerbildung. Dresden 1 (1929), S. 93 - 103.
MÜLLER, EDUARD: Die Elternräte in Chemnitz i. Sa., in: Der Elternbeirat. Halbmonatsschrift für Eltern, Lehrer und Behörden. Hrsg. von E. Wille. Berlin 3 (1922), S. 116 - 119.
MÜLLER, FRITZ: Das Begabungsproblem, in: Die deutsche Einheitsschule. Zentralblatt für das gesamte deutsche Schulwesen. Hrsg. von Prof. Dr. Kullnick, Oldenburg / Berlin 1 (1919), S. 201 - 205.

MÜLLER, JOHANNES: Über den Einfluß der sozialen Struktur der Sächsischen Großstädte Leipzig, Dresden, Chemnitz und Plauen auf deren Haushalt. Diss., Dresden 1930.

MÜLLER, RICHARD: Die Novemberrevolution. Berlin 1924 (Nachdruck in der Kritischen Bibliothek der Arbeiterbewegung. Berlin ²1976).

MÜLLER, RICHARD: Geschichte der deutschen Revolution. Band I: Vom Kaiserreich zur Republik. Berlin 1924 (Nachdruck in der Kritischen Bibliothek der Arbeiterbewegung. Berlin ²1979).

MÜLLER, RICHARD: Geschichte der deutschen Revolution. Band III: Der Bürgerkrieg in Deutschland. Berlin 1925 (Nachdruck in der Kritischen Bibliothek der Arbeiterbewegung. Berlin ²1979).

NEURATH, OTTO: Die Sozialisierung Sachsens. Drei Vorträge gehalten im Volkshaus zu Chemnitz. Verlag des Arbeiter- und Soldatenrates im Industriegebiet Chemnitz. Chemnitz 1919.

Die Neuzeitliche deutsche Volksschule. Bericht über den Kongreß Berlin 1928. Hrsg. von der Kongreßleitung. Berlin 1928.

NIEDNER, C.: Die weltliche Schule in den Kulturländern auf dem Rückzuge, in: Die christliche Schule. Christliche Eltern-, Schul- und Erziehungs-Zeitung. Dresden 1 (1924/25) Nr. 7 (Sonderbeilage), S. 1 - 4, Nr. 9 (Sonderbeilage), S. 5 - 8 und Nr. 11 (Sonderbeilage), S. 9 - 12.

NITZSCHE, EMIL: Sächsische Politik. Ein Handbuch für sächsische Wähler. Im Auftrage des Zentralkomitees der Sozialdemokratischen Partei Sachsens. Dresden 1903.

NITZSCHE, EMIL: Die letzten Jahre sächsischer Politik. Eine Abhandlung zu den Landtagswahlen. Erstes Ergänzungsheft zum Handbuch Sächsische Politik. Hrsg. vom Zentral-Komitee der Sozialdemokratischen Partei Sachsens. Dresden 1905.

NITZSCHE, EMIL: Die letzten Jahre sächsischer Politik. Eine Abhandlung zu den Landtagswahlen. Zweites Ergänzungsheft zum Handbuch Sächsische Politik. Hrsg. vom Zentral-Komitee der Sozialdemokratischen Partei Sachsens. Dresden 1907.

NITZSCHE, EMIL: Die Sächsische Politik der letzten Jahre. Ein Handbuch zu den Landtagswahlen 1909. Mit dem Landtagswahlgesetz, der Ausführungsverordnung hierzu und einer Landtagswahlstatistik. Zugleich drittes Ergänzungsheft zum Handbuch Sächsische Politik. Hrsg. vom Zentral-Komitee der Sozialdemokratischen Partei Sachsens. Dresden 1909.

NITZSCHE, EMIL: Das neue Volksschulgesetz für Sachsen, in: Kommunale Praxis. Wochenschrift für Kommunalpolitik und Gemeindesozialismus. Berlin 12 (1912), Sp. 161 - 170.

NITZSCHE, MAX: Die Volksschule zu Hellerau, in: Hilker, Franz (Hrsg.): Deutsche Schulversuche. Berlin 1924, S. 277 - 291.

NITZSCHE, MAX: Die Schulfahrt - Eine Lebensschule. (Entschiedene Schulreform Heft 49). Leipzig 1926

NOHL, HERMAN: Die pädagogische Bewegung in Deutschland, in: Ders. / Pallat, Ludwig: Handbuch der Pädagogik. Band I. Langensalza 1933, S. 302 - 374.

NOHL, HERMAN / PALLAT, LUDWIG (Hrsg.): Handbuch der Pädagogik. Vierter Band. Die Theorie der Schule und der Schulaufbau. Langensalza 1928.

OESTREICH, PAUL: "Entschiedene Schulreform" als Erziehung zur Totalität, in: Die Tat. Monatsschrift für die Zukunft deutscher Kultur. Jena, Februar 1926, S. 802 - 807.

OFFENSTEIN, WILHELM: Die Schulpolitik der Sozialdemokratie. Hrsg. von der Zentralstelle der katholischen Schulorganisation Deutschlands. (Schulpolitik und Erziehung. Zeitfragen, Neue Folge der Sammlung, Heft 26, Düsseldorf o. J. (ca. 1926).

Das Pädagogische Institut in Leipzig. Ansprache des Direktors des Pädagogischen Instituts Professor Dr. Richter zur Eröffnung der akademischen Lehrerbildung in Leipzig, in: Die Schulreform. Leipzig u.a. 4 (1925), S. 327 - 330.

PÄTZOLD, W.: Geschichte des Volksschulwesens im Königreich Sachsen. Leipzig / Frankfurt/M. 1908.

PÄTZOLD, W.: Das Schuldirektorat in Sachsen. Ein Beitrag zur Geschichte des sächsischen Schulwesens. Dresden 1926.
PAUL, MAX: Die deutsche Oberschule und Aufbauschule in Sachsen. Annaberg 1928.
PFIFFIKUS (Pseudonym): Auf in den Wahlkampf! Schwarz-weiß-rot wider Schwarz-rot-gold. Volksverständliche Wahlbetrachtungen. (Schriften der Deutschnationalen Volkspartei Sachsen Heft 7) Dresden o. J. (um 1924)
PHILIPP, ALBRECHT: Der neue Reichsschulgesetzentwurf. Einführung und Kritik. (Schriften der Deutschnationalen Volkspartei in Sachsen Heft 17). Dresden 1925.
PHILIPP, ALBRECHT: Sachsen und das Reich 1923. Ein politischer Überblick. (Schriften der Deutschnationalen Volkspartei in Sachsen Heft 1). Dresden 1924.
PHILIPP, ALBRECHT: Elternrecht und Reichsschul-Gesetz. (Schriften der Deutschnationalen Volkspartei Landesverband Sachsen Heft 10). Dresden 1924.
PHILIPP, ALBRECHT: Der Kampf um die evangelische Volksschule Sachsens. Ein Rückblick auf die Reichsschulgesetzverhandlungen und eine Mahnung an die christlichen Eltern. (Schriften der Deutschnationalen Volkspartei in Sachsen (Arbeitsgemeinschaft) Heft 25). Borna, Bezirk Leipzig 1928.
PHILIPP, ALBRECHT (Hrsg.): Sachsen und der Reichsschulgesetzentwurf. Aktenstücke und Sitzungsberichte. Leipzig 1928.
PINTHER, GEORG: Sächsische Volks- und Berufsschulbestimmungen für Schulleitungen, Schulbezirke, Schulausschüsse, Elternräte. Dresden-N. 1928.
PORGER, G. (Hrsg.): Neue Schulformen und Versuchsschulen (Pädagogische Schriftsteller Band 21). Bielefeld und Leipzig 1925.
POSSELT (DR. ECCARTUS): Die Volksschule, ein Sorgenkind. Eine Kritik des deutschen Volksschulwesens in pädagogischer, politischer und religiöser Beziehung verbunden mit Vorschlägen zur Schaffung eines neuen Volksschullehrerstandes. 2. und 3.-, völlig umgearbeitete Auflage, Leipzig 1923.
PRETZEL, C. L. A.: Geschichte des Deutschen Lehrervereins in den ersten fünfzig Jahren seines Bestehens. Unter Benutzung von Robert Rissmanns Geschichte des Deutschen Lehrervereins. Leipzig 1921.
Protokoll der Debatte des sächsischen Landtages vom 12. 6. 1923 über die Unruhen in einigen sächsischen Städten, in: Leipziger Volkszeitung vom 13. 6. 1923.
RADBRUCH, GUSTAV (Hrsg.): Die weltliche Schule. Kiel 1920.
RAT ZU DRESDEN, SCHULAMT (Hrsg.): Vom Volksschulwesen der Stadt Dresden. Dresden 1929.
Regierung gegen Beamte im Freistaat Sachsen. Ein Notruf aus dem sächsischen Beamtentum gegen Politisierung und Zerstörung. o.O.und J. (um 1921).
REICHELT, ERICH: Das Staatsleben unter der sächsischen Verfassung vom 1. November 1920. Leipzig 1928.
REICHSMINISTERIUM DES INNERN: Die Reichsschulkonferenz 1920. Ihre Vorgeschichte und Vorbereitung und ihre Verhandlungen. Amtlicher Bericht. Leipzig 1921.
REINIGER, MAX: Die Erneuerung der Volksschuloberstufe. Langensalza / Berlin / Leipzig 1932.
REINLEIN, HANS: Der Versuchsschulgedanke und seine praktische Durchführung in Deutschland. (Deutscher Bund für Erziehung und Unterricht 9). Gotha: F. A. Perthes, 1919.
Die Revolution in Sachsen, ihr Sieg und ihre Aufgabe. Hrsg. im Auftrage des Vollzugsausschusses des Arbeiter- und Soldatenrates Groß-Dresden. Dresden 1918.
RICHTER, JOHANNES: Lehrerbildung als deutsche Kulturfrage. Leipzig: Dürr 1932.
RICHTER, JOHANNES / SEYFERT RICHARD (Hrsg.): Gesetzliche Grundlagen und Studienordnung der akademischen Lehrerbildung im Freistaat Sachsen. Leipzig 1925.
RICHTER, JULIUS: Geschichte der sächsischen Volksschule (Monumenta Germaniae Paedagogia, begründet von Karl Kehrbach, hrsg. von der Gesellschaft für deutsche Erziehungs- und Schulgeschichte, Band LIX). Berlin 1930.

RICHTER, PAUL: Ein Beitrag zur Geschichte der Elternräte. Die Elternvertretungen an den katholischen Volksschulen Dresdens, in: St. Benno Kalender (Sächsischer Volkskalender). Dresden 1926.

RIEDEL, BERNHARD: Ein Jahr Versuchsschule, in: Leipziger Lehrerzeitung 29 (1922), Pädagogische Beilage Nr. 5, S. 33 - 39.

RIEDEL, KURT: Zur Frage der jugendkundlichen Grundlagen des neuen Bildungszieles, in: Sächsische Schulzeitung 89 (1922), S. 178 ff.

RIEDEL, KURT: Die Mittelschule als das soziale Kernstück der Einheitsschule, in: Sächsische Schulzeitung 90 (1923), S. 481 ff.

RIEDEL, KURT: Bildungsplan für die zehnjährige Einheitsschule. Als Entwurf vom Lehrplanungsausschuß des Chemnitzer Lehrervereins angenommen, in: Sächsische Schulzeitung 90 (1923), Pädagogische Arbeitsgemeinschaft Nr. 3, S. 19 - 23.

RIEDEL, KURT: Vom Schulrecht zum Recht der Schule. Eine Untersuchung über die treibenden Kräfte in der Entwicklung der Schulverfassung. Leipzig 1924.

RIEDEL, KURT: Der Unterschied zwischen Dörpfelds "freier Schulgemeinde" und der Forderung der autonomen Schule, in: Die Neue Erziehung 10(1931), S. 754 - 763.

RIEKEL, AUGUST: Die Demokratisierung der Bildung. Leipzig 1928.

RIETZSCHEL, GUSTAV A.: Pädagogik: Die wichtigste Literatur seit 1919. Leipzig 1924.

RISSMANN, ROBERT: Volksschulreform. Zweite, durchgesehene Auflage mit Einleitung und Anmerkungen von C. L. A. Pretzel. Leipzig 1922.

RÖLLING, GERHARD: Die Wirtschaft Sachsens. Eine geographische Studie. Leipzig 1928.

RÖßGER, KARL: Der Weg der Arbeitsschule. Historisch-kritischer Versuch. Leipzig 1927.

RUDERT, OTTO: Schulrevolution. Ein Jahr Versuchsschule, in: Sozialistischer Erzieher. Zeitschrift der Freien Lehrergewerkschaft Deutschlands, der sozialistisch-pädagogischen Internationale und für sozialistische Elternbeiräte. Berlin 3 (1922), S. 287 - 290.

RÜDIGER, ARTHUR: Die Organisierung der weltlichen Jugendweihen in Dresden, in: Der Elternbeirat. Hrsg. von E. Wille. 3 (1922), S. 124 - 129.

RÜHLE, OTTO: Das sächsische Volksschulwesen. Leipzig 1904.

RÜHLE, OTTO: Die Volksschule wie sie ist. Zweite umgearbeitete Auflage. Berlin 1909.

RÜHLE, OTTO: Die Volksschule wie sie sein sollte. Zweite umgearbeitete Auflage. Berlin 1911.

SACHSE, ARNOLD: Die Entwicklung der Bildungsorganisation und ihr gegenwärtiger Zustand in Deutschland, in: Nohl, Herman / Pallat, Ludwig (Hrsg.): Handbuch der Pädagogik. Die Theorie und die Entwicklung des Bildungswesens. Langensalza 1933, S. 377 - 463.

SACHSE, ARNOLD: Die verfassungsrechtlichen und gesetzlichen Grundlagen der deutschen Schule, in: Jahrbuch des Zentralinstituts für Erziehung und Unterricht 1927, S. 1 ff.

SACHSE, ARNOLD: Der bisherige Aufbau der Schulbehörden in den deutschen Bundesstaaten, in: Jahrbuch des Zentralinstituts für Erziehung und Unterricht 1920, S. 108 ff.

Der Sachsenkonflikt, nach den Protokollen der Landtagsfraktion. o.O. o.J. (1924).

SÄCHSISCHER BERUFSSCHULVEREIN (Hrsg.): Die Berufsschule Sachsens unter dem Ministerium für Volksbildung. Dresden 1927.

SÄCHSISCHER LEHRERVEREIN (Hrsg.): Die Umgestaltung des Religionsunterrichts in den sächsischen Volksschulen (Stenographischer Bericht). Leipzig 1908.

SÄCHSISCHER LEHRERVEREIN (Hrsg.): Die Einheitsschule. Beschlüsse von Lehrerversammlungen und Nachweis von Stoffen aus der Literatur. Im Auftrage des Vorstandes des Sächsischen Lehrervereins bearbeitet im erweiterten Schulgesetzausschuß des Pädagogischen Vereins zu Chemnitz. Chemnitz 1917.

SÄCHSISCHER LEHRERVEREIN (Hrsg.): Die Einheitsschule. Stoffe zu Verhandlungen im Lehrerverein und in der Öffentlichkeit. Im Auftrage des Vorstandes des Sächsischen Lehrervereins bearbeitet im erweiterten Schulgesetzausschuß des Pädagogischen Vereins (E. V.) zu Chemnitz. 2. erweiterte Auflage. Chemnitz, Juni 1917.

SÄCHSISCHER LEHRERVEREIN (Hrsg.): Staats- oder Gemeindeschule? Eine Stoffsammlung. Im Auftrage des Vorstandes des Sächsischen Lehrervereins bearbeitet im erweiterten Schulgesetzausschuß des Pädagogischen Vereins (E. V.) zu Chemnitz. Chemnitz, August 1918.

SÄCHSISCHER LEHRERVEREIN (Hrsg.): Die Hochschulbildung der Lehrer in Sachsen. Pläne und erste Erfahrungen. Lehrerbildungs-Ausschuß des Sächsischen Lehrervereins in Dresden. Leipzig 1923.

SÄCHSISCHER LEHRERVEREIN: Plan für den einheitlichen Aufbau des gesamten Erziehungswesens, in: Leipziger Lehrerzeitung 31 (1924), S. 37 ff.

SÄCHSISCHER LEHRERVEREIN (Hrsg.): Zum Kampf um die Volksschule. In Kommission bei Greßner & Schramm. Leipzig 1925.

SÄCHSISCHER LEHRERVEREIN (Hrsg.): Materialsammlung zum Schulkampf. Dresden 1925. 2. Teil Dresden 1926.

SÄCHSISCHER LEHRERVEREIN (Hrsg.): Der suchende Lehrer. Das schaffende Kind. Ein Handbuch für die Teilnehmer der 19. Hauptversammlung des Sächsischen Lehrervereins. Leipzig, Ostern 1925 (a).

SÄCHSISCHER SEMINARLEHRERVEREIN (Hrsg.): Die deutsche Oberschule. Nach den Beschlüssen des Sächsischen Seminar-Lehrervereins in ausführlichen Lehrplanvorschlägen bearbeitet und herausgegeben vom Lehrplanausschuß. Dresden 1921.

SÄCHSISCHER PHILOLOGENVEREIN (Hrsg.): Die Aufbauschule. Lehrpläne für ihre verschiedenen Formen bearbeitet vom pädagogischen Beirat des Sächsischen Philologenvereins. (Veröffentlichungen des Sächsischen Philologenvereins Nr. 9). Annaberg 1922.

SÄCHSISCHES MINISTERIUM FÜR VOLKSBILDUNG: Die sächsische Volksschule nach den von den Bezirksschulräten und den höheren Schulen im Jahre 1924 erstatteten Berichten. Denkschrift des Sächsischen Ministeriums für Volksbildung. (Verordnung Nr. 73 des Ministeriums für Volksbildung vom 25. März 1924). Dresden 1924.

SAUPE, WALTHER: Die Dürerschule (staatlich höhere Versuchsschule) zu Dresden im Rahmen der Schulreform, in: Die Neue Erziehung 11(1929), S. 212 - 219.

SCHÄME, ARTHUR: Der Dualismus im sächsischen Fortbildungsschulwesen und seine Beseitigung durch das Gesetz. Leipzig 1911.

SCHALLOCK, RICHARD: Geschichte der freigewerkschaftlichen Lehrerbewegung in Deutschland. (Volkslehrer- Schriftenreihe Heft 7, herausgegeben von der Allgemeinen Freien Lehrergewerkschaft Deutschlands im Allgemeinen Deutschen Beamtenbund). Jena 1931.

SCHARF, THEODOR: Die obligatorische Fortbildungsschule für Knaben in Leipzig. Wittenberg 1893.

SCHARFE, RITA: Leipziger Schulreform, in: Die neuzeitliche deutsche Volksschule. Bericht über den Kongreß Berlin 1928. Hrsg. von der Kongreßleitung. Berlin 1928, 345 - 360

SCHILLING, M.: Die Allgemeine Fortbildungsschule. Eine pädagogische, soziale und nationale Notwendigkeit. Dresden-Blasewitz 1920.

SCHMIEDER, J.: Quellen zur Sächsischen Geschichte nebst Bürgerkunde und Abriß der sächsischen Geschichte. Zweite, bis zur Gegenwart fortgeführte Auflage. Leipzig 1927.

SCHNABEL, PAUL: Ein Jahr elementarer Gesamtunterricht ohne Lesen, Schreiben und Systemrechnen, in: Leipziger Lehrerzeitung 29 (1922), Pädagogische Beilage, Nr. 7, S. 49 - 54.

SCHNABEL, PAUL: Richtlinien für den Lehrplan der Grundschule, in: Leipziger Lehrerzeitung 30 (1923), S. 313 - 317.

SCHNABEL, PAUL: Das Schicksal der Leipziger Versuchsschule, in: Leipziger Lehrerzeitung 32 (1925), S. 145 - 148.

SCHNABEL, PAUL: Aus dem Straßenleben, in: Dietrich, Theo (Hrsg.): Unterrichtsbeispiele von Herbart bis zur Gegenwart. 5. verbesserte Auflage. Bad Heilbrunn/Obb. 1980, S. 80 ff.

SCHNEIDER, P.: Pestalozzi und die Volksschule Sachsens, in: Pädagogische Studien N. F. 23 (1902), S. 407 - 435.

SCHNEIDER, W. / WELS, PAUL: Kleine Staatsbürgerkunde für Sachsen. Leipzig 1922.

SCHNELLER, E.: Schulpolitische Reden im sächsischen Landtag. Ausgewählt und mit einem Nachwort versehen von Karl Heinz Zieris. Drei Teile, in: Jahrbuch für Erziehungs- und Schulgeschichte, Berlin (Ost) 2(1962), S. 241 - 299; 3(1963), S. 251 - 295; 4(1964), S. 230 - 274.

SCHÖNHERR, PHILIPP: Vom Werden und Wachsen der Leipziger Versuchsschule (54. Volkksschule), in: Hilker, Franz (Hrsg.): Deutsche Schulversuche. Berlin 1924, S. 205 - 220.

SCHRIFTENNACHWEISE DER COMENIUS-BÜCHEREI, BAND 2: Die akademische Lehrerbildung. Verfaßt von Curt Ebert. Leipzig: Comenius-Bücherei 1929.

SCHRÖBEL, ERICH / SCHMIDT-BREITUNG, MARTIN: Sachsens Volks- und Berufsschulwesen. Freiberg i. S. 1929.

SCHULMANN, E.: Offener Brief an den Leipziger Lehrerverein. Leipzig 1909.

Schulprogramm. Ein Entwurf der vom Zentralkomitee der Unabhängigen Sozialdemokratischen Partei eingesetzten Kommission für das Erziehungs- und Bildungswesen. Mit einem Vorwort von Georg Ledebour. Berlin 1920.

Schulreform in Thüringen, in: Leipziger Lehrerzeitung, Februar 1924 (Sondernummer).

SCHULZ, HEINRICH: Die Schulreform der Sozialdemokratie, Dresden 1911.

SCHULZ, HEINRICH: Der Leidensweg des Reichsschulgesetzes, Berlin 1926.

SCHUTZGESELLSCHAFT FÜR HÖHERE SCHULEN: Die Zertrümmerung des humanistischen Gymnasiums im Freistaate Sachsen, in: Das humanistische Gymnasium 1923, S. 67 ff.

SCHÜRER, HEINZ: Die politische Arbeiterbewegung Deutschlands in der Nachkriegszeit 1918 - 1933. Diss. Leipzig 1933.

SCHWENZER, GEORG: Die Dresdner Versuchsschule. In: Karsen, Fritz (Hrsg.): Die neuen Schulen in Deutschland. Langensalza 1924, S. 314 - 329.

SEYDEWITZ, P., von (Hrsg.): Das Königlich Sächsische Volksschulgesetz vom 26. April 1873 nebst Ausführungsverordnung und den damit in Verbindung stehenden Gesetzen und Verordnungen. 6. Auflage, besorgt von Franz Böhme. Leipzig 1910.

SEYFERT, RICHARD: Zur Erziehung der Jünglinge aus dem Volke. Vorschläge zur Ausfüllung einer verhängnisvollen Lücke im Erziehungsplane. Leipzig 1901.

SEYFERT, RICHARD: Vorschläge zur Reform der Lehrerbildung. Leipzig 1905.

SEYFERT, RICHARD: Vom deutschen Wesen nach dem Kriege. Leipzig 1915.

SEYFERT, RICHARD: Der Abbau der Lehrerseminare, in: Kunstwart und Kulturwart. Monatsschau für Ausdruckskultur auf allen Lebensgebieten. Hrsg. von Ferdinand Avenarius. München 35 (1922), S. 228 - 232.

SEYFERT, RICHARD: Das schulpolitische Programm der Demokratie. (Flugschriften aus der Deutschen Demokratischen Partei). Leipzig 1919

SEYFERT, RICHARD: Was uns allen die Volksschule sein soll. Verlag Ernst Wunderlich, Leipzig ²1913.

SEYFERT, RICHARD: Volkserziehung. Kritiken und Vorschläge. Berlin-Zehlendorf 1910.

SEYFERT, RICHARD: Der Wolf und die sieben Geißlein, in: Dietrich, Theo (Hrsg.): Unterrichtsbeispiele von Herbart bis zur Gegenwart. 5. verbesserte Auflage Bad Heilbrunn/Obb. 1980, S. 75 ff.

SEYFERT, RICHARD: Die akademische Lehrerausbildung an der Hochschule, in: Die neuzeitliche deutsche Volksschule. Bericht über den Kongreß Berlin 1928. Hrsg. von der Kongreßleitung. Berlin 1928, S. 481 - 490.

SEYFERT, RICHARD: Der Streit des Herrn Dr. Ernst Boehm gegen die akademische Lehrerbildung. Leipzig 1926.

SEYFERT, RICHARD: Der Streit des Herrn Dr. Ernst Boehm gegen die akademische Lehrerbildung. Der Abwehrschrift II. Teil. Leipzig 1926 (a).

SEYFERT, RICHARD: Offener Brief an die deutschen Lehrer im Felde, in: Deutsche Schulpraxis. Wochenblatt für Praxis, Geschichte und Literatur der Erziehung und des Unterrichts. Leipzig 35(1915), S. 57.

SEYFERT, RICHARD: Das Schulwesen im Freistaat Sachsen seit der Revolution, in: Jahrbuch des Zentralinstituts für Erziehung und Unterricht 4(1922), S. 134 - 139.

SEYFERT, RICHARD: Die akademische Lehrerbildung, in: Bayerische Lehrerzeitung. 62 (1928), S. 589 - 592 und S. 605 - 608.

SEYFERT, RICHARD: 10 Jahre Übergangsschulgesetz im Freistaat Sachsen, in: Neue pädagogische Studien. Monatsschrift für Lehrerbildung. Dresden 1(1929), S. 397 - 410.

SEYFERT, RICHARD: Die akademische Lehrerbildung und die Lehrerschaft, in: Neue pädagogische Studien. Monatsschrift für Lehrerbildung. Dresden 1 (1929), S. 5 - 16.

SEYFERT, RICHARD: Der Studienplan für das Studium der Pädagogik an der Technischen Hochschule in Dresden, in: Neue pädagogische Studien. Monatsschrift für Lehrerbildung. Dresden 1(1929), S. 224 - 227.

SEYFERT, RICHARD: Anfänge einer Sammlung für Bildungslehre, in: Neue pädagogische Studien. Monatsschrift für Lehrerbildung. Dresden 1 (1929), S. 232 - 235.

SEYFERT, RICHARD: Der Versuch in der Bildungslehre, in: Neue pädagogische Studien. Monatsschrift für Lehrerbildung. Dresden 1(1929), S. 236 - 239

SEYFERT, RICHARD: Lebensbuch eines Lernenden. Lebenserinnerungen von Richard Seyfert. Leipzig 1935.

SEYFERT, RICHARD: Zum Studium der zukünftigen Volksschullehrer an der Technischen Hochschule zu Dresden, in: Die Scholle. Blätter für Kunst und Leben in Erziehung und Unterricht. Sonderheft: Die neue Lehrerbildung. Ansbach/Bayern, Mai 1930, S. 440 - 445.

SEYFERT, RICHARD: Die Notwendigkeit und Möglichkeit der akademischen Lehrerbildung. Vortrag, gehalten auf der Bernburger Herbsttagung des Anh. Lehrervereins, in: Schulblatt für Braunschweig und Anhalt, Vereinsblatt des Braunschweigischen Landes- und des Anhaltlichen Lehrervereins, 43(1930), S. 1041 - 1049 (a).

SEYFERT, RICHARD: Aufgaben, Aufbau und Arbeitsweise des Pädagogischen Instituts der Technischen Hochschule, ein Rechenschaftsbericht, in: Sächsische Schulzeitung 99(1932), S. 289 - 293.

SIEBER, RUDOLF: Die Arbeitsschule, in: Leipziger Lehrerverein (Hrsg.): Die Arbeitsschule. Beiträge aus Theorie und Praxis. 3. erweiterte Auflage, Leipzig 1921, S. 21 ff.

SIEGERT (Chemnitz): 16 Monate sächsischer Landtag. Ein politischer Überblick. (Schriften der Deutschnationalen Volkspartei in Sachsen Heft 2). Dresden 1924.

SIEMSEN, ANNA: Elternbeiräte. In: Sozialistischer Erzieher 1 (1920), S. 5 - 6.

SIEMSEN, ANNA: Zur Neutralität der Schule (Die Schule des Proletariats. Wissenschaft - Erziehung - Arbeiterklasse, Nr. 10), in: Der Volkslehrer. Hrsg. von der Allgemeinen Freien Lehrergewerkschaft Deutschlands. Langensalza, 13(1931), S. 235 - 238 und S. 262.

SOZIALDEMOKRATISCHE LANDTAGSFRAKTION (Hrsg.): Vier Jahre sächsische Politik. o. O. 1926.

SPRINGER, HERBERT: Protestantische Kirche und Volksschule in Deutschland. Diss., Leipzig 1929.

STAHL, FRIEDRICH: Das sächsische Volks- und Berufsschulwesen, in: Zeitschrift für Kommunalwirtschaft, 18(1928), Spalte 917 - 924.

STEIGER, WILLY: Kulturkritik in der Schule, in: Sächsische Schulzeitung 89 (1922), S. 751 ff.
STEIGER, WILLY: Vom Mechanismus Schule zur Kraftquelle Leben, in: Sächsische Schulzeitung 90 (1923), S. 433 - 436.
STEIGER, WILLY: "Fahrende Schule" Hellerau - Überschäumendes Lebensgefühl auf der Wanderfahrt (1924), in: Hoof, Dieter: Die Schulpraxis der Pädagogischen Bewegung des 20. Jahrhunderts. Bad Heilbrunn/Obb. 1969, S. 64 ff.
STEIGER, WILLY: S' blaue Nest. Erlebnisse und Ergebnisse aus einer vierjährigen Arbeit mit einer Volksschuloberstufe (Künftige Ernten. Saat und Wachstumsberichte von neuer Erziehung, hrsg. von J. Kühnel, Band 1), Dresden 1925.
STROBEL, H.: Der Leipziger Lehrerverein, in: Kulturbestrebungen der Arbeiterschaft. Sonderbeilage des Kulturwille. Leipzig 8(1931), S. 19 - 21.
Tätigkeitsbericht über die Jahre 1927/29 der Leipziger Stadtverordnetenfraktion der SPD. Leipzig 1929.
TEUSCHER, ADOLF: Zur Einführung des Studenten in die Arbeit mit der Schulklasse, in: Neue pädagogische Studien. Monatsschrift für Lehrerbildung. Dresden 1(1929), S. 281 - 286.
TEWS, JOHANNES: Sozialdemokratie und öffentliches Bildungswesen (Mann's Pädagogisches Magazin Heft 9). 5., vermehrte und verbesserte Auflage. Langensalza 1919.
TEWS, JOHANNES: Elternabende und Elternbeiräte. Freie und gesetzlich geordnete Mitarbeit der Eltern an der Schulerziehung. (F. Mann's Pädagogisches Magazin Heft 31). 5. Auflage. Langensalze 1922. (1. Auflage 1919)
THALHEIMER, AUGUST: 1923: Eine verpaßte Revolution? Die deutsche Oktoberlegende und die wirkliche Geschichte von 1923. Berlin 1931.
TRINKS, KARL: Die Selbstverwaltung als Baugesetz der neuen Schule. Vortrag gehalten am 6. April 1925 auf der 19. Allgemeinen Versammlung des Sächsischen Lehrervereins in Leipzig. o.O. o.J.
TRINKS, KARL: Die Sozialgestalt des Volksschullehrers. Bearbeitet und herausgegeben von Rainer Bölling. Stuttgart 1980.
UHLIG, MAX: Vom rechten Staatsbürger und wie man ihn erzieht, in: Sächsische Schulzeitung 87 (1920), S. 555 f.
UHLIG, MAX: Massenunterricht - Gesamtunterricht - Einzelunterricht, in: Sächsische Schulzeitung 90 (1923), S. 69 f.
UHLIG, MAX: Versuchsschule Humboldtschule M., Chemnitz, in: Hilker, Franz (Hrsg.): Deutsche Schulversuche. Berlin 1924, S. 292 - 302.
UHLIG, MAX: Sittliche Erziehung in der Weltlichen Schule. Erfahrungen aus der Humboldtschule Chemnitz, in: Die freie weltliche Schule 6(1926), S. 148 - 151.
UHLIG, OTTO: Die Volksschule. Eine Materialiensammlung zur Schulreform. Hrsg. vom Landesvorstand der Sozialdemokratischen Partei Sachsens. Dresden-A. o.J. (1913).
UHLIG, OTTO: Die Schulreform in Sachsen und ihr Scheitern, in: Kommunale Praxis. Wochenschrift für Kommunalpolitik und Gemeindesozialismus. Berlin 13(1913), Sp. 97 - 104.
Unterrichtspraxis und jugendkundliche Beobachtung an der Dresdner Versuchsschule, 1. Jahresbericht (1921 - 1922) der Schule am Georgsplatz. Leipzig 1922.
VARRENTRAPP, FRANZ, (Hrsg.): Elternbeirat und Elternbeiratswahlen. 3. erweiterte Auflage. Berlin 1926.
VERBAND SÄCHSISCHER INDUSTRIELLER (Hrsg.): Demonstrations-Terror gegen Sachsens industrielle Produktion. Eingabe des Verbandes sächsischer Industrieller an das Wirtschaftsministerium im Freistaat Sachsen August 1922 (Veröffentlichungen des Verbandes Sächsischer Industrieller Heft XXXVI). Dresden 1922.
VERBAND SÄCHSISCHER INDUSTRIELLER (Hrsg.): Sachsens industrielle Produktion unter sozialistisch-kommunistischem Terror. Denkschrift des Verbandes Sächsischer Industrieller über Ausschreitungen gegen Industrielle, Angestellte und

Arbeiter im Jahre 1923. (Veröffentlichungen des Verbandes Sächsischer Industrieller Heft XXXIX). Dresden 1923.

VERBAND SÄCHSISCHER INDUSTRIELLER (Hrsg.): Sachsens industrielle Produktion unter sozialistisch-kommunistischem Terror. 3. Heft: Die Tätigkeit der Regierungskommissare und die Notwendigkeit ihrer völligen Beseitigung. (Veröffentlichungen des Verbandes Sächsischer Industrieller, Heft XL). Dresden 1924.

Die Versuchsschule Großzschocher: in: Leipziger Volkszeitung 29 (1922), Beilage zu Nr. 195 vom 22. August.

VIEHWEG, ERICH: Schule und sittliche Erziehung, in: Sächsische Schulzeitung 86 (1919), S. 506 ff.

VIEHWEG, ERICH: Die sittliche Erziehung in der weltlichen Schule. Leipzig o. J. (1921).

VIEHWEG, ERICH: Allgemeine Schule, weltliche Schule, Religion. Ein Vortrag, gehalten in der öffentlichen Versammlung des Landesverbandes am 4. Oktober 1924 in Dresden anläßlich der Vertretersammlung des Bundes der freien Schulgesellschaften Deutschlands am 5. Oktober 1924 in Dresden. Hrsg. im Auftrag des Landesverbandes Sachsen. Leipzig-Leutzsch 1925.

VIEHWEG, ERICH: Erich Viehweg zum 70. Geburtstag, in: Die Neue Schule 5(1950) Nr. 3, S. 102.

VOGEL, GEORG THEODOR: Die Anfänge der sächsischen Reformschule. Dresden 1920.

VOGEL, PAUL: Gesamtunterricht in der Grundschule, in: Leipziger Lehrerzeitung 29(1922), Pädagogische Beilage Nr. 4, S. 25 f.

WAHRMUND: Die Katastrophenpolitik des Sächsischen Lehrervereins. Eine Streitschrift zur Lehre und Besserung. Annaberg 1921.

WECKEL, KURT: Wie es zu einer freien Lehrergewerkschaft in Sachsen kam, in: Der Volkslehrer. Hrsg. von der Allgemeinen Freien Lehrergewerkschaft Deutschlands. Langensalza 12(1930) S. 95.

WEDLER, ERNST: Zehn Jahre Braunschweiger Versuchsschule. Braunschweig 1932.

WEHNER, KURT: Die Ziele des Sächsischen Lehrervereins. Vortrag gehalten am 6. April 1925 auf der 19. Allgemeinen Versammlung des Sächsischen Lehrervereins in Leipzig o.O. o.J.

WEINHOLD, PAUL: Zur Oberstufe des Volksschule. Woher? Wohin? Dresden 1932.

WEINHOLD, PAUL: Die Oberstufe der Volksschule im Mittelbau des deutschen Schulwesens, in: Jahrbuch des Zentralinstituts für Erziehung und Unterricht 1930/32, S. 130 ff.

WEISE, MARTIN: Begabung und Differenzierung, in: Sächsische Schulzeitung 87 (1920), S. 438 ff.

WEISE, MARTIN: Nicht Begabtenschule, sondern Einheitsschule, in: Sächsische Schulzeitung 87 (1920), S. 34 f. und S. 51 f. (a).

WEISE, MARTIN: Arbeitsschule und Gesamtunterricht, in: Sächsische Schulzeitung 87 (1920), S. 101 ff. (b).

WEISE, MARTIN: Differenzierung in der Arbeitsschule, in: Sächsische Schulzeitung 87 (1920), S. 458 ff. (c).

WEISE, MARTIN: Die Arbeitsschule und ihr Zusammenhang mit den geistigen Strömungen der Gesellschaft, in: Sächsische Schulzeitung 88 (1921), S. 149 - 152 und 168 - 171.

WEISE, MARTIN: Die Arbeitsschule, eine Tat - Gemeinschaftsschule, in: Sächsische Schulzeitung 88 (1921), S. 279 ff. (a).

WEISE, MARTIN: Schülerauslese und Einheitsschule, in: Sächsische Schulzeitung 90 (1923), S. 586 ff.

WEISE, MARTIN: Differenzierung in der Einheitsschule, in: Sächsische Schulzeitung 90 (1923), S. 418 - 421. (a).

WEISE, MARTIN: Die Dresdner Versuchsschule, in: Porger, B. (Hrsg.): Neue Schulformen und Versuchsschulen. Bielefeld und Leipzig 1925, S. 241 - 249.

WEISE, MARTIN: Der Schulkampf in Sachsen, in: Die Neue Erziehung 6 (1924) S. 172 - 175.
WEISE, MARTIN: Paul Oestreich und die Entschiedene Schulreform. Leipzig 1928.
Wider und Für die christliche Schule. Einunddreißig Gegnerschlagworte über christliche und weltliche Schule und ihre Widerlegung (Vorwort: Wendelin). Verlag des Evangelischen Landespreßverbandes für Sachsen. Dresden 1921.
WITTE, ERICH: Kommunale Schulpolitik. Leitsätze zur Durchführung der Schulreform durch die Gemeinden. Gotha 1921.
WOLF, ARTHUR: Geschichtsunterricht im Volksstaat. Grundlegung und Kritik und Aufgaben. Leipzig o. J. (1919).
WOLFAHRT, ERICH: Geist und Torheit auf Primanerbänken. Bericht über die sächsischen Maßnahmen zur Begrenzung des Hochschulzuganges. Hrsg. und mit einem Vorwort versehen von W. Hartnacke. Sächsischer Minister für Volksbildung. 3. Auflage. Dresden 1934.
WÜNSCHE, ALWIN: Sächsische Angelegenheiten. Hat Sachsen christliche Schulen? Von Bezirksschulrat Dr. A. Wünsche, in: Leipziger Volkszeitung vom 30. 9. 1922.
Wünsche der Sächsischen Lehrerschaft zur Neugestaltung des Volksschulgesetzes. Nach den Beschlüssen der Vertreterversammlung zusammengestellt und begründet vom Vorstande des Sächsischen Lehrervereins. Leipzig 1911.
ZIEGER, ALFRED: Schulmeister, Schullehrer, Volkslehrer. Das Werden des Lehrerstandes in Sachsen als Beitrag zu einer Soziologie des Berufsstandes. Langensalza / Berlin / Leipzig 1932.

3. Literatur

ALT, ROBERT: Über unsere Stellung zur Reformpädagogik, in: Pädagogik 11 (1956), S. 345 - 367.
ARBEITSGRUPPE "GESCHICHTE DER LEHRERBEWEGUNG" (MARBURG): Materialien zur Geschichte der politischen Lehrerbewegung I (1789 - 1933) (Reihe Roter Pauker, Heft 7 Hrsg. vom Sozialistischen Lehrerbund) Offenbach o.J. (um 1974).
AUTORENKOLLEKTIV (Hrsg.): Geschichte der Deutschen Arbeiterbewegung Band 3. Von 1917 bis 1923. Berlin (Ost) 1966.
BAJOHR, FRANK / BEHRENS-COBET, HEIDI / SCHMIDT, ERNST: Freie Schulen. Eine vergessene Bildungsinitiative. (Essener Beiträge zur Geschichte der Sozialdemokratie und Arbeiterbewegung Band II). Essen 1986.
BAYER, MANFRED u. a.: Chancengleichheit und Strukturkrise. Ein Memorandum zur Schulentwicklung für den Landesverband Nordrhein-Westfalen der Gewerkschaft Erziehung und Wissenschaft. Essen 1983.
BEBEL, AUGUST: Aus meinem Leben. Berlin/DDR [6]1980.
BECKERT, SIEGFRIED: Der Kampf der Linken in Chemnitz gegen Krieg und Opportunismus, für die Herausbildung einer neuen revolutionären Partei und für die Ziele der Novemberrevolution (April 1917 bis Januar 1919). Diss., Halle 1969.
BEHRENS-COBET, HEIDI / REICHLING NORBERT: "Wir fordern die freie Schule, weil sie die Schule des Sozialismus ist." Die Bewegung für freie weltliche Schulen in der Weimarer Republik, in: Internationale wissenschaftliche Korrespondenz zur Geschichte der deutschen Arbeiterbewegung, 23 (1987), S. 485 - 505.
BEHRISCH, ARNO: Ein großartiger Sämann. Sachsen 1930, in: Arbeiterbewegung - Erwachsenenbildung - Presse. Festschrift für Walter Fabian zum 75. Geburtstag. Hrsg. von Anne-Marie Fabian. Köln, Frankfurt/M. 1977, S. 192 - 198.
BEIER, FRITZ: "Die revolutionäre Tradition der Leipziger Arbeiterbewegung". Drei öffentliche Lektionen des Parteikabinetts der SED Stadtleitung Leipzig. Hrsg. von der SED-Stadtleitung Leipzig. o. J.
BERG, CHRISTA: Die Okkupation der Schule. Eine Studie zur Aufhellung gegenwärtiger Schulprobleme an der Volksschule Preußens (1872 - 1900). Heidelberg 1973.
BERG, CHRISTA: Volksschule im Abseits von 'Industrialisierung' und 'Fortschritt', in: Pädagogische Rundschau 28 (1974), S. 385 - 406.
BERG, CHRISTA (Hrsg.): Handbuch der deutschen Bildungsgeschichte Band IV 1870 - 1918. Von der Reichsgründung bis zum Ende des Ersten Weltkrieges. München 1991.
BEUTEL, HORST: Die Novemberrevolution von 1918 in Leipzig und die Politik der Leipziger USPD-Führung bis zum Einmarsch der konterrevolutionären Truppen des Generals Maerker am 12. Mai 1919, in: Wissenschaftliche Zeitschrift der Karl-Marx-Universität Leipzig, Gesellschafts- und Sprachwissenschaftliche Reihe, 7(1957/58), S. 385-411.
BEUTEL, HORST / GLOBIG, FRITZ / GORSKI, GÜNTER / PUCHTA, GERHARD.: Die rote Fahne über Leipzig. Ein Beitrag zur Geschichte der November-Revolution 1918 in Leipzig. Hrsg. von der Abteilung Propaganda/Agitation der Bezirks-Leitung Leipzig der Sozialistischen Einheitspartei Deutschlands. Leipzig o. J. (1958).
BEUTLER, KURT: Erich Weniger - Reformpädagoge und Militärtheoretiker, in: Pädagogik und Schulalltag 46 (1991) S. 280 - 290.
BIRKER, KARL: Die Deutschen Arbeiterbildungsvereine 1840 - 1870 (Einzelveröffentlichungen der Historischen Kommission zu Berlin Band 10). Berlin 1973.
BLANKERTZ, HERWIG: Bildung im Zeitalter der großen Industrie. Pädagogik, Schule und Berufsbildung im 19. Jahrhundert. Hannover 1969.

BLANKERTZ, HERWIG: Die Geschichte der Pädagogik. Von der Aufklärung bis zur Gegenwart. Wetzlar 1982.

BLASCHKE, KARLHEINZ: Die Landesgeschichte und ihre Probleme in Sachsen, in: Blätter für deutsche Landesgeschichte 94(1958), S. 120 - 145.

BÖHM, WINFRIED: Sozialgeschichtliche Aspekte zum Problem von Schule und Gesellschaft, in: Vierteljahresschrift für Wissenschaftliche Pädagogik 51 (1975), S. 360 - 371.

BÖHME, GÜNTHER / TENORTH, HEINZ-ELMAR: Einführung in die Historische Pädagogik. Darmstadt 1990.

BÖLLING, RAINER: Volksschullehrer und Politik. Göttingen 1978.

BÖLLING, RAINER: Sozialgeschichte der deutschen Lehrer. Ein Überblick von 1800 bis zur Gegenwart. Göttingen 1983.

BRAMKE, WERNER: Erich Zeigner (1886 bis 1949). Vom bürgerlichen Demokraten zum proletarischen Politiker, in: Berühmte Leipziger Studenten. Hrsg. von Hans Piazza, Werner Fläschendräger, Günter Katsch und Gerhild Schwendler. Leipzig/Jena/Berlin 1984, S. 157-164.

BRAMKE, WERNER: Sachsen unter der faschistischen Diktatur (1933 - 1945), in: Sächsische Heimatblätter 30 (1984) H. 4, S. 156 - 164.

BREYVOGEL, WILFRIED: Die soziale Lage und das politische Bewußtsein der Volksschullehrer 1927 - 1933. Eine Studie zur Gewerkschaftsfrage in der Volksschullehrerschaft. Königstein/Ts. 1979.

BRIESEMEISTER, HORST: Der Kampf der demokratischen Kräfte unter der Führung der KPD gegen die Schulpolitik der Frick-Baum-Kästner-Regierung für ein demokratisches Schulwesen in Thüringen 1930/31. Diss. Pädagogische Hochschule Dresden 1968.

BRUCHHÄUSER, H.-P. / LIPSMEIER, A.: Quellen und Dokumente zur schulischen Berufsbildung 1869-1918. Köln 1985.

BRÜCHER, BODO: Die Geschichte der Elternpartizipation im Spannungsfeld zwischen Staatsschule und Elternrecht, in: Eltern - Schüler - Lehrer. Zur Elternpartizipation an Schule. Hrsg. von Wolfgang Melzer (Veröffentlichungen der Max-Traeger-Stiftung, Band 1. Hrsg. von Dieter Wunder) Weinheim und München 1985, S. 193 - 218.

BRÜCHER, BODO: Die freie weltliche Schule in Düsseldorf während der Weimarer Republik, in: Dokumentation zur Geschichte der Stadt Düsseldorf, Band 6. Hrsg. vom Pädagogischen Institut der Landeshauptstadt Düsseldorf. Düsseldorf 1985, S. 265-299.(a).

BÜCHNER, PETER: Einführung in die Soziologie der Erziehung und des Bildungswesens. Darmstadt 1985.

BUHL, GISELHER: Erziehungsgeschichte und das Konzept der 'modernen deutschen Sozialgeschichte', in: Historische Pädagogik. Methodologische Probleme der Erziehungsgeschichte. Hrsg. von Volker Lenhart. Wiesbaden 1977, S. 76 - 92.

CASPAR, HILDEGARD: Der Deutsche Lehrerverein in der Weltwirtschaftskrise 1930 - 1932, in: Lehrerschaft, Republik und Faschismus. Beiträge zur Geschichte der organisierten Lehrerschaft in der Weimarer Republik. Hrsg. von Dietfried Krause-Vilmar. Köln 1978, S. 145 - 211.

CLOER, ERNST: Sozialgeschichte, Schulpolitik und Lehrerfortbildung der katholischen Lehrerverbände im Kaiserreich und in der Weimarer Republik. Rattingen 1975

DASCHNER, PETER / LEHBERGER, REINER (Hrsg.): Hamburg - Stadt der Schulreformen. (Hamburger Schriftenreihe zur Schul- und Unterrichtsgeschichte Band 2, hrsg. von Reiner Lehberger und Hans-Peter de Lorent). Hamburg 1990.

DIETRICH, DOROTHEA: Die Dresdner Dürerschule - eine bemerkenswerte pädagogische Einrichtung des höheren Schulwesens, in: Dresdner Hefte. Hrsg. vom Rat des Bezirks Dresden, Abt. Kultur. (Beiträge zur Kulturgeschichte 12). Dresden 5(1987), S. 44 - 50.

DIETRICH, INGRID: Reformpädagogik als politische Alphabetisierung, in: Demokratische Erziehung 12 (1986) S. 20 - 25.

DIETRICH, RICHARD: Zur industriellen Produktion, technischen Entwicklung und zum Unternehmertum in Mitteldeutschland, speziell in Sachsen im Zeitalter der Industrialisierung, in: Jahrbuch für die Geschichte Mittel- und Ostdeutschlands. Band 28. Publikationsorgan der Historischen Kommission zu Berlin. Hrsg. von Wilhelm Berges, Hans Herzfeld und Henryk Skrzypczak. Berlin 1979, S. 221 - 272.

DIETRICH, THEO (Hrsg.): Unterrichtsbeispiele von Herbart bis zur Gegenwart. 5. verbesserte Auflage Bad Heilbrunn/Obb. 1980.

DÖRRER, HORST: Die Dresdner Arbeiterbewegung während des Weltkrieges und der Novemberrevolution 1918. Diss., Leipzig 1960.

DONAT, HELMUT / HOLL, KARL (Hrsg.): Die Friedensbewegung. Organisierter Pazifismus in Deutschland, Österreich und in der Schweiz (Hermes Handlexikon). Düsseldorf 1983.

DRECHSLER, HANNO: Die Sozialistische Arbeiterpartei Deutschlands (SAPD). Ein Beitrag zur Geschichte der deutschen Arbeiterbewegung am Ende der Weimarer Republik. (Marburger Abhandlungen zur Politischen Wissenschaft. Band 2. Hrsg. von Wolfgang Abendroth). Meisenheim am Glan 1965.

DUDZIK, BRITA: Geschichtstheoretische Probleme einer Sozialgeschichte der Erziehung, in: Informationen zur erziehungs- und bildungshistorischen Forschung 3 (1975), S. 121 - 138.

EBERT, NELE: Zur Entwicklung der Volksschule in Berlin in den Jahren 1920 - 1933 unter besonderer Berücksichtigung der Weltlichen Schule und Lebensgemeinschaftsschulen. Diss., Humboldt-Universität Berlin 1990.

EIERDANZ, JÜRGEN: Auf der Suche nach der Neuen Erziehung - Politik und Pädagogik des Bundes Entschiedener Schulreformer (1913 - 1933) zwischen Anspruch und Wirklichkeit. Diss., Gießen 1985.

EILERS, ROLF: Die Nationalsozialistische Schulpolitik (Staat und Politik, Bd. 4). Köln 1963.

ELLGER-RÜTTGARDT, SIEGLIND: Historiographie der Behindertenpädagogik, in: Theorie der Behindertenpädagogik. Hrsg. von Ulrich Bleidick (Handbuch der Sonderpädagogik, Band I), S. 87 - 125.

ELLGER-RÜTTGARDT, SIEGLIND: Der Hilfsschullehrer. Sozialgeschichte einer Lehrergruppe (1880 - 1933). Weinheim 1980.

ENGELHARDT, ULRICH: Die Anfänge der deutschen Gewerkschaftsbewegung (1848 - 1870), in: Solidarität und Menschenwürde. Etappen der deutschen Gewerkschaftsgeschichte von den Anfängen bis zur Gegenwart. Hrsg. von Erich Matthias und Klaus Schönhoven. Bonn 1984, S. 9 - 23.

ENGELHARDT, ULRICH: "Nur vereinigt sind wir stark". Die Anfänge der deutschen Gewerkschaftsbewegung 1862/63 - 1869/70. 2 Bde. Stuttgart 1977.

ENGELMANN, DIETER: Die Herausbildung und Entwicklung der USPD vom Ausbruch des Ersten Weltkrieges bis zur Gründung der KPD (1914 bis 1918/19). 2 Bde. Diss., Leipzig 1979.

ERTEL, ANNEROSE: Zur Entwicklung sächsischer Versuchsschulen in den Jahren der Weimarer Republik und Bewertung ihrer pädagogischen Leistungen. Diss., Berlin/DDR 1988.

EYCK, ERICH: Geschichte der Weimarer Republik. 2 Bde. Zürich und Stuttgart 1954 und 1956.

FABIAN, ANNE-MARIE: Arbeiterbewegung - Erwachsenenbildung - Presse. Festschrift für Walter Fabian zum 75. Geburtstag. Frankfurt/M. 1977.

FABIAN, WALTER: Arbeiterführung und Arbeiterbildungswesen im Freistaat Sachsen, in: Herkunft und Mandat, Bd. 1 der Schriftenreihe der Otto-Brenner-Stiftung Frankfurt/M. / Köln 1976, S. 120 - 127.

FABIAN, WALTER: Sozialistische Erziehung (Literaturbericht), in: Arbeiter - Bildung. Monatsschrift des Reichsausschusses für Sozialistische Bildungsarbeit 1 (1926), S. 89-91.

FALTER, JÜRGEN W. / LINDENBERGER, THOMAS / SCHUHMANN, SIEGFRIED: Wahlen und Abstimmungen in der Weimarer Republik 1919 - 1933. München 1986.

FEHLING, GÜNTER / NAUMANN, GERLINDE / PEHNKE, ANDREAS: Das Ringen des Leipziger Lehrervereins um allseitige Lehrerbildung, in: Wissenschaftliche Zeitschrift der PH "Clara Zetkin" Leipzig. Leipzig III / 1987, S. 36 - 40.

FEIDEL-MERTZ, HILDEGARD / SCHNORBACH, HERMANN: Lehrer in der Emigration. Der Verband deutscher Lehreremigration (1933 - 39) im Traditionszusammenhang der demokratischen Lehrerbewegung. Weinheim und Basel 1981.

FELDMANN, GERALD D.: Bayern und Sachsen in der Hyperinflation 1922/23 (Schriften des Historischen Kollegs. Hrsg. von der Stiftung Historisches Kolleg. Vorträge 6). München 1984.

FEND, HELMUT: Theorie der Schule. München 1980.

FENSKE, HANS: Beamtenpolitik in der Weimarer Republik, in: Verwaltungsarchiv. Zeitschrift für Verwaltungslehre, Verwaltungsrecht und Verwaltungspolitik. 64. Bd., Heft 2 1973, S. 117 - 135.

FERTIG, LUDWIG (Hrsg.): Die Volksschule des Obrigkeitsstaates und ihre Kritiker. Darmstadt 1979.

FISCHER, FRITZ: Der deutsche Protestantismus und die Politik im 19. Jahrhundert, in: Historische Zeitschrift Bd. 171 (1951), S. 473 - 518.

FLECHTHEIM, OSSIP K.: Die KPD in der Weimarer Republik. 2. unveränderte Auflage. Frankfurt/M. 1976.

FLITNER, WILHELM / KUDRITZKI, GERHARD (Hrsg.): Die deutsche Reformpädagogik. Bd. I: Die Pioniere der Pädagogischen Bewegung. Stuttgart ³1982; Bd. II: Ausbau und Selbstkritik. Stuttgart ²1982.

FORBERGER, RUDOLF: Die Industrielle Revolution in Sachsen 1800 - 1861. Bd. 1 Erster Halbband: Die Revolution der Produktivkräfte in Sachsen 1800 - 1830. Berlin/DDR 1982.

FORBERGER, RUDOLF: Forschungsprobleme der Genesis des frühen sächsischen Industriekapitalismus, in: Beiträge zur Geschichte des Bergbaus, Hüttenwesens und der Montanwissenschaften Bd. III. (Freiberger Forschungshefte. D 52. Hrsg. vom Rektor der Bergakademie Freiberg). Leipzig 1966.

FORBERGER, RUDOLF: Beiträge zur statistischen Erfassung der gewerblichen Produktion Sachsens in der Frühzeit des Kapitalismus, in: Jahrbuch für Wirtschaftsgeschichte Berlin/DDR 1962 / Teil IV. S. 224 - 246.

FORBERGER, RUDOLF: Probleme der sächsischen Industrie- und Hüttengeschichte, in: Blätter für deutsche Landesgeschichte (101) 1965, S. 147 - 158.

FORBERGER, RUDOLF: Zu einigen neuen Problemen der sächsischen Industriegeschichte, in: Beiträge zur Archivwissenschaft und Geschichtsforschung. Hrsg. von R. Groß und M. Kobusch. (Schriftenreihe des Staatsarchivs Dresden Bd. 10). Weimar 1977, S. 466 - 476.

FORBERGER, RUDOLF: Zur Aufnahme der maschinellen Fertigung durch sächsische Manufakturen, in: Jahrbuch für Wirtschaftsgeschichte 1960 / Teil I. Berlin/DDR 1960, S. 225 - 298.

FREYBERG, JUTTA V. / FÜLBERTH, GEORG u. a.: Geschichte der deutschen Sozialdemokratie 1863 - 1975. Zweite, verbesserte Auflage, Köln 1977.

FRICKE, DIETER: Die deutsche Arbeiterbewegung 1869 - 1914. Ein Handbuch über ihre Organisation und Tätigkeit im Klassenkampf. Berlin 1976.

FRIEDEBURG, LUDWIG v.: Bildungsreform in Deutschland. Geschichte und gesellschaftlicher Widerspruch. Frankfurt/M. 1989.

FRÖHLICH, WALTER: Die Entwicklung von Elternräten in Sachsen nach der Novemberrevolution von 1918, in: Wissenschaftliche Zeitschrift Pädagogische Hochschule "K.F.W. Wander" Dresden 18(1984), Pädagogische Reihe, S. 25 - 33.

FRÖHLICH, WALTER: Die nach der Novemberrevolution von 1918 in Sachsen geschaffenen neuen gesetzlichen Grundlagen für das Volksschulwesen, in: Sächsische Heimatblätter 34(1988), S. 258 - 261.

FÜHR, CHRISTOPH: Zur Schulpolitik der Weimarer Republik. Die Zusammenarbeit von Reich und Ländern im Reichsschulausschuß (1919 - 1923) und im Ausschuß für das Unterrichtswesen (1924 - 1933). Darstellung und Quellen. 2. Aufl. Weinheim 1972.

FURCK, CARL LUDWIG: Das unzeitgemäße Gymnasium. Studien zur Gymnasialpädagogik. Weinheim 1965.

FURCK, CARL LUDWIG: Geschichte als kritisches Instrument der Erziehungswissenschaft. Ein Versuch, in: Politische Bildung in der Demokratie. Fritz Borinski zum 65. Geburtstag. Berlin 1968, S. 215 - 219.

FURCK, CARL LUDWIG: Konfliktfeld Schule: Zur politischen Auseinandersetzung um das Hamburger Schulsystem 1918 - 1988, in: Hamburg - Stadt der Schulreformen. Hrsg. von Peter Daschner und Reiner Lehberger. (Hamburger Schriftenreihe zur Schul- und Unterrichtsgeschichte Bd. 2). Hamburg 1990, S. 68 - 80.

GEBLER, JOACHIM: Die schulpolitischen Bestrebungen des Leipziger Lehrervereins während der Novemberrevolution 1918/19 (April 1918 bis Juli/August 1919). Diss., Leipzig 1961.

GEBLER, JOACHIM: Die Novemberrevolution und die Bewegung der Lehrerräte, dargestellt am Beispiel der Lehrerbewegung in Leipzig, in: Wissenschaftliche Zeitschrift der Karl-Marx-Universität Leipzig, Gesellschafts- und Sprachwissenschaftliche Reihe. Leipzig (14) 1965, S. 197 - 203.

GORSKI, GÜNTER: Die revolutionäre Arbeiterbewegung 1917/18 in Leipzig und die russische Februar- und Oktoberrevolution, in: Jahrbuch für Geschichte der deutsch-slawischen Beziehungen und Geschichte Ost- und Mitteleuropas Bd. II. Hrsg. von einem Kollegium. Halle (Saale) 1958, S. 1- 65.

GREBING, HELGA: Geschichte der deutschen Arbeiterbewegung. München [9]1979.

GREINERT, W.-D.: Schule als Instrument sozialer Kontrolle und Objekt privater Interessen. Der Beitrag der Berufsschule zur politischen Erziehung der Unterschichten. (Beiträge zur Berufsbildung. Hrsg. von Helmut Heid, Hans Albrecht Hesse, Dieter Jungk und Wolfgang Lempert). Hannover 1975.

GROLLE, JOIST: Lichtwark - Lichtwarkschule - "Richtlinien für Erziehung und Unterricht" (1986), in: Hamburg - Stadt der Schulreformen. Hrsg. von Peter Daschner und Reiner Lehberger. (Hamburger Schriftenreihe zur Schul- und Unterrichtsgeschichte Bd. 2). Hamburg 1990, S. 10-25.

GÜNTHER, KARL-HEINZ / UHLIG, CHRISTA: Zur Rezeption der Reformpädagogik durch die Pädagogik der Deutschen Demokratischen Republik, in: Pädagogik 43(1988), S. 718 - 727.

GÜNTHER, KARL-HEINZ u. a. (Hrsg.): Geschichte der Erziehung. Berlin/DDR [15]1987 (1.Aufl. 1957).

GÜNTHER, KARL-HEINZ u. a.: Quellen zur Geschichte der Erziehung. Berlin/DDR [9]1980.

GÜNTHER-ARNDT, HILKE: Volksschullehrer und Nationalsozialismus. Oldenburgischer Landeslehrerverein und Nationalsozialistischer Lehrerbund in den Jahren der politischen und wirtschaftlichen Krise 1930 - 1933. Oldenburg 1983.

HABERMAS, JÜRGEN: Erkenntnis und Interesse. Frankfurt/M. 1973 (1. Auflage 1968).

HAGENER, DIRK: Radikale Schulreform zwischen Programmatik und Realität. Die schulpolitischen Kämpfe in Bremen vor dem Ersten Weltkrieg und in der Entstehungsphase der Weimarer Republik. (Veröffentlichungen aus dem Staatsarchiv der Freien Hansestadt Bremen. Bd. 39. Hrsg. von Karl H. Schwebel) Bremen 1973.

HAMBURGER, FRANZ: Lehrer zwischen Kaiser und Führer. Der Deutsche Philologenverband in der Weimarer Republik. Eine Untersuchung zur Sozialgeschichte der Lehrerorganisationen. Inauguraldissertation der Wirtschafts- und Sozialwissenschaftlichen Fakultät der Ruprecht-Karl-Universität in Heidelberg. Heidelberg 1974.

HAMBURGER, FRANZ: Pädagogische und politische Orientierung im Selbstverständnis des Deutschen Philologenverbandes in der Weimarer Republik, in: Der Lehrer und seine Organisation. Hrsg von Manfred Heinemann. (Veröffentlichungen der

Historischen Kommission der Deutschen Gesellschaft für Erziehungswissenschaft Bd. 2). Stuttgart 1977, S. 263 - 272.

HAMMER, ALFRED: Leben und Werk des sächsischen Pädagogen Erwin Hartsch. Ein Beitrag zur Pflege schulpolitischer Traditionen, in: Wissenschaftliche Zeitschrift des Pädagogischen Instituts Zwickau. Gesellschafts- und Sprachwissenschaftliche Reihe 7 (1971), S. 279 - 284.

HARNEY, KLAUS: Die preußische Fortbildungsschule. Eine Studie zum Problem der Hierarchisierung beruflicher Schultypen im 19. Jahrhundert. (Deutsches Institut für Internationale Pädagogische Forschung. Studien und Dokumentationen zur deutschen Bildungsgeschichte Bd. 14. Hrsg. von Christoph Führ und Wolfgang Mitter). Weinheim / Basel 1980.

HEIDENREICH, FRANK: Arbeiterbildung und Kulturpolitik. Kontroversen in der sozialdemokratischen Zeitschrift 'Kulturwille' 1924 - 1933. (Argument Studienhefte 58). Berlin 1983.

HEILAND, HELMUT / SAHMEL, KARL-HEINZ: Praxis Schulleben in der Weimarer Republik 1919 - 1933. Die reformpädagogische Idee des Schullebens im Spiegel schulpädagogischer Zeitschriften der Zwanziger Jahre. Hildesheim / Zürich / New York 1985.

HEINEMANN, MANFRED: Sozialisation und Bildungswesen in der Weimarer Republik. Stuttgart 1976.

HEINEMANN, MANFRED: Der Lehrer und seine Organisation. Stuttgart 1977.

HEINEMANN, MANFRED: Geschichte oder Sozialgeschichte der Erziehung? Anmerkungen zu einem überholten Dilemma, in: Pädagogische Rundschau 38 (1984), S. 147 - 169.

HERRLITZ, HANS GEORG: Schule - Schultheorie, in: Wörterbuch der Erziehung. Hrsg. von Christoph Wulf. München ⁶1984, S. 506 - 509.

HERRLITZ, HANS GEORG: Aus Geschichte lernen?, in: Die Deutsche Schule 78 (1986), S. 132 - 140.

HERRLITZ, HANS GEORG / HOPF, WULF / TITZE, HARTMUT: Deutsche Schulgeschichte von 1800 bis zur Gegenwart. Königstein/Ts. 1981.

HERRMANN, ULRICH: Neue Wege der Sozialgeschichte. Zur Forschungspraxis der Historischen Sozialisationsforschung und zur Bedeutung ihrer Ergebnisse für pädagogische Theoriebildung, in: Pädagogische Rundschau 38(1984), S. 171 - 187.

HERRMANN, ULRICH: Historisch-systematische Dimension der Erziehungswissenschaft, in: Wörterbuch der Erziehung. Hrsg. von Christoph Wulf. München ⁶1984, S. 283-289 (a).

HERRMANN, ULRICH: Historische Bildungsforschung und Sozialgeschichte der Bildung. Weinheim 1991.

HETTLING, MANFRED u.a. (Hrsg.): Was ist Gesellschaftsgeschichte? Positionen, Themen, Analysen. München 1991.

HIERDEIS, HELMWART: Erziehung - Anspruch - Wirklichkeit VI: Geschichte und Dokumente abendländischer Pädagogik. Kritik und Erneuerung: Reformpädagogik 1900 - 1933. Starnberg 1971.

HIMMELSTEIN, KLAUS: Kreuz statt Führerbild. Zur Volksschulentwicklung in Nordrhein-Westfalen 1945 - 1950. (Studien zur Bildungsreform Bd. 13. Hrsg. von Wolfgang Keim). Frankfurt/M. / Bern / New York 1986.

HOFFMANN, P.: Martin Weise, in: Wissenschaftliche Zeitschrift Der Universität Greifswald. Gesellschafts- und sprachwissenschaftliche Reihe Nr. 2. II(1952/53), S. 107 f.

HOHENDORF, GERD: Der Deutsche Republikanische Lehrerbund, in: Pädagogik, 12(1957), S. 583 - 595.

HOHENDORF, GERD: Das sächsische Schulgesetz von 1835 - Teil der liberalen Staatsreformen?, in: Sächsische Heimatblätter (29) 1983, S. 39 - 42.

HOHLFELD, KLAUS: Die Reichsexekution gegen Sachsen im Jahre 1923, ihre Vorgeschichte und politische Bedeutung. Diss., Erlangen 1964.

HOOF, DIETER: Die Schulpraxis der Pädagogischen Bewegung des 20. Jahrhunderts. Bad Heilbrunn 1969.

HORTZSCHANSKY, GÜNTER u. a.: Illustrierte Geschichte der deutschen Novemberrevolution 1918/19. Berlin/DDR 1978.

HUBER, ERNST RUDOLF: Deutsche Verfassungsgeschichte seit 1789 Bd. II: Der Kampf um Einheit und Freiheit 1830 bis 1850. Dritte wesentlich überarbeitete Auflage. Stuttgart / Berlin / Köln / Mainz 1987.

HUBER, ERNST RUDOLF: Deutsche Verfassungsgeschichte seit 1789 Bd. III: Bismarck und das Reich. Zweite, verbesserte Auflage. Stuttgart / Berlin / Köln / Mainz 1970.

HUBER, ERNST RUDOLF: Deutsche Verfassungsgeschichte seit 1789 Bd. IV: Struktur und Krisen des Kaiserreiches. Stuttgart / Berlin / Köln / Mainz 1969.

HUBER, ERNST RUDOLF: Deutsche Verfassungsgeschichte seit 1789 Bd. V: Weltkrieg, Revolution und Reichserneuerung 1914 - 1919. Stuttgart / Berlin / Köln / Mainz 1978.

HUBER, ERNST RUDOLF: Deutsche Verfassungsgeschichte seit 1789 Bd. VI: Die Weimarer Reichsverfassung. Stuttgart / Berlin / Köln / Mainz 1981.

HUBER, ERNST RUDOLF: Deutsche Verfassungsgeschichte seit 1789 Bd. VII: Ausbau, Schutz und Untergang der Weimarer Republik. Stuttgart / Berlin / Köln / Mainz 1984.

HÜRTEN, HEINZ: Die Kirchen in der Novemberrevolution. Eine Untersuchung zur Geschichte der Deutschen Revolution 1918/19. (Eichstätter Beiträge Bd. 11). Regensburg: Pustet 1984.

IDEL, HORST: Der Kampf um das sächsische Volksschulgesetz vor dem Ersten Weltkrieg unter Berücksichtigung der Rolle der SPD. Diss., Dresden o.J. (1968).

JANKA, WALTER: Spuren eines Lebens. Berlin 1991.

JUNGK, SABINE: Volksschulreform und Volksschullehrerfortbildung 1918 - 1933. Ein Beitrag zur Sozialgeschichte der Lehrerschaft am Beispiel des Deutschen Lehrervereins. Frankfurt/M. 1991.

KEIM, WOLFGANG (Hrsg.): Sekundarstufe I. Modelle, Probleme, Perspektiven. Königstein/Ts. 1978.

KEIM, WOLFGANG: Die Wiener Schulreform der Ersten Republik - ein vergessenes Kapitel der europäischen Reformpädagogik, in: Die Deutsche Schule 76(1984), S. 267 - 282.

KEIM, WOLFGANG: Praktisch-berufliches Lernen als Teil der Allgemeinbildung - Eine historisch-systematische Studie, in: Praktisches Lernen in der Hibernia Pädagogik. Eine Rudolf-Steiner-Schule entwickelt eine neue Allgemeinbildung. Hrsg. von Friedrich Edding, Cornelia Mattern und Peter Schneider. Stuttgart 1985, S. 223 - 278.

KEIM, WOLFGANG: Bundesdeutsche Erziehungswissenschaft und Nationalsozialismus - Eine kritische Bestandsaufnahme, in: Pädagogen und Pädagoginnen im Nationalsozialismus - Ein unerledigtes Problem der Erziehungswissenschaft. Hrsg. von Wolfgang Keim. Frankfurt/M. / Bern / New York / Paris 1988, S. 15 - 46.

KEIM, WOLFGANG: Wirtschaftsinteressen und Schule - eine Herausforderung für die Pädagogik, in: Wirtschaft und Kultur. Hrsg. von Horst Brezinski. Frankfurt/M. / Bern / New York / Paris 1989, S. 141 - 167.

KEIM, WOLFGANG: Reformpädagogik und Faschismus. Anmerkungen zu einem doppelten Verdrängungsprozeß, in: Pädagogik 41(1989), S. 23 - 28 (a).

KEIM, WOLFGANG: Peter Petersens Rolle im Nationalsozialismus und die bundesdeutsche Erziehungswissenschaft, in: Die Deutsche Schule 81(1989), S. 133 - 145 (b).

KEIM, WOLFGANG u.a.: Erziehungswissenschaft und Nationalsozialismus, Eine kritische Positionsbestimmung (Forum Wissenschaft Studienheft Nr.9). Marburg: Bund demokratischer Wissenschaftlerinnen und Wissenschaftler 1990.

KEIM, WOLFGANG: Peter Petersen und sein Jena-Plan - wenig geeignet zur Demokratisierung von Schule und Erziehung, in: Pädagogik und Schulalltag 45 (1990), S. 928 - 936 (a).

KEIM, WOLFGANG: Erziehung im Nationalsozialismus. Ein Forschungsbericht von Wolfgang Keim. Beiheft 1990 Zur "Erwachsenenbildung in Österreich". Wien Österreichischer Bundesverlag 1990. (b).

KEIM, WOLFGANG: Die Jena-Plan Pädagogik: Ein problematisches Erbe, in: Die Grundschulzeitschrift 47 (1991), S. 36 - 39.

KIESEWETTER, HUBERT: Industrielle Revolution in Deutschland 1815-1914. Frankfurt/M. ²1991.

KIEßLING, WOLFGANG: Ernst Schneller. Lebensbild eines Revolutionärs. Berlin 1960.

KIRSCHBAUM, KLAUS: Ein kritischer Beitrag zur Schulenpluralität in der Weimarer Republik: Die Weltliche Schule. Diss., Köln 1976.

KITTEL, ERICH: Novemberumsturz 1918. Bemerkungen zu einer vergleichenden Revolutionsgeschichte der deutschen Länder, in: Blätter für deutsche Landesgeschichte (104) 1968, S. 42 - 108.

KITTEL, HELMUTH (Hrsg.): Die Pädagogischen Hochschulen. Dokumente ihrer Entwicklung (I) 1920 - 1965. Weinheim 1965.

KLAßEN, THEODOR F. / SKIERA, EHRENHARD / WÄCHTER, BERND (Hrsg.): Handbuch der reformpädagogischen und alternativen Schulen in Europa. Baltmannsweiler 1990.

KLAFKI, WOLFGANG: Erziehungswissenschaft als kritisch-konstruktive Theorie: Hermeneutik - Empirie - Ideologiekritik, in: Zeitschrift für Pädagogik 17 (1971), S. 351 - 385.

KLEMENT, GÜNTER: Die beiden Klassenlinien in den kulturpolitischen Auseinandersetzungen in den Jahren 1918 - 1920. Unter besonderer Berücksichtigung des Klassenkampfes auf bildungspolitischem Gebiet im damaligen Freistaat Sachsen. Diss., Dresden 1975.

KLEMM, KLAUS / ROLFF, HANS-GÜNTER / TILLMANN, KLAUS-JÜRGEN: Bildung für das Jahr 2000. Bilanz der Reform, Zukunft der Schule. Reinbek bei Hamburg 1985.

KLEMM, KLAUS u.a.: Bildungsgesamtplan '90. Ein Rahmen für Reformen (Veröffentlichungen der Max-Traeger-Stiftung Bd.12). Weinheim und München 1990.

KLENKE, DIETMAR: Die SPD-Linke in der Weimarer Republik. Eine Untersuchung zu den regionalen organisatorischen Grundlagen und zur politischen Praxis und Theoriebildung des linken Flügels der SPD in den Jahren 1922 - 1932. Bde. 1 und 2, Münster 1983.

KLENKE, DIETMAR: Hermann Liebmann (1882 - 1935). Vom Architekten der "proletarischen Mehrheit" in Sachsen zum "Tolerierungs"-Politiker der Ara Brüning, in: Vor dem Vergessen bewahren - Lebenswege Weimarer Sozialdemokraten. Hrsg. von Peter Lösche, Michael Scholing und Franz Walter. Berlin 1988, S. 193 -222.

KLÖNNE, ARNO: Die deutsche Arbeiterbewegung. Frankfurt/M. 1981.

KOCKA, JÜRGEN: Sozialgeschichte. Göttingen 1977.

KOCKA, JÜRGEN (Hrsg.): Sozialgeschichte im internationalen Überblick. Ergebnisse und Tendenzen der Forschung. Darmstadt 1989.

KÖTZSCHKE, RUDOLF / KRETZSCHMAR, HELLMUT: Sächsische Geschichte. Werden und Wandlungen eines Deutschen Stammes und seiner Heimat im Rahmen der Deutschen Geschichte. Frankfurt/M. 1965 (1. Aufl. 1935).

KÖNIG, HELMUT u. a. (Hrsg.): Beiträge zur Bildungspolitik und Pädagogik der revolutionären deutschen Arbeiterbewegung in der Zeit der Novemberrevolution und der revolutionären Nachkriegskrise 1918 - 1923. (Monumenta Paedagogica Bd. IV und V) Berlin/DDR 1968.

KOHN, MARITTA: Zu den Anfängen staatlicher Volksschullehrerbildung in Dresden, in: Dresdner Hefte. Hrsg. vom Rat des Bezirks Dresden, Abt. Kultur (Beiträge zur Kulturgeschichte 12). Dresden 5(1987), S. 19 - 23.

KRAUL, MARGRET: Das deutsche Gymnasium 1780 - 1980. Frankfurt/M. 1984.

KRAUSE, HARTFRIED: USPD. Zur Geschichte der Unabhängigen Sozialdemokratischen Partei Deutschlands. Frankfurt/M. / Köln 1975.

KRIEGENHARDT, FRITZ: Die Opposition der Sozialdemokratie in Sachsen gegen die Politik des Parteivorstandes der Sozialdemokratischen Partei Deutschlands vom Ausbruch des Sächsischen Parteikonfliktes in der SPD um die Jahreswende 1923/24 bis zur Gründung der Sozialistischen Arbeiterpartei Deutschlands Anfang Oktober 1931. Diss., Potsdam 1971.

KUCZYNSKI, JÜRGEN: Studien zur Geschichte der Lage des arbeitenden Kindes in Deutschland von 1700 bis zur Gegenwart. (Die Geschichte der Lage der Arbeiter unter dem Kapitalismus Bd. 19). Berlin/DDR 1968.

KUCZYNSKI, JÜRGEN: Geschichte des Alltags des Deutschen Volkes. Bd. 3, 1810 - 1870. Köln 1982.

KUNZ, LOTHAR: Höhere Schule und Philologenverband. Untersuchungen zur Geschichte der Höheren Schule und ihrer Standesorganisation im 19. Jahrhundert und zur Zeit der Weimarer Republik. Frankfurt/M. 1984.

KRAUSE-VILMAR, DIETFRIED (Hrsg.): Lehrerschaft, Republik und Faschismus. Beiträge zur Geschichte der organisierten Lehrerschaft in der Weimarer Republik. Köln 1978.

KUNERT, H.: Deutsche Reformpädagogik und Faschismus, Hannover 1973.

KUPFFER, HEINRICH: Der Faschismus und das Menschenbild der deutschen Pädagogik. Frankfurt/M. 1984.

LANGEWIESCHE, DIETER / TENORTH, HEINZ-ELMAR (Hrsg.): Handbuch der deutschen Bildungsgeschichte Bd. V 1918 - 1945. Die Weimarer Republik und die nationalsozialistische Diktatur. München 1989.

LASSAHN, RUDOLF: Das unerschlossene Erbe der Reformpädagogik, in: Pädagogische Rundschau 38(1984), S. 277 - 293.

LAUBACH, HANS-CHRISTOPH: Die Politik des Philologenverbandes im Reich und in Preußen während der Weimarer Republik. In: Der Lehrer und seine Organisation. Hrsg. von Manfred Heinemann. (Veröffentlichungen der Historischen Kommission der Deutschen Gesellschaft für Erziehungswissenschaft Bd. 2). Stuttgart 1977, S. 249 - 261.

LAUBACH, HANS-CHRISTOPH: Die Politik des Philologenverbandes im Deutschen Reich und in Preußen während der Weimarer Republik. Frankfurt/M. / Bern / New York 1986.

LENHART, VOLKER: Geschichte der Lehrerbewegung in Baden 1926 - 1976. Bühl/Baden 1977.

LENHART, VOLKER (Hrsg.): Historische Pädagogik. Methodologische Probleme der Erziehungsgeschichte. Wiesbaden 1977

LEßMANN, PETER: Die preußische Schutzpolizei in der Weimarer Republik. Streifendienst und Straßenkampf. Düsseldorf 1989.

LINDAU, RUDOLF: Revolutionäre Kämpfe 1918 - 1919. Aufsätze und Chronik. Berlin/DDR 1960.

LINDEMANN, WALTER UND ANNA: Die proletarische Freidenkerbewegung. Geschichte, Theorie, Praxis. Im Anhang: Henning Eichberg: Proletarische Freidenker. Über eine alternative Kultur, die in der Rechristianisierung der Linken untergegangen ist. Münster 1980. (Reprint der 1. Aufl. Leipzig-Lindau 1926).

LINGELBACH, KARL CHRISTOPH: Erziehung und Erziehungstheorien im nationalsozialistischen Deutschland. Frankfurt/M. 1987 (Sozialhistorische Untersuchungen zur Reformpädagogik und Erwachsenenbildung Bd. 6, hrsg. von Walter Fabian und Karl Christoph Lingelbach).

LINGELBACH, KARL CHRISTOPH: Unkritische Bildungshistorie als sozialwissenschaftlicher Fortschritt?, in: Erziehungswissenschaft und Nationalsozialismus - Eine kritische Positionsbestimmung. Hrsg. von Wolfgang Keim u.a. Marburg: Bund demokratischer Wissenschaftlerinnen und Wissenschaftler 1990.

LÖFFELHOLZ, MICHAEL: Eduard Spranger, in: Klassiker der Pädagogik. Bd. 2. Hrsg. von Hans Scheuerl. München 1979, S. 258 - 276.

LÖSCHE, PETER / SCHOLING, MICHAEL / WALTER, FRANZ (Hrsg.): Vor dem Vergessen bewahren. Lebenswege Weimarer Sozialdemokraten. Berlin 1988.

LORENT DE, HANS-PETER: Schule ohne Vorgesetzte. Zur Geschichte der Selbstverwaltung im Hamburger Schulwesen während der Weimarer Republik, in: Der Traum von der freien Schule. Schule und Schulpolitik in der Weimarer Republik. Hrsg. von Hans-Peter de Leorent u. Volker Ullrich. Hamburg 1988, S. 97 - 117.

LORENT DE, HANS-PETER / ULLRICH, VOLKER (Hrsg.): Der Traum von der freien Schule. Schule und Schulpolitik in der Weimarer Republik. Hamburg 1988.

LUNDGREEN, PETER: Schulbildung und Frühindustrialisierung in Berlin / Preußen. Eine Einführung in den historischen und systematischen Zusammenhang von Schule und Wirtschaft, in: Schule und Gesellschaft im 19. Jahrhundert. Sozialgeschichte der Schule im Übergang zur Industriegesellschaft. Hrsg. von Ulrich Herrmann. Weinheim und Basel 1977, S. 62 - 110.

LUNDGREEN, PETER: Sozialgeschichte der deutschen Schule im Überblick. Teil I: 1770 - 1918. Göttingen 1980.

LUNDGREEN, PETER: Sozialgeschichte der deutschen Schule im Überblick. Teil II: 1918 - 1980. Göttingen 1981.

LUNDGREEN, PETER: Historische Bildungsforschung, in: Historische Sozialwissenschaft. Hrsg. von Reinhard Rürup. Göttingen 1977, S. 96 - 125.

MÄNNICH, WALTER: Schulpolitische und schulgesetzliche Grundlagen der staatsbürgerlichen Erziehung im sächsischen Berufsschulwesen der Weimarer Republik, in: Jahrbuch für Erziehung und Schulgeschichte Berlin 15(1975), S. 110 - 131.

MARXEN, PETER: Erziehungswissenschaft und Arbeiterbewegung. Die Arbeiterbewegung im Blickfeld pädagogischer und schulpolitischer Konzeptionen in Deutschland in der Zeit vor und nach dem 1. Weltkrieg. Frankfurt/M. / Bern / New York / Nancy 1984.

MEBUS, SYLVIA: Zu den Vorstellungen des Dresdner Lehrers Martin Weise über die Ausgestaltung der Volksschule zur Arbeitsschule in den ersten Jahren der Weimarer Republik, in: Dresdner Hefte. Hrsg. vom Rat des Bezirks Dresden, Abt. Kultur. Dresden 5(1987) (Beiträge zur Kulturgeschichte 12). S. 36 - 43.

MEBUS, SYLVIA: Zu den fortschrittlichen bildungspolitischen und pädagogischen Bestrebungen im Sächsischen Lehrerverein 1918 bis 1924, untersucht an der "Sächsischen Schulzeitung". Diss., Berlin/DDR 1987.

MEYER, FOLKERT: Schule der Untertanen. Lehrer und Politik in Preußen 1848 - 1900. Hamburg 1976.

MEYER, THOMAS / MILLER, SUSANNE / ROHLFES, JOACHIM (Hrsg.): Lern- und Arbeitsbuch deutsche Arbeiterbewegung. Darstellung, Chroniken, Dokumente. 3 Bde. Bonn 1984.

MEYER-WILLNER, GERHARD: Eduard Spranger und die Lehrerbildung. Die notwendige Revision eines Mythos. Bad Heilbrunn/Obb. 1986.

MICHAEL, BERTOLD / SCHEPP, HEINZ-HERMANN (Hrsg.): Politik und Schule von der Französischen Revolution bis zur Gegenwart. Eine Quellensammlung zum Verhältnis von Gesellschaft, Schule und Staat im 19. und 20. Jahrhundert. 2 Bde. Frankfurt/M. 1973/74.

MILBERG, HILDEGARD: Schulpolitik in der pluralistischen Gesellschaft. Die politischen und sozialen Aspekte der Schulreform in Hamburg 1890 - 1935. Hamburg 1970.

MITZENHEIM, PAUL: Die Entwicklung des Schulwesens in Thüringen zur Zeit der Weimarer Republik unter besonderer Berücksichtigung der Greilschen Schulreform. Diss., Jena 1964.

MITZENHEIM, PAUL: Die Greilsche Schulreform in Thüringen. Die Aktionseinheit der Arbeiterparteien im Kampf um eine demokratische Einheitsschule in den Jahren der revolutionären Nachkriegskrise 1921 - 1923. Friedrich-Schiller-Universität Jena 1965.

MOMMSEN, HANS: Die verspielte Freiheit. Der Weg der Republik von Weimar in den Untergang 1918 bis 1933 (Propyläen Geschichte Deutschlands Bd. 8). Berlin 1989.

MORO, GEORG: Bayerische Volksschulpolitik zwischen 1918 und 1933. Inauguraldissertation zur Erlangung des Doktorgrades (Dr. phil.) der Universität Regensburg. Würzburg 1977.

MOTTEK, HANS: Wirtschaftsgeschichte Deutschlands. Bd. II: Von der Zeit der Französischen Revolution bis zur Zeit der Bismarckschen Reichsgründung. 2. durchgesehene Auflage. Berlin/DDR 1973.

MÜLLER, SEBASTIAN F.: Die Höhere Schule Preußens in der Weimarer Republik. Weinheim und Basel 1977.

NAUMANN, GERLINDE / PEHNKE, ANDREAS / UHLIG, CHRISTA: Der Leipziger Lehrerverein - Motor der Lehrerbewegung in Deutschland im Kampf um die Demokratisierung der Schule, in: Wissenschaftliche Zeitschrift der Pädagogischen Hochschule "Clara Zetkin" Leipzig. Leipzig III/1987, S. 32 - 36.

NEUNER, INGRID: Der Bund entschiedener Schulreformer 1919 - 1933. Bad Heilbrunn 1980

NOWAK, HARRY: Das Machtverhältnis zwischen Partei und Fraktion in der SPD. Eine historisch-empirische Untersuchung. Köln / Berlin / Bonn / München 1973.

NOWAK, KURT: Protestantismus und Weimarer Republik. Politische Wegmarken in der evangelischen Kirche 1918 - 1932, in: Die Weimarer Republik 1918 - 1933. Hrsg. von Karl Dietrich Bracher, Manfred Funke u. Hans-Adolf Jacobsen. (Bonner Schriften zur Politik und Zeitgeschichte Bd. 22). Düsseldorf 1987, S. 218 - 237.

OELKERS, JÜRGEN /TENORTH, HEINZ-ELMAR (Hrsg.): Pädagogik, Erziehungswissenschaft und Systemtheorie. Weinheim und Basel 1987.

OFENBACH, BIRGIT: Pädagogik und Kultur. Eine Diskussion über Probleme der historischen Darstellung der Reformpädagogik, in: Pädagogische Rundschau 38(1984), S. 371 - 380.

OPPERMANN, DETLEF: Gesellschaftsreform und Einheitsschulgedanke (Bd. I). (Sozialhistorische Untersuchungen zur Reformpädagogik und Erwachsenenbildung Bd. 2. Hrsg. von Walter Fabian und Karl-Christoph Lingelbach). Frankfurt/M. 1982.

OPPERMANN, DETLEF (Hrsg.): Quellen zu den Historischen und Pädagogischen Grundlagen des Einheitsschulgedankens. Frankfurt/M. 1982.

OSTERROTH, FRANZ: Biographisches Lexikon des Sozialismus Bd. I: Verstorbene Persönlichkeiten, Hannover 1960.

PAETZ, ANDREAS / PILARCZYK, ULRIKE (Hrsg.): Schulen, die anders waren. Zwanzig reformpädagogische Modelle im Überblick, Berlin 1990.

PAUL, GERNOT: Lehrerbildung und Politik. Eine Analyse der Auseinandersetzungen während der Weimarer Republik. Hamburg 1985.

PEHNKE, ANDREAS / STÖßEL, ROLAND: Zur Entwicklung des Arbeitsschulgedankens im Leipziger Lehrerverein, in: Wissenschaftliche Zeitschrift der PH "Clara Zetkin" Leipzig Leipzig III/1987, S. 45 - 47.

PEHNKE, ANDREAS / UHLIG, CHRISTA: Der Leipziger Lehrerverein - Spiegelbild fortschrittlicher Lehrerbewegung in Deutschland, in: Jahrbuch für Erziehungs- und Schulgeschichte. Hrsg. von der Kommission für deutsche Erziehungs- und Schulgeschichte der Akademie der Pädagogischen Wissenschaften der Deutschen Demokratischen Republik. Berlin 28(1988), S. 107 - 123.

PETERS, ELKE: Nationalistisch-völkische Bildungspolitik in der Weimarer Republik. Weinheim / Basel / Wien 1972.

POSTE, BURKHARD: Die sächsischen Versuchsschulen zur Zeit der Weimarer Republik - Bestandteil einer demokratischen Schulreform, in: Pädagogik und Schulalltag 47(1992), S. 34 - 43.

Das proletarische Kind. Zur Schulpolitik und Pädagogik der KPD in der Weimarer Republik. Berlin/DDR 1974.

PROLINGHEUER, HANS: Kirchenkampf vor 1933 - ein Kampf gegen die Weimarer Republik, in: Neue Stimme. Sonderheft 5. (Ökumenische Monatsschrift zu Fragen in Kirche, Gesellschaft und Politik). Köln 1980.

PROLINGHEUER, HANS: Kleine politische Kirchengeschichte. Fünfzig Jahre Evangelischer Kirchenkampf von 1919 bis 1969. Köln ³1987.

PUCHTA, G.: Der Arbeiter- und Soldatenrat in Leipzig vom November 1918 bis vor dem 2. Rätekongreß Anfang April 1919, in: Wissenschaftliche Zeitschrift der Karl-Marx-Universität Leipzig. Gesellschafts- und sprachwissenschaftliche Reihe 7(1957/58), S. 363 ff.

RAHN, GOTTFRIED: Die "Leipziger Lehrerbildung" von 1923 bis 1935, in: Lebendige Schule, Bad Heilbrunn 1959, S. 225 - 238.

RANG, ADALBERT / RANG-DUDZIK, BRITA: Elemente einer historischen Kritik der gegenwärtigen Reformpädagogik, in: Reformpädagogik und Berufspädagogik. Schule und Erziehung (VI). Argument Sonderband 21. Hrsg. von Wolfgang Fritz Haug. Berlin 1978, S. 6 - 62.

REICHLING, NORBERT: "... absolute Trennung der beiden Systeme durch Aufstellung von Bretterwänden ..." Der Kampf um die freie weltliche Schule in Holsterhausen und Hervet-Dorsten 1920 - 1933, in: Vestische Zeitschrift, Bd. 84/85 (1985/86), Recklinghausen 1987, S. 317 - 336.

REINTGES, BERNHARD (Hrsg.): Paul Oestreich: Schulreform. Texte und Diskussion. Rheinstetten 1975.

RENNER, KARL: Ernst Weber und die reformpädagogische Diskussion in Bayern. Bad Heilbrunn/Obb. 1979.

RICHARTZ, NIKOLAUS: Die Pädagogik der 'Kinderfreunde'. Theorie und Praxis sozialdemokratischer Erziehungsarbeit in Österreich und in der Weimarer Republik. Weinheim und Basel 1981.

RITTER, GERHARD A.: Die neuere Sozialgeschichte in der Bundesrepublik Deutschland, in: Sozialgeschichte im internationalen Überblick. Hrsg. von Jürgen Kocka. Darmstadt 1989, S. 19 - 88.

ROCKSCH, W.: Der Kampf der KPD und SPD im Kreise Pirna gegen den Reichsschulgesetzentwurf Keudells (1927), in: Wissenschaftliche Zeitschrift der Karl-Marx-Universität Leipzig. Gesellschafts- und sprachwissenschaftliche Reihe 14(1965), S. 221 ff.

RÖDLER, KLAUS: Vergessene Alternativschulen. Geschichte und Praxis der Hamburger Gemeinschaftsschulen 1919 - 1933. Winheim und München 1987.

RÖHRS, HERMANN: Die Reformpädagogik. Ursprung und Verlauf in Europa. (Die Reformpädagogik als internationale Bewegung). 3. durchgesehene Auflage. Weinheim 1991.

RÖHRS, HERMANN (Hrsg.): Die Schulen der Reformpädagogik heute. Handbuch reformpädagogischer Schulideen und Schulwirklichkeit. Düsseldorf 1986.

ROSENBERG, ARTHUR: Geschichte der Weimarer Republik. Frankfurt/M. ²⁰1980.

RÜDEN, PETER v. (Hrsg.): Beiträge zur Kulturgeschichte der deutschen Arbeiterbewegung (unter Mitwirkung von Gerhard Beier, Knut Hickethier, Kurt Koszyk, Dieter Schwarzenau und Hans-Josef Steinberg). Frankfurt/M. / Wien / Zürich 1979.

RÜDIGER, BERND: Revolutionäre Kommunalpolitik und Kommunalpolitik in der Revolution. Zur Rolle der Arbeiter- und Soldatenräte in den Städten Sachsens während der Novemberrevolution bis zum 1. Reichsrätekongreß, in: Jahrbuch für Regionalgeschichte. Bd. 7. Hrsg. von der Historischen Kommission der Sächsischen Akademie der Wissenschaften. Weimar 1979, S. 121 - 185.

RÜDIGER, BERND: Der Freistaat in der Weimarer Republik, in: Sächsische Heimatblätter 30 (1984), S. 138 - 144 u. S. 145 - 155.

RUPIEPER, H.-J.: Die Sozialstruktur der Trägerschichten der Revolution von 1848/49 am Beispiel Sachsen, in: Probleme der Modernisierung in Deutschland. Hrsg. von H. Kaelble u.a. Opladen 1978.

SANDFUCHS, UWE: Universitäre Lehrerausbildung in der Weimarer Republik und im Dritten Reich. Eine historisch-systematische Untersuchung am Beispiel der Lehrerausbildung an der Technischen Hochschule Braunschweig (1918 - 1940). Bad Heilbrunn/Obb. 1978.

SEYDEWITZ, MAX: Es hat sich gelohnt zu leben. Lebenserinnerungen eines alten Arbeiterfunktionärs, Berlin/DDR 1984.

SIEBER, SIEGFRIED: Studien zur Industriegeschichte des Erzgebirges (Mitteldeutsche Forschungen Bd. 49), Köln - Graz 1967.

SKOPP, DOUGLAS R.: Auf der untersten Sprosse: Der Volksschullehrer als "Semi - Professional" im Deutschland des 19. Jahrhunderts, in: Geschichte und Gesellschaft 6 (1980), S. 383 - 402.

SPLETTSTÖßER, BÄRBEL: Das Wirken Ernst Schnellers für die Herausbildung und Entwicklung kommunistischer Jugendweihen, in: Jahrbuch für Erziehungs- und Schulgeschichte 22(1982), S. 83 - 90.

SCHEIBE, WOLFGANG: Die Reformpädagogische Bewegung. Weinheim und Basel ^{9}1984.

SCHLEY, CORNELIUS: Die Sozialistische Arbeiterjugend Deutschlands (SAJ). Sozialistischer Jugendverband zwischen politischer Bildung und Freizeitarbeit. (Quellen und Beiträge zur Geschichte der Jugendbewegung, Bd. 30). Frankfurt/M. 1987.

SCHMIDT, GERHARD: Die Staatsreform in Sachsen in der ersten Hälfte des 19. Jahrhunderts. Eine Parallele zu den Steinschen Reformen in Preußen. (Schriftenreihe des Staatsarchivs Dresden Bd. 7). Weimar 1966.

SCHMIDT, GERHARD: Der sächsische Landtag 1833 - 1918. Sein Wahlrecht und seine soziale Zusammensetzung, in: Beiträge zur Archivwissenschaft und Geschichtsforschung. Hrsg. von R. Groß und M. Kobusch. Weimar 1977, S. 445 - 465.

SCHMIDT, WALTER / BECKER, GERHARD u.a.: Deutsche Geschichte. Bd. 4. Die bürgerliche Umwälzung von 1789 bis 1871. Köln 1984.

SCHNORBACH, HERMANN: Lehrer im Internationalen Gewerkschaftsbund. Entstehung und Entwicklung des Internationalen Berufssekretariats der Lehrer von 1918 bis 1945. (Veröffentlichungen der Max-Traeger-Stiftung Bd. 8). Weinheim und München 1989.

SCHÖNEBAUM, HERBERT: Hartnacke, Wilhelm, in: Neue Deutsche Biographie. Bd. 8. Hrsg. von der Historischen Kommission bei der Bayerischen Akademie der Wissenschaften. Berlin 1969, S. 7 f.

SCHOLDER, KLAUS: Die Kirchen und das Dritte Reich. Bd 1: Vorgeschichte und Zeit der Illusionen 1918 - 1934. Frankfurt/M. / Berlin / Wien 1977.

SCHOLZ, RÜDIGER (Hrsg.): Kritik der Sozialgeschichtsschreibung. Zur Diskussion gegenwärtiger Konzepte. (Argument Sonderband AS 166). Hamburg 1991.

SCHONIG, BRUNO: Reformpädagogik, in: Enzyklopädie Erziehungswissenschaft Bd. 8. Stuttgart 1983, S. 531 - 536.

SCHULT, JOHANNES: Aufbruch einer Jugend. Der Weg der deutschen Arbeiterjugendbewegung. Bonn 1956.

SCHULTZE, KARIN: Zur Maßregelung und Verfolgung progressiver sächsischer Lehrer 1933/34 und deren aktive Einflußnahme auf die antifaschistisch-demokratische Umgestaltung des Schulwesens nach 1945. - Ein Beitrag zur Erbe- und Traditionspflege in der Schulgeschichte der DDR. Diss., Berlin/DDR 1986.

SCHULZ, GERHARD: Zwischen Demokratie und Diktatur. Verfassungspolitik und Reichsreform in der Weimarer Republik. Bd. I: Die Periode der Konsolidierung und Revision des Bismarckschen Reichsaufbaus 1919 - 1930. Berlin 1963.

SCHULZE, HAGEN: Weimar. Deutschland 1917 - 1933. (Die Deutschen und ihre Nation Bd. 4), Berlin 1982.

STAUDE, FRITZ: Sachsen im preußisch-deutschen Reich (1871 -1917/18), in: Sächsische Heimatblätter 30 (1984), S. 123 - 137.

STEHLING, JUTTA: Weimarer Koalition und SPD in Baden. Ein Beitrag zur Geschichte der Partei- und Kulturpolitik in der Weimarer Republik. Frankfurt/M. 1976.

STÖHR, WOLFGANG: "... wird fernerhin scharf überwacht werden." Zur Geschichte der Berufsverbote in Deutschland 1788 - 1933. (Heft 18 der Antifaschistischen Arbeitshefte - Texte zur Demokratisierung.) Frankfurt/M. 1977.

STÖHR, WOLFGANG: Lehrer und Arbeiterbewegung. Entstehung und Politik der ersten Gewerkschaftsorganisation der Lehrer in Deutschland 1920 bis 1923. 2 Bde. Marburg 1978.

TENORTH, HEINZ-ELMAR: Geschichte der Erziehung. Einführung in die Grundzüge ihrer neuzeitlichen Entwicklung. Weinheim und München 1988.

TENORTH, HEINZ-ELMAR: Der sozialgeschichtliche Zugang zur Historischen Pädagogik, in: Einführung in die Historische Pädagogik. Hrsg. von Günther Böhme u. Heinz-Elmar Tenorth. Darmstadt 1990, S. 117 - 226

THYSSEN, SIMON: Die Berufsschule in Idee und Gestaltung. Essen 1954.

TITZE, HARTMUT: Die Politisierung der Erziehung. Frankfurt/M. 1973.

TORHORST, ADELHEID: Die Pädagogischen Fachgruppen des "Bundes der freien Schulgesellschaften Deutschlands" - ein Beitrag zum Bilde der weltlichen Schulbewegung in der Weimarer Republik, in: Jahrbuch für Erziehungs- und Schulgeschichte. Berlin 10(1970), S. 72 - 92.

UHLIG, CHRISTA: Progressive Traditionen aus der Geschichte des Leipziger Lehrervereins, in: Deutsche Lehrerzeitung. Berlin (Ost) 1983, S. 6.

UHLIG, CHRISTA: Reformpädagogik und unser Umgang mit ihr, in: Deutsche Lehrerzeitung. Berlin 1989, S. 6.

ULM, EBERHARD: Die Stellung des Leipziger Lehrervereins zum Faschismus - Leipziger Lehrer im Widerstandskampf und ihre Rolle bei der antifaschistischen Schulreform in Leipzig, in: Wissenschaftliche Zeitschrift der PH "Clara Zetkin" Leipzig. Leipzig III/1987, S. 47 - 51.

WACKER, ULI: Der Versuch des Sächsischen Lehrervereins, den Deutschen Lehrerverein in eine Gewerkschaft zu transformieren (1918 - 1928). Ein Beitrag zur Geschichte der Linken im Deutschen Lehrerverein, in: Lehrerschaft, Republik und Faschismus 1918 - 1933. Hrsg. von Dietfried Krause-Vilmar. Köln 1978, S. 79 - 144.

WAGNER, RAIMUND: Die 'Arbeiterregierung' in Sachsen im Jahre 1923. Diss. Berlin/DDR 1957.

WAGNER, RAIMUND: Zur Frage der Massenkämpfe in Sachsen im Frühjahr und Sommer 1923, in: Zeitschrift für Geschichtswissenschaft 4(1956), S. 246 - 264.

WAGNER-WINTERHAGER, LUISE: Schule und Eltern in der Weimarer Republik. Untersuchungen zur Wirksamkeit der Elternbeiräte in Preußen und der Elternräte in Hamburg 1918 - 1922. (Studien und Dokumentationen zur deutschen Bildungsgeschichte Band 7. Hrsg. von Christoph Führ und Wolfgang Mitter). Weinheim und Basel 1979.

WEBER, BERND: Pädagogik und Politik vom Kaiserreich zum Faschismus. Zur Analyse politischer Optionen von Pädagogikhochschullehrern von 1914 - 1933. Königstein/Ts. 1979.

WEBER, RITA: Die Neuordnung der preußischen Volksschullehrerausbildung in der Weimarer Republik. Zur Entstehung und gesellschaftlichen Bedeutung der Pädagogischen Akademien. (Studien und Dokumentationen zur deutschen Bildungsgeschichte Bd. 26. Hrsg. von Christoph Führ und Wolfgang Mitter). Köln / Wien 1984.

WEBER, ROLF / ENKE, WOLFGANG / VETTERMANN ROLF: Die Anfänge der proletarischen Bewegung in Leipzig, Altenburg und Eilenburg. (Zur Geschichte der Arbeiterbewegung im Bezirk Leipzig. Hrsg. von der SED-Bezirksleitung Leipzig. Kommission zur Erforschung der Geschichte der örtlichen Arbeiterbewegung). Leipzig o. J.

WEBER, ROLF: Das Königreich in der Epoche der bürgerlichen Umgestaltung (bis 1870), in: Sächsische Heimatblätter 30 (1984), S. 111 - 122.

WEHLER, HANS-ULRICH: Geschichte als Historische Sozialwissenschaft, Frankfurt/M. ^{3}1980.

WEHLER, HANS-ULRICH: Das Deutsche Kaiserreich 1871 - 1918 (Deutsche Geschichte Bd. 9. Hrsg. von Joachim Leuschner). 4. durchgesehene und bibliographisch ergänzte Auflage. Göttingen 1980.

WEHLER, HANS-ULRICH: Sozialgeschichte und Gesellschaftsgeschichte, in: Sozialgeschichte in Deutschland. Entwicklungen und Perspektiven im internationalen Zusammenhang, Bd. I. Hrsg. von Wolfgang Schieder u. Volker Sellin. Göttingen 1986, S. 33 - 52.
WEHLER, HANS-ULRICH: Deutsche Gesellschaftsgeschichte. Erster Band: Vom Feudalismus des Alten Reichs bis zur Defensiven Modernisierung der Reformära 1700 - 1815. München 1987.
WEHLER, HANS-ULRICH: Deutsche Gesellschaftsgeschichte. Zweiter Band: Von der Reformära bis zur industriellen und politischen "Deutschen Doppelrevolution" 1815 - 1845/49. München 1987.
WEHLER, HANS-ULRICH: Bismarck und der Imperialismus. Köln / Berlin 1969.
WELLMER, ALBRECHT: Kritische Gesellschaftstheorie und Positivismus. Frankfurt/M. ^{5}1977 (1. Auflage 1969).
WENDORFF, WERNER: Schule und Bildung in der Politik von Wilhelm Liebknecht. Ein Beitrag zur Geschichte der deutschen Arbeiterbewegung im 19. Jahrhundert. (Historische und Pädagogische Studien Bd. 8. Hrsg. von Otto Büsch und Gerd Heinrich). Berlin 1978.
WERDER, LUTZ v. / WOLFF, REINHART (Hrsg.): Schulkampf. Dokumente und Analysen Bd. 1. Frankfurt/M. 1970.
WERTH, WOLFGANG: Die Vermittlung von Theorie und Praxis an den Preußischen Pädagogischen Akademien 1926 - 1933 - dargestellt am Beispiel der Pädagogischen Akademie Halle/Saale (1930 - 1933). (Sozialhistorische Untersuchungen zur Reformpädagogik und Erwachsenenbildung Bd. 5. Hrsg. von Walter Fabian und Karl-Christoph Lingelbach). Frankfurt/M. 1985.
WIELANDT, FRIEDRICH: Schule und Politik in Baden während der Weimarer Republik. Inauguraldiss., Freiburg i.Br. 1976.
WILHELM, THEODOR: Georg Kerschensteiner, in: Klassiker der Pädagogik. Zweiter Band. Hrsg. von Hans Scheuerl. München 1979, S. 103 - 126.
WILL, WILFRIED van der/ BURNS, ROB (Hrsg.): Arbeiterkulturbewegung in der Weimarer Republik. Frankfurt/M. / Berlin / Wien 1982.
WINKLER, HEINRICH AUGUST: Von der Revolution zur Stabilisierung. Arbeiter und Arbeiterbewegung in der Weimarer Republik 1918 bis 1924. Berlin / Bonn ^{2}1985.
WINKLER, HEINRICH AUGUST: Der Schein der Normalität. Arbeiter und Arbeiterbewegung in der Weimarer Republik 1924 - 1930. Berlin / Bonn 1985.
WITTWER, WOLFGANG W.: Die sozialdemokratische Schulpolitik in der Weimarer Republik. Ein Beitrag zur politischen Schulgeschichte im Reich und in Preußen. (Historische und Pädagogische Studien Bd. 12. Hrsg. von Otto Büsch). Berlin 1980.
WOLFRAM, ALFRED: Möglichkeiten und Grenzen eines reformpädagogischen Schulversuchs in der Weimarer Republik, in: Wissenschaftliche Zeitschrift der Pädagogischen Hochschule "Clara Zetkin" Leipzig. Leipzig II/1979, S. 77 - 81.
WOLTER-BRANDECKER, RENATE: Stiefkinder einer Revolution. Arbeiterleben in Frankfurt am Main 1918 - 1923. Frankfurt/M. 1989.
ZEISE, ROLAND: Der Beitrag der Arbeiterbewegung in Sachsen zur Herausbildung der marxistischen deutschen Arbeiterpartei 1848/49 bis 1869, in: Sächsische Heimatblätter 29 (1983), S. 193 - 200.
ZIEGS, EVELYNE: Die Haltung der Leipziger Parteiorganisation der SPD zur Politik des sozialdemokratischen Parteivorstandes in den Jahren 1924 - 1929. Diss., Leipzig 1979.
ZWAHR, ANNETTE: Sachsen im März 1848. Die Kommunen im Ringen um den Sturz der Regierung von Könneritz, in: Jahrbuch für Regionalgeschichte Bd. 7. Hrsg. von der Historischen Kommission der Sächsischen Akademie der Wissenschaften. Weimar 1979, S. 35 - 50.
ZWAHR, HARTMUT: Zur Konstituierung des Proletariats als Klasse. Strukturuntersuchung über das Leipziger Proletariat während der industriellen Revolution.

(Akademie der Wissenschaften der DDR. Schriften des Zentralinstituts für Geschichte Bd. 56) Berlin 1978.

ZWAHR, HARTMUT: Vom feudalen Stadtregiment zur bürgerlichen Kommunalpolitik. Eine historisch-soziologische Studie zum Beginn der bürgerlichen Umwälzung in Sachsen 1830/31, in: Jahrbuch für Regionalgeschichte Bd. 7. Hrsg. von der Historischen Kommission der Sächsischen Akademie der Wissenschaften. Weimar 1979, S. 7- 34.

ZWAHR, HARTMUT: Sachsen im Übergang zum Kapitalismus und im Revolutionsjahr 1830, in: Sächsische Heimatblätter 30 (1984), S. 97 - 110.

NAMENSREGISTER

Quellen- und Literaturverzeichnis sowie das Vorwort bleiben unberücksichtigt

Adler, Max	310
Adorno, Theodor W.	25
Albert, Wilhelm	292, 300
Alkier, Hans	339
Ansmann, Albert	364
Apelt, Willibald	252, 543
Arnold, Herbert	390, 391, 393
Arzt, Arthur	72, 120, 134, 140, 142, 162, 232, 283, 312, 323, 344, 345, 347, 360, 361, 419, 466
Baege, M. H.	168
Bajohr, Frank	307
Ballauff, Theodor	220
Bär, Rudolf	129, 300, 343
Barth, Fritz	161, 533, 537, 538, 540 - 543, 559
Barth, Georg	182
Barth, Paul	316, 317, 528, 539
Bayer, Manfred	396
Bebel, August	40, 267, 483, 484
Beck	263
Beckert, Siegfried	50
Behrens-Cobet, Heidi	307, 316
Berg, Christa	260, 261
Beutel, Horst	48, 52
Beutler, Kurt	65, 589
Beyer, Ernst	132, 134, 293, 526
Birker, Karl	40
Blankertz, Herwig	270, 395, 480 - 483, 486, 487
Blättner, Fritz	24, 191, 193
Blonski, Pawel Petrowitsch	552
Boehm, Ernst	219, 575 - 578
Boehme	543
Böhm, Winfried	23, 167
Böhme, Günther	25
Bohnsack, E.	384, 385
Bohnsack, Fritz	304
Bölling, Rainer	23, 106, 132, 148, 286, 506, 516, 553
Boelitz, Otto	403
Böttcher, Paul	72, 80, 83, 84
Brandecker, Ferdinand	88
Brandenburg, Erich	539, 540
Brandler, Heinrich	80
Bräuer, Alfred	393
Brethfeld, Max	139, 343
Breyvogel, Wilfried	23
Brücher, Bodo	307

Bruchhäuser, H. - P.	484, 485
Brückner, Johannes	393
Brüning, Heinrich	152
Brüninghaus	79
Buck, Wilhelm	48, 51, 52, 59, 63, 64, 72, 75, 140, 164, 346, 360, 361, 466, 531
Bühler	540, 541
Bünger, Wilhelm	175, 252 - 254
Burkhardt	499
Burns, Rob	283
Büttner, G.	317, 319, 454
Caspar, Hildegard	148
Castell Rüdenhausen, Adelheid, Gräfin zu	87, 88
Claus, Bernhard	347, 361, 492
Cloer, Ernst	23
Comenius, Jan Amos	136, 468
Cordes	188
Czasche, R.	437
Daschner, Peter	23
Dathe, Hans	219, 220
Diesterweg, Friedrich A. W.	136
Dietrich, Dorothea	440
Dietrich, Richard	36 - 38
Dilthey, Wilhelm	25
Dittes, Friedrich	136, 523
Dix	543
Donath, Helmut	447
Donath, Johannes	161, 162
Dörrer, Horst	50
Drechsler, Hanno	39
Duncker, Hermann	116
Dürer, Albrecht	438, 440
Ebert, Friedrich	45, 52, 84
Ebert, Nehle	47
Eckhardt, Eberhard	219
Eckhardt, G. A.	437
Eichberg, Henning	170
Eichler, Kurt	219
Eierdanz, Jürgen	167
Ellger-Rüttgardt, Sieglind	23, 25
Elsner, Georg	252
Endler	494
Engelhardt, Ulrich	40
Engelmann, Dieter	49
Erler, Otto	164, 283, 286, 289, 290, 292, 296 - 301, 303, 304, 313, 316, 343, 344, 373, 380
Ertel, Annerose	30, 373, 387, 393
Erzberger, Matthias	114
Fabian, Walter	31, 50, 51, 53, 56 - 60, 66 - 69, 72, 75 - 77, 82 - 84, 86, 235, 239, 252

Fadrus, Victor	553
Falkenstein v.	513
Falter, Jürgen W.	39, 53, 62, 71, 251, 253, 254
Fehlhaber, Paul	161
Fehling, Günter	30, 293
Feidel-Mertz, Hildegard	143
Feigenspan, Franz	393
Feldmann, Gerald D.	89, 90
Fellisch, Alfred	72, 73, 80, 85
Fend, Helmut	260
Fenske, Hans	69, 76
Fertig, Ludwig	260
Fichte, Johann Gottlieb	283, 284
Fiedler, Alfred	131, 338
Flechtheim, Osip K.	79, 80
Flecken, Margarete	99
Fleißner, Hermann	44, 51, 55, 63 - 65, 69, 72 - 74, 117z120, 124, 125, 232, 233, 240, 242, 305, 343, 350 - 353, 418, 419, 437, 466, 467, 473, 541, 543, 544, 546 - 548
Flittner, Wilhelm	24
Forberger, Rudolf	36, 37
Forbig, Robert	308
Forkhart	237
Fräßdorf, Karl Julius	51
Fricke, Dieter	40
Friedeburg, Ludwig	24, 395
Friedrich, Fritz	214, 215
Friedrich, Theodor	217
Friese, Karl	339
Fröhlich, Annerose	440
Fröhlich, Ottomar	138, 139, 145, 153, 282, 283, 286, 288, 289, 296, 297, 301 - 305, 315, 335, 336, 385, 387, 388, 390, 393, 454, 472, 499 - 501, 503
Fröhlich, Walter	369
Führ, Christoph	23, 47, 199, 262, 411, 423, 491, 544
Fumetti, Arthur v.	252
Furck, Carl-Ludwig	24, 217
Gebler, Joachim	30, 131, 268, 324, 357
Geißler, W.	191, 205 - 207
Genthe, Karl	219
Gerber v.	513
Gerber, Kurt	301
Geschwandtner, Erich	49
Geßler, Otto	79
Geyer, Friedrich	51
Giesing, J. S.	232, 233, 466, 543
Gleissberg	540
Glöckel, Otto	553
Göhre, Paul	44, 116, 119
Göpfert, Arthur	163
Gorski, Günter	48
Götze, Rudolf	440
Gradnauer, Georg	48, 51 - 59, 231, 347

Greil, Max	125, 129, 284, 307, 503
Greinert, W.- D.	479 - 483, 487, 489, 503
Grellmann	543, 548
Grimmer, Horst	147, 161
Grosse, Max	301, 302
Grotewohl, Otto	125
Grüllich	515
Gumbel, Emil Julius	226
Günther	378
Günther, Karl-Heinz	125, 127
Habermas, Jürgen	25
Hadlich, Käthe	538
Hagener, Dirk	24, 363
Hamburger, Franz	23, 210, 212, 213
Häntzschel, Paul	140, 164
Harnisch, Rudolf	53, 63
Hartig, Valtin	500
Hartig, Walter	161
Hartnacke, Wilhelm	204, 220, 229, 249, 256, 257, 329, 368, 394, 449, 451, 476, 477, 575 - 577
Hartsch, Erwin	143, 162
Heckert, Fritz	49, 80
Hedrich, Hans	254
Heidenreich, Frank	119, 500
Heiland, Helmut	23
Heinemann, Manfred	23, 25, 88, 210
Heinze, Karl Rudolf	51, 85
Heldt, Max	51, 53, 63, 72, 73, 80, 235, 236, 240, 252, 254
Heller, Hermann	500
Herbart, Johann Friedrich	280, 281
Herget, Käte	161
Hering, A.	197, 198, 368
Hermberg, Paul	148, 500
Herold, Albert	440
Herrlitz, Hans-Georg	23, 260, 269, 395, 480, 506, 573
Herrmann, Ulrich	23
Hertel, Otto	131, 135, 180, 278, 357, 358, 362, 528
Hertwig	548
Hertzsch	142
Hettling, Manfred	27
Hettwer, Hubert	221
Hickmann, Hugo	191 - 194, 197 - 201
Hiemann, Ewald	130, 131
Hildebrand, Rudolf	408
Hilker, Franz	167
Hillmann, Oskar	229
Himmelstein, Klaus	284, 328
Hindenburg, Paul v.	154
Hitler, Adolf	154, 157
Hoernle, Edwin	125
Hohendorf, Gerd	43
Hohlfeld, Klaus	31, 78, 79, 86, 90
Holl, Karl	447

Hoof, Dieter	391
Hopf, Wulf	23
Horkheimer, Max	25
Hortzschansky, Günter	50
Huber, Ernst Rudolf	41 - 44, 48, 50, 51, 53, 60, 63, 72, 80, 86, 180, 186, 236, 251 - 254
Hürten, Heinz	187, 188
Idel, Horst	30, 117 - 120, 134
Israel	515
Jäckel, Hermann	63
Jacobi, Hugo	116
Janetz	540, 543
Janka, Walter	386, 394
Jeismann, Karl-Ernst	261
Jungk, Sabine	23
Kaiser, Friedrich	78, 173, 174, 183 - 186, 226, 231, 240 - 244, 246 - 249, 251, 252, 254, 307, 332, 340, 368, 403, 477, 555, 577
Kammer	343
Kant, Immanuel	136, 283, 297, 317
Karsen, Fritz	23, 167, 310
Karstädt, Otto	410, 411
Kawerau, Siegfried	167, 171
Keim, Wolfgang	26, 30, 260, 302, 390, 400, 460, 462, 503, 553
Kerschensteiner, Georg	318, 480, 482
Kettwig, Herbert	393
Keudell, Walter v.	199
Kiesewetter	35
Kieß, Kurt	219
Kirchhoff, Julius	486
Kittel	237
Kittel, Erich	51, 52
Klafki, Wolfgang	24
Klagges	156
Klaßen, Theodor F.	24
Kleint	217, 218
Klement, Günter	29, 139
Klemm, Georg	161, 162
Klemm, Klaus	396
Klenke, Dietmar	31, 62, 73, 119, 143, 144, 208, 209, 235, 236, 240
Klotz, Georg	132
Kluge, Walther	129, 283, 307, 308, 315 - 317, 319, 320
Köchly, Hermann	522
Kocka, Jürgen	21, 27, 270
Kockel, F. W.	264, 515
Kohl, A.	484, 485, 488
Kohn, Maritta	507
König, Helmut	344
Kotte, Martin	440
Kötzschke, Rudolf	42
Krahl, Johannes Theodor	165

Kraul, Margret	395, 398, 405, 412
Krause, Hartfried	61, 63
Krause-Vilmar, Dietfried	23
Krebs, E.	308
Kretzen, J.	40
Kretzschmar, Hellmut	42, 486
Kriegenhardt, Fritz	236
Kropatschek, Gerhard	180
Krug v. Nidda, Friedrich	252
Krug, Paul Arthur	165
Kuczynski, Jürgen	36, 90, 91, 94, 99
Kudritzki, Gerhard	24
Kühn	59
Kühn, Editha	443 - 445, 447
Kühnel, Johannes	279 - 281, 343, 412, 532 - 534, 537, 538
Kunz, Lothar	210 - 213, 403
Kunze, Richard	308
Kupfer, Max	339
Lang, Johannes	142, 283, 287, 290, 291, 296, 297, 314, 315, 317, 320, 335, 455, 456, 460, 472, 478
Lange	348
Langewiesche, Dieter	24, 87
Lässig	142
Laubach, Hans Christoph	210 - 212, 216, 217
Ledebour, Georg	122
Lehberger, Reiner	23
Lehmann	175, 438
Lehmann, Richard	356
Leistner, Martin	445
Lempe	69
Lenhart, Volker	24, 553
Leonhardt, Karl	427, 430, 431
Leschinsky, Achim	261
Leupoldt, Johannes	308
Leupolt, Edmund	225 - 228
Leuschke, Alfred	43, 44, 130 - 132, 484, 507 - 510, 512 - 515, 522 - 525, 528
Leutheuser	79
Lexis, Wilhelm	103
Liebe, Reinhard	434
Liebetrau, Otto	116
Liebknecht, Wilhelm	40, 483
Liebmann, Hermann	73, 231, 235, 237, 238
Lindemann, Anne	170
Lindemann, Walter	170
Lindner, Joahnnes	161
Lingelbach, Karl Christoph	26
Lipinski, Richard	49, 51, 55, 58, 63, 66 - 69, 72, 76, 80, 123, 230, 231, 235, 237, 239, 360
Lipsmeier, A.	484, 485
Litt, Theodor	378, 384, 418, 427, 432, 476, 529, 540 - 543, 563, 564
Löffelholz, Michael	503
Löffler, Eugen	400, 402, 405, 411, 426

Lohmann, Friedrich	168, 170, 427, 430, 431, 543
Lommatzsch, Georg	262, 498
Lorent de, Hans-Peter	23, 363
Lorenz, Ernst	50
Lorenz, Luise	384, 385, 393
Lösche, Peter	73
Löwenstein, Kurt	310
Ludwig	543
Lundgreen, Peter	260, 261, 395, 405, 408
Maercker	52
Mannsfeld, Karl Ernst	253, 254
Margies, Dieter	23
Marxen, Peter	284
Matthes, Walter	439
Mebus, Sylvia	29, 304, 505
Mehnert, Paul	263
Melchior, Gerhard	440, 447, 448
Menke-Glückert, Emil	249, 400, 402, 404, 427, 433, 541, 543
Meyer, Folkert	261
Meyer-Willner, Gerhard	538, 539
Michael, Berthold	122, 182
Michel	472, 543
Milberg, Hildegard	24, 363
Mitzenheim, Paul	116, 129, 208, 364, 369, 453, 503, 553
Moblitz, Edwin Oskar	165
Mommsen, Hans	31, 45, 46, 78
Morgenstern, Richard	219
Moro, Georg	24, 553
Mottek, Hans	36, 40
Müller	80, 82, 83, 237, 238
Müller, Arthur	565 - 567
Müller, Eduard	368, 372
Müller, Fritz	221, 282, 283, 317, 318, 392, 393
Müller, Hermann	124, 347, 360, 466, 492
Müller, Richard	50 - 52
Müller, Robert	142, 162
Müller, Sebastian F.	23, 403, 408, 409
Natorp, Paul	284
Naumann, Gerlinde	30, 131, 293
Neu, Alfred	73
Neuner, Ingrid	23, 167, 168
Neuring, Gustav	53
Nitzsche, Emil	39, 41, 42, 44, 53, 59, 120, 266, 268, 273, 484
Nohl, Hermann	25
Nolden, Anna	405
Noske, Gustav	45
Nowak, Kurt	187
Nowka	236
Oelkers, Jürgen	25, 261
Oeser, Rudolf	352

Oestreich, Paul	23, 167 - 169, 172, 173, 459, 465
Oppermann, Detlef	454
Otto, Berthold	300
Pabst	374
Pache	190
Pache, Oskar W.	483
Papen, Franz v.	152, 156
Pätzold, W.	221, 267, 278, 362, 508, 523
Paul, Gernot	30, 505, 543, 553, 580
Paul, Max	398, 411 - 413, 416, 417, 419 - 422
Paulßen	369
Pehnke, Andreas	30, 131, 278, 292, 293
Pestalozzi, Johann Heinrich	131, 136, 468
Peters, Elke	414
Petersen, Peter	286
Petzold, Dora	387, 393
Petzold, Hermann	393
Philipp, Albrecht	79, 180, 181, 199, 348
Portig, Arno	161
Potscher, Willy	163
Pretzel, C. L. A.	130, 523
Prolingheuer, Hans	187
Puchta, Gerhard	48, 49
Queißer	175
Radbruch, Gustav	285
Radde, Gerd	23, 47, 167, 390
Rahn, Gottfried	505
Rathenau, Walter	71, 114, 127
Reble, Albert	24
Reichelt, Erich	48, 60
Reichling, Norbert	307
Rein, Wilhelm	524
Reintges, Bernhard	167
Reißmann, Walter	161
Renner, Karl	553
Reuter	543
Reulecke, Jürgen	87, 88
Reumuth, K.	565, 568
Richartz, Nikolaus	284
Richter, Friedrich Wilhelm	253, 254
Richter, Johannes	546, 555 - 557, 559, 560, 562 - 565, 568, 571
Richter, Julius	262, 268, 277
Richter, Paul	368
Riedel, Bernhard	377, 380 - 384
Riedel, Kurt	282, 283, 301 - 303, 306, 456 - 458, 460, 462, 570
Riesner, Johannes	162
Rietschel, D.	312
Risse, Friedrich Max	451
Ristau, Paul	63, 72
Ritter, Gerhard A.	28
Rödler, Klaus	23, 444

Roeder, Peter Martin	261
Roeßler, Wilhelm	25
Röhrs, Hermann	24
Röllig, Gerhard	36 - 39, 90
Rößger, Karl	129, 283, 284, 292, 294, 300, 323
Rothe	377
Röttcher, Marie	310
Rousseau, Jean-Jacque	468
Rückriem, Georg	25
Rüden, Peter v.	40
Rüdiger, Bernd	38
Rudolph, Karsten	31
Rühle, Otto	50, 263, 264, 268, 273, 276
Rupieper, H.-J.	39
Sachse, Walter	161, 162
Sahmel, Karl Heinz	23
Sandfuchs, Uwe	553, 574
Sättler, Paul	137, 225
Saupe, Walther	438, 577
Scharf, Theodor	487
Scharfe, Rita	375, 377, 378, 380, 462
Schatter, K.	274
Scheibe, Wolfgang	24
Scheidemann, Philipp	45
Scheinfuß, J.	142
Schepp, Heinz-Hermann	122, 182
Schickel, Harald	42
Schieck, Walter	253, 254, 449, 580
Schiele	199
Schiller	138
Schleicher, Kurt v.	152
Schley, Cornelius	283
Schlotte, Felix	529
Schmidt, Gerhard	41 - 43, 51
Schmidt, Max	161, 162
Schmidt-Breitung, Martin	328, 494
Schmitt	69, 231
Schnabel, Paul	300, 304, 306, 343, 374, 375, 378
Schneider	451
Schneider, Johann August	164, 344
Schneller, Ernst	84, 125 - 127, 162, 171, 232, 233, 466, 550 - 552
Schnorbach, Hermann	143
Scholder, Klaus	187
Scholz, Rüdiger	28
Schönherr, Phillip	316, 381, 383
Schröbler, Erich	328, 494
Schröder, Martin	219
Schubert, Hanna	438
Schult, Johannes	480, 489
Schultze, Karin	30, 162, 164, 165, 393, 440
Schulz, Gerhard	78, 79
Schulz, Heinrich	117, 118, 199, 274, 418, 479, 489
Schulze, Hagen	31, 589

Schulze, Oskar	142
Schumacher, Walter	393
Schumann, E.	300, 340 - 342
Schumann, Friedrich	132
Schumann, Kurt	440, 447, 448, 450
Schurig, Otto Ernst	165
Schwärig	438, 451
Schwarz, Albert	50 - 52, 63
Schwarz, Sebald	400
Schwenzer, Georg	372
Seeckt, Hans v.	83
Seydewitz, Max	236
Seydewitz, P. v.	189, 262 - 264, 267, 269, 271, 272, 277, 484, 485, 488, 489
Seyfert, Richard	33, 59, 60, 65, 247, 316, 349, 353, 411, 417, 488, 497, 537, 539 - 543, 546, 548 - 550, 554, 556, 557, 559, 560, 562 - 567, 569, 574, 577 - 579
Sieber	543
Sieber, Rudolf	292, 294, 295, 300
Siegel, Wilhelm	393
Siegert	229
Siemon, Arno	161
Sievers, Hans	125, 129
Skiera, Ehrenhard	24
Sollbach, Maria Margareta	307
Spangenberg, H.	277
Spranger, Eduard	431, 432, 483, 499, 503, 504, 529, 537 - 540
Springer	343
Stahl, Friedrich	494
Stahl, Fritz	206
Steiger, Willy	320, 342
Steinhöfel, B.	394
Steinhöfel, W.	394
Stelzer, Karl	219, 339
Stenzel, W.	365
Stiehl, Anton Wilhelm F.	508
Stinnes, Hugo	79
Stöckert	219, 416
Stöhr, Wolfgang	23, 30, 116, 123, 142, 355
Stößel, Roland	30, 278, 292
Stresemann, Gustav	78 - 80, 83, 84, 114, 182
Strobel, H.	131, 527
Tenorth, Heinz-Elmar	24 - 26, 87, 261
Teschner	379
Teuscher, Adolf	554
Tews, Johannes	369
Thalheimer, August	80
Thielemann, Walter	373
Thyssen, S.	483, 487
Titze, Hartmut	23, 260, 261
Tögel, Hermann	313
Torhorst, Adelheid	310
Trinks, Karl	161, 283, 285, 320

Uhlig, Christa	131, 527
Uhlig, Kurt	162
Uhlig, Max	162, 282, 297, 300, 308, 384 - 387, 393
Uhlig, Otto	44, 59, 120, 134, 135, 263, 516
Ullmann	175
Ullrich, Volker	23
Ulm, Eberhard	30, 161
Viehweg, Erich	111, 112, 164, 171, 172, 175, 176, 283, 286 - 288, 309, 314 - 322, 344
Vogel, Georg Theodor	399
Vogel, Kurt	143, 162
Vogel, Paul	292, 293, 299, 300, 343, 477, 378
Voigtmann	449
Wächter, Bernd	24
Wacker, Uli	30, 142, 144 - 146
Wagner, Raimund	78, 82
Wagner-Winterhager, Luise	23, 191, 193, 208, 369, 370
Wander, Karl Friedrich W.	523
Weber, Bernd	23
Weber, Hugo	252
Weber, Rita	538, 544, 545, 553
Weckel, Kurt	70, 120, 140, 143, 541, 550
Wegschneider-Ziegler, H.	167
Wehler, Hans-Ulrich	25 - 27, 35, 36, 262
Wehner, Kurt	343, 358
Weicker	170
Weidemüller	384
Weinhold	307
Weise, Martin	167, 171, 175, 206, 221, 283, 284, 286, 296, 297, 300 - 304, 323, 337, 459 - 462, 464, 472, 570
Weller, Alfred	161
Wellmer, Albrecht	25
Wendorff, Werner	40
Werder, Lutz v.	125
Werth, Wolfgang	538, 553
Weschke	450
Westarp, Kuno Graf v.	81
Wicke, Richard	129, 378
Wielandt, Friedrich	24, 553
Wilhelm, Theodor	480, 481
Will, Wilfried van der	283
Windscheid, Käthe	405
Winkler, G.	134, 290, 311
Winkler, Heinrich August	31, 78 - 80, 83 - 86, 236, 589
Winter, Karl	219
Wirthgen	190
Wittwer, Wolfgang W.	23, 47, 491
Woelker	231
Wolff, Georg	155
Wolff, Reinhart	125
Wolfram, Alfred	387

Wolter-Brandecker, Renate	94
Wundt, Wilhelm	136, 529
Wünsche, Alwin	108, 109, 134, 140, 142, 233, 237, 242, 249, 344, 357, 358, 467 - 473, 478, 599
Zacharias	543
Zeigner, Erich	48, 67 - 69, 72 - 77, 79 - 81, 83 - 85, 181, 231, 466
Zeise, Roland	40
Zergiebel	343
Zetkin, Clara	118
Zieger, Alfred	130
Ziegs, Evelyne	236
Zimmermann, Karl	219
Zschetzsche	522
Zwahr, Hartmut	39, 40

STUDIEN ZUR BILDUNGSREFORM

Herausgeber: Wolfgang Keim

Band 1 Rudolf Hars: Die Bildungsreformpolitik der Christlich-Demokratischen Union in den Jahren 1945-1954. Ein Beitrag zum Problem des Konservatismus in der deutschen Bildungspolitik. 1981.

Band 2 Martin Fromm: Soziales Lernen in der Gesamtschule. Aspekte einer handlungsorientierten Konzeption. 1980.

Band 3 Wilfried Datler (Hrsg.): Verhaltensauffälligkeit und Schule. Konsequenzen von Schulversuchen für die Pädagogik der "Verhaltensgestörten". 1987.

Band 4 Gernot Alterhoff: Soziale Integration bei Gesamtschülern in Nordrhein-Westfalen. Längsschnittuntersuchung zu Veränderungen verschiedener Aspekte im Sozialverhalten. 1980.

Band 5 Dietrich Lemke: Lernzielorientierter Unterricht - revidiert. 1981.

Band 6 Wolf D. Bukow/Peter Palla: Subjektivität und freie Wissenschaft. Gegen die Resignation in der Lehrerausbildung. 1981.

Band 7 Caspar Kuhlmann: Frieden - kein Thema europäischer Schulgeschichtsbücher? 1982.

Band 8 Caspar Kuhlmann: Peace - A Topic in European History Text-Books? 1985.

Band 9 Karl-Heinz Füssl/Christian Kubina: Berliner Schule zwischen Restauration und Innovation. 1983.

Band 10 Herwart Kemper: Schultheorie als Schul- und Reformkritik. 1983.

Band 11 Alfred Ehrentreich: 50 Jahre erlebte Schulreform - Erfahrungen eines Berliner Pädagogen. Herausgegeben und mit einer Einführung von Wolfgang Keim. 1985.

Band 12 Barbara Gaebe: Lehrplan im Wandel. Veränderungen in den Auffassungen und Begründungen von Schulwissen. 1985.

Band 13 Klaus Himmelstein: Kreuz statt Führerbild. Zur Volksschulentwicklung in Nordrhein-Westfalen 1945-1950. 1986.

Band 14 Jörg Schlömerkemper/Klaus Winkel: Lernen im Team-Kleingruppen-Modell (TKM). Biographische und empirische Untersuchungen zum Sozialen Lernen in der Integrierten Gesamtschule Göttingen-Geismar. 1987.

Band 15 Luzius Gessler: Bildungserfolg im Spiegel von Bildungsbiographien. Begegnungen mit Schülerinnen und Schülern der Hiberniaschule (Wanne-Eickel). 1988.

Band 16 Wolfgang Keim (Hrsg.): Pädagogen und Pädagogik im Nationalsozialismus - Ein unerledigtes Problem der Erziehungswissenschaft. 1988. 3. Auflage 1991.

Band 17 Klaus Himmelstein (Hrsg.): Otto Koch - Wider das deutsche Erziehungselend. 1992.

Band 18 Martha Friedenthal-Haase: Erwachsenenbildung im Prozeß der Akademisierung. Der staats- und sozialwissenschaftliche Beitrag zur Entstehung eines Fachgebiets an den Universitäten der Weimarer Republik - unter besonderer Berücksichtigung Kölns. 1991.

Band 19 Christa Händle/Bruno Schonig: Lehrerleben und Schulgeschichte. Erinnerungen Berliner Volksschullehrerinnen und -lehrer (1890-1980). In Vorbereitung.

Band 20 Burkhard Poste: Schulreform in Sachsen 1918-1923. Eine vergessene Tradition deutscher Schulgeschichte. 1993.

Band 21 Sieglind Ellger-Rüttgardt (Hrsg.): Spurensuche. Zur Geschichte jüdischer Heil- und Sozialpädagogik in Deutschland. In Vorbereitung.

Band 22 Inge Hansen-Schaberg: Minna Specht – Eine Sozialistin in der Landerziehungsheimbewegung (1918-1951). Untersuchung zur pädagogischen Biographie einer Reformpädagogin. 1992.

Band 23 Ulrich Schwerdt: Martin Luserke (1880 - 1968). Reformpädagogik im Spannungsfeld von pädagogischer Innovation und kulturkritischer Ideologie. 1993.